The Legitimate Justification of EXPROPRIATION

A Comparative Law and Governance Analysis

The Legitimate Justification of
EXPROPRIATION
A Comparative Law and Governance Analysis

Björn Hoops

LLB LLM (Bremen/Oldenburg) LLM PhD (Groningen)
Assistant Professor of Law, University of Groningen

The Legitimate Justification of
EXPROPRIATION
A Comparative Law and Governance Analysis

First published 2017

1st Floor, Sunclare Building, 21 Dreyer Street,
Claremont 7708

www.jutalaw.co.za

ISBN: 978 1 48512 090 2

Typeset in 10 pt Stone Sans
Production Coordinator: Valencia Wyngaard
Editor: Ria de Kock
Proofreader: Bronnwyn Schmidt
Indexer: Lexinfo
Cover Design: Drag n Drop

Typesetter: CBT Typesetting & Design

For Andreas & Ingrid Hoops

Table of Contents

Table of figures

List of tables

Preface

In February 2013 Prof. Leon Verstappen and I met at a pub in Groningen to talk about the topic of my PhD dissertation. After some unsatisfactory suggestions from my side and two of his proposals that met with harsh resistance from my side, Prof. Verstappen introduced me to the comparative work of what was later to become the "Expropriation Expert Group". I was intrigued. Property, the role of the state, and the distribution of wealth had been close to my heart since my community service in Cape Town in 2007–8. Comparative legal research was a major part of my undergraduate studies at the Hanse Law School in Bremen and Oldenburg. To do comparative research into expropriation law was the logical continuation of my journey. And a journey it was! Prof. Verstappen and I agreed that I would do research into the public purpose requirement in German law, Dutch law, New York State law and South African law. 'Public purpose' soon turned into the 'legitimate justification of expropriation'. From 2013 to 2017, this topic took me to Rome, Stellenbosch, Cape Town, New York, and Cologne. To understand and compare the four legal systems was a challenging process that caused a lot of confusion in my head. In spring 2017 the fruits of this journey resulted in my PhD dissertation. This book is a revised and edited version of that dissertation.

A large number of people and institutions have contributed to this book in many ways. I am indebted to all of them. In what follows, I would like to say a word of special thanks to those persons and institutions whose contributions stand out.

The Faculty of Law of the University of Groningen and the Department of Private Law and Notarial Law provided me with a paid position and working space. The South African Research Chair in Property Law, hosted by Stellenbosch University; Columbia Law School; the *Institut für Kirchenrecht* at the University of Cologne; the University of Cape Town, and the Netherlands Royal Institute in Rome provided me with working space far away from home for my research into German, New York State, and South African law as well as international good governance standards. I would like to thank them all for their generous hospitality.

I wish to express my sincere gratitude to Prof. Jacques Sluysmans (*Advocaat* in The Hague; Radboud University of Nijmegen) and Dr Co van Zundert who shared their in-depth knowledge and commented on an earlier version of the chapter on Dutch law. I am indebted to Dr Judith Froese (University of Cologne) and Siegfried De Witt (*Rechtsanwalt* in Berlin) who read and commented on an earlier version of the chapter on German law, and to Prof. Stefan Muckel (University of Cologne) who shared his knowledge on German expropriation law. I wish to thank Prof. Jeannie van Wyk and Dr Ernst Marais (University of Johannesburg) for commenting on an earlier version of the chapter on South African law. The author is deeply indebted to the late Prof. André van der Walt (South African Research Chair in Property Law) for inspiring conversations and patiently commenting on three of my articles. I would like to thank Prof. Geo Quinot (Stellenbosch University) for sharing his insights about South African administrative and procurement law. I would also like to express my sincere gratitude for the instructive privilege of co-authoring an article on the right to reacquire with Prof. Hanri Mostert (University of Cape Town). I would like to thank Prof. Michael Heller, Prof. Michael Gerrard, Prof. Richard Briffault (all at Columbia Law School), Prof. Joseph Singer (Harvard Law School), and Prof. Roderick M. Hills Jr. (New York University) for sharing their knowledge on New York State and US condemnation and planning law. Special, heart-felt thanks are due to Jon Houghton (Attorney at law in New York City), who not only endured an interview about condemnation law in practice, but also commented on an earlier version of the chapter on New York State law.

I wish to express my sincere gratitude to my colleague Nicholas Tagliarino (University of Groningen), who proofread and improved the grammar and style of this book. I am indebted to Ilsemarie Breemhaar, who compiled the bibliography and the list of case law, and Mina Faraj, who drew up the list of legislation. I would also like to thank Prof. Warren Freedman, Prof. Jan Jans, Prof. Wilbert Kolkman and Prof. Jacques Sluysmans for acting as examiners and their helpful and insightful comments.

I would like to express my sincere gratitude to my promotors. Prof. Aurelia Colombi Ciacchi (University of Groningen) shared her invaluable insights about comparative law and commented on the penultimate version of this book. Prof. Leon Verstappen (University of Groningen) guided me through this venture with his encouraging and inspiring advice. I will be eternally in his debt.

To live with a PhD student in the same house is a burden. I am very grateful to my partner, Joris, for his enduring love, his support, and overlooking all the PhD-related inconvenience. To have a son who lives in another country and has little time to go home must be an even greater burden. I would like to thank my parents, to whom this book is dedicated, for their encouragement, their love, and support, even in the most difficult of times.

The research was completed in June 2017. Any developments that have since taken place are generally not taken into account. All remaining errors are, of course, solely mine.

Björn Hoops

Groningen,
August 2017

List of abbreviations and glossary

Abbreviation	Meaning	Translation/Explanation
2d Cir.	United States Court of Appeals for the Second Circuit	—
7th Cir.	United States Court of Appeals for the 7th Circuit	—
A.2d	Atlantic Reporter, second series	Collection of case law in the United States
AB	Rechtspraak Bestuursrecht	Dutch journal on case law of administrative courts
ABRvS	Afdeling Bestuursrechtspraak van de Raad van State	The Judicial Division of the Council of State is the highest administrative court in the Netherlands
AD	Appellate Division of the Supreme Court	Highest South African court until the constitutional era
A.D.	New York's Appellate Division Reports	Collection of judgments handed down by the New York State Appellate Division
A.D.2d	New York's Appellate Division Reports, second series	See above
A.D.3d	New York's Appellate Division Reports, third series	See above
AöR	Archiv des öffentlichen Rechts	German journal on public law
ANo.	Application number	—
Art.	Article	—
Art. 1 P1 ECHR	Art. 1 of the First Protocol to the European Convention on Human Rights	—
Artt.	Articles	—
ASSAL	Annual Survey of South African Law	South African law journal
Awb	Algemene wet bestuursrecht	Dutch General Administrative Law Act
BauGB	Baugesetzbuch	German Federal Building Code
BayVbl.	Bayerische Verwaltungsblätter	German journal on administrative law

BayVGH	Bayerischer Verwaltungsgerichtshof	Highest administrative court in Bavaria
BB	Betriebs-Berater	German journal on commercial law
BBauG	Bundesbaugesetz	German Federal Building Act
BBergG	Bundesberggesetz	German Federal Mining Act
BCLR	Butterworths Constitutional Law Reports	Collection of South African constitutional case law
BImSchG	Bundes-Immissionsschutzgesetz	German Federal Protection from Emissions Act
BNatSchG	Bundesnaturschutzgesetz	German Federal Environmental Protection Act
BeckOK	Beck'scher Online-Kommentar	German online law commentary
BeckRS	Beck-Rechtssachen	Collection of German judgments
BGB	Bürgerliches Gesetzbuch	German Civil Code
BR	Tijdschrift Bouwrecht	Dutch journal on building law
Bro	Besluit ruimtelijke ordening	Dutch Spatial Planning Decree
BVerfG	Bundesverfassungsgericht	German Federal Constitutional Court
BVerfGE	Entscheidungen des Bundesverfassungsgerichts	Judgments of the German Federal Constitutional Court
BVerfGG	Bundesverfassungsgerichts- gesetz	Act on the German Federal Constitutional Court
BVerwG	Bundesverwaltungsgericht	German Federal Administrative Court
BVerwGE	Entscheidungen des Bundesverwaltungsgerichts	Judgments of the German Federal Administrative Court
BYU	Brigham Young University	—
BW	Burgerlijk wetboek	Dutch Civil Code
C	Case	—
CO	Carbon monoxide	—
CDU	Christlich Demokratische Union Deutschlands	Christian Democratic Union of Germany
CFS	Committee on World Food Security	—
CC	Constitutional Court	Highest court in South Africa

CCT	Constitutional Court	Highest court in South Africa
C.D. Cal.	United States District Court for the Central District of California	—
Cf.	Confer	Compare
CJ	Chief Justice	Chief Justice of the South African Constitutional Court
CJEU	Court of Justice of the European Union	The judiciary of the EU
CRR-NY	New York State Codes, Rules and Regulations	—
D	Germany / German law	—
DCJ	Deputy Chief Justice	Deputy Chief Justice of the South African Constitutional Court
DÖV	Die Öffentliche Verwaltung	German journal on public law
DVBl.	Deutsches Verwaltungsblatt	German journal on administrative law
EC	European Community	—
ECHR	European Convention on Human Rights	—
ECtHR	European Court of Human Rights	—
ECJ	European Court of Justice	The highest court of the EU
ed	Editor	—
eds	Editors	—
E.D.N.Y.	United States District Court for the Eastern District of New York	—
EDPL	Eminent Domain Procedure Law	New York State statute
EnWG	Energiewirtschaftsgesetz	German Energy Management Act
EPLJ	European Property Law Journal	—
et al	Et aliae	And others
et seq	Et sequens	And the following
eg	Exempli gratia	For example
EU	European Union	—
F.3d	Federal Reporter, third series	Collection of federal cases in the United States

F.Supp.	Federal Supplement	Collection of federal cases in the United States
F.Supp.2d	Federal Supplement, second series	See above.
FAO	Food and Agriculture Organization of the United Nations	—
FDP	Freie Demokratische Partei	Free Democratic Party of Germany
Fn	Footnote	—
FNB	First National Bank	South African commercial bank
GAL	Grüne Alternative Liste	The Green Alternative List is a party in Hamburg
GBl.	Gesetzblatt Baden-Württemberg	State gazette of the State of Baden-Wuerttemberg
GDR	German Democratic Republic	—
GfK	Gesellschaft für Konsum-, Markt- und Absatzforschung	German association that promotes market research
GG	Grundgesetz	German Basic Law
GVBl.	Bayerisches Gesetz- und Verordnungsblatt	State gazette of the State of Bavaria
GVNW	Gesetz- und Verordnungsblatt für das Land Nordrhein-Westfalen	State gazette of the State of North-Rhine Westphalia
Gw	Grondwet	Dutch Constitution
HmbGVBl.	Hamburgisches Gesetz- und Verordnungsblatt	The state gazette of the State of Hamburg
HmbVwVfG	Hamburgisches Verwaltungsverfahrensgesetz	Hamburg Administrative Procedure Act
HR	Hoge Raad	Dutch Supreme Court
ie	Id est	That is
IFC	International Financial Corporation	—
J	Judge	South African judge
JBO	Jurisprudentie bodem	Dutch collection of case law on land law
JM	Jurisprudentie milieurecht	Dutch collection of case law on environmental law
JOM	Jurisprudentie omgevingsrecht	Dutch collection of case law on environmental law

JuS	Juristische Schulung	German law journal
JZ	Juristenzeitung	German law journal
KB	Koninklijk besluit	Decision of the Dutch Crown
LCC	Land Claims Court	South African court specialised in land restitution cases
LG	Landgericht	Ordinary regional court
LKV	Landes- und Kommunalverwaltung	German journal on administrative law
LLD	Doctor of Laws	—
LLM	Master of Laws	—
LuftVG	Luftverkehrsgesetz	German Aviation Act
MA	Massachusetts	—
m^2	Square metre	—
M en R	Milieu en Recht	Dutch journal on environmental law
NC	North Carolina	—
NEMA	National Environmental Management Act	South African statute
NL	Netherlands	—
NVwZ	Neue Zeitschrift für Verwaltungsrecht	German journal on administrative law
NVwZ-Beil.	Beilage zur Neuen Zeitschrift für Verwaltungsrecht	Annex to that German journal
N.E.	North Eastern Reporter	Collection of appellate cases in the United States
N.E.2d	North Eastern Reporter, second series	See above.
NJ	Nederlandse jurisprudentie	Collection of Dutch case law
NJB	Nederlands juristenblad	Dutch law journal
NJW	Neue Juristische Wochenschrift	German law journal
N.W.2d	North Western Reporter, second series	Collection of appellate cases in the United States
N.Y.	New York State/New York State Court of Appeals/New York Reports	The New York Reports are a collection of judgments of the highest court in New York State, the Court of Appeals.

N.Y.2d	New York Reports, second series	See above.
N.Y.3d	New York Reports, third series	See above.
N.Y. ADiv.	New York State Appellate Division of the Supreme Court	New York State's second-highest court
N.Y. Misc.	New York Miscellaneous Reports	Collection of case law from New York State
N.Y.S.2d	West's New York Supplement, second series	Collection of cases in New York State
N.Y. Sup. Ct.	New York State Supreme Court	—
NordÖR	Zeitschrift für Öffentliches Recht in Norddeutschland	German journal on public law
No.	Number	—
Nos.	Numbers	—
NWVBl.	Nordrhein-Westfälische Verwaltungsblätter	German journal on administrative law
NYSE	New York Stock Exchange	—
O&A	Overheid & Aansprakelijkheid	Dutch journal on state liability law
OVG	Oberverwaltungsgericht	Higher administrative court in Germany
Ow	Onteigeningswet	Dutch Expropriation Act
p.	Page	—
pp.	Pages	—
P.3d	Pacific Reporter, third series	Collection of case law in the United States
PAJA	Promotion of Administrative Justice Act	South African statute
para	Paragraph	—
paras	Paragraphs	—
PER	Potchefstroom Electronic Law Journal	—
PULP	Pretoria University Law Press	—
Rb.	Rechtbank	Dutch District Court
R.C.N.Y.	Rules of the City of New York	—
Rv	Wetboek van Burgerlijke Rechtsvordering	Dutch Civil Procedure Code

RvdW	Rechtspraak van de Week	Collection of Dutch judgments
§	Section (paragraph)	—
§§	Sections (paragraphs)	—
S	Section	—
Ss	Sections	—
SA	South Africa/SA Law Reports	—
SALJ	South African Law Journal	—
SAJHR	South African Journal on Human Rights	—
SAPR/PL	SA Publiekreg/Public Law	South African law journal
S.D.N.Y.	United States District Court for the Southern District of New York	—
SEQRA	State Environmental Quality Review Act	New York State statute
SPD	Sozialdemokratische Partei Deutschlands	Social Democratic Party of Germany
SPLUMA	Spatial Planning and Land Use Management Act	South African statute
StellLR	Stellenbosch Law Review	South African law journal
TBR	Tijdschrift voor Bouwrecht	Dutch journal on building law
TSAR	Tydskrif vir die Suid-Afrikaanse Reg	South African law journal
UCLA	University of California, Los Angeles	—
UK	United Kingdom of Great Britain and Northern Ireland	—
UPR	Umwelt- und Planungsrecht	German journal on environmental and planning law
US	United States / United States Reports	The United States Reports are a collection of judgments handed down by the US Supreme Court
T&C	Tekst & Commentaar	Dutch legal commentary
THRHR	Tydskrif vir hedendaagse Romeins-Hollandse Reg	South African law journal
TvO	Tijdschrift voor openbaar bestuur	Dutch journal on administrative law

VerwArch	Verwaltungsarchiv	German journal on administrative law
VGH (Mannheim)	Verwaltungsgerichtshof Baden-Württemberg	Highest administrative court of Baden-Wuerttemberg
Vol.	Volume	—
VwGO	Verwaltungsgerichtsordnung	German Administrative Court Procedure Code
VwVfG	Verwaltungsverfahrensgesetz	German Administrative Procedure Act
Vorb.	Vorbemerkung	Preliminary remarks
Wabo	Wet algemene bepalingen omgevingsrecht	Dutch General Provisions of Environmental Law Act
Wft	Wet op het financieel toezicht	Dutch Financial Supervision Act
Wgh	Wet geluidhinder	Dutch Noise Nuisance Act
Wm	Wet milieubeheer	Dutch Environmental Management Act
Wro	Wet ruimtelijke ordening	Dutch Spatial Planning Act
Wvg	Wet voorkeursrecht gemeenten	Dutch Priority Rights Municipalities Act
ZA	South Africa	—
ZACC	Constitutional Court (South Africa)	—
ZAECHC	Eastern Cape High Court (South Africa)	—
ZAFSHC	Free State High Court (South Africa)	—
ZAGPPHC	Gauteng High Court, Pretoria (South Africa)	—
ZAKZDHC	KwaZulu-Natal High Court, Durban (South Africa)	—
ZAKZPHC	KwaZulu-Natal High Court, Pietermaritzburg (South Africa)	—
ZALAC	Labour Appeal Court (South Africa)	—
ZASCA	Supreme Court of Appeal (South Africa)	South Africa's second-highest court

ZfBR	Zeitschrift für deutsches und internationales Bau- und Vergaberecht	German journal on building and procurement law
ZPO	Zivilprozessordnung	German Civil Procedure Code
ZUR	Zeitschrift für Umweltrecht	German journal on environmental law

Zusammenfassung

Die Rechtfertigung der Enteignung: Eine rechtsvergleichende Law and Governance-Analyse am Beispiel von Enteignungen zugunsten Privater für wirtschaftliche Entwicklung

Diese Studie enthält eine rechtsvergleichende Analyse der Rechtfertigung von Enteignungen von Landeigentum im deutschen, niederländischen, dem Recht des Staates New York sowie dem südafrikanischen Recht. Die Analyse beschränkt sich größtenteils auf die Regeln und die institutionellen Rahmenbedingungen, die für Enteignungen zugunsten Privater für wirtschaftliche Entwicklung (wie z.B. wirtschaftliches Wachstum und das Schaffen von Arbeitsplätzen) gelten. Es ist das Ziel dieses Buches, den Eigentumsschutz vor derartigen Enteignungen in den genannten Rechtssystemen zu vergleichen, anhand von internationalen Good Governance Standards hinsichtlich ihrer Qualität zu bewerten und ggf. Empfehlungen zur Verbesserung auszusprechen.

In den **Kapitel 3 bis 6** wird zunächst analysiert, welche materiellrechtlichen Voraussetzungen ein Vorhaben, für das enteignet werden soll, der Zweck dieses Vorhaben und die Enteignung für dieses Vorhaben in den untersuchten Rechtssystemen im Augenblick der Enteignung erfüllen müssen. Diese Voraussetzungen stellen zusammen die Rechtfertigung der Enteignung dar. Zum Zwecke der vergleichenden Analyse der untersuchten Rechtssysteme wird die Frage, ob eine Enteignung gerechtfertigt ist, in **Kapitel 2** unterteilt in Unterfragen. Anhand dieser Unterfragen kann erörtert werden, wie ein Rechtssystem diese Unterfragen beantwortet, und können die Antworten verglichen werden.

Die erste Unterfrage ist, welche abstrakten Zwecke eine Enteignung (unter weiteren Bedingungen) rechtfertigen können. Falls ein Zweck eine Enteignung (unter weiteren Bedingungen) rechtfertigen kann, wird dieser Zweck legitim genannt. Insbesondere wird geprüft, ob privatwirtschaftliche Vorhaben, die der wirtschaftlichen Entwicklung dienen, eine Enteignung zugunsten Privater rechtfertigen könnten.

Die zweite Unterfrage ist, welche Voraussetzungen die Beziehung zwischen dem Vorhaben und seinem legitimen Zweck erfüllen muss. Es wird untersucht, ob das Vorhaben geeignet sein muss, seinen Zweck zu erreichen, ob dem Vorhaben ein objektiver gesellschaftlicher Bedarf gegenüberstehen muss und ob das Vorhaben in einem bestimmten Maße zum Erreichen seines Zwecks beitragen muss.

Die dritte Unterfrage ist, welche Voraussetzungen die Prüfung von Planungsalternativen erfüllen muss. Es wird untersucht, ob und, falls ja, unter welchen Voraussetzungen die Enteignung unrechtmäßig wäre, weil es ein geeignetes Alternativvorhaben gäbe, das eine andere Form, einen anderen Standort oder eine andere Größe hat, und das private und öffentliche Interesse weniger stark beeinträchtigt als das ausgewählte Vorhaben.

Die vierte Unterfrage ist, ob es im untersuchten Rechtssystem für die Rechtmäßigkeit der Enteignung von Bedeutung ist, dass die Enteignung geeignet ist, es dem Vorhabenträger zu ermöglichen, das Vorhaben auszuführen.

Die fünfte Unterfrage ist, ob die Enteignung der geringstmögliche Eingriff sein muss. Es wird untersucht, ob es für die Rechtmäßigkeit der Enteignung im untersuchten Rechtssystem relevant ist, ob es ein weniger schädliches Mittel gibt, Zugang zum für das Vorhaben benötigten Land zu erhalten.

Die sechste Unterfrage ist, welche Bedingungen die Abwägung zwischen dem öffentlichen Nutzen des Vorhabens und der durch das Vorhaben und die Enteignung beeinträchtigten privaten und öffentlichen Interessen erfüllen muss.

In den **Kapiteln 3 bis 5** wird die Rechtfertigung der Enteignung in den untersuchten Rechtssystemen noch aus zwei anderen Perspektiven erörtert.

Wie in **Kapitel 2** dargestellt wird, wird nach der Analyse der Rechtfertigung der Enteignung untersucht, ob diese Rechtfertigung selbst nach der Enteignung noch normative Wirkung entfaltet. Diese normative Wirkung wird in diesem Buch die Beständigkeit der Rechtfertigung der Enteignung genannt. Diese Beständigkeit kann sich einerseits durch Maβnahmen äuβern, die den Vorhabenträger dazu verpflichten, das Vorhaben tatsächlich auszuführen (so genannte „vorbeugende Maβnahmen"). Andererseits kommt sie zum Ausdruck durch ein Recht auf Rückübereignung in den Fällen, in denen das Vorhaben nicht umgesetzt worden ist. Dieses Recht wird in diesem Buch als eine „korrigierende Maβnahme" bezeichnet.

Nach der Analyse der Rechtfertigung der Enteignung und ihrer Beständigkeit wird im dritten Teil der Analyse die Governance der Rechtfertigung der Enteignung einer Untersuchung unterzogen. Die Governance betrifft die institutionellen und verfahrensrechtlichen Rahmenbedingungen, unter denen die materiellrechtlichen Vorgaben formuliert und angewandt werden. Einerseits wird analysiert, welche Rolle(n) der Gesetzgeber, die Verwaltungsbehörde(n) und die Judikative annehmen bei der Formulierung und Anwendung der materiellrechtlichen Vorgaben. Andererseits wird beleuchtet, innerhalb welcher verwaltungsrechtlichen und gerichtlichen Verfahren diese Vorgaben formuliert oder angewandt werden.

Die rechtsvergleichende Analyse

In den **Kapiteln 3 bis 5** werden die Rechtfertigung der Enteignung, ihre Beständigkeit und ihre Governance in den untersuchten Rechtssystemen erörtert. **Abschnitt 7.1** beinhaltet eine vergleichende Analyse der in den vorangegangenen Kapiteln erlangten Erkenntnisse.

Auf die Frage, welche Enteignungszwecke legitim sind, geben die untersuchten Rechtssysteme sich ähnelnde Antworten. Im Allgemeinen wird es dem Gesetzgeber überlassen, die Legitimität der Enteignungszwecke zu bestimmen. Die Verfassung oder internationale Verträge erlegen dem Gesetzgeber nur sehr leichte Beschränkungen auf. Insbesondere kann der Gesetzgeber auch Verwaltungsbehörden ermächtigen, Landeigentum zugunsten Privater zum Zwecke wirtschaftlicher Entwicklung zu enteignen. Deshalb ist der Rechtsschutz gegen den vom Staat gewählten Enteignungszweck, unbeschadet der für die Ermessensausübung geltenden Regeln, als schwach zu bezeichnen.

Das deutsche Recht bietet dem Eigentümer gröβeren Rechtsschutz auf Grund der verfassungsgegebenen institutionellen Rahmenbedingungen. Im Gegensatz zu den anderen Rechtssystemen verpflichtet das deutsche Verfassungsrecht den deutschen Gesetzgeber, die Vorhaben und Enteignungszwecke näher im Enteignungsgesetz zu bestimmen. Enteignungen zugunsten Privater für wirtschaftliche Entwicklung sind in der Praxis nur auf Grund eines vorhabenspezifischen Enteignungsgesetzes im formellen Sinne möglich. Dieses vorhabenspezifische Gesetz muss die Eigenschaften des Vorhabens, seinen öffentlichen Nutzen sowie die Region und die Personen, die vom Vorhaben begünstigt werden, näher bestimmen. Diese institutionellen Vorgaben beschränken das Ermessen der Planungs- und Enteignungsbehörden. Hierdurch ist die deutsche Judikative in der Lage, effektiv zu überprüfen, ob der ausgewählte

Zweck den Voraussetzungen des Enteignungsgesetzes entspricht. In den anderen Rechtssystemen definiert der Gesetzgeber den Enteignungszweck oder das Vorhaben dagegen kaum oder gar nicht. Deshalb ist der Eigentümer dem Ermessen der Verwaltungsbehörde stärker ausgesetzt.

Die untersuchten Rechtssysteme machen sehr unterschiedliche Vorgaben hinsichtlich der Wahl der Vorhabens sowie der Enteignung als ein Mittel, das es dem den Vorhabenträger ermöglicht, das Vorhaben umzusetzen. Die einzigen Bedingungen, die in allen Systemen gestellt werden, sind, dass das Vorhaben geeignet sein muss, den legitimen Zweck zu erreichen, und dass die Enteignung geeignet sein muss, die Ausführung des Vorhabens zu ermöglichen.

Der Rechtsschutz gegen Enteignungen für Vorhaben, die einen geringen öffentlichen Nutzen erbringen, ist im deutschen und niederländischen Recht sowie im Staate New York besser entwickelt als in Südafrika. Das Recht des Staates New York kann solche Enteignungen verhindern durch die Voraussetzung des *public purpose*, der gegenüber dem privaten Interesse des Vorhabenträgers dominant sein muss. Gemäß deutschem Recht muss das Vorhaben einen substanziellen Beitrag zum legitimen Zweck erbringen. Das niederländische Recht kann solche Enteignungen durch die Verhältnismäßigkeitsprüfung verhindern. Das südafrikanische Recht enthält im Moment keine derartigen Vorgaben.

Der Rechtsschutz vor Vorhaben, die schädlicher sind als geeignete Alternativvorhaben, ist am größten im deutschen und niederländischen Recht. Diese Rechtssysteme können Enteignungen für Vorhaben unterbinden, welche verglichen mit einem geeigneten Alternativvorhaben substanzielle Nachteile haben oder erheblich schädlicher sind als ein geeignetes Alternativvorhaben. Gemäß dem Recht des Staates New York und dem südafrikanischen Recht sind hingegen nur Enteignungen für Vorhaben hinfällig, die in keiner Hinsicht weniger schädlich sind und in keiner Hinsicht einen größeren Nutzen haben als ein Alternativvorhaben, das im Großen und Ganzen weniger schädlich ist oder einen größeren öffentlichen Nutzen bringt.

Der Rechtsschutz vor Enteignungen, die nicht erforderlich sind für die Ausführung des Vorhabens, ist in Deutschland, den Niederlanden und dem Staate New York stärker ausgeprägt als in Südafrika. Anders als das südafrikanische Recht erkennen die drei erstgenannten Systeme den Erwerb von weniger Land, weniger schädliche rechtliche Mittel sowie einen Versuch des rechtsgeschäftlichen Erwerbs als mildere Mittel an, wodurch die Enteignung nicht länger erforderlich wäre. In den Niederlanden ist der Rechtsschutz am stärksten, da das niederländische Recht das Recht auf Selbstausführung des Vorhabens anerkennt. Dieses Recht kann ausgeübt werden, falls der Eigentümer bereit und in der Lage ist, das Vorhaben gemäß den Vorstellungen der Planungsbehörde auszuführen.

Der Rechtsschutz gegen Enteignungen, die im Verhältnis zum öffentlichen Nutzen des Vorhabens unangemessene Nachteile zur Folge haben, ist im Allgemeinen nur sehr schwach ausgeprägt. Nur deutsche Gerichte formulieren auf Grund des Verhältnismäßigkeitsgrundsatzes eigene Vorgaben und unterziehen die von den Verwaltungsbehörden durchgeführte Abwägung einer vollständigen rechtlichen Prüfung. Eine Folge dieser vollständigen Prüfung ist, dass z.B. eine Enteignung, die den Betrieb des Eigentümers zu destabilisieren droht, unter Umständen unverhältnismäßig im engeren Sinne und damit unrechtmäßig wäre. Ein solch starker Rechtsschutz wird von den anderen Rechtssystemen nicht geboten. Anders als deutsche Gerichte berücksichtigen die niederländischen, die Gerichte des Staates New York sowie die südafrikanischen Gerichte bei der Abwägung die vom

Eigentümer zu empfangende Entschädigung. Zudem prüfen die Gerichte die Verwaltungsakte sehr zurückhaltend und respektieren insbesondere Werturteile und politische Entscheidungen der Verwaltungsbehörden. Im Staate New York erachten die Gerichte die Abwägung selbst für vollkommen unerheblich für die Rechtmäßigkeit der Enteignung.

Die Beständigkeit der Rechtfertigung der Enteignung ist nicht in allen untersuchten Rechtssystemen in gleichem Maße stark ausgeprägt. Das deutsche Verfassungsrecht schreibt dem Gesetzgeber vor sicherzustellen, dass der Vorhabenträger zur tatsächlichen Ausführung des Vorhabens verpflichtet wird. In den anderen Rechtssystemen ordnet die Gesetzgebung vorbeugende Maßnahmen nicht in allen Enteignungsfällen an. Oftmals müssen Beteiligte sich auf die Initiative der handelnden Verwaltungsbehörde verlassen.

Das deutsche Recht ist auch das einzige System, das ein Recht auf Rückübereignung in allen Fällen der Nichtausführung vorsieht. In den anderen Systemen ist ein solches Recht nur in besonders seltenen Fällen gegeben. In anderen Fällen muss der Enteignete in jenen Systemen darauf hoffen, dass die Verwaltungsbehörde ein Recht auf Rückübereignung im Zuge der Verhandlungen mit dem Vorhabenträger bedungen hat.

Die prozedurale Position des Eigentümers in den Verwaltungsverfahren ist am stärksten in den Niederlanden. Das Vorhaben wird vom direktgewählten Gemeinderat gestaltet. Das dazugehörige Konsultationsverfahren beginnt mit der Gestaltung des Vorhabens. Das deutsche Recht bietet einen ähnlich starken Schutz. Das Verwaltungsverfahren vor einer nicht direktgewählten Behörde enthält viele Möglichkeiten für Austausch und Diskussionen und beginnt mit der Gestaltung des Vorhabens. Im Gegensatz hierzu beginnt die öffentliche Beteiligung in New York und Südafrika erst in dem Moment, in dem der Staat für ein bereits gestaltetes Vorhaben Landeigentum enteignen will. Die Wahrscheinlichkeit, dass der Eigentümer das Ergebnis wird beeinflussen können, ist darum in New York und Südafrika als gering einzuschätzen.

Falls der Enteignete gegen eine Planungs- oder Enteignungsentscheidung den Rechtsweg beschreitet (oder ein Gerichtsverfahren verpflichtender Bestandteil des Enteignungsverfahrens ist), ist seine prozedurale Position im Gerichtsverfahren in Deutschland am stärksten. Die deutschen Verwaltungsgerichte ermitteln den Sachverhalt von Amts wegen und die Beweislast wird von der Verwaltungsbehörde getragen. Das höchste niederländische Verwaltungsgericht, die *Afdeling bestuursrechtspraak van de Raad van State*, welche zuständig ist für Klagen gegen Bebauungspläne, bietet auch einen relativ starken Schutz, weil sie den Sachverhalt von Amts wegen ermitteln darf und die Beweislast höchstwahrscheinlich von der Planungsbehörde, dem Gemeinderat, getragen wird. Dagegen wird der Enteignete von den Gerichten, die in Enteignungssachen in den Niederlanden, im Staate New York und in Südafrika zuständig sind, benachteiligt. Die Gerichte dürfen den Sachverhalt nicht von Amts wegen ermitteln und der Enteignete trägt die Beweislast.

Alles in allem stellt das deutsche Recht die strengsten materiellrechtlichen Vorgaben an das Vorhaben und die Enteignung. Der Schutz des Enteigneten ist im deutschen Recht auch nach der Enteignung am stärksten ausgeprägt, da das deutsche Recht ein Recht auf Rückübereignung in allen Fällen der Nichtausführung garantiert. Die prozedurale Position des Enteigneten in den Verwaltungs- und Gerichtsverfahren ist in Deutschland und den Niederlanden am stärksten, da der

Enteignete in einem frühen Stadium am Entscheidungsprozess beteiligt wird und die Gerichte pro-aktiv handeln müssen oder zumindest können.

Erklärungen für Gemeinsamkeiten und Unterschiede

In **Abschnitt 7.2** wird der Versuch unternommen, Erklärungen zu finden für die wichtigsten Gemeinsamkeiten und Unterschiede zwischen den untersuchten Rechtssystemen.

Die wichtigste Gemeinsamkeit ist, dass alle untersuchten Rechtssysteme wirtschaftliche Entwicklung als einen legitimen Zweck einer Enteignung zugunsten Privater anerkennen. Der wichtigste Grund für diese Gemeinsamkeit scheint zu sein, dass der Staat die Verantwortung für das wirtschaftliche Wohlergehen der Gesellschaft und eine ausreichende Anzahl von Arbeitsplätzen übernommen hat. Zudem beugen sich die Gerichte in der Regel hinsichtlich der Enteignungszwecke den Entscheidungen des Gesetzgebers und, in geringerem Ausmaße, der Verwaltungsbehörden. Darum können der Gesetzgeber und die Verwaltungsbehörden ihre wirtschaftspolitische Verantwortung auch im Enteignungsrecht in die Tat umsetzen.

Ein großer Unterschied zwischen den untersuchten Rechtssystemen ist die Bestimmtheit der legitimen Zwecke in der Enteignungsgesetzgebung. Die Gesetzgeber der Niederlande, des Staates New York und Südafrikas bestimmen den legitimen Zweck der wirtschaftlichen Entwicklung entweder nur in sehr abstrakter Form oder überhaupt nicht näher. Gemäß deutschem Verfassungsrecht können dagegen lediglich vorhabenspezifische Gesetze mit einer genauen Beschreibung des Vorhabens und seiner Zwecke die Grundlage bilden für eine Enteignung zugunsten Privater für wirtschaftliche Entwicklung. Auf der einen Seite kann ein Streben nach Flexibilität in allen Rechtssystemen, eine Tradition allgemeiner Enteignungsgesetzgebung in Südafrika und die Bevorzugung demokratischer Entscheidungsfindung in niederländischen Gemeinden die mangelnde Bestimmtheit der Enteignungszwecke erklären. Auf der anderen Seite erklären die starke institutionelle Position des Bundesverfassungsgerichts und die historische Erfahrung eines schwachen Gesetzgebers sowie einer entfesselten Exekutive während der Weimarer Republik und der nationalsozialistischen Diktatur die strengen Bestimmtheitsanforderungen des deutschen Grundgesetzes.

Ein anderer großer Unterschied ist, dass die deutschen Gerichte die Abwägung zwischen dem öffentlichen Nutzen des Vorhabens und den beeinträchtigten öffentlichen und privaten Interessen vollständigen rechtlich überprüfen, während Gerichte in den anderen untersuchten Systemen diese Abwägung sehr zurückhaltend oder gar nicht überprüfen. Die allgemeine Tendenz zur zurückhaltenden Prüfung kann dadurch erklärt werden, dass der Gesetzgeber die Verwaltungsbehörden in allen Rechtssystemen mit stets umfangreicheren Befugnissen und stets weiterreichendem Ermessen ausstattet. Die deutschen Gerichte überprüfen die genannte Abwägung vollständig wegen der frühen Entwicklung des Verhältnismäßigkeitsgrundsatzes im deutschen Recht sowie dem besonderen Vertrauen, das die Gerichte in Deutschland genießen. Hinzu kommt, dass die Gerichte bei der Abwägung die für die Enteignung zu zahlende Entschädigung nicht berücksichtigen dürfen. Dies führt wiederum zu strengeren Vorgaben. In den anderen Rechtssystemen gibt es Faktoren, die eine weniger zurückhaltende Prüfung behindern. Ein außergewöhnliches Vertrauen in die Judikative ist in den anderen Systemen nicht zu ermitteln. In den Vereinigten Staaten besteht seit der *Lochner*-Ära sogar der Verdacht, dass die Gerichte eine vollständige Prüfung dazu missbrauchen würden, gesellschaftlich wünschenswerte Entwicklungen zu torpedieren. In Südafrika bleibt das englische Erbe ein Bremsklotz auf dem Weg hin zu neuen materiellrechtlichen Voraussetzungen, die der Verfassung von 1996 besser entsprechen. Darüber hinaus berücksichtigen die Gerichte in den Niederlanden, dem Staate New York sowie in Südafrika die zu zahlende Entschädigung. Dieser Umstand führt wiederum zu weniger strengen materiellen Vorgaben.

Erfüllen die Rechtssysteme internationale Standards?

Eine normative Bewertung des Eigentumsschutzes vor Enteignung in den untersuchten Rechtssystemen ist nur möglich anhand geeigneter Kriterien. Die *Voluntary Guidelines on the Responsible Governance of Tenure of Land, Fisheries and Forests in the Context of National Food Security*, das Buch "FAO Land Tenure Studies 10: Compulsory acquisition of land and compensation", Standard 5 der *Performance Standards on Environmental and Social Sustainability* der International Financial Corporation sowie Standard 5 des *World Bank Environmental and Social Framework* enthalten Good Governance Standards hinsichtlich der Rechtfertigung der Enteignung, ihrer Beständigkeit und ihrer Governance. Wie in **Abschnitt 7.3** dargestellt wird, erfüllen die untersuchten Rechtssystemen in vielerlei Hinsicht diese Good Governance Standards nicht.

Die genannten internationalen Dokumente empfehlen, dass der Gesetzgeber die legitimen Zwecke so genau im Gesetz umschreibt, dass die Gerichte effektiv überprüfen können, ob die Enteignung dem Enteignungsgesetz entspricht. Eine abstrakte Umschreibung wirtschaftlicher Entwicklung als legitimen Zweck, wie sie in den Niederlanden, dem Staate New York und Südafrika zu beobachten ist, erfüllt diesen Maßstab nicht. Eine abstrakte Umschreibung führt zu einer Neigung der Gerichte, die von der Verwaltungsbehörde vorgeschlagene Interpretation des im Gesetz verankerten Zwecks lediglich zurückhaltend zu prüfen oder gar nur das verfassungsrechtliche Allgemeinwohlerfordernis anzuwenden. Nur näher bestimmte legitime Zwecke, wie sie durch vorhabenspezifische Enteignungsgesetze im deutschen Recht garantiert werden, können einen adäquaten Rechtsschutz gegen den Enteignungszweck sicherstellen.

Die internationalen Dokumente empfehlen des Weiteren, den Verwaltungsbehörden eine Verpflichtung aufzuerlegen, die betroffenen Interessen abzuwägen und eine Prüfung von weniger schädlichen Planungsalternativen durchzuführen. Das deutsche, niederländische und das Recht des Staates New York folgen dieser Empfehlung bereits. Südafrika muss noch eine derartige Verpflichtung einführen.

Die internationalen Dokumente drängen darauf, dass die Rechtssysteme schutzbedürftige gesellschaftliche Gruppen, wie z.B. wirtschaftlich arme Menschen, besonders vor Enteignung zu schützen. Das niederländische und das Recht des Staates New York schützen diese Gruppen lediglich nach der Enteignung. Umzugskosten werden ersetzt, subventionierte Wohnungen werden angeboten oder es gibt ein Umsiedlungsprogramm. Das deutsche und das südafrikanische Recht beschützen diese Gruppe zusätzlich auch vor der Enteignung. Die Gerichte können ihren Interessen zusätzliches Gewicht zuerkennen bei der Abwägung zwischen dem öffentlichen Nutzen des Vorhabens und den vom Vorhaben und der Enteignung beeinträchtigten Interessen.

Die internationalen Dokumente empfehlen ferner, dass die Enteignung den geringstmöglichen Eingriff darstellen muss. Dieser Empfehlung folgen bereits das deutsche, niederländische sowie das Recht des Staates New York. Im südafrikanischen Recht muss dieser Grundsatz noch anerkannt werden.

Die internationalen Dokumente empfehlen, dass das Planungs- oder Enteignungsverfahren durch eine öffentliche Mitteilung angekündigt wird. Des Weiteren wird empfohlen, dass Beteiligte eine individuelle Mitteilung erhalten. Alle relevanten Informationen sollten zur Verfügung gestellt werden. Nicht alle untersuchten Rechtssysteme halten sich an diese Empfehlungen. Die deutsche Planungsgesetzgebung sowie das südafrikanische Recht hinsichtlich von Großvorhaben schreiben nicht vor, dass Eigentümer, Inhaber dinglicher Rechte sowie Mieter individuelle Mitteilungen erhalten. Das Recht des Staates New York schreibt eine individuelle Mitteilung nur an Eigentümer vor und stellt die relevanten Informationen nicht der Öffentlichkeit zur Verfügung.

Die internationalen Dokumente empfehlen, dass die Beteiligung der Öffentlichkeit das Ergebnis des Verfahrens beeinflussen kann. Im Staate New York und in Südafrika können Beteiligte jedoch in der Regel erst im Enteignungsverfahren ihre Meinung zum Ausdruck bringen. Dies ist höchstwahrscheinlich zu spät, um die Entscheidung über das Vorhaben und die Enteignung noch zu beeinflussen. Das deutsche und das niederländische Recht verlangen dagegen Öffentlichkeitsbeteiligung ab dem Beginn des Planungsverfahrens.

Die internationalen Dokumente empfehlen, dass die Öffentlichkeitsbeteiligung die Form von Austausch und Diskussionen annimmt. In den untersuchten Rechtssystemen müssen die Verwaltungsbehörden jedoch meist Beteiligten nur die Gelegenheit bieten, ihre Meinung zu äußern. Manchmal können sie ihren Standpunkt noch mündlich näher ausführen. Nur das deutsche Recht folgt der Empfehlung der internationalen Dokumente und erklärt Austausch und Diskussionen für obligatorisch.

Die internationalen Dokumente empfehlen vorbeugende Maßnahmen, um sicherzustellen, dass das Vorhaben durchgeführt wird. Nur das deutsche Recht bietet hierzu eine alle Enteignungsfälle umfassende Regelung. Die anderen Rechtssysteme schreiben dagegen vorbeugende Maßnahmen nur in bestimmten Fällen vor.

Die internationalen Dokumente empfehlen ein Recht auf Rückübereignung in allen Fällen vor, in denen das Vorhaben nicht umgesetzt wird. Nur das deutsche Recht folgt dieser Empfehlung. Die anderen Rechtssysteme sehen ein derartiges Recht nur in Ausnahmefällen vor.

Die Empfehlungen

Auf Grundlage der rechtsvergleichenden Analyse und der Anwendung der internationalen Good Governance Standards spricht **Abschnitt 7.4** dieses Buches im Einklang mit den Good Governance Standards Empfehlungen zur Verbesserung des Eigentumsschutzes vor Enteignungen zugunsten Privater für wirtschaftliche Entwicklung in den untersuchten Rechtssystemen aus.

(1) Enteignungen zugunsten Privater für wirtschaftliche Entwicklung sollten nur auf Grund vorhabenspezifischer Gesetze erfolgen können;

(2) Eine Verpflichtung, die betroffenen Interessen abzuwägen und Planungsalternativen zu prüfen, sollte eingeführt werden;

(3) Enteignung sollte der geringstmögliche Eingriff sein;

(4) Planungs- und Enteignungsverfahren sollten eigenständige Verfahren sein und formell getrennt werden;

(5) In den Verwaltungsverfahren sollten Austausch und Diskussionen stattfinden müssen;

(6) Die Planungs- oder Enteignungsbehörde sollte verpflichtet werden, vorbeugende Maßnahmen zu ergreifen, um das Erreichen des Gemeinwohlzwecks zu versichern;

(7) Ein Recht auf Rückübereignung sollte in allen Fällen der Nichtausführung gelten.

Samenvatting

De rechtvaardiging van onteigening: Een rechtsvergelijkende 'law and governance' analyse aan de hand van onteigeningen voor private partijen ten behoeve van economische ontwikkeling

Dit boek bevat een rechtsvergelijkende analyse van de rechtvaardiging van onteigening van grond in het Duitse recht, Nederlandse recht, het recht van de staat New York en het Zuid-Afrikaanse recht. Het onderzoek beperkt zich grotendeels tot de regels en het institutionele raamwerk die van toepassing zijn op onteigeningen voor private partijen ten behoeve van economische ontwikkeling (bijv. economische groei en het creëren van banen). Met dit boek wordt beoogd de bescherming van eigendom tegen onteigening in de genoemde rechtsstelsels te vergelijken en aan de hand van internationale 'good governance'-standaarden op hun kwaliteit te beoordelen, alsmede zo nodig, aanbevelingen ter verbetering te doen.

In de **hoofdstukken 3 t/m 6** wordt eerst bekeken aan welke materiële voorwaarden het project ten behoeve waarvan grond wordt onteigend, het doel van dit project en de onteigening voor dit project in de onderzochte stelsels moeten voldoen op het moment van de onteigening. Deze voorwaarden vormen samen de rechtvaardiging van de onteigening. Ten behoeve van de vergelijkende analyse van de onderzochte rechtsstelsels wordt de vraag of de onteigening gerechtvaardigd is in **hoofdstuk 2** onderverdeeld in een aantal subvragen. Op basis van deze subvragen kan worden onderzocht hoe in deze stelsels deze subvragen worden beantwoord en kunnen deze antwoorden worden vergeleken.

De eerste subvraag is welke doelen een onteigening (onder bijkomende voorwaarden) kunnen rechtvaardigen. Als één of meer bepaalde doelen een onteigening (onder bijkomende voorwaarden) kunnen rechtvaardigen, dan is het doel legitiem. Een specifieke analyse hierover wordt uitgevoerd met betrekking tot private projecten die de economische ontwikkeling dienen.

De tweede subvraag is welke eisen een stelsel stelt aan de verhouding tussen een project en zijn legitieme doel. Onderzocht wordt of een project geschikt moet zijn om zijn doel te bereiken, of er objectieve maatschappelijke behoefte is voor het project en of het project in een bepaalde mate moet bijdragen aan het bereiken van het legitieme doel.

De derde subvraag is of een stelsel het 'alternatief project-verweer' erkent. Dit verweer houdt in dat er een alternatief project is dat een andere vormgeving, locatie of grootte heeft dan het gekozen project en dat dit alternatieve project minder schade toebrengt aan private en publieke belangen.

De vierde subvraag is of het relevant is voor de rechtmatigheid van onteigening in een onderzocht stelsel of de onteigening geschikt is om de uitvoerder van het project in staat te stellen om het project te realiseren.

De vijfde subvraag is of een stelsel het 'minst bezwarend middel-verweer' erkent. Dit verweer houdt in dat er een minder bezwarend middel bestaat om het vereiste gebruik te krijgen van de voor het project benodigde grond.

De zesde subvraag is welke eisen een stelsel stelt aan de balans tussen de publieke voordelen van het project en de private en publieke belangen die door het project en de onteigening worden geschaad.

In de **hoofdstukken C t/m F** wordt de rechtvaardiging van onteigening in de onderzochte stelsels ook vanuit twee andere perspectieven behandeld.

Zoals in **hoofdstuk 2** wordt uiteengezet, wordt na de analyse van de rechtvaardiging van onteigening onderzocht of deze rechtvaardiging zelfs na de onteigening nog normatieve werking heeft. Deze normatieve werking wordt in dit boek de bestendigheid van de rechtvaardiging van onteigening genoemd. Deze bestendigheid kan enerzijds tot uitdrukking komen door maatregelen die de uitvoerder van het project dwingen om het project te realiseren (zogenaamde 'preventieve maatregelen'). Anderzijds kan zij tot uitdrukking komen door het recht van de onteigende om het onteigende terug te ontvangen indien het project niet is gerealiseerd. Dit recht op terugoverdracht wordt een corrigerende maatregel genoemd.

Na de analyse van de rechtvaardiging van onteigening en haar bestendigheid wordt in het derde deel van de analyse de *governance* van de rechtvaardiging van onteigening onderzocht. De *governance* betreft het institutionele en procedurele kader waarin de materiële voorwaarden voor een gerechtvaardigde onteigening worden vormgegeven en toegepast. Enerzijds wordt onderzocht welke rol de wetgever, de bestuursorganen en de rechter vervullen bij het vormgeven en toepassen van die voorwaarden. Anderzijds wordt nagegaan welke bestuursrechtelijke of gerechtelijke procedures deze organen hierbij moeten volgen.

De rechtsvergelijkende analyse

In de **hoofdstukken 3 t/m 5** zijn de rechtvaardiging van onteigening, haar bestendigheid en haar governance in het Duitse recht, Nederlandse recht, het recht van de staat New York en het Zuid-Afrikaanse recht geanalyseerd. **Onderdeel 7.1** bevat een vergelijkende analyse van de in de voorafgaande hoofdstukken beschreven resultaten.

Op de vraag welke doelen van een onteigening legitiem zijn, geven de onderzochte stelsels soortgelijke antwoorden. In het algemeen wordt het aan de wetgever overgelaten om de legitimiteit van deze doelen te bepalen. De grondwet of internationale verdragen leggen maar zeer geringe beperkingen aan de wetgever op. In het bijzonder kan de wetgever bestuursorganen de bevoegdheid verlenen om grond voor private projecten die de economische ontwikkeling dienen, te onteigenen. Derhalve is er weinig rechtsbescherming tegen het doel dat de wetgever door onteigening wil bereiken.

Het Duitse recht biedt meer bescherming dan de andere stelsels door zijn 'governance model'. Anders dan in de andere stelsels is de Duitse wetgever grondwettelijk verplicht om de doelen en projecten waarvoor grond kan worden onteigend, nauwkeurig in de onteigeningswet te definiëren. Onteigeningen voor private projecten die de economische ontwikkeling dienen, zijn in de praktijk alleen mogelijk op grond van een wet in formele zin die specifiek voor dit project is aangenomen. Deze project-specifieke wet dient nader aan te geven welke de eigenschappen van het project zijn, wat de publieke voordelen daarvan zijn en welke regio en groep mensen van het project zullen profiteren. Dit model beperkt de beleidsvrijheid van het bestuursorgaan dat bevoegd is om het doel van de onteigening te bepalen. Hierdoor is de Duitse rechter in staat om effectief te controleren of het gekozen doel beantwoordt aan deze eisen van de onteigeningswet. In de andere stelsels definieert de wetgever de projecten en doelen daarentegen niet of nauwelijks. Hierdoor staat de onteigende, binnen de grenzen die aan de uitoefening van discretionaire bevoegdheden in het algemeen worden gesteld, bloot aan de beleidsvrijheid van de bevoegde bestuursorganen.

De onderzochte stelsels vertonen grote verschillen met betrekking tot de keuze van het project en de onteigening als een middel om de uitvoerder in staat te stellen om het project te realiseren. De enige voorwaarden die in alle stelsels worden gesteld, zijn de geschiktheid van het project om het legitieme doel te dienen en de geschiktheid van de onteigening om de uitvoerder in staat te stellen om het project te realiseren.

De rechtsbescherming tegen onteigeningen voor projecten met weinig publieke voordelen is beter ontwikkeld in Duitsland, Nederland en de staat New York, dan in Zuid-Afrika. De staat New York kan dergelijke onteigeningen tegenhouden door de voorwaarde van een *public purpose* die het private belang van de projectontwikkelaar moet domineren. Het Duitse recht stelt de voorwaarde van een substantiële bijdrage van het project aan het legitieme doel. Het Nederlandse recht kan dergelijke onteigeningen door de evenredigheidstoets voorkomen. In Zuid-Afrika worden op dit moment geen soortgelijke eisen gesteld.

De rechtsbescherming tegen gekozen projecten die schadelijker zijn dan even geschikte alternatieven is het best ontwikkeld in het Duitse en het Nederlandse recht. Deze stelsels kunnen onteigeningen voor projecten voorkomen die aanzienlijk schadelijker zijn dan het alternatief. Het recht van de staat New York en het Zuid-Afrikaanse recht kunnen alleen onteigeningen voor projecten tegenhouden die in geen enkel opzicht minder schadelijk en in geen enkel opzicht meer voordelen opleveren dan een alternatief project dat minder schadelijk is of meer voordelen oplevert.

De rechtsbescherming voor onteigening als een onnodig middel ter uitvoering van het project is beter ontwikkeld in Duitsland, Nederland en de staat New York, dan in Zuid-Afrika. De drie eerstgenoemde stelsels erkennen de verkrijging van minder grond door onteigening, minder ingrijpende juridische middelen (bijvoorbeeld de vestiging van een beperkt recht) en een redelijke poging om de grond te kopen als minder ingrijpende middelen die in plaats kunnen treden van onteigening. In Zuid-Afrika is dit niet het geval. In Nederland is de bescherming het grootst, want het Nederlandse recht erkent het recht op zelfrealisatie. Dit recht houdt in dat een onteigening niet noodzakelijk en daarom onrechtmatig is indien de eigenaar bereid en in staat is om het project uit te voeren overeenkomstig de wensen van het bestuursorgaan dat het project heeft vastgelegd.

De rechtsbescherming tegen onteigeningen die in verhouding tot de publieke voordelen van het project onevenredige nadelen tot gevolg zouden hebben, is in het algemeen weinig ontwikkeld. Alleen de Duitse rechter formuleert op grond van de *Verhältnismäßigkeitsgrundsatz* eigen voorwaarden en voert een indringende toetsing uit van de verhouding tussen de publieke voordelen van het project en de schadelijke gevolgen van het project en de onteigening. Een gevolg van deze indringende toetsing is dat het Duitse recht bijvoorbeeld een onteigening heeft tegengehouden die het bedrijf van de onteigende zou kunnen destabiliseren. De andere stelsels bieden geen dergelijke bescherming. Anders dan het Duitse recht nemen zij de schadeloosstelling die de onteigende ontvangt in aanmerking bij de rechtvaardigingstoets en beperken de rol van de rechter tot een zeer marginale toetsing die de waardeoordelen en beleidskeuzes van het bevoegde bestuursorgaan in stand laten. De rechter in de staat New York acht de balans tussen publieke voordelen en schadelijke gevolgen zelfs betekenisloos voor de rechtmatigheid van de onteigening.

De bestendigheid van de rechtvaardiging van onteigening is niet even sterk in de onderzochte stelsels. Het Duitse recht is het enige stelsel waarin de grondwet voor alle onteigeningen voorschrijft dat het bevoegde bestuursorgaan verplicht is om te verzekeren dat het project daadwerkelijk wordt uitgevoerd. In de andere stelsels bestrijkt de wetgeving niet alle gevallen van onteigening. Dikwijls moeten belanghebbenden op het initiatief van het bevoegde bestuursorgaan vertrouwen.

Het Duitse recht is ook het enige stelsel dat in alle gevallen waarin het project niet is uitgevoerd, ervoor zorgt dat de onteigende een recht op terugoverdracht heeft. In de andere stelsels bestaat een dergelijk recht slechts in uitzonderingsgevallen. In andere gevallen moet de onteigende hopen dat het bevoegde bestuursorgaan een dergelijk recht bij de uitvoerder heeft bedongen.

De positie van de onteigende in bestuursrechtelijke procedures is het sterkst in Nederland. Het project wordt vormgegeven door een direct gekozen gemeenteraad. De consultatieprocedure begint wanneer het project wordt vormgegeven. Het Duitse recht is een goede tweede omdat het zorgt voor een besluitvormingsprocedure met veel overlegmogelijkheden die bij een niet-gekozen bestuursorgaan begint als het project wordt vormgegeven. Daarentegen beginnen de participatieve procedures in de staat New York en Zuid-Afrika pas op het moment dat de staat de grond voor een al vormgegeven project wil onteigenen. De mogelijkheden voor de onteigende om het project op dat moment nog te kunnen beïnvloeden, zijn erg gering.

Als de onteigende beroep instelt tegen de onteigeningsbeslissing of betrokken wordt in een voorgeschreven gerechtelijke onteigeningsprocedure, dan wel beroep instelt tegen een plan waarop de onteigening is gebaseerd, is zijn positie het sterkst in het Duitse recht. De Duitse bestuursrechter moet actief de relevante feiten vergaren en de bewijslast rust op het bevoegde bestuursorgaan. De Nederlandse Afdeling bestuursrechtspraak van de Raad van State kan de personen die door het gemeentelijke bestemmingsplan worden geraakt, ook redelijk goed beschermen omdat de Afdeling de relevante feiten actief mag vergaren en de bewijslast hoogstwaarschijnlijk op de gemeenteraad rust. Daarentegen wordt de onteigende door de civiele rechter in Nederland, de Zuid-Afrikaanse rechter en de rechter in de staat New York benadeeld omdat de rechter de feiten niet actief mag vergaren en de bewijslast op de onteigende rust.

Resumerend stelt het Duitse recht de strengste juridische voorwaarden aan het project en de onteigening voor het project. De bescherming van de onteigende in het Duitse recht is ook na de onteigening het sterkst vanwege het recht op terugoverdracht in alle gevallen waarin het project niet is uitgevoerd. De positie van de onteigende in de bestuursrechtelijke en de gerechtelijke procedures is het sterkst in Duitsland en Nederland, omdat de onteigende in een vroege fase van het besluitvormingsproces heeft inspraakmogelijkheden en de gerechten pro-actief moeten of mogen zijn.

Verklaringen voor overeenkomsten en verschillen

In **Onderdeel 7.2** wordt geprobeerd om een verklaring te vinden voor de voornaamste overeenkomsten en verschillen tussen de onderzochte stelsels.

De voornaamste overeenkomst tussen de onderzochte stelsels is dat zij allemaal economische ontwikkeling erkennen als een legitiem doel dat ook een onteigening ten behoeve van een private partij kan rechtvaardigen. De belangrijkste reden voor deze overeenkomst lijkt te zijn dat de staat inmiddels de verantwoordelijkheid heeft overgenomen voor het goede functioneren van de economie en het verschaffen van voldoende werkgelegenheid. Verder legt de rechter zich in de regel neer bij de keuzes van de wetgever en, in mindere mate, de bestuursorganen zodat de wetgever en de bestuursorganen deze verantwoordelijkheid ook op het gebied van het onteigeningsrecht vorm kunnen geven.

Een groot verschil tussen de onderzochte stelsels is de specificiteit van de legitieme doelen in de onteigeningswetgeving. De wetgevers van Nederland, de staat New York en Zuid-Afrika omschrijven de legitieme doelen maar zeer abstract of helemaal niet in de onteigeningswetgeving die wordt gebruikt voor onteigeningen ten behoeve van private partijen voor economische ontwikkeling. In Duitsland kunnen daarentegen alleen project-specifieke wetten met een specifieke omschrijving van het project en zijn doelen een dergelijke onteigening rechtvaardigen. Enerzijds kunnen een streven naar flexibiliteit in alle stelsels, een traditie van algemene onteigeningswetgeving in Zuid-Afrika en een voorkeur voor democratische besluitvorming op gemeentelijk niveau in Nederland de abstracte omschrijvingen van legitieme doelen verklaren. Anderzijds is de sterke positie van het Duitse Constitutionele Hof in het Duitse staatsbestel in verband met de historische ervaring van een zwakke wetgever en een bandeloze uitvoerende macht tijdens de Weimarrepubliek en de nationaalsocialistische dictatuur, een verklaring voor de strenge specificiteitseisen.

Een ander groot verschil is dat de Duitse rechter de balans tussen de publieke voordelen van het project en de schadelijke gevolgen van het project en de onteigening indringend toetst, terwijl de rechters in de andere stelsels deze balans helemaal niet of slechts marginaal toetsen. Dat de rechters zich in de meeste stelsels terughoudend opstellen, kan worden verklaard door de terugtred van de wetgever en het feit dat de wetgever bestuursorganen een steeds bredere beleidsvrijheid verleent. Dat de Duitse rechter de balans indringend toetst heeft enerzijds te maken met de vroege ontwikkeling van het evenredigheidsbeginsel en het bijzondere vertrouwen dat de rechter in Duitsland geniet. Anderzijds mag de rechter geen rekening houden met de schadeloosstelling die de onteigende ontvangt, hetgeen mede leidt tot strengere maatstaven. In de andere stelsels is er daarentegen sprake van meerdere factoren die de ontwikkeling van een indringendere toetsing tegenhouden. Er ontbreekt het bijzondere vertrouwen in de rechter. Wat de Verenigde Staten betreft, voedt de *Lochner* era nog steeds de angst dat de rechter zijn macht zou misbruiken om wenselijke maatschappelijke ontwikkelingen te torpederen. In Zuid-Afrika is de Engelse erfenis een drempel voor de ontwikkeling van nieuwe toetsingsmaatstaven in het licht van de grondwet van 1996. Ook houden het Nederlandse recht, het recht van de staat New York en het Zuid-Afrikaanse recht rekening met de schadeloosstelling die de onteigende ontvangt, hetgeen leidt tot minder strenge toetsingsmaatstaven.

Voldoen de stelsels aan internationale standaards?

Een normatieve beoordeling van de bescherming voor onteigening die de onderzochte stelsels bieden, is alleen mogelijk op grond van geschikte criteria. Internationale richtlijnen kunnen een bron van dergelijke criteria zijn. De *Voluntary Guidelines on the Responsible Governance of Tenure of Land, Fisheries and Forests in the Context of National Food Security*, het boek "FAO Land Tenure Studies 10: Compulsory acquisition of land and compensation", standaard 5 van de *Performance Standards on Environmental and Social Sustainability* van de International Financial Corporation en standaard 5 van de *World Bank Environmental and Social Framework* bevatten *good governance standards* met betrekking tot de rechtvaardiging van onteigening, haar bestendigheid en haar governance. Zoals **Onderdeel G.3** laat zien, slagen de onderzochte stelsels er in menig opzicht niet in om aan deze good governance standaarden te voldoen.

De genoemde internationale richtlijnen bevelen aan dat de wetgever de legitieme doelen zodanig in de wet definieert dat de rechter in staat is om effectief te controleren of aan de wet is voldaan. Een abstracte wettelijke omschrijving van economische ontwikkeling als legitiem doel, zoals zij in Nederland, de staat New York en Zuid-Afrika te vinden is, kan aan deze eis niet voldoen. Zij leidt ertoe dat de de rechter geneigd is om de door het bestuursorgaan voorgestane interpretatie van de wettelijk omschreven doelen slechts marginaal te toetsen of alleen te toetsen of het gekozen doel in de zeer beperkte categorie van doelen valt die volgens de grondwet onteigening niet kunnen rechtvaardigen. Alleen een meer specifieke omschrijving van de legitieme doelen, zoals zij in Duitse project-specifieke onteigeningswetten te vinden is, kan een effectieve controle van het doel van de onteigening waarborgen.

De internationale richtlijnen bevelen een verplichting voor het bevoegde bestuursorgaan aan om de betrokken belangen af te wegen en de keuze van minder schadelijke alternatieve projecten te overwegen. Het Duitse recht, Nederlandse recht en het recht van de staat New York voldoen aan deze eis. Zuid-Afrika zou een dergelijke verplichting nog moeten invoeren.

De internationale richtlijnen bevelen aanvullende bescherming tegen onteigening aan voor kwetsbare groepen zoals economisch zwakke mensen. Nederlands recht en het recht van de staat New York helpen alleen na de onteigening. Zij schrijven de betaling van verhuiskosten voor, bieden gesubsidieerde woningen aan of hebben een hervestigingsprogramma. Het Duitse en Zuid-Afrikaanse recht beschermen kwetsbare groepen ook vóór de onteigening. De rechter mag extra waarde toekennen aan kwetsbare belangen in de afweging tussen de publieke voordelen van het project en de schadelijke gevolgen van het project en de onteigening.

De internationale richtlijnen bevelen aan dat het 'minst schadelijk middel-verweer' wordt erkend. Aan deze eis voldoen het Duitse, Nederlandse en het recht van de staat New York. In het Zuid-Afrikaanse recht moet dit verweer nog erkend worden.

Door de internationale richtlijnen wordt aanbevolen dat het besluitvormingsproces over het vormgeven van het project of de onteigening aan iedereen bekend wordt gemaakt. Verder wordt aanbevolen dat belanghebbenden een individuele kennisgeving ontvangen. Alle relevante informatie moet ter beschikking worden gesteld. Niet alle onderzochte stelsels voldoen aan deze eis. De Duitse wetgeving over ruimtelijke plannen en de Zuid-Afrikaanse recht met betrekking tot grootschalige onteigeningen schrijven niet voor dat de informatie direct aan eigenaren, beperkt gerechtigden en huurders ter beschikking wordt gesteld. Volgens het recht van de staat New York ontvangt alleen de eigenaar een individuele kennsgeving en wordt niet alle relevante informatie ter beschikking gesteld aan iedereen.

De internationale richtlijnen bevelen aan dat de inspraak van belanghebbenden van betekenis is voor de uitkomst van de procedure. In de staat New York en Zuid-Afrika kunnen belanghebbenden echter in de regel pas in de onteigeningsprocedure hun zienswijze indienen. Dit is hoogstwaarschijnlijk te laat om de beslissing over het project en de onteigening voor het project te beïnvloeden. Het Duitse en het Nederlandse recht schrijven daarentegen al inspraak voor op het moment dat het project wordt vormgegeven.

Door de internationale richtlijnen wordt aanbevolen dat inspraak plaatsvindt door middel van overleg en discussies. De onderzochte stelsels schrijven echter in het algemeen alleen voor dat belanghebbenden hun zienswijzen moeten kunnen indienen. Soms mogen zij hun standpunt mondeling toelichten. Alleen het Duitse recht voldoet aan de aanbeveling en maakt overleg en discussies verplicht.

De internationale richtlijnen bevelen aan dat de overheid de uitvoerder van het project verplicht om het project daadwerkelijk te realiseren. Alleen het Duitse recht heeft een alomvattende regeling voor dergelijke preventieve maatregelen. De andere stelsels schrijven ze daarentegen alleen in bepaalde gevallen voor.

Door de internationale richtlijnen wordt een recht van terugoverdracht aanbevolen in alle gevallen waarin het project niet is uitgevoerd. Alleen het Duitse recht schrijft in alle gevallen van niet-uitvoering een recht van terugoverdracht voor. In de andere stelsels is een dergelijk recht slechts in uitzonderlijke gevallen van toepassing.

De aanbevelingen

Op basis van de rechtsvergelijkende analyse en de toepassing van internationale good governance standaards maakt **Onderdeel 7.4** van dit boek zeven aanbevelingen om de bescherming van de onteigende voor onteigeningen ten behoeve van private partijen voor economische ontwikkeling in de onderzochte stelsels te verbeteren conform de internationale good governance standaarden.

(1) Onteigening voor private partijen ten behoeven van projecten die de economische ontwikkeling dienen, zijn alleen toegestaan op basis van een projectspecifieke wet.

(2) Een verplichting wordt ingevoerd om de betrokken belangen af te wegen en de keuze van alternatieve projecten in overweging te nemen;

(3) Het 'minst schadelijk middel-verweer' wordt erkend;

(4) De vormgeving van het project en de onteigeningsprocedure worden formeel en procedureel gescheiden;

(5) In de bestuursrechtelijke procedures moeten overleg en discussies plaatsvinden;

(6) De bestuursorganen moeten worden verplicht om preventieve maatregelen te nemen ter verzekering van het bereiken van het publieke doel;

(7) Een recht van terugoverdracht wordt in alle gevallen van niet-uitvoering ingevoerd.

CHAPTER 1 Introduction

Table of Contents

1.1 THIRD-PARTY TRANSFERS FOR ECONOMIC DEVELOPMENT—A SOCIETAL PROBLEM

It is the task of the state to improve the well-being of the people who live in it. To fulfil this task, the state carries out projects that benefit the public, such as a new railway line that improves the infrastructure or a new school that improves the education system. For such projects, the state needs access to land. The legal recognition and protection of private property, however, prevents the state's automatic access to privately owned land. If the owner is not willing to sell and transfer their right to the state, the implementation of a project that benefits the public may fail if there is no other suitable land available.

Contrary to the views of a minority among libertarian theorists,[1] constitutions around the world and the vast majority of scholars view property rights on land (or other assets) as subject to the state's power to expropriate.[2] Expropriation is one of the legal means that the state has at its disposal to obtain access to the land needed for a project. In this book, the expropriation of property refers to state action whereby, subject to the payment of compensation, the state acquires property rights on land against the will of their holder in order to use the property for a project benefiting the public.[3] In practice, states have

[1] On the basis of the work of *Ayn Rand*, as described by: GS Alexander & EM Peñalver in *Introduction to Property Theory* (New York: Cambridge University Press 2012) 167.

[2] See, for instance, Art. 14(3) of the German Basic Law (*Grundgesetz*; GG); Art. 14(1) of the Dutch Constitution (*Grondwet*; Gw); S 25(2) of the Constitution of the Republic of South Africa, 1996; Art. I, § 7(a) of the New York State Constitution; and, in the literature, R Alexy *A Theory of Constitutional Rights* (Oxford: Oxford University Press 2002) 67 et seq and 190.

[3] Expropriations of property rights in other assets than land fall outside the scope of this study because most expropriations in practice concern property rights on land and because of the importance of land to the livelihoods of people. Note that excessive restrictions to property that fall short of state acquisition, known as constructive expropriation in Canada and regulatory takings in the United States, do not form an object of this study. See for an impressive comparative study on

been expropriating property since ancient times.[4]

As property is constitutionally protected and expropriation is the most severe infringement of property rights,[5] the question arises as to which conditions the project, its purpose, and the expropriation must meet in order for a society to regard an expropriation as permissible. These conditions concern the ends that the state pursues by means of expropriation (eg, the above-mentioned improvement of the infrastructure or the education system), the choice of the project as an instrument to achieve that objective, the choice of expropriation as a means to get access to land for the implementation of the project, and the protection of adversely affected interests. An additional analysis needs to be made of the normative effect of these conditions after the expropriation. This normative effect may take the form of measures ensuring the implementation of the project and/or the expropriatee's right to reacquire the property in cases where the project is not implemented. Also, the institutional and procedural framework in which the competent authority takes the decision to expropriate property is relevant to the degree of protection enjoyed by property rights, particularly where administrative authorities exercise a discretionary power to expropriate property. An examination of this institutional and procedural framework should cover two aspects. An analysis should be made of the roles of the legislature, administrative authorities, and the courts in determining and applying the conditions to which the project, its purpose, and the expropriation are subject, and the normative effect of these conditions beyond the moment of expropriation. Another inquiry should deal with the administrative procedure that the competent state bodies must follow before an expropriation, and the applicable court procedures.

The societal relevance of these substantive, institutional, and procedural conditions cannot be overestimated. The more lenient the conditions are on the project, its purpose, and the expropriation, the more vulnerable property rights will be to the state's power to expropriate. If these conditions are too lenient, people may lose their confidence in the protection of private property, start to worry about their homes and businesses, and invest less in their property.[6] For instance, if the state expropriates property for a purpose that does not benefit the public or without gathering all relevant information and hearing adversely affected persons,[7] the public may not accept the expropriation and feel uncertain about their land tenure security. Also, landholders affected by expropriations may lose their social environment and their employment, and/or experience other adverse socio-economic consequences. In the long run, a lack of legitimacy and adverse socio-economic

this issue: R Alterman *Takings International: A Comparative Perspective on Land Use Regulation and Compensation Rights* (Chicago: American Bar Association 2011).

[4] S Reynolds *Before Eminent Domain, Toward a History of Expropriation of Land for the Common Good* (Chapel Hill: The University of North Carolina Press 2010).

[5] See, for instance, Art. 14(3) GG; Art. 14(1) Gw; S 25(2) of the South African Constitution; and Art. I, § 7(a) of the New York State Constitution.

[6] See, for instance, TJ Besley & M Ghatak 'Property Rights and Economic Development', in D Rodrick & M R Rosenzweig (eds) *Handbook of Development Economics* (2009) 4525–4595; and C Haydaroğlu 'The Relationship between Property Rights and Economic Growth: an Analysis of OECD and EU Countries' 2015 *DANUBE: Law and Economics Review* 217–239.

[7] See, for instance, A Azuela & C Herrera-Martin 'Taking land around the world: international trends in expropriation for urban and infrastructure projects' in SV Lall, M Freier, B Yen, R Rajack & JJ Helluin (eds) *Urban Land Markets* (2009) 337–362.

effects may lead to economic underdevelopment and poverty. However, the stricter the conditions are, the more difficult it will be for the state to obtain access to the land needed for projects benefiting the public. If the conditions are too strict, these conditions may hamper desirable public developments. As both the protection of private property and projects benefiting the public as a whole are essential to the sustainable development of state and society,[8] society and its legal system need to search for the right balance between the protection of private property and the needs of the public.

For the past few decades, a special kind of expropriation has put this balance to a test. One of the state's functions is to lay the foundations for the prospering of the economy and sufficient employment opportunities.[9] Particularly in times of economic decline, rising debt, and less scope for business activities of the state, state bodies such as municipalities may be tempted to expropriate private property in order to transfer the property to, or create a use right on the property for, a private business.[10] It is the state's hope that the private business will create jobs, encourage other businesses to create jobs, and contribute to economic growth and reviving the economy.[11]

Such third-party transfers for economic development, as they are called in this book, put additional strain on the balance between the protection of private property and the needs of the public for several reasons. Firstly, the public does not directly benefit from the activities of the private business. The primary purpose of that business remains to maximise its profitability. The public may only indirectly benefit from these activities through economic growth and the creation of jobs. Secondly, such third-party transfers increase the risk that any proposed change in the use of a particular piece of land that is perceived as slightly more efficient is labelled as economic development and may legitimately justify a third-party transfer.[12] This would effectively turn any property into a potential target for expropriation. These two aspects raise the question of whether economic development is a legitimate end and, if so, under what conditions a project sufficiently serves economic development to legitimately justify a third-party transfer.

Thirdly, if economic development may (under further conditions) legitimately justify a third-party transfer, then the residential property of the poor and other vulnerable groups who are not properly represented in the decision-making process

---

[8] See, for instance, J Anomaly, 'Public goods and government action' *Politics, Philosophy & Economics* (2015) 109–128; and G Calabresi & DA Melamed 'Property Rules, Liability Rules and Inalienability: One View of the Cathedral' 1972 *Harvard Law Review* 1089–1128.

[9] M Frenzel *Das öffentliche Interesse als Voraussetzung der Enteignung* (1978) 98 et seq; and WE Nelson 'The Growth of Distrust: The Emergence of Hostility Toward Government Regulation of the Economy' 1996 *Hofstra Law Review* 3–81.

[10] See, for instance, JW Singer 'The Ownership Society and Takings of Property: Castles, Investments, and Just Obligations' 2006 *Harvard Environmental Law Review* 309–338, 337.

[11] See for cases where municipalities collaborated with private project developers to reverse the economic decline of the municipality: *Bartsch Consult (Pty) Limited v Mayoral Committee of the Maluti-A-Phofung Municipality* (4415/2008) [2010] ZAFSHC 11, para 5.2; BVerfG, Judgment of 24 March 1987, *BVerfGE* 74, 264, 264; Decision of the Crown (*Koninklijk besluit*; KB) Leiderdorp, Decision of 8 July 2010, No. 10.001769, *Staatscourant* 2010, 10742; and *Kelo v City of New London*, 545 US 469 (2005).

[12] CE Cohen 'Eminent Domain after *Kelo v City of New London*: An Argument for Banning Economic Development Takings' 2006 *Harvard Journal of Law & Public Policy* 491–568, 548 et seq and *Kelo v City of New London*, 545 US 469, 501 et seq 505, 506, and 521 (2005).

will be particularly at risk of being expropriated.[13] Fourthly, third-party transfers for economic development invite collusion between authorities and (rent-seeking) project developers to the detriment of the public, who may never benefit from the project, and holders of property rights.[14] The third and fourth aspects raise the question of whether and if so, how, the law ensures that expropriation is a suitable, necessary, and appropriate means to pursue the purpose of economic development.

Fifthly, it often happens that the private project developer withdraws or otherwise fails to carry out the activities for which the state expropriated private property.[15] This aspect raises the questions of whether and if so, how, the law ensures that the public benefits actually accrue and whether the former owner of the expropriated property can reacquire their property in cases of a project's non-implementation.

1.2 THE LEGITIMATE JUSTIFICATION OF EXPROPRIATION

The state's power to expropriate property for projects benefiting the public is not absolute. Without a 'legitimate justification', expropriation, the most severe infringement of property, would be a violation of the constitutionally protected right of property. The legitimate justification is what renders *prima facie* unlawful infringements of property lawful expropriations of property. It is the objective of this book to analyse, compare, and evaluate the legitimate justification of expropriation, its normative effect beyond the moment of expropriation, and its governance in four jurisdictions (German law, Dutch law, South African law, and New York State law). This study focuses on third-party transfers for economic development effected by virtue of an administrative decision on the basis of an Act of Parliament.

The substantive requirements that the project, the project's purpose, and the expropriation must meet for a lawful expropriation strike a balance between the protection of private property from expropriation and the need for land for projects

---

[13] *Kelo v City of New London*, 545 US 469, 521 (2005); Cohen 2006, 547, 557 and 566; I Somin 'Controlling the Grasping Hand: Economic Development Takings After *Kelo*' 2007 *Supreme Court Economic Review* 183–271, 189 et seq; AW Goodin 'Rejecting the Return to Blight in Post-*Kelo* Legislation' 2007 *New York University Law Review* 177–208, 200; NS Garnett 'The Neglected Political Economy of Eminent Domain' 2006 *Michigan Law Review* 101–150, 120; CN Brown 'Justice Thomas's *Kelo* Dissent: The Perilous and Political Nature of Public Purpose' 2016 *George Mason Law Review* 273–298, 276 et seq and 281; and SJ Jones 'Trumping Eminent Domain Law: An Argument for Strict Scrutiny Analysis under the Public Use Requirement of the Fifth Amendment' 2000 *Syracuse Law Review* 285–314, 302 and 305. Cf C Serkin 'Big Differences for Small Governments: Local Governments and the Takings Clause' 2006 *New York University Law Review* 1624–1698, 1637 et seq.

[14] Somin 2007, 201 et seq; and Somin, *The Grasping Hand* (Chicago: University of Chicago Press 2015) 74 et seq and 86 et seq. The German Federal Constitutional Court has stressed the danger of abuse that will arise if stronger private groups in society seek access to the resources of weaker private groups in order to maximise their profit; see BVerfG, Judgment of 24 March 1987, *BVerfGE* 74, 264, 285. An incentive for state bodies to collude would be that the new owner and project developer would cover most of the costs of the acquisition so that the state body needs to expend fewer resources on the implementation of the project; see: MA Lang, 'Taking Back Eminent Domain Using Heightened Scrutiny to Stop Eminent Domain Abuse' 2006 *Indiana Law Review* 449–481, 464 et seq.

[15] Somin 2007, 192 et seq and 195 et seq; A Bell & G Parchomovsky 'The Uselessness of Public Use' 2006 *Columbia Law Review* 1412–1449, 1422; G Kanner 'Kelo v New London: Bad Law, Bad Policy, and Bad Judgment' 2006 *The Urban Lawyer* 201–235, 225; and A Jackisch *Die Zulässigkeit der Enteignung zugunsten Privater* (Frankfurt am Main: Peter Lang 1996) 166.

benefiting the public. For the purposes of this book, these requirements together form the 'substantive definition of the legitimate justification' (hereinafter also referred to as: 'legitimate justification') of an expropriation in an examined jurisdiction. The substantive requirements may in particular concern:

- the purposes that the state may legitimately pursue by means of expropriation;
- the required magnitude of the public benefits of the project;
- the choice of the project from a pool of competing project designs;
- the extent to which property rights may be expropriated for the public benefits;
- the relationship between the public benefits of the project and the interests adversely affected by the project and the expropriation.

A jurisdiction may also address the issue of whether the legitimate justification has a normative effect after the expropriation. Here, this normative effect is called the endurance of the legitimate justification. Such a normative effect may take the form of measures that ensure the implementation of the project and/or the expropriatee's right to reacquire in cases of the project's non-implementation. Chapter 2 provides an in-depth discussion of the questions used to examine the legitimate justification of expropriation and the endurance of the legitimate justification.

In this book, the governance of the legitimate justification is the institutional and procedural framework in which state bodies determine and apply the substantive requirements pertaining to the legitimate justification and its endurance.[16] The institutional part of the framework refers to the roles of the legislature, the administrative authorities and the courts, in determining and applying the substantive requirements. The procedural component concerns the administrative procedures that state bodies must follow with respect to the substantive requirements, and the applicable court procedures. Chapter 2 provides an explanation of the governance analysis of the legitimate justification of expropriation.

1.3 THE GOALS OF THIS RESEARCH AND THE RESEARCH QUESTIONS

The goal of this study is not to determine what the best balance is between the protection of private property and the public need for land for public projects. The study also does not aim to prescribe for which purposes the state should be able to expropriate which type of property. The first goal of this study is to uncover what the legitimate justification of expropriation is in each of the four examined jurisdictions. As expropriations for different purposes are subject to different conditions and there is a need to limit the scope of this study, the study focuses on expropriations for a certain purpose. As third-party transfers for economic development have given rise to fierce discussions in, for instance, Germany and the United States,[17] this book

[16] The term 'governance' is used in its broadest sense, referring to (the rules on) how public or private actors regulate a certain societal process: M Bevir 'Governance' in Bevir (ed) *Encyclopedia of Governance* (Thousand Oaks: SAGE 2007) 364–381, 364 et seq; and PC Westerman 'Van huis naar schip: governance als vorm van recht' 2016 *Rechtsgeleerd Magazijn THEMIS* 177–184, 179.

[17] In Germany, adversely affected persons take political action against third-party transfers for economic development. See, for instance, R Muschel 'Strittige Enteignung kommt' 26 September 2009 *Schwäbisches Tagblatt* available at http://www.tagblatt.de/Nachrichten/Strittige-Enteig-

covers the legitimate justification of such expropriations. This means that this book mainly deals with the rules applicable to third-party transfers for economic development. However, as many of those rules also apply to expropriations for other purposes or are at least similar to rules governing expropriations for other purposes, the findings in this book are, to a great extent, relevant to other expropriations as well.

This study deals with the substantive content of the judicially or otherwise legally enforceable conditions that the project, the project's purpose, and the expropriation must meet for a lawful third-party transfer for economic development. In addition to this substantive definition of the legitimate justification, the study addresses the endurance of the legitimate justification after the expropriation through an examination of measures ensuring the project's implementation and the expropriatee's right to reacquire in cases of the project's non-implementation. Also, the study concerns the governance of the legitimate justification and its endurance through an analysis of the institutional and procedural framework of the legitimate justification and its endurance.[18] Chapter 2 provides an in-depth discussion of the requirements analysed to examine the legitimate justification, its endurance beyond the moment of expropriation, and the governance perspective on these requirements. For these inquiries, the first research question reads as follows:

> **(1) What is the legitimate justification of a third-party transfer for economic development, does it have a normative effect beyond the moment of expropriation, and what is the governance of this legitimate justification in each examined jurisdiction?**

In answering the first research question, this study expands existing knowledge on the law and governance of expropriation in each of the examined jurisdictions and makes this knowledge accessible to a wider audience in the English language.

After the examination of the applicable rules in German, Dutch, New York State, and South African law, the second step is for the study to examine the differences and similarities as to the legitimate justification, its endurance, and its governance between the jurisdictions and possible roots of these differences and similarities. This examination is undertaken from the perspective of the person whose property is expropriated. The study seeks to lay bare which jurisdiction protects the expropriatee more effectively and which legal instruments each jurisdiction uses as protective mechanisms. The second and third research questions read as follows:

---

nung-kommt-40630.html (last accessed: 28 June 2017). There has also been a legal debate about the permissibility of such expropriations in Germany. See, for instance, M Bullinger 'Die Enteignung zugunsten Privater' 1962 *Der Staat* 449–477. In the United States, similar debates arose before and after the judgment of the US Supreme Court in the case *Kelo v New London*. See, for instance, D Schultz, 'Courts Matter: The Supreme Court, Social Change, and the Mobilization of Property Rights Interests', in LJ Hatcher & WV McIntosh (eds) *Property Rights and Neoliberalism: Cultural Demands and Legal Actions* (New York and London: Routledge 2016) 11–28; and Chapters 1, 5, and 7 in Somin 2015.

[18] The importance of the institutional and procedural framework to an understanding of jurisdictions other than one's own has been highlighted by: J Bell 'Legal Research and the Distinctiveness of Comparative Law' in M van Hoecke (ed) *Methodologies of Legal Research* (Oxford and Portland, Oregon: Hart 2011) 155–176, 170; and M Siems *Comparative Law* (Cambridge: Cambridge University Press 2014) 34.

(2) What are the similarities and differences between the examined jurisdictions regarding the protection of property from third-party transfers for economic development?

(3) What are possible explanations for these similarities and differences?

As has already been noted above,[19] expropriation laws strike a balance between the need for public projects and the protection of property, which balance is important to the issue of how to ensure sustainable development. The protection of property is, therefore, a suitable criterion by which to compare the jurisdictions. However, this choice is not to imply a value judgement that it is better for a jurisdiction to protect property more. As a more extensive protection of property reduces the state's flexibility in carrying out public projects and may even prevent desirable projects, stronger property rights have quite ambivalent implications.

In answering the second and the third research questions, the examination not only creates knowledge of the differences and similarities, but also provides a toolbox of instruments that states may use to improve (or, if so desired, weaken) the protection of property from expropriation. The search for possible causes of differences and similarities not only generates knowledge and creates the basis for in-depth (empirical) research into these causes, but may also help a jurisdiction choose new instruments that are compatible with the jurisdiction's cultural, social, and economic context as well as its dogmatic basis, and help the legal system avoid ineffective legal transplants with an adverse impact.[20]

The in-depth comparative analysis of the legitimate justification of third-party transfers for economic development in four jurisdictions fills a gap in the comparative literature. The famous comparative study led by *Erasmus* only deals with the compensation for expropriation.[21] The impressive comparative study of the expropriation laws in fifteen European jurisdictions edited by *Sluysmans, Verbist*, and *Waring* provides a concise account of many aspects of the legitimate justification of expropriation in each jurisdiction.[22] Its comparative analysis, however, only aimed at distilling core principles and not an in-depth discussion of similarities and differences. The book 'Constitutional Property Law' by the late Prof. André van der Walt also deserves to be mentioned as a milestone in the literature on expropriation law. *Van der Walt*'s chapter on expropriation law provides a comprehensive account of

---

[19] See sections 1.1 and 1.2 above.

[20] JM Donovan 'Human Rights: From Legal Transplants to Fair Translation' 2017 *Wisconsin International Law Journal* 475–534. The term 'legal transplant' was coined by *Watson* and refers to 'the moving of a rule or a system of law from one country to another'; see: A Watson *Legal Transplants: An Approach to Comparative Law*, 2nd ed (Athens, Ga: University of Georgia Press 1993) 21. The theory of legal transplants, however, encountered heavy criticism because it did not take account of the historical evolution as well as the cultural and social characteristics of a legal system: M de Jong, V Mamadouh & K Lalenis 'Drawing Lessons About Lesson Drawing, What the case reports tell us about institutional transplantation' in De Jong, Lalenis & Mamadouh (eds) *The Theory and Practice of Institutional Transplantation* (Dordrecht/Boston/London: Kluwer 2002) 283–299; and P Legrand, 'What "Legal Transplants"?' in D Nelken & J Feest (eds) *Adopting Legal Cultures* (Oxford: Hart Publishing 2001) 55–68.

[21] GM Erasmus (ed) *Compensation for Expropriation: A Comparative Study* (London: British Institute of International and Comparative Law 1990).

[22] JAMA Sluysmans, S Verbist & E J L Waring (eds) *Expropriation Law in Europe* (Deventer: Kluwer 2015).

the substantive aspects of the legitimate justification of expropriation in South African law with many intriguing comparative insights and remarks.[23]

In addition to its descriptive and comparative dimensions, this book has the normative goal of assessing the quality of the examined rules. As doctrinal legal comparisons cannot provide normative criteria for the evaluation of the quality of law, adequate criteria must come from elsewhere.[24] There are numerous international soft law instruments and guidance documents drawn up by international experts that provide good governance standards pertaining to the legitimate justification of expropriation. Guideline 16 of the *Voluntary Guidelines on the Responsible Governance of Tenure of Land, Fisheries and Forests in the Context of National Food Security* (hereinafter referred to as: 'Voluntary Guidelines'),[25] is specifically dedicated to expropriation.[26] The Food and Agriculture Organization of the United Nations (FAO) summarises what is best practice in the field of expropriation in its book *FAO Land Tenure Studies 10: Compulsory acquisition of land and compensation.*[27] Standard 5 of the Performance Standards on Environmental and Social Sustainability, which were developed by the International Financial Corporation (IFC), the private sector lending arm of the World Bank, provides for good governance standards concerning expropriation.[28] The World Bank has recently issued the *Environmental and Social Framework.*[29] Standard 5 is dedicated to expropriation.

These international instruments reflect the latest international standards in the field of expropriation, can be applied globally,[30] and include substantive, institutional, and procedural requirements that a project, its purpose, and the expropriation for that project should meet. For these reasons, these standards form suitable criteria for the normative evaluation of the jurisdictions as to whether the jurisdic-

[23] AJ van der Walt *Constitutional Property Law*, 3rd ed (Cape Town: Juta 2011).

[24] R Michaels 'The Functional Method of Comparative Law' in M Reimann & R Zimmermann (eds) *The Oxford Handbook of Comparative Law* (Oxford: Oxford University Press 2006) 339–382, 374; G Dannemann 'Comparative Law: Study of Similarities or Differences?' in Reimann & Zimmermann (eds) *The Oxford Handbook of Comparative Law* (Oxford: Oxford University Press 2006) 383–419, 414; VC Jackson 'Comparative Constitutional Law: Methodologies' in M Rosenfeld & A Sajó (eds) *The Oxford Handbook of Comparative Constitutional Law* (Oxford: Oxford University Press 2013) 54–74, 62, 65, and 70; Bell 2011, 158; and Siems 2014, 39.

[25] The Voluntary Guidelines are accessible at http://www.fao.org/docrep/016/i2801e/i2801e.pdf (last accessed: 28 June 2017). They were adopted by the Committee on World Food Security (CFS) in 2012.

[26] See for an analysis of Guideline 16: LCA Verstappen, 'Multilevel Governance of Property Titles in Land: The Voluntary Guidelines on the Responsible Governance of Tenure of Land, Fisheries and Forests in the context of National Food Security', in C Godt (ed) *Regulatory Property Rights: The Transforming Notion of Property in Transnational Business Regulation* (Leiden: Brill/Nijhoff 2016) 98–118.

[27] FAO, *FAO Land Tenure Studies 10: Compulsory acquisition of land and compensation* (Rome: FAO 2008).

[28] The IFC Performance Standards are accessible at https://www.ifc.org/wps/wcm/connect/c8f524004a73daeca09afdf998895a12/IFC_Performance_Standards.pdf?MOD=AJPERES (last accessed 28 June 2017).

[29] The World Bank Environmental and Social Framework is accessible at https://consultations.worldbank.org/Data/hub/files/consultation-template/review-and-update-world-bank-safeguard-policies/es/materials/the_esf_clean_final_for_public_disclosure_post_board_august_4.pdf (last accessed 28 June 2017).

[30] See, for instance, Guideline 2.4.

tions sufficiently protect property from expropriation.[31] Should the study show that the jurisdictions do not comply with the abovementioned international standards on expropriation, the international standards and the toolbox of protective mechanisms from the examined jurisdictions will inform recommendations for legal reform. The fourth research question reads as follows:

(4) Does each examined jurisdiction comply with international good governance standards on the legitimate justification of expropriations and, if not, which measures should each jurisdiction take to ensure compliance with those standards?

In answering the fourth research question, this book seeks to contribute to better practice in the examined jurisdictions and beyond. Also, it is meant to bridge the gap between the international community of scholars from a wide variety of disciplines who seek to improve land tenure arrangements on a global scale and legal scholars who focus on their own jurisdiction's expropriation law. Particularly in the Global North, lawyers do not often take note of international good governance standards although the standards are applicable to their jurisdiction and their jurisdiction may not meet them.[32] In applying international standards to different jurisdictions, this study expands the knowledge on the international standards and whether the jurisdictions need to take action to comply with them.

1.4 DELINEATION OF THE OBJECT OF THE STUDY

This research is a study of the judicially or otherwise legally enforceable substantive, institutional, and procedural conditions that the project, its purpose, and the expropriation must meet for a lawful third-party transfer for economic development. Otherwise, the courts or another authorised entity would strike down or prevent a third-party transfer for economic development. The 'legitimate justification of expropriation', however, may give rise to associations with other legal issues, in particular the legal justification, if any, of the state's power to expropriate property, the practical need for expropriations, and the administrative and political reasons for an expropriation. This section delineates the object of this study from these legal issues and, where appropriate, briefly discusses diverging approaches to these issues.

The state's power to expropriate property

For the purposes of this book, it is assumed that the state has the power to expropriate, and this book does not contain an in-depth analysis of what forms the legal basis of this power. A short discussion of the legal basis of the power to expropriate is provided below.

[31] The Guidelines on Free, Prior and Informed Consent deserve mention as they recommend consent from people who are adversely affected by a project and coercion is inherent to expropriation. However, the guidelines do not seem to provide suitable criteria for an evaluation of expropriation law. For this reason, they do not form part of the evaluation of the examined systems.

[32] Verstappen 'Rethinking Public Interest in Expropriation Law: Introductory Observations', in B Hoops, EJ Marais, H Mostert, Sluysmans & Verstappen (eds) *Rethinking Expropriation Law I: Public Interest in Expropriation* (The Hague: Boom 2015) 15–36; and Verstappen 2016, 98–118.

Grotius identified the *dominium eminens* of the state as the legal basis of its power to expropriate property. The *dominium eminens* is a superior property right that is supposed to have existed before the state created private property rights. The state is supposed to hold this superior right over its territory, and all private property rights are supposed to be subject to it.[33] Only a few legal systems, however, still subscribe to this theory today.[34] Another legal theory, which is supposed to provide a legal basis for the state's power to expropriate, says that the representatives of the people can compel members of society to enter into a contract of sale to transfer their property to the state in exchange for compensation. In England and Wales, some authors still subscribe to this theory that finds its expression in the term 'compulsory purchase',[35] which is used in those jurisdictions instead of the term 'expropriation'.

In some jurisdictions, such as the United States[36] and the Netherlands,[37] the legal basis is the sovereignty of the state. The sovereignty of the state is subject to the requirements set out in the Constitution. For example, the Fifth Amendment to the Constitution of the United States of America presupposes the state's power to expropriate property and subjects it to certain constraints.[38] In other jurisdictions, such as Germany[39] and South Africa,[40] the Constitution (as an expression of the *pouvoir constituant* of the people) itself grants the power to infringe the fundamental right of property through expropriation and determines the requirements for a constitutional expropriation.

The practical need for an expropriation

For the most part, this book is not concerned with the question of whether there are practical needs that warrant the state's power to expropriate property in general and third-party transfers for economic development in particular. As regards expropriations in general, the state needs land to implement projects that contribute to the public good. Examples include a new school designed to improve the education system and a new hospital aimed at the improvement of the health care system. In many cases, however, the state could purchase the required land on the private market on reasonable terms. Therefore, expropriation is only really needed where an owner refuses to sell their property, where the purchase price on the private market would be significantly higher than the combined costs of an appropriate compensation and the expropriation procedure, or where an attempt to purchase the land

---

[33] H de Groot *De jure belli ac pacis*, 1st ed (Paris: Nicholas Buon 1625); Reynolds 2010, 95 et seq; and DJ Elzinga, R de Lange & HG Hoogers *Handboek van het Nederlandse Staatsrecht* 16th ed (Deventer: Kluwer 2014) 436.

[34] A Gildenhuys *Onteieningsreg* 2nd ed (Durban: Butterworths 2001) 4.

[35] B Denyer-Green *Compulsory Purchase and Compensation* 10th ed (Abingdon: Routledge 2013).

[36] US Supreme Court, Judgment of 16 January 1983 *Shoemaker v United States* 147 U.S. 282 (1893).

[37] Elzinga et al 2014, 436.

[38] With respect to expropriation, it reads as follows: 'nor shall private property be taken for public use, without just compensation.'

[39] Alexy 2002, 182 et seq and 190; and HD Jarass, in Jarass & B Pieroth, *Grundgesetz für die Bundesrepublik Deutschland, Kommentar*, 13th ed (Munich: CH Beck 2016) Art. 20, Nos. 4 et seq).

[40] *Du Toit v Minister of Transport* (CCT 22/04) [2005] ZACC 9, para 25; and Gildenhuys 2001, 6 et seq, who noted that before the coming into force of the Interim Constitution, the state's power to expropriate had been based upon the sovereignty of Parliament.

would otherwise threaten the implementation of the project.[41] For example, the owner of land whose land is indispensable for the project may initially refuse to sell the land in order to take advantage of their bargaining position.[42] In this book, the inquiry into the legitimate justification only deals with the practical need for an expropriation in the form of the question of whether the state has an obligation to make an attempt to purchase the targeted property on reasonable terms.[43]

Concerning third-party transfers for economic development in particular, economic decline, unemployment, and rising public debt may fuel the need for private economic development projects.[44] The need for such projects may be questionable because it is disputed whether private economic development projects and the use of the power to expropriate property for such projects can actually contribute to economic recovery and sustain employment opportunities in the long run.[45] Frequent third-party transfers for economic development may reduce the confidence in the protection of property to such an extent that investments decrease.[46] A nationwide economic decline may lead state bodies to compete for investors through tax incentives, which may result in an overall decrease in public revenues.[47] One may also argue that, at national level, a third-party transfer for economic development would not generate a net public benefit if the project developer had invested in the country regardless of whether the state expropriated property. Regarding the use of the power to expropriate property to enable the transferee to implement the economic development project, some scholars have argued that secret purchases and other methods employed by the private project developer may be more effective and efficient means to obtain access to land than expropriations.[48]

The administrative or political reasons for an expropriation

Expropriation law and other legal rules pertaining to expropriations do not prescribe a certain result. The law only provides substantive, institutional, and procedural legal boundaries to a political and administrative arena. Within this arena, the state body

---

[41] DB Kelly 'Acquiring Land Through Eminent Domain Justifications, Limitations, and Alternatives', in K Ayotte & HE Smith (eds) *Research Handbook on the Economics of Property Law* (Northampton: Edward Elgar Publishing 2011) 344–371, 344; and Alexander & Peñalver 2012, 156 and 159 et seq.

[42] This situation may take the form of a holdout problem or a bilateral monopoly problem. Cf Kelly 2011, 344 et seq. Critical: B L Benson 'The Mythology of Holdout as a Justification for Eminent Domain and Public Provision of Roads' 2005 *The Independent Review* 165–194.

[43] See subsection 2.2.5 below.

[44] See, for instance, Jackisch 1996, 220; Frenzel 1978, 115 et seq; and Singer 2006, 337.

[45] See, for instance, GF Turnbull, RF Salvino & MT Tasto, *Using Eminent Domain for Economic Development: Does it Increase Private Sector Employment?* 2015 Dr P Phillips School of Real Estate, Working Paper 1501, accessible at http://realestateucf.com/wp-content/uploads/2015/10/wp-1501.pdf (last accessed 28 June 2017); and CB Kerekes & D Stansel 'Takings and Tax Revenue: Fiscal Impacts of Eminent Domain' 2016 *Review of Law & Economics* 275–309, who found no positive correlation between the use of the power to expropriate for private economic development and an increase in economic growth, the number of private sector jobs, or public revenue.

[46] See, for instance, CB Kerekes, 'Government Takings: Determinants of Eminent Domain' 2011 *American Law and Economics Review* 201–219.

[47] See, for instance, Garnett 'The Public-Use Question as a Takings Problem' 2003 *The George Washington Law Review* 934–982, 956 et seq.

[48] Kelly 2006, 'The "Public Use" Requirement in Eminent Domain Law: A Rationale Based on Secret Purchases and Private Influence' 2006 *Cornell Law Review* 1–65; and Benson 2005, 171 et seq.

that has the power to expropriate can manoeuvre according to the political balance of power. The authority can rely upon various political or administrative reasons to substantiate its choice for a certain project or its decision to expropriate property for this project. In general, this research is not concerned with these reasons. The analysis only deals with those reasons to the extent that the project, its purpose, or the expropriation does not comply with legal boundaries.

1.5 THE SELECTION OF THE EXAMINED JURISDICTIONS

The jurisdictions examined in this book are German law, Dutch law, New York State law and South African law. The analysis of Dutch and German law is, where fruitful and appropriate, enriched with jurisprudence of the European Court of Human Rights (ECtHR; hereinafter also referred to as: 'European Court') on Art. 1 of the First Protocol to the European Convention on Human Rights (Art. 1 P1 ECHR; the ECHR is hereinafter also referred to as: 'European Convention' or 'Convention'). In Dutch law, the European Convention directly forms part of the legal order and assumes a higher rank than the Dutch constitution.[49] Under German law, by contrast, the European Convention and the European Court's jurisprudence only form part of the German legal order through a federal statute and merely have the rank of a federal statute.[50] The Convention only influences the interpretation of fundamental rights and the principle of the rule of law under the German Basic Law (*Grundgesetz*, GG; ie the German Constitution) to the extent that the interpretation is consistent with the German Basic Law.[51]

The Federal Republic of Germany and the United States of America are federal states that consist of partially self-governing states with original powers. The Republic of South Africa consists of nine provinces whose powers are based upon the national Constitution. The analysis of German law concerns the Basic Law, applicable federal legislation, and, by way of example, a project-specific expropriation statute from the State of Hamburg and relevant Hamburg State legislation. The examination of an expropriation statute from a German state as an example is necessary because no statute that authorises third-party transfers for economic development has been enacted at federal level in Germany. In the other examined jurisdictions, there are general expropriation statutes that authorise third-party transfers for economic development, which makes it unnecessary to focus on one example. The analysis of South African law mainly concerns the national Constitution and national legislation. Where relevant, the examination considers provincial legislation.

The analysis of US law is confined to New York State law and the takings clause of the Fifth Amendment as well as the due process clause of the Fourteenth Amendment to the Constitution of the United States of America. This choice has been made

---

[49] This shows that Dutch law follows monism. T Barkhuysen & ML van Emmerik 'De eigendomsbescherming van artikel 1 van het Eerste Protocol bij het EVRM en het Nederlands burgerlijk recht: Het Straatsburgse perspectief' in Barkhuysen, HD Ploeger & Van Emmerik, *De eigendomsbescherming van artikel 1 van het Eerste Protocol bij het EVRM en het Nederlandse burgerlijk recht* (Deventer: Kluwer 2005) 1–102, 30.

[50] BVerfG, Decision of 14 October 2004 *NJW* 2004, 3407, 3408. German law has adopted a moderate form of dualism.

[51] BVerfG, Decision of 14 October 2004 *NJW* 2004, 3407, 3408.

because expropriation (eminent domain) law generally falls under state competence in the United States, and an analysis of the expropriation laws of all 50 US states was not feasible. Note that New York State law is not necessarily representative of all US states,[52] and, therefore, the results of the analysis of New York State law should not be perceived as applying to other states. The comparison of New York State law with the law of a federal or unitary state should not pose any additional obstacles because New York State law covers all fields relevant to the analysis and provides for all relevant institutions, in particular a legislature with original powers, administrative authorities, and a court system based upon the New York State Constitution. The analysis of New York State law addresses influences from other US states only where the courts or scholars expressly refer to sources from outside US federal law and New York State law.

There are three main reasons for the choice of these jurisdictions. The first reason is that they represent different legal families.[53] German law and Dutch law are continental civil law jurisdictions. Their expropriation laws follow diverging traditions. As *Sluysmans, Verbist,* and *Waring* have noted, French law had a major influence on Dutch law, while German expropriation law follows its own tradition based upon the Basic Law.[54] New York State law is a common law and case law-based jurisdiction,[55] and South Africa is a mixed jurisdiction with the Constitution as its supreme law and English law as the traditional basis of its administrative and expropriation law.[56]

The second reason is that they all have distinct global characteristics and diverging degrees of protection from expropriation, which make the jurisdictions worth comparing. The contribution of German courts to the historical development of the protection of the rights of citizens as well as the weakness of the legislature and the abuse of power by the executive branch during the Weimar Republic and the National Socialist dictatorship have shaped a legal system in Germany that relies heavily upon the judiciary for the protection of fundamental rights.[57] Against this background, it is hardly surprising that Germany has an assertive Federal Constitutional Court (*Bundesverfassungsgericht;* BVerfG) and was the first jurisdiction to develop the principle of proportionality in administrative law with the three tests of suitability, necessity, and proportionality in the narrow sense.[58] As the analysis of

---

[52] In fact, New York State has the reputation of having one of the regimes with the weakest legal safeguards and being the worst abuser of the power of eminent domain in the United States: C Bolick *Leviathan: The Growth of Local Government and the Erosion of Liberty* (Stanford: Hoover Institution Press 2004) Chapter 5.

[53] Cf Siems 2014, 72 et seq.

[54] Sluysmans, Verbist & Waring, 'Expropriation Law in Europe' in Sluysmans, Verbist & Waring (eds) *Expropriation Law in Europe* (Deventer: Kluwer 2015) 1–26, 3 et seq.

[55] EA Farnsworth *An Introduction to the Legal System of the United States* 4th ed (Oxford: Oxford University Press 2010).

[56] S 2 of the Constitution; and C Hoexter *Administrative Law in South Africa* 2nd ed (Cape Town: Juta 2012) 13 et seq.

[57] B Schlink 'Proportionality (1)' in Rosenfeld & Sajó (eds) *The Oxford Handbook of Comparative Constitutional Law* (Oxford: Oxford University Press 2013) 718–737, 735; and Schlink 'Proportionality in Constitutional Law: Why Everywhere but Here?' 2012 *Duke Journal of Comparative and International Law* 291–302, 294 et seq.

[58] DE Finck 'Judicial Review: The United States Supreme Court Versus the German Constitutional Court' 1997 *Boston College International and Comparative Law Review* 123–157, 129–131; and S Heinsohn *Der öffentlichrechtliche Grundsatz der Verhältnismäßigkeit* (Westfällische Wilhelms-

German law shows,[59] the strong position of the judiciary and scholarly contributions to the law's doctrinal consistency make for a comprehensive and detailed body of law that affords property rights strong protection from expropriation.[60] For this reason, German law may provide well-tried instruments for other jurisdictions to enhance their protection from expropriation.

The Netherlands, by contrast, do not have a constitutional court and rely upon Parliament (*Staten-Generaal*), advised by the Council of State (*Raad van State*), to scrutinise the constitutionality of legislation.[61] Unlike in German law, there is thus no case law on the constitutionality of expropriation legislation and, as the analysis below shows,[62] the courts are less inclined to subject the exercise of discretionary powers to an intrusive judicial review.[63] However, the Dutch courts and scholars have developed the general principles of good administration (*Algemene beginselen van behoorlijk bestuur*), which include the principle of proportionality and circumscribe the discretion of administrative authorities.[64] Another difference is that the Dutch legal culture is less concerned with doctrinal perfection than German lawyers and more with the pragmatic development of legal solutions to practical problems,[65] making a comparison worthwhile.

In New York State, the judiciary is called upon to protect private property under the Constitution.[66] The administrative and expropriation law of New York State law, however, follows English law in that the judiciary plays a very limited role in scrutinising the exercise of discretionary powers, and the principle of proportionality does not feature in New York State law.[67] As the analysis of New York State law shows,[68] this mixture makes New York State law an example of a jurisdiction with relatively little protection from expropriation. This should not only lead to a fruitful

Universität zu Münster, 1997). With respect to criminal law, the Magna Charta Libertatum that was adopted by the English King John I in 1215 already required an equitable balance between the punishment and the severity of the criminal offence. See Heinsohn 1997, 168 et seq.

[59] See Chapter 3.

[60] Cf M Hailbronner, 'Rethinking the rise of the German Constitutional Court: From anti-Nazism to value formalism' 2014 *International Journal of Constitutional Law* 626–649, 641 et seq and 644 et seq.

[61] A Kors *Grondwet voor het Koninkrijk der Nederlanden naar de tekst van 1983 Deel I* 13th ed (Zwolle: WEJ Tjeenk Willink 1983) 191; JW van Zundert *Overheidsbestuur en grondeigendom* (Alphen aan den Rijn: Samson 1980) 77; and ALB Colombi Ciacchi 'European Fundamental Rights and Private Law: The Dutch System in the Context of Different Legal Families' in B Heiderhoff, S Lohsse & R Schulze (eds) *EU-Grundrechte und Privatrecht—EU Fundamental Rights and Private Law* (Baden-Baden: Nomos 2016) 203–226, 218, including references to attempts to introduce constitutional scrutiny.

[62] See Chapter 4.

[63] This suggests more confidence in the parliamentary majority and less confidence in the judiciary. See, for instance, Colombi Ciacchi 2016, 215.

[64] RJN Schlössels & SE Zijlstra, *Bestuursrecht in de sociale rechtsstaat* (Deventer: Kluwer 2010) 385 et seq.

[65] JBM Vranken *Mr. C. Assers handleiding tot de beoefening van het Nederlands Burgerlijk Recht, Algemeen deel ****, Een synthese* (Deventer: Kluwer 2014) 5–15; and J Smits *Omstreden rechtswetenschap, Over aard, methode en organisatie van de juridische discipline* (The Hague: Boom 2009) 15 et seq.

[66] Art. I, § 7(a) of the New York State Constitution.

[67] See, for instance, *Goldstein v New York State Urban Development Corporation*, 921 N.E.2d 164 (N.Y. 2009); Schlink 2012, 297 et seq; and Hoexter 2012, 145.

[68] See Chapter 5.

comparison, but also to an intriguing assessment of whether such little protection still meets the good governance standards of international instruments.

The point of departure in South African law is roughly the same as in New York State law.[69] However, three aspects (at least) make South Africa distinct from New York State. Firstly, due to its history of racial discrimination and the coerced distribution of land in favour of citizens of European descent, the protection of private property from expropriation must be balanced against the need to redress the injustices of the past.[70] Secondly, the South African Constitution of 1996 has been heavily influenced by German jurists and contains at least some elements of a principle of proportionality.[71] Thirdly, as the analysis shows,[72] South African law is in the middle of a transition from the English-based expropriation law that applied during Apartheid to an expropriation law that is in conformity with the rights-based Constitution. For this reason, South African law may benefit the most from comparative insights and international good governance standards.

The third and fourth reasons whose importance should not be overlooked regarding the selection of the jurisdictions are that the author is fluent and proficient in Dutch, English, and German and can read South African legal texts in Afrikaans, and that sufficient information about the jurisdictions was available.[73] On expropriation law in the Netherlands, sources were available at the University of Groningen. With respect to German law, research was done at the nearby University of Bremen and the University of Cologne. For information about South African and New York State expropriation law, the author had the opportunity of doing research at the South African Research Chair in Property Law, hosted by Stellenbosch University, and Columbia Law School in New York City respectively.

Particularly with respect to constitutional and administrative law, it has been argued that a comparison may face insurmountable hurdles in the form of diverging legal, social, and economic values and different perceptions of the role of the state.[74] It is true that comparisons with US states may be more complicated because they purport to give the state a less prominent role in the economy. Likewise, it might not be ideal to compare the expropriation law of an emerging economy like South Africa's to German, Dutch, or New York State law. However, all four jurisdictions have European roots, are based upon constitutions and the rule of law, and provide for constitutional protection of property from expropriation.[75] Also, the societal problem that this book addresses occurs in all four jurisdictions.[76] In all of these jurisdictions, the state plays a recognised role in promoting economic development,

[69] See S 25(2) of the South African Constitution; and Hoexter 2012, 13 et seq and 327 et seq.

[70] See the Preamble of the South African Constitution; and *Dhanpaul Singh and Others v The Two Councils and Others* 1998 (1) SA 78 (LCC) para 111.

[71] J de Waal 'A Comparative Analysis of the Provisions of German Origin in the Interim Bill of Rights' 1995 *SAJHR* 1–29, 7 et seq. See for an example of comparative work: D G Kleyn 'The constitutional protection of property: a comparison between the German and the South African approach' 1996 *SAPR/PL* 402–445.

[72] See Chapter 6.

[73] On language skills and the availability of sufficient information as relevant factors to the choice of the examined jurisdictions: Siems 2014, 15; Jackson 2013, 64; and Dannemann 2006, 409.

[74] Siems 2014, 27 et seq. Cf Dannemann 2006, 409 et seq.

[75] Art. 14(3) GG; Art. 14(1) Gw; S 25(2) of the South African Constitution; and Art. I, § 7(a) of the New York State Constitution.

[76] See fn 11 above. On the importance of a shared societal problem: Michaels 2006, 368.

even through third-party transfers.[77] As a result, the similarities between these jurisdictions should be sufficient to make a comparison possible. In addition, as discussed below,[78] the functional methodology applied in this study has been designed to avoid most of the pitfalls on the way to a fruitful comparison.

1.6 METHODOLOGY AND STRUCTURE OF THE BOOK

The research presented in this book is doctrinal in nature. The analysis is thus concerned with the analysis and interpretation of the constitution, statutes (ie primary legislation), sub-statutory regulations (ie secondary legislation), case law, and the legal literature. As the legal literature is lacking an in-depth comparative analysis of the legitimate justification of expropriation, the application of a doctrinal method is justifiable. The first goal of this comparative study is to describe the legitimate justification of third-party transfers for economic development, its endurance, and the governance of the legitimate justification of such expropriations in German, Dutch, South African, and New York State law. The second goal is to identify similarities and differences between the jurisdictions in these respects and the roots of those similarities and differences. The third goal is to assess to what extent the protection of property in each examined jurisdiction complies with international good governance standards and, if necessary, to make recommendations for improvement in line with those standards.

The functional approach to comparative law

The functional approach to comparative law primarily guides this comparative study. The functional method requires identifying a legal and/or societal issue that persists in all of the examined jurisdictions.[79] In this study, the issues are the legitimate justification of third-party transfers for economic development, its endurance, and its governance, which reflect the balance between the protection of property from such expropriations and the public need for land for the economic development project. The comparativist then looks for binding legal rules that have the function of addressing this issue in the examined legal system.[80] A rule will have this function if the effects of the rule have an impact upon how the legal order treats the issue.[81] Subsequently, the comparativist identifies the differences and similarities between the rules.

Chapter 2: The identification of the issues

On the basis of this method and in the light of the research questions, the comparative analysis consists of five parts. The first part—Chapter 2—divides the legal and societal issue into several sub-issues.[82] The issue of whether economic

[77] See fn 11 above.

[78] See section 1.6 below.

[79] Michaels 2006, 368. Cf K Zweigert & H Kötz *An Introduction to Comparative Law* 3rd ed (Oxford: Clarendon Press/Oxford University Press 1998) section A.3.

[80] Siems 2014, 13 et seq; and Jackson 2013, 62.

[81] Michaels 2006, 342, 352, 355 et seq, 364 and 371. Cf Dannemann 2006, 398 et seq. Importantly, it is not necessary that certain rules are intended to perform a certain function, but it is sufficient that the effects of the rules are such that they perform that function; see Siems 2014, 38.

[82] As suggested by: Siems 2014, 13 et seq; and Jackson 2013, 62.

development is generally a legitimate purpose that the state may pursue by means of expropriation, for instance, is a sub-issue of the legitimate justification of third-party transfer for economic development. These sub-issues take the form of questions that are posed to each examined jurisdiction in order to find out how each jurisdiction treats a certain sub-issue.

These questions do not come out of the blue. On the one hand, they are based upon preliminary research that indicated which aspects may be recurring issues throughout the analysed jurisdictions.[83] On the other hand, the requirements of property theories, democratic theories, and public good theories inspired some of the questions. The questions concern the substantive requirements that the project, the project's purpose, and the expropriation must meet for a lawful expropriation, the normative effect of these conditions after the expropriation, and the institutional and procedural framework within which the competent bodies shape and apply those conditions and their normative effect after the expropriation. These questions serve as a common denominator that allows the comparativist to identify the rules that address a certain sub-issue of the legitimate justification and look beyond a jurisdiction's terminology.[84]

Chapters 3 to 6: The description of the approaches to the issues

The second part—Chapters 3 to 6—primarily consists of the description of the answers of the law of each analysed jurisdiction to the questions posed in Chapter 2. The second part provides the answer to the first research question.[85] It is the goal of each descriptive chapter to view the respective jurisdiction from the perspective of a lawyer from that jurisdiction (ie an insider's perspective) in order to avoid imposing another jurisdiction's perspective,[86] but at the same time to make the law of each jurisdiction accessible to an international readership.[87] A means used to ensure accessibility is to give an introduction to the applicable rules and the jurisdiction's terminology in a separate section before the answers of the jurisdiction to the questions are described.

To view the jurisdiction from an insider's perspective, the analysis considers all major legal sources relevant to the interpretation of the judicially or otherwise legally enforceable rules, including constitutional and statutory rules, sub-statutory regulations, case law, and scholarly literature.[88] The reliability of the information has been ensured through correspondence and interviews with experts from each jurisdiction. The draft of each descriptive chapter has been checked by at least one practitioner and/or academic scholar in the field of expropriation law from the respective jurisdiction.[89] In addition, the chapter on New York State law (Chapter 5)

---

[83] Siems 2014, 15, who suggested anticipating similarities and differences when the examined jurisdictions are chosen.

[84] Siems 2014, 26; Bell 2011, 172; and Jackson 2013, 62.

[85] See question (1) in section 1.3 above.

[86] R Sacco 'Legal Formants: A Dynamic Approach To Comparative Law (Installment I of II)' 1991 *American Journal of Comparative Law* 1–34, 23.

[87] Cf Siems 2014, 16 and 19; Bell 2011, 171; and Jackson 2013, 66 et seq.

[88] Jackson 2013, 66; Siems 2014, 18 et seq; Bell 2011, 158, 167 and 171; and Sacco, 'Legal Formants: A Dynamic Approach To Comparative Law (Installment II of II)' 1991 *American Journal of Comparative Law* 343–401, 344 et seq.

[89] Refer to the Preface.

includes the results of an interview with Jon Houghton, Attorney at Law in New York City, which shed some light on New York State eminent domain law in practice.

The reader should bear in mind that each type of source may have a different importance in each jurisdiction.[90] In German law, statute law and the case law of the Federal Constitutional Court are the dominant sources in expropriation law, but scholarly commentaries may also play a very important role in the interpretation of statute law and the Basic Law.[91] In Dutch law, statute law, the judgments of the Judicial Division of the Council of State (*Afdeling Bestuursrechtspraak van de Raad van State*; hereinafter: Judicial Division), and the expropriation decisions of the Crown are the most important sources. In New York State law, case law and, to a lesser extent, statute law play a dominant role, while there is little scholarly literature that describes, interprets, and systematises case law and statute law at state level.[92] In South African law, case law is traditionally a very important source of rules in expropriation law. As there is a transition from English law-based administrative law to a legal regime that is compliant with the rights-based Constitution, however, the judgments of the Constitutional Court and scholarly literature based upon the premises of the Constitution may better reflect future South African law than current doctrine.[93] The sources considered in the descriptive chapters reflect their relative importance, leading to a different composition of legal sources presented in each chapter.

The analyses in the second part primarily describe the law as it stands in the respective jurisdiction. They sometimes touch upon scholarly suggestions for improvement, but do not provide a detailed discussion thereof. At times, the descriptive chapters feature the opinion of the author on legal issues discussed in the jurisdiction. These opinions are based upon the legal sources in each examined jurisdiction, comparative insights, and/or the author's value judgements. Chapter 6, which deals with South African law, includes extensive proposals for the reform of South African law that are in part based upon earlier contributions of the author.[94] As South African law is in the middle of a transition towards law that is in line with the rights-based Constitution, these extensive proposals may not describe current law, but possibly future South African law.

The complexity of statutory rules and legal doctrine, the amount of case law, the liveliness of the scholarly debate in the legal literature, and possibly imminent changes to a jurisdiction's expropriation law determine the length of each descriptive chapter. Note that the length of a chapter is by no means an indicator of the quality or preferability of a jurisdiction's rules.

Section 7.1: The comparison

The third part—section 7.1—concerns the identification of similarities and differences in the legitimate justification of third-party transfers for economic develop-

[90] Sacco 1991a, 21–34.

[91] Hailbronner 2014, 644 et seq.

[92] Farnsworth 2010, 92 et seq. Cf Sacco 1991a, 34.

[93] See, for instance, Van der Walt 2011a. Cf Sacco 1991a, 394.

[94] See, in particular, Hoops 'Specificity of Expropriation Statutes as a Safeguard Against Third Party Transfers for Economic Development: Lessons from German Law for New Expropriation Legislation in South Africa?' 2016 *SALJ* 788–819; Hoops 'The alternative project argument in the context of expropriation law (part 1)' 2016 *TSAR* 680–696; and Hoops 'The alternative project argument in the context of expropriation law (part 2)' 2017 *TSAR* 70–88.

ment, its endurance, and its governance. The identification of similarities and differences is based upon a comparison of the answers to the posed questions.[95] The criterion by which the jurisdictions are compared is how extensively their laws protect the expropriatee from expropriation. The third part provides the answer to the second research question.[96] As the focus of this research is the protection of property from expropriation, this section does not include a thorough comparison of doctrinal systems and dogmatic structures.

A cautionary note should be added. As New York State is a common law jurisdiction and South Africa is a mixed jurisdiction with common law elements, case-based judge-made law plays an important role in developing the answers to the posed questions.[97] There are possible cases that can be distinguished from already adjudicated cases and that have yet to be brought before a court in New York State or South Africa. In common law systems and other legal systems that follow binding precedent and distinguish cases, it is inherently uncertain whether or not the competent judge would apply the existing rules to such a distinguishable case.[98] Also, the competent authorities may refuse to proceed to expropriate property if the expropriation is very controversial.[99] This may lead to an absence of specific case law on issues that typically arise in such controversial cases, increasing the uncertainty over whether the courts would apply the existing rules to those controversial expropriations. To the extent that statute law does not provide an answer, a comparison will, therefore, be partially speculative where a case has yet to be adjudicated.

Particularly in common law jurisdictions, courts may give diverging (doctrinal or factual) reasons for reaching what they think is the most desirable solution. These reasons may be answers to different functional questions in the comparative analysis. The functional comparative analysis may thus indicate differences while the protection of property from expropriation would be the same.[100] In order to avoid a flawed evaluation of the protection offered by the jurisdictions, a correction mechanism that evaluates whether similar cases led to similar results in different jurisdictions forms part of the comparative analysis.

Section 7.2: Roots of differences and similarities

The fourth part—section 7.2—seeks to sketch possible explanations for the differences and similarities found in section 7.1, on the basis of legal documents, scholarly literature, and existing empirical research. Differences and similarities may, on the one hand, have conceptual and doctrinal reasons.[101] On the other hand, they may be rooted in historical, social, cultural, or economic characteristics of the state whose law is analysed.[102] There may also be a mélange of reasons that have influenced each

[95] Siems 2014, 20.
[96] See question (2) in section 1.3 above.
[97] Siems 2014, 46 et seq and 65 et seq.
[98] A Gillespie *The English Legal System*, 4th ed (Oxford: Oxford University Press 2013) 80 et seq.
[99] The author is indebted to Prof. Joe Singer (Harvard Law School) for pointing this out to him.
[100] Again, the author is indebted to Prof. Singer for sharing this insight with him.
[101] Jackson 2013, 66.
[102] Siems 2014, 19, 21 and 35; and Jackson 2013, 62 and 66.

other. Note, however, that this part does not aim or purport to provide empirical evidence. This part answers the third research question.[103]

Sections 7.3 and 7.4: Application of good governance standards and recommendations

The fifth part—sections 7.3 and 7.4—provides an evaluation of which jurisdiction protects private property most appropriately from expropriation. The abovementioned international good governance standards on expropriation provide suitable criteria for this evaluation.[104] Where the jurisdictions do not meet those standards, this part makes recommendations for the improvement of the legal regime in the examined jurisdictions. This part answers the fourth and final research question.[105]

The first step of the evaluation is to identify the applicable international good governance standards. For this purpose, an interpretation of the wording and context of the international soft law instruments and guidance documents is undertaken. The second step is to compare the good governance standards with the rules that concern the issue that the standard is meant to address. Should the rules not comply with the good governance standard, the third step is to recommend legal reforms that ensure compliance with the international good governance standards. For this purpose, such recommendations may be based upon the international instruments only or on the toolbox of legal mechanisms found in other jurisdictions from section 7.1.

Chapter 8: Summary and conclusion

Chapter 8 summarises the main findings of this research and provides some concluding remarks on the implications of the findings to meeting future challenges surrounding expropriation law, international good governance standards on expropriation, and future research opportunities.

1.7 TERMINOLOGY

In the descriptive chapters that provide an analysis of the answers to the questions posed in Chapter 2 for each jurisdiction, the jurisdiction's terminology is introduced and it is demonstrated how the applicable rules and the jurisdiction's terminology relate to the questions. In the questions themselves, use is made of comparative terminology that is introduced in subsection 1.7.1 and Chapter 2. In the answers to the questions in the descriptive chapters, comparative terminology helps to clarify how the jurisdiction's terminology and applicable rules relate to the questions. Subsection 1.7.2 provides the definitions of other frequently used terms, some of which gave rise to confusion during the research process. Subsection 1.7.3 contains an explanation of the gender-neutral language used in this work.

1.7.1 Basic comparative terminology for expropriation law

The expropriation regimes of different jurisdictions use different terminologies to shape the legitimate justification of an expropriation of property, its endurance and

[103] See question (3) in section 1.3 above.
[104] See section 1.3 above.
[105] See question (4) in section 1.3 above.

its governance. A comparison of the legitimate justification, its endurance, and its governance in different jurisdictions needs comparative terminology because similar or diverging terminologies in the examined jurisdictions may otherwise disguise differences or similarities. The comparative terminology used throughout this study consists of comparative terms that are created and designed for the purposes of this book. Each comparative term is based upon an element of an expropriation of property that is common to all examined jurisdictions, such as the public benefits for which the state may seek to acquire access to land, but which each jurisdiction may refer to by different terms. Comparative terms necessarily have an autonomous meaning because the meaning of comparative terms may not correspond to the meaning of (seemingly) similar terms in an examined jurisdiction. For instance, the comparative term 'legitimate purpose', which is introduced hereafter, does not necessarily have the same content as the South African term 'public purpose'.

The comparative terms have two functions in this research. The first function is to make possible a description of the law of each examined jurisdiction that is accessible to readers from other jurisdictions. The second function is to provide terms for the questions created in Chapter 2 that are posed to each examined jurisdiction in order to examine and compare the legitimate justification of an expropriation, its endurance, and its governance in the examined jurisdictions. Each requirement that the project, its purpose, or the expropriation must meet in one of the examined jurisdictions concerns one or more questions pertaining to the legitimate justification, its endurance, or its governance. For example, the public use requirement under the New York State Constitution addresses the comparative question of whether an envisaged project serves one of a limited group of legitimate purposes that may legitimately justify an expropriation.[106] Each comparative term or the connection between two comparative terms, such as the connection between the envisaged 'project' and the 'legitimate purpose' in the example, represents one or more of the comparative questions introduced in Chapter 2. In addition to the 'legitimate justification', its endurance, and its governance, which have already been defined in section 1.2, this section defines five basic comparative terms that are necessary to create the questions in Chapter 2, their normative and descriptive character, and, where necessary, their relationship to the 'legitimate justification of expropriation'.

Project

'Project' refers to the work or the services that the transferee of the expropriated property is envisaged to provide with the help of the expropriated property and, possibly, other properties. The term thus includes an endless diversity of undertakings, from a new road to a new hospital, from a new school to a new factory.

Legitimate purpose

The 'purpose' refers to the abstract interest(s) that the project and the acquisition of land for that project are meant to serve directly or indirectly. The purpose of a new hospital, for instance, would be to improve the provision of health care in a certain area. However, not all purposes are suitable to legitimately justify an expropriation.

[106] *Sunrise Properties, Inc., et al. v Jamestown Urban Renewal Agency*, 614 N.Y.S.2d 841, 206 A.D.2d 913 (N.Y. ADiv. 1994); and *Goldstein v Pataki*, 516 F.3d 50, 65 (2d Cir. 2008).

For example, it is controversial whether a new factory that serves to generate private profits and create indirect benefits for society, such as economic growth and employment opportunities, may legitimately justify an expropriation.[107] In this discussion, the purpose is called legitimate if it may, under further conditions, legitimately justify an expropriation in a certain jurisdiction. By contrast, a purpose that may under no circumstances legally justify an expropriation is called illegitimate. The question of whether a project serves a legitimate purpose forms part of the inquiry into the legitimate justification of third-party transfers for economic development in a jurisdiction. This question is discussed in more detail in subsection 2.2.1.

Expropriation

'Expropriation' does not refer to the implementation of the project, but to state action whereby the state acquires access to land needed for the implementation of the project. More specifically, this term refers to state action whereby the state takes away a property right on land against the will of the holder of this right in order to transfer it to another entity that is envisaged to use it for the planned legitimate purpose. For the purposes of this book, the term exclusively refers to an administrative decision whereby the state expropriates property. In the examined jurisdictions, the equivalents of this comparative term are expropriation in German law (*Enteignung*) and Dutch law (*onteigening*), (formal) expropriation in South African law, and condemnation in New York State law.

Contextualisation

The fourth comparative term is the most complex one: the 'contextualisation'. It refers to the legally enforceable rules that embed the project, its purpose, and the expropriation into their economic, environmental, and social context. For instance, the project may be put into the context of its legitimate purpose by prescribing the project's suitability to serve the legitimate purpose, the societal need for the project, and/or a certain magnitude of the project's contribution to the legitimate purpose. The project, its purpose, and the expropriation may be put into the context of their adverse effects by requiring the competent authority to choose less harmful alternative projects or permitting only a certain (range of) relationship(s) between the public benefits of the project and interests adversely affected by the project (and the expropriation). The expropriation may also be put into the context of the project's purpose and its adverse effects by prescribing its suitability to enable the implementation of the project and the extent to which the state may expropriate property for the invoked purpose. The questions answered to examine the 'contextualisation' in a jurisdiction form part of the inquiry into the legitimate justification of third-party transfers for economic development in a jurisdiction. These questions are discussed in subsections 2.2.2 to 2.2.6. If a jurisdiction provides for legal boundaries that constitute an answer to one or more of these questions, the conclusion will be that this jurisdiction requires a (partial) contextualisation.

[107] See the diverging opinions of the justices of the US Supreme Court in *Kelo v City of New London*, 545 US 469 (2005).

The descriptive and the normative side of comparative terms

'Legitimate purpose', 'contextualisation', and the 'legitimate justification of expropriation' have both a descriptive and a normative component. For instance, the analysis of the content of a theory or the law of a jurisdiction shows what the legitimate justification of an expropriation is according to that theory or the law in that jurisdiction. From the perspective of a person seeking to apply that theory or the law of that jurisdiction, the term 'legitimate justification' has a normative content because this person has to apply the requirements pertaining to the legitimate justification. For the purposes of the analysis of the examined jurisdictions in this book, the findings of the analysis have a descriptive character because the findings are a description of what a 'legitimate justification' is according to that theory or the law of that jurisdiction. In the text, these two dimensions cannot be separated. If the text states that a jurisdiction 'requires a contextualisation', the required contextualisation is a description of the law of that jurisdiction and, in the form of the jurisdiction's requirements that entail the contextualisation, a normative requirement for a lawful expropriation in that jurisdiction. Unless the text indicates otherwise, these terms are not used to make a normative statement that the jurisdiction should provide for a certain legal boundary.

Compensation and its relationship to the 'legitimate justification'

Expropriation, in principle, requires the payment of equitable compensation for the loss that the expropriatee has suffered.[108] In this book, the obligation to pay compensation to the expropriatee is not viewed as a part of the legitimate justification of an expropriation, but rather as a consequence of an expropriation with a legitimate justification.[109] This normative assumption is made because it would otherwise seem that the project's public benefits alone cannot legitimately justify the infringement of constitutionally protected property rights and that the payment of compensation can heal otherwise unjustifiable state action. Making compensation a part of the legitimate justification would thus strongly suggest that a legal order does not protect property as such, but only its value. For this reason, the amount of compensation and its calculation fall outside the scope of this research.

However, compensation for expropriated property remains a means to take into account the interests of the expropriatee because it equalises the burden that the state forces the expropriatee to bear for the public good.[110] In an examined jurisdiction, the compensation *may*, therefore, play a role in the relationship between the public benefits of the project and the interests adversely affected by the project and the expropriation and to that extent form part of the legitimate justification. This research deals with this role of compensation. Apart from this role, the obligation to pay compensation may also have a deterrent effect and protect the

---

[108] See, for instance, Art. 14(3) GG; Art. 14(1) Gw; S 25(2) of the South African Constitution; and Art. I, § 7(a) of the New York State Constitution.

[109] See, for instance, BVerfG, Judgment of 17 December 2013, *NVwZ* 2014, 211, 214 and 216; BV Slade, 'The Less Invasive Means Argument in Expropriation Law', *TSAR* 2013, 199–216, 199; and *J.R. Harvey v Umhlatuze Municipality and Others* (4387/08) [2010] ZAKZPHC 86, para 82.

[110] DA Dana & TW Merrill, *Property: Takings* (New York: Foundation Press 2002) 32 et seq; and H Dagan 'Expropriatory Compensation, Distributive Justice, and the Rule of Law', in Hoops, Marais, Mostert, Sluysmans & Verstappen (eds) *Rethinking Expropriation Law I: Public Interest in Expropriation* (The Hague: Boom 2015) 349–367, 351.

expropriatee because it increases the costs of expropriation.[111] This protective mechanism falls outside the scope of this book.

1.7.2 Other frequently used terms

This subsection provides a (non-exhaustive) list of definitions of frequently used terms in both the descriptive and the comparative chapters for the purposes of this book. These terms have the defined meaning unless the context indicates otherwise. The definition may deviate from the common use of the term.

A **third-party transfer** is an expropriation of property (including the forced creation of a limited property right) with a subsequent transfer of the expropriated right(s) to a private entity or the subsequent conferral of a proprietary or contractual use rights upon such an entity.

(Private) Economic development refers to economic growth, the creation of jobs, the improvement of the economic structure, or other indirect public benefits of private business activities.

(Private) Property may have, depending upon the context in which the term is used, either one of two meanings in this book:

- Rights in 'property' as defined in the examined legal order; in this sense interchangeably used with **property rights**;
- The ownership of land;
- The physical parcel of land to which the right of ownership relates.

The **expropriatee** is the person whose property is expropriated.

Direct benefits are the products, services, improvements, or other beneficial consequences that directly result from an activity.

Indirect benefits are the beneficial consequences of the direct results of an activity.

A **public interest** is an interest that is shared by the general public, a community, or a substantial number of private parties, such as public health, public safety, and environmental protection.

A **private interest** is an interest that is only held by a small number of private parties.

Adverse (**detrimental**) **impact** (**consequences**) are the negative effects of an activity upon an interest.

The **transferee** or **project developer** is the private entity that receives the expropriated property or a use right from the state from the state and is supposed to implement the project.

The **legislature (legislator, Parliament)** is the organ in which the Constitution vests the legislative power. The legislature in particular has the power to authorise expropriations.

A **statute** (an **Act of Parliament**) is a piece of primary legislation, adopted by a federal, national or state legislature. An expropriation statute is a statute that authorises expropriation.

[111] See, for instance, Bell & Parchomovsky 'The Hidden Function of Takings Compensation' 2010 *Virginia Law Review* 1673–1725.

A **constitution-conform interpretation** refers to the interpretation of law in accordance with the Constitution[112].

An **administrative authority** is a state body that exercises state powers on the basis of, and in accordance with, a statute.

A **court** (the **judiciary**) is a state organ in which the Constitution vests the power to interpret the Constitution, statutes, and/or other legal rules and adjudicate legal disputes.

An **(adversely) affected person** (a participant (*Beteiligter*) in German expropriation law; a person with a legitimate interest (*belanghebbende*) in Dutch administrative law; an aggrieved person in New York State condemnation law; a materially and adversely affected person in South African administrative law) is a person upon whom the law confers certain privileges, such as a right to participate in an administrative procedure or to bring legal action against an administrative decision before the courts, due to the impact of an administrative decision upon that person. This category of persons includes the expropriatee, but also other persons whose interests are adversely affected by the project and/or the expropriation.

A **principle** is a constitutionally or otherwise legally recognised guideline that forms the basis of written or unwritten enforceable rules. Examples from this research are the principle of the rule of law, the principle of legality, and the principle of specificity.

The expression **'in principle'** is used where a rule generally applies to all cases, but where there are exceptions to this rule.

The adjective **substantive** and the noun **substance** refer to the content of conditions that the project, the project's purpose, or the expropriation must meet in order for the expropriation to be lawful. **Substantive** is mainly used in connection with 'definition', 'perspective', 'question', or 'requirement(s)'.

To **contextualise** refers to shaping or applying the judicially or otherwise legally enforceable requirements that pertain to the contextualisation.

Governance refers to (the rules on) how public or private actors regulate a certain societal process. This term is mostly used in connection with 'perspective' and 'analysis'.

Procedural refers to rules on the procedures that state bodies must follow when dealing with the project, the project's purpose, or the expropriation.

The **burden of proof** refers to the onus of establishing and proving the facts necessary for showing in judicial proceedings that a certain legal requirement is (not) met.

A **full (intrusive) judicial review (scrutiny)** refers to a form of judicial review whereby the judge follows their own interpretation of the facts, their own interpretation of the law, and their own value judgements in scrutinising whether the administrative decision, in particular the exercise of the authority's discretion, is lawful.

A **limited (lenient) judicial review (scrutiny)** refers to a form of judicial review whereby the judge defers to the authority's interpretation of the facts, its interpretation of the law, and/or its value judgements and policy decisions in scrutinising whether the administrative decision is lawful.

---

[112] This is the term used in Section 6.IV of M de Visser *Constitutional Review in Europe: A Comparative Analysis* (Oxford: Hart 2014).

An **ordinary court** refers to a court with general subject-matter jurisdiction that is competent unless the law provides that another court is competent to hear cases pertaining to the concerned subject-matter.

Discretion refers to the authority to shape the specific characteristics of the project, its purpose, and/or the expropriation and decide on whether or not to pursue a certain project and/or to expropriate property for the project.

A **planning authority** is an administrative authority that determines the location, the size, and the design of the project for which the state may subsequently seek to expropriate the required property.

The **planning phase** is the stage at which the planning authority determines the location, the size, and the design of the project.

A **planning procedure** is a formally separate administrative procedure in which the planning authority determines the location, the size, and the design of the project.

An **expropriation authority** is an administrative authority that verifies the lawfulness of the expropriation and/or decides on whether or not to expropriate the property for the planned project.

The **expropriation phase** is the stage at which the expropriation authority verifies the lawfulness of the expropriation and/or decides on whether or not to expropriate the property for the planned project.

An **expropriation procedure** is a formally separate administrative procedure in which the expropriation authority verifies the lawfulness of the expropriation and/or decides on whether or not to expropriate the property for the planned project.

A state entity performs a **boundary-shaping role** (**task**, or **function**) when it determines conditions that other state entities must observe when shaping the project and its purpose or when deciding whether or not to expropriate property.

A state entity performs a **creative role** (**task**, or **function**) when it designs the project and the purpose for which the state may subsequently expropriate property, or adopts rules or makes agreements concerning the implementation of the project after the expropriation and the consequences of a failure to implement the project.

A state entity performs a **controlling role** (**task**, or **function**) when it verifies whether the project and its purpose comply with the law and legitimately justify an expropriation.

Preventive measures are measures that the state takes to ensure the implementation of the project.

A **corrective measure** refers to the expropriatee's right to reacquire the expropriated property in cases of non-implementation of the project.

1.7.3 Gender-neutral language

In this book, use is made of gender-neutral language. For this reason, where the text cannot specify the gender of a person, the text uses the singular 'they' instead of generic masculine or feminine pronouns, whether singular or plural. 'They', 'them', 'their', and 'themselves' replace 's/he', 'him'/'her', 'his'/'her', and 'himself'/'herself'.

1.8 LINKS TO OTHER RESEARCH

This book is the outcome of more than three-and-a-half years of research from September 2013 to June 2017. This research forms part of the activities of the

Expropriation Expert Group, which hosted international conferences in Groningen (2013), Rome (2014), The Hague (2015), and Cape Town (2016). It is the goal of this group to facilitate a dialogue among experts in the field of expropriation from around the world and promote good governance standards in that field. The research is embedded in the broader research programme 'Public Interests and Private Relationships' at the Faculty of Law of the University of Groningen. Within this programme, one focus of the research is expropriation law. While this study is an in-depth comparative study of a few jurisdictions, Nicholas Tagliarino, PhD researcher at the University of Groningen, is conducting indicator-based research that examines whether 50 jurisdictions comply with selected international good governance standards.

Some parts of this book are based upon earlier versions of the text that have been published as articles in international journals and as contributions to the books *Rethinking Expropriation Law I: Public Interest in Expropriation* and *Rethinking Expropriation Law II: Context, Criteria, and Consequences of Expropriation* of the Expropriation Expert Group.[113]

1.9 A GUIDE TO READING THIS BOOK

For a good understanding of the analyses and findings in this book, the reader should proceed to Chapter 2 after reading this introduction. In that chapter, the reader will find all of the questions that are answered in the descriptive Chapters 3 to 6 and which form the basis for the comparative analysis and the recommendations in Chapter 7. Each descriptive chapter is a self-contained account of the law of the respective jurisdiction on the legitimate justification of third-party transfers for economic development, its endurance, and its governance. The reader can choose to read any one of the descriptive chapters without the need to read any of the others. When reading a descriptive chapter, readers should first read the section on the applicable law to familiarise themselves with the structure of the examined law and its terminology and then proceed to the answers to the questions posed to each jurisdiction. Having read any of the descriptive chapters, the reader can choose to read another of them or proceed to the comparative analysis in Chapter 7. To understand the comparative analysis itself, the reader does not need to go back to the descriptive chapter(s). The comparative analysis contains many cross-references to the descriptive chapters that the reader can follow to get a deeper understanding of how the respective jurisdiction deals with a certain issue.

---

[113] Hoops 2016b, 788–819; Hoops 2016a, 680–696; Hoops 2017, 70–88; Hoops, 'Expropriation Procedures in Germany and the Netherlands: Ready for the Voluntary Guidelines on the Responsible Governance of Tenure?' 2016 *EPLJ* 236–274; Hoops 'Het recht op terugoverdracht in alle gevallen van niet-uitvoering: Het is tijd voor een herziening van art. 61 Ow' 2016 *TBR* 540–548; Hoops 'More safeguards instead of a ban of economic development takings: the *Kelo* case from a German Perspective' in Hoops, Marais, Mostert, Sluysmans & Verstappen (eds) *Rethinking Expropriation Law II: Context, Criteria, and Consequences of Expropriation* (The Hague: Boom 2015) 137–191; Hoops 'The Public Purpose for the Expropriation of Land: A Framework for Assessing Its Democratic Legitimacy' in Hoops, Marais, Mostert, Sluysman & Verstappen (eds) *Rethinking Expropration Law I: Public Interest in Expropriation* (The Hague: Boom Eleven 2015) 237–278; and Hoops, J Saville & Mostert 'Expropriation and the Endurance of Public Purpose' 2015 *EPLJ* 115–151.

CHAPTER 2 A descriptive theory of the legitimate justification of expropriation

Table of Contents

The expropriation of property is an infringement of a constitutionally protected right.[1] The expropriation of property will only be lawful if there is a legitimate justification for the harm done to the expropriatee and other adversely affected interests. As has been set out in Chapter 1,[2] this book is a comparative study of judicially or otherwise legally enforceable substantive, institutional, and procedural requirements that the project, its purpose, and the expropriation must meet in order for the expropriation to be lawful in a particular jurisdiction. As of yet, there is no uniform definition or theory of what constitutes the legitimate justification of expropriation or the questions asked to determine the legitimate justification, its endurance, or its governance in a particular jurisdiction. As has been noted in Chapter 1,[3] however, a comparative analysis is not possible without a uniform set of questions that can be answered for each jurisdiction.

On the basis of the comparative terminology introduced in Chapter 1,[4] section 2.1 of this chapter introduces and justifies the theory that forms the basis for the questions asked in this book. Sections 2.2 to 2.4 then discuss the questions that are posed to each examined jurisdiction in order to determine what constitutes the substantive definition of the legitimate justification of the expropriation, the endurance of the legitimate justification, and the governance of the legitimate justification in the respective jurisdiction. The questions first concern the substantive definition of the legitimate justification (in section 2.2). More specifically, these questions deal with the legitimate purpose and the contextualisation. The questions then pertain to the endurance of the legitimate justification (in section 2.3). This normative effect beyond the expropriation decision may take the form of measures ensuring the implementation of the project and/or a right to reacquire in cases of non-implementation. For each of the questions concerning the substantive definition and the

[1] Art. 14(3) GG; Art. 14(1) Gw; S 25(2) of the South African Constitution; and Art. I, § 7(a) of the New York State Constitution.

[2] See section 1.3 above.

[3] See section 1.6 above.

[4] See subsection 1.7.1 above.

endurance of the legitimate justification, an additional analysis is introduced of the applicable institutional and procedural requirements, which together shape the governance of the legitimate justification of expropriation (in section 2.4). Section 2.5 contains a table with an overview of the legal requirements in the examined jurisdictions that provide at least a partial answer to a certain question.

2.1 THE NEED FOR A CONTEXTUALISING *AND* DESCRIPTIVE THEORY OF THE LEGITIMATE JUSTIFICATION

The theory of the legitimate justification of expropriation introduced in this chapter is descriptive in nature. The theory merely poses questions. The theory is only normative in nature insofar as it requires that these questions be asked. However, it does not require that jurisdictions have an answer to the questions, nor does it prescribe the content of the answer. The answers to the questions concerning the substantive requirements that the project, its purpose, and the expropriation must meet at the moment of the expropriation together describe the substantive definition of the legitimate justification of expropriation in a particular jurisdiction. The questions pertaining to the endurance of the legitimate justification lay bare its normative effect beyond the moment of the expropriation. The governance perspective uncovers the institutional and procedural arrangements into which the legitimate justification and its endurance are embedded. These answers make it possible to explore how different jurisdictions approach the legitimate justification of expropriation, its endurance, and its governance and compare their approaches.

As is shown below in subsection 2.1.1, the need for a descriptive theory of the legitimate justification arises from the diverging substance of the public good/interest/purpose/use requirement (hereinafter referred to as: 'public purpose requirement') and different notions of the substantive definition of the legitimate justification in the analysed jurisdictions. If in each chapter on a particular jurisdiction, the substantive definition of the legitimate justification of expropriation were equated with the concept of 'public purpose' from that jurisdiction, the analysis of each jurisdiction would answer different questions and the comparison would prove fruitless. For this reason, a theory of the legitimate justification must be developed independently from the requirements used in the analysed jurisdictions. There seem to be two approaches to the substantive definition of the legitimate justification of expropriation in practice that may serve as a model for the comparative analysis. The first approach is the project-purpose paradigm. Subsection 2.1.2 demonstrates that this approach is flawed, and it is submitted that this paradigm cannot serve as a model for a comparative analysis. The second approach, by contrast, includes an inquiry into the contextualisation of the project, its legitimate purpose, and the expropriation. It is submitted in subsection 2.1.3 that this descriptive and contextualising theory is suitable to guide a comparative analysis.

2.1.1 Diverging terminologies

The term 'legitimate justification' is not a technical term used in the examined jurisdictions. The substantive definition of the legitimate justification is often equated with a jurisdiction's public purpose requirement. For example, in the judgment on the case *J.R. Harvey v Umhlatuze Municipality and Others*, the South

African KwaZulu-Natal High Court explicitly considered that the public purpose/ public interest requirement in Section 25(2) of the South African Constitution constituted the justification of an expropriation.[5] A comparative analysis of the legitimate justification of expropriation, however, cannot be confined to a jurisdiction's public purpose requirement. The analysis would prove fruitless because it would fail to account for the different dogmatic structures of the public purpose requirements and, therefore, not have the same object in each jurisdiction.

'Public good' in German law: Legitimate purpose and *contextualisation of the project*

Art. 14(3) of the German Basic Law provides that an expropriation must serve the public good. The German Federal Constitutional Court has construed this requirement as containing two separate sub-requirements. The first sub-requirement is that only a 'public good objective of particular weight' can meet the public good requirement for expropriation.[6] Public good objectives of particular weight, such as healthcare, infrastructure, and education, refer to the legitimate purpose of the expropriation. The project is then subject to a proportionality test. This test requires an examination of the relationships between the envisaged project and the legitimate purpose, and between the legitimate purpose and the adverse impact of the project and the expropriation. This proportionality test first requires that the project is *suitable* (*geeignet*) to contribute to the legitimate purpose. Secondly, the project must be *necessary* (*erforderlich*) to achieve the legitimate purpose.[7] The project will meet this requirement if the project is reasonably required or, in other words, makes a substantial contribution to realising the legitimate purpose.[8] Thirdly, the implementation of the project must be *proportionate in the narrow sense* (*verhältnismäßig im engeren Sinne*).[9] Proportionality in the narrow sense requires that the project's adverse impact upon private interests and public interests, such as harm done to the environment, does not outweigh the project's contribution to the legitimate purpose.[10] The public good requirement thus entails a contextualisation of the project.

'Public purpose/public interest' in South African and 'public use' in US law: Legitimate purpose only

Whereas the German public good requirement answers the question of whether the project serves a legitimate purpose and requires a contextualisation of the project, public purpose requirements of other examined jurisdictions do not include such a contextualisation. The public use requirement of the Fifth Amendment to the US Constitution solely addresses the question of whether the project serves a legitimate purpose. In the recent *Kelo* judgment, the US Supreme Court had to decide on whether the promotion of economic development by a private transferee in an economically distressed area was a public use. In his majority opinion, Justice Stevens held that 'public use' required that the project served a public purpose.[11]

[5] [2010] ZAKZPHC 86, para 82.
[6] BVerfG, Judgment of 17 December 2013, *ZUR* 2014, 160, 161.
[7] BVerfG, Judgment of 17 December 2013, *NVwZ* 2014, 211, 221.
[8] BVerfG, Judgment of 17 December 2013, *ZUR* 2014, 160, 163.
[9] BVerfG, Judgment of 17 December 2013, *ZUR* 2014, 160, 164.
[10] BVerfG, Judgment of 17 December 2013, *NVwZ* 2014, 211, 216 and 219.
[11] *Kelo v City of New London*, 545 US 469, 480 (2005).

Stevens found that economic development was a traditional and long-accepted function of government and, therefore, a public purpose.[12] Only an expropriation that solely or primarily served the purpose of conferring a private benefit upon a private party would fail to comply with the public use requirement.[13] Stevens conducted no further contextualisation within the public use requirement. His ruling demonstrates that merely the project's purpose determines whether or not the expropriation meets the public use requirement under the Fifth Amendment.[14]

South African law also follows this approach. Section 25(2) of the South African Constitution stipulates that an expropriation must serve a public purpose or be in the public interest. This public purpose/public interest requirement merely deals with the question of whether the project serves a legitimate purpose. The *Offit* judgment is the only recent judgment of the Supreme Court of Appeal (South Africa's second-highest court) that extensively deals with the public purpose/public interest requirement. In that judgment, the Supreme Court of Appeal defined public purposes as including all purposes which pertain to and benefit the public in contradistinction to private individuals.[15] Applying this definition to the *Offit* case, which concerned an expropriation for a deep-water port, Wallas JA held that '[p]roviding industrial development with its concomitant benefits of employment and economic growth is manifestly a public purpose' and further confirmed that the project was also in the public interest.[16] The Court did not address the magnitude of the project's benefits or its adverse impact. Although the South African Constitutional Court has yet to rule on the interpretation of the public purpose/public interest requirement,[17] this judgment strongly indicates that the public purpose/ public interest requirement does not require a contextualisation under the South African Constitution.

'Public interest' in Dutch law: Legitimate purpose and *a hidden contextualisation of the project*

In Dutch law, Art. 14(1) of the Dutch Constitution prescribes that an expropriation must be in the public interest. As Art. 120 of the Constitution prohibits a constitutional review of Acts of Parliament, the Dutch courts have so far omitted to interpret the constitutional public interest requirement. The Dutch Crown, which takes the administrative decision to expropriate property,[18] uses the public interest as a criterion to examine whether the expropriation is lawful. Public interest only addresses the question of whether the project serves a legitimate purpose. This can be easily inferred from the fact that only a project that solely serves a private interest cannot serve a public interest.[19]

---

[12] *Kelo v City of New London*, 545 US 469, 484 et seq (2005).

[13] *Kelo v City of New London*, 545 US 469, 477 and 491 (2005).

[14] Hoops 2015a, 160 et seq. Justice Stevens confirmed this view in: JP Stevens 'Judicial Predilections' 2005 *Nevada Law Journal* 1–6, 3.

[15] Supreme Court of Appeal, Judgment of 15 February 2010, *Offit Enterprises (Pty) Ltd and Another v Coega Development Corporation (Pty) Ltd and Others* (9/09) [2010] ZASCA 1, para 14.

[16] [2010] ZASCA 1, paras 17 et seq.

[17] See subsection 6.2.1.2 below.

[18] Art. 78(1) of the Dutch Expropriation Act (*Onteigeningswet*; Ow).

[19] See, for instance, KB Harderwijk, Decision of 12 October 1984, ECLI:NL:XX:1984:AS9480, *BR* 1985, 642.

However, it would be premature to conclude that the public interest requirement under Dutch law does not require any contextualisation. In many cases, the project was contextualised at an earlier stage through a plan. Art. 77(1) No. 1 of the Dutch Expropriation Act is the most frequently used statutory basis for expropriation in Dutch law.[20] It authorises an expropriation for the purpose of implementing a municipal binding land-use plan (*bestemmingsplan*). This binding land-use plan is based upon an overall balancing of all interests relevant to spatial planning.[21] The public interest requirement thus presupposes a contextualisation of the project and its purpose.

2.1.2 The project-purpose paradigm and its flaws

Many analyses of the substantive definition of the legitimate justification of expropriation, be they scholarly or judicial, fall short of dealing with the contextualisation of the project, its purpose, and the expropriation. Such analyses only focus on the question of whether the project serves a purpose that is legitimate. In this book, this approach is coined the project-purpose paradigm. This paradigm entails that the expropriation will have a legitimate justification if the project serves a legitimate purpose. The application of this paradigm in the analysed jurisdictions can be particularly observed in the jurisprudence of the US Supreme Court and lower South African courts.

The project-purpose paradigm in South Africa and the United States

In the United States, the scholarly discussion on the public use requirement mainly revolves around the question of what categories of purposes are legitimate. It is debated whether public use has to be construed as use by the public, the provision of public goods, or, more broadly, as public purpose or public benefit.[22] The 2005 *Kelo* judgment of the US Supreme Court also illustrates this approach. In this judgment, Justice Stevens found that private economic development in a municipality suffering from economic decline constituted a public use and, therefore, held that the expropriation was legitimately justified.[23] Stevens only added in an abstract manner that the expropriation was subject to an irrational-means test.[24] He did not explicitly apply this test to the case. In any case, such a test only ensures that the competent authority gives a rational explanation for the use of the power to expropriate property and the suitability of the project and the expropriation to bring

---

[20] JEFM den Drijver-van Rijckevorsel, AW van Engen, FA Mulder & M Rus-van der Velde *Handboek onteigening*, 4th ed (Deventer: Kluwer 2013) 21.

[21] PJJ van Buuren, AAJ de Gier, AGA Nijmeijer & J Robbe, *Hoofdlijnen ruimtelijk bestuursrecht*, 9th ed (Deventer: Kluwer 2014) 38 et seq.

[22] See, for instance, Schultz 'What's Yours Can be Mine: Are there Any Private Takings After *City of New London v Kelo?*' 2006 *UCLA Journal of Environmental Law and Policy* 195–234, 199; Alexander 'The Public Use Requirement and the Character of Consequentialist Reasoning' in Hoops, Marais, Mostert, Sluysmans & Verstappen (eds) *Rethinking Expropriation Law II: Context, Criteria, and Consequences of Expropriation* (The Hague: Boom 2015) 113–135, 117 et seq; and R A Epstein *Supreme Neglect: How to Revive Constitutional Protection for Private Property* (New York: Oxford University Press 2008) 75 et seq. For the rest, this discussion falls outside the scope of this chapter. See section 5.2 below for more details on the debate in New York State and the United States.

[23] *Kelo v City of New London*, 545 US 469, 484 et seq (2005).

[24] *Kelo v City of New London*, 545 US 469, 488 and 490 (2005).

about the expected public benefits.[25] Therefore, this test only entails a very limited contextualisation. Ruling out a further contextualisation, Justice Stevens expressly declined in his majority opinion on *Kelo* to engage in an analysis of the magnitude of the project's benefits and the adverse consequences of the project and the expropriation.[26]

A good example from South Africa is the *Bartsch* case.[27] In that case, the Free State High Court had to decide on whether the construction of a private shopping complex would comply with the South African public purpose/public interest requirement in section 2(1) of the Expropriation Act and section 25(2) of the Constitution. The project, on the one hand, served to connect a municipal road to a national freeway and, on the other hand, served to build a private shopping complex along a certain part of the new road. Ebrahim J considered that it was the responsibility of municipalities to ensure their economic viability and to prevent rising unemployment and poverty.[28] Ebrahim J held that the shopping complex would provide strategic economic advantages to the municipality in the form of greater financial returns, which would then result in a healthier and wealthier environment.[29] Therefore, the construction of the shopping complex could legitimately justify the expropriation of the property necessary for the shopping complex.

The reasoning of Ebrahim J was solely concerned with qualifying the purpose of the project as legitimate. Nowhere in his judgment did Ebrahim J contextualise the shopping complex. He could have scrutinised how many jobs would actually be created through the shopping complex, thereby putting the shopping complex into the context of the legitimate purpose that it serves. He could have evaluated the adversely affected interests, such as the interest of the expropriatee. However, he did not take these considerations into account in his judgment.

These examples illustrate the application of the project-purpose paradigm as a judicial tool to scrutinise the legitimate justification of an expropriation in two of the examined jurisdictions. For the sake of clarity, note that the application of this paradigm may be due to the deference that courts in South Africa and the United States practice to the determinations of the administrative authority on the project, its public benefits, and the balance between the project's benefits and the adverse impact of the project and the expropriation.[30] In exercising its discretion, an administrative authority may take into account the project's benefits and the adverse impact of the project and the expropriation before the judicial proceedings. However, the legitimate justification of the expropriation in this book is only concerned with judicially or otherwise legally enforceable boundaries to the political-administrative process and, in particular, the exercise of the authority's discretion. For this reason, the determinations of the authority and the reasons for its

---

[25] See, for instance, *Hawaii Housing Authority v Midkiff*, 467 US 229, 241 (1984); and *Goldstein v New York State Urban Development Corporation*, 921 N.E.2d 164 (N.Y. 2009). See subsections 5.2.1.4 and 5.2.2.3.4 below for a more detailed analysis.

[26] Hoops 2015a, 160 et seq; and Stevens 2005, 3.

[27] [2010] ZAFSHC 11.

[28] [2010] ZAFSHC 11, para 2.1.

[29] [2010] ZAFSHC 11, para 5.2.

[30] Hoops 2015a, 160 et seq; Hoexter 2012, 14; and PJH Maree *Investigating an Alternative Administrative-Law System in South Africa* (unpublished LLD thesis, Stellenbosch University 2013) 64 et seq. This LLD thesis can be retrieved via: http://scholar.sun.ac.za/handle/10019.1/85591 (last accessed: 28 June 2017).

decision fall outside the scope of this book to the extent that the authority stays within the applicable legal boundaries and courts or other state organs do not scrutinise the authority's decision.

The project-purpose paradigm as a normative and a descriptive tool

In evaluating the project-purpose paradigm as a descriptive tool to compare the legitimate justification of expropriation in different jurisdictions, one must be careful to distinguish its advantages and disadvantages as a normative tool from its advantages and disadvantages as a descriptive tool. Using the project-purpose paradigm as a descriptive tool, a legal researcher asks the question of whether a particular purpose is legitimate in a particular jurisdiction and, regardless of whether a jurisdiction's law imposes further requirements, concludes whether or not an expropriation for that purpose is legitimately justified in that jurisdiction. Using the paradigm as a normative tool, the courts or another competent body in a jurisdiction scrutinise whether the project serves a legitimate purpose and, without any or only insignificant scrutiny pertaining to the contextualisation, decide on whether or not the expropriation is lawful.

The benefits and drawbacks of the project-purpose paradigm as a normative tool

An advantage of the normative tool is that it allows for a straight answer to the question of whether expropriations for a certain purpose would be permissible. Thereby, the paradigm offers more legal certainty. Another advantage is that declaring a category of purposes illegitimate would better protect the expropriatee and reinforce the public purpose requirement, which may otherwise offer little protection without a contextualisation.[31]

The *Kelo* judgment of the US Supreme Court, which focused on third-party transfers for economic development, and its aftermath, illustrate the two advantages of the project-purpose paradigm. In his majority opinion, Justice Stevens held that economic development in an economically distressed area constituted a valid public use and declared the third-party transfer for that purpose in the *Kelo* case constitutional.[32] On the one hand, this judgment has brought about clarity because all expropriations for that purpose will meet the public use requirement. On the other hand, however, this ruling has weakened the constitutional protection from all expropriations for that purpose.

As third-party transfers for economic development still directly benefit a private party and pose various threats,[33] it is hardly surprising that the *Kelo* judgment gave rise to a heated debate in the United States. This aftermath of the *Kelo* judgment revolved around the question of whether state and federal legislatures in the United States should narrow the definition of public uses so as to ban all third-party transfers for economic development. One camp of scholars, most vocally represented by *Somin*, argued in favour of a ban of third-party transfers for economic development and persistently analysed any legislative proposal as to whether the proposal still permitted such expropriations, even in the guise of expropriations for the removal of

---

[31] See, for instance, the dissenting opinion of Justice O'Connor in *Kelo v City of New London*, 545 US 469, 494 (2005).

[32] *Kelo v City of New London*, 545 US 469, 484 et seq (2005).

[33] See section 1.1 below.

blight.[34] This debate illustrates that scholars may seek to improve the constitutional protection from expropriation by using the project-purpose paradigm to preclude all expropriations for a particular purpose.

The advantages of the project-purpose paradigm are, at the same time, its biggest disadvantage as a normative tool. This disadvantage is that the paradigm disregards the complexity of reality. If certain categories of purposes, such as economic development in some US States,[35] are not regarded as legitimate, even desirable projects that are certain to generate public benefits will fall foul of the public purpose requirement.[36] If, on the other hand, certain categories of purposes always legitimately justify an expropriation, the decision-making pertaining to those purposes will not need to account for the magnitude of the benefits of the project, the weight of adversely affected interests, and the balance between them. Economic development projects would then legitimately justify the expropriation regardless of whether the benefits of the project are large or small.

Another disadvantage is the impact that the project-purpose paradigm seems to have upon scholarly thinking. After the *Kelo* judgment, the paradigm largely narrowed the scholarly debate on the legitimate justification of expropriation to the issue of legitimate purposes and undermined the debate about the contextualisation in the United States.[37] With almost no contextualisation under the Fifth Amendment, the camp of scholars around *Somin* perceived a reinforcement of the public use requirement through a total ban of third-party transfers for economic development as the only measure providing adequate protection from such expropriations. The clarity provided by a total ban made these scholars label intermediate solutions that would have entailed a contextualisation, such as strict necessity or proportionality tests, as ineffective or unworkable.[38] What may be a reason for this reluctance to embrace intermediate solutions between full rejection and unconditional acceptance of such expropriations is a lack of confidence in the integrity and ability of public institutions to apply such tests effectively.[39]

The benefits and drawbacks of the project-purpose paradigm as a descriptive tool

The advantages of the paradigm as a normative tool emerge to be disadvantages when it is used as a descriptive tool. A descriptive theory of the legitimate justification must not merely focus on the legitimate purposes for which the state may seek to expropriate property. The project-purpose paradigm oversimplifies the comparative analysis because it disregards that the notion of the legitimate justification in a certain jurisdiction may be broader than the issue of whether the project serves a legitimate purpose. If the analysis were confined to the project-purpose paradigm and a category of purposes were found to be legitimate in a certain jurisdiction,

[34] Somin 2007, 185 and 189; and Cohen 2006, 558 et seq. Cf SD Mikkelsen, 'Eminent Domain after *Kelo v City of New London*: Compensating for the Supreme Court's Refusal to Enforce the Fifth Amendment' 2007 *Duke Journal of Constitutional Law & Public Policy Sidebar* 11–23, 21.

[35] See, for instance, Constitution of Louisiana, Art. I, § 4(B)(3); Arizona Revised Statutes, § 12-1136(5)(b); and 2016 Florida Statutes, § 73.013(1).

[36] WA Curran, 'Preventing Real Takings for Imaginary Purposes: A Post-Kelo Public Use Proposal' 2009 *New York University Law Review*, 1656–1690, 1658 and 1672.

[37] See sections 5.2 and 5.3 below.

[38] See, for instance, Somin 2007, 192 et seq; and Cohen 2006, 555 and 566.

[39] See, for instance, Somin 2007, 192 and 201 et seq; Cohen 2006, 555 and 566; and *Kelo v City of New London*, 545 US 469, 499 (2005).

every expropriation for this purpose would appear to be legitimately justified. However, some jurisdictions prescribe further steps to scrutinise whether an expropriation is actually lawful. In Germany, for example, the public good requirement requires additional scrutiny through a proportionality test.[40] The project-purpose paradigm fails to examine this additional scrutiny. It does not consider how a certain jurisdiction deals with the relationship between the project and the legitimate purpose, the availability of less harmful alternative projects, the suitability and the necessity of the expropriation as a means to enable the project's implementation, and the balance between the project's public benefits and adversely affected interests. Only contextualisation-related questions could uncover the rules on these issues and show whether an expropriation would be legitimately justified in a certain jurisdiction.

Another weakness of the project-purpose paradigm as a descriptive tool is that it cannot identify the role of compensation in the contextualisation. Compensation replaces the lost property in the estate of the expropriatee after a lawful expropriation. It should be the consequence of a lawful expropriation, but should not form part of the legitimate justification of expropriation.[41] However, compensation is used as a method for taking into account the interests of the expropriatee. Section 25(3) of the South African Constitution illustrates this point. This provision provides that compensation creates an equitable balance between the public interest in the project and the private interests of the expropriatee. If the project-purpose paradigm is applied, the payment of compensation would appear to be the only way in which the jurisdiction contextualises the project and the expropriation because this paradigm lacks the questions necessary to determine how a jurisdiction otherwise addresses the balance between the project's public benefits and adversely affected interests. If it is accepted that the legitimate justification of expropriation is also based upon that balance, the project-purpose paradigm would imply that the payment of compensation always forms part of the legitimate justification of expropriation.[42]

Going beyond the project-purpose paradigm would allow for an assessment of whether a certain jurisdiction deems the compensation to be a part of the legitimate justification of expropriation. Contextualisation-related questions would uncover whether or not the competent state body should take into account the compensation when determining the weight of the interest of the expropriatee. If that is the case, the compensation would form part of the legitimate justification in the examined jurisdiction. If not, the compensation would merely be a consequence of an expropriation.

Another closely related shortcoming of the project-purpose paradigm as a descriptive tool is that it cannot identify the role of the (judicial interpretation of the) constitution, the legislature, and other institutions in answering questions pertaining to the contextualisation. The project-purpose paradigm gives rise to the impression that the Constitution or the legislature has prescribed that the expropriation will be legitimately justified if the project serves a certain legitimate purpose laid down in the Constitution or legislation. If necessary, the competent authority then concretises the purpose in a specific case. The payment of compensation would then

[40] See subsection 2.1.1 above.
[41] See subsection 1.7.1 above.
[42] Cf subsection 1.7.1 above.

redistribute the sacrifice made for the public good. As no further questions are asked, it would appear that the Constitution and the legislation, including the compensation regime, as concretised by the competent authority reflect the result of a final balancing of the public interest in the project against the adverse effects of the project and the expropriation. Under the project-purpose paradigm, there is no inquiry into whether there are other institutions involved in the balancing of interests at stake in a specific case to determine whether the expropriation is lawful. For this reason, the project-purpose paradigm could not identify the decision of the Constitution and the legislature to leave (a part of) the balancing of interests to other institutions, such as an administrative authority or the courts. The answers to contextualisation-related questions would shed light on these institutional arrangements.

2.1.3 The contextualising descriptive theory of the legitimate justification

An analysis of the substantive definition of the legitimate justification of expropriation must go beyond the question of whether the project serves a legitimate purpose. In the absence of an accepted descriptive framework for the analysis of the legitimate justification of expropriation, normative theories and legal doctrine in the examined jurisdictions must guide the shaping of the descriptive theory. Below, it is demonstrated that both current German law and selected major normative theories of British and US scholars on the function of property in society and the determination of the public good suggest that the theory of the legitimate justification should include an analysis of the contextualisation of the project, its purpose, and the expropriation.

Note that this does not impose German law or the normative content of these theories on other jurisdictions. Rather, phrasing the questions that form the basis of the comparative analysis requires anticipating the differences and similarities between the jurisdictions,[43] such as the differences between the jurisprudence of the US Supreme Court and the model used in German law. Moreover, German law is a useful template for questions because it offers the most comprehensive doctrine on the legitimate justification of expropriation and, as a result, addresses more aspects than other jurisdictions.[44] At the end of this subsection, an analysis is made of whether a new contextualising and descriptive theory could resolve the problems that the project-purpose paradigm does not address.

2.1.3.1 German law

According to German law, the infringement (*Eingriff*) of a fundamental right, such as property, will only be lawful if it serves a legitimate aim.[45] This legitimate aim may

---

[43] Siems 2014, 15.

[44] See section 1.5 above and subsections 7.2.3.2 and 7.2.3.3 below on the importance of constitutional jurisprudence and legal literature, and the historical roots of this importance.

[45] Jarass, in Jarass/Pieroth, GG, Vorb. vor Art. 1, Nos. 40 et seq, in particular No. 47 and Art. 20, Nos. 83 et seq; D Merten 'Verhältnismäβigkeitsgrundsatz', in Merten & H J Papier (eds) *Handbuch der Grundrechte, Band III, Grundrechte in Deutschland, Allgemene Lehren II* (Heidelberg: CF Müller 2009) 517–566, Nos. 54 and 59 et seq; and W Cremer 'Rechtfertigung legislativer Eingriffe in Grundrechte des Grundgesetzes und Grundfreiheiten des EG-Vertrags nach Maβgabe objektiver Zwecke' 2004 *NVwZ* 668–674, 669. Cf Alexy 2002, 395.

also be called the ground of legitimate justification (*Rechtfertigungsgrund*).[46] This legitimate aim addresses the issue of legitimate purposes in this research. State action that infringes on fundamental rights for a legitimate aim is subject to certain limitations that guard the freedoms and entitlements of the people. In particular, infringements must comply with the principle of proportionality (*Verhältnismäßigkeit*). This means that the state action must be suitable, necessary, and proportionate in the narrow sense to achieve the legitimate aim.[47] Through the principle of proportionality, German law seeks to prevent an imbalance between the legitimate aim and the harm done by the means used to achieve the aim because this principle limits the adverse effects that the legitimate aim can legitimately justify.[48] The principle of proportionality is generally seen as a part of the legitimate justification of the infringement.[49] If the infringement fails to meet the legal requirements, it will be an unconstitutional violation (*Verletzung*) of the fundamental right.

In German doctrine, the legitimate justification thus not only encompasses the question of whether the project's purpose is legitimate. Courts must also scrutinise the suitability of the state action to serve the legitimate purpose, the necessity of the harm done by the state action for realising the legitimate purpose, the magnitude of the public benefits, and the balance between these benefits and adversely affected interests. In expropriation cases, German courts apply this scrutiny to both the project and the expropriation.[50] This scrutiny entails that:

- the project must be suitable to contribute to the legitimate purpose and must make a substantial contribution to realising the legitimate purpose;[51]
- the adverse impact of the project and the expropriation upon private and public interests must not outweigh the project's contribution to the legitimate purpose;[52]
- under planning law, the test of proportionality in the narrow sense requires the competent authority to balance the involved interests, consider alternative projects, and choose the unmistakably better alternative project with a less severe overall impact on both private and public interests;[53]
- the expropriation must be suitable and necessary to enable the project developer to implement the project;[54]
- the expropriation's adverse impact upon the holder of property rights must not be disproportionate in relation to its contribution to the implementation of the project.[55]

---

[46] Cremer 2004, 673.

[47] See subsection 2.1.1 above.

[48] K Stern, *Das Staatsrecht der Bundesrepublik Deutschland, Band III/2, Allgemeine Lehren der Grundrechte* (Munich: Beck 1994) 765 et seq; Alexy 2002, 67 et seq, 190 and 395 et seq; and Jarass, in Jarass/Pieroth, GG, Art. 20, Nos. 84 et seq.

[49] Jarass, in Jarass/Pieroth, GG, Vorb. vor Art. 1, Nos. 40 et seq; and Cremer 2004, 668.

[50] BVerfG, Judgment of 17 December 2013, *NVwZ* 2014, 211, 214 et seq.

[51] BVerfG, Judgment of 17 December 2013, *ZUR* 2014, 160, 163.

[52] BVerfG, Judgment of 17 December 2013, *NVwZ* 2014, 211, 216 and 219.

[53] See, for instance, BVerfG, Decision of 8 July 2009, *NVwZ* 2009, 1283, 1286; and BVerwG, Judgment of 8 July 1998, *BVerwGE* 107, 142, para 33.

[54] BVerfG, Judgment of 17 December 2013, *NVwZ* 2014, 211, 215.

[55] BVerfG, Judgment of 17 December 2013, *ZUR* 2014, 160, 163.

2.1.3.2 Property theories

Theories that address the function of property rights in society deal with the social importance and value of these rights. Therefore, these theories have implications for the conditions under which an expropriation should be legitimately justified. To limit the scope of this chapter, this subsection only deals with three examples of property theories: the theory of human flourishing, Hegelian theories on personal autonomy, and personhood theories.

Human flourishing

Alexander is a legal scholar who has developed and advocated in favour of the human flourishing theory. Human flourishing is an objective standard by which the ability of a person to participate in human activities is measured. The more people are able to participate in human activities, the more a society guarantees human flourishing.[56] Property may contribute to human flourishing because property fosters personal autonomy, security, and wealth.[57] To promote human flourishing, a society can carry out projects that enable people to participate more in human activities, such as hospitals, roads, and schools.[58] In a recent contribution, *Alexander* developed the implications of this theory for the public use requirement of the Fifth Amendment to the Constitution of the United States. He argued that the public use requirement should include a test that would compare the project's contribution to human flourishing with its detrimental impact upon human flourishing caused by the loss of ownership or other adverse effects. If the project's contribution outweighs its adverse effects on human flourishing, the public use requirement will be met according to *Alexander*.[59]

According to *Alexander*'s theory, the legitimate justification of expropriation is broader than the question of whether the project serves a legitimate purpose. The theory suggests that the legitimate justification presupposes an analysis of the magnitude of the project's benefits as well as the adverse effects of the project and the expropriation. The expropriation should only be lawful according to this theory if the project's benefits outweigh the detrimental effects of the project and the expropriation. Within this inquiry, human flourishing serves as a standard by which the benefits and adverse effects can be measured.

Hegelian theories on personal autonomy

An argument in favour of considering the balance between the project's benefits and the adverse impact of the project and the expropriation can also be based upon Hegelian theories. Hegelian theories are aimed at the promotion of personal autonomy and postulate that true personal autonomy is contingent upon respect for the personal autonomy of others and the contribution of each member of society to the public good. These requirements have implications for the relationship between property and personal autonomy. On the one hand, personal autonomy not only requires a material foundation in the form of secure property, but on the other hand, the rest of the community has to recognise and protect each member's

[56] Alexander 2015, 114 et seq.
[57] Alexander 2015, 124 et seq.
[58] Alexander 2015, 114 et seq and 131.
[59] Alexander 2015, 130 et seq.

autonomy. Therefore, all individuals need to contribute to the common good, in particular to making sure that everyone has the necessary material preconditions for personal autonomy.[60] Arguably, these theories suggest that a jurisdiction should require a contextualisation in the form that the project's contribution to the common good outweighs the harm done to the expropriatee's personal autonomy and that no more harm should be done to their personal autonomy than is necessary for the legitimate purpose.

Radin's 'personhood theory'

Radin's personhood theory also points to the need for a contextualisation. In her view, property that is closely linked to personal development and flourishing, such as a home, should be better protected than other types of property.[61] The type of property that the state seeks to expropriate should dictate the boundaries of the state's power to expropriate.[62] *Radin* thus focuses on the effects of an expropriation rather than the purpose of the expropriation in order to establish the legal boundaries that state authorities must observe. In general,[63] the more important the targeted property is to the expropriatee's personhood, the greater the positive effects of the project will arguably have to be in order to legitimately justify the expropriation. A theory of the legitimate justification should, therefore, include putting the project's benefits into the context of its adverse effects.

2.1.3.3 'Public good' theories

Public good theories can also assist in the shaping of a theory of the legitimate justification of expropriation. The term 'public good' was originally conceived in legal philosophy and the philosophy of the state.[64] The term may be defined as the well-being of society. It should not only be the goal of the state to promote the public good, but state action should also only be permissible if it serves the public good.[65] As these theories make the justifiability of state actions contingent upon whether the state actions serve the public good, public good theories are suitable guides for shaping a theory of the legitimate justification of expropriation.

---

[60] Alexander & Peñalver 2012, 172 et seq.

[61] MJ Radin *Reinterpreting Property* (Chicago: University of Chicago Press 1993) 153 et seq.

[62] Alexander & Peñalver 2012, 175.

[63] According to *Radin*, the state should not be able to expropriate property that is closely associated with personhood; see Radin 1993, 156. This would imply that the expropriation of such property would be unlawful, regardless of how important the expropriation's purpose is.

[64] D Riedel *Eigentum, Enteignung und das Wohl der Allgemeinheit* (Berlin: Duncker & Humblot 2012) 148; and CB Gray (ed) *The Philosophy of Law: An Encyclopedia* (Abingdon: Routledge 1999) 125.

[65] Riedel 2012, 148 et seq; Gray 1999, 125; MC Murphy *Philosophy of Law* (Malden, MA: Blackwell Publishing 2007) 81 et seq; and E Fraenkel *Deutschland und die westlichen Demokratien*, 5th ed (Stuttgart: Kohlhammer 1973) 40 and 173. See, for example, in German law: Stern 1994, 341 et seq; in Dutch law: Schlössels & Zijlstra 2010, 9; in South African law: Van der Walt 2011a, 225 et seq and 458 et seq; and in New York State law: *Greenwich Associates v Metropolitan Transportation Authority*, 548 N.Y.S.2d 190, 193 (N.Y. ADiv. 1989).

Substantive and Procedural Theories

The concepts of 'public good' proposed in the public good theories lie between two extremes.[66] Purely substantive public good theories provide a definition of 'public good' and subject the actions of the state and members of society to particular rules based upon that definition. Purely procedural public good theories, by contrast, only set out the procedure in which the public good is defined. Most theories combine procedural and substantive elements. As is demonstrated below, both substantive and procedural public good theories generally suggest that an analysis of the legitimate justification should comprise a contextualisation of the project, its purpose, and the expropriation. To limit the scope of this chapter, this subsection only briefly discusses utilitarianism and *Rawls'* Theory of Justice as examples of public good theories.

Utilitarianism

Utilitarian theories propose a substantive standard by which to determine what constitutes the public good. State action will be right if it increases the aggregated well-being of all members of society.[67] The well-being is, unlike under the theory of human flourishing, not based upon objective factors, but rather upon the satisfaction of subjective preferences.[68] An increase in the aggregated well-being of all members of society is the (positive) difference between the action's positive impact upon the well-being of some members and its detrimental effects upon the well-being of others. This suggests that a utilitarian notion of the legitimate justification of expropriation would not only require considering the legitimacy of the project's purpose and measuring the project's benefits. The project's positive effect upon the well-being of members of society must also outweigh the loss of well-being caused by the project and the expropriation.

Rawl's 'Theory of Justice'

The 'Theory of Justice' of *John Rawls* is an example of a theory that proposes a procedural notion of 'public good' within substantive boundaries. According to *Rawls'* theory, the 'public good' is the result of a fair and inclusive democratic decision-making process.[69] This procedural notion of 'public good' is embedded into a substantive notion of 'justice'.[70] The decision-maker must strive to reach a just result by reconciling its determinations with the substantive requirements prescribed by that notion of 'justice'.[71]

According to the 'Theory of Justice', justice requires societal arrangements (and changes of these arrangements) from which *every* member of society benefits.[72] These just arrangements are based upon an objective standard that is distinct from

---

[66] Cf Riedel 2012, 153 et seq.

[67] K Binmore 'A Utilitarian Theory of Political Legitimacy', in A Ben-Ner & L G Putterman (eds) *Economics, Values, and Organization* (Cambridge: Cambridge University Press 1998) 101–132; J Bentham *An Introduction to the Principles of Morals and Legislation* (Mineola: Dover 2007); and G Sher (ed) JS Mill *Utilitarianism* (Indianapolis: Hackett 2002).

[68] Alexander 2015, 122.

[69] J Rawls *A Theory of Justice* (Cambridge: Harvard University Press 1971) 195 et seq.

[70] Rawls 1971, 198 et seq.

[71] Rawls 1971, 48. *Rawls* refers to this process as the search for a 'reflective equilibrium'.

[72] Rawls 1971, 60 et seq.

conflicting views of what would be just in a specific situation.[73] This objective standard is the result of a fair balancing of interests. However, members of society cannot strike a fair balance between their interests today due to their vested interests and interdependencies between them. For this reason, justice is a balance that rational and reasonable members of society would have struck at a moment of equal liberty. As *Rawls* has put it, at such a moment, the members of society would be 'behind a veil of ignorance' or, in other words, unaware of their current individual interests and characteristics, such as age, gender, ethnicity, talents, and socio-economic situation.[74] The balancing of interests inherent to this theory suggests that state action, including expropriation, can only be legitimately justified if the decision-maker not only considers the benefits of an action, but also its adverse effects.

2.1.3.4 Synthesis

The examined public good and property theories arguably demonstrate that the analysis of whether an expropriation has a legitimate justification at the moment of the expropriation should go beyond the question of whether the project's purpose is legitimate. All theories highlight the need to take into account the interests adversely affected by the project and the expropriation and their relationship to the project's benefits. In the light of these theories, a descriptive theory of the (substantive definition of the) legitimate justification should accommodate an analysis of whether and, if so, how different jurisdictions go beyond the project-purpose paradigm. This is even imperative because some legal systems, as German law exemplifies, go beyond the project-purpose paradigm and take into account the relationship between the project and its legitimate purpose, adversely affected interests, and their relationship to the project's benefits. If the comparative analysis did not ask questions about these aspects, the analysis would miss the requirements pertaining to them.[75]

What is needed is a descriptive *and* contextualising theory of the (substantive definition of the) legitimate justification. This theory combines the question of whether the project serves a legitimate purpose with questions pertaining to the contextualisation. As German doctrine suggests,[76] the inquiry into the contextualisation should include questions regarding:

- the relationship between the project and the legitimate purpose, including the suitability of the project and the required magnitude of the project's public benefits;
- the suitability of the expropriation to enable the project developer to carry out the project;
- the choice from different means to realise the legitimate purpose, in particular the choice of the least harmful project and the necessity of the expropriation for the implementation of the project;
- the required balance between the public benefits of the project and interests adversely affected by the project and the expropriation.

[73] Rawls 1971, 5.
[74] Rawls 1971, 11 et seq.
[75] On the need to anticipate differences and similarities: Siems 2014, 15.
[76] See subsection 2.1.3.1 above.

These questions are presented in detail in subsections 2.2.1 to 2.2.6.

This theory at the same time performs the functions of the project-purpose paradigm and, through an inquiry into the contextualisation, addresses the inherent pitfalls of this paradigm. This theory not only accommodates an analysis of which purposes are legitimate, but also allows for a comparative analysis of the conditions that projects and expropriations for a legitimate purpose must meet in order for the expropriation to be lawful. Thereby, this theory can identify the role of the legislature and other state institutions in the contextualisation. Also, as this theory provides for an analysis of the balance between the project's public benefits and the interests of the expropriatee, the theory can clarify the role of compensation in the legitimate justification of expropriation.

2.1.4 Going beyond the boundaries of expropriation law

The analysis of the substantive definition of the legitimate justification does not stop at the boundaries of a jurisdiction's expropriation law. For instance, the examined jurisdictions may divide the shaping of the project and its purpose, and the decision to expropriate property for that project into a distinct planning procedure and a distinct expropriation procedure. When following the planning procedure, the competent body designs the project and chooses a location for the project. In the expropriation procedure, the expropriation authority seeks to acquire land for that project. Under Dutch and German law, for instance, most expropriations are based upon a plan adopted in a planning procedure.[77] Under Dutch law, this generally entails that only the planning authority and the courts competent in planning matters deal with the relationship between the project and its purpose, the question of whether the planning authority had to choose a less harmful alternative project, and the balance between the project's public benefits and its drawbacks.[78]

Therefore, the contextualisation may not only form part of expropriation law, but also of other legal fields, such as planning law. To confine the analysis to the boundaries of a jurisdiction's expropriation law would mean that, for example, the Dutch answers to the questions would be incomplete. Consequently, the comparative analysis would be flawed. The analysis thus has to take into account all rules that are relevant to the questions discussed in sections 2.2 and 2.3, regardless of their origin in the examined legal system.

2.2 THE SUBSTANTIVE DEFINITION OF THE LEGITIMATE JUSTIFICATION

The introduction of the contextualising and descriptive theory of the legitimate justification of expropriation starts with the substantive definition of the legitimate justification. Mainly on the basis of the discussed theories, but also examples from the law of the examined jurisdictions, this section provides a description of the questions used to analyse under what substantive conditions an expropriation has a legitimate justification in an examined jurisdiction. This account first concerns the question of whether the project's purpose is legitimate. Then, it proceeds to questions pertaining to the contextualisation of the project, its purpose, and the

[77] See, for instance, Art. 77(1) No. 1 Ow; and § 85(1) No. 1 of the German Federal Building Code (*Baugesetzbuch*).

[78] Van Buuren 2014, 38 et seq; and Den Drijver-van Rijckevorsel et al 2013, 39 et seq.

expropriation. These questions seek to uncover the requirements pertaining to the relationship between the project and the legitimate purpose, the alternative project argument, the suitability of the expropriation, the least invasive means argument, and the balance between the project's public benefits and the adverse impact of the project and the expropriation in an examined jurisdiction.

The following figure shows the structure of an inquiry into the 'legitimate justification of expropriation':

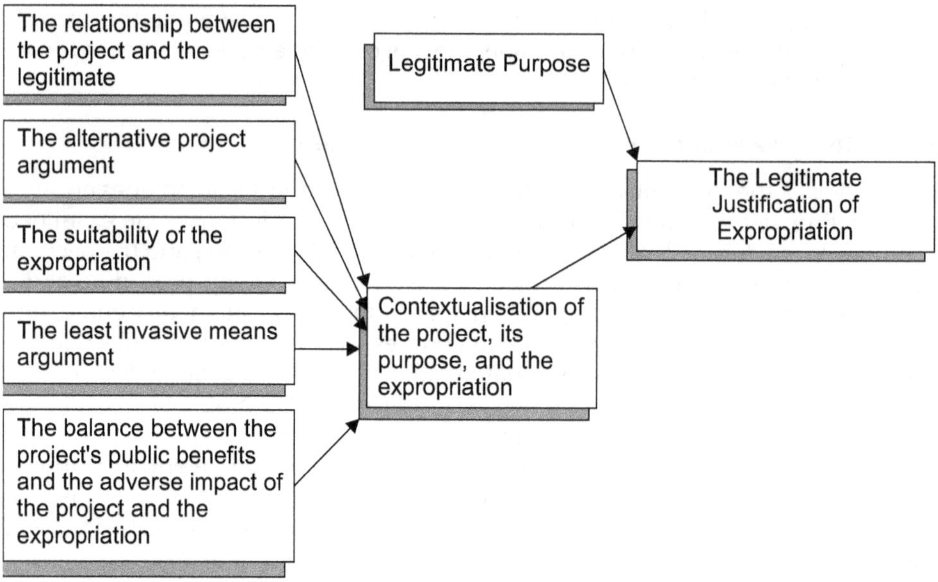

Figure 1: The structure of an inquiry into the 'legitimate justification of expropriation'.
Source: Author's own design

2.2.1 The legitimate purpose

The transferee of expropriated property carries out a project to realise a certain purpose. A new hospital, for example, is not built because it is enjoyable building a new hospital. A new hospital aims at the improvement of the healthcare system through the provision of more and/or better medical facilities for patients. However, as the public purpose requirements of the examined jurisdictions demonstrate,[79] not every purpose may legitimately justify an expropriation. Rather, only particular purposes may legitimately justify an expropriation. These qualified purposes are called legitimate in this study.

The first question is, therefore, which purposes qualify as legitimate. In this inquiry, the project's purpose assumes an abstract form. The purpose does not include a specification of the magnitude of the project's benefits. The purpose of a new hospital, for instance, would be the provision of beds for patients rather than the provision of 1 000 beds for patients. The aim of the inquiry is to uncover what abstract purposes may, under certain conditions, legitimately justify an expropria-

[79] See subsection 2.1.1 above.

tion. The goal is not to determine the required extent of the magnitude of the project's benefits. Besides, it is not relevant to this inquiry into the legitimate purpose whether expropriation authorities in practice actually expropriate property for a certain purpose. It is only relevant whether it would be legally permissible for them to do that, provided that the project and the expropriation meet all other requirements.

The purpose will still qualify as legitimate if the abstract purpose may legitimately justify an expropriation, but the expropriation is judged to be unlawful because the project does not generate enough benefits. For instance, the number of beds provided by the new hospital may be relevant, but this does not render the healthcare-related purpose less legitimate. However, the purpose will be deemed illegitimate if the purpose cannot legitimately justify an expropriation, regardless of how many benefits the project would create and how little harm the project would do.

The legitimacy of a purpose may vary according to the place and the time of the project's implementation. For example, a project that serves the purpose of the creation of jobs may or may not have a legitimate purpose depending upon the unemployment rate in the area where the transferee plans to implement the project, at the time of the implementation. The *Kelo* judgment of the US Supreme Court may be an example of this because the majority of justices recognised economic development as a public use under the Fifth Amendment, but emphasised that the area in which the targeted land was located had been in economic decline before the economic development project.[80] The analysis of how the examined jurisdiction treats the issue of legitimate purposes seeks to uncover the conditions under which a purpose is regarded as legitimate or illegitimate.

2.2.2 The relationship between the project and the legitimate purpose

A project can be put into the context of its legitimate purpose. German expropriation law, for instance, shows the relevance of this part of the contextualisation of the project. In German law, the constitutional principle of proportionality provides that the expropriation will only be lawful if the project is suitable and necessary to serve its purpose.[81] The project will only be necessary if it serves an ascertainable need[82] and substantially contributes to the achievement of its purpose.[83] New York State law also puts the project into the context of its legitimate purpose and requires that the project is suitable to bring about its benefits and, with respect to third-party transfers, that the public interest in the project outweighs the transferee's private interest in it.[84] Given these examples from two examined jurisdictions, an analysis of the legitimate justification must include an inquiry into how a jurisdiction shapes the relationship between the project and the legitimate purpose.

---

[80] *Kelo v City of New London*, 545 US 469, 473 et seq and 483 (2005).

[81] BVerfG, Judgment of 17 December 2013, *NVwZ* 2014, 211, 215 et seq.

[82] G Henze *Die nicht planakzessorische Enteignung: Prüfung der Voraussetzungen durch die Enteignungsbehörde* (Frankfurt am Main: Peter Lang 2009) 87; A Schink, in HG Henneke (ed) *Knack/Henneke, Verwaltungsverfahrensgesetz (VwVfG)* 10th ed (Cologne: Carl Heymanns 2014) VwVfG, § 74, No. 115; and W Neumann, in P Stelkens, HJ Bonk & M Sachs (eds) *VwVfG: Verwaltungsverfahrensgesetz* 8th ed (Munich: CH Beck 2014) VwVfG, § 74, No. 36.

[83] BVerwG, Judgment of 16 March 2006, *NVwZ-Beil.* 2006, 1, 15. Cf Henze 2009, 89 et seq.

[84] See, for instance, *Denihan Enterprises, Inc., v O'Dwyer*, 302 N.Y. 451, 459 (N.Y. 1951).

In the light of the approaches in Germany and New York State, this inquiry into the relationship between the project and the legitimate purpose must concern three aspects: the suitability of the project; the societal need for a project; and the required magnitude of the contribution of the project to the realisation of the legitimate purpose. In addition to the questions pertaining to these aspects, this subsection discusses the relationship of these questions to other comparative questions posed to the examined jurisdictions.

The suitability of the project

First, an analysis is made of whether the lawfulness of the expropriation (or a plan upon which the expropriation is based) depends upon the suitability of the project to serve its legitimate purpose. The project's suitability depends upon the objective capability of the project to generate benefits that realise that purpose.[85] For example, an expropriation for the purpose of environmental protection may be unlawful if the project is to build brown coal mines. Inherent to this inquiry is the question of under what conditions a project would be suitable to serve its legitimate purpose. For instance, the suitability may be contingent upon the probability of the project generating benefits. Consider the following example. An expropriation for the purpose of job creation may be unlawful because there is only a likelihood of 10 per cent that the project will create jobs.

An ascertainable societal need for the project

The second question is whether or not it is relevant to the lawfulness of the expropriation that there is an ascertainable societal need to realise the legitimate purpose. While the inquiry into the legitimate purpose only examines the abstract purpose proposed by the competent authority, this question deals with the relevance of whether the project serves an objective need. For instance, the supply of electricity is a legitimate purpose, but the expropriation for a power plant may yet be unlawful if there is no (foreseeable) shortage of, or other need for, additional electricity. There may be an overlap between the inquiry into the conditions under which a purpose is legitimate and the examination of the relevance of a societal need. The *Kelo* judgment may again serve as an example. Justice Stevens approved a third-party transfer for an economic development project in New London, but emphasised that the targeted area was economically distressed.[86] On the one hand, this may suggest that economic development is only a legitimate purpose under the Fifth Amendment if it takes place in such areas.[87] On the other hand, the economic distress points to a societal need for the project. Hence, one may argue that economic development is always a legitimate purpose under Fifth Amendment, but that the lawfulness of the expropriation is contingent upon a societal need.

The issue of the societal need may also be closely related to the issue of suitability. For instance, a brown coal mine may not be suitable to serve the supply of electricity if there is no (foreseeable) shortage of electricity and thus no need for additional electricity.

[85] Alexy, 'Rights and Liberties as Concepts' in Rosenfeld & Sajó (eds) *The Oxford Handbook of Comparative Constitutional Law* (Oxford: Oxford University Press 2013) 282–297, 292.

[86] *Kelo v City of New London*, 545 US 469, 473 et seq and 483 (2005).

[87] See subsection 2.2.1 above.

The magnitude of the project's contribution to the legitimate purpose

Thirdly, it is scrutinised whether the magnitude of the project's public benefits is relevant to the lawfulness of the expropriation. For example, a project that is envisaged to create jobs may only legitimately justify an expropriation if it creates 10 000 jobs as opposed to 100 jobs. As is the case in New York State law,[88] it may be relevant how many private benefits the project creates in comparison to the public benefits. For instance, it may matter that, while the project would create 500 jobs, the transferee would make a profit of several million euros as opposed to only a few thousand euros.

The importance of the magnitude of the project's benefits may also vary depending upon the place and the time of the implementation of the project. For instance, in an area with a moderate rate of unemployment, the required number of jobs may be higher than in an area with a high rate of unemployment. This aspect must be analysed with great care. If an expropriation is held unlawful and it is not made explicit that the project's public benefits do not suffice, it will be difficult to determine for which reason the expropriation was held unlawful. The court may declare the expropriation unlawful because the purpose of the creation of employment in an area with a moderate unemployment rate is illegitimate. However, the reason may also be that the project's public benefits are not sufficient to legitimately justify an expropriation in the specific case.[89]

It is possible that a jurisdiction does not deal with the required magnitude of the project's benefits separately, but links this aspect to the issue of the balance between the project's public benefits and adversely affected interests. For example, the more severe the harmful effects of the project and the expropriation are, the greater the project's public benefits must be in order for the expropriation to be legitimately justified.[90] In such cases, the required magnitude of the project's benefits is discussed with reference to the weight of adversely affected interests.

2.2.3 The alternative project argument

The project and the expropriation can be examined in the context of its adverse impact. If there is an equally suitable means to realise the legitimate purpose and this alternative means inflicts less harm upon the members of society than the chosen means, it is conceivable that the existence of this less harmful means would render the expropriation unlawful.[91] Property and public good theories support this reasoning.[92] The alternative means would bring about a greater well-being of the community, more utility, more human flourishing, or more personal autonomy than the chosen means. Therefore, those theories would prefer the alternative means over the chosen means. The requirement of the necessity of state action under Dutch law[93] or the relevance of 'less restrictive means' within the reasonableness test under the South African Constitution[94] are examples that show that this reasoning also plays a role in the examined jurisdictions.

---

[88] See, for instance, *Denihan Enterprises, Inc., v O'Dwyer*, 302 N.Y. 451, 459 (N.Y. 1951).
[89] See subsection 2.2.1 above.
[90] See subsectionion 2.2.6 below for examples and a more detailed analysis.
[91] See, for instance, Alexy 2002, 67 et seq.
[92] See subsection 2.1.3.3 above.
[93] Elzinga et al 2014, 251; and Schlössels & Zijlstra 2010, 419 et seq.
[94] S 36(1)(e) of the South African Constitution.

The family of less harmful means arguments

In an expropriation law context, less harmful means arguments are best divided into two categories: the alternative project argument and the least invasive means argument.[95] In relying upon the alternative project argument, an adversely affected party challenges the project as a means to realise the legitimate purpose and states that there is a less harmful project with another design, size, or location to realise the legitimate purpose. In employing the least invasive means argument, an adversely affected person challenges the expropriation as a means of obtaining access to the land required for the previously determined project and states that an expropriation is not necessary to enable the transferee to carry out the project. This subsection provides a discussion of the alternative project argument and the need to distinguish this defence from the least invasive means argument.

The alternative project argument

When deciding to implement a project, an authority usually chooses from a wide range of alternative projects. All these alternatives have different benefits and drawbacks. An example would be alternative routes for an envisaged road that have different lengths, would run through different areas, or would give rise to different costs.[96] The routes would thus benefit and adversely affect different private and public interests. The alternative project argument may conceivably render the expropriation unlawful under two cumulative conditions. The first is if the alternative project would at least equally contribute to the realisation of the legitimate purpose. Should that not be the case, adversely affected parties would have to argue that the additional benefits of the chosen project are trivial or that the drawbacks of the chosen project compared to the alternative are so vast that they outweigh the additional benefits of the chosen project. The second is if the alternative project would have less severe an impact upon other private interests, such as the property interest of the expropriatee, and public interests, such as environmental protection. One example is an alternative road that would similarly connect two major cities, but would run over fallow agricultural land, whereas the planned road would run through a residential area.

Chapters 3 to 6 of this book include an inquiry into whether the availability of a suitable, but less harmful alternative project would render the expropriation unlawful in the examined jurisdictions. An examination is also made of whether an insignificantly less suitable, but considerably less harmful alternative project would have the same effect. The analysis of a jurisdiction's law first examines whether the alternative project argument can generally render an expropriation of land unlawful in a certain jurisdiction. The analysis then sheds light on the conditions under which an alternative project is regarded as sufficiently suitable and less harmful than the envisaged project.

Importantly, the alternative project argument must be distinguished from the balance between the chosen project's public benefits and the adverse impact of the project and the expropriation for that project. The alternative project argument may trigger a comparison of the balances between the benefits and the drawbacks of

---

[95] The distinction and this subsection are in part based upon: Hoops 2016a, 682–687.

[96] See also the utilitarian approach to transaction costs as a way to distinguish a legitimate from an illegitimate expropriation: Alexander & Peñalver 2012, 157 and 159.

different projects. A jurisdiction may compel the authority to choose the project with the highest ratio of benefits to drawbacks.[97] However, even if the authority chooses the least harmful suitable project, the balance between advantages and disadvantages of that project and the expropriation may still be so unfavourable that the expropriation would fail to satisfy other requirements and be considered unlawful.[98]

The need to distinguish between different less harmful means arguments

The alternative project argument needs to be distinguished from the least invasive means argument.[99] The least invasive means argument does not concern the project itself. Rather, the expropriatee would argue that the implementation of the project does not require the expropriation of the targeted property. For instance, one may argue that the implementation of the project would require less land than the expropriation authority plans to acquire by means of expropriation. An example is that the construction of a road only requires half of the parcel of land whereas the expropriation authority plans to expropriate the property rights on the whole parcel. The least invasive means argument and other examples of its application are discussed in subsection 2.2.5.

Apart from this dogmatic reason, the main reason why a distinction between these two defences is necessary is that there is a high probability that the judicial review triggered by the least invasive means argument is much stricter than the judicial review triggered by the alternative project argument.[100] This, in turn, may lead to other substantive requirements that the competent authority will have to observe.

The reason for this different judicial treatment is that, in choosing the project, the competent body needs to balance the affected interests of different (groups of) people.[101] Authorities often face the challenge of favouring the interests of one group of people over those of another. For example, in choosing the route of a road, the authority needs to take account of different public interests, such as environmental protection and agricultural production, and decide on whose property to choose and whose property to spare. The selection of the project and the targeted property thus not only requires specialised knowledge, a thorough investigation of the facts of the case, and giving weight to all relevant interests. The decision on which constitutionally protected interests to harm and which ones to spare makes this selection a genuinely political decision and should be subject of a democratic discourse.[102] The legal aspect of this choice, namely the legitimate justification of the infringement of subjective rights, fades into the background because either option would more or less equally severely infringe subjective rights that are more or

[97] Alexy 2002, 67 et seq.

[98] E E Meidinger 'The "Public Uses" of Eminent Domain History and Policy' 1980–1981 *Environmental Law* 1–66, 54 et seq.

[99] Hoops 2016a, 686 et seq.

[100] Hoops 2016a, 686 et seq.

[101] Hoops 2016a, 686 et seq.

[102] See, for instance, *Bato Star Fishing (Pty) Ltd v The Minister of Environmental Affairs and Tourism* (CCT 27/03) [2004] ZACC 15, para 48. Cf Hoexter 2012, 347.

less equally important.[103] In such cases, opting for either project may be justifiable and lawful. This often motivates a more limited judicial review of such a choice.[104]

By contrast,[105] the least invasive means argument only requires the authority to balance the expropriatee's property interest against the public's interest in favouring expropriation over the proposed milder means. This choice of the means of obtaining access to the land is intrinsically legal because the authority does not favour one private interest over another, but only decides on whether a certain public interest can legitimately justify an (additional) infringement of a constitutionally protected right. Judicial scrutiny and, therefore, the substantive requirements that the least invasive means argument triggers may thus be stricter.

2.2.4 The suitability of the expropriation

The function of the expropriation is to enable access to land that is suitable (and required) for the implementation of the project. If the expropriation failed to perform this function, the infringement of the property rights would fail to serve its legitimate purpose and the state action would possibly be unlawful because it infringes a property right without a proper purpose.[106] For example, an expropriation of property may not be suitable if after the expropriation, the project developer would not have enough land at their disposal to implement the project and it is inconceivable that the state or the transferee can acquire enough land in the foreseeable future. Therefore, in the chapters on the examined jurisdictions, an analysis is made of whether the expropriation would be unlawful in the examined jurisdictions if the expropriation were not suitable to enable the project developer to implement the project.

2.2.5 The least invasive means argument

If expropriation is a suitable means to provide access to the land required for the project, the next question will be whether it is relevant to the lawfulness of the expropriation that it is necessary to make use of the state's power to expropriate the property or property rights on the whole parcel of land. In other words, it must be examined whether it is relevant that the expropriation is the least invasive means. Expropriation forces the land owner to sacrifice their land for the public good. This infringement of property is, to refer to two of the aforementioned theories, detrimental to human flourishing and leads to a dissatisfaction of the subjective needs of the owner.[107] Any part of the exercise of this power that is not required to enable the transferee to implement the project should, therefore, not be allowed because that part of the infringement and the resulting loss of utility and human flourishing are not compensated by any relevant benefits of the project.[108] The inquiry becomes

---

[103] M Klatt & M Meister, *The Constitutional Structure of Proportionality* (Oxford: Oxford University Press 2012) 58, who argued that where two constitutionally protected interests were of equal importance, it would lie in the discretion of the legislator to choose which one to favour.

[104] See, for instance, Dana & Merrill 2002, 203; and *Kelo v City of New London*, 545 US 469, 499 (2005). Critical: A Barak, 'Proportionality (2)', in Rosenfeld & Sajó (eds) *The Oxford Handbook of Comparative Constitutional Law*, Oxford: Oxford University Press 2013) 738–755, 751.

[105] Hoops 2016a, 687.

[106] Alexy 2013, 292.

[107] See subsection 2.1.3.3 above.

[108] Alexy 2002, 67 et seq.

more complicated where the alternative means has disadvantages compared to the expropriation. For example, unlike ownership, a right of leasehold may cease to exist after a certain period of time.[109] The analysis of the examined jurisdictions in chapters 3 to 6 then seeks to answer the question of whether the alternative could still be suitable and how, if at all, this disadvantage is balanced against the additional harm done to the expropriatee by the expropriation.

The least invasive means argument does not challenge the project or any of its features. The least invasive means argument concerns two types of situations.[110] First, the amount of land that the state seeks to acquire through the expropriation of property is not required for the implementation of the project. For instance, the expropriation authority intends to acquire the whole parcel of land for the construction of a road although the construction thereof only requires half the parcel. Another route for the road that would require less land, by contrast, would change the project. This alternative route would, therefore, be an alternative project and would not question the expropriation as the least invasive means. It may also happen that the state already has equally suitable land at its disposal. As this would require a change of (the location of) the project, this defence would also be an alternative project argument rather than a least invasive means argument. However, the expropriation should still be impermissible if the use of the expropriated property does not bring about any additional public benefits compared to the use of the available state land.

In the second situation where the least invasive means argument may be successful, the amount of land is required for the project, but the expropriation of the right of ownership is not necessary to make the implementation of the project possible. For instance, the expropriation would not be necessary if the required piece of land could be purchased on the private market on reasonable terms. The least invasive means argument may also be successful where less invasive legal means than the acquisition of the right of ownership are sufficient to enable the implementation of the project. For example, the expropriation of the ownership would not be necessary if the creation of a limited property right on the land (eg a servitude), a regulatory scheme, or contractual obligations were sufficient to enable the implementation of the project. A contractual obligation may, in particular, suffice if the landowner is willing and able to implement the project themselves. The owner's offer to implement the project is called the self-realisation defence (*zelfrealisatieverweer*) in the Netherlands.[111]

2.2.6 The balance between public benefits and adversely affected interests

Expropriation results in the loss of property. The payment of compensation alleviates the burden borne by the expropriatee. The project itself may have a negative impact upon public interests. For instance, a new factory may give rise to denser traffic or adversely affect the quality of the air and/or the water. The project and the expropriation thus not only have a positive impact upon society, but also have detrimental effects. Property and public good theories suggest that the state should ensure that the project makes a net contribution to utility, personal autonomy,

[109] BVerwG, Judgment of 6 December 1967, *BVerwGE* 28, 260.
[110] Hoops 2016a, 685.
[111] See subsection 4.4.2.2 below.

and/or human flourishing, despite the adversely affected private and public interests.[112] Therefore, the key question is which weight a particular jurisdiction attaches to adversely affected interests and whether there are limitations to the decision-maker's freedom to strike a balance between the project's public benefits and the adversely affected interests. If a balance within a certain range must be struck, an analysis must be made of how the decision-maker must determine the weight of each adversely affected interest and its relationship to the project's benefits.[113] Moreover, the decision-maker may strike this balance at two different stages. They may first balance the project's public benefits against the drawbacks of the project (and the expropriation). Next, they may balance the contribution of the specific expropriation to the realisation of the project against the owner's sacrifice.[114]

The descriptive theory of the legitimate justification does not prescribe the boundaries within which a balance must be struck. Also, there may be different ways to strike this balance and the descriptive theory does not dictate a certain method of striking that balance. In some jurisdictions, the payment of compensation may be the only way in which adversely affected interests are taken into account. This finding would imply that the payment of compensation forms part of the legitimate justification of expropriation. In other jurisdictions, the legislator may compel the decision-maker to protect certain interests in a particular way and, thereby, establish the minimum weight of those interests. For instance, if an expropriation authority may only expropriate property if it provides housing for displaced persons,[115] the legislature indicates that housing for displaced persons always has a higher value than the implementation of the project. In yet other jurisdictions, the competent authority may have to accord a certain weight to each interest and determine whether adversely affected interests outweigh the public interest in the project.[116] The weight may or may not be determined according to judicially or statutorily predetermined criteria, such as the interest's utility, its contribution to human flourishing, or its contribution to the achievement of certain constitutional goals.[117] The compensation may or may not be taken into account when the state determines the weight of the expropriatee's interest.

2.3 THE ENDURANCE OF THE LEGITIMATE JUSTIFICATION

There must be a legitimate justification for an expropriation at the moment of the expropriation. However, there may be a time dimension to the legitimate justification of expropriation. One may argue that the state has to ensure that the transferee actually carries out the project for which the property is expropriated. This requirement is particularly relevant where the transferee is a private entity because this entity is not automatically bound to act for the public good and is, therefore, more likely to fail to implement the project.[118] A conflict may even arise between the

[112] See subsection 2.1.3.3 above.
[113] Alexy 2002, 96 et seq and 396 et seq; and Klatt & Meister 2012, 45–74.
[114] Cf BVerfG, Judgment of 17 December 2013, *ZUR* 2014, 160, 163; and Alexander & Peñalver 2012, 157 and 159.
[115] See, for instance, § 505(4) of the New York State General Municipal Law.
[116] See, for instance, BVerfG, Judgment of 17 December 2013, *NVwZ* 2014, 211, 216 and 219.
[117] See, for instance, Alexander 2015, 130 et seq; and Alexy 2002, 96 et seq.
[118] Hoops 2015a, 178.

transferee's goal to make a profit from the project and the state's goal of ensuring that the public reaps the benefits of economic development.[119] In cases of the project's non-implementation, the legitimate justification would arguably fall away, and the expropriation would retrospectively become unlawful. The unlawfulness of the expropriation may, in turn, entail that the transferee must transfer the property back to the expropriatee.

In chapters 3 to 6, each jurisdiction is analysed as to whether the state is obliged to take measures to ensure that the transferee implements the project and realises the legitimate purpose. As such measures prevent the legitimate justification from falling away, they are called preventive measures.[120] For instance, preventive measures would be regulatory schemes or an obligation to implement the project in the contract with the transferee. The transferee may nevertheless fail to implement the project and realise the legitimate purpose for various reasons. For instance, the land may no longer be required for the envisaged project, the project may have become unprofitable or have been abandoned for another reason, the transferee may wish to use the land for another purpose, or the transferee may no longer have enough financial resources to carry out the project. Each jurisdiction is examined as to whether and, if so, under what conditions the law confers a right to reacquire the property upon the expropriatee in cases of non-implementation. As the right to reacquire reverses expropriations that have lost their legitimate justification, it is called a corrective measure.[121]

2.4 THE GOVERNANCE OF THE LEGITIMATE JUSTIFICATION OF EXPROPRIATION

So far, the different parts of the descriptive theory of legitimate justification are meant to produce answers to the questions of what the legitimate justification of expropriation is in a given jurisdiction and whether the importance of the legitimate justification extends beyond the moment of the expropriation. However, the legitimate justification of expropriation should be analysed from yet another angle. The constitutions, primary and secondary legislation, and the courts do not only prescribe what a legitimate justification is. In addition to establishing the boundaries of the discretion of the competent authorities, these legal sources also provide procedural rules, designate the competent administrative bodies, and circumscribe their tasks.[122] A complete picture of the protection of the expropriatee is impossible to draw without an analysis of these arrangements.[123] For this reason, the analysis should also uncover the institutional and procedural framework within which state bodies determine and apply the boundaries to the discretion of the administrative authorities that the legislature has authorised to shape the project and/or expropri-

[119] See, for instance, M Gerhardt 'Gibt es verfassungsrechtliche Besonderheiten bei „Enteignungen zugunsten Privater"?' in W Fürst, R Herzog & D C Umbach (eds) *Festschrift für Wolfgang Zeidler* (Berlin & New York: Walter de Gruyter 1987) 1663–1675, 1667.

[120] Hoops 2015a, 178 et seq.

[121] Hoops 2015a, 178 et seq.

[122] Cf J Barnes, 'Towards a third generation of administrative procedure', in S Rose-Ackerman & PL Lindseth (eds) *Comparative Administrative Law* (Cheltenham (UK) & Northampton, MA: Edward Elgar 2010) 336–356, 342.

[123] Cf Jackson 2013, 66 et seq, and Siems 2014, 34, who emphasised the importance of organisational and procedural arrangements to a legal comparison.

ate property for the project. This perspective is called the governance of the legitimate justification of expropriation.

2.4.1 Governance

Governance is understood here in its broadest sense, meaning (the rules on) how public or private actors regulate a certain societal process.[124] Unlike the term 'good governance', the term 'governance' is not normative in nature, which means that it does not prescribe any standards that the regulation should observe.[125] The governance research here follows the new institutional approach in that an analysis is made of the rules on the institutions and procedures in place.[126]

2.4.2 The need for a governance perspective on the legitimate justification

Democratic and public good theories arguably demonstrate the need for a governance perspective. According to proceduralist democratic theories, a decision-making process that complies with democratic standards is essential to the democratic legitimacy of the outcome of that process, whereas the outcome itself is less important.[127] The democratic standards that proceduralist scholars have asserted should be applied to that process vary significantly.[128] Proponents of aggregative democratic theories have emphasised that the voting process must be fair and inclusive.[129] Proponents of deliberative democratic theories have asserted that the vote must be preceded by fair public deliberations to which affected people have equal and fair access.[130]

Procedural public good theories view procedural arrangements as essential to promoting the public good. Pluralism is a public good (and democracy-based) theory. This theory does not view the public good as a predefined standard, but as the result of a democratic decision-making process.[131] As *Fraenkel* has defined it, the public good is a balance of interests of the conflicting economic, social, political, and ideological forces within a society. The balance must be the result of a fair procedure in which members of society advocate their interests.[132] The discourse theory of *Habermas* says that what the public good requires must be determined in a political decision-making process. This process consists of institutionalised deliberative procedures that communicate with public opinion, which is decentralised and informal.[133] In *Luhmann*'s systems theory, the political system determines what the

---

[124] Bevir 2007a, 364 et seq; and Westerman 2013, 179.

[125] Bevir 'Good Governance' in Bevir (ed) *Encyclopedia of Governance* (Thousand Oaks: SAGE 2007) 359–362; and Westerman 2013, 179.

[126] Bevir 2007a, 373.

[127] F Peter *Democratic Legitimacy* (New York and London: Routledge 2009) 65 et seq. See about the limitations of this approach: D M Estlund *Democratic Authority* (Princeton and Oxford: Princeton University Press 2008) 65 et seq.

[128] About the difficulty to determine the procedural standards: Estlund 2008, 71 et seq.

[129] Peter 2009, 7 et seq.

[130] Peter 2009, 31 et seq; and RE Goodin, 'Input Democracy' in F Engelstad & Ø Østerud (eds) *Power and Democracy, Critical Interventions* (Ashgate: Hants and Burlington 2004) 79 and 83 et seq.

[131] Fraenkel 1973, 21.

[132] Fraenkel 1973, 21, 40 et seq and 46.

[133] J Habermas, *Faktizität und Geltung, Beiträge zur Diskurstheorie des Rechts und des demokratischen Rechtsstaats* (Frankfurt am Main: Suhrkamp 1994) 361 et seq. Thoroughly discussed in English

public good is.[134] For this purpose, the political system must accommodate fair and open procedures in which the participants reach a compromise.[135]

The presented theories do not define the substance of what is legitimately justified in a democratic society. Instead, these theories will deem a justification legitimate if it is the result of a decision-making process that complies with certain standards. An analysis of the legitimate justification of expropriation thus also has to concern the institutional and procedural arrangements that accommodate the legitimate justification of expropriation. Developments in practice support this conclusion. For example, Guideline 16 of the Voluntary Guidelines contains good governance standards for expropriation regimes. Regarding the legitimate justification of expropriation, Guidelines 16.1 and 16.2 also provide for standards concerning the role of Parliament in defining legitimate purposes in expropriation statutes and the conditions under which the public can participate in the expropriation procedures.[136] These standards thus concern institutional and procedural arrangements, highlighting the relevance of the governance perspective in practice. The descriptive theory of the legitimate justification, however, merely provides an analytical framework, but does not prescribe certain good governance standards.

2.4.3 The governance analysis of the legitimate justification

With respect to the legitimate purpose, the contextualisation, and the endurance of the legitimate justification, the governance analysis in chapters 3 to 6 uncovers the different institutional and procedural arrangements within which a state body determines or applies the legal boundaries to the project, its purpose, and/or the expropriation. This governance analysis concerns the role of the state body, its position in the state system, and the procedure that the administrative authorities and the courts follow.[137]

The roles of the state bodies

An analysis is first made of what roles the legislature, the administrative authorities, and the courts play in determining and applying the boundaries that form the legitimate justification of the expropriation and determine the endurance of the legitimate justification. A differentiation is made between three different roles. The first role is to determine the legal substantive boundaries (ie the boundary-shaping role). For example, the courts may develop legal principles that limit the discretion of the competent authorities. Also, the legislature may specify certain legitimate purposes in the expropriation statute and, thereby, create a boundary to the discretion of the authority that is competent to expropriate property.

The second role is for a body to observe these boundaries when shaping the project, its purpose, and/or the expropriation. On the one hand, this role has a

in M Rosenfeld & A Arato (eds) *Habermas on Law and Democracy: Critical Exchanges* (Berkeley/Los Angeles/London: University of California Press 1998).

134 N Luhmann *Die Politik der Gesellschaft* (Frankfurt am Main: Suhrkamp 2002) 120 et seq.

135 Luhmann *Legitimation durch Verfahren* (Frankfurt am Main: Suhrkamp 1969) 30 et seq, 45 et seq, and 211. Luhmann's work is thoroughly discussed in M King & C Thornhill *Niklas Luhmann's Theory of Politics and Law* (Basingstoke: Palgrave Macmillan 2003).

136 Verstappen 2016 98–118.

137 The parliamentary procedure falls outside the scope of this analysis because an assessment of its quality would require major empirical research: Hoops 2015b, 250.

creative side. Creative bodies determine to a certain extent (the details of) the project, its purpose, and the expropriation. For example, the legislature may lay down legitimate purposes in the expropriation statute. A planning authority may then design the project and, thereby, concretise the purpose. On the other hand, this role requires the legislature or the authority to observe the legal boundaries to its discretion. For example, the legislature can only lay down legitimate purposes within the boundaries of the Constitution. If the planning authority seeks to get access to the land required for the project by means of expropriation, the project that the authority shapes will have to serve a purpose that complies with the expropriation statute. The analysis of this role identifies the extent to which an entity has the freedom to decide on an aspect of the project, the purpose, and/or the expropriation and to what extent legal boundaries narrow this discretion. Thereby, this analysis indicates possible concentrations of power and to what extent the expropriatee is exposed to such a concentration.

The third role is the role of a controlling body. Such a body does not shape the project or its purpose. Both courts and expropriation authorities that evaluate the determinations of a planning authority may have controlling tasks. Controlling bodies check whether the creative body has observed the legal boundaries that form the legitimate justification of the expropriation or determine the endurance of the legitimate justification. If the project, the purpose, or the expropriation does not comply with the law, the controlling bodies may fulfil a destructive role by not approving or striking down the expropriation. The creative bodies would then have to go back to the drawing board. Depending upon how much discretion the law affords to the creative body, the controlling role may be narrow or broad.

With regard to the role of courts, a distinction is made between full judicial scrutiny and limited judicial scrutiny. Full judicial scrutiny means that the (constitutional or other) courts (may) substitute the competent authority's determinations with their own interpretation of the Constitution, statute law and/or the facts of the case, and/or their own assessment of the importance of the involved interests.[138] By contrast, limited judicial scrutiny means that the courts may not substitute (all of) the competent authority's determinations, but defer to the authority's interpretation of the facts and/or the law, and/or its value judgements and policy decisions. This part of the examination is intended to uncover the relationship between the decisions of directly elected or appointed legislative or executive bodies and the independent judiciary.[139]

The role of a state body may have elements of more than one of the described types. For example, courts may shape boundaries on the basis of the Constitution or legal principles and control an authority's determinations by applying these boundaries. Also, in laying down legitimate purposes in the expropriation statute, the legislature not only shapes the purpose and, thereby, plays a creative role, but also determines the boundaries that the competent authority must observe.

Note that there is a link between the analysis of the governance of the legitimate justification and the legal boundaries to the discretion of state bodies that shape the project, its purpose, and/or the expropriation. Stricter or more lenient judicial

138 P Craig, 'Judicial review of questions of law: a comparative perspective', in Rose-Ackerman & Lindseth (eds) *Comparative Administrative Law*, Cheltenham (UK) & Northampton, MA: Edward Elgar 2010) 449–465, 449.

139 Schlink 2013, 727 and 734 et seq; and Barak 2013, 747 et seq.

scrutiny is likely to result in stricter or more lenient requirements that the project, its purpose, and/or the expropriation must meet for a lawful expropriation. Similarly, the more prominent a role the legislature assumes, the stricter the statutory requirements are likely to be. As a result, the analyses of the governance and substantive requirements may overlap to a certain extent.

The position of the authority in the state system

Next, an analysis is made of the position of the competent authorities within the state system. The authority's position in the state system can influence the authority's accountability and responsiveness to the people as well as the democratic legitimacy of its decision.[140] It is examined whether it is a directly elected or an appointed organ and to which organs it has to explain, and give reasons for, its conduct. This analysis serves to evaluate the authority's accountability to the public, which may be considered a procedural boundary to the organ's discretion.[141] The analysis also forms a link with the role of the examined authority because the authority's accountability is more important where its tasks are greater.

The administrative and court procedures

The descriptive chapters on the legal systems of the examined jurisdictions provide analyses of the applicable administrative procedures. The focus lies on opportunities for the public to influence the outcome of the procedure. Such public participation is a procedural boundary in that it may ensure popular control and democratic governance.[142] More specifically, an analysis is made of how the public is informed of the proposed content of the plan or the expropriation decision, who can participate in the procedure, at what moment the participation mechanism is triggered, which type or form of participation (eg written objections and/or discussions) is used, and how the authority is compelled to take the public's input into account.[143] Then, each chapter sheds light on who can challenge the decision in court and who bears the burden to establish and prove facts.[144] The parliamentary procedure falls outside the scope of the inquiry into the procedural requirements.

2.5 TABLE OF PARTIALLY EQUIVALENT REQUIREMENTS

The following table provides an overview of the names of legal requirements in the examined jurisdictions that provide at least a partial answer to a comparative

[140] M Bovens, 'Analysing and Assessing Accountability: A Conceptual Framework' 2007 *European Law Journal* 447–468, 450 et seq. See for a detailed comparative analysis: Hoops 2015b, 254 et seq.

[141] Bovens 2007, 447–468; and N Hardiman 'Governance and State Structures' in D Levi-Faur (ed) *Oxford Handbook of Governance* (Oxford: Oxford University Press 2012) 228–241, 228 et seq.

[142] P Goodwin "Hired hands' or 'local voice': understandings and experience of local participation in conservation' 1998 *Transactions of the Institute of British Geographers* 481–499, 481; and Bevir 2007a, 377 et seq.

[143] These issues can be traced to a study of fifteen European jurisdictions. See Sluysmans, Verbist & Waring 2015, 12, where the editors found that a notice, an opportunity to make representations, and the obligation to furnish reasons were common elements of expropriation law. Cf JS Bell, 'Comparative Administrative Law', in Reimann & Zimmermann (eds) *The Oxford Handbook of Comparative Law* (Oxford: Oxford University Press 2010) 1259–1286, 1277 et seq.

[144] Cf Klatt & Meister 2012, 75–84; and Alexy 2002, 395 et seq.

question concerning the substantive definition of the legitimate justification. This table does not purport to be complete, but only serves to facilitate the reading of chapters 3 to 7, which may be complicated by legal requirements that may have a similar name, but have a different meaning in each examined jurisdiction. The table does not cover the governance perspective, preventive measures, and corrective measures because regarding these issues, the examined jurisdictions mostly provide for specific statutory provisions and do not prescribe tests whose names may give rise to confusion.

Table 1: Requirements in the examined jurisdictions that give at least a partial answer to the comparative questions. '--' indicates that there is no specific requirement addressing the specific comparative question.

State Question	Germany	Netherlands	New York State	South Africa
Legitimate purpose	Public good objective of particular weight	Public interest	Public use	Public purpose / public interest
Suitability of the project	Suitability of the project (first suitability test)	• Suitability of the project; • good spatial planning; • urgency of the expropriation	Rational connection between condemnation and public use	Rationality
Need for a project	Necessity of the project (first necessity test)	--(possibly on the basis of suitability or proportionality)	Necessity	--(possibly on the basis of rationality, arbitrariness, or proportionality in terms of reasonableness)
Enhanced contribution to the legitimate purpose	Necessity of the project (first necessity test)	--(possibly on the basis of proportionality)	Dominant public purpose	--(possibly on the basis of arbitrariness or proportionality in terms of reasonableness)
Alternative project argument	Balancing of interests (in planning law)	Necessity of the project; balancing of interests (in planning law)	Necessity	Less restrictive means
Suitability of the expropriation	Suitability of the expropriation (second suitability test)	Suitability of the expropriation; good spatial development	Rational connection between condemnation and public use	Rationality
Least invasive means argument	Necessity of the expropriation (second necessity test)	Necessity	Excess condemnations	Less restrictive means

State Question	Germany	Netherlands	New York State	South Africa
Balance between the project's public benefits and adversely affected interests	1. Balancing of interests (in planning law); 2. Proportionality in the narrow sense of the project; 3. Proportionality in the narrow sense of the expropriation	1. Good spatial planning; 2. Proportionality of the project; 3. Proportionality of the expropriation	Necessity	Proportionality in terms of reasonableness; Arbitrariness

Source: Author's own design

CHAPTER 3 German law

Table of Contents

3.1 APPLICABLE LAW

➢ In this section, the following questions are answered:

- What is the definition of expropriation in German law?
- On the basis of which statute(s) may the state expropriate property for a third-party transfer for economic development?
- Which international and supranational norms, federal and state constitutional provisions, primary legislation, and secondary legislation does this chapter examine so as to evaluate the legitimate justification of third-party transfers for economic development, its endurance, and its governance?

German law, EU law, and international human rights treaties provide a comprehensive and detailed body of law on the legitimate justification of expropriation. This section contains an overview of the sources of law relevant to the legitimate justification of third-party transfers for economic development, its endurance, and its governance. These sources include Art. 1 P1 ECHR and Art. 17 of the Charter of Fundamental Rights of the European Union (hereinafter also referred to as: 'the Charter'). This section in particular introduces the requirements for third-party transfers of economic development in the dogmatic structure of German federal and state law as well as an outline of the applicable procedures.

3.1.1 Constitutional expropriation law: The German Basic Law of 23 May 1949

The most important source for exploring the legitimate justification of third-party transfers for economic development in German law is the German constitution, the Basic Law of 23 May 1949. Art. 14(1) GG guarantees private property (*Eigentum*), but Art. 14(3) GG permits an expropriation of property for the public good, by or on the basis of an Act of Parliament, and against compensation. It is, however, not Art. 14 GG itself, but the case law of the Federal Constitutional Court that makes the Basic Law an invaluable guide on how German law treats the legitimate justification of expropriation. The Court's interpretation of the Basic Law is binding upon all state organs,[1] and its judgments and decisions provide abstract and elaborate constitutional rules on expropriation, which do not need to be related to the facts of the case before the Court. The following subsections introduce the main principles of Art. 14(3) GG in the context of the other sections of Art. 14 GG on the basis of the case law of the Constitutional Court.

3.1.1.1 The definition and Protection of property under Art. 14(1) and (2) GG

The first sentence of Art. 14(1) GG stipulates that '[p]roperty and the right of inheritance shall be guaranteed.'[2] This provision guarantees private property.[3] On the one hand, the provision protects every single holder of property from state interference with their property.[4] On the other hand, it guarantees private property as a legal institution, which means that it obliges the legislator to ensure the existence as well as the functionality of private property and its use for private purposes.[5] The function of property is to enable the holder of property to exercise other fundamental rights, to realise their potential and determine their way of life independently.[6]

The definition of property in terms of Art. 14(1) GG includes all private law positions that constitute an asset (*vermögenswerte Rechtspositionen*),[7] and certain legal positions recognised under public law.[8] The definition is still in a state of flux.[9] The definition covers a wide variety of rights, ranging from absolute property rights on tangible things to rights arising from statutory pension schemes.[10] More specifically, property rights on land that are recognised under private law in any case fall under the definition of property in terms of Art. 14(1) GG.

Regulation of property: The definition of the content and limits of property

The Basic Law guarantees 'property' as it is defined by the legislator. The second sentence of Art. 14(1) GG authorises the legislator to define the 'content and limits'

---

[1] Artt. 93(1) 100 GG; and § 31(1) of the Act on the Federal Constitutional Court (*Bundesverfassungsgerichtsgesetz*; BVerfGG).

[2] In this book, use is made of the official translation of the German Basic Law. It is available under: http://www.gesetze-im-internet.de/englisch_gg/ (last accessed: 28 June 2017).

[3] Papier, in Herzog, R Scholz, M Herdegen & HH Klein (eds) *Maunz/Dürig, Grundgesetz* (Munich: CH Beck) GG, Art. 14, No. 1; and BVerfG, Judgment of 17 December 2013, *NVwZ* 2014, 211, 213.

[4] Papier, in Maunz/Dürig, GG, Art. 14, No. 219; and BVerfG, Judgment of 17 December 2013, *NVwZ* 2014, 211, 214.

[5] BVerfG, Judgment of 18 December 1968, *NJW* 1969, 309; R Wendt in Sachs (ed) *Grundgesetz* 7th ed (Munich: CH Beck 2014) GG, Art. 14, No. 57; and Papier, in Maunz/Dürig, GG, Art. 14, No. 11.

[6] BVerfG, Judgment of 17 December 2013, *NVwZ* 2014, 211, 213 et seq; and Papier, in Maunz/Dürig, GG, Art. 14, No. 1.

[7] BVerfG, Decision of 9 January 1991, *NJW* 1991, 1807, 1807; and Papier, in Maunz/Dürig, GG, Art. 14, Nos. 55 et seq.

[8] Papier, in Maunz/Dürig, GG, Art. 14, Nos. 55 et seq and 123 et seq; and Wendt, in Sachs, GG, Art. 14, Nos. 21–40.

[9] See, for instance, Papier, in Maunz/Dürig, GG, Art. 14, Nos. 160–183.

[10] BVerfG, Decision of 1 July 1981, *NJW* 1982, 155, 155; BVerfG, Decision of 9 January 1991, *NJW* 1991, 1807, 1807; and Papier, in Maunz/Dürig, GG, Art. 14, Nos. 55–205. However, the definition excludes the claim to a basic security benefits. Papier, in Maunz/Dürig, GG, Art. 14, No. 150.

(*Inhalt und Schranken*) of property. The legislator lays down the rights and obligations of the holder of property in abstract and general norms (so-called *Inhalts- und Schrankenbestimmungen*).[11] The content and limits of property rights on land, for instance, are mostly defined in the third book of the German Civil Code (§§ 854–1296 *Bürgerliches Gesetzbuch*; BGB), the Federal Building Code (*Baugesetzbuch*; BauGB), and other legislation pertaining to land. Art. 14(1) GG only protects the property that this legislation designs.[12]

Private property is not unlimited, but the exercise of property rights is subject to the public good. As Art. 14(2) GG states, property entails obligations, and its use must also serve the public good. The public good, therefore, warrants the legislator's power to define the content and limits of property.[13] The basis of this power, however, is at the same time a restriction to its power. Restrictions to private property must, first, realise a legitimate purpose that serves public good.[14] This hurdle is quite easy to overcome because the legislator generally determines what the public good requires.[15] The second requirement is that the restriction complies with the principle of proportionality (*Verhältnismäßigkeit*).[16] The principle of proportionality is derived from the principle of the rule of law (*Rechtsstaatsprinzip*), entrenched in Art. 20(3) GG.[17] The *Rechtsstaat* is one of the fundamental building blocks of the German constitutional order and a source of various sub-principles, such as the separation of powers, the principle of legality, the enforcement of fundamental rights, and the principle of proportionality.[18]

The principle of proportionality entails that the restriction must be suitable (*geeignet*), necessary (*erforderlich*), and proportionate in the narrow sense (*verhältnismäßig im engeren Sinne*) to achieve the goal of the restriction to property. In applying the test of proportionality in the narrow sense, the legislator must find a fair balance between the public good or, in other words, the needs of society and the freedom and interests of the holder of constitutionally guaranteed property.[19]

The legislator must also observe other constitutional norms, such as the equality clause in Art. 3 GG and Art. 19(2) GG.[20] Art. 19(2) GG prohibits the legislator from

---

[11] BVerfG, Decision of 14 July 1981, *BVerfGE* 58, 137, 144 et seq; BVerfG, Decision of 12 March 1986, *NJW* 1986, 2188, 2189; and Wendt, in Sachs, GG, Art. 14, No. 58.

[12] BVerfG, Judgment of 28 April 1999, *NJW* 1999, 2493, 2495; and Wendt, in Sachs, GG, Art. 14, No. 54.

[13] Papier, in Maunz/Dürig, GG, Art. 14, No. 306; and BVerfG, Decision of 15 September 2011, *NVwZ* 2012, 429, 430.

[14] BVerfG, Decision of 15 September 2011, *NVwZ* 2012, 429, 430; and Wendt, in Sachs, GG, Art. 14, No. 70.

[15] Papier, in Maunz/Dürig, GG, Art. 14, No. 306; and BVerfG, Judgment of 10 March 1981, *BVerfGE* 56, 249, 260.

[16] BVerfG, Decision of 15 September 2011, *NVwZ* 2012, 429, 430; BVerfG, Decision of 2 March 1999, *NJW* 1999, 2877, 2878; BVerfG, Decision of 16 February 2000, *NJW* 2000, 2573, 2574; and Wendt, in Sachs, GG, Art. 14, Nos. 57 and 73.

[17] Heinsohn 1997, 69 et seq; and Merten 2009, Nos. 30 et seq.

[18] B Grzeszick, in Maunz/Dürig, GG, Art. 20, VII, Nos. 22 et seq.

[19] BVerfG, Judgment of 6 December 2016, *NJW* 2017, 217, 221; BVerfG, Decision of 15 September 2011, *NVwZ* 2012, 429, 430; BVerfG, Decision of 2 March 1999, *NJW* 1999, 2877, 2878; BVerfG, Decision of 16 February 2000, *NJW* 2000, 2573, 2574; and Wendt, in Sachs, GG, Art. 14, No. 70.

[20] BVerfG, Judgment of 28 April 1999, *NJW* 1999, 2493, 2495; BVerfG, Decision of 15 September 2011, *NVwZ* 2012, 429, 430; Riedel 2012, 127 et seq; and Wendt, in Sachs, GG, Art. 14, No. 74.

restricting private property so much that the law precludes the exercise of the essence of the right of property. The essence of property is the right to use property for private purposes and the power to dispose of property.[21]

Compensation for the definition of the content and limits?

Under German law, the definition of the content and limits of property falls short of the acquisition of a specific property right by the state (and the transfer of the expropriated property to another state or private entity for the public benefit).[22] The state acquisition of property belongs to the realm of expropriation and Art. 14(3) GG.[23] Unlike Art. 14(3), Art. 14(1) and (2) GG do not provide for a general duty for the state to pay compensation.[24] The holders of property rights need to endure proportionate restrictions to the use and enjoyment of their property rights that serve the public good, even though these restrictions reduce the value of their property.[25]

If the restriction, including physical preventive measures that alleviate the burden imposed upon the property,[26] such as noise barriers along a road, places a disproportionate burden upon most holders of property to which it applies, the whole Act of Parliament will be invalid.[27] Where the legislature imposes a disproportionate burden upon only a small group of holders of property rights, the whole statute would be valid, but there may be a duty to pay monetary compensation to ensure the equal distribution of burdens among members of society.[28] This duty is subject to three conditions.[29] The first is if the legislator imposes a disproportionate burden or an unusual sacrifice upon individual holders of property in particular cases of hardship. The second condition is if the applicable statute provides for an equalisation scheme. A statute leading to a disproportionate burden or an unusual sacrifice without such an equalisation scheme would be unconstitutional.[30] The third is if physical preventive measures cannot sufficiently alleviate the disproportionate burden. In such cases, this excessive state measure is called a definition of the content and the limits of

---

[21] BVerfG, Judgment of 28 April 1999, *NJW* 1999, 2493, 2495; and BVerfG, Decision of 15 September 2011, *NVwZ* 2012, 429, 430.

[22] BVerfG, Judgment of 6 December 2016, *NJW* 2017, 217, 224; BVerfG, Decision of 15 July 1981, *NJW* 1982, 745, 748 and 750.

[23] Refer to subsection 3.1.1.2 below.

[24] Papier, in Maunz/Dürig, GG, Art. 14, No. 378a; and BVerfG, Judgment of 6 December 2016, *NJW* 2017, 217, 224.

[25] Papier, in Maunz/Dürig, GG, Art. 14, No. 378a; and BVerfG, Judgment of 6 December 2016, *NJW* 2017, 217, 224.

[26] BVerfG, Decision of 15 September 2011, *NVwZ* 2012, 429, 430; BVerfG, Decision of 2 March 1999, *NJW* 1999, 2877, 2879; and Neumann, in Stelkens/Bonk/Sachs, VwVfG, § 74, Nos. 167 and 188.

[27] BVerfG, Decision of 15 September 2011, *NVwZ* 2012, 429, 430; BVerfG, Decision of 2 March 1999, *NJW* 1999, 2877, 2879; and Neumann, in Stelkens/Bonk/Sachs, VwVfG, § 74, Nos. 167 and 188.

[28] J Froese, 'Entschädigung und Ausgleich', in O Depenheuer & F Shirvani (eds) *Enteignung* (forthcoming 2017).

[29] BVerfG, Decision of 15 September 2011, *NVwZ* 2012, 429, 430; and BVerfG, Decision of 2 March 1999, *NJW* 1999, 2877, 2879.

[30] BVerfG, Decision of 2 March 1999, *NJW* 1999, 2877, 2879.

property that requires equalisation (*ausgleichspflichtige Inhalts- und Schranken-bestimmung*),[31] but never constitutes an expropriation.[32]

3.1.1.2 Art. 14(3) GG: The expropriation of property rights for the public good

The German state derives its power to expropriate property rights from the constitution, more specifically Art. 14(3) GG. This provision reads as follows:

> 'Expropriation shall only be permissible for the public good. It may only be ordered by or pursuant to a law that determines the nature and extent of compensation. Such compensation shall be determined by establishing an equitable balance between the public interest and the interests of those affected. In case of dispute concerning the amount of compensation, recourse may be had to the ordinary courts.'

The definition of expropriation

The German Basic Law does not provide a definition of the term 'expropriation' (*Enteignung*). The case law of the Federal Constitutional Court gives a definition of expropriation. Some elements of the definition seem to remain unclear and are, therefore, subject to heavy debate in the literature.[33] As the object of this study (ie third-party transfers for economic development) falls undoubtedly under the definition of expropriation in German law, the debate in the literature falls outside the scope of this book. The definition described in this subsection is only based upon the case law of the Constitutional Court.

Expropriation exclusively refers to unilateral state action in the form of a legal act.[34] This legal act takes specific legal positions fully or partially away from specific persons against their will.[35] These legal positions must be property rights in terms of the first sentence of Art. 14(1) GG.[36] The unilateral creation of a limited property right also constitutes an expropriation.[37] The expropriation must be directed at this formal taking of property.[38] The intensity of the impact of state action upon the property rights does not play any role. A definition of the content and limits that

---

[31] See for a more detailed account of the compensation for the definition of the content and limits of private property and discussions of unresolved issues: Froese 2017a; U Kischel 'Wann ist die Inhaltsbestimmung ausgleichspflichtig?' 2003 *JZ* 604–613; and Hoops 'Taking Possession of Vacant Buildings to House Refugees in Germany: Is the Constitutional Property Clause an Insurmountable Hurdle?' 2016 *EPLJ* 26–50.

[32] BVerfG, Decision of 15 July 1981, *NJW* 1982, 745, 748; and BVerfG, Decision of 2 March 1999, *NJW* 1999, 2877, 2877 et seq.

[33] Cf Riedel 2012, 93 et seq; Froese 'Der Eigentumsentzug ohne Güterbeschaffung als Enteignung „light"?' 2017 *NJW* 444–447; and T Krappel 'Schleichende Einschränkung des Enteignungsbegriffs in der Rechtsprechung des Bundesverfassungsgerichts' 2012 *DÖV* 640–645.

[34] Papier, in Maunz/Dürig, GG, Art. 14, No. 359 and 532; and Riedel 2012, 115.

[35] BVerfG, Judgment of 6 December 2016, *NJW* 2017, 217, 224; BVerfG, Decision of 22 May 2001, *NVwZ* 2001, 1023, 1023; and BVerfG, Decision of 15 July 1981, *NJW* 1982, 745, 748.

[36] BVerfG, Judgment of 17 December 2013, *NVwZ* 2014, 211, 213; and Papier, in Maunz/Dürig, GG, Art. 14, No. 532.

[37] BVerfG, Judgment of 10 March 1981, *BVerfGE* 56, 249, 260.

[38] BVerfG, Judgment of 17 December 2013, *NVwZ* 2014, 211, 213; and Papier, in Maunz/Dürig, GG, Art. 14, No. 532.

places a disproportionate burden upon holders of property can never turn into an expropriation.[39]

An expropriation must further entail that the state or a private entity acquires the expropriated property.[40] The last part of the definition is that the expropriation serves to enable the transferee to use the property for a public task.[41]

Third-party transfers for economic development amount to expropriation under German law because the state acquires the ownership of land from specific persons and transfers this right to a private entity or creates another right for that entity.[42] The ownership of land is property in terms of the first sentence of Art. 14(1) GG. The private transferee is meant to use the property to promote economic development, which is an undertaking that serves the fulfilment of a public task.[43]

The requirements for a valid expropriation

The first sentence of Art. 14(1) GG guarantees the existence of every single legal position that falls under the definition of property, called *Bestandsgarantie* in German law.[44] Only if expropriatory state action meets all requirements of Art. 14(3) GG, will the expropriation be valid and compensation be due. Only then will the guarantee of existence be converted into a guarantee of the value of the property.[45]

As follows from Art. 14(3) GG and the constitutional principle of proportionality, a valid expropriation must meet the following requirements, which are discussed hereinafter in the following sequence:

I. Expropriation serves the public good
II. Expropriation has a statutory basis
III. Proportionality of the expropriation
   1. Suitability
   2. Necessity
   3. Proportionality in the narrow sense

3.1.1.2.1 *The public good as a requirement for a valid expropriation*

The first requirement for a valid expropriation is that the expropriation serves the public good. 'Expropriation shall only be permissible for the public good.' So reads the first sentence of Art. 14(3) GG. The term 'public good' is an indefinite legal term (*unbestimmter Rechtsbegriff*).[46] That means that the substance of this term needs to

[39] BVerfG, Decision of 15 July 1981, *NJW* 1982, 745, 748; and BVerfG, Decision of 2 March 1999, *NJW* 1999, 2877, 2877 et seq.

[40] BVerfG, Judgment of 6 December 2016, *NJW* 2017, 217, 224; BVerfG, Decision of 22 May 2011, *NVwZ* 2001, 1023, 1023; BVerfG, Judgment of 17 December 2013, *NVwZ* 2014, 211, 213; and BVerfG, Judgment of 24 March 1987, *NJW* 1987, 1251, 1251 et seq.

[41] BVerfG, Judgment of 17 December 2013, *NVwZ* 2014, 211, 213; and Jarass, in Jarass/Pieroth, GG, Art. 14, No. 77.

[42] See, for instance, BVerfG, Judgment of 24 March 1987, *NJW* 1987, 1251. Cf W Schmidbauer *Enteignung zugunsten Privater* (Berlin: Duncker & Humblot 1989) 75 et seq; and Jackisch 1996, 203 et seq.

[43] BVerfG, Judgment of 24 March 1987, *NJW* 1987, 1251, 1252 et seq; and Riedel 2012, 107.

[44] Riedel 2012, 67; and Papier, in Maunz/Dürig, GG, Art. 14, No. 522.

[45] BVerfG, Judgment of 17 December 2013, *NVwZ* 2014, 211, 214; and Papier, in Maunz/Dürig, GG, Art. 14, No. 522.

[46] Papier, in Maunz/Dürig, GG, Art. 14, No. 574; Schmidbauer 1989, 279; and Riedel 2012, 133. In the context of § 87(1) BauGB: BVerfG, Decision of 8 July 2009, *NVwZ* 2009, 1283, 1285.

be specified further and is open to more than one interpretation.[47] The fact that the term 'public good' is undefined, however, does not entail that the competent authority that applies this term to a case has any leeway when interpreting this term (in German: *Beurteilungsspielraum*). Rather, the application of this term is subject to a full judicial review by the German courts.[48] This means that the courts can substitute the authority's interpretation of 'public good' with their own.[49]

Public good objectives of particular weight

The public good requirement serves to ensure that the state only lawfully expropriates property for legitimate and proportionate projects and purposes.[50] The Federal Constitutional Court differentiates between the public good and a public good objective of particular weight. The public good objective of particular weight (*Gemeinwohlziel von besonderem Gewicht*) refers to the legitimate purpose for which the state seeks to expropriate property.[51] The project must serve a public good objective of particular weight in order to meet the public good requirement. The public good objectives of particular weight are discussed as legitimate purposes in section 3.2 below.

The proportionality of the project

Serving a public good objective of particular weight is necessary, but insufficient to meet the public good requirement. Satisfying the public good requirement also requires that the project passes a test of the proportionality of the project in relation to the public good objective of particular weight.[52] In its *Garzweiler II* judgment from 2013, the Federal Constitutional Court explicitly held that an expropriation 'does not serve the public good [. . .]' if the importance of the project to the public good objective was disproportionate in the narrow sense to the burden imposed upon adversely affected interests.[53] The project's proportionality in the narrow sense is defined as follows:

> ***The project's proportionality in the narrow sense:*** The 'proportionality in the narrow sense' of the project requires that the public and private interests adversely affected by the project and the expropriation do not outweigh the public benefits of the project.[54]

An implication of the requirement that the adversely affected interests do not outweigh the project's public benefits is that the public good requirement calls for a

[47] Sachs, in Stelkens/Bonk/Sachs, VwVfG, § 40, Nos. 147 et seq.

[48] Papier, in Maunz/Dürig, GG, Art. 14, No. 574; Riedel 2012, 198 et seq and 219 et seq; Schmidbauer 1989, 279 et seq; and BVerfG, Judgment of 17 December 2013, *NVwZ* 2014, 211, 221 et seq, in particular 223, 227 et seq and 231 et seq. See in general on indefinite legal terms: Sachs, in Stelkens/Bonk/Sachs, VwVfG, § 40, Nos. 147 et seq.

[49] Sachs, in Stelkens/Bonk/Sachs, VwVfG, § 40, Nos. 147 et seq; BVerfG, Decision of 31 May 2011, *NVwZ* 2011, 1062, 1064; and BVerfG, Decision of 28 June 1983, *BVerfGE* 64, 261, 279.

[50] Papier, in Maunz/Dürig, GG, Art. 14, No. 573; and Riedel 2012, 135 et seq.

[51] BVerfG, Judgment of 17 December 2013, *ZUR* 2014, 160, 161.

[52] BVerfG, Judgment of 17 December 2013, *ZUR* 2014, 160, 161 et seq.

[53] BVerfG, Judgment of 17 December 2013, *ZUR* 2014, 160, 163–165.

[54] BVerfG, Judgment of 17 December 2013, *ZUR* 2014, 160, 164.

net contribution of the project to the public good. Until the *Garzweiler II* judgment, the literature was divided over the question of whether or not the public good was the result of a balancing of interests.[55] Some scholars separated the proportionality of the project from the public good.[56] Others regarded the proportionality of the project (and even the proportionality of the expropriation) as integral parts of the public good requirement.[57] The details of this discussion fall outside the scope of this book. Suffice it to say that the test that the Constitutional Court has adopted appears logical on the basis of the wording of Art. 14(3) GG. The first sentence of Art. 14(3) GG stipulates that the expropriation of property is only permissible for the public good. The term 'public good' seems broader than, for instance, the term 'public purpose', which may only refer to the legitimate purpose of the project. The public good may also refer to a certain balance between the public benefits of the project and the detrimental impact of the project and the expropriation upon other public and private interests protected under the Basic Law.[58] An overall balance of all involved interests, therefore, seems suitable to show whether or not the expropriation serves the public good.

In the *Garzweiler II* judgment, the Federal Constitutional Court also addressed the other two stages of the proportionality test. The Court found that the expropriation would fall foul of the public good requirement if the project were not suitable to contribute to the public good objective of particular weight.[59] Also, the expropriation would not meet the public good requirement if the project were not necessary to achieve the public good objective of particular weight.[60] The project's necessity is defined as follows:

> ***The project's necessity:*** The 'necessity' of the project refers to 'reasonably required' (*vernünftigerweise geboten*), which means that the project makes a substantial contribution to achieving the public good objective of particular weight.[61]

---

[55] This approach can also be traced to the case law of lower courts. See, for instance, VG Düsseldorf, Judgment of 25 May 2011, *BeckRS* 2011, 53301; and OVG Münster, Judgment of 21 December 2007, *BeckRS* 2008, 31320.

[56] Riedel 2012, 214; and Henze 2009, 66

[57] BO Bryde, in P Kunig (ed) *von Münch/Kunig, Grundgesetz, Band 1: Präambel, Art. 1 bis Art. 69*, 6th ed (Munich: CH Beck 2012) GG, Art. 14, No. 79; Wendt, in Sachs, GG, Art. 14, No. 160; Schmidbauer 1989, 147–150; Jackisch 1996, 119; R Breuer 'BVerfG, Urteil des Ersten Senats vom 10.3.1981—1 BvR 92, 96/71, Anmerkung' 1981 *DVBl.* 971–975, 974; and A von Brünneck, 'Das Wohl der Allgemeinheit als Voraussetzung der Enteignung, Zugleich eine Auseinandersetzung mit dem Boxberg-Urteil des BVerwG, 1985, 739', *NVwZ* 1986, 425–431, 427; Frenzel 1978, 100; and Breuer, in W Schrödter (ed) *Baugesetzbuch*, 8th ed (Baden-Baden: Nomos 2015) BauGB, § 87, No. 10. Cf P Häberle, *Öffentliches Interesse als juristisches Problem* (Bad Homburg: Athenäum-Verlag 1970) 355 et seq and 723; and BVerwG, Judgment of 24 October 2002, *BVerwGE* 117, 138.

[58] Cf Von Brünneck 1986, 428.

[59] BVerfG, Judgment of 17 December 2013, *NVwZ* 2014, 211, 215.

[60] BVerfG, Judgment of 17 December 2013, *NVwZ* 2014, 211, 215 et seq.

[61] BVerfG, Judgment of 17 December 2013, *NVwZ* 2014, 211, 215 et seq.

The impact of all three stages of this proportionality test on the legitimate justification of third-party transfers for economic development are analysed in section 3.3 on the contextualisation below.[62]

Conclusion: The dogmatic structure of the public good requirement

The required analysis of the proportionality of the project has one important implication. German expropriation law provides for two tests of proportionality. The first test of proportionality, which forms part of the public good requirement, requires that the project is suitable, necessary, and proportionate in the narrow sense to achieve a certain public good objective of particular weight. The second test of proportionality entails that the expropriation must be suitable, necessary, and proportionate in the narrow sense to enable the transferee to implement the project and to realise the public good objective of particular weight.

In summary, the dogmatic structure of the public good requirement and the second proportionality test is the following:

I. Public good
  1. Public good objective of particular weight
  2. First proportionality test: the relationship between the project and the public good objective of particular weight
     a. Suitability
     b. Necessity (reasonably required)
     c. Proportionality in the narrow sense

II. Second proportionality test: the relationship between the expropriation and the project as well as its public good objective of particular weight
  1. Suitability
  2. Necessity
  3. Proportionality in the narrow sense

3.1.1.2.2 *The statutory basis*

The second requirement for a valid expropriation is that the expropriation is ordered by or pursuant to a law that determines the nature and extent of compensation. Thereby, the second sentence of Art. 14(3) GG merely reiterates what the principle of reservation of statutory powers (*Gesetzesvorbehalt*) and the principle of legality (*Gesetzmäβigkeit der Verwaltung*) require.[63] These principles are sub-principles of the principle of the rule of law. The legal basis must be a law in the formal sense, which

[62] See section 3.3 below.

[63] The reservation of statutory powers generally applies to all matters that are essential (*wesentlich*). It is based upon the essentiality theory (*Wesentlichkeitstheorie*). As an expropriation infringes a fundamental right, the expropriation is essential and, therefore, subject to the reservation of statutory powers. Herzog/Grzeszick, in Maunz/Dürig, GG, Art. 20, VI, No. 105; H Maurer, *Staatsrecht I*, 5th ed (Munich: CH Beck 2007) 209 et seq; C Hillgruber, 'Grundrechtsschranken' in J Isensee & P Kirchhof (eds) *Handbuch des Staatsrechts der Bundesrepublik Deutschland, Band IX: Allgemeine Grundrechtslehren* (Heidelberg: CF Müller 2011) 1033–1075, 1047; and M Kriele, 'Grundrechte und demokratischer Gestaltungsspielraum', in Isensee & Kirchhof (eds) *Handbuch des Staatsrechts der Bundesrepublik Deutschland, Band IX: Allgemeine Grundrechtslehren* (Heidelberg: CF Müller 2011) 183–223, 211.

means a federal or state statute.[64] Consequently, without a statutory basis, the administrative decision will be null and void. Art. 14(3) GG allows for both statutory expropriation (*Legalenteignung*), expropriation *by* a law, and administrative expropriation (*Administrativenteignung*), expropriation *pursuant to* a law.[65]

Types of expropriation

Statutory expropriation refers to expropriation that is directly effected by an Act of Parliament, whereas administrative expropriation refers to expropriation that is effected by the decision of an administrative organ that an Act of Parliament authorised to expropriate property.[66] The Basic Law further permits an expropriation effected by the decision of an administrative body on the basis of a project plan adopted by Parliament (statutory plan or *Legalplanung*), which is a mixed type of expropriation between administrative and statutory expropriation.[67] By contrast, judicial expropriation, which refers to an expropriation effected by the judgment of a court upon the basis of an Act of Parliament, is unknown in German expropriation law.[68]

Administrative expropriation is the standard type of expropriation in German law. By contrast, statutory expropriation is subject to certain strict conditions that go beyond the requirements laid down in Art. 14(3) GG. This is because the judicial protection of the expropriatee against an Act of Parliament is substantially weaker than against an administrative decision.[69] The Constitutional Court has yet to define these conditions exhaustively. What seems settled is that statutory expropriation will be permissible if following an administrative procedure entails considerable disadvantages for the public good.[70] The debate in literature about statutory expropriation falls outside the scope of this book.[71] This chapter only deals with administrative expropriation.

The specificity of expropriation statutes

The second and third sentence of Art. 14(3) GG subject the expropriation statute to several substantive requirements. The statute must not only confer the power to expropriate upon an administrative organ, but also specify the purposes (*Zwecke*) and the projects (*Vorhaben*) for which the statute authorises expropriation as well as the conditions (*Voraussetzungen*) to which the expropriation is subject.[72] The degree of specificity depends upon the legitimate purpose of the project[73] and the

---

[64] BVerfG, Judgment of 17 December 2013, *NVwZ* 2014, 211, 214; and Papier, in Maunz/Dürig, GG, Art. 14, No. 548.

[65] Papier, in Maunz/Dürig, GG, Art. 14, No. 549; and Wendt, in Sachs, GG, Art. 14, Nos. 158 et seq.

[66] BVerfG, Decision of 15 July 1981, *NJW* 1982, 745, 748. On expropriation pursuant to a law by decrees and other state rules and regulations: Papier, in Maunz/Dürig, GG, Art. 14, Nos. 549 et seq; J Wieland in H Dreier (ed) *Grundgesetz, Kommentar, Band I: Präambel, Art. 1–19*, 2nd ed (Tübingen: Mohr Siebeck 2004) GG, Art. 14, No. 80.

[67] BVerfG, Judgment of 17 July 1996, *BVerfGE* 95, 1, 22.

[68] Cf Van der Walt 2011a, 456.

[69] BVerfG, Decision of 17 July 1996, *NJW* 1997, 383, 385.

[70] BVerfG, Decision of 17 July 1996, *NJW* 1997, 383, 385; Jarass, in Jarass/Pieroth, GG, Art. 14, No. 85; and Wendt, in Sachs, GG, Art. 14, No. 159.

[71] See for an overview: Papier, in Maunz/Dürig, GG, Art. 14, Nos. 557 et seq.

[72] BVerfG, Judgment of 24 March 1987, *NJW* 1987, 1251, 1253.

[73] BVerfG, Judgment of 24 March 1987, *NJW* 1987, 1251, 1253; Riedel 2012, 200; Gerhardt 1987, 1665; and Schmidbauer 1989, 56.

identity of the transferee.[74] The specificity of the purposes and the projects is analysed in depth in the subsection on the governance of the legitimate purpose.[75] The specification of the conditions of an expropriation is discussed further in the subsection on the governance of the contextualisation.[76] As is evident from the so-called *Junktim*-clause, the statute also has to provide for a compensation scheme, in money or in kind, that reflects an equitable balance between the public interest and the interests of those affected by the expropriation.[77]

Third-party transfers: preventive measures

If the legislature authorises a third-party transfer, the private transferee is not automatically bound to implement the project and there is an elevated risk that the transferee will fail to do so.[78] For this reason, the legislature must specify the measures that the expropriation authority must take to compel the transferee to realise the legitimate purpose.[79] Refer to subsection 3.5.1 below for more details on preventive measures.

3.1.1.2.3 *The proportionality of the expropriation*

The third substantive hurdle is the proportionality of the expropriation. The expropriation is a means to enable the project developer to implement the project.[80] The expropriation must be suitable, necessary, and proportionate in the narrow sense.[81] The expropriation's necessity is defined as follows:

> ***The expropriation's necessity:*** The 'necessity' of the expropriation means 'strictly necessity' and entails that the expropriation must be the *ultima ratio* to enable the project developer to implement the project.[82]

And the expropriation's proportionality in the narrow sense is defined below:

> ***The expropriation's proportionality in the narrow sense:*** The proportionality in the narrow sense of the expropriation means that the extent to which the expropriated property contributes to the implementation of the project is not disproportionate to the burden that the expropriation imposes upon the holder of that property.[83]

[74] BVerfG, Judgment of 17 December 2013, *ZUR* 2014, 160, 162.
[75] See subsection 3.2.3 below.
[76] See subsection 3.3.6 below.
[77] Papier, in Maunz/Dürig, GG, Art. 14, Nos. 650–652; and Schmidbauer 1989, 56.
[78] See subsection 1.1 above and, for instance, Jackisch 1996, 172 et seq; and Schmidbauer 1989, 199.
[79] BVerfG, Judgment of 24 March 1987, *BVerfGE* 74, 264, 285 et seq; and BVerfG, Judgment of 17 December 2013, *NVwZ* 2014, 211, 215.
[80] Riedel 2012, 136 et seq.
[81] BVerfG, Judgment of 17 December 2013, *NVwZ* 2014, 211, 215 et seq.
[82] BVerfG, Judgment of 17 December 2013, *NVwZ* 2014, 211, 215.
[83] BVerfG, Judgment of 17 December 2013, *ZUR* 2014, 160, 163.

3.1.1.3 Other applicable constitutional rules

The Basic Law provides for various other rules that the state must observe when expropriating property. This subsection introduces three of those standards, which are the most relevant to the legitimate justification of expropriation, its endurance, or its governance.

In most cases, an administrative procedure precedes the expropriation decision. The Basic Law provides that in such procedures, affected persons must have the opportunity to participate in the procedure in order to defend their interests.[84] Also, the administrative authority must furnish reasons for its decision.[85]

After the authority has taken the administrative decision to expropriate property, the state must guarantee access to justice. Art. 19(4) GG provides that the expropriatee and other persons whose fundamental rights have been infringed have the right to judicial review of the decision.

The transferee may fail to implement the project after the decision to expropriate the required property. Under certain conditions, analysed in more detail in subsection 3.5.2 on corrective measures, Art. 14(1) GG provides for the expropriatee's right to reacquire the property.[86]

3.1.1.4 Constitutional standards vary according to purpose and transferee

The Constitutional Court does not embed every expropriation in the same institutional and procedural rules; in particular the rules regarding the specificity of the statutory basis and the obligation to include the obligation to take preventive measures in the expropriation statute. The rules rather depend upon the identity of the transferee and the purpose for which the legislator seeks to authorise the expropriation of property. The Constitutional Court divides the expropriations into four categories.

The first category refers to transfers of expropriated property to a state entity that will subsequently use the property for the public good. Within this first category, there is a distinction between direct contributions to the public good and indirect contributions to the public good. Direct contributions to the public good are, for example, the construction of state schools, which directly contribute to education. Indirect contributions to the public good are state activities that, solely or in addition to their direct contribution to the public good, enable others to contribute to the public good. An example would be an infrastructure programme whereby the state seeks to foster the economy.[87] In the *Boxberg* judgment, the Constitutional Court suggested that the statutory basis for expropriations for such indirect contributions to the public good might be subject to the same specificity requirements as expropriations of the third category (eg third-party transfers for economic development).[88]

The second and third categories refer to third-party transfers. In the second category, a private entity will use the property to contribute directly to the public

[84] D Kallerhoff, in Stelkens/Bonk/Sachs, VwVfG, § 28, Nos. 2 and 7.

[85] BVerfG, Judgment of 17 December 2013, *NVwZ* 2014, 211, 229; and Stelkens, in Stelkens/Bonk/Sachs, VwVfG, § 39, Nos. 2 et seq.

[86] BVerfG, Decision of 12 November 1974, *NJW* 1975, 37, 38.

[87] BVerfG, Judgment of 17 July 1996, *BVerfGE* 95, 1, 18. See also: Jarass, 'Die enteignungsrechtliche Vorwirkung bei Planfeststellungen' 2006 *DVBl.* 1329–1335, 1332.

[88] BVerfG, Judgment of 24 March 1987, *NJW* 1987, 1251, 1253.

good because the business activities of the transferee directly serve the public good.[89] This contribution may, for instance, take the form of the provision of essential public services that are indispensable to a life with human dignity (*Daseinsvorsorge*).[90] Examples include the supply of water, the supply of energy,[91] and the construction of privately run schools.[92] The object of the enterprise also directly serves the public good if the business activities of the transferee correspond to the public good objective laid down in the expropriation statute. An example would be a mining enterprise whose business activity is to produce natural resources and supply them to the market, as § 79(1) of the Federal Mining Act (*Bundesberggesetz*, BBergG) requires.[93] These expropriations are subject to elevated requirements concerning preventive measures.[94]

The third category refers to cases where the private transferee does not directly contribute to the public good. The transferee rather runs their business to make profit, which is not a public good objective.[95] However, the transferee may indirectly contribute to the public good, for example by creating employment opportunities or by improving the economic structure of the area.[96] These expropriations are subject to elevated requirements concerning the specificity of the expropriation statutes, legislative guidance on the weighing of interests, and preventive measures.[97]

A strange group of expropriations are *indirect* third-party transfers.[98] They refer to transfers of property to a state entity that will subsequently grant a use right on the expropriated property to a private entity, be it of a contractual or a proprietary nature. German law does not regard this expropriation as a third-party transfer, but as an expropriation of the first category. This follows from a judgment of the Constitutional Court from 1999.[99] In this, the Court had to decide upon the transfer of property to a municipality that subsequently created a limited property right for a privately run school. The Constitutional Court held that this expropriation did not constitute a third-party transfer because a state entity was the transferee of the expropriated property.[100]

In spite of this classification as an expropriation of the first category, the Constitutional Court and the lower courts seem to subject indirect third-party transfers to the requirements pertaining to expropriations of the second or third category. The courts treat *indirect* third-party transfers that directly contribute to the public good as third-party transfers that directly contribute to the public good. In its judgment on privately run schools of 1999, the Constitutional Court dealt extensively with the

[89] Cf Schmidbauer 1989, 158.

[90] BVerfG, Judgment of 17 December 2013, *NVwZ* 2014, 211, 228. Cf Jackisch 1996, 211–219.

[91] BVerfG, Judgment of 17 December 2013, *NVwZ* 2014, 211, 228; and BVerfG, Decision of 20 March 1984, *NJW* 1984, 1872, 1873.

[92] BVerfG, Decision of 18 February 1999, *NJW* 1999, 2659, 2660.

[93] Cf BVerfG, Judgment of 17 December 2013, *NVwZ* 2014, 211, 218 et seq.

[94] See subsections 3.1.1.2.2 above and 5.1.2 below.

[95] See subsection 3.2.1.2 below.

[96] BVerfG, Judgment of 24 March 1987, *NJW* 1987, 1251, 1252; and Jackisch 1996,219 et seq.

[97] See subsections 3.1.1.2.2 above and 2.3.1.3, 3.6.1.2, and 5.1.2 below.

[98] *Battis* and *Otto* referred to these expropriations as indirectly benefitting private entities. See: U Battis & CW Otto, 'Die Enteignung von Grundstücken zur Erweiterung industrieller Produktionsstätten am Beispiel des Werkflugplatz-Enteignugsgesetzes' 2004 *DVBl.* 1501–1509, 1507.

[99] BVerfG, Decision of 18 February 1999, *NJW* 1999, 2659.

[100] BVerfG, Decision of 18 February 1999, *NJW* 1999, 2659, 2660.

question of whether the competent authority had taken preventive measures.[101] Such considerations are typical of judgments on third-party transfers.[102] Likewise, the courts treat indirect third-party transfers that contribute indirectly to the public good as third-party transfers that contribute indirectly to the public good. An example would be the extension of the aerodrome of Airbus in Hamburg-Finkenwerder. The Free and Hanseatic City of Hamburg intended to expropriate private property for this project, to acquire it itself and to rent it out to Airbus.[103] The Higher Administrative Court of Hamburg (*Oberverwaltungsgericht Hamburg*) did not even distinguish the rental construction from a direct third-party transfer and yet applied the stricter standards applicable to third-party transfers that indirectly contribute to the public good.[104] This approach is plausible because the state should not be able to circumvent the additional constitutional requirements by acquiring the expropriated property and granting a use right to a private entity.

As is shown below,[105] the first three categories of expropriations of property serve legitimate purposes and may legitimately justify an expropriation. There is a fourth category of expropriations. These expropriations serve illegitimate purposes and are unconstitutional. In the section on legitimate purposes, an analysis is made of which purposes fall into this category.[106]

3.1.2 Art. 1 of the First Protocol to the European Convention

Art. 1 P1 ECHR provides for the protection of the peaceful enjoyment of possessions. People may only be deprived of their possessions in the public interest and in accordance with international and national law. The chapter on Dutch law contains a detailed analysis and application of Art. 1 P1 ECHR and its requirements.[107]

Whereas the Convention, including Art. 1 P1 ECHR, assumes a higher rank than the Constitution under Dutch law, the German Basic Law has a higher rank than the European Convention under German law. The Convention is an international human rights treaty. Art. 59(2) GG stipulates that international treaties that regulate the political relations of the Federal Republic or concern matters of federal legislation must be approved by a federal statute. The Convention, including Art. 1 P1 ECHR, was approved by a federal statute and has the same status as federal statute law.[108]

Despite its relatively low rank, the Convention does have a special status. Courts must interpret federal statute law, to the extent that recognised interpretative methods permit, in accordance with the Convention and the judgments of the European Court of Human Rights.[109] The Convention also influences the interpretation of fundamental rights and the principle of the rule of law under the German

[101] BVerfG, Decision of 18 February 1999, *NJW* 1999, 2659, 2660.
[102] BVerfG, Decision of 20 March 1984, *NJW* 1984, 1872, 1873. See subsection 3.1.1.2.2 above.
[103] § 4(2) of the 2004 Hamburg Aerodrome Act.
[104] OVG Hamburg, Decision of 9 August 2004, *ZUR* 2005, 38, 41. Criticised by: Battis & Otto 2004, 1507.
[105] See subsections 3.2.1.1 and 3.2.1.3 below.
[106] See subsection 3.2.1.2 below.
[107] See references throughout Chapter 4.
[108] BVerfG, Decision of 14 October 2004, *NJW* 2004, 3407, 3408.
[109] BVerfG, Decision of 14 October 2004, *NJW* 2004, 3407, 3408 et seq.

Basic Law.[110] Should the interpretation suggested by the Convention, however, be inconsistent with the German Basic Law, state organs may disregard the Convention.[111]

The result of the author's preliminary analysis of German law and the case law on Art. 1 P1 ECHR has been that German law to a very large extent complies with Art. 1 P1 ECHR. Moreover, the case law of the Constitutional Court largely provides more detailed and comprehensive rules than the case law of the European Court. For these reasons, this chapter does not deal any further with the European Convention.

3.1.3 The Charter of Fundamental Rights of the European Union

Art. 17 of the Charter of Fundamental Rights of the European Union also provides for the protection of private property. This provision reads as follows:

> 'Everyone has the right to own, use, dispose of and bequeath his or her lawfully acquired possessions. No one may be deprived of his or her possessions, except in the public interest and in the cases and under the conditions provided for by law, subject to fair compensation being paid in good time for their loss. The use of property may be regulated by law in so far as is necessary for the general interest.'

The Charter forms part of European Union primary law and, therefore, assumes a higher rank than the German Basic Law.[112] Due to its similarity to Art. 1 P1 ECHR and the scarcity of case law on this provision, however, this provision falls outside the scope of the analysis of the legitimate justification of expropriation in German law.

3.1.4 Federal and State statute law

The Federal Republic of Germany is a federal state that consists of sixteen federated states (*Länder*).[113] Both the federal legislature and the state legislatures can adopt expropriation statutes. After a brief introduction to the allocation of the power to legislate in the field of expropriation law, this subsection answers the question of whether there are expropriation statutes in federal or state law that authorise third-party transfers for economic development. Such statutes may take the form of a general expropriation statute for a certain category of projects or an expropriation statute that only concerns the expropriation for one specific project. One of the relevant project-specific expropriation statutes is the Expropriation Act on the Extension of the Aerodrome in Hamburg-Finkenwerder (hereinafter referred to as: 'Aerodrome Act'),[114] which serves as an example of the analysis of the legitimate justification of third-party transfers for economic development in this chapter. The end of this subsection sketches the applicable legislation outside the Aerodrome Act that is relevant to that analysis.

[110] BVerfG, Decision of 14 October 2004, *NJW* 2004, 3407, 3408.

[111] BVerfG, Decision of 14 October 2004, *NJW* 2004, 3407, 3408.

[112] European Court of Justice (ECJ) Judgment of 17 December 1970, Case C-11/70, *Internationale Handelsgesellschaft mbH v Einfuhr- und Vorratsstelle für Getreide und Futtermittel*.

[113] Artt. 20(1) 28(1) and 79(3) GG.

[114] Enteignungsgesetz für die Erweiterung des Werkflugplatzes in Hamburg-Finkenwerder (Werkflugplatz-Enteignungsgesetz) vom 18. Februar 2004, HmbGVBl. 2004, 95.

3.1.4.1 Legislative power in the field of expropriation law

In a federal system, it is essential to know whether the federal or the state legislatures are competent to adopt expropriation statutes. Should the expropriation authority invoke an expropriation statute of a legislature without any legislative competence, the expropriation would be void.[115]

Artt. 70 to 74 GG allocate the power to legislate in certain fields to the Federal Republic and/or the states. Art. 70(1) GG stipulates that the power to legislate in a certain field vests in the states unless the Basic Law confers this power upon the Federal Republic. Art. 73(1) GG establishes the fields in which the Federal Republic has the exclusive competence to legislate. Art. 74(1) GG prescribes the fields in which the Federal Republic and the states have shared legislative competences. Shared legislative competence entails that the states can, in principle, legislate to the extent that the Federal Republic has not adopted legislation.[116] Art. 74(1) No. 14 GG stipulates that the shared or exclusive power to adopt expropriation statutes for certain purposes is contingent upon the shared or exclusive power to adopt general legislation concerning that purpose respectively.[117]

With respect to economic development projects, Art. 74(1) No. 11 GG provides that the Federal Republic and the states have a shared competence to legislate in the field of economic law.[118] In the light of Art. 74(1) No. 14 GG, the Federal Republic and the states have the shared competence to adopt expropriation statutes for economic development projects. As long as there is no general expropriation statute for economic development projects at federal level, the states can thus adopt their own general expropriation statute for economic development projects or project-specific expropriation statutes.

These rules seem unambiguous and easy to apply. Problems arise where a project may relate to two fields of legislative competence. The construction of a school, for instance, is both an education-related project and an urban development project. The states are exclusively competent to regulate the education system,[119] while the Federal Republic has the shared competence to legislate in the fields of land law and spatial planning.[120] The expropriation of property by a municipality for the construction of a privately run school, therefore, raises the question of whether the expropriation authority can rely upon a federal statute on urban development. The Constitutional Court had to adjudicate such a case in 1999.[121] The Constitutional Court considered that the expropriation enhanced the capacity of the municipality to provide essential services and, therefore, contributed to urban development. As the federal legislation served the objective of urban development, the legislation could provide a suitable statutory basis.[122]

---

115 Breuer 1981, 972.

116 Art. 72(1) GG. Art. 72(2) and (3) GG limit the legislative competences of the Federal Republic and extend those of the states in certain fields.

117 See also: BVerfG, Judgment of 10 March 1981, *BVerfGE* 56, 249, 263.

118 T Maunz, in Maunz/Dürig, GG, Art. 74, Nos. 130 et seq.

119 Art. 70(1) GG; A Uhle, in Maunz/Dürig, GG, Art. 70, No. 115.

120 Art. 74(1) Nos. 18 and 31 GG.

121 BVerfG, Decision of 18 February 1999, *NJW* 1999, 2659,

122 BVerfG, Decision of 18 February 1999, *NJW* 1999, 2659, 2660. What remains unclear is why the Court did not consider § 2(2) lit. b of the Baden-Wuerttemberg Expropriation Act (*Landesenteignungsgesetz*) which authorises expropriations for the construction of schools and appears to be a *lex specialis*.

It thus seems that as long as the legislature is competent to legislate in one of the concerned fields, this legislature's expropriation statute will be a valid statutory basis. However, there is an exception to this rule. If both a specific expropriation statute and a specific planning procedure are in place for a certain purpose, the expropriation authority will have to invoke that legislation when it seeks to expropriate property for that purpose.[123] This rule also applies to third-party transfers for economic development.

3.1.4.2 *General expropriation statutes*

German federal law includes various general expropriation statutes. An exhaustive list of the purposes for which they authorise the expropriation of property cannot be provided here. Examples are the following.[124] § 22(1) of the General Railway Act (*Allgemeines Eisenbahngesetz*) foresees the public good objective of the construction and extension of railway facilities. Section 19(1), read in conjunction with § 3, of the Federal Trunk Road Act (*Bundesfernstraßengesetz*) provides that the expropriation of property may be permissible for the construction and maintenance of federal roads and *Autobahnen*. Section 28(1) of the Aviation Act (*Luftverkehrsgesetz*; LuftVG) provides for the public good objective of civil aviation. The construction, maintenance, and extension of federal waterways are public good objectives according to § 44(1) of the Federal Waterway Act (*Bundeswasserstraßengesetz*). Section 45(1), read in conjunction with § 43, of the 2005 Energy Management Act (*Energiewirtschaftsgesetz*; EnWG) stipulates that the expropriation of property may be permissible for the construction and the operation of power lines and other purposes related to the supply of energy. Section 85(1) BauGB provides that property may be expropriated to implement the binding land-use plan (*Bebauungsplan*) of a municipality. Sections 77 and 79 BBergG allow for expropriations for the purpose of the exploitation of natural resources and the construction and operation of mining facilities for that objective.

There is no general expropriation statute that permits third-party transfers for economic development.[125] The Constitutional Court has consistently prevented the use of general expropriation statutes for third-party transfers for economic development. For instance, § 79(1) BBergG authorises the expropriation of property for the improvement of the economic structure and the sustainability of employment in the mining sector. However, the Constitutional Court held that the purpose laid down in this statutory basis was very likely not to comply with the constitutionally required specificity.[126] Also, municipalities may want to lay down designations in their binding land-use plan in order to allow for economic development projects. However, they cannot subsequently invoke § 85(1) No. 1 BauGB, which authorises the expropriation of property for the implementation of such a plan. The Constitu-

---

[123] BVerfG, Judgment of 10 March 1981, *BVerfGE* 56, 249, 263 et seq. On § 85(1) No. 1 BauGB and more specific planning procedures: P Runkel, in W Ernst, W Zinkahn, W Bielenberg & M Krautzberger (eds) *Baugesetzbuch* (Munich: CH Beck) BauGB, § 85, Nos. 19 and 21.

[124] See for more examples of expropriation statutes that are relevant to urban development: Runkel, in Ernst/Zinkahn/Bielenberg/Krautzberger, BauGB, § 85, Nos. 181 et seq.

[125] Drawing the same conclusion: Jackisch 1996, 223.

[126] BVerfG, Judgment of 17 December 2013, *NVwZ* 2014, 211, 218; and C Ziehm, 'Neue Braunkohlentagebaue und Verfassungsrecht—Konsequenzen aus dem Garzweiler-Urteil des BVerfG vom 17.12.2013', *ZUR* 2014, 458–462, 459.

tional Court held that this provision was not a suitable statutory basis for third-party transfers for economic development.[127]

3.1.4.3 Project-specific expropriation statutes

In the 2000s, several state legislatures have introduced project-specific expropriation statutes that stipulate that third-party transfers may be permissible for economic development.[128] In North-Rhine Westphalia, the state legislature enacted the 2006 Act on the Construction and Operating of a Pipeline between Dormagen and Krefeld-Uerdingen.[129] In Hamburg, the state legislature adopted the 2004 Aerodrome Act to extend the Airbus Aerodrome in Hamburg-Finkenwerder. The state legislatures of Baden-Wuerttemberg and Bavaria adopted two expropriation statutes for the construction of an ethylene pipeline.[130]

For the further analysis of the legitimate justification of third-party transfers for economic development in German legislation, an examination is made of only the 2004 Hamburg Aerodrome Act as an example. The Constitution of the Free and Hanseatic City of Hamburg of 1952 falls outside the scope of the analysis because it does not feature a property clause. There is one primary reason for choosing the Aerodrome Act. The ordinary Regional Court (*Landgericht*) of Hamburg found that the Legislature of Hamburg had observed all constitutional requirements.[131] As a result, for the purposes of the comparative analysis, the Aerodrome Act can serve as a prototype of a constitutional project-specific statute authorising third-party transfer for economic development. The other project-specific statutes authorising such expropriations, by contrast, have attracted doubts about their constitutionality.[132] The Constitutional Court recently found the statute from Baden-Wuerttemberg to be constitutional, but dealt only with the purpose of enhancing the safety of transporting ethylene and not the economic development-related purposes of the

[127] BVerfG, Judgment of 24 March 1987, *BVerfGE* 74, 264, 287.

[128] See also the less recent Bavarian Act on the Construction and Operation of a Pipeline System between Vohburg an der Donau and Waidhaus of 28 April 1994 (*Gesetz über die Errichtung und den Betrieb einer Rohrleitungsanlage zwischen Vohburg an der Donau und Waidhaus*; GVBl. 1994, 294); and BVerwG, Judgment of 24 October 2002, *NVwZ* 2002, 1488.

[129] *Gesetz über die Errichtung und den Betrieb einer Rohrleitungsanlage zwischen Dormagen und Krefeld-Uerdingen* (GVNW 2006, 130).

[130] See the Bavarian statute: Expropriation Act for the Construction and the Operating of a pipeline between Münchsmünster and the border with Baden-Württemberg at Nördlingen of 10 June 2008 (*Gesetz über die Enteignung für die Errichtung und den Betrieb einer Rohrleitungsanlage zwischen Münchsmünster und der Landesgrenze zu Baden-Württemberg bei Nördlingen*; GVBl. 2008, 310); and the Construction and Operating of an Ethylene Pipeline in Baden-Wuerttemberg Act of 1 December 2009 (*Gesetz zur Errichtung und zum Betrieb einer Ethylen-Rohrleitungsanlage in Baden-Württemberg*; GBl. 2009, 677).

[131] LG Hamburg, Judgment of 19 January 2007, *BeckRS* 2007, 03785. Cf Battis & Otto 2004, 1506.

[132] S Muckel, 'Das Bayerische Rohrleitungs-Enteignungsgesetz auf dem Prüfstand der Eigentumsgarantie nach Art. 14 GG', *BayVBl.* 2011, 225–231, 229; Muckel & M Ogorek, *Rechtsgutachten zur Verfassungsmäßigkeit des „Gesetzes über die Errichtung und den Betrieb einer Rohrleitungsanlage zwischen Dormagen und Krefeld-Uerdingen" vom 21. März 2006 (GV NRW, 130) und zu prozessualen Möglichkeiten der Stadt Monheim am Rhein sowie der Monheimer Verkehrs- und Versorgungs-GmbH*, 2007, 19 et seq; retrieved from: http://www.ig-erkrath.de/cms/upload/pdf/co-pipeline/co-pipeline-gutachten-muckel-verfassungsmaessigkeit-2007–07-10.pdf (last accessed: 28 June 2017). The Higher Administrative Court of North-Rhine Westphalia shared these doubts: OVG Münster, Decision of 28 August 2014, *DÖV* 2015, 163, paras 257 et seq.

pipeline.[133] The Constitutional Court also declared inadmissible a referral from the Higher Administrative Court of North-Rhine Westphalia (*Oberverwaltungsgericht für das Land Nordrhein-Westfalen*) regarding the expropriation statute from that state and did not formally decide upon the constitutionality of that Act.[134] For this reason, the Aerodrome Act is the only suitable statute for a comparison.

3.1.4.4 The Hamburg Aerodrome Act

Airbus, a subsidiary of the holding 'Airbus Group', formerly EADS, operates an aerodrome in Hamburg-Finkenwerder. The aerodrome serves the construction and distribution of aeroplanes.

The Aerodrome Act

On 11 February 2004, the Hamburg state legislature adopted the Aerodrome Act to facilitate the extension of the aerodrome.[135] § 2 of the Aerodrome Act authorised the competent authority to expropriate property that was required for the extension of the runway. Airbus needed to extend the runway for the production and distribution of wide-body aircraft, such as the new A380 aircraft. The goal of the statute was to sustain employment opportunities in Hamburg (hereinafter also referred to as: 'the City') and to prevent Airbus from offshoring jobs.[136] Hamburg intended to expropriate the property of private owners, mainly commercial fruit growers, to become the owner and rent the land out to Airbus.[137] The statute thus authorised an expropriation that would directly benefit a private party in order to enhance economic development. As has been noted,[138] German law treats this indirect third-party transfer like a third-party transfer for economic development.

The background of the Aerodrome Act

At the end of the 1990s, Airbus promised to produce some of the new A380 aircraft in Hamburg-Finkenwerder. In 2000, the state government led by the Social Democratic Party (SPD) agreed on behalf of the City to make all necessary arrangements for the required extension of the runway.[139] The runway was initially extended to a length of 2 684 metres.[140] As the state government noted, up until 2003, this extension had already created 1 300 jobs in Hamburg.[141]

---

[133] BVerfG, Decision of 25 January 2017, ECLI:DE:BVerfG:2017:rk20170125.1bvr229710. The Higher Administrative Court of Baden-Wuerttemberg (*Verwaltungsgerichtshof Baden-Württemberg*) had earlier found that the Ethylene Pipeline Act complied with constitutional standards: VGH Mannheim, Decision of 23 August 2010, *BeckRS* 2010, 52113.

[134] BVerfG, Decision of 21 December 2016, *NVwZ* 2017, 399; and OVG Münster, Decision of 28 August 2014, *DÖV* 2015, 163.

[135] In general, the federal legislature has the exclusive competence to adopt expropriation statutes pertaining to aviation. The shared competence follows from Art. 74(1) No. 14 GG, read in conjunction with Art. 73(1) No. 6 GG. The federal legislator exercised this competence when adopting § 28(1) LuftVG, which renders the competence exclusive. However, the second sentence of § 28(1) LuftVG (after an amendment sponsored by the Hamburg state government) stipulates that the states can adopt expropriation statutes concerning special aerodromes.

[136] Hamburger Bürgerschaft, Drucksache 17/3920, 2.

[137] § 4(2) of the Aerodrome Act.

[138] See subsection 3.1.1.4 above.

[139] Hamburger Bürgerschaft, Drucksache 17/3920, 1.

[140] Hamburger Bürgerschaft, Drucksache 17/3920, 1.

[141] Hamburger Bürgerschaft, Drucksache 17/3920, 2.

Airbus was also planning to produce and distribute a cargo version of the A380 aircraft. For the distribution and final inspection flights of the cargo version, however, the already extended runway proved not to be long enough. The City planned the further extension of the runway to a length of 3 273 metres. This extension required the use of privately owned land.[142] However, there were clear indications that the owners of the land were unwilling to sell their land. To ensure that Airbus would manufacture the cargo version of the A380 aircraft in Hamburg, the state government tabled a bill before the state legislature that would make possible the administrative expropriation[143] of their property on the basis of a project plan.[144]

The path to the extension of the runway

In July 2007, Hamburg officially handed over the extended runway to Airbus.[145] A string of legal and political battles preceded this happy ending. On 29 April 2004, the Hamburg Ministry of Economic Affairs and Labour adopted a project plan for the extension of the runway.[146] The Administrative Court (*Verwaltungsgericht*) ordered and the Higher Administrative Court of Hamburg confirmed an injunction against the construction works later in 2004. The Higher Administrative Court inter alia found that the project was likely to be disproportionate in the narrow sense because the distribution and inspection of the cargo version of the A380 aircraft would probably not yield sufficient public benefits in order to match the weight of the targeted property.[147] In December of the same year, the City started an additional planning procedure to accommodate the required changes. In November 2005, the City adopted the adjusted plan.[148] The administrative courts subsequently dismissed legal actions against the amended plan and lifted the injunction against the construction works.[149]

In December 2004, the City had succeeded in purchasing enough land to build an extension of the runway. In April 2006, after the courts had dismissed all legal actions, the construction works on the runway commenced. In order to comply with the adjusted plan, however, the City had to acquire even more land. For this purpose, the City had to rely upon the Aerodrome Act. In May 2006, the City acquired possession of privately owned land before formal expropriation (*Besitzeinweisung*) on the basis of § 7(1) of the Aerodrome Act. After the owners had challenged this state action in court, the Regional Court of Hamburg found that the City's decision was proportionate and also otherwise lawful, thereby confirming the constitutionality of the expropriation statute.[150]

---

[142] OVG Hamburg, Decision of 9 August 2004, *NVwZ* 2005, 105.

[143] Concurring: LG Hamburg, Judgment of 19 January 2007, *BeckRS* 2007, 03785.

[144] Hamburger Bürgerschaft, Drucksache 17/3920, 1.

[145] See for a chronology of the legal and political battles over the extension: http://www.ndr.de/nachrichten/dossiers/airbus/Der-Streit-ueber-Ausbau-des-Airbuswerks-in-Hamburg,airbus44.html (last accessed: 28 June 2017).

[146] OVG Hamburg, Decision of 9 August 2004, *NVwZ* 2005, 105.

[147] OVG Hamburg, Decision of 9 August 2004, *NVwZ* 2005, 105, 108 et seq.

[148] LG Hamburg, Judgment of 19 January 2007, *BeckRS* 2007, 03785.

[149] VG Hamburg, Decision of 27 March 2006, 15 E 3674/05; and VG Hamburg, Decision of 14 March 2006, 15 E 3613/05. See also: OVG Hamburg, Decision of 17 May 2006, 2 Bs 75/06.

[150] LG Hamburg, Judgment of 19 January 2007, *BeckRS* 2007, 03785.

3.1.4.5 *Stages of an expropriation under the Aerodrome Act and applicable provisions*

The expropriation under the Aerodrome Act took place in stages. At the first stage, the legislature adopted the statute and specified the project and purposes of an expropriation under the statute. Section 2 of the Aerodrome Act authorised the expropriation of property for the project of the extension of the runway. This runway would directly serve the purpose of the construction and distribution of wide-body aircraft in Hamburg-Finkenwerder. Indirectly, it would serve the promotion of Hamburg as a hub for the aviation industry and the sustainability and creation of jobs in the aviation industry and their contractors.

The legislature also laid down several requirements in both the Aerodrome Act and the Hamburg Expropriation Act,[151] which the legislature declared applicable.[152] Firstly, the project was of substantial importance to the achievement of the prescribed purposes.[153] Secondly, the City took measures ensuring that Airbus realised the prescribed purposes.[154] Thirdly, the City made an attempt to purchase the required land on reasonable terms.[155] Fourthly, the public good required the expropriation.[156] Fifthly, the City would not be able to realise the prescribed purpose in another appropriate manner.[157]

The second stage was the planning procedure. Section 3(1) of the Aerodrome Act stipulated that the expropriation had to be based upon a project plan. In the project plan, the planning authority, which was the Hamburg Ministry of Economic Affairs and Labour, laid down the details of the envisaged project.[158] This triggered the statutory provisions on administrative procedures in general and project plans in particular. The Hamburg Administrative Procedure Act (*Hamburgisches Verwaltungsverfahrensgesetz*; HmbVwVfG), in particular §§ 73 to 78 HmbVwVfG, contain provisions on the administrative procedure, participatory elements, and the decision-making process.[159] § 3(1) of the Aerodrome Act further stipulated that the project plan would be binding upon the expropriation authority. This entailed that the planning authority assessed whether the expropriation would serve the project and purposes laid down in the expropriation statute and whether the project and the expropriation would serve the public good and be proportionate.[160] Adversely affected persons could challenge the project plan before the administrative courts.[161] This triggered the Administrative Court Procedure Code (*Verwaltungsgerichtsordnung*; VwGO), which contains provisions on the court proceedings.

---

[151] *Hamburgisches Enteignungsgesetz* of 11 November 1980 (*HmbGVBl.* 1980, 305).
[152] § 8 of the Aerodrome Act.
[153] § 3(2) of the Aerodrome Act.
[154] §§ 3(2) and 4 of the Aerodrome Act.
[155] § 3(3) of the Aerodrome Act.
[156] § 3(1) of the Hamburg Expropriation Act.
[157] § 3(1) of the Hamburg Expropriation Act.
[158] Von Brünneck 1986, 425; and A Bell, 'Die fachplanerische Enteignung zugunsten Privater' 2002 *UPR* 367–373, 368. Cf BVerfG, Decision of 10 May 1977, *NJW* 1977, 2349, 2349.
[159] Declared applicable by § 3(1) of the Aerodrome Act.
[160] Neumann, in Stelkens/Bonk/Sachs, VwVfG, § 74, Nos. 33 et seq and 40 et seq; Battis & Otto 2004, 1506; W Erbguth, 'Das Dilemma der Enteignung zugunsten privatnütziger Vorhaben', *NordÖR* 2005, 55–56, 55; and OVG Hamburg, Decision of 9 August 2004, *ZUR* 2005, 38, 40.
[161] §§ 79 HmbVwVfG, 42 VwGO.

The third stage was the expropriation procedure. The Hamburg Ministry of Finance was authorised to expropriate property, upon request, for the implementation of the project plan.[162] The Ministry in particular had to assess whether the project was of substantial importance to the prescribed purposes, whether expropriation was the least invasive means to enable Airbus to implement the project, and whether the City had taken measures to ensure that Airbus would realise the prescribed purposes. In order to assess the compliance with these conditions, the Ministry followed an administrative expropriation procedure. This procedure triggered the Hamburg Administrative Procedure Act and some provisions of the Federal Building Code on the procedure, its participatory elements, and the decision-making process.[163] Adversely affected persons could challenge the expropriation decision before the specialised chamber of the ordinary Regional Court.[164] This triggered some provisions of the Federal Building Code and the Civil Procedure Code (*Zivilprozessordnung*; ZPO).

The following table summarises the phases, the competent state bodies, and the applicable legislation:

Table 2: Overview of the phases, the competent state bodies, and the applicable legislation with respect to a third-party transfer for economic development under the Hamburg Aerodrome Act.

1. Expropriation Statute	2. Planning Procedure	3. Expropriation Procedure
State legislature	State Ministry of Economic Affairs and Labour	State Ministry of Finance
	• Aerodrome Act • Hamburg Expropriation Act • Hamburg Administrative Procedure Act • Administrative Court Procedure Code • Protective legislation (eg in environmental law)	• Aerodrome Act • Hamburg Expropriation Act • Hamburg Administrative Procedure Act • Federal Building Code • Civil Procedure Code

Source: Author's own design

3.2 THE LEGITIMATE PURPOSE

➢ In this section, the following questions are answered with respect to German law:

- Which purposes can generally legitimately justify an expropriation? (subsection 3.2.1)
- May economic development legitimately justify a third-party transfer? (subsections 3.2.1 and 3.2.2)
- What is the role of state organs in shaping the project's purpose and in determining and controlling whether the purpose is legitimate? (subsection 3.2.3)

---

[162] § 7(1) of the Hamburg Expropriation Act.
[163] § 7(4) of the Hamburg Expropriation Act.
[164] § 9(1) of the Hamburg Expropriation Act.

➢ Refer to subsection 2.2.1 for more details on the legitimate purpose and subsection 2.4.3 for more details on the governance analysis.

3.2.1 The substantive definition: The Basic Law[165]

Under Art. 14(3) GG, only a public good objective of particular weight is a legitimate purpose. In this subsection, it is examined which purposes generally qualify as legitimate and, in particular, whether economic development constitutes a legitimate purpose under the Basic Law.

3.2.1.1 No comprehensive definition of legitimate purposes

In its most recent judgment on expropriation, the *Garzweiler II* judgment of 17 December 2013, the Federal Constitutional Court summarises and consolidates its jurisprudence on the public good requirement of Art. 14(3) GG. The *Garzweiler II* case concerned an opencast mining project in the German State of North-Rhine Westphalia. In 1997 the competent mining authority approved an operation plan for the Garzweiler mining areas I and II. This plan foresaw the extension of the mining area and the acquisition of large pieces of land. Two constitutional complaints[166] were lodged with the Constitutional Court. One resident whose house was located in the mining area challenged the operation plan. A German environmental organisation also challenged the expropriation of its ownership of a parcel of land, which the organisation had bought in 1998 in order to deter the mining project.

With respect to legitimate purposes, the Constitutional Court held that only a 'public good objective of particular weight' could meet the public good requirement for expropriation.[167] This implies that not every a public good objective can legitimately justify an expropriation. Rather, the purpose of the expropriation has to be a somehow qualified public good objective in order for the expropriation to be legal.[168] As *Schmidbauer* pointed out in his book, such a qualification clarifies that an expropriation must meet higher public good standards than other administrative decisions.[169]

No comprehensive definition of public good objectives (of particular weight)

The Constitutional Court, however, has not defined the substance of either public good objectives or public good objectives with particular weight.[170] The Court has rather resorted to abstract formulations. In the *Hamburgisches Deichordnungsgesetz* judgment of 1968, before introducing the distinction between the term public good and public good objectives, the Court held that the public good could refer to a

---

[165] Extracts from earlier versions of this subsection have been published in Hoops 2015a, 142 et seq and 149 et seq; and Hoops 2016b, 799 et seq.

[166] A person can lodge a constitutional complaint with the Constitutional Court after that person has exhausted all other remedies and appeals; see Art. 93(1) No. 4a GG; and § 90(2) BVerfGG.

[167] BVerfG, Judgment of 17 December 2013, *ZUR* 2014, 160, 161.

[168] Such a qualification is often used in the literature: Schmidbauer 1989, 119 et seq; and Riedel 2012, 212 et seq.

[169] Schmidbauer 1989, 120; dissenting: Riedel 2012, 213; and Jackisch 1996, 118.

[170] Cf Stern 1994, 348; P Axer, in V Epping & Hillgruber (eds) *Grundgesetz: GG*, 2nd ed (Munich: CH Beck 2013) GG, Art. 14, No. 115; and Hillgruber 2011, 1036, who assert that a substantive definition of the public good is impossible.

variety of situations and purposes.[171] In its *Garzweiler II* judgment, the Court added that the importance of objectives changes over time.[172] The qualification 'of particular weight' only adds to this confusion because it introduces yet another indefinite legal term.[173] Moreover, it seems that the 'particular weight' of a public good objective varies according to the impact of typical expropriations for that purpose. As the Court considered in its *Garzweiler II* judgment, the public good objective must generally be adequate to legitimately justify the expropriations that will typically occur for that public good objective.[174]

Adding to the complexity, the Constitutional Court distinguishes between a 'public good objective of particular weight' and a 'public interest'. In the *Garzweiler II* judgment, the Court considered that not every public interest was sufficient to give the necessary 'particular weight' to a public good objective that the legislator wishes to pursue through expropriation. The Court elaborated that the pursued public good objective had to be based upon a specific public interest of sufficient weight.[175] It seems that a 'public interest' makes an objective a 'public good objective'. The objective of improving public health is only a public good objective because the public (through state organs) recognises that it has an interest in the health of the population. Also, it seems that the weight of this public interest determines whether or not the public good objective is of particular weight. The Constitutional Court, however, has not given a definition of either 'public good objective (of particular weight)' or 'public interest'.

The literature and the case law of other courts also leave both 'public interest' and 'public good (objective)' largely undefined.[176] At the constitutional stage, these concepts thus do not give much certainty as to which purposes are regarded as legitimate. The Basic Law has, instead, chosen that it is for the democratic decision-making processes, in particular in Parliament, to define 'public interest' and 'public good', within the boundaries of the value system of the Basic Law.[177]

Sources of public good objectives of particular weight

It would be easier to determine whether or not a purpose is a public good objective of particular weight if we knew the source of such objectives, such as the foundation of the German legal order, ie the Basic Law. The Constitutional Court, however, found in the *Garzweiler II* judgment that the Basic Law did not provide an exhaustive list of public good objectives.[178] There is thus the need to look for other suitable sources of public good objectives. Moreover, the Court refers to 'public good objectives' and not to 'public good objective of particular weight'. This means that

---

[171] BVerfG, Judgment of 18 December 1968, *NJW* 1969, 309, 313.
[172] BVerfG, Judgment of 17 December 2013, *ZUR* 2014, 160, 162.
[173] Cf Riedel 2012, 213; and Wieland, in Dreier, GG, Art. 14, No. 101.
[174] BVerfG, Judgment of 17 December 2013, *ZUR* 2014, 160, 162. This consideration inter alia concerns the question whether the transferee will only acquire a limited property right on land, such as a servitude, or the full right of ownership; see: BVerfG, Decision of 25 January 2017, ECLI:DE:BVerfG:2017:rk20170125.1bvr229710, para 42.
[175] BVerfG, Judgment of 17 December 2013, *ZUR* 2014, 160, 162.
[176] Schmidbauer 1989, 115 et seq. See for a judicial attempt: Schmidbauer 1989, 114.
[177] See, for instance, Schmidbauer 1989, 92 and 116 et seq; Riedel 2012, 169–172; R Viotto, *Das öffentliche Interesse* (Baden-Baden: Nomos 2009) 26 et seq and 47; and H Schulte *Eigentum und öffentliches Interesse* (Berlin: Duncker & Humblot 1970) 74 et seq.
[178] BVerfG, Judgment of 17 December 2013, *ZUR* 2014, 160, 162.

even if we knew the source of the public good objectives, we would still have to define the qualification 'of particular weight'.

Public interests must persist for an extended period of time

There seems to be one qualification of the purposes that constitute public good objectives of particular weight according to the Constitutional Court. The public need that a public good objective reflects and its particular weight need to persist for a foreseeably long period of time.[179] The Constitutional Court held in the *Garzweiler II* judgment that the state had to ensure that the transferee would actually use the expropriated property for the public good.[180] This not only means that the transferee must have the obligation to use the expropriated property for the applicable public good objective of particular weight, which is discussed in the subsection on preventive measures,[181] but also that this objective remains a public good objective beyond the moment of the expropriation.

3.2.1.2 The negative definition: Illegitimate purposes

At the constitutional level, 'public interest' and 'public good objective' remain largely undefined terms. The democratic process, however, has to observe the value system of the Basic Law. This value system is the source of the negative definition of legitimate purposes.[182] The negative definition specifies which objectives cannot constitute a legitimate purpose. The first illegitimate purpose would be a non-existent purpose. An expropriation that does not serve any purpose would be unconstitutional. Also, expropriations that are merely aimed at the acquisition of property cannot serve the public good.[183] There is no such instrument as an expropriation to accumulate property for future, uncertain purposes.[184]

An expropriation cannot be based solely upon general considerations of expediency.[185] That means that the mere fact that the expropriation would be the easiest or most efficient way to achieve a certain purpose cannot legitimately justify the expropriation.[186] However, if that purpose is a public good objective of particular weight, the expropriation would at least serve a legitimate purpose.

A purpose cannot qualify as legitimate if the expropriation only serves purely fiscal interests.[187] That means that the objective of the expropriation cannot solely be to

---

[179] Cf Jackisch 1996, 162 et seq; and Muckel, 'Die Eigentumsgarantie aus Art. 14 GG als Recht zur Abwehr missbräuchlicher Enteignungen zugunsten Privater. Eine Fallstudie', in H Butzer, M Kaltenborn & W Meyer (eds) *Organisation und Verfahren im sozialen Rechtsstaat: Festschrift für Friedrich E. Schnapp zum 70. Geburtstag* (Berlin: Duncker & Humblot 2008) 181–194, 186.

[180] BVerfG, Judgment of 17 December 2013, *ZUR* 2014, 160, 162.

[181] Refer to subsection 3.5.1 for more details on preventive measures.

[182] BVerfG, Judgment of 17 December 2013, *NVwZ* 2014, 211, 214.

[183] Schmidbauer 1989, 93; F Schack 'Enteignung „nur zum Wohle der Allgemeinheit"' 1961 *BB* 74–78, 77; and Riedel 2012, 201 et seq.

[184] Schack 1961, 76 et seq; W Leisner 'Eigentum' in Isensee & Kirchhof (eds) *Handbuch des Staatsrechts der Bundesrepublik Deutschland* (Heidelberg: CF Müller 2010) 301–392, 386; Schmidbauer 1989, 93; and Riedel 2012, 201 et seq.

[185] BVerfG, Decision of 18 November 1998, *NJW* 1999, 1176; Axer, in Epping/Hillgruber, GG, Art. 14, No. 116; and Wendt, in Sachs, GG, Art. 14, No. 161.

[186] HH Lohmann *Die Zweckmäßigkeit der Ermessensausübung als verwaltungsrechtliches Rechtsprinzip* (Berlin: Duncker & Humblot 1972) 15 et seq.

[187] BVerfG, Judgment of 17 December 2013, *ZUR* 2014, 160, 162; BVerfG, Decision of 18 November 1998, *NJW* 1999, 1176; Axer, in Epping/Hillgruber, GG, Art. 14, No. 116;

increase the assets of the state, be it through permanent acquisition or more revenues.[188] The fact that the expropriation also serves fiscal interests in addition to a public good objective of particular weight, however, does not preclude a valid expropriation.[189]

An expropriation must not exclusively serve purely private interests.[190] The expropriation will solely serve private interests if the only purpose of the expropriation is to increase the assets of a private person, to improve the legal position of that person or to resolve legal conflicts between private parties. The question is whether this rule precludes third-party transfers. The answer to this question is 'no'. The difference between a third-party transfer and an expropriation for purely private interests is that a third-party transfer may serve another purpose that qualifies as legitimate.[191] An example from recent case law is the objective of 'reasonable and orderly exploitation of the [ore; coal; etc: the author] deposits' (by private companies) laid down in § 79(1) BBergG. In the *Garzweiler II* judgment, the Constitutional Court held that this objective could be a public good objective if linked to the supply of natural resources to the market.[192]

An expropriation cannot pursue an objective that is contrary to the German legal order, particularly the German Basic Law.[193] For instance, if the state expropriated the property of press companies to silence the press, this would be contrary to the second sentence of Art. 5(1) GG.

Importantly, it is immaterial to the legitimacy of the purpose whether the invoked legitimate purpose is only a pretext to disguise that the state is actually pursuing another purpose.[194] If the project is suitable to serve the invoked legitimate purpose and is sufficiently important to legitimately justify the sacrifice of the expropriated property,[195] the state's motive will be irrelevant.

3.2.1.3 Third-party transfers for economic development

The purposes for which German authorities expropriate property have evolved according to the needs of each period in history. While the industrialisation necessitated expropriations for infrastructure projects in the nineteenth century and the 1920s saw expropriations to combat a shortage of housing,[196] third-party transfers for economic development were commonplace in Germany by the 1970s.[197] The question is whether or not the Constitutional Court permits third-party transfers for

H Hofmann, in Hofmann & Henneke, *Kommentar zum Grundgesetz*, 13th ed (Cologne: Carl Heymanns 2014) GG, Art. 14, No. 74; and A Scheidler, 'Die Voraussetzungen der Enteignung nach den §§ 85 ff. BauGB' 2017 *ZfBR* 122–128, 125. See for a dogmatic explanation of this aspect that links the prohibition of expropriation for fiscal interests to the requirement that the objective of the expropriation must go beyond the mere acquisition of property: Riedel 2012, 205.

188 Schack 1961, 76. Cf Schmidbauer 1989, 93 et seq.

189 Riedel 2012, 206. Cf Schmidbauer 1989, 99 et seq; and Henze 2009, 68 et seq and 76.

190 BVerfG, Judgment of 17 December 2013, *ZUR* 2014, 160, 162; Axer, in Epping/Hillgruber, GG, Art. 14, No. 116; and Hofmann, in Hofmann/Henneke, GG, Art. 14, No. 74.

191 Schack 1961, 76; and Schmidbauer 1989, 101. Cf Henze 2009, 68 et seq and 76.

192 BVerfG, Judgment of 17 December 2013, *NVwZ* 2014, 211, 218. Cf Ziehm 2014, 459.

193 BVerfG, Judgment of 17 December 2013, *ZUR* 2014, 160, 162.

194 R Dechsling *Das Verhältnismäßigkeitsgebot* (Munich: Verlag Franz Vahlen 1989) 141 et seq.

195 See subsections 3.3.1.1 and 3.3.5 below.

196 Frenzel 1978, 66 et seq.

197 Frenzel 1978, 72 et seq; Schmidbauer 1989, 36; and RW Stengel *Die Grundstücksenteignung zugunsten privater Wirtschaftsunternehmen* (Dissertation Heidelberg, 1967) 35 et seq.

the purpose of economic development. If it does, the question arises as to whether the Constitutional Court imposes particular substantive requirements on such transfers.

3.2.1.3.1 *Is economic development a legitimate purpose?*

The Court missed the first chance to bring about clarity in the case of *Dürkheimer Gondelbahn* in 1981. This case concerned an expropriation for the construction of a cable car (*Gondelbahn*) for the purpose of promoting tourism and economic development. A private company planned to build a cable car from the centre of the spa town of Bad Dürkheim in Rhineland-Palatinate to a nearby mountain. The company needed to acquire the ownership of, or a servitude on, the land over which the cable car would pass. However, not all the owners were willing to sell their land or grant a servitude. Subsequently, the City of Bad Dürkheim included the cable car in its binding land-use plan. The company applied for the creation of servitudes through expropriation. The City relied upon § 85(1) No. 1 of the then applicable Federal Building Act (*Bundesbaugesetz*; BBauG), the predecessor of today's Federal Building Code.

In this case, however, the Federal Constitutional Court did not decide upon whether or not the promotion of tourism and economic development were public good objectives of particular weight.[198] The Constitutional Court rather declared the expropriation unconstitutional because the expropriation was not based upon a sound statutory basis.[199]

The debate

Until 1984, the issue of third-party transfers remained unresolved and was a bone of contention. In the literature, *Bullinger* asserted that third-party transfers should only be allowed if the private transferee fully committed themselves to serving the public good.[200] *Hamann* fully embraced third-party transfers for economic development.[201] In his dissenting opinion to the *Gondelbahn* judgment, Justice Böhmer asserted that third-party transfers for economic development served a dominant private purpose. In his opinion, third-party transfers were only permissible for the provision of services that are indispensable to a life in human dignity,[202] such as the supply of electricity, health services and education.[203]

Third-party transfers in general

In 1984 the Constitutional Court allowed third-party transfers to private energy supply companies, which provide a service indispensable to a life in human dig-

---

[198] See, however, the dissenting opinion of Judge Böhmer: BVerfG, Sondervotum Böhmer, Judgment of 10 March 1981, *BVerfGE* 56, 249, 290.

[199] BVerfG, Judgment of 10 March 1981, *BVerfGE* 56, 249, 262 et seq and 265 et seq. See also subsection 3.2.3.1.3 below.

[200] Bullinger 1962, 455 et seq and 477. Cf Stengel 1967, 40.

[201] A Hamann 'Enteignung von Grundstücken zu Gunsten größerer industrieller Vorhaben' 1957 *BB* 1258–1259; see also: Von Brünneck 1986, 425–431; L Gramlich, '"Privatbegünstigende" Enteignung als Verfassungsproblem' 1986 *JZ* 269–277, 275; and Breuer 1981, 974.

[202] BVerfG, Sondervotum Böhmer, Judgment of 10 March 1981, *BVerfGE* 56, 249, 287 and 290.

[203] BVerfG, Judgment of 17 December 2013, *NVwZ* 2014, 211, 228; BVerfG, Decision of 20 March 1984, *NJW* 1984, 1872, 1873; and BVerfG, Decision of 18 February 1999, *NJW* 1999, 2659, 2660.

nity.[204] The Basic Law thus does not preclude third-party transfers in general. However, the Court refrained from deciding upon third-party transfers for economic development.[205]

Boxberg: Economic development is a legitimate purpose

In its famous *Boxberg* judgment of 1987, the Constitutional Court finally resolved the issue of whether third-party transfers for economic development serve a legitimate purpose. The case concerned a third-party transfer to Mercedes-Benz for generating employment opportunities. Two municipalities, situated in a region with an underdeveloped economic structure, had been in economic decline for years. Mercedes-Benz was planning to build a test track for its vehicles on agricultural land in their area. The municipalities included the project in their binding land-use plans. Mercedes-Benz succeeded in acquiring most of the land on the property market. However, some owners of the land had not agreed to sell their land. A state authority subsequently started a reallocation and consolidation procedure. In this procedure, the municipalities expropriate or otherwise acquire the necessary property rights on land for the project and the redistribution of agricultural land, which serves to compensate the loss suffered by the expropriatees. The municipalities sought to implement their binding land-use plans and applied for the expropriation, relying upon § 85(1) No. 1 BBauG.

The Constitutional Court considered that the private identity of the transferee 'is not of decisive importance to the constitutionality of an expropriation [. . .].'[206] It explicitly concluded that a third-party transfer could be permissible, even if 'the contribution to the public good [. . .] is only an indirect consequence of the business activities of the transferee.'[207] Whereas the business activities of the transferee are directly aimed at maximising the transferee's profit, the indirect consequences of such business activities may be economic growth, employment opportunities, and other beneficial consequences of economic activities. It, therefore, seems that economic development is a legitimate purpose.

The Constitutional Court subsequently declared the expropriation unconstitutional. One of the reasons was that the statutory basis, the predecessor of the Federal Building Code, was not sufficiently specific to permit a third-party transfer for economic development.[208] The Court did not cite the purpose of the project (ie the creation of employment) as a reason why the expropriation was unconstitutional. Therefore, the conclusion is that the German Basic Law generally permits third-party transfers for economic development and that economic development generally is a legitimate purpose under the Basic Law.[209]

[204] BVerfG, Decision of 20 March 1984, *NJW* 1984, 1872, 1873.

[205] BVerfG, Decision of 20 March 1984, *NJW* 1984, 1872, 1872.

[206] BVerfG, Judgment of 24 March 1987, *NJW* 1987, 1251, 1252; this consideration was confirmed in BVerfG, Decision of 18 February 1999, *NJW* 1999, 2659, 2660.

[207] BVerfG, Judgment of 24 March 1987, *BVerfGE* 74, 264, 264; and E Schmidt-Aßmann 'Bemerkungen zum Boxberg-Urteil des BVerfG' 1987 *NJW* 1587–1590, 1588.

[208] BVerfG, Judgment of 24 March 1987, *NJW* 1987, 1251, 1252.

[209] Concurring: Jackisch 1996, 121; Jarass 2006, 1332; Riedel 2012, 208 and 210 et seq; Schmidt-Aßmann 1987, 1588; and Papier, in Maunz/Dürig, GG, Art. 14, No. 580.

After Boxberg: Economic development is still a legitimate purpose

Only a small minority of academic scholars are still opposed to such third-party transfers after the *Boxberg* judgment. *Lege*'s main argument was that the public good requirement would lose its significance because if the requirement could no longer avert third-party transfers for economic development, it would be doubtful that it could stop any undesirable expropriation.[210] This opinion is not persuasive because the public good requirement provides for various other safeguards, such as the specificity of the expropriation statute and the proportionality tests.[211] Despite this criticism, the Constitutional Court has not changed its stance; the Court still generally permits third-party transfers for economic development. In its *Garzweiler II* judgment, the Court confirmed its *Boxberg* jurisprudence and considered that '[t]he Constitution does not prohibit third-party transfers'.[212] In a recent decision, the Constitutional Court decided that even the supply of carbon monoxide (CO) to industrial companies and the indiscriminate access to this supply might be a legitimate purpose of a third-party transfer for the construction of a CO pipeline.[213]

3.2.1.3.2 *Economic development as a legitimate purpose: Additional requirements?*

The next issue is whether or not the purpose of private economic development will only be legitimate if additional requirements are met. *Bullinger* raised this issue in the literature. He asserted that third-party transfers imposed an additional burden upon the expropriatee and that the public good had to justify this burden.[214] Thereby, *Bullinger*'s argument seems to be that if the transferee is a private entity, the purpose will have to be of greater weight in order to be legitimate.

There is no indication that the Basic Law requires this additional hurdle. Its text does not seem to attach any importance to the transferee.[215] Likewise, the case law of the Constitutional Court does not provide any indication that additional requirements are imposed when the transferee is a private entity. In the *Boxberg* judgment, the Court considered that the private nature of the transferee was not of decisive importance to the constitutionality of the expropriation.[216] This consideration may be construed as giving the private nature of the transferee some importance. In the same judgment, however, the Court held that third-party transfers posed important constitutional questions, yet only referred to the specificity of expropriation statute, the proportionality tests, and preventive measures.[217]

Similarly, in the *Garzweiler II* judgment, the Constitutional Court set out certain procedural requirements specific to legislation that allows for third-party transfers.[218] Concerning the substance of legitimate purposes, the Court merely required that the pursued public good objective of particular weight, 'in due consideration of the fact that the expropriation benefits private interests, is based upon a specific

[210] J Lege, 'Die Zulässigkeit der Enteignung zugunsten Privater', *NVwZ* 1997, 882.
[211] See subsection 3.1.1.2 above.
[212] BVerfG, Judgment of 17 December 2013, *NVwZ* 2014, 211, 215.
[213] BVerfG, Decision of 21 December 2016, *NVwZ* 2017, 399, 401 et seq, para 31.
[214] Bullinger 1962, 452.
[215] Jackisch 1996, 150; and Schmidbauer 1989, 39 et seq.
[216] BVerfG, Judgment of 24 March 1987, *NJW* 1987, 1251, 1252.
[217] BVerfG, Judgment of 24 March 1987, *BVerfGE* 74, 264, 285 et seq.
[218] See subsection 3.2.3.1.3 below.

public interest of sufficient weight [. . .].'[219] It does not seem that this consideration requires stricter conditions. The private identity of the transferee does not render a public interest or a public good objective such as economic development in any way less public. That the private benefits of the expropriation must be duly considered is arguably only a signal that one must be careful to distinguish the public interest in the project from the private interest in the project and take precautions necessary to ensure the implementation of the project.[220]

In the literature, most scholars advocate that the legitimacy of economic development is not subject to stricter conditions. *Riedel* and *von Brünneck* asserted that the legitimate purpose had to go beyond the private interest of the private transferee in the acquisition of the property, but that the private nature of the transferee did not play any role in other respects.[221] It is submitted that the private nature of the transferee is not relevant to the question of whether the purpose of the project is legitimate. Economic development is generally a legitimate purpose, and a purpose does not become less legitimate because a private transferee realises it.

3.2.1.3.3 *General economic development as an illegitimate purpose*

As has been noted,[222] the Constitutional Court applies the principle of specificity to expropriation statutes. The Court consistently holds that an expropriation statute that authorises the expropriation of property for the creation of employment or the improvement of the economic structure, even if confined to a certain economic sector,[223] is very likely to be unconstitutional because the prescribed purposes are not sufficiently specific.[224] The legislature must specify the project, the project's benefits, the benefiting area, and the beneficiaries.[225] Consequently, promoting economic growth and/or creating jobs without a specification of the beneficiaries and the type and magnitude of the benefits are effectively illegitimate purposes. As many scholars have argued,[226] general economic development is, therefore, not a legitimate purpose. However, more specific economic development projects, such as the extended runway in Hamburg-Finkenwerder, may legitimately justify an expropriation.

3.2.2 The substantive definition: The Hamburg Aerodrome Act

Section 2 of the Hamburg Aerodrome Act provided a statutory basis for a third-party transfer for the purpose of economic development. This provision provided that the competent authority had the power to expropriate property that was required for the construction of the runway. This runway, in turn, was needed for the production and distribution of wide-body aircraft, such as the A380. Section 2 thus defined to a certain extent the project for which the state had the power to expropriate property.

---

[219] BVerfG, Judgment of 17 December 2013, *ZUR* 2014, 160, 162; and BVerfG, Judgment of 24 March 1987, *NJW* 1987, 1251, 1252.
[220] Cf Riedel, 210 et seq; and Von Brünneck 1986, 430.
[221] Riedel 2012, 210 et seq; and Von Brünneck 1986, 430. See also: Jackisch 1996, 121.
[222] See subsection 3.1.1.2.2 above.
[223] BVerfG, Judgment of 17 December 2013, *NVwZ* 2014, 211, 218.
[224] BVerfG, Judgment of 24 March 1987, *BVerfGE* 74, 264, 287.
[225] See subsections 3.2.3.1.3 and 3.2.3.1.4 below.
[226] Schmidbauer 1989, 107 et seq; Jackisch 1996, 113; and Bell 2002, 371.

Section 2 further stipulated that the production and distribution of wide-body aircraft would serve the legitimate purposes listed in § 1 of the Act. Section 1(1) of the Aerodrome Act generally stated that civil aviation in the form of corporate aviation in Hamburg-Finkenwerder served the public good. The explanatory memorandum said that the aviation industry in Hamburg-Finkenwerder needed the extension of the aerodrome for the production and distribution of wide-body aircraft. Only then would Airbus and its contractors be able to participate in the growth of the aviation industry in general according to the state government.[227]

Section 1(2) of the Act referred to more purposes of the extension. The strengthening of the aviation industry in Hamburg-Finkenwerder would secure Hamburg's position as an important hub for the European aviation industry, thereby improving the economic structure of the metropolitan area of Hamburg. The project would sustain existing jobs and create new ones in the aviation industry and with its contractors. The explanatory memorandum said that at the time, the aviation industry employed 30 000 people in Hamburg and had great growth potential.[228]

Constitutionality: Legitimate purposes under the Aerodrome Act?

Section 1 of the Aerodrome Act raises the question of whether the Aerodrome Act authorised expropriation for a legitimate purpose. The strengthening of the aviation industry in Hamburg-Finkenwerder in itself did not constitute a legitimate purpose. It would rather be classified as a purely private purpose falling within the negative definition of legitimate purposes. The purposes laid down in § 1(2), by contrast, constituted legitimate purposes because, according to the case law of the Constitutional Court, creating or sustaining employment and economic development can be legitimate purposes.[229] As is shown below,[230] the purposes were also sufficiently specific so that they did not fall under the illegitimate purpose of general economic development.

3.2.3 The governance of the legitimate purpose[231]

Within the boundaries of the constitutional public good requirement, the legislator defines the legitimate purposes (public good objectives of particular weight). In performing this creative role, the legislator sets boundaries to the expropriation's purpose determined by the competent administrative authorities. The administrative authorities perform the creative task to shape the project and, thereby, the expropriation's purpose within the constitutional and statutory boundaries. The courts shape the constitutional boundaries to the expropriation's purpose and perform the controlling role to scrutinise whether the legislature and the administrative authorities have stayed within the constitutional and statutory boundaries. In this subsection, an analysis is made of the roles of the state bodies in shaping the expropriation's purpose and in determining and applying the boundaries to the expropriation's purpose.

---

[227] Hamburger Bürgerschaft, Drucksache 17/3920, 5 et seq.

[228] Hamburger Bürgerschaft, Drucksache 17/3920, 6 et seq.

[229] BVerfG, Judgment of 24 March 1987, *BVerfGE* 74, 264, 264; and BVerfG, Judgment of 17 December 2013, *NVwZ* 2014, 211, 215. See for an analysis subsection 3.2.1.3.1 above.

[230] Refer to subsection 3.2.3.1 below.

[231] Extracts from earlier versions of this subsection have been published in Hoops 2015a, 152 et seq; and Hoops 2016b, 808 et seq.

3.2.3.1 *The role of the legislator: The specificity of purposes and projects in the expropriation statute*

The Federal Constitutional Court has held that legitimate purposes can refer to a variety of situations and purposes.[232] Furthermore, they may change over time.[233] This judicial definition remains quite abstract. The legislator is the body that selects and further concretises the qualifying purposes and projects in the expropriation statute.[234] As is shown below,[235] the legislator enjoys broad discretion to choose the legitimate purposes. The competent legislator thus plays a very important creative role in defining the legitimate purposes, thereby determining boundaries to the purpose shaped by the administrative authorities.

3.2.3.1.1 *General rules under the principle of specificity*

Every expropriation of property is subject to the reservation of statutory powers and the principle of legality.[236] That means that the expropriation must be based upon an Act of Parliament in the formal sense and otherwise be deemed unconstitutional.[237] The second sentence of Art. 14(3) GG merely reiterates this requirement.[238] In the statutory basis, the legislature must sufficiently specify the purposes and the projects for which the state may expropriate property.[239] On the one hand, this follows from the principle of specificity (*Bestimmtheitsgebot*). On the other hand, this follows from the principle of the clarity of norms (*Normenklarheit*). This principle requires that the people are able to deduce from the expropriation statute for which purposes the state may expropriate their property.[240] Mostly, however, scholars and the Constitutional Court only refer to the principle of specificity to determine how specific the statutory basis must be.

In the *Garzweiler II* judgment, the Constitutional Court gave a very abstract indication as to how narrowly the legislator would need to specify the purposes and the projects. According to the Court, the required degree of specificity was the result of an interaction between the concretisation of the purposes and the concretisation of the projects. If the envisaged purpose followed clearly from the specified projects, the legislator would not need to lay down the purpose.[241] An example is the construction of a public road. It follows clearly from the construction of a public road that the purpose of the expropriation is to improve the public infrastructure.

The Court further specified an outer boundary. It found that the legislator was prohibited from *de facto* delegating its task to define the purposes and projects to

---

[232] BVerfG, Judgment of 18 December 1968, *NJW* 1969, 309, 313.

[233] BVerfG, Judgment of 17 December 2013, *ZUR* 2014, 160, 162.

[234] BVerfG, Judgment of 17 December 2013, *ZUR* 2014, 160, 162.

[235] See subsection 3.2.3.3.1 below.

[236] See subsection 3.1.1.2.2 above.

[237] Papier, in Maunz/Dürig, GG, Art. 14, No. 548.

[238] The second sentence of Art. 14(3) GG reads as follows: "[The expropriation] may only be ordered by or pursuant to a law that determines the nature and extent of compensation."

[239] BVerfG, Judgment of 17 December 2013, *ZUR* 2014, 160, 162. As early as 1968, the Court considered that the legislature had to concretise the public good: BVerfG, Judgment of 18 December 1968, *NJW* 1969, 309, 313.

[240] BVerfG, Decision of 2 June 2008, *NVwZ* 2008, 1229, 1230. Cf Papier & J Möller, 'Das Bestimmtheitsgebot und seine Durchsetzung' 1997 *AöR* 177–211, 178 et seq; and K Stern *Das Staatsrecht der Bundesrepublik Deutschland, Band I, Grundbegriffe und Grundlagen des Staatsrechts, Strukturprinzipien der Verfassung* 2nd ed (Munich: CH Beck 1984) 829 et seq.

[241] BVerfG, Judgment of 17 December 2013, *ZUR* 2014, 160, 162.

administrative expropriation authorities. Consequently, a provision that authorised expropriation for a project that serves the public good (*'ein dem Wohl der Allgemeinheit dienendes Vorhaben'*) would be too general.[242] This rule also precludes that an expropriation statute contains an open-ended list of purposes and projects. In the *Garzweiler II* judgment, the Constitutional Court scrutinised § 79(1) BBergG. This provision authorises an expropriation for the *public good, more specifically* the supply of natural resources to the market, the reasonable and orderly exploitation of the deposits, the sustainability of employment in the mining sector, and the maintenance or the improvement of the economic structure. The Court considered that the provision would be unconstitutional if this list of specific objectives were not exhaustive.[243] Hereby, the Court confirmed the opinion of several scholars who argued that a non-exhaustive list of public good objectives is unconstitutional.[244] The Court found a constitution-conform interpretation of § 79(1) BBergG and ruled that the list of purposes was exhaustive.[245]

All this shows that the Constitutional Court envisages a certain allocation of powers between the legislator and administrative bodies. It is for the legislator to define—at least broadly—the purposes and projects for which the authorised administrative body may then expropriate property. Thereby, the legislature determines boundaries to the determinations of the competent administrative body. Apart from these general rules, the principle of specificity does not further provide for a standard that applies equally to all expropriations. Instead, the Constitutional Court differentiates between third-party transfers for economic development and other expropriations for legitimate purposes.[246]

3.2.3.1.2 *Specific rules for expropriations of the first and second category*

The Constitutional Court differentiates between expropriations of the first and second category and third-party transfers for economic development. To put the specificity standards that are applicable to third-party transfers for economic development into perspective, it is useful to first discuss the standards that apply to expropriations of the first and second category.

In practice, many expropriation statutes that authorise expropriations of the first or second category contain quite abstract legitimate purposes.[247] For example, the legislature has chosen 'the supply of energy to the public' as a legitimate purpose.[248] § 85(1) No. 1 of the Federal Building Code does not explicitly mention the legitimate purpose of the expropriation, but merely authorises the expropriation of property for the implementation of a municipal binding land-use plan. As the implementation

[242] BVerfG, Judgment of 17 December 2013, *ZUR* 2014, 160, 162.
[243] BVerfG, Judgment of 17 December 2013, *ZUR* 2014, 160, 162.
[244] J Dietlein, 'Die Eigentumsfreiheit und das Erbrecht' in Stern, Sachs & Dietlein (eds) *Das Staatsrecht der Bundesrepublik Deutschland*, Band IV/1 (Munich: CH Beck 2006) 2126–2345, 2269; and Bullinger 1962, 456.
[245] BVerfG, Judgment of 17 December 2013 *NVwZ* 2014, 211, 217 et seq. Cf Sachs 'BVerfG, Urt. v. 17.12.2013, –1 BvR 3139/08 und 1 BvR 3386/08 –, NVwZ 2014, 211' 2014 *JuS* 468–471, 469.
[246] Riedel 2012, 200; Gerhardt 1987, 1665; and Schmidbauer 1989, 56.
[247] See subsection 3.1.4.2 above.
[248] § 45(1) No. 2 2005 EnWG.

of that plan is not in itself a legitimate purpose,[249] it is questionable whether and, if so, how the legislature has sufficiently specified the legitimate purpose.

The Constitutional Court follows a fairly lenient interpretation of the principle of specificity when scrutinising these projects and purposes. Its case law provides a few concrete rules on the required specificity.

Rule 1: Abstract projects and/or abstract purposes suffice

The case law of the Constitutional Court suggests that in certain cases, an abstract category of projects without an explicit description of the pursued purpose(s) may comply with the principle of specificity. In the *Gondelbahn* judgment, the Court scrutinised § 40(1) of the Railway Act of Rhineland-Palatinate (*Landeseisenbahngesetz*). This provision refers to the 'construction and operation of mountain railways' as the permissible projects. The Act does not specify the pursued purpose at all. Yet, this provision passed constitutional scrutiny.[250]

This ruling seems to provide a good example of the general rule that it is sufficient for the legislature to specify the projects if the pursued purpose follows clearly from the specified projects.[251] Arguably, it followed from the description of the project in the statute (ie the 'construction and operation of mountain railways') that the pursued purpose was the improvement or the maintenance of the rail infrastructure.

A 1984 judgment of the Constitutional Court indicates that it may also be sufficient for the legislator to circumscribe the pursued purpose in only an abstract manner. In that case, an administrative authority effected a third-party transfer to a private energy supply company for the construction of a high-voltage power line.[252] The statutory basis was the then applicable § 11 of the 1935 Energy Management Act (now: § 45(1) No. 2 of the 2005 Energy Management Act). This provision contained the purpose of the 'supply of energy to the public'. The Constitutional Court did not strike down this expropriation.[253] This exemplifies that abstract purposes are sufficiently specific.

In the *Garzweiler II* judgment, the Constitutional Court confirmed that the legislature only needs to lay down abstract purposes and projects in the expropriation statute. Section 79 BBergG was the basis of the expropriation. The invoked purpose was to ensure the supply of natural resources to the market. Despite the abstract description of the purpose, the Court found this purpose sufficiently specific. It even added that the principle of specificity did not require that the purpose was limited to certain natural resources.[254] The Court also sanctioned the specification of the projects in the Federal Mining Act. Section 77(1) BBergG refers to the establishment and the operation of a mining or processing enterprise, which are defined in § 4 BBergG.[255]

---

[249] It is merely an instrument to realise a legitimate purpose: Papier, in Maunz/Dürig, GG, Art. 14, No. 575; Runkel, in Ernst/Zinkahn/Bielenberg/Krautzberger, BauGB, § 85, No. 15; W Brugger, 'Verfassungswidrigkeit der planakzessorischen Enteignung nach § 85 Abs. 1 Nr. 1 und § 87 BBauG (=BauGB)', *ZfBR* 1987, 60–65, 62; and W Labbé, 'Baugesetzbuch und Art 14 GG', *Anwaltsblatt* 1989, 530–536, 530. Cf BVerfG, Decision of 4 July 2002, *NVwZ* 2003, 71, 72.

[250] BVerfG, Judgment of 10 March 1981, *BVerfGE* 56, 249, 264 et seq.

[251] See subsection 3.2.3.1.1 above.

[252] BVerfG, Decision of 20 March 1984, *NJW* 1984, 1872.

[253] BVerfG, Decision of 20 March 1984, *NJW* 1984, 1872, 1873.

[254] BVerfG, Judgment of 17 December 2013, *NVwZ* 2014, 211, 218.

[255] BVerfG, Judgment of 17 December 2013, *NVwZ* 2014, 211, 218.

The *Garzweiler II* judgment seems to provide an example of a statute that needs to contain an abstract purpose *and* an abstract project. The fact that the Court considered the definition of the project in § 77(1) BBergG suggests that the description of the purposes alone would not have been sufficient. Also, the Court's consideration that the project was sufficiently specific *in view of the pursued public good objectives* implies that the project alone would not have been sufficiently specific.[256] The explanation for these findings may be that the operation of a mining or processing enterprise does not necessarily serve the supply of natural resources to the market and that the purpose of supplying natural resources is not necessarily connected to mining operations.

Rule 2: Projects and purposes can follow from a combination of statutes

The *Gondelbahn* judgment serves as authority for the rule that a combination of statutes can together form a sufficient statutory basis. In that case, the Railway Act of Rhineland-Palatinate merely provided for a planning procedure in which an administrative authority would adopt a project plan for the 'construction and operation of mountain railways'.[257] Nowhere does the statute confer the power to expropriate. However, the statute says that the Expropriation Act of Rhineland-Palatinate governs the expropriation for the implementation of that project plan.[258] § 2 No. 1 of the Expropriation Act provides that property may be expropriated for a project that serves the public good. In the light of the constitutional case law,[259] such a formulation seems to contravene the principle of specificity. However, according to the Court, the two statutes taken together formed a sufficiently specific statutory basis.[260]

This consideration has two implications for the interpretation of the principle of specificity. Firstly, the competent legislature does not need to confer the power to expropriate and lay down the objectives as well as the projects of the expropriation in one statute. Secondly, the power to expropriate property for the public good does not need to be explicitly linked to the projects and specific purposes of the expropriation. It is sufficient for the Railway Act to say that the Expropriation Act governs the expropriation for the project plan and for the Expropriation Act to authorise expropriation for the public good.

Rule 3: Projects and purposes can follow from the context and system of the statute

The *Boxberg* judgment shows that the legislature does not always need to specify the purposes and projects explicitly. It will be sufficient if the purposes and projects can be derived from the context of the provision authorising the expropriation. Moreover, the courts do not even need to construe such purposes and projects very narrowly. In the *Boxberg* judgment, the Constitutional Court considered the statutory context of § 85(1) No. 1 of the then Federal Building Act. An analysis of the Court's considerations shows that the history and the purpose of the provision as

---

[256] BVerfG, Judgment of 17 December 2013, *NVwZ* 2014, 211, 218.

[257] § 40, read in conjunction with §§ 14–16, of the Railway Act of Rhineland-Palatinate.

[258] § 40(4) of the Railway Act of Rhineland-Palatinate.

[259] See subsection 3.2.3.1.1 above.

[260] BVerfG, Judgment of 10 March 1981, *BVerfGE* 56, 249, 264 et seq. Cf Breuer, in Schrödter, BauGB, § 87, No. 7.

well as other provisions in the statute and their relationship to the authorisation to expropriate property are relevant factors in the search for the legitimate purposes.[261] The Court concluded that the provision would be a suitable basis for an expropriation for the abstract purpose of 'urban development'.[262]

An example of a successful expropriation for urban development on the basis of a municipal binding land-use plan is an expropriation for the construction of a privately run school on the basis of § 85(1) No. 1 BauGB.[263] Besides, the case law of the Constitutional Court confirms the case law of the Federal Administrative Court (*Bundesverwaltungsgericht*; BVerwG), the highest German court in administrative law matters. This Court consistently holds that many statutes do not explicitly specify the pursued purposes. The administrative authorities and courts, however, may derive the purposes from the context of the statute, in particular the public task that the statute regulates.[264]

3.2.3.1.3 *Specific rules for third-party transfers for economic development*

Compared to expropriation statutes that authorise expropriations of the first or second category, statutes that authorise third-party transfers for economic development are subject to a considerably stricter standard of specificity.

Abstract rules

The Constitutional Court has given some abstract rules as to the required specificity of the expropriation statute. In the *Boxberg* and *Garzweiler II* judgments, the Court held that the legislator had to determine unambiguously whether or not and for what projects and purposes a third-party transfer for economic development would

---

[261] BVerfG, Judgment of 24 March 1987, *BVerfGE* 74, 264, 287–295. The Constitutional Court scrutinised § 85(1) No. 1 BBauG as to whether this provision authorised an expropriation for economic development. The Court considered various provisions to establish the statutory context of that provision. The Court found it irrelevant that the municipal planning guidelines contained in § 1(6) BBauG referred to the interests of the economy. Section 1(6) BBauG contained a list of urban development-related interests that the municipality would need to balance in order to promote good urban development. The Court held that as a result, the provision only mentioned conflicting interests and did not stipulate that the plan must serve the interests of the economy. Differing: Runkel, in Ernst/Zinkahn/Bielenberg/Krautzberger, BauGB, § 85, No. 17, who deduced public good objectives from § 1(4) (6) (7) and (9) BauGB. Furthermore, the Court found that § 1(6) BBauG was only relevant to planning law, but not to expropriation law. The reallocation and consolidation procedure only served certain land law (*bodenrechtlich*) objectives. The Court deduced this finding from the history of the relevant provisions. The Court drew a similar conclusion concerning § 89 BBauG. This provision obliged the municipality that had acquired the expropriated property to sell the property rights once the land could serve the envisaged purpose. The Court concluded that the provision's sole purpose was to serve the social redistribution of land, but not economic purposes. Lastly, the Court considered § 87 BBauG, which obliged the expropriation authority to balance the interests involved. As this provision only reiterated the first sentence of Art. 14(3) GG, it did not refer to economic objectives and could not contribute to the specificity of the statute. The Court concluded that § 85(1) No. 1 BBauG could not legitimately justify a third-party transfer for economic development. The Court added that the Federal Building Act strictly served the purpose of urban development and could not legitimately justify every measure that is only incidentally relevant to urban development.

[262] BVerfG, Judgment of 24 March 1987, *BVerfGE* 74, 264, 291.

[263] BVerfG, Decision of 18 February 1999, *NJW* 1999, 2659, 2660.

[264] See, for instance, BVerwG, Judgment of 14 December 1990, *NVwZ* 1991, 987, 989.

be permissible.[265] Therefore, as the Court has acknowledged,[266] a law that authorises third-party transfers for economic development is subject to stricter conditions of clarity and specificity.

Not specific enough: Creation of employment and the improvement of the economic structure

The Constitutional Court has decided on which terms are not sufficiently specific. In the *Boxberg* judgment, the Constitutional Court scrutinised whether § 85(1) No. 1 BBauG was a suitable statutory basis for a third-party transfer for the construction of a Mercedes-Benz test track and, indirectly, the creation of employment. As has been noted above,[267] the Court derived from the statutory context, the history, and the purpose of that provision that expropriations that would implement a municipal binding land-use plan had to serve urban development. However, the same context, history, and purpose did not reflect the decision of the legislator to allow an expropriation for the creation of employment and the improvement of the economic structure.[268] The democratically elected municipal council, which does not form part of the legislative branch of the states or the Federal Republic, could not broaden the scope of the expropriation statute by concretising the purpose in the binding land-use plan.[269] § 85(1) No. 1 BBauG was thus not a statutory basis for third-party transfers for economic development.

Even if the legislature had intended § 85(1) No. 1 BBauG to be an adequate statutory basis for such expropriations, a purpose that is as abstract as 'urban development' (and, moreover, hidden in the context of the statute) would not have been sufficient. In the *Boxberg* judgment, the Constitutional Court stated in general terms that it had great doubts that a statute that allowed an expropriation for the 'creation of employment' and the 'improvement of the regional economic structure' would comply with the principle of specificity.[270] Interestingly, the Court did not make a distinction between an expropriation in favour of a state entity for that purpose and a third-party transfer for such a purpose.[271] It is submitted that these doubts are a clear indicator that the legislator should refrain from using such terms in an expropriation statute.[272]

The *Garzweiler II* judgment confirmed the *Boxberg* jurisprudence. The Constitutional Court expressed great doubts that the sustainability of employment in the mining sector and the maintenance or the improvement of the economic structure

---

[265] BVerfG, Judgment of 24 March 1987, *BVerfGE* 74, 264, 285; and BVerfG, Judgment of 17 December 2013, *ZUR* 2014, 160, 163. Confirmed in BVerfG, Decision of 21 December 2016, *NVwZ* 2017, 399, 401, para 26; and BVerfG, Decision of 25 January 2017, ECLI:DE:BVerfG:2017:rk20170125.1bvr229710, para 37.

[266] BVerfG, Judgment of 17 December 2013, *ZUR* 2014, 160, 163.

[267] See subsection 3.2.3.1.2 above.

[268] BVerfG, Judgment of 24 March 1987, *BVerfGE* 74, 264, 287 et seq. See also the analysis of Jackisch 1996, 139 et seq.

[269] BVerfG, Judgment of 24 March 1987, *BVerfGE* 74, 264, 288.

[270] BVerfG, Judgment of 24 March 1987, *BVerfGE* 74, 264, 287.

[271] BVerfG, Judgment of 24 March 1987, *BVerfGE* 74, 264, 287.

[272] Concurring: Dietlein & Riedel 'Allgemeinwohlerfordernis und Zwecksicherung bei der Enteignung zugunsten Privater' in H Butzer, M Kaltenborn & W Meyer (eds) *Organisation und Verfahren im sozialen Rechtsstaat: Festschrift für Friedrich E. Schnapp zum 70. Geburtstag* (Berlin: Duncker & Humblot 2008) 65–82, 72; and Muckel 2008, 184.

was a sufficiently specific legitimate purpose.[273] Importantly, § 79(1) BBergG adds the sector in which the expropriation is envisaged to secure employment, namely the mining sector. As a result, it seems clear that the legislator must do more than add an economic sector in order to make the creation of employment and the improvement of the economic structure sufficiently specific.

Comparison with expropriations of the first and second category

The hurdles for a third-party transfer for economic development are thus considerably higher than for an expropriation in favour of a state entity (ie expropriations of the first category) or third-party transfers that directly contribute to the public good (ie second category).[274] Firstly, a public good objective that is hidden in the context or the history of the expropriation statute would clearly not suffice. Secondly, the standard of specificity that the Constitutional Court prescribes is strikingly stricter. Whereas 'urban development' is regarded as sufficiently specific for the first and second category of expropriations, the Court has doubted whether 'the creation of employment' and 'the improvement of the economic structure' comply with the principle of specificity with respect to third-party transfers for economic development. This is despite the fact that all three terms may be regarded as equally vague.

Doctrinally, this standard of specificity seems to be a stricter interpretation of the reservation of statutory powers that obliges the legislator to regulate all essential aspects before delegating powers to administrative authorities.[275] The Constitutional Court thereby makes it mandatory for the legislator to play a broader boundary-shaping and creative role and to limit the scope for manoeuvring of the administrative authorities. The case law on § 85(1) No. 1 BBauG further suggests that not even municipal self-administration, the power of land-use planning, local democratic decision-making, and the participatory procedure that the municipal council follows before adopting binding land-use plans warrant a lower degree of specificity.[276] In the literature, *Brugger* criticised this approach. He argued that the municipality should be given more freedom because planning requires dealing with various problems as well as reconciling myriad interests and the municipality was best suited to resolve these situations. He considered this freedom warranted because the legislator regulated this freedom through the procedural rules.[277]

Why does a stricter standard of specificity apply?

The obvious question is why the Constitutional Court imposes such a strict standard of specificity with respect to third-party transfers for economic development. There

---

[273] BVerfG, Judgment of 17 December 2013, *NVwZ* 2014, 211, 218.

[274] Cf BVerfG, Decision of 10 September 2008, *BeckRS* 2008, 40032. See subsection 3.1.1.4 above.

[275] Schmidbauer 1989, 65 et seq. Cf Jackisch 1996, 130 et seq; and Papier, 'Zum enteignenden Charakter einer städtebaulichen Unternehmensflurbereinigung, zum enteignungsrechtlichen Gesetzesvorbehalt und den Voraussetzungen und Grenzen einer städtebaulichen Enteignung nach BBauG § 85 Abs. 1 Nr. 1' 1987 *JZ* 619–621, 620.

[276] The Court already stressed in the *Gondelbahn* judgment that municipal self-administration and the power of land-use planning do not give municipalities the power to 'invent' purposes for which authorities may expropriate property: BVerfG, Judgment of 10 March 1981, *BVerfGE* 56, 249, 262. Cf BVerfG, Judgment of 24 March 1987, *BVerfGE* 74, 264, 288 and 294.

[277] Brugger 1987, 61 et seq. See also: Papier 1987, 620; and Papier, 'Entwicklungen der Rechtsprechung zur Eigentumsgarantie des Art. 14 GG' 1990 *NWVBl.* 397–403, 402.

seem to be two explanations for this. The first explanation is that the immediate goal of specificity is to clarify what the rules on expropriation are and enable the members of society to adapt their conduct to it.[278] While roads, hospitals, or schools always have certain characteristics, 'economic development project' is a vaguer term because an economic development project can take on many forms, such as a factory or a shopping centre. There is also not necessarily a limit to the number of economic development projects, whereas there is only a need for a limited number of roads, hospitals, or schools.[279] The purpose of economic development thus gives the people (and judges) less certainty than other purposes.

However, this reason does not explain why a third-party transfer for economic development is subject to stricter standards than, for instance, an expropriation for the implementation of the binding land-use plan, which can also serve a variety of urban development-related purposes.[280] The second reason gives an explanation for this difference. The Constitutional Court seeks to preclude administrative authorities from expropriating property for economic development projects without narrow statutory boundaries. The concern behind this goal is the fear of an unleashed executive branch.[281] An unspecific statute would open the floodgates due to the endless variety of possible private business initiatives with potential economic benefits and make it extremely difficult for judges to review the application of the statutory purposes. The expropriation would, as a result, not be subject to sufficient statutory constraints.[282] Moreover, in the *Boxberg* judgment, the Constitutional Court stressed the danger of abuse of power and corruption that will arise if stronger private groups in society seek access to the resources of weaker private groups in order to maximise their profit.[283]

Two options: General or project-specific expropriation statutes

This stricter standard of specificity leaves the reader wondering *exactly* how much specificity the Basic Law requires for third-party transfers for economic development and how the legislature can comply with this standard. In the *Boxberg* judgment,[284] the Constitutional Court gave the legislature two options. The legislator could adopt a general statute that would authorise the expropriation for the improvement of the economic structure and the creation of employment. Yet, the Court acknowledged that the legislator might find it difficult to cover all projects and purposes for which an authority could expropriate property and to comply with the principle of

---

[278] Stern 1984, 830; and Papier & Möller 1997, 179.

[279] Schmidbauer 1989, 108; and H Stummer, *Die öffentliche Zweckbindung der enteigneten Sache* (Munich: Leidig-Druck 1967) 129.

[280] See, for instance, BVerfG, Decision of 18 February 1999, *NJW* 1999, 2659, 2660.

[281] A reason for this fear may be the historical experience of the National Socialist dictatorship from 1933 to 1945: Grzeszick, in Maunz/Dürig, GG, Art. 20, VII, Nos. 14 et seq.

[282] Papier & Möller 1997, 180; Muckel & Ogorek 2007, 18; Schmidbauer 1989, 108; and Bullinger 1962, 455, with further references.

[283] BVerfG, Judgment of 24 March 1987, *BVerfGE* 74, 264, 285; and J Selmer, 'Enteignung zugunsten eines privatrechtlich organisierten Unternehmens—»Boxberg«' 1988 *JuS* 731–732, 732. See also: Muckel & Ogorek 2007, 17, who point to the danger that the indirect public benefits are used as a pretext to disguise the purpose of maximising the transferee's profit.

[284] BVerfG, Judgment of 24 March 1987, *BVerfGE* 74, 264, 297.

specificity at the same time.[285] The alternative would be a project-specific expropriation statute, such as the ones listed above.[286]

The requirements for a valid project-specific statute

An example of a project-specific statute that does not violate the Basic Law is the Act on the Construction of the South Bypass Stendal on the Railway Line Berlin-Oebisfelde (*Gesetz über den Bau der 'Südumfahrung Stendal' der Eisenbahnstrecke Berlin-Oebisfelde*). The statute authorised the administrative expropriation of property on the basis of a parliamentary project plan. The project was the construction of a railway track bypassing Stendal, which formed part of a new high-speed railway line between Hanover and Berlin. Section 1(1) of the statute stipulated that the construction served the creation of equivalent living conditions in all parts of the Federal Republic. Furthermore, the explanatory memorandum said that it was the goal of the Act to foster the economy in East Germany after the collapse of the GDR and the reunification.[287]

Although this project-specific statute only authorised expropriation on the basis of a statutory project plan and the transferee of the property was a state entity, the constitutionality of this statute is relevant to the issue of specificity for two reasons.[288] Firstly, the statute pursued the objective to foster the economy in East Germany. Secondly, the *Boxberg* judgment did not make any distinction between an expropriation for the benefit of a state entity for such an abstract purpose and a third-party transfer for such an abstract purpose.[289]

In its judgment, the Constitutional Court considered that the statute exhaustively specified the project, namely the southern bypassing of Stendal, and the property required for that project.[290] The Court did not assess the specificity of the purpose. This judgment suggests that the state may pursue the abstract purpose of improving the economic structure through expropriation if the expropriation serves a specific project, such as the project laid down in the statutory project plan.

Very recently, in December 2016, the Federal Constitutional Court dealt with the specificity of a project-specific statute and confirmed this conclusion. Its decision concerned an expropriation statute from North-Rhine Westphalia that authorises the expropriation of property for the construction of an approximately 67 km long CO pipeline to be operated by the multinational pharmaceutical company *Bayer* between two industrial parks.[291]

A non-exhaustive list of legitimate purposes is contained in § 2 of that statute. This provision says that the project serves the safety and the reliability of the supply of CO in order to strengthen the economic structure of the chemical industry and the plastics processing companies in North Rhine-Westphalia and to secure employment. In the explanatory memorandum, the state government notes that the supply

[285] Cf Muckel 2008, 184.
[286] BVerfG, Judgment of 24 March 1987, *BVerfGE* 74, 264, 297. See subsection 3.1.4.3 above.
[287] Bundestag-Drucksachen 12/3477, 5 et seq.
[288] Concurring: Battis & Otto 2004, 1506.
[289] BVerfG, Judgment of 24 March 1987, *BVerfGE* 74, 264, 287.
[290] BVerfG, Judgment of 17 July 1996, *BVerfGE* 95, 1, 21.
[291] The expropriation statute is the 2006 Act on the Construction and Operating of a Pipeline between Dormagen and Krefeld-Uerdingen; Landtag Nordrhein-Westfalen, Drucksache 14/909, 5; and BVerfG, Decision of 21 December 2016, *NVwZ* 2017, 399.

of CO will lead to better opportunities for investments and that the pipeline will thereby secure the existing jobs in the specified sectors.[292] The project also serves to connect the companies and the industrial parks. Thereby, says the explanatory memorandum, the pipeline facilitates collaboration between the chemical and plastics processing industries in the industrial parks and beyond, facilitates innovation, improves their competitiveness and creates jobs.[293] The project is envisaged to guarantee the indiscriminate access to widely available CO. The explanatory memorandum says that this will give all producers and consumers of carbon monoxide the necessary security and more opportunities to develop.[294] Lastly, the project is meant to improve the environmental performance of the producers of carbon monoxide.[295] The background of this purpose is that the method used for the production of CO in the industrial park from which it is transported to the other is more environmentally friendly than the method that the other park uses.[296]

The Higher Administrative Court of North-Rhine Westphalia referred the case to the Federal Constitutional Court. One of the reasons for this referral was that it found these legitimate purposes to be too vague.[297] The Constitutional Court declared the referral inadmissible because the Higher Administrative Court had failed to give sufficient reasons for its assessment in the light of the *Boxberg* and *Garzweiler II* jurisprudence. The Constitutional Court found that the expropriation statute specified the project, the length of the pipeline (67 km), the approximate location (between two industrial parks), its operator, and its function to ensure the supply of CO. The Court added that the pipeline's purpose was to improve the economic structure of certain industrial companies in a certain area and that this purpose was considerably more specific than the purposes that were likely to be unconstitutional according to the *Boxberg* and *Garzweiler II* judgments. The Court concluded that the statute sufficiently specified the economic structure that the statute seeks to improve through expropriation. Concerning the project itself, the Court added that in contrast to what the Higher Administrative Court had held, the statute did not need to include technical data on the features of the pipeline.[298]

The recent decision of the Constitutional Court on the CO pipeline in North-Rhine Westphalia has clarified to a large extent the specificity required for project-specific statutes.[299] If the statute specifies the type of project, some of its basic characteristics

[292] Landtag Nordrhein-Westfalen, Drucksache 14/909, 6 et seq.
[293] Landtag Nordrhein-Westfalen, Drucksache 14/909, 5 and 7.
[294] Landtag Nordrhein-Westfalen, Drucksache 14/909, 5 and 7.
[295] Concerning the importance of this objective: see Art. 20a GG; and VG Düsseldorf, Judgment of 25 May 2011, *BeckRS* 2011, 53301.
[296] Landtag Nordrhein-Westfalen, Drucksache 14/909, 7.
[297] OVG Münster, Decision of 28 August 2014, *DÖV* 2015, 163.
[298] BVerfG, Decision of 21 December 2016, *NVwZ* 2017, 399, 402, para 32.
[299] Even more recently, in January 2017, the Constitutional Court had to deal with an expropriation statute from Baden-Wuerttemberg. This statute authorises the expropriation for the construction of an ethylene pipeline that is proposed to connect industrial companies that produce or process ethylene to a great network of ethylene pipelines in Rhineland-Palatinate, North Rhine-Westphalia, Belgium, and the Netherlands. In addition to the improvement of the economic structure of the chemical industry in Baden-Wuerttemberg and other purposes, the project's aim is to enhance the safety of the transport of ethylene. See § 1(2) No. 6 of the Baden-Wuerttemberg Pipeline Act. Concerning the specificity of the expropriation statute, the Court only considered that the statute referred to a concrete project and that the purpose of enhancing the safety of the transport of ethylene was sufficiently specific. As there was one sufficiently precise legitimate

(eg the approximate length of a pipeline), the benefited area, the operator, and the pipeline's purpose, the statute will be sufficiently specific. It seems that the purpose will be sufficiently specific if the statute defines the abstract benefits, such as the improvement of the economic structure, and the beneficiaries in a certain area, such as plastic-processing companies in two industrial parks.

Remaining question(s)

Based upon these judgments, there is sufficient clarity on the required specificity for project-specific statutes. However, there remains at least one question to be answered.[300] How narrowly would a *general* statute have to specify the purpose of economic development and the projects? As follows from the *Garzweiler II* judgment, the legitimate purposes would have to be more specific than the goal to promote economic development in a certain economic sector. The legislatures should, therefore, also specify the types of projects, such as 'steel producing factories', the beneficiaries, and the number of jobs or other benefits in order to make the purpose and projects sufficiently specific.

3.2.3.1.4 *Specificity in practice: The Hamburg Aerodrome Act*

The Hamburg Aerodrome Act shows how the state legislature specified the purposes and projects in order to comply with the principle of specificity in practice.

The specificity of the purposes

The legitimate purposes laid down in the Hamburg Aerodrome Act were more specific than the improvement of the economic structure or the creation of employment in a certain economic sector. Section 1 of the Act mentioned Hamburg-Finkenwerder as the location of the aviation industry that would benefit. Implicitly, it referred to Airbus as the company that would benefit because it has been the only company that produces aircraft in Hamburg-Finkenwerder. This clarifies that the state sought to improve the economic structure of this company and its contractors and to sustain and create employment in this microcosm of the aviation industry. Furthermore, § 1(2) No. 3 specified the type of jobs, namely high-value and future-proof jobs. These purposes were significantly more specific than the purposes under the Act in the case *Südumfahrung Stendal* and, moreover, distinguish the Aerodrome Act from, for instance, the project-specific statute from Baden-Wuerttemberg, which only referred to the competitiveness of the (petro)chemical industry in a certain area.[301] It is submitted that the description of the purposes sufficiently limited the leeway for administrative authorities.[302]

Prall suggested that the Aerodrome Act was nevertheless unconstitutional. As the statute did not give specific figures as to the expected positive effects, eg in terms of

---

purpose, the Court did not deal with the other purposes. See BVerfG, Decision of 25 January 2017, ECLI:DE:BVerfG:2017:rk20170125.1bvr229710, paras 44 et seq. As transport safety is a purpose that directly contributes to the public good, this judgment is not relevant to the issue of the specificity of expropriation statutes authorising third-party transfers for economic development.

[300] Cf Depenheuer, in C Starck (ed) *Kommentar zum Grundgesetz: GG, Band 1: Präambel, Art. 1–19*, 6th ed (Munich: Verlag Franz Vahlen 2010) GG, Art. 14, No. 425; Gramlich 1986, 272; Dietlein 2006, 2269; and Schmidbauer 1989, 56.

[301] § 1(2) of the Baden-Wuerttemberg Pipeline Act. Cf Muckel 2011, 229; and BVerfG, Decision of 25 January 2017, ECLI:DE:BVerfG:2017:rk20170125.1bvr229710.

[302] Concurring: LG Hamburg, Judgment of 19 January 2007, *BeckRS* 2007, 03785.

jobs, he argued that the legislature had effectively delegated the decision on whether or not the expropriation would be permissible to the administrative authorities.[303] It is submitted that this argument is not persuasive. The explanatory memorandum specified the number of existing jobs that the state sought to sustain.[304] As for new jobs, the explanatory memorandum did not specify a number, but only referred to new jobs that the aviation industry had previously created, the expected growth rate of the aviation industry, and the activities that were supposed to create jobs.[305] In the light of the recent jurisprudence of the Constitutional Court on the project-specific statutes from North-Rhine Westphalia,[306] this sufficiently limited the authority's leeway. A further specification may, moreover, have been too speculative, and the constitutionality of the statute should not depend upon such speculation.

The specificity of the project

The project under the Aerodrome Act was the runway that Airbus needed for the production and distribution of wide-body aircraft. It may be argued that this project was too vague because the Aerodrome Act neither precisely specified the length nor the location of the runway.[307] Therefore, it is not clear which land was required. Such an argument, however, would not be persuasive. Firstly, the Constitutional Court held in the *Garzweiler II* judgment that it was for the *state* to determine the expropriated property. The Court did not refer to the legislator.[308] This suggests that an administrative authority can also determine the required land. Secondly, the existing runway and the requirements for the construction and distribution of the wide-body aircraft predetermined to a certain extent the length and location of the runway. Thirdly, § 3(1) of the Act foresaw a planning procedure in which the planning authority would further specify the project. This shows that the Act provided a basis for administrative expropriation. To require the legislator to specify the project and the required land further would increasingly narrow the discretion of the administrative authorities.[309] This might effectively render a statutory plan mandatory, which would be inconsistent with Art. 14(3) GG because Art. 14(3) GG favours administrative expropriation over statutory plans and statutory expropriation.[310] It is, therefore, submitted that the project was sufficiently specific, particularly in the light of the recent jurisprudence of the Constitutional Court on the project-specific statutes from North-Rhine Westphalia.

3.2.3.2 The roles of the administrative authorities

Administrative expropriation gives administrative authorities a major role in designing the project and, thereby, the purpose for which the competent authority

---

[303] U Prall, 'Zur Abgrenzung von gemein- und privatnützigen Planfeststellungen' 2001 *NordÖR* 187–190, 189, with reference to the judgment of the Constitutional Court in the *Boxberg* case.
[304] Hamburger Bürgerschaft, Drucksache 17/3920, 6 et seq.
[305] Hamburger Bürgerschaft, Drucksache 17/3920, 7.
[306] See subsection 3.2.3.1.3 above.
[307] Cf Muckel & Ogorek 2007, 22.
[308] BVerfG, Judgment of 17 December 2013, *NVwZ* 2014, 211, 215.
[309] Battis & Otto 2004, 1504.
[310] See subsection 3.1.1.2.2 above.

expropriates property. As do many other German expropriation statutes,[311] the Hamburg Aerodrome Act divided the planning and the expropriation phase into two formal procedures. Section 3(1) of the Act stipulated that the expropriation had to be based upon a project plan in which the planning authority (ie the Hamburg Ministry of Economic Affairs and Labour) would set out the details of the envisaged project. In performing the creative task to shape the project, the planning authority had to observe the applicable boundaries under planning law. As § 3(1) of the Aerodrome Act further stipulated that the project plan would be binding upon the expropriation authority, the planning authority had to apply the constitutional and statutory requirements concerning projects and legitimate purposes when it sought to expropriate property for the project. On the basis of the project plan, the expropriation authority, the Hamburg Ministry of Finance, proceeded to expropriate property for the project in accordance with the expropriation statute. Such a division of tasks is meant to bring about efficiency and specialisation gains.[312] The following subsections provide an analysis of the roles of these authorities under the Basic Law and the Hamburg Aerodrome Act.

3.2.3.2.1 *The role of the planning authority*

Section 3(1) of the Aerodrome Act reflected the choice of the legislator for a planning procedure in which the competent authority would determine the route of the runway and the required land.[313]

The task of the planning authority

Planning authorities play the creative role to shape the project. On the basis of legislation, the planning authority ideally responds to the needs of the public in the municipalities and districts by planning and implementing a certain project. The planning authority uses a plan to manage the use of certain resources in its area or lay down a project, on the basis of a balancing of all involved interests.[314] In the plan, the planning authority concretises the details of the use of the resource or the project, most specifically the land on which it seeks to implement the project.[315] For example, the Aerodrome Act assigned to the Hamburg Ministry of Economic Affairs and Labour the task to lay down the details of the extended runway and the required land in a project plan. Generally, the planning authority does not do this from scratch, but a project developer requests the authority to lay down a predefined project in a plan.[316]

In designing the project, the planning authority concretises the purpose of the project and defines the project's contribution to the realisation of that purpose. For instance, in specifying the details of the runway, the competent Hamburg Ministry

[311] See, however, Henze 2009, 95 et seq.

[312] BVerfG, Judgment of 17 December 2013, *NVwZ* 2014, 211, 216; and C Moench & M Ruttloff 'Rechtsschutzgarantie und Bundesfachplanung' 2014 *NVwZ* 897–902, 898.

[313] Bell 2002, 368. Cf Battis & Otto 2004, 1506.

[314] Papier 1987, 620; and Von Brünneck 1986, 425.

[315] Von Brünneck 1986, 425; and Bell 2002, 368. Cf BVerfG, Decision of 10 May 1977, *NJW* 1977, 2349, 2349.

[316] Neumann, in Stelkens/Bonk/Sachs, VwVfG, § 74, No. 28. The Constitutional Court has found this practice to be constitutional, but has emphasised that the state must determine the property that it expropriates; see BVerfG, Judgment of 17 December 2013, *NVwZ* 2014, 211, 215.

concretised the legitimate purpose of the 'creation of jobs in the aviation industry' and to a certain extent determined how many jobs Airbus would be able to create.

The extent of the task

In performing its creative task, the planning authority must observe constitutional and legislative requirements concerning projects and purposes if it wishes to expropriate property for the project. The extent to which the authority can define the purpose depends upon the definition of the legitimate purposes and projects in the expropriation statute and the constitutional requirements to which the legislator is bound. If the expropriation falls under the first or second category, the Basic Law merely obliges the legislator to provide an abstract category of projects and purposes for which the authority may expropriate property.[317] §§ 77 and 79 BBergG, for instance, allow for expropriations for the legitimate purpose of the exploitation of natural resources and the construction and operation of mining facilities for that objective. In such cases, the planning authority has plenty of room for manoeuvring. If the legislator, however, authorises a third-party transfer for economic development, the expropriation will be subject to a considerably stricter standard of specificity.[318] In such cases, the task of the planning authority is more limited.

The freedom and constraints of planning

The planning authority generally enjoys broad discretion to design the project. However, the authority must observe certain norms. Firstly, the planning authority must observe the provisions of the applicable statute and, in particular, follow the applicable procedure.[319] Secondly, the project must be reasonably required for the pursued purpose.[320] Thirdly, the planning authority must base its decision on a balancing of all affected public and private interests.[321] This balancing of interests is a constitutional requirement that follows from the principle of the rule of law.[322] If the planning authority anticipates that an expropriation of property may be necessary for the project, the purpose will have to stay within the definition of legitimate purposes shaped by the Basic Law and the legislature.

In balancing the involved interests, the authority exercises a planning discretion.[323] This entails that courts review this balancing of interests only to a limited

[317] See subsection 3.2.3.1.2 above.

[318] See subsection 3.2.3.1.3 above.

[319] Runkel, in Ernst/Zinkahn/Bielenberg/Krautzberger, BauGB, § 87, No. 55; and Jarass 2006, 1331. See, for instance, with regard to the Federal Building Code: BVerfG, Decision of 8 July 2009, *NVwZ* 2009, 1283, 1285.

[320] B Stüer, *Bau- und Fachplanungsrecht*, 5th ed (Munich: CH Beck 2015) No. 4923; See, however, Neumann, in Stelkens/Bonk/Sachs, VwVfG, § 72, Nos. 10 et seq; § 74, Nos. 33 et seq, who states that the authority only needs to apply the test of reasonable necessity if the expropriation statute provides that the project plan is binding upon the expropriation authority. See subsection 3.3.1 below for a detailed discussion of this test.

[321] J Ziekow in Ziekow (ed) *Handbuch des Fachplanungsrechts* 2nd ed (Munich: CH Beck 2014) 177; Bell 2002, 368 et seq; and U Wienke 'Die Planungsentscheidung in der Administrativenteignung' 1983 *BayVbl.* 297–301, 298. See, for instance, § 1(6) BauGB. Cf Neumann, in Stelkens/Bonk/Sachs, VwVfG, § 74, Nos. 57 et seq; U Ramsauer & K Bieback 'Planfeststellung von privatnützigen Vorhaben' 2002 *NVwZ* 277–285.

[322] Neumann, in Stelkens/Bonk/Sachs, VwVfG, § 74, No. 54.

[323] See §§ 40 VwVfG and 114 VwGO.

extent. As is explained in more detail below,[324] the courts only scrutinise whether the authority balanced all relevant interests in a plausible manner.[325] The obligation to furnish reasons ensures that the authority reflects on its decision and enables the courts to review it.[326]

Under the Aerodrome Act: The role of the planning authority

The Aerodrome Act gave a certain degree of freedom to the planning authority to shape the project and to concretise its purpose. The authority's creative task initially seems to have been very broad because the statute did not contain any explicit provisions on the characteristics of the runway. However, there was an existing runway. The explanatory memorandum indicated that it was this runway that had to be extended.[327] Furthermore, for the anticipated expropriation, the authority needed to observe the purpose laid down in the expropriation statute, which means that the extended runway had to be suitable to serve the production and distribution of wide-body aircraft so that Airbus and its contractors would be able to create employment opportunities. Through this information, the statute gave some substantive indications as to how the authority would have to define the project and, indirectly, which property the authority would have to expropriate.[328]

3.2.3.2.2 *Excursus: The role of municipalities in expropriation law*

In other jurisdictions, municipalities may play a dominant role in expropriation law. For comparative purposes, this excursus deals with the role of municipalities in German expropriation law. In German law, municipalities have the task to prepare and manage the use of land in a municipality. The municipal council designates the use of the land in a binding land-use plan.[329] As the plan only prohibits other uses, but cannot compel an owner to adjust the use of their land to the designated use, § 85(1) No. 1 of the Federal Building Code authorises an expropriation for the implementation of the municipal binding land-use plan.[330]

As the Federal Building Code does not further define the content of the binding land-use plan, this creates the impression that German municipalities can apply for the expropriation of property for an endless variety of projects. However, this impression is wrong. Section 85(1) No. 1 BauGB is misleading. In its *Gondelbahn* judgment, the Constitutional Court found that the predecessor of § 85(1) No. 1 BauGB could only legitimately justify an expropriation that serves concrete urban development projects.[331] In the *Boxberg* judgment, the Constitutional Court added that that same provision could not legitimately justify an expropriation for every project that is incidentally relevant to urban development.[332] The Court further clarified that the purpose of urban development did not include the creation of

[324] See subsection 3.1.1.1 above.

[325] BVerfG, Decision of 20 February 2008, *NVwZ* 2008, 780, 783; and BVerfG, Decision of 8 July 2009, *NVwZ* 2009, 1283, 1285 et seq. See subsections 3.2.3.2.4 and 3.2.3.3.3 below for more information on the plausibility test.

[326] § 39 VwVfG. See subsection 3.4.1.2 below.

[327] Hamburger Bürgerschaft, Drucksache 17/3920, 1.

[328] Even going further: Battis & Otto 2004, 1506.

[329] § 10(1) BauGB.

[330] Runkel, in Ernst/Zinkahn/Bielenberg/Krautzberger, BauGB, § 85, Nos. 91 et seq.

[331] BVerfG, Judgment of 10 March 1981, *BVerfGE* 56, 249, 265.

[332] BVerfG, Judgment of 24 March 1987, *BVerfGE* 74, 264, 291.

employment and the improvement of the economic structure.[333] With respect to these purposes, municipalities thus depend upon the legislature for their power to expropriate property.

The definition of 'urban development', which excludes projects that do not primarily serve urban development, determines the role of the municipality in expropriation law. The Constitutional Court has clarified that the expropriation for certain infrastructure projects can be based upon § 85(1) No. 1 BauGB. In 1999, the Court sanctioned the expropriation for a privately run school that was included in the binding land-use plan.[334] The Court elaborated that the school contributed to the provision of essential services in the municipality.[335] In another judgment from 2009, the Court sanctioned the extension of a road that formed part of the binding land-use plan of the municipality.[336]

In the literature, there is a scholarly debate about the correct definition of 'genuine urban development'. *Battis* and *Otto* asserted that the scope of this term should be limited to projects that contribute to the provision of essential services.[337] *Runkel* advocated a broader scope for § 85(1) No. 1 BauGB. He argued that § 85(1) No. 1 BauGB could serve as a statutory basis for an expropriation for any project that could be included in the binding land-use plan according to § 9(1)-(3) BauGB.[338] He made two exceptions to this rule. Firstly, as follows from the *Gondelbahn* judgment, the rule would not apply if a more specific planning procedure were in place.[339] Secondly, as follows from the *Boxberg* judgment, § 85(1) No. 1 BauGB could not be the basis for an expropriation for the creation of employment or the improvement of the economic structure.[340]

3.2.3.2.3 *Extending the role of the planning authority: The advance effect in expropriation law*

The expropriation statute may explicitly provide that the planning authority (partially or fully) scrutinises whether the project and the expropriation would meet all statutory and constitutional requirements.[341] This additional task changes the role of the planning authority. The planning authority must not only observe planning law, but also control its own determinations on the basis of the Basic Law and the expropriation statute. The authority must, in particular, apply the expropriation statute, the public good requirement, including the suitability, reasonable necessity, and proportionality in the narrow sense of the project, and the test of the expropria-

[333] BVerfG, Judgment of 24 March 1987, *BVerfGE* 74, 264, 287. See for criticism of this decision in the literature: Brugger 1987, 61 et seq; Papier 1987, 620; Papier 1990, 402; and Dietlein 2006, 2269.

[334] BVerfG, Decision of 18 February 1999, *NJW* 1999, 2659, 2659.

[335] BVerfG, Decision of 18 February 1999, *NJW* 1999, 2659, 2660.

[336] BVerfG, Decision of 8 July 2009, *NVwZ* 2009, 1283, 1284 et seq.

[337] Battis & Otto 2004, 1501. Cf Gerhardt 1987, 1672.

[338] Runkel, in Ernst/Zinkahn/Bielenberg/Krautzberger, BauGB, § 85, Nos. 17 and 21.

[339] Runkel, in Ernst/Zinkahn/Bielenberg/Krautzberger, BauGB, § 85, No. 19.

[340] Runkel, in Ernst/Zinkahn/Bielenberg/Krautzberger, BauGB, § 85, No. 20. See also: Breuer, in Schrödter, BauGB, § 87, No. 13; and Scheidler 2017, 126.

[341] BVerfG, Judgment of 24 March 1987, *BVerfGE* 74, 264, 282; BVerfG, Decision of 20 February 2008, *NVwZ* 2008, 775, 776; BVerfG, Decision of 15 February 2007, *NVwZ* 2007, 573, 573; Neumann, in Stelkens/Bonk/Sachs, VwVfG, § 74, Nos. 33 et seq; Brugger 1987, 63; Bell 2002, 370; Jarass 2006, 1331; Stüer 2015, No. 4924; BVerwG, Judgment of 11 April 2002, *NVwZ* 2002, 1119, 1120; OVG Hamburg, Decision of 9 August 2004, *ZUR* 2005, 38, 40; and Erbguth 2005, 55.

tion's proportionality.[342] This ensures that the authority adheres to the legislator's choice of legitimate purposes and projects for which the authority may expropriate property. The authorities must not 'invent' purposes and projects,[343] but instead must ascertain whether the project at hand falls under the statutory definition of projects and legitimate purposes. By fulfilling this controlling task, the authority complies with Art. 20(3) GG, which says that executive organs are bound by law and justice.

One may argue that the planning authority's assessment of whether the expropriation would meet the constitutional and statutory requirements is likely to be clouded by its activities during the planning phase. As is shown below,[344] however, the administrative courts enforce the proper fulfilment of this controlling task through a full judicial review, meaning that the courts can substitute their own determinations for the authority's determinations and, thereby, limit the leeway of the planning authority. This full judicial review and the relatively easy access to the courts[345] should deter the planning authority from rubber-stamping its own determinations.

The planning authority's decision on whether or not an expropriation would be permissible is binding upon the expropriation authority.[346] The expropriation authority or the ordinary courts, which deal with the expropriation decision, would thus not review the plan and the application of Art. 14(3) GG and the expropriation statute any further.[347] This phenomenon is called *enteignungsrechtliche Vorwirkung* (advance effect in expropriation law). The Constitutional Court subjects this advance effect in expropriation to two requirements. Firstly, adversely affected persons are afforded effective judicial protection against the project plan, including the application of Art. 14(3) GG.[348] Secondly, the absence of judicial review after the expropriation procedure does not impose a disproportionate burden upon affected persons.[349] The requirement of judicial protection may lead to particular complications if the planning procedure itself is divided into several stages.[350] This issue falls outside the scope of this book because the planning procedure under the Hamburg Aerodrome Act was not divided into several stages.

Under the Aerodrome Act: Advance effect in expropriation law

Under the Aerodrome Act, the project plan was binding upon the expropriation authority.[351] This means that the Hamburg Ministry of Economic Affairs and Labour had to scrutinise whether the expropriation met the public good requirement and

---

[342] Neumann, in Stelkens/Bonk/Sachs, VwVfG, § 74, Nos. 33 et seq and 40 et seq; and Jarass, in Jarass/Pieroth, GG, Art. 14, No. 83.

[343] BVerfG, Judgment of 10 March 1981, *BVerfGE* 56, 249, 262; and Brugger 1987, 64. Cf BVerfG, Judgment of 17 December 2013, *NVwZ* 2014, 211, 215.

[344] See subsection 3.2.3.3.4 below.

[345] See §§ 166(1) VwGO; and 114(1) ZPO on legal aid.

[346] Neumann, in Stelkens/Bonk/Sachs, VwVfG, § 75, Nos. 28 et seq; and Jarass 2006, 1331.

[347] Brugger 1987, 63; and Jarass 2006, 1331.

[348] BVerfG, Judgment of 17 December 2013, *NVwZ* 2014, 211, 219 and 231 et seq; and Moench & Ruttloff 2014, 898.

[349] BVerfG, Judgment of 17 December 2013, *NVwZ* 2014, 211, 217. Cf Brugger 1987, 63.

[350] BVerfG, Judgment of 17 December 2013, *NVwZ* 2014, 211, 216 et seq; and S Beier 'Rechtsschutz gegen Enteignungen in mehrstufigen Planungsverfahren' 2015 *DÖV* 309–319.

[351] § 3(1) 2nd sentence, of the Aerodrome Act.

the test of the expropriation's proportionality.[352] However, the Act seems to have limited the extent of the advance effect. The expropriation authority had to assess whether the project was of substantial importance to the prescribed purposes and whether the expropriation was the least-invasive means to enable Airbus to implement the project.[353]

3.2.3.2.4 *The role of the expropriation authority*

The adoption of a project plan in itself does not compel the owner of the targeted land to implement the project, nor does it change the owner of the land.[354] If necessary, particularly if the owner refuses to sell their land, the project developer or the planning authority may then apply to the expropriation authority for the expropriation of the required property.[355]

The task of the expropriation authority in the absence of an advance effect

Where the expropriation statute does *not* prescribe an advance effect in expropriation law, the main task of the expropriation authority is to control the compliance of the expropriation with the Basic Law and statute law. With regard to the legitimate purpose, the expropriation authority ensures that the planning authority and/or the project developer adhere to the definition of the projects and purposes chosen by the legislator. The expropriation authority's controlling task is generally not accompanied by any discretion under the expropriation statute.[356] This means that if the expropriation meets all statutory and constitutional requirements, the expropriation authority will have to decide to expropriate the targeted property.

In the absence of an advance effect in expropriation law, the planning authority has not finally decided that the expropriation would serve the public good and that the expropriation would meet the other constitutional and statutory requirements for a lawful expropriation.[357] The binding land-use plan under the Federal Building Code is one of a few examples of a plan without an advance effect in expropriation law.[358] The expropriation authority then takes the controlling steps set out in the following paragraphs. In following these steps, the expropriation authorities follow the jurisprudence of the courts and do not themselves determine the requirements that the planning authority must observe. The expropriation authority first fully scrutinises whether the plan is lawful.[359] The result of the balancing of interests,

---

[352] Cf Battis & Otto 2004, 1506; Erbguth 2005, 55; and OVG Hamburg, Decision of 9 August 2004, *ZUR* 2005, 38, 40.

[353] § 3(2) and (3) of the Aerodrome Act; and § 3(1) of the Hamburg Expropriation Act. Differing: OVG Hamburg, Decision of 9 August 2004, *NVwZ* 2005, 105, 107 et seq.

[354] Neumann, in Stelkens/Bonk/Sachs, VwVfG, § 75, No. 26; and Runkel, in Ernst/Zinkahn/Bielenberg/Krautzberger, BauGB, § 85, Nos. 91 et seq.

[355] Brugger 1987, 62. See, for instance, §§ 85(1) No. 1, 105 BauGB.

[356] See, for instance, BVerfG, Judgment of 17 December 2013, *NVwZ* 2014, 211, 221.

[357] Papier, in Maunz/Dürig, GG, Art. 14, No. 575. Cf Bell 2002, 368.

[358] BVerfG, Decision of 8 July 2009, *NVwZ* 2009, 1283, 1285; and Runkel, in Ernst/Zinkahn/Bielenberg/Krautzberger, BauGB, § 85, Nos. 32 et seq.

[359] Runkel, in Ernst/Zinkahn/Bielenberg/Krautzberger, BauGB, § 87, No. 55; and Jarass 2006, 1331.

including the choice between alternative projects, however, is subject to only a limited judicial review.[360]

A limited judicial review means that the courts (and, consequently, the expropriation authorities) only verify whether or not the authority has accurately determined all relevant facts, whether or not the authority has heard all affected persons, and whether or not the authority has balanced all relevant interests in a plausible manner.[361] The balancing of interests will no longer be plausible in either one of two situations. The first situation occurs where a disadvantage of the plan does not bring about any advantages of a private or public nature.[362] For example, an additional burden that the authority imposes upon an owner is not conducive to a legitimate purpose. The second situation would occur if the planning authority had misconstrued the legal importance or weight of an involved interest.[363] The courts can only set aside value judgements, projections, or goals of the authority if they are clearly refutable, clearly flawed, or contrary to the applicable statutes or the system of values of the Basic Law.[364] The plausibility test does not apply to the extent that the legislator restricts the discretion of the planning authority.[365]

After the examination of the plan, the expropriation authority examines whether the expropriation of the targeted property meets the requirements of the applicable expropriation statute and Art. 14(3) GG. As the courts fully review the application of Art. 14(3) GG[366] and the expropriation authority is not bound by the determinations of the planning authority, the expropriation authority is likely to apply equally intrusive scrutiny.

The task of the expropriation authority where the plan has an advance effect

Where the expropriation statute *does provide* for an advance effect in expropriation law, however, the expropriation authority is bound to the project plan, the choice of the required land, and the planning authority's assessment of whether the expropriation meets the statutory and constitutional requirements. The role of the expropriation authority is then limited to performing the tasks that the expropriation statute explicitly assigns to it, following the expropriation procedure, and determining the compensation.[367]

Under the Hamburg Aerodrome Act: The role of the expropriation authority

The Aerodrome Act provided for the advance effect in expropriation law of the project plan. The Hamburg Ministry of Finance was thus bound to the determinations made by the planning authority. In addition to determining the compensation and following the expropriation procedure,[368] the expropriation authority only had to assess

[360] BVerfG, Decision of 8 July 2009, *NVwZ* 2009, 1283, 1285. Cf Papier, in Maunz/Dürig, GG, Art. 14, No. 575; and with regard to expropriations on the basis of a statutory plan: BVerfG, Decision of 17 July 1996, *NJW* 1997, 383, 385.

[361] BVerfG, Decision of 20 February 2008, *NVwZ* 2008, 780, 783; and BVerfG, Decision of 8 July 2009, *NVwZ* 2009, 1283, 1285 et seq.

[362] BVerwG, Decision of 17 February 1997, *LKV* 1997, 328, 332.

[363] BVerwG, Decision of 17 February 1997, *LKV* 1997, 328, 332.

[364] BVerfG, Decision of 20 February 2008, *NVwZ* 2008, 780, 783.

[365] Neumann, in Stelkens/Bonk/Sachs, VwVfG, § 72, Nos. 10 et seq.

[366] See subsection 3.3.6.3 below.

[367] See, for instance, §§ 5 and 7(4) of the Hamburg Expropriation Act; and § 113(2) No. 8 BauGB.

[368] § 5 of the Aerodrome Act; and §§ 5 and 7(4) of the Hamburg Expropriation Act.

whether the project was of substantial importance to the prescribed purposes and whether the expropriation was the least-invasive means to enable Airbus to implement the project.[369] The Ministry did not have any discretion when deciding on whether or not to expropriate the targeted property. When the expropriation met the requirements, the Ministry had to decide to expropriate the property.[370]

3.2.3.3 *The role of the courts*

The courts perform a controlling role and partially determine the boundaries to legislature's and the planning authority's discretion themselves. Under the Hamburg Aerodrome Act, the courts were competent to review the project plan adopted by the Hamburg Ministry of Economic Affairs and Labour and the expropriation decision taken by the Hamburg Ministry of Finance. Section 42(2) VwGO provided for the right to bring an action for annulment (*Anfechtungsklage*) of the project plan before the administrative courts. With respect to the expropriation decision, the first sentence of § 9(1) of the Hamburg Expropriation Act provided for the right of any affected person to file an application for a ruling of the ordinary Regional Court. The protection of the expropriatee before the administrative courts is generally better because unlike in proceedings before the ordinary courts, the burden of proof lies with the administrative authority and administrative courts are obliged to gather the relevant facts of the case themselves.[371] If there are any doubts about the constitutionality of an expropriation statute, the competent court will have to stay the proceedings and refer the case to the Constitutional Court.[372] The following subsections contain an analysis of the controlling and boundary-shaping role of the courts in reviewing the determinations of the legislature and administrative authorities with respect to the legitimate purpose.

3.2.3.3.1 *Judicial deference to the legislator's choice*

The Constitutional Court has refused to determine which purposes qualify as legitimate and only determines a few outer boundaries in the form of the negative definition of legitimate purposes.[373] The entity that determines for which legitimate purposes ('public good objectives of particular weight') the state may expropriate property is the legislator. The legislator determines whether or not a purpose is so important to society that it must be pursued through expropriation.[374] The courts review this legislative definition of public good objectives only in the form of a constitutional rationality test (*Vertretbarkeitskontrolle*).[375] The chosen public good objective must, moreover, be generally adequate to legitimately justify expropriations that will typically occur for that public good objective. At least, the objective must be of particular weight.[376] Again, the determination of the objective's particu-

---

[369] § 3(2) and (3) of the Aerodrome Act; and § 3(1) of the Hamburg Expropriation Act. OVG Hamburg, Decision of 9 August 2004, *NVwZ* 2005, 105, 107 et seq.

[370] § 3(1) of the Aerodrome Act.

[371] Refer to subsection 3.4.4 below for more details.

[372] Art. 100(1) GG, § 13 No. 11 BVerfGG.

[373] See subsection 3.2.1.2 above.

[374] BVerfG, Judgment of 17 December 2013, *ZUR* 2014, 160, 162.

[375] BVerfG, Judgment of 17 December 2013, *ZUR* 2014, 160, 162. Confirmed in BVerfG, Decision of 21 December 2016, *NVwZ* 2017, 399, 401 et seq, para 31; and BVerfG, Decision of 25 January 2017, ECLI:DE:BVerfG:2017:rk20170125.1bvr229710, para 35. Cf Kriele 2011, 205.

[376] BVerfG, Judgment of 17 December 2013, ZUR 2014, 160, 162.

lar weight is merely subject to a constitutional rationality test.[377] The only firm boundary seems to be the negative definition of legitimate purposes.[378] The courts thus assume a narrow boundary-shaping role with regard to the interpretation of the Constitution and a narrow controlling role with respect to the legislator's choice of legitimate purposes.

The reason for this deference to the legislator is that the public good is, in principle, for the democratically elected legislator to concretise.[379] *Wieland* asserted that the Constitutional Court could not put its notion of public good in the place of the legislator's decision.[380] However, this is only true of the determination of legitimate purposes.[381] The public good requirement subjects the project to the first test of proportionality. As is shown below,[382] the application of this test is subject to a full judicial review.[383] In the framework of that test, the legislator cannot attach more weight to the legitimate purpose than the Basic Law permits.[384]

3.2.3.3.2 *Legislative decision-making is subject to procedural safeguards*

While the legislator's choice of purposes and projects is only subject to a constitutional rationality test, the Constitutional Court has shaped stricter requirements for the process that leads to that choice. The first safeguard is the constitutional review of the specificity of the project and the purposes. The required specificity is higher where the legislature wishes to authorise a third-party transfer for economic development.[385] Thereby, the judiciary determines the legislature's role in that it compels the legislature to play a greater creative and boundary-shaping role in determining the legitimate purpose and, thereby, boundaries to the discretion of the planning authority.

The second safeguard is the judicial review of the legislative decision-making process. The choice is mostly based upon, on the one hand, facts and, on the other hand, value judgements, projections, and goals. The Constitutional Court fully reviews the facts upon which the decision of the legislator is based.[386] As far as value judgements, projections, and goals are concerned, the Constitutional Court can only set the choice of the legislator aside if the value judgements, projections, or goals are clearly refutable, clearly flawed, or contrary to the system of values of the Basic Law.[387] Projections can be tested as to whether they are based upon facts, future events that are sufficiently likely to occur, and a sound method.[388] Thereby,

---

377 BVerfG, Judgment of 17 December 2013, ZUR 2014, 160, 162.

378 See subsection 3.2.1.2 above. Cf Riedel 2012, 220.

379 Cf Riedel 2012, 190 et seq; and Stern 1994, 351 et seq. See subsection 3.2.1.1 above.

380 Wieland, in Dreier, GG, Art. 14, No. 101.

381 Cf Papier 1987, 620, who correctly notes that the legislator cannot specify the requirements that arise from the public good requirement, but misinterprets the selection of legitimate purposes as a definition of the public good.

382 See subsection 3.3.6.3.3 below.

383 Papier, in Maunz/Dürig, GG, Art. 14, No. 574; Riedel 2012, 133, 191 et seq and 219 et seq; Runkel, in Ernst/Zinkahn/Bielenberg/Krautzberger, BauGB, § 87, No. 30; and Schmidbauer 1989, 279.

384 Schmidbauer 1989, 143 et seq. Refer to subsection 3.3.6.1.2 for a detailed analysis and more references.

385 See subsection 3.2.3.1.3 above.

386 BVerfG, Decision of 2 June 2008, *NVwZ* 2008, 1229, 1231. See also: Hillgruber 2011, 1059.

387 BVerfG, Decision of 2 June 2008, *NVwZ* 2008, 1229, 1231; and Riedel 2012, 219.

388 BVerfG, Decision of 2 June 2008, *NVwZ* 2008, 1229, 1231.

the Constitutional Court ensures that the legislature deals thoroughly with the subject matter.

This standard was originally developed for statutory expropriations that require the legislator to determine what specific property rights are expropriated at what time for what concrete projects.[389] There is, however, no reason why there should be stricter (or more lenient) scrutiny of the decision of the legislator in the context of administrative expropriation.[390] Particularly, in its general case law on the position of the legislator, the Constitutional Court highlights the scope for projections and value judgements of the legislator.[391] Moreover, in the more recent case law on Art. 14(3) GG, the Constitutional Court does not make any distinction between statutory and administrative expropriation in this respect.[392]

3.2.3.3.3 *Judicial scrutiny of the definition of the purpose in the project plan*

In designing the project, a planning authority concretises the expropriation's purpose within the boundaries set by the legislature. As is the legislature's definition of the legitimate purposes, the planning authority's concretisation of this purpose is generally only subject to a limited judicial review.[393] A limited judicial review means that the courts only control whether or not the authority has complied with the applicable statutes,[394] has accurately determined all relevant facts, whether or not the authority has heard all affected persons, and whether or not the authority has balanced all relevant interests in a plausible manner.[395] The courts thus ensure that the authority has identified and actually balanced all relevant interests.[396] The result of the balancing of interests will be deemed implausible in three instances. The first is if a disadvantage of the plan does not bring about any advantages of a private or public nature.[397] The second is if the planning authority has misconstrued the legal importance or weight of an involved interest in the light of the applicable statute or the value system of the Basic Law.[398] The third instance is if its projections or goals

[389] BVerfG, Judgment of 18 December 1968, *NJW* 1969, 309, 313.

[390] See for lower courts applying this standard: VGH Mannheim, Decision of 23 August 2010, *BeckRS* 2010, 52113; and VG Düsseldorf, Judgment of 25 May 2011, *BeckRS* 2011, 53301. Implicitly concurring: Riedel 2012, 219.

[391] BVerfG, Decision of 6 October 1987, *NJW* 1988, 1195, 1196 et seq; and Merten 2009, No. 45.

[392] BVerfG, Decision of 2 June 2008, *NVwZ* 2008, 1229, 1231. See already: BVerfG, Judgment of 18 December 1968, *NJW* 1969, 309, 313.

[393] BVerfG, Decision of 8 July 2009, *NVwZ* 2009, 1283, 1285. Cf Papier, in Maunz/Dürig, GG, Art. 14, No. 575; and with regard to expropriations on the basis of statutory plans: BVerfG, Decision of 17 July 1996, *NJW* 1997, 383, 385.

[394] Runkel, in Ernst/Zinkahn/Bielenberg/Krautzberger, BauGB, § 87, No. 55; Jarass 2006, 1331; Neumann, in Stelkens/Bonk/Sachs, VwVfG, § 72, Nos. 10 et seq; and Gerhardt, in F Schoch, JP Schneider & W Bier (eds) *Verwaltungsgerichtsordnung: VwGO* (Munich: CH Beck) § 114, No. 28.

[395] BVerfG, Decision of 20 February 2008, *NVwZ* 2008, 780, 783; and BVerfG, Decision of 8 July 2009, *NVwZ* 2009, 1283, 1285 et seq. Cf Schmidt-Aβmann, in Maunz/Dürig, GG, § 19(4) Nos. 212 et seq; and Gerhardt, in Schoch/Schneider/Bier, VwGO, § 114, Nos. 40 et seq.

[396] Schmidt-Aβmann, in Maunz/Dürig, GG, Art. 19(4) Nos. 210 et seq; Gerhardt, in Schoch/Schneider/Bier, VwGO, § 114, Nos. 40 et seq; and BVerfG, Decision of 2 June 2008, *NVwZ* 2008, 1229, 1231

[397] BVerwG, Decision of 17 February 1997, *LKV* 1997, 328, 332. See subsection 3.2.3.2.4 above.

[398] Neumann, in Stelkens/Bonk/Sachs, VwVfG, § 74, Nos. 66 et seq; BVerwG, Decision of 17 February 1997, *LKV* 1997, 328, 332; and BVerfG, Decision of 4 July 2002, *NVwZ* 2003, 71, 72.

are clearly refutable, clearly flawed, or contrary to the applicable statute or system of values of the Basic Law.[399] In sum, while the controlling role of the courts with regard to compliance with legislation is broad, the courts' boundary-shaping and controlling role with respect to the balancing of interests is narrow.

3.2.3.3.4 *Judicial scrutiny of the application of the legitimate purpose*

If the expropriation statute provides for an advance effect in expropriation law, the planning authority will have to control whether the expropriation serves a purpose that falls under the definition of legitimate purposes in the expropriation statute. If there is no advance effect, it will be for the expropriation authority to fulfil that task. As the Aerodrome Act and other expropriation statutes do not grant any discretion to the competent authority to interpret the statutory legitimate purpose, the courts fully review the application of the expropriation statute.[400] In performing this controlling role, the courts ensure that although the planning authority may freely shape the project, the executive branch adheres to the legislature's choice of purposes.

3.2.3.4 Illustration of the governance structure

The following figure compares the governance of the legitimate purpose for a third-party transfer for economic development to the governance of the legitimate purpose for an expropriation that directly contributes to the public good under German law. It illustrates the influence that the Constitution (black field), the legislature (grey field), and the planning authority (white field) must or may exert on the purpose of these categories of expropriations under the German Basic Law. The arrows represent administrative and judicial scrutiny.

[399] BVerfG, Decision of 2 June 2008, *NVwZ* 2008, 1229, 1231; and BVerfG, Decision of 4 July 2002, *NVwZ* 2003, 71, 72.

[400] §§ 1(2) 2 of the Aerodrome Act; Sachs, in Stelkens/Bonk/Sachs, VwVfG, § 40, Nos. 147 et seq and 158 et seq; and, for instance, C Theobald, in W Danner & Theobald *Energierecht* (Munich: CH Beck EnWG) § 45, Nos. 28 et seq.

– Third-party transfers for economic development:

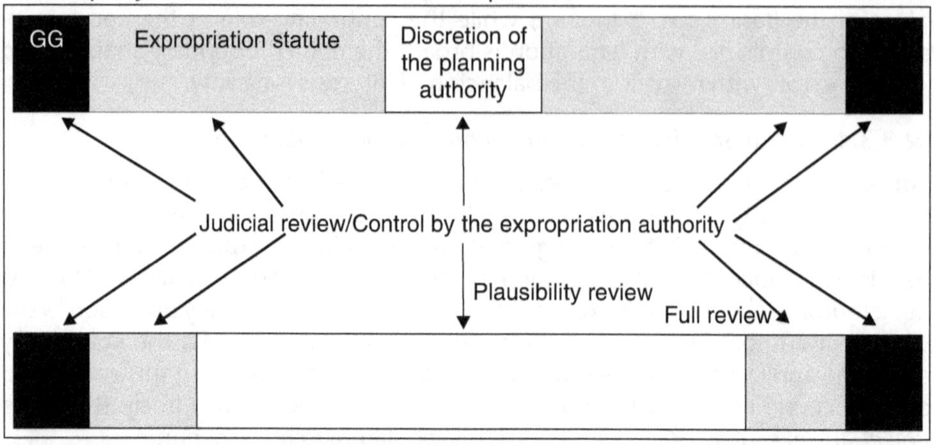

– Expropriations that directly contribute to the public good

Figure 2: The governance of the legitimate purpose under German law. The black field represents the negative definition of legitimate purposes under the Basic Law. The grey field represents the extent to which legislation must define the purpose. The white field represents the scope for manoeuvring of the planning authority if the legislature observes the constitutionally required degree of specificity, but does not specify the project and purposes beyond that. The bold arrows represent a full review of the application of the Basic Law and/or the legislation. The thin arrows represent a plausibility or limited review of the exercise of the planning authority's discretion.

Source: Author's own design

3.2.4 Conclusion

Economic development created by private parties through specific projects, such as the creation of employment or economic growth through a new factory, is a legitimate purpose for which the state may constitutionally expropriate property. The reason why there are hardly any third-party transfers for economic development in Germany is that there is no general expropriation statute that authorises third-party transfers for that purpose.

The absence of such a general expropriation statute, in turn, results from the governance model that the Constitutional Court created. The legislator must select the projects and purposes for which an authority may expropriate property. In laying down the purposes and projects in the statute, the legislator must observe a standard of specificity. 'Public good' or 'public purpose' is never a sufficiently specific purpose. Abstract purposes, such as 'the supply of energy', are sufficiently specific if the transferee is the state or a private entity whose business activities in themselves realise that purpose or provide a service that is indispensable to a life in human dignity. If the legislature wishes to authorise a third-party transfer for economic development, stricter requirements will apply. 'Creation of employment in sector x' or 'the improvement of the economic structure in sector y' will not be sufficient. Third-party transfers for general economic development are, therefore, unconstitutional. The legislator must define more narrowly the basic characteristics of the projects, the expected public benefits, the benefited area, and the beneficiaries. The Hamburg Aerodrome Act, a project-specific expropriation statute, is an example of a successful application of the stricter standard of specificity.

Underlying this broad boundary-shaping role of the legislator is the fear that economic development is so broad a purpose that it would give rise to unpredictable policies of the authorities and create an incentive for project developers and the planning and expropriation authority to collude for their own benefit. Due to this concern, the creative role of the planning authorities is narrower with respect to third-party transfers for economic development than in other expropriation cases. The planning authorities concretise the project and the purpose of the expropriation within narrower statutory boundaries that it must observe. The courts have a minimal role to play in determining boundaries to the legitimate purpose. The courts have refused to determine an exhaustive definition of the purposes that qualify as legitimate under the Basic Law and set only a few outer boundaries, such as the prohibition of expropriations for private purposes. The courts only fully review whether the authorities applied the expropriation statute correctly and respected the legislator's choice. The planning authority's concretisation of the purpose is subject only to a limited judicial review. This limited judicial review entails that the courts will only interfere where the balance of interests is implausible or where the authority's value judgements, projections, or goals are clearly refutable, clearly flawed or contrary to the applicable statute, or value system of the Basic Law.

3.3 THE CONTEXTUALISATION

➢ Refer to section 2.2 for more details on the contextualisation in general.

➢ An outline of an earlier version of this subsection has been published in B Hoops 'More safeguards instead of a ban of economic development takings: the *Kelo case* from German Perspective' in: B Hoops, EJ Marais, H Mostert, JAMA Sluysmans and LCA Verstappen (eds) *Rethinking Expropriation Law: Context, Criteria and Consequences of Expropriation* (The Hague: Boom 2015).

3.3.1 The relationship between the project and the legitimate purpose

➢ This subsection addresses the following questions with respect to German law: In order for a third-party transfer for economic development to be lawful, . . .
- does the project have to be suitable to promote economic development?
- does there have to be an ascertainable need for economic development?
- how much does the project have to contribute to economic development?

➢ See subsection 2.2.2 for more details on these comparative questions.

3.3.1.1 The suitability of the project

The first suitability test requires that the project is suitable to contribute to attaining the legitimate purpose.[401] A project will be suitable if the desired outcome (ie the realisation of the legitimate purpose) gets closer.[402] As the future impact of a project is inherently uncertain, this test requires a projection of the project's effects. Unlike the facts and the method that inform such projections, the projections of the legislature and the competent authority are only subject to a limited judicial

---

[401] BVerfG, Judgment of 17 December 2013, *ZUR* 2014, 160, 163. See also: BVerfG, Decision of 4 July 2002, *NVwZ* 2003, 71, 72.

[402] Stern 1994, 776; Hillgruber 2011, 1056; and MCh Jakobs 'Der Grundsatz der Verhältnismäßigkeit' 1985 *DVBl.* 97–102, 99.

review.[403] An economic development project will thus be suitable if it can be reasonably expected to create jobs or to generate other economic benefits. Only if the courts decided that the project was not objectively capable of realising the promised benefits, would the project be unsuitable in any case.[404]

3.1.2 The need for a project and its contribution to the legitimate purpose

The test of the project's necessity also governs the relationship between the project and the legitimate purpose in that it requires that the project is reasonably required for the public good.[405] The Constitutional Court held in its *Garzweiler II* judgment that this requirement would be met if the project made a substantial contribution to achieving the legitimate purpose.[406] It is not required that the project is indispensable to realising the legitimate purpose. This standard is less strict than an *ultima ratio* or least invasive means test.[407]

This standard originally developed in the jurisprudence of the Federal Administrative Court on the legitimate justification of spatial plans and project plans (so-called *Planrechtfertigung*), and planning authorities still apply this standard to all plans, regardless of whether it will form the basis of an expropriation.[408] A project will substantially contribute to the legitimate purpose if it meets three requirements. Firstly, the project serves an ascertainable need.[409] A new power plant, for instance, does not substantially contribute to the supply of electricity if there is no need and there will reasonably be no future need for additional electricity.[410] Note that projections of future needs are inherently uncertain and are, therefore, only subject to limited judicial scrutiny.[411] Secondly, the statutory basis of the state action reflects that satisfying this need is a legitimate purpose.[412] This means that the power plant would not be necessary if the statutory basis did not provide that the state can build new energy facilities to enhance the supply with electricity. Thirdly, the contribution of the project to this legitimate purpose is substantial.[413] There is not sufficient material to determine under what conditions the contribution would (not) be substantial. In any case, there will be no substantial contribution if the project cannot be realised.[414]

403 Stern 1994, 778 et seq; and Ziekow 2014, 175.

404 Stern 1994, 776; and Merten 2009, No. 65.

405 BVerfG, Judgment of 17 December 2013, *ZUR* 2014, 160, 163.

406 BVerfG, Judgment of 17 December 2013, *ZUR* 2014, 160, 163.

407 See subsection 3.3.4 below.

408 Stüer 2015, No. 4923. Differing: Neumann, in Stelkens/Bonk/Sachs, VwVfG, § 74, Nos. 33 et seq.

409 Henze 2009, 87; A Schink, in Knack/Henneke, VwVfG, § 74, No. 115; Neumann, in Stelkens/Bonk/Sachs, VwVfG, § 74, No. 36; and BVerfG, Decision of 25 January 2017, ECLI:DE:BVerfG:2017:rk20170125.1bvr229710, para 56.

410 BVerwG, Judgment of 11 July 2002, *NJW* 2003, 230, 233.

411 Schink, in Knack/Henneke, VwVfG, § 74, No. 115; and Neumann, in Stelkens/Bonk/Sachs, VwVfG, § 74, No. 50.

412 BVerwG, Judgment of 16 March 2006, *NVwZ-Beil.* 2006, 1, 15; Schink, in Knack/Henneke, VwVfG, § 74, No. 115; Ziekow 2014, 174; and Neumann, in Stelkens/Bonk/Sachs, VwVfG, § 74, No. 35.

413 BVerwG, Judgment of 16 March 2006, *NVwZ-Beil.* 2006, 1, 15. Cf Henze 2009, 89 et seq.

414 Ziekow 2014, 174; and Neumann, in Stelkens/Bonk/Sachs, VwVfG, § 74, No. 37.

An example of the application of this test can be found in the *Garzweiler II* judgment.[415] The Constitutional Court had to assess whether the project, the construction of mining facilities for the exploitation of brown coal reserves, would substantially contribute to a reliable supply of energy to the public from brown coal power plants. The government of North Rhine-Westphalia predicted that the coal mines would annually produce 35 to 40 million tons of brown coal, from which around 35 TWh of electricity could be generated. This amount would meet the demand of around 10 million German households.[416] The Court held that this amount of brown coal constituted a substantial contribution to the supply of energy to the public.[417]

This judgment demonstrates one way to verify whether or not a project substantially contributes to a public good objective. The statute deemed the supply of energy to be a legitimate purpose. There was an enormous private and public demand for energy, which seems to have implied a relevant public need. The project was projected to satisfy a part of this need and, therefore, to contribute to achieving the statutory legitimate purpose. As there are around 40.8 million households in Germany,[418] the project was predicted to provide sufficient brown coal to satisfy 25 per cent of the total annual demand for electricity in Germany. The Constitutional Court found this to be a substantial contribution. Note, however, that such a great contribution is not required because only large national infrastructure projects would need this amount of electricity.

3.3.1.3 Stricter requirements for third-party transfers for economic development?

An intriguing question is whether the relationship between the project and its purpose will be subject to additional requirements if the state transfers the expropriated property to a private entity. In 1984 the Constitutional Court delivered a judgment on expropriation for the benefit of private energy supply companies. Therein, the Court considered that the expropriation was legitimately justified because the company's public task and the obligation to fulfil that task dominated the private law structure of the company and the company's goal to make a profit.[419] This raises the question of whether, as *Schack* asserted even before this judgment, the public interest in the project had to outweigh the private interest in it.[420]

It is submitted that it is unlikely that this requirement forms part of the public good requirement in terms of Art. 14(3) GG. Firstly, the Constitutional Court has not reiterated the consideration in its more recent judgments. Secondly, the consideration is more likely to concern preventive measures than the relationship between the public and the private interest in the project.[421] Thirdly, a legitimate purpose

[415] See for other examples: BVerwG, Judgment of 9 November 2006, *NVwZ* 2007, 445, 447 et seq; and BVerwG, Judgment of 15 January 2004, *NVwZ* 2004, 732, 733.

[416] OVG Münster, Judgment of 21 December 2007, *BeckRS* 2008, 31320.

[417] BVerfG, Judgment of 17 December 2013, *NVwZ* 2014, 211, 229.

[418] Refer to https://de.statista.com/statistik/daten/studie/1240/umfrage/anzahl-der-privathaushalte-deutschland-nach-bundeslaendern/ (last accessed: 28 June 2017).

[419] BVerfG, Decision of 20 March 1984, *NJW* 1984, 1872, 1872. See also: BVerwG, Judgment of 14 December 1990, *NVwZ* 1991, 987, 989.

[420] Schack 1961, 76. Reiterating the Court's consideration, but not deriving any additional requirement from it: Wieland, in Dreier, GG, Art. 14, No. 103. Cf Jackisch 1996, 156.

[421] Refer to subsection 3.5.1 below.

does not lose its public character because private entities benefit from the state pursuing this objective. On the contrary, private entities are often better equipped to generate economic growth and employment opportunities and will, therefore, better serve the public than the state would.[422] Fourthly, the interests of the transferee in the expropriation do not play any role when public and private interests are balanced, as subsequent judgments of the Constitutional Court and scholars in the literature suggest.[423]

That said, the absence of this requirement will not weaken the protection of the expropriatee. If the public benefits of the project are merely incidental to the transferee's private profit, the expropriation will likely fall foul of the test of proportionality in the narrow sense because the adverse effects of the project and the expropriation will probably outweigh the project's public benefits.[424]

3.3.1.4 *The relationship between the project and the legitimate purpose under the Hamburg Aerodrome Act*

The Hamburg Aerodrome Act seems to have added a requirement concerning the relationship between the project and the purpose. Section 3(2) of the Aerodrome Act stipulated that the extension of the runway had to be of substantial importance to the realisation of the legitimate purpose, which was the creation and sustaining of employment opportunities in the aviation industry in Hamburg. Unfortunately, the explanatory memorandum did not indicate what 'substantial importance' meant.[425] The Higher Administrative Court of Hamburg concluded that the legislator did not intend to go beyond what the test of the project's necessity requires.[426]

3.3.2 The alternative project argument

➢ This subsection addresses the following questions with respect to German law:
- Would the availability of an equally suitable, but less harmful alternative project render the expropriation unlawful?
- Would the availability of an insignificantly less suitable, but considerably less harmful alternative project render the expropriation unlawful?

➢ See subsection 2.2.3 for more details on the alternative project argument.

➢ This subsection is based upon B Hoops, 'The alternative project argument in the context of expropriation law (part 1)', *TSAR* 2016, 680–696, 692–696.

3.3.2.1 *The Basis of the Assessment*

Section 3(1) of the Hamburg Aerodrome Act prescribed that the Hamburg Ministry of Economic Affairs and Labour would determine the design and the location of the new runway in a project plan. In shaping the project, this planning authority had to balance all relevant interests.[427] This balancing test forms part of planning law and not Art. 14(3) GG. A planning authority first ascertains the benefits and adverse

---

[422] Cf Schmidbauer 1989, 154.

[423] Riedel 2012, 210; and Von Brünneck 1986 *NVwZ* 425–431, 430. Cf Schmidbauer 1989, 156. See, for instance, BVerfG, Judgment of 17 December 2013, *NVwZ* 2014, 211, 221. Refer to subsection 3.3.5.2 below for more details.

[424] Henze 2009, 93.

[425] Hamburger Bürgerschaft, Drucksache 17/3920, 7 et seq.

[426] OVG Hamburg, Decision of 9 August 2004, *NVwZ* 2005, 105, 107 et seq.

[427] Ziekow 2014, 177; Bell 2002, 368 et seq.

effects of the envisaged project.[428] As to property rights on the land where the authority wishes to carry out the project, the planning authority does not take into account the loss of ownership, but only the restrictions to the exercise of these rights that arise from the plan itself.[429] Then, based upon the results of this analysis, the planning authority accords a certain normative weight to each relevant interest and then balances these interests.[430] Subsection 3.3.5.1 below provides an in-depth analysis of this process.

The courts intrusively scrutinise whether the authority identified and accorded weight to all relevant interests.[431] Due to the authority's planning discretion, however, the result of the balancing test (ie the project) is subject to only a limited judicial review.[432] The courts will interfere only if the balancing of interests is no longer plausible. This will be the case if a disadvantage of the plan does not bring about any advantages of a private or public nature or if the planning authority has misconstrued the legal importance or weight of an involved interest.[433] The courts only set aside value judgements, projections, or goals of the authority if they are clearly refutable, clearly flawed or contrary to the applicable statutes or the system of values of the Basic Law.[434]

In balancing the relevant interests, the planning authority must consider alternatives to the envisaged project.[435] For instance, the project developer could implement the project in another place or the project could take another shape. The planning authority should choose the alternative that least adversely affects private and public interests.[436] The alternative project argument may be successful if the alternative is suitable to achieve the aim of the project and affects private and public interests less than the envisaged project.[437]

---

[428] Schmidbauer 1989, 142; and Neumann, in Stelkens/Bonk/Sachs, VwVfG, § 74, Nos. 60 et seq.

[429] Neumann, in Stelkens/Bonk/Sachs, VwVfG, § 74, No. 74; and Ziekow, *Verwaltungsverfahrensgesetz*, 3rd ed (Stuttgart: Kohlhammer 2013) VwVfG, § 74, Nos. 18 et seq.

[430] Schmidbauer 1989, 138; Stüer & D Hönig, 'Das Eigentum als Grundlage von Abwägung und Rechtsschutz', *VerwArch* 2002, 350–367, 359 et seq; Schink, in Knack/Henneke, VwVfG, § 74, No. 208; and Ziekow 2014, 179 and 183 et seq.

[431] Schmidt-Aβmann, in Maunz/Dürig, GG, § 19(4) Nos. 212 et seq; Gerhardt, in Schoch/Schneider/Bier, VwGO, § 114, Nos. 40 et seq; O Reidt, in Battis, Krautzberger & RP Löhr (eds) *BauGB: Baugesetzbuch*, Kommentar 13th ed (Munich: CH Beck 2016) BauGB, § 10, No. 21; and BVerwG, Judgment of 20 April 2005, *NVwZ* 2005, 949, 953.

[432] Reidt, in Battis/Krautzberger/Löhr, BauGB, § 10, No. 21; and Neumann, in Stelkens/Bonk/Sachs, VwVfG, § 74, No. 56.

[433] BVerfG, Decision of 20 February 2008, *NVwZ* 2008, 780, 783; BVerfG, Decision of 8 July 2009, *NVwZ* 2009, 1283, 1285 et seq; and BVerwG, Decision of 17 February 1997, *LKV* 1997, 328, 332.

[434] BVerfG, Decision of 20 February 2008, *NVwZ* 2008, 780, 783; and BVerfG, Decision of 4 July 2002, *NVwZ* 2003, 71, 72.

[435] Runkel, in Ernst/Zinkahn/Bielenberg/Krautzberger, BauGB, § 87, No. 55; BVerwG, Decision of 24 April 2009, *NVwZ* 2009, 986; BVerwG, Decision of 11 August 2006, *NVwZ* 2006, 1170, 1171; and BVerwG, Judgment of 7 March 1997, *NVwZ* 1997, 914, 915. The necessity of the project, by contrast, does not require an examination of equally suitable, but less harmful alternatives. See, for instance, BVerwG, Judgment of 15 January 2004, *NVwZ* 2004, 732, 733; and BVerwG, Judgment of 9 November 2006, *NVwZ* 2007, 445, 447 et seq.

[436] BVerwG, Judgment of 2 November 1992, *NVwZ* 1993, 887; and Neumann, in Stelkens/Bonk/Sachs, VwVfG, § 74, No. 125

[437] Neumann, in Stelkens/Bonk/Sachs, VwVfG, § 74, No. 125; BVerwG, Judgment of 22 March 1985, *NJW* 1986, 80, 81; BVerwG, Decision of 12 April 2005, *NVwZ* 2005, 943, 947; and BVerwG, Judgment of 20 April 2005, *NVwZ* 2005, 949, 953.

3.3.2.2 Requirements

The first requirement is that the alternative has to be suitable to achieve the aim of the project. If it is not, the planning authority does not need to consider the alternative option.[438] This requirement, however, is not as straightforward as it may seem. Firstly, if the alternative project does not achieve the aim of the project in its entirety, but to such an extent that the deviations are negligible, the alternative project will still be suitable.[439] For instance, if the speed limit is reduced, a road through a mountainous area, could be narrower and thus require less land. Despite this reduction, the alternative design of the road would still serve its purpose of improving the infrastructure in that area.[440] An insignificantly less suitable alternative may thus still render the project plan unlawful. Secondly, it depends upon the definition of the aim whether or not an alternative is suitable to achieve the aim. For instance, the purpose of a road with six lanes may be to accommodate the foreseeable traffic between two major cities or to accommodate all the traffic that six lanes can possibly accommodate.[441] Whereas a road with four lanes may be suitable to achieve the former objective, it would not be suitable to achieve the latter.[442]

The second requirement is that the alternative project adversely affects private and public interests less than the envisaged project. Only in a few cases will this criterion be easy to apply. The Federal Administrative Court has given the following example. The chosen and the alternative project essentially have the same impact. The only difference between them is that the chosen project affects one protected interest, such as environmental protection, more than does the alternative project. In such a situation, the courts have to set aside the plan.[443] This is in line with the standard of plausibility set out above because the environmental disadvantages do not yield any benefits. However, this scenario was only a thought experiment of the highest German administrative court and rarely occurs in practice.[444]

Reality is mostly messier. For example, the planning authority considers two routes of a road that is envisaged to connect two major metropolitan areas. One would pass through agricultural land, and the other one would run through a residential area. The first option would threaten agricultural production and some local farming businesses, whereas the second option would ultimately deprive some homeowners of their homes and cause nuisance to other homeowners. It is the challenging task of the planning authority to identify the advantages and disadvantages of each option and to compare the results.[445] Having compared the results, the planning authority should favour obvious alternatives that have a less severe impact on certain interests over more invasive ones according to the courts'

[438] BVerwG, Judgment of 8 July 1998, *BVerwGE* 107, 142, para 33; BVerwG, Judgment of 9 June 2004, *NVwZ* 2004, 1486, 1490; BVerwG, Decision of 11 August 2006, *NVwZ* 2006, 1170, 1171; and W Spannowsky, 'Notwendigkeit und rechtliche Anforderungen an die Altemativenprüfung in der Bauleitplanung', *UPR* 2005, 401–409, 405.

[439] Schink, in Knack/Henneke, VwVfG, § 74, Nos. 125 and 194; and Ziekow 2014, 190 et seq.

[440] BVerwG, Judgment of 22 March 1985, *NJW* 1986, 80, 81.

[441] Cf BVerwG, Judgment of 22 March 1985, *NJW* 1986, 80, 81.

[442] Cf Henze 2009, 136.

[443] BVerwG, Judgment of 7 March 1997, *NVwZ* 1997, 914, 915 et seq.

[444] VGH Mannheim, Decision of 6 August 1993, *NVwZ* 1994, 1022, 1023; and Henze 2009, 124.

[445] BVerwG, Judgment of 2 November 1992, *NVwZ* 1993, 887, 888.

jurisprudence.[446] However, if one option adversely affects one interest, whereas the other equally harms another interest, the planning authority will have to decide which interest to favour over the other.

3.3.2.3 Standard of judicial scrutiny

The courts will subject the result of the balancing of interests to only a limited judicial review because the courts do not assume the position of a co-planner.[447] The discretion of the planning authority entails that the planning authority can favour one interest over another although these interests may objectively have the same weight.[448] There is thus more than one correct decision. Interestingly, the costs of an alternative project may be a valid reason for the planning authority not to choose the more expensive alternative project, even if the alternative project did not necessitate the acquisition of property rights through expropriation.[449] The courts only interfere where the planning authority did not choose a less invasive alternative although the planning authority must have realised that it was the unmistakably better alternative because it has a less severe overall impact on both private and public interests.[450]

These formulations are quite abstract and only offer limited certainty. An example of the application of this rule was the construction of a federal road in the State of Brandenburg. The competent authority had to choose between a road that would run around a little town and a road that would run through the town parallel to a railway track. Whereas the former option would preserve the town and would minimise dissection effects, the latter option would do less harm to the environment because it would run parallel to the railway track and preserve nature outside the town. The Ministry decided to choose the former option. The Federal Administrative Court held that the Ministry could make this choice and favour the preservation of the town over environmental protection.[451] As this example suggests, planning authorities in practice mostly stay within the limits of their discretionary powers when choosing projects.

A rare example of an unlawful balancing of interests occurs when a planning authority prescribes a certain use of private land where there is equally suitable state

---

[446] Neumann, in Stelkens/Bonk/Sachs, VwVfG, § 74, No. 125; BVerwG, Decision of 12 April 2005, *NVwZ* 2005, 943, 947; and BVerwG, Judgment of 20 April 2005, *NVwZ* 2005, 949.

[447] BVerfG, Decision of 20 February 2008, *NVwZ* 2008, 780, 783; and BVerfG, Decision of 8 July 2009, *NVwZ* 2009, 1283, 1285 et seq.

[448] Neumann, in Stelkens/Bonk/Sachs, VwVfG, § 74, No. 125; and BVerfG, Decision of 20 February 2008, *NVwZ* 2008, 780. Cf BVerfG, Decision of 8 July 2009, *NVwZ* 2009, 1283, 1285 et seq.

[449] Neumann, in Stelkens/Bonk/Sachs, VwVfG, § 74, No. 127. See, for instance, BVerwG, Judgment of 27 October 1999, *NVwZ* 2000, 435, 436; and BVerwG, Judgment of 9 November 2000, *NVwZ* 2001, 682, 684.

[450] Neumann, in Stelkens/Bonk/Sachs, VwVfG, § 74, Nos. 125 and 127; W Söfker in Ernst/Zinkahn/Bielenberg/Krautzberger, BauGB, § 1, No. 202; Battis, in Battis/Krautzberger/Löhr, BauGB, § 1, No. 117a; BVerfG, Decision of 8 July 2009, *NVwZ* 2009, 1283, 1286; and BVerwG, Judgment of 8 July 1998, *BVerwGE* 107, 142, para 33. Cf BVerwG, Judgment of 20 April 2005, *NVwZ* 2005, 949, 953; BVerwG, Judgment of 9 June 2004, *NVwZ* 2004, 1486, 1490; and BVerwG, Judgment of 9 November 2006, *NVwZ* 2007, 445, 449 et seq.

[451] BVerwG, Judgment of 9 June 2004, *NVwZ* 2004, 1486, 1490 et seq.

land available.[452] This is a case where the sacrifice made by the owner does not bring about any additional public benefits, which renders the balancing of interests implausible. If courts set aside a plan, they often prefer to criticise the planning authority or lower courts for not gathering all the facts or not sufficiently considering the negative impact of the project upon a certain interest.[453]

3.3.3 *The suitability of the expropriation*

The test of the expropriation's proportionality outside the dogmatic structure of the public good requirement provides the answer to the question of whether the expropriation must be suitable to enable the transferee to implement the project. The second suitability test requires that the expropriation is objectively capable of enabling the transferee to implement the project.[454] The expropriation will in particular not be suitable if the targeted land is not suitable for the project or if, despite the expropriation, there will not be sufficient land for the project.

3.3.4 The least invasive means argument

➢ This subsection addresses the following questions with respect to German law:
- Would the availability of an equally suitable, but less harmful means to acquire land for the chosen project render the expropriation unlawful?
- Would the availability of an insignificantly less suitable, but considerably less harmful means render the expropriation unlawful?

➢ See subsection 2.2.5 for more details on the least invasive means argument.

The Basic Law subjects the expropriation to a proportionality test, including the necessity test. The test of the necessity of the expropriation provides the answer to the question of how German law treats the least invasive means argument. This necessity test requires that there is no less invasive means that is equally suitable to enable the transferee to implement the project.[455]

3.3.4.1 *Categories of less invasive means*

There are several categories of cases where the expropriation may not be necessary. Firstly, the project requires less land than the expropriation authority intends to acquire through expropriation.[456] An alternative project that would require less land does not fall under this category.[457] Secondly, as some scholars and the Constitu-

---

[452] BVerwG, Judgment of 6 June 2002, *NVwZ* 2002, 1506, 1507; and Runkel, in Ernst/Zinkahn/Bielenberg/Krautzberger, § 87 BauGB, No. 4.

[453] BVerwG, Judgment of 22 March 1985, *NJW* 1986, 80, 81; Henze 2009, 125; L Schlarmann, 'Die Rechtsprechung zur Alternativenprüfung im Planungsrecht', *DVBl.* 1992, 871–878, 877; and M Heidmann, *Die Alternativenprüfung bei Planungsentscheidungen*, Frankfurt am Main Peter Lang, 2012, 44.

[454] BVerfG, Judgment of 17 December 2013, *NVwZ* 2014, 211, 215; and Merten 2009, No. 65.

[455] BVerfG, Judgment of 17 December 2013, *ZUR* 2014, 160, 163; Papier, in Maunz/Dürig, GG, Art. 14, No. 590; and Runkel, in Ernst/Zinkahn/Bielenberg/Krautzberger, § 87 BauGB, No. 54.

[456] BVerfG, Judgment of 18 December 1968, *NJW* 1969, 309, 313; Papier, in Maunz/Dürig, GG, Art. 14, No. 590; and Battis, in Battis/Krautzberger/Löhr, BauGB, § 87, No. 4.

[457] Henze 2009, 168.

tional Court assert, the state already has equally suitable land at its disposal.[458] The implementation of the project on state land, however, should be seen as an alternative project because this less harmful means would change the location of the project.[459] This would not make any difference to the protection of the expropriatee because, as has been pointed out above,[460] the Federal Administrative Court views the availability of suitable state land as a ground to annul the plan.[461]

Thirdly, the authority could purchase the required piece of land on the private market on reasonable terms.[462] If the authority offers the owner a price that is equal to the expected compensation and the owner rejects the offer, the expropriation will be necessary.[463] Fourthly, the developer could also implement the project through less invasive legal means than expropriation, for example contractual obligations, limited property rights, or regulatory regimes.[464] It is disputed whether and, if so, under what conditions the offer of the expropriatee to implement the project would render the expropriation unnecessary.[465]

3.3.4.2 The test of legal and economic suitability

It is necessary to assess in each individual case whether a less invasive means is equally suitable to implement the project. This entails an examination of whether the means is economically and legally suitable.[466] For this examination, the courts apply three criteria. Firstly, the less invasive means must be generally suitable to make the implementation of the project and the realisation of the legitimate purpose possible. For instance, the creation of a right of leasehold would not be suitable to allow for the construction of a bunker.[467] Another example would be contractual obligations that may not ensure that the project developer can implement a project of a permanent nature.[468] The second criterion is that the generally suitable means does not threaten the realisation of the legitimate purpose.[469] For example, if the purchase on the private market delayed the process so much that the project would become useless, the expropriation would still be necessary.[470] Lastly, with respect to the personal and economic circumstances of the transferee, the less

---

[458] BVerfG, Decision of 8 July 2009, *NVwZ* 2009, 1283, 1286; BVerfG, Judgment of 17 December 2013, *NVwZ* 2014, 211, 215; Papier, in Maunz/Dürig, GG, Art. 14, No. 589; Runkel, in Ernst/Zinkahn/Bielenberg/Krautzberger, § 87 BauGB, No. 54; and Wendt, in Sachs, GG, Art. 14, No. 164.

[459] Concurring: Henze 2009, 167. See subsection 3.3.2 above.

[460] See subsection 3.3.2 above.

[461] BVerwG, Judgment of 6 June 2002, *NVwZ* 2002, 1506, 1507.

[462] Papier, in Maunz/Dürig, GG, Art. 14, No. 589; Battis, in Battis/Krautzberger/Löhr, BauGB, § 87, No. 4; and Runkel, in Ernst/Zinkahn/Bielenberg/Krautzberger, § 87 BauGB, Nos. 54 and 69 et seq.

[463] Henze 2009, 152 et seq; and Scheidler 2017, 127.

[464] BVerfG, Judgment of 18 December 1968, *NJW* 1969, 309, 313; Papier, in Maunz/Dürig, GG, Art. 14, No. 590; Wendt, in Sachs, GG, Art. 14, No. 164; and Battis, in Battis/Krautzberger/Löhr, BauGB, § 87, No. 4.

[465] S de Witt, C Durinke & M Geismann 'Expropriation Law in Germany' in Sluysmans, Verbist & Waring (eds) *Expropriation Law in Europe* (Deventer: Kluwer 2015) 177–202, 191. See, however, also § 102(2) No. 2 BauGB; Runkel, in Ernst/Zinkahn/Bielenberg/Krautzberger, BauGB, § 87, No. 54; and Schmidbauer 1989, 161, with more references.

[466] Wendt, in Sachs, GG, Art. 14, No. 164.

[467] BVerwG, Judgment of 6 December 1967, *BVerwGE* 28, 260.

[468] Henze 2009, 166.

[469] Battis, in Battis/Krautzberger/Löhr, BauGB, § 87, No. 4.

[470] Battis, in Battis/Krautzberger/Löhr, BauGB, § 87, No. 4.

invasive means must be appropriate.[471] For example, if the less invasive means, in particular a purchase on the private market, proved to be significantly more costly than the expropriation, the expropriation would still be necessary.[472] This shows that even a less invasive means that has financial or practical disadvantages compared to an expropriation may still be regarded as equally suitable.

3.3.4.3 Overview of the steps for an assessment of the least invasive means argument

The following flow chart illustrates which steps the courts take when the expropriatee puts forward the least invasive means argument.

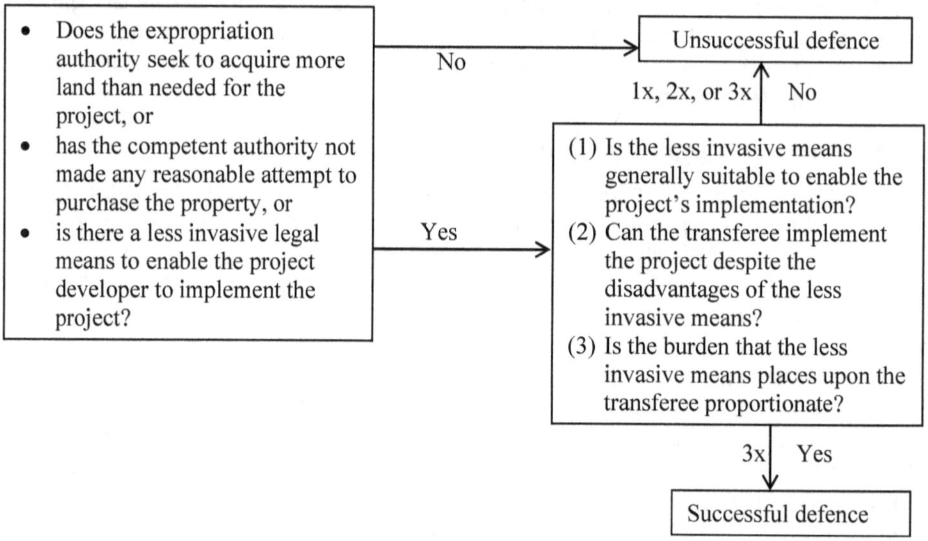

Figure 3: Steps for an assessment of the least invasive means argument. The flow chart shows which steps the courts take when the expropriatee puts forward the least invasive means argument. The text above, below, and next to the arrows indicates which finding would trigger the step or conclusion in the following box.

Source: Author's own design

3.3.4.4 Is a third-party transfer a more invasive means?

An intriguing question is whether a transfer of the expropriated property to a state entity would be a less invasive means than a third-party transfer. *Bullinger* asserted that there had to be pressing public good objectives that require a third-party transfer instead of an expropriation that results in a transfer to a state entity.[473] By contrast, *Schmidbauer* concluded that the private nature of the transferee did not need to be necessary or in any other way required on a particular ground.[474]

[471] BVerwG, Judgment of 6 December 1967, *BVerwGE* 28, 260; Battis, in Battis/Krautzberger/Löhr, BauGB, § 87, No. 4; and Henze 2009, 165.

[472] Papier, in Maunz/Dürig, GG, Art. 14, No. 589.

[473] Bullinger 1962, 477.

[474] Schmidbauer 1989, 160 et seq.

It is submitted that it is unlikely that third-party transfers are subject to such an additional requirement in German law. The Basic Law does not attach any importance to the transferee.[475] In its case law, the Constitutional Court does not specify any additional requirements for the proportionality test when it comes to third-party transfers and does not consider the private nature of the transferee to be of decisive importance to the constitutionality of an expropriation.[476] On the contrary, the interests of the transferee in the expropriation do not play any role when public and private interests are balanced, as the Court's judgments and scholars in the literature suggest.[477] Also, the premise of the argument seems misguided. A transfer of expropriated property to the state is (legally) not less harmful to the expropriatee than a transfer to a private entity.

Bullinger's least invasive means argument would in any case not necessarily pass the test of equal suitability. Possibly, a transfer to the state would not be equally suitable to realise the legitimate purpose because the private transferee is often better equipped to promote economic development than the state.[478]

3.3.4.5 The least invasive means argument under the Hamburg Aerodrome Act

In the Hamburg Aerodrome Act and the Hamburg Expropriation Act, the least invasive means argument also featured prominently. Section 3(3) of the Aerodrome Act obliged the City of Hamburg to make an attempt to acquire the required land on the private market on reasonable terms. Section 3(1) of the Hamburg Expropriation Act further stipulated that there had to be no other less invasive and appropriate means to achieve the purpose of the expropriation.

3.3.5 The balance between the public benefits and adversely affected interests

➢ This subsection addresses the following questions with respect to German law:
- What weight do the competent state bodies have to accord to the property interest of the expropriatee?
- What weight do the competent state bodies have to accord to other adversely affected interests, such as environmental protection?
- What are the legal boundaries to the balance between the project's public benefits and adversely affected interests?

➢ See subsection 2.2.6 for more details on the balance between the public benefits and adversely affected interests.

Under the Basic Law, the competent authorities have to take into account adversely affected private and public interests at three stages. The same applied to the competent authorities under the Hamburg Aerodrome Act.

(1) Planning law: Designing the project

Section 3(1) of the Hamburg Aerodrome Act provided for a project plan in which the planning authority would lay down the characteristics and the location of the new

[475] Jackisch 1996, 150; and Schmidbauer 1989, 39 et seq.
[476] BVerfG, Judgment of 24 March 1987, *NJW* 1987, 1251, 1252.
[477] Riedel, 210; and Von Brünneck 1986, 430. Cf Schmidbauer 1989, 156.
[478] Cf Schmidbauer 1989, 154.

runway. In designing the project, a planning authority must balance all the interests involved, in particular those prescribed by the applicable planning statute.[479] The planning authority chooses among different alternative projects and decides on which interests to favour over others. The goal of this balancing of interests is for the authority to find the most equitable balance between the involved interests: an optimal equilibrium.[480] This optimal equilibrium, however, is not a given. Also, adversely affected persons cannot call upon the courts to determine and enforce the optimal equilibrium. Instead, the authority enjoys a planning discretion, subject to the limitations imposed by the applicable statute.[481] This planning discretion entails that the courts generally subject the result of this balancing of interests to only a limited judicial review.[482] Refer to subsection 3.3.2 on the alternative project argument for more details on this review.

(2) The proportionality in the narrow sense of the project

If the state expropriates property for a chosen project, the project will have to be proportionate in the narrow sense. This follows from the test of the project's proportionality.[483] This test requires that the public and private interests adversely affected by the project and the expropriation do not outweigh the public benefits of the project.[484] This test differs considerably from the balancing of interests in planning law. This test presupposes that the planning authority has chosen a project. Therefore, this test does not require the consideration of alternative projects.[485] The test is no longer directed at finding an optimal equilibrium of interests,[486] but entails examining whether the public interest in the project has enough weight to legitimately justify the burden borne by other public and private interests.[487] Another difference is that the applicable planning statute may require the competent authority to take into account other interests than Art. 14(3) GG and the expropriation statute.[488] At the stage of proportionality in the narrow sense, the authority must in particular take into account the full loss of the expropriated property right and not merely the immediate consequences of the project plan.[489]

---

479 Ziekow 2014, 177; and Bell 2002, 368 et seq. See, for instance, § 1(6) BauGB. Cf Neumann, in Stelkens/Bonk/Sachs, VwVfG, § 74, Nos. 57 et seq.

480 Cf Schmidbauer 1989, 148; and Ziekow 2014, 198.

481 Alexy 2002, 67 et seq; Reidt, in Battis/Krautzberger/Löhr, BauGB, § 10, No. 21; Neumann, in Stelkens/Bonk/Sachs, VwVfG, § 72, Nos. 10 et seq and § 74, No. 56; BVerfG, Decision of 20 February 2008, *NVwZ* 2008, 780, 783; BVerfG, Decision of 8 July 2009, *NVwZ* 2009, 1283, 1285 et seq; and BVerwG, Decision of 17 February 1997, *LKV* 1997, 328, 332.

482 Schink, in Knack/Henneke, VwVfG, § 74, Nos. 208 et seq; and Ziekow 2014, 179 et seq.

483 BVerfG, Judgment of 17 December 2013, *ZUR* 2014, 160, 164.

484 BVerfG, Judgment of 17 December 2013, *NVwZ* 2014, 211, 216 and 219. Concurring: Jackisch 1996, 116; Schack 1961, 77; Schulte 1970, 85 et seq; Dietlein 2006, 2277; Bullinger 1962, 452; and Wendt, in Sachs, GG, Art. 14, No. 160. Less strict: Riedel 2012, 218; even stricter: Schmidbauer 1989, 150.

485 Runkel, in Ernst/Zinkahn/Bielenberg/Krautzberger, BauGB, § 87, No. 55.

486 Schmidbauer 1989, 148; and Ziekow 2014, 198. Cf Alexy 2002, 67 et seq.

487 See, for instance, Runkel, in Ernst/Zinkahn/Bielenberg/Krautzberger, BauGB, § 87, No. 24; and Alexy 2002, 67 et seq.

488 See, for instance, BVerfG, Judgment of 24 March 1987, *BVerfGE* 74, 264, 293, where the Constitutional Court considered that a binding land-use plan under Federal Building Code was only based upon a balancing of interests related to urban development, whereas the test of the project's proportionality in the narrow sense would require taking account of other interests.

489 See subsections 3.2.3.2 and 3.3.2 above.

The competent authority is not bound by the balancing of interests in planning law.[490] As was the case under the Hamburg Aerodrome Act, the plan's advance effect in expropriation law implies that the planning authority must apply Art. 14(3) GG to its own determinations. The courts fully review the authority's determinations on the proportionality in the narrow sense of the project.[491] This means that judges can substitute the weight that the authority accorded to an interest with their own assessment.[492] The very severe infringement of the fundamental right of property and the guarantee of judicial protection from such infringements is regarded as necessitating this strict judicial review.[493]

(3) The proportionality in the narrow sense of the expropriation

The expropriation as a means to enable the transferee to implement the project must also be proportionate in the narrow sense. This test requires that the extent to which the expropriated property contributes to the implementation of the project is not disproportionate to the burden that the expropriation imposes upon the holder of the property rights.[494] In contrast to the test of the project's proportionality in the narrow sense, this test is confined to the effects and benefits of the expropriation. In particular, the adversely affected interests are confined to the interests of the expropriatee. Due to the project's advance effect in expropriation law, the planning authority had to undertake this analysis under the Hamburg Aerodrome Act.

The applicable standard of judicial scrutiny is somewhat more lenient than the standard applied to the test of the project's proportionality in the narrow sense. In the light of the general case law of the Constitutional Court on this test, the courts will only interfere if the disadvantages of the expropriation *substantially* outweigh the benefits of the contribution of the expropriation to the project's implementation.[495]

The following subsections provide an analysis of how the legislator, the competent authorities and the courts weigh and balance public and private interests that benefit from the project or are adversely affected by the project or the expropriation.

3.3.5.1 General constitutional rules

Reaching an overall balance of the public interests that the project serves and the public interests and private legal positions that are adversely affected by the project and/or the expropriation requires taking several steps. Firstly, the state must identify all relevant interests. Secondly, the state must accord a certain weight to these

[490] BVerfG, Judgment of 24 March 1987, BVerfGE 74, 264, 293; and Runkel, in Ernst/Zinkahn/Bielenberg/Krautzberger, BauGB, § 87, No. 30. More nuanced: Papier, in Maunz/Dürig, GG, Art. 14, No. 575.

[491] Papier, in Maunz/Dürig, GG, Art. 14, No. 574; Schmidbauer 1989, 279 et seq; Riedel 2012, 220; Runkel, in Ernst/Zinkahn/Bielenberg/Krautzberger, BauGB, § 87, No. 24; Battis, in Battis/Krautzberger/Löhr, BauGB, § 87, No. 9; and BVerfG, Judgment of 17 December 2013, *NVwZ* 2014, 211, 221 et seq, in particular 223, 227 et seq and 231 et seq. See in general: Sachs, in Stelkens/Bonk/Sachs, VwVfG, § 40, Nos. 147 et seq.

[492] Sachs, in Stelkens/Bonk/Sachs, VwVfG, § 40, Nos. 147 et seq; BVerfG, Decision of 31 May 2011, *NVwZ* 2011, 1062, 1064; and BVerfG, Decision of 28 June 1983, *BVerfGE* 64, 261, 279.

[493] BVerfG, Judgment of 18 December 1968, *NJW* 1969, 309, 313; and Riedel 2012, 219.

[494] BVerfG, Judgment of 17 December 2013, *ZUR* 2014, 160, 163.

[495] Grzeszick, in Maunz/Dürig, GG, Art. 20, VII, No. 120; and Riedel 2012, 218, with more references. See, for instance, BVerfG, Decision of 9 March 1994, *BVerfGE* 90, 145, 185.

interests. Thirdly, the state must compare the weight of the interests benefiting from the project and/or the expropriation and the weight of those interests that the project and the expropriation adversely affect. The following subsections set out how the Basic Law envisions these three steps.

3.3.5.1.1 *Relevant interests*

The state first needs to make an inventory of the interests at stake and then qualify these interests as relevant to the balancing of interests.[496]

Public interests

The state must take into account adversely affected public interests in the balancing of interests. The courts, including the Constitutional Court, however, do not give an exhaustive list of interests that qualify as public interests in planning law or in the framework of Art. 14(3) GG. Nor does it specify the source of these public interests. As has been shown above,[497] the Basic Law is not an exhaustive source of legitimate purposes. It seems appropriate to assume that the same is true of public interests that may be adversely affected by the project and/or the expropriation. Also, the literature does not give conclusive insights because scholars refer to all interests that are first, worthy of protection, and secondly, not only marginally affected.[498]

An examination of the case law of the Constitutional Court sheds light upon which categories of interests qualify. In the context of the exploitation of brown coal reserves for the generation of electricity, the Constitutional Court referred in its *Garzweiler II* judgment to the supply of the market with natural resources and the reliable supply of energy as factors militating for the project.[499] As public interests that the project may adversely affect, the Court named the conservation and protection of nature, monument protection, water management, spatial planning, and urban development.[500] Also, the Court found that if the state expropriated multiple property rights and numerous people had to resettle, the competent authority would have to take due account of the extent of the resettlement and the impact of the project upon the community of all those holders of property rights.[501] In the literature, some scholars assert that the protection of individual property rights constitutes a relevant public interest.[502] This seems plausible because Art. 14(1) GG entrenches the protection of private property as a fundamental right, showing that the protection of property is generally a public interest.

This list of public interests suggests that all protected interests that are relevant to the entire population or a significant part thereof can qualify as a public interest. *Jackisch* asserted that these public interests needed to be distinguished from the private interests of groups and individuals.[503] This does not seem persuasive because

---

[496] Schmidbauer 1989, 138; Schink, in Knack/Henneke, VwVfG, § 74, Nos. 130 and 137; and Ziekow 2014, 182 and 188.

[497] See subsection 3.2.1.1 above.

[498] Henze 2009, 107 et seq; Schink, in Knack/Henneke, VwVfG, § 74, No. 206; Neumann, in Stelkens/Bonk/Sachs, VwVfG, § 74, No. 61; and Stüer & Hönig 2002, 352.

[499] BVerfG, Judgment of 17 December 2013, *NVwZ* 2014, 211, 219 and 221.

[500] BVerfG, Judgment of 17 December 2013, *NVwZ* 2014, 211, 219 and 221.

[501] BVerfG, Judgment of 17 December 2013, *NVwZ* 2014, 211, 219.

[502] Häberle 1970, 34; Stengel 1967, 26 et seq; Schmidbauer 1989, 127; Jackisch 1996, 116; and Von Brünneck 1986, 428.

[503] Jackisch 1996, 115.

the interests of individual holders of property rights and the community of adversely affected holders of property rights may constitute or coincide with public interests.[504] A better criterion may be the adoption of legislation in a certain field. It seems that federal or state legislation regulates all fields on that list of public interests. This suggests that legislative activity in a field may indicate its relevance to a significant part of the population.

An open question is how remote the impact upon the public interest may be. Most of the abovementioned interests are adversely affected by the construction of the mining facilities itself, whereas, for instance, the management of water resources is not only adversely affected by the construction, but, even primarily, by the operations of the mining facilities. This indicates that the authority needs to take account of even more remote consequences of the projects.

Private interests

The private legal positions that the state must take into account particularly refer to property rights in terms of Art. 14(1) GG, which the state acquires from the holders of the property rights.[505] The competent authority, however, must also take into account other private interests that the project adversely affects.[506] For example, a factory not only requires land for its construction, but will also emit substances that are detrimental to both public health and the enjoyment of one's property.

3.3.5.1.2 *Weighing the relevant interests*

The second and third steps are for the authority to accord a certain weight to each relevant interest and to compare the weight of interests that benefit and the weight of adversely affected interests.[507] This is not an easy task for two reasons. Firstly, the Basic Law and statute law do not exhaustively prescribe the weight of the relevant interests. Secondly, there is no objective measuring unit by which the authority could compare the weight of these interests.[508] This subsection is, therefore, only an attempt to identify guiding principles and methods for determining the weight of each interest and comparing their weight.

Ascertaining advantages and disadvantages

The weight of each interest will first depend upon the circumstances of each case. The weight of public and private interests may thus also change if the circumstances of the case change.[509] The concrete magnitude of the benefits of the project will to a great extent determine the weight of the public interest in the project (ie the

---

[504] An example is an expropriation of property used for agricultural purposes. The project was a traffic connection to a newly built residential area. The Federal Supreme Court considered that there was a public interest in preserving agricultural areas; see: BGH, Judgment of 27 January 1977, *NJW* 1977, 955, 956.

[505] Jackisch 1996, 115; Runkel, in Ernst/Zinkahn/Bielenberg/Krautzberger, BauGB, § 87, No. 53; and Schmidbauer 1989, 145 et seq.

[506] Neumann, in Stelkens/Bonk/Sachs, VwVfG, § 74, Nos. 71 et seq, in particular 78 et seq; and Runkel, in Ernst/Zinkahn/Bielenberg/Krautzberger, BauGB, § 87, No. 53.

[507] Schmidbauer 1989, 138; Stüer & Hönig 2002, 359 et seq; Schink, in Knack/Henneke, VwVfG, § 74, No. 208; and Ziekow 2014, 179 and 183 et seq.

[508] Von Brünneck 1986, 430; and Heinsohn 1997, 67. Cf Stern 1994, 784; and Jakobs 1985, 98.

[509] BGH, Judgment of 27 January 1977, *NJW* 1977, 955, 956, where the BGH considered that the traffic connection of a residential area could not legitimately justify the expropriation of property

legitimate purpose).[510] The expropriation authority must, in particular, take into consideration what the advantages or disadvantages of not implementing the project would be.[511] The costs of not implementing the project, for instance, will be higher if the project is urgently required.[512] The higher the costs are of not implementing the project, the more weight the contribution of the project to the legitimate purpose will have.

The intensity of the detrimental impact will determine the weight of affected private and public interests.[513] Take, for instance, the private interest of an expropriatee. To the weight of this interest, it is relevant *how much* and *which* of the expropriatee's land is required for the envisaged project.[514] The more land the project requires and the more valuable that land is, the more weight the private interest will have.[515]

According a normative weight to property rights

Once the competent authority has ascertained the benefits and the adverse impact of the project and/or the expropriation, the Basic Law and the applicable statute contain value judgements that further shape the weight of the interests.[516] The weight of private interests in property depends upon the function of the property in the life of the holder of property rights. The deprivation of private property rights will have a greater weight in the overall balancing if the property is used for residential purposes than if it is used for commercial purposes. The home is vital to the exercise of fundamental rights and freedoms and therefore merits additional protection.[517] The more the expropriation deprives the expropriatee of their residential environment, the greater the weight of the property right will be.[518] In more general terms, the weight of private property will vary according to how much the deprivation of property rights would affect the individual freedom of their holder.[519]

---

rights on agricultural land *'at this moment'* [italics added]. See also: Von Brünneck 1986, 427; Jackisch 1996, 117; and Schmidbauer 1989, 134 et seq.

[510] Stern 1994, 784, 819 and 831; Stüer & Hönig 2002, 359; Jakobs 1985, 98; and Frenzel 1978, 116 et seq.

[511] BVerwG, Judgment of 12 July 1985, *NVwZ* 1985, 736, 738; OVG Hamburg, Decision of 9 August 2004, *ZUR* 2005, 38, 42; and Von Brünneck 1986, 429.

[512] Jackisch 1996, 118.

[513] Stern 1994, 784, 819 and 831; Stüer & Hönig 2002, 359; Jakobs 1985, 98; Riedel 2012, 218; Von Brünneck 1986, 428; and Neumann, in Stelkens/Bonk/Sachs, VwVfG, § 74, No. 60.

[514] See, for instance, BGH, Judgment of 27 January 1977, *NJW* 1977, 955, 956

[515] Neumann, in Stelkens/Bonk/Sachs, VwVfG, § 74, Nos. 73 et seq; Schink, in Knack/Henneke, VwVfG, § 74, No. 186; and Runkel, in Ernst/Zinkahn/Bielenberg/Krautzberger, BauGB, § 87, No. 53.

[516] Schmidbauer 1989, 142 et seq; Jakobs 1985, 98; Stern 1994, 785, 820 and 828; Stüer & Hönig 2002, 360; Neumann, in Stelkens/Bonk/Sachs, VwVfG, § 74, No. 66; and Stüer 2015, No. 4926.

[517] BVerfG, Judgment of 17 December 2013, *NVwZ* 2014, 211, 214. See for an application of this rule: Runkel, in Ernst/Zinkahn/Bielenberg/Krautzberger, BauGB, § 87, No. 53.

[518] BVerfG, Judgment of 17 December 2013, *NVwZ* 2014, 211, 225 et seq. See also: G Kühne, 'Verfassungsrechtliche Fragen der bergrechtlichen Enteignung, Zum Garzweiler-Urteil des BVerfG vom 17.12.2013' 2014 *NVwZ* 321–326, 322.

[519] BVerfG, Decision of 15 September 2011, *NVwZ* 2012, 429, 430. See also: BGH, Judgment of 27 January 1977, *NJW* 1977, 955, 955; and BVerwG, Judgment of 12 July 1985, *NVwZ* 1985, 736, 738 et seq. In the literature: Jackisch 1996, 117; Von Brünneck 1986, 428 et seq; Runkel, in

There has been some debate about the legal basis of the context-sensitive weighing of property rights. Art. 11 GG provides for the right to free movement. As *Baer*, amongst others, has suggested, this provision may also entrench a right to home that the state would have to protect specifically.[520] The Constitutional Court, however, has held that there is no right to home that would form part of Art. 11 GG.[521] The other potential legal basis is the protection of property in Art. 14(1) GG. Some scholars have viewed the varied protection of property as alien to Art. 14(1) GG,[522] whereas other scholars have argued in favour of Art. 14(1) GG as a legal basis.[523] It is submitted that the weight of property rights varies according to its importance to the holder's personal freedom. It is the goal of Art. 14(1) GG to guarantee the economic freedom of the holder of property and to enable the holder to shape their lives independently and responsibly.[524] The Constitutional Court also subscribes to this vision.[525] In the *Garzweiler II* judgment, the Court considered that the more the property protected the personal freedom of its holder, the stronger the protection of property would be.[526]

According a normative weight to other interests

The weight of public or other private interests, such as a person's interest in an acceptable level of harmful emissions in the vicinity of the economic development project,[527] depend upon value judgements contained in the Basic Law and, subsidiary to that, in statute law.[528] Public interests that are entrenched in the Basic Law may be of particular weight.[529] Art. 20a GG, for instance, obliges the state to strive to preserve natural resources and protect animals.[530] Some interests are highlighted even more. Art. 6(1) GG accords special protection to marriage and the family. Art. 1(1) GG stipulates that human dignity is inviolable. Also, the right to life and physical integrity under the first sentence of Art. 2(2) GG is regarded as an exceptionally important fundamental right.[531] The Constitutional Court also tends to emphasise

---

Ernst/Zinkahn/Bielenberg/Krautzberger, BauGB, § 87, No. 53; and Jarass 2006, 1333, who also pointed to land that is essential to the business of a self-employed expropriatee.

[520] S. Baer, 'Zum „Recht auf Heimat"—Art. 11 GG und Umsiedlungen zugunsten des Braunkohletagebaus', *NVwZ* 1997, 27–33.

[521] BVerfG, Judgment of 17 December 2013, *NVwZ* 2014, 211, 225.

[522] Schmidbauer 1989, 146, with more references.

[523] Jackisch 1996, 117; Von Brünneck 1986, 428 et seq; and Jarass 2006, 1333. Cf Schmidbauer 1989, 147.

[524] BVerfG, Judgment of 17 December 2013, *NVwZ* 2014, 211, 214.

[525] BVerfG, Decision of 15 September 2011, *NVwZ* 2012, 429, 430; See also: BGH, Judgment of 27 January 1977, *NJW* 1977, 955, 955; and BVerwG, Judgment of 12 July 1985, *NVwZ* 1985, 736, 738 et seq.

[526] BVerfG, Judgment of 17 December 2013, *NVwZ* 2014, 211, 214.

[527] Cf Schink, in Knack/Henneke, VwVfG, § 74, Nos. 183 et seq; and Neumann, in Stelkens/Bonk/Sachs, VwVfG, § 74, No. 130.

[528] Schmidbauer 1989, 142 et seq; Jakobs 1985, 98; Stern 1994, 785, 820 and 828; Stüer & Hönig 2002, 360; Neumann, in Stelkens/Bonk/Sachs, VwVfG, § 74, No. 66; and Stüer 2015, No. 4926. See also: Klatt & Meister 2012, 58, who argued that where two constitutionally protected interests were of equal importance, it would lie in the discretion of the legislator to choose which one to favour.

[529] Schmidbauer 1989, 170.

[530] R. Scholz, in Maunz/Dürig, GG, Art. 20a, Nos. 45 et seq.

[531] Stern 1994, 831.

the importance of fundamental rights that serve the good functioning of the democratic decision-making process, such as freedom of speech.[532]

There is, however, no fixed hierarchy of constitutional norms and values that predetermines the weight of public interests.[533] Rather, a type of soft hierarchy can be derived from the case law of the Constitutional Court. That means that certain norms or values are presumed to take precedence over certain other norms or values. Based upon the circumstances of each case, in particular the consequences of the envisaged project and/or the expropriation, the competent authority will have to determine whether this soft hierarchy should also apply to the specific case.[534]

Comparing the weights

The competent authority faces two major challenges in comparing the weight of the involved interests. Firstly, the guidance in the Basic Law and the applicable statute may not be complete. Secondly, neither the Basic Law nor statute law provides an objective measuring unit that would enable practitioners to compare the weight of interests that benefit to adversely affected interests.[535] Therefore, the decision to accord a certain weight to an interest remains in part informed by subjective value judgements of the administrative body and, when the judiciary fully reviews the balancing of interests, the judge.[536] This makes it difficult to predict the outcome of the application of the test of proportionality in the narrow sense and to find guidance in the case law of the higher courts. What makes it even more difficult is the scarce case law on disproportionate projects and expropriations. In the case law of the Constitutional Court, there is no example. Subsections 3.3.5.1.5 and 3.3.5.4 below illustrate the weighing of interests by means of two examples of disproportionate projects.

3.3.5.1.3 *Sanction for failure to balance: Unconstitutionality*

Should the competent authority and the courts fail to identify and weigh the relevant interests, the sanction will be the unconstitutionality of the expropriation. The *Garzweiler II* judgment gives an example of an incomplete balancing of interests. The competent authority and the Administrative Court had dealt very extensively with the importance of the mining project to the supply of electricity in Germany. By contrast, they had barely engaged in an analysis of its adverse impact upon other public interests, in particular environmental and water protection, and private interests. Therefore, the Constitutional Court concluded that there had been no proper balancing of interests and declared the expropriation unconstitutional.[537] This sanction is likely to have a disciplining effect on authorities and make them consider and examine the facts of the case more closely.

---

532 HH Rupp 'Einteilung und Gewichtung der Grundrechte' in Merten & Papier (eds) *Handbuch der Grundrechte, Band II, Grundrechte in Deutschland, Allgemeine Lehren I (*Heidelberg: CF Müller 2006) 573–594, Nos. 34–38.

533 Dechsling 1989, 18; and Rupp 2006, No. 30. Cf Stern 1994, 828; and Hillgruber 2011, 1039 et seq.

534 Dechsling 1989, 23 et seq.

535 Von Brünneck 1986, 430; and Heinsohn 1997, 67. Cf Stern 1994, 784; and Jakobs 1985, 98.

536 Grzeszick, in Maunz/Dürig, GG, Art. 20, VII, No. 118. Cf Hillgruber 2011, 1062; and Klatt & Meister 2012, 58 et seq.

537 BVerfG, Judgment of 17 December 2013, *NVwZ* 2014, 211, 221.

3.3.5.1.4 *The role of compensation*

Monetary compensation replaces the expropriated property in the estate of the expropriatee.[538] If the authority took the compensation into account when balancing the involved interests, the compensation would reduce the weight of the loss that the expropriation inflicts upon the expropriatee. The Constitutional Court has decided that the competent authority must *not* take into account the compensation when balancing the involved interests.[539] The reasons for this rule are that the Basic Law protects the existence of every single property right and that only if the expropriation meets all legal requirements does this protection turn into a guarantee of the value of the expropriated right. Compensation is only a consequence of a lawful expropriation and can never heal a disproportionate expropriation.[540] The compensation thus does not play any role in the balancing of interests.

3.3.5.1.5 *An example of a disproportionate project*

Art. 14(3) GG requires that the adverse impact of the project and the expropriation upon private and public interests does not outweigh the public benefits of the project. A 1977 judgment of the Federal Supreme Court (*Bundesgerichtshof*; BGH), the highest German court in civil and criminal matters, provides one of the rare examples of a project that has been held to be disproportionate in the narrow sense. In the case that led to that judgment, the expropriation authority wished to expropriate 25 000 m^2 of agricultural land in order to provide the infrastructure for a new residential area on the land. The Court considered that the farmer's income would decrease by 20 per cent and that the loss of 19.4 per cent of the farm's best agricultural land would require risky alterations to the farmer's business model. The Court found this challenge particularly burdensome because the farmer was 54 years old. The Court added that the public interest in healthy agricultural businesses was at stake. Having weighed the relevant interests, the Court concluded that the farmer's interest and the public interest in a viable agricultural business outweighed the public interest in the housing project.[541] However, the Supreme Court added that if suitable agricultural land were provided to replace the expropriated property, the expropriation would be lawful.[542]

This judgment may have up to four lessons in store for the analysis of the legitimate justification of expropriation. The first one is that when applying Art. 14(3) GG, the judiciary is prepared to substitute its value judgements for the competent authority's value judgements. The second lesson is that the Supreme Court ascertains the benefits and the adverse impact and then concludes whether or not the project is proportionate in the narrow sense. The Court does not explicitly state which weight is accorded to each interest. This illustrates the lack of a measuring unit and suggests that there is room for subjective value judgements. The

[538] BVerfG, Judgment of 18 December 1968, *NJW* 1969, 309, 311.

[539] BVerfG, Judgment of 17 December 2013, *ZUR* 2014, 160, 163; and Jarass, in Jarass/Pieroth, GG, Art. 14, No. 91.

[540] BVerfG, Judgment of 10 March 1981, *NJW* 1981, 1257; and BVerfG, Judgment of 18 December 1968, *NJW* 1969, 309, 311 and 313.

[541] BGH, Judgment of 27 January 1977, *NJW* 1977, 955, 956. See also: BGH, Judgment of 10 November 1983, *DVBl.* 1984, 337, 338; and BGH, Judgment of 19 February 1976, *NJW* 1976, 1266.

[542] BGH, Judgment of 27 January 1977, *NJW* 1977, 955, 956.

third lesson is that if the expropriation puts the business and economic existence of the expropriatee at risk, not even a housing and infrastructure project will necessarily be proportionate in the narrow sense. The fourth lesson is that unlike compensation in money, compensation in land reduces the weight of the expropriatee's loss.[543]

3.3.5.1.6 *Illustration of the permissible balance between the project's public benefits and adversely affected interests*

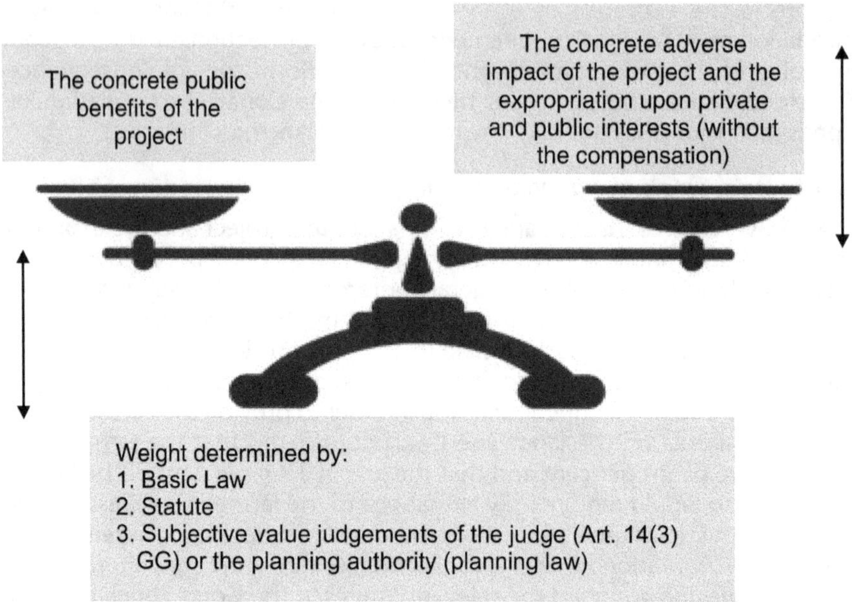

Figure 4: The box above each scale pan shows which interests the competent authorities and the courts must take into account and balance against each other. The box under the scale contains the order of the sources that determine the weight of the involved interests. The arrows indicate which positions of the scale pans represent a permissible balance between the project's public benefits and the adversely affected interests under Art. 14(3) GG and planning law. The weighed interests will be different and the range will be broader when the courts test the expropriation's proportionality in the narrow sense.

Source: Author's own design

3.3.5.2 Specific constitutional rules for third-party transfers?

The obvious question is whether third-party transfers have any impact on the weight of the interests. One may argue that in such cases, the contribution of the project to the realisation of its legitimate purpose would be of less weight or that the private interest of the expropriatee has a higher weight. The case law of the Constitutional Court does not provide any indication that this is actually the case. In the *Boxberg* judgment, the Court explicitly stated that the private nature of the transferee was

[543] This is in line with the principle that the state first has to reduce the harm done by excessive regulation of property before awarding compensation in money. See subsection 3.1.1.1 above.

not of decisive importance to the constitutionality of an expropriation.[544] *In the Garzweiler II* judgment, the Court considered the weight of the legitimate purpose and the double test of proportionality, but did not specify any additional substantive requirements for third-party transfers.[545]

In the literature, *von Brünneck* concluded that a third-party transfer would not alter the test of proportionality.[546] *Jackisch* and *Schmidbauer* generally agreed with this conclusion.[547] It is submitted that this position is persuasive. The private identity of the transferee does not make the legitimate purpose less important to the public good because, for instance, the created jobs reduce the unemployment rate regardless of whether the state or a private business has created them. Also, the (legally relevant) harm suffered by the expropriatee and, therefore, the weight of their property right does not increase because the state plans to transfer the property to another private entity.

3.3.5.3 Protection of adversely affected interests in statutes

When planning or expropriation legislation prescribes a weighing of interests, authorities apply the test of proportionality according to the constitutional principles set out in subsection 3.3.5.1.[548] With respect to some public interests, the federal and state legislatures have further specified the weight of those interests, for example in the form of rules that prescribe the maximum impact that a project or an expropriation may have on a certain public interest. Art. 20(3) GG obliges the authorities to comply with the legislation, and the courts will, if necessary, enforce the legislation. To the lawfulness of an economic development project, the rules on the weight of environmental protection and public health are particularly relevant because a new business park, factory or private aerodrome may emit a lot of harmful radiation and substances. Without the pretence of completeness, this section provides a few examples of how environmental law ensures that the authority takes due account of the public interests of environmental protection and public health.

Legal protection mechanism

In the applicable environmental and health legislation, the legislator often provides for a maximum amount of harmful radiation or substances that a project may emit. Any emissions that exceed this amount are prohibited.[549] In a balancing of interest, a project that emits more emissions than permitted by statute will be disproportionate, and the project plan will be unlawful.[550] As the project would already fail the balancing test in planning law, the competent authority would no longer conduct the tests of proportionality in the narrow sense in expropriation law. The legislature may also stipulate that the competent authority must shape the project in such a way that it least adversely affects the protected interest. Such norms give the interest

[544] BVerfG, Judgment of 24 March 1987, *NJW* 1987, 1251, 1252.
[545] BVerfG, Judgment of 17 December 2013, *NVwZ* 2014, 211, 214 et seq.
[546] Von Brünneck 1986, 430.
[547] Jackisch 1996, 121 and 150; and Schmidbauer 1989, 144 and 170.
[548] Schink, in Knack/Henneke, VwVfG, § 74, Nos. 130 et seq; Ziekow 2014, 179 et seq; and Stüer 2015, Nos. 4926 et seq.
[549] Neumann, in Stelkens/Bonk/Sachs, VwVfG, § 74, No. 130; and Stüer 2015, Nos. 4925 and 4942.
[550] Neumann, in Stelkens/Bonk/Sachs, VwVfG, § 74, Nos. 84 and 131; and Stüer 2015, Nos. 4925 and 4942.

a higher weight and the authority must give valid reasons for deviating from this norm.[551]

Examples of mandatory limits to emissions under the Federal Protection from Emissions Act

The Federal Protection from Emissions Act (*Bundes-Immissionsschutzgesetz*) and regulations based upon this Act provide various examples of mandatory limits to emissions. The Act distinguishes between facilities that are particularly liable to cause harm to the environment or the public and those that are not. The former group also includes economic development projects, such as pharmaceutical factories, other chemical factories, and steel as well as other metal production facilities.[552] According to § 4(1) of the Act, such facilities may only be operated with a permit. In a planning procedure, the plan replaces the permit,[553] but the planning authority will still have to apply the substantive norms on permissible emissions.[554]

As for protective rules, § 5(1) No. 1 of the Act requires that such facilities be constructed and operated in such a way as to avoid harm to the environment as well as substantial disadvantages and nuisance to the public. There are various regulations that concretise this provision. For instance, the 13th Regulation on the Implementation of the Federal Protection from Emissions Act deals with the emissions of facilities in which use is made of firing installations, gas turbines, and gas as well as diesel engines.[555] This regulation imposes limits on emissions of dust, mercury, carbon monoxide, nitrogen monoxide and dioxide, sulphur dioxide, and other potentially dangerous substances. A facility that falls under that regulation and emits more of those substances would affect the public disproportionately, and thus the project plan would be unlawful.

There are other regulations that apply to all projects, regardless of whether a permit is required. For instance, the 39th Regulation on air quality and maximum amounts of emissions provides for maximum amounts of sulphur dioxide, nitrogen oxides, lead, benzene, carbon monoxide, ozone, arsenic, cadmium, nickel, and benzo[a]pyrene in the air.[556] If a project led to such an increase in the amount of these substances in the air that the amounts would exceed the limits, the plan would be unlawful.

The protection mechanism under the Federal Environmental Protection Act

The Federal Environmental Protection Act (*Bundesnaturschutzgesetz*; BNatSchG) provides for another mandatory limit to the adverse effects of a project. Sections 13

---

[551] BVerwG, Judgment of 22 March 1985, *NJW* 1986, 82; and Neumann, in Stelkens/Bonk/Sachs, VwVfG, § 74, No. 67.

[552] See the Fourth Regulation on the Implementation of the Federal Protection from Emissions Act (*Vierte Verordnung zur Durchführung des Bundes-Immissionsschutzgesetzes*).

[553] L Giesberts, in Giesberts & M Reinhardt (eds) *Beck'scher Online-Kommentar Umweltrecht* (Munich: Beck, BImSchG) § 13, No. 18; and Neumann, in Stelkens/Bonk/Sachs, VwVfG, § 75, Nos. 10 et seq.

[554] Neumann, in Stelkens/Bonk/Sachs, VwVfG, § 75, Nos. 16 et seq; and Stüer 2015, No. 4927.

[555] See §§ 4 et seq of the 13th Regulation on the Implementation of the Federal Protection from Emissions Act (*Dreizehnte Verordnung zur Durchführung des Bundes-Immissionsschutzgesetzes*).

[556] See §§ 2 et seq of the 39th Regulation on the Implementation of the Federal Protection from Emissions Act (*Neununddreißigste Verordnung zur Durchführung des Bundes-Immissionsschutzgesetzes*).

and 15(1) of the Act oblige the project developer to omit any encroachment on nature and the landscape that is able to be avoided. An encroachment would be avoidable under two cumulative conditions. The first is if there is an equally suitable alternative project that affects nature or the landscape less than the chosen project.[557] The second is if the costs or the otherwise detrimental impact of measures that prevent harm to the environment would not be disproportionate in relation to their benefits.[558] For instance, if another route for a planned road protected the landscape better, but required the construction of a more complex and costly bridge, the planning authority could deem the adverse effects of the protective measure to be disproportionate and the encroachment on the landscape inevitable.[559] This protection mechanism is also a specific application of the alternative project argument.[560]

3.3.5.4 The Hamburg Aerodrome Act: The balance between the public benefits of the extension and adversely affected interests

Art. 14(3) GG requires that the adverse impact of the project and the expropriation upon private and public interests do not outweigh the benefits of the project. Section 2 of the Hamburg Expropriation Act also obliged the competent authority to apply this standard because this provision provided that the expropriation had to serve the public good. The case of the private aerodrome in Hamburg-Finkenwerder provides an instructive example of how a competent authority must balance these interests and how courts review the application of that test. On 29 April 2004, the Hamburg Ministry of Economic Affairs and Labour adopted the project plan that foresaw the extension of the aerodrome's runway by 589 metres. It was *not* the purpose of this extension to allow for the production of A380 aircraft. For this purpose, the existing runway was already long enough. Rather, the extension was meant to cater for the final inspection and distribution of the cargo version of the A380 aircraft.[561]

2004: The Higher Administrative Court found the project likely to be disproportionate

As the project plan had an advance effect in expropriation law, the planning authority needed to apply Art. 14(3) GG. Adopting the submissions of Airbus, the planning authority found that the extension would create jobs and improve the economic structure of the aviation industry because customers would order up to 300 aircraft of the A380 cargo version, and Airbus would construct, inspect, and distribute these aircraft.[562] The planning authority further only referred to the general economic importance of the aerodrome and stated that according to

[557] Neumann, in Stelkens/Bonk/Sachs, VwVfG, § 74, No. 133; and C Schrader, in BeckOK Umweltrecht, BNatSchG, § 13, Nos. 9–16.
[558] Neumann, in Stelkens/Bonk/Sachs, VwVfG, § 74, No. 134; and Schrader, in BeckOK Umweltrecht, BNatSchG, § 13, Nos. 9–16.
[559] BVerwG, Judgment of 19 March 2003, *NVwZ* 2003, 1120, 1124.
[560] Refer to subsection 3.3.2 above for more details.
[561] OVG Hamburg, Decision of 9 August 2004, *ZUR* 2005, 38, 41 et seq.
[562] OVG Hamburg, Decision of 9 August 2004, *ZUR* 2005, 38, 42.

Airbus, a failure to extend the runway would weaken the aerodrome's position within the Airbus group.[563]

The Higher Administrative Court of Hamburg considered in general that the planning authority had to consider the concrete effects of implementing and not implementing the project. The Court observed that the planning authority had failed to consider how many jobs would not be created (or lost) if the aircraft were *produced, but not* inspected and distributed in Hamburg.[564] Furthermore, the Court considered that Airbus had not established that the failure to extend the runway would put the aerodrome in Hamburg-Finkenwerder at a significant disadvantage compared to other facilities of Airbus. Airbus had only stated that the strategy of Airbus would be to divert investments to other facilities, but Airbus did not put forward any objective reason for implementing such a strategy. Airbus had also failed to explain why the non-implementation would result in fewer jobs in Hamburg.[565] The Court concluded that the identification of the relevant interests was flawed and added that, even once all relevant interests were identified and weighed, the weight of the public interest in the extension would likely be insufficient to legitimately justify an expropriation.[566]

The decision of the Court teaches us three important lessons. The first lesson is to scrutinise closely which purpose the project serves. The extension was not intended to allow for the production of 300 aircraft, but for their final inspection and distribution. This significantly lowered the number of jobs that the extension would create and, thereby, diminished the importance of the project.[567] This strict scrutiny and the danger of the annulment of the plan also demonstrate that proportionality may be a tool that encourages authorities to thoroughly identify and balance interests.

The second lesson is to distinguish between objective disadvantages of the non-implementation and subjective choices of the entities involved. Airbus could choose to put the facilities in Hamburg-Finkenwerder at a disadvantage compared to other Airbus facilities, but they did not establish that there was an objective and urgent reason to do so. The courts should not take such a choice into account because any project developer that is also an employer of thousands of people could otherwise threaten to lay off workers in order to increase the chances of a valid expropriation.[568] The third lesson is (once again[569]) that the Court does not make explicit the weight that it accords to individual interests, but rather describes the impact of the project and then concludes which interest prevails or, in this case, would be likely to prevail.

2007: The Regional Court comes to a different conclusion

While the Higher Administrative Court dealt with the project as a whole, a judgment of the ordinary Regional Court scrutinised a single expropriation under the Aero-

[563] OVG Hamburg, Decision of 9 August 2004, *ZUR* 2005, 38, 42 et seq.
[564] OVG Hamburg, Decision of 9 August 2004, *ZUR* 2005, 38, 42.
[565] OVG Hamburg, Decision of 9 August 2004, *ZUR* 2005, 38, 43.
[566] OVG Hamburg, Decision of 9 August 2004, *ZUR* 2005, 38, 42.
[567] OVG Hamburg, Decision of 9 August 2004, *NVwZ* 2005, 105, 110; and C Lenz 'Der Airbus-Baustopp - Wann darf für Arbeitsplätze enteignet werden?' 2005 *NJW* 257–259, 258 et seq.
[568] OVG Hamburg, Decision of 9 August 2004, *ZUR* 2005, 38, 43.
[569] See subsection 3.3.5.1.5 above.

drome Act.[570] Before formal expropriation, the City acquired possession of a piece of land 100 m^2 in extent in the middle of the construction zone of the runway.[571] On this land, farmers used a device to measure the quantity of harmful substances in the air in order to guarantee the quality of fruit that the farmers grew in that area.

The Court tested the expropriation's proportionality in the narrow sense. The Court found that the private interest in the property was relatively small for two reasons. Firstly, the property had little economic importance to its owners. Secondly, it was doubtful that the measurements of harmful substances were still useful because the fruit plantations surrounding the piece of land had been sold to the City. At the same time, the Regional Court regarded the weight of the public interest in the property as higher than did the Higher Administrative Court because the circumstances of the case had changed since certain owners had challenged the project plan before the administrative courts. Airbus had concluded a contract with the City on 9 June 2004 in which it stated that it would invest substantially in the aerodrome in Hamburg-Finkenwerder, but only if the runway were extended.

Unlike the Higher Administrative Court, the Regional Court found that this decision was based upon sound commercial considerations because Airbus had a valid interest in planning, producing, and distributing the cargo version of the aircraft at the same facility. Therefore, the impact of the non-implementation upon the public interest in employment opportunities was more significant. The Court concluded that the public interest in the extension outweighed the private interest in the property.

There is one important lesson to be learnt from this judgment. The weight of private property in the balancing of interests depends upon the circumstances of the specific case. The courts must consider its use and value as well as its economic or personal importance to its owner.

3.3.6 The governance of the contextualisation

➢ This subsection addresses the following questions with respect to German law:
- To what extent do the legislature and the administrative authorities shape the project and the expropriation?
- To what extent do the administrative authorities and the courts review the project and the expropriation?
- What is the role of the legislator, the administrative authorities, and the courts in determining and applying the requirements pertaining to the contextualisation?

➢ See subsection 2.4.3 for more details on the governance analysis.

3.3.6.1 The role of the legislator

The Basic Law compels the legislator to set out the conditions for a valid expropriation in the expropriation statute. The conditions shape the project and the expropriation and, thereby, determine the requirements pertaining to the contextualisation to a significant extent. This subsection is dedicated to answering the following questions about the legislator's boundary-shaping and creative role: (1) to what

[570] LG Hamburg, Judgment of 19 January 2007, *BeckRS* 2007, 03785.

[571] On the basis of § 7(1) of the Aerodrome Act.

extent *may* the legislator shape the contextualisation in the expropriation statute; and (2) to what extent *must* the legislator shape it?

3.3.6.1.1 *The Basic Law: The legislator's definition of conditions*

The Federal Constitutional Court has consistently held that the Basic Law obliges the legislator to lay down in the expropriation statute the conditions (in German: *Voraussetzungen*) under which the state may expropriate property for specific legitimate purposes and projects.[572] 'Conditions' is a broad term, and its definition is not immediately clear. Curiously enough, there is no lively discussion in the literature.[573]

The first preliminary observation is that the Constitutional Court differentiates 'conditions' from 'purposes' and 'projects'. Although the expropriation must serve a certain purpose by enabling the transferee to implement a certain project, these two requirements for expropriation do not fall under the definition of conditions. The term 'conditions' may thus have a narrower meaning than one might expect. The second preliminary observation is that the conditions required by the Basic Law are only minimum requirements. The legislator cannot impose more lenient requirements, but can impose stricter requirements in the expropriation statute than the Basic Law requires.[574] The legislator thus has the freedom to go beyond the constitutional requirements.

The expropriation statute must include proportionality tests

In the *Boxberg* judgment, the Constitutional Court provided some guidance as to the meaning of 'conditions'. The Court considered that the expropriation statute had to ensure the equality before the law and that the authority would examine the proportionality of the expropriation, in particular its necessity.[575] This consideration seems to refer to the second proportionality test. As to the contextualisation, this means that the legislator must ensure that an authority examines the suitability of the expropriation and whether there are less invasive means than expropriation. Also, it entails that the legislator must oblige the authority to take into account the interests of the expropriatee and compare their weight to the weight of the expropriation's contribution to the implementation of the project.[576]

The Constitutional Court has not only addressed the proportionality of the expropriation, but also the role of the legislator in examining the proportionality of the project.[577] In the contextualisation, this concerns the relationship between the project and the legitimate purpose, the alternative project argument, and the balance between the project's public benefits and adversely affected interests. The Constitutional Court considered in the *Boxberg* judgment that the legislator had to ensure that the legislator or another suitable authority would balance the affected interests and verify the necessity of the project for which the state seeks to

[572] BVerfG, Judgment of 10 March 1981, *BVerfGE* 56, 249, 261; BVerfG, Judgment of 24 March 1987, *BVerfGE* 74, 264, 285; and BVerfG, Judgment of 17 December 2013, *NVwZ* 2014, 211, 214.

[573] One of the few scholars who explicitly addressed this issue: Schmidbauer 1989, 61 et seq.

[574] Papier, in Maunz/Dürig, GG, Art. 14, No. 573; and Schmidbauer 1989, 64 et seq.

[575] BVerfG, Judgment of 24 March 1987, *BVerfGE* 74, 264, 286.

[576] Refer to subsection 3.1.1.2.3 for an overview of the second proportionality test.

[577] Refer to subsection 3.1.1.2.1 for an overview of the first proportionality test.

expropriate property.[578] This consideration has two implications. Firstly, the legislator must ensure that, in examining the project's necessity, the authority examines whether the project is reasonably required to achieve the legitimate purpose.[579] This requirement concerns the relationship between the project and the legitimate purpose.[580] Secondly, in the light of the case law on alternative projects,[581] a balancing of interests includes considering alternative projects, which suggests that the legislator must compel the authority to consider alternatives. As follows from the *Garzweiler II* judgment,[582] such a balancing of interests includes an examination of whether the adversely affected interests outweigh the benefits of the project, which suggests that the legislator must ensure that the authority conducts such a test.

Interestingly, the expropriation statute does not necessarily need to explicitly prescribe every single requirement. In the *Garzweiler II* judgment, the Constitutional Court found that the Federal Mining Act did not explicitly provide for a balancing test. The Federal Administrative Court, however, bases a balancing test upon § 79(1) BBergG in its case law. This provision authorises the expropriation authority to expropriate for the 'public good'.[583] The Constitutional Court held that this formulation met the constitutional requirements.[584] Hence, an interpretation of the statute in accordance with the Basic Law is sufficient, provided that the wording of the expropriation statute permits such an interpretation. Such an interpretation of § 79(1) BBergG is possible because 'public good' includes the test of the project's proportionality.[585]

3.3.6.1.2 *The legislator's role in determining the balance between public benefits and adversely affected interests*

A contested question is to what extent the legislator *may* determine the weight of public and private interests in the balance between the project's public benefits and adversely affected interests and, thereby, determine boundaries to the planning authority's discretion. This issue points to a conflict between the discretion of the democratically elected legislature and the responsibility of the judiciary, in particular the Constitutional Court, to protect fundamental rights. On the one hand, this question concerns mandatory requirements that the project must meet, such as maximum amounts of harmful radiation or substances in environmental law.[586] On the other hand, this concerns guidance that the legislator gives to the competent authority with respect to a balancing of interests in planning law or the test of proportionality in the narrow sense.

[578] BVerfG, Judgment of 24 March 1987, *BVerfGE* 74, 264, 293 et seq. Confirmed in the *Garzweiler II* judgment: BVerfG, Judgment of 17 December 2013, *NVwZ* 2014, 211, 213 et seq.
[579] BVerfG, Judgment of 17 December 2013, *ZUR* 2014, 160, 163.
[580] See subsection 3.3.1 above.
[581] See subsection 3.3.2 above.
[582] BVerfG, Judgment of 17 December 2013, *NVwZ* 2014, 211, 216 and 219.
[583] BVerwG, Judgment of 14 December 1990, *NVwZ* 1991, 987, 990.
[584] BVerfG, Judgment of 17 December 2013, *NVwZ* 2014, 211, 219.
[585] See subsection 3.1.1.2 above.
[586] See subsection 3.3.5.3 above.

Fixed boundaries to protect certain public interests

As has been shown above,[587] environmental or other legislation provides for maximum amounts of harmful radiation and substances or other legal protection mechanisms. Administrative authorities must observe this legislation. In adopting this legislation, the legislature determines the weight of certain public interests, such as public health and environmental protection, and attaches boundaries to the authority's discretion. Provided that this legislative intervention is proportionate (in relation to the harm that the legislation may do to fundamental rights), nobody has so far challenged this power of the legislature.

Basic Law permits legislative guidance to authorities

In the *Boxberg* judgment, the Constitutional Court pointed out that it was for the legislator to give guidance as to how the authority would have to balance the interests, in particular as to how the authority could determine the weight of each interest. This suggests that the legislator *may* determine the weight of public and private interests to some extent. As the German Basic law recognises statutory expropriation as well as statutory plans and permits statutory boundaries to the authority's discretion, it would be logical that the legislator may even choose to weigh and balance the interests itself.[588] Planning law also suggests that this finding is correct. The Federal Administrative Court allows for legislation that obliges the planning authority to accord more weight to a certain interest when balancing the involved interests.[589]

Boundaries to the legislator's guidance

Legislative guidance or a statutory balancing of interests may raise similar problems as statutory expropriation. Statutory expropriation reduces the judicial protection of the expropriatee from the expropriation decision because the value judgements of the legislature are only subject to a limited constitutional review.[590] This limited judicial review entails that the Constitutional Court tests the value judgements as to whether they are clearly refutable, clearly flawed or contrary to the system of values of the Basic Law.[591] This narrow boundary-shaping role follows from the 1968 judgment *Hamburgisches Deichordnungsgesetz*. In that case, the Constitutional Court had to develop a standard of judicial review of the legislator's determination that a statutory expropriation would serve the 'public good' in terms of Art. 14(3) GG. The Court held that it was not bound by the opinion of the legislator and would generally subject its opinion to a full constitutional review.[592] It seemed that the Constitutional Court claimed the power to replace the legislator's value judgements with its own value judgements. However, the Court then observed that the public

[587] See subsection 3.3.5.3 above.

[588] Cf Muckel & Ogorek 2007, 24 et seq; Battis & Otto 2004, 1506; LG Hamburg, Judgment of 19 January 2007, *BeckRS* 2007, 03785; and VGH Mannheim, Decision of 23 August 2010, *BeckRS* 2010, 52113.

[589] BVerwG, Judgment of 22 March 1985, *NJW* 1986, 82, 83; and Neumann, in Stelkens/Bonk/Sachs, VwVfG, § 74, No. 67.

[590] BVerfG, Judgment of 18 December 1968, *NJW* 1969, 309, 313.

[591] BVerfG, Judgment of 18 December 1968, *NJW* 1969, 309, 313.

[592] BVerfG, Judgment of 18 December 1968, *NJW* 1969, 309, 313.

good was also informed by value judgements and contemplations of the legislator, which would only be subject to a limited constitutional review.[593]

The essential question is whether the legislator's guidance in cases of administrative expropriation is also subject to a limited constitutional review. If the constitutional review is limited, the legislator's value judgements and contemplations will only be tested against the value system of the Basic Law.[594] If the judicial review were full, the Constitutional Court could replace the legislator's value judgements with its own and assume a greater boundary-shaping role.

In the literature, it is disputed whether the determination of the weight of public and private interests by the legislator is subject to a limited constitutional review. *Riedel* and *Hufen* argued that the legislator could not accord weight to a certain interest or stipulate that one interest outweighs another without full scrutiny by the Constitutional Court.[595] *Schmidbauer* was hesitant to argue in favour of a limited judicial review, but took a clear step in that direction. He asserted that value judgements of the legislator informed the legitimate purpose in the expropriation statute and that the expropriation authority had to take due account of these value judgements.[596] *Von Zezschwitz* advocated for a limited constitutional review. He based his opinion upon the case law of the Constitutional Court and pointed out that the determination of an interest's weight was inherently uncertain.[597] *Smeddinck* and *Au* argued in more general terms that the legislator's decision as to what serves the public good would have to comply with the Basic Law, but, beyond that, would not be subject to judicial review.[598]

It is submitted that *Von Zezschwitz*'s opinion is persuasive and that a limited constitutional review is appropriate. Within the boundaries of the Basic Law, it is for the legislator to define what serves the public good and, therefore, how much weight the legal order accords to an interest.[599] Also, given the legislature's democratic legitimacy, there does not seem to be any reason why the judiciary would be better equipped to concretise the public good than the legislator.

The case law of the Constitutional Court confirms this opinion. In the *Boxberg* judgment, the Constitutional Court designated the legislator as the body responsible to give an indication as to the weight that the competent authority would have to accord to the interests involved.[600] It would not make sense for the judiciary subsequently to replace the legislator's value judgements with its own and strike down an expropriation decision that is based upon the legislator's guidance. Also, in cases of statutory expropriation, the judiciary merely subjects legislative value

---

[593] BVerfG, Judgment of 18 December 1968, *NJW* 1969, 309, 313.

[594] In the context of the determination of the public good objective: BVerfG, Decision of 2 June 2008, *NVwZ* 2008, 1229, 1231; in the context of statutory expropriation: BVerfG, Judgment of 18 December 1968, *NJW* 1969, 309, 313. Cf BVerfG, Decision of 17 November 1996, *NJW* 1967, 548, 549.

[595] Riedel 2012, 220; and F Hufen, 'Berufsfreiheit - Erinnerung an ein Grundrecht' 1994 *NJW* 2913–2922, 2918.

[596] Schmidbauer 1989, 144.

[597] F von Zezschwitz *Das Gemeinwohl als Rechtsbegriff* (Marburg: Philipps-Universität 1967) 183 et seq.

[598] U Smeddinck & C Au, '»Lex Airbus« - Gesetzgebung als Prozesstaktik' 2004 *ZUR* 273–278, 274.

[599] Stern 1994, 351 et seq.

[600] BVerfG, Judgment of 24 March 1987, *BVerfGE* 74, 264, 293.

judgements, policy decisions, and projections to a limited constitutional review. *A fortiori*, this standard of judicial review should apply to administrative expropriation in which the legislator has a less extensive role to play.

The Constitutional Court's jurisprudence on other fundamental rights also seems to indicate that the legislator can accord a certain weight to a certain interest without a full judicial review. In the context of Art. 12(1) GG, which guarantees occupational freedom, the Constitutional Court had to examine the constitutionality of the prohibition of subcontracted labour in the construction sector. In its judgment, the Court made a distinction between public interests of constitutional rank and other interests.[601] The Court held that there was a broad scope for the legislator to balance the other interests.[602] Although the scope of the legislator has been traditionally viewed as very broad in the fields of economic and social policy,[603] this judgment of the Constitutional Court clearly indicates that the legislator can accord a certain weight to a certain interest within the boundaries of the Basic Law.

A note of caution should be added. Statutory expropriation is only permissible under certain conditions because it may reduce the expropriatee's judicial protection.[604] For this reason, the legislature should only exhaustively balance the involved interests if an administrative procedure entailed significant disadvantages for the implementation of the project.

Third-party transfer for economic development: The Basic Law **requires** *guidance*

With respect to third-party transfers for economic development, the Basic Law not only permits the legislature to determine the weight of private and public interests. The Basic Law also *obliges* the legislator to give certain guidance to the competent authority. Thereby, the Constitutional Court broadens the boundary-shaping and creative role of the legislature in that the legislature must specify the weight of the involved interests and, thereby, set boundaries to the planning authority's discretion. However, it is *not* mandatory for the legislator to undertake the whole balancing of interests.[605]

This obligation follows from the *Boxberg* judgment. In that case, the Constitutional Court dealt with a third-party transfer for economic development and scrutinised the Federal Building Act as to whether the legislator had given sufficient guidance. The Federal Building Act failed to give sufficient guidance because it did not contain any substantive guidance for the expropriation authority to balance the benefits of the binding land-use plan against its impact upon private and public interests that are not related to urban planning.[606] This judgment clearly indicates that the legislator must give guidance if the statute is to provide a basis for a

---

601 BVerfG, Decision of 6 October 1987, *NJW* 1988, 1195, 1198.
602 BVerfG, Decision of 6 October 1987, *NJW* 1988, 1195, 1197.
603 Cf Hufen 1994, 2918 et seq.
604 See subsection 3.1.1.2.2 above.
605 BVerfG, Decision of 21 December 2016, *NVwZ* 2017, 399, 402, para 33.
606 BVerfG, Judgment of 24 March 1987, *BVerfGE* 74, 264, 293 et seq.

third-party transfer for economic development.[607] Specifically, the legislature must give guidance on how to weigh the specific interests that are likely to be at stake.

3.3.6.1.3 *Example: The state legislature of Hamburg and the Aerodrome Act*

The Hamburg Expropriation Act and the Aerodrome Act jointly provided tests for assessing the project's and the expropriation's proportionality.[608] In addition, the state legislature of Hamburg sought to assume a very prominent role in taking into account the adverse effects of the extended aerodrome. In § 1(1) of the Hamburg Aerodrome Act, the legislator stated that civil aviation at the aerodrome in Hamburg-Finkenwerder served the 'public good'. In adopting this provision, the legislature sought to conduct the test of the project's proportionality in the narrow sense and concluded that the extended aerodrome would make a net contribution to the well-being of society. This finding can be based upon the amendments to the explanatory memorandum. Therein, the legislature considered that the public interest in the extension of the aerodrome, in particular the jobs and the resulting income for families, outweighed the private interest in the property.[609]

The debate in the state legislature confirms this finding. During the first reading of the bill on 11 February 2004, representatives of the Christian Democratic Union (CDU), the Free Democratic Party (FDP), and the SPD pointed to the importance of the aerodrome to job creation in Hamburg and to the importance of aviation to innovation.[610] Also, they asserted that the public interest in the extension of the aerodrome outweighed the private interest in the property, particularly because the expropriation would concern a rather small piece of land in the middle of the planned runway.[611] A representative of the FDP, however, pointed out that the targeted property also served as a home and argued that the weight of the private interest should not be underestimated.[612] MP Christian Maaß of the Green Alterna-

[607] The obligation to give guidance only seems to apply to third-party transfers for economic development. Under the Federal Mining Act, the drafting of a basic operation plan precedes the expropriation for the construction of mining facilities. Cf G Ludwig, 'Gesamtabwägung ins Bundesberggesetz! Konsequenzen aus dem Garzweiler-Urteil des BVerfG vom 17.12.2013' 2014 *ZUR* 451–457, 451 et seq. In the *Garzweiler II* judgment, the Constitutional Court requires a balancing of interests that is integrated into the review of the basic operation plan. See BVerfG, Judgment of 17 December 2013, *NVwZ* 2014, 211, 219 and 231. Cf W Frenz, 'Braunkohlentagebau und Verfassungsrecht' 2014 *NVwZ* 194–198, 195; and Kühne 2014, 324. The first sentence of § 48(2) BBergG forms the basis of this test. This provision authorises an authority to restrict or prohibit the exploitation of, or search for, natural resources if there is a conflicting public interest that outweighs the benefits of these activities. Findings concerning this test are also relevant to the test of the project's proportionality in the narrow sense because the authority applies the same test as under § 79(1) BBergG. Strangely, although none of the provisions in the Federal Mining Act provides guidance as to how to weigh the involved interests, the Constitutional Court does not address the problem of the weight of the conflicting interests. This approach is a lot more lenient than the approach adopted in the *Boxberg* judgment. The reason seems to be that the *Boxberg* judgment deals with a third-party transfer for economic development. In that judgment, the Court placed its considerations into the context of the pursued "economic and structural policy objectives". See BVerfG, Judgment of 24 March 1987, *BVerfGE* 74, 264, 293.

[608] § 3(2) of the Aerodrome Act, and §§ 2, 3(1) of the Hamburg Expropriation Act. See subsection 3.3.5.4 above.

[609] Hamburger Bürgerschaft, Drucksache 17/4129, 2 et seq.

[610] Hamburger Bürgerschaft, Plenarprotokoll 17/54, 3231 et seq and 3238.

[611] Hamburger Bürgerschaft, Plenarprotokoll 17/54, 3232 et seq.

[612] Hamburger Bürgerschaft, Plenarprotokoll 17/54, 3238.

tive List (GAL) demanded that a thorough balancing of the advantages and disadvantages take place.[613] He expressed great doubts that the extension was needed.[614]

Constitutionality of the legislature's balancing

As has been concluded above,[615] the Basic Law allows the legislator to weigh and balance the involved interests itself, subject to a limited constitutional review. The scholars *Battis* and *Otto* concluded that the state legislature of Hamburg had gathered all relevant information, had made reasonable value judgements, had made projections on the basis of a sound method, and that the legislator had justifiably concluded that the public interest in the runway generally outweighed the adversely affected private interest in the property.[616] The Regional Court of Hamburg also found that this balancing of interests was constitutional.[617]

This does not necessarily mean, however, that the legislative balancing of interests was comprehensive. The competent authority still had to apply the test of the project's proportionality in the narrow sense to the specific case. According to § 3(1) of the Act, an expropriation for the extension of the aerodrome was permissible after the competent authority had adopted a project plan. In a planning procedure, the planning authority had to balance all the interests involved and, as § 3(1) declared the plan binding upon the expropriation authority, apply the public good requirement of Art. 14(3) GG.[618] The Higher Administrative Court of Hamburg found that the legislature had not determined the project and balanced the interests to such an extent that an expropriation would be permissible for all conceivable modifications of the runway. The Court, therefore, held that the planning authority still had to apply Art. 14(3) GG to the specific case.[619] The Court even found that an expropriation for the extension of the aerodrome was likely to be disproportionate in the narrow sense.[620]

The fact that the balancing of interests was not exhaustive raises the question of whether the legislative guidance was sufficient. As the Constitutional Court has prescribed, the expropriation statute must require an authority to conduct the test of the project's proportionality in the narrow sense and, in cases of third-party transfers for economic development, the legislator must give guidance on how to weigh the involved interests.[621] It seems that the Hamburg Aerodrome Act complied with these requirements. As § 3(1) of the Act provided for the plan's advance effect in expropriation law, the planning authority was obliged to apply the public good requirement, including a balancing of interests, and the second test of proportional-

[613] Hamburger Bürgerschaft, Plenarprotokoll 17/54, 3235.

[614] Hamburger Bürgerschaft, Plenarprotokoll 17/54, 3235 et seq.

[615] See subsection 3.3.6.1.2 above; see concerning the CO Pipeline Act: Muckel & Ogorek 2007, 24.

[616] Battis & Otto 2004, 1506. Concurring: LG Hamburg, Judgment of 19 January 2007, *BeckRS* 2007, 03785.

[617] LG Hamburg, Judgment of 19 January 2007, *BeckRS* 2007, 03785.

[618] Neumann, in Stelkens/Bonk/Sachs, VwVfG, § 75, Nos. 28 et seq; and Jarass 2006, 1331. Cf OVG Hamburg, Decision of 9 August 2004, *NVwZ* 2005, 105, 107 et seq.

[619] OVG Hamburg, Decision of 9 August 2004, *NVwZ* 2005, 105, 107 et seq.

[620] OVG Hamburg, Decision of 9 August 2004, *NVwZ* 2005, 105, 109 et seq.

[621] See subsection 3.3.6.1.2 above.

ity.[622] Although neither the Act nor the applicable planning legislation enumerated the involved interests and specified their weight,[623] the balancing of interests that the state legislature conducted constituted general guidance that the expected benefits of the whole project would outweigh adversely affected private interests.[624]

3.3.6.2 The role of the administrative authorities

The Hamburg Aerodrome Act divided the expropriation process into a planning procedure and an expropriation procedure.[625] The roles of the planning and the expropriation authority differed significantly.

The role of the planning authority

A planning authority has the creative task to design the project, which it mostly does on the basis of a proposal by the project developer.[626] In designing the project, the planning authority takes decisions that concern the contextualisation of the project in that it chooses from alternative projects and strikes a balance between the project's benefits and adversely affected interests.[627]

In addition to the rules on the planning procedure,[628] the planning authority must observe certain substantive rules. It is bound to planning and other legislation that protects certain public interests and, thereby, limits the authority's discretion.[629] Planning law also dictates that the planning authority establish that the project is suitable and reasonably required to realise the envisaged purpose.[630] Moreover, the planning authority must identify all relevant interests, balance these interests, and choose among potential alternative projects. The obligation to furnish reasons helps the authority to reflect on its decision and assists the courts in reviewing it.[631]

As to the result of the balancing of interests, the authority enjoys broad planning discretion. The courts will only scrutinise the choice of the project and the balancing of involved interests as to whether all relevant interests have been balanced in a plausible manner.[632]

The role of the expropriation authority

Once the planning authority has chosen the project and defined the project's contribution to the realisation of the legitimate purpose, the project developer or the planning authority can request the expropriation authority to expropriate the

---

[622] BVerwG, Judgment of 11 April 2002, *NVwZ* 2002, 1119, 1120; OVG Hamburg, Decision of 9 August 2004, *ZUR* 2005, 38, 40; Erbguth 2005, 55; and Jarass 2006, 1331.

[623] Demanding such a list: Bell 2002, 367 et seq.

[624] Cf Battis & Otto 2004, 1506. Concurring: LG Hamburg, Judgment of 19 January 2007, *BeckRS* 2007, 03785.

[625] See subsection 3.1.4.5 above.

[626] Refer to subsection 3.2.3.2.1 above for more details.

[627] See subsections 3.3.2 and 3.3.5.3 above.

[628] See subsection 3.4.2 below.

[629] See subsection 3.3.5.3 above.

[630] Stüer 2015, No. 4923; see subsection 3.3.1 above.

[631] § 39 VwVfG. See subsection 3.4.2.4 below.

[632] BVerwG, Decision of 17 February 1997, *LKV* 1997, 328, 332; BVerfG, Decision of 4 July 2002, *NVwZ* 2003, 71, 72; BVerfG, Decision of 20 February 2008, *NVwZ* 2008, 780, 783; BVerfG, Decision of 2 June 2008, *NVwZ* 2008, 1229, 1231; and BVerfG, Decision of 8 July 2009, *NVwZ* 2009, 1283, 1285 et seq. See subsection 3.2.3.3.3 above and subsection 3.3.6.3 below.

required property. The role of the expropriation authority is controlling in nature. The expropriation authority does not shape or change the project, its contribution to the legitimate purpose, or its adverse effects. Also, it does not consider alternative projects.[633] Where the applicable legislation does *not* prescribe an advance effect in expropriation law, the expropriation authority applies relevant planning legislation, the rules applicable to the alternative project argument, the expropriation statute, and the proportionality tests to the project plan and the proposed expropriation.[634] The expropriation authority thus controls the planning authority's determinations in respect to all aspects of the contextualisation. Then, it decides whether or not to expropriate the targeted property. Under the Aerodrome Act and most other expropriation statutes, the authority does not enjoy any discretion when taking that decision and will have to decide to expropriate the property if all constitutional and statutory requirements are met.[635] Refer to subsection 3.2.3.2 above for more details.

The expropriation authority is not bound by the determinations of the planning authority regarding the legislation or proportionality tests. This does not mean that the expropriation authority has leeway in interpreting the legislation or the proportionality tests. On the contrary, as compliance with planning and expropriation legislation and the application of the proportionality tests are generally subject to a full judicial review,[636] the expropriation authority does not shape legal boundaries to the planning authority's discretion, but merely follows the courts' jurisprudence.

Concerning legislative guidance on the test of proportionality in the narrow sense, *Battis* and *Otto* argued that the authority was generally bound to the legislator's value judgements and would have to give valid reasons for deviations from it.[637] This argument is generally persuasive because the authority must comply with legislation. However, if the value judgements of the legislator are contrary to the Basic Law, there is no obligation for the authority to follow the legislator's value judgements. This is because the legislator is bound to the Constitutional Court's interpretation of the public good requirement and the proportionality tests.[638] If a constitution-conform interpretation is possible, the authority will have to follow this interpretation. If not, the expropriation statute will be unconstitutional and not a suitable statutory basis for an expropriation.

The advance effect in expropriation law expands the tasks of the planning authority

The Hamburg Aerodrome Act assigned the controlling role to a large extent to the planning authority. This statute provided that the project plan had an advance effect in expropriation law.[639] That means that the project plan was binding upon the expropriation authority and that the planning authority also had to scrutinise whether the expropriation would comply with the public good requirement, in particular the test of the project's proportionality, and the test of the expropriation's

[633] Runkel, in Ernst/Zinkahn/Bielenberg/Krautzberger, BauGB, § 87, No. 55.
[634] Refer to subsection 3.2.3.2.4 above for more details.
[635] See subsection 3.2.3.2.4 above.
[636] See subsection 3.2.3.3 below.
[637] Battis & Otto 2004, 1506.
[638] See subsection 3.2.3.3 above.
[639] § 3(1) Aerodrome Act.

proportionality.[640] It was thus for the planning authority to apply requirements pertaining to all aspects of the contextualisation. This entails that the planning authority had to control its own determinations. However, as the full judicial review was likely to deter the planning authority from pursuing its own agenda,[641] the allocation of the controlling role is unlikely to have weakened the protection of the expropriatee.

Despite the advance effect in expropriation law, the Aerodrome Act reserved a role for the expropriation authority. Its role was confined to scrutinising whether the project was of substantial importance to the achievement of the project's purpose and whether expropriation was the least invasive means, in particular whether the land could be purchased on the private market on reasonable terms.[642] The meaning of the requirement that the project had to be of substantial importance to its purpose remains unclear, but does not seem to have added anything to the test of the project's necessity, which pertains to the relationship between the legitimate purpose and the project.[643]

3.3.6.3 The role of the courts[644]

Under the Aerodrome Act, the Administrative Court examined the project plan and the application of the public good requirement and the second test of proportionality.[645] A specialised chamber of the ordinary Regional Court scrutinised the application of the expropriation statute in the expropriation decision.[646] As has been noted,[647] the expropriatee has a more protected position before the administrative courts because the burden of proof generally lies with the competent authority and the administrative court is obliged to investigate the case proactively.[648]

The courts play an important, yet nuanced role with respect to the contextualisation. The courts do not take a co-planner's seat or search for the best project or an optimal equilibrium between the involved interests. The formal reason for this is that the legislator has not prescribed a certain result, but has given the planning authority the choice between various permissible options.[649] The substantive reasons are that neither the legislator nor the judiciary has the necessary capacity to deal with the complexity of interests involved in planning and that the judiciary does

---

640 BVerwG, Judgment of 11 April 2002, *NVwZ* 2002, 1119, 1120; OVG Hamburg, Decision of 9 August 2004, *ZUR* 2005, 38, 40; Erbguth 2005, 55; and Jarass 2006, 1331. See subsection 3.2.3.2.3 above.

641 See subsection 3.3.6.3 below.

642 § 3(2) (3) Aerodrome Act, and § 3(1) of the Hamburg Expropriation Act. Interestingly, the Higher Administrative Court found that the planning authority would have to apply this requirement because the requirement was covered by the advance effect in expropriation law. OVG Hamburg, Decision of 9 August 2004, *NVwZ* 2005, 105, 107 et seq.

643 OVG Hamburg, Decision of 9 August 2004, *NVwZ* 2005, 105, 107 et seq. See subsection 3.3.1.4 above.

644 An extract from an earlier version of this subsection has been published in Hoops 2015a, 174 et seq.

645 § 42(2) VwGO.

646 § 9(1) of the Hamburg Expropriation Act.

647 See subsection 3.2.3.3 above.

648 Refer to subsection 3.4.4 below for more details.

649 Sachs, in Stelkens/Bonk/Sachs, VwVfG, § 40, No. 13; Schmidt-Aßmann, in Maunz/Dürig, GG, Art. 19(4) No. 209; and Gerhardt, in Schoch/Schneider/Bier, VwGO, Vorbemerkungen zu § 113, No. 20.

not have the (democratic) legitimacy to choose from different project designs.[650] Therefore, the judiciary's boundary-shaping and controlling role with respect to the choice of the project after an alternative project argument has been put forward, and the balancing of interests in planning law is limited.

The main controlling task of the judiciary begins in the expropriation phase. The courts ensure compliance with legislation and scrutinise whether or not the project can legitimately justify the sacrifice imposed upon the expropriatee and other adversely affected public and private interests. With respect to the proportionality tests, it is also for the courts to determine the boundaries to the planning authority's discretion. For the fulfilment of these tasks, the application of these requirements, which pertain to the contextualisation, is subject to a full judicial review. Full judicial review means that the courts can generally substitute their value judgements for the authority's value judgements. The following subsections provide a detailed analysis of the intensity of the judicial review of the project plan and the application of the expropriation statute and the proportionality tests.

3.3.6.3.1 *Review of the expropriation statute*

The courts control the expropriation statute as to whether it complies with the Basic Law. As has been discussed above,[651] the legitimate purposes and projects in the expropriation statute must meet constitutional standards that the Constitutional Court has the role to determine. The same applies to the conditions that the legislator has laid down in the statute.[652] This in particular means that the courts will scrutinise whether the expropriation statute ensures that the competent authority consider alternative projects and apply both tests of proportionality.[653] In cases of third-party transfers for economic development, the statute must also contain guidance on how to balance the involved interests.[654] Value judgements and contemplations of the legislator are subject only to a limited judicial review.[655] If there are any doubts about the constitutionality of the expropriation statute, the competent Court has to stay the proceedings and refer the case to the Constitutional Court.[656]

3.3.6.3.2 *Review of the project plan*

The project plan must comply with the planning legislation and all other applicable legislation.[657] With respect to the balancing of interests and the project as the result of this balancing, the courts fully scrutinise on the basis of judicially developed criteria whether the project is reasonably required for the envisaged purpose and whether the authority has followed the proper procedure and identified and

---

[650] J Dreier, *Die normative Steuerung der planerischen Abwägung* (Berlin: Duncker & Humblot 1995) 47; and Schmidbauer 1989, 280.

[651] See subsection 3.2.3.3.1 above.

[652] See subsection 3.3.6.1.1 above.

[653] See subsection 3.3.6.1.1 above.

[654] See subsection 3.3.6.1.2 above.

[655] See subsection 3.3.6.1.2 above.

[656] Art. 100(1) GG; and § 13 No. 11 BVerfGG.

[657] Sachs, in Stelkens/Bonk/Sachs, VwVfG, § 40, No. 82; and Schmidt-Aßmann, in Maunz/Dürig, GG, Art. 19(4) No. 210.

balanced all relevant interests.[658] The result of the balancing of interests is subject only to a limited judicial review.[659] As has been noted above,[660] the courts have developed the standard that the plan must merely be plausible. This will not be the case if a disadvantage of the plan does not bring about any advantages of a private or public nature or if the planning authority has misconstrued the legal importance or weight of an involved interest.[661] The courts only set aside value judgements, projections, or goals of the authority if they are clearly refutable, clearly flawed, or contrary to the applicable statutes or the system of values of the Basic Law.[662] The overall picture is that the courts strictly control the decision-making process and compliance with mandatory statutory requirements, but do not assume the role to set narrow boundaries to the result.[663] To ensure that the administrative courts can perform these roles, the Court has an obligation to gather all relevant facts.[664]

3.3.6.3.3 *Review of the application of the proportionality tests*

The courts control the competent authority's application of the public good requirement, including the first proportionality test and the second proportionality test. Whether or not the interpretation of the public good requirement is subject to a limited judicial review was a contentious issue for a long time.[665] Today, this issue has been resolved. The public good is an indefinite legal term.[666] As such, the public good requirement does not leave any leeway for the competent authority in interpreting this term.[667] Consequently, as the Constitutional Court has confirmed,[668] the courts must subject the application of the public good requirement to a full judicial review.[669] The very severe infringement of the fundamental right of property and the right to judicial protection from unlawful infringements warrant this full judicial review.[670]

---

[658] Schmidt-Aßmann, in Maunz/Dürig, GG, Art. 19(4) Nos. 210 et seq; and Gerhardt, in Schoch/Schneider/Bier, VwGO, § 114, Nos. 40 et seq.

[659] Schmidt-Aßmann, in Maunz/Dürig, GG, Art. 19(4) Nos. 213 and 215; Gerhardt, in Schoch/Schneider/Bier, VwGO, § 114, Nos. 40 et seq; BVerfG, Decision of 20 February 2008, *NVwZ* 2008, 780, 783; and BVerfG, Decision of 8 July 2009, *NVwZ* 2009, 1283, 1285 et seq.

[660] See subsections 3.3.2, 3.3.5, and 3.6.2 above.

[661] BVerwG, Decision of 17 February 1997, *LKV* 1997, 328, 332; and BVerfG, Decision of 4 July 2002, *NVwZ* 2003, 71, 72.

[662] Schmidt-Aßmann, in Maunz/Dürig, GG, Art. 19(4) Nos. 210 et seq; Gerhardt, in Schoch/Schneider/Bier, VwGO, § 114, Nos. 40 et seq; BVerfG, Decision of 2 June 2008, *NVwZ* 2008, 1229, 1231; BVerfG, Decision of 20 February 2008, *NVwZ* 2008, 780, 783; and BVerfG, Decision of 4 July 2002, *NVwZ* 2003, 71, 72.

[663] Gerhardt, in Schoch/Schneider/Bier, VwGO, Vorbemerkungen zu § 113, No. 20.

[664] § 86(1) VwGO; and Gerhardt, in Schoch/Schneider/Bier, VwGO, § 114, No. 8.

[665] Cf Schmidbauer 1989, 279. See subsections 2.3.3 and 3.6.1.2 above.

[666] Papier, in Maunz/Dürig, GG, Art. 14, No. 574; and Schmidbauer 1989, 279. In the context of § 87(1) BauGB: BVerfG, Decision of 8 July 2009, *NVwZ* 2009, 1283, 1285.

[667] Papier, in Maunz/Dürig, GG, Art. 14, No. 574; Schmidbauer 1989, 279; and Sachs, in Stelkens/Bonk/Sachs, VwVfG, § 40, Nos. 147 et seq.

[668] BVerfG, Judgment of 17 December 2013, *NVwZ* 2014, 211, 221 et seq, in particular 223, 227 et seq and 231 et seq. In the context of § 87(1) BauGB: BVerfG, Decision of 8 July 2009, *NVwZ* 2009, 1283, 1285.

[669] Papier, in Maunz/Dürig, GG, Art. 14, No. 574; Schmidbauer 1989, 279; Ziehm 2014, 460; and Riedel 2012, 220.

[670] BVerfG, Judgment of 18 December 1968, *NJW* 1969, 309, 313; and Riedel 2012, 219.

When conducting the full judicial review of the application of the public good requirement, the courts must intrusively examine the application of the test of the project's proportionality. This generally applies to the relationship between the purpose and the project in the form of the first suitability and the first necessity test. Projections regarding the project's benefits, however, are subject only to a limited judicial review.[671] Moreover, the full judicial review applies to the balance between the public benefits of the project and the adversely affected public and private interests. This means that the courts not only scrutinise whether the authority has complied with the law and identified and balanced all relevant interests, but may also substitute the authority's value judgements with their own.[672] The courts thus have an extensive controlling role and, as the proportionality tests are based upon judge-made rules and the courts use their own value judgements, a boundary-shaping role. Only projections of the authority as to the effects of the project and the expropriation are subject to a lighter standard of review. They are scrutinised as to whether they are based upon facts and a sound method.[673]

The intrusive judicial review not only entails that the competent authorities have to accord a certain weight to each interest in accordance with the Basic Law and the expropriation statute, but also that the authorities have to anticipate the judge's value judgements. Bear in mind, however, that the courts never assess whether the project and expropriation reflect an optimal equilibrium or the 'best decision', but only have the last word on whether their benefits can legitimately justify the burden imposed upon other protected interests.

With respect to the second test of proportionality, the courts fully review the suitability of the expropriation and the necessity of the expropriation. As has been noted above,[674] the second test of proportionality in the narrow sense is subject to a somewhat lower standard of review than the project's proportionality in the narrow sense.

3.3.7 Conclusion

The contextualisation is divided into two phases with two diverging governance models; the planning phase and the expropriation phase. In performing its creative task to design the project, mostly on the basis of a proposal of the project developer, the planning authority must scrutinise whether the project substantially satisfies an existing need that is laid down in the applicable planning statute. The planning authority must then identify and balance all relevant interests. In this phase, the planning authority must also consider alternative projects. The legislator may choose to balance the interests themselves or specify the relevant interests and their weight, thereby determining boundaries for the authority to observe.

In the planning phase, the courts have a narrow controlling and boundary-shaping role, offering adversely affected persons only limited judicial protection against the project plan due to the planning discretion of the authority. The courts are not supposed to search for the best project and take a co-planner's seat. The

[671] Stern 1994, 778 et seq; and Ziekow 2014, 175.

[672] Sachs, in Stelkens/Bonk/Sachs, VwVfG, § 40, Nos. 147 et seq; BVerfG, Decision of 31 May 2011, *NVwZ* 2011, 1062, 1064; and BVerfG, Decision of 28 June 1983, *BVerfGE* 64, 261, 279.

[673] Schmidbauer 1989, 280. See subsections 3.2.3.3.2 and 3.3.1 above.

[674] See subsection 3.3.5 above.

courts will, therefore, only fully review the decision-making process and compliance with mandatory statutory boundaries. They will interfere if the authority does not observe substantive statutory boundaries to its discretion, does not follow the applicable procedure, or fails to identify and/or balance all relevant interests. The courts only test whether the result (ie the project) is plausible. The balancing of interests will be implausible in two cases. Firstly, a certain disadvantage of the plan does not bring about any advantages of a private or public nature. Secondly, the planning authority has misconstrued the legal importance or weight of an involved interest. However, such value judgements (and projections or goals of the authority) can only be set aside if they are clearly refutable, clearly flawed, or contrary to the applicable statutes or the system of values of the Basic Law.

In the expropriation phase, the competent authority performs the controlling role to contextualise the (economic development) project and the legitimate purpose by applying the proportionality test of the public good requirement of Art. 14(3) GG. At this stage, the planning authority has already chosen a project and it is for the competent authority to scrutinise whether this project and its purpose can legitimately justify the adverse effects of an expropriation. The authority scrutinises whether the project is suitable to serve its purpose and whether it substantially contributes to the realisation of this purpose. Subsequently, the authority must ensure that the adversely affected private and public interests do not outweigh the public interest in the project. In so doing, the authority must first ascertain the impact of the project and the expropriation upon those interests. Importantly, the compensation paid after the expropriation must not play any role. Then, it accords a certain weight to each interest on the basis of the Basic Law as well as value judgements of the legislator. The authority subsequently compares the weight of the public interest in the project to the weight of the adversely affected interests. However, as there is no objective standard by which one could compare the weight of the interests and the law does not provide for a comprehensive hierarchy of interests, the result of the balancing may to a certain extent depend upon subjective value judgements.

The competent authority contextualises the expropriation as a means of implementing the project through the second proportionality test under Art. 14(3) GG. The expropriation must be suitable to enable the project developer to implement the project. Also, the expropriation must be the least invasive means. This means that if no unilateral state action is required to acquire land for the project (eg because less land is required for the project or the state can acquire land on the private market on reasonable terms), or if a less invasive legal means is available, the expropriation will be unlawful. Lastly, the authority must again take into account the affected interests. It must compare the contribution of the expropriation to the project with the detrimental impact of the expropriation upon the expropriatee. This test is subject to a lighter standard of judicial scrutiny than the test of the project's proportionality in the narrow sense. The expropriation will fail this test only if the interest of the expropriatee in the property substantially outweighs the expropriation's contribution to the project.

In the expropriation phase, the legislator may generally play a prominent boundary-shaping and creative role by balancing the involved interests themselves or specifying the weight of the interests. If the legislator wishes to authorise third-party transfers for economic development, the legislator *must* play a more prominent role. It must give guidance on how to weigh the interests involved.

In the expropriation phase, the courts assume a considerably more intrusive controlling and boundary-shaping role than in the planning phase. The application of both proportionality tests is generally subject to a full judicial review. That means that the courts not only test the compliance with the applicable statutes and whether the authority has identified and balanced all relevant interests. The courts may also substitute the authority's value judgements with their own. Only where projections of the authority are concerned, will the courts have to practise some deference. The courts thus have the last word on whether the project and the legitimate purpose legitimately justify the expropriation. As the courts may generally only decide to annul the expropriation decision, but not to change it, this full scrutiny benefits the expropriatee.

3.4 THE ADMINISTRATIVE AND COURT PROCEDURES

➢ This section addresses the following questions with respect to German law:
- What is the position of the planning authority and the expropriation authority in the state system?
- What opportunities does the public have to influence the planning decision and the expropriation decision?
- Who can bring an action for annulment before the competent courts and who bears the burden of establishing and proving facts?

➢ See subsection 2.4.3 for more details about this analysis.

3.4.1 Constitutional standards for administrative procedures

The administrative procedures offer the framework in which the competent authorities shape the project as well as the legitimate purpose and contextualise the project, its purpose, and the expropriation. The procedure offers affected persons the opportunity to have their say and influence the project, its purpose, and the expropriation. To ensure the fairness of the administrative procedures, the procedures must answer to certain procedural boundaries under the Basic Law.[675] The bases of these standards are the principles of the rule of law and the effective protection of the fundamental right to property.[676] These principles provide only certain minimum standards. It is for the legislator to adopt detailed procedural norms.[677] In this subsection, an analysis is made of the standards that such procedures have to meet under the Basic Law.

3.4.1.1 Public participation

The principle of the rule of law requires a certain degree of public participation in administrative procedures.[678] The authority must enable affected persons to participate and influence the decision.[679] This in particular requires that the expropriation

[675] K Ritgen, in Knack/Henneke, VwVfG, § 28, No. 12.

[676] Artt. 14(1) 19(4) and 20(3) GG; BVerfG, Judgment of 17 December 2013, *NVwZ* 2014, 211, 229; and Papier, in Maunz/Dürig, GG, Art. 14, No. 46.

[677] BVerfG, Judgment of 24 March 1987, *BVerfGE* 74, 264, 293; and BVerfG, Decision of 22 November 1983, *NVwZ* 1984, 430, 431. Cf Grzeszick, in Maunz/Dürig, GG, Art. 20, VII, No. 129.

[678] Ritgen, in Knack/Henneke, VwVfG, § 28, No. 12.

[679] Kallerhoff, in Stelkens/Bonk/Sachs, VwVfG, § 28, No. 2.

or planning authority hear persons whose property would be adversely affected by the expropriation.[680] To exercise the right to make representations, the adversely affected persons must have access to all documents relevant to the case.[681]

The purpose of public participation is disputed. The Constitutional Court primarily refers to the need of the competent authority to identify all relevant facts accurately and the need to take a well-founded and lawful decision.[682] However, there are scholars who highlight the function of public participation as an accountability mechanism serving to protect the fundamental right of adversely affected persons,[683] as an instrument to ensure transparency[684] or as a source of democratic legitimacy.[685]

3.4.1.2 Duty to give reasons

Another constitutional requirement is that the authority must give reasons for its decision.[686] When the authority exercises its discretion, the authority needs to specify which factors led it to its decision.[687] This obligation performs several functions. It inter alia helps the authority to reflect upon its decision and adversely affected persons to check whether the authority has taken account of their representations.[688] The obligation serves to enable adversely affected persons to defend their rights in subsequent administrative or judicial proceedings.[689] Also, the reasons may serve to convince affected persons of the expediency of the decision.[690]

3.4.2 The planning procedure under the Hamburg Aerodrome Act

The Hamburg Aerodrome Act divided the administrative procedure into a planning procedure and an expropriation procedure. Section 3(1) of the Aerodrome Act prescribed that the expropriation on the basis of the statute had to be based upon a project plan. This triggered the applicability of §§ 73–78 HmbVwVfG,[691] which contain norms for a hearings procedure. The hearings procedure gives adversely affected persons the opportunity to influence the project, its purpose, and the expropriation and enables the planning authority to adopt a well-founded project

[680] Ritgen, in Knack/Henneke, VwVfG, § 28, No. 6. In the context of *Legalplanung*: BVerfG, Decision of 17 July 1996, *NJW* 1997, 383, 385.

[681] Kallerhoff, in Stelkens/Bonk/Sachs, VwVfG, § 28, Nos. 2 and 7.

[682] BVerfG, Decision of 17 July 1996, *NJW* 1997, 383, 385. On procedural norms in general: BVerfG, Decision of 20 February 2002, *NVwZ* 2002, 1101, 1102. Cf VM Haug & K Schadtle, 'Der Eigenwert der Öffentlichkeitsbeteiligung im Planungsrecht' 2014 *NVwZ* 271–275, 272; and Ritgen, in Knack/Henneke, VwVfG, § 28, No. 7.

[683] Papier, in Maunz/Dürig, GG, Art. 14, No. 49; and Ritgen, in Knack/Henneke, VwVfG, § 28, No. 6.

[684] Ritgen, in Knack/Henneke, VwVfG, § 28, No. 7.

[685] Haug & Schadtle 2014, 272 et seq; differing: Ritgen, in Knack/Henneke, VwVfG, § 28, No. 7. Cf C Möllers, 'Zur demokratischen Legitimation der Enteignungsbehörde nach dem Baugesetzbuch' 1997 *NVwZ* 858–861.

[686] Stelkens, in Stelkens/Bonk/Sachs, VwVfG, § 39, No. 2.

[687] Stelkens, in Stelkens/Bonk/Sachs, VwVfG, § 40, No. 80.

[688] Stelkens, in Stelkens/Bonk/Sachs, VwVfG, § 39, No. 1.

[689] Stelkens, in Stelkens/Bonk/Sachs, VwVfG, § 39, Nos. 2 et seq.

[690] Stelkens, in Stelkens/Bonk/Sachs, VwVfG, § 39, Nos. 2 et seq.

[691] The norms of the Hamburg Administrative Procedure Act are largely the same as the norms of the Federal Administrative Procedure Act. Most of the cited sources therefore deal with the federal statute.

plan. In providing for participatory elements and the duty to furnish reasons, the legislation complies with constitutional standards.[692] This subsection provides an analysis of the norms applicable to the hearings procedure and the subsequent adoption of the plan.

3.4.2.1 The position of the planning authority in the state system

In the City of Hamburg, the Senate (*Senat*), which is the state government, and its administrative authorities generally fulfil all tasks pertaining to the administration of both a federated state and an urban district. These tasks include conducting planning and expropriation procedures. The Senate heads and supervises the administrative authorities.[693] The Senate is accountable to the state legislature. The borough authorities (*Bezirksamt*) deal with matters that do not need to be administered uniformly.[694] Due to the state-wide importance of the Aerodrome, however, the Hamburg Ministry of Economic Affairs and Labour was the hearings authority in the planning procedure and adopted the project plan in terms of the Aerodrome Act.[695]

The Ministry is appointed by, and accountable to, the Senate, which, in turn, is accountable to a directly elected body. The civil servants at the Ministry are accountable to the Minister (Senator). As the planning authority shaped the economic development project, its purpose, and the expropriation within the relatively narrow boundaries of the expropriation statute and the Basic Law, the choice of an appointed body (as opposed to a directly elected body) with supposedly sufficient expertise is unlikely to have adversely affected the protection of the expropriatee.

3.4.2.2 The hearings procedure

The hearings procedure is meant to provide a basis for the decision of the planning authority and includes participatory elements. The project developer (*Vorhabenträger*), *in casu* Airbus, initiates the hearings procedure by submitting a draft plan to the hearings authority.[696]

3.4.2.2.1 *The provision of information*

The draft plan includes drawings and explanations that clarify the details of the project, the reasons behind it and the land that the project would affect. It must make possible an overall assessment of the project and its consequences.[697]

Section 73(2) HmbVwVfG provides that within one month after the submission of the plan, the hearings authority must submit the plan to the authorities whose competences would be affected by the project. Also, the hearings authority must generally request all municipalities in which the plan is likely to have an impact to

[692] See subsection 3.4.1.2 above.

[693] Art. 33(2) of the Constitution of the Free and Hanseatic City of Hamburg (*Verfassung der Freien und Hansestadt Hamburg*).

[694] § 2 of the Hamburg Borough Administration Act (*Bezirksverwaltungsgesetz*).

[695] LG Hamburg, Judgment of 19 January 2007, *BeckRS* 2007, 03785.

[696] § 73(1) HmbVwVfG. The project developer is the natural or legal person that wishes to implement the project; see Neumann, in Stelkens/Bonk/Sachs, VwVfG, § 73, No. 16.

[697] Neumann, in Stelkens/Bonk/Sachs, VwVfG, § 73, No. 18.

make the plan available for inspection by everyone.[698] These municipalities must comply within three weeks after receipt of the plan and must make the plan available for inspection for one month.[699] Before making the plan available for inspection, the municipalities must make a public announcement as to when and where people can inspect the plan.[700]

The purpose of the opportunity to inspect the plan is to provide information about the project and to enable people to examine whether or not their interests will be adversely affected and to decide on whether or not to submit objections.[701] The provided information must be sufficient to enable the people to do so.[702]

3.4.2.2.2 *The access to the procedure and the type of participation*

The authorities that receive the draft plan must comment on the plan within a period of time set by the hearings authority, not exceeding three months. The Ministry of Economic Affairs and Labour may consider comments that it receives after the deadline. The Ministry must consider comments that it receives after the deadline if it knows or should have known of the concerns raised in the comments or if the concerns are relevant to the legality of the decision to adopt the plan.[703]

Affected persons can submit objections

Until two weeks after the end of the inspection period, persons whose own interests are adversely affected by the project can submit objections to the plan to the hearings authority or their municipality.[704] The interests of a person are deemed to be adversely affected if the project *may possibly* affect this person's own interests. These interests not only include rights recognised under private or public law, but also other protected cultural, ecological, economic, idealistic, and social interests, unless these interests are of a trivial nature.[705]

The right to submit objections serves to protect the interests of adversely affected persons and to give them an opportunity to defend their interests.[706] Adversely affected persons may generally only bring forward objections concerning their own interests.[707] An owner whose fundamental right of property would be affected, however, can raise objections about the impact upon all legally protected interests.[708] Objections can generally no longer be lodged after the deadline.[709]

---

[698] § 73(2) HmbVwVfG.

[699] § 73(3) 1st sentence, HmbVwVfG.

[700] § 73(5) No. 1 HmbVwVfG. Cf Neumann, in Stelkens/Bonk/Sachs, VwVfG, § 73, No. 51.

[701] Neumann, in Stelkens/Bonk/Sachs, VwVfG, § 73, No. 47.

[702] Neumann, in Stelkens/Bonk/Sachs, VwVfG, § 73, No. 60.

[703] § 73(3a) 1st sentence, HmbVwVfG.

[704] § 73(4) 1st sentence, HmbVwVfG. The same applies to associations that can lodge an appeal against the planning decision under the Administrative Court Procedure Code; see: § 73(4) 5th sentence, HmbVwVfG.

[705] Neumann, in Stelkens/Bonk/Sachs, VwVfG, § 73, No. 71; Ziekow 2014, 180 et seq; Henze 2009, 107 et seq; Schink, in Knack/Henneke, VwVfG, § 74, No. 206; Neumann, in Stelkens/Bonk/Sachs, VwVfG, § 74, No. 61; and Stüer & Hönig 2002, 352.

[706] Neumann, in Stelkens/Bonk/Sachs, VwVfG, § 73, Nos. 67 et seq; and Ritgen, in Knack/Henneke, VwVfG, § 28, No. 6.

[707] Neumann, in Stelkens/Bonk/Sachs, VwVfG, § 73, No. 72. Cf Neumann, in Stelkens/Bonk/Sachs, VwVfG, § 74, No. 100.

[708] Ziekow 2014, 187.

[709] § 73(4) 3rd sentence, HmbVwVfG.

It is important for adversely affected persons to submit objections because these objections will guarantee that the planning authority will take account of their interests when balancing the involved interests. It is true that § 24(1) HmbVwVfG obliges the planning authority to gather all relevant information. However, affected persons are also required to contribute to the procedure by indicating their interests and submitting their objections. Should adversely affected persons fail to do that, their position would be weaker because the planning authority will then only have to take their interests into account if it is aware of these interests or if these interests are obvious to the planning authority.[710]

The hearing

Subsequently, the hearings authority must discuss the comments and objections that have been duly submitted. In these discussions, the hearing authority must involve the persons and institutions that submitted the comments and objections, the project developer, all other affected persons, and the authorities whose competences would be adversely affected by the project.[711]

The hearings authority must issue a public notice about the hearing.[712] The authority must serve an individual notice upon the state bodies whose competences would be adversely affected by the project, the project developer, and those persons or entities that have duly submitted objections.[713] Should the hearings authority have to send more than fifty notifications to affected persons and entities that have duly submitted objections, the hearings authority can instead issue a public announcement in the official journal of the hearings authority and in the local newspapers.[714]

The discussion itself is a non-public oral hearing.[715] If possible, the discussion should be finished within one meeting.[716] In order to save time, the hearings authority often submits objections to, and comments on, the project to the project developer. The project developer can then prepare comments on those responses.[717] During the discussion, the chairperson must ensure the fairness of the procedure,[718] in particular the impartial treatment of all participants.[719] The chair-

[710] Neumann, in Stelkens/Bonk/Sachs, VwVfG, § 73, No. 63; and Ritgen, in Knack/Henneke, VwVfG, § 24, Nos. 31 et seq and 42 et seq.

[711] § 73(6) 1st sentence, HmbVwVfG. There are exceptions to this principle; see § 67(2) Nos. 1 and 4 and § 73(6) 6th sentence, HmbVwVfG. A discussion does not need to take place if no participant opposes the plan or if all participants agree to waive the discussion. If the discussion must take place, the authority will have to announce the date of the meeting for discussion at least one week in advance. See § 73(6) 2nd sentence, HmbVwVfG. Moreover, it is only once a fruitful discussion of the raised concerns is probable that the hearings authority can convene a meeting. See Neumann, in Stelkens/Bonk/Sachs, VwVfG, § 73, No. 125. However, the discussion must be completed at the latest three months after the deadline for objections. See § 73(6) 7th sentence, HmbVwVfG.

[712] § 73(6) 2nd sentence, HmbVwVfG.

[713] § 73(6) 3rd sentence, HmbVwVfG.

[714] § 73(6) 4th and 5th sentence, HmbVwVfG.

[715] § 68(1) 1st sentence, HmbVwVfG, read in conjunction with § 73(6) 6th sentence, HmbVwVfG.

[716] § 67(3) HmbVwVfG, read in conjunction with § 73(6) 6th sentence, HmbVwVfG.

[717] Neumann, in Stelkens/Bonk/Sachs, VwVfG, § 73, No. 120.

[718] Neumann, in Stelkens/Bonk/Sachs, VwVfG, § 73, No. 128.

[719] Cf BVerwG, Judgment of 5 December 1986, *NVwZ* 1987, 578, 582.

person has to ensure that all relevant facts are presented and that participants supplement insufficient information.[720] The chairperson and the participants are supposed to deliberate about the plan, its impact as well as its legal assessment.[721] In particular, affected persons must have the opportunity to comment on the facts of the case and the advantages and disadvantages of the plan.[722] This also requires that the participants have enough time to prepare for the discussion.[723] A written account of the meeting will be made.[724]

Should the authority make alterations to the plan after the hearing, the hearings authority has to notify all state bodies and persons whose competences or interests are substantially adversely affected for the first time or more severely adversely affected than they initially were.[725] These authorities and persons can submit comments and objections within two weeks.[726] The hearings authority does not need to convene another meeting for a discussion.[727] Should the change adversely affect the inhabitants of an initially unaffected municipality, that municipality must make the plan available for inspection.[728] Regarding this municipality, the hearings authority needs to take all described procedural steps again.[729]

3.4.2.3 The project plan and the role of objections

The planning authority takes the planning decision on the basis of the draft plan and the results of the hearings procedure.[730] In particular, it considers the comments of the authorities and the objections by adversely affected persons that have not been resolved.[731] Should there be missing documents, the planning authority must request the project developer to provide that information and refuse to take a final planning decision.[732]

3.4.2.4 The duty to furnish reasons

The planning authority must give reasons for the final decision. The planning authority must set out all facts and legal grounds upon which the decision is based. It must also elaborate on the aspects that influenced how the authority exercised its discretion.[733] The authority must send the decision and the reasons to the project developer and the persons upon whose objections the planning authority has decided.[734]

---

[720] § 68(2) HmbVwVfG, read in conjunction with § 73(6) 6th sentence, HmbVwVfG.
[721] Neumann, in Stelkens/Bonk/Sachs, VwVfG, § 73, No. 128; and Sachs, in Stelkens/Bonk/Sachs, VwVfG, § 68, No. 19.
[722] Neumann, in Stelkens/Bonk/Sachs, VwVfG, § 73, No. 129.
[723] Kallerhoff, in Stelkens/Bonk/Sachs, VwVfG, § 28, No. 42.
[724] § 68(4) HmbVwVfG, read in conjunction with § 73(6) 6th sentence, HmbVwVfG.
[725] § 73(8) 1st sentence, HmbVwVfG; Neumann, in Stelkens/Bonk/Sachs, VwVfG, § 73, No. 137.
[726] § 73(8) 1st sentence, HmbVwVfG.
[727] Neumann, in Stelkens/Bonk/Sachs, VwVfG, § 73, No. 137.
[728] § 73(8) 2nd sentence, HmbVwVfG.
[729] § 73(8) 2nd sentence, HmbVwVfG.
[730] § 74(1) HmbVwVfG, read in conjunction with § 69(1) HmbVwVfG.
[731] § 74(2) HmbVwVfG; Neumann, in Stelkens/Bonk/Sachs, VwVfG, § 74, No. 7.
[732] § 74(3) HmbVwVfG.
[733] § 39(1) 1st and 2nd sentence; and § 69(2) HmbVwVfG.
[734] § 74(4) 1st sentence, HmbVwVfG.

3.4.3 The expropriation procedure under the Hamburg Aerodrome Act[735]

The first sentence of § 7(4) of the Hamburg Expropriation Act declares §§ 106–122 of the Federal Building Code applicable to the expropriation procedure. This means that the Hamburg Administrative Procedure Act is only subsidiarily applicable, but may also be used as interpretative assistance.[736] The purposes of the procedure are for the authority to gather all relevant information, to take a well-founded decision,[737] and for adversely affected persons and authorities to defend their interests.[738] In providing for participatory elements and the duty to furnish reasons, the legislation complies with constitutional standards.[739]

The first step of the procedure was for the project developer (Airbus) to apply for the expropriation of property with the expropriation authority (ie the Hamburg Ministry of Finance).[740] The Ministry subsequently initiated the expropriation procedure.

3.4.3.1 The position of the expropriation authority in the state system

The Hamburg Ministry of Finance adopted the expropriation decision.[741] The Ministry is appointed by, and accountable to, the state government, the Senate. The Senate, in turn is appointed by, and accountable, to the state legislature. The expropriation authority is thus appointed by, and accountable to, an appointed body, which is accountable to a directly elected body. The civil servants at the Ministry are accountable to the Minister. As the controlling role of the expropriation authority was very narrow and the determination of compensation required specialised expertise, the choice of an appointed body seems to have been appropriate and not harmful to the position of the expropriatee.

3.4.3.2 Provision of information

Participants (*Beteiligte*) have certain privileges in the expropriation procedure. Section 106(1) BauGB provides a list of persons who are participants under the Federal Building Code. This list includes the project developer (Airbus), the owner of the targeted land, holders of other property rights on the targeted land, the municipality in which that land is located, and holders of personal use rights, such as tenants.

Section 108 BauGB provides that the expropriation authority must serve an individual notice of the hearing that takes place during the expropriation procedure on Airbus, the owner and other holders of registered property rights. According to § 108(3) BauGB, this notice includes the essential content of the application for expropriation, in particular the purpose of the expropriation and the targeted land,[742] and the request to submit objections before the hearing. The essential

[735] Earlier versions of the analysis of the expropriation procedure under the Federal Building Code have been published in Hoops 2016c, 236–274; and Hoops 2015b, 259–272.

[736] H Dyong, in Ernst/Zinkahn/Bielenberg/Krautzberger, BauGB, § 108, No. 1.

[737] § 24(1) HmbVwVfG. See subsection 3.4.1.1 above.

[738] § 107, 3rd sentence, BauGB; and Dyong, in Ernst/Zinkahn/Bielenberg/Krautzberger, BauGB, § 108, No. 20. See subsection 3.4.1.1 above.

[739] Refer to subsection 3.4.1.1 above.

[740] § 7(1) of the Hamburg Expropriation Act.

[741] LG Hamburg, Judgment of 19 January 2007, *BeckRS* 2007, 03785.

[742] Battis, in Battis/Krautzberger/Löhr, BauGB, § 108, No. 5.

content certainly does not refer to all information necessary to make a meaningful contribution, but should give a rough picture of their situation. A public notice informs other participants about the initiation of the expropriation procedure.[743]

In order to prepare their submissions, participants, regardless of whether they have received an individual notice, must have access to all relevant documents.[744] The expropriation authority has to allow participants 'to inspect the documents connected with the proceedings where knowledge of their contents is necessary in order to assert or defend their legal interests'.[745] Furthermore, the competent authority has to 'give information regarding the rights and duties of participants in the administrative proceedings'.[746]

3.4.3.3 The access to the procedure and the type of participation

Only participants in terms of § 106 BauGB have the right to participate in the expropriation procedure and to submit objections. During the whole procedure, the expropriation authority must facilitate an agreement between the participants.[747] Should the participants not reach an agreement, the authority will have to convene a hearing after the authority has gathered all relevant information.[748] The authority has to summon all participants and publicise the hearing in the municipality in which the required land is situated.[749] The owner and holders of registered property rights receive an individual notice of the hearing, while holders of contractual use rights need to watch out for the public notice. The authority needs to give the participants enough time to prepare for the hearing.[750]

The expropriation authority is supposed to make appropriate arrangements so that it can take a decision after one session of the hearing.[751] The purpose of the hearing is to give the participants and affected authorities an opportunity to comment on the expropriation.[752] The hearing is non-public.[753] The chairperson must ensure the fairness of the procedure,[754] in particular the impartial treatment of all participants.[755] The chairperson must also ensure that all relevant facts are presented and that participants supplement insufficient information.[756] During discussions that are ideally thorough, the chairperson and the participants deliberate about the plan, its impact as well as its legal assessment.[757] In particular,

[743] § 108(5) BauGB.
[744] § 29(1) HmbVwVfG.
[745] § 29(1) 1st sentence, HmbVwVfG.
[746] § 25(1) 2nd sentence, HmbVwVfG.
[747] § 110(1) BauGB.
[748] §§ 107 BauGB et seq.
[749] § 108(1) 4th sentence, BauGB.
[750] Kallerhoff, in Stelkens/Bonk/Sachs, VwVfG, § 28, No. 42.
[751] § 107(1) 2nd sentence, BauGB.
[752] § 68(2) HmbVwVfG; and Dyong, in Ernst/Zinkahn/Bielenberg/Krautzberger, BauGB, § 108, No. 20.
[753] § 68(1) 1st sentence, HmbVwVfG; and Dyong, in Ernst/Zinkahn/Bielenberg/Krautzberger, BauGB, § 108, No. 1.
[754] Cf Neumann, in Stelkens/Bonk/Sachs, VwVfG, § 73, No. 128.
[755] BVerwG, Judgment of 5 December 1986, *NVwZ* 1987, 578, 582.
[756] § 68(2) HmbVwVfG.
[757] Sachs, in Stelkens/Bonk/Sachs, VwVfG, § 68, No. 19; Dyong, in Ernst/Zinkahn/Bielenberg/Krautzberger, BauGB, § 108, No. 1; and HJ Dösing, in Spannowsky & M Uechtritz (eds) *Beck'scher Online-Kommentar BauGB*, 29th ed (Munich: CH Beck 2015) BauGB, § 108, No. 14.

adversely affected persons must have the opportunity to comment on the facts of the case and the advantages and disadvantages of the plan.[758] A written account of the meeting will be made.[759]

3.4.3.4 *After the hearing*

After the hearing and on the basis of the application and the outcome of the procedure, the expropriation authority assesses whether the expropriation meets all statutory and constitutional requirements. If the expropriation meets all applicable constitutional and statutory requirements, the authority will have to decide to order the expropriation and designate the property to be expropriated.[760] The authority must give reasons for its decision in writing.[761]

3.4.4 *The court procedures*

Under the Aerodrome Act, the Administrative Court reviewed the project plan.[762] The ordinary Regional Court reviewed the decision to expropriate property.[763] This subsection answers the question of who had access to those courts under what conditions and provides an analysis of the position of these persons in the proceedings with respect to establishing and proving facts.

3.4.4.1 *Constitutional standards of judicial protection*

Artt. 14(1) and 19(4) GG oblige the legislature to provide for effective judicial protection for affected persons under the expropriation statute. Effective judicial protection requires that the persons that are adversely affected by the expropriation have access to an effective judicial remedy against the decision to expropriate their property and, if applicable, the project plan.[764] Unless stipulated otherwise in a statute,[765] the administrative or another competent court must scrutinise whether or not the decision to expropriate complies with the law, in particular the Basic Law.[766]

Art. 103(1) GG further stipulates that everyone has a right to a hearing before a court of law in accordance with the law. This entails that in addition to access to the courts, adversely affected persons are entitled to make representations before the court. For this purpose, they must have access to all relevant information about the case and the courts must take their representations into account.[767]

---

[758] Sachs, in Stelkens/Bonk/Sachs, VwVfG, § 68, No. 19; and Dyong, in Ernst/Zinkahn/Bielenberg/Krautzberger, BauGB, § 108, No. 1.

[759] § 68(4) HmbVwVfG, read in conjunction with § 73(6) 6th sentence, HmbVwVfG; and Dyong, in Ernst/Zinkahn/Bielenberg/Krautzberger, BauGB, § 108, No. 1.

[760] §§ 112(1) and 113(2) BauGB.

[761] §§ 39(1) 1st and 2nd sentence, and 69(2) HmbVwVfG.

[762] § 42(2) VwGO.

[763] § 9(1) of the Hamburg Expropriation Act.

[764] BVerfG, Judgment of 17 December 2013, *NVwZ* 2014, 211, 220.

[765] Papier, in Maunz/Dürig, GG, Art. 14, No. 648.

[766] BVerfG, Judgment of 17 December 2013, *NVwZ* 2014, 211, 216. This is called 'primary judicial protection', whereas remedies against the awarded compensation are referred to as 'secondary judicial protection'; see Papier, in Maunz/Dürig, GG, Art. 14, No. 648.

[767] Schmidt-Aßmann, in Maunz/Dürig, GG, Art. 103, Nos. 66 et seq; and Kallerhoff, in Stelkens/Bonk/Sachs, VwVfG, § 28, No. 1.

3.4.4.2 *Judicial protection against the project plan under the Hamburg Aerodrome Act*

Section 42(2) VwGO grants all persons who establish that an administrative decision has infringed their rights the right to file an action for annulment of that decision. Such adversely affected persons can file the action directly with the Administrative Court. They do not need to first lodge a complaint with the planning authority.[768] In the procedure before the Administrative Court, they can challenge the project plan and if the plan has an advance effect in expropriation law, the planning authority's determinations as to whether the expropriation would comply with the expropriation statute and Art. 14(3) GG. This advance effect applied under the Aerodrome Act.[769] Through this remedy with its suspensive effect, the law guarantees the constitutionally required effective judicial protection against the project plan and, indirectly, the expropriation.[770]

Adversely affected persons

Rights in terms of § 42(2) VwGO in particular include all subjective rights that a person has vis-à-vis the state under public law.[771] In order to determine whether a person has such a subjective right, one needs to take three steps. Firstly, the norm has to be meant to subject the exercise of state power to constraints or to regulate relationships between private parties. Secondly, the norm must protect the interest that is adversely affected by the administrative decision. Thirdly, the person must qualify as the holder of this interest.[772]

Art. 14(1) GG is meant to subject the exercise of state power to constraints. The plan and the expropriation at least adversely affect property rights protected by Art. 14(1) GG, such as ownership, limited property rights, and a contractual use right. The conclusion is that at least their holders can file an action for annulment. In order for this action to be admissible, the adversely affected person would have to establish that they are the holder of such rights and that these rights have been infringed. According to the prevailing opinion among German scholars and in the case law of the German administrative courts, the adversely affected person must provide such facts that an infringement of their rights under public law is conceivable.[773]

The procedure

Adversely affected persons must file the action within one month after the planning authority has publicised its decision.[774] The action generally has a suspensive effect[775] so that the state or the project developer cannot start to implement the project. At least the applicant and the planning authority take part in the proceedings and may make submissions.[776] The courts may admit other persons whose

[768] §§ 70, 72(1) HmbVwVfG. Cf §§ 68 VwGO et seq.
[769] § 3(1) of the Aerodrome Act.
[770] See subsection 3.4.4.1 above.
[771] R Wahl & P Schütz, in Schoch/Schneider/Bier, VwGO, § 42(2) No. 43.
[772] Wahl & Schütz, in Schoch/Schneider/Bier, VwGO, § 42(2) No. 46.
[773] Wahl & Schütz, in Schoch/Schneider/Bier, VwGO, § 42(2) No. 67.
[774] § 74(1) VwGO.
[775] § 80(1) VwGO.
[776] § 63 VwGO.

rights may be adversely affected by the proceedings and must admit persons whose interests are linked to the administrative decision to such an extent that the court must take a decision that applies to these persons and the applicant uniformly.[777]

Burden of proof

The proceedings are limited to the petition of the applicant.[778] The courts have the duty to investigate the case themselves and gather all relevant facts.[779] This means that the expropriatee or another applicant does not bear the burden of providing evidence for their grievances.[780] On the basis of the proceedings, the court will assess whether or not the administrative decision complies with the law. The judge must be convinced that the facts of the case prove that the decision meets a certain requirement.[781] Should the facts of the case be insufficient to assess the compliance with a certain requirement, the court will generally decide that the administrative decision does not meet the requirement.[782] The burden of proof thus essentially lies with the authority. If the decision does not comply with the law, the court will annul the administrative decision.[783]

3.4.4.3 Judicial protection against the expropriation decision

An expropriation decision under the Aerodrome Act and the expropriation authority's determinations as to whether the expropriation complied with the expropriation statute were subject to a different regime. Under the applicable rules, any person whose rights are adversely affected by an expropriation decision[784] may lodge an appeal against that decision by filing an application for a court ruling.[785] An adversely affected person must file this application with the expropriation authority within one month after they have received a notice of the expropriation decision.[786] The expropriation authority must then submit the application with all relevant documents to the chamber specialised in building land matters of the competent Regional Court.[787] In principle, the application has a suspensive effect on the decision to expropriate property.[788]

All participants in the expropriation procedure[789] whose rights or obligations may be adversely affected by the court decision must receive a notice of the application and may take part in the court proceedings.[790] The rules on civil procedures

---

[777] § 65(1) (2) VwGO; and Bier, in Schoch/Schneider/Bier, VwGO, § 65, Nos. 19 et seq.
[778] § 88 VwGO.
[779] § 86(1) VwGO.
[780] U Domgörgen & A Wegner, in J Brandt & Sachs (eds) *Handbuch Verwaltungsverfahren und Verwaltungsprozess*, 3rd ed (Heidelberg: CF Müller 2009) 631, No. 259.
[781] § 108 VwGO; and M Dawin, in Schoch/Schneider/Bier, VwGO, § 108, Nos. 9 et seq.
[782] Dawin, in Schoch/Schneider/Bier, VwGO, § 108, Nos. 102 et seq; R Marwinski, in Brandt & Sachs, 74, No. 201.
[783] §§ 107, 108(1) 113(1) VwGO.
[784] W Kalb, in Ernst/Zinkahn/Bielenberg/Krautzberger, BauGB, § 217, No. 49.
[785] § 9(1) 1st sentence, of the Hamburg Expropriation Act.
[786] § 217(2) BauGB, § 9(1) 2nd sentence, of the Hamburg Expropriation Act.
[787] § 217(4) BauGB.
[788] *A contrario* reasoning to § 224 BauGB, which lists the situations where this suspensive effect is not applicable.
[789] See subsection 3.4.3.3 above.
[790] § 222(1) and (2) BauGB.

generally govern the proceedings before the specialised chamber.[791] This means that the parties generally determine the legal and factual aspects that the court will address and that it is for the applicant to prove that the expropriation decision is unlawful.[792] Whereas judges in ordinary civil procedures may not investigate the case out of their own initiative, the members of the specialised chamber may gather facts out of their own initiative.[793] Compared to the procedure before the Administrative Court, the expropriatee is thus in a weaker position. On the basis of the proceedings, the court will assess whether or not the expropriation decision complies with the law and, if not, the court will annul or alter that decision.[794]

3.5 THE ENDURANCE OF THE LEGITIMATE JUSTIFICATION

➢ This section addresses the following questions with respect to German law:
- Which measures does the state have to take in order to ensure that the project is actually implemented (preventive measures)?
- Does the expropriatee have a right to reacquire if the transferee fails to implement the project and, if so, under what conditions (corrective measures)?
- Which organs decide to what extent on whether such measures have to be taken (governance of the endurance of the legitimate justification)?

➢ See section 2.3 for more details on the endurance of the legitimate justification.

3.5.1 Preventive measures[795]

From a legal perspective, the risk that the transferee will not implement the project is greater where the state transfers the expropriated property to private parties. State authorities are bound to contribute to the public good.[796] By contrast, private entities strive to make profit and are not automatically bound to the public good.[797] Indeed, a conflict may arise between the transferee's goal to make profit and the legitimate purpose that the state pursues by means of expropriation.[798] It is for this reason that German scholars have demanded that the state take further measures to force the private transferee to implement and maintain the project in order to sustain the project's contribution to the public good.[799]

The Federal Constitutional Court has proven responsive to such demands and consistently holds that the legitimate purpose must take precedence over the needs of the private transferee. The state must ensure that the private transferee realises

[791] § 221(1) BauGB.

[792] §§ 138, 139, 286 and 308 of the Civil Procedure Code; H Prütting, in W Krüger & T Rauscher (eds) *Münchener Kommentar, Zivilprozessordnung, Band 1, §§ 1–354*, 5th ed (Munich: CH Beck 2016) ZPO, § 286, Nos. 111 et seq.

[793] § 221(2) BauGB.

[794] §§ 226(1) (2) 2nd sentence, and (3) BauGB.

[795] An extract from an earlier version of this subsection has been published in Hoops 2015a, 181 et seq.

[796] Riedel 2012, 211; and Schmidbauer 1989, 199.

[797] Frenzel 1978, 97; Riedel 2012, 211; and Schmidbauer 1989, 200.

[798] Gerhardt 1987, 1667.

[799] Jackisch 1996, 172 et seq; Gramlich 1986, 276; Papier 1990, 402; and Schmidbauer 1989, 200 et seq and 224 et seq.

the legitimate purpose and permanently maintains this achievement.[800] For this purpose, the undertaking of the transferee must be legally and effectively bound to the legitimate purpose.[801]

3.5.1.1 Securing a permanent contribution to the public good

A general issue is for how long the contribution to the public good must be secured. If the proportionate and valid expropriation only serves to enable the private transferee to use the land for the public good once or for a certain period of time, the measures can be confined to that period.[802] In other cases, the prevailing opinion in the literature seems to be that the contribution of the project to the public good must generally be permanent.[803] *Muckel* persuasively argued that Art. 14(3) GG required measures that would permanently secure the contribution to the public good because the public good requirement required that the realisation of the legitimate purpose would be of a permanent character.[804] This reasoning is consistent with the Constitutional Court's consideration that the transferee must sustain the realisation of the legitimate purpose.[805]

It is submitted that preventive measures should at least not preclude necessary changes to the project and the preventive measures themselves. To secure that the contribution to the public good is permanent poses different challenges. A decrease in demand for the provided goods and services, diminishing competitiveness of the transferee's business, automation, and other forms of modernisation, or a general economic downturn may threaten the effectiveness of preventive measures. As the state must decide upon the preventive measures before it expropriates the property, the state must make projections and anticipate future difficulties to determine the necessary measures.[806] Such projections may prove extremely difficult to make and may turn out to be plainly wrong. Also, changes in the interests of the public and the transferee may require alterations to the project. As *Schmidbauer* has persuasively asserted, the public good may change over time and thus warrant or even require a change of the project or even the transferee.[807] Therefore, the public good requirement of Art. 14(3) GG should not preclude such changes. The fact that, as is shown below,[808] the Basic Law permits time limits to corrective measures confirms this reasoning.[809]

3.5.1.2 Specific rules for third-party transfers for economic development

A third party-transfer for economic development is more likely not to attain its legitimate purpose than a third party-transfer that contributes directly to the public

[800] BVerfG, Judgment of 24 March 1987, *BVerfGE* 74, 264, 285 et seq; and BVerfG, Judgment of 17 December 2013, *NVwZ* 2014, 211, 215.

[801] BVerfG, Judgment of 24 March 1987, *BVerfGE* 74, 264, 285 et seq; and BVerfG, Judgment of 17 December 2013, *NVwZ* 2014, 211, 215.

[802] BVerfG, Judgment of 17 December 2013, *NVwZ* 2014, 211, 215.

[803] Muckel 2008, 186; Jackisch 1996, 166; and Schmidbauer 1989, 232.

[804] Muckel 2008, 186. See subsection 3.2.1.1 above on the permanent nature of the legitimate purpose.

[805] BVerfG, Judgment of 24 March 1987, *BVerfGE* 74, 264, 285 et seq; and BVerfG, Judgment of 17 December 2013, *NVwZ* 2014, 211, 215.

[806] Schmidbauer 1989, 216 et seq.

[807] Schmidbauer 1989, 211 et seq.

[808] See subsection 3.5.2 below.

[809] Cf Schmidbauer 1989, 228 et seq.

good. A transferee whose business activities directly contribute to the public good only needs to run their business to provide a certain good or service in the public interest. With a third-party transfer for economic development, by contrast, the transferee has to run their business in such a way as to further economic development sustainably. As the transferee is subject to competition on the market, the transferee may not always find it economically logical to pursue the legitimate purpose. It is from this uncertainty that the need for preventive measures arises.

The purpose of preventive measures: Safeguarding the contribution to economic development

A very important question is what the objective of preventive measures is. Does the state only have to oblige the transferee to implement the economic development project (eg build and run a new factory), or also to create jobs and economic growth? In the *Boxberg* judgment, the Constitutional Court answered this question. The Court addressed preventive measures under the Federal Building Act, which was held an inadequate statutory basis for the expropriation for the Mercedes-Benz test track. The Court considered that the statute contained several obligations for the transferee to prove that the transferee had implemented the project. However, the statute did not provide for any obligations to create sustainable employment opportunities or to improve the economic structure permanently.[810] These considerations seem to imply that it is not sufficient to prescribe measures that ensure the implementation of the economic development project. Rather, the transferee must also be bound to implement the project in such a way that it promotes the creation of employment and the improvement of the economic structure.[811]

In a recent decision on the project-specific statute from North-Rhine Westphalia that authorised third-party transfers for the construction of a CO pipeline,[812] the Constitutional Court seems to have deviated from or, at least, clarified the implications of the approach that the Court adopted in the *Boxberg* judgment. Where the third-party transfer serves to improve the economic structure of a certain industry, such as the industry processing CO, the purpose of the preventive measures is not to compel the operator of the pipeline to improve the economic structure. The purpose is rather to secure the construction and operating of the pipeline in accordance with its purpose and, thereby, the benefits of the construction and operating of the pipeline.[813] This suggests that where the legitimate purpose is to improve the economic structure of a certain industry, it is sufficient to compel the transferee to realise and operate the source of this improvement, but not to ensure the improvement itself.

Intensity of preventive measures (I): Stricter criteria than for third-party transfers that contribute directly to the public good

Now that the objective of the preventive measures is clear, we need to answer the question of how strict the preventive measures need to be. In the *Boxberg* judgment, the Constitutional Court held that the preventive measures for a third-party transfer

[810] BVerfG, Judgment of 24 March 1987, *BVerfGE* 74, 264, 295.

[811] BVerfG, Judgment of 24 March 1987, *BVerfGE* 74, 264, 295 et seq. Concurring: Muckel 2011, 228 et seq.

[812] Refer to subsection 3.1.4.3 above.

[813] BVerfG, Decision of 21 December 2016, *NVwZ* 2017, 399, 402 et seq, paras 36 et seq.

for economic development had to go beyond what is required for third-party transfers that contribute directly to the public good.[814] The Court confirmed this formula in a judgment of 2008 in which the Court considered that the requirements as to the nature and the extent of the measures had to be stricter. However, the Court found that the difference from third-party transfers that contribute directly to the public good was only gradual.[815]

It is, therefore, essential to know how strict preventive measures need to be for third-party transfers that contribute directly to the public good. The Constitutional Court has held that the expropriation statute must foresee measures that ensure that the transferee permanently continues to provide the service or the goods that contribute directly to the public good.[816] Such measures must be 'sufficient' to achieve that goal,[817] as opposed to exhaustive.[818]

How strictly the measures regulate the business activities of the transferee depends upon the economic and social particularities of the provided service or good.[819] If the interests of the public and the transferee's interests run sufficiently parallel, which means that they both have an interest in providing a certain service or good, the threat of reversing the expropriation and ending the transferee's business activities on the expropriated property may be sufficient.

This follows from an analysis of the *Garzweiler II* judgment. The core activity of the private mining company was to produce natural resources and supply them to the market. Section 79(1) BBergG designates these activities as legitimate purposes. The Constitutional Court considered that under the Federal Mining Act, the mining company was not free to start mining as it pleased. Rather, the competent authority had to determine a period within which the company would have to start and continue its operations. Should the company fail to commence operations or cease its operation within that period, the expropriation would generally have to be revoked.[820] This follows from §§ 81(1), 95 and 96(1) BBergG. The Court deemed these measures sufficient. It held that further measures with regard to the supply of the produced natural resources to the market were not necessary.[821]

The measures laid down in the Federal Mining Act serve to ensure that the transferee begins and continues to provide a certain good in the public interest. However, the revocation is a corrective measure and only indirectly secures the contribution to the public good because it merely creates an incentive to start and maintain the production.[822] The rationale seems to be that supplying the resources to the market is a natural economic need of the mining company and the amount of supplied resources will depend upon the demand on the market.

[814] BVerfG, Judgment of 24 March 1987, *BVerfGE* 74, 264, 286.

[815] BVerfG, Decision of 10 September 2008, *BeckRS* 2008, 40032.

[816] BVerfG, Judgment of 24 March 1987, *BVerfGE* 74, 264, 285 et seq; and BVerfG, Judgment of 17 December 2013, *NVwZ* 2014, 211, 219.

[817] BVerfG, Judgment of 24 March 1987, *NJW* 1987, 1251, 1253.

[818] Cf Schmidbauer 1989, 206.

[819] BVerfG, Judgment of 17 December 2013, *NVwZ* 2014, 211, 215; and BVerfG, Judgment of 24 March 1987, *BVerfGE* 74, 264, 285 et seq. See for a critique of the Court's approach: Viotto 2009, 201.

[820] BVerfG, Judgment of 17 December 2013, *NVwZ* 2014, 211, 219.

[821] BVerfG, Judgment of 17 December 2013, *NVwZ* 2014, 211, 219.

[822] Jackisch 1996, 181 and 188; and Gerhardt 1987, 1664. Concurring: OVG Münster, Decision of 28 August 2014, *DÖV* 2015, 163, para 378.

Where the interests of the public and the interests of the transferee diverge, however, the state will have to ensure that the transferee is bound to the public good. An example is the supply of energy. The supply of energy is indispensable to a life in human dignity of every single member of society. Where market mechanisms threaten to supply insufficient energy or exclude certain people, preventive measures must guarantee preferential or guaranteed access to the energy market.

This follows from a 1984 judgment of the Constitutional Court on the expropriation for the benefit of energy supply companies.[823] The Court considered that the state had to ensure that the energy supply company would be run in such a way as to benefit the public.[824] The Court deemed the applicable provision of the 1935 Energy Management Act to be sufficient. The statute inter alia provided for the obligations to connect people to the energy networks and supply them with energy. The companies were further obliged to provide information about, and to notify the competent authorities of, the technical and economic state of the company. The company had to notify the competent authority of the construction and closure of, and alterations to, power plants. The competent authority could then interdict such activities. The competent authority could further influence the prices and the standard terms adopted by the company. Moreover, the competent authority could interdict operations and order the expropriation of the facilities and the property if the company did not meet its obligations.[825]

Most of those measures directly regulated how the transferee was required to supply and continue to supply energy to the entire population in order to contribute to the public good.[826] The threat to interdict operations and the right to expropriate the property again, by contrast, only create an incentive to meet the statutory obligations.[827]

Intensity of preventive measures (II): Implications for third-party transfers for economic development

In view of the foregoing, the more the interests of the transferee differ from the interests of the public, the stricter the preventive measures for third-party transfers for economic development will have to be. In any case, the preventive measures must go beyond measures that compel the transferee to provide its services properly because the transferee must also be bound to create jobs and/or contribute to economic growth.

The case law of the Constitutional Court on third-party transfers for economic development reflects this insight. In the *Garzweiler II* judgment, the Constitutional Court considered in general terms that the less direct the economic activities of the transferee themselves would contribute to the public good, the stricter the preventive measures would have to be. It held that securing the contribution to the public

[823] BVerfG, Decision of 20 March 1984, *NJW* 1984, 1872, 1872.
[824] BVerfG, Decision of 20 March 1984, *NJW* 1984, 1872, 1872.
[825] See for a complete overview: the 1935 Energy Management Act and BVerfG, Decision of 20 March 1984, *NJW* 1984, 1872, 1873.
[826] Cf Schmidbauer 1989, 224 et seq.
[827] Jackisch 1996, 181 and 188; and Gerhardt 1987, 1664. Cf BVerwG, Judgment of 11 July 2002, *BVerwGE* 116, 365.

good might require the regulation of the economic activities of the private transferee in order to bind the transferee to the public good.[828]

To find adequate preventive measures, it is important to identify to what extent and under what circumstances the interests of the private transferee and the public interest in more jobs and economic growth may deviate from one another.[829] The circumstances on the market may often be such as to prompt the transferee to cease or reduce its contribution to the public good in terms of jobs in order to maintain their competitiveness. In the light of the *Boxberg* judgment and the case law on energy supply companies,[830] the state seems to have to force the transferee to create jobs through measures that directly regulate the business activities. In the light of the Constitutional Court's very recent decision on the CO pipeline in North-Rhine Westphalia,[831] however, it seems sufficient that the transferee keeps operating the facility that is meant to create jobs.

Intensity of preventive measures (III): Tension between preventive measures and the transferee's ability to realise the legitimate purpose

Although forcing the transferee to create jobs or operate the economic development project may make sense in the legal world, it does not necessarily make sense from an economic perspective. There is considerable tension between the need to secure the creation of jobs and economic growth and the fact that preventive measures may prove detrimental to the public good because a private company has to be competitive in order to be able to create jobs.[832]

In general, some scholars have asserted that the state must take due account of the interests of the transferee in order to determine the adequate means to secure the contribution to the public good.[833] More specifically, *Gerhardt* argued that too restrictive measures might inhibit the ability of the transferee to preserve jobs as they would make businesses less competitive and, therefore, advocates that the transferee should not be compelled to create a certain number of jobs.[834] Stricter preventive measures may thus prove counterproductive because they strangle the undertaking of the transferee and deter promoting economic growth and employment.[835] *Jackisch* also mentioned this problem, but, in contrast to *Gerhardt*, opted for preventive measures that would oblige the transferee to create and preserve jobs, regardless of the economic situation.[836] *Schmidbauer* argued that the more unreliable a transferee was or the more the transferee was exposed to market forces, the stronger the preventive measures would have to be.[837]

It is submitted due to the drawbacks of such preventive measures, the Basic Law should not oblige the legislator to prescribe the creation of a certain number of jobs

---

[828] BVerfG, Judgment of 17 December 2013, *NVwZ* 2014, 211, 215. Confirmed in BVerfG, Decision of 21 December 2016, *NVwZ* 2017, 399, 402, para 37; and BVerfG, Decision of 25 January 2017, ECLI:DE:BVerfG:2017:rk20170125.1bvr229710, para 47.

[829] Schmidbauer 1989, 209 et seq.

[830] See in this subsection above.

[831] BVerfG, Decision of 21 December 2016, *NVwZ* 2017, 399, 402 et seq, paras 36 et seq.

[832] Gerhardt 1987, 1667.

[833] Muckel 2011, 228; and Schmidbauer 1989, 275 et seq, in particular 276.

[834] Gerhardt 1987, 1667; and Viotto 2009, 201.

[835] Cf Schmidbauer 1989, 195 et seq.

[836] Jackisch 1996, 175 et seq.

[837] Schmidbauer 1989, 209–211.

because the legislator would otherwise not be able to solve this dilemma.[838] As is shown below, the Hamburg Aerodrome Act found a useful solution that compelled Airbus to create all jobs needed for the production and distribution of the aircraft.[839]

Confidence in the economic strength of the transferee

Another aspect is whether the authority may under certain conditions trust the economic strength and credibility of certain businesses instead of imposing conditions that are meant to force the transferee to create employment and improve the economic structure. *Gerhardt* asserted that an assessment that shows the great economic strength of the transferee rendered preventive measures unnecessary.[840] In the *Boxberg* case, the Federal Administrative Court held that, without any statutory basis, the authority could rely upon this strength. However, the Constitutional Court did not concur in its *Boxberg* judgment. The Court acknowledged that such *ex ante* confidence (*Vertrauensvorschuss*) might be warranted under certain circumstances. However, the legislator would have to lay down in a statute that such *ex ante* confidence could be legitimately justified and the conditions under which it would be.[841]

3.5.1.3 Possible legal means

Preventive measures may take the form of different legal means.[842] In the *Boxberg* judgment, the Constitutional Court mentioned agreements between the authorities and the transferee that would oblige the transferee to attain the public good objective.[843] In the *Garzweiler II* judgment, the Court dealt with the means to regulate the transferee's business activities. It held that the legislator might provide for obligations of the transferee towards certain private entities or the public or for the powers of an authority to authorise, supervise, and intervene in the activities of the transferee.[844]

3.5.1.4 The governance of preventive measures

The central player in the governance of preventive measures is the legislature. The Constitutional Court consistently holds that the *legislator* must ensure that the transferee realises the legitimate purpose and maintains this achievement permanently.[845] The expropriation statute itself does not need to regulate the activities of

[838] Cf Viotto 2009, 201.

[839] See subsection 3.5.1.5 below.

[840] Gerhardt 1987, 1667.

[841] BVerfG, Judgment of 24 March 1987, *BVerfGE* 74, 264, 295 et seq. Concurring: Muckel 2008, 193.

[842] A comprehensive overview of possible preventive (or corrective) measures falls outside the scope of this book. Please, refer to the extensive work of *Jackisch* and *Schmidbauer* on this topic: Schmidbauer 1989, 238 et seq; and Jackisch 1996, 180 et seq.

[843] BVerfG, Judgment of 24 March 1987, *BVerfGE* 74, 264, 295 et seq.

[844] BVerfG, Judgment of 17 December 2013, *NVwZ* 2014, 211, 215.

[845] BVerfG, Judgment of 24 March 1987, *BVerfGE* 74, 264, 285 et seq; and BVerfG, Judgment of 17 December 2013, *NVwZ* 2014, 211, 215. See, however, Papier 1987, 620, who criticised that this interpretation of the reservation of statutory powers was too extensive and that the legislature could not adequately fulfil this task.

the transferee in order to take preventive measures.[846] A division of labour between the legislature and the expropriation authority is sufficient. The first step is for the legislator to perform the creative and boundary-shaping role to prescribe the intensity of preventive measures required for realisation of the legitimate purpose and adequate legal means for that purpose.[847] It is submitted that the legislator also needs to indicate where the private interest deviates from the public interest so that the authority knows which incentives there are for the transferee not to realise the legitimate purpose. The second step is for the expropriation authority to perform the creative role to take the preventive measures at the moment of the expropriation decision.[848]

The legal importance of this governance model is twofold. The first implication is that if the legislator fails to comply with this constitutional task, the expropriation statute will not be an adequate statutory basis. An expropriation on that basis will be unconstitutional. The second implication is that preventive measures that the expropriation authority takes without a statutory basis cannot be adequate preventive measures.[849] In the *Boxberg* judgment, for instance, the Constitutional Court found that the then Federal Building Act did not provide for the required preventive measures that would ensure the creation of jobs. The Court added that an agreement between the involved authorities and Mercedes-Benz, the transferee, would only be an adequate preventive measure if the expropriation statute foresaw this agreement.[850]

An example of a preventive measure is a contractual agreement between the state and the transferee. Not only does the Constitutional Court require a statutory basis for such an agreement, the Court also applies a standard of specificity to the expropriation statute with respect to such agreements. Specifically, the expropriation statute must include the requirements that such an agreement must meet. One of these requirements must be that the authority has concluded the agreement by the moment of the expropriation decision.[851]

3.5.1.5 *Preventive measures under the Hamburg Aerodrome Act*

The Aerodrome Act provided for preventive measures. Section 4(1) of the Act obliged the City of Hamburg to conclude a contract of tenancy with Airbus. This contract had to oblige Airbus to make all necessary arrangements for wide-body aircraft, in particular the A380 aircraft, to be produced and distributed in Hamburg-Finkenwerder. These arrangements included the decision to produce and distribute A380 aircraft in Hamburg-Finkenwerder, all necessary investments to implement the decision, and the creation of all necessary jobs for production and distribution.[852] However, there was no obligation for Airbus to create a certain number of jobs or to

[846] BVerfG, Judgment of 24 March 1987, *BVerfGE* 74, 264, 285 et seq and 296; and BVerfG, Judgment of 17 December 2013, *NVwZ* 2014, 211, 215. More ambiguous: BVerfG, Decision of 20 March 1984, *NJW* 1984, 1872, 1872.

[847] Possibly stricter: Muckel 2008, 187.

[848] BVerfG, Judgment of 24 March 1987, *BVerfGE* 74, 264, 296.

[849] Arguing in favour of more discretion for the authorities: Papier 1987, 620; and Papier 1990, 402. Asserting that the Constitutional Court imposes too great a burden upon the legislator: Schmidbauer 1989, 68. Differing: Jackisch 1996, 177 et seq.

[850] BVerfG, Judgment of 24 March 1987, *BVerfGE* 74, 264, 296.

[851] BVerfG, Judgment of 24 March 1987, *BVerfGE* 74, 264, 296.

[852] Hamburger Bürgerschaft, Drucksache 17/3920, 8.

produce a certain number of aircraft. This was meant to avoid the production of aircraft for which there was no demand on the market.[853] Also, there was no provision on the duration for which the parties would conclude the agreement. The explanatory memorandum said that the contract had to be concluded for at least twenty years.[854] § 4(2) of the Act stipulated that Airbus had to report to the City annually about its progress in promoting corporate aviation in Hamburg-Finkenwerder, improving the economic structure of the metropolitan area of Hamburg, and sustaining and creating jobs. Section 4(3) of the Act stipulated that the City was precluded from transferring the property to third parties unless the third party was a company of the City. A semi-preventive measure was that, under § 4(2) of the Act, that the City could have cancelled the contract of tenancy with Airbus if Airbus had not met its obligations under the contract in terms of § 4(1). This measure brought about an incentive for Airbus to create the necessary jobs.

Constitutionality of the Aerodrome Act

It is submitted that these preventive measures met the standards of the Basic Law[855] and, in the light of the decision on the CO pipeline in North-Rhine Westphalia,[856] even went beyond what is constitutionally required. The goals of the expropriation were to sustain and create employment in the aviation industry in Hamburg and to improve the economic structure of the aviation industry. The Constitutional Court had demanded that a statute provide for preventive measures that would compel the transferee to create jobs and improve the economic structure.[857] The contract in terms of § 4(1) of the Aerodrome Act constituted such a measure because Airbus had to be contractually obliged to create all jobs necessary for the production and the distribution of wide-body aircraft. This measure went beyond ensuring the mere production and distribution of the aircraft. Thereby, the legislator also prescribed the legal means (ie the contract) and the details of the agreement, as the Constitutional Court had required.[858] A duration of at least twenty years also seems sufficient to ensure that, as the Basic Law requires,[859] the realisation of the legitimate purposes is sufficiently permanent.

What may have been problematic is that the statute did not provide that the transferee had to create a certain number of jobs. Instead, the legislator opted for control and review mechanisms, such as the annual report and the cancellation of the contract of tenancy. This seems a reasonable balance between the interests of Airbus, the public interest in not creating overcapacity, and the public interest in economic development because such a project could be justifiably expected to improve the economic structure and to create employment. Further restrictions or conditions, by contrast, may have posed a threat to the economic viability of the project.[860]

---

[853] Hamburger Bürgerschaft, Drucksache 17/4129, 3.
[854] Hamburger Bürgerschaft, Drucksache 17/3920, 8.
[855] Concurring: LG Hamburg, Judgment of 19 January 2007, *BeckRS* 2007, 03785.
[856] BVerfG, Decision of 21 December 2016, *NVwZ* 2017, 399, 402 et seq, paras 36 et seq.
[857] BVerfG, Judgment of 24 March 1987, *BVerfGE* 74, 264, 286 and 295 et seq.
[858] See subsection 3.5.1.4 above.
[859] See subsection 3.5.1.1 above.
[860] Gerhardt 1987, 1667; and Viotto 2009, 201.

3.5.2 Corrective measures[861]

A failure to implement the project has substantial legal and social implications. The legal justification of the expropriation proves to be unfounded. The acquisition of property by either the state or a private entity cannot in itself qualify as a legitimate purpose.[862] Also, the (democratic) legitimacy of the expropriation fades because the accepted reason for which the state has expropriated property has turned out to be wrong. To repair this flaw, the expropriatee has a right to reacquire the property under Art. 14(1) GG, the Hamburg Aerodrome Act, and the Hamburg Expropriation Act.

3.5.2.1 Constitutional principles

In a judgment of 1974, the Constitutional Court laid the foundation for the constitutional right to reacquire an expropriated property. In the case that led to this judgment, the state expropriated the ownership of a piece of land in 1950 in order to construct a road. Until the judgment of the Constitutional Court 24 years later, the land had not been used for the construction of a road. The Federal Administrative Court denied the expropriatee the right to reacquire the property. The Constitutional Court, by contrast, held that the expropriatee had a right, but not an obligation,[863] to reacquire the property.[864] The Court considered that the legal basis of the expropriation, namely Art. 14(3) GG and the legitimate purpose of improving the road infrastructure, could no longer provide the required legitimation. As Art. 14(1) GG guaranteed the existence of every single property right, this constitutional provision directly provided for a right to reacquire the property in such cases.[865]

At what stage of the implementation of the project does the right to reacquire cease?

The expropriatee can exercise this right if the transferee has not started to use the expropriated property or has begun to use it for a different purpose than envisaged. This follows from the 1974 judgment of the Constitutional Court.[866] The next question is whether or not an expropriatee can exercise this right if the transferee has started to use the land for the envisaged project, but fails to complete the project or otherwise stops using the land for this purpose later. The Constitutional Court has not delivered an explicit ruling on this issue. It only held that the judiciary could

[861] This subsection is based in part on Hoops, Saville & Mostert 2015, 133–138. An extract from an earlier version of this subsection has been published in Hoops 2015a, 183 et seq.

[862] See subsection 3.2.1.2 above.

[863] Schmidbauer 1989, 194.

[864] BVerfG, Decision of 12 November 1974, *NJW* 1975, 37, 38 et seq.

[865] BVerfG, Decision of 12 November 1974, *NJW* 1975, 37, 38 et seq. A reservation of historical importance to this right, however, is the territorial and temporal scope of application of the right to reacquire. In a judgment from 1997, the Constitutional Court held that the right to reacquire was limited to expropriatory measures taken under Art. 14(3) GG. That means that there would be no right to reacquire the property if the expropriation was effected outside the territory of the Federal Republic or before the Basic Law came into force in (a part of) that territory. Consequently, expropriations effected by GDR authorities under the constitution of the GDR do not fall within this scope. In such cases, the expropriatee cannot invoke the right to reacquire the property. See BVerfG, Decision of 9 December 1997, *NJW* 1998, 1697, 1697 et seq.

[866] BVerfG, Decision of 12 November 1974, *NJW* 1975, 37, 38.

introduce time limits for exercising the right to reacquire, but did not rule that courts were required to impose such time limits.[867]

The Federal Administrative Court has put its opinion in rather ambiguous words. In a judgment from 1993, the Court dealt with a case where a railway track was put out of service several decades after the state had expropriated property for its construction. The Federal Administrative Court held that the right to reacquire could be exercised as long as the envisaged project had not been implemented.[868] The Court proceeded to hold that the right to reacquire could no longer be exercised once the land was *permanently* in use for the envisaged purpose.[869] This suggests that the transferee must use the land for the public benefit for a longer period of time before the right to reacquire ceases to exist and a change of purpose becomes permissible. As for economic development projects, this may imply that the transferee would not only have to implement the project (eg the construction of the new factory), but also to operate the new facility and create jobs and economic growth for a while.

The prevailing opinion in the literature seems somewhat more lenient towards the transferee. Most scholars assert that the right to reacquire can no longer be exercised once the transferee has implemented the project on the land and the public has started to benefit.[870] According to this opinion, notwithstanding preventive measures discussed in the previous subsection, the right to reacquire would cease and a change of purpose would become permissible once the transferee has completed the new facility and started operating it.

It is submitted that the prevailing opinion in the literature is persuasive. This opinion is consistent with case law of the Constitutional Court. The judgment from 1974 concerned a case where the transferee has not started to use the land, and the Court explicitly referred to cases where the transferee has not fulfilled their public task on the land.[871] This at least makes it unlikely that the right to reacquire also applies in situations where the transferee has implemented the project and started operating the new facility. Moreover, once the transferee has started to use the land for the envisaged purpose and stops doing that later, it has fulfilled the public task, albeit not forever. That suggests that such cases in general do not fall under the Constitutional Court's considerations.

This approach also has practical advantages. Precluding the constitutional right to reacquire after the transferee has used the land for the envisaged purpose makes the application of corrective measures easier. In the absence of details in a statute, the courts would otherwise have to determine for how long the transferee must have used the land for the envisaged purpose. It is also for this reason why the opinion of the Federal Administrative Court is not persuasive. Of course, the legislator may still grant the right to reacquire in such cases. Sections 81(1), 95 and 96(1) of the Federal Mining Act illustrate this.[872]

---

[867] BVerfG, Decision of 12 November 1974, *NJW* 1975, 37, 39.

[868] BVerwG, Decision of 11 November 1993, *NJW* 1994, 1749.

[869] BVerwG, Decision of 11 November 1993, *NJW* 1994, 1749.

[870] Schmidbauer 1989, 194; and, even before the Constitutional Court's judgment of 1974: Stengel 1967, 102. Adopting the opinion of the Federal Administrative Court: Depenheuer, in Starck, GG, Art. 14, No. 433.

[871] BVerfG, Decision of 12 November 1974, *NJW* 1975, 37, 38.

[872] Refer to subsection 3.5.1.2 above for an analysis.

No right to reacquire in certain situations

There are also other scenarios in which an expropriatee will not have the constitutional right to reacquire. Firstly, the expropriated property has been sold to a third party other than the private transferee.[873] Secondly, the transferee has substantially changed the land.[874] That said, this rule does arguably not apply to third-party transfers for economic development. The transferee, building a new facility, will have substantially changed the land before they start operating the facility. However, as has been concluded above, the expropriatee's right to reacquire will only cease when the public has started to benefit. Therefore, it should cease at that moment and not at the moment when the land has been substantially changed. Thirdly, the use of the land designated in the applicable binding land-use plan would be inconsistent with the reacquisition. Fourthly, reacquisition would be a disproportionate measure.[875] A change of purpose, by contrast, cannot preclude the right to reacquire.[876]

3.5.2.2 Third-party transfers give rise to additional problems

Another issue is whether the expropriatee can exercise the constitutional right to reacquire vis-à-vis the private transferee after a third-party transfer. The Constitutional Court has only dealt with expropriations with the subsequent transfer to a state entity. There is, however, no persuasive reason why the position of an expropriatee should be worse if the transferee is a private entity. The argument that a right to reacquire would effectively render the property unmarketable and would disadvantage third-party acquirers other than the transferee is not persuasive. As has been noted,[877] third-party acquirers would be protected from the right to reacquire.

That said, there is a legal hurdle to the right to reacquire in cases of third-party transfers. Legal positions that are based upon the Basic Law can generally only be directly invoked against state entities, but not against private parties.[878] Furthermore, once the private transferee has acquired the property, Art. 14(1) GG protects the private transferee as well.[879]

There seem to be two solutions to this problem. The first solution would entail that the expropriatee can directly invoke Art. 14(1) GG. *Groß* and *Battis* asserted that the expropriated property was only transferred under the obligation that the transferee would carry out the project for which the property was expropriated. If the transferee failed to meet this obligation, Art. 14(1) GG would not protect their legal

[873] T Groß, in Ernst/Zinkahn/Bielenberg/Krautzberger, BauGB, § 102, No. 33; H Reisnecker, in H Brügelmann (ed) *Baugesetzbuch* (Stuttgart: Kohlhammer, BauGB) § 102, No. 13; and Battis, in Battis/Krautzberger/Löhr, BauGB, § 102, No. 3. The Bavarian Higher Administrative Court (*Bayerischer Verwaltungsgerichtshof*) drew the same conclusion in 1973: BayVGH, Judgment of 5 February 1973, *BayVbl.* 1973, 493.

[874] Depenheuer, in Starck, GG, Art. 14, No. 436; and Schmidbauer 1989, 285.

[875] Depenheuer, in Starck, GG, Art. 14, No. 436; and Schmidbauer 1989, 285.

[876] Groß, in Ernst/Zinkahn/Bielenberg/Krautzberger, BauGB, § 102, No. 29.

[877] See subsection 3.5.2.1 above.

[878] Concurring: Dietlein 2006, 2285; and Papier, in Maunz/Dürig, GG, Art. 14, No. 219. Differing or, at least, not addressing this issue: Jackisch 1996, 180 f.; differing: Schmidbauer 1989, 193 et seq and 284.

[879] Riedel 2012, 211 et seq.

position from the claim of the expropriatee.[880] This opinion is arguably persuasive because Art. 14(1) GG should provide the expropriatee's right to reacquire, regardless of who the transferee is. Otherwise, the state could circumvent the right to reacquire by transferring the expropriated property to a private party.

If one did not find this solution persuasive, one would have to resort to the second solution. The expropriatee could not directly invoke Art. 14(1) GG, but the expropriatee would have to rely upon statute law. Given the obligation of the state to protect fundamental rights under the Basic Law, the legislator is in any case obliged to ensure that the expropriatee can reacquire their property, through expropriation, if necessary.[881] Section 102(1) BauGB, for instance, provides for the right of the expropriatee to request the re-expropriation of the property if the transferee has not used the property to implement the project within a period set by the competent authority.[882]

3.5.2.3 The governance of corrective measures

The governance of the right to reacquire the expropriated property is rather simple. It is not subject to the reservation of statutory powers.[883] If there is no statutory right to reacquire, the right will arise directly from Art. 14(1) GG.[884] A problem linked thereto is that the Basic Law does not provide for the details of the reacquisition and does not explicitly set a time limit by which the transferee must implement the project. The Federal Constitutional Court held in its 1974 judgment that the legislator should regulate the details of the right to reacquire the expropriated property, in particular under what conditions the right would cease, the moment at which the right would arise and the time frame within which the expropriatee would have to exercise the right.[885] As the Court has recommended that the legislator address these issues, appropriate restrictions to the right to reacquire the expropriated property do not seem to be incompatible with the case law of the Federal Constitutional Court.

If there is no statutory legislation that addresses these issues and replaces the constitutional right to reacquire, the judiciary must play the boundary-shaping role of finding fair, reasonable and adequate rules.[886] The judiciary can fulfil this task and may use related legislation as points of reference, such as time limits that apply to the implementation of plans in which the details of the project are set out.[887]

3.5.2.4 Corrective measures under the Hamburg Aerodrome Act

Section 4(2) and § 6 of the Aerodrome Act provided for corrective measures, thereby complying with constitutional requirements. The City had the right to cancel the contract of tenancy due to a failure of Airbus to meet its obligations. This implies that

---

[880] Groβ, in Ernst/Zinkahn/Bielenberg/Krautzberger, BauGB, § 102, No. 10; and Battis, in Battis/Krautzberger/Löhr, BauGB, § 102, No. 1a.

[881] Concurring: Dietlein 2006, 2284.

[882] Cf §§ 113(2) No. 3, 114 BauGB.

[883] BVerfG, Decision of 12 November 1974, *NJW* 1975, 37, 38.

[884] BVerfG, Decision of 12 November 1974, *NJW* 1975, 37, 38; and Papier, in Maunz/Dürig, GG, Art. 14, No. 591. Differing: Wieland, in Dreier, GG, Art. 14, No. 107.

[885] BVerfG, Decision of 12 November 1974, *NJW* 1975, 37, 39.

[886] BVerfG, Decision of 12 November 1974, *NJW* 1975, 37, 39; and BVerwG, Decision of 11 November 1993, *NJW* 1994, 1749.

[887] BVerfG, Decision of 12 November 1974, *NJW* 1975, 37, 39.

if Airbus had failed to hire all required personnel for the distribution and production of the wide-body aircraft, the City could have cancelled the contract. After the cancellation, Airbus would have had to leave and recultivate the expropriated property under § 4(2) of the Act. Section 4(2) would also have obliged Airbus to pay compensation if it had not achieved the objective of the expropriation.

Section 4(2) of the Act only provided for a way for the state to regain control of the property. Section 6 of the Act would have provided for a right to reacquire for the expropriatee if the legitimate purpose had not been realised. This provision declared applicable § 5 of the Hamburg Expropriation Act as well as §§ 102 and 103 BauGB. Section 102(1) No. 1, (3) BauGB stated that the expropriatee would have had the right to apply for the re-expropriation of the property within two years and if Airbus had not started to use the property for the intended purpose or had stopped using it for that purpose within a period set by the expropriation authority.[888] Under the Aerodrome Act, this purpose may have referred to the extension of the runway and the sustainability of the aviation industry in Hamburg and employment opportunities in that sector.[889] The use was deemed to have started once the transferee had substantially realised these purposes.[890] This at least implies that the right to reacquire had ceased by the time Airbus finished extending the runway and started operating it.

The expropriatee would have been able to exercise the right to reacquire even if the City had refused to cancel the agreement with Airbus because the contractual right of Airbus could not have trumped a property right and the right to reacquire under the Constitution can even be invoked vis-à-vis the transferee where the transferee has become the owner of the expropriated property.[891] The right would not have arisen if an exception laid down in § 102(2), (4) BauGB or the second sentence of § 5(2) of the Hamburg Expropriation Act had been applicable. The expropriatee would not have been able to reclaim the property if they had received the property through expropriation or if an expropriation procedure to the benefit of a third party had been initiated and the expropriatee had not substantiated that they would use the property for the intended purpose within a reasonable period of time. Furthermore, the expropriation authority could have refused to re-expropriate the property if the property had been substantially changed or if the authority had transferred land to the expropriatee as a form of compensation.

3.5.3 Conclusion

The German Basic Law obliges the legislator to prescribe preventive measures that compel the private transferee to implement the project and realise the legitimate purpose of more employment opportunities and economic growth. The intensity of these measures, on the one hand, depends upon how much the transferee's interest may deviate from the public interest in the project's benefits. On the other hand, the legislator must take due account of the interests of the transferee. Third-party transfers for economic development are particularly problematic because the maximisation of the transferee's profit and the competitiveness of their business clash

[888] This period had to be determined in accordance with § 113(2) No. 3 BauGB.
[889] §§ 1(2) 2 of the Aerodrome Act.
[890] Groß, in Ernst/Zinkahn/Bielenberg/Krautzberger, BauGB, § 102, No. 28.
[891] See subsection 3.5.2.2 above.

with the public interest in more jobs and economic growth. To take the constitutionally required preventive measures to secure the creation of jobs and economic growth without threatening the transferee's business, therefore, is like walking a tightrope. It is submitted that the Hamburg Aerodrome Act struck an equitable balance between the involved interests because the Act installed control and review mechanisms and obliged Airbus to hire all required personnel for the distribution and production of wide-body aircraft without specifying a certain number of jobs or produced aircraft.

Should the transferee fail to implement the project, Art. 14(1) GG itself requires that the expropriatee have a right to reacquire the property. Once the transferee has implemented the economic development project and started to operate the new facility, however, the constitutional right to reacquire ceases and the transferee can change the use of the land. The legislator may, where appropriate, restrict this right or extend it beyond what is constitutionally required. The Hamburg Aerodrome Act provides an example. The City of Hamburg could have cancelled the contract of tenancy if Airbus had failed to hire all required personnel for the distribution and production of wide-body aircraft. Under the Federal Building Code, which the Aerodrome Act declared applicable, the expropriatee would have had a right to reacquire if Airbus had failed to extend the runway and use it for the sustainability of the aviation industry in Hamburg and employment opportunities in that sector.

The following timeline illustrates which steps bodies of the State of Hamburg followed to take preventive and corrective measures and the legal effects of a transfer of the physical control to Airbus and the extension and operating of the runway:

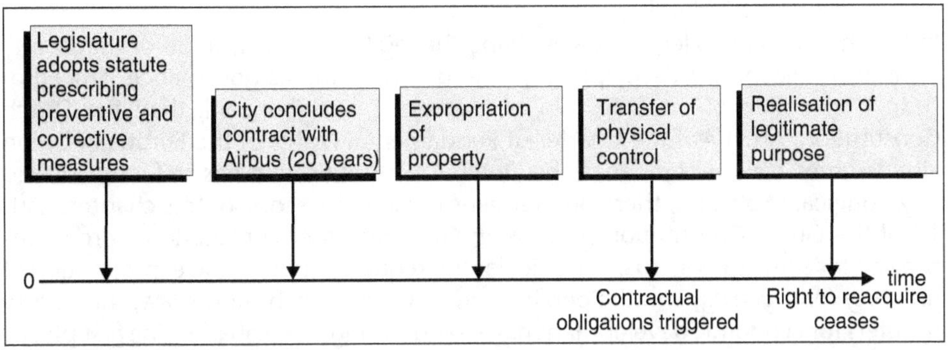

Figure 5: The first four boxes above the timeline illustrate which steps the legislature and the competent authorities took to ensure the implementation of the project and to provide for a right to reacquire in cases of non-implementation. The text under the timeline indicates the legal effects of certain actions of either the state or the transferee.

Source: Author's own design

CHAPTER 4 Dutch law

Table of Contents

4.1 APPLICABLE LAW

➢ In this section, the following questions are answered:
- What is the definition of expropriation in Dutch law?
- On the basis of which statute(s) may the state expropriate property for a third-party transfer for economic development?
- Which international and supranational norms, Dutch constitutional provisions, primary and secondary legislation does this chapter examine so as to evaluate the legitimate justification of third-party transfers for economic development, its endurance, and its governance?

In Dutch law, various legal sources shape the legitimate justification of third-party transfers for economic development, its endurance, and its governance. The European Convention plays a big role as it assumes a higher rank than the Dutch Constitution. Art. 17 of the Charter of Fundamental Rights of the European Union also assumes a higher rank than the Dutch Constitution, but has so far not played any significant role and, therefore, remains outside the scope of this chapter.[1] Art. 14 of the Dutch Constitution (*Grondwet*; Gw) and other constitutional provisions provide for some safeguards, in particular the requirement that the expropriation of property (*onteigening*) is in the public interest. Under Dutch statute law, third-party transfers for economic development have to go through two phases. The first phase, which is the planning phase, consists of a procedure in which the municipality shapes the project through spatial designations and rules in a *bestemmingsplan* (binding land-use plan) and accompanying documents (planning procedure).[2] The Spatial Planning Act (*Wet ruimtelijke ordening*; Wro) primarily governs this procedure. The Expropriation Act of 1851 (*Onteigeningswet*; Ow) governs the second phase, which is the expropriation phase. This phase consists of a procedure in which the King (the 'Crown'), represented by the Ministry of Infrastructure and Environ-

[1] Refer to subsection 3.1.3 above for more details.
[2] Refer to subsection 4.3.1 below for a more detailed description of this process.

mental Affairs,[3] decides on whether or not to expropriate property in order to implement the binding land-use plan (expropriation procedure).

Future developments are briefly discussed at the end of this section. In the spring of 2019, the new Environment Act of 23 March 2016 (*Omgevingswet*) is expected to come into force and replace the Spatial Planning Act.[4] In 2017, the Dutch Government holds consultations on the Environment Act Real Estate Amendment Bill (*Aanvullingswet Grondeigendom Omgevingswet*). This Bill may replace the Expropriation Act in the future.

4.1.1 Art. 1 of the First Protocol to the European Convention on Human Rights

The European Convention is an international human rights treaty that is of fundamental importance to Dutch expropriation law. Art. 1 ECHR obliges all signatory states to ensure that everyone within their jurisdiction enjoys all rights and freedoms guaranteed under the European Convention. Most important to this book, Article 1 of the First Protocol to the Convention provides for the right to the peaceful enjoyment of possessions. Art. 32(1) ECHR stipulates that the European Court of Human Rights has jurisdiction concerning the interpretation and application of the Convention. The European Court examines whether or not the states respected the rights and freedoms under the Convention in a specific case, but does not scrutinise abstractly whether or not legislation in general complies with the Convention.[5] It is important to note that, as Art. 53 ECHR makes clear, the Convention provides a minimum protection of fundamental rights and freedoms, but permits signatory states to go beyond the Convention.

4.1.1.1 Effect in Dutch law

Dutch law wholeheartedly embraces the authority of the Convention. Dutch law adheres to monism, which means that binding international law, such as the Convention, forms part of the Dutch legal order.[6] Art. 93 Gw stipulates that Art. 1 P1 ECHR has direct effect if this provision is a provision binding upon all persons. Under Dutch law, provisions of the Convention are recognised as generally having direct effect.[7] Direct effect entails that any holder of rights and freedoms under the Convention can invoke the rights as against the state. The Convention has gained its tremendous importance in Dutch law because Art. 94 Gw further provides that state bodies must not apply any legal provision in Dutch law, including the Constitution, that is inconsistent with such an international legal provision. The judgments of the

[3] Sluysmans & JJ van der Gouw, *Onteigeningsrecht* (Deventer: Kluwer 2015) 40; and Sluysmans, Van der Gouw & WJ Bosma *Onteigeningsrecht in de praktijk* (The Hague: Stichting Instituut voor Bouwrecht 2011) 7.

[4] Tweede Kamer der Staten-Generaal, Letter from Minister of Infrastructure and Environmental Affairs, 25 May 2016, 33 962, No. 186.

[5] See, in the context of Art. 1 P1 ECHR: ECtHR, Judgment of 23 February 1995, *Gasus Dosier- und Fördertechnik GmbH v The Netherlands*, ANo. 15375/89, para 54.

[6] Barkhuysen & Van Emmerik 2005, 30.

[7] Barkhuysen & Van Emmerik 2005, 30. During the 2017 election campaign, the centre-right party VVD announced that it planned to limit the direct effect of international treaties: Colombi Ciacchi, 'Political Parties' Programmes as Examples of Governance Against Human Rights?', *European Journal of Comparative Law and Governance* 2017, 105–109.

European Court are regarded as an authoritative interpretation of the Convention and, therefore, of whether Dutch law complies with the Convention.[8]

4.1.1.2 Protection of property from expropriation under Art. 1 of the First Protocol

Article 1 P1 ECHR entrenches the right to the peaceful enjoyment of possessions. Possessions not only include the ownership of land and, more specifically, the power and the freedom to dispose of this right.[9] The term 'possessions' also encompasses limited property rights as well as certain other rights and interests constituting assets.[10] The first paragraph subjects the deprivation of possessions to certain conditions. The first paragraph reads as follows:

> 'Every natural or legal person is entitled to the peaceful enjoyment of his possessions. No one shall be deprived of his possessions except in the public interest and subject to the conditions provided for by law and by the general principles of international law.'

The deprivation of possessions includes the expropriation of property understood as the formal and permanent deprivation of (a part of) one's property for the fulfilment of a public task.[11] Art. 1 P1 ECHR subjects this deprivation of possessions to four requirements. Firstly, the deprivation is in the public interest. Secondly, as follows from the case law of the European Court, the state strikes a fair balance between the public interest in the deprivation and the protection of the persons who are deprived of their possessions.[12] This fair balance entails that unless there are exceptional circumstances, an expropriation must be compensated.[13] Thirdly, the deprivation complies with the conditions provided for by law. Particularly, this means that the deprivation must have a legal basis and comply with the requirements of national law.[14] Fourthly, the deprivation complies with the conditions prescribed by the

---

[8] Barkhuysen & Van Emmerik 2005, 31.

[9] DGJ Sanderink *Het EVRM en het materiële omgevingsrecht* (Deventer: Kluwer 2015) 56 et seq; Barkhuysen & Van Emmerik 2005, 56 et seq; ECtHR, Judgment of 5 January 2000, *Beyeler v Italy*, ANo. 33202/96, para 100; and ECtHR, Judgment of 25 March 1999, *Iatridis v Greece*, ANo. 31107/96, para 54.

[10] Sanderink 2015, 53 et seq; Barkhuysen & Van Emmerik 2005, 56 et seq; ECtHR, Judgment of 5 January 2000, *Beyeler v Italy*, ANo. 33202/96, para 100; ECtHR, Judgment of 23 February 1995, *Gasus Dosier- und Fördertechnik GmbH v The Netherlands*, ANo. 15375/89, para 53; and ECtHR, Grand Chamber, Judgment of 30 June 2005, *Jahn and Others v Germany*, ANos. 46720/99, 72209/01, and 72552/01, paras 14 et seq and 79.

[11] Barkhuysen & Van Emmerik 2005, 61; S Praduroux, 'How to Fairly Judge Restrictions to Property Rights: an Overview on ECtHR's view on Public and Private Interests in the regulation of Property', in B Akkermans, Marais & E Ramaekers (eds) *Property Law Perspectives II* (Antwerp: Intersentia 2014) 21–38, 29; and ECtHR, Judgment of 22 November 2011, *Saliba and Others v Malta*, ANo. 20287/10, para 52.

[12] ECtHR, Judgment of 21 February 1986, *James and Others v The United Kingdom*, ANo. 8793/79, para 50.

[13] ECtHR, Judgment of 21 February 1986, *James and Others v The United Kingdom*, ANo. 8793/79, para 54; ECtHR, Grand Chamber, Judgment of 30 June 2005, *Jahn and Others v Germany*, ANos. 46720/99, 72209/01, and 72552/01, para 93; and ECtHR, Judgment of 10 July 2003, *Efstathiou and Michailidis & Co. Motel Amerika v Greece*, ANo. 55794/00, para 26.

[14] Sanderink 2015, 321 et seq; Barkhuysen & Van Emmerik 2005, 62; ECtHR, Judgment of 25 March 1999, *Iatridis v Greece*, ANo. 31107/96, paras 61 et seq; ECtHR, Grand Chamber, Judgment of 30 June 2005, *Jahn and Others v Germany*, ANos. 46720/99, 72209/01, and 72552/01,

general principles of international law. In this chapter, the case law of the European Court is discussed where it clarifies, complements, or overrides Dutch law.

4.1.2 The Constitution: *Grondwet voor het Koninkrijk der Nederlanden*

The Constitution of the Kingdom of the Netherlands (*Grondwet voor het Koninkrijk der Nederlanden*) is the highest national law of the country. Since 1983, when it was last revised completely, Art. 14 Gw has been home to the property clause. It reads as follows:

(1) Expropriation may take place only in the public interest and on prior assurance of full compensation, in accordance with regulations laid down by or pursuant to Act of Parliament.
(2) Prior assurance of full compensation shall not be required if in an emergency immediate expropriation is called for.
(3) In the cases laid down by or pursuant to Act of Parliament there shall be a right to full or partial compensation if in the public interest the competent authority destroys property or renders it unusable or restricts the exercise of the owner's rights to it.

Art. 14 Gw does not expressly protect property as such and is thus not a positive guarantee of the possession and use of property. Instead, it is a negative guarantee because Art. 14 Gw merely subjects the exercise of state power to certain restrictions.[15] The Commission-Cals/Donner, which issued reports on the revision of the Constitution before the 1983 revision, stated in its second report that this negative guarantee sufficiently implied the recognition of property as a fundamental right.[16] Through this negative guarantee, Art. 14 Gw seeks to enable individuals to realise their full potential.[17] The provision distinguishes between two groups of state action that are subject to different restrictions. Art. 14(1) and (2) Gw concern the expropriation of property, whereas Art. 14(3) Gw regulates the destruction and making unusable of property as well as restrictions to property.

The importance of Art. 14 Gw, however, is limited for two reasons. Firstly, the Dutch Constitution does not provide for a constitutional court, which could give a binding interpretation of the Constitution. Secondly, Acts of Parliament are not subject to constitutional review, as says Art. 120 Gw. Therefore, Dutch constitutional law, unlike German, New York State, and South African constitutional law, lacks a

para 81; ECtHR, Judgment of 22 November 2011, *Saliba and Others v Malta*, ANo. 20287/10, para 57; ECtHR, Judgment of 5 January 2000, *Beyeler v Italy*, ANo. 33202/96, para 108; and ECtHR, Grand Chamber, Judgment of 19 June 2006, *Hutten-Czapska v Poland*, ANo. 35014/97, para 163.

[15] Elzinga et al 2014, 437.

[16] Ministerie van Binnenlandse Zaken *Tweede rapport van de Staatscommissie van advies inzake de Grondwet en de Kieswet* (The Hague: Staatsuitgeverij 1969) 85 et seq. Differing: FHJ Mijnssen, AA van Velten & SE Bartels, *Mr. C. Assers Handleiding tot de beoefening van het Nederlands Burgerlijk Recht 5*, Zakenrecht, Eigendom en beperkte rechten*, 15th ed (Deventer: Kluwer 2008) No. 14; and T Peters, 'Commentaar op artikel 14 van de Grondwet', in EMH Hirsch Ballin & G Leenknegt (eds) *Artikelsgewijs commentaar op de Grondwet* (online version 2016; commentary can be accessed via http://www.Nederlandrechtsstaat.nl; last accessed: 18 May 2017) who stated that although Art. 14 Gw recognises the importance of property, Art. 14(1) Gw only protects the fundamental right to fair compensation upon expropriation.

[17] Ministerie van Binnenlandse Zaken, *Algehele grondwetsherziening, eerste lezing, Deel Ia: Grondrechten*, The Hague: Staatsuitgeverij, 1979, 10.

comprehensive and consistent body of interpretative case law. Instead, the Dutch legislator (ie the States General and the government[18]), assisted by the Council of State,[19] is called upon to interpret the Constitution and scrutinise whether or not proposed statutes comply with the Constitution.[20]

The following subsections first discuss the definition of expropriation and then introduce the requirements that Art. 14(1) and (2) Gw set out for a valid expropriation. Subsequently, the protection afforded by Art. 14(3) Gw is briefly sketched in its statutory context.

4.1.2.1 The definition of expropriation

In order to delineate the applicability of Art. 14(1) and (2) Gw (as well as the Expropriation Act of 1851) from the applicability of Art. 14(3) Gw and to determine whether or not third-party transfers for economic development fall under the term 'expropriation', the definition of expropriation is decisive. In the literature, scholars have put forward various definitions. *Thorbecke*[21] defined expropriation as the forced transfer of the ownership of land for the realisation of a work in the public interest.[22] *Jansen* defines expropriation as the complete loss of the rights on a thing and the transfer of the enjoyment of that thing to an entity that will use the thing for the public benefit.[23] *Den Drijver-van Rijckevorsel* and her fellow authors define expropriation as a deprivation of ownership for the benefit of the expropriating entity that is required by the public interest.[24] The Ministry of Internal Affairs equates expropriation with a deprivation (in Dutch: *ontneming*).[25] The term *ontneming* is also used in the Dutch translation of Art. 1 P1 ECHR. While the Ministry, however, only refers to the loss of formal title, deprivation in terms of Art. 1 P1 ECHR also includes other interferences with the enjoyment of property.[26] *Van den Brand* and *Klaassen* define expropriation as the deprivation of the right of ownership, in particular the power to dispose and the right to use, and the transfer thereof to an entity that will use the property for the public benefit.[27] *Elzinga* and his fellow authors define expropriation as the transfer of ownership or other property rights so that these rights would serve the public interest.[28]

---

[18] Art. 81 Gw.

[19] Art. 73(1) Gw.

[20] Kors 1983, 191; and Van Zundert 1980, 77. Cf Colombi Ciacchi 2016, 218.

[21] *WJR Thorbecke* is the son of the intellectual father of the revision of the Constitution of 1848 and the Expropriation Act of 1851, *JR Thorbecke*.

[22] WJR Thorbecke *Stelsel en Toepassing der Onteigeningswet* (Arnhem: Gouda Quint 1880) 9.

[23] JF Jansen *Onteigenen* (Arnhem: Vuga-Boekerij 1965) 4.

[24] Den Drijver-van Rijckevorsel et al 2013, 1.

[25] Ministerie van Binnenlandse Zaken *Grondwet voor het Koninkrijk der Nederlanden* (The Hague: SDU 1991) 49.

[26] ECtHR, Judgment of 23 September 1982, *Sporrong and Lönnroth v Sweden*, ANos. 7151/75, and 7152/75, para 63; ECtHR, Decision of 23 October 2006, *Weber and Saravia v Germany*, ANo. 54934/00; ECtHR, Judgment of 30 May 2000, *Belvedere Alberghiera S.r.l. v Italy*, ANo. 31524/96, para 53; ECtHR, Judgment of 24 June 1993, *Papamichalopoulos and Others v Greece*, ANo. 14556/89, paras 42 et seq; and ECtHR, Grand Chamber, Judgment of 19 June 2006, *Hutten-Czapska v Poland*, ANo. 35014/97, para 160.

[27] JAM van den Brand & AW Klaassen *Het gemeentelijk grondbeleid, Instrumenten voor een integrale aanpak* (Zwolle: WEJ Tjeenk Willink 1991) 45.

[28] Elzinga et al 2014, 437 and 443.

An analysis of the opinions in the literature shows that there are four elements that together form the definition of expropriation in Dutch law. The first element is the loss and the acquisition of a right in an object recognised as 'property' under Dutch law.[29] This means that an authorised body takes away and acquires formal title from the holder of the right.[30] By contrast, excessive restrictions to the enjoyment of property that do not result in a formal transfer do not fall under the term expropriation.[31] Neither does an extinction of a right through the destruction of an asset, as is evident from Art. 14(3) Gw, which deals with the destruction thereof.

Not only may a deprivation of the whole right constitute expropriation; the loss and acquisition of a *part* of that right may also amount to expropriation. For instance, limited property rights on land may be expropriated.[32] This is evident from the fact that the term expropriation in Art. 14 Gw does not refer to the right of ownership as the only right that can be expropriated.[33] Furthermore, Art. 4(1) Ow clearly states that an authorised body may not only expropriate the ownership of land. If the authorised body is the owner of land and a limited property right encumbers its right of ownership, this body may expropriate this limited property right separately. This rule inter alia concerns rights of superficies (building lease; *opstalrecht*), rights of emphyteusis (comparable to leasehold; *erfpachtsrecht*), and rights of usufruct (comparable to life interest in common law jurisdictions; *vruchtgebruik*). Apartment rights (rights in a condominium; in Dutch: *appartementsrechten*), by contrast, cannot be expropriated separately.[34] The definition of authors who only refer to the right of ownership is, therefore, not persuasive.

The second element is the object of the expropriation. Traditionally, property rights on land are 'property' in terms of Art. 14(1) Gw and, therefore, objects of expropriation.[35] The legislature may declare rights in any asset the object of an expropriation.[36] To give but two examples: Art. 104A Ow provides for the expropriation of rights granted upon an application for a patent (*octrooi*). Under Art. 6:2(1) of the Financial Supervision Act (*Wet op het financieel toezicht*; Wft), the Minister can *expropriate* (*onteigenen*) assets of, or shares emitted by, a financial undertaking (*financiële onderneming*) in distress in order to ensure the stability of the financial system. Art. 6:2(7) Wft stipulates that the Expropriation Act is not applicable to this expropriation. The explanatory memorandum does not explicitly

---

[29] Concurring: Sluysmans *Recht op onteigening* (Nijmegen: Radboud University 2013) 8 et seq.

[30] Acquisition by expropriation is an acquisition under particular title in terms of Art. 3:80(3) of the Dutch Civil Code (*Burgerlijk wetboek*)

[31] In former times, such state action was also regarded as expropriation. See, in general, Van Zundert 1980, 121; and, for examples, Sluysmans 2013, 8. *Van Buuren* and his fellow authors very recently expressed the opinion that a restriction to property that precludes any use of the property would constitute an expropriation; see Van Buuren et al 2014, 4.

[32] Elzinga et al 2014, 437; Differing: JH Jans & A Outhuijse, 'Property and Environmental Protection in the Netherlands' in G Winter (ed) Property *and Environmental Protection in Europe* (Groningen: Europa Law Publishing 2016) 225–234, 227.

[33] Until 1922, the Dutch property clause explicitly referred to ownership (*eigendom*) as the right that could be expropriated.

[34] HR, Judgment of 29 March 2013, ECLI:NL:HR:2013:BY8665, *RvdW* 2013, 473, para 3.5.2.

[35] See, for instance, Thorbecke 1880, 9; Jansen 1965, 16; and Elzinga et al 2014, 437.

[36] Concurring: Elzinga et al 2014, 437. The judiciary seems more reluctant to embrace a broad definition of 'property'. See ABRvS, Judgment of 21 March 1996, ECLI:NL:RVS:1996:AP8216, *M en R* 1997, 83, annotated by C Backes, where the Judicial Division refused to qualify a permit as 'property'. See also: Jans & Outhuijse 2016, 227.

define the term expropriation. However, it says that the expropriation will lead to a permanent transfer of the expropriated assets to the state.[37] This consideration seems to allude to the first element of the definition of expropriation. Moreover, the competent Ministers refer to Art. 14 Gw and apply its criteria in the explanatory memorandum.[38]

The third element is that expropriation is unilateral state action.[39] The loss and acquisition of an asset is not based upon an agreement between the state and the holder of the asset, but the state forces the holder by a unilateral act to lose the asset in favour of the state or a third party.

The forced transfer of the ownership of land from the original holder to a private entity for economic development or the creation of employment, which is the focus of this book, meets the first three requirements of the definition. The fourth element is that the transferee must use the expropriated asset in the public interest. That means that the goal of the expropriation forms part of its definition. As is shown below,[40] an expropriation for the benefit of a private party for economic development or the creation of employment meets the public interest requirement.

4.1.2.2 Art. 14(1) Gw: The public interest requirement and proportionality

Under Art. 14(1) Gw, expropriation will only be permissible if it is in the public interest (*algemeen belang*). The principle of the rule of law (*rechtsstaat*), which is a fundamental building block of Dutch law and a source of binding requirements for lawful state action, provides for two further substantive requirements that the project and the expropriation must meet.[41] Firstly, the rule of law requires that any kind of state action serves a legitimate purpose.[42] Secondly, the principle dictates that state action is subject to a proportionality test.[43] Such a test first requires that the project and the expropriation are *suitable* as well as *necessary* to achieve the legitimate purpose.[44] Necessity is defined as follows:

> ***Necessity:*** The necessity of state action requires that the adopted state measure is the least harmful means suitable to realise the purpose of the measure.[45]

Proportionality then requires that the project and the expropriation represent an equitable balance between, on the one hand, the (private and public) interests that benefit from the project and the expropriation and, on the other hand, the adversely

[37] Tweede Kamer der Staten-Generaal, 2011–2012, 33 059, Explanatory Memorandum, *Wet bijzondere maatregelen financiële ondernemingen*, 34 and 68.

[38] Tweede Kamer der Staten-Generaal, 2011–2012, 33 059, Explanatory Memorandum, *Wet bijzondere maatregelen financiële ondernemingen*, 31.

[39] Differing: WJI van Wijmen *Het Onteigeningsproces* (Roermond: Van der Marck 1945) 9.

[40] See subsection 4.2.1.4 below.

[41] Schlössels & Zijlstra 2010, 25 and 44 et seq; and Elzinga et al 2014, 251.

[42] Elzinga et al 2014, 251; and Schlössels & Zijlstra 2010, 9.

[43] Elzinga et al 2014, 251; and Schlössels & Zijlstra 2010, 36.

[44] Elzinga et al 2014, 251; and Schlössels & Zijlstra 2010, 419 et seq.

[45] See, for instance, Afdeling geschillen van bestuur van de Raad van State, Judgment of 29 June 1990, ECLI:NL:RVS:1990:AN1686, *AB* 1991, 117, annotated by FCMA Michiels.

affected interests.[46] There is no generally recognised definition of an equitable balance. Moreover, there is no uniform doctrine on how a state body must determine the weight of an interest and compare the weight of two interests.[47] Art. 3:4(2) of the General Administrative Law Act (*Algemene wet bestuursrecht*; Awb) only defines what an *in*equitable balance is, stipulating that the adverse impact of state action must not be disproportionate in relation to the goal of the state action. For the purposes of this book, a definition given by *De Moor-van Vugt* is used.[48]

Equitable balance: There will be an equitable balance between the benefits of state action and its adverse impact if its benefits outweigh its adverse impact.

It is important for the understanding of Dutch literature and case law to examine whether the public interest in terms of Art. 14(1) Gw merely refers to the legitimate purpose of the expropriation or also includes a proportionality test. Most expropriation law scholars view the public interest solely as the legitimate purpose that may legitimately justify the expropriation. They merely discuss whether the interest in the project for which the state seeks to expropriate property may qualify as public.[49] For instance, they may examine whether the interest to improve the infrastructure by means of a road qualifies as public. In the framework of the public interest requirement, they would not discuss which positive and negative effects the expropriation and the road may have, and whether it would be necessary and proportionate to carry out the project and acquire the land by means of expropriation.

However, the implementation of the project itself is state action. As follows from the principle of the rule of law, the project must, therefore, serve a legitimate purpose and must be proportionate. The proportionality of the project seems to be an integral part of the dogmatic structure of the public interest requirement. The most frequent form of expropriation, the expropriation on the basis of a binding land-use plan,[50] supports this view. Art. 77(1) No. 1 Ow stipulates that the authorised body may expropriate property on the basis of a municipal binding land-use plan. The binding land-use plan is the result of a distinct planning procedure and contains spatial designations that the municipal council adopted after a balancing of all public and private interests that are relevant to spatial planning.[51]

The expropriation is a means to enable the transferee to implement the project and state action that is distinct from the project. The explanatory memorandum of

---

[46] Elzinga et al 2014, 251; Ministerie van Binnenlandse Zaken 1979, 11, 16, and 22; AJC de Moor-van Vugt, *Maten en gewichten, Het evenredigheidsbeginsel in Europees perspectief*, Zwolle: WEJ Tjeenk Willink, 1995, 10; P Nicolaï, *Beginselen van behoorlijk bestuur* (Deventer: Kluwer 1990) 420; Schlössels & Zijlstra 2010, 419 et seq; and De Lange *Publiekrechtelijke rechtsvinding* (Zwolle: WEJ Tjeenk Willink 1991) 171.

[47] See for rules of thumb: HE Bröring, KJ de Graaf, CLGFH Albers, LJA Damen, AP Klap, AM Klingenberg, AT Marseille, HD Tolsma & GA van der Veen *Bestuursrecht, Deel 1*, 5th ed (The Hague: Boom 2016) 377 et seq.

[48] De Moor-van Vugt 1995, 211.

[49] See, for instance, Van Zundert 1980, 88; MCB Burkens *Beperking van grondrechten* (Deventer: Kluwer 1971) 75; and Den Drijver-van Rijckevorsel et al 2013, 21 et seq.

[50] Den Drijver-van Rijckevorsel et al 2013, 21.

[51] Van Buuren et al 2014, 38.

the current Constitution states that the expropriation will only be permissible if the public interest *requires* the expropriation.[52] This suggests that the question of whether the expropriation is necessary to realise the (legitimate purpose of the) project falls outside the dogmatic structure of the public interest requirement. Art. 1(2) Ow confirms this view because it stipulates that an expropriation will only be permissible if the realisation of the envisaged project *requires* the expropriation. As follows from the constitutional principle of proportionality, the expropriation is also subject to a balancing of interests. It seems logical that this balancing test also falls outside the scope of the dogmatic structure of the public interest requirement.

In view of the foregoing, the dogmatic structure of the public interest requirement and its relationship to the proportionality of the expropriation can be described as follows:

- I. Public Interest (*Algemeen belang*)
    1. Project serves a legitimate purpose
    2. Proportionality of the project
        - a. Suitability
        - b. Necessity
        - c. Equitable balance between benefits and adverse impact
- II Proportionality of the expropriation
    1. Suitability
    2. Necessity
    3. Equitable balance between benefits and adverse impact

Art. 14(1) Gw and the Expropriation Act thus subscribe to a notion of the public interest requirement that includes a contextualisation of the project through a proportionality test. However, it seems that the distinct planning procedure leads expropriation law scholars to assume that the realisation of the project is proportionate. As a result, these scholars only focus on whether the interest in the project qualifies as public.

4.1.2.3 Art. 14(1) Gw: Other constitutional requirements for a lawful expropriation

If the expropriation meets the public interest requirement, the second constitutional requirement is that the state declares before the expropriation that it will award full compensation for the loss of the expropriated property. In practice, this means that every loss that is a direct and necessary consequence of the expropriation must be compensated.[53] Prior assurance will not be required if an emergency necessitates the immediate expropriation of the property, according to Art. 14(2) Gw.

The third constitutional requirement is that the decision to expropriate property and the determination of the public interest and the compensation comply with a statute or regulations adopted pursuant to a statute. On the one hand, this means that the entity that expropriates the property must follow a procedure that is shaped

[52] Ministerie van Binnenlandse Zaken 1979, 46.

[53] See for more details: Sluysmans, *De vitaliteit van het schadeloosstellingsrecht in onteigeningszaken* (The Hague: Stichting Instituut voor Bouwrecht 2011) 72 et seq; and Den Drijver-van Rijckevorsel et al 2013, 137 et seq.

by or pursuant to a statute.[54] On the other hand, this is an obligation for the legislature to adopt or oblige state authorities to adopt a procedure that complies with constitutional principles and international obligations of the Netherlands. The expropriation procedure is discussed in more detail in subsection 4.5.3 below.

4.1.2.4 Art. 14(1) Gw: The Statutory Basis

The (implicit) fourth constitutional requirement is that a statute forms the basis of the expropriation. That means that the legislator must explicitly permit the expropriation of property for certain legitimate purposes in a statute and require that the expropriation in a specific case comply with all constitutional requirements. This requirement may be inferred from two sources. Firstly, the constitutional requirement that the expropriation is effected according to a statutory procedure may be construed as requiring statutory authorisation as well.[55] Secondly, the principle of the rule of law is the source of the principle of legality (*legaliteitsbeginsel*). The principle of legality (at least) requires that a statute forms the basis of any kind of state action that imposes a burden upon a person.[56]

The historical evolution of the requirement of a statutory basis

The requirement of a statutory basis underwent a gradual historical evolution towards a less prominent role of Parliament. In 1848, the Constitution was revised. Art. 147 Gw 1848 then stipulated that in order for the expropriation to be lawful, the legislator had to declare in a statute that a specific public benefit, as the public interest was then known, required the expropriation in a specific case. Such an expropriation-specific statute was called *nutswet* (benefit statute). Art. 147 Gw 1848 also provided that the legislator had to adopt a statute that contained exemptions from this requirement for important structures, such as fortifications, embankments to prevent floods, and other urgent circumstances. Other exemptions were not permissible. An expropriation for roads or railway tracks, let alone private economic development projects could not be based on a general expropriation statute. Later, Art. 151 Gw 1887 stipulated that the legislator could adopt general expropriation statutes for any kind of project. The legislator was thus fully exempt from the benefit statute requirement and could autonomously decide on when to subject the expropriation authorities to the benefit statute requirement. Later, in 1983, the requirement of an expropriation-specific statute was finally abolished for two reasons. Firstly, it was very unpopular in practice due to the cumbersome and lengthy parliamentary procedure. Secondly, the legislator had exempted all important projects from the benefit statute requirement in the Expropriation Act of 1851 so that the requirement had become obsolete.[57]

---

[54] Kors 1983, 75; and Ministerie van Binnenlandse Zaken 1979, 47.

[55] Implicitly: Elzinga et al 2014, 281.

[56] The legality principle is not explicitly laid down in the Dutch Constitution. In the literature, scholars infer this principle from the principle of democracy and the rule of law: Elzinga et al 2014, 678 et seq; CAJM Kortmann, *Constitutioneel recht* (Deventer: Kluwer 2012) 311 et seq; and WSR Stoter *Belangenafweging door de wetgever* (The Hague: Boom 2000) 119. Cf Bröring et al 2016, 39 et seq.

[57] Kors 1983, 75, Den Drijver-van Rijckevorsel et al 2013, 3 et seq; JF de Groot 'De Onteigeningswet en de uniforme openbare voorbereidingsprocedure Awb, Over sluipende ingrepen en onbedoelde neveneffecten', *BR* 2006, 244–249; Jansen 1965, 25; Bosma 'Onteigening en planologie: een (on)samenhangend geheel' in EWJ de Groot & RD Harteman (eds) *Bijzonder geschikt voor*

4.1.2.5 Administrative, judicial, and statutory expropriation

An intriguing question is whether Art. 14(1) Gw only allows for administrative expropriation and judicial expropriation. An authorised administrative authority effects an administrative expropriation by an administrative decision on the basis of an expropriation statute. Judicial expropriation is effected by a court order on the basis of an expropriation statute.[58] Art. 14(1) Gw refers to a statutory procedure, which suggests that an administrative authority or a court has to follow this procedure when taking the decision to expropriate property. The Expropriation Act of 1851 reflects this choice because it combines an administrative procedure in which an administrative authority examines whether the expropriation meets the public interest requirement and other constitutional or statutory requirements with a judicial procedure in which a court reviews the administrative expropriation decision, determines the compensation, and orders the expropriation.[59] Therefore, Art. 14(1) Gw at least favours these forms of expropriation over statutory expropriation, which is an expropriation directly effected by statute. However, as the legislator can interpret the Constitution and Art. 14(1) Gw does not explicitly prohibit statutory expropriation, statutory expropriation would be permissible in practice. The analysis of expropriation statutes and procedures in this chapter are limited to expropriations under the Expropriation Act.

4.1.2.6 Protection of property from other state action than expropriation

If state action does not amount to expropriation, but still infringes property rights, Art. 14(3) Gw will be applicable. This provision says that if an authorised authority restricts, makes unusable or destroys property in the public interest, the holder of the property rights will have a right to compensation if compensation is awarded by or pursuant to a statute. There are two lessons that Art. 14(3) Gw implicitly teaches us. Firstly, as also follows from the principle of the rule of law, the state action mentioned in Art. 14(3) Gw will only be constitutional if a statute authorises the authority to take that kind of measure and if the measure is in the public interest. Secondly, if the state action is constitutional, Art. 14(3) Gw does not offer any additional protection,[60] but rather assigns the task to adopt rules on the compensation for such state action to the legislator.

In practice, lawful restrictions to property are ubiquitous. One may think of the definition of, and restrictions to, property rights in Books 3 and 5 of the Dutch Civil Code (*Burgerlijk Wetboek*; BW), and land-use restrictions laid down in binding land-use plans under the Spatial Planning Act. Also, some Acts provide for compensation regimes. For instance, Art. 6.1(1) Wro, read in conjunction with Art. 6.1(2) lit. a Wro, provides that if a provision of a binding land-use plan results in the value of the land or the income of the holder of property rights decreasing, the mayor and

---

het werk, H.J.M. van Mierlo bundel (The Hague: Stichting Instituut voor Bouwrecht 2012) 19–30, 20; Ministerie van Binnenlandse Zaken 1979, 46; LC Groen, *Het zelfrealisatierecht* (The Hague: Instituut voor Bouwrecht 2014) 227; Van Zundert 1980, 90; and Sluysmans & JS Procee (eds) *Behoeden en vergoeden, Een geschiedenis van 175 jaar Onteigeningswet* (The Hague: Vereniging voor onteigeningsrecht 2016) 94 et seq.

[58] Van der Walt 2011a, 456 et seq.

[59] Den Drijver-van Rijckevorsel et al 2013, 9 and 29; and Sluysmans & Van der Gouw 2015, 51.

[60] Elzinga et al 2014, 444. *Kors* states that a claim against the acting authority based upon the constitution could not be implemented in practice; see: Kors 1983, 76.

the members of the municipal executive (*College van burgemeester en wethouders*; hereinafter also referred to as: 'municipal executive') awards compensation to the extent that the holder of property rights should reasonably not bear this loss and to the extent that the loss is not insured.

A general statutory regime on compensation for all lawful restrictions to property that are excessive in some individual cases was promulgated by the legislator on 31 January 2013.[61] However, at the moment, it is still uncertain when this regime will come into force. Until this general regime comes into force and if a special regime is not in place, the holders of property will have to resort to the general principle of *égalité devant les charges publiques* (equality of citizens before charges levied by the state). According to this principle, the holder of property rights will have a right to compensation if a *lawful* restriction to property imposes an individual and excessive burden upon them.[62] If the state *unlawfully* restricts property, the holder of property rights can claim damages on the basis of the basic norm in Dutch tort law, which is Art. 6:162 BW.

4.1.3 Statute law applicable to third-party transfers for economic development

The most important statutory basis for the expropriation of property in Dutch law is the Expropriation Act of 1851. There is no specific provision in the Expropriation Act on third-party transfers for economic development. In the Expropriation Act, the expropriation authorities can only invoke Art. 77(1) No. 1 Ow for third-party transfers for economic development. This provision authorises the expropriation of property in order to implement or enforce a municipal binding land-use plan or, less important in practice, a provincial or national zoning plan (*inpassingsplan*). In Dutch practice, expropriations for the purpose of implementing a binding land-use plan occur most frequently of all expropriations.[63]

A binding land-use plan (and accompanying documents) can accommodate a private economic development project. According to Art. 3.1 Wro, the designations in a binding land-use plan must promote good spatial planning (*goede ruimtelijke ordening*). Good spatial planning is generally compatible with the promotion of economic development by a private company. The Expropriation Act then permits third-party transfers to implement the binding land-use plan.[64] Initially, this seems odd because Art. 78(1) Ow provides that only a body instituted under public law can apply for an expropriation and to receive the expropriated property on the basis of Art. 77(1) Ow. Art. 78(1) Ow, therefore, precludes an immediate acquisition of the expropriated property by a private entity. However, the municipal council is free to

[61] Artt. 4:126–4:131 of the General Administrative Law Act.

[62] ABRvS, Judgment of 8 November 2006, ECLI:NL:RVS:2006:AZ1762, *AB* 2007, 252, para 2.6. Cf MKG Tjepkema *Nadeelcompensatie op basis van het égalitébeginsel* (Deventer: Kluwer 2010) 355 et seq; and Jans & Outhuijse 2016, 230 et seq.

[63] Den Drijver-van Rijckevorsel et al 2013, 21.

[64] See, for instance, KB Leiderdorp, Decision of 8 July 2010, No. 10.001769, *Staatscourant* 2010, 10742; KB Westland, Decision of 29 October 2009, No. 09.003047, *Staatscourant* 2009, 17420; and KB Winterswijk, Decision of 1 July 2009, No. 09.001759, *Staatscourant* 2009, 11221.

transfer the expropriated property to a private entity after the expropriation,[65] which means that an indirect third-party transfer is permissible under Art. 77(1) Ow.

In referring to the binding land-use plan, Art. 77(1) No. 1 Ow formally divides third-party transfers for economic development into two procedures. The first procedure, the planning procedure, accommodates the adoption of the binding land-use plan in a planning procedure. The second procedure, the expropriation procedure, leads to the decision on whether to expropriate property to implement or enforce the plan and a court procedure in which a judge scrutinises the expropriation decision, determines the compensation, and orders the expropriation. While the Expropriation Act governs the expropriation procedure, the Spatial Planning Act governs the planning procedure. The next two subsections contain a brief introduction to these two Acts, the two procedures, and legislation that also concerns these procedures and is analysed in this chapter. The third subsection introduces the General Administrative Law Act, which contains norms that are applicable to all administrative decisions. The fourth subsection gives an outline of legislative provisions that may provide for preventive and corrective measures.

4.1.3.1 The planning procedure: The Spatial Planning Act

According to Art. 3.1(1) Wro, the directly elected municipal council prescribes the use of the land in its area. These designations are laid down in a binding land-use plan after a participatory procedure that is intended for administrative decisions that may concern numerous people, the Dutch uniform public preparation procedure (*Uniforme openbare voorbereidings-procedure*).[66] The designations are based upon a balancing of all interests relevant to spatial planning.[67] In balancing the interests, the municipal council must observe certain statutory limitations, such as limits to harmful emissions. The analysis of the legitimate justification includes an analysis of examples from the Environmental Management Act (*Wet milieubeheer*, Wm), the Noise Nuisance Act (*Wet geluidhinder*, Wgh), and sub-statutory regulations.[68] Furthermore, the municipality is bound by its own structural vision (*structuurvisie*), which is a policy document in which the municipal council sets out its future spatial policy.[69] If the municipal council wishes to deviate from the structural vision, it will have to give reasons for this deviation with reasons related to good spatial planning.[70] Apart from these limitations, the council enjoys a broad discretion when choosing designations and designing projects.[71] Upon appeal the Judicial Division of the Council of State, which is the highest administrative court in the Netherlands, subjects the binding land-use plan to judicial scrutiny.[72]

---

[65] Den Drijver-van Rijckevorsel et al 2013, 22; and HR, Judgment of 15 February 2008, ECLI:NL:HR:2008:BB7030, *RvdW* 2008, 232, *BR* 2008, 58, annotated by M Fokkema, para 3.4.

[66] Art. 3.8(1) Wro; and Title 3.4 Awb.

[67] Van Buuren et al 2014, 38 et seq.

[68] See subsection 4.3.4.3 below.

[69] Art. 2.1 Wro; and AC Fortgens, in Fortgens & P de Haan (eds) *Tekst & Commentaar: Ruimtelijk bestuursrecht*, 9th ed (Deventer: Kluwer 2016) Wro, Hoofdstuk 2, structuurvisies, 5.

[70] Fortgens, in T&C Ruimtelijk bestuursrecht, Wro, Hoofdstuk 2, structuurvisies, section 5. According to Artt. 2.2 and 2.3 Wro, the provinces and the Kingdom can each adopt a structural vision that is only binding upon the body that adopted it.

[71] Van Buuren et al 2014, 38.

[72] Art. 8:1 Awb; Art. 2, *Bijlage* (Annex) 2, Awb, read in conjunction with Art. 8:6 Awb.

Together with complementary rules, the designations in the binding land-use plan are intended to allow for desirable spatial development and to inhibit undesirable developments.[73] The municipal council may delegate the specification of designations and rules to the municipal executive.[74] If the municipal council wishes to accelerate a certain development,[75] it lays down a certain project in the binding land-use plan and/or accompanying documents and decisions.[76] If necessary, the municipal council may apply for the expropriation of property required for this project on the basis of that plan.

The kingdom or the provinces may wish to preclude or restrict the powers of the municipal council. If there is a provincial interest in regulating the use of land in certain areas,[77] the directly elected States Provincial (*provinciale staten*) may adopt a provincial zoning plan.[78] The province also follows the uniform public preparation procedure and, in particular, hears the concerned municipalities.[79] The province can then determine to what extent the binding land-use plan of a concerned municipality would still be in force.[80] The default rule is that the provincial zoning plan will be a part of the municipal binding land-use plan and change the binding land-use plan to the extent that the plan deviates from the provincial zoning plan.[81] Once the draft of a zoning plan has been publicised, the municipality loses its competence to adopt a binding land-use plan with regard to the land for which the zoning plan regulates the use.[82] Alternatively, if the provincial interest in good spatial planning so requires, the States Provincial can adopt a regulation that obliges the municipal council to adapt the binding land-use plan to the regulation within one year.[83] Another alternative to a provincial zoning plan is that the provincial executive (*gedeputeerde staten*) instructs the municipal council to adopt a binding land-use plan in accordance with rules given by the provincial executive.[84] The provincial executive also follows the uniform public preparation procedure and, in particular, deliberates with municipal executive of the concerned municipality.[85] All this applies to the adoption of the national zoning plan by the competent Minister *mutatis mutandis*.[86]

[73] Van Buuren et al 2014, 24.

[74] Art. 3.6(1) Wro.

[75] Van Buuren et al 2014, 24.

[76] Rijkswaterstaat, Handreiking Administratieve Onteigeningsprocedure, 2016, 11 et seq; retrieved from: https://staticresources.rijkswaterstaat.nl/binaries/Handreiking%20Administratieve%20Onteigeningsprocedure%2016-01-16%20Def_tcm21-81699.pdf (last accessed: 28 June 2017). See subsection 4.3.1 for a detailed description of this process.

[77] See about the term 'provincial interest': Fortgens, in T&C Ruimtelijk bestuursrecht, Wro, Hoofdstuk 2, structuurvisies, section 3.

[78] Art. 3.26(1) Wro.

[79] Art. 3.26(1) and (2) Wro.

[80] Art. 3.26(3) Wro.

[81] Art. 3.26(3) Wro; and Fortgens, in T&C Ruimtelijk bestuursrecht, Wro, Art. 3:26, section 3.

[82] Art. 3.26(5) Wro. The municipality will regain this competence 10 years after the provincial zoning plan was adopted.

[83] Art. 4.1(1) (2) Wro.

[84] Art. 4.2(1) Wro.

[85] Art. 4.2(2) and (4) Wro.

[86] See Artt. 3.28, 4.3, and 4.4 Wro.

4.1.3.2 The expropriation procedure: The Expropriation Act

The binding land-use plan has a preventive effect. This means that, notwithstanding an environmental permit (*omgevingsvergunning*) to do so, the owner or another person who has a right to use the land must not carry out new projects on the land that are contrary to the designations in the plan.[87] However, the municipality cannot force the owner or another legitimate user of the land to change the use of the land in order to realise the designation(s) laid down in the plan, for example, a private economic development project.[88] The acquisition of the land on the private market[89] or expropriation may be a necessary means to realise the project. If the municipality seeks to expropriate property for economic development, the Expropriation Act is the basis on which to scrutinise whether the expropriation would be permissible.

4.1.3.2.1 *Purposes in the Expropriation Act*

The Crown cannot expropriate property for any kind of purpose in the public interest.[90] It follows from the principle of legality and the principle of specialty (*specialiteitsbeginsel*), which is another offspring of the principle of the rule of law, that the state can only expropriate property for economic development if economic development falls under one of the purposes laid down in the Expropriation Act.[91]

The Expropriation Act is divided into different Titles that permit expropriation for various legitimate purposes. Title II concerns the expropriation for the construction, restoration, reinforcement, and maintenance of flood defence works, and the construction of military defence facilities. Title IIa provides a basis for expropriation for the construction and improvement of roads, bridges, railway installations, canals, and harbour facilities. Title IIb allows for the expropriation of property to improve the public water supply and disposal of waste. Title IIc concerns the expropriation for the exploitation of surface minerals. In practice, the state often expropriates property on the basis of this Title for the production of sand used for urban development or road infrastructure.[92] As private companies may produce the sand on the expropriated, state-owned property, such an expropriation directly benefits a private party. However, as the goal of the expropriation is not to stimulate economic growth or to create jobs, this Title falls outside the scope of this chapter. Such expropriations for the production of sand are only discussed if based upon Title

[87] Art. 2.1 lit. c of the General Provisions of Environmental Law Act (*Wet algemene bepalingen omgevingsrecht*; Wabo).

[88] Van Buuren et al 2014, 39 and 218; and Groen, 'The development of the right of self-realisation in the Netherlands' 2016 *EPLJ* 275–300, 278.

[89] The acquisition of land on the private market occurs far more often in practice than formal expropriation: MJ Tunnissen *Het bestemmingsplan 2010*, 15th ed (Alphen aan den Rijn: Kluwer 2010) 252; and Van Zundert, *Het bestemmingsplan*, 12th ed (Alphen aan den Rijn: Kluwer 2006) 261. In 2012, there were only 57 expropriation decisions of the Crown; see: J de Roos, 'Kroniek administratief onteigeningsrecht 2011–2012' (2013) 66 section 1, *TBR*.

[90] Sluysmans et al 2011, 5. *Parlevliet* stated that property could be expropriated for the purpose of sustainability on the basis of Art. 1 Ow. See: WHE Parlevliet, 'Duurzaam aanbesteden bij gebiedsontwikkeling' (2012) 150, fn 84 *BR*. This is a misconception. Art. 1 Ow only seemingly allows for expropriation for any kind of purpose in the public interest. The Expropriation Act does not provide a general basis for expropriation in the public interest, but only for specific purposes.

[91] Stoter 2000, 124; Bröring et al 2016, 45 et seq; and Schlössels & Zijlstra 2010, 399.

[92] Van Zundert, in Van Zundert & J Mus (eds) *Module Grondzaken*, online commentary (Kluwer Ow) Art. 72c. See, for instance, KB Cuijk, Decision of 28 September 2000, No. 00.005407.

IV. Title III concerns the expropriation of property under exceptional circumstances. Title IV allows for the expropriation for spatial development (*ruimtelijke ontwikkeling*; eg on the basis of a binding land-use plan), housing, public order, and the enforcement of the Opium Act (*Opiumwet*). In practice, Art. 77(1) No. 1 Ow, which permits the expropriation for the implementation of a binding land-use plan, proves to be the most 'popular' basis for expropriation.[93] Title V of the Expropriation Act forms the basis for the expropriation of patents for the public benefit. Title Va allows for the expropriation of rights that arise from the application for a patent. Title VII provides a basis for the expropriation of property on the basis of a land development plan (*landinrichtingsplan*).

The question arises as to which title the state can or has to choose if the envisaged project for which the state seeks to expropriate property can fall under two or more titles. One may think of an infrastructure project within a municipality that is laid down in a binding land-use plan. Title IIa and Title IV would be suitable bases for this expropriation. The Dutch Supreme Court (*Hoge Raad*; HR) decided in 2001 that Title IV was not a *lex generalis* of the other Titles and could be invoked whenever an expropriation can be based upon a binding land-use plan.[94] The competent authority can thus choose which Title to invoke.[95]

Before 2005, Title I, Chapters II and III of the Expropriation Act allowed for an expropriation in the public interest on the basis of a benefit statute. In 2005, the Uniform Public Preparation Procedure Amendment Act repealed Chapters II and III because the benefit statute was regarded as obsolete.[96] The legislator, however, could at any time adopt a new statute that authorises expropriation for another purpose in the public interest than foreseen by the Expropriation Act.

4.1.3.2.2 *Economic development as a purpose in the Expropriation Act*

Only Art. 77(1) No. 1 Ow in Title IV, which was introduced in 1901,[97] grants the competent authorities the freedom to assist in private economic development projects through third-party transfers. Most of the other Titles foresee the promotion of economic development, if at all, through the provision of essential infrastructure and not through private facilities creating indirect public benefits in the form of jobs and economic growth. Title IIa, for instance, provides a basis for expropriation for the construction and improvement of roads, bridges, railway installations, canals, and harbour facilities. A notable exception is Art. 97 No. 2 in Title V of the Expropriation Act that forms a basis for the expropriation of patents for the public benefit. A complicating factor, however, is that Art. 98(1) Ow requires a statute that designates the patent to be expropriated. As Title V does not concern the expropria-

[93] Den Drijver-van Rijckevorsel et al 2013, 21.

[94] HR, Judgment of 20 December 2000, ECLI:NL:HR:2000:AA9970, *NJ* 2001, 273, annotated by PCE van Wijmen, para 3.3; and Rus-van der Velde & Procee, 'Het toepassingsbereik van artikel 72a lid 2 onteigeningswet', *TBR* 2011, 817–818.

[95] See also: Art. 72a(2) Ow; and Rus-Van der Velde & Procee 2011, 817 et seq. Cf E van der Schans & ACMM van Heesbeen *Onteigening, Het spel en de knikkers* (Amsterdam: Reed Business 2011) 25; and Rus-van der Velde, 'Onteigening bij infrastructurele projecten vóór en na inwerkingtreding van de Wro', *TBR* 2009, 907–913.

[96] Tweede Kamer, 2003–2004, 29 421, No. 3, Explanatory Memorandum, *Aanpassingswet uniforme openbare voorbereidingsprocedure Awb, Hoofdstuk* 5, Art. 2, A. Cf Van der Schans & Van Heesbeen 2011, 23.

[97] Groen 2016, 282; and Den Drijver-van Rijckevorsel et al 2013, 3.

tion of property rights on land, Title V is irrelevant to this discussion. Title VII also seems to be an exception because it allows for the expropriation on the basis of a land development plan (*landinrichtingsplan*). However, Title VII is meant to improve the agrarian infrastructure in accordance with the municipal, provincial and national spatial policies.[98]

A remarkable historical fact is that in 1952, the Dutch government proposed introducing a new Title IIb into the Expropriation Act. This Title would have specifically permitted the expropriation of property for the purpose of job creation.[99] Parliament, however, never adopted this Bill. The reasons for this omission could not be retrieved.

4.1.3.2.3 *Expropriation on the basis of a binding land-use plan*

Art. 78(1) Ow stipulates that the municipality can apply to the Crown for the expropriation of property to implement a binding land-use plan. Following the applicable expropriation procedure, the Crown scrutinises whether the expropriation meets the requirements of the Expropriation Act.

The Crown in particular applies the following (partially unwritten[100]) five substantive criteria to scrutinise whether the justification of the expropriation is legitimate. Firstly, the expropriation serves spatial development. Secondly, the expropriation serves a public interest (*publiek belang*). Thirdly, the expropriation is urgent. Fourthly, the expropriation is a strictly necessary (*noodzakelijk*) means to implement the project. Fifthly, as follows from Art. 3:4(2) Awb, the expropriation is a proportionate (*evenredig*) means to implement the project. These requirements are discussed in further detail in the relevant sections on the legitimate justification of expropriation.[101] If the expropriation meets all these substantive requirements and would not fall foul of any other norm, the Crown is bound to decide to expropriate the targeted property.[102]

4.1.3.2.4 *Combining administrative and judicial expropriation*

The expropriation decision, however, does not effect the expropriation of property. Art. 18(1) Ow prescribes that the municipality files an action for expropriation before the courts. The civil branch of the District Court (*Rechtbank*) of the area in which the property is located is competent orders the expropriation.[103] In that judicial procedure, the competent court reviews the application of the abovemen-

---

[98] Art. 16 of the Rural Areas Development Act (*Wet inrichting landelijke gebieden*); and CWM van Alphen, A Driesprong, EJ Govaers, D Meloni, JHKC Soer & T Tuenter in Van Alphen (eds) *Module Ruimtelijke ordening* online commentary (Kluwer Ow) 6445, Procedures op grond van de Wet inrichting landelijk gebied.

[99] Tweede Kamer der Staten-Generaal, 2525, 31 March 1952.

[100] Until 31 March 2010, Art. 79 Ow was home to most of these requirements. Upon an amendment to the Expropriation Act, the requirements disappeared from the Expropriation Act. Cf Sluysmans & Van der Gouw 2015, 42 et seq; and Sluysmans & Procee 2016, 82 et seq.

[101] See sections 4.2 to 4.4 below.

[102] This follows from Art. 79 Ow in the version that was valid until 31 March 2010. The provision stipulated that the Crown could only decline to approve an expropriation if the expropriation failed to meet any of the substantive requirements. As the substantive criteria have not changed, it must be assumed that the Crown still does not enjoy any discretion. Cf Sluysmans & Van der Gouw 2015, 42 et seq.

[103] Art. 18(1) Ow.

tioned substantive criteria in the expropriation decision of the Crown, as the judgment *Benthem v The Netherlands* of the European Court requires.[104] The Civil Procedure Code (*Wetboek van Burgerlijke Rechtsvordering*; Rv) is applicable to this procedure. If the decision is lawful, the competent court will order the expropriation and determines the amount of compensation.[105] In practice, the courts mostly order the expropriation and an advance payment on the compensation first and only later determine the final amount of the compensation in a separate judgment.[106] Upon registration of the court's judgment in the public records, the municipality acquires the *unencumbered* ownership of the land and can transfer the property rights to a private project developer.[107] Through this governance structure, Dutch expropriation law combines administrative expropriation and judicial expropriation.

4.1.3.2.5 *Relationship to other legislation*

As *Van Wijmen*, a renowned Dutch expropriation law scholar, has elaborately set out,[108] there are statutes under Dutch law that form bases for use rights or other types of public law rights in private property in the public interest and, thereby, offer less invasive alternatives to expropriation. The Priority Rights Municipalities Act (*Wet voorkeursrechten gemeenten*; Wvg) empowers the municipalities to designate an area in which owners who wish to sell their land first have to offer the ownership of the land to the municipality.[109] Should the owner not wish to sell their land, the municipality would have to resort to expropriation.

It is conceivable, yet unlikely, that the state can employ the Private Law Hindrance Act (*Belemmeringenwet Privaatrecht*) to acquire the necessary rights to use land permanently for the implementation of an economic development project. This statute empowers the Minister to impose upon an owner the obligation to tolerate a public work on their land in exchange for compensation, provided that the Crown or a statute recognises the public benefit of the work and the interests of the owner do not require an expropriation. Unfortunately, the statute does not provide a definition of the term 'public work'.

4.1.3.3 The General Administrative Law Act

Both the binding land-use plan and the expropriation decision are administrative decisions (*besluit*) in terms of Art. 1:3(1) of the General Administrative Law Act. This means that this statute is applicable to the binding land-use plan, the expropriation decision, and the applicable procedures. This statute inter alia provides for general rules for the decision-making process, the adoption of administrative decisions, their publication, and judicial protection against the administrative decision.

The General Administrative Law Act provides for several provisions that have a profound impact upon the legitimate justification of the expropriation. Without the pretence of completeness, this subsection introduces two of those provisions. The

---

[104] ECtHR, Judgment of 23 October 1985, *Benthem v The Netherlands*, ANo. 8848/80, para 43.

[105] Artt. 17 Ow et seq.

[106] Sluysmans & Van der Gouw 2015, 51; and Art. 54i Ow.

[107] Art. 59(3) Ow.

[108] PCE van Wijmen 'Overheidsinbreuken op eigendom' in PCE van Wijmen, Van Zundert, HAA Kienhuis, HJM van Mierlo & JK Moltmaker, *150 Jaar Onteigeningswet* (Deventer: Kluwer 1991) 21–102, 50 et seq.

[109] Artt. 2, 10(1) Wvg.

most important provision in this respect is Art. 3:4 Awb. Art. 3:4(1) Awb stipulates that the competent administrative authority that exercises a discretionary power must balance the interests that would be directly concerned by its decision. Art. 3:4(2) Awb then provides that the adverse impact of the decision must not be disproportionate in relation to the purpose that the decision serves. The other relevant provision is Art. 3:3 Awb. This provision prohibits the *détournement de pouvoir*, which means that the administrative authority cannot use its power for another purpose than the purpose laid down in the statutory basis.

The General Administrative Law Act is home to several procedural boundaries concerning the decision-making process and the adoption of administrative decisions. Art. 3:2 Awb provides that the administrative authority must gather all necessary information about the case at hand. In Artt. 3:10 to 3:18 Awb, the statute sets out the uniform public preparatory procedure, in particular its participatory elements, which both the planning and the expropriation authority must follow. Art. 3:46 Awb obliges the administrative authority to give well-founded reasons (*deugdelijke motivering*) for its decision.

4.1.3.4 The endurance of the legitimate justification

After the expropriation, the questions arise of whether the transferee is obliged to implement the project and whether the expropriatee will have a right to reacquire the property in cases of non-implementation.[110] Concerning preventive measures, an analysis is made of the Procurement Act (*Aanbestedingswet*), which may provide for a contractual obligation to implement the project. Concerning corrective measures, an analysis is made of Art. 61 Ow. This provision will provide for a right to reacquire if the transferee has not started to carry out the project within three years after the judicial expropriation order; the work on the project has been halted for three years, or if there are other circumstances that indicate that the transferee will not complete the project.

4.1.3.5 Overview of applicable statutes

The following table summarises the phases and procedures, the competent state bodies, and the analysed legislation:

Table 3: Overview of the phases, the competent state bodies, and the applicable legislation with respect to a third-party transfer for economic development under Dutch law.

Phase / Procedure	**Planning Procedure (Phase)**	**Expropriation Procedure (Phase)**	**After the Expropriation**
State body	Municipal council (and municipal executive)	Crown	Municipal council (and municipal executive)

[110] See section 2.3 above.

Phase / Procedure	Planning Procedure (Phase)	Expropriation Procedure (Phase)	After the Expropriation
Legislation	• Spatial Planning Act • General Administrative Law Act • Environmental and other protective legislation	• Expropriation Act • General Administrative Law Act • Civil Procedure Code • Expropriation Act • Procurement Act	

Source: Author's own design

4.1.4 Future developments

In the spring of 2019, the Environment Act is expected to come into force. The statute seems unlikely to bring about significant changes for third-party transfers for economic development. The municipal environment plan (*omgevingsplan*) will replace the municipal binding land-use plan,[111] but municipal spatial planning will remain the basis for third-party transfers for economic development.

The Environment Act introduces a new general spatial instrument, the project decision (*projectbesluit*) adopted by the provincial executive, a Minister or the executive board of a water board (*waterschap*).[112] Once the Expropriation Act has been changed to reflect this alteration, project decisions may form a basis for third-party transfers for economic development where the economic development project is of provincial or national importance.[113]

The Environment Act Real Estate Amendment Bill would leave most of the substantive requirements for a valid expropriation unchanged, but would change the procedure that the state must follow.[114] Although incomplete, this subsection sketches a few continuities and the most important changes compared to the *status quo*. Art. 11.5 of the Bill stipulates that inter alia an environment plan can form the basis for an expropriation. Artt. 11.1 and 11.4 to 11.7 of the Bill codify (and specify) some of the substantive requirements for a valid expropriation, namely the public interest in spatial planning, necessity and urgency. A major change is that the municipality would no longer have to apply for an expropriation with the Crown, but take the expropriation decision itself. This alteration may blur the formal division between the planning and expropriation procedure. Another change compared to the current situation would be that the administrative courts instead of the civil courts would be competent to scrutinise the expropriation decision.[115] The Bill itself no longer provides for mandatory judicial scrutiny of the expropriation decision because the administrative courts would only scrutinise the decision if an adversely

[111] Art. 2.4 of the Environment Act.

[112] Artt. 5.44 et seq of the Environment Act.

[113] Artt. 2.3, 5.44(2) of the Environment Act.

[114] See for more detailed accounts: Van Zundert 'Onteigening onder de Omgevingswet' (2017) 10 *TBR*; Sluysmans, 'De Aanvullingswet grondeigendom: een verkenning in vogelvlucht' (2016) 148 *TBR*; Van der Veen 'Onteigening in de Omgevingswet: een beetje nieuw water bij de oude wijn' (2016) 120 *Gemeentestem*; and BS ten Kate, PLG Haccou, WEM Klostermann, RCK van Andel, HA Bijkerk & De Roos 'Kroniek administratief onteigeningsrecht 2016' (2017) 56 section 7 *TBR* 2017/56.

[115] HX Botter & EWJ de Groot, 'Kroniek onteigeningsrecht' (2016) 89 section 1 *BR* 2016/89.

affected person challenges it. However, the competent Ministry announced in January 2017 that the administrative courts would scrutinise the expropriation decision in all cases.[116] Art. 11.11 of the Bill states that having taken the expropriation decision, the municipality may request the civil courts to determine the compensation. Once the compensation has been paid and the expropriation decision as well as the environment plan have become irreversible, a notary would draw up the expropriation deed and submit it for registration.[117] The registration would effect the loss and the acquisition of ownership.

4.2 THE LEGITIMATE PURPOSE

➢ In this section, the following questions are answered with respect to Dutch law:
  - Which purposes can generally legitimately justify an expropriation? (subsection 4.2.1)
  - Can economic development generally legitimately justify a third-party transfer? (subsection 4.2.1)
  - What is the role of state organs in shaping the project's purpose and in determining and controlling whether the purpose is legitimate? (subsection 4.2.2)

➢ Refer to subsection 2.2.1 for more details on the legitimate purpose and section 2.4 for more details on the governance analysis.

4.2.1 The substantive definition

Art. 14(1) Gw requires that the expropriation be in the public interest. In the expropriation procedure, the Crown scrutinises whether the expropriation serves a public interest. This test is based upon Art. 1(1) Ow, which stipulates that the state can only expropriate property in the public interest. Although the designations and the projects laid down in a binding land-use plan are based upon an overall balancing of interests,[118] the Crown merely examines whether the project serves an interest that qualifies as public and does not consider its drawbacks. The European Court follows a similar approach when applying the public interest requirement in terms of Art. 1 P1 ECHR. Therefore, in applying the public interest requirement, the Decisions of the Crown and the case law of the European Court address the question of whether the project serves a legitimate purpose.

4.2.1.1 Boundaries under the European Convention and the Constitution

There is a negative definition of the 'public interest' as applied by the Crown. A negative definition refers to all purposes that cannot constitute a legitimate purpose. According to the Crown, a project that solely serves a private interest cannot serve a

---

[116] Download the letter of the Minister of Infrastructure and Environmental Affairs to Parliament via: https://www.rijksoverheid.nl/binaries/rijksoverheid/documenten/kamerstukken/2017/01/20/aanvullingswet-grondeigendom-omgevingswet-onteigening/aanvullingswet-grondeigendom-omgevingswet-onteigening.pdf (last accessed: 28 June 2017).

[117] Art. 11.14 of the Bill.

[118] Van Buuren et al 2014, 38. Cf KB Haarlemmermeer, Decision of 15 March 2010, No. 10.000658, *Staatscourant* 2010, 5605.

legitimate purpose.[119] A famous example from practice would be the expropriation of a garden for the purpose of extending the garden of someone else.[120] In the municipality of Harderwijk, the binding land-use plan designated a parcel of land as 'roads', 'green space', and 'garden'. The piece of land was the garden of a private homeowner. The municipality planned to acquire the ownership of that parcel by means of expropriation in order to transfer the land to a neighbour. The purpose of this transfer was to enable the neighbour to sell this piece of land and his own land together. The Crown held this interest to be of a private nature. As the municipality failed to establish that there was a public interest at stake, the Crown concluded that the expropriation would not serve a public interest.[121] This decision shows that the expropriation will not be in the public interest if it serves a private interest and the municipality does not establish any public interest in the expropriation.[122]

Apart from this element of the negative definition, Dutch courts and scholars remain silent. The European Court, however, has ruled that there are also other purposes that may under no circumstances legitimately justify an expropriation. For example, deprivations that are born out of political expediency only do not serve a legitimate purpose. This follows from the judgment *James and Others v United Kingdom*. In this case, the legislator empowered tenants to expropriate the freehold right to the rented immovable property after 21 years, at the end of their registered leases. The European Court held that, although the legislature's decision had also been informed by political expediency, the deprivation served the public interest in terms of Art. 1 P1 ECHR because the deprivation helped to resolve an actual public concern. ECtHR, Judgment of 21 February 1986, *James and Others v The United Kingdom*, ANo. 8793/79, para 48. This strongly suggests that had there not been such a public concern, the deprivation would not have served a legitimate purpose.

Also, a deprivation does not serve a legitimate purpose under the European Convention if the state wishes to reserve the property for uncertain future projects, or for the purpose of speculating on rising real estate prices and, therefore, for enriching itself. ECtHR, Judgment of 2 July 2002, *Affaire Motais de Narbonne v France*, ANo. 48161/99, para 21. In the case *Affaire Motais de Narbonne v France*, for instance, French authorities expropriated property to create land reserves for housing projects. The authorities failed to use the land for housing projects for nineteen years. The European Court found that creating land reserves without a specific legitimate purpose did not constitute a public interest.[123]

4.2.1.2 A positive definition of legitimate purposes?

It is impossible to give a positive definition, ie a comprehensive account, of purposes that qualify as legitimate in Dutch law. The term 'public interest' lacks a clear

---

[119] Van Zundert 1980, 88; Burkens 1971, 75; Den Drijver-van Rijckevorsel et al 2013, 22; De Roos, 'Kroniek onteigening 2009 (I)', *Tijdschrift voor Agrarisch Recht* 2010, 185–192, 187; Van der Schans & Van Heesbeen 2011, 26; and Sluysmans et al 2011, 12.

[120] KB Harderwijk, Decision of 12 October 1984, ECLI:NL:XX:1984:AS9480, *BR* 1985, 642.

[121] KB Harderwijk, Decision of 12 October 1984, ECLI:NL:XX:1984:AS9480, *BR* 1985, 642.

[122] See for a similar example: KB Weststellingwerf, Decision of 19 December 1977, ECLI:NL:XX:1977:AT1669, *BR* 1978, 148.

[123] ECtHR, Judgment of 2 July 2002, *Affaire Motais de Narbonne v France*, ANo. 48161/99.

definition and can be interpreted in many ways.[124] Indeed, *Burkens* described the constitutional term 'public interest' as an empty box that the legislator can fill as it pleases.[125] Within the described boundaries set by the Convention and the Constitution, this observation seems accurate in the absence of a comprehensive constitutional definition of public interest.

The Convention does not provide a positive definition of public interest either. The European Court consistently holds that the signatory state undertakes an initial assessment as to whether there is a public concern. In determining the public interest, the state has a certain margin of appreciation, which means that the European Court gives the signatory states considerable leeway in interpreting the public interest requirement.[126] This margin of appreciation will even be wider if the deprivation serves to regulate economic or social issues.[127] The European Court will, therefore, accept the judgment of the state unless it be without reasonable foundation.[128]

4.2.1.3 The broadening legislative definition of legitimate purposes

The legislature can thus define legitimate purposes to a very large extent. A journey through the history of Dutch expropriation law shows that the definition of legitimate purposes became increasingly broader. Traditionally, the Dutch legislator defined public interest as including infrastructure projects, such as roads, public buildings, and town squares. The interests for which the state could expropriate property were limited to those categories under the first Expropriation Act of 1841.[129] Since then, the interests that qualify as public have become more numerous, as the different Titles of the Expropriation Act indicate. Moreover, in adopting Art. 77(1) No. 1 Ow, the legislator has effectively delegated its prerogative to define the public interest to the municipal councils (or the provincial or national authorities competent to adopt zoning plans, for that matter). This is because the Crown consistently holds that the fact that the expropriation is based upon the binding land-use plan implies that the expropriation serves the public interest unless the expropriation's purpose falls within the negative definition of legitimate purposes.[130] The civil courts defer to the determinations of the Crown and only scrutinise the purpose of the expropriation as to whether the expropriation only

[124] Kortmann 2012, 488. In general: Stoter 2000, 108; Schlössels *Het specialiteitsbeginsel* (The Hague: SDU 1998) 76 et seq, who showed that public interest can be interpreted in many ways and is primarily the result of a constitutional-democratic process.

[125] Burkens 1971, 75. *JR Thorbecke* also envisaged the public interest as the result of the deliberations in the States General: Thorbecke 1880, 27. See also: Kortmann 2012, 488.

[126] Sanderink 2015, 353 et seq.

[127] ECtHR, Judgment of 21 February 1986, *James and Others v The United Kingdom*, ANo. 8793/79, para 46; ECtHR, Grand Chamber, Judgment of 30 June 2005, *Jahn and Others v Germany*, ANos. 46720/99, 72209/01, and 72552/01, para 91; ECtHR, Judgment of 22 November 2011, *Saliba and Others v Malta*, ANo. 20287/10, paras 58 et seq; and ECtHR, Judgment of 25 October 2011, *Valkov and Others v Bulgaria*, ANos. 2033/04, 19125/04, 19475/04, 19490/04, 19495/04, 19497/04, 24729/04, 171/05, and 2041/05, para 91.

[128] ECtHR, Judgment of 21 February 1986, *James and Others v The United Kingdom*, ANo. 8793/79, paras 46 and 49; and ECtHR, Grand Chamber, Judgment of 30 June 2005, *Jahn and Others v Germany*, ANos. 46720/99, 72209/01, and 72552/01, para 91.

[129] Art. 2 of the Expropriation Act of 1841. Cf Sluysmans & Procee 2016, 16 et seq; and Sluysmans 2011, 17.

[130] Den Drijver-van Rijckevorsel et al 2013, 21; and Sluysmans & Van der Gouw 2015, 44.

serves private interests or another illegitimate purpose.[131] As there is no exhaustive list of projects that a binding land-use plan can contain, the competent authority can expropriate property for any interest as long as the authority observes planning law and the Convention or the Constitution does not prohibit an expropriation for that interest.

4.2.1.4 *Third-party transfers for economic development*

The issue of whether a third-party transfer is generally permissible has long been resolved. Art. 1(2) Ow clearly stipulates that property can be expropriated on behalf of a private entity. It is settled that a private entity may then use the expropriated property for a public utility, for example privately run schools, waterworks, or power plants. These facilities directly serve a public interest, namely education, water supply, and energy supply.

Third-party transfers for economic development under the European Convention

Private economic development projects only indirectly bring about public benefits in the form of economic growth and job creation. The European Convention permits third-party transfers for economic development. The European Court's considerations in *James and Others v United Kingdom* are very informative in that respect. The European Court considered that the 'public interest' in terms of Art. 1 P1 ECHR did not require that the public used or directly benefited from the deprived possessions.[132] It further ruled that enhancing social justice through legitimate social, economic and other policies was also in the public interest.[133] Economic development is thus a legitimate purpose under the European Convention.

The European Court further refused to set conditions concerning the identity of the transferee. In its judgment on *James and Others v United Kingdom*, the Court explicitly held that third-party transfers could be permissible if they were in the public interest. ECtHR, Judgment of 21 February 1986, *James and Others v The United Kingdom*, ANo. 8793/79, paras 40 et seq and 48 et seq. The European Convention thus follows a coexistence approach. This means that the private interest and the legitimate purpose can coexist because it is irrelevant that a project which serves a public interest also serves a private interest.

Under the Dutch Constitution and the Expropriation Act

In 1952, the Dutch government proposed introducing a new Title IIb into the Expropriation Act on the expropriation of property for the specific purpose of job creation.[134] Parliament never adopted this Bill. However, this does not mean that economic development cannot legitimately justify a third-party transfer. On the contrary, it clearly follows from the second report on the revision of the Constitution

[131] See, for instance, HR, Judgment of 15 February 2008, ECLI:NL:HR:2008:BB7030, *RvdW* 2008, 232, *BR* 2008, 58, annotated by Fokkema, paras 3.1 and 3.2; and HR, Judgment of 25 May 1988, ECLI:NL:HR:1988:AD0334, *NJ* 1988, 928, para 3.4.

[132] ECtHR, Judgment of 21 February 1986, *James and Others v The United Kingdom*, ANo. 8793/79, paras 41 et seq.

[133] ECtHR, Judgment of 21 February 1986, *James and Others v The United Kingdom*, ANo. 8793/79, paras 45 and 47.

[134] Tweede Kamer, 2525, 31 March 1952.

that indirect public benefits, such as economic development, constitute a legitimate purpose, even if the envisaged project directly serves a private interest.[135]

When interpreting the Expropriation Act, the Crown does not follow a stricter interpretation of 'public interest'.[136] In Dutch practice, after the expropriation, the competent authority often transfers the expropriated property to a private entity that subsequently implements the envisaged project.[137] Such indirect third-party transfers may serve to build a shopping centre or a new industrial park that is, in turn, meant to promote economic development. The private interest of the project developer is clearly identifiable. They want to run a business and make a profit. An example would be the proposed expropriation of private property for a new IKEA furniture store in the City of Leiderdorp as part of the spatial integration of the A4 freeway into the area around Leiderdorp.[138] In this case, the Crown acknowledged that there was a private interest in the project and the expropriation. In the opinion of the Crown, however, it was normal practice that the state transferred the expropriated property to a private project developer. As the project supported the fiscal and economic policies of the municipality, so went the reasoning of the Crown, there was also a sufficient public interest in the expropriation.[139] The civil courts do not stand in the way of this practice because they defer to the Crown's determinations and only examine whether the expropriation serves a private purpose or another illegitimate purpose.[140] Indirect third-party transfers for economic development, therefore, serve a legitimate purpose under the Expropriation Act.[141] With respect to third-party transfers for economic development, this confirms the finding that the municipalities enjoy great freedom in shaping the legitimate purpose.

4.2.1.5 Economic development as a pretext

Third-party transfers for economic development are prone to abuse by private actors and corrupt government bodies. If the private project developer and the municipality collude, for example, they may use 'economic development' as a pretext to disguise that projects for which the state seeks to expropriate property are actually

[135] Ministerie van Binnenlandse Zaken 1969, 85. See also: Ministerie van Binnenlandse Zaken 1979, 47. This also seems to have been the prevailing opinion before the revision of the Constitution in 1983: Van Zundert 1980, 88; and Burkens 1971, 75.

[136] Cf A-G Ilsink, opinion, para 3.3.4, HR, Judgment of 27 October 1999, ECLI:NL:HR:1999:AD3099, *NJ* 1999, 819.

[137] See the remark of the Crown in KB Westland, Decision of 29 October 2009, No. 09.003047, *Staatscourant* 2009, 17420. The Supreme Court approves this practice: HR, Judgment of 15 February 2008, ECLI:NL:HR:2008:BB7030, *RvdW* 2008, 232, *BR* 2008, 58, annotated by Fokkema, para 3.4.

[138] KB Leiderdorp, Decision of 8 July 2010, No. 10.001769, *Staatscourant* 2010, 10742. The Crown eventually decided only partially to approve the expropriation because the municipal council still had to specify one designation in the binding land-use plan and had failed to make available all relevant information.

[139] KB Leiderdorp, Decision of 8 July 2010, No. 10.001769, *Staatscourant* 2010, 10742. See also: KB Westland, Decision of 29 October 2009, No. 09.003047, *Staatscourant* 2009, 17420; and KB Winterswijk, Decision of 1 July 2009, No. 09.001759, *Staatscourant* 2009, 11221.

[140] See, for instance, HR, Judgment of 15 February 2008, ECLI:NL:HR:2008:BB7030, *RvdW* 2008, 232, *BR* 2008, 58, annotated by Fokkema, paras 3.1 and 3.2; and HR, Judgment of 25 May 1988, ECLI:NL:HR:1988:AD0334, *NJ* 1988, 928, para 3.4.

[141] See also a more recent Decision: KB Harderwijk, Decision of 21 August 2015, *Staatscourant* 2015, 29186.

intended solely to serve private interests. Also, it may emerge that the private project developer has acted in bad faith and has never been willing to implement the project according to the wishes of the municipality. One may think of a project developer that promises to create a great number of jobs in order to persuade the municipality to apply for expropriation, but actually intends to hire fewer people or none at all.

Therefore, the key question is whether and, if so, how Dutch law distinguishes cases where economic development is a warranted legitimate purpose and where the state or the developer only uses it as a pretext to disguise the illegitimate purpose of serving private interests. In Dutch general administrative law, Art. 3:3 Awb prohibits the *détournement de pouvoir*, the use of a certain power for a purpose for which the law does not authorise the use of that power. This provision does not require an examination of the motives of the competent authority, but only an inquiry into whether the state action serves the purpose laid down in the applicable statute.[142] It seems unlikely that this provision can serve as a protective mechanism against a pretext as long as the competent authority establishes and, if necessary, proves that the project serves economic development.

An examination of the Decisions of the Crown shows some signs of a protective mechanism. If an objection is raised regarding the public interest requirement, the Crown not only examines whether the municipality invokes the public interest of economic development or a related legitimate purpose. Also, it scrutinises whether there are certain safeguards in place that indicate that both parties are willing to implement the project.

Two examples show what kind of safeguards the Crown considers. The first example is the IKEA case from Leiderdorp. IKEA planned to build a new furniture shop on a piece of land that was partially owned by the operator of a 'pancake farm' (a pancake restaurant on a farm). The Crown considered that long deliberations among municipalities and other state entities about different alternatives had preceded the application for expropriation; that the deliberations had 'started long before IKEA came into the picture; that IKEA had been labelled by an expert advisor as a sincere candidate; that the municipality had concluded a contract with IKEA, which obliged IKEA to build the furniture shop.[143] It thus appears that the Crown considered whether alternatives were examined; whether entities outside the municipality participated in the administrative process; the influence of the project developer on the proceedings; the opinion (and credibility) of expert advisors; the confidence in the project developer; and whether the private project developer was contractually bound to implement the project.

The second example comes from the municipality of Winterswijk. This municipality designated a piece of agricultural land as an area for sand production. After the expropriation, the plan was for a company to dig for sand and sell it. This project also served to extend a recreational area. The Crown considered that rules in public law, such as procurement law and restrictions contained in the required permit, sufficiently regulated the private interest of the company in this case.[144] Procurement

---

[142] Bröring et al 2016, 45 et seq and 365 et seq; and Schlössels & Zijlstra 2010, 405.

[143] KB Leiderdorp, Decision of 8 July 2010, No. 10.001769, *Staatscourant* 2010, 10742. The contract can be retrieved from: http://www.raadleiderdorp.nl/Vergaderingen/Raad/2009/25-november/20:00/IKEA-realisatieovk-addendum-1-en-2.pdf (last accessed: 28 June 2017).

[144] KB Winterswijk, Decision of 1 July 2009, No. 09.001759, *Staatscourant* 2009, 11221.

law prescribes a contract that inter alia obliges the project developer to implement the project as far as possible in the public interest.[145] The required permit may contain provisions that protect interests adversely affected by the sand production.[146] Although this case does not concern a third-party transfer for economic development, it is an indicator that the Crown puts emphasis on how the private project developer is bound to realise the legitimate purpose.[147]

The Crown's Decisions, however, are not entirely consistent in this respect. The municipality of Westland planned private trade parks for the greenhouse horticulture sector. An objection was raised as to whether the envisaged expropriation for this project served the public interest. The Crown, however, confined itself to finding that the plan reflected the wishes of the municipality and its people, and concluded that the expropriation met the public interest requirement.[148] In some cases, the Crown thus does not seem to deem it necessary to examine whether the municipality and/or the private project developer disguised a third-party transfer for a private purpose as a third-party transfer for economic development. There is, however, no immediate explanation for the lenient scrutiny of the project in Westland because the project in Westland does not differ significantly from the projects in Leiderdorp and Winterswijk. For this reason, it is difficult to identify uniform standards that the Crown always applies to third-party transfers for economic development.

4.2.1.6 Economic development projects must serve spatial development

Economic development will only be a legitimate purpose if it also serves spatial development in terms of Art. 77(1) No. 1 Ow. Otherwise, Title IV of the Expropriation Act of 1851 would not be applicable, and an expropriation would be unauthorised. This follows from the principle of specialty. This principle dictates that the purpose must fall under the definition of legitimate purposes given by the legislator.[149]

The Decisions of the Crown show that this requirement is not a high hurdle. The Crown does not give a definition of spatial development. Rather, the expropriation will generally serve spatial development if it serves to implement or enforce the binding land-use plan.[150] The Supreme Court has confirmed that the expropriation does not need to serve any other purpose than the implementation or enforcement of a binding land-use plan.[151]

---

[145] Artt. 1.1 and 1.4 of the 2012 Procurement Act (*Aanbestedingswet*). See also: European Court of Justice, Judgment of 25 March 2010, Case C-451/08, *Helmut Müller GmbH v Bundesanstalt für Immobilienaufgabe*, para 63.

[146] Art. 3(2) of the Soil Removal Act (*Ontgrondingenwet*).

[147] The Crown added that the private company and the municipality had earlier concluded a contract concerning the sand production. See KB Winterswijk, Decision of 1 July 2009, No. 09.001759, *Staatscourant* 2009, 11221. This may suggest that the private company was contractually bound to produce sand in a certain fashion. The Crown, however, did not elaborate on the content of this contract.

[148] KB Westland, Decision of 29 October 2009, No. 09.003047, *Staatscourant* 2009, 17420.

[149] Stoter 2000, 124; Bröring et al 2016, 45 et seq; and Schlössels & Zijlstra 2010, 399.

[150] Rijkswaterstaat 2016, 16; and PSA Overwater & CAC Westendorp-Frikkee *Handboek administratieve onteigeningsprocedure* (The Hague: SDU 2004) 29.

[151] HR, Judgment of 20 December 2000, ECLI:NL:HR:2000:AA9970, *NJ* 2001, 273, annotated by Van Wijmen, para 3.3.

The implementation and the enforcement concern two different situations. The implementation of the plan presupposes that the land is currently not used in accordance with the binding land-use plan. The implementation refers to the realisation of the designation laid down in the plan and the project envisaged by the municipality.[152] The implementation may include cases where the land is already used for the envisaged purpose, but where the current use is not sufficient to achieve the objectives of the envisaged project.[153] In its 2016 guidelines, the Ministry of Infrastructure and Environmental Affairs gives the example of a piece of land that is designated as a residential area. There are already houses built on that piece of land. The houses, however, cannot accommodate as many people as the municipality would like them to accommodate.[154]

If the land is already used according to the plan, the municipality will no longer need to implement the plan. In such cases, the expropriation can only serve the enforcement of the plan to ensure that the land continues to be used according to the plan.[155] The Ministry gives the example of a plan that prescribes the use of the land as a recreational area. A private company runs the recreational facilities, which are not open to the public. The municipality wants the facilities to be open to the public. If the private company refuses to permit this, the municipality can proceed to expropriate the property to make the facilities open to the public.[156] This means that the enforcement of binding land-use plans includes situations where the expropriation serves to change how the use of the land is administered. Another example is that the private company leaves the recreational facilities in a state of neglect.[157] An expropriation would then prevent a situation where the land is not used in accordance with the plan.

The requirement of spatial development will thus only pose an obstacle if the proposed expropriation does not serve to implement or enforce the designations laid down in the binding land-use plan.[158] Minor deviations from the plan are permitted,[159] but not substantial deviations. An example of a substantial deviation from practice would be an expropriation of property for a cycle path where the binding land-use plan designated a part of the targeted land as an agricultural area and another part as an area that would serve as protection from floods.[160] A deviation that is not substantial would be a housing project that includes five instead of (the originally planned) four flats.[161]

---

[152] Rijkswaterstaat 2016, 11 et seq.

[153] HR, Judgment of 3 November 1999, ECLI:NL:HR:1999:AB8573, *NJ* 2000, 417, annotated by PCE van Wijmen, para 3.4.

[154] Rijkswaterstaat 2016, 12.

[155] Rijkswaterstaat 2016, 11 et seq.

[156] Ministerie voor Volkshuisvesting, Ruimtelijke Ordening en Milieubeheer, *Handreiking onteigeningen Titel IV 2010*, 2011, 11. Retrieved from: https://vng.nl/files/vng/20111027_ienm-handreiking-onteigeningen_titel_iv_2010.pdf (last accessed: 28 June 2017).

[157] Ministerie voor Volkshuisvesting, Ruimtelijke Ordening en Milieubeheer 2011, 11.

[158] Den Drijver-van Rijckevorsel et al 2013, 21 et seq. Cf HR, Judgment of 10 August 1994, ECLI:NL:HR:1994:AC1572, *NJ* 1996, 15, annotated by RA Mörzer Bruyns, para 3.2.

[159] HR, Judgment of 2 April 1997, ECLI:NL:HR:1997:AB7981, *NJ* 1997, 730, annotated by PCE van Wijmen, paras 3.6 and 3.7; and HR, Judgment of 19 February 2010, ECLI:NL:HR:2010:BK8100, *NJ* 2010, 116. Cf Van der Schans & Van Heesbeen 2011, 32 et seq.

[160] KB Hillegom, Decision of 22 August 2005, *Staatscourant* 2005, 180.

[161] HR, Judgment of 4 April 2001, ECLI:NL:HR:2001:AB1246, *NJ* 2001, 306. Cf HR, Judgment of 19 February 2010, ECLI:NL:HR:2010:BK8100, *NJ* 2010, 116.

4.2.2 The governance perspective

There are four players that shape or review the project's purpose: the legislator that adopts the expropriation statute; the planning authority (the municipal council and the municipal executive) that adopts the binding land-use plan; the expropriation authority (the Crown) that scrutinises whether the expropriation serves spatial development and is in the public interest; and the courts that review the plan and the Decision of the Crown. The following subsections provide a detailed analysis of their roles.

4.2.2.1 The role of the legislator

The legislator potentially plays the most important boundary-shaping and creative role in the governance of legitimate purposes. Statutory expropriation seems permissible.[162] When it comes to administrative (and judicial) expropriation, the legislator performs the creative task of choosing and defining the legitimate purposes in the expropriation statute. The selected legitimate purposes are the result of a balancing of abstract public and private interests and values. In choosing spatial development in Art. 77(1) Ow, for instance, the legislature expresses that this purpose is so important that an administrative authority may expropriate property for that purpose.[163] The legislature performs this creative task within wide boundaries of the negative definition of legitimate purposes under the Constitution and the Convention.[164]

Once the legislature has made its choice, the principle of specialty applies. This principle dictates that the expropriation authority can only decide to expropriate property if the project's purpose falls under one of the selected purposes.[165] This restriction demonstrates that the legislator also performs the task of determining appropriate boundaries at the discretion of administrative authorities.

Sufficiently precise expropriation legislation

The freedom to define the legitimate purposes may come with the responsibility to specify the purposes in more detail, at least to a certain extent.[166] The principle of legality governs the role of the legislator. As far as administrative expropriation is concerned, this principle first entails that the legislator has to adopt a statute that empowers an administrative body to expropriate property. Moreover, this principle prescribes that the expropriation must be based upon sufficiently precise rules.[167]

[162] See subsection 4.1.2.4 above.

[163] Van den Brand & Klaassen 1991, 45; and Jansen 1965, 3. Cf Sluysmans 2011, 15. See for general observations concerning statutory norms as the result of a balancing of interests: Stoter 2000, 110 et seq; and M Kobussen *De vrijheid van de overheid* (Zwolle: WEJ Tjeenk Willink 1991) 66.

[164] See subsection 4.2.1.1 above.

[165] Bröring et al 2016, 45 et seq; and Schlössels & Zijlstra 2010, 399 et seq.

[166] Cf Schlössels 1998,75 and 78 et seq, who stated that the public interest was too vague to justify state action legitimately.

[167] Kortmann 2012, 311. Cf Schlössels 1998, 114, who stated that little attention had been paid to specificity as a standard for good statutes. See also: Barkhuysen & Van Emmerik 2005, 62; ECtHR, Judgment of 5 January 2000, *Beyeler v Italy*, ANo. 33202/96, para 109; ECtHR, Judgment of 30 May 2000, *Belvedere Alberghiera S.r.l. v Italy*, ANo. 31524/96, para 57; ECtHR, Judgment of 9 November 1999, *Špaček s.r.o. v Czech Republic*, ANo. 26449/95, para 54; ECtHR, Judgment of 21 February 1986, *James and Others v The United Kingdom*, ANo. 8793/79, para 67; ECtHR, Grand Chamber, Judgment of 30 June 2005, *Jahn and Others v Germany*, ANos. 46720/99, 72209/01 and 72552/01,

In particular, the requirements that the expropriation must meet must comply with this standard.[168] This means that the legislator must also define the public interest sufficiently precisely. Similarly, under the European Convention, the principle of the rule of law requires legal certainty[169] and legal clarity.[170] In this context, these sub-requirements entail that the law must be so sufficiently precise and accessible that the actions of the state become sufficiently foreseeable.[171] The question arises as to whether these principles compel the legislator to play a broader boundary-shaping and creative role.

The historical evolution of the role of the legislator

Historically, there has been a gradual development towards more freedom for the legislator to determine how specific the definition of the legitimate purposes must be and to what extent the legislator may delegate its power to define the purposes for which the state may expropriate property. From 1848 to 1886, there were only a few circumscribed fields in which administrative authorities could expropriate property without an Act of Parliament declaring the expropriation to serve a legitimate purpose. In 1887, the requirement of such a benefit statute was relaxed and in 1983 it was finally abolished.[172] While the Constitution used to prescribe the extent of the legislator's boundary-shaping and creative role, it is now for the legislator to determine, within the boundaries of the requirement of sufficiently precise legislation, how narrow or broad its role is.

The role of the legislator in practice

In today's constitutional reality of Dutch law, the legislator makes extensive use of this freedom, plays a narrow creative and boundary-shaping role, and delegates more of its power to define the expropriation's purpose to the authorities. Sufficient precision seems to entail that an expropriation statute does not empower an administrative body to expropriate property in the 'public interest', but rather for more specific goals. The Expropriation Act permits expropriations for specific goals, such as the construction of military defence structures,[173] public water supply,[174] and spatial development.[175] This also applies outside the Expropriation Act. Art. 6:2(1) Wft, for instance, refers to the stability of the financial system.

---

para 86; and ECtHR, Grand Chamber, Judgment of 19 June 2006, *Hutten-Czapska v Poland*, ANo. 35014/97, para 168.

[168] HFT Pennarts *Beginselen van behoorlijk bestuur* (Apeldoorn and Antwerp: Maklu 2008) 113.

[169] Barkhuysen & Van Emmerik 2005, 62.

[170] ECtHR, Grand Chamber, Judgment of 30 June 2005, *Jahn and Others v Germany*, ANos. 46720/99, 72209/01, and 72552/01, para 84.

[171] Barkhuysen & Van Emmerik 2005, 62; ECtHR, Judgment of 5 January 2000, *Beyeler v Italy*, ANo. 33202/96, para 109; ECtHR, Judgment of 30 May 2000, *Belvedere Alberghiera S.r.l. v Italy*, ANo. 31524/96, para 57; and ECtHR, Judgment of 9 November 1999, *Špaček s.r.o. v Czech Republic*, ANo. 26449/95, para 54. Unfortunately, the European Court did not apply this criterion to a Maltese Ordinance that permitted the expropriation of property for "any public purpose"; see: ECtHR, Judgment of 22 November 2011, *Saliba and Others v Malta*, ANo. 20287/10, para 57.

[172] Refer to subsection 4.1.2.4 above for more information on the background of this development.

[173] Title II of the Expropriation Act of 1851.

[174] Title IIb of the Expropriation Act of 1851.

[175] Title IV of the Expropriation Act of 1851.

These goals, however, are still quite abstract and leave much scope for manoeuvring to the authorities competent to concretise the purpose.[176] This is particularly true of the purpose of 'spatial development', which essentially refers to the content of a binding land-use plan. By choosing this purpose, the legislature delegates almost the entire concretisation of the expropriation's purpose to the authorities that adopt that plan. There are two reasons for this finding. Firstly, the Crown and the civil courts do not assume a boundary-shaping role and only scrutinise whether the chosen purpose falls under the narrow negative definition of legitimate purposes.[177] Secondly, the Judicial Division grants the planning authorities a lot of discretion in choosing spatial designations and rules.[178] As *Van Zundert* puts it, this system has hollowed out the safeguards created by the principle of legality.[179]

Remarkably, the legislature does not even change this approach when it comes to third-party transfers (for economic development). For instance, Title IV of the Expropriation Act allows for the expropriation of property for spatial development on the basis of a binding land-use plan. Art. 78(1) Ow precludes a direct third-party transfer, which is an expropriation with an immediate transfer of the land to a private entity. The immediate transferee of the expropriated property must be a body instituted under public law. However, that body can subsequently transfer the property to a private entity.[180] Despite the possibility of indirect third-party transfers, Art. 77(1) No. 1 Ow does not specify the legitimate purposes in more detail.

4.2.2.2 The role of the planning authority (Municipal Council and Executive)

In Art. 77(1) No. 1 Ow, the legislator permits an expropriation for the implementation of a binding land-use plan, but does not specify the content of this plan. The legislator merely specifies the instrument (ie the plan), the authority competent to adopt that instrument, and the procedure that this authority must follow.[181] It is for the directly elected municipal council to adopt the designations and rules in a binding land-use plan in a planning procedure. These designations and rules are the result of a balancing of all interests relevant to spatial planning and indicate what the municipal council perceives as the best or most balanced path for spatial development.[182] As the binding land-use plan is the basis for the expropriation, the municipal council performs the creative task of concretising the purpose of the project.

As has been shown above,[183] the Crown and the civil courts merely apply the narrow negative definition of legitimate purposes to the application for expropriation and scrutinise whether expropriation serves to implement or enforce the binding land-use plan. Moreover, as is shown below,[184] notwithstanding a few

---

[176] Concurring: Pennarts 2008, 113.

[177] See subsection 4.2.1.3 above.

[178] See subsection 4.3.4 below.

[179] Van Zundert 1980, 93.

[180] Den Drijver-van Rijckevorsel et al 2013, 22. In the context of the Expropriation Act of 1851: HR, Judgment of 15 February 2008, ECLI:NL:HR:2008:BB7030, *RvdW* 2008, 232, *BR* 2008, 58, annotated by Fokkema, para 3.4.

[181] See Art. 77(1) No. 1 Ow; and Artt. 3.1, 3.8 Wro.

[182] Van Buuren et al 2014, 24 and 38; Cf KB Haarlemmermeer, Decision of 15 March 2010, No. 10.000658, *Staatscourant* 2010, 5605.

[183] See subsection 4.2.1.3 above.

[184] See subsection 4.3.4 below.

statutory restrictions to the municipal council's authority, the Judicial Division affords broad discretion to the municipal council to lay down designations and rules in the binding land-use plan. In sum, the municipal council performs its creative task within very broad boundaries and the concretisation of the purpose is almost entirely in its hands.[185]

The specificity of the binding land-use plan

However, with freedom comes responsibility. The binding land-use plan adopted by the municipal council forms the basis for the expropriation of property under Title IV of the Expropriation Act. The binding land-use plan must be sufficiently specific to warrant an expropriation for two reasons. Firstly, the application for expropriation must provide a sufficiently specific account of what the project is and how the transferee will implement it.[186] Secondly, the binding land-use plan must be so specific that it is clear that the project reflects the spatial policy of the municipality and, therefore, serves spatial development.[187]

The specificity of spatial plans varies considerably in practice. Dutch law provides for a general distinction between detailed plans and global plans. A detailed plan contains a very specific description of what may be built where. Rules on the use of the land preclude any undesirable use of the land.[188] These plans offer a high degree of clarity and more legal certainty as to future actions of the municipality. A global plan, by contrast, contains designations that are rather vague, such as 'City Centre' or 'mixed (land use)'.[189] It grants the user of the land more freedom in deciding on how to use the land.[190] This difference in specificity entails that a detailed plan can form the basis of an expropriation, whereas global plans cannot.[191]

There are different ways in which the municipality can ensure the specificity of initially global plans. If the binding land-use plan obliges the municipal executive to specify the global plan, the municipal executive can further specify the plan (and the project).[192] Importantly, the municipal executive must observe the same general and specific norms and follow, in essence, the same procedure as the municipal council.[193] Once irrevocable, the specification forms part of the binding land-use plan.[194] The binding land-use plan will then become a detailed plan and provide a sufficient basis for expropriation.[195] In practice, such a specification is the rule rather than the exception because the municipal council often does not lay down the project itself in the initial binding land-use plan.[196]

---

[185] Critical: Van Zundert 1980, 93 and 101.

[186] KB Skarsterlân, 23 Augustus 1989, No. 89.020463, *BR* 1990, 294; Bosma 2012, 23, fn 23; and Rijkswaterstaat 2016, 13.

[187] AP van Delden, 'Gemeentelijke plannen als grondslag voor onteigening' (1998) section 3 *BR* 367–376.

[188] Van Buuren et al 2014, 39 et seq; and Tunnissen 2010, 113 et seq.

[189] Van Buuren et al 2014, 53 et seq. The designations must be accompanied by the goals of the designations; see Art. 3.1.3 Bro.

[190] Van Buuren et al 2014, 53. Cf Tunnissen 2010, 108 et seq.

[191] Van Delden 1998, section 3; and Rijkswaterstaat 2016, 13.

[192] Art. 3.6(1)(b) Wro. Cf Art. 3.1.4 Bro; and Tunnissen 2010, 138 et seq.

[193] Art. 3.9a(1) Wro.

[194] Art. 3:6(3) Wro.

[195] Van Buuren et al 2014, 53 et seq; and Van Delden 1998, section 3.

[196] Van Delden 1998, section 3; and Rijkswaterstaat 2016, 13. Cf Klaassen *Ruimtelijke Ordening & Bouw* (Amsterdam: Berghauser Pont Publishing 2008) 148.

If the binding land-use plan does not provide for such an obligation, the municipal council must concretise the project and its spatial policy in the attachments to the binding land-use plan, eg in the explanatory memorandum to the binding land-use plan,[197] sketches of the desired outcome, or separate administrative decisions, such as an exploitation plan (*exploitatieplan*).[198] To adopt an exploitation plan, the municipal council again follows the uniform public preparation procedure.[199]

If the plan is still an unspecified global plan, the Crown may adopt the expropriation decision, but the courts will refuse to order the expropriation.[200] An example of an unspecified global plan is Leiderdorp's binding land-use plan in the IKEA case. The municipal council envisaged that businesses other than IKEA would use a part of the land on which the pancake farm was located. That part of the land got the designation 'business purposes, to be specified'.[201] Unlike other designations in the plan, however, the municipal executive never specified this designation. The consequence was that this unspecified global plan could not warrant an expropriation.[202]

The specificity of the plan slightly changes the governance structure of the legitimate purpose. If the municipal council chooses only to adopt a global plan, the municipal executive may also partially determine the binding land-use plan, the spatial policy, the project and, thereby, the expropriation's purpose. The municipal council itself determines to what extent the council and the municipal executive will perform this creative task.

4.2.2.3 The role of the expropriation authority (Crown)

Art. 78(1) Ow designates the Crown as the authority that decides on whether or not to expropriate property for the implementation of a binding land-use plan. By the time the Crown makes the decision, the municipal council and, if applicable, the municipal executive have already shaped and concretised the project and its purpose. In reviewing the application for an expropriation, the Crown scrutinises whether the expropriation serves spatial development and a public interest. These requirements concern the legitimate purpose. The Crown also examines whether the expropriation is urgent, which concerns the relationship between the project and the purpose,[203] and whether it is necessary and proportionate, which requirements concern the contextualisation of the expropriation.[204]

With respect to the legitimate purpose, the Crown must fulfil two controlling tasks. Firstly, as the principle of specialty requires, the Crown must examine whether

---

197 Art. 3.1.6 of the Spatial Planning Decree (*Besluit ruimtelijke ordening*; Bro).

198 Rijkswaterstaat 2016, 13; and Van Delden 1998, section 3. The exploitation plan contains a description of projects and construction work to be carried out on a certain piece of land. See on the exploitation plan: Artt. 6.12 Wro et seq.

199 Artt. 6.12 and 6.14 Wro.

200 HR, Judgment of 29 June 1988, ECLI:NL:HR:1988:AD0386, *NJ* 1989, 52, annotated by M Scheltema.

201 See Art. 6(1) of the 'Voorschriften Bestemmingsplan Bospoort' of 9 March 2009, Gemeente Leiderdorp; retrieved from: http://www.ruimtelijkeplannen.nl/documents/NL.IMRO.05470000BPbospoort-/v_NL.IMRO.05470000BPbospoort-.pdf (last accessed: 28 June 2017).

202 KB Leiderdorp, Decision of 8 July 2010, No. 10.001769, *Staatscourant* 2010, 10742.

203 See subsection 4.3.2 below.

204 Refer to subsection 4.4.2 below for an analysis of the Crown's role in the necessity test, and to subsection 4.4.3 below for an analysis of the Crown's role in the proportionality test.

the purpose falls under one of the legitimate purposes defined by the legislator.[205] This means that the expropriation must serve to implement or enforce the binding land-use plan. Only minor deviations from the plan are permissible.[206] In this respect, the Crown thus has the controlling task of applying the law to the application of the planning authority.

The second task of the Crown is to scrutinise whether the proposed purpose by the planning authority and the expropriation for that purpose are in the 'public interest' and, therefore, serve a legitimate purpose. As the Crown is not formally bound by the determinations of the planning authority and the courts grant it considerable leeway in interpreting the term 'public interest',[207] the Crown could theoretically create its own definition of legitimate purposes and play a boundary-shaping role. The Crown could thus decide that spatial development as specified by the planning authority does not constitute a legitimate purpose. In practice, however, the Crown only rudimentarily distinguishes between the public interest in a certain spatial development, which finds its expression in the binding land-use plan, and the public interest in the acquisition of property for that development. As do the civil courts,[208] the Crown only applies the negative definition of legitimate purposes given by the Constitution and the European Convention and otherwise assumes that the judgment of the municipal council guarantees the legitimacy of the purpose.[209] As a result, not only does the Crown refrain from playing a boundary-shaping role, its controlling role is also very narrow.

4.2.2.4 The role of the courts

Art. 112(1) Gw stipulates that the judiciary resolves disputes about civil rights, regardless of whether the dispute has arisen under private or public law.[210] With respect to legitimate purposes, the courts play a role at two stages.

The first stage is the judicial scrutiny of the binding land-use plan. Affected persons (*belanghebbende*; literally: Persons with an interest in the decision) in terms of Art. 1:2 Awb can challenge the binding land-use plan before the Judicial Division.[211] The Judicial Division scrutinises the binding land-use plan, the specification of the plan, and/or the exploitation plan.[212] The Judicial Division fully reviews

---

[205] Stoter 2000, 124; Bröring et al 2016, 45 et seq; and Schlössels & Zijlstra 2010, 399.

[206] See subsections 4.2.1.6 above for examples.

[207] The Crown can form its own opinion on whether the pursued interest is public and the courts treat the Crown's determination with respect: HR, Judgment of 25 May 1988, ECLI:NL:HR:1988:AD0334, *NJ* 1988, 928, para 3.4; and A-G Moltmaker, opinion, para 4.3, HR, Judgment of 25 May 1988, ECLI:NL:HR:1988:AG5829, *NJ* 1988, 927. See also N Verheij 'Onrechtmatige overheidsdaad en beginselen van behoorlijk bestuur: de Hoge Raad toetst eindelijk rechtstreeks' 1987 *NJB* 1309–1315, 1313, who stated that the determination of the 'public interest' required a balancing of interests. Advocate General Moltmaker further maintained that the determination of the public interest was a policy decision that would not be subject to full judicial scrutiny; see A-G Moltmaker, opinion, para 4.4, HR, Judgment of 25 May 1988, ECLI:NL:HR:1988:AG5829, *NJ* 1988, 927.

[208] See subsection 4.2.2.4 below.

[209] Sluysmans & Van der Gouw 2015, 44; and Den Drijver-van Rijckevorsel et al 2013, 21 et seq.

[210] Kors 1983, 75

[211] This follows from Artt. 8:1, 8:6(1) Awb, read in conjunction with Annex 2, Chapter 2, of the Awb. See also: Art. 8.2(2) lit. a Wro. Refer to subsections 4.5.2.2, 4.5.3.2, and 4.5.4.2 below for more information on the term 'belanghebbende'.

[212] Art. 8:1 Awb, Art. 2, *Bijlage* (Annex) 2, Awb, read in conjunction with Art. 8:6 Awb.

the compliance with statutory restrictions on the municipality's discretion and with procedural provisions.[213] The Judicial Division also fully reviews compliance with the general principles of good administration, which are binding requirements that Dutch courts and scholars developed to ensure that the administrative authority exercises its discretion in an equitable way.[214] These principles include the principle of prudent preparation and the duty to give reasons.[215] Regarding these aspects, the Judicial Division thus plays a broad controlling role.

The balancing of interests upon which the designation and the project are based, however, is only subject to a limited judicial review.[216] This means that the Judicial Division will only interfere if the municipal council could not reasonably adopt the plan.[217] This seems compliant with the Convention because the European Court allows the intensity of judicial scrutiny to be limited where the administrative body enjoys discretion.[218] Regarding the concretisation of the project and its purpose, the Judicial Division thus only plays a narrow boundary-shaping and controlling role. Examples of unreasonable designations can be found below in the section on the contextualisation of the project.[219]

The second stage is the judicial expropriation procedure. The competent civil court scrutinises whether or not the expropriation for the chosen project would serve spatial development and the public interest. This examination concerns the legitimate purpose. The first step is for the courts to review intrusively whether the envisaged project falls under the purposes prescribed by the legislator. The expropriation must serve to implement or enforce a binding land-use plan at the moment of the court proceedings.[220] Should there be substantial deviations from the binding land-use plan, the courts must generally refuse to order the expropriation.[221] Refer to subsection 4.2.1.6 above for examples of minor and substantial deviations. That said, the competent civil court considers and reviews even applications with substantial deviations from the plan if the deviations are based upon new insights

[213] See, for instance, ABRvS, Judgment of 18 January 2012, ECLI:NL:RVS:2012:BV1211, para 2.3.4.

[214] Schlössels & Zijlstra 2010, 385 et seq; and Pennarts 2008, 111. Refer to subsection 4.5.1 below for more details.

[215] ABRvS, Judgment of 14 September 2011, ECLI:NL:RVS:2011:BS8852, para 2.5.3; ABRvS, Judgment of 10 July 2013, ECLI:NL:RVS:2013:205; and ABRvS, Judgment of 1 June 2011, ECLI:NL:RVS:2011:BQ6809, paras 2.2.5 and 2.2.6.

[216] Van Buuren et al 2014, 38. See, for instance, ABRvS, Judgment of 18 January 2012, ECLI:NL:RVS:2012:BV1211, para 2.2.3.

[217] Pennarts 2008, 126 and 139 et seq. See for an example of the evaluation of a binding land-use plan: ABRvS, Judgment of 18 January 2012, ECLI:NL:RVS:2012:BV1211, para 2.2.3. Cf Schlössels & Zijlstra 2010, 408 et seq.

[218] ECtHR, Judgment of 21 September 1993, *Zumtobel v Austria*, ANo. 12235/86, para 31; and ECtHR, Judgment of 25 November 1994, *Ortenberg v Austria*, ANo. 12884/87, para 33.

[219] See subsection 4.3.4 below.

[220] Drijver-van Rijckevorsel et al 2013, 40; HR, Judgment of 10 August 1994, ECLI:NL:HR:1994:AC1572, *NJ* 1996, 15, annotated by Mörzer Bruyns; HR, Judgment of 19 February 2010, ECLI:NL:HR:2010:BK8100, *NJ* 2010, 116; and HR, Judgment of 20 December 2000, ECLI:NL:HR:2000:AA9970, *NJ* 2001, 273, para 3.3, annotated by Van Wijmen.

[221] Drijver-van Rijckevorsel et al 2013, 40; HR, Judgment of 10 August 1994, ECLI:NL:HR:1994:AC1572, *NJ* 1996, 15, annotated by Mörzer Bruyns; and HR, Judgment of 19 February 2010, ECLI:NL:HR:2010:BK8100, *NJ* 2010, 116.

that the municipality gained after the adoption of the plan or a municipal specification of the plan.[222] In such cases, an expropriation would then still be possible.

If the expropriation serves to implement or enforce the binding land-use plan, the second step will be for the courts to scrutinise the Crown's determination that the project is in the 'public interest'. The Crown's determination will only be subject to a limited review.[223] A limited judicial review entails in this context that the courts will only interfere if the sole purpose of the project is to serve private interests or otherwise illegitimate purposes under Art. 1 P1 ECHR.[224] The Supreme Court and the European Court thus have a very narrow boundary-shaping role to play, and all courts only perform a narrow controlling role in the qualification of the project's purpose as legitimate. A full judicial review of the application of the public interest requirement may only be appropriate where substantial deviations from the plan are based upon a specification of the plan or new insights that the municipality gained after the adoption of the plan.[225]

As does the Crown, the civil courts scrutinise the expropriation as to whether the expropriation is urgent, necessary, and proportionate. The role of the civil courts in scrutinising the urgency is addressed in the section on the contextualisation of the project.[226] The necessity test and the proportionality test are discussed in the section on the contextualisation of the expropriation.[227]

4.2.2.5 Illustration of the governance of the legitimate purpose

The following figure illustrates the influence that the European Convention and the Constitution (black field), the legislature (grey field), and the planning authority (white field) exert in practice on the purpose of third-party transfers for economic development under Dutch Law and the European Convention. The arrows represent administrative and judicial scrutiny.

[222] Drijver-van Rijckevorsel et al 2013, 39; Groen 2014, 253; and HR, Judgment of 29 June 1988, ECLI:NL:HR:1988:AD0386, *NJ* 1989, 52, annotated by Scheltema.

[223] HR, Judgment of 9 February 2000, ECLI:NL:HR:2000:AA4852, *NJ* 2000, 418, annotated by PCE van Wijmen, para 4.2.1; HR, Judgment of 3 November 1999, ECLI:NL:HR:1999:AB8573, *NJ* 2000, 417, annotated by Van Wijmen, para 3.3.2; HR, Judgment of 27 October 1999, ECLI:NL:HR:1999:AD3099, *NJ* 1999, 819, para 3.3.2; HR, Judgment of 15 February 2008, ECLI:NL:HR:2008:BB7030, *RvdW* 2008, 232, *BR* 2008, 58, annotated by Fokkema, para 3.1; and HR, Judgment of 25 May 1988, ECLI:NL:HR:1988:AD0334, *NJ* 1988, 928, para 3.4.

[224] See, for instance, HR, Judgment of 15 February 2008, ECLI:NL:HR:2008:BB7030, *RvdW* 2008, 232, *BR* 2008, 58, annotated by Fokkema, paras 3.1 and 3.2; and HR, Judgment of 25 May 1988, ECLI:NL:HR:1988:AD0334, *NJ* 1988, 928, para 3.4.

[225] Drijver-van Rijckevorsel et al 2013, 39; Groen 2014, 253; and HR, Judgment of 29 June 1988, ECLI:NL:HR:1988:AD0386, *NJ* 1989, 52, annotated by Scheltema.

[226] See subsections 4.3.2 and 4.4.4.4 below.

[227] Refer to subsections 4.4.2, 4.4.3, and 4.4.4.4 below for an analysis of the civil court's role in the necessity and the proportionality test.

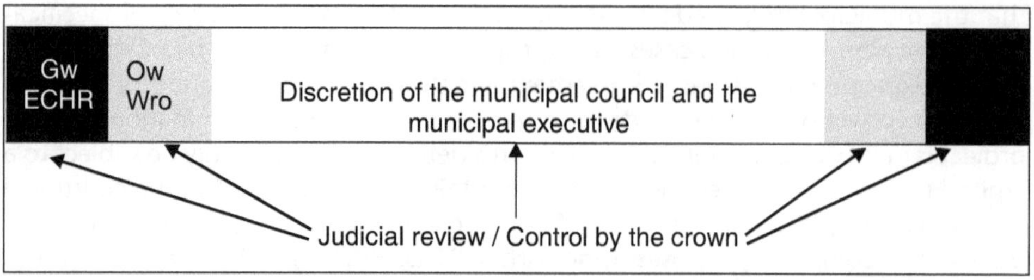

Figure 6: The black field represents the negative definition of legitimate purposes under the Constitution and the European Convention. The grey field represents the extent to which the Expropriation Act, the Spatial Planning Act, and other legislation define the purpose. The white field represents the scope for manoeuvring of the planning authority. The bold arrows represent a full review of the application of the Constitution, the European Convention, and/or the legislation. The thin arrow represents a limited review of the exercise of the planning authority's discretion.

Source: Author's own design

4.2.3 Conclusion

In Dutch law, any public benefit may constitute a legitimate purpose and warrant an expropriation, provided that the expropriation does not serve only private interests or other purposes that are illegitimate under the Constitution or the Convention. In particular, third-party transfers for economic development are permissible under both the Dutch Constitution and Art. 1 P1 ECHR.

It is for the legislator to decide on whether economic development is a legitimate purpose that may legitimately justify a third-party transfer. The legislator, however, refuses to fulfil the task of specifying the legitimate purposes and determining boundaries to the authorities' discretion with respect to third-party transfer for economic development. The legislator *de facto* delegates its power to define the expropriation's purpose to the municipal councils. On the basis of Art. 77(1) No. 1 Ow, property can be expropriated to implement or enforce a binding land-use plan. The directly elected municipal council is competent to adopt this binding land-use plan as well as accompanying documents. If authorised to do so by the council, the municipal executive will concretise the plan. The council and, if applicable, the municipal executive can, therefore, freely concretise the project's purpose (within certain statutory boundaries in planning law and the wide boundaries of its discretion). The public can influence this concretisation through objections in the planning procedure.[228] In practice, binding land-use plans or accompanying documents sometimes contain economic development projects. If the private project developer fails to purchase the necessary land, the municipality can rely upon Art. 77(1) No. 1 Ow. The Crown and the courts, which perform a narrow controlling function and almost no boundary-shaping role, will not interfere, unless it is evident that the economic development project only serves private interests or another illegitimate purpose under the European Convention, such as land speculation.

[228] See subsection 4.5.2 below.

4.3 THE CONTEXTUALISATION OF THE PROJECT

➢ Refer to subsections 2.2.2 to 2.2.6 for more details on the contextualisation in general.

Art. 77(1) No. 1 Ow divides the contextualisation of the project, its legitimate purpose, and the expropriation into two formally distinct phases. In the planning phase, the municipal council and, if applicable, the municipal executive contextualise the project and its legitimate purpose in the binding land-use plan and accompanying decisions and documents and follow a distinct planning procedure. In this procedure, the municipal authorities deal with the relationship between the project and its legitimate purpose; the alternative project argument; and strike a balance between the project's benefits and interests that the project would adversely affect.

The binding land-use plan, however, only prohibits certain new uses, but does not compel the owner of the land to change the use of the land and to implement the project.[229] To acquire the land necessary for the project, the municipality may have to apply to the Crown for the expropriation of property. This application starts the expropriation phase. In a distinct expropriation procedure, the Crown decides on whether or not to expropriate property on the basis of the binding land-use plan.[230] The contextualisation of the project and the legitimate purpose is largely separate from the contextualisation of the expropriation that the Crown undertakes. The Crown deals with the suitability of the expropriation; the least invasive means argument; and the balance between the project's benefits and the interests that would be adversely affected by the expropriation.

Due to this distinction, it is useful to divide the analysis of the contextualisation into two parts. In section 4.3, an analysis is made of the contextualisation of the project, and section 4.4 contains an analysis of the contextualisation of the expropriation.

4.3.1 Introduction: The binding land-use plan

Art. 3.1(1) Wro stipulates that the municipal council must designate the use of the land in its area and lay the designations down in a binding land-use plan. For a good understanding of the contextualisation of the project, this subsection provides a few introductory remarks on how a project is laid down in a binding land-use plan.

4.3.1.1 The meaning of good spatial planning

The municipal council has broad discretion in choosing the designation.[231] This freedom, however, is not unlimited. The designations must serve 'good spatial planning'. Under the old Spatial Planning Act, which was in force until 2010, this term meant 'relevant to spatial planning'. This means that the designations and rules concerning the designation had to be based upon a balancing of all interests relevant to spatial planning, and that rules had to be relevant to the designation and

[229] Van Buuren et al 2014, 5, 39, and 218; and Groen 2016, 278.
[230] Art. 78(1) Ow.
[231] Van Buuren et al 2014, 38. See, for instance, ABRvS, Judgment of 18 January 2012, ECLI:NL:RVS:2012:BV1211, para 2.2.3.

spatial planning.[232] The explanatory memorandum of the current Spatial Planning Act gives a more insightful description of good spatial planning. The term refers to a stable balance between the needs of a dynamic society, more specifically an ever-increasing demand for housing, professional facilities, infrastructure, recreation, water, and nature, and the protection of vulnerable groups and public interests, such as less affluent persons and environmental protection.[233] Against this background, it is the goal of good spatial planning to create a better living environment and the most favourable conditions for the use and development of a certain area.[234]

With this new definition, the legislator clearly wished to go beyond spatial relevance and construe good spatial planning as a standard for the quality of the environment in which we live. This broader vision, however, does not seem to have had an impact upon how the courts apply Art. 3.1(1) Wro. Rules adopted by the municipal council are still tested as to whether they are relevant to spatial planning.[235] Also, the current Spatial Planning Act still obliges the municipal council to balance all interests relevant to spatial planning that would be concerned by the binding land-use plan.[236] A useful side effect of this development is that the case law on the old Spatial Planning Act is still relevant to the interpretation of today's Art. 3.1(1) Wro.[237]

4.3.1.2 The economic development project in the binding land-use plan

In practice, the municipality first negotiates with the project developer about the details of the project before changing the binding land-use plan.[238] The binding land-use plan must then allow for the economic development project *and* guide the use in such a way that the project can reach its goal. Depending upon the type of economic development project, the municipal council may first designate the use of the land as 'business' (*bedrijf*), 'business area' (*bedrijventerrein*), 'office space' (*kantoor*) or 'retail business' (*detailhandel*).[239] The use of the land on which the municipal council of Leiderdorp envisaged IKEA building its store, for instance, was designated as 'retail business'.[240] The municipal council or, if the council delegates this task,[241] the municipal executive can then add the functions and goals of the project.[242] For instance, the municipal council of Leiderdorp specified that the land for the IKEA

[232] OA Dijkstra, *Inleiding Ruimtelijke Ordening en Volkshuisvesting* 9th ed (Deventer: Kluwer 2006) 57 and 69; and Van Buuren et al 2014, 38 et seq.

[233] Tweede Kamer der Staten-Generaal, 2002–2003, 28 916, No. 3, Explanatory Memorandum, *Wet ruimtelijke ordening*, 9.

[234] Tweede Kamer der Staten-Generaal, 2002–2003, 28 916, No. 3, Explanatory Memorandum, *Wet ruimtelijke ordening*, 19 and 92.

[235] Klaassen 2008, 95; and Van Buuren et al 2014, 39 et seq.

[236] Tweede Kamer der Staten-Generaal, 2002–2003, 28 916, No. 3, Explanatory Memorandum, *Wet ruimtelijke ordening*, 9 and 92; Van Buuren et al 2014, 38; and Fortgens, in T&C Ruimtelijk bestuursrecht, Wro, Hoofdstuk 2, structuurvisies, section 2.

[237] Meloni, in Module Ruimtelijke ordening, Wro, Art. 3.1, 2.2; and Van Zundert, in T&C Ruimtelijk bestuursrecht, Wro, Art. 3.1, section 9.

[238] DM Gielen & T Tasan-Kok 'Flexibility in Planning and the Consequences for Public-value Capturing in UK, Spain and the Netherlands' 2010 *European Planning Studies* 1097–1131.

[239] Tunnissen 2010, 108 et seq.

[240] KB Leiderdorp, Decision of 8 July 2010, No. 10.001769, *Staatscourant* 2010, 10742.

[241] Art. 3.6(1) lit. b Wro.

[242] Art. 3.1.3 Bro.

store inter alia had to serve as a retail store, as parking space, and as green space.[243] Sketches of the desired outcome may or may not indicate in which areas the land performs which function. The functions may also include the maximum amount of land that may be used for a certain function.[244] For instance, the municipal council of Leiderdorp decided that the IKEA store could have a selling space of no more than 14 000 m^2.[245]

The municipal council may not only designate the use of the land, but also adopt rules that the project developer would have to observe. These rules must be relevant to spatial planning.[246] In particular, rules on the use of the land, rules on the characteristics of the buildings and rules that facilitate the realisation of the designations are relevant to spatial planning.[247] For instance, the map attached to Leiderdorp's binding land-use plan indicated how high the IKEA store would be allowed to be.[248] Concerning economic development, an example of a rule that is not relevant to spatial planning would be a restriction as to the kind of business that can be operated in the designated business area *if* this restriction solely serves to regulate the competition between different businesses.[249] Also, the municipal council cannot only allow specific businesses to establish themselves in the designated business area, for example businesses that are already established elsewhere in the municipality.[250] This does not apply to local businesses that make most of their turnover in the municipality, employ many local workers or perform an important societal function within the municipality.[251]

Once the municipal council or the municipal executive have adopted the designations, functions, goals, and rules, the project can no longer deviate from these norms.[252] When a project developer, such as IKEA in Leiderdorp, applies for an environmental permit for a new building required for the project,[253] the new building will be tested against the designations and rules laid down in the binding land-use plan.[254]

As has just been noted, the municipality cannot generally lay down in a binding land-use plan that only specific businesses can establish themselves on the land. After the municipality has acquired the land reserved for the economic development project, however, the municipality can decide to which entity the municipality transfers the land. For instance, in Leiderdorp, the plan does not restrict the group of possible users of the land. However, it was clear from the outset that the designa-

243 Art. 4(1) of the 'Voorschriften Bestemmingsplan Bospoort' of 9 March 2009, Gemeente Leiderdorp.

244 Van Buuren et al 2014, 28.

245 Art. 4(1) of the 'Voorschriften Bestemmingsplan Bospoort' of 9 March 2009, Gemeente Leiderdorp.

246 Klaassen 2008, 95; and Van Buuren et al 2014, 39 et seq.

247 Van Buuren et al 2014, 30 et seq and 39 et seq.

248 Art. 4(2) lit. b of the 'Voorschriften Bestemmingsplan Bospoort' of 9 March 2009, Gemeente Leiderdorp.

249 Van Buuren et al 2014, 49 et seq; and Van Zundert, in T&C Ruimtelijk bestuursrecht, Wro, Art. 3.1, section 9. Cf Art. 3.1.2 Bro, which permits such restrictions. However, the municipality must establish that they are necessary for good spatial planning.

250 Van Buuren et al 2014, 40.

251 Van Buuren et al 2014, 41.

252 Art. 2.1(1) lit. b and c Wabo.

253 Art. 2.1(1) lit. a Wabo.

254 Art. 2.10 Wabo; and Van Buuren et al 2014, 167 et seq.

tions, functions, goals, and rules would be tailored for the IKEA store that had been the result of research and consultations between different government bodies.[255]

4.3.2 The relationship between the project and the legitimate purpose

➢ This subsection addresses the following questions with respect to Dutch law: In order for a third-party transfer for economic development to be lawful, . . .
- does the project have to be suitable to promote economic development?
- does there have to be an ascertainable need for economic development?
- how much does the project have to contribute to economic development?

➢ See subsection 2.2.2 for more details on these comparative questions.

4.3.2.1 Suitability

The economic development project must, of course, be suitable to promote economic development. This forms part of the principle of proportionality.[256] Suitability presupposes the (financial) feasibility of the project.[257] Art. 3.1(1) Wro further demands that the designations in the binding land-use plan serve good spatial planning. If the project cannot bring about the promised benefits, it would not serve good spatial planning. Also, the project would fail to bring about an equitable balance of interests under Art. 3.1(1) Wro. If the planning authority claimed that the project would generate the desired benefits, the authority would not give well-founded reasons and the project would be unlawful according to Art. 3:46 Awb.[258]

The role of urgency in the expropriation procedure before the Crown

The financial feasibility and, therefore, the suitability of the project are also tested in the expropriation procedure. The Crown examines whether the implementation of the project is so urgent as to legitimately justify an expropriation. The name of this requirement (*urgentie* – urgency) is misleading. This condition does not entail that there must be an objective urgent need for the project to be implemented.[259] Rather, the Crown examines whether the project developer can be expected to start to carry out the project within five years.[260] The Crown applies this period of time to third-party transfers for economic development, too.[261] The period of five years consists of a period of two years after the Crown's decision, within which the municipality must file an action for expropriation before the competent court[262] and a period of three years within which the project developer has to start implementing

---

[255] Bestemmingsplan 'Bospoort' of 9 March 2009, Gemeente Leiderdorp, 21 et seq; and KB Leiderdorp, Decision of 8 July 2010, No. 10.001769, *Staatscourant* 2010, 10742.

[256] De Moor-van Vugt 1995, 16; and Elzinga et al 2014, 251.

[257] ABRvS, Judgment of 1 June 2011, ECLI:NL:RVS:2011:BQ6809, para 2.2.6. Cf Tunnissen 2010, 174 et seq; and Van Zundert 2006, 206 et seq.

[258] Schlössels & Zijlstra 2010, 463; and Bröring et al 2016, 347 et seq.

[259] See, however, KB Hoogeveen, Decision of 16 June 2004, *Staatscourant* 2004, 23, where the Crown did elaborate on the need for the project.

[260] Den Drijver-van Rijckevorsel et al 2013, 25; and Sluysmans & WJE van der Werf, 'Verweer in de administratieve onteigeningsfase' (2005) section 6 *BR* 767–778.

[261] KB Leiderdorp, Decision of 8 July 2010, No. 10.001769, *Staatscourant* 2010, 10742.

[262] Art. 80(3) Ow.

the project.[263] Should the Environment Act Real Estate Amendment Bill be passed, Art. 11.7 of the Bill would reduce this period to four years.

The type of argument that may challenge the urgency of the expropriation cannot be primarily based upon the lack of an objective need for the project. A Decision of the Crown from 2008 illustrates this. The municipality of Venray wished to carry out a housing project between 2009 and 2011. The objection was raised that there was no societal need based upon facts to carry out the project, inter alia because the implementation of existing housing projects was delayed. The Crown held that this argument did not preclude that the expropriation was urgent.[264]

This Decision of the Crown also shows that the municipality does not need to substantiate its own projections. The municipality merely stated that it would carry out the housing project between 2009 and 2011. This was sufficient to persuade the Crown to hold that the expropriation was urgent.[265] It is thus only essential that the municipality makes clear when it intends to start to carry out the project. If the municipality fails to state when it will start to carry out the project, the application for expropriation is likely to be rejected.[266] In such cases, a lack of a societal need for the project based upon facts will support the view that the expropriation is not urgent.[267]

By contrast, an argument that may successfully challenge the urgency of the expropriation must strongly question the ability of the project developer to start carrying out the project within five years. Past failures or delays do not seem sufficient. In the Crown's Decision on the expropriation in Venray, the argument that past housing projects of the municipality were delayed did not preclude the conclusion that the expropriation was urgent.[268] Insecure funding of the project, however, may preclude the urgency of the expropriation. In the municipality of Katwijk, the municipality wished to convert a harbour area into a residential area. The objection was raised that insufficient financial means were available or, subsidiary to that, it was unsure whether there was enough funding available. The Crown held that closer scrutiny of the financial feasibility of the project might be necessary if it could affect the urgency of the expropriation.[269] In this case, however, the Crown found that the objection was unfounded.

4.3.2.2 The need for a project and a qualified contribution to the legitimate purpose

Dutch planning law does not spell out any other specific requirements for the relationship between the economic development project and good spatial planning. There is no separate requirement that there is a societal need for an economic development project or that the project makes an enhanced contribution to realising the legitimate purpose. It is for the municipal council to decide on whether

[263] Art. 61(1) Ow. Refer to section 4.6 below for more information on the endurance of the legitimate justification.

[264] KB Venray, Decision of 3 November 2008, No. 08.003148, *Staatscourant* 2009, 11.

[265] KB Venray, Decision of 3 November 2008, No. 08.003148, *Staatscourant* 2009, 11.

[266] KB Drumpt-Zuid and Rauwenhof, Decision of 13 January 1983, ECLI:NL:XX:1983:AS9871, *BR* 1983, 627.

[267] KB Drumpt-Zuid and Rauwenhof, Decision of 13 January 1983, ECLI:NL:XX:1983:AS9871, *BR* 1983, 627.

[268] KB Venray, Decision of 3 November 2008, No. 08.003148, *Staatscourant* 2009, 11.

[269] KB Katwijk, Decision of 25 March 2010, No. 10.000800, *Staatscourant* 2010, 6023.

or not there is a societal need and to what extent the project should contribute to realising the legitimate purpose.[270]

Indeed, whether there is an economic need or whether the project would lead to excess supply seems irrelevant. For example, the planning authority cannot incorporate restrictions to the size of a business or the number of businesses insofar as these restrictions are intended to regulate the competition between different businesses.[271] Only in the balancing of interests and, under additional circumstances in the suitability test, will the need for an economic development project be relevant. If there were no societal need for a project, the project might not contribute to realising its legitimate purpose, which would imply that the project would not be suitable to realise its legitimate purpose. If the project harmed the municipality more than it benefited the municipality, [272] for instance through too many additional emissions or a disruption of the local supply of goods and services by edging other suppliers out of the market, [273] the project would fail to bring about an equitable balance under Art. 3.1(1) Wro. If the planning authority claimed that the project would answer the need although it does not, the reasons given for the plan would be flawed.

A similar argument regarding the balancing of interests could be made with respect to the enhanced contribution to a legitimate purpose. For instance, if the project did not substantially contribute to the realisation of its legitimate purpose, the project would fail to ensure an equitable balance between the involved interests.

The Crown's scrutiny of the expropriation's contribution to spatial development

The Crown may play a role in controlling the relationship between the project and its legitimate purpose despite the fact that the 'urgency' of the expropriation does not have anything to do with a need for the project.[274] As has been noted above, [275] the Crown tests the expropriation as to whether it serves spatial development. In essence, however, the Crown scrutinises whether the project laid down in the binding land-use plan serves this purpose because the expropriation only serves spatial development by providing access to the required land. As has been found above, [276] the Crown assumes that the expropriation sufficiently serves spatial development if the expropriation enables the implementation of a project laid down in a binding land-use plan. An inquiry into the actual public benefits of the project does not seem to take place.

The former Ministry of Housing, Spatial Planning and Environmental Management stated in its 2010 guidelines on Title IV of the Expropriation Act that there might be exceptions to the point of departure that the expropriation will serve spatial development if the binding land-use plan is implemented. The Ministry gave the example of a binding land-use plan that designates a residential area as green

[270] Van Buuren et al 2014, 38 et seq.

[271] Van Zundert, in T&C Ruimtelijk bestuursrecht, Wro, Art. 3.1, section 9; and Van Buuren et al 2014, 49.

[272] Cf KB Lansingerland and Pijnacker-Nootdorp, Decision of 8 November 2010, No. 10.003058, *Staatscourant* 2010, 18957.

[273] Van Buuren et al 2014, 49 et seq; and Tunnissen 2010, 174. See subsection 4.3.4.1 below.

[274] See subsection 4.3.2.1 above.

[275] See subsection 4.2.1.6 above.

[276] See subsection 4.2.1.6 above.

space. The expropriation would lead to the demolition of the existing houses. The Ministry added that there was a shortage of housing. In such situations, so goes the reasoning, an expropriation would not be in line with a reasonable housing policy and would not serve the goal of housing.[277]

This example seems flawed because the implementation of a binding land-use plan is supposed to promote spatial development, which involves more interests than merely the public interest in housing. It seems, however, that the proposed exceptions are meant to refer to cases where the implementation of the binding land-use plan would not serve or in fact turn out to be evidently detrimental to the interests that it is meant to serve. *De Roos* criticised this reasoning because he held that it was for the planning authority to take account of adversely affected interests when adopting the plan and not for the Crown to determine whether the plan promoted spatial development.[278]

Also, the Crown itself does not seem inclined to apply such an exception. In a case in the municipality of Venray, the municipality decided to provide for additional housing although the demand for housing in the area had been declining. This suggests that the plan does not serve the goal of housing. Yet, the Crown held that this objection had to be put forward in the planning procedure and would not lead to the rejection of the application for expropriation.[279]

It is submitted that there are at least two reasons why there must be such an exception. The first reason is of a dogmatic nature. In its Decisions, the Crown distinguishes between spatial development and the implementation or enforcement of a binding land-use plan.[280] Such a distinction would not be necessary if the implementation or enforcement of a binding land-use plan were equated with spatial development. The second reason concerns the principle of specialty. As expropriation is a serious infringement of the property of the expropriatee, the expropriation authority (and the courts) should closely scrutinise whether the expropriation authority stays within the limitations that the legislator imposed upon it. The argument of *De Roos* does not seem persuasive because he fails to distinguish between the balancing of interests upon which the project is based and the question of whether the project serves the purpose laid down in the expropriation statute.

4.3.3 The alternative project argument

➢ This subsection addresses the following questions with respect to Dutch law:
- Would the availability of an equally suitable, but less harmful alternative project render the expropriation unlawful?
- Would the availability of an insignificantly less suitable, but considerably less harmful alternative project render the expropriation unlawful?

➢ See subsection 2.2.3 for more details on the alternative project argument.

[277] Ministerie voor Volkshuisvesting, Ruimtelijke Ordening en Milieubeheer 2011, 16.

[278] De Roos 2010, 187. Most other scholars do not seem to see any room for such an exception either; see: Den Drijver-van Rijckevorsel et al 2013, 21; Overwater & Westendorp-Frikkee 2004, 29 et seq; and Sluysmans & Van der Werf 2005, sections 3 and 4.

[279] KB Venray, Decision of 4 January 2009, No. 08.003148, *Staatscourant* 2009, No. 797.

[280] Title IV Ow and Art. 77(1) Ow also make this distinction. While Title IV refers to spatial development, Art. 77(1) No. 1 Ow refers to the implementation and enforcement of binding land-use plans.

➢ This subsection is based upon B Hoops, 'The alternative project argument in the context of expropriation law (part 2)', *TSAR* 2017, 70–88, 70–74.

4.3.3.1 The basis of the assessment

Art. 3.1(1) Wro obliges the municipal council of each municipality to adopt a binding land-use plan that serves good spatial planning. Good spatial planning is based upon a balancing of all interests that are relevant to spatial planning and are adversely affected by the binding land-use plan.[281] These interests not only include the interests of the holders of property rights and the public interest in the project, but also other public interests, such as environmental protection, public health, and public infrastructure. The municipal council must determine the consequences of a certain designation or project and identify the concerned interests.[282] Subsequently, it accords a certain weight to each interest and balances these interests.[283] This also entails that the planning authority must consider (less invasive and) suitable alternatives to a designation or a project.[284] The balancing of interests and the choice of a certain project are subject to Art. 3:4(2) Awb. This provision stipulates that the negative impact of state action must not be disproportionate in relation to its goals. In specifying the plan, the municipal executive observes the same general and specific norms as the municipal council.

The principle of necessity or the principle of the least harmful action could serve as a basis of the alternative project argument and its requirements. The principle of necessity requires that the administrative body chooses the least harmful means to achieve the goal of the state action.[285] The choice of this principle as the basis for the alternative project argument seems plausible because Art. 3:4(2) Awb, to which the choice of the project is subject, is identified as the statutory basis of this principle.[286]

4.3.3.2 Requirements

To apply the principle of necessity in planning situations, however, proves to be difficult because an alternative project or designation is likely to have other disadvantages or may be projected not to be as effective as the original proposal. Furthermore, projections are not absolutely reliable.[287] To solve these problems, the

[281] Tweede Kamer der Staten-Generaal, 2002–2003, 28 916, No. 3, Explanatory Memorandum, *Wet ruimtelijke ordening*, 9 and 92; Van Buuren et al 2014, 38; and Fortgens, in T&C Ruimtelijk bestuursrecht, Wro, Hoofdstuk 2, structuurvisies, section 2.

[282] ABRvS, Judgment of 10 July 2013, ECLI:NL:RVS:2013:205; and ABRvS, Judgment of 24 December 2014, ECLI:NL:RVS:2014:4732, para 9.

[283] Cf FT Groenewegen 'In hoeverre schrijft het evenredigheidsbeginsel iets voor?' in AJ Nieuwenhuis, BJ Schueler & CM Zoethout (eds) *Proportionaliteit in het publiekrecht* (Deventer: Kluwer 2005) 13–22, 13 et seq.

[284] ABRvS, Judgment of 1 June 2011, ECLI:NL:RVS:2011:BQ6809, para 2.2.5; ABRvS, Judgment of 24 December 2014, ECLI:NL:RVS:2014:4732, para 9; ABRvS, Judgment of 22 August 2012, ECLI:NL:RVS:2012:BX5276, para 2.2.3; and ABRvS, Judgment of 11 January 2012, ECLI:NL:RVS:2012:BV0579, para 2.2.2.

[285] Nicolaï 1990, 420; De Lange 1991, 171; and Groenewegen 2005, 19. See, for instance, Afdeling geschillen van bestuur van de Raad van State, Judgment of 29 June 1990, ECLI:NL:RVS:1990:AN1686, *AB* 1991, 117, annotated by Michiels.

[286] Schlössels & Zijlstra 2010, 419 et seq; and Bröring et al 2016, 380.

[287] Cf De Lange 'Tussen gelijkheid en waarschijnlijkheid: het evenredigheidsoordeel in uitzonderingssituaties' in Nieuwenhuis, Schueler & Zoethout (eds) *Proportionaliteit in het publiekrecht* (Deventer: Kluwer 2005) 125–148, 132.

planning authority must thoroughly identify the advantages and disadvantages of alternative designations or projects.[288] These aspects include the financial implications of the project.[289]

On the basis of this assessment, the authority takes two steps. Firstly, the authority determines whether the alternative is suitable to realise the purpose of the designation.[290] If the alternative project turns out not to be suitable to realise the purpose or would only realise it to a limited extent, the planning authority will not need to consider the case further and the courts will not set aside the authority's decision.[291] Less suitable alternative projects can thus never render a binding land-use plan unlawful. If there is a suitable alternative, the planning authority will take the second step and decide to favour one project over another. In the absence of an abstract hierarchy of interests, but based upon the assessment of the impact of the chosen project and the suitable alternatives upon each adversely affected interest, it is within the discretionary power of the municipal council to accord more weight to one interest than to another.[292] Refer to subsection 4.3.4 for more details on the balancing of the involved interests.

4.3.3.3 The standard of judicial scrutiny

The planning authority must observe the principle of necessity in choosing the project, but this principle does not entail full judicial scrutiny of this choice or that adversely affected persons can enforce a certain choice in court. The courts will only review the result of the balancing of interests as to whether the planning authority could have reasonably come to it.[293] This entails that the courts will only set aside the choice of the planning authority for a certain alternative if the chosen project has serious shortcomings[294] or if the alternative project has a significantly less harmful impact.[295]

Unfortunately, these abstract formulas only offer limited guidance. Also, the planning authorities mostly stay within the limits of their discretion, which results in a lack of helpful case law. An example of a reasonable choice can be found in a judgment of the Judicial Division on a case surrounding two alternative wildlife

---

[288] Art. 3:2 Awb; ABRvS, Judgment of 18 February 2015, ECLI:NL:RVS:2015:448, para 27.1; ABRvS, Judgment of 24 December 2014, ECLI:NL:RVS:2014:4732, para 9; ABRvS, Judgment of 4 January 2012, ECLI:NL:RVS:2012:BV0106, para 2.20; ABRvS, Judgment of 7 November 2012, ECLI:NL:RVS:2012:BY2504, para 22; ABRvS, Judgment of 11 January 2012, ECLI:NL:RVS:2012:BV0579, para 2.2.2; ABRvS, Judgment of 19 August 2015, ECLI:NL:RVS:2015:2631, para 16.1.

[289] ABRvS, Judgment of 24 December 2014, ECLI:NL:RVS:2014:4732, para 11.

[290] ABRvS, Judgment of 18 February 2015, ECLI:NL:RVS:2015:448, paras 27.3 and 4.

[291] ABRvS, Judgment of 18 February 2015, ECLI:NL:RVS:2015:448, para 27, in particular 27.4; ABRvS, Judgment of 24 December 2014, ECLI:NL:RVS:2014:4732, para 12; ABRvS, Judgment of 22 November 2006, ECLI:NL:RVS:2006:AZ2777, para 2.5.14; ABRvS, Judgment of 19 January 2011, ECLI:NL:RVS:2011:BP1342, para 2.10.2; and ABRvS, Judgment of 19 August 2015, ECLI:NL:RVS:2015:2631, para 16.2.

[292] Van Buuren et al 2014, 38; and Groenewegen 2005, 15 et seq.

[293] ABRvS, Judgment of 24 December 2014, ECLI:NL:RVS:2014:4732, para 11; ABRvS, Judgment of 4 January 2012, ECLI:NL:RVS:2012:BV0106, paras 2.20 and 2.23.2; and ABRvS, Judgment of 7 November 2012, ECLI:NL:RVS:2012:BY2504, paras 22 and 24.2.

[294] ABRvS, Judgment of 9 July 2003, ECLI:NL:RVS:2003:AH9396, para 2.9.10.3.

[295] ABRvS, Judgment of 5 August 2015, ECLI:NL:RVS:2015:2514, para 7; and ABRvS, Judgment of 10 June 2015, ECLI:NL:RVS:2015:1819, para 5.1.

crossings. The Judicial Division held that it was not unreasonable to favour the option with a less harmful impact upon the landscape, traffic, and budget over the option with the least harmful impact upon the environment.[296] Although it does not occur in the case law of the Judicial Division, the alternative project argument should be successful where the state already has a sufficient amount of equally suitable land at its disposal.

Although the courts do not fully review the choice of the authority, they do fully review whether the authority has duly furnished reasons for its choice. The planning authority must establish in the plan (or the documents accompanying the plan) that it took into account alternative projects and weighed the advantages and disadvantages of these options in order to justify favouring the chosen project over suitable alternatives.[297] In fact, it seems that when courts find that the planning authority has inadequately considered alternative projects, they are reluctant to strike down the plan on the basis of Art. 3:4(2) Awb. Instead, they often prefer to conclude that the authorities have violated their obligation to gather all necessary information under Art. 3:2 Awb or Art. 3:46 Awb by giving insufficient reasons for their choice.[298]

4.3.4 The balance between the public benefits and adversely affected interests

➢ This subsection addresses the following questions with respect to Dutch law:
  - What weight does the municipality have to accord to the property interest of the expropriatee in the planning procedure?
  - What weight does the municipality have to accord to other adversely affected interests, such as environmental protection?
  - What are the legal boundaries to the balance between the project's public benefits and adversely affected interests in the planning procedure?

➢ See subsection 2.2.6 for more details on the balance between the public benefits and adversely affected interests.

4.3.4.1 General rules

As has been noted, [299] good spatial planning in terms of Art. 3.1 Wro requires a balancing of all interests relevant to spatial planning.[300] Art. 3:4(1) Awb obliges the planning authority to balance all interests that are directly concerned by the plan. The plan will (only) fall foul of Art. 3:4(1) Awb if the planning authority fails to balance interests.[301] That said, Art. 3:4(1) Awb does not indicate which interests are directly concerned by an administrative decision.[302] By contrast, Art. 3.1 Wro limits

---

[296] ABRvS, Judgment of 7 March 2012, ECLI:NL:RVS:2012:BV8049, para 2.7.4.

[297] ABRvS, Judgment of 14 September 2011, ECLI:NL:RVS:2011:BS8852, para 2.5.3; and ABRvS, Judgment of 1 June 2011, ECLI:NL:RVS:2011:BQ6809, para 2.2.5.

[298] ABRvS, Judgment of 14 September 2011, ECLI:NL:RVS:2011:BS8852, para 2.5.3; and ABRvS, Judgment of 1 June 2011, ECLI:NL:RVS:2011:BQ6809, para 2.2.5.

[299] See subsection 4.1.3.1 above.

[300] Tweede Kamer der Staten-Generaal, 2002–2003, 28 916, No. 3, Explanatory Memorandum, *Wet ruimtelijke ordening*, 9 and 92; Van Buuren et al 2014, 38; and Fortgens, in T&C Ruimtelijk bestuursrecht, Wro, Hoofdstuk 2, structuurvisies, section 2.

[301] Pennarts 2008, 138; and Bröring et al 2016, 363 et seq.

[302] Bröring et al 2016, 372 et seq. Cf Schlössels & Zijlstra 2010, 401 et seq.

the directly concerned interests to interests that are relevant to spatial planning.[303] These interests include the interests of the holders of property rights, the public interest in the project, and other public interests, such as environmental protection, public health, and public infrastructure. What is generally not regarded as relevant to spatial planning are the project's effects on market competition. An exception to this rule will apply if the project leads to a permanent disruption of the required supply of goods and services.[304]

Art. 3:4(1) Awb only provides for an obligation to balance interests, but does not govern the result of the balancing. Art. 3:4(2) Awb does govern the result. This provision stipulates that the consequences of a designation or a project must not be disproportionate in relation to the goals pursued by the designation or project. This entails that the advantages of the project must outweigh its disadvantages.[305] The Judicial Division only subjects the application of this norm to a limited judicial review. This means that the decision will only be set aside if the planning authority could not reasonably adopt the plan.[306]

There are certain general norms under Dutch law that all administrative bodies must observe when taking an administrative decision and balancing the involved interests. In particular, the plan must be prudently prepared, must comply with the principle of necessity, must not be based upon an inequitable balancing of interests, [307] and must be duly justified.[308] Prudent preparation requires that the planning authority gather the necessary information on all relevant facts and interests.[309] In particular, this means that the planning authority must determine the consequences of a certain designation or project, [310] (less invasive) alternatives to a designation or a project, [311] and the financial feasibility of an envisaged project.[312] Less invasive alternative projects have already been discussed above.[313]

Once the planning authority has identified all relevant affected interests, it has to accord a certain weight to them and balance these interests.[314] Unless the law stipulates otherwise, there is no hierarchy of (public and private) interests. It is rather the discretionary power of the municipal council to accord a higher weight to one interest than to another and to adopt rules on the use of the land on the basis of this balancing of interests.[315] The judiciary will generally not interfere with these policy choices of the municipal council.[316] The courts will only interfere if the law or the spatial policies of the government determine that the interest that the municipal

---

303 Dijkstra 2006, 57 and 69; and Van Buuren et al 2014, 38 et seq.

304 Van Buuren et al 2014, 49.

305 De Moor-van Vugt 1995, 211.

306 Pennarts 2008, 126 and 139 et seq. See for an example of the evaluation of a binding land-use plan: ABRvS, Judgment of 18 January 2012, ECLI:NL:RVS:2012:BV1211, para 2.2.3. Cf Schlössels & Zijlstra 2010, 408 et seq.

307 Art. 3:4(2) Awb, read in conjunction with Art. 3:1(1) lit. a Awb.

308 Artt. 3:46, 47 Awb, read in conjunction with Art. 3.8(3) Wro.

309 Art. 3:2 Awb, read in conjunction with Art. 3:1(1) lit. a Awb.

310 ABRvS, Judgment of 10 July 2013, ECLI:NL:RVS:2013:205.

311 ABRvS, Judgment of 1 June 2011, ECLI:NL:RVS:2011:BQ6809, para 2.2.5.

312 ABRvS, Judgment of 1 June 2011, ECLI:NL:RVS:2011:BQ6809, para 2.2.6.

313 See subsection 4.3.3 above.

314 Cf Groenewegen 2005, 13 et seq.

315 Van Buuren et al 2014, 38; and Groenewegen 2005, 15 et seq.

316 Van Buuren et al 2014, 38; and Groenewegen 2005, 22.

council favours over other concerned interests is of less weight than the other interests.[317]

The planning authority is obliged to give reasons for its choices. This means that the plan must be based upon rational and consistent considerations.[318] Rather than fully review the choices of the planning authority, the courts scrutinise whether the planning authority has duly justified its choices. The planning authority must show that it has taken into account the objections of members of society.[319] As has been noted, [320] the authority must show that it took into account alternatives, their advantages as well as disadvantages and justify why it preferred a certain alternative to another.[321] Furthermore, the plan must clarify that it is financially feasible to realise the designation or carry out the project.[322] Often, however, the planning authority must predict the project's benefits and drawbacks without having all the necessary information and without the absolute certainty that the available information is correct and sufficient to make well-founded predictions. These projections cannot be tested as to whether they turned out to be true (with the benefit of hindsight), but as to whether they were based upon rational and consistent considerations at the moment of the decision.[323]

4.3.4.2 Designations and rules not reflecting good spatial planning

The abstract general rules are not easy to apply and beg for an analysis of whether there are concrete boundaries to the planning authority's discretion. In the case law of the Judicial Division, there are examples of rules related to economic development that the planning authority cannot reasonably adopt. A new business, be it an industrial company or a retail company with a lot of employees, must be connected to the public transport system. Otherwise, it does not promote good spatial planning.[324] If a new business is established or the capacity of an existing business is expanded, the business may displace other businesses. Should the business lead to a permanent disruption of the required supply of goods and services, the new business will not serve good spatial planning.[325] Such a disruption would occur if the inhabitants could no longer do their daily shopping within an acceptable distance from their home.[326] If the new business is a retail business, it should not be placed outside commercial areas unless it trades in dangerous substances or big objects.[327] If the project developer cannot implement the project due to a lack of funds, the

[317] De Moor-van Vugt 1995, 230. Cf Pennarts 2008, 115.

[318] Schlössels & Zijlstra 2010, 463; and Bröring et al 2016, 347 et seq.

[319] ABRvS, Judgment of 18 January 2012, ECLI:NL:RVS:2012:BV1211, para 2.2.2.

[320] See subsection 4.3.3 above.

[321] ABRvS, Judgment of 14 September 2011, ECLI:NL:RVS:2011:BS8852, para 2.5.3; and ABRvS, Judgment of 1 June 2011, ECLI:NL:RVS:2011:BQ6809, para 2.2.5.

[322] ABRvS, Judgment of 1 June 2011, ECLI:NL:RVS:2011:BQ6809, para 2.2.6.

[323] Cf De Lange 2005, 132.

[324] Van Zundert, in T&C Ruimtelijk bestuursrecht, Wro, Art. 3.1, section 9; Tunnissen 2010, 169; and Van Zundert 2006, 178.

[325] Van Zundert, in T&C Ruimtelijk bestuursrecht, Wro, Art. 3.1, section 9; Van Buuren et al 2014, 49 et seq; and Tunnissen 2010, 174.

[326] ABRvS, Judgment of 2 December 2009, ECLI:NL:RVS:2009:BK5082, *AB* 2010, 2, annotated by Nijmeijer, para 2.5.3.

[327] Van Zundert, in T&C Ruimtelijk bestuursrecht, Wro, Art. 3.1, section 9; and Tunnissen 2010, 189.

designation may also be set aside.[328] These examples are not an exhaustive list, but give an impression of the balance of (private and public) interests that the municipal council should seek to avoid.

4.3.4.3 The role of adversely affected property rights

If a designation adversely affects someone's interest in their property by prohibiting a certain use or otherwise diminishing its value, the municipal council must take this interest into account.[329] If these restrictions render the plan disproportionate in relation to its goals, the plan will be contrary to Art. 3:4(2) Awb.

An example of a disproportionate restriction

An example of a disproportionate restriction would be the permanent disruption of the operations of an existing business. In one case, the municipality of Moordrecht changed the designation of the grazing ground of a stud farm so that it could create a nature and recreational area. As a result, it was no longer possible for the owner to operate the stud farm because there would be no place for the owner to graze the horses. The Judicial Division concluded that the new designation did not serve good spatial planning due to the designation's disproportionate impact upon the owner.[330]

This judgment gives rise to confusion. In cases where the acquisition of property is needed to implement the binding land-use plan, entrepreneurs, such as the owner of the pancake farm in the Leiderdorp/IKEA case, may also have to cease the operations of their business. The Judicial Division has not declared any binding land-use plans unlawful in such cases due to the plan's disproportionate impact on business owners.

Two reasons form the explanation for this difference. The first reason is that the municipality is obliged to include transitional rules in the binding land-use plan in order to ensure that the owner or another legitimate user can continue the current use.[331] If the municipality wishes to change the use of the land, it will have to resort to expropriation after an attempt to purchase the land, or regulatory schemes. In the case in Moordrecht, however, the municipality seems to have failed to include transitional rules. The second reason is that in contrast to cases where the state does not acquire the property, the acquisition of property is linked to the payment of money to the owner, either in the form of compensation for expropriation or the purchase price. These funds compensate the owner's loss and enable the owner to restore their business. It, therefore, seems that the Judicial Division takes into account the (future) purchase price or the (future) claim to compensation when assessing the proportionality of the binding land-use plan. Another aspect confirms this explanation. In the analysed case, the owner of the stud farm had the option to apply for compensation instead of challenging the binding land-use plan.[332] As the

---

[328] Van Zundert, in T&C Ruimtelijk bestuursrecht, Wro, Art. 3.1, section 9; and Tunnissen 2010, 174 et seq.

[329] See, for instance, ABRvS, Judgment of 15 June 2011, ECLI:NL:RVS:2011:BQ7936, *JOM* 2011, 642.

[330] ABRvS, Judgment of 15 June 2011, ECLI:NL:RVS:2011:BQ7936, *JOM* 2011, 642, para 2.3.5.

[331] Artt. 3.2.1 and 3.2.2 Bro.

[332] See the case note of BPM Ravels, para 9, annotation of: ABRvS, Judgment of 8 November 2006, ECLI:NL:RVS:2006:AZ1762, *AB* 2007, 252. Cf Van Buuren et al 2014, 253 et seq.

compensation would render the plan proportionate, this confirms that the courts take into account the compensation of the loss of the use of the property through money.

The extent to which the property interest is taken into account

In cases of expropriation, the expropriatee will not only suffer a restriction to the use of their land, but eventually also the loss of their right of ownership (or a limited property right on the land). The plan itself, however, does not result in expropriation. The planning authority, therefore, generally only takes into account the restrictions to the use of the expropriatee's property. This is due to the separation of the planning and the expropriation procedure. In particular, the planning authority does not need to scrutinise whether the expropriation would be proportionate or meet all constitutional and statutory requirements for expropriation.[333] As do the courts, however, the municipality will have to differentiate between cases where it will seek to acquire the property and cases where it will not do so.

The separation between the planning procedure and expropriation procedure, however, is not as strict as it initially seems. The expropriation plays a certain role in the planning procedure. Art. 3.1.6 of the Spatial Planning Decree (*Besluit ruimtelijke ordening*; Bro) stipulates that in the explanatory memorandum of (the draft of) the binding land-use plan, the municipal council must state how it plans to carry out the plan within ten years.[334] If the municipality does not own the land on which the council wishes to implement the plan, the municipal council must indicate how it intends to acquire the land, in particular whether it plans on expropriating the property or reaching an agreement with the owner.[335] The municipality will generally meet this requirement if it states that it is willing to acquire the land by means of expropriation.[336]

In practice, as two examples suggest, municipalities do not take into account the expropriatee's full interest in the property, but do comply with Art. 3.1.6 Bro.[337] The binding land-use plan of the municipality of Oosterhout envisaged the implementation of a large-scale housing project. The municipality even indicated that it would shortly proceed to expropriate certain property rights within a short period of time.[338] Yet, the municipal council did not take account of the interests of the owners in its overall balancing of interests. Only where the municipal council earmarked their property rights for an expropriation in the near future did it find that the public interest in the project would outweigh the private interest in the property, thereby complying with Art. 3.1.6 Bro.[339] The finding that the expropriation would be proportionate, of course, does not affect the judicial scrutiny of the proportionality of the project, nor is it binding upon the Crown. The binding land-use plan in Leiderdorp that foresaw the construction of an IKEA store displays the same pattern.

[333] The Crown applies these requirements. Cf Tunnissen 2010, 253 et seq; and Bosma 2012, 27.

[334] The period of ten years corresponds to the period of time during which the binding land-use plan is valid. See Art. 3.1(2) Wro.

[335] ABRvS, Judgment of 7 May 2008, ECLI:NL:RVS:2008:BD1089, para 2.14.2.

[336] Bosma 2012, 27.

[337] Bestemmingsplan 'De Zwaaikom' of 20 September 2005, Gemeente Oosterhout, 55; retrieved from: http://www.ruimtelijkeplannen.nl/documents/NL.IMRO.08260000zwaaikom-/t_NL.IMRO.08260000zwaaikom-.pdf (last accessed: 28 June 2017).

[338] Cf Art. 3.4 Wro; and Bosma 2012, 26.

[339] Bestemmingsplan 'De Zwaaikom' of 20 September 2005, Gemeente Oosterhout, 60.

The municipal council merely stated that the land on which the pancake farm is located would be required for the IKEA store and that expropriation might be an instrument to acquire the land if attempts to buy the land fail.[340]

Art. 3.1.6 Bro will also have an impact on the consultations during the planning procedure. If plans to expropriate the property form part of the (draft) explanatory memorandum, the prospect of expropriation is also certain to be discussed during the planning procedure. This increases the likelihood that the municipal council takes the expropriation into account. Moreover, *Tunnissen* strongly advised municipalities to draw up a land acquisition plan (*grondverwervingsplan*) in which the municipality would set out the phases of the implementation of the binding land-use plan and the role of expropriation. Furthermore, he urged them to discuss this plan and the potential expropriation thoroughly during the planning procedure.[341] There is, however, no obligation to draw up such a plan.

Property rights and the financial feasibility of the project

The property rights of the potential expropriatee also play another role. As has been noted above, [342] the municipal council needs to examine the financial feasibility of the project. If the municipality seeks to acquire land (by means of expropriation, if necessary), the municipality will have to establish that it can cover the costs of the acquisition.[343]

4.3.4.4 Planning-specific statutory limitations

If the plan designates a piece of land as an area for new businesses, in particular industrial activities, several public and private interests are at stake. To name but a few: the quality of water, the quality of air, soil protection, environmental sustainability in general, and the minimisation of noise.[344] These interests are safeguarded in two different ways. In drafting the binding land-use plan, the municipal council anticipates the adverse environmental impact of the envisaged use of the land and buildings. It then adopts rules that reflect an equitable balancing of interests and/or, if applicable, comply with statutory limitations.[345] Outside the binding land-use plan, the operators of harmful facilities may have to apply for an environmental permit before they can start operations.[346] Then, mostly the municipal executive will be competent to decide on whether the business activities comply with environ-

[340] Bestemmingsplan 'Bospoort' of 9 March 2009, Gemeente Leiderdorp, 14.

[341] Tunnissen 2010, 254.

[342] See subsection 4.3.2.1 above.

[343] See, for instance, ABRvS, Judgment of 1 December 2010, ECLI:NL:RVS:2010:BO5721, *JOM* 2011, 464, para 2.18.

[344] For certain categories of projects, the Environmental Management Act and the Environmental Impact Assessment Decree (*Besluit milieueffectrapportage*) prescribe an environmental impact assessment to ensure that the planning authority identifies the adverse impact upon the environment.

[345] Van Buuren et al 2014, 43 et seq.

[346] Art. 2.1(2) of the Environmental Law Decree (*Besluit omgevingsrecht*). A permit must in particular be obtained for IPPC installations in terms of the European Industrial Emissions Directive 96/61/EC. See Art. 1.1(3) Wabo; GCW van der Feltz, in R Uylenburg (eds) *Tekst & Commentaar: Milieurecht*, 6th ed (Kluwer: Deventer 2015) Activiteitenbesluit milieubeheer, aanhef, para 4. See for the applicable procedure: Chapter 3 Wabo.

mental legislation and otherwise do no disproportionate harm to the environment.[347]

Dutch law provides various statutory bases for limitations that apply to the binding land-use plan and protect the public interest in environmental protection. Art. 3.37(1) Wro stipulates that norms on the content of the binding land-use plan can be laid down in a governmental decree (*Algemene maatregel van bestuur*). In the explanatory memorandum on Art. 3.37 Wro, the legislator clearly states that these rules also refer to environmental and other standards that are relevant to spatial planning.[348] Art. 5.1(1) of the Environmental Management Act stipulates that environmental standards can be laid down in a governmental decree. The municipal council will have to observe these standards if the applicable norm declares them applicable to the exercise of the council's powers.[349] Although by no means complete, the following paragraphs briefly outline standards applicable to binding land-use plans for water quality, air quality and noise nuisance.[350]

Air Quality

Art. 5.6(1) Wm refers to standards for the quality of the air in Annex 2 of the Environmental Management Act. They, for instance, include a maximum value for nitrogen dioxide and sulphur dioxide in the air. Art. 5.16(1), (2) lit. c Wm explicitly declares these values applicable to the adoption of binding land-use plans. If the project, combined with mitigating measures, leads to a significant increase in the concentration of one of the substances listed in Annex 2 *and* causes the maximum values to be exceeded, the plan would generally be contrary to the Environmental Management Act and set aside.[351]

---

[347] Art. 3.1(1) Wabo. Where an environmental permit is required, the municipal council cannot lay down in the plan emission targets or other environmental standards if standards of that kind are already laid down in legislation and the municipal executive would have to apply those standards when assessing the application for an environmental permit. See for more details on the relationship between environmental standards in the binding land-use plan and those applied before an environmental permit may be issued: Van Buuren et al 2014, 44 et seq. In any case, the municipal council will have to give the project such a location in the plan and subject the project to such rules that the project can comply with those environmental standards. If an environmental permit is not needed, the project developer will at least have to observe the Activities Decree Environmental Management (*Activiteitenbesluit Milieubeheer*); see: Van der Feltz, in T&C Milieurecht, Activiteitenbesluit milieubeheer, aanhef, sections 1 and 3.

[348] Tweede Kamer der Staten-Generaal, 2002–2003, 28 916, No. 3, Explanatory Memorandum, *Wet ruimtelijke ordening*, 21.

[349] Art. 5.2(1) Wm; Van Buuren et al 2014, 368; and MN Boeve, in T&C Milieurecht, Wm, titel 5.1, Inleidende opmerkingen. The norms even apply in the planning procedure if the project developer must apply for an environmental permit. Cf ABRvS, Judgment of 28 November 2012, ECLI:NL:RVS:2012:BY4439, *JM* 2013, 12, annotated by R. van Bommel, para 4.3; and Van Bommel, annotation of: ABRvS, Judgment of 28 December 2011, ECLI:NL:RVS:2011:BU9438, *JM* 2012, 26.

[350] There are, however, also provisions that permit deviations. For instance, Art. 2 of the City and Environment Interim Act (*Interimwet stad-en-milieubenadering*) allows for deviations from rules on soil protection, protection from noise nuisance, and air quality in the interest of economical and efficient use of land and a good living environment.

[351] An exception would be applicable if the project did not exceed the maximum values laid down in a ministerial programme that is aimed at the gradual reduction of the concentration of certain substances in the air; see Art. 5.16(1)(d) Wm, read in conjunction with Artt. 5.12, 5.13 Wm.

Water quality

Art. 3.1.6(1) lit. b Bro stipulates that the municipality must take into account the impact of the plan on the water balance. Art. 2(2) of the Regulation on Environmental Quality Standards regarding Dangerous Substances in Surface Waters (*Regeling milieukwaliteitseisen gevaarlijke stoffen oppervlaktewateren*) provides that all administrative bodies whose decisions may have an impact upon surface waters have to observe the standards contained in the regulation. Annex I provides the maximum amount of certain substances that the surface waters may contain. The municipal council thus has to include such rules in the plan that those maximum amounts are not exceeded.

Noise nuisance

Art. 40 of the Noise Nuisance Act stipulates that the municipal council must designate a buffer zone around a new industrial area when creating the industrial area in the binding land-use plan. Outside this area, the noise nuisance must not exceed 50 decibels (dB). Within this zone, the noise nuisance at the façade of a home must not exceed 50 dB.[352] Should the municipality plan a new industrial area and the noise nuisance exceed the maximum values around the area, the plan would be contrary to the Noise Nuisance Act and set aside.

The Association of Dutch Municipalities (*Vereniging van Nederlandse Gemeenten*) has issued guidelines on the recommended distance from a new business that may cause (noise) nuisance to sensitive areas, such as residential areas.[353] If the municipal council observes these distances, the binding land-use plan will, without prejudice to statutory and other limitations, ensure a good residential and living environment and an equitable balance of interests in this respect.[354] Deviations are permissible, but the council will have to give reasons for them.[355] With regard to already existing businesses, the guidelines merely form an indication as to what a good residential and living environment requires.[356]

---

[352] Art. 44 Wgh. See for exceptions: Artt. 45 and 46 Wgh. Regarding other noise-sensitive buildings: Art. 47 Wgh.

[353] See for all guidelines: https://vng.nl/onderwerpenindex/ruimte-en-wonen/omgevingswet/publicaties/handreiking-bedrijven-en-milieuzonering (last accessed: 28 June 2017). Cf Van Buuren et al 2014, 45.

[354] ABRvS, Judgment of 16 April 2014, ECLI:NL:RVS:2014:1298, *JBO* 2014, 90, annotated by D van der Meijden, para 25.10.

[355] ABRvS, Judgment of 25 November 2015, ECLI:NL:RVS:2015:3589, para 17.2.

[356] ABRvS, Judgment of 27 January 2016, ECLI:NL:RVS:2016:148, para 4.4.

4.3.4.5 Illustration of the balancing of interests in the planning procedure

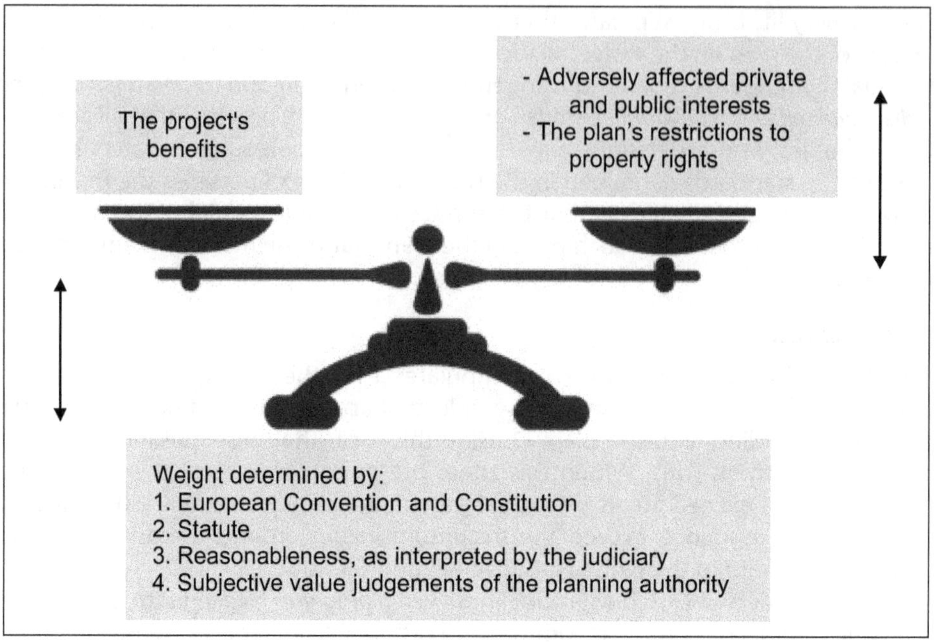

Figure 7: The boxes above the scale pans show which interests the competent authorities and the courts must take into account and balance against each other. The box under the scale contains the order of the sources that determine the weight of the involved interests. The arrows indicate which positions of the scale pans represent a permissible balance between the project's benefits and the adversely affected interests.

Source: Author's own design

4.3.5 The governance of the contextualisation of the project

➢ This subsection addresses the following questions with respect to Dutch law:
- To what extent do the legislature and the administrative authorities shape the project?
- To what extent do the administrative authorities and the courts review the project?
- What is the role of the legislator, the administrative authorities, and the courts in determining and applying the requirements pertaining to the contextualisation?

➢ See subsection 2.4.3 for more details on the governance analysis.

4.3.5.1 The role of the legislator

Through the principle of proportionality, the Constitution and general legal principles prescribe a balancing of interests, that the project must be suitable to realise its purpose, and that the planning authority must consider alternative projects. The Constitution, however, does not give any elaborate substantive rules for the choice of the project or the balancing of interests.

Within this framework, the legislator can perform the creative task to shape the balancing of interests in the planning procedure and determine boundaries to the planning authority's discretion. A balancing of interests requires identifying the interests affected by the project, according a certain weight to them, and balancing them. *Stoter* stated in this respect that the legislator had to define which interests the competent authority would have to regard as affected and what weight that authority would have to accord to a certain interest compared to other interests.[357] In practice, the legislator only partially follows this approach. In Art. 3:4(1) Awb, the law prescribes a balancing of interests and restricts the holders of affected interests to persons whose interests are directly concerned by the administrative decision.[358] Art. 3:4(2) Awb specifies which outcome of the balancing of interests is regarded as disproportionate and, therefore, as unlawful. In the Spatial Planning Act, the legislator further specifies that affected interests must be relevant to spatial planning and that the designations and rules must serve good spatial planning.

In addition to the rather abstract boundaries and guidance on relevant interests, Parliament (or the Minister competent to issue decrees on this matter) sets concrete boundaries to the planning authority's discretion. Statutes protect certain (vulnerable) public interests, such as water quality and other environmental interests, by indicating when the project disproportionately harms these interests. As for other interests, Parliament does not specify possible designations or projects and does not engage in prescribing the weight that the authority must accord to a certain interest.

4.3.5.2 The role of the planning authority (Municipal Council and Executive)

Having gathered the facts of the case, the planning authority shapes the project, either out of its own initiative or upon request by another state body or the project developer. The council performs the creative task to shape the project, to weigh the involved interests, and to choose the least harmful project. In order for the plan to survive judicial scrutiny, the council observes statutory boundaries and ensures that the implementation of the project would be suitable and proportionate to serve its legitimate purpose. As these statutory boundaries are very wide and judicial scrutiny is quite lenient, [359] the planning authority has wide discretion when performing its creative role.[360]

Moreover, as has been discussed above, [361] the municipal council itself decides to what extent the council or the municipal executive fulfils this task. If the project developer must apply for an environmental permit, the municipal executive will play a controlling role by applying statutory environmental standards.

4.3.5.3 The role of the expropriation authority (Crown)

The binding land-use plan forms the basis of the expropriation procedure. The question is what role the Crown plays in the contextualisation of the project. The intuitive answer would be that the Crown has no role to play. It is for the planning authority to balance all involved interests, decide upon the use of land, and shape the project, [362] and for the Judicial Division to scrutinise its determinations.[363] The

---

[357] Stoter 2000, 135.
[358] See Art. 1:2(1) Awb.
[359] See subsection 4.3.5.1 above.
[360] Van Buuren et al 2014, 38.
[361] See subsections 4.1.3.1 and 4.2.2.2 above.
[362] De Roos 2010, 187.

Crown (and the courts in the judicial expropriation procedure)[364] will not deal with any objections of a spatial nature (*planologische aard*).[365] This rule would only not apply if the objection could not be made in the framework of a proper judicial review of the plan.[366] This will not be the case as the plan can be challenged before the Judicial Division.[367]

To determine the scope of the Crown's examination, it is essential to know what an objection of a spatial nature is. The public can generally no longer make the objection that there are not enough financial or other economic resources available to implement the plan and/or the project.[368] As has been noted, [369] this will not apply if the lack of financial resources jeopardises the urgency of the expropriation. The Crown will not scrutinise alternatives to the project or the designation[370] and will not reconsider the details of the project or the designation.[371] Also, adversely affected persons can only bring forward objections against the necessity or proportionality of the designation and the project during the planning procedure and before the Judicial Division.[372] An exception to this rule is that if the expropriatee raises the self-realisation defence in the expropriation procedure, the Crown will scrutinise whether the project as envisaged by the municipality can be realistically implemented.[373] Refer to the subsection on self-realisation below for more details.[374]

That said, as has been noted above, [375] the Crown plays a controlling role by scrutinising the relationship between the economic development project and its purpose. The Crown seems to safeguard the financial feasibility of the project through the urgency test. Moreover, it has been submitted that the Crown has to address an objection that challenges the suitability of the project to contribute to

363 See subsection 4.3.5.4 below.

364 See, for instance, HR, Judgment of 27 April 2007, ECLI:NL:HR:2007:AZ6641, *BR* 2007, 230, annotated by JF de Groot.

365 Den Drijver-van Rijckevorsel et al 2013, 39 et seq; KB Leiderdorp, Decision of 8 July 2010, No. 10.001769, *Staatscourant* 2010, 10742; KB Alkmaar, Decision of 18 August 2005, No. 05.002899; Den Drijver-van Rijckevorsel et al 2013, 21; and Sluysmans & Van der Werf 2005, section 4. Cf Van der Veen 'De Hoge Raad en de taakverdeling bij toetsing van Kroonbesluiten inzake onteigening' in De Groot & Harteman (eds) *Bijzonder geschikt voor het werk, H.J.M. van Mierlo bundel* (The Hague: Stichting Instituut voor Bouwrecht 2012) 131–137, 135.

366 HR, Judgment of 16 February 2000, ECLI:NL:HR:2000:ZD2980, *NJ* 2000, 419, annotated by PCE van Wijmen, para 3.4.4.

367 Art. 2, *Bijlage* (Annex) 2, Awb, read in conjunction with Art. 8:6 Awb. This would be different if the Crown were the only body competent to review the plan; see: ECtHR, Judgment of 23 October 1985, *Benthem v The Netherlands*, ANo. 8848/80, para 43.

368 KB Westland, Decision of 29 October 2009, No. 09.003047, *Staatscourant* 2009, No. 17420; KB Leiderdorp, Decision of 8 July 2010, No. 10.001769, *Staatscourant* 2010, 10742; KB Alkmaar, Decision of 18 August 2005, No. 05.002899. However, there may be room for exceptions: KB Haarlemmermeer, Decision of 15 March 2010, No. 10.000658, *Staatscourant* 2010, 5605; and KB Katwijk, Decision of 25 March 2010, No. 10.000800, *Staatscourant* 2010, 6023.

369 See subsection 4.3.2.1 above.

370 KB Westland, Decision of 29 October 2009, No. 09.003047, *Staatscourant* 2009, 17420.

371 KB Buiksloterham, Decision of 9 July 2012, *Staatscourant* 2012, 16069.

372 KB Apeldoorn, Decision of 12 October 2012, *Staatscourant* 2012, 22926; Overwater & Westendorp-Frikkee 2004, 49; and De Roos, 'Kroniek onteigening 2010', *Tijdschrift voor Agrarisch Recht* 2011, 359–367, 362.

373 Rijkswaterstaat 2016, 23.

374 See subsection 4.4.2.2 below.

375 See subsection 4.3.2.1 above.

spatial development. At present, however, the Crown does not seem to assume this controlling role.[376]

An interesting part of the Crown's controlling role is that the Crown protects the monopoly of the municipal council in shaping the project. In scrutinising whether the expropriation serves spatial development, the Crown will not tolerate any substantial deviations from the binding land-use plan.[377]

4.3.5.4 The role of the courts

The Judicial Division fulfils a controlling function because the judges do not shape the project and merely annul a plan where the municipal council has failed to comply with the law.[378] The intensity of judicial scrutiny differs per instance. Compliance with substantive statutory provisions, which protect vulnerable interests, formal requirements, and procedural rules is subject to a full judicial review.[379] Formal and procedural rules include certain general principles of good administration, such as the principle of prudent preparation and the duty to give reasons.[380] However, where the Judicial Division not only controls compliance with statutory provisions and general principles of good administration of a procedural or formal nature, but would have to determine additional substantive boundaries to the planning authority's discretion to shape the project, the judicial scrutiny is weaker. The balancing of interests upon which the choice of the project and its details are based is subject to only a limited judicial review. The Judicial Division will only annul the plan under very narrow circumstances on the basis of Art. 3:4(2) Awb or its interpretation of 'good spatial planning'.[381] Refer to the subsections on the alternative project argument and the taking account of adversely affected interests above for the boundaries that the Judicial Division sets.[382]

In the judicial expropriation procedure, the competent civil court performs a narrow controlling role in the relationship between the project and its legitimate purpose, more specifically the suitability of the project. The competent court scrutinises whether the Crown correctly verified that the project serves to implement or enforce the binding land-use plan and that the expropriation is urgent.[383]

4.3.6 Conclusion

It is for the directly elected municipal council (and, if the council so decides, the mayor and the members of the municipal executive) to perform the creative task to shape the project and to choose among alternatives. In contextualising the project, the council must take into account all involved interests that are relevant to spatial

---

[376] See subsection 4.3.2.2 above.

[377] See subsection 4.2.1.6 above.

[378] Art. 8:72(1) Awb.

[379] Van Buuren et al 2014, 92; see, for instance, ABRvS, Judgment of 18 January 2012, ECLI:NL:RVS:2012:BV1211, para 2.3.4.

[380] ABRvS, Judgment of 14 September 2011, ECLI:NL:RVS:2011:BS8852, para 2.5.3; ABRvS, Judgment of 10 July 2013, ECLI:NL:RVS:2013:205; and ABRvS, Judgment of 1 June 2011, ECLI:NL:RVS:2011:BQ6809, paras 2.2.5 and 2.2.6. See subsection 4.2.2.4 above.

[381] ABRvS, Judgment of 18 January 2012, ECLI:NL:RVS:2012:BV1211, para 2.2.3.

[382] See subsections 4.3.3.3, 4.3.4.2, and 4.3.4.3 above.

[383] See concerning deviations from the binding land-use plan: HR, Judgment of 19 February 2010, ECLI:NL:HR:2010:BK8100, *NJ* 2010, 116.

planning, such as the public interest in the project, adversely affected property rights, and other public interests, such as environmental protection, infrastructure, and public health. The council must balance the public interest in the designation and the project against adversely affected interests. Due to the separation of the planning and the expropriation procedure, the loss of ownership by the expropriatee need not play any role in the planning phase. Except for the suitability of the economic development project, the council does not separately test the relationship between the project and the legitimate purpose that it serves. Rather, the council deals with this aspect when striking the balance between the project's benefits and its adverse impact. If the project did not sufficiently serve its purpose, its benefits would not outweigh adversely affected interests.

The legislator has set some boundaries in planning law in order to protect certain vulnerable public interests from disproportionate harm, such as environmental protection. Within these boundaries, the council's discretion is very wide. The municipal council must take into account adversely affected interests, but can generally place a higher weight on the public interest in the project. The council can choose among different alternatives. The Judicial Division performs a narrow controlling and boundary-shaping function when scrutinising the exercise of that discretion. The Judicial Division will only interfere if the project is harmful to good spatial planning, eg where the new factory is not conveniently located to the public transport system, or the chosen project has significant disadvantages when compared to an alternative project that is equally suitable to realise the project's legitimate purpose. The impact upon the property right of the potential expropriatee will generally not be disproportionate because the Judicial Division takes into account the compensation that the expropriatee would receive in case of expropriation. The public can influence the project through objections to the plan in the participatory planning procedure.[384]

4.4 THE CONTEXTUALISATION OF THE EXPROPRIATION

➢ Refer to section 2.2 for more details on the contextualisation in general.

After the municipality has applied for the expropriation, the Crown decides whether or not to expropriate property on the basis of the binding land-use plan.[385] In its decision the Crown contextualises the expropriation by dealing with the suitability of the expropriation, the least invasive means argument, and the balance between the project's public benefits and the interests that are adversely affected by the expropriation.

4.4.1 The suitability of the expropriation

The expropriation must be suitable to enable the project developer to implement the project as laid down in the binding land-use plan. This not only follows from the principle of proportionality, [386] but also from the criteria that the Crown applies. As

[384] Refer to subsection 4.5.2 below for details on the participatory procedure.
[385] Artt. 77 Ow et seq.
[386] De Moor-van Vugt 1995, 16.

has been noted above, [387] the expropriation must serve spatial development. As it will only serve spatial development if the expropriation serves to implement the binding land-use plan, the expropriation must be suitable to enable the project developer to implement the project. The expropriation will, by contrast, not be suitable without a binding land-use plan or if the proposed project considerably deviates from the plan.[388] Also, it follows from the doctrine on self-realisation that the defence that the expropriatee is willing and able to implement the project themselves will not be successful if the land mass of the owner is too small or too scattered to implement (an independent part of) the project.[389] In the light of this rule, it seems reasonable to assume that an expropriation would not be suitable if the transferee could not implement an independent part of the project on the available land after the expropriation and the municipality could not conceivably acquire enough land for the project.

4.4.2 The least invasive means argument

➢ This subsection addresses the following questions with respect to Dutch law:
- Would the availability of an equally suitable, but less harmful means of acquiring land for the chosen project render the expropriation unlawful?
- Would the availability of an insignificantly less suitable, but considerably less harmful means of acquiring the land render the expropriation unlawful?

➢ See subsection 2.2.5 for more details on the least invasive means argument.

A well-founded least invasive means argument does not necessarily lead to a violation of Art. 1 P1 ECHR.[390] As the European Court put it in *James and Others v United Kingdom*, an available alternative solution 'constitutes one factor, along with others, relevant for determining whether the means chosen could be regarded as reasonable and suited to achieving the legitimate aim being pursued, [. . .].'[391]

Under Dutch law, the least invasive means argument triggers the Crown to examine whether the expropriation is necessary to enable the transferee to implement the project. Unlike under the Convention, there are certain categories of cases recognised under Dutch law in which a well-founded least invasive means argument could render the expropriation unlawful. The first category would be cases where the project requires less land than the municipality seeks to acquire through expropriation.[392] Secondly, the project could also be implemented through less invasive legal means than expropriation. These means at least include the voluntary

---

[387] See subsection 4.2.1.6 above.

[388] See subsection 4.2.1.6 above.

[389] Rijkswaterstaat 2016, 24; and Groen 2014, 235.

[390] ECtHR, Judgment of 21 February 1986, *James and Others v The United Kingdom*, ANo. 8793/79, para 51; and ECtHR, Judgment of 20 July 2004, *Bäck v Finland*, ANo. 37598/97, para 54. With regard to Art. 8 ECHR: ECtHR, Grand Chamber, Judgment of 8 July 2003, *Hatton & Others v United Kingdom*, ANo. 36022/97, paras 100 et seq.

[391] ECtHR, Judgment of 21 February 1986, *James and Others v The United Kingdom*, ANo. 8793/79, para 51. See also: ECtHR, Judgment of 29 November 1991, *Pine Valley Developments Ltd and Others v Ireland*, ANo. 12742/87, para 59.

[392] Rijkswaterstaat 2016, 17; Sluysmans & Van der Gouw 2015, 44; and Rechtbank Haarlem, Judgment of 16 January 2008, ECLI:NL:RBHAA:2008:BC3864, *BR* 2008, 360, para 4.9. See, for instance, KB, Decision of 21 May 1999, *Staatscourant* 1999, 121; and KB, Decision of 26 October 1996, *Staatscourant* 1996, 229 on the right of superficies and servitudes.

creation of limited property rights or contractual obligations, [393] but arguably also less invasive regulatory schemes, such as under the Private Law Hindrance Act.[394] As the Expropriation Act does not permit the separate expropriation of a limited property right unless this limited property right already encumbers the transferee's ownership, [395] the forced creation of a limited property right is not a less invasive means. Thirdly, the required piece of land could be purchased on the private market on reasonable terms. Fourthly, the owner of the land is willing and able to implement the project according to the wishes of the municipality (self-realisation; in Dutch: *zelfrealisatie*).

In all cases, a prerequisite is that the alternative means is suitable to make the implementation of the envisaged project possible and ensures the safe and undisturbed operating of the project.[396] This suggests that even if the less invasive means entails more costs or is in another way less advantageous than expropriation, the least invasive means argument may be successful.

The self-realisation defence and the obligatory attempt to purchase the property received particular attention in the Decisions of the Crown. Therefore, the following two subsections are dedicated to them.

4.4.2.1 Purchase on the private market

Art. 17 Ow stipulates that the municipality must seek to purchase the targeted land from the owner before the start of the judicial expropriation procedure. The Expropriation Act does not expressly oblige the municipality to seek to purchase the land on the private market before the start of the administrative expropriation procedure. Yet, such an obligation does exist. Art. 79 No. 5 Ow requires the municipality to document its attempt to purchase the land before the municipality can initiate the expropriation proceedings, and the Crown consistently holds that the municipality must make such an attempt.[397] In practice, most targeted properties are not formally expropriated, but acquired on the basis of a purchase agreement.[398]

Two factors shape the requirements that the administrative authority must meet. The first factor is the purpose of the obligation to make an attempt to purchase the targeted land on the private market. As the obligation's purpose is to avoid the administrative expropriation procedure and legal proceedings, the municipality's attempt should be subject to rather strict requirements. The second factor is the public interest in a prompt acquisition of the targeted land.[399] This factor may suggest that the municipality's attempt is subject to more lenient requirements. More specifically, the more urgent the acquisition is, the more lenient the requirements should be in the light of that factor.

The applicable standard that follows from these factors is that the municipality has started to negotiate about the purchase of the land before the start of the adminis-

---

[393] Sluysmans et al 2011, 15; JF de Groot, 'Noodzaak voor onteigening: actualiteiten zelfrealisatie' 2009 *O&A* 38–50; and KB, Decision of 21 May 1999, *Staatscourant* 1999, 121.

[394] Van Wijmen 1991, 50 et seq. See subsection 4.1.3.2.5 above.

[395] Art. 4 Ow.

[396] KB, Decision of 21 May 1999, *Staatscourant* 1999, 121; and KB 26 October 1996, *Staatscourant* 1996, 229.

[397] Den Drijver-van Rijckevorsel et al 2013, 14; and Sluysmans & Van der Gouw 2015, 45.

[398] Tunnissen 2010, 252; Van Zundert 2006, 261; and De Roos 2013, section 1.

[399] HR, Judgment of 29 March 2013, ECLI:NL:HR:2013:BY8665, *RvdW* 2013, 473, para 3.6.2.

trative expropriation procedure. The administrative expropriation procedure starts when the municipality applies to the Crown for the expropriation of the property.[400] If the municipality has made a reasonable attempt to purchase the land and the negotiations will in all likelihood not lead to the desired result, the municipality's attempt will pass the Crown's scrutiny.[401] A reasonable attempt must generally include a written offer to the owner and holders of limited property rights.[402] This offer must in particular contain a designation of the desired piece of land.[403] Furthermore, the owner of the land and the holders of limited property rights must be afforded four weeks to consider the offer before an application for expropriation.[404] If they do not respond, the applicant should remind them of the offer.[405] If they fail to respond or reject the offer, the applicant will have complied with this requirement.

4.4.2.2 *Self-realisation*

In the administrative expropriation procedure, the owner of the targeted property can declare that they are willing and able to implement the project according to the wishes of the applicant. This objection is called a self-realisation defence. If this defence proves to be well-founded, the expropriation will no longer be necessary. This objection is normally raised where the owner hopes to benefit from profitable projects under the binding land-use plan. In particular, this applies to housing, industrial, and commercial projects, whereas infrastructure projects are not as attractive.[406]

Being able and willing to implement the project

The first requirement is that the owner of the land is willing and able to implement the project. In order to meet the requirement of the intention to implement the project, the owner may have to conclude a contract with the municipality whereby they are bound to implement the project according to the wishes of the municipality.[407] Furthermore, the Crown also takes into account whether the owner would be willing to pay an exploitation fee.[408] The requirement of 'the ability to implement' entails that the expropriatee's right of ownership must not be encumbered with any limited property rights.[409] Also, the owner has to establish that they have the required knowledge, funding, and experience to implement the project.[410] This does not mean that the owner themselves must have the required knowledge and

---

[400] Sluysmans & Van der Gouw 2015, 45; and Den Drijver-van Rijckevorsel et al 2013, 14.

[401] Rijkswaterstaat 2016, 17; and Den Drijver-van Rijckevorsel et al 2013, 14.

[402] Rijkswaterstaat 2016, 18; and Botter & De Groot 2016, subsection 2.2.

[403] Rijkswaterstaat 2016, 18.

[404] Den Drijver-van Rijckevorsel et al 2013, 15; Sluysmans & Van der Gouw 2015, 46; and Rijkswaterstaat 2016, 18.

[405] Rijkswaterstaat 2016, 19. See Botter & De Groot 2016, subsection 2.2.4, who noted that the owner and the holders of limited property rights should have two weeks to respond to the reminder.

[406] Den Drijver-van Rijckevorsel et al 2013, 23; and Sluysmans & Van der Gouw 2015, 46.

[407] Rijkswaterstaat 2016, 23.

[408] Sluysmans & Van der Gouw 2015, 47; Groen 2014, 237; and Groen 2016, 295, who pointed out that it is not necessary for the parties to reach an agreement on this matter.

[409] Groen 2016, 290.

[410] Rijkswaterstaat 2016, 22; and Den Drijver-van Rijckevorsel et al 2013, 25.

experience. It is sufficient that they employ a third party to implement the project.[411] Upon request the owner must give the municipality access to information on their plans and their business partners in order to enable the municipality to examine whether the owner is able to implement the project.[412]

According to the wishes of the municipality

The second requirement is that the expropriatee would implement the details of the project according to the wishes of the municipality. The details of the project may refer to the type of the project, its location, its design, as well as the density and the allocation of buildings and other structures.[413] The owner must be able to take note of them. This means that they must be laid down in the binding land-use plan, the explanatory memorandum, policy documents, administrative decisions, or drawings.[414] The Ministry states in its guidelines that the details of the project must be in the public interest and its implementation must be feasible.[415]

If the details of the project as envisaged by the municipality do not deviate from the plan of the owner, the expropriation will not be necessary. If they do, the Crown scrutinises whether there is an urgent need in the public interest for this deviation.[416] The Crown, however, subjects the need invoked by the municipality only to very limited scrutiny.[417] If that need reasonably qualifies as an urgent need in the public interest, the owner cannot rely upon the self-realisation defence. If there is no such need, the expropriation will generally not be necessary.

An example of a case where there was an urgent need in the public interest revolved around a housing project in the municipality of Venray.[418] The municipality wished to transfer the land on which the project developer would build the residential houses to the future inhabitants. The municipality further planned to let the inhabitants choose the design of their houses as well as their architect in order to allow for individualised units. The expropriatees relied upon self-realisation. Unlike the municipality, they wished to implement the housing project as a whole with individualised units, but the future residents would not be able to choose the design or the architect. The Crown held that this deviation was sufficient to render the self-realisation defence unfounded without addressing the public interest in the deviation or the urgency of this interest.[419] Interestingly, the Supreme Court later

[411] Rijkswaterstaat 2016, 23; and Groen 2016, 293 et seq.

[412] Groen 2014, 238; and Sluysmans & Van der Gouw 2015, 46.

[413] Rijkswaterstaat 2016, 23; and Sluysmans & Van der Gouw 2015, 47.

[414] Rijkswaterstaat 2016, 23; Sluysmans & Van der Gouw 2015, 47; and Groen 2016, 296.

[415] Rijkswaterstaat 2016, 23.

[416] Rijkswaterstaat 2016, 24; and Den Drijver-van Rijckevorsel et al 2013, 24.

[417] Groen 2014, 234. See as an example: KB, Decision of 10 September 2008, ECLI:NL:XX:2008:BG9215, *BR* 2008, 191.

[418] KB Venray, Decision of 6 May 2004, ECLI:NL:XX:2004:AS1988, *BR* 2004, 181, annotated by Ten Kate.

[419] KB Venray, Decision of 6 May 2004, ECLI:NL:XX:2004:AS1988, *BR* 2004, 181, annotated by Ten Kate. See the judgment of the District Court of Roermond that found that there was no urgent need because the implementation of the project proposed by the owners did not significantly differ from the proposal of the municipality: Rechtbank Roermond, Judgment of 13 April 2005, ECLI:NL:RBROE:2005:AT4378. Overruled by Gerechtshof 's-Hertogenbosch, Judgment of 28 September 2006, ECLI:NL:GHSHE:2006:AY9436.

found that it was not necessary for the Crown to address the urgency of the need in the public interest explicitly.[420]

One of the few cases where the municipality failed to establish an urgent need in the public interest, evolved around a housing project in the municipality of Bemmel. The owner of the land wished to build a detached house, while the municipality wished to build a semi-detached house. The municipality, however, did not give any explanation for this plan. The Crown found that the municipality had failed to explain the public interest in the semi-detached house.[421] It therefore seems that it is essentially sufficient for the municipality to show that there are differences between their plan and the plan of the owner and give reasons for these differences.

Exceptions to the right of self-realisation

There are also exceptions to the rule that the expropriation will not be necessary if the owner is willing and able to implement the project according to the wishes of the municipality. These exceptions are related to the available land mass, the characteristics of the land, and the nature of the project. To give but three examples: If the land mass of the owner is too small or too scattered to implement an independent part of the project, self-realisation will be precluded.[422] Also, if the project must be implemented as a whole and the owner does not dispose of the land mass necessary to allow for the integral implementation of the project, the owner will be barred from relying upon the self-realisation defence.[423] In such cases, it will not be sufficient for the owner to claim that they would have enough land if only the municipality sold them suitable land.[424] Self-realisation will also be precluded if the project is public in nature. One may think of roads, green areas, and other public infrastructure.[425]

4.4.2.3 Overview of the assessment of a least invasive means argument

The following flow chart illustrates which steps the Crown take when the expropriatee puts forward the least invasive means argument.

[420] HR, Judgment of 15 February 2008, ECLI:NL:HR:2008:BB7030, *RvdW* 2008, 232, *BR* 2008, 58, annotated by Fokkema, para 3.2.

[421] KB Bemmel, Decision of 20 January 2001, *Staatscourant* 2001, 33.

[422] Rijkswaterstaat 2016, 24; and Groen 2014, 235.

[423] Rijkswaterstaat 2016, 24; and Sluysmans & Van der Gouw 2015, 47.

[424] Groen 2016, 291.

[425] Sluysmans & Van der Gouw 2015, 47, with further references in fn 73.

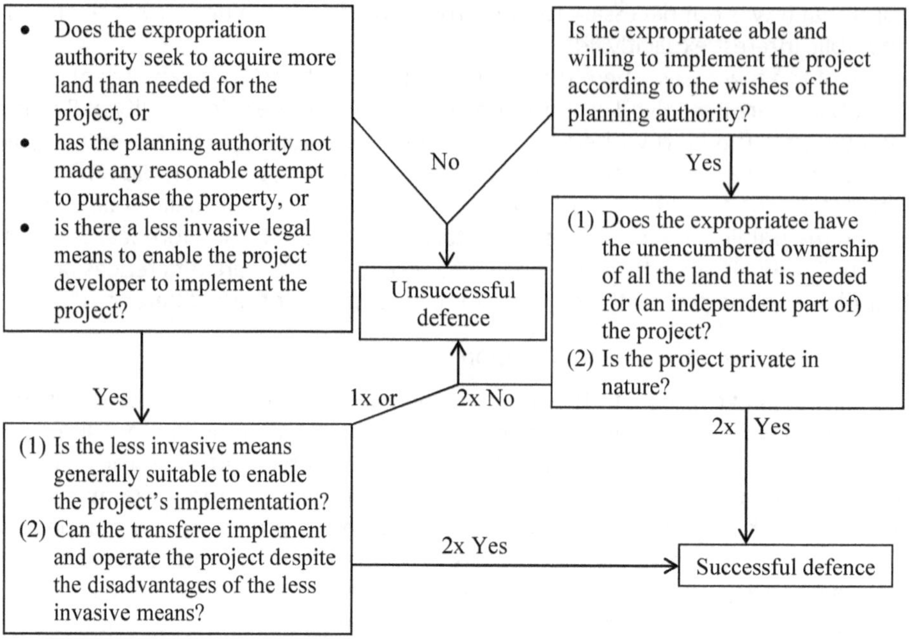

Figure 8: The flow chart shows which steps the Crown takes when the expropriatee puts forward the least invasive means argument. The text above, below, and next to the arrows indicates which finding would trigger the step or conclusion in the following box.

Source: Author's own design

4.4.3 The balance between the public benefits and the loss of the right of ownership

It is not for the Crown to consider alternatives to the project[426] or to reconsider its details.[427] The project is fixed. However, there was one balancing of interests left for the Crown to undertake. In the planning procedure, the municipal council does not balance the public interest in the project against the private interest of the expropriatee in keeping their right of ownership.[428] The Crown fulfils this task in the expropriation procedure.

➢ This subsection, therefore, addresses the following questions with respect to Dutch law:
  - What is the weight that the competent authority and the courts have to accord to the property interest of the expropriatee when deciding upon whether or not to expropriate their property?
  - What are the legal boundaries to the balance between the project's public benefits and the loss of the right of ownership?

➢ See subsection 2.2.6 for more details on taking into account adversely affected interests.

[426] KB Westland, Decision of 29 October 2009, No. 09.003047, *Staatscourant* 2009, 17420.
[427] KB Buikslotерham, Decision of 9 July 2012, *Staatscourant* 2012, 16069.
[428] See subsection 4.3.4 above.

4.4.3.1 Guidance from the European Convention

Art. 1 P1 ECHR demands a fair balance between the public interest and the protection of the individual's fundamental rights. A fair balance is generally a reasonable relationship of proportionality between the means employed and the aim sought to be realised.[429] The relationship of proportionality will not be reasonable if the burden imposed upon the holder of the possessions is individual and excessive.[430] As the Convention grants the signatory states a margin of appreciation, in particular concerning the means to resolve a public concern[431] and the legitimate justification of the consequences of the expropriation, [432] the Convention grants states a lot of leeway in weighing the interests (provided that equitable compensation is paid[433]).

While the Convention sets few boundaries to the discretion of the states, the Convention may provide useful guidance as to how the Crown should conduct the balancing of interests. In weighing the interests involved, the state has to assess how urgent the public concern that the deprivation is meant to resolve actually is.[434] Then, the state has to evaluate the interest of the holder of the possessions at stake. To determine the weight of the interest in the possessions, the state has to take due account of several factors. One factor is the magnitude of the burden imposed upon the holder of the possessions. In particular, the state has to take into account whether the deprivation leads to a partial or total loss of their possessions.[435] This entails that if the state takes measures to alleviate the burden imposed upon the holder of possessions, the state will be more likely to strike a fair balance.[436] The state

[429] ECtHR, Judgment of 21 February 1986, *James and Others v The United Kingdom*, ANo. 8793/79, para 50.

[430] ECtHR, Judgment of 21 February 1986, *James and Others v The United Kingdom*, ANo. 8793/79, para 50; ECtHR, Grand Chamber, Judgment of 30 June 2005, *Jahn and Others v Germany*, ANos. 46720/99, 72209/01 and 72552/01, para 93; and ECtHR, Judgment of 22 November 2011, *Saliba and Others v Malta*, ANo. 20287/10, para 55.

[431] ECtHR, Judgment of 21 February 1986, *James and Others v The United Kingdom*, ANo. 8793/79, para 46; ECtHR, Grand Chamber, Judgment of 30 June 2005, *Jahn and Others v Germany*, ANos. 46720/99, 72209/01 and 72552/01, para 91; ECtHR, Judgment of 22 November 2011, *Saliba and Others v Malta*, ANo. 20287/10, paras 58 et seq; and ECtHR, Judgment of 25 October 2011, *Valkov and Others v Bulgaria*, ANos. 2033/04, 19125/04, 19475/04, 19490/04, 19495/04, 19497/04, 24729/04, 171/05, and 2041/05, para 91.

[432] ECtHR, Grand Chamber, Judgment of 30 June 2005, *Jahn and Others v Germany*, ANos. 46720/99, 72209/01 and 72552/01, para 93.

[433] ECtHR, Judgment of 23 November 2000, *The Former King of Greece and Others v Greece*, ANo. 25701/94, paras 89–99.

[434] ECtHR, Grand Chamber, Judgment of 30 June 2005, *Jahn and Others v Germany*, ANos. 46720/99, 72209/01 and 72552/01, para 116; ECtHR, Judgment of 28 September 1995, *Scollo v Italy*, ANo. 19133/91, para 35; ECtHR, Judgment of 20 October 1995, *Pressos Compania Naviera S.A. and Others v Belgium*, ANo. 17849/91, paras 39 et seq; ECtHR, Judgment of 27 November 2007, *Urbárska Obec Trenčianske Biskupice v Slovakia*, ANo. 74258/01, para 131; and ECtHR, Judgment of 11 June 2009, *Trgo v Croatia*, ANo. 35298/04, para 65.

[435] ECtHR, Judgment of 25 October 2011, *Valkov and Others v Bulgaria*, ANos. 2033/04, 19125/04, 19475/04, 19490/04, 19495/04, 19497/04, 24729/04, 171/05, and 2041/05, para 97; and ECtHR, Judgment of 23 February 1995, *Gasus Dosier- und Fördertechnik GmbH v The Netherlands*, ANo. 15375/89, para 69.

[436] See, for instance, ECtHR, Judgment of 19 December 1989, *Mellacher and Others v Austria*, ANos. 10522/83, 11011/84 and 11070/84, para 55; ECtHR, Judgment of 28 September 1995, *Scollo v Italy*, ANo. 19133/91, para 36; and ECtHR, Grand Chamber, Judgment of 19 June 2006, *Hutten-Czapska v Poland*, ANo. 35014/97, para 224.

has to take account of the role that the possessions played in the lives of their holders, eg as residential property.[437] The state has to take into consideration the personal situation of the holders of possessions, such as availability of alternative housing,[438] their financial situation,[439] their age, disabilities,[440] and the question of whether or not they belong to a protected minority.[441]

4.4.3.2 Proportionality under Art. 3:4(2) Awb in expropriation law

Art. 3:4(2) Awb stipulates that the consequences of the expropriation must not be disproportionate in relation to the goals pursued by the expropriation. This entails that the advantages of the expropriation must outweigh its disadvantages.[442] In its Decisions, the Crown acknowledges the applicability of this norm.[443] There are, however, only a few Decisions of the Crown on the proportionality of expropriation. The civil courts, which only subject the Crown's determinations to a limited judicial review as to whether the Crown could reasonably find that the expropriation was (dis)proportionate, [444] have yet to deal with this aspect. Therefore, the following analysis cannot provide an account of a consistent and long-standing line in the case law or the Crown's Decisions, but only tendencies in the Crown's decisions.

Proportionality in the Crown's Decisions

In a Decision of 2010, the Crown sketched the fundamental framework of this proportionality test in Dutch expropriation law. The Crown had to rule on an application for the expropriation of property for the relocation of a road on the basis of Title IIa of the Expropriation Act. The objection raised by the expropriatee was that the expropriation authority, a Ministry of the Kingdom, had omitted balancing the public interest in the project's size and the new location of the road against the adversely affected private interests.

The Crown rejected the objection. It held that the project was the result of a balancing of interests conducted during the planning procedure.[445] This consideration confirms that the Crown does not deal with objections of a spatial nature and that it is the planning authority's task to define the project and its purpose on the basis of a balancing of interests.[446] The Crown then found that, once the planning authority had laid down the project in a plan, the requirements laid down in the

[437] ECtHR, Judgment of 25 May 2000, *Noack and Others v Germany*, ANo. 46346/99.

[438] ECtHR, Judgment of 21 November 1995, *Velosa Barreto v Portugal*, ANo. 18072/91, paras 29 et seq.

[439] ECtHR, Judgment of 27 November 2007, *Urbárska Obec Trenčianske Biskupice v Slovakia*, ANo. 74258/01, para 131.

[440] ECtHR, Judgment of 28 September 1995, *Scollo v Italy*, ANo. 19133/91, para 38; and ECtHR, Judgment of 25 May 2000, *Noack and Others v Germany*, ANo. 46346/99.

[441] ECtHR, Judgment of 25 May 2000, *Noack and Others v Germany*, ANo. 46346/99.

[442] De Moor-van Vugt 1995, 211.

[443] KB Haarlemmermeer, Decision of 15 March 2010, No. 10.000658, *Staatscourant* 2010, 5605.

[444] See, for instance, HR, Judgment of 25 May 1988, ECLI:NL:HR:1988:AD0334, *NJ* 1988, 928, para 3.4.

[445] KB Haarlemmermeer, Decision of 15 March 2010, No. 10.000658, *Staatscourant* 2010, 5605.

[446] See subsections 4.3.5.2 and 4.3.5.3 above.

Expropriation Act, including the compensation regime, reflected an *in abstracto* balancing of interests by Parliament. The Crown found that the mere application of the norms of the Expropriation Act, therefore, *generally* guaranteed an equitable balance of interests.[447] For this reason, the Crown concluded that it was not necessary for the Crown to scrutinise the balance between the public interest in the project and an individual adversely affected interest unless the adversely affected person substantiated why the expropriation would be disproportionate.

As the Crown's Decision indicates that this rule is only a principle, there is still some room for a balancing of interests *in concreto*, beyond the requirements of the Expropriation Act. In order to trigger this test in a specific case, the adversely affected person would have to make explicit why the expropriation would disproportionately disadvantage them.[448] This requirement also indicates which interests form part of the balancing: on the one hand, the public interest in the (part of the) project, as laid down in the binding land-use plan and, if applicable, concretising documents, for which the municipality seeks to acquire the property; and, on the other hand, the expropriatee's interest in keeping their right of ownership (or another property right).[449]

Examples of disproportionate expropriations

There are some examples of cases where the Crown found the expropriation to be disproportionate. In the municipality of Venray, an application for expropriation, based upon a (concretised) binding land-use plan, foresaw the construction of residential houses with gardens on a piece of land that was already in use as a garden. The Crown found that the provision of housing constituted a legitimate purpose. Then, it scrutinised the balance between the public interest in the garden and the owner's private interest in their property. Importantly, the Crown did not consider the public interest in the whole project, but only in the part of the project for which the municipality sought to acquire the property. The Crown ruled that to the extent that the garden of the expropriatee would be expropriated to become the garden of someone else, the expropriation would be disproportionate.[450] The Crown also considered that after the expropriation, the residential property of the expropriatee would be smaller than the residential property of the new owner.[451]

Another example is the binding land-use plans of the municipalities of Lansingerland and Pijnacker-Nootdorp that designated a piece of land as green space.[452] The sub-designation 'moist forest' initially concerned the property of a company and the property of another person who was later to become the expropriatee. The goal of

---

[447] KB Haarlemmermeer, Decision of 15 March 2010, No. 10.000658, *Staatscourant* 2010, 5605. *Van Zundert* even maintained that there was no substantive balancing of interests in the expropriation procedure. See: Van Zundert 1980, 101.

[448] KB Haarlemmermeer, Decision of 15 March 2010, No. 10.000658, *Staatscourant* 2010, 5605.

[449] See also: HR, Judgment of 20 December 2000, ECLI:NL:HR:2000:AA9970, *NJ* 2001, 273, annotated by Van Wijmen, para 3.9; and KB, Decision of 3 April 1996, *BR* 1996, 922, in which the Crown considered that the public interest must be *such* as to displace the private interest in the property.

[450] KB Venray, Decision of 5 April 2006, No. 06.001164, *Staatscourant* 2006, 86.

[451] KB Venray, Decision of 5 April 2006, No. 06.001164, *Staatscourant* 2006, 86.

[452] KB Lansingerland and Pijnacker-Nootdorp, Decision of 8 November 2010, No. 10.003058, *Staatscourant* 2010, 18957.

this moist forest was to link the green space to another piece of woodland and, thereby, to create an area suitable for recreation. When the municipalities applied for expropriation, however, the sub-designation 'moist forest' only concerned the property of the expropriatee. The company had successfully persuaded the municipality to rezone its piece of land from 'moist forest' to a commercial designation. Consequently, the moist forest could no longer perform its function. In the light of these circumstances, the Crown considered that the public interest in the project had considerably diminished and that the expropriation would impose a disproportionate burden upon the expropriatee.[453]

Analysis of the Crown's Decisions

These Decisions of the Crown draw the following picture of the proportionality of the expropriation. In adopting the provisions of the Expropriation Act, the legislator to large extent determined the framework for the balancing of interests in a specific case. If the application of the norms of the Expropriation Act permits an expropriation, the Crown will generally assume that the expropriation is also proportionate. Procedurally, it is then for the expropriatee to establish that they are disproportionately disadvantaged. To test the proportionality, Crown will balance a specific person's private interest in the property against the public interest in the (part of the) project for which the municipality seeks to acquire the property.

In balancing the interests, the Crown also takes account of the compensation that the owner will receive. The compensation will considerably diminish the weight of the private interest because the compensation replaces the material value of the expropriated property in the expropriatee's estate. What remains is the weight of the subjective value of the property, the loss of the expropriatee's social environment, the indignation caused by expropriation, and other non-pecuniary interests, for which the state does not pay compensation.[454] This, in turn, suggests that the expropriation will only be disproportionate in exceptional cases.

Four circumstances, however, may be of so much weight that they render the expropriation disproportionate. Firstly, it seems to follow from the Decision on the expropriation in Venray that if the expropriated property would be used for exactly the same purpose, an expropriation, in particular a third-party transfer, will be more likely to be disproportionate.[455] Secondly, the expropriation will be more likely to be disproportionate if the transferee of the expropriated property and the expropriatee are neighbours and the transferee would have a greater piece of land than the expropriatee as a result of the expropriation. This also follows from the Venray Decision of the Crown. Thirdly, if the burden that the expropriatee has to bear is significantly heavier than the burden borne by an owner whose property was initially included in the project, an expropriation seems to be more likely to be disproportionate. One may think of the property of the company that was eventually not expropriated for a moist forest. The second and third aspect suggest that it is relevant how the state treats the expropriatee compared to fellow members of society involved in the project. Fourthly, if the project cannot or can no longer

[453] KB Lansingerland and Pijnacker-Nootdorp, Decision of 8 November 2010, No. 10.003058, *Staatscourant* 2010, 18957.

[454] See Art. 40b Ow; Sluysmans 2011, 131 et seq and 168; and Den Drijver-van Rijckevorsel et al 2013, 139 et seq.

[455] KB Venray, Decision of 5 April 2006, No. 06.001164, *Staatscourant* 2006, 86.

perform the function that it has according to the binding land-use plan and the public's interest in the project has, therefore, become small, the expropriation will be more likely to be disproportionate.[456] This follows from the case in Lansingerland and Pijnacker-Nootdorp mentioned previously.

4.4.3.3 Illustration of the proportionality test in the expropriation procedure

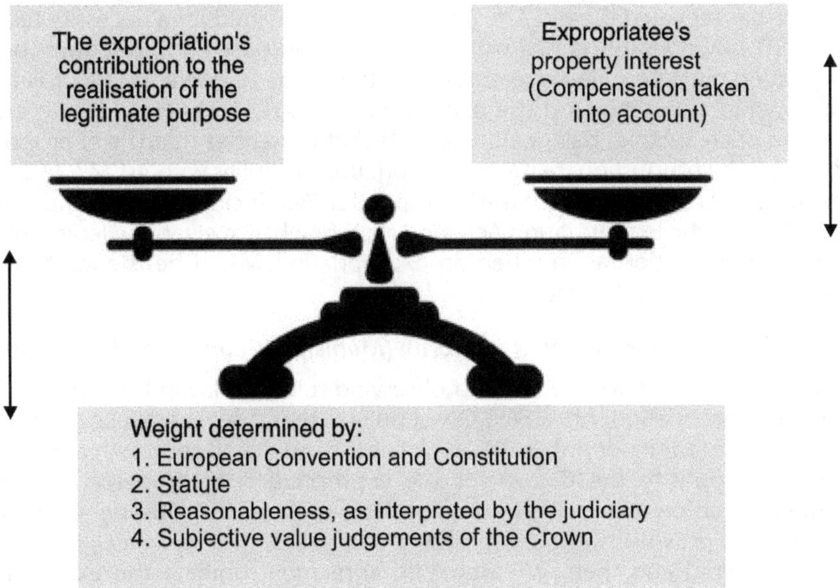

Figure 9: The boxes above the scale pans show which interests the competent authorities and the courts must take into account and balance against each other. The box under the scale contains the order of the sources that determine the weight of the involved interests. The arrows indicate which positions of the scale pans represent a permissible balance between the expropriation's contribution to the realisation of the legitimate purpose and the expropriatee's property interest.

Source: Author's own design

4.4.4 The governance of the contextualisation of the expropriation

➢ This subsection addresses the following questions with respect to Dutch law:
- To what extent do the legislature and the administrative authorities shape the expropriation?
- To what extent do the administrative authorities and the courts review the expropriation?
- What is the role of the legislator, the administrative authorities, and the courts in determining and applying the requirements pertaining to the contextualisation?

➢ See subsection 2.4.3 for more details on the governance analysis.

---

[456] Of course, this finding could also entail that the project would fall foul of the requirement of suitability.

4.4.4.1 *The role of the legislator*

The legislator refuses to play a prominent boundary-shaping and creative role in the contextualisation of the expropriation. The legislator prescribes that property may be expropriated to implement or enforce the binding land-use plan and compels the Crown to balance the involved interests under Art. 3:4 Awb. The inquiry into less invasive means may also be based upon this general provision[457] because the legislature has repealed the old Art. 79 Ow, which provided for a necessity test. Art. 77(1) No. 1 Ow primarily concerns the legitimate purpose and prescribes that the expropriation must be suitable to enable the transferee to implement a project that is laid down in a binding land-use plan. Moreover, Art. 77(1) No. 1 Ow is also an expression of an abstract balance of interests that prescribes that the expropriation will generally be proportionate if the expropriation complies with Art. 77(1) Ow and meets the other requirements of the Expropriation Act, including the compensation regime. Beyond the Expropriation Act and Art. 3:4 Awb, however, the legislator does not give any indication as to when an expropriation would be the least invasive means or not disproportionate.

4.4.4.2 *The role of the planning authority (Municipal Council and Executive)*

The municipality has two creative and observing roles to play in the contextualisation of the expropriation. Art. 78(1) Ow stipulates that the general executive organ of a body instituted under public law, which is the municipal council in a municipality, [458] may apply to the Crown for the expropriation of property in order to implement or enforce an existing binding land-use plan.[459] Observing the applicable statutory provisions, the municipal council will first have to seek to purchase the targeted land and then, in case of no agreement, initiate the expropriation procedure.[460] The municipality must further specify the names of the owners, the location, and the size of the targeted parcels.[461]

Importantly, the municipality can apply to the Crown for expropriation, regardless of whether the binding land-use plan can still be challenged with the Judicial Division.[462] The Crown can even take the decision to expropriate the property on the basis of a binding land-use plan that can still be challenged with the Judicial Division. However, the Crown mostly attaches two conditions to its decision in such cases.[463] Firstly, the decision will be automatically revoked if the Judicial Division strikes down the binding land-use plan. Secondly, the municipality cannot start the judicial expropriation procedure on the basis of Art. 18 Ow as long as the binding land-use plan can still be challenged in court.[464]

The municipality plays its second role through the plan that it adopted. The project in the plan forms a frame of reference for the contextualisation of the

---

[457] Cf subsection 4.3.3 above.

[458] Sluysmans & Van der Gouw 2015, 31.

[459] Sluysmans & Van der Gouw 2015, 31 and 49; and Den Drijver-van Rijckevorsel et al 2013, 12.

[460] Sluysmans & Van der Gouw 2015, 31; and Art. 79 No. 5 Ow.

[461] Artt. 79, 78(1) Ow.

[462] Den Drijver-van Rijckevorsel et al 2013, 26; Sluysmans & Van der Gouw 2015, 49; and Art. 3.36b Wro.

[463] Den Drijver-van Rijckevorsel et al 2013, 26; Bosma 2012, 23 et seq; and Van der Schans & Van Heesbeen 2011, 36 et seq.

[464] KB, Decision of 17 April 2013, *Staatscourant* 2013, No. 13050; and KB, Decision of 30 May 2011, *BR* 2011, 144.

expropriation that enables the transferee to implement the plan. The details of the project as defined by the municipality determine whether the expropriation of a certain property is a suitable, necessary, and proportionate means to enable the transferee to implement the project. At the same time, this creative role is subject to limitations. If the municipality wants the Crown to decide to expropriate the property, the municipality will have to observe the standards set by statute law, the Crown, and the civil courts. The municipality's creative role is the broadest and manifests itself most conspicuously when the owner invokes the right of self-realisation. When an expropriatee raises the self-realisation defence, the municipality may claim that the owner's plan deviates from its own and that there is an urgent need in the public interest to implement the municipality's plan. There is very limited administrative or judicial scrutiny of this claim.[465] Thereby, the municipality can effectively block the self-realisation.

4.4.4.3 The role of the expropriation authority (the Crown)

The Crown primarily has a controlling function in the contextualisation of the expropriation. It scrutinises whether the expropriation of specific property for a predetermined project is a suitable, the least invasive, and a proportionate means to enable the project developer to implement the project. In reviewing the proposal of the municipality, the Crown does not perform the creative function to shape the proposal, but merely controls and, if necessary, rejects the proposal.

The applicable standard of scrutiny varies per aspect. The Crown fully scrutinises compliance with procedural norms and formalities.[466] The Crown also generally applies full scrutiny to the suitability of the expropriation and the least invasive means argument. However, although the Crown is not bound by the considerations of the municipality regarding the necessity and proportionality of the expropriation,[467] the Crown tends to defer to the municipality's planning and policy considerations. This is particularly conspicuous in cases where the expropriatee raises the self-realisation defence. When the municipality claims that there is an urgent need in the public interest to implement the project according to the municipality's wishes, the Crown almost entirely defers to the municipality's judgment in this respect. Also, when scrutinising the proportionality of the expropriation, the Crown gives itself a very narrow margin for scrutiny because it assumes that the Expropriation Act, including the expropriatee's right to compensation, generally reflects an equitable balance of interests. An expropriation will, therefore, only be disproportionate in very exceptional cases.

As the civil courts subject the Crown's determinations to a limited judicial review and the legislator does not concretise the inquiry into less invasive means and the expropriation's proportionality,[468] the Crown had to develop its own standards on the basis of general legal principles, such as the principle of proportionality.[469] To this extent, its controlling role is also boundary-shaping.

---

[465] See subsection 4.4.2.2 above.

[466] Rijkswaterstaat 2016, 16; and Sluysmans & Van der Gouw 2015, 43. See, for instance, KB Leiderdorp, Decision of 8 July 2010, No. 10.001769, *Staatscourant* 2010, 10742.

[467] A-G Moltmaker, opinion, para 4.3, HR, Judgment of 25 May 1988, ECLI:NL:HR:1988:AG5829, *NJ* 1988, 927.

[468] See subsections 4.4.4.1 above and 4.4.4.4 below.

[469] Groen 2014, 228 et seq.

4.4.4.4 *The role of the courts*

The boundary-shaping and controlling role of the Judicial Division, which reviews the binding land-use plan in the contextualisation of the expropriation, is very limited. As has been noted above, [470] the project is the frame of reference for the Crown's scrutiny. To the extent that the project is not suitable to serve its purpose, does not serve 'good spatial planning', has significant shortcomings compared to a less harmful alternative, or is disproportionate, the Judicial Division will interfere.[471]

Regarding the expropriation decision, Dutch expropriation law derogates from the rule that affected persons can lodge an appeal against an administrative decision before the administrative courts.[472] Expropriation law precludes any appeal before an administrative court against a decision based upon the Expropriation Act.[473] The administrative courts thus do not have any jurisdiction to scrutinise the Crown's decision to expropriate property. Instead, the civil courts review the Crown's Decision in the judicial part of the expropriation procedure. Should the Environment Act Real Estate Amendment Bill come into force, the administrative courts would be competent to review expropriation decisions.[474]

Until 1988, there was no substantive judicial review of the expropriation decision. The Crown scrutinised whether the decision to expropriate property, which was then taken by the municipality, complied with all relevant norms and subsequently approved the decision or struck it down.[475] In the framework of the judicial expropriation procedure, the civil courts only scrutinised an approved decision to expropriate as to whether the expropriator had duly followed prescribed administrative expropriation procedure.[476] In 1985, the European Court decided in the case *Benthem v The Netherlands* that the Crown was not a tribunal in terms of Art. 6(1) ECHR.[477] Art. 6(1) ECHR gives everyone in the determination of their civil rights and obligations the right to a fair and public hearing before an impartial and independent tribunal. As the Crown is no such tribunal, the scrutiny of decisions to expropriate property under Dutch expropriation law was, therefore, contrary to the European Convention.[478] In 1988, the Dutch Supreme Court ruled that the civil courts had to subject the decision to expropriate property to substantive judicial scrutiny in the judicial expropriation procedure, to the extent that affected persons made objections against the decision.[479]

The standard of judicial review and the facts that the competent court will consider depend equally upon the kind of objection. The scrutiny of whether the project is in the public interest, the necessity or the proportionality of the expropria-

---

[470] See subsections 4.4.4.2 above.

[471] See subsection 4.3.5.4 above.

[472] Art. 8:1 Awb.

[473] Art. 8:5(1) Awb, read in conjunction with Annex 2, Chapter 1, of the Awb.

[474] See subsection 4.1.4 above.

[475] Jansen 1965, 28; and Van der Veen 2012, 131.

[476] Jansen 1965, 31; and Van der Veen 2012, 131.

[477] ECtHR, Judgment of 23 October 1985, *Benthem v The Netherlands*, ANo. 8848/80, para 43.

[478] HR, Judgment of 25 May 1988, ECLI:NL:HR:1988:AC5829, *NJ* 1988, 927, para 4.1; and HR, Judgment of 25 May 1988, ECLI:NL:HR:1988:AD0334, *NJ* 1988, 928, para 3.2.

[479] HR, Judgment of 25 May 1988, ECLI:NL:HR:1988:AD0334, *NJ* 1988, 928, para 3.3; and HR, Judgment of 25 May 1988, ECLI:NL:HR:1988:AD0336, *NJ* 1988, 930, annotated by EA Alkema, para 3. See also Art. 282 of the Civil Procedure Code that gives all affected persons the right to submit objections.

tion will be based upon the facts known to the Crown.[480] In addition, the Crown's assessment of these questions will be subject only to a limited judicial review.[481] This means that the civil courts will not intrusively assess themselves whether the expropriation meets the requirements, but only scrutinise whether or not the Crown could have reasonably taken its decision.[482] Although the Supreme Court uses the same formulation for all these aspects, this limited judicial review does not affect the doctrine on each aspect in the same way. Whereas the Supreme Court has co-authored the requirements of the necessity test, in particular for successfully exercising the right of self-realisation, [483] there is no such judgment concerning the proportionality of the expropriation. Despite the absence of the legislative guidance for the Crown's scrutiny, the boundary-shaping and controlling role of the courts remains narrow with regard to the application of substantive requirements.

In contrast to the application of substantive requirements, the application of procedural statutory norms, the question of whether the expropriation serves to implement a binding land-use plan, [484] and other formal requirements pertaining to the expropriation procedure[485] are subject to a full *ex post* judicial review.[486] This means that the courts consider all available information and scrutinise themselves whether or not the expropriation meets those requirements. As a result, its controlling role is wider with regard to procedural requirements and where the legislator has adopted specific provisions.

The courts generally scrutinise the Crown's decision as to whether the decision complied with the law at the moment of the Crown's decision.[487] An exception is that the courts scrutinise whether the expropriation still serves to implement the same plan and project at the moment of the court proceedings. Should there be substantial deviations from the binding land-use plan, the action will generally be inadmissible.[488] That said, the courts will consider the revised project and subject it to full scrutiny if the changes are based upon new insights or specifications of the

[480] HR, Judgment of 9 February 2000, ECLI:NL:HR:2000:AA4852, *NJ* 2000, 418, annotated by Van Wijmen, para 4.2.2; Van der Schans & Van Heesbeen 2011, 55; Den Drijver-van Rijckevorsel et al 2013, 39; and Van der Veen 2012, 135.

[481] HR, Judgment of 9 February 2000, ECLI:NL:HR:2000:AA4852, *NJ* 2000, 418, annotated by Van Wijmen, para 4.2.1; HR, Judgment of 3 November 1999, ECLI:NL:HR:1999:AB8573, *NJ* 2000, 417, annotated by Van Wijmen, para 3.3.2; HR, Judgment of 27 October 1999, ECLI:NL:HR:1999:AD3099, *NJ* 1999, 819, para 3.3.2; HR, Judgment of 15 February 2008, ECLI:NL:HR:2008:BB7030, *RvdW* 2008, 232, *BR* 2008, 58, annotated by Fokkema, para 3.1; and HR, Judgment of 25 May 1988, ECLI:NL:HR:1988:AD0334, *NJ* 1988, 928, para 3.4.

[482] Van der Schans & Van Heesbeen 2011, 53; Groen 2014, 244; Den Drijver-van Rijckevorsel et al 2013, 38; and Van der Veen 2012, 136.

[483] Groen 2014, 245 et seq.

[484] See subsection 4.2.2.4 above.

[485] Drijver-van Rijckevorsel et al 2013, 37.

[486] HR, Judgment of 2 April 1997, ECLI:NL:HR:1997:AB7981, *NJ* 1997, 730, annotated by Van Wijmen, para 3.6; and HR, Judgment of 9 February 2000, ECLI:NL:HR:2000:AA4852, *NJ* 2000, 418, annotated by Van Wijmen, para 4.2.3. See also Den Drijver-van Rijckevorsel et al 2013, 36; and Artt. 23 and 25 Ow that help the courts scrutinise compliance with formalities.

[487] Drijver-van Rijckevorsel et al 2013, 39.

[488] Drijver-van Rijckevorsel et al 2013, 40; HR, Judgment of 10 August 1994, ECLI:NL:HR:1994:AC1572, *NJ* 1996, 15, annotated by Mörzer Bruyns; and HR, Judgment of 19 February 2010, ECLI:NL:HR:2010:BK8100, *NJ* 2010, 116. See for a deviation that is not *substantial*: HR, Judgment of 4 April 2001, ECLI:NL:HR:2001:AB1246, *NJ* 2001, 306. See subsection 4.2.1.6 above.

plan.[489] If the amended plan still complies with all requirements, the competent court will order the expropriation. This means that in such cases the controlling function of the courts will be broader than it usually is.

Should the competent court deem the expropriation unlawful, it will dismiss the application for expropriation.[490] Should that not be the case, the court will order the expropriation and determine the appropriate amount of compensation.[491] The courts thus do not perform a creative task to shape the project or the application for expropriation, but only to control them.

4.4.5 Conclusion

The contextualisation of the expropriation under Dutch law comprises three steps. Firstly, the expropriation must be suitable to enable the project developer to implement the project. Secondly, the expropriation must be the least invasive means to do that. This will not be the case if the project requires less land than the municipality seeks to acquire by means of expropriation, or if the targeted land could be purchased on the private market on reasonable terms, when the creation of a limited property right or a contractual obligation would be sufficient to enable the project developer to implement the project, or if the expropriatee is willing and able to implement the project themselves.

Thirdly, the Crown must take into account the expropriatee's interest in keeping their property. The expropriation must not be a disproportionate means to enable the project developer to implement the project. In testing this aspect, the Crown balances the public interest in the project against the private interest in the property. The Crown takes into account the compensation that the expropriatee will receive. As the compensation considerably alleviates the suffered loss, the expropriation will only be disproportionate in exceptional cases. The expropriation will be more likely to be disproportionate where the project cannot or can no longer perform the function that the project has according to the plan and the public benefits of the project have therefore diminished. For instance, a small piece of moist forest without any connection to other green areas was not suitable to create the desired recreational area and could, therefore, not generate so many public benefits as to legitimately justify an expropriation of property.

The constitution and the legislator at first glance merely play the role of providing the procedural rules, the competent organ, and the abstract principles upon which the contextualisation is based, ie suitability, necessity, and proportionality. In adopting the Expropriation Act, the legislature is also deemed to have guaranteed a generally equitable balance between the public interest in the project and the private interest in the property.

The municipal council and the municipal executive, which together form the planning authority, play a creative and observing role. On the one hand, their project provides the frame of reference for the suitability, necessity, and proportionality of the expropriation and specifies the amount and the location of land that they

[489] Drijver-van Rijckevorsel et al 2013, 39; Groen 2014, 253; and HR, Judgment of 29 June 1988, ECLI:NL:HR:1988:AD0386, *NJ* 1989, 52, annotated by Scheltema.

[490] Art. 26 Ow.

[491] Drijver-van Rijckevorsel et al 2013, 43; and Sluysmans & Van der Gouw 2015, 51 et seq.

wish to acquire. On the other hand, they need to ensure that their project complies with the applicable principles.

The Crown performs a controlling and, at least partially, boundary-shaping role because it applies the standards that the civil courts and the Crown developed for the contextualisation of the expropriation. This role is very narrow when it comes to the proportionality inquiry and where the municipality's policy and planning considerations come into play. The Judicial Division plays a very narrow boundary-shaping and controlling role with regard to the frame of reference shaped by the planning authority. The civil courts play a narrow controlling and boundary-shaping role because they merely subject the Crown's decision to a limited judicial review. This limited judicial review still allows the courts to co-author the (relatively strict) requirements of the necessity test. As the Crown's proportionality inquiry and its scrutiny of planning and policy considerations are already very weak, the judicial review concerning these aspects barely offers any protection. The role of the public, in particular the expropriatee who may want to exercise their right of self-realisation, and other procedural boundaries, are discussed in subsection 4.5.3 below.

4.5 THE ADMINISTRATIVE AND COURT PROCEDURES

➢ This section addresses the following questions with respect to Dutch law:
- What is the position of the planning authority and the expropriation authority in the state system?
- What opportunities does the public have to influence the planning decision and the expropriation decision?
- Who can bring an action for annulment before the competent courts and who bears the burden of establishing and proving facts?

➢ See subsection 2.4.3 for more details about this analysis.

4.5.1 General standards for administrative procedures

The Constitution does not contain any explicit provisions on the design of administrative procedures. Art. 14(1) Gw merely obliges the legislator to lay down an expropriation procedure and designate the competent authority.[492] As *Stoter* and *Hirsch Ballin* correctly point out, Parliament must choose the body that is best equipped to perform that function.[493] The legislator has at least designated the competent planning and expropriation authorities. Art. 78(1) Ow designates the Crown as the expropriation authority. Art. 78(2) Ow further stipulates that the uniform public preparation procedure is the applicable expropriation procedure. Art. 3.1 and 3.8 Wro designate the municipal council and the municipal executive as the planning authorities and the uniform public preparation procedure as the applicable planning procedure.[494] The answer to the question of whether or not the planning and expropriation authorities are the best suited bodies requires empirical research and, therefore, falls outside the scope of this research.

[492] Ministerie van Binnenlandse Zaken 1991, 49; and Ministerie van Binnenlandse Zaken 1979, 47. Cf HD Stout, *De betekenissen van de wet* (Zwolle: WEJ Tjeenk Willink 1994) 241 et seq.

[493] Stoter 2000, 126; and Hirsch Ballin 'Regelen op afstand als vereiste van de sociale rechtsstaat' in Hirsch Ballin (ed) *Rechtsstaat en beleid, Een keuze uit het werk van E.M.H. Hirsch Ballin* (Zwolle: WEJ Tjeenk Willink 1991) 383–395, 385.

[494] Refer to subsection 4.5.2 below for more details on the procedure.

As for the quality of the procedure, Dutch courts and scholars have developed the 'general principles of good administration' that apply to all actions of administrative organs.[495] These principles include legal certainty, principle of clarity, fair play, the principle of legitimate expectations, the principle of equality, prudence (which includes a certain degree of participation by affected persons[496]), the obligation to give reasons, impartiality, the principle of specialty, and the principle of proportionality.[497] One encounters some of these principles either in the Constitution itself, [498] the General Administrative Law Act, or the literature.[499] Moreover, all these principles could be easily inferred from the constitutional principles of the rule of law and democracy. In spite of this, the principles of good administration are generally not viewed as constitutional principles or principles of constitutional origin.[500]

The European Convention is a rich source of good governance standards that are applicable to administrative procedures, in particular expropriation authorities. The procedure must include adversarial elements, such as a trial-type hearing, and give adversely affected persons a reasonable opportunity to make representations and challenge the plan and the expropriation.[501] Furthermore, the authority must act in good time, in an appropriate manner, and with utmost consistency.[502]

4.5.2 The administrative planning procedure

Before the municipal council can adopt a binding land-use plan, it must follow the uniform public preparation procedure.[503] The municipal council must observe both constitutional and international norms as well as the General Administrative Law Act. This procedure bears some importance to the contextualisation of the project because the public can submit their objections to the draft binding land-use plan of the municipality and, thereby, influence the details of the project. Furthermore, as has been noted above, [504] the quality of the participation may be a criterion that the Crown uses to determine whether the municipal council and the project developer pursue the legitimate purpose of economic development as opposed to an illegitimate private purpose.

---

[495] Pennarts 2008, 111; and Schlössels & Zijlstra 2010, 385 et seq.

[496] Schlössels & Zijlstra 2010, 445; and Bröring et al 2016, 312 et seq.

[497] Schlössels & Zijlstra 2010, 391; and Bröring et al 2016, 280 et seq.

[498] See on equality: Art. 1 Gw.

[499] See, for instance, on proportionality: Elzinga et al 2014, 251.

[500] Schlössels & Zijlstra 2010, 385. Some of those principles, such as the principle of legal certainty, fall under the category of 'fundamental legal principles'. The Supreme Court has ruled that Art. 120 Gw is also applicable to such principles and that the judiciary cannot test statutes against such principles; see: HR, Judgment of 14 April 1989, ECLI:NL:HR:1989:AD5725, *AB* 1989, 207, annotated by FH van der Burg, para 3.5.

[501] ECtHR, Judgment of 20 July 2004, *Bäck v Finland*, ANo. 37598/97, para 56; and ECtHR, Judgment of 22 September 1994, *Hentrich v France*, ANo. 13616/88, paras 42 and 46.

[502] ECtHR, Judgment of 5 January 2000, *Beyeler v Italy*, ANo. 33202/96, para 120. See for a more detailed discussion: Sluysmans & M Nielen 'The Principle of Good Governance in Expropriation Law' in Hoops, Marais, Mostert, Sluysmans & Verstappen (eds) *Rethinking Expropriation Law II, Context, Criteria, and Consequences of Expropriation* (The Hague: Boom Eleven 2015) 299–316.

[503] Art. 3.8(1) Wro.

[504] See subsection 4.2.1.5 above.

4.5.2.1 *Position of the planning authority in the state system*

The position of the planning authority in the state system may influence the quality and democratic legitimacy of the procedure and the administrative decision. The municipal council consists of directly elected officials.[505] The council is directly legitimised by popular vote and directly accountable to the electorate. Arguably, the plan thus enjoys a high degree of democratic legitimacy, and the council will be very responsive to the electorate. This choice seems appropriate because the municipal council shapes the project and its purpose to a very large extent. Depending upon the composition of the electorate and the socio-economic position of the expropriatee, this choice may strengthen or weaken the protection of the expropriatee. What may weaken the protection of the expropriatee is that municipal authorities are more prone to cronyism and lobbyism, are subject to fewer institutional checks, and may also be less exposed to media control than national or provincial bodies.[506]

The mayor and the members of the municipal executive will specify the binding land-use plan if authorised by the municipal council. The members of the municipal executive are elected by the municipal council, [507] but the Crown appoints the mayor upon recommendation by the competent Minister.[508] As the municipal executive is also a local authority and directly accountable to the municipal council, this choice will arguably have similar implications for the expropriatee as the choice for the municipal council.

4.5.2.2 *The uniform public preparation procedure*

Prior to a formal uniform public preparation procedure, the municipal council gathers information and identifies the needs in its area, [509] such as the need for more employment opportunities. The municipal council then announces that a binding land-use plan is being prepared and determines the area in which the binding land-use plan will regulate the land use and the moment at which the binding land-use plan will come into force.[510] All this is laid down in a preparatory decision, which must be available for inspection at the municipality and published in the *Staatscourant* (ie the Dutch state gazette) and a local newspaper or another suitable medium.[511] Within one year after the preparatory decision has been taken, [512] the municipal council must start the uniform public preparation procedure. The goals of this procedure are to gather all relevant information, [513] to coordinate the planning with the plans of other state bodies, to protect the interests of adversely affected persons and to (democratically) legitimise the plan.[514]

The provision of information

In order to start the procedure, the council must first make information available proactively. The municipal council must make the draft of a binding land-use plan,

---

505 Art. 7 of the Municipality Act (*Gemeentewet*); and Art. B 3 of the Elections Act (*Kieswet*).
506 Hoops 2016b, 815.
507 Art. 35(1) of the Municipality Act.
508 Art. 61(1) of the Municipality Act.
509 Cf Tunnissen 2010, 226 et seq.
510 Art. 3.7(1) and (2) Wro.
511 Art. 3.7(7) Wro, read in conjunction with Art. 3:42(2) Awb.
512 Art. 3.7(5) Wro.
513 Van Buuren et al 2014, 80.
514 Van Buuren et al 2014, 81 et seq.

including an explanatory document, [515] available for inspection at the municipality with all documents necessary to evaluate the plan.[516] Before the draft is made available for inspection, the municipality must publicise the content of the draft online, in the state gazette and a local newspaper or another suitable medium.[517] This notification also includes the place and the time at which the draft can be inspected and an explanation of how everyone can submit their comments and objections.[518] The municipality must also send an electronic notification to the administrative organs of the Kingdom, the provinces, the water boards, and municipalities whose interests are affected by the draft.[519] If the municipality plans to implement the designations of the draft binding land-use plan within a short period of time, the municipality will also have to send a notification to the owners, holders of limited property rights, and holders of contractual use rights, such as tenants, on the targeted land.[520]

Access to the procedure and type of participation

Art. 3:2 Awb obliges the planning authority to gather all necessary information about relevant facts and interests, such as the economic and physical feasibility of the project.[521] This is also necessary to comply with the obligation for the authority to give well-founded reasons for its decision.[522] Public participation helps the municipality fulfil this task. During the whole procedure, the municipality deliberates with other affected municipalities, water boards, and administrative organs of the province and the Kingdom whose interests are affected or that are responsible for spatial planning.[523] Furthermore, after the draft has been made available for inspection, *everyone* has a right to express their opinion orally or in writing within six weeks.[524]

Opinions can be any kind of comment or objections to the draft.[525] Persons who submit objections should briefly explain why they object to the designations laid down in the binding land-use plan.[526] They can also add an explanation after the period of six weeks has lapsed.[527] Importantly, the objections do not need to be related to the interests of the person who submits an objection.[528] This means that a homeowner whose view may be adversely affected by the project can also point to the project's harmful effects on the environment. The municipality will in any case

[515] Art. 3.1.6 Bro.

[516] Artt. 3.8(1) Wro, 3:11(1) Awb. Cf LM Koenraad *De uniforme openbare voorbereidingsprocedure* (Deventer: Kluwer 2013) 25 et seq.

[517] Art. 3:12(1) Awb, read in conjunction with Art. 3.8(1) lit. a Wro; and Artt. 1.2.1(1) 1.2.1a, and 1.3.1 Bro.

[518] Art. 3:12(3) Awb, read in conjunction with Art. 3.8(1) lit. d Wro.

[519] Art. 3.8(1) lit. b Wro.

[520] Art. 3.8(1) lit. c Wro.

[521] Van Buuren et al 2014, 83 et seq; and Bröring et al 2016, 312 et seq.

[522] Art. 3:46 Awb; Schlössels & Zijlstra 2010, 463; and Bröring et al 2016, 347 et seq.

[523] Art. 3.1.1 Bro.

[524] Artt. 3:15(1) 3:16(1) (2) Awb; and Art. 3.8(1) lit. d Wro. Cf Van Buuren et al 2014, 93.

[525] Kamerstukken II 1999/2000, 27 023, B, 1–3.

[526] Koenraad 2013, 34; and R.S. Wertheim, in *SDU Commentaar Algemene wet bestuursrecht*, online commentary, SDU, Awb, Art. 3:15, subsection 3.1.

[527] Van Buuren et al 2014, 92.

[528] Bröring et al 2016, 129 et seq.

have to take account of any affected interest, regardless of whether anyone mentioned it during the procedure.[529]

The General Administrative Law Act does not contain any explicit obligation for the municipal council to respond to objections before the municipal council adopts the plan or to notify other persons whose opinions deviate from the submitted objections and give them an opportunity to react. However, as Art. 3:2 Awb obliges the municipal council to gather information about all relevant facts and interests, the municipal council will have to request the persons whose interests are affected by the objections of others to respond to the new objection if it does not possess sufficient information to evaluate the objection.[530]

The planning decision and the role of objections

After the period of six weeks has lapsed, the municipal council has twelve weeks to adopt the binding land-use plan.[531] According to Art. 3:46 Awb, [532] the municipal council must give reasons for its decision. In particular, the municipal council will have to consider the objections that were raised and, if the binding land-use plan deviates from these objections, justify why it does so.[533] The reasons are publicised along with the decision to adopt the binding land-use plan.[534] The plan must be publicised online, in the state gazette, and a local newspaper or another suitable medium.[535] The plan must also be submitted electronically to the state institutions that received an electronic notification before the procedure.[536] Furthermore, the plan must be made available for inspection for six weeks and the persons who submitted an objection must receive a copy of the plan.[537] In the notification and the publication of the plan, the municipal council indicates that the persons who submitted an objection can lodge an appeal with the Judicial Division within six weeks after the publication of the plan.[538]

Generally, the municipality publicises the plan within two weeks after the adoption of the plan.[539] Should the provincial executive or a Minister of the Kingdom have submitted an objection and the municipal council has not changed the plan according to their objections or has altered the plan in another way, the plan is only publicised six weeks after its adoption.[540] Within this period of six weeks, the Minister or the provincial executive can adopt a regulation providing that the binding land-use plan's designations concerning a certain area will not be included

[529] Koenraad 2013, 32.
[530] Cf ABRvS, Judgment of 18 January 2012, ECLI:NL:RVS:2012:BV1211, para 2.2.2.
[531] Art. 3.8(1) lit. e Wro.
[532] Art. 3.8(3) Wro.
[533] See, for instance, ABRvS, Judgment of 18 January 2012, ECLI:NL:RVS:2012:BV1211, paras 2.2.2 and 2.5.6.
[534] Art. 3:47(1) Awb.
[535] Artt. 3:42(2) Awb, 3.8(3) Wro.
[536] Art. 3.8(3) Wro.
[537] Artt. 3:43(1) 3:44(1) 6:7 Awb, read in conjunction with Art. 3.8(3) Wro.
[538] Artt. 6:7, 6:8(1) 6:13, 3:45(1) Awb. See, in the literature: Wertheim, in SDU commentary Awb, Art. 3:15, subsection 3.1.
[539] Art. 3.8(3) Wro.
[540] Art. 3.8(4) Wro.

in the binding land-use plan.[541] The publicised binding land-use plan comes into force six weeks after publication.[542]

4.5.3 The administrative expropriation procedure

The expropriation procedure is divided into an administrative part and a judicial part. During the administrative part of the procedure, the Crown scrutinises whether the envisaged expropriation meets the requirements of general administrative law and expropriation law. During the judicial part of the procedure, the civil courts review the Crown's expropriation decision, order the expropriation if the Decision is lawful, and determine the amount of compensation.[543]

The administrative expropriation procedure that precedes the expropriation of property for the implementation of a binding land-use plan is the focus of this subsection. Of course, the Crown must observe the constitutional and international standards that have been discussed above.[544] The procedure bears some importance to the contextualisation of the expropriation because it sets procedural boundaries and gives adversely affected persons the opportunity to influence the decision to expropriate the property, for example through the self-realisation defence.

4.5.3.1 Position of the expropriation authority in the state system

The King (the Crown) is officially the expropriation authority. The Ministry of Infrastructure and Environmental Affairs fulfils this task on the King's behalf.[545] The Minister is appointed by the King, [546] but accountable to the States General.[547] The civil servants at the Ministry are accountable to the Minister. As the Crown's role is controlling and partially boundary-shaping in nature, the choice of an appointed body is not inappropriate. The Crown's expertise and the fact that the Crown was not involved in the planning process may afford additional protection to the expropriatee.

4.5.3.2 The uniform public preparation procedure

The administrative procedure starts with an application for expropriation. The municipal council that has adopted the binding land-use plan submits this application to the authorised Ministry.[548] The municipal council must submit this application no later than three months after it has adopted the decision to apply for expropriation.[549]

The provision of information

The application includes an elaborate and well-founded description of the project with cadastral maps on which the municipality indicates the targeted parcels of

---

[541] Art. 3.8(6) Wro.
[542] Artt. 6:7, 6:8(1) Awb, read in conjunction with Art. 3.8(5) Wro.
[543] Artt. 17 Ow et seq.
[544] See subsection 4.5.1 above.
[545] Sluysmans & Van der Gouw 2015, 40; and Sluysmans et al 2011, 7.
[546] Art. 43 Gw.
[547] Art. 42(2) Gw.
[548] Art. 78(1) Ow; and Sluysmans & Van der Gouw 2015, 31.
[549] Art. 79 Ow. See on the decision to apply for expropriation: Sluysmans & Van der Gouw 2015, 32 et seq.

land. The municipality must attach a list of those parcels with their size and the names of the owners, a list of affected persons, the maps relating to the binding land-use plan as well as an overview of the attempts to purchase the parcels on the private market.[550]

The Crown must follow the uniform public preparation procedure. Having made a draft of the expropriation decision, the Crown must first make the draft decision available with all relevant documents for inspection at the municipality in which the concerned parcels of land are located and at the Ministry.[551] Moreover, the mayor must send the draft to persons to whom the decision will be directed. In expropriation cases, these persons will be in particular the owners, holders of registered limited property rights, and tenants.[552] Before it is made available for inspection, the mayor of that municipality publicises the content of the draft decision in the state gazette and a local newspaper or another suitable medium.[553] The mayor may confine the content of the notice to a concise summary of the draft, which must enable members of society to determine whether they are affected.[554] This notification also includes the places and the time at which the draft can be inspected, who can submit their objections and in what way.[555]

Access to the procedure and type of participation

As does the planning authority, the Crown must gather all necessary information under Art. 3:2 Awb. Like the planning procedure, the expropriation procedure includes participatory elements that help the Crown comply with that provision. However, only affected persons, [556] not the general public, can submit their objections and other opinions within six weeks after the draft decision has been made available for inspection.[557]

Affected persons have to establish that the project and/or the expropriation would affect their own ascertainable and objective interests and that the invoked interest is different from the interests of the public or a large group of people.[558] In any case, the owner of the expropriated property will be regarded as an affected person.[559] Holders of limited property rights on the land are also regarded as affected persons.[560] The Crown also deems holders of personal use rights, such as tenants, to be affected persons.[561] The tenant has a distinct interest because the interests of the owner and the tenant may not be compatible. While the owner may

---

[550] Artt. 79, 78(1) Ow.

[551] Artt. 3:11(1) Awb, 78(2) Ow.

[552] Art. 3:13(1) Awb; Sluysmans & Van der Gouw 2015, 37; J Verbeek, in Van Buuren, TC Borman, MJ Jacobs, JCA de Poorter (eds) *Tekst & Commentaar Algemene wet bestuursrecht* 9th ed (Deventer: Kluwer 2015) Awb, Art. 3:13, section 2.

[553] Artt. 3:12(1) and (2) Awb, and 78(2) Ow.

[554] KB, Decision of 15 July 2008, ECLI:NL:XX:2008:BH4073, *BR* 2009, 17, annotated by DK ten Cate.

[555] Art. 3:12(3) Awb.

[556] See subsection 4.5.4.2 below.

[557] Artt. 3:15(1) 3:16(1) (2) Awb. Cf subsection 4.5.2.2 above.

[558] Bröring et al 2016, 105 et seq; and Schlössels & Zijlstra 2010, 177 et seq.

[559] Bröring et al 2016, 104 et seq; and KB, Decision of 15 July 2008, ECLI:NL:XX:2008:BH4073, *BR* 2009, 17, annotated by Ten Cate.

[560] Bröring et al 2016, 114 et seq; and Sluysmans & Van der Gouw 2015, 37 et seq.

[561] Sluysmans & Van der Gouw 2015, 37.

be eager to receive the compensation, the tenant or lessee may want to continue using the land.

The category of affected persons further includes legal persons that defend public or collective interests, such as environmental protection, that are directly affected by the project and/or expropriation. Such a legal person will qualify as an affected person if they meet two requirements. Firstly, the legal person's articles of association and their (non-legal) activities show that the legal person advocates a narrowly defined public or collective interest in a certain place.[562] Secondly, the binding land-use plan and/or the expropriation directly affect(s) this interest in the area in which the legal person conducts their activities.

Affected persons must give reasons for their objections.[563] The objections do not need to be related to the interests affected by the expropriation.[564] However, objections of a spatial nature cannot be brought forward during the expropriation procedure, [565] which significantly limits the scope for objections not related to the interest in the expropriated property.

A distinct element of the expropriation procedure is the hearing that follows the opportunity to express one's opinion. The Crown must hear all affected persons who have submitted an objection. The goal of the hearing is to give affected persons the opportunity to elaborate on their submitted opinions, [566] but the Crown may also hear all other affected persons.[567] In practice, the competent Ministry tends to hold an oral hearing on the expropriated property.[568] However, there is no obligation for the Ministry to give the affected persons the opportunity to interrogate each other or respond to each other's opinions.[569] The Crown also has to hear the Council of State, [570] which is an advisory organ.

The expropriation decision and the role of objections

Within six months after the period in which affected persons could express their opinion, the Crown must make its decision.[571] If all requirements for expropriation are met, the Crown takes the decision to expropriate the property, which designates the property to be expropriated and includes the names of the owners.[572] Art. 3:46 Awb requires that the Crown give reasons for its decision. This obligation has already been discussed in more detail above.[573] The Crown must notify the municipality and the owners of the land of the expropriation decision and the reasons for it.[574] The

[562] Bröring et al 2016, 122 et seq; and Schlössels & Zijlstra 2010, 199 et seq.

[563] Koenraad 2013, 34.

[564] Bröring et al 2016, 129 et seq.

[565] See subsection 4.3.5.3 above.

[566] KB Oirschot, Decision of 14 October 2011, No. 11.002474, *Staatscourant* 2011, 21773. Cf De Roos 2013, subsection 2.3.

[567] Art. 78(4) Ow.

[568] Van Zundert, in Module Grondzaken, Ow, Art. 78.

[569] HR, Judgment of 5 April 2013, ECLI:NL:HR:2013:BY8098, para 3.3. Cf De Roos 2013, subsection 2.3.

[570] Art. 78(1) Ow.

[571] Art. 78(6) Ow.

[572] Art. 78(5) Ow.

[573] See subsection 4.5.2 above.

[574] Art. 78(6) Ow.

Decision is also publicised in the state gazette as well as a local newspaper and made available for inspection in the municipality where the land is located.[575]

Within two years after the adoption of the expropriation decision, the municipality must purchase the land on the private market or file an action for expropriation before the competent court. Otherwise, the decision of the Crown will become invalid.[576]

4.5.4 The court procedures

The court procedures with substantive scrutiny offer adversely affected persons the opportunity to make their case once more. Thereby, they may influence the decision of the judges.

4.5.4.1 General standards

Art. 121 Gw provides that the court proceedings must be open to the public, and that judgments must contain the reasons for the decision. Apart from these provisions, the Constitution remains silent on how the judiciary must ensure the judicial protection of adversely affected persons in expropriation cases. The Dutch literature on constitutional law resorts to Art. 6(1) ECHR.[577] Art. 6(1) ECHR stipulates that adversely affected persons must have access to a fair and public hearing within a reasonable time by an independent and impartial tribunal established by law. This in particular entails that the competent court must provide the appellant with all available information.[578] Furthermore, the administrative authority is obliged to provide all relevant information upon request.[579] A fair hearing not only entails the right to make representations, but also that the competent court properly examines submissions, arguments, and evidence.[580] The proceedings must be adversarial.[581] The principle of equality of arms applies, which means that all parties to the proceedings must have an equal opportunity to make their case.[582]

4.5.4.2 The court procedure before the Judicial Division

Persons directly affected by the binding land-use plan can challenge the plan before the Judicial Division. These affected (natural or legal) persons are at least the owner of a piece of land, holders of limited property rights, tenants, and the persons who have concluded a land development contract regarding that piece of land.[583] Other affected persons will in particular be the owners and inhabitants of the surrounding land if the project developer plans to build a very large building or a facility causing

[575] Art. 78(7) Ow.

[576] Art. 78(8) Ow.

[577] Elzinga et al 2014, 824 et seq.

[578] ECtHR, Judgment of 19 July 1995, *Kerojärvi v Finland*, ANo. 17506/90, para 42.

[579] ECtHR, Judgment of 9 June 1998, *McGinley and Egan v The United Kingdom*, ANos. 21825/93 and 23414/94, paras 86 and 90.

[580] ECtHR, Judgment of 19 April 1994, *Van de Hurk v The Netherlands*, ANo. 16034/90, para 59; and ECtHR, Judgment of 12 February 2004, *Perez v France*, ANo. 47287/99, para 80.

[581] ECtHR, Judgment of 24 November 1997, *Werner v Austria*, ANo. 21835/93, para 63.

[582] ECtHR, Judgment of 29 May 1986, *Feldbrugge v The Netherlands*, ANo. 8562/79, paras 42 et seq.

[583] Art. 8.2(4) Wro; and Bröring et al 2016, 114 et seq.

nuisance or emitting harmful substances or radiation.[584] Furthermore, as has been noted above, [585] legal persons that defend public or collective interests directly affected by the project will qualify as affected persons.

However, affected persons cannot lodge an appeal if they have not expressed their opinion during the planning procedure and this omission can be reasonably attributed to them.[586] According to Art. 6:7 Awb, affected persons have to lodge an appeal within six weeks after the binding land-use plan has been publicised. Affected persons can also apply for an injunction after an appeal has been lodged.[587] Interestingly, Art. 8:69a Awb adds that the objection can only affect the validity of the plan if the violated rule is meant to protect the person who relies upon that rule.[588] This means that the Judicial Division will not annul a plan if the owner of the piece of land on which the project developer plans to carry out the project invokes the interests of the neighbours in their undistorted view.

The parties to the proceedings generally determine which aspects of the binding land-use plan the Judicial Division will scrutinise.[589] The Judicial Division *ex officio* only ensures compliance with public policy provisions, such as the competence of the planning authority to adopt the plan.[590] The parties generally need to establish the facts of the case themselves. Art. 8:69(3) Awb gives judges the freedom, but does not oblige judges to investigate the case themselves. As to the burden of proof, administrative judges enjoy a broad discretion when determining when a fact is deemed to be proven, who should bear the burden of proof and who gets the benefit of the doubt if the judge deems a fact not to be proven.[591] Relevant factors seem to be the following: whether the municipality or the applicant had to provide information on a certain issue during the administrative procedure; which party to the proceedings previously had the chance to gather the needed information; which party will find it easier to gather the information.[592] In most cases, the municipality will bear the burden of proof because the Spatial Planning Act obliges the municipality to gather and provide information when publicising the draft plan and the municipality will generally find it easier to obtain information.

4.5.4.3 The court procedure before the civil courts

Before ordering the expropriation and determining the compensation, the civil courts undertake a substantive review of the expropriation decision. The owner,

---

[584] Bröring et al 2016, 106 et seq; somebody is very likely to be an affected person if they can see the project from their property, if the property is situated in the vicinity of the project or if the adverse effects of the project have an impact upon their property. See: De Poorter & MN Visser, 'Het belanghebbendebegrip in beweging', *Gemeentestem* 2008, 29–37. Cf subsection 4.5.3.2 above.

[585] See subsection 4.5.3.2 above.

[586] Art. 6:13 Awb.

[587] Artt. 8:81 Awb et seq, and 8.4 Wro.

[588] Cf Bröring et al 2016, 129 et seq.

[589] Art. 8:69(1) Awb; and Marseille, Tolsma, Bröring, Damen, De Graaf, AJGM van Montfort, Schueler & HB Winter *Bestuursrecht 2, Rechtsbescherming tegen de overheid* 6th ed (The Hague: Boom 2016) 241 et seq.

[590] Marseille et al 2016, 245 et seq.

[591] Marseille et al 2016, 290, 291 et seq and 301 et seq.

[592] Marseille et al 2016, 291 et seq.

holders of limited property rights, and tenants on the targeted land can join the proceedings.[593]

These parties can submit objections. Whether or not the civil courts deal with an objection depends upon the substance of the objection and the moment at which the objection is brought forward. Objections of a spatial nature cannot be brought forward in the judicial expropriation procedure.[594] As has been pointed out above, [595] it is for the Judicial Division to decide upon these objections.

The civil courts will generally deal with objections that concern the questions of whether the project serves spatial development, is in the public interest, urgent, necessary, and proportionate. However, they will only deal with a specific objection if the objection has already been brought forward before the Crown during the expropriation procedure.[596] The reason for this is that answering these questions, in particular concerning the public interest, the necessity, and the proportionality of the expropriation, requires a balancing of interests and, therefore, a thorough decision-making process.[597] It would not be fair if the appellant could raise such an objection although the Crown did not have a chance to consider that objection during the expropriation procedure.

By contrast, the civil courts always have to assess objections regarding, for instance, formalities, procedural provisions, regardless of whether they were brought forward before the Crown.[598] Regarding Title IV, this in particular concerns the question of whether the expropriation still serves to implement the binding land-use plan.[599] One may also think of an objection against an agreement between the future project developer and the municipality that prohibits any direct negotiations between the owner and the project developer.[600]

Civil court judges play a rather passive role. This means that the judge generally only deals with objections raised by the parties to the proceedings.[601] Unlike administrative court judges, they will not do any independent research into the facts of the case.[602] The judge is free to determine whether the provided evidence is sufficient to prove a fact.[603] What weakens the position of the expropriatee and other affected persons even more is that unlike in proceedings with the Judicial

[593] Artt. 18, 3(2) Ow.

[594] HR, Judgment of 16 February 2000, ECLI:NL:HR:2000:ZD2980, *NJ* 2000, 419, annotated by Van Wijmen, para 3.4.3; and Van der Schans & Van Heesbeen 2011, 53.

[595] See subsections 4.3.5.3 and 4.3.5.4 above.

[596] HR, Judgment of 9 February 2000, ECLI:NL:HR:2000:AA4852, *NJ* 2000, 418, annotated by Van Wijmen, paras 4.2.1 and 4.2.2; HR, Judgment of 10 August 1994, ECLI:NL:HR:1994:AC1573, *NJ* 1996, 35, annotated by Mörzer Bruyns, para 3.5; and Van der Schans & Van Heesbeen 2011, 56.

[597] Verheij 1987, 1313; and A-G Moltmaker, opinion, para 4.4, HR, Judgment of 25 May 1988, ECLI:NL:HR:1988:AG5829, *NJ* 1988, 927.

[598] Den Drijver-van Rijckevorsel et al 2013, 4; HR, Judgment of 7 November 1990, ECLI:NL:HR:1990:AC0041, *NJ* 1991, 65, para 3; HR, Judgment of 2 April 1997, ECLI:NL:HR:1997:AB7981, *NJ* 1997, 730, annotated by Van Wijmen, para 3.6; and HR, Judgment of 9 February 2000, ECLI:NL:HR:2000:AA4852, *NJ* 2000, 418, annotated by Van Wijmen, para 4.2.3;

[599] See, for instance, HR, Judgment of 25 May 1988, ECLI:NL:HR:1988:AG5829, *NJ* 1988, 927, paras 4.3 and 4.4, where the Supreme Court held that the municipality had to establish that it would be willing to implement the binding land-use plan.

[600] HR, Judgment of 25 May 1988, ECLI:NL:HR:1988:AD0334, *NJ* 1988, 928, para 3.4.

[601] AS Rueb, *Stein/Rueb, Burgerlijk procesrecht*, 19th ed (Deventer: Kluwer 2013) 37.

[602] Art. 149(1) Rv.

[603] Art. 152(2) Rv.

Division, the burden of proof generally does not lie with the expropriation authority, but with the person who raises an objection.[604]

4.6 THE ENDURANCE OF THE LEGITIMATE JUSTIFICATION

➢ This section addresses the following questions with respect to Dutch law:
  - Which measures does the state have to take in order to ensure that the project is actually implemented (preventive measures)?
  - Does the expropriatee have a right to reacquire if the transferee fails to implement the project and, if so, under what conditions (corrective measures)?
  - Which organs decide on whether and to what extent such measures have to be taken (the governance of the endurance of the legitimate justification)?

➢ Subsection 4.6.2 on corrective measures is based upon B Hoops, 'Het recht op terugoverdracht in alle gevallen van niet-uitvoering: Het is tijd voor een herziening van art. 61 Ow', *Tijdschrift voor Bouwrecht* 2016, 540–548.

➢ See subsection 2.3 for more details on the endurance of the legitimate justification.

4.6.1 Preventive measures

If the state is the transferee of expropriated property, no particular preventive measures are taken. Public authorities are already bound to act in the public interest, [605] and that seems to be regarded as sufficient. Private entities, however, are not automatically bound to act for the public good and may have incentives not to do so.[606] If the private transferee runs a public utility, such as a school, hospital or a power plant, they may stop running the public utility once economic circumstances so dictate. If they do not run a public utility, but are meant to promote economic development, economic incentives may encourage or even compel the private entity not to contribute to economic development. This gives rise to the question of whether the law provides for an obligation to implement the project.

During the planning procedure, the planning authority merely scrutinises the feasibility of the plan, but not whether the project developer would be obliged to implement the plan.[607] In the framework of the urgency test, the Crown merely tests the financial viability of the project.[608] The Expropriation Act does not provide for any obligation to carry out the project or an obligation for an authority to compel the project developer to implement the project. The expropriatee's right to reacquire the property, a corrective measure that is discussed below, [609] is only an incentive for the project developer to carry out the project, but not an obligation to

[604] Art. 150 Rv.

[605] Den Drijver-van Rijckevorsel et al 2013, 39 et seq; and Bröring et al 2016, 45 et seq. See also Art. 1:2(2) Awb.

[606] Cf the law on subsidies: Bröring et al 2016, 440 et seq.

[607] Cf Van Buuren et al 2014, 83 et seq.

[608] See subsection 4.3.2.1 above.

[609] See subsection 4.6.2 below.

do so.[610] The next subsections provide an analysis of whether there are sources outside of the Expropriation Act that provide for preventive measures or the obligation to take preventive measures.

4.6.1.1 Procurement law

Procurement law may be one basis in statute law for preventive measures. If the municipality transfers the expropriated property to a private company to allow it to open a factory or another kind of business in order to promote economic development, the question arises as to whether the transfer and the subsequent activities fall under the definition of a public works or services contract in terms of Art. 1.1 of the Procurement Act. Then, the municipality would have to start a procurement process and conclude an enforceable contract that obliges the winning bidder to implement the project.[611] The Procurement Act is based upon the EU Procurement Directive 2014/24/EU, formerly Directive 2004/18/EC. Therefore, the national Procurement Act must be interpreted in line with the Directive, and the analysis must take account of the Directive itself as well as the interpretative case law of the Court of Justice of the European Union (CJEU).[612]

In order for procurement law to be applicable, the collaboration with the project developer must meet four conditions. The first is if there is a public contract. The second is if there is a public works or services contract. The third is if the municipality derives an immediate economic benefit from the collaboration. The fourth is if the value of the collaboration exceeds a certain monetary threshold.

Public contract

A public contract is defined as a:

> 'contract for pecuniary interest concluded in writing between one or more economic operators and one or more contracting authorities and having as their object the execution of works, the supply of products or the provision of services.'[613]

The pecuniary interest refers to the obligations of the parties. The project developer must build a work or render a service, and the municipality must give something in return.[614] It is *not* a sufficient performance for the municipality to sell and transfer the undeveloped or developed expropriated property to the project developer at a

---

[610] The additional equitable compensation under Art. 61(2) Ow was explicitly introduced as deterrence. See: A-G Wattel, annex to opinion, ECLI:NL:PHR:2011:BO9554, para 3.4, HR, Judgment of 25 February 2011, ECLI:NL:HR:2011:BO9554, *NJ* 2011, 292, annotated by PCE van Wijmen.

[611] European Court of Justice, Judgment of 25 March 2010, Case C-451/08, *Helmut Müller GmbH v Bundesanstalt für Immobilienaufgabe*, para 63.

[612] European Court of Justice, Judgment of 13 November 1990, Case C-106/89, *Marleasing SA v La Comercial Internacional de Alimentacion SA.*

[613] Art. 2(1) No. 5 of Directive 2014/24/EU.

[614] European Court of Justice, Judgment of 25 March 2010, Case C-451/08, *Helmut Müller GmbH v Bundesanstalt für Immobilienaufgabe*, para 48; European Court of Justice, Judgment of 12 July 2001, Case C-399/98, *Ordine degli Architetti delle Province di Milano e Lodi, Piero De Amicis, Consiglio Nazionale degli Architetti, Leopoldo Freyrie v Comune di Milano, and Pirelli SpA, Milano Centrale Servizi SpA, Fondazione Teatro alla Scala*, paras 77 et seq; and EH Pijnacker Hordijk, GW van der Bend & JF van Nouhuys, *Aanbestedingsrecht* 4th ed (The Hague: SDU 2009) 76.

reasonable price because the project developer must pay the full price in return.[615] In such cases, there will not be any public contract that would fall under the Procurement Act. However, if the municipality asks less than a reasonable price in order to facilitate the economic development project or subsidises the project in another way, there will be a sufficient performance on the part of the municipality in the form of the difference between the reduced price and a reasonable price or in the form of subsidies.[616] Note that, if this reduction of the purchase price (and the value of other subsidies granted to the developer) exceeds an amount of €200 000 this measure may constitute state aid and may, therefore, be subject to the approval of the European Commission.[617]

Public works or services contract

If there is a public contract, the collaboration with the project developer must meet the requirements of a public works contracts. Such a contract with municipality must concern

- the (design and the) execution of a work, whether or not related to one of the activities listed in Annex II of the Directive; or
- the realisation of a work in accordance with the wishes of the municipality, provided that the municipality has had a decisive influence on the type or design of the work.[618]

The construction of a factory or another building falls under the definition of public works contract because Annex II includes the demolition and construction of all types of buildings. Also, if the municipality has exercised decisive influence on the type or design of the work, the Procurement Directive may be applicable.[619] To the extent that the project developer provides services, these services may fall under a public services contract.[620]

The immediate economic benefit

The third requirement is that the work confers an immediate economic benefit upon the municipality. The municipality does not need to reacquire the expropriated property to obtain such a benefit.[621] An immediate economic benefit may in particular arise if the municipality may derive economic advantages from the future use of the work, has contributed financially to the realisation of the work, or has assumed economic risks for the economic failure of the work.[622] It may also arise

[615] European Court of Justice, Judgment of 25 March 2010, Case C-451/08, *Helmut Müller GmbH v Bundesanstalt für Immobilienaufgabe*, paras 41 et seq; Art. 2.24 lit. b of the Procurement Act.

[616] Pijnacker Hordijk et al 2009, 76; and HD van Romburgh, *Hoofdstukken Aanbestedingsrecht* (Amsterdam: Berghauser Pont Publishing 2014) 62.

[617] Artt. 107 et seq TFEU.

[618] Art. 2(1) No. 6 of Directive 2014/24/EU.

[619] Art. 2(1) No. 6 of Directive 2014/24/EU.

[620] Art. 2(1) No. 9 of Directive 2014/24/EU.

[621] European Court of Justice, Judgment of 25 March 2010, Case C-451/08, *Helmut Müller GmbH v Bundesanstalt für Immobilienaufgabe*, para 54.

[622] European Court of Justice, Judgment of 25 March 2010, Case C-451/08, *Helmut Müller GmbH v Bundesanstalt für Immobilienaufgabe*, para 52.

where the municipality retained a use right in order to secure access of the public to the work.[623] The mere exercise of spatial powers, by contrast, is not sufficient.[624]

The collaboration with the project developer is almost certain to meet the requirement of an immediate economic benefit. The municipality would have to subsidise the project in some way or another so that there is a financial contribution. Also, the municipality will in any case immediately benefit from the future use of the property because it seems that the term 'economic advantages' is interpreted so broadly as to include tax revenue from the economic development project.[625]

The monetary threshold

The last requirement is that the net value of the project has to be equal to or exceed the threshold laid down in Art. 4 of the Procurement Directive.[626] Public works contracts are subject to a threshold of €5 186 000. This not only includes the price of the undeveloped land, but also the estimated costs of the construction.[627] For public service contracts awarded by municipalities, a threshold of €207 000 applies according to Art. 4 of the Directive.[628] If the project does not exceed either of these thresholds, the specific procurement procedures will not be applicable. Part I of the Procurement Act, however, will still be applicable.[629] In particular, the municipality will still have to apply objective criteria when choosing the applicable procurement procedure and the selection of the undertakings that it admits to the procedure.[630]

Concluding remark

If applicable, procurement law would oblige the municipality to take preventive measures in the form of a contractual obligation to implement the project. The applicability, however, is subject to two significant hurdles, namely the performance rendered by the municipality and the monetary threshold. It is thus uncertain whether procurement law will provide for preventive measures.

4.6.1.2 An unwritten obligation to take preventive measures under Dutch law?

In 2009 the Court of Appeal of 's-Hertogenbosch had to decide on a case of non-realisation of a project after an expropriation of property.[631] The case concerned the expropriation of property for the extension of a military airbase of the state. The municipality of Eindhoven concluded a contract with the state in which it promised to transfer the expropriated property to the state in exchange for land that the municipality would use for a housing project. The parties, however, did not agree on a clause that would have obliged the state to extend the airbase. The Court

[623] European Court of Justice, Judgment of 25 March 2010, Case C-451/08, *Helmut Müller GmbH v Bundesanstalt für Immobilienaufgabe*, para 51.

[624] European Court of Justice, Judgment of 25 March 2010, Case C-451/08, *Helmut Müller GmbH v Bundesanstalt für Immobilienaufgabe*, para 57.

[625] A-G Wathelet, Opinion of 11 April 2013, Case C-576/10, *European Commission v Kingdom of the Netherlands*, para 126.

[626] See Art. 2.1 of the Procurement Act, which refers to this threshold.

[627] Art. 5(7) of Directive 2014/24/EU.

[628] See Art. 2.2 of the Procurement Act.

[629] Van Romburgh 2014, 39.

[630] See Art. 1.4 of the Procurement Act.

[631] Gerechtshof 's-Hertogenbosch, Judgment of 18 August 2009, case number 103.005.698.

of Appeal found that there was a legal obligation for the municipality of Eindhoven to add a clause to the contract with the state that obliges the transferee to implement the envisaged project within three years.[632] *Van Wijmen* recommends that such a clause should be supplemented with a penalty clause and an obligation to pay damages.[633]

This would constitute a general obligation to take preventive measures. It is not entirely clear whether such an obligation forms part of Dutch expropriation law. The Supreme Court did not address this issue in its judgment on the military airbase.[634] There are, however, various indications from the European Convention and Dutch law itself that such an obligation exists. The first indication is that it follows from the case law of the European Court that a failure to realise the purpose of the deprivation in terms of Art. 1 P1 ECHR may—under a number of conditions—render the deprivation retrospectively disproportionate.[635] Therefore, the introduction of an obligation to take measures that compel the transferee to implement the project would be a logical step for the state to take in order to ensure compliance with Art. 1 P1 ECHR.

Constitutional provisions and general principles form the second indication. Although Art. 14(1) Gw remains silent on this issue, one may argue that it compels the municipality to oblige the project developer to carry out the project. The legislator recognised in 1850 that the legitimate justification of the expropriation would fall away if the project developer did not carry out the project.[636] Retrospectively, an expropriation in such a case would thus be unconstitutional. In order to avoid unconstitutional expropriations, the municipality would have to take measures that ensure the implementation of the project. The same reasoning could be based upon the principle of legality and specialty. These principles require that the competent authority only expropriates property for the legitimate purposes laid down in the expropriation statute. As the expropriation never resulted in the realisation of the legitimate purpose, the expropriation would retrospectively have never complied with its statutory basis and be unlawful.

The Expropriation Act and the Decisions of the Crown form the third indication that an obligation to take preventive measures exists. The purpose of Art. 61 Ow, which provides for corrective measures, is to protect the expropriatee from unnecessary and untimely expropriation.[637] Preventive measures may be adequate to avoid unnecessary expropriations. They would, therefore, serve the recognised purpose of Art. 61 Ow.

---

[632] Gerechtshof 's-Hertogenbosch, Judgment of 18 August 2009, case number 103.005.698, para 4.7.4. Earlier, the same Court of Appeal ruled in another case that the municipality of Venray was obliged to ensure that the plan would be implemented. See: Gerechtshof 's-Hertogenbosch, Judgment of 28 September 2006, ECLI:NL:GHSHE:2006:AY9436, para 8.

[633] Van Wijmen, para 3, annotation of: HR, Judgment of 25 February 2011, ECLI:NL:HR:2011:BO9554, *NJ* 2011, 292.

[634] HR, Judgment of 25 February 2011, ECLI:NL:HR:2011:BO9554, *NJ* 2011, 292, annotated by Van Wijmen.

[635] ECtHR, Judgment of 11 October 2011, *Vassallo v Malta*, ANo. 57862/09, para 48; ECtHR, Judgment of 13 July 2004, *Beneficio Cappella Paolini v San Marino*, ANo. 40786/98, para 33; and ECtHR, Judgment of 2 July 2002, *Affaire Motais de Narbonne v France*, ANo. 48161/99. Refer to subsection 4.6.2.1 below for an analysis.

[636] Thorbecke 1880, 266.

[637] HR, Judgment of 7 December 1979, ECLI:NL:HR:1979:AC0076, *NJ* 1980, 290.

Also, as has been noted above, [638] the Crown frequently refers to preventive measures when scrutinising whether the expropriation serves the public interest.[639] In the case of the IKEA branch in the municipality of Leiderdorp, for instance, the Crown referred to the contract between IKEA and the municipality that obliged IKEA to carry out the envisaged project.[640] Such Decisions may confirm the existence of a general obligation to take preventive measures. However, the conclusion has been that the Crown does not always examine whether preventive measures are in place.[641] Another indication in favour of the obligation to take preventive measures is that, in scrutinising the urgency of the expropriation, the Crown also checks the financial viability of the project.[642] Similarly, when the owner of the targeted land raises the self-realisation defence, the Crown holds that the municipality may expect the owner to conclude a binding contract on the implementation of the project.[643]

4.6.1.3 *Preventive measures in practice*

In practice, municipalities may or may not take preventive measures. The municipality of Eindhoven that wished to expropriate property for the extension of a military airbase failed to oblige the state to implement the project.[644] In the municipality of Leiderdorp, by contrast, IKEA was bound to build the new IKEA store and secure a parent company guarantee.[645] In practice, such an obligation seems quite common.[646]

4.6.1.4 *Intensity of preventive measures*

An intriguing, yet unanswered question is how strict the preventive measures would have to be. With regard to economic development projects, the municipality would have to decide on whether to oblige the project developer only to implement the project or also to hire a certain number of people. Initially, as the purpose of the project is to create employment opportunities, it would seem that the project developer must be bound to create a certain number of jobs. On second thoughts, such an obligation may be counterproductive because it may considerably weaken the competitiveness of the project developer.[647] In practice, the example of IKEA in Leiderdorp shows that the implementation of the project is deemed sufficient because IKEA was only obliged to build the store.

[638] See subsection 4.2.1.5 above.

[639] *Van der Schans* and *Van Heesbeen* regard this as a form of preventive supervision, see: Van der Schans & Van Heesbeen 2011, 61.

[640] KB Leiderdorp, Decision of 8 July 2010, No. 10.001769, *Staatscourant* 2010, 10742. Refer to fn 1295 for the link to the contract.

[641] See, for instance, KB Westland, Decision of 29 October 2009, No. 09.003047, *Staatscourant* 2009, 17420.

[642] See subsection 4.3.2.1 above.

[643] Rijkswaterstaat 2016, 22 et seq.

[644] Gerechtshof's-Hertogenbosch, Judgment of 18 August 2009, case number 103.005.698, para 4.7.4.

[645] Art. 3.3 and 9.4 of the contract between IKEA and the municipality of Leiderdorp. Refer to fn 1295 for the link to the contract.

[646] Gerechtshof's-Hertogenbosch, Judgment of 18 August 2009, case number 103.005.698, para 4.7.4.

[647] Refer to subsection 3.5.1 for the debate in German law.

4.6.2 Corrective measures

The project developer may fail to implement the project on the expropriated property, even if the municipality takes preventive measures. Non-implementation would create tension within the legal order because the land is not used for the public interest that legitimately justified the expropriation of property. In such cases, the question arises as to whether the expropriatee has a right to reacquire the property.

The next subsections first provide an analysis of the requirements under the European Convention and Art. 61 Ow, which provides a basis for corrective measures in statute law.[648] As Art. 61 Ow does not provide for a right to reacquire in cases where the municipality transfers the land to a project developer (for the purpose of economic development or otherwise), there follows a discussion of alternative options by means of which the expropriatee could reacquire their property.

4.6.2.1 Art. 1 of the First Protocol to the European Convention

Under Art. 1 P1 ECHR, the failure to implement the envisaged project or a delay in the implementation is one aspect that the European Court takes into account when examining whether the state has struck a fair balance of proportionality. Delay or non-realisation, however, does not necessarily lead to a violation of Art. 1 P1 ECHR.

In the 2002 case *Affaire Motais de Narbonne v France*, French authorities expropriated property for the purpose of creating land reserves for housing projects. They failed to use the land for housing projects for nineteen years. The European Court concluded that there was no fair balance for three reasons.[649] Firstly, creating land reserves in itself does not constitute a public interest. Secondly, the delay was attributable to the French authorities. Thirdly, the expropriatees could not in any way benefit from the development of real estate prices so that the authorities did not protect the holders from the risk of land speculation in real estate to their detriment. The Court, however, emphasised that the failure to use the property for the envisaged purpose did not necessarily lead to a violation of Art. 1 P1 ECHR.[650]

More recent case law seems to confirm the conclusion that non-realisation does not necessarily result in a violation of the Convention, but that additional circumstances may render the balance unfair.[651] In the case *Vassallo v Malta*, the European Court held that there was a violation of Art. 1 P1 ECHR. The Court gave two reasons. Firstly, the expropriated property had not been used for 28 years. Secondly, the applicant had not received any compensation for 37 years since the expropriation.[652] In the case *Beneficio Cappella Paolini v San Marino*, the state expropriated church property for urban development projects. The European Court held that

[648] See for a comparative analysis of case law of the European Court and Art. 61 Ow: Sluysmans & N van Triet, 'Reclaiming Property, Changes of Purpose or Non-Realization of Public Purpose after Expropriation' in Hoops, Marais, Mostert, Sluysmans & Verstappen (eds) *Rethinking Expropriation Law I: Rethinking Public Interest in Expropriation* (The Hague: Boom Eleven 2015) 185–208.

[649] ECtHR, Judgment of 2 July 2002, *Affaire Motais de Narbonne v France*, ANo. 48161/99.

[650] ECtHR, Judgment of 2 July 2002, *Affaire Motais de Narbonne v France*, ANo. 48161/99.

[651] Concurring: Sluysmans & Van Triet 2015, 207.

[652] ECtHR, Judgment of 11 October 2011, *Vassallo v Malta*, ANo. 57862/09, para 48.

there was a violation of Art. 1 P1 ECHR for two reasons.[653] Firstly, a part of the expropriated property had not been used for the envisaged purpose for nineteen years since the expropriation. Secondly, the applicant had applied for a retransfer of the land. However, as two courts declared the action inadmissible because they were of the opinion that the respective other party was competent to decide on the case, the state denied her the right to reacquire.

An important particularity of the case *Beneficio Cappella Paolini v San Marino* is that the state suggested using the other parts of the land for another purpose, supposedly in the public interest.[654] This shows that a proposed change of purpose cannot prevent a violation of Art. 1 P1 ECHR in such a setting.

4.6.2.2 Art. 61 Ow

Art. 61 Ow addresses situations where the envisaged purpose of the expropriation is not realised and/or where the project developer, in addition to non-realisation, wishes to change the purpose for which the expropriated property is used.

4.6.2.2.1 *Non-realisation*

Art. 61(1) Ow stipulates that the transferee is obliged to offer to retransfer the property in its present state to the expropriatee in three situations. The first situation would be that the transferee has not started to carry out the project for which the property was expropriated within three years after the judicial expropriation order. It follows from the case law of the Supreme Court that the transferee only starts to carry out the project through material work aimed at the completion of the project on the expropriated property or on another property on which the project is also carried out.[655] Examples would be the demolition of an existing building, laying a new foundation, or the beginning of the construction of the envisaged new building.[656] The second situation in which a right to reacquire would arise is that the work on the project has been halted for three years. The third situation would be that there are other circumstances that indicate that the project developer will not complete the project. Moreover, the obligation to offer a retransfer will only be applicable if these situations occur for a reason that is attributable to the transferee.[657]

The expropriatee then has two options. The first option is to accept the offer to retransfer the property and restitute a part of the compensation that generally corresponds to the current value of the reacquired property.[658] The compensation to be restituted will be lower if the expropriatee needs to invest in order to use the

[653] ECtHR, Judgment of 13 July 2004, *Beneficio Cappella Paolini v San Marino*, App No. 40786/98, para 33.

[654] ECtHR, Judgment of 13 July 2004, *Beneficio Cappella Paolini v San Marino*, App No. 40786/98, para 33.

[655] HR, Judgment of 3 December 1965, ECLI:NL:HR:1965:AB3662, *NJ* 1966, 161; HR, Judgment of 25 February 2011, ECLI:NL:HR:2011:BO9557, *JB* 2011, 79; and PCE van Wijmen, 'De terugvordering van het goed ingevolge artikel 61 Onteigeningswet' 1984 *Agrarisch recht* 2–9, 7.

[656] Sluysmans & Van Triet 2015, 187.

[657] Cf EJ Snijders-Storm & Procee 'Terugvordering op grond van artikel 61 onteigeningswet; stand van zaken' in De Groot & Harteman (eds) *Bijzonder geschikt voor het werk, H.J.M. van Mierlo bundel*, (The Hague: Stichting Instituut voor Bouwrecht 2012) 121–130, 123 et seq.

[658] Sluysmans & Van der Gouw 2015, 202.

land as they wish.[659] Alternatively, the expropriatee can refuse to reacquire the property and apply for additional equitable compensation.[660]

According to Art. 61(3) Ow, the transferee must make this offer within three months after the first or the second situation listed in the first paragraph occurs. If they fail to do so, the expropriatee may file an action for the retransfer of the property under the obligation to restitute an appropriate part of the compensation or for additional equitable compensation. Art. 61 Ow does not subject these rights to a time limit.[661] The general period of prescription of twenty years is applicable.[662] Moreover, the expropriatee does not forfeit their right merely by not filing an action within a certain period of time.[663]

In cases of non-realisation, Art. 61 Ow thus provides for the expropriatee's right to reacquire the property. This is a corrective measure that may perform a double function. Firstly, it resolves the tension created by the failure to serve the invoked public interest. Secondly, it may also have a preventive character in that it prompts the transferee to implement the project because they may otherwise lose the land.

4.6.2.2.2 *Change of purpose under Art. 61(4) Ow*

The transferee may also wish to change the purpose for which transferee uses the expropriated property. Such a change of purpose will generally trigger a right to reacquire the property under Art. 61(1) Ow if the requirements of that provision are met. This does not apply to changes to the project that fall under Art. 61(4) Ow. According to that provision, minor adjustments of the project and other adjustments that are compatible with the plan for which the property is expropriated fall under the term 'project' in the first paragraph. If the adjustments made to the project fell under the fourth paragraph, the transferee would thus start to carry out the project and the expropriatee would have no right to reacquire. Should the adjustments fall outside the scope of the fourth paragraph, the transferee would not start to carry out the envisaged project and would be subject to the expropriatee's right to reacquire the property.[664]

As the fourth paragraph was only introduced in 2008, it is still not entirely clear which adjustments fall under it. The Parliamentary History on the fourth paragraph and the scholars *Sluysmans, Van der Gouw,* and *Bosma* state that the fourth paragraph in particular refers to technical details that improve the construction of the project or its outer appearance, or enhance its utility without changing the nature of the project.[665] The common ground thus seems to be that only minor changes can be made to the project without triggering a right to reacquire.[666]

---

[659] Snijders-Storm & Procee 2012, 126.

[660] Art. 61(1) (2) Ow; and Sluysmans & Van der Gouw 2015, 203.

[661] Sluysmans & Van der Gouw 2015, 198.

[662] Snijders-Storm & Procee 2012, 122; and Art. 3:306 BW.

[663] HR, Judgment of 16 December 1992, ECLI:NL:HR:1992:AD1801, *NJ* 1993, 755, annotated by Mörzer Bruyns, para 3.1.

[664] Tweede Kamer der Staten-Generaal, 2006–2007, 30 938, No. 3, Explanatory Memorandum, *Invoeringswet Wet ruimtelijke ordening*, 8, Art. 4.2, D.

[665] Sluysmans et al 2011, 26; and Tweede Kamer der Staten-Generaal, 2006–2007, 30 938, No. 3, Explanatory Memorandum, *Invoeringswet Wet ruimtelijke ordening*, 8, Art. 4.2, D.

[666] Concurring: Sluysmans & Van Triet 2015, 187.

4.6.2.2.3 *Change of purpose and the general exception to Art. 61 Ow*

A general exception to Art. 61 Ow applies where the exercise of the transferee's right to reacquire would constitute an abuse of right.[667] Abuse of right is a doctrine that precludes the exercise of a right where the exercise of that right would only impose harm upon others or lead to harm that is disproportionate in relation to its benefits.[668] The exercise of the right to reacquire the property would be precluded if the expropriatee did not have any legitimate interest in the exercise of their right.[669] Not only would this situation occur if the project had been implemented, albeit too late, [670] but also if the expropriatee did not stand any chance to prevent the property from being expropriated for a new project.[671]

The latter situation would occur where the expropriatee would not be able to challenge the expropriation on the grounds that it does not serve spatial development or a public interest or that expropriation would be disproportionate, not necessary, or not urgent. An example would be a judgment of the Supreme Court of 1992. In that case, the Supreme Court approved the judgment of a Court of Appeal that if self-realisation was possible, the expropriatee would have a legitimate interest in the exercise of the right to reacquire the property.[672] The conclusion is that Dutch law would not provide for a right to reacquire if the changed purpose or the continuation of the work on the envisaged project legitimately justified an expropriation in any conceivable case.

4.6.2.3 Alternative options in cases of indirect third-party transfers

The corrective measures under Art. 61 Ow are not applicable to indirect third-party transfers under Title IV, such as third-party transfers for economic development. The Supreme Court held in its 2011 judgment on the military airbase in Eindhoven that the right to reacquire the property could only be exercised vis-à-vis the entity that applied for the expropriation of the property.[673] In most cases under Title IV, the municipality applies for expropriation and is the immediate transferee (and only later does it transfer the property to the project developer). Art. 78(1) Ow precludes private project developers from applying for expropriation. This means that the right to reacquire cannot be exercised vis-à-vis the private project developer.

If it is impossible for the municipality to transfer the property back to the expropriatee, the expropriatee can demand that the competent court award additional equitable compensation.[674] The money is intended as compensation for

[667] Snijders-Storm & Procee 2012, 125.

[668] See, for instance, Art. 3:13 BW.

[669] Van der Schans & Van Heesbeen 2011, 65.

[670] HR, Judgment of 16 December 1992, ECLI:NL:HR:1992:AD1801, *NJ* 1993, 755, annotated by Mörzer Bruyns, paras 3.4 and 3.5.

[671] HR, Judgment of 25 February 2011, ECLI:NL:HR:2011:BO9554, *NJ* 2011, 292, annotated by Van Wijmen, para 3.5.

[672] HR, Judgment of 16 December 1992, ECLI:NL:HR:1992:AD1801, *NJ* 1993, 755, annotated by Mörzer Bruyns, paras 3.4 and 3.5.

[673] HR, Judgment of 25 February 2011, ECLI:NL:HR:2011:BO9554, *NJ* 2011, 292, annotated by Van Wijmen, para 3.3. Cf Van der Schans & Van Heesbeen 2011, 63.

[674] Art. 61(2) Ow; Snijders-Storm & Procee 2012, 127; and CC Dedel-van Walbeek 'Artikel 61 Onteigeningswet' in Procee, Rus-van der Velde, Scheltema & Snijders-Storm (eds) *Warme grond* (Deventer: Kluwer 2009) 5–12, 9; Gerechtshof 's-Hertogenbosch, Judgment of 18 August 2009, case number 103.005.698, para 4.10.1.

the unnecessary loss of the expropriatee's property.[675] The compensation amounts to the difference between the current value of the land and the compensation that the expropriatee received upon the expropriation of the property.[676]

4.6.2.3.1 *The desirability of a right to reacquire*

Art. 61 Ow only provides for a claim to additional equitable compensation in cases of third-party transfers for economic development, but not for a right to reacquire. The first question is whether it would be desirable to confer a right to reacquire upon the expropriatee.

It is submitted that a right to reacquire would be desirable. A right to reacquire would not only protect the expropriatee's interest in their property, but there would also be other reasons. Firstly, the right to reacquire would prevent authorities from bypassing Art. 61 Ow by relying upon Title IV and binding land-use plans. Secondly, the argument that the project developer should be protected instead is not persuasive. Champions of the protection of the transferee argue as follows. *Van Wijmen* advocated that the expropriatee should not have the right to reacquire because the interests of the private project developer who acted in good faith would be disregarded.[677] Advocate General Wattel of the Supreme Court defended the same opinion.[678] This opinion does not seem persuasive because the private project developer only became owner because they were supposed to implement the project for which the property was expropriated. This is particularly evident in cases such as the IKEA branch in Leiderdorp where it is clear from the very beginning of the (planning) procedure that the only purpose of the expropriation is to transfer the property to a private project developer. In other cases, the private project developer must also be aware of this, at least because the judicial expropriation order has been entered into the land registry.[679] The interest of the private project developer should, therefore, not outweigh the interest of the expropriatee.

Besides, a right to reacquire would not threaten the transactability of the expropriated property. A right to reacquire should not arise where *bona fide* third parties acquire the land from the private project developer.

4.6.2.3.2 *Alternative options (I): Identification and* Fraus Legis

The desirability of the right to reacquire raises the question of whether the expropriatee may hope to reacquire the property via an alternative legal route. This and the following subsections provide an analysis of the doctrine on identification and *fraus legis*, contractual agreements between the municipality and the transferee, and tort law as to whether they provide the basis for a right to reacquire.

Identification of the municipality and the transferee

One option may be the doctrine on identification (*vereenzelviging*). In the proceedings before the Supreme Court around the military airbase in Eindhoven, the

[675] Snijders-Storm & Procee 2012, 127.
[676] Snijders-Storm & Procee 2012, 128.
[677] Van Wijmen, para 3, annotation of: HR, Judgment of 25 February 2011, ECLI:NL:HR:2011:BO9554, *NJ* 2011, 292.
[678] A-G Wattel, opinion, ECLI:NL:PHR:2011:BO9554, para 8.13, HR, Judgment of 25 February 2011, ECLI:NL:HR:2011:BO9554, *NJ* 2011, 292, annotated by Van Wijmen.
[679] Art. 59(3) Ow; and Den Drijver-van Rijckevorsel et al 2013, 67.

expropriatee submitted that the municipality and the state had worked closely together to exchange land in order for the state to extend the airbase and for the municipality to carry out a housing project. The expropriatee, therefore, demanded that the state and the municipality that had applied for the expropriation be treated as the same entity or, in other words, identified. Such an identification would entail that the expropriatee could exercise their right vis-à-vis the state. The Supreme Court rejected the identification of these two entities in this case.[680] It held that the identification was only possible under particular circumstances.[681] The Supreme Court did not elaborate further on the circumstances to which it referred. The mere fact, however, that it is evident that the expropriation would serve a project carried out by the other entity would not be sufficient.[682]

In cases of third-party transfers for economic development, identification is very unlikely to play a role. As Advocate General Wattel noted in his opinion on the case,[683] the doctrine on identification was developed in corporate law. Two corporations will be identified and treated as the same entity under three conditions. The first is if one entity has complete or domineering control over both corporations. The second is if the domineering corporation abuses the fact that the two corporations are separate entities. The third is if the goal of this abuse is to disadvantage third parties.[684] It should be obvious that the private transferee will not have any form of domineering control over a municipality. A municipality may own a private corporation, but it would still have to abuse its position, which will rarely be the case. Identification is thus not the right instrument to provide for a basis for the expropriatee's right to reacquire property. Besides, if the project developer influences the binding land-use plan or the expropriation decision because they are a member of the staff of the competent administrative body or they are related to a member of staff, the decision may be avoided on grounds of a violation of Art. 2:4, 3:2 and/or 3:3 Awb. These provisions guarantee impartiality, independence, and prudence in the decision-making process and that administrative powers are used for the purposes for which they are conferred.

Fraus Legis

Advocate General Wattel suggested that the *fraus legis* doctrine should also be applied to such cases. *Fraus legis* refers to a fraudulent attempt to avoid the application of the law and would render the transfer of the expropriated property ineffective because the contractual title (*causa*) would be void according to Art. 3:40 lid 1 BW.[685] The ownership of the land would still vest in the municipality, and Art. 61 Ow would still be applicable. *Wattel* stated two requirements for the application

[680] HR, Judgment of 25 February 2011, ECLI:NL:HR:2011:BO9554, *NJ* 2011, 292, annotated by Van Wijmen, para 3.4.

[681] HR, Judgment of 25 February 2011, ECLI:NL:HR:2011:BO9554, *NJ* 2011, 292, annotated by Van Wijmen, para 3.4.

[682] HR, Judgment of 25 February 2011, ECLI:NL:HR:2011:BO9554, *NJ* 2011, 292, annotated by Van Wijmen, para 3.4.

[683] A-G Wattel, opinion, ECLI:NL:PHR:2011:BO9554, para 8.18, HR, Judgment of 25 February 2011, ECLI:NL:HR:2011:BO9554, *NJ* 2011, 292, annotated by Van Wijmen.

[684] HR, Judgment of 13 October 2000, ECLI:NL:HR:2000:AA7480, *NJ* 2000, 698, annotated by JMM Maeijer, para 3.5.

[685] MA Kakebeeke-Van der Put *Wetsontduiking* (Deventer: Kluwer 1961) 108 et seq.

of this doctrine.[686] Firstly, it was the intention of the municipality and the private project developer to avoid the applicability of Art. 61 Ow by means of a legal construction that only served this purpose. Secondly, the goal and the scope of Art. 61 Ow would be disregarded if the transfer were deemed valid.

The doctrine of *fraus legis* cannot lead to a right to reacquire the land on the basis of Art. 61 Ow. The second requirement of the *fraus legis* doctrine may be met because when the expropriated property is transferred to the private project developer, Art. 61 Ow can no longer serve the purpose of conferring a right to reacquire upon the expropriatee in cases of non-realisation. However, the first requirement of the doctrine would not be met because the goal of the contract of sale and the transfer is usually to implement the project and not to avoid the applicability of Art. 61 Ow.

4.6.2.3.3 *Alternative option (II): Contractual obligation to carry out the project*

As has been concluded above, [687] there seems to be an obligation for the municipality to oblige the project developer in an agreement to carry out the project. If the project developer fails to carry out the project within a specified period of time, the municipality will have the right to rescind the contract.[688] After a termination of the contract, Art. 6:271 BW stipulates that the project developer must transfer the property to the municipality. If the work on the project has not begun after three years after the expropriation or has been halted for three years, the expropriatee can reacquire the property from the municipality on the basis of Art. 61 Ow.[689]

In practice, this seems to be the most common solution.[690] An example would be the contract between the municipality of Leiderdorp and IKEA of 15 June 2008.[691] The municipality was supposed to transfer the expropriated property to IKEA, and IKEA was supposed to use the land for the construction of a new IKEA store. In clause 17.4 of the contract, the parties explicitly agreed that the parties could rescind the contract if the contract was terminated, for example due to a severe breach of contract.

From the perspective of the expropriatee, this solution seems satisfying. However, the expropriatee will only have the right to reacquire if the municipality actually rescinds the contract. For various objective reasons, for instance a new, more promising project of the developer or the obligation to pay back the purchase price, the municipality may be inclined not to do that. The expropriatee would not be able

[686] A-G Wattel, opinion, ECLI:NL:PHR:2011:BO9554, para 8.20, HR, Judgment of 25 February 2011, ECLI:NL:HR:2011:BO9554, *NJ* 2011, 292, annotated by Van Wijmen.

[687] See subsection 4.6.1.2 above.

[688] Art. 6:265, 6:81, 6:83 lit. a BW.

[689] Van Wijmen did not seem to agree. He advocated that the municipality could not prevent the non-realisation; see: Van Wijmen, para 3, annotation of: HR, Judgment of 25 February 2011, ECLI:NL:HR:2011:BO9554, *NJ* 2011, 292. This would mean that the expropriatee cannot rely upon Art. 61 Ow. It is submitted that the non-realisation can be attributed to the municipality because it employed the services of the project developer to achieve a public goal.

[690] Gerechtshof 's-Hertogenbosch, Judgment of 18 August 2009, case number 103.005.698, para 4.7.4.

[691] Refer to fn 1295 for the link to the contract.

to force the municipality to rescind the contract because a failure to rescind the contract for a valid reason would not constitute a tort.[692]

4.6.2.3.4 *Alternative option (III): Tort law*

Wijting, a Dutch legal scholar, described another route. He assumed that the municipality inserted into the contract with the project developer an obligation to implement the project. He advocated that if the private project developer failed to implement the project and breached the contract, they would commit a tort in relation to the expropriatee.[693] *Wijting*'s opinion is based upon an unwritten norm that protects the expropriatee's interest where such an obligation applies.[694] In the light of the reasons militating for a right to reacquire the expropriated property, [695] it is logical to assume the existence of an unwritten norm that protects the expropriatee's interest in the expropriated property in cases where the private project developer fails to implement the project for which the property was expropriated. On the basis of Art. 6:103 BW, the competent court has the discretionary power to order the transfer of the property instead of awarding damages. The problem of this solution would be that the expropriatee would have to rely upon the municipality taking preventive measures and the cooperation of the judge.

There are a lot of indications that this unwritten norm will not apply if such a clause is not inserted in the contract. In the case of the expropriation for the extension of the military airbase in Eindhoven, the Regional Court held that the municipality and the state had committed a tort by transferring the property shortly before the crucial period of three years would lapse. The Court of Appeal, however, overruled this ruling. It held that there was an objective explanation for this course of action and that the state and the municipality did not intend to deprive the expropriatee of their rights under Art. 61 Ow.[696] Tort law is thus generally not a realistic option for the expropriatee because the transferee and the municipality will not commit a tort by merely preventing the applicability of Art. 61 Ow and the failure to implement the project. An example of a case where they commit a tort by intentionally frustrating the right to reacquire would be the creation of a right of emphyteusis (leasehold; or another limited property right) on the expropriated property after the expropriatee has already filed an action for retransfer.[697]

---

[692] Cf Snijders-Storm & Procee 2012, 130. See on contracts with state bodies in general: PJ Huisman & FJ van Ommeren 'De bijzondere positie van de overheid in het Nederlandse privaatrecht. De tweewegenleer en het overheidsovereenkomstenrecht' in D Asser (ed) *Vereniging voor de vergelijkende studie van het recht van België en Nederland, Preadviezen 2015, Overheidscontracten, Verdedigingsrechten van rechtspersonen in het strafproces, De rechter en de rechtsgronden* (Den Haag: Boom Juridische uitgevers 2015) 83–142.

[693] W Wijting, 'Terugvordering en artikel 61 Onteigeningswet (II)', *TvO* 1989, 329–331.

[694] Wijting 1989, 329–331.

[695] See subsection 4.6.3.2.1 above.

[696] Gerechtshof 's-Hertogenbosch, Judgment of 18 August 2009, case number 103.005.698, paras 4.9.8 et seq.

[697] Gerechtshof Den Haag, Judgment of 19 April 2011, ECLI:NL:GHSGR:2011:BQ6724. Cf Snijders-Storm & Procee 2012, 129 et seq.

4.6.2.3.5 *Alternative option (IV): Art. 14 Gw and general principles as a legal basis*

All realistic options for the expropriatee to reacquire the property pose problems. Tort law, identification, and *fraus legis* only help where the private project developer and the municipality acted *mala fide*. Other instruments have the expropriatee rely upon the cooperation of the municipality and/or the judiciary.

This result may violate Art. 1 P1 ECHR. The European Court consistently holds that a failure to realise the purpose of the deprivation in terms of Art. 1 P1 ECHR and a denial of the right to reacquire the property may, under additional circumstances, render the deprivation retrospectively disproportionate.[698] The unwarranted differentiation between indirect third-party transfers based upon a binding land-use plan and other expropriations, including direct third-party transfers, [699] may be a circumstance that tips the balance in favour of a violation.

This finding prompts an analysis of whether the expropriatee may also rely upon the constitution or general legal principles. In 1850, the Dutch government stated that if the project was not implemented, the legal basis of the expropriation would become void. Retrospectively, the expropriation was not in the public interest.[700] The retrospective invalidity suggests that the applicability of the requirement of a legitimate purpose under Art. 14(1) and the Expropriation Act extends beyond the decision to expropriate. Arguably, the expropriatee could rely upon Art. 14(1) Gw directly in such cases, at least vis-à-vis the municipality.

As fundamental rights do not necessarily have a direct effect vis-à-vis other private persons (horizontal effect), [701] the question is how Art. 14(1) Gw could break through the transfer of property from the municipality to the project developer. One may argue that the property right of the project developer is subject to the implicit condition that they carry out the project.[702] If they fail to carry out the project, their property right will lose its constitutional protection vis-à-vis the expropriatee. The same reasoning could also be based upon the principle of legality and the principle of specialty. These principles require that the expropriation serves a legitimate purpose laid down in the expropriation statute. As the expropriation never resulted in the realisation of the legitimate purpose, the expropriation would retrospectively have never complied with its statutory basis and would be unlawful.

An alternative is based upon the preventive measures discussed above.[703] It has been argued that there is an obligation for the municipality to insert a clause into the contract with the project developer that obliges the project developer to implement the project. Arguably, Dutch constitutional law and/or general legal principles may also oblige the municipality to insert a clause that obliges the project developer to return the property directly to the expropriatee in cases of non-realisation or change of purpose. This would avoid the dogmatic problems surrounding an implicit

[698] ECtHR, Judgment of 11 October 2011, *Vassallo v Malta*, ANo. 57862/09, para 48; and ECtHR, Judgment of 13 July 2004, *Beneficio Cappella Paolini v San Marino*, App No. 40786/98, para 33.

[699] Declared permissible by Art. 1(2) Ow. See, for example, Art. 72a Ow; and KB, Decision of 18 March 1999, No. 99.001179.

[700] Thorbecke 1880, 266.

[701] AD Belinfante, JL de Reede, L Dragstra, NS Efthymiou, AW Hins & De Lange *Beginselen van het Nederlandse staatsrecht* 18th ed (Deventer: Kluwer 2015) 263 et seq.

[702] Refer to subsection 3.5.2.2 for a similar argument in German law.

[703] See subsection 4.6.1.2 above.

condition, but would have the expropriatee again rely upon the compliance of the municipality.

4.6.3 The governance of the endurance of the legitimate justification

In the governance of the endurance of the legitimate justification, the legislator could play a dominant boundary-shaping and creative role. With respect to third-party transfers for economic development, however, expropriation statutes do not provide for any obligation to take preventive measure or the right to reacquire. It is only through more general legislation, such as procurement law or tort law, that the legislature creates potential legal bases for the obligation to take preventive or corrective measures, which only cover certain types of cases. For the rest, it seems that the legislature puts its confidence in the administrative authorities and the judiciary to find equitable solutions.

In the absence of statutory bases for preventive and/or corrective measures, it is for the judiciary to shape an obligation to take such measures and to control the measures taken by administrative authorities. To this end, the judiciary will have to go through a demanding constructive process. The judiciary has to create a general obligation to take preventive measures out of nothing or on the basis of a reinterpretation of general legal principles, such as the principle of legality, and constitutional provisions, such as Art. 14(1) Gw. With respect to corrective measures, the courts will also have to rely upon general legal principles and constitutional provisions. As the judgment of the Court of Appeal of 's-Hertogenbosch in the case around the military airbase suggests, some courts seem to be up to this challenge.

The main responsibility to take preventive and corrective measures may, therefore, lie with the administrative authorities. The planning authority, which directly collaborates with the project developer, assumes a creative role and will have to take preventive and corrective measures out of their own initiative in practice. The expropriation authority, the Crown, seems to be developing a controlling and boundary-shaping role. The Crown scrutinises, at least in some cases, third-party transfers for economic development as to whether there is an obligation for the developer to implement the project.

4.6.4 Conclusion

The Dutch legislator has only partially addressed the issue of preventive measures. Should the transaction between the municipal council and the private project developer fall under the Procurement Act, the private project developer will be contractually bound to implement the project. However, this will only be the case if the municipality subsidises the project in one way or another. Outside of the Procurement Act, the judiciary must rely upon international and constitutional norms, in particular Art. 1 P1 ECHR and Art. 14 Gw, general principles, namely the principle of legality and specialty, and unwritten social norms to create an obligation for the municipal council to oblige the private project developer to implement the project. In practice, municipal councils seem to take preventive measures, particularly in the form of contractual obligations. However, as the case surrounding the military airbase in Eindhoven shows, this is not always the case. From a governance perspective, the confidence of the legislator in the boundary-shaping power of the judiciary and the discipline of the municipalities therefore appears risky because it jeopardises the legitimacy of the expropriation.

Should the project developer—despite or in the absence of preventive measures—fail to implement the project, Dutch law again relies upon the judiciary and the municipalities. Art. 61 Ow, the statutory basis of corrective measures, is not applicable because the municipality has transferred the expropriated property to the private project developer.

Under current Dutch law, the only hope of an expropriatee who wishes to get their property back is that the project developer is bound by the contract with the municipality to implement the project. The expropriatee may then have two options. The first option would be to bring an action for the reacquisition of the property against the developer under tort law. Alternatively, the expropriatee needs to rely upon the municipality once more. If the municipality proceeds to rescind the contract with the project developer, the municipality will be able to reacquire the property. Upon reacquisition, the municipality would have to return the property to the expropriatee on the basis of Art. 61 Ow, if at least three years have lapsed without any material work since the expropriation. The right to restore one's fundamental right after an unjustified infringement, however, should not partially depend upon the goodwill of the municipality. Dutch law should, therefore, allow the expropriatee to invoke Art. 14(1) Gw or the general principles of legality and specialty vis-à-vis the project developer in order to reacquire their property. This would also avoid a violation of Art. 1 P1 ECHR.

CHAPTER 5 New York State law

Table of Contents

5.1 APPLICABLE LAW

➢ In this section, the following questions are answered:

- What is the definition of expropriation (condemnation) in New York State law and US law?
- On the basis of which condemnation statutes may the state condemn property for third-party transfers for economic development in New York State law?
- Which constitutional provisions, primary legislation, and secondary legislation does this chapter examine so as to evaluate the legitimate justification of third-party transfers for economic development, its endurance, and its governance?

5.1.1 The definition of expropriation (condemnation)

A condemnation under New York State law is the unilateral and intentional acquisition of title or interests in immovable property for a public use through the exercise of the power of eminent domain.[1] A typical example of a condemnation relevant to this chapter would be that the state condemns property in a purportedly substandard area in order to transfer the property to a developer who promises to implement an economic development project that is projected to uplift the area economically.[2] The concept of condemnation is very similar to expropriations under German and Dutch law.[3] In this chapter, use is made of the term 'condemnation' instead of 'expropriation'.

Interests in immovable property that can be subject to condemnation not only include fee simple ownership, but also, for instance, individual interests in a lease agreement and limited property rights to use the land.[4] The power of eminent domain is the power of the sovereign to take private property in the public interest

[1] § 103(A) of the New York State Eminent Domain Procedure Law. Cf JG Laitos *Law of Property Rights Protection, Limitations on Governmental Powers* (New York: Wolters Kluwer 1998) 8–5 et seq.

[2] See, for instance, *Goldstein v New York State Urban Development Corporation*, 921 N.E.2d 164 (N.Y. 2009); and *Kaur v New York State Urban Development Corporation*, 933 N.E.2d 721 (N.Y. 2010).

[3] See subsections 3.1.1.2 and 4.1.2.1 above.

[4] See, for example, *Kaufmann's Carousel, Inc. v City of Syracuse Industrial Development Agency*, 301 A.D.2d 292 (N.Y. ADiv. 2002).

without the consent of the holders of property rights on the land.[5] It is generally recognised that this power is inherent to sovereignty, antedates the state and does not require a constitutional basis.[6]

A condemnation is a taking of property in terms of the takings clause of the Fifth Amendment to the Constitution of the United States and the takings clause of the New York State Constitution.[7] A taking, however, is a broader term than the intentional acquisition of an interest in real property against the will of the holder of that interest.[8] In particular, takings include exercises of the state's police power in the form of restrictions to the use and enjoyment of property that fall short of formal acquisition, but have an excessive impact upon the holder of the property.[9] Such restrictions are called regulatory takings and also fall under the takings clauses.[10] This chapter is confined to condemnations.

5.1.2 Federal Constitutional law

The Fifth Amendment of 1791 to the Constitution of the United States of America includes a provision that stipulates that

> '[. . .]; nor shall private property be taken for public use, without just compensation.'

This provision is commonly known as the federal takings clause. Besides the due process clause of the Fourteenth Amendment, which says that states can only deprive people of their property with due process of law, the takings clause is the only provision that affords explicit constitutional protection to property from takings. Interestingly, in contrast to, for instance, the equal protection clause, the US Supreme Court has not considered rights protected by the takings clause to be fundamental rights.[11] Property rights therefore seem to have an inferior status in the constitutional order.

There are two interpretations of the takings clause.[12] A group of scholars have interpreted the clause as merely postulating a right to just compensation where the sovereign takes property for public use. In cases where the state takes property for private use, these scholars assume that the takings clause would not be applicable at

[5] Laitos 1998, 8–6.

[6] *The People of the State of New York Ex Rel. v The New York Central and Hudson River Railroad Company v George E. Priest* et al, 206 N.Y. 274, 289 (N.Y. 1912); *Heyward v The Mayor of New York*, 7 N.Y. 314, 324 (N.Y. 1852); and DL Callies et al *Nichols on Eminent Domain* 3rd ed (New York: LexisNexis 1997) 7–16 et seq.

[7] Fifth Amendment to the Constitution of the United States; Art. I, § 7(a) of the New York State Constitution; and Nichols, 8–15.

[8] B Nicholson & SA Mota, 'From Public Use to Public Purpose: The Supreme Court Stretches the Takings Clause in *Kelo v City of New London*', *Gonzaga Law Review* 2005/06, 81–101, 83.

[9] *Pennsylvania Coal Co. v Mahon*, 260 US 393 (1922).

[10] The relationship between regulatory takings, the power of eminent domain, and the takings clause still leads to considerable confusion. This issue falls outside the scope of this book. For more details on this issue, refer to Laitos 1998, 8–12, 4 et seq; Dana & Merrill 2002, 199; JE Nowak & RD Rotunda *Principles of Constitutional Law* 4th ed (St. Paul: Thomson Reuters 2010) 276 et seq; and Nicholson & Mota 2005/06, 82 et seq.

[11] Alexander, 'Property as a Fundamental Constitutional Right? The German Example' 2003 *Cornell Law Review* 733–778, 734.

[12] See for an overview: Merrill, 'Economics of Public Use' 1986 *Cornell Law Review* 61–116, 71.

all. In their view, the adversely affected landholder would have to seek redress in court under the due process clause of the Fourteenth Amendment.[13] The view adopted by the US Supreme Court, however, is that the Fifth Amendment imposes a public use requirement upon all takings and that a taking for private use would violate the Fifth Amendment.[14] This issue cannot be resolved here. In what follows, the analysis follows the opinion of the US Supreme Court, and it is assumed that the Fifth Amendment provides for a public use requirement and is also applicable to condemnations for private use.

The Fifth Amendment is primarily applicable to exercises of the power of eminent domain by *federal* authorities. The United States initially only had the power of eminent domain within the boundaries of Washington, DC.[15] In 1875, however, the US Supreme Court decided that the United States could also take private property in the states.[16] Whether it is also applicable to takings effected by state authorities, is subject to debate. The debate revolves around the Fourteenth Amendment. In 1897, the US Supreme Court, without in any way referring to the Fifth Amendment, found that a state taking of private property for public use without just compensation would violate the Fourteenth Amendment.[17] In its recent jurisprudence, the US Supreme Court construed this judgment as declaring the Fifth Amendment applicable to state takings.[18] A state condemnation would thus trigger both the applicability of the Fifth Amendment and the Fourteenth Amendment.

However, former Supreme Court Justice Stevens, who considered the Fifth Amendment applicable to a state taking in the case *Kelo v City of New London*,[19] later stated that the 1897 judgment had not made the Fifth Amendment applicable. The Supreme Court should rather assess state takings as to whether they comply with the requirements of substantive due process.[20] That said, it seems unlikely that the choice of either requirement would lead to diverging outcomes. Substantive due process does not seem to provide for other requirements than the Fifth Amendment,[21] in particular because the judgment from 1897 explicitly refers to 'public

---

[13] W Baude 'Rethinking the Federal Eminent Domain Power' 2013 *The Yale Law Journal* 1738–1825, 1742; MP Harrington, '"Public Use" and the Original Understanding of the So-Called "Takings Clause"' 2002 *Hastings Law Journal* 1245–1301, 1248; Somin 2015, 71; MM Ross, 'Public Use: Does County of Wayne v. Hathcock Signal a Revival of the Public Use Limit to the Taking of Private Property?' in DH Merriam & Ross (eds) *Eminent Domain Use And Abuse: Kelo In Context* (Chicago: ABA 2007) 1–30, 19; and Laitos 1998, 12–18 et seq.

[14] *Kelo v City of New London*, 545 US 469, 472 and 490 (2005); Nichols, 7–25; and EF Gallagher 'Breaking New Ground: Using Eminent Domain for Economic Development' 2005 *Fordham Law Review* 1837–1873, 1841.

[15] Baude 2013, 1741 et seq.

[16] *Kohl v United States*, 91 US 367 (1875).

[17] *Chicago, B. & Q. R. Co. v Chicago*, 166 US 226, 241 (1897); and Nowak & Rotunda 2010, 248.

[18] *Kelo v City of New London*, 545 US 469, 472 (2005); *Phillips v Washington Legal Foundation*, 524 US 156, 163 et seq (1998); Nicholson & Mota 2005/06, 82; and Nowak & Rotunda 2010, 248 et seq and 276.

[19] *Kelo v City of New London*, 545 US 469 (2005).

[20] Stevens, '*Kelo*, Popularity, and Substantive Due Process' 2012 *Alabama Law Review* 941–954, 946 et seq. Cf JA Lovett 'Somewhat at Sea: Public Use and Third Party Transfer Limits in Two U.S. States' in Hoops, Marais, Mostert, Sluysmans & Verstappen (eds) *Rethinking Expropriation Law I: Public Interest in Expropriation* (The Hague: Boom Eleven 2015) 93–124.

[21] Gallagher 2005, 1857, fn 165, and 1860; AT Ackerman 'The Changing Landscape and Recognition of the Public Use Limitation: Is Hathcock the Precursor to Kelo?' in Merriam & Ross (eds) *Eminent Domain Use And Abuse: Kelo In Context* (Chicago: ABA 2007) 95–124, 100; *Missouri*

use' and 'just compensation'.[22] In what follows, it is therefore assumed that the requirements under the Fifth Amendment will apply to New York State takings.

5.1.3 New York State law

The requirements of the Fifth Amendment are minimum requirements. State takings must meet these requirements in order to pass federal constitutional muster. State law, however, may impose stricter requirements.[23] In the aftermath of the recent *Kelo* judgment, in which the US Supreme Court declared economic development to be a public use and thereby caused uproar in the public arena, many state legislatures and courts introduced stricter substantive and procedural requirements or even banned third-party transfers for economic development.[24] New York State, by contrast, did not take any action, and its law must be considered (one of) the most lenient among all state legal orders.[25] As this chapter is confined to New York State law and the (more or less equally lenient) requirements of the Fifth Amendment, the analyses in this chapter are not necessarily representative of all states in the United States.[26] Also, legislation adopted by New York City and other municipalities in New York State falls outside the scope of this book. The following subsections set out which sources of New York State law are analysed in order to determine the legitimate justification of third-party transfers for economic development in New York State, in particular provisions of the New York State Constitution and the condemnation statutes.

5.1.3.1 The New York State Constitution

The power of eminent domain of the State of New York is viewed as a power inherent to the state's sovereignty.[27] The Constitution thus does not create this power, but may merely subject this power to limitations.[28] Art. I of the New York State Constitution contains the Bill of Rights. Section 7(a) of that Article stipulates that '[p]rivate property shall not be taken for public use without just compensation'.

Pacific Railway v Nebraska, 164 US 403, 417 (1896); and *Jackson v New York State Urban Development Corporation*, 67 N.Y.2d 400, 425 (N.Y. 1986).

[22] *Chicago, B. & Q. R. Co. v Chicago*, 166 US 226, 237 and 241 (1897).

[23] Nichols, 7–28; and *Kelo v City of New London*, 545 US 469, 489 (2005).

[24] Somin, 'The Limits of Backlash: Assessing the Political Response to Kelo' 2009 *Minnesota Law Review* 2100–2178.

[25] See, for instance, D Berliner, *Public Power, Private Gain A Five-Year, State-By-State Report Examining the Abuse of Eminent Domain*, 2003, 144 et seq; retrieved from: http://castlecoalition.org/pdf/report/ED_report.pdf (last accessed: 28 June 2016); ME Gold & LB Sagalyn, 'The Use and Abuse of Blight in Eminent Domain' 2010 *Fordham Urban Law Journal* 1119–1178, 1154; K McGlynn Mirett, 'Columbia University's Bite out of the Big Apple: the Problem of Unrestricted Eminent Domain in New York and the Need for More Active Courts' 2010 *Seton Hall Law Review* 423–455, 440; and P Franzese, 'Reclaiming the Promise of the Judicial Branch: Toward a More Meaningful Standard of Judicial Review as Applied to New York Eminent Domain Law' 2011 *Fordham Urban Law Journal* 1091–1117, 1091.

[26] See section 1.5 above.

[27] *Heyward v The Mayor of New York*, 7 N.Y. 314, 324 (N.Y. 1852); and Nichols 1997, 7–16 et seq.

[28] CK Rowley 'The Supreme Court and Takings Judgments: Constitutional Political Economy Versus Public Choice' in N Mercuro (ed) *Taking Property and Just Compensation: Law and economics perspectives on the takings issue* (Boston: Kluwer 1992) 79–124, 80, who noted that the US Constitution was binding upon all state organs.

The state may thus only exercise its power of eminent domain if the condemnation is for public use and the state pays just compensation.

In the 1930s, governments increasingly realised that blighted areas and unaffordable adequate housing posed threats to public order, health, and safety.[29] After the Court of Appeals, the highest court in New York State, recognised in 1936 that the removal of such conditions and the provision of affordable housing were a public use,[30] the Constitutional Convention of 1938 introduced provisions that specifically authorised the state to condemn property for 'low rent housing and nursing home accommodations for persons of low income' or 'the clearance, replanning, reconstruction and rehabilitation of substandard and insanitary areas'.[31] The Constitution also permits the legislature to authorise an administrative authority to condemn property that is only temporarily needed for the condemnation's purpose. After the completion of the project, it must improve this land and use it, wholly or partly for a public purpose, or sell or lease it under the condition that the improvements will be maintained.[32]

Art. IX, § 1(e) of the Constitution further empowers local governments, such as the City of New York, to condemn property within their boundaries for public use. It may also take land surrounding the project area to provide for appropriate disposition or use of the land and to lease or sell it. The use and interpretation of the municipalities' power of eminent domain fall outside the scope of this book.

5.1.3.2 The condemnation statutes

The power of eminent domain vests in the state's legislature (and the municipal legislatures). The legislature can delegate this power to administrative authorities or other state and private agencies.[33] Without statutory authorisation or for purposes not mentioned in the statutory basis, administrative authorities and agencies could not exercise the power of eminent domain and would act *ultra vires* if they did.[34] New York State law provides several statutory bases for third-party transfers for economic development, mostly linked to the removal and rejuvenation of substandard and insanitary areas. The authorisation to exercise the power of eminent domain under those statutes, in particular the purposes for which it may be exercised, is described in this subsection.

5.1.3.2.1 *The Urban Development Corporation Act*

The Urban Development Corporation Act (Chapter 174 of 1968) created the New York State Urban Development Corporation, which now acts as the Empire State

---

[29] *New York City Housing Authority v Muller*, 270 N.Y. 333, 1 N.E.2d 153, 154 (N.Y. 1936); and WE Pritchett 'The "Public Menace" of Blight: Urban Renewal and the Private Uses of Eminent Domain' 2003 *Yale Law & Policy Review* 1–52.

[30] *New York City Housing Authority v Muller*, 270 N.Y. 333, 1 N.E.2d 153, 154–156 (N.Y. 1936).

[31] Art. XVIII, §§ 1, 2 and 9 of the New York State Constitution.

[32] Art. XVIII, § 8 of the New York State Constitution. Cf PJ Galie & C Bopst 'Constitutional "Stuff": House Cleaning The New York Constitution—Part II' 2014–15 *Albany Law Review* 1513–1556, 1553 et seq.

[33] Laitos 1998, 8–8.

[34] *Queens Terminal Co. v Schmuck*, 147 A.D. 502, 132 N.Y.S. 159 (N.Y. ADiv. 1911); RM Bailly 'Administrative Law' 2011 *Syracuse Law Review* 557–588, 564; and PJ Kulick, 'Rolling the Dice: Determining Public Use in order to Effectuate a "Public-Private Taking"—A Proposal to Redefine "Public Use"' 2000 *Law Review of Michigan State University-Detroit College of Law* 640–691, 657.

Development Corporation. The Urban Development Corporation is a corporation under private law that is directly created and regulated by state law and run by state-appointed directors.[35] The corporation is one of the major actors in the condemnation arena in New York State.[36]

Section 2 (§ 2) of the statute declares that it is the mission of the Corporation to promote the modernisation of industrial, manufacturing and commercial facilities and the availability of adequate public services, to rejuvenate substandard and insanitary areas and to promote economic development and employment opportunities. Section 13 permits the acquisition by eminent domain of any property that the Corporation finds necessary or convenient to acquire for its immediate or future use. It, therefore, seems that the Corporation may condemn property and transfer it to a third party for economic development alone, the more so because § 8 explicitly permits the sale or leasing of (land for) industrial projects to third parties 'upon such terms as may be agreed upon' after a public hearing. However, § 10 requires for all economic development projects that the Corporation finds that the targeted area is or is in danger of becoming a substandard and insanitary area and that the project ameliorates such conditions.[37] The power of the Corporation to condemn property for economic development is thus limited to substandard and insanitary areas. Section 3 defines such areas as 'a slum, blighted, deteriorated or deteriorating area, or an area which has a blighting influence on the surrounding area, whether residential, non-residential, commercial, industrial, vacant or land in highways, waterways, railway and subway tracks and yards, bridge and tunnel approaches and entrances, or other similar facilities'.

The Urban Development Corporation can carry out different kinds of projects, such as land-use improvement projects, industrial projects, industrial effectiveness projects, and small and medium-sized business assistance project. The Corporation may be, but does not need to be the driving force behind the project for which it condemns property.[38] The Corporation can, therefore, assist in private economic development projects proposed by private developers.

Concerning industrial projects specifically, the Corporation must further be satisfied and substantiate that the project meets the following requirements. Firstly, the buildings included in the project must be suitable for industrial, business, or commercial purposes. Secondly, there is enough funding available to acquire the land and to implement and sustain the project. Thirdly, the project will aid the development, growth, and prosperity in the State of New York and the targeted area. Fourthly, adequate light, air, sanitation, and fire protection are ensured. Lastly, the Corporation can ensure the relocation of displaced individuals and families to adequate and affordable dwellings.[39]

---

[35] Refer to subsection 5.4.2.1 below for more details.

[36] See for recent examples: *Goldstein v New York State Urban Development Corporation*, 921 N.E.2d 164 (N.Y. 2009); and *Kaur v New York State Urban Development Corporation*, 933 N.E.2d 721 (N.Y. 2010).

[37] See also: *East Thirteenth Street Community Association v Urban Development Corporation*, 189 A.D.2d 352, 359 (N.Y. ADiv. 1993).

[38] *E. Thirteenth St. Cmty. Ass'n v N.Y. State Hous. Fin. Agency*, 218 A.D.2d 512, 630 N.Y.S.2d 517, 518 (N.Y. ADiv. 1995).

[39] § 10(b) (g) and (h) of the Urban Development Corporation Act.

5.1.3.2.2 *Industrial development agencies*

Industrial development agencies may also exercise the power of eminent domain. The General Municipal Law foresees the establishment of industrial development agencies by the municipal legislatures.[40] Section 852 of the General Municipal Law states that it is the goal of the State of New York to promote employment opportunities and economic development and to prevent economic deterioration. Section 858 declares that the purposes of such agencies are 'to promote, develop, encourage and assist in the acquiring, constructing, reconstructing, improving, maintaining, equipping and furnishing industrial, manufacturing, warehousing, commercial, research and recreation facilities including industrial pollution control facilities, educational or cultural facilities, railroad facilities, horse racing facilities, automobile racing facilities and continuing care retirement communities, [. . .]' in order to 'advance the job opportunities, health, general prosperity and economic welfare of the people of the state of New York'. Subsection (4) of § 858 then authorises the agency to acquire property by eminent domain for such purposes and sell it where expedient 'in such manner as the agency shall determine'. This is the broadest authorisation granted to a state authority or agency and includes economic development projects without the need to establish that the targeted area is substandard and insanitary.[41]

5.1.3.2.3 *Municipal redevelopment plans*

The power of eminent domain may also be exercised to implement municipal redevelopment plans. Municipal redevelopment plans are meant to promote sound economic and social development in blighted areas.[42] Blighted areas are defined as a 'predominance of buildings and structures which are deteriorated or unfit or unsafe for use or occupancy' or 'a predominance of economically unproductive lands, buildings or structures, the redevelopment of which is needed to prevent further deterioration which would jeopardize the economic well being of the people'.[43] The legislature of the municipality may designate such an area as a redevelopment area. Before taking this decision, it must conduct a survey to determine the feasibility of a redevelopment project in that area.[44] The municipal legislature can then adopt a preliminary redevelopment plan, which includes a description of the proposed use of the land, how the redevelopment would achieve the purposes of redevelopment plans, the plan's impact upon the community and why a redevelopment plan is necessary to achieve the purposes of the redevelopment law.[45]

The planning agencies and boards of education of affected school districts of the

---

[40] § 856(1)(a) of the General Municipal Law.

[41] See for examples of the exercise of this power: *Sun Company, Inc.*, et al. *v City of Syracuse Industrial Development Agency*, 209 A.D.2d 34 (N.Y. ADiv. 1995); *Northeast Parent & Child Society, Inc. v Schenectady Industrial Development Agency*, 494 N.Y.S.2d 503, 114 A.D.2d 741 (N.Y. ADiv. 1985); and *Kaufmann's Carousel, Inc. v City of Syracuse Industrial Development Agency*, 301 A.D.2d 292 (N.Y. ADiv. 2002).

[42] § 970-b of the General Municipal Law.

[43] § 970-c(a) of the General Municipal Law.

[44] § 970-d of the General Municipal Law.

[45] § 970-e of the General Municipal Law.

municipality must review the preliminary plan.[46] Before the adoption of the final plan, the legislature must further hold a public hearing to review the plan.[47] The municipal legislator then considers all the objections and may make changes to the plan, which must be reviewed by the planning agency of the municipality.[48] This agency is responsible for ensuring a sustainable spatial development. The municipal legislator may then adopt the plan with an absolute majority of its members. Should the planning agency have recommended not adopting the plan (or changes to the plan), two-thirds of the members must approve the plan.[49]

After the plan has been adopted, the municipality, acting through a duly authorised body, may proceed to acquire property within the project area by eminent domain.[50] However, land on which buildings are located may only be acquired by eminent domain if the buildings are to be demolished, the buildings or the (use of the) land must be changed or improved, or if an owner refuses to comply with standards, restrictions, or controls imposed by the development plan.[51] Section 970-l then explicitly permits the sale or leasing of a part of the land after a public hearing to a third party under the condition of the implementation of the development plan.

5.1.3.2.4 *Urban renewal areas*

Another option to condemn property for the removal of blight in connection with private economic development would be to condemn property for such a purpose within urban renewal areas. They are meant to ameliorate substandard and insanitary conditions and to promote health, safety, morals, welfare, and development in an area.[52] Condemnations for economic development could be legitimately justified under that statute because § 501 of the General Municipal Law clearly states that the 'clearance, replanning, reconstruction, rehabilitation, conservation or renewal of such areas, for [. . .] commercial, industrial, [. . .] and other uses is a public use'. A municipality, acting through the (directly elected) governing body of the municipality, may condemn property within that area for such a purpose.[53] Alternatively, the municipality may create and delegate its power to a municipal urban renewal agency.[54] After the condemnation, the condemnation authority (hereinafter also referred to as: 'condemnor') may transfer the property to a private project developer under the conditions of the implementation of the project.[55]

Before a condemnation, the governing body must first designate a substandard and insanitary area (or an area in danger of becoming one) for urban renewal.[56] The governing body authorises an agency to draw up an urban renewal plan with the activities to be undertaken in that area, in particular the envisaged land uses and methods of urban renewal. The planning commission of the municipality, after a

---

[46] §§ 970-e and 970-g(a) of the General Municipal Law.
[47] § 970-h(a) of the General Municipal Law.
[48] § 970-h(d) and (e) of the General Municipal Law.
[49] § 970-h(f) of the General Municipal Law.
[50] § 970-i(a) of the General Municipal Law.
[51] § 970-i(b) of the General Municipal Law.
[52] § 501 of the General Municipal Law.
[53] § 506(1) of the General Municipal Law.
[54] See Art. 15-a of the General Municipal Law.
[55] § 507(2) and (3) of the General Municipal Law.
[56] § 504 of the General Municipal Law.

public hearing, certifies whether or not the plan contains all activities related to the project and other required details and may give recommendations.[57] After another public hearing, the governing body may then approve the plan. A majority vote will be required if the planning commission has unconditionally approved the plan or if the commission has approved the plan with recommendations and the governing body adopts these recommendations. A majority of three-quarters will be required if the commission has not approved the plan or if the governing body disregards the recommendations made by the commission.[58] In a city of more than one million inhabitants, the mayor has to sanction this approval.[59] The governing body must then inter alia confirm that the urban renewal area is or is in danger of becoming substandard and insanitary, that the plan is compatible with the planning agency's master plan for the spatial development of the municipality, that the project affords maximum opportunity to private enterprise for the undertaking of an urban renewal program, and that suitable relocation services will be provided to displaced persons.[60]

5.1.3.3 The Eminent Domain Procedure Law

In addition to the requirements set by the statutory bases, the Eminent Domain Procedure Law (EDPL) contains the exclusive procedure for the acquisition of land.[61] Upon a public hearing, the condemnation authority makes a determination that includes the project, its location, its benefits, and the general effect of the project upon the environment and the residents at the project site.[62]

Aggrieved persons can then seek judicial review with the Appellate Division of the Supreme Court that can review the determination as to whether the determination complies with the state and federal constitutions, the statutory basis, whether the project serves a public use, benefit or purpose and whether the condemnation authority followed the applicable procedure and the procedure under the State Environmental Quality Review Act (SEQRA) set out in the next subsection.[63] Aggrieved persons can lodge an appeal against the decision of the Appellate Division with the Court of Appeals.[64]

Within three years after the publication of the determination, the condemnation authority can proceed to acquire the property.[65] The condemnation authority then draws up an acquisition map. Once this map has been registered, title to the condemned property vests in the condemnation authority.[66] Where a condemnation authority other than the State of New York condemns the property, the condemnation authority must petition the Supreme Court to order the condemnation and notify the condemnee(s) of such petition.[67] In the petition, the condemnation authority must specify the required property, submit proof of compliance with

[57] § 505(2) 502(7) of the General Municipal Law.
[58] § 505(3) of the General Municipal Law.
[59] § 505(5) of the General Municipal Law.
[60] § 505(4) of the General Municipal Law.
[61] § 101 EDPL.
[62] § 204(B) EDPL.
[63] § 207(B) and (C) EDPL.
[64] § 207(B) EDPL.
[65] § 401(A) EDPL.
[66] § 402(A) EDPL.
[67] § 402(B)(2) and (3) EDPL.

the procedural requirements of the EDPL, and establish that the project serves a public use, benefit, or purpose.[68] The competent court will then grant the petition unless the condemnee proves a defect in the determination or another form of non-compliance with the EDPL.[69]

If practicable, the condemnation authority must offer compensation to the condemnee before the acquisition.[70] Where the condemnee rejects the offer, the courts will decide upon the amount of compensation.[71] After the condemnation, if the condemnation authority fails to implement the project, § 406(A) EDPL may provide for a right of first refusal where the authority seeks to sell the property.

5.1.3.4 The State Environmental Quality Review Act (SEQRA)

Environmental law, in particular the New York State Environmental Quality Review Act, provides for various substantive requirements that the condemnation authority or the authority that adopts a municipal redevelopment plan or an urban renewal plan must observe. Section 1–0101(1) of the New York Environmental Conservation Law stipulates that it is the goal of the State of New York 'to conserve, improve and protect its natural resources and environment and to prevent, abate and control water, land and air pollution, in order to enhance the health, safety and welfare of the people of the state and their overall economic and social well being.' § 1–0101(3) further states that it is the policy of the State of New York 'to foster, promote, create and maintain conditions under which man and nature can thrive in harmony with each other, and achieve social, economic and technological progress for present and future generations [. . .]'.

One instrument to achieve these goals is Art. 8 of the Environmental Conservation Law, which is SEQRA. Section 207(C) EDPL stipulates that the condemnation authority must comply with SEQRA in order for the condemnation to be lawful. Section 8–0109(1) stipulates that all decisions of state agencies, including condemnations, must, 'consistent with social, economic and other essential considerations, to the maximum extent practicable, minimize or avoid adverse environmental effects [. . .]'. Where the decision may have a significant impact upon the environment, § 8–0109(2) prescribes an environmental impact statement that must include, roughly speaking, the benefits and environmental drawbacks of the proposed project, its alternatives, and possible mitigating measures. Environment is understood in its broadest sense, namely 'physical conditions which will be affected by a proposed action, including land, air, water, minerals, flora, fauna, noise, objects of historic or aesthetic significance, existing patterns of population concentration, distribution, or growth, and existing community or neighborhood character'.[72] The condemnation authority must then decide on the basis of the environmental impact statement whether or not to approve the condemnation.[73] The significance of the environmental impact statement is that the condemnation authority cannot decide to approve a condemnation which has a significant impact upon the environment

[68] § 402(B)(3) EDPL.
[69] § 402(B)(4) and (5) EDPL.
[70] § 303 EDPL.
[71] Cf Art. 5 EDPL.
[72] New York State Environmental Conservation Law, § 8–0105(6).
[73] Environmental Conservation Law, § 8–0109(8).

without having prepared such a statement.[74] The same applies *mutatis mutandis* to urban renewal plans and municipal redevelopment plans.

The courts are competent to scrutinise whether or not the authority has complied with SEQRA. The relevant grounds of review are whether the decision to approve the condemnation was taken in violation of lawful procedure, was affected by an error of law, is supported by substantial evidence, and whether it was arbitrary, capricious, or based upon an abuse of discretion.[75] The substance of the statement will be reviewed as to whether the agency identified the relevant environmental concerns, took a 'hard look' at them, and made 'reasoned elaboration' of the basis of its determination.[76]

The competent authority[77] will thus first have to determine whether the condemnation and/or the plan are likely to have a significant impact upon the environment. The impact will in particular be significant if the project substantially changes the land use or the use of energy, poses a substantial threat to air or water quality, human health, flora or fauna, historical, archaeological, architectural, or aesthetic resources, or the existing community or neighbourhood character.[78] The acquisition of at least 100 contiguous acres of land (≤ 404 700 m^2) is presumed to have a significant impact upon the environment and, therefore, to require an environmental impact assessment.[79] The same applies to economic development projects that involve the physical alteration of 40 470 m^2 of land or more, parking for 1 000 or more vehicles or a facility that covers 100 000 square feet (9 290 m^2) in a municipality with 150 000 or fewer inhabitants or 240 000 square feet (22 297 m^2) in a municipality of more than 150 000 inhabitants.[80] The competent authority must issue a declaration as to whether an environmental impact assessment is required. In most condemnation cases, SEQRA will be applicable because the plan and the condemnation result in a change of the use of the condemned land.[81] The courts will review the declaration as to whether the agency identified the relevant environmental concerns, took a 'hard look' at them, and made 'reasoned elaboration' of the basis of its determination.[82]

After the declaration, the competent authority prepares a draft environmental impact statement.[83] The public will have at least 30 days to comment on the draft.[84] A public hearing is optional;[85] however, the condemnation authority should combine the hearing under SEQRA with the hearing required by the EDPL.[86] The same should apply to the authority that adopts an urban renewal plan or an urban redevelopment plan. Within 60 days after the publication of the draft or 45 days

[74] 6 CRR-NY (New York State Codes, Rules and Regulations) VI 617.3(a).
[75] § 7803(3) and (4) of the Civil Practice Law and Rules.
[76] P Weinberg, M Gerrard & DA Ruzow, *Environmental Impact Review in New York* (New York City: LexisNexis) § 7.04[3] and [4].
[77] If more than one authority proposes the project, a lead agency will have to be identified; see: Weinberg, Gerrard & Ruzow, § 3.01[1][b].
[78] 6 CRR-NY VI 617.7(c)(1).
[79] 6 CRR-NY VI 617.4(a)(1) and (b)(4).
[80] 6 CRR-NY VI 617.4(b)(6).
[81] Weinberg, Gerrard & Ruzow, § 3.01[3][e].
[82] Weinberg, Gerrard & Ruzow, § 7.04[3] and [4].
[83] Environmental Conservation Law, § 8–0109(4).
[84] 6 CRR-NY VI 617.9(a)(3).
[85] Environmental Conservation Law, § 8–0109(5).
[86] Weinberg, Gerrard & Ruzow, § 3.01[1][f]; and 6 CRR-NY VI 617.9(a)(4)(ii).

after the hearing, the authority must adopt the final environmental impact statement,[87] on the basis of which the competent authority decides whether or not to approve the condemnation.

In the framework of the environmental impact review under SEQRA, emission standards in state or local environmental regulations may preclude the approval of a project under SEQRA.[88] They are briefly discussed in subsection 5.3.5.4 below. Also, environmental permits or other permits may be required for the project.[89] To the extent that the condemnation authority is also authority competent to issue an environmental permit, it should, to the largest extent possible, combine the SEQRA procedure with the permit procedure.[90] Permits are not further discussed in this chapter because the mere absence of a permit cannot preclude a condemnation.

5.1.3.5 Other relevant legislation

Other legislation may be applicable to the economic development project, but it is not discussed in detail in this chapter. One particular category of applicable legislation is the body of rules pertaining to municipal zoning plans and changes thereof. The implementation of projects for which the state has condemned property often requires changes to zoning plans.[91] The zoning authority itself does not take the initiative to shape the project, but may require alterations within its authority through the zoning plan, either before or after the condemnation. As a matter of principle, condemnation authorities that carry out the project must comply with the zoning regulations and apply for a zoning change.[92] The same generally applies to private developers.[93] This means that the local population generally has an opportunity to avert or change an unpopular project and demand concessions from the developer. Only the Urban Development Corporation as a developer is not subject to this political pressure because it does not need to comply with local regulations if this is not feasible or practicable.[94] Other condemnation authorities may be exempt from complying with zoning regulations if the public interest so demands.[95]

Zoning regulations and the legislation applicable to zoning plans and changes are not further discussed in this chapter because under New York State law, they in general cannot preclude a condemnation for a certain project.[96] An exception may be condemnations effected by the industrial development agencies because their power of eminent domain is limited to projects that comply with local zoning and

[87] 6 CRR-NY VI 617.9(a)(5).

[88] Weinberg, Gerrard & Ruzow, § 6.02[5].

[89] For instance, 6 CRR-NY III A 201–1 requires a permit for the operating of air contamination sources.

[90] 6 CRR-NY VI 617.3(h) 617.14(b); and Weinberg, Gerrard & Ruzow, § 8.06.

[91] See, for instance, *Kaur v New York State Urban Development Corporation*, 933 N.E.2d 721 (N.Y. 2010).

[92] §§ 858(4) 970-e of the General Municipal Law.

[93] See for an exception not applicable to third-party transfers for economic development: *Crown Communication New York, Inc. v Department of Transportation of the State of New York*, 4 N.Y.3d 159, 791 N.Y.S.2d 494 (N.Y. 2005).

[94] § 16(3) of the Urban Development Corporation Act.

[95] *Matter of County of Monroe v City of Rochester*, 72 N.Y.2d 338, 533 N.Y.S.2d 702 (N.Y. 1988).

[96] See with respect to the SEQRA: Weinberg, Gerrard & Ruzow, § 8.16.

planning regulations.[97] Local building regulations also fall outside the scope of this chapter for the same reason.[98]

5.1.4 Overview of applicable legislation

While urban renewal and municipal redevelopment legislation provides for a distinct planning procedure in which the planning authority shapes the (framework for the) project, no planning procedure precedes condemnations on the basis of the other statutes. In the phase after the condemnation (*post*-condemnation phase), rules on environmental permits, local zoning laws, building regulations, and other rules may apply, which fall outside the scope of this chapter. Although incomplete, the following table gives an overview of the applicable legislation in the different phases under the four analysed condemnation statutes.

Table 4: Overview of the phases, the competent state bodies, and the applicable legislation with respect to a third-party transfer for economic development under New York State law.

Phase Organ / plan	Planning Procedure	Condemnation Procedure	Post-Condemnation Phase
Urban Development Corporation	—	• Urban Development Corporation Act • EDPL • SEQRA • Environmental standards under the New York State Codes, Rules and Regulations (CRR-NY)	• Local zoning and planning regulations • Local building regulations • Rules on environmental permits
Industrial Development Agency	—	• §§ 850 et seq of the General Municipal Law • EDPL • SEQRA • Local zoning and planning regulations • Environmental standards under the CRR-NY	• Rules on environmental permits • Local building regulations
Municipal Redevelopment Plan	• §§ 970-a et seq of the General Municipal Law • SEQRA • Environmental standards under the CRR-NY	• §§ 970-a et seq of the General Municipal Law • EDPL • SEQRA • Environmental standards under the CRR-NY	• Local zoning and planning regulations • Local building regulations • Rules on environmental permits

[97] § 858(4) of the General Municipal Law.

[98] See with respect to the SEQRA: Weinberg, Gerrard & Ruzow, § 8.17.

Phase Organ / plan	Planning Procedure	Condemnation Procedure	Post-Condemnation Phase
Urban Renewal Area	• §§ 500 et seq of the General Municipal Law • SEQRA • Environmental standards under the CRR-NY	• §§ 500 et seq of the General Municipal Law • EDPL • SEQRA • Environmental standards under the CRR-NY	• Local zoning and planning regulations • Local building regulations • Rules on environmental permits

Source: Author's own design

5.2 THE LEGITIMATE PURPOSE

➢ In this section, the following questions are answered with respect to US federal law and New York State law:
  - Which purposes may legitimately justify a condemnation? (subsections 5.2.1 to 5.2.3)
  - May economic development legitimately justify a third-party transfer? (subsections 5.2.1 to 5.2.3)
  - What is the role of state organs in shaping the project's purpose and in determining and controlling whether the purpose is legitimate? (subsection 5.2.5)

➢ Refer to subsection 2.2.1 for more details on the legitimate purpose and section 2.4 for more details on the governance analysis.

The public use requirement determines the legitimate purposes for which the state may condemn property under New York State law and the Fifth Amendment (as well as the 14th Amendment) in US federal law. It is irrelevant to the public use requirement what the impact of the project and the condemnation is upon adversely affected private interests, such as the condemnee's interest, and adversely affected public interests, such as environmental protection.[99] Although it can be persuasively argued that the drafters of the Fifth Amendment did not intend the public use requirement to be a constraint on the legislator's power to condemn property,[100] the requirement has since its inception evolved into a potential safeguard of the rights of those who have lost in the political-administrative condemnation procedure and seek a second chance in court.[101] As is shown below, however, how strict this safeguard is varies over time according to the economic, social, political, and institutional circumstances.

Today, the question of whether the public use requirement permits third-party transfers for economic development is a bone of contention in New York State and throughout the United States, both politically and legally. Between 1998 and 2002,

---

[99] *Sunrise Properties, Inc.*, et al. *v Jamestown Urban Renewal Agency*, 614 N.Y.S.2d 841, 206 A.D.2d 913 (N.Y. ADiv. 1994); and *Goldstein v Pataki*, 516 F.3d 50, 65 (2d Cir. 2008). See also: Merrill 1986, 66, who concluded that the courts focused on the ends rather than the means; and Stevens 2005, 3.

[100] Harrington 2002, 1248; and WM Treanor 'The Original Understanding of the Takings Clause and the Political Process' 1995 *Columbia Law Review* 782–887, 818 and 837 et seq. See subsection 5.1.2 above.

[101] TJ Miceli, 'The Cost of *Kelo*: Property Taxes, Public Use, and Subjective Value', *Public Finance Review* 2015, 1–23, 5.

the Institute for Justice counted 146 filed or threatened third-party transfers in New York State and 10 282 in the United States.[102] The legal reason for the heated debate over the public use requirement in these cases is that the public use requirement is the only real substantive safeguard against condemnation and practitioners often have nothing else upon which to rely.[103] The political reason is that third-party transfers for economic development divide political camps and lay bare their conflicting ideological priorities.[104] Conservatives tend to be business-friendly and advocate strong property rights at the same time. The divisive effect of third-party transfers for economic development on this camp results from its business-friendly nature at the expense of the stability of property rights. Progressives tend to advocate economic growth and the creation of employment opportunities (through state intervention, if necessary) in order to protect the poor and disadvantaged.[105] Third-party transfers for economic development are meant to create jobs and growth, but disproportionately often target the property of the poor, the disadvantaged and other people without political influence.[106] Unsurprisingly, the result is a harsh political and legal debate surrounding these condemnations. While some scholars label them as abuse *per se* or point to a rigged political process or the significant number of failures of economic development projects,[107] others seek to dismantle statistical evidence or state that many areas are in dire need of private economic development projects and point to successes in the past.[108]

This section first provides an analysis of whether, under the Fifth Amendment and New York State law, the courts regard economic development as a legitimate purpose. Then, it is explored which the role the legislature, the administrative authorities, the courts, and the public play in shaping the project's purpose and determining whether this purpose is a public use.

5.2.1 The substantive definition: The Fifth Amendment

The Fifth Amendment only permits takings for public use. The drafters of the Fifth Amendment did not provide any conclusive evidence as to the meaning of these words.[109] Whereas it may be argued that the Supreme Court in the late eighteenth

[102] Berliner 2003, 2 and 144.

[103] See, in particular, the analysis in section 5.3.

[104] L Baum 'Linking Issues to Ideology in the Supreme Court, The Takings Clause' 2013 *Journal of Law and Courts* 89–114; Singer 2006, 312; Somin 2015, 32 and 107 et seq; Bell & Parchomovsky 2006, 1418 and 1423 et seq; and Schultz 2016, 25.

[105] Verstappen 'Introduction: Context, Criteria, and Consequences of Expropriation' in Hoops, Marais, Mostert, Sluysmans & Verstappen (eds) *Rethinking Expropriation Law II: Context, Criteria, and Consequences of Expropriation* (The Hague: Boom 2015) 15–22, 17.

[106] See, for instance, Brown 2016, 273 and 276; Cohen 2006, 547 et seq; and Somin 2007, 200.

[107] Berliner 2003, 3; Somin 2015, 74 et seq and 81 et seq; and N Siegel, S Hyman & P van Buren 'The Trouble with Eminent Domain in New York' 2011 *Albany Government Law Review* 77–105, 79 et seq. Cf NE Nedzel & W Block, 'Eminent Domain A Legal and Economic Critique' 2007 *University of Maryland Law Journal of Race, Religion, Gender and Class* 140–171, 149 et seq.

[108] Schultz 'Evaluating Economic Development Takings: Legal Validity versus Economic Viability' 2011 *Albany Government Law Review* 186–211, 190 et seq; and N Farjad 'Condemnation Friendly or Land Use Wise? A Broad Interpretation of the Public Use Requirement Works Well for New York City' 2011 *Fordham Law Review* 1121–1175, 1157 et seq. Cf Siegel et al 2011, 82.

[109] RC Nunzio 'Eminent Domain Private Corporations and the Public Use Limitation' 1982 *University of Baltimore Law Review* 310–331, 311.

century deemed third-party transfers to be impermissible in all instances,[110] the interpretation of public use has, since no later than the second half of the nineteenth century, evolved around two theories that allow third-party transfers to different degrees.

5.2.1.1 The narrow view: Use by the public

The first theory equates public use with use by the public. That means that a condemnation will only be constitutional if the state or the public has non-discriminatory access to the project or its products.[111] This theory (or even stricter views) was the dominant opinion throughout the nineteenth century.[112] Third-party transfers were thus only permissible where privately operated facilities were open to the public or otherwise directly benefited the public.[113] Examples would be private power plants, hospitals, and schools. The prevalence of this strict test and the simultaneous recognition of third-party transfers can be seen as a response to a rising number of condemnations for the purposes of transportation and industrialisation.[114] Examples from the nineteenth century would be takings under the Mill Acts. After the taking of property under those Acts, the private transferee would flood the land and raise a dam to contain the water. The water was then used to propel power or grist mills that would generate electricity or ensure food security for the entire public, respectively.[115] Other examples would be private railways and roads that were open to the public.[116]

---

[110] *Calder v Bull*, 3 US 386, 388 (1798); SJ Jones 'Trumping Eminent Domain Law: An Argument for Strict Scrutiny Analysis under the Public Use Requirement of the Fifth Amendment' 2000 *Syracuse Law Review* 285–314, 291; SE Buckingham 'The Kelo Threshold: Private Property and Public Use Reconsidered' 2005 *University of Richmond Law Review* 1279–1310, 1296 et seq; and T Christensen, 'From Direct "Public Use" to Indirect "Public Benefit": Kelo v New London's Bridge from Rational Basis to Heightened Scrutiny for Eminent Domain Takings' 2005 *BYU Law Review* 1669–1712, 1674. Differing: SA Goho, 'Process-Oriented Review and the Original Understanding of the Public Use Requirement' 2008 *Southwestern Law Review* 37–87, 76.

[111] Schultz 2006, 199; JN Portner 'The Continued Expansion of the Public Use Requirement in Eminent Domain' 1988 *University of Baltimore Law Review* 542–557, 543; DJ Kochan '"Public Use" and the Independent Judiciary: Condemnation in an Interest-Group Perspective' 1988 *Texas Review of Law & Politics* 49–116, 66. Cf Nichols 1997, 7–31 et seq.

[112] MJ Coughlin, 'Absolute Deference Leads to Unconstitutional Governance: The Need for a New Public Use Rule' 2005 *Catholic University Law Review* 1001–1038, 1007 et seq; Somin 2015, 35 et seq; and Nunzio 1982, 312. See, for example, at federal level: *West River Bridge Co. v Dix*, 47 US 507, 538 and 545 (1848).

[113] Christensen 2005, 1679 et seq.

[114] Nunzio 1982, 312; Portner 1988, 543; and Harrington 2002, 1253 et seq, who stressed the limitations imposed by this test. See, in particular, Goho 2008, 56, who argued that before the 1840s, the public use requirement had been applied rather leniently; and Schultz 2006, 200. By contrast, *Jones* argued that through the recognition of third-party transfers, the use-by-the-public test contributed to the erosion of the constitutional protection of property rights; see Jones 2000, 291; and also Somin 2015, 35. Cf L Berger 'The Public Use Requirement In Eminent Domain' 1978 *Oregon Law Review* 203–246, 205 et seq.

[115] Somin 2015, 40; Berger 1978, 206 et seq; Epstein 2008, 79; Brown 2016, 275; Nunzio 1982, 315; and Waring 'The Prevalence of Private Takings' in N Hopkins (ed) *Modern Studies in Property Law, Volume 7*, (Oxford and Portland: Hart Publishing 2013) 419–438, 423 et seq.

[116] Somin 2015, 41; Berger 1978, 207 et seq; Nicholson & Mota 2005/06, 84; and Nunzio 1982, 315 et seq.

5.2.1.2 *The broad view: Public purpose*

At the end of the nineteenth century and the beginning of the twentieth century, the US Supreme Court increasingly abandoned the use-by-the-public test.[117] Instead, the Court began to equate public use with public purpose or public benefit without further specifying what these concepts meant.[118] This standard could, at least theoretically, accommodate third-party transfers for economic development because of the indirect public benefits of an economic development project.[119] Remarkably, the transition towards 'public purpose' happened at a time when the courts intrusively reviewed and strictly fenced in the exercise of the state's police power on the basis of the Fourteenth Amendment's requirement of substantive due process.[120]

From that time until today, the US Supreme Court's interpretation of the public use requirement has undergone a gradual development towards the acceptance of economic development as a public use.[121] The driving force behind this development was the deference that the Supreme Court afforded to the decision of legislatures *and* administrative authorities and agencies. In 1896, the Supreme Court declared in the case *United States v Gettysburg Electric Railroad Corporation* that the courts would accept the legislature's determination of the public use 'unless the use be palpably without reasonable foundation'.[122] In this case, the Court approved a condemnation in favour of a government institution for the preservation of historic sites in Gettysburg. Concerning third-party transfers, however, it noted that the 'presumption that the intended use [. . .] is public is not so strong as where the government intends to use the land itself'.[123] This does not imply that the Court was opposed to third-party transfers, but rather that it was willing to subject third-party transfers to stricter judicial scrutiny.

5.2.1.3 *Condemnations for urban redevelopment and the removal of blight:* **Berman v Parker**

The US Supreme Court confirmed its deference in later judgments in the first half of the twentieth century,[124] but did not explicitly recognise the validity of third-party transfers that would only indirectly benefit the public. During the first half of the twentieth century, many urban areas increasingly suffered from unemployment,

---

[117] SJ Eagle 'Public Use in the Dirigiste Tradition: Private and Public Benefit in an Era of Agglomeration' 2011 *Fordham Urban Law Journal* 1023–1089, 1041; Schultz 2006, 206 et seq; Brown 2016, 274; Nunzio 1982, 312 et seq; Dana & Merrill 2002, 196 et seq; Nicholson & Mota 2005/06, 85 et seq; Kochan 1998, 68 et seq; *Fallbrook Irrigation Dist. v Bradley*, 164 US 112, 158–164 (1896); *Strickley v Highland Boy Gold Mining Co.*, 200 US 527, 531 (1906); and *Mt. Vernon Cotton Co. v Alabama Power Co.*, 240 US 30, 32 (1916). See also Kelly 2006, 10 et seq, who partially attributed this change to the unprecedented technological innovation of the time that had required the exercise of the power of eminent domain.

[118] Dana & Merrill 2002, 196 et seq; and Eagle 2011, 1044.

[119] See about the concept of indirect public benefits: Christensen 2005, 1681 et seq.

[120] B Friedman 'The History of the Countermajoritarian Difficulty, Part Three: The Lesson of Lochner' 2001 *New York University Law Review* 1383–1455, 1391 et seq; and GE White *American Legal History: A Very Short Introduction* (Cambridge: Oxford University Press 2014) 38 et seq.

[121] Dana & Merrill 2002, 195 et seq; Schultz 2006, 199 et seq; and Brown 2016, 275.

[122] *United States v Gettysburg Elec. Ry. Co.*, 160 US 668, 680 (1896).

[123] *United States v Gettysburg Elec. Ry. Co.*, 160 US 668, 680 (1896).

[124] *United States ex rel. TVA v Welch*, 327 US 546, 552 (1946); and *Old Dominion Land Co. v United States*, 269 US 55, 66 (1925).

decay, and ailing public services, and a growing number of people were of the opinion that the state needed to intervene.[125] It, therefore comes as no surprise that in 1954, the Court had to decide on whether urban redevelopment and the removal of blight were public uses. The Court found that the deference also applied to third-party transfers and that redevelopment projects in substandard areas could constitute a public use.

The case *Berman v Parker*[126] centred on a law adopted by the Congress of the United States that permitted condemnations for the redevelopment of substandard residential areas in Washington, DC. In the area chosen for a private redevelopment project, a study found that the vast majority of buildings were beyond repair or dilapidated and did not provide sufficient sanitary facilities. The project included some non-blighted properties in order to revitalise the neighbourhood as a whole and make the improvement of living conditions sustainable through churches, schools, shopping centres, and other facilities. A business owner in the non-blighted area challenged the condemnation in court.

The Supreme Court upheld the condemnation. The Court considered that it was for the legislature to determine whether the project at hand served a public purpose, the public interest, the public welfare, or another purpose that can be pursued through the exercise of the state's power to restrict the use and enjoyment of property (police power) and that the role of the courts was 'extremely narrow'.[127] It then held that the removal of substandard conditions was a public purpose because it helped to prevent crime, diseases, and immorality.[128] To make use of a private project developer did not render the condemnation unconstitutional; indeed, it was for the legislature and administrative authorities to decide which means were suitable to achieve the project's purpose.[129] The Court further deferred to the judgment of the authority as to how much non-blighted land was needed for a sustainable redevelopment.[130]

The *Berman v Parker* judgment implicitly rejected the narrow definition of public use and advocated a broader definition of public use.[131] The reference to the extremely broad scope of the police power[132] and the interchangeable use of public purpose, public use, public interest, and public welfare nicely illustrate this.[133] Moreover, in combination with judicial deference, these findings make it difficult to identify the limitations of the power of eminent domain.[134] It also opened the door for third-party transfers for private economic development projects in blighted

[125] C Gordon, 'Blighting the Way: Urban Renewal, Economic Development, and the Elusive Definition of Blight' 2004 *Fordham Urban Law Journal* 305–337, 308 et seq; Meidinger 1980–1981, 33 et seq; Berger 1978, 214 et seq; Somin 2015, 56 et seq; Gold & Sagalyn 2010, 1121 et seq; and Siegel et al 2011, 85 et seq. Critical: Pritchett 2003, 1–52. See specifically about New York City: *New York City Housing Authority v Muller*, 1 N.E.2d 153, 270 N.Y. 333, 341 et seq (N.Y. 1936).

[126] *Berman v Parker*, 348 US 26 (1954).

[127] *Berman v Parker*, 348 US 26, 32 et seq (1954).

[128] *Berman v Parker*, 348 US 26, 32 et seq (1954).

[129] *Berman v Parker*, 348 US 26, 33 et seq (1954).

[130] *Berman v Parker*, 348 US 26, 34 et seq (1954).

[131] Nedzel & Block 2007, 146.

[132] Cf Dana & Merrill 2002, 197; and Christensen 2005, 1694.

[133] Nicholson & Mota 2005/06, 88.

[134] Buckingham 2005, 1301 et seq; and Nowak & Rotunda 2010, 307. Cf Meidinger 1980–81, 34 et seq; and Berger 1978, 215 et seq.

areas.[135] As the Court later stressed in the *Kelo v City of New London* judgment, the public use in *Berman v Parker* stretched beyond the removal of blight and included the redevelopment of the blighted area.[136] The removal of blight, the primary public purpose in *Berman v Parker*, would thus give economic development projects a piggyback to pass constitutional muster.[137]

5.2.1.4 Combating land oligopolies: Midkiff

In the *Midkiff* case,[138] the Supreme Court confirmed its deference towards third-party transfers. The case concerned condemnations by the State of Hawaii that took fee simple title from large-scale lessors and redistributed it to lessees in order to reduce the concentration of real property in the hands of a few, which proved harmful to the proper functioning of the land market and economic development.

The Supreme Court upheld condemnations under this scheme. In the opinion of the Court, Justice O'Connor confirmed that the courts would only find a use to be private where it was not rationally related to a public purpose.[139] Public purposes were—in the words of O'Connor—'coterminous with the scope of a sovereign's police powers',[140] which means that the state can condemn property for any public benefit for which it could restrict the use and enjoyment of property.[141] O'Connor approvingly cited a consideration from *Berman v Parker* in which the Court held that there was no clear-cut definition of these powers and that they were essentially the result of legislative determinations.[142] O'Connor confirmed that the courts could only substitute their judgment for the legislator's judgment where it was 'palpably without reasonable foundation'.[143] O'Connor found that the condemnation at hand served a well-established purpose, namely the reduction of the undesirable consequences of land oligopolies.[144] Subsequently, O'Connor explicitly rejected the use-by-the-public test and found that the fact that the former lessees would directly benefit from the project did not render the condemnation unconstitutional.[145]

The significance of the *Midkiff* judgment lies in its confirmation of the broad view of public purpose, the acceptance of third-party transfers for such purposes, and the rejection of any clear-cut definition of public use. Furthermore, *Midkiff* confirms the deference of the courts to the determinations of the legislator. The effect is that *Midkiff* (and *Berman v Parker*) left the definition of public purpose or public use to the legislator without any ascertainable boundaries except for private uses outlined in subsection 5.2.1.6 below.[146]

---

[135] Kochan 1998, 73; and Schultz 2006, 209.
[136] *Kelo v City of New London*, 545 US 469, 484 (2005).
[137] Portner 1988, 545; and Schultz 2006, 209 et seq.
[138] *Hawaii Housing Authority v Midkiff*, 467 US 229 (1984).
[139] *Hawaii Housing Authority v Midkiff*, 467 US 229, 241 (1984).
[140] *Hawaii Housing Authority v Midkiff*, 467 US 229, 240 (1984). See subsection 5.2.1.3 above.
[141] Dana & Merrill 2002, 197; and Christensen 2005, 1694.
[142] *Hawaii Housing Authority v Midkiff*, 467 US 229, 239 et seq (1984).
[143] *Hawaii Housing Authority v Midkiff*, 467 US 229, 240 et seq (1984).
[144] *Hawaii Housing Authority v Midkiff*, 467 US 229, 241 et seq (1984).
[145] *Hawaii Housing Authority v Midkiff*, 467 US 229, 243 et seq (1984).
[146] See Buckingham 2005, 1306, who stated that a public purpose was generally what the condemnation authority said it was.

5.2.1.5 Comprehensive economic development in distressed communities: Kelo v City of New London

This development of the jurisprudence culminated in the acceptance of third-party transfers for economic development in distressed areas in the case *Kelo v City of New London*.[147]

The facts of the case and their context

The *Kelo* case concerned condemnations of residential property in New London, Connecticut, for the implementation of a development plan of the New London Development Corporation. The plan envisaged a business park around the construction of a new facility of *Pfizer*, which is a multinational pharmaceutical corporation, as well as public recreational areas. The plan's goal was to create employment, increase revenues, and revitalise the economy of New London, which had been in decline for years and left many people suffering from unemployment and ailing public services.[148] On the land of the homeowners challenging the condemnation of their land, private developers were envisaged to build research and development office space and provide parking or retail services. There was no allegation that the houses were in a substandard state.

The historical and political context of cases like *Kelo* is that many municipalities suffer from poor economic growth as well as high unemployment rates and struggle to maintain their public services for which inhabitants pay through their property taxes.[149] It is, therefore, possible that private economic development projects and, if necessary, the use of eminent domain are the only legal means at the municipality's disposal to revive their economy, broaden their tax base, and sustain public services.[150]

The majority opinion

Justice Stevens held for the majority of the Court that, on the one hand, a condemnation for the sole benefit of a private party was not permissible.[151] On the other hand, Stevens rejected the use-by-the-public-test as impractical in the light of the ever-changing needs of society.[152] Stevens then found that economic development was a traditional and long-accepted function of government and, therefore, a public purpose.[153] The fact that private developers would directly benefit from the project did not render the condemnation unconstitutional unless the public benefits were merely pretextual or incidental.[154]

---

[147] *Kelo v City of New London*, 545 US 469 (2005). See for an earlier version of the analyses of the *Kelo* judgment in this Chapter: Hoops 2015a, 137 et seq.

[148] Cf MB Mihaly 'Living in the Past: The Kelo Court and Public-Private Economic Redevelopment' 2007 *Ecology Law Quarterly* 1–60, 6 et seq.

[149] Singer 2006, 337; and AT Johnson 'Correcting for Kelo: Social Capital Impact Assessments and the Re-Balancing of Power Between "Desperate" Cities, Corporate Interests, and the Average Joe' 2006 *Cornell Journal of Law and Public Policy* 188–229, 189.

[150] Cf Mihaly 2007, 1–60.

[151] *Kelo v City of New London*, 545 US 469, 477 (2005).

[152] *Kelo v City of New London*, 545 US 469, 479 et seq (2005).

[153] *Kelo v City of New London*, 545 US 469, 484 et seq (2005).

[154] *Kelo v City of New London*, 545 US 469, 478 and (in Justice Kennedy's concurring opinion) 490 (2005).

Stevens attached importance to the fact that the Development Corporation, following specific legislation, had adopted a thoroughly prepared and comprehensive development plan. In the absence of such a plan, the Court might scrutinise more closely whether the public purpose was used as a pretext to disguise a private use.[155] In his concurring opinion, Kennedy stressed that even a presumption of invalidity might be appropriate where there was no comprehensive development plan, where the city council did not decide upon the plan, where the authority did not follow a participatory procedure, where the project's benefits were minimal, or where the private beneficiary was known from the outset.[156] Stevens also stressed that should individual parcels be transferred to another private entity for the mere purpose of a more productive use of the land and the broadening of the tax base, this would also raise the suspicion of a pretext.[157]

The analysis of the majority opinion

The majority opinion leaves plenty of room for interpretation. One interpretation is that the majority opinion generally accepts private economic development as a public use, even if there was no development plan in place, the sole purpose of the condemnation was to benefit from the business activities of a single entity, and the project area was not in economic distress.[158] This interpretation may be the reason why the decision to uphold the condemnation in the *Kelo* case was only a 5 to 4 majority decision that, moreover, caused upheavals in the scholarly literature (and the political arena).[159] In their dissenting opinions, Justices O'Connor and Thomas stated that economic development was not a public use and voiced the concern that any property could henceforth be taken for a slight advancement of economic development. O'Connor distinguished *Kelo* from *Berman* and *Midkiff*, contending that the New London development project, unlike the removal of blight or the reduction of the effects of a land oligopoly, would only bring about indirect public benefits that should not constitute a public use.[160] Thomas pleaded for returning to the use-by-the-public test.[161] Also, scholars remain divided over the issue as to whether economic development constitutes a public use, and *Kelo* has given rise to numerous publications on the reinterpretation of public use aimed at containing undesirable condemnations for economic development.[162]

It is submitted that a narrower and more restrained reading of *Kelo* seems more appropriate. The only implication of the majority opinion should be that economic

[155] *Kelo v City of New London*, 545 US 469, 487 (2005).

[156] *Kelo v City of New London*, 545 US 469, 493 (2005).

[157] *Kelo v City of New London*, 545 US 469, 486 et seq (2005).

[158] See, for instance, Nichols 1997, 7–23 et seq; Laitos 1998, 12–17; AD Racketa 'Takings for Economic Development in New York: A Constitutional Slam Dunk' 2010 *Cornell Journal of Law and Public Policy* 191–218, 193; Nowak & Rotunda 2010, 307; and JB Baron, 'Winding Toward the Heart of the Takings Muddle: Kelo, Lingle, and Public Discourse About Private Property' 2007 *Fordham Law Journal* 613–655, 621. See also, for example, *Goldstein v Pataki*, 488 F.Supp.2d 254, 283 (E.D.N.Y. 2007); and *Goldstein v Pataki*, 516 F.3d 50, 61 (2d Cir. 2008). Cf M Rikon, 'Moving the Cat into the Fat: The Pursuit of Fairness in *Condemnation*, or, Whatever Happened to Creating a "Partnership of Planning?"' 2011 *Albany Government Law Review* 156–185, 159.

[159] See, for instance, Somin 2015.

[160] *Kelo v City of New London*, 545 US 469, 501 et seq (2005).

[161] *Kelo v City of New London*, 545 US 469, 521 (2005).

[162] Recognising economic development as a public use: Laitos 1998, 12–17; Nichols, 7–24; and many other authors.

development without the removal of blight constitutes a public use in the specific context presented by the *Kelo* case. At various points, the majority opinion refers to the distressed state of New London's economy and the need for a programme for economic rejuvenation.[163] The deduction would be that the majority opinion merely says that an economic development project will serve a public use if unemployment, poverty, and ailing public services characterise the project area. This interpretation leaves room for narrowing the scope of 'public use' and should temper the fear that *Kelo* has opened the floodgates for condemnations for economic development of any kind in any kind of setting.

Other narrower interpretations would be that the majority opinion was limited to third-party transfers for economic development on the basis of thoroughly prepared development plans or to projects including public facilities and infrastructure.[164] While it appears from the majority opinion that a development plan is not a mandatory requirement,[165] the latter suggestion is certainly consistent with the majority opinion. In the *Kelo* case, the economic development project did not consist in the transfer of the condemned property to one private business for the purpose of creating growth, jobs, and revenues, but in a comprehensive redevelopment. Justice Stevens specifically referred to the economic development project as coordinating 'a variety of commercial, residential, and recreational uses of land, with the hope that they will form a whole greater than the sum of its parts'.[166] At the same time, Stevens emphasised that the Court did not need to address a third-party transfer to a single entity for a more productive use or the purpose of broadening the tax base.[167]

Conclusion

The debate in the literature, the dissenting opinions, and the presented narrower interpretations show that although the Court did not strike down the decision to condemn the homes of the petitioners, it is not entirely settled whether economic development, with or without a redevelopment plan, generally constitutes a public use under federal law. In addition, the Supreme Court left it to the individual states to impose stricter conditions.[168] Since *Kelo*, many states have banned third-party transfers for economic development or introduced other restrictions.[169] Interestingly, New York State, which is the focus of this chapter, was not among those states.[170]

---

[163] *Kelo v City of New London*, 545 US 469, 473 et seq and 483 (2005).

[164] Garnett 'Planning as Public Use' 2007 *Ecology Law Quarterly* 443–470, 457; Schultz 2006, 220 et seq; CP Gillette 'Kelo and the Local Political Process' 2005 *Hofstra Law Review* 13–22, 16; Cohen 2006, 521; JC Nolon, 'Kelo's Wake: In Search of a Proportional Benefit' 2007 *Pace Environmental Law Review* 271–297, 286 et seq; Nedzel & Block 2007, 148; and E Rutkow 'Kelo v City of New London' 2006 *Harvard Environmental Law Review* 261–279, 278.

[165] *Kelo v City of New London*, 545 US 469, 487 (2005).

[166] *Kelo v City of New London*, 545 US 469, 483 (2005).

[167] *Kelo v City of New London*, 545 US 469, 487 (2005).

[168] *Kelo v City of New London*, 545 US 469, 489 (2005).

[169] Cf Somin 2009, 2100–2178.

[170] Gold & Sagalyn 2010, 1154; McGlynn Mirett 2012, 440; and Franzese 2011, 1091.

5.2.1.6 *The only firm boundary: Private use*

A condemnation for private use would violate the Fifth Amendment's public use requirement. Although the removal of blight and comprehensive economic development schemes in distressed areas elevate uses that directly benefit private parties to public uses, there is still the steadfast boundary that land may under no circumstances be taken for a private use.[171] In general, this means that an authority cannot take property for the sole purpose of favouring one person over another.[172]

In the economic development context, the case *Missouri Pacific* from 1896 provides an interesting example. In that case, a Nebraska state authority ordered a railway company to permit farmers to construct a grain elevator along its railway tracks. The only reason given for this taking was to assist the farmers in their farming business. The US Supreme Court concluded that this taking violated the Fourteenth Amendment because it was a taking for the private use of business.[173] Although the judgment had been delivered before the Supreme Court found that the Fifth Amendment was incorporated in the Fourteenth Amendment,[174] it clearly shows that a condemnation for the purpose of supporting the business activities of private persons will not pass constitutional muster unless the authority simultaneously relies upon a public purpose.

5.2.2 The substantive definition: New York State law

In the case law of the Appellate Division, public use in terms of Art. I, § 7(a) of the New York Constitution refers to any use contributing to public health, public safety, general welfare, convenience, and prosperity.[175] Other courts found that there was no comprehensive definition of 'public use'.[176] Whatever the definition may be, it is bound to be very broad, ambiguous, and subject to interpretation in every specific case. In any case, it is recognised as sufficient that a part of the public benefits as long as persons do not benefit as individuals.[177] Historically, the definition is the result of a long evolution from a use-by-the-public test towards a broader understanding of public use in the sense of public benefit, advantage, and utility.[178] The next subsections first provide an outline of the historical development of the public use requirement under the New York State Constitution and then provide an answer to the question of whether the current understanding of 'public use' can accommo-

---

171 Nichols 1997, 7–22.

172 Goho 2008, 76 et seq.

173 *Missouri Pacific Railway v Nebraska*, 164 US 403, 417 (1896).

174 Cf Nunzio 1982, 314.

175 *Greenwich Associates v Metropolitan Transportation Authority*, 548 N.Y.S.2d 190, 193 (N.Y. ADiv. 1989); and *Byrne ex rel. Pine Grove Beach Ass'n. v New York State Office of Parks, Recreation & Historic Pres.*, 476 N.Y.S.2d 42, 42 (N.Y. ADiv. 1984).

176 *Board of Educ. of Union Free School Dist. No. 2 v Pace College*, 50 Misc. 2d 806, 271 N.Y.S.2d 773 (N.Y. Sup. Ct. 1966). See also *Cannata v City of New York*, 182 N.E.2d 395, 11 N.Y.2d 210, 220 (N.Y. 1962).

177 *Kearney v City of Schenectady*, 325 N.Y.S.2d 278, 280 (N.Y. ADiv. 1971) referring to the common good and general welfare of the people of a municipality; and *Bronx Chamber of Commerce, Inc. v Fullen*, 174 Misc. 524, 21 N.Y.S.2d 474, 481 (N.Y. Sup. Ct. 1940) referring to the benefit of any number of members of the public as such, but not as individuals.

178 RF Manfredo 'Public Use & Public Benefit: The Battle for Upstate New York' 2008 *Albany Law Review* 673–695, 686 et seq.

date third-party transfers for economic development, either accompanied by the removal of blight or not.

The following subsections do not deal separately with the definition of the purposes laid down in the applicable statutory bases. As is shown below, a project already complies with a statutory basis that requires the finding of blight if the project answers to the constitutional definition of the removal of blight. The opposite is also true: a project that meets the requirements of such a statutory basis also complies with the constitutional definition of the removal of blight. Likewise, if an economic development project proposed by an industrial development agency serves either the purpose laid down in the applicable legislation or economic development in terms of the case law on the Constitution, the economic development project will comply with both the statutory basis and the constitution.

5.2.2.1 Historical development: From a narrow definition of public use . . .

In 1821, a constitutional amendment inserted the takings clause into the New York State Constitution. The legislative intent behind this clause is unknown;[179] it was thus for the courts to interpret the public use requirement without guidance from the legislator. In the nineteenth and early twentieth century, the public use requirement of the takings clause was interpreted rather narrowly,[180] as was the case at federal level.[181] The doctrine that only the public's access to, and use of, the intended project and/or its products qualified was dominating.[182] Third-party transfers for economic development projects that did not give the public access to the project itself or its products were thus out of the question.

Several judgments of New York State courts illustrate this finding nicely.[183] New York State courts refused to uphold condemnations for privately owned railways to which the general public would not have access.[184] A famous example resembling an economic development project is the condemnation for a private railway to the Niagara Falls that would have promoted tourism in that area. The Court of Appeals ruled that a condemnation that only served the needs of tourists visiting the Niagara Falls was unconstitutional and noted that condemnation should only serve to meet governmental needs or provide goods and services to the general public that are otherwise difficult or impossible to provide.[185] Also, the Court of Appeals found that

[179] G D'Orazio 'Taking Private Property to Build an Urban Sports Arena: A Valid Exercise of Eminent Domain Powers?' 2006 *Albany Law Review* 1135–1167, 1137 et seq.

[180] KM Richards, 'From Slums to Stadiums: A Historical Summary of New York's Public Use Limitation' 2015 *New York State Bar Real Property Law Journal* 13–17, 13 et *seq*. Cf Somin 2015, 46.

[181] See subsections 5.2.1.1 and 5.2.1.2 above.

[182] D'Orazio 2006, 1138; Racketa 2010, 194 et seq; Manfredo 2008, 686 et seq; and *Goldstein v New York State Urban Development Corporation*, 921 N.E.2d 164, 187 et seq (N.Y. 2009). See as an example of a permissible condemnation for open harbour facilities: *In re Mayor of New York City*, 135 N.Y. 253, 31 N.E. 1043 (N.Y. 1892).

[183] Cf D'Orazio 2006, 1138 et seq; and C Dunn 'The Rise of Robert Moses and the Fall of New York Constitutional Protections against Eminent Domain' 2011 *Albany Government Law Review* 270–285, 272 et seq.

[184] *Bloodgood v Mohawk & Hudson R.R. Co.*, 18 Wend. 9 (N.Y. 1837); and *Niagara Falls & Whirlpool Ry. Co.*, 15 N.E. 429 (N.Y. 1888).

[185] *Niagara Falls & Whirlpool Ry. Co.*, 15 N.E. 429, 432 et seq (N.Y. 1888). Cf *In re Mayor of New York City*, 135 N.Y. 253, 31 N.E. 1043 (N.Y. 1892).

a private road that merely served the needs of one company could not justify a condemnation of private property.[186]

The Court of Appeals refused to uphold a condemnation for a private cemetery. It found that the lots on the cemetery would be sold to individual parties and the public would not have the right to have their dead buried there.[187] Similarly, the Court of Appeals struck down a condemnation for private harbour facilities of which only the basin and the wharves around the basin, but not the warehouses, mills, and factories were open to the public. The Court explicitly held that additional commercial space was not a public use.[188] The last major judgment in New York State to reflect the narrow public use doctrine was *Holmes Electric Protective Co. v Williams* in 1920.[189] The Court of Appeals rejected a condemnation for a power line that would have been for the exclusive use by a private anti-burglary company. The Court noted that 'public use' implied that the entire public would benefit and have a right to share.[190]

A remarkable evolution of the public use requirement has since taken place.[191] As has the US Supreme Court under the Fifth Amendment, the New York State courts have abandoned the use-by-the-public test and gradually broadened the definition of public use.[192] As early as 1837, the courts accepted that a project would not fall foul of the public use requirement merely because a private person would incidentally benefit from the project.[193] Outside the courtroom, the New York State Constitutional Convention Committee equated public use with public benefit in 1938.[194] § 207 EDPL limits the judicial review of the purpose of the condemnation to whether the project is a public use, generates public benefits, or serves a public purpose. This broad understanding of public use may suggest that the door for third-party transfers for economic development is open. As is demonstrated in the next subsections, the Court of Appeals has at least embraced third-party transfers for commercial centres and the improvement of underutilised and economically stagnant areas.

5.2.2.2 . . . to a broader definition: Commercial centres

Although the interpretation of the public use requirement in the late nineteenth and early twentieth century suggests that the New York courts would not uphold third-party transfers for economic development, condemnors can invoke traditional public purposes, such as infrastructure development, should the economic develop-

[186] *In re S.R.C.R. Co*, 128 N.Y. 408, 415 et seq (N.Y. 1891).

[187] *In re Deansville Cemetery Asso*, 66 N.Y. 569, 573 (N.Y. 1876).

[188] *In re Application of Eureka Basin Warehouse & Mfg. Co. of Long Island*, 96 N.Y. 42, 47 et seq. (N.Y. 1884). See, however, *In re Mayor of New York City*, 135 N.Y. 253, 31 N.E. 1043 (N.Y. 1892).

[189] *Holmes Electric Protective Co. v Williams*, 127 N.E. 315 (N.Y. 1920).

[190] *Holmes Electric Protective Co. v Williams*, 127 N.E. 315, 320 (N.Y. 1920).

[191] Dunn 2011, 274–282.

[192] *Cuglar v Power Authority of State of New York*, 4 Misc.2d 879, 163 N.Y.S.2d 902 (N.Y. Misc. 1957); *K J C Realty v State of New York*, 69 Misc.2d 99, 101 (N.Y. Misc. 1972); and *New York City Housing Authority v Muller*, 1 N.E.2d 153, 270 N.Y. 333 (N.Y. 1936).

[193] Eagle 2011, 1040; See, for instance, *West 41st Street v New York Urban Development Corporation*, 744 N.Y.S.2d 121, 298 A.D.2d 1, 7 (N.Y. ADiv. 2002); *Neptune Associates v Consolidated Edison Company of New York*, 125 A.D.2d 473, 474 (N.Y. ADiv. 1986); and *Waldo's, Inc. v Village of Johnson City*, 74 N.Y.2d 718, 721 (N.Y. 1989) referring to a great number of other cases.

[194] N.Y. State Constitutional Convention Committee, Problem relating to Bill of Rights and General Welfare,106 et seq, 111.

ment project also serve such a purpose.[195] Also, they can rely upon closely related purposes in order to condemn property for economic development. The establishment of commercial centres is one of these purposes. In the *Courtesy Sandwich Shop* case,[196] the condemnor planned to condemn property for the World Trade Center in downtown Manhattan. The Court of Appeals held that the World Trade Center was a public use. The Court elaborated that the World Trade Center facilitated the exchange of goods and services and was, therefore, comparable to harbour facilities or public markets. By creating markets or facilitating their functioning, economic development projects can thus constitute a public use.

5.2.2.3 . . . to a broader definition: Substandard and insanitary areas

Economic development may also come through the back door when the condemnor seeks to revive substandard and insanitary areas. Art. XVIII, §§ 1 and 9 of the New York State Constitution, which came into force in 1938, stipulate that the state, cities, villages, towns, and public corporations may condemn property that they deem necessary and proper for the clearance, replanning, reconstruction, and rehabilitation of substandard and insanitary areas (hereinafter also referred to as: 'blighted areas').[197] The public use would thus be the removal of the substandard and insanitary conditions, and economic development would be the cure.[198]

The extent to which condemnation authorities may use the power of eminent domain to carry out economic development projects depends upon the definition of substandard and insanitary areas. This definition gradually became broader as the following analysis of the judgments shows. Indeed, the terms 'substandard' and 'insanitary' have become so broad as to include underutilisation, economic underdevelopment, and economic stagnation. Moreover, the implementation of redevelopment projects by private developers does not pose a problem. Private developers and condemnation authorities can thus conveniently rely upon the 'blight exception'.[199]

5.2.2.3.1 *Slum clearance:* Housing Authority v Muller *and* Murray v La Guardia

Before the introduction of Art. XVIII and before the US Supreme Court recognised the removal of substandard and insanitary conditions as a public use, the Court of Appeals had to decide on the *Muller* case in 1936.[200] In this case, the New York City

[195] See, for instance, *Waldo's, Inc. v Village of Johnson City*, 74 N.Y.2d 718, 721 (N.Y. 1989) where condemnation served to fight traffic congestion, but also facilitated the access to a shopping mall.

[196] *Courtesy Sandwich Shop, Inc. v Port of New York Authority*, 12 N.Y.2d 379, 190 N.E.2d 402 (N.Y. 1963).

[197] Art. XVIII, §§ 1 and 9 also permit the condemnation of property for low rent housing and nursing home accommodations for persons of low income. A condemnation may, but does not need to serve both the purpose of affordable housing and the purpose of rehabilitating substandard and insanitary conditions. See: *Murray v La Guardia*, 52 N.E.2d 884, 52 N.E.2d 884 (N.Y. 1943); and Racketa 2010, 197 et seq.

[198] EA Stanton 'Home Team Advantage?: The Taking of Private Property for Sports Stadiums' 2005 *New York City Law Review* 93–119, 100; and KL Piper 'New York's Fight over Blight: The Role of Economic Underutilization in Kaur' 2010 *Fordham Urban law Journal* 1149–1195, 1171, 1173.

[199] Franzese 2011, 1101; Somin 2007, 266; Piper 2010, 1171; JB Kamen 'A Standardless Standard: How a Misapplication of Kelo Enabled Columbia University to Benefit from Eminent Domain Abuse' 2012 *Brooklyn Law Review* 1217–1247, 1230; and Siegel et al 2011, 84 et seq. Cf Goodin 2007, 196 et seq.

[200] *New York City Housing Authority v Muller*, 270 N.Y. 333, 1 N.E.2d 153 (N.Y. 1936).

Housing Authority sought to condemn deteriorated blocks of flats for the creation of low-rent housing. The owner of the flats challenged the condemnation on the ground that the project did not constitute a public use in terms of the New York State takings clause. The Court considered that slums posed health and safety risks and that this condition constituted a substantial menace.[201] The Court concluded that the removal of such conditions constituted a public use in connection with the housing project. Importantly, in coming to this conclusion, the Court explicitly afforded great weight to the determinations of the housing authority that the project was a public use.[202]

In *Murray v La Guardia*, another case concerning the clearance of slums, the Court of Appeals found on the basis of Art. XVIII of the Constitution that slum clearance constituted a public use in itself and did not need to be linked to a low-rent housing project.[203] Slum clearance would still be a substantial hurdle to the use of eminent domain for economic development because only a few slums exist and those locations that are slums may not be the most suitable places for such projects.[204]

5.2.2.3.2 *Beyond slum clearance:* Cannata

The New York State courts, however, have moved away from this strict interpretation and grant more latitude to the condemnor. The *Cannata* case seems to have been the starting point of this development.[205] In this case, the City of New York wished to take residential property for an industrial park. The area was found to have a vacancy rate of 75 per cent. The City relied upon a (later repealed) statute that permitted the condemnation for the purpose of redeveloping an area that was predominantly vacant and impaired the sound growth of the community and tended to develop slums and blighted areas. The statute listed certain conditions that might impair the sound growth of the community or lead to slums and blighted areas, with or without tangible blight.[206] The homeowners challenged the constitutionality of this statute. They argued that the redevelopment project did not constitute a public use without the removal of already existing tangible blight.

The Court of Appeals ruled that the removal of a slum was not necessary in order for a redevelopment project to constitute a public use. A predominantly vacant as well as poorly developed and organised area qualified as a substandard area and its redevelopment was a public use.[207] The statute was, therefore, constitutional.

---

201 *New York City Housing Authority v Muller*, 270 N.Y. 333, 1 N.E.2d 153, 154–156 (N.Y. 1936).

202 *New York City Housing Authority v Muller*, 270 N.Y. 333, 1 N.E.2d 153, 154 (N.Y. 1936).

203 *Murray v La Guardia*, 52 N.E.2d 884, 52 N.E.2d 884 (N.Y. 1943).

204 Cf Siegel et al 2011, 82, who argued that if there were no blight restrictions, there would no longer be an incentive not to carry out economic development projects in the most profitable locations. Concurring: Stanton 2005, 100. However, the inhabitants of the most attractive locations may also offer more resistance in the political process than the inhabitants of substandard areas, which may eliminate that effect.

205 *Cannata v City of New York*, 182 N.E.2d 395, 11 N.Y.2d 210 (N.Y. 1962); and Richards 2015, 14 et seq.

206 Ex-Art. 15, § 72-n of the General Municipal Law listed: subdivision of the land into lots of such form, shape or size as to be incapable of effective development; obsolete and poorly designed street patterns with inadequate access; unsuitable topographic or other physical conditions impeding the development of appropriate uses; obsolete utilities; buildings unfit for use or occupancy as a result of age, obsolescence, etc; dangerous, unsanitary or improper uses and conditions adversely affecting public health, safety or welfare; and scattered improvements.

207 *Cannata v City of New York*, 182 N.E.2d 395, 11 N.Y.2d 210, 215 (N.Y. 1962).

Thereby, the Court for the first time relied upon intangible or speculative characteristics of substandard areas.[208]

5.2.2.3.3 *Throwing the door wide open:* Yonkers *and its consequences*

If the *Cannata* judgment opened the door for economic development projects, the Court of Appeals' *Yonkers* judgment threw it wide open.[209]

The facts of the case

This case concerned a condemnation for the redevelopment of allegedly substandard land in Yonkers. The condemnor, the Yonkers Community Development Agency, planned to transfer the land to a private elevator company, which was also the leading employer in Yonkers, for an expansion of its facilities. The owners challenged the condemnation as not being for a public use, but for private benefit. The Court of Appeals stressed that besides slum clearance, economic underdevelopment, stagnation, and other substandard conditions were also threats to the public that would legitimately justify a condemnation.[210] The state could not only exercise its power of eminent domain in already blighted areas, but also to prevent areas that were in the process of deterioration or suffered from improper land use, and generally vulnerable areas from turning into blighted areas. To identify a substandard area, the authority could rely upon, amongst others, each of the following factors or a combination thereof:

'[I]rregularity of the plots, inadequacy of the streets, diversity of land ownership making assemblage of property difficult, incompatibility of the existing mixture of residential and industrial property, overcrowding, the incidence of crime, lack of sanitation, the drain an area makes on municipal services, fire hazards, traffic congestion, and pollution.'[211]

The ruling

Having considered that the identification of substandard conditions on the basis of those factors required the exercise of a considerable degree of practical judgment, common sense and sound discretion, the Court found that the judicial review of the authority's determination was limited.[212] The Court declined to quantify the required undesirable characteristics necessary to declare an area substandard and insanitary.[213] In the *Yonkers* case, the development agency merely indicated that 50 per cent of the targeted area was substandard without any further substantiation. Although the Court considered that this mere statement was insufficient to warrant

[208] A Lavine 'From Slum Clearance to Economic Development: A Retrospective of Redevelopment Policies in New York State' 2011 *Albany Government Law Review* 212–269, 255. Cf Mirett 2012, 430; and Kamen 2012, 1231.

[209] *Yonkers Community Development Agency v Morris*, 335 N.E.2d 327, 37 N.Y.2d 478 (N.Y. 1975).

[210] *Yonkers Community Development Agency v Morris*, 335 N.E.2d 327, 37 N.Y.2d 478, 481 (N.Y. 1975).

[211] *Yonkers Community Development Agency v Morris*, 335 N.E.2d 327, 37 N.Y.2d 478, 483 (N.Y. 1975).

[212] *Yonkers Community Development Agency v Morris*, 335 N.E.2d 327, 37 N.Y.2d 478, 484 (N.Y. 1975).

[213] *Yonkers Community Development Agency v Morris*, 335 N.E.2d 327, 37 N.Y.2d 478, 484 (N.Y. 1975).

the finding that the area was indeed substandard, the condemnation was upheld because the condemnees failed to raise the issue of the land's quality.[214]

The analysis of the ruling

Following the *Cannata* judgment, the Court of Appeals in *Yonkers* consolidated the definition of insanitary substandard conditions and listed very broad factors that would concern locations that would not remotely be considered blighted. As the Court deferred to the determination of the authority, the *Yonkers* judgment has indeed thrown the door open for economic development projects, also in more profitable areas.[215] The fact that the Court held that the mere statement that 50 per cent of the area was substandard was insufficient to legitimately justify a condemnation for the amelioration of such conditions, does not imply that more than 50 per cent must be substandard. As the Court declined to quantify the required undesirable features,[216] that consideration is rather an indication that the authority must substantiate its findings.[217] In addition, the *Yonkers* judgment is also important because the Court explicitly confirmed that a single private project developer could undertake the redevelopment although the elevator company would primarily expand its facilities for its own benefit.[218]

Subsequent judgments

Subsequent litigation before the Appellate Division over the definition of substandard and insanitary housing illustrates the open door quite well. In the case *Sunrise Properties*, for instance, the Appellate Division was satisfied that the concerned area was substandard because it was 'underutilized'.[219] In another case, the Appellate Division upheld the condemnation for the construction of a shopping mall that formed part of a redevelopment project in a harbour area. The development agency contended that the targeted area sustained physical blight, was economically underutilised, and had a problematic aesthetic appearance. Strangely, the judgment suggests that the development agency inferred the physical blight in the area from the economic underutilisation of the area. The Court did not further address this issue and deemed these findings sufficient to uphold the condemnation.[220] These judgments show that even merely underutilised areas or areas with unaesthetic features may fall prey to project developers, which shows that the courts set the bar quite low.[221]

---

[214] *Yonkers Community Development Agency v Morris*, 335 N.E.2d 327, 37 N.Y.2d 478, 484–486 (N.Y. 1975).

[215] Kamen 2012, 1231.

[216] *Yonkers Community Development Agency v Morris*, 335 N.E.2d 327, 37 N.Y.2d 478, 484 (N.Y. 1975).

[217] Racketa 2010, 198 et seq.

[218] *Yonkers Community Development Agency v Morris*, 335 N.E.2d 327, 37 N.Y.2d 478, 482 (N.Y. 1975).

[219] *Sunrise Properties, Inc., et al. v Jamestown Urban Renewal Agency*, 614 N.Y.S.2d 841, 206 A.D.2d 913 (N.Y. ADiv. 1994).

[220] *Sun Company, Inc., et al. v City of Syracuse Industrial Development Agency*, 209 A.D.2d 34, 43 (N.Y. ADiv. 1995).

[221] Siegel et al 2011, 78 and 88 et seq; and Richards 2015, 16. See also case that concerned economic development within an urban renewal area: *Vitucci v New York City School Construction Authority*, 735 N.Y.S.2d 560, 289 A.D.2d 479 (N.Y. ADiv. 2001).

A counter-intuitive example of a substandard area is Times Square on 42nd Street in midtown Manhattan. At the beginning of the 1980s, the area surrounding Times Square was characterised by 'under-utilization of property in the area, high vacancy rates above the ground floor, the proliferation of pornographic uses, dilapidated store fronts, the number of lots in tax arrears, dirty and unsafe street conditions, and a high crime rate which requires increased allocation of police service to the area'.[222] These findings easily legitimately justified condemnations to implement the 42nd Street Development Land Use Improvement Project.[223]

In 2002, the Appellate Division, again, upheld a condemnation for the amelioration of substandard and insanitary conditions in the area, which would allow for the construction of the new headquarters of the newspaper corporation the *New York Times*.[224] Despite the implementation of the original project, the Court still found that the area was substandard. The empirical findings were that there was a shortage of commercial space, as well as several strip clubs and low-end retail and food establishments.

5.2.2.3.4 *Recent outrage (I):* Goldstein

The most recent examples of condemnations for the removal of blight, which caused uproar in the legal arena, are *Goldstein* and *Kaur*. The *Goldstein* case gave rise to litigation in the federal and New York State courts.

The facts of the case

The *Goldstein* case concerned a land-use improvement project of the Empire State Development Corporation in Brooklyn in the City of New York. The Corporation's plan was for a private project developer to build a stadium for an NBA basketball team, rail infrastructure, and new high-rise buildings that would serve commercial and residential purposes and include a significant number of low-rent housing units. The project purportedly served to ameliorate the substandard and insanitary conditions in the project area. Whereas, however, one part of the project area was doubtlessly blighted, business owners and residents in another part argued that their properties were neither substandard nor insanitary. The Corporation sought to condemn the property of these business owners and residents.

The condemnees substantiated their claim by reference to the Corporation's study on the state of the targeted property. This study found that in the whole project area, including the clearly blighted part, 51 out of 73 parcels showed signs of substandard conditions, such as vacant lots and elevated crime rates.[225] The condemnees, however, contended that the study only found 'mild dilapidation and inutility' of only a number of buildings in their part of the project area. The condemnees added that the allegedly substandard conditions in their area were caused by the announcement of the project, which had deterred residents and business owners from improving their properties. The condemnees further con-

---

[222] *Natural Resources Defense Council, Inc. v City of New York*, 672 F.2d 292, 294 (2d Cir. 1982).

[223] Cf *Rosenthal & Rosenthal Inc. v N.Y. State Urban Development Corporation*, 771 F.2d 44 (2d Cir. 1985); *Jackson v New York State Urban Development Corporation*, 67 N.Y.2d 400 (N.Y. 1986).

[224] *West 41st Street v New York Urban Development Corporation*, 744 N.Y.S.2d 121, 298 A.D.2d 1 (N.Y. ADiv. 2002).

[225] MB Schlactus, 'Appellate Division, Second Department—Goldstein v. New York State Urban Development Corp.', *Touro Law Review* 2010, 863–876, 866.

tended that the amelioration of the insanitary and substandard conditions was merely a pretext. In their view, the project instead served to benefit the private project developer because the developer had initiated the project and lobbied for it. Furthermore, they argued that the Corporation had started only later in the proceedings to rely upon the substandard and insanitary conditions, whereas the Corporation had previously considered the project to be an economic development project.

The rulings

The Second Circuit of US Court of Appeals, competent to adjudicate cases from New York State, the Appellate Division and the Court of Appeals of New York State all upheld the condemnation.[226] As to the definition of substandard and insanitary areas, the Court of Appeals confirmed and cited the *Yonkers* judgment, considering that economic underdevelopment and stagnation were characteristics of a substandard area.[227] It found on the basis of the study and without further evaluating the applied criteria, the methodology of the study, or the actual state of the area that the Corporation could rationally regard the targeted area as substandard.[228]

The analysis of the ruling

This deference to the judgment of the Corporation makes the definition of substandard area broader in three respects. Firstly, signs of 'mild dilapidation and inutility' may be regarded as sufficient to conclude that an area is substandard. The second inference is less clear. In the *Goldstein* case, a number of buildings in a purportedly poor condition were situated in a predominantly healthy area, and the whole project area consisted of this healthy area and a predominantly blighted area. Only dealing with the condemnation of the property in the predominantly healthy area, the Court concluded that the healthy area was substandard and insanitary. One may argue that a number of buildings in purportedly poor conditions are sufficient to declare a predominantly healthy area blighted. Alternatively, one may argue that a predominantly blighted area included in the same project can be sufficient to declare a predominantly healthy area blighted. If one focuses on the healthy area and disregards the clearly blighted area, this would mean that the Court of Appeals in the *Yonkers* judgment cannot have meant to rule that if 50 per cent or less of an area is in a substandard condition, the area as a whole would not be regarded as substandard.[229] If one focuses on the whole project area including the clearly blighted area, a predominantly blighted area could sabotage such a threshold (if there is any). Thirdly, as the Court did not address the issue of the origin of the substandard conditions, it seems irrelevant whether or not the blight was caused by the conduct of the project developer.[230]

The judgments on the *Goldstein* case are also very remarkable in other respects. The Second Circuit rejected the pretext defence because the condemnees failed to

[226] *Goldstein v New York State Urban Development Corporation*, 921 N.E.2d 164 (N.Y. 2009); *Goldstein v New York State Urban Development Corporation*, 879 N.Y.S.2d 524 (N.Y. ADiv. 2009); and *Goldstein v Pataki*, 516 F.3d 50, 62 et seq (2d Cir. 2008).

[227] *Goldstein v New York State Urban Development Corporation*, 921 N.E.2d 164 (N.Y. 2009).

[228] *Goldstein v New York State Urban Development Corporation*, 921 N.E.2d 164 (N.Y. 2009).

[229] See subsection 5.2.2.3.3 above.

[230] Siegel et al 2011, 88; and Somin 'Let There Be Blight: Blight Condemnations in New York After *Goldstein* and *Kaur*' 2011 *Fordham Urban Law Journal* 1192–1219, 1206 et seq.

show that the project was not rationally related to the removal of substandard and insanitary conditions.[231] Thereby, the Second Circuit narrowed down the scope of the pretext test on which Justices Stevens and Kennedy elaborated in their opinions on the *Kelo* case because the pretext test does not entail an inquiry into the motives of the condemnation authority, but only into whether the project is capable of bringing about the promised public benefits.[232] Furthermore, the Second Circuit held that not every parcel of land in the project area had to be blighted in order for the condemnation to serve the removal thereof.[233] The Second Circuit thus made clear that the condemned property does not need to equal the blighted land.[234] The Court of Appeals, relying upon studies and documentation provided by the Corporation, found that the Corporation could rationally find that the area was blighted, and the Court refused to interfere with the findings of the Corporation unless there was no room for reasonable difference of opinion. Thereby, the Court of Appeals broadened the deference to the judgment of the authority.[235] These insights will be discussed in the dedicated sections in this chapter.

5.2.2.3.5 *Recent outrage (II):* Kaur

In the *Kaur* case, the Urban Development Corporation sought to condemn private property, particularly small businesses, for the construction of a new campus of Columbia University, a private not-for-profit educational institution, in West Harlem. The Corporation purported that the project area was substandard and insanitary. The envisaged project included publicly accessible open space, swimming pools, retail markets, and wider pavements. In addition to this redevelopment, another justification of the project was the expected increase in tax revenues,[236] which again demonstrates the link between economic development projects and the removal of blight. Columbia University approached the Corporation in 2002 and emphasised the desirability of the redevelopment of that area. The Corporation subsequently commissioned two studies. The authors of an economic study found that zoning changes could spur economic development in the area and that Columbia University could be a driving force towards more economic development. The authors of the first blight study found, supported by photographs, that a few buildings in the targeted district were dilapidated and others displayed poor exterior conditions and structural degradation, particularly in the project area. They concluded that the area was blighted.

Thereafter, Columbia University started to purchase land in the project area and hired another consultancy firm for the environmental impact assessment (the second blight study). This firm, which had a long-standing business relationship with the Corporation and Columbia University, conducted an evaluation of the buildings in the project area, focused on and highlighted blighted conditions as required by the Corporation and found that the area was substantially unsafe, insanitary, substandard and deteriorated. The City's Planning Commission approved a zoning change. The Appellate Division, in proceedings over the provi-

---

231 *Goldstein v Pataki*, 516 F.3d 50, 63 (2d Cir. 2008).
232 Refer to subsection 5.2.3 below for more details.
233 *Goldstein v Pataki*, 516 F.3d 50, 60 (2d Cir. 2008).
234 Refer to subsection 5.3.1.3 below for more details.
235 See subsection 5.2.5.3 below.
236 Piper 2010, 1173.

sion of information under the Freedom of Information Law, criticised the choice of the consultant.[237] Due to this criticism, a third blight study commissioned by the Corporation used the same criteria as the second study, namely 'current land uses, structural conditions, health and safety issues, utilization rates, environmental contamination, building code violations and crime statistics'. The consultants found that 37 out of 67 parcels of land were in 'critical or poor condition',[238] highlighting building code violations and poor maintenance. They concluded that the area had a 'blighted and discouraging impact on the surrounding community'.[239] The Corporation proceeded to condemn private property in order to remove the blight and implement the project.

The ruling of the Appellate Division

The Appellate Division struck down the condemnation because the project did not constitute a public use.[240] Referring to Justice Kennedy's from the *Kelo* judgment of the US Supreme Court, the Court found that its scrutiny had to be stricter because there was no comprehensive development plan, the beneficiary was known from the beginning and the project was conceived by that very beneficiary. Disregarding the findings from the first blight study, the Appellate Division considered that there was no evidence of blight whatsoever before the purchase of land by Columbia. The Court lamented that the studies ignored that Columbia University itself had let purchased properties in the area deteriorate and, thereby, caused some of the blighted conditions.[241] The Court specifically rejected the methodology of the second and third blight studies in two respects. Firstly, it rejected the methodological guideline to highlight every single blighted element. Secondly, it rejected the applied criteria, in particular underutilisation, as inadequate to distinguish between a healthy and a blighted area. The Appellate Division, therefore, found that there was no evidence of blight.

The ruling of the Court of Appeals

The Court of Appeals reversed the judgment of the Appellate Division and frustrated the attempt to narrow down the definition of substandard and insanitary conditions.[242] Citing *Goldstein*, it held that the role of the courts was merely to assess whether the determination that the targeted area was substandard and insanitary was baseless or irrational. According to the Court of Appeals, the Appellate Division had violated this standard by its intrusive review of the interpretation of 'substandard and insanitary'. The Court of Appeals thus rejected the intrusive evaluation of the criteria and methodology of the studies. The Court of Appeals considered that the Corporation had applied a wide range of factors, including the project area's physical, economic, engineering, and environmental conditions, to the whole area. The account was further supported by photographs and an analysis of every

---

[237] *Tuck-it-away Associates, L.P. v Empire State Development Corporation*, 54 A.D.3d 154 (N.Y. ADiv. 2008).

[238] Piper 2010, 1179.

[239] Piper 2010, 1179.

[240] *Kaur v New York State Urban Development Corporation*, 72 A.D.3d 1 (N.Y. ADiv. 2009). See for a more detailed account: Piper 2010, 1179 et seq.

[241] Cf Kamen 2012, 1238 et seq.

[242] *Kaur v New York State Urban Development Corporation*, 933 N.E.2d 721 (N.Y. 2010).

building. As the Corporation could, therefore, rationally conclude that the area was blighted, the Court of Appeals held that the Appellate Division could not substitute the Corporation's view with their own. Furthermore, the Court of Appeals noted that the Appellate Division had ignored evidence from the first blight study. The Court of Appeals, therefore, upheld the condemnation.

The analysis of the judgment of the Court of Appeals

This judgment first indicates the prominent role that underutilisation may play in the determination that an area is substandard and insanitary.[243] Underutilisation may refer to an inefficient use of land or not making use of all legal opportunities to use the land.[244] This criterion further blurs the difference between the removal of blight and economic development. Moreover, the judgment confirms that the causes of the blight are irrelevant because the Court did not take into account why the area was blighted. In a case like *Kaur*, this may be an unhealthy incentive for the developer to let a potential project area deteriorate.[245]

Also, the *Kaur* judgment shows that the courts will generally not interfere with the criteria that the condemnation authority applies to assess whether an area is substandard and insanitary.[246] This deference will certainly broaden the definition of blight and affect only partially blighted areas, in particular because the Court did not scrutinise the applied factors in detail, the origins of the blight, which was allegedly caused by Columbia University itself, and how much weight the authority accords to which criterion.[247] As *Siegel et al* have pointed out, this approach permits the condemnation authority to apply criteria without qualitative and quantitative thresholds.[248] Moreover, the courts will not interfere with the methodology of blight studies as to the application of facts to the employed criteria. Due to this deference, a study can highlight certain poor conditions and find buildings and the area in their entirety to be blighted, while the courts will sanction this approach and not engage in scrutiny of how much of a building and how many buildings in the area are affected by poor conditions.[249]

5.2.2.3.6 *Impact upon statutory bases*

In both the *Goldstein* and the *Kaur* case before the Court of Appeals, the condemnees challenged the condemnation on the ground that it did not serve a public use in terms of the Constitution or § 207 EDPL. In both the *Goldstein* and the *Kaur* case, however, the Court of Appeals explicitly referred to the definition of blight laid down by the Urban Development Corporation and took this definition as the starting point of its analysis.[250] As the Court found that the project was a public use,

---

[243] Siegel et al 2011, 93. See for one example of an earlier judgment in which underutilisation played a role: *West 41st Street v New York Urban Development Corporation*, 744 N.Y.S.2d 121, 298 A.D.2d 1, 4 (N.Y. ADiv. 2002).

[244] Siegel et al 2011, 93 et seq; and Piper 2010, 1166 et seq.

[245] Siegel et al 2011, 88; and Somin 2011a, 1206 et seq. Cf Kamen 2012, 1238 et seq.

[246] See subsection 5.2.5.3.3 below.

[247] Siegel et al 2011, 90 et seq. Such criteria were already demanded by Justice Voorhis in his dissenting opinion in *Kaskel v Impellitteri*, 306 N.Y. 73, 86 (N.Y. 1953).

[248] Siegel et al 2011, 90 et seq.

[249] Siegel et al 2011, 90 et seq.

[250] *Kaur v New York State Urban Development Corporation*, 933 N.E.2d 721 (N.Y. 2010); and *Goldstein v New York State Urban Development Corporation*, 921 N.E.2d 164 (N.Y. 2009).

it must be assumed that the result would have been the same if the condemnee had relied upon the Urban Development Corporation Act. As this statute arguably has the narrowest definition of blight, the broad definition of blight sanctioned by the courts also applies to all other statutory bases of condemnations for the removal of blight.

5.2.2.4 Still to be decided: Economic development outside blighted areas?

Due to the broad definition of insanitary and substandard areas, it is extremely difficult to distinguish between third-party transfers for the removal of blight and those for economic development under New York State law.[251] However, the Court of Appeals, the highest court, has yet to decide whether or not private economic development projects that do not involve a commercial centre and are located outside substandard and insanitary areas may constitute a public use.[252] That said, the validity of most condemnations for economic development projects in practice does not depend upon the answer to this question because economic development in connection with the amelioration of substandard conditions is already recognised as a public use. Furthermore, most condemnation authorities must make a finding of substandard conditions, while *only* Industrial Development Agencies can rely upon a statutory basis for third-party transfers that do not serve the amelioration of substandard conditions, but only economic development.[253]

A preliminary observation on the question of whether economic development on its own constitutes a public use would be that the Constitution does not give any conclusive indication that such projects would constitute a public use or a private use. In 1967, the people of New York State rejected in a referendum a constitutional amendment that would have explicitly permitted condemnations for 'economic and community development'.[254] However, the voters' decision does not necessarily entail that third-party transfers for economic development would fall foul of the public use requirement.

The jurisprudence of the Appellate Division indicates that the New York State courts regard third-party transfers for economic development as permissible under the New York State Constitution. In the case *Northeast Parent & Child Society,*[255] an industrial development agency sought to condemn a former school in order to encourage an industrial company to stay in the municipality. The Appellate Division upheld the condemnation because the project would increase the municipality's tax base and diversify the local economy.[256] In the *Kaufmann* case,[257] another industrial development agency wished to condemn certain rights of the lessee in a lease in order to allow for the expansion of a shopping mall (as part of a greater economic development and infrastructure project). The goal of this condemnation was to encourage tourism and create economic development in the City of Syracuse. The

---

[251] Richards 2015, 15; Franzese 2011, 1101; and Kamen 2012, 1230.

[252] Racketa 2010, 193.

[253] See subsection 5.1.3.2.2 above.

[254] D'Orazio 2006, 1141.

[255] *Northeast Parent & Child Society, Inc. v Schenectady Industrial Development Agency,* 494 N.Y.S.2d 503, 114 A.D.2d 741 (N.Y. ADiv. 1985).

[256] *Northeast Parent & Child Society, Inc. v Schenectady Industrial Development Agency,* 494 N.Y.S.2d 503, 114 A.D.2d 741, 742 (N.Y. ADiv. 1985).

[257] *Kaufmann's Carousel, Inc. v City of Syracuse Industrial Development Agency,* 301 A.D.2d 292 (N.Y. ADiv. 2002).

Appellate Division held that this condemnation, therefore, constituted a public use.[258] These cases show that the Appellate Division considers private economic development to be a public use. Remarkably, the jurisprudence is arguably more permissive than the Supreme Court's majority opinion in the *Kelo* case. Whereas Justice Stevens elaborated on the dire economic situation in New London,[259] the Appellate Division did not mention the economic situation of the concerned area in either of the judgments.

A very remarkable case is *Re Fisher*.[260] The Urban Development Corporation sought to condemn buildings for rent-stabilised tenants for an expansion of the New York Stock Exchange (NYSE) at Wall Street. Without elaborating on the economic situation of Lower Manhattan, the Appellate Division upheld the condemnation because the opportunity to expand would encourage NYSE to stay in Lower Manhattan and create jobs, economic development, and tax revenues.[261]

The *Fisher* judgment not only supports the conclusion that the New York State Constitution does not preclude third-party transfers for economic development, but is also interesting from a statutory perspective. It follows from the required formalities of the Urban Development Corporation Act that the Corporation can only condemn property in substandard and insanitary areas.[262] In the *Fisher* case, however, there was no finding of blight. That said, there was a specific statutory authorisation in place for the Corporation to condemn property for the expansion of the NYSE.[263] The Appellate Division thus did not disregard and did not abolish the requirement that the Urban Development Corporation Act must show a finding of blight.[264]

5.2.2.5 Remaining private uses

Given the jurisprudence of the Appellate Division, the Court of Appeals is likely to affirm economic development as a public use (and uphold the third-party transfer if the statutory basis permits a third-party transfer for that purpose), should the Court of Appeals be faced with this question in the future. This broad definition of public use raises the question of which projects would still be a private use or, in other words, for the sole benefit of a private party.[265] There are a few categories of cases that can be inferred from the jurisprudence of federal and New York State courts.

The first obvious category refers to cases where the condemnor fails to establish or, if necessary, to prove that the project's benefits are public.[266] For instance, in the *Haverstraw* case, the Village of Haverstraw sought to implement a redevelopment project that included office space for the operator of a new health centre to own and use. The operator, however, already rented sufficient office space, and the Village

---

[258] *Kaufmann's Carousel, Inc. v City of Syracuse Industrial Development Agency*, 301 A.D.2d 292, 303 (N.Y. ADiv. 2002).

[259] See subsection 5.2.1.5 above.

[260] *Matter of Fisher*, 730 N.Y.S.2d 516, 287 A.D.2d 262 (N.Y. ADiv. 2001).

[261] *Matter of Fisher*, 730 N.Y.S.2d 516, 287 A.D.2d 262, 263 (N.Y. ADiv. 2001).

[262] § 10 of the Urban Development Corporation Act 174/68.

[263] Siegel et al 2011, 82, fn 17.

[264] Cf *East Thirteenth Street Community Association v Urban Development Corporation*, 189 A.D.2d 352, 359 (N.Y. ADiv. 1993).

[265] *Kelo v City of New London*, 545 US 469, 486 et seq (2005).

[266] See for an example at federal level: *Missouri Pacific Railway v Nebraska*, 164 US 403, 416 (1896).

did not put forward a reason why it was in the public interest for the operator to own new office space instead of renting office space. The Appellate Division therefore concluded that the new office space was not a public use.[267] Cases where the condemnor puts forward public benefits only as a pretext, eventually also fall into this category. Refer to more details about the pretext test in subsection 5.2.3 below.

Cases where (a part of) the project does not bring about any net improvement compared to the *status quo* form the second category. In the *Haverstraw* case, for example, the redevelopment project not only included office space, but also a new health centre. The targeted property was already home to a dental practice, and the village failed to explain how the new health centre would benefit the community more than the current use. Therefore, Appellate Division held that the proposed health care therefore only had 'illusory benefits' and was not a public use.[268]

The third category concerns projects that solely serve to increase the state's assets or engage in real estate speculation. For example, it would be improper to exercise the power of eminent domain for the purpose of engaging in the real estate business as a public corporation.[269]

The fourth category pertains to projects that have merely speculative benefits. Although it appears that the state can condemn property for uncertain future projects,[270] the state must invoke an ascertainable future need and a vague plan to use the land within an ascertainable timeframe. Where this future need is found not to have a rational basis or where there is no plan with an ascertainable timeframe, the courts will interfere.[271] In the *Matwijczuk* case,[272] for instance, the Commissioner of Transport sought to acquire a temporary easement to demolish a residential dwelling on a landlocked property in the vicinity of a freeway. The Commissioner stated that the landlocked property would in the future become a derelict structure, a fire hazard, and a place where children in particular were in danger of getting injured. The Appellate Division, however, found that the property posed no danger to the safety on the freeway because the distance between the dwelling and the freeway was great enough and that it was by no means clear that the dwelling would turn into a nuisance. The Court, therefore, refused to uphold the condemnation.

5.2.3 The substantive definition: The pretext test as protection against abuse

As broad as the US Supreme Court's deference to the determinations of the condemnation authority may have been, the Court gave a gleam of hope in its *Kelo* judgment to the critics of third-party transfers for economic development that the courts could expose undue favouritism. In the opinion of the Court, Justice Stevens considered that the condemnor would not 'be allowed to take property under the mere pretext of a public purpose, when its actual purpose was to bestow a private

---

[267] *49 WB, LLC v Village of Haverstraw*, 839 N.Y.S.2d 127, 44 A.D.3d 226, 241 (N.Y. ADiv. 2007).

[268] *49 WB, LLC v Village of Haverstraw*, 839 N.Y.S.2d 127, 44 A.D.3d 226, 240 (N.Y. ADiv. 2007).

[269] *City of Utica v Damiano*, 22 Misc.2d 804 (N.Y. Misc. 1959).

[270] For example to anticipate the future needs for roads: *Rindge Co. v Los Angeles*, 262 US 700, 707 (1923); see in general: Laitos 1998, 12–10.1.

[271] See for an example of no need at federal level: *99 Cents Only Stores v Lancaster Redevelopment*, 237 F.Supp.2d 1123 (C.D.Cal. 2001). Cf RC Bird & LJ Oswald 'Necessity as a Check on State Eminent Domain Power' 2009 *Journal of Constitutional Law* 99–141, 119 et seq and 123 et seq.

[272] *Matwijczuk v Commissioner of Transportation*, 423 N.Y.S.2d 574 (N.Y. Misc. 1979).

benefit'.[273] Stevens found that in the *Kelo* case, the condemnor acted without such a pretext because there was a carefully considered and comprehensive development plan in place that was the result of a deliberative procedure.[274] Stevens suggested that the absence of such plan would give rise to the suspicion of a condemnation for private use and would trigger stricter judicial scrutiny.[275]

In his concurring opinion, Justice Kennedy even suggested that the judiciary should presume a condemnation to be invalid where the risk of undetected impermissible favouritism was unacceptably great. Kennedy listed certain indicators that convinced him that the condemnor intended to promote economic development in the *Kelo* case. Firstly, there was a comprehensive economic development plan in place. Secondly, the municipal legislature had approved the plan. Thirdly, the projected public benefits were greater than minimal. Fourthly, the private beneficiary was unknown during the planning procedure. Fifthly, the condemnor complied with elaborate procedural requirements.[276]

5.2.3.1 The requirements of the pretext test as applied in New York State

Through their opinions, Justices Stevens and Kennedy created two impressions. The first impression was that the pretext test would stop third-party transfers that are projected to serve economic development where it was the true *motive* of the condemnor primarily to benefit a private party rather than the public. Particularly, Kennedy's criteria inspired various attempts in the literature to find guidelines on how to scrutinise whether the condemnor actually intended to benefit a private party.[277] However, most of the federal and New York State court, both in the pre- and in the post-*Kelo* era, have not followed this motive-oriented approach to the pretext test. In various judgments, the courts have stressed that the true motive of the condemnor is irrelevant and that there will not be any inquiry into their motives.[278]

This rejection of the motive-oriented approach in practice raises the question of what 'pretext' actually means and what this test requires.[279] In the *Goldstein* case, the Second Circuit of the United States Court of Appeals gave the answer that the condemnation would only fall foul of the pretext test under the Fifth Amendment if

[273] *Kelo v City of New London*, 545 US 469, 477 (2005).

[274] *Kelo v City of New London*, 545 US 469, 477 and 483 (2005).

[275] *Kelo v City of New London*, 545 US 469, 486 (2005).

[276] *Kelo v City of New London*, 545 US 469, 493 (2005); Siegel et al 2011, 99; and Somin 2011a, 1210 et seq. On factors that may trigger stricter scrutiny in general: Nolon 2007, 293. On the importance of development plans: Garnett 2007, 448 et seq and 454 et seq.

[277] Kelly 'Pretextual Takings: Of Private Developers, Local Governments, and Impermissible Favoritism' 2009 *Supreme Court Economic Review* 173–235, 184–199; Somin 'The Judicial Reaction to Kelo' 2011 *Albany Government Law Review* 1–37, 24–30; LE Blais 'The Problem with Pretext' 2011 *Fordham Urban Law Journal* 963–985, 973; Franzese 2011, 1103; and Garnett 2007, 455 et seq and 464 et seq.

[278] *Yonkers Community Development Agency v Morris*, 335 N.E.2d 327, 37 N.Y.2d 478, 483 (N.Y. 1975); *Broadway Schenectady Entertainment, Inc. v County of Schenectady*, 732 N.Y.S.2d 703, 288 A.D.2d 672, 673 (N.Y. ADiv. 2001); *Goldstein v Pataki*, 516 F.3d 50, 62 et seq (2d Cir. 2008); *Daniels and Daniels v The Area Plan Commission of Allen County*, 306 F.3d 445 (7th Cir. 2002); and *49 WB, LLC v Village of Haverstraw*, 839 N.Y.S.2d 127, 44 A.D.3d 226, 243 (N.Y. ADiv. 2007). Other federal courts than the second circuit may follow more nuanced approaches: *Franco v National Capital Revitalization Corporation*, 930 A.2d 160, 173 (D.C. 2007). Cf Kamen 2012, 1227 et seq.

[279] Cf Blais 2011, 976 et seq.

the purported public benefits proved to be baseless. In its judgment, the Court noted that the condemnation would pass constitutional muster where the condemnation authority could have rationally believed that the condemnation would achieve its public purpose, whereas an inquiry into the true intentions of the authority and the 'mechanics of the taking' lay beyond judicial scrutiny.[280] The Court made the reservation that closer *objective* scrutiny might apply to cases where there was no comprehensive development plan, but this scrutiny would in any case not include an inquiry into the motives of the condemnor.[281]

This judgment is a strong indicator that a public use will only be a pretext where the condemnee succeeds in establishing that the purported public benefits will not rationally accrue. Other federal and New York State courts have also adopted this approach, both before and after *Kelo*.[282] This approach follows the Justice O'Connor's criticism of Stevens's and Kennedy's pretext doctrine in her *Kelo* dissent. She argued that the focus should be on whether the project would yield direct public benefits, while it would not matter what the true motives of the condemnor were.[283] The consequence of this approach is that any defence concerning the intentions of the condemnation authority will be unsuccessful unless there are rationally no public benefits to be expected or, in other words, the purported public benefits prove to be baseless.

5.2.3.2 Stricter scrutiny only in economic development cases?

The second impression from Stevens's and Kennedy's opinion in *Kelo* was that the circumstances listed by Kennedy could trigger closer judicial scrutiny of the purpose of the condemnations where authorities may have colluded with private developers. As the pretext test does not concern the motive of the condemnation authority, but only the question of whether the condemnation could realise its legitimate purpose, this stricter scrutiny could concern the interpretation of the facts and circumstances as to whether the project could do that.[284] There is thus a gleam of hope that the courts might decide differently upon cases like *Goldstein* and *Kaur* where the condemnation stands or falls with the interpretation of the evidence. However, the Second Circuit has found a back door to destroy this hope. In *Goldstein*, the Second Circuit limited stricter scrutiny to condemnations for the purpose of economic development.[285] The courts thus do not need to apply heightened standards to condemnations for the improvement of substandard and insanitary areas.

The Second Circuit and the New York Court of Appeals have since applied this narrow approach to condemnations for the improvement of substandard and

[280] *Goldstein v Pataki*, 516 F.3d 50, 63 (2d Cir. 2008).

[281] *Goldstein v Pataki*, 516 F.3d 50, 63 (2d Cir. 2008).

[282] *Daniels and Daniels v The Area Plan Commission of Allen County*, 306 F.3d 445 (7th Cir. 2002); *49 WB, LLC v Village of Haverstraw*, 839 N.Y.S.2d 127, 44 A.D.3d 226, 228 and 242 et seq (N.Y. ADiv. 2007); and *Rosenthal & Rosenthal Inc. v N.Y. State Urban Development Corporation*, 771 F.2d 44, 45 (2d Cir. 1985). See for an overview of other cases: *Goldstein v Pataki*, 516 F.3d 50, 61 (2d Cir. 2008). See also Nichols, 7–24 et seq, 7–46, 7–172 et seq, who stated that economic development projects constituted a public use unless the condemnation authority admitted that the project was a private use.

[283] *Kelo v City of New London*, 545 US 469, 502 (2005). Concurring: Eagle 2011, 1045 et seq.

[284] Cf Kamen 2012, 1226.

[285] *Goldstein v Pataki*, 516 F.3d 50, 64 (2d Cir. 2008) effectively overruling *Goldstein v Pataki*, 488 F.Supp.2d 254 (E.D.N.Y. 2007) where the District Court applied the criteria given by Kennedy. Not all federal courts came to this conclusion: Kamen 2012, 1227 et seq.

insanitary areas. Under Kennedy's criteria, the *Goldstein* case should have triggered heightened scrutiny because the developer took the initiative to implement the project, successfully lobbied for the project, there was no development plan that was prepared in a participatory procedure and, therefore, no approval by a directly elected organ, and the removal of blight was only later in the process invoked as a public purpose.[286] The Second Circuit found that these aspects were irrelevant to the pretext test and that it was sufficient that the condemnation served to remove blight.[287] Also, the New York Court of Appeals almost completely deferred to the judgment of the authority as to whether the area in question was substandard and insanitary.[288]

In the *Kaur* case, the beneficiary—Columbia University—was known from the beginning; the authority relied upon a study of consultants with a long-standing relationship with Columbia, there was no development plan based upon the outcomes of a participatory procedure, and Columbia itself caused some of the substandard conditions that it later used to justify the condemnation.[289] All these aspects should have triggered stricter scrutiny. While the Appellate Division, referring to Kennedy's opinion, applied stricter scrutiny,[290] however, the Court of Appeals overruled the judgment of the Appellate Division and almost completely deferred to the judgment of the authority.[291]

These judgments show that the pretext test has no additional value where the condemnation is not solely for economic development. This is certainly another incentive to rely upon blight as a legitimate purpose for third-party transfers for economic development. Importantly, the pretext test is the only defence against undue favouritism except for corruption, which requires a showing of fraud.[292] The condemnee cannot translate their allegations of undue favouritism into a bad faith defence unless this favouritism has caused major procedural errors. This is because the New York State courts have held that bad faith only concerns procedural matters when it comes to the public use requirement.[293]

5.2.3.3 Successful pretext defences in practice

Despite this narrow spectrum in which the pretext test operates, there are examples of cases where a condemnation fell foul of the pretext test. The *Haverstraw* case is one example from New York State. In that case, the Village of Haverstraw proposed a redevelopment project consisting of a new health centre, office space for the operator, and housing units, including affordable housing. Earlier, there had been another redevelopment project along the Hudson River waterfront of the village. The private developer of that project was bound to create a certain number of affordable housing units to avoid gentrification in the village, but had yet to fulfil their obligations.

---

286 Racketa 2010, 213; Eagle 2011, 1057 et seq; and Somin 2011a, 1203 et seq.

287 *Goldstein v Pataki*, 516 F.3d 50, 64 (2d Cir. 2008).

288 *Goldstein v New York State Urban Development Corporation*, 921 N.E.2d 164 (N.Y. 2009). Refer to subsection 5.2.5.3.3 for more details.

289 Somin 2015, 197 et seq; Somin 2011a, 1201 et seq; Kamen 2012, 1237 et seq; and Franzese 2011, 1104.

290 *Kaur v New York State Urban Development Corporation*, 72 A.D.3d 1 (N.Y. ADiv. 2009).

291 *Kaur v New York State Urban Development Corporation*, 933 N.E.2d 721 (N.Y. 2010).

292 Siegel et al 2011, 101.

293 *49 WB, LLC v Village of Haverstraw*, 839 N.Y.S.2d 127, 141, 44 A.D.3d 226 (N.Y. ADiv. 2007).

What made this condemnation suspicious was that the village decided that the first project developer could use the affordable housing units that the developer of the new project would create to meet the obligations towards the village with respect to the waterfront project. The first developer offered to contribute a certain amount to the costs of the acquisition of the targeted property. Later, the village declared that the use of the targeted property also served to achieve the objectives of the waterfront project.[294] All these circumstances suggest that the part of the redevelopment project pertaining to housing was meant to benefit the first project developer and enable that developer to fulfil their obligations.

Under a motive-oriented approach, this would probably have been sufficient to find that the suggested public use was a pretext to benefit the first project developer. The Court, however, added that the housing project would not yield any public benefits because the condemnee was planning to extend their buildings on the property and provide more affordable housing units than was envisaged under the redevelopment plan. Only upon this finding did the Court conclude that the purported benefits merely served to disguise that the purpose of the condemnation was to benefit the first project developer.[295]

An example at federal level is the *99 Cents* case.[296] The 99 Cents Only Stores leased commercial space in a shopping mall and ran a store for cheap products in Lancaster, California. Costco, a competitor of 99 Cents Only Stores and a very important tenant at the shopping mall, demanded an extension of its space into the store of 99 Cents. Costco threatened that it would otherwise relocate to another city. For this reason, the City of Lancaster authorised the condemnation of the leasehold interest of 99 Cents. 99 Cents instituted court proceedings against this decision. Although Lancaster never proceeded to acquire the property, the US District Court scrutinised the constitutionality of the condemnation under the Fifth Amendment.

The Court found that the condemnation served to meet the demands of Costco and thus served a private use. The City did not allege that the concerned area was in any way substandard or that the condemnation would serve economic development, but contended that the departure of Costco would lower the attractiveness of the shopping mall and lead to blight in the long run. However, as the Court noted, the City only brought this argument forward during the court proceedings, and nothing in the submitted documents supported that Costco's relocation would lead to 'future blight'.[297] The attractiveness of a shopping mall in itself is merely a private use and could not legitimately justify a condemnation.[298] As a result, this judgment shows that where the condemnor fails to establish that there would a public benefit, the condemnation would fail the pretext test.

5.2.4 The substantive definition: Conclusion

Different condemnation authorities in New York State can rely upon state statutes to condemn property and transfer the property to a private entity for economic

[294] *49 WB, LLC v Village of Haverstraw*, 839 N.Y.S.2d 127, 44 A.D.3d 226, 241 et seq (N.Y. ADiv. 2007).
[295] *49 WB, LLC v Village of Haverstraw*, 839 N.Y.S.2d 127, 44 A.D.3d 226, 243 (N.Y. ADiv. 2007).
[296] *99 Cents Only Stores v Lancaster Redevelopment*, 237 F.Supp.2d 1123 (C.D.Cal. 2001).
[297] *99 Cents Only Stores v Lancaster Redevelopment*, 237 F.Supp.2d 1123, 1130 (C.D.Cal. 2001).
[298] See subsection 5.2.2.5 above.

development, either in connection with the removal of insanitary and substandard conditions in the targeted area or not. Such a third-party transfer for economic development is likely to meet the public use requirement under both the New York Constitution and the Fifth Amendment. New York State is still waiting for a judgment of the Court of Appeals on this matter. However, the jurisprudence of the Appellate Division strongly indicates that third-party transfers for economic development will pass constitutional muster. To be safe, the condemnation authority could rely upon substandard and insanitary conditions in the project area. Given the broad definition of insanitary and substandard conditions in the jurisprudence of the Court of Appeals, some documented signs of substandard and insanitary conditions, including mere underutilisation in the project area, will suffice.

Under the Fifth Amendment, there is room for doubt. In the *Berman v Parker* case, the US Supreme Court approved a third-party transfer for the removal of substandard and insanitary conditions in connection with a comprehensive (commercial and residential) redevelopment. In its *Kelo* judgment, the US Supreme Court approved a third-party transfer for economic development that was embedded in a comprehensive development plan in an economically distressed area. The Supreme Court may hesitate to approve such a third-party transfer where there is no such plan in place or in economically healthy areas.

The pretext test does not entail that the legitimate purpose must be based upon a primary motive to benefit the public. As long as the public benefits from the economic development project, the condemnation will meet the public use requirement, regardless of the true intentions of the condemnation authority. The pretext test is meant for situations where the condemnation authority purports that the project will serve a public use although the project will not rationally create any public benefits compared to the *status quo* or alternative projects.

Remarkably, the interaction between different parts of condemnation law renders the protection of the condemnee particularly weak. The deference of the courts allows for an extraordinarily broad definition of substandard and insanitary conditions. At the same time, the pretext test does not require an inquiry into the condemnor's motive, but is confined to the question of whether the purported benefits are actually public and may rationally accrue. Taken together, these developments substantially deprive the condemnee of judicial protection and may allow the government to infringe on the condemnee's property rights under a broad range of circumstances.

5.2.5 The governance perspective

At least in connection with the removal of substandard and insanitary conditions, economic development is a legitimate purpose under both the Fifth Amendment and the New York State Constitution. This subsection deals with the roles of the legislator, the administrative authorities and the courts, in shaping the project's purpose and in determining and controlling the legitimacy of the purpose in a specific case.

5.2.5.1 The role of the legislator

The power of eminent domain vests in the legislative branch of the state (and, under the New York State Constitution, in the legislative branch of municipalities).[299] The legislative branch of New York State, the New York State Assembly and its Senate, must expressly or by necessary implication authorise administrative authorities or agencies to exercise the power of eminent domain.[300] The legislator must also include the public uses for which an authority may condemn property. Should an authority exercise the power of eminent domain without any authority or for a purpose not listed in the condemnation statute, the condemnation would be *ultra vires* and unlawful.[301]

The legislature could play a dominating boundary-shaping and creative role in the governance of the legitimate purpose. The legislature could narrowly circumscribe the permissible purposes, in particular where an authority wishes to condemn property for the removal of substandard and insanitary conditions or the purpose of economic development. Thereby, the legislature would set boundaries to the scope for manoeuvring of the administrative authorities. In practice, however, the legislature mainly sets procedural boundaries by setting out the applicable procedure, while the legitimate purposes remain quite abstract. Section 858 of the General Municipal Law, for instance, empowers industrial development agencies to acquire property by condemnation 'to promote, develop, encourage and assist in the acquiring, constructing, reconstructing, improving, maintaining, equipping and furnishing' of inter alia industrial and commercial facilities.

These abstract purposes raise the question of whether these purposes are too vague. In other words, has the legislature got the *responsibility* to circumscribe the purposes narrowly and set boundaries to the freedom of the administrative authorities? The advantages of a specific statute and the disadvantages of an abstract statute have been highlighted by a small number of judges and scholars. In his dissenting opinion on the *Cannata* case, Justice Voorhis expressed his concern that the broad authorisation to condemn property to remove substandard and insanitary conditions and the discretion granted to the condemnation authority would make almost any condemnation lawful and the authority virtually unaccountable.[302] *Kochan* even pleaded for project-specific condemnation statutes where a private project developer is involved, in order to make rent-seeking and collusion less profitable.[303]

It seems, however, that despite the dangers of abstract condemnation statutes, a responsibility to assume a broader boundary-shaping role does not exist under New York State law. It is true that a condemnation statute can be challenged on due process grounds if the statute is too vague. Due process requires 'a reasonable degree of certainty so that individuals of ordinary intelligence are not forced to guess at the meaning of statutory terms';[304] or that a statute is 'sufficiently definite to

[299] Laitos 1998, 8–8; and Artt. IX, § 1(e) and I, § 7(a) of the New York State Constitution. See subsection 5.1.3 above.

[300] Laitos 1998, 8–6.

[301] *Queens Terminal Co. v Schmuck*, 147 A.D. 502, 132 N.Y.S. 159 (N.Y. ADiv. 1911); and Kulick 2000, 657.

[302] *Cannata v City of New York*, 182 N.E.2d 395, 11 N.Y.2d 210, 221 et seq (N.Y. 1962).

[303] Kochan 1998, 109 et seq.

[304] *Foss v City of Rochester*, 65 N.Y.2d 247, 253 (N.Y. 1985).

provide a person of ordinary intelligence with fair notice of any prohibited conduct and it must also be written so that arbitrary and capricious enforcement is not encouraged'.[305]

In practice, however, the standard of vagueness proves to be useless in compelling the legislator to specify the legitimate purposes of condemnations. In the *Cuglar* case, for example, the Supreme Court in St. Lawrence County found that the authorisation to take as much property as is 'convenient' for a purpose laid down in the applicable statute was a sufficient limitation.[306] Concerning condemnations for the removal of substandard and insanitary conditions, the Court of Appeals found in the *Kaur* case that the Urban Development Corporation Act provided factors that allowed for a sufficiently precise definition of substandard and insanitary areas.[307] In addition to the lenient standard of vagueness, a statute is presumed to be constitutional,[308] which makes a successful challenge all the harder.

5.2.5.2 The role(s) of the administrative authorities

The condemnation authority is bound by the Constitution and the statutory basis.[309] Therefore, it cannot condemn property for private uses or other public uses than the ones laid down in the condemnation statute. These boundaries to the condemnation authority's creative task to define the purpose of condemnations in general and third-party transfers for economic development in particular are very broad for several reasons. Firstly, the remaining private uses concern rather exceptional cases.[310] Secondly, the pretext test has proven toothless because it only 'bites' where there is no public use.[311] Thirdly, the legislator refuses to play a broader boundary-shaping role in specifying economic development or insanitary and substandard conditions. Fourthly, as is demonstrated below,[312] the courts afford a lot of leeway to the authority in the interpretation of the statutory basis, labelling the authority's determinations as legislative in nature.[313] Fifthly, the condemnation authority will not assume a boundary-shaping role and subject its own determinations to a stricter standard.

The sixth reason is that there is generally no requirement that a distinct planning procedure with a distinct planning authority precedes the condemnation procedure. Industrial development agencies and the Urban Development Corporation can generally plan the project and condemn property for the project within one procedure. As the legislator refuses to play a prominent creative and boundary-shaping role in defining the projects and purposes and the courts only assume a narrow boundary-shaping and controlling role, the lack of a separate planning procedure (with a separate planning authority) gives the condemnation authority almost boundless freedom when shaping the project's purpose.

---

305 *Saratoga Water v Water Authority*, 190 A.D.2d 40, 44 (N.Y. ADiv. 1993).

306 *Cuglar v Power Authority of State of New York*, 163 N.Y.S.2d 902, 4 Misc.2d 879, 896 (N.Y. Misc. 1957).

307 *Kaur v New York State Urban Development Corporation*, 933 N.E.2d 721 (N.Y. 2010).

308 *Saratoga Water v Water Authority*, 190 A.D.2d 40, 43 (N.Y. ADiv. 1993).

309 *Queens Terminal Co. v Schmuck*, 147 A.D. 502, 132 N.Y.S. 159 (N.Y. ADiv. 1911).

310 See subsection 5.2.2.5 above.

311 See subsection 5.2.3 above.

312 Refer subsection 5.2.5.3 below for a more thorough analysis.

313 Critical: Eagle 'A Resurgent "Public Use" Clause Is Consistent with Fairness' in Merriam & Ross (eds) *Eminent Domain Use And Abuse: Kelo In Context* (Chicago: ABA 2007) 89–91, 91.

Where the law requires a distinct planning procedure before the condemnation, the planning authority takes over the creative task to shape the project and its purpose in the governance structure. Even with this separate planning procedure, however, the same state organ will be both the creative and the controlling player in the governance structure. Under the Urban Renewal Laws, the planning and the condemnation authority are the same authority, and under the Municipal Redevelopment Law, the planning and condemnation authorities are affiliated to the same state organ.[314] Hence, there will never be a clear division between a planning authority that performs the creative task to shape the project and the purpose and a condemnation authority that controls whether the proposed purpose constitutes a public use and complies with the condemnation statute. Although the condemnation authority is not bound by the findings of the planning authority, this institutional proximity makes it rather unlikely that the condemnation authority will assume a boundary-shaping role and interfere with the project plan of its colleagues from the planning authority beyond what the legislature and the courts require. Moreover, the controlling role of the condemnation authority is quite narrow because judicial deference leads to the absence of strict substantive standards in case law.[315] That said, the required involvement of the directly elected municipal council in the separate planning procedure may ensure some popular control.

Other planning instruments and procedures, such as changes to municipal zoning schemes, will not interfere with the role of the condemnation authority. They cannot prevent a condemnation and will anyway be based upon the proposal by the condemnation authority.[316] They may only influence the design of the project, which, however, seems only likely to happen where the agency competent in planning matters is not affiliated to the same state organ as the condemnation authority.

It is thus not an exaggeration to say that whatever purpose is shaped by the authority with the creative role in the governance structure will in all probability qualify as a legitimate purpose.[317] The great (empirical, rather than legal) question, which falls outside the scope of this chapter, is whether that authority makes sensible use of its freedom.[318] The reluctance of the legislator to play a dominant creative and boundary-shaping role and the deferential position of the courts effectively make the integrity of the condemnation authority, the planning procedure, if applicable, and the condemnation procedure the only safeguards against undesirable (public) purposes. What challenges this integrity even more in practice is the tendency of condemnation authorities to rely upon developers to propose projects and their details.[319] The administrative procedures and the role of the public in the condemnation and planning procedures are set out in subsections 5.4.1 and 5.4.2 below.

---

[314] §§ 970f to 970i of the General Municipal Law.

[315] See subsection 5.2.5.3 below.

[316] Weinberg, Gerrard & Ruzow, § 8.16; and *Kaur v New York State Urban Development Corporation*, 933 N.E.2d 721 (N.Y. 2010). See subsection 5.1.3.5 for exceptions.

[317] Buckingham 2005, 1306

[318] See subsection 5.4.2.1 below on the political process.

[319] Siegel et al 2011, 83. Refer for a case study on the *Kelo* case to: AM Olejarski *Administrative Discretion in Action: A Narrative of Eminent Domain* (New York: Rowman & Littlefield 2013) 58 et seq.

5.2.5.3 The role of the courts

Section 207(A) and (B) EDPL stipulate that any aggrieved person may have the determinations and findings of the condemnation authority reviewed by the Appellate Division, which has exclusive jurisdiction.[320] An action must be filed with the court within 30 days after the publication of the determination.[321] A person will be aggrieved if the condemnation deprives them of any legal right or unreasonably interferes with their interests in the property.[322] In any case, the owner of the land and holders of limited property rights will be entitled to judicial review. The court's review will be bound to the record upon which the determination was based.[323] This means that the aggrieved person cannot bring forward any grievances that they did not raise during the public hearing.[324]

Section 207(C) EDPL limits the judicial review of the condemnation to four issues.[325] The first issue is whether the condemnor has complied with the state and federal constitution. The second issue is whether the condemnor has acted within its statutory authority. The third issue is whether the condemnor has complied with all procedural norms under the EDPL and SEQRA. The fourth issue is whether the project serves a public use, benefit or purpose. Concerning the legitimate purpose of the condemnation, the most relevant grounds for review are the constitutional public use requirement, the purposes laid down statutory basis, and the compliance with procedural norms. This subsection deals with these aspects. Other legislation, such as environmental regulations, or case law may limit the authority's discretion to shape the project and the condemnation beyond what the public use requirement and the condemnation statute require. Section 5.3 deals with these limitations.

As is set out hereunder in more detail, the courts will generally defer to the authority's judgment as to the substance of the determination, but will strictly enforce compliance with procedural rules. Interestingly, the deference to the substance not only concerns the interpretation of the constitutional public use requirement (hereinafter also referred to as: 'Level I Deference'), but also the authority's interpretation of the purposes laid down in the statutory basis (Level II Deference) and the application thereof to the facts (Level III Deference). The court's controlling function is thus broader with the respect to procedural matters and narrower with respect to the interpretation of the Constitution and the statutory basis. The boundary-shaping role of the highest court with respect to the interpretation of the Constitution or the statutory basis is also very narrow. The law itself, therefore, does not have the role of prohibiting or prescribing certain substantive outcomes, but rather a facilitating role in that the law provides for certain procedural requirements meant to lead to equitable substantive results.

---

[320] On access to the courts in general: Nowak & Rotunda 2010, 380.

[321] § 204(C) EDPL. See on exceptions to this rule: *Goldstein v New York State Urban Development Corporation*, 921 N.E.2d 164 (N.Y. 2009).

[322] *Vaccaro v Jorling*, 151 A.D.2d 34, 546 N.Y.S.2d 470 (N.Y. ADiv. 1989).

[323] *Goldstein v New York State Urban Development Corporation*, 921 N.E.2d 164 (N.Y. 2009); *Kaur v New York State Urban Development Corporation*, 933 N.E.2d 721 (N.Y. 2010); and *Jackson v New York State Urban Development Corporation*, 67 N.Y.2d 400 (N.Y. 1986).

[324] Piper 2010, 1160.

[325] *Goldstein v New York State Urban Development Corporation*, 921 N.E.2d 164 (N.Y. 2009).

5.2.5.3.1 *Level I Deference: The interpretation of the constitutional public use requirement*

The courts have deferred to the legislature's and authority's judgments as to what is a 'public use' in terms of the Fifth Amendment or the New York State Constitution for a long time, in New York since, at least, as early as 1835.[326] The US Supreme Court would only interfere where the condemnation is not rationally related to a public purpose[327] or the purpose is palpably without reasonable foundation.[328] Before the introduction of the EDPL, the New York State courts scrutinised the determination of the purpose as to whether it was irrational, baseless, palpably unreasonable or made in bad faith.[329] Under the EDPL, the courts inquire whether the determination was without objective or reasonable foundation.[330] Although the interpretation of public use remains a judicial question,[331] the courts do not strictly scrutinise the project's purpose. It seems that due to the deference, the courts will only interfere in three types of cases. Firstly, the proposed use falls under the remaining private uses discussed in subsections 5.2.1.6 and 5.2.2.5 above. Secondly, the legislature or the authority fails to give reasons for pursuing the envisaged purpose.[332] For example, they would not highlight the public benefits of an economic development project. Thirdly, the reasons prove to be baseless or irrational.[333] For example, the project could not bring about the promised benefits. Given this narrow scope for interference, it comes as no surprise that empirical research has shown that the US and state courts in the vast majority of cases confirm that there is a public use.[334]

It is important to emphasise one aspect. This deference not only applies to the legislature's decision to insert certain purposes into the condemnation statute, but also to the determination of the authority.[335] Strangely, the courts often refer to the determination of the authority as legislative in nature.[336] This creates the false impression that a legislative body with direct democratic legitimacy has made the determination although administrative authorities and agencies mostly make the determination. It seems that the term 'legislative' merely serves to distinguish between the exercise of legislative authority and the exercise of judicial authority,

---

[326] Eagle 2011, 1040. Cf Rowley 1992, 79, who argued that deference contravened the original intent of the drafters of the Constitution.

[327] *Hawaii Housing Authority v Midkiff*, 467 US 229, 241 (1984).

[328] *United States v Gettysburg Elec. Ry. Co.*, 160 US 668, 680 (1896).

[329] *Broadway Schenectady v City of Schenectady*, 288 A.D.2d 672 (N.Y. ADiv. 2001).

[330] See, for example, *Goldstein v New York State Urban Development Corporation*, 921 N.E.2d 164 (N.Y. 2009); *Kaur v New York State Urban Development Corporation*, 933 N.E.2d 721 (N.Y. 2010); *Waldo's, Inc. v Village of Johnson City*, 74 N.Y.2d 718, 720 (N.Y. 1989); and *Jackson v New York State Urban Development Corporation*, 67 N.Y.2d 400 (N.Y. 1986).

[331] *Murray v La Guardia*, 52 N.E.2d 884, 291 N.Y. 320, 329 (N.Y. 1943); *New York City Housing Authority v Muller*, 1 N.E.2d 153, 270 N.Y. 333, 339 (N.Y. 1936); and *P.W.W. Co. v Bird* et al., 130 N.Y. 249, 258 (N.Y. 1891). Cf Nicholson & Mota 2005–06, 85 et seq.

[332] Cf *Jackson v New York State Urban Development Corporation*, 67 N.Y.2d 400, 418 (N.Y. 1986).

[333] *Goldstein v New York State Urban Development Corporation*, 921 N.E.2d 164 (N.Y. 2009).

[334] Merrill 1986, 98, who found that a challenge of the public use had only been successful in 15.3% of the examined 308 cases between 1954 and 1985; and Gallagher 2005, 1845.

[335] *Goldstein v Pataki*, 516 F.3d 50, 60 (2d Cir. 2008).

[336] *Brown v McMorran*, 39 Misc.2d 716, 719 (N.Y. Misc. 1963).

with the former including administrative decisions.[337] This doctrine fails to take account of the lack of democratic legitimacy and accountability of the decisions of some authorities, in particular the decision of the Urban Development Corporation.[338] Such considerations, however, may warrant closer scrutiny.[339]

The same is true of the interpretation of 'substandard and insanitary' conditions in terms of Art. XVIII, § 1 of the New York Constitution. The extensive interpretation of this term and the deference to the determinations of the legislator and the administrative authority have already been exhibited in the subsection on the substantive definition of blight.[340] As the Court of Appeals showed in its *Yonkers* and *Goldstein* judgments, the courts will not interfere unless the legislator or the authority fails to spell out circumstances that are rationally related to substandard and insanitary conditions.[341]

There may be several reasons for the deference to the determination of the legislator which purposes constitute a public use. Firstly, the courts should not interfere with the democratic decisions of the legislator.[342] It is, however, not clear why the courts should also practise deference to the determinations of a less democratic and less accountable administrative authority. In addition, the democratic process often fails to protect fundamental rights sufficiently.[343] A second, more persuasive reason may be that the courts are ill-equipped, less well equipped or do not have the required specialised knowledge to assess what is public and to balance the interests at stake.[344] This reason, however, cannot justify the absence of judicial review. In addition, courts should be able to evaluate the work of the authorities with the help of expert witnesses.

5.2.5.3.2 *Level II and III Deference: The interpretation of the statutory basis and the facts—The general approach*

The courts must review whether the condemnation authority relies upon a purpose that answers to the requirements of the statutory basis or acts *ultra vires*. In reviewing the compliance with the statutory basis, the courts first interpret the purpose laid down in the statutory basis and subsequently scrutinise whether the facts of the case meet the requirements of the interpreted statutory basis. As these two steps overlap, this and following two subsections deal with them together.

At federal level, the *Chevron* judgment of the US Supreme Court indicates that no judicial deference to the authority's interpretation of law is due where the legislature's intention of how to solve a certain case is clear. If, however, the statute is ambiguous and the legislature's intention is unclear, the courts merely scrutinise the authority's interpretation as to whether it is arbitrary, capricious, or manifestly

---

[337] *Broadway 41st Street Realty v New York State Urban Development Corporation*, 733 F.Su735, 741 (S.D.N.Y. 1990).

[338] Goldstein 2011, 308; and Eagle 2007, 91.

[339] Eagle 2007, 91.

[340] See subsection 5.2.2.3 above.

[341] *Yonkers Community Development Agency v Morris*, 335 N.E.2d 327, 37 N.Y.2d 478, 484 et seq (N.Y. 1975); and *Goldstein v New York State Urban Development Corporation*, 921 N.E.2d 164 (N.Y. 2009).

[342] Jones 2000, 302; Merrill 1986, 86; and Gillette 2005, 19.

[343] Epstein 2008, 76 et seq; and Goldstein 2011, 308 et seq; see subsection 5.4.2.1 for a more thorough discussion of this issue.

[344] Dana & Merrill 2002, 203; Bailly 2011, 572 *et seq*; and Franzese 2011, 1115.

contrary to the statute.[345] More 'considerable weight' would have to be accorded to value judgements of the authority if the legislature had not exhaustively balanced all involved interests and the authority had special expertise.[346] As the empowering condemnation statutes tend to frame the legitimate purposes very broadly, it would not be surprising if the courts deferred to the authority's interpretation.

The approach of New York State courts to scrutinising the interpretation of the law and the application of facts to the law shows some ambiguity. In the case *People v Fisher*, a state authority was permitted by statute to condemn property for the expansion of a park for the free use of all people under either one of two conditions. The first is if the targeted property adjoined property that is already owned or appropriated by the state. The second is if certain kinds of trees were felled on the property to the detriment of the forest or the interests of the state. However, neither condition was met in this case. In particular, only trees other than those mentioned in the statute were cut down. The Attorney-General urged the New York Supreme Court to uphold the condemnation because it was in line with the spirit of the statute to prevent a 'denudation of the park'. The Court concluded that the authority was acting outside its statutory authority, considering that if:

> 'the property of an individual is to be divested by proceedings against his will[,] there must not only be a strict compliance with all the provisions of the statute made for his protection and benefit, but the plain letter of the law must permit the action which it is proposed to take. In other words, in such cases the statutes must be strictly construed in favor of the owner of the property which it is sought to take.'[347]

People v Fisher is a case from 1916. However, the strict interpretation of condemnation statutes still seems to reflect the judiciary's approach. In the *Hargett* case of 2006, the Appellate Division struck down the condemnation for a freeway from a town road to state-owned woodlands for the purpose of attracting recreational users and strengthening the economy of the town of Ticonderoga. The competent authority, however, had as its only field of competence the road infrastructure of the town and was only authorised to condemn property for the 'creation, care or maintenance of the town's roads, bridges, sidewalks or other related appurtenances'. The Appellate Division concluded that by relying upon economic development as the purpose of the highway, the authority had acted outside its statutory authority.[348] This interpretation apparently served to safeguard the allocation of competences between different authorities, but at the same time seems very strict because the authority nevertheless intended to build a road for the town.

5.2.5.3.3 *Level II and III Deference: The interpretation of the statutory basis and the facts—The approach to substandard and insanitary areas*

The reason for the strict scrutiny may lie in the fact that the statutory basis in the *People v Fisher* case and *Hargett* case did not contain any ambiguous terms. Viewed from this angle, it is not surprising that the courts have been treating the definition

[345] *Chevron USA Inc. v NRDC*, 467 US 837, 842–844 (1984). See for a comparative analysis: Craig 2010, 449–465.

[346] *Chevron USA Inc. v NRDC*, 467 US 837, 844 and 865–866 (1984).

[347] *People v Fisher*, 98 Misc. 131, 140 et seq (N.Y. Misc. 1916). Cf *In re Water Front Improvement in Borough of Richmond, City of New York*, 201 A.D. 593, 194 N.Y.S. 857 (N.Y. ADiv. 1922).

[348] *Hargett v Town of Ticonderoga*, 826 N.Y.S.2d 819, 35 A.D.3d 1122, 1124 (N.Y. ADiv. 2006).

of substandard and insanitary areas very differently.[349] When it comes to blight, however, the condemnation authority seems a 'judge in its own cause',[350] as Justice Smith put it in his dissenting opinion in the *Goldstein* judgment of the Court of Appeals.[351] The development of this deference to the findings of the condemnation authority in the case law is set out hereunder. This deference significantly weakens the position of the condemnee or other adversely affected persons. In addition, as for issues of fact, adversely affected persons already bear the burden of proof. The standard of proof is that the 'preponderance of the evidence' indicates a failure to comply with statutory or constitutional obligations.[352]

Yonkers

In *Yonkers*, the Court of Appeals dealt with the interpretation of substandard and insanitary conditions in urban renewal and redevelopment legislation. The Court accepted that extensive authority and discretion to define blight vested in the condemnation authority.[353] Given the variety of factors that needed to be considered under the legislation and the combination of factors that might result in blight, the Court refused to require a 'degree of deterioration or precise percentage of obsolescence or mathematical measurement of other factors [. . .]'.[354] The reason for this deference may be that the Court saw itself ill-equipped to determine what substandard and insanitary conditions are because this would require a 'considerable degree of practical judgment, common sense and sound discretion'.[355] Whatever the actual reason may be, this deference is a clear departure from the rule that the statutory basis must be interpreted strictly and narrowly. It seems that the legislature can sabotage strict judicial scrutiny by introducing broad terms and affording discretion as to the interpretation of the terms to the authority.

Despite this discretion, the Court of Appeals in *Yonkers* refused to rubber-stamp the determinations of the condemnation authority.[356] This means that the condemnation authority had to spell out the reasons why it found that the area was blighted and that the mere finding that 50 per cent of the area was substandard was not sufficient to justify the condemnation. Importantly, as has been noted above,[357] this does not mean that the Court thought of a solid 50 per cent threshold, but rather introduced an obligation to support the determination with data.[358] The *Goldstein* and *Kaur* judgments confirm this far-reaching deference and the finding that the courts primarily impose documentation requirements.

[349] Differing: *Kaskel v Impellitteri*, 306 N.Y. 73, 86 (N.Y. 1953).

[350] *Goldstein v New York State Urban Development Corporation*, 921 N.E.2d 164, 190 (N.Y. 2009). Cf Racketa 2010, 201 et seq.

[351] This seem to be a nation-wide phenomenon: Gordon 2004, 320 et seq.

[352] *Addington vs. Texas*, 441 US 418, 422 et seq (1979).

[353] *Yonkers Community Development Agency v Morris*, 335 N.E.2d 327, 37 N.Y.2d 478, 484 (N.Y. 1975).

[354] *Yonkers Community Development Agency v Morris*, 335 N.E.2d 327, 37 N.Y.2d 478, 484 (N.Y. 1975).

[355] *Yonkers Community Development Agency v Morris*, 335 N.E.2d 327, 37 N.Y.2d 478, 484 (N.Y. 1975).

[356] *Yonkers Community Development Agency v Morris*, 335 N.E.2d 327, 37 N.Y.2d 478, 485 (N.Y. 1975).

[357] See subsection 5.2.2.3.3 above.

[358] This may be called the requirement of substantial evidence: Nicholson & Mota 2005–06, 86; and Franzese 2011, 1115.

Goldstein

In the *Goldstein* case,[359] the Court of Appeals dealt with the interpretation of 'substandard and insanitary' in terms of the Urban Development Corporation Act and Art. XVIII, § 1 of the New York State Constitution. In the proceedings, different views on the state of the targeted area persisted. The consultants hired by the project developer concluded that the targeted area was characterised by blight because 51 out of 73 parcels in the whole project area showed signs of being substandard.[360] According to Judge Smith's dissenting opinion, the consultants only found a number of buildings that were not in a good condition in the half of the project area targeted for condemnation, while the majority of buildings in that half reflected a 'normal and pleasant residential community' in Smith's opinion. The condemnees contended that the documentation merely established 'mild dilapidation and inutility' of certain buildings in their half of the project area and that their half was not blighted. They added that existing poor conditions were due to the announcement of the development project which had deterred residents and business owners from improving their property.[361]

The majority of the sitting judges nevertheless upheld the condemnation and found that the area could rationally be considered to be substandard.[362] The majority considered that it was not for the judiciary, but for the legislature and administrative authorities authorised by the legislature to give a precise content of the abstract and broad authorisations under the Constitution and the condemnation statute. The Court would only interfere with the agency's findings where it would be irrational or baseless to regard the whole area, including the properties of the appellants, as substandard and insanitary or where there was no room for reasonable difference of opinion. As Smith's and the condemnees' views were merely 'another reasonable view of the matter', the condemnation was upheld. Remarkably, the Court did not engage in an evaluation of the state of the targeted area, but rather considered that the agency had extensively documented its findings with photographs and descriptions of each parcel. Furthermore, the Court did not address the contention that the poor conditions were due to the conduct of the project developer.

This judgment, on the one hand, demonstrates the deference to the agency's interpretation of substandard and insanitary conditions. As the *Yonkers* Court, the *Goldstein* Court did not define the terms 'substandard' and 'insanitary'. The determination of the criteria as well as qualitative and quantitative thresholds for a determination of blight, therefore, remains in the hands of the authority.[363] The result is that the definition of blight can include an area that is only partially in a substandard condition and/or where, in the words of the condemnees in the *Goldstein* case, the few substandard buildings in the targeted area only show signs of 'mild dilapidation and inutility'. On the other hand, the Court left the qualification of the facts to the agency. For this reason, the Court did not interfere with the qualification of the area

---

[359] See subsection 5.2.2.3.4 above.
[360] Schlactus 2010, 866.
[361] *Goldstein v New York State Urban Development Corporation*, 921 N.E.2d 164 (N.Y. 2009).
[362] *Goldstein v New York State Urban Development Corporation*, 921 N.E.2d 164 (N.Y. 2009).
[363] Siegel et al 2011, 90 et seq.

as substandard although the area could also be regarded as a normal and pleasant residential community.[364]

The Court's heavy reliance upon the blight study and the documentation of the findings confirms the *Yonkers* judgment in that the courts will only require the agency to spell out why they think the area is blighted. The courts will not engage in an in-depth analysis of the applied criteria, a study's methodology, or the actual state of the property despite several indicators that should trigger closer scrutiny. In particular, heavy lobbying preceded the Corporation's actions; there was no development plan that was prepared in a participatory procedure; the removal of blight was only invoked very late as a purpose of the condemnation, and the Corporation used its own study.[365] One may wonder whether judicial scrutiny offers any safeguards against an abusive determination of blight.[366]

Kaur

The *Kaur* judgment of the Court of Appeals confirms these findings.[367] The Appellate Division, interpreting §§ 2, 3(12) and 10(C)(1) of the Urban Development Corporation Act, intrusively evaluated the criteria and the methodology of the blight studies and applied its own interpretation of the statutory basis. To justify closer scrutiny, the Appellate Division mainly relied upon criteria from Kennedy's concurring opinion on the *Kelo* case and circumstances of the case answering to these criteria, more specifically the facts that there was no comprehensive development plan, the beneficiary was known from the beginning, and the project was conceived by that very beneficiary.[368]

The Court of Appeals reversed the judgment of the Appellate Division.[369] Citing *Goldstein*, it considered that the role of the courts was merely to assess whether the determination that the targeted area was substandard and insanitary was baseless or irrational. By its intrusive review, the Appellate Division had violated this standard. This confirms that the courts—despite all indications in favour of stricter scrutiny named by the Appellate Division—do not wish to define substandard and insanitary conditions and qualitative or quantitative thresholds or apply the facts of the case to that definition. Instead, the courts leave the choice and application of blight-related factors to the authorities. As has been noted above,[370] this deference certainly broadens the definition of blight and renders the pretext test of no additional value because this degree of deference makes it virtually impossible to argue that the project does not serve to ameliorate substandard and insanitary conditions.

Instead, the Court of Appeals considered that the Corporation had applied a wide range of factors, including the project area's physical, economic, engineering, and environmental conditions, to the whole area and had found substandard conditions on the basis of these criteria. The account was further supported by photographs and an analysis of every building. The Corporation could, therefore, rationally

---

[364] Cf Somin 2011a, 1201 et seq, who called the definition limitless.

[365] Racketa 2010, 213; and Somin 2011a, 1203 et seq. See subsection 5.2.3 on the pretext test.

[366] R McNamara 'Stacking the Deck: New York's Unique Approach to Eminent Domain' 2011 *Albany Government Law Review* 286–301, 295; and McGlynn Mirett 2012, 445.

[367] See subsection 5.2.2.3.5 above.

[368] *Kaur v New York State Urban Development Corporation*, 72 A.D.3d 1 (N.Y. ADiv. 2009).

[369] *Kaur v New York State Urban Development Corporation*, 933 N.E.2d 721 (N.Y. 2010).

[370] See subsections 5.2.2.3.4 and 5.2.3.1 above.

conclude that the area was blighted. For this reason, the Appellate Division could not substitute the agency's view with their own. This demonstrates that as long as the authority documents its findings and discloses the factors that it uses to assess whether the area is blighted, the courts will not interfere with the authority's definition of substandard and insanitary areas or its application of the facts. As a result of this deference, a study can highlight certain poor conditions and find the area in its entirety to be blighted without having to fear that the courts will question methodological guidelines or findings of fact.[371]

Importantly, it appears very difficult to trigger stricter judicial scrutiny by questioning the objectivity of the study that was undertaken and the independence of the consultants.[372] The condemnees argued that the consultants who authored the second blight study had a long-standing business relationship with Columbia and the Urban Development Corporation and that the condemnation authority, therefore, acted in bad faith. However, the Court did not find that the authority acted in bad faith because the condemnee failed to establish that the study was compromised because of this relationship. In addition, as the Court of Appeals noted, the Development Corporation did hire another independent consultant that undertook a third blight study. Therefore, such a claim of bad faith must be further substantiated. However, it is uncertain how this could be done. Given the assessment criteria that were skewed in favour of Columbia, such as the guideline to highlight poor conditions or the criterion of underutilisation, one may wonder whether there are any conceivable circumstances under which the Court would have found the study to be compromised.

Remaining scope for judicial scrutiny

All of this is not to say that there will never be cases where the courts would not strike down a condemnation because there are no substandard and insanitary conditions. Firstly, there is no documentation at all. Secondly, the documented evidence does not answer to any of the applied statutory factors and, therefore, does not support the finding that there are such conditions. This seems to be the scope of the pretext test. Thirdly, the aggrieved persons establish that the documented evidence is false.

5.2.5.3.4 *Level II and III Deference: The interpretation of the statutory basis and the facts—Stricter scrutiny in economic development cases?*

It remains to be seen whether the Court of Appeals will also apply this standard to third-party transfers for economic development effected by industrial development agencies. With respect to pure economic development cases, the Appellate Division has so far only decided on cases where the condemnee raised the issue of whether the condemnation met the constitutional public use requirement.[373] In those cases, the Appellate Division confirmed the traditional deference concerning the interpretation of the Constitution. As to the authority's interpretation of the statute and the facts, the courts are likely to practice deference to the authority's findings in most cases because of the Court of Appeal's approach to the interpretation of blight and

---

[371] Siegel et al 2011, 90 et seq.

[372] Somin 2011a, 1205 et seq.

[373] See, for instance, *Kaufmann's Carousel, Inc. v City of Syracuse Industrial Development Agency*, 301 A.D.2d 292 (N.Y. ADiv. 2002).

the fact that economic development is at least as broad a term as substandard and insanitary conditions. There seems to be one exception. Where the condemnees establish circumstances that suggest that the purported public benefits are merely a pretext to disguise a condemnation for private use, the *Kelo* opinions of Justices Kennedy and Stevens indicate that the courts will have to apply stricter objective scrutiny.[374]

5.2.5.3.5 *Strict scrutiny: Procedural norms*

The enforcement of procedural norms, by contrast, is very strict. The courts insist on literal compliance with the EDPL.[375] The administrative procedures are discussed in detail in subsections 5.4.1 and 5.4.2 below. Two examples of strict scrutiny will suffice here. Whereas the EDPL stipulates that the inadvertent failure to notify a certain person does not affect the validity of a condemnation, the failure to publish the notice in the legally required newspapers does render the condemnation unlawful.[376] Also, the determinations and findings of the authority have to include the aspects mentioned in § 204 EDPL and will otherwise be incomplete. The descriptions, however, do not need to be comprehensive or very detailed because the law refers to the 'general impact' of the project upon the environment and the 'approximate location' of the project.[377] As regards SEQRA and the environmental impact assessment, the courts generally also require literal compliance with the procedural provisions.[378]

5.2.5.4 Conclusion

In New York State, the condemnation authority performs the creative task to shape the project's purpose within very broad statutory and constitutional boundaries. The Constitution only provides for very abstract legitimate purpose, such as 'public use' and 'substandard and insanitary conditions'. In the relationship between the Constitution and the legislature, the constitutional rule that statutes must not be vague does not oblige the legislator to specify the legitimate purposes in more detail in the condemnation statutes. The legislature would thus have to take the initiative to shape the legitimate purposes itself and, thereby, set boundaries to the scope within which the condemnation authority can manoeuvre. Despite this option, the legislature only gives broad definitions.

In practice, these very broad definitions are even wider because the courts effectively leave the interpretation of the Constitution, the condemnation statute, and the facts of the case to the condemnation authority. They generally merely scrutinise whether the authority has provided sufficient supporting material for its description of the facts, while they will defer to the authority's evaluation of these facts and its application of the condemnation statute. As this scrutiny is very easy to withstand, the condemnation authority would effectively have to set boundaries to

[374] Refer to subsection 5.2.3.2 for more details.

[375] Rikon 2011, 175 et seq.

[376] *W.C. Lincoln Corporation v Village of Monroe*, 295 A.D.2d 440, 743 N.Y.S.2d 177 (N.Y. ADiv. 2002).

[377] *Jackson v New York State Urban Development Corporation*, 67 N.Y.2d 400 (N.Y. 1986).

[378] Weinberg, Gerrard & Ruzow, § 7.04[2][a].

its own determinations. Its integrity, public control, and the effectiveness of administrative participatory procedures will determine whether the authority is up to that task.

Only under the Municipal Redevelopment Law does the directly elected municipal council act as a planning authority and not at the same time as the condemnation authority. In such cases, the planning authority would take over the creative role, and the condemnation authority would primarily control the purpose shaped by the planning authority. However, this controlling role is narrow due to the broad statutory definitions and the judicial deference to the interpretation of the constitutional public use requirement and the condemnation statute. Moreover, as the condemnation authority is a body of the same municipality, the condemnation authority is unlikely to assume a boundary-shaping role and interfere with determinations of its colleagues. Again, its integrity, public control, and the effectiveness of administrative participatory procedures will determine whether the condemnation authority is up to that task.

5.2.5.5 Illustration of the governance of the legitimate purpose

The following figure illustrates the influence that the Constitution (black field), the legislature (grey field), and the competent authority (white field) exert in practice on the purpose of third-party transfers for economic development in New York State. The arrows represent judicial scrutiny.

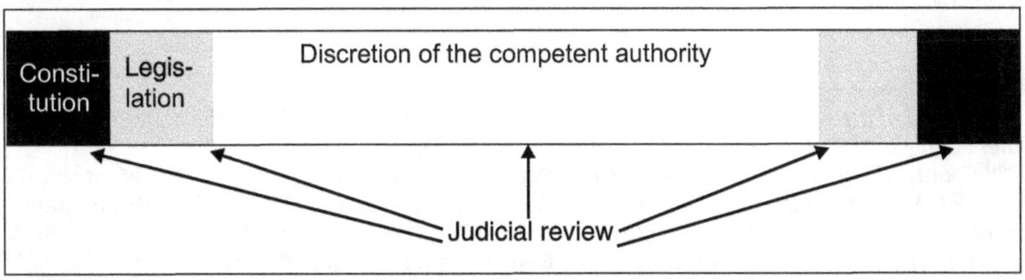

Figure 10: The black field represents the negative definition of legitimate purposes under the Constitution of New York State and the Fifth Amendment. The grey field represents the extent to which the condemnation statute and other applicable legislation define the purpose. The white field represents the scope for manoeuvring of the competent authority. The thin arrows represent a limited judicial review.

Source: Author's own design

5.3 THE CONTEXTUALISATION

➢ Refer to subsections 2.2.2 to 2.2.6 for more details on the contextualisation in general.

The public use requirement is the pivotal element of the legitimate justification of condemnations in New York State law. Not only does the category of 'legitimate purposes' equal public use, public use also dominates the contextualisation of the project and the condemnation. The competent administrative authority shapes the project and its purpose(s) and then determines the extent, nature, expediency, manner, and timing of the condemnation.[379] Besides the requirements that the authority's findings must be based upon objective evidence and that the authority does not act in bad faith, the first of the two main obstacles to overcome is that the condemnation must be reasonably necessary to serve the public purpose.[380] Through the reasonable necessity analysis, the public use requirement exerts its dominating influence.

German and Dutch expropriation lawyers may associate necessity with the least invasive means argument,[381] but in the United States, necessity may perform more functions than answering the question of whether condemnation must be the least invasive means. The necessity of a condemnation may concern the societal need for a project, and the questions of whether or not the project should include certain land to serve its purpose, and whether or not condemnation is the least invasive means to enable the developer to implement the project.[382] Reasonable necessity thus influences the relationship between the project and its purpose, the alternative project argument, and the least invasive means argument. Despite this requirement, the courts generally defer to the findings of the authority, which they consider legislative in nature.[383] In particular, as the US Supreme Court has consistently held, under the Fifth Amendment, the courts will not second-guess the efficacy of an authority's plan and the amount and type of land that the authority seeks to take.[384] The courts will only interfere where, as is shown below, the condemnation of (a part of) the property does not serve the invoked public use and thus causes more harm than necessary for that purpose.[385] This demonstrates the dominance of the public use requirement.

---

[379] *Society of the New York Hospital v Johnson*, 5 N.Y.2d 102, 107 (N.Y. 1958); and *In re Board of Water Supply of New York*, 277 N.Y. 452, 455 (N.Y. 1938);

[380] *County of Orange v Metropolitan Transportation Authority*, 71 Misc.2d 691, 696 et seq (N.Y. Misc. 1971); *Society of the New York Hospital v Johnson*, 5 N.Y.2d 102, 107 (N.Y. 1958); *Iroquois Gas Corporation v Gernatt*, 50 Misc.2d 1028, 1033 (N.Y. Misc. 1966); *Cuglar v Power Authority of State of New York*, 163 N.Y.S.2d 902, 4 Misc.2d 879, 896 et seq (N.Y. Misc. 1957); and *Cinco v City of New York*, 58 Misc.2d 828, 832 (N.Y. Misc. 1968).

[381] See subsections 3.3.4 and 4.4.2 above.

[382] Bird & Oswald 2009, 108 et seq.

[383] *Matter of Fisher*, 730 N.Y.S.2d 516, 287 A.D.2d 262 (N.Y. ADiv. 2001); *Society of the New York Hospital v Johnson*, 5 N.Y.2d 102, 107 (N.Y. 1958); *In re Board of Water Supply of New York*, 277 N.Y. 452, 455 (N.Y. 1938); *Cuglar v Power Authority of State of New York*, 163 N.Y.S.2d 902, 4 Misc.2d 879, 896 (N.Y. Misc. 1957); *Rafferty v Town of Colonie*, 300 A.D.2d 719, 723 (N.Y. ADiv. 2002); *Bronx Chamber of Commerce, Inc. v Fullen*, 174 Misc. 524, 21 N.Y.S.2d 474 (N.Y. Sup. Ct. 1940); *County of Orange v Metropolitan Transportation Authority*, 71 Misc.2d 691, 697 (N.Y. Misc. 1971); and *Brown v McMorran*, 39 Misc.2d 716, 719 (N.Y. Misc. 1963). See also: NH Lebowitz 'Poletown Neighborhood Council v. City of Detroit {304 N.W.2d 455 (Mich.)}: Economic Instability, Relativism, and the Eminent Domain Public Use Limitation' 1983 *Journal of Urban and Contemporary Law* 215–230, 220; and Bird & Oswald 2009, 103, 107 and 115. The courts defer to the authority's findings unless the condemnation statute stipulates otherwise: *Citizens' Savings Bank v Town of Greenburgh*, 173 N.Y. 215, 229 (N.Y. 1903). Refer to subsection 5.2.5.3.1 above for an analysis of the classification of administrative determinations as legislative in nature.

[384] *Kelo v City of New London*, 545 US 469, 488 et seq (2005); *Berman v Parker*, 348 US 26, 33 (1954); and *Hawaii Housing Authority v Midkiff*, 467 US 229, 244 (1984).

[385] *Rafferty v Town of Colonie*, 300 A.D.2d 719, 723 (N.Y. ADiv. 2002); *County of Onondaga v Sargent*, 92 A.D.2d 743, 743 (N.Y. ADiv. 1983); *Steel Los III, LP v Power Authority of the State of New York*, 21 Misc.3d 707, 715 et seq (N.Y. Misc. 2008); and *Hallock v State of New York*, 32 N.Y.2d 599, 604 (N.Y. 1973).

The second main obstacle is that the public use must be the dominating purpose of the condemnation and not merely incidental to a private purpose.[386] Again, this shows the dominant influence of the public use requirement on the contextualisation. The adverse impact of the project and the condemnation, by contrast, is generally irrelevant. Provided that it is well documented and elaborated, as in particular SEQRA requires, the courts will not interfere with the balance of public benefits and adverse effects struck by the condemnation authority.[387]

5.3.1 The relationship between the project and the legitimate purpose

➢ This subsection addresses the following questions with respect to New York State law and US federal law:
In order for a third-party transfer for economic development to be lawful, . . .
- does there have to be an ascertainable need for economic development?
- does the project have to be suitable to promote economic development?
- how much does the project have to contribute to economic development?

➢ See subsection 2.2.2 for more details on these comparative questions.

5.3.1.1 The need for the project

The answer to the question of whether society is reasonably in need of the concrete project in general is only subject to a review of whether the authority acted in good faith and exercised its discretion rationally.[388] For example, in the *Fisher* case, which evolved around the expansion of the New York Stock Exchange, the condemnees argued that the expansion was unnecessary. The Appellate Division held that it was solely for the legislature to judge the need for a project.[389] Therefore, as long as the project is rationally related to a public use and the authority rationally justifies the need for the project, the need for the project does not play any role. A compelling need, which *Jones* wanted to see established,[390] or another qualification of the need is not required.

The *Kelo* judgment of the US Supreme Court has added a nuance to this doctrine. As has been advocated above,[391] economic development may only constitute a public use in areas that have been suffering from economic decline. This suggests that there at least needs to be an abstract need for economic development arising from the economic conditions of the concerned area and that the courts would have to enforce this requirement strictly.

---

[386] *Yonkers Community Development Agency v Morris*, 335 N.E.2d 327, 37 N.Y.2d 478, 486 (N.Y. 1975); *Sunrise Properties, Inc., et al. v Jamestown Urban Renewal Agency*, 614 N.Y.S.2d 841, 206 A.D.2d 913 (N.Y. ADiv. 1994); *Waldo's, Inc. v Village of Johnson City*, 74 N.Y.2d 718, 721 (N.Y. 1989); and *West 41st Street v New York Urban Development Corporation*, 744 N.Y.S.2d 121, 298 A.D.2d 1, 7 (N.Y. ADiv. 2002).

[387] *Goldstein v Pataki*, 488 F.Supp.2d 254, 275 et seq and 287 (E.D.N.Y. 2007); and *Sunrise Properties, Inc., et al. v Jamestown Urban Renewal Agency*, 614 N.Y.S.2d 841, 206 A.D.2d 913 (N.Y. ADiv. 1994).

[388] *Cuglar v Power Authority of State of New York*, 163 N.Y.S.2d 902, 4 Misc.2d 879, 897 (N.Y. Misc. 1957); and *Bronx Chamber of Commerce, Inc. v Fullen*, 21 N.Y.S.2d 474, 174 Misc. 524, 529 (N.Y. Sup. Ct. 1940). Cf *C/S 12th Avenue LLC v City of New York*, 32 A.D.3d 1, 6 et seq (N.Y. ADiv. 2006).

[389] *Matter of Fisher*, 730 N.Y.S.2d 516, 287 A.D.2d 262, 264 (N.Y. ADiv. 2001).

[390] Jones 2000, 311 et seq.

[391] See subsection 5.2.1.5 above.

5.3.1.2 The suitability of the project

The economic development project must be suitable to generate the promised public benefits. Otherwise, the project would not be rationally related to its public purpose or the condemnation would be held to be an irrational means and the condemnation would be unconstitutional.[392] Under some of the analysed condemnation statutes, the planning authority or the condemnation authority must find that the project will realise its purpose.[393]

As has been discussed above, the requirement of suitability also entails that the project must be suitable to bring about an improvement compared to the *status quo*. This follows from the judgment of the Appellate Division in the *Haverstraw* case where the Appellate Division found that the envisaged health centre did not constitute a public use because there was already a dental practice in place that was planned to be replaced.[394] That said, the law does not contain any requirement as to how much the project must advance its purpose.[395] Very small benefits, however, may trigger closer scrutiny of third-party transfers for economic development as to whether the invoked public purpose is merely a pretext.[396]

Suitability, however, does not mean absolute certainty that the project will actually promote economic development.[397] On the one hand, this means that the condemnation will pass constitutional muster where the legislature 'rationally could have believed' that the project would promote its objective.[398] Given the general deference towards the determinations of the legislator and the authorities,[399] this suggests that as long as the authority can establish that there may be a way in which the project may promote economic development, the project will be suitable. On the other hand, the absence of absolute certainty entails that the condemnor is not constitutionally obliged to take measures to ensure that the project will actually be implemented or otherwise establish that there are sufficient assurances that the project will actually be implemented.[400]

5.3.1.3 The suitability of independent parts of the project

A specific issue pertaining to the suitability of the project is the size of the project and the question as to whether each independent part of the project (and the property condemned for that part) contributes to the realisation of the legitimate purpose. The courts have consistently emphasised in this respect that the targeted properties

---

[392] *Hawaii Housing Authority v Midkiff*, 467 US 229, 241 (1984); and *Kelo v City of New London*, 545 US 469, 488 and 490 (2005). Cf Bird & Oswald 2009, 110.

[393] § 10 of the Urban Development Corporation Act; § 970-e(c) of the General Municipal Law; and § 505(4) of the General Municipal Law.

[394] *49 WB, LLC v Village of Haverstraw*, 839 N.Y.S.2d 127, 44 A.D.3d 226, 240 (N.Y. ADiv. 2007).

[395] Cf Christensen 2005, 1703 et seq, who demanded that the advancement be substantial; and Somin 2015, 215, who argued that such a safeguard on its own would create an incentive to enlarge projects.

[396] *Kelo v City of New London*, 545 US 469, 493 (2005). See subsection 5.2.3.2 above.

[397] Garnett 2007, 452 et seq.

[398] *Hawaii Housing Authority v Midkiff*, 467 US 229, 242 (1984). Cf *Matter of Fisher*, 730 N.Y.S.2d 516, 287 A.D.2d 262, 263 et seq (N.Y. ADiv. 2001).

[399] See subsections 5.2.5.3 above and 5.3.6.3 below.

[400] *Kelo v City of New London*, 545 US 469, 487 et seq (2005). See subsection 5.5.1 on preventive measures.

need not be indispensable for the project, but only reasonably necessary.[401] In addition, to determine the size of the project and, therefore, the necessity of including certain properties in the project lies in the discretion of the legislator and the condemnation authority.[402] In general, condemnees will thus find it difficult to challenge the size of the project because the boundaries of the discretion are wide. Even where a part of the project does not serve the project's purpose itself, but only ensures that the project can serve its purpose, a condemnation will be permissible.[403] The only hard boundary of the discretion seems to be that a condemnation will be unconstitutional where the condemnor fails to establish that a certain property performs a function conducive to the project. To that extent the condemnation would not be rationally related to a public purpose and, therefore, an impermissible excess condemnation.[404]

In the context of economic development or urban renewal projects, the size of the project becomes particularly problematic where the removal of substandard and insanitary conditions is the condemnation's legitimate purpose and the economic development project includes non-blighted properties needed for a balanced revitalisation of the whole area. A strict interpretation of the necessity requirement would dictate that the condemnor exceeds their statutory authority in such cases because the properties are not strictly necessary to remove the substandard and insanitary conditions. In practice, however, the courts have been much more lenient and have practised deference to the determinations of the condemnor. In the case *Berman v Parker*,[405] for instance, the planning commission found that the mere removal of blighted buildings would not cater for sustainable development in the area and prevent future blight. The condemnor therefore condemned non-blighted buildings for new parks, schools, churches, streets, and shopping malls needed to eradicate the causes of blight. The US Supreme Court upheld the condemnation and ruled that the Constitution did not require a piecemeal approach and the necessity of condemning the property lay in the discretion of the authority.[406] Similarly, the Second District ruled in the *Goldstein* case[407] that the condemnor could take non-blighted buildings in a generally blighted area if the building was part of a

[401] *Iroquois Gas Corporation v Gernatt*, 50 Misc.2d 1028, 1033 (N.Y. Misc. 1966); *Cuglar v Power Authority of State of New York*, 163 N.Y.S.2d 902, 4 Misc.2d 879, 896 et seq (N.Y. Misc. 1957); and *Cinco v City of New York*, 58 Misc.2d 828, 832 (N.Y. Misc. 1968).

[402] *Cuglar v Power Authority of State of New York*, 163 N.Y.S.2d 902, 4 Misc.2d 879, 896 (N.Y. Misc. 1957); *Rafferty v Town of Colonie*, 300 A.D.2d 719, 723 (N.Y. ADiv. 2002); *Bronx Chamber of Commerce, Inc. v Fullen*, 174 Misc. 524, 21 N.Y.S.2d 474 (N.Y. Sup. Ct. 1940); *Society of the New York Hospital v Johnson*, 5 N.Y.2d 102, 107 (N.Y. 1958); and *County of Orange v Metropolitan Transportation Authority*, 71 Misc.2d 691, 697 (N.Y. Misc. 1971).

[403] See for examples: *College v Flacke*, 78 A.D.2d 551 (N.Y. ADiv. 1980); and *Brown v United States*, 263 US 78, 83 (1923). Cf GP Johnson 'The Effect of the Public Use Requirement on Excess Condemnations'1981 *Tennessee Law Review* 370–403, 389 et seq.

[404] *Rafferty v Town of Colonie*, 300 A.D.2d 719, 723 (N.Y. ADiv. 2002); *County of Onondaga v Sargent*, 92 A.D.2d 743, 743 (N.Y. ADiv. 1983); *Steel Los III, LP v Power Authority of the State of New York*, 21 Misc.3d 707, 715 et seq (N.Y. Misc. 2008); and *Hallock v State of New York*, 32 N.Y.2d 599, 604 (N.Y. 1973).

[405] See subsection 5.2.1.3 above.

[406] *Berman v Parker*, 348 US 26, 35 et seq (1954).

[407] See subsection 5.2.2.3.4 above.

comprehensive development plan aimed at preventing future blight.[408] It seems that as long as the authority establishes that the land is somehow conducive to the project, the courts will not interfere.[409]

Importantly, this doctrine should be viewed in the context of the definition of 'substandard and insanitary' areas. As the definition of 'blight' is very broad and does not require that a majority of buildings in an area are blighted, this doctrine extends the power to condemn property for the removal of blight even beyond the boundaries of an area with minor substandard conditions.

5.3.1.4 Enhanced contribution: Economic development must be the dominant purpose

The relationship between the project and its public use (ie economic development) must be such that the public benefits of the project are not merely incidental to the private benefits of the project developer.[410] Another way of framing this requirement is that economic development must be the primary or dominant purpose of the project.[411] Although incidental private benefits do not render the condemnation unconstitutional,[412] a dominant private purpose would stand in the way of the validity of the condemnation.[413]

There is no uniform or consistent doctrine on what makes a legitimate purpose dominant. Before abandoning the use-by-the-public test, courts often labelled indirect public benefits, such as economic growth and job creation, as incidental.[414] Since the broader understanding of 'public use' became dominant, the primary example of an incidental public benefit can be found in the *Denihan* judgment. The City of New York agreed to condemn property rights on a piece of land and to offer a lease on the land for the construction of a public parking garage accommodating

---

[408] *Goldstein v Pataki*, 516 F.3d 50, 60 (2d Cir. 2008). See for another example: *Rosenthal & Rosenthal Inc. v N.Y. State Urban Development Corporation*, 771 F.2d 44, 46 (2d Cir. 1985).

[409] Cf *Amsterdam Urban Renewal Agency v Harley Bohlke*, 40 A.D.2d 736 (N.Y. ADiv. 1972)

[410] *Kelo v City of New London*, 545 US 469, 478 and (in Justice Kennedy's concurring opinion) 490 (2005); *Denihan Enterprises, Inc., v O'Dwyer*, 302 N.Y. 451, 458 (N.Y. 1951); *New York City Housing Authority v Muller*, 1 N.E.2d 153, 270 N.Y. 333, 343 (N.Y. 1936); and *Kaskel v Impellitteri*, 306 N.Y. 73, 86 (N.Y. 1953).

[411] *Yonkers Community Development Agency v Morris*, 335 N.E.2d 327, 37 N.Y.2d 478, 486 (N.Y. 1975); *Sunrise Properties, Inc., et al. v Jamestown Urban Renewal Agency*, 614 N.Y.S.2d 841, 206 A.D.2d 913 (N.Y. ADiv. 1994); *Waldo's, Inc. v Village of Johnson City*, 74 N.Y.2d 718, 721 (N.Y. 1989); *West 41st Street v New York Urban Development Corporation*, 744 N.Y.S.2d 121, 298 A.D.2d 1, 7 (N.Y. ADiv. 2002); and Schultz 2006, 202.

[412] See, for instance, *New York City Housing Authority v Muller*, 1 N.E.2d 153, 270 N.Y. 333, 340 (N.Y. 1936); Neptune *Associates v Consolidated Edison Company of New York*, 125 A.D.2d 473, 474 (N.Y. ADiv. 1986); *West 41st Street v New York Urban Development Corporation*, 744 N.Y.S.2d 121, 298 A.D.2d 1, 7 (N.Y. ADiv. 2002); and *Waldo's, Inc. v Village of Johnson City*, 74 N.Y.2d 718, 721 (N.Y. 1989).

[413] An exception may apply where a condemnation with a dominant private person would do insignificant harm to the condemnee: Nichols 1997, 7–53 et seq.

[414] *In re Mayor of New York City*, 135 N.Y. 253, 31 N.E. 1043 (N.Y. 1892); and *Niagara Falls & Whirlpool Ry. Co.*, 15 N.E. 429 (N.Y. 1888). See, however, also judgments of a later date: *Northville Dock Pipe Line v Fanning*, 28 A.D.2d 721 (N.Y. ADiv. 1967) where the majority found that a private pipeline that would have been primarily used by other private and public companies only generated incidental public benefits, and the dissenting opinion of O'Connor in *Kelo*: *Kelo v City of New London*, 545 US 469, 494 (2005).

at least 750 cars and, optionally, stores as well as other commercial facilities. An insurance company, the only possible lessee, agreed to bid for the lease.

The Court of Appeals found that the condemned property provided parking space for 308 cars. The new garage would accommodate 750 cars. The Court noted that the insurance company had arranged for all its tenants to have enough parking space. In effect, the public would only have had seventeen more parking spaces.[415] This means that 425 spaces would have been reserved for the tenants of the insurance company. Furthermore, the design of the new building and most of the planned facilities, such as the shopping mall, suspiciously suited the interests of, or were for the exclusive use of, the insurance company.[416] The majority of the bench, therefore, concluded that the project did not constitute a public use. From this judgment, one may infer that public benefits will, at least, be incidental if the benefits that the developer *exclusively* derives from the project by far exceed the public benefits.

This insight, however, does not necessarily clarify the applicable standards. In the *Denihan* case, it was easy to determine which purpose was incidental because additional public parking space could be easily compared to additional private parking space. In economic development cases, however, it will be considerably more difficult to compare the profits of the developer to the jobs that the developer promises to create.

The findings from the *Denihan* case also demonstrate a drawback of this test as a safeguard against condemnations. It may create the perverse incentive for the project developer to apply for the condemnation of even more property because the extension will create more room for economic development that may render economic development the dominant purpose.[417]

5.3.2 The alternative project argument

➢ This subsection addresses the following questions with respect to New York State law and US Federal law:
  - Would the availability of an equally suitable, but less harmful alternative project render the condemnation unlawful?
  - Would the availability of an insignificantly less suitable, but considerably less harmful alternative project render the condemnation unlawful?

➢ See subsection 2.2.3 for more details on the alternative project argument.

5.3.2.1 The obligation to consider alternative projects

The EDPL prescribes that at the public hearing, the condemnor must discuss alternative locations of the project, including project designs proposed by the condemnee,[418] that have not already been rejected and the project's impact upon

---

[415] *Denihan Enterprises, Inc., v O'Dwyer*, 302 N.Y. 451, 459 (N.Y. 1951).

[416] *Denihan Enterprises, Inc., v O'Dwyer*, 302 N.Y. 451, 459 (N.Y. 1951).

[417] In the context of a stricter test applied by the Michigan Supreme Court in the *Hathcock* case: Somin 2007, 211 et seq.

[418] *49 WB, LLC v Village of Haverstraw*, 839 N.Y.S.2d 127, 44 A.D.3d 226, 244 (N.Y. ADiv. 2007). Cf *Sun Company, Inc., et al. v City of Syracuse Industrial Development Agency*, 209 A.D.2d 34, 50 (N.Y. ADiv. 1995).

the environment.[419] In its findings and determinations, the condemnor must outline the general effect upon the environment and the reasons for choosing a certain location.[420] Failure to comply with these requirements would lead to invalidity of the condemnation. Under SEQRA, an environmental impact statement must consider a reasonable range of alternatives.[421] Alternatives include projects proposed by the owner of the targeted property.[422] The condemnor would then be obliged to consider the impact of the alternatives and on the basis of balancing of all interests, make a reasoned choice as to which project would harm the environment the least.[423] The failure to consider an alternative, in principle, leads to the invalidity of the environmental review.[424]

The first function of condemnation and environmental law is thus to compel the condemnor to consider the impact of the available alternatives and, under SEQRA, balance their benefits and drawbacks, thereby facilitating the decision-making process and rendering a balanced and equitable decision more likely.

5.3.2.2 The judicial review of the authority's choice

The obligation to consider alternative projects is not to create the impression that the courts fully accept the alternative project argument or have developed criteria by which to judge when the choice of a project is unacceptable due to an equally suitable, but less harmful alternative project. Rather, the courts afford a lot of discretion to the condemnor as to the choice of the project and stress that it is for the condemnor to weigh the desirability of the project and choose among alternatives.[425]

5.3.2.2.1 *The judicial review under the EDPL*

Under the EDPL, if the condemnee purports that there is a better or less harmful project, the courts will defer to the choice made by the condemning authority as long as the condemnor can rationally explain the choice of the less beneficial or more harmful project. The courts will only interfere if the determination of the authority is without foundation. *Meidinger*'s dream of the search for an optimal solution is thus unlikely to materialise.[426] The rationale applied under the EDPL can be traced to three types of cases.

---

[419] §§ 201, 203 EDPL; and *Broadway Schenectady Entertainment, Inc. v County of Schenectady*, 732 N.Y.S.2d 703, 288 A.D.2d 672, 673 (N.Y. ADiv. 2001).

[420] § 204(B) EDPL.

[421] 6 CRR-NY VI 617.9(b)(5)(v); and *Jackson v New York State Urban Development Corporation*, 67 N.Y.2d 400, 422 (N.Y. 1986).

[422] *49 WB, LLC v Village of Haverstraw*, 839 N.Y.S.2d 127, 44 A.D.3d 226, 244 (N.Y. ADiv. 2007). Cf *Sun Company, Inc., et al. v City of Syracuse Industrial Development Agency*, 209 A.D.2d 34, 50 (N.Y. ADiv. 1995).

[423] Environmental Conservation Law, § 8–0109(1) and (2); and 6 CRR-NY VI 617.11(d).

[424] *Sun Company, Inc., et al. v City of Syracuse Industrial Development Agency*, 209 A.D.2d 34, 50 (N.Y. ADiv. 1995). There may be exceptions to this rule where the condemnor otherwise ensured that the condemnor and the public explored the alternative: Weinberg, Gerrard & Ruzow, § 7.04[2][a].

[425] *C/S 12th Avenue LLC v City of New York*, 32 A.D.3d 1, 6 (N.Y. ADiv. 2006); and Weinberg, Gerrard & Ruzow, § 7.04[2][b].

[426] Meidinger 1980–81, 46 et seq.

Alternative I: Smaller projects

The first type concerns *Berman v Parker*-type cases where the condemnee effectively contends that a smaller project would be equally suitable to achieve the project's purpose, such as the removal of blight in *Berman v Parker*, and additional land would not serve that purpose, while doing more harm to the condemnee. An example is the case *College v Flacke*.[427] The condemnation authority planned to protect wetlands and to condemn property for that purpose. The condemnee contended that some of the land did not fall under the definition of wetlands and the project should therefore be smaller. The Appellate Division found that the determination was not baseless because the included uplands were needed as a buffer between the protected area and the rest.[428] Importantly, the Court did not balance the importance of those uplands to the project against the impact upon the condemnee. It merely tested whether the condemnation of the uplands was conducive to the project's purpose.

A similar conclusion can be drawn from the condemnation case around the old World Trade Center.[429] The condemnation authority condemned additional property in order to create extra revenue and offset its losses. The Court of Appeals approved this excess condemnation because it was conducive to the realisation of the project and the project's legitimate purpose.[430] This reflects a one-sided or purpose-oriented understanding of the alternative project argument because the Court did not consider the drawbacks of the chosen project.

Alternative II: Different design

The second type of cases concerns different designs of a project, for example another route of a road. In the *Saratoga Water* case, an authority planned to condemn property for new water lines. The condemnee proposed an alternative route, which would have required less of their property, but would not have routed the lines on the shortest distance to the water mains. The Appellate Division concluded that the condemnation was valid.[431] This judgment again confirms the findings about the first category of cases. As long as the choice made by the authority is in some way more conducive to the project's purpose, the courts will uphold the condemnation without requiring or undertaking a balancing of interests.

The *Haverstraw* case also confirms this finding by suggesting where the boundaries that the courts set may lie.[432] As has been noted above,[433] the Appellate Division found that the proposed health centre would not yield any public benefits compared to the current situation because there was already a dental practice and the condemnor failed to explain why the new health centre was more beneficial.[434] Also, the housing project proposed by the owner would create more housing units

---

[427] *College v Flacke*, 78 A.D.2d 551 (N.Y. ADiv. 1980).

[428] *College v Flacke*, 78 A.D.2d 551, 552 (N.Y. ADiv. 1980).

[429] *Courtesy Sandwich Shop, Inc. v Port of New York Authority*, 12 N.Y.2d 379 (N.Y. 1963). Refer to subsection 5.2.2.2 above for the facts of the case.

[430] *Courtesy Sandwich Shop, Inc. v Port of New York Authority*, 12 N.Y.2d 379, 389 (N.Y. 1963).

[431] *Saratoga Water v Water Authority*, 190 A.D.2d 40, 46 (N.Y. ADiv. 1993).

[432] *49 WB, LLC v Village of Haverstraw*, 839 N.Y.S.2d 127, 44 A.D.3d 226 (N.Y. ADiv. 2007).

[433] See subsection 5.2.2.5 above.

[434] *49 WB, LLC v Village of Haverstraw*, 839 N.Y.S.2d 127, 44 A.D.3d 226, 240 (N.Y. ADiv. 2007).

than the chosen project.[435] The Court, therefore, struck down the condemnation because the project did not constitute a public use.

The judgment suggests that if a less harmful alternative or the current situation (which may be called the zero-alternative or no-project-alternative) was in no respect less beneficial than the chosen project, the condemnation would be invalid. If this conclusion turns out to be true, this will likely satisfy demands of scholars who demand that the impact of the project must be necessary for its benefits.[436] The room for such judicial scrutiny, however, is in any case very narrow. Given the courts' deference, the condemnation would have been valid if the authority had established that the chosen project had some public advantage compared to the alternative, regardless of whether the overall benefits of the chosen project exceeded those of the proposed alternative.[437] Only if the authority fails to establish that the chosen project has any benefit compared to an overall more beneficial and in no respect more harmful alternative, will the choice be evidently without foundation.

As far as the housing project in the *Haverstraw* case is concerned, this conclusion may be slightly premature. The Appellate Division decided on a pretext defence and pointed out that the condemnee could not stop a condemnation by offering to implement the project themselves.[438] Where, however, the condemnee sincerely proposes a less harmful alternative project that is in no respect less beneficial and in no respect more harmful than the chosen project *and* the court suspects that the condemnation authority uses the public use as a pretext, even the condemnee's proposal seems to render the condemnation unlawful.[439]

Alternative III: Different project site

The third type of cases concerns the selection of the site where the transferee is to implement the project. It is settled case law that the choice of the site lies in the discretion of the authority.[440] The mere contention that there is another suitable site available is never sufficient to render a condemnation invalid.[441] In one case, the Appellate Division explicitly pointed out that the condemnor had conducted a study on the available sites to underpin the rationality of the choice.[442] This again suggests that the courts will only interfere if there is no proper documentation or the

[435] *49 WB, LLC v Village of Haverstraw*, 839 N.Y.S.2d 127, 44 A.D.3d 226, 242 (N.Y. ADiv. 2007).

[436] Nolon 2007, 294; and Christensen 2005, 1706 et seq, who referred to a rough proportionality analysis.

[437] Cf *49 WB, LLC v Village of Haverstraw*, 839 N.Y.S.2d 127, 44 A.D.3d 226, 240 (N.Y. ADiv. 2007).

[438] *49 WB, LLC v Village of Haverstraw*, 839 N.Y.S.2d 127, 44 A.D.3d 226, 243 (N.Y. ADiv. 2007).

[439] Refer for more details on self-realisation to subsection 5.3.4.4 below.

[440] *Waldo's, Inc. v Village of Johnson City*, 74 N.Y.2d 718, 721 (N.Y. 1989); and *New Realty v New York City Transit Authority*, 351 N.Y.S.2d 589, 76 Misc.2d 711, 714 (N.Y. Misc. 1974). Cf *Kelo v City of New London*, 545 US 469, 488 et seq (2005).

[441] *New Realty v New York City Transit Authority*, 351 N.Y.S.2d 589, 76 Misc.2d 711, 714 (N.Y. Misc. 1974); *Broadway Schenectady Entertainment, Inc. v County of Schenectady*, 732 N.Y.S.2d 703, 288 A.D.2d 672, 673 (N.Y. ADiv. 2001); and *Neptune Associates v Consolidated Edison Company of New York*, 125 A.D.2d 473, 475 (N.Y. ADiv. 1986).

[442] *Neptune Associates v Consolidated Edison Company of New York*, 125 A.D.2d 473, 475 (N.Y. ADiv. 1986).

condemnee establishes that the more harmful selected site has no advantage over the alternative site.[443] In such cases, there is no reason to opt for the chosen project.

Importantly, a condemnee may also challenge the selection of their property through a bad faith defence. The hurdle, however, is very high. There must be a 'clear showing' of bad faith.[444] This would be the case if the condemnee established that the decision-makers were biased against him or had a personal interest in the project or the condemnation.[445] Allegations of suspicious timing are in any case not sufficient to establish bad faith.[446] For example, the mere contention that the condemnation authority proposed a project on a certain piece of land shortly after the owner or lessee of the targeted property had announced that he would open an adult bookstore is not sufficient to establish the bad faith of the condemnor.[447]

The equal protection clause of § 1 of the Fourteenth Amendment or the New York State Constitution may also play a role in this respect. In cases concerning the regulation of the use of property, the US Supreme Court found that such regulation would violate the Fourteenth Amendment where the owner or holder of a use right 'has been intentionally treated differently from others similarly situated and that there is no rational basis for the difference in treatment'.[448] In condemnation cases, there is always an intentional difference in treatment because certain owners are chosen from a large group of potential condemnees to make a sacrifice for the rest of society. However, the jurisprudence of the New York State courts suggests that there is a rational basis for this difference as long as the condemnation authority can show that the selected site has one benefit to offer that less harmful alternatives would not yield. An exception is likely to apply here where the authority selects the project site to discriminate against the owner on grounds of race, gender or another impermissible ground of differentiation.[449]

Conclusion

This review of jurisprudence shows that the New York State courts do not fully accept the alternative project argument under the EDPL. Their review does not include a balancing of interests; rather, the courts only focus on the benefits of the chosen project and the less harmful alternative. The judicial review of these benefits is limited. The courts only seem to interfere where the chosen project is in no respect more beneficial than a proposed alternative that is in a certain respect less harmful. However, it seems safe to assume that the courts would not strike down the condemnation if the chosen project was in another respect less harmful than the alternative project because this would mean that the choice for the chosen project is not entirely baseless or irrational. As a result, the courts will only interfere where the proposed, overall less harmful alternative is in no respect less beneficial *and* in no respect more harmful than the chosen project. This also means that alternative

[443] Cf Bird & Oswald 2009, 110, who elaborated that courts would interfere where the site is not suitable.

[444] *49 WB, LLC v Village of Haverstraw*, 839 N.Y.S.2d 127, 44 A.D.3d 226, 239 (N.Y. ADiv. 2007).

[445] Nowak & Rotunda 2010, 331.

[446] *49 WB, LLC v Village of Haverstraw*, 839 N.Y.S.2d 127, 44 A.D.3d 226, 239 (N.Y. ADiv. 2007).

[447] *Broadway Schenectady Entertainment, Inc. v County of Schenectady*, 732 N.Y.S.2d 703, 288 A.D.2d 672, 673 (N.Y. ADiv. 2001).

[448] *Village of Willowbrook v Olech*, 528 US 562, 564 (2000).

[449] See, for instance, *Craig v Boren*, 429 US 190 (1976).

projects that are in one respect less beneficial or more harmful than the chosen project can never render a condemnation unlawful.

5.3.2.2.2 *The judicial review under SEQRA*

Under SEQRA, the result should not be different. The SEQRA is mainly meant to enable the decision-maker to balance the involved interests, but not to prescribe any substantive outcomes.[450] The authority is merely required to identify the environmental concerns, take a 'hard look' at the facts and make a 'reasoned elaboration'.[451] The courts will not second-guess the condemnor's choice. The courts will only set aside the determination if it is arbitrary, capricious, or unsupported by substantial evidence.[452] The degree of deference thus seems the same. As the law wants the condemnor to look for the least harmful alternative, the courts cannot adopt a purpose-oriented perspective, but also have to consider the drawbacks of the alternatives. This may possibly, in addition to the condemnations struck down under the EDPL, lead to an invalidation of the environmental review where a more beneficial alternative is in no respect more harmful and in no respect less beneficial than the chosen project.

5.3.3 The suitability of the condemnation

The suitability of the condemnation means that the condemnation must enable the project developer to implement the project. Federal and New York State courts recognise that the condemnation must be suitable. In *Kelo*, Justice Stevens considers that the means to achieve the condemnation's purpose must be rational.[453] In New York State jurisprudence, it is settled case law that the benefits of the condemnation must be rationally related to a conceivable public purpose.[454] If the condemnation were not suitable to enable the transferee to pursue that purpose, the condemnation would obviously be irrational.[455]

5.3.4 The least invasive means argument

➢ This subsection addresses the following questions with respect to New York State law and US Federal law:
  - Would the availability of an equally suitable, but less harmful means to acquire land for the chosen project render the condemnation unlawful?
  - Would the availability of an insignificantly less suitable, but considerably less harmful means render the condemnation unlawful?

➢ See subsection 2.2.5 for more details on the least invasive means argument.

When a condemnee wishes to put forward the least invasive means argument under federal law or New York State law, the condemnee can rely upon the doctrine of

---

[450] Weinberg, Gerrard & Ruzow, § 7.04[2][b].

[451] *Jackson v New York State Urban Development Corporation*, 67 N.Y.2d 400, 417 (N.Y. 1986).

[452] *Jackson v New York State Urban Development Corporation*, 67 N.Y.2d 400, 417 (N.Y. 1986).

[453] *Kelo v City of New London*, 545 US 469, 488 (2005). Cf *Hawaii Housing Authority v Midkiff*, 467 US 229, 243 (1984).

[454] *Kaur v New York State Urban Development Corporation*, 933 N.E.2d 721 (N.Y. 2010); and *Goldstein v New York State Urban Development Corporation*, 921 N.E.2d 164 (N.Y. 2009).

[455] Bird & Oswald 2009, 110, who pointed to the example of land that could not be used.

excess condemnations. According to this doctrine, the condemnor cannot take more property rights than are necessary to realise the legitimate purpose of the condemnation. Should the condemnor take more property rights than necessary, the excess property rights would be taken to be private use and the condemnation would be invalid to that extent.[456] Importantly, in contrast to what some scholars have suggested,[457] a third-party transfer is not seen as a more invasive means than a condemnation in favour of a state entity.

How effective this doctrine is in preventing excess condemnations depends upon how much deference the courts practise towards the authority's decision. Under the Fifth Amendment and the New York State Constitution, the courts have consistently held that they will not second-guess the nature and extent of the condemnation.[458] In the contexts of the size of the project and the alternative project argument,[459] this judicial deference is far-reaching. As is shown below, however, the discretion of the condemnor is less broad and judicial scrutiny is stricter when the condemnee puts forward the least invasive means argument.[460] This scrutiny may—partially—answer to the demands for a strict necessity test in the literature.[461]

5.3.4.1 Purchase on the private market

A type of the least invasive means argument that is not generally accepted under New York State law and the Fifth Amendment is the argument that the condemnation is not necessary because the condemnor could have purchased the property on the private market and failed to make a sincere attempt to do so.[462] There is no obligation at common law for the condemnor to negotiate with the condemnee. In New York State, only § 74 of the General Municipal Law limits the power of eminent domain of municipal corporations to cases where the corporation cannot agree with the owner on the purchase. This would introduce an obligation to negotiate where a municipality condemns property for a municipal redevelopment plan or an urban renewal area. That said, in practice, the condemnor frequently seeks to purchase the property before resorting to condemnation proceedings,[463] and there is also the incentive to negotiate in order to save the costs of the condemnation proceedings.[464]

---

[456] *County of Onondaga v Sargent*, 92 A.D.2d 743, 743 (N.Y. ADiv. 1983); *Steel Los III, LP v Power Authority of the State of New York*, 21 Misc.3d 707, 715 et seq (N.Y. Misc. 2008); *Hallock v State of New York*, 32 N.Y.2d 599, 604 (N.Y. 1973); and *Rafferty v Town of Colonie*, 300 A.D.2d 719, 723 (N.Y. ADiv. 2002). Cf Eagle 2011, 1035; and Berger 1978, 220 et seq.

[457] Lang 2006, 472.

[458] *Kelo v City of New London*, 545 US 469, 488 et seq (2005); *Berman v Parker*, 348 US 26, 33 (1954); *Hawaii Housing Authority v Midkiff*, 467 US 229, 244 (1984); *Matter of Fisher*, 730 N.Y.S.2d 516, 287 A.D.2d 262 (N.Y. ADiv. 2001); *Society of the New York Hospital v Johnson*, 5 N.Y.2d 102, 107 (N.Y. 1958); and other judgments listed in footnote 358.

[459] See subsections 5.3.1.3 and 5.2.2.2 above.

[460] Cf *Rafferty v Town of Colonie*, 300 A.D.2d 719, 723 (N.Y. ADiv. 2002).

[461] Jones 2000, 311 et seq; and Berger 1978, 224 et seq.

[462] Demanding such a requirement: Jones 2000, 312; and Berger 1978, 224.

[463] Garnett 2006, 126. See, for instance, *Kaur v New York State Urban Development Corporation*, 933 N.E.2d 721 (N.Y. 2010).

[464] Garnett 2006, 126; and Mihaly 2007, 11. See also Merrill 1986, 77 et seq, who argued that the enforcement of procedural rules rendered the condemnation so expensive that the proceedings would have a deterring effect.

5.3.4.2 More land than is necessary for the project

The condemnor may not take more land than is necessary to implement the chosen project.[465] However, it is also settled case law both in New York State and at Federal level that it is the discretionary power of the condemnor to determine the amount of land to be taken from the condemnee and that judicial review will be limited.[466] To learn more about the effectiveness of the least invasive means argument, we need to test the boundaries of this discretion. The *Rafferty v Town of Colonie* case decided by the Appellate Division proves quite valuable in this respect. The Town Board of Colonie wished to broaden a road to enhance traffic flow and safety. The Town condemned the entire property of the condemnee although only a part of the property was necessary for the project. In the proceedings, the Town admitted that the excess property would not serve a public purpose, but that they were anticipating that the condemnee would request that the rest be taken as well (in other words: he would apply for an inverse condemnation) because he no longer had access to the road or to parking facilities. The Court concluded that this was an impermissible excess condemnation and modified the condemnation.[467] It seems to follow from this case that the condemnor would in any case abuse its discretion where it cannot establish that the taking of the excess land is related to a public purpose.

As has already been noted in the subsections on the size of the project and the alternative project argument,[468] an exception to this rule may apply where the excess land is necessary to secure the implementation of the project (or is in any other way conducive to the project).[469] For instance, a building of the condemnee may stand on the condemned property that the condemnor will use for a public purpose and another parcel of land. If the demolition of the building is necessary to ensure the implementation of the project, it will be warranted to take (a part of) the other parcel as well.[470]

Under the New York State Constitution, a local authority can condemn property that abuts on the project site 'to provide for appropriate disposition or use' of that property.[471] As property that abuts on the project site may hinder the development of the project, this exception confirms that an excess condemnation is permissible where this is necessary to ensure the implementation of the project. The provision may also refer to the recoupment theory. This theory deals with a situation where property that is adjacent to the project site increases in value owing to the project. The theory says that an excess condemnation of such property is permissible to recapture this unjustified value increase for the public.[472] An example may be the

---

[465] *Hallock v State of New York*, 32 N.Y.2d 599, 604 (N.Y. 1973); *County of Onondaga v Sargent*, 92 A.D.2d 743, 743 (N.Y. ADiv. 1983); *Kohl Industrial Park Co. v County of Rockland*, 710 F.2d 895, 901 (2d Cir. 1983); and Eagle 2011, 1035. See for the United States generally: Nichols, 7–130.

[466] *Rafferty v Town of Colonie*, 300 A.D.2d 719, 723 (N.Y. ADiv. 2002); and *Matter of County of Nassau*, 207 Misc. 190, 192 (N.Y. Misc. 1954). See for judgments at federal level: *Kelo v City of New London*, 545 US 469, 488 et seq (2005); *United States v Gettysburg Elec. Ry. Co.*, 160 US 668, 669 (1896).

[467] *Rafferty v Town of Colonie*, 300 A.D.2d 719, 723 (N.Y. ADiv. 2002).

[468] See subsections 5.3.1.3 and 5.3.2.2.1 above.

[469] Nichols 1997, 7–130; Johnson 1981, 389 et seq; and Berger 1978, 220. See also Art. IX, § 1(e) of the New York State Constitution.

[470] Example taken from: Nichols 1997, 7–130.

[471] Art. IX, § 1(e) of the New York State Constitution.

[472] Johnson 1981, 392 et seq; and Berger 1978, 221.

condemnation case around the construction of the old World Trade Center. The condemnation authority condemned more property than was necessary for the World Trade Center in order to create extra revenue and offset its losses. The Court of Appeals approved this excess condemnation because it helped to realise the project.[473]

Another exception that is proposed in the literature is the condemnation of remnants. Remnants are pieces of a parcel of land that are not condemned, but are of little practical value without the rest. The authority, so goes the reasoning, can legitimately condemn these remnants in order to avoid economic waste.[474] This reasoning may also be applicable to the Art. IX, § 1(e) of the New York State constitution, which permits excess condemnations by local authorities for the purpose of putting land adjoining the condemned property to appropriate use. However, as the *Rafferty* case demonstrates, taking remnants without the consent of the owner to avoid an inverse condemnation does not seem a legitimate justification of an excess condemnation. It may be, however, that the authority merely failed to establish that the remaining piece of land was actually a remnant.

5.3.4.3 Less invasive legal means

The prohibition of excess takings not only applies to the amount of land, but also to the nature of the condemnation and the extent to which the state takes property rights.[475] This in particular means that the condemnor would be barred from taking fee simple ownership if an easement or a lease were sufficient to implement the project.[476]

Again, however, it remains the discretionary power of the condemnation authority to determine the nature and extent of the condemned property rights.[477] We can deduce from the analysis of the *Rafferty* case that the condemnation of fee simple would be invalid if the condemnor did not provide any justification for taking the whole fee simple instead of only a limited property right. The *Steel Los III* case decided by the Supreme Court in Nassau County shows that the discretion of the authority is likely to be yet narrower.[478] In this case, the power authority of New York State wished to condemn fee simple for the construction of a fast-track power plant. The condemnee argued that the already existing lease that gave the developer exclusive control of the property was sufficient. Although the authority alleged they needed to acquire fee simple to have effective control of the land, the authority did not put forward any reason that could withstand judicial scrutiny. The Court considered electricity regulations and earlier practices of the authority and found that a lease was generally sufficient to have sufficient control. The condemnation of

---

[473] *Courtesy Sandwich Shop, Inc. v Port of New York Authority*, 12 N.Y.2d 379, 389 (N.Y. 1963).

[474] Johnson 1981, 383 et seq; and Berger 1978, 220, with references to cases where the remnant theory was applied.

[475] *Hallock v State of New York*, 32 N.Y.2d 599, 604 (N.Y. 1973); and *Steel Los III, LP v Power Authority of the State of New York*, 21 Misc.3d 707, 715 (N.Y. Misc. 2008). Cf Jones 2000, 312 et seq.

[476] *Kohl Industrial Park Co. v County of Rockland*, 710 F.2d 895, 901 (2d Cir. 1983); and *Hallock v State of New York*, 32 N.Y.2d 599, 604 (N.Y. 1973).

[477] *Rafferty v Town of Colonie*, 300 A.D.2d 719, 723 (N.Y. ADiv. 2002); and *Berman v Parker*, 348 US 26, 36 (1954).

[478] *Steel Los III, LP v Power Authority of the State of New York*, 21 Misc.3d 707 (N.Y. Misc. 2008).

fee simple was, therefore, excessive.[479] This judgment confirms the *Rafferty* case in that a condemnation will be unconstitutional to the extent that the condemnor fails to establish that the nature and extent of the condemnation has any public benefit.

From a governance perspective, the *Steel Los III* Court did not defer to the judgment of the authority as to what is needed to have sufficient control of the land, but determined itself on the basis of available information the legal standard applicable to excess condemnations, *in casu* which degree of control would be sufficient to build and operate a power plant. This is a significant difference from the deference that the Court of Appeals in the *Kaur* case practised to the authority's determination of the public use of a condemnation. As the Court of Appeals is the higher court, it is uncertain whether the approach of the Supreme Court in Nassau County actually reflects New York State law.

5.3.4.4 Self-realisation

New York State law does generally not provide for self-realisation as a defence against a condemnation.[480] However, under certain circumstances, the condemnee's plan to implement the envisaged or an even more beneficial project may indicate that the condemnor only uses the purported public benefits as a pretext to benefit a private party. In the *Haverstraw* case, the redevelopment project also included a housing project that comprised affordable housing units. As has been noted above,[481] the Appellate Division found that the housing project was solely intended to help the private project developer meet their obligation to provide affordable housing. One of the reasons why the Court came to this conclusion was that the condemnee had been planning to build more affordable housing units than the private project developer.[482] This offer of self-realisation is only one of the factors that the Court considered, but the Court found it to be substantial evidence. As a result, self-realisation, particularly where it is based upon a substantiated plan of the condemnee, may lead to the conclusion that the chosen project would not lead to any improvement and, therefore, does not constitute a public use. Indirectly, self-realisation can thus affect the validity of the condemnation.

5.3.4.5 Overview of findings

The following flow chart illustrates which steps the courts take when the condemnee puts forward the least invasive means argument.

[479] *Steel Los III, LP v Power Authority of the State of New York*, 21 Misc.3d 707, 716 et seq (N.Y. Misc. 2008).

[480] *49 WB, LLC v Village of Haverstraw*, 839 N.Y.S.2d 127, 44 A.D.3d 226, 243 (N.Y. ADiv. 2007).

[481] See subsection 5.2.3.3 above.

[482] *49 WB, LLC v Village of Haverstraw*, 839 N.Y.S.2d 127, 44 A.D.3d 226, 242 et seq (N.Y. ADiv. 2007).

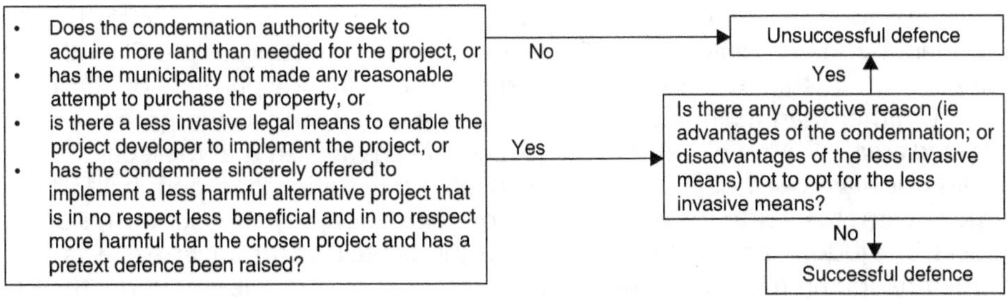

Figure 11: The flow chart shows which steps the courts take when the condemnee puts forward the least invasive means argument. The text above, below, and next to the arrows indicates which finding would trigger the step or conclusion in the following box.

Source: Author's own design

5.3.5 The balance between the public benefits and adversely affected interests

➢ This subsection addresses the following questions with respect to New York State law and US Federal law:
- What weight do the competent state bodies have to accord to the property interest of the condemnee?
- What weight do the competent state bodies have to accord to other adversely affected interests, such as environmental protection?
- What are the legal boundaries to the balance between the project's public benefits and adversely affected interests?

➢ See subsection 2.2.6 for more details on the balance between the public benefits and adversely affected interests.

A project and a condemnation adversely affect various public interests, such as environmental protection, and private interests, in particular the property interest of the condemnee. Under the EDPL, SEQRA, and the applicable condemnation statute, the planning and condemnation authority take the adversely affected interests into account in one or two formal procedures. If the Urban Development Corporation or an industrial development agency wishes to condemn property, it will have to take these interests into account when deciding on whether or not to condemn the property for a certain project. Under the urban renewal and the municipal redevelopment laws, the planning authority will also have to take these interests into account when drafting the plan for the project in the distinct planning procedure.

Generally, the planning and condemnation authorities have a broad discretion in striking an appropriate balance between the public benefits of the project and the adversely affected interests. In the following subsection, an analysis is made of whether there are any judicial and statutory boundaries to this discretion and, if so, where these boundaries lie.

5.3.5.1 US Federal law: The Fifth Amendment

The Fifth Amendment does not require taking into account adversely affected interests. In the *Kelo* judgment, Justice Stevens, like his fellow justices, remains silent on the impact that the condemnation may have on, for instance, the social structure of New London, its commercial structure, and the environment.[483] After the *Kelo* judgment had been delivered,[484] Stevens added at a meeting of the Clark County Bar Association that the Supreme Court 'focused on the purpose of the entire project, rather than its impact on individuals who happen to own property in the targeted area'.[485] After his retirement, Justice Stevens argued that the legal situation would not have been different if 'it had been a gas station or a pool hall'.[486] This remark seems to refer to the object of the condemnation, in particular the residential houses. The judgment and the remarks clearly indicate that the adverse effects of the condemnation on the condemnee or other interests are not relevant under the Fifth Amendment.

5.3.5.2 New York State law: Urban renewal areas and municipal redevelopment plans

The Urban Renewal Law does not prescribe a certain balance of interests. However, before adopting a plan for an urban renewal area, the municipality must accommodate certain adversely affected interests. The municipality must, in particular, ensure that the people that would be displaced due to the urban renewal plan will be relocated to decent, safe, and sanitary homes for affordable rents in an area that has all necessary commercial and civic facilities.[487] Also, the municipality will have to accommodate interests protected by the planning agency's master plan,[488] which sets out a vision of the municipality's future development.

The municipal redevelopment legislation prescribes a neighbourhood impact assessment in which the planning authority must assess the impact of the project upon the community and consider various aspects, such as relocation, traffic circulation, environmental quality, availability of community facilities and services, effect on school population and quality of education, property assessments, and taxes.[489] The law does not further prescribe a certain balance between the adverse impact and the public benefits. A fixed boundary to its discretion is that the authority must accommodate the interests of displaced low- and moderate-income persons by providing suitable and affordable housing.[490]

5.3.5.3 New York State law: EDPL and SEQRA

Under the EDPL, the condemnation authority must discuss the general effect of the project on the environment and the residents around the project site.[491] This means

[483] See a report on the impact of the condemnation on local businesses: Kanner 'Justice Stevens Has Second Thoughts About Kelo. No, Wait—He Doesn't, But he Can't Explain it Either' 13 November 2011; retrieved from: http://gideonstrumpet.info/?p=2221 (last accessed: 28 June 2017).

[484] See subsection 5.2.1.5 above.

[485] Stevens 2005, 3.

[486] J Bravin 'Justice Stevens on His "Most Unpopular Opinion"' 11 November 2011 *Wall Street Journal* retrieved from: http://www.wsj.com/articles/SB1000142405297020435804577032071046475782 (last accessed: 28 June 2017).

[487] § 505(4)(e) of the General Municipal Law.

[488] § 505(4)(d) of the General Municipal Law.

[489] § 970-f(c) of the General Municipal Law.

[490] § 970-f(n) of the General Municipal Law.

[491] See §§ 201, 204(B)(3) EDPL.

that the authority must identify the environmental effects of the condemnation.[492] Environment must be understood in its broadest sense, including 'physical conditions which will be affected by a proposed action, including land, air, water, minerals, flora, fauna, noise, objects of historic or aesthetic significance, existing patterns of population concentration, distribution, or growth, and existing community or neighborhood character'.[493] The purpose of this requirement is to ensure that the condemnation authority will make a reasoned determination,[494] which is why compliance with it is strictly enforced.[495] This requirement does not entail that the authority must deal with every single effect in detail, but may deal with groups of interests. For instance, if people in general with a low income are essentially affected in the same way as elderly people with a low income, the authority does not need to deal separately with the impact on elderly people with a low income.[496]

SEQRA prescribes that the condemnor (or the planning authority) must seek to choose the least harmful project suitable to achieve its purpose and to take all practicable mitigating measures.[497] The condemnor needs to do this on the basis of an environmental impact statement that includes the important environmental effects of the project and the condemnation as well as possible mitigation measures.[498] The condemnor is obliged to take into account affected adversely affected environmental interests. Importantly, the statement needs to be more detailed than the discussion of the general effects of the project under the EDPL.[499] The courts strictly enforce the requirements under SEQRA in the sense that the condemnor must consider or take a 'hard look' at the significant effects at least in an abstract fashion, balance the involved interests, and explain why the condemnor approves the project, backed up by substantial evidence.[500] Failure to make an environmental impact statement, to consider the significant effect of the project, or to balance the involved interests would invalidate the environmental review,[501] as would withholding or providing false information on the effects of the project.[502] Concerning

[492] *Jackson v New York State Urban Development Corporation*, 67 N.Y.2d 400, 418 (N.Y. 1986).

[493] Environmental Conservation Law, § 8–0105(6).

[494] *Jackson v New York State Urban Development Corporation*, 67 N.Y.2d 400, 417 et seq (N.Y. 1986).

[495] *Jackson v New York State Urban Development Corporation*, 67 N.Y.2d 400, 418 (N.Y. 1986); and Rikon 2011, 175 et seq.

[496] *Jackson v New York State Urban Development Corporation*, 67 N.Y.2d 400, 420 (N.Y. 1986).

[497] *Jackson v New York State Urban Development Corporation*, 67 N.Y.2d 400, 421 et seq (N.Y. 1986).

[498] Environmental Conservation Law , § 8–0109(1) (2) and (8).

[499] *City of Schenectady v Flacke*, 100 A.D.2d 349, 353 (N.Y. ADiv. 1984).

[500] *Jackson v New York State Urban Development Corporation*, 67 N.Y.2d 400, 417 and 420 et seq (N.Y. 1986); *County of Orange v Kiryas Joel*, 44 A.D.3d 765, 767 et seq (N.Y. ADiv. 2007); *Town of Henrietta v Department of Environmental Conservation*, 76 A.D.2d 215, 221 et seq (N.Y. ADiv. 1980); and Weinberg, Gerrard & Ruzow, § 7.04[4].

[501] *Sun Company, Inc., et al. v City of Syracuse Industrial Development Agency*, 209 A.D.2d 34, 49 (N.Y. ADiv. 1995); *Chinese Staff v City of New York*, 68 N.Y.2d 359 (N.Y. 1986); *County of Orange v Kiryas Joel*, 44 A.D.3d 765, 767 et seq (N.Y. ADiv. 2007); and *Board of Cooperative Educational Services v Town of Colonie*, 268 A.D.2d 838, 840 (N.Y. ADiv. 2000). See for more examples: Weinberg, Gerrard & Ruzow, § 7.04[4].

[502] *Action for Rational Transit v West Side Highway*, 536 F.Su1225 (S.D.N.Y. 1982).

mitigating measures, the condemnor must consider those measures that seem practicable in the light of social, economic, or other essential considerations.[503]

The described judicial review under both SEQRA and the EDPL is, as the Court of Appeals put it with respect to SEQRA, supervisory in nature,[504] and gives the law mainly the facilitative role to remind the authorities to balance interests, and of what they need to take into account. Under the EDPL, New York State courts do not engage in an analysis of whether the adverse effects of the project are of such magnitude as to make the condemnation invalid. As the Appellate Division put it in the *Sunrise Properties* case, '[t]he emphasis on the impact that the condemnation will have on petitioners' business is misplaced. Our review is limited to whether community benefit will be the dominant result of the project'.[505] In the *Goldstein* case, the condemnees contended that the luxury housing included in the project in addition to the affordable housing units would bring about a harmful process of gentrification leading to a net loss of affordable housing. The Federal District Court found that as long as the whole project served a dominant public purpose, it would not review the balance of benefits and drawbacks of the project.[506] The reason for not giving a greater role to the courts seems to lie in the belief that courts are ill-equipped to conduct a cost-benefit analysis.[507]

However, there are two exceptions to the rule that the courts do not interfere with the balance between benefits and drawbacks of the project and the condemnation. The first exception is that the courts seem to interfere where the project has a considerable adverse impact on the public interest that the project is supposed to promote. An example would be the *Haverstraw* judgment of the Appellate Division. The Court found that the envisaged health centre did not constitute a public use because it would displace an existing dental practice.[508] It is not entirely clear under what exact conditions the courts will interfere. Considering the content of the pretext test and the rule that the project must be suitable to realise its purpose, it is submitted that the beneficial impact of the project upon the promoted public use must at least outweigh its adverse impact upon that interest. The second exception is that there is a less harmful alternative project that is no respect less beneficial and in no respect more harmful than the chosen project. Refer for a more thorough discussion to the subsection on the alternative project argument.[509]

Under SEQRA, the court will consider the impact of the condemnation, but this will not necessarily lead to other results. Due to the specialist knowledge that is required to conduct a balancing of interests and take appropriate mitigating measures, the authority enjoys a broad discretion.[510] Therefore, the courts will not substitute their view for the authority's view.[511] The courts will only set aside the determination if it is arbitrary, capricious, or unsupported by substantial evi-

[503] *Jackson v New York State Urban Development Corporation*, 67 N.Y.2d 400, 421 et seq (N.Y. 1986).

[504] *Jackson v New York State Urban Development Corporation*, 67 N.Y.2d 400, 417 (N.Y. 1986).

[505] *Sunrise Properties, Inc., et al. v Jamestown Urban Renewal Agency*, 614 N.Y.S.2d 841, 206 A.D.2d 913 (N.Y. ADiv. 1994).

[506] *Goldstein v Pataki*, 488 F.Supp.2d 254, 275 et seq and 287 (E.D.N.Y. 2007).

[507] Dana & Merrill 2002, 203; and *Kelo v City of New London*, 545 US 469, 499 (2005).

[508] *49 WB, LLC v Village of Haverstraw*, 839 N.Y.S.2d 127, 44 A.D.3d 226, 240 (N.Y. ADiv. 2007).

[509] See subsection 5.3.2.2 above.

[510] Weinberg, Gerrard & Ruzow, § 7.04[4].

[511] Weinberg, Gerrard & Ruzow, § 7.04[4].

dence.[512] This means that as long as the condemnor considers all relevant effects, can give rational reasons for why it chose a more harmful project or why it did not take a certain mitigating measure, the condemnor will comply with SEQRA.[513] Whether or not such a reason or benefit would objectively outweigh the harm done, is irrelevant.

5.3.5.4 Some fixed environmental protection standards

Despite the discretion of the condemnation authority, there are certain fixed standards, particularly pertaining to environmental protection, that limit the freedom of the authority to shape the project. Under SEQRA, the condemnation authority must determine the project's impact upon the environment. Where the project would result in a violation of specific emission standards (and should mitigation measures prove unfeasible or ineffective), the authority cannot, in principle, approve the economic development project.[514] In Title 6 of the New York State Codes, Rules and Regulations, for instance, the Department of Environmental Conservation has laid down various environmental standards that the operator of an economic development project must observe.[515] For example, the concentration of certain substances in the air, such as sulphur dioxide, carbon monoxide, and nitrogen dioxide, must not exceed certain limits.[516] Also, the municipalities, such as New York City, may adopt their own environmental regulations.[517]

5.3.5.5 The role of compensation

The role of compensation for condemned property is to protect the pecuniary interests of the condemnee because it equalises the burden that the state forces the condemnee to bear for the greater good.[518] The compensation also seems to play a role in the legitimate justification of the condemnation. The courts do not engage in an analysis of the balance between the project's public benefits and the adverse impact of the project and the condemnation.[519] As long as all the independent parts of the project contribute to the legitimate purpose and the chosen project is not in no respect more beneficial and in no respect less harmful than overall less harmful or more beneficial alternatives, the adverse impact is irrelevant to the lawfulness of the condemnation.[520] Due to this very lenient judicial scrutiny and the fact that compensation replaces the condemned property in the condemnee's estate, it

---

[512] *Jackson v New York State Urban Development Corporation*, 67 N.Y.2d 400, 417 (N.Y. 1986); and *C/S 12th Avenue LLC v City of New York*, 32 A.D.3d 1, 8 (N.Y. ADiv. 2006). Cf *Rafferty v Town of Colonie*, 300 A.D.2d 719, 722 (N.Y. ADiv. 2002).

[513] Rikon 2011, 177 et seq; and Weinberg, Gerrard & Ruzow, § 7.04[4]. See on the meaning of 'arbitrary' and 'capricious': PL Strauss, *Administrative Justice in the United States*, 2nd ed (Durham, NC: Carolina Academic Press 2002) 348. If there is a less harmful alternative project that is in no respect more harmful and in no respect less beneficial than the chosen project, the chosen project will probably not meet this standard. See subsection 5.3.2.2 above.

[514] Weinberg, Gerrard & Ruzow, §§ 3.19, 5.12[2][a], and 6.02[5].

[515] See, for instance, 6 CRR-NY III B 257–1.4.

[516] 6 CRR-NY III B 257.

[517] See Title 15 of the Rules of the City of New York (R.C.N.Y.).

[518] Dana & Merrill 2002, 32 et seq.

[519] *Sunrise Properties, Inc., et al. v Jamestown Urban Renewal Agency*, 614 N.Y.S.2d 841, 206 A.D.2d 913 (N.Y. ADiv. 1994).

[520] Refer to subsections 5.3.1.3 and 5.3.2.2 for more details.

would seem logical that compensation legitimately justifies the otherwise excessive burden borne by the condemnee.

Dana and *Merrill* implicitly confirmed this conclusion. They noted that condemnation was a *less intrusive* means than taxation or regulation of property because compensation was due for condemnations.[521] As condemnations impose a greater burden upon the holders of property than other state measures, but is the only instrument that always entails a duty to pay compensation, this statement implies that compensation is not only a consequence of a lawful condemnation, but also a requirement for an equitable balance between the project's benefits and the adverse impact of the project and the condemnation.

5.3.5.6 Suggestions in the literature

In the literature, several scholars have advocated a balancing test in condemnation law that would limit the discretion of the condemnation authority.[522] *Berger* suggested that the courts should scrutinise whether the benefits of the project would outweigh its drawbacks.[523] Similarly, *Buckingham* stated that in the framework of a due process analysis, the benefits had to be sufficiently compelling to outweigh the property rights of the condemnee.[524] Neither *Berger* nor *Buckingham*, however, specified the standard by which the condemnation authority or the courts should measure the weight of the benefits and the disadvantages.[525] *Manfredo* proposed a balancing test in which the authority and the courts should consider the effects of the project on the whole state.[526] Yet, he also did not propose a measuring unit.

Some other authors have proposed a standard by which benefits and disadvantages of the project and the condemnation can be compared. *Michelman* recommended balancing the costs and benefits of the project and elaborated that the authority and the courts should balance the subjective value of the property to the developer against its subjective value to the condemnee.[527] *Alexander* has been a major proponent of the human flourishing theory. Human flourishing is an objective standard by which the ability of a person to participate in human activities is measured. The theory says that a human being needs certain facilities to flourish, such as a home, a hospital and a school, and that the objective value of property should depend upon how much property contributes to human flourishing. On the basis of this theory, *Alexander* suggested that a project should only constitute a public use where the project would contribute more to human flourishing than would be lost due to the adverse effects of the project and the condemnation.[528] *Fee* proposed that in any kind of balancing test, additional importance should be attached to the home.[529]

---

[521] Dana & Merrill 2002, 198.
[522] Cf Nunzio 1982, 327 et seq.
[523] Berger 1978, 242.
[524] Buckingham 2005, 1209 et seq.
[525] Cf Meidinger 1980–81, 46.
[526] Manfredo 2008, 694. Cf Stanton 2005, 114.
[527] FI Michelman 'Property, Utility, and Fairness: Comments on the Ethical Foundations of "Just Compensation"' 1967 *Harvard Law Review* 1165–1258, 1210 et seq and 1241.
[528] Alexander 2015, 113–135.
[529] J Fee 'Eminent Domain and the Sanctity of Home' 2005–2006 *Notre Dame Law Review* 783–819, 784.

5.3.6 The governance of the contextualisation

➢ This subsection addresses the following questions with respect to South African law:
  - To what extent do the legislature and the administrative authorities shape the project and the condemnation?
  - To what extent do the administrative authorities and the courts review the project and the condemnation?
  - What is the role of the legislator, the administrative authorities, and the courts in determining and applying the requirements pertaining to the contextualisation?

➢ See subsection 2.4.3 for more details on the governance analysis.

5.3.6.1 The role of the legislator

The legislator plays a broad boundary-shaping role in the contextualisation of the project and the condemnation with respect to procedural elements and the steps that the authority must take to reach an equitable result. The legislature determines the competent authorities and the applicable procedures. It further prescribes that the competent authority must identify and balance the benefits of the project as well as adversely affected interests and consider alternatives as well as mitigating measures. Also, through the requirement of public hearings and the opportunity to submit objections, it ensures that the public may take part in the shaping of the project and the condemnation. Thereby, the legislator facilitates the political-administrative process and may lead the process to an equitable and proportionate result.

Through the public use requirement and the specified purposes in the condemnation statute, the legislature sets wide boundaries to the condemnation authority's discretion and helps the judiciary to find a boundary to the discretion of the authority through suitability and necessity requirements. As the authority can only condemn property for purposes laid down in the statute, the legislator performs the creative task to shape (the benefits of) the project to that extent. However, the legislature does not prescribe a required amount of benefits or when there is a need to condemn property for such a purpose. Also, it does not specify what an equitable balance would be between the benefits of the project and its disadvantages, nor does it say how much land the condemnation authority may take for how many benefits.[530] The only mandatory legislative boundaries with respect to adverse effects are provisions that protect certain vulnerable interests, such as environmental protection and the interests of displaced persons under urban renewal and municipal redevelopment legislation.

5.3.6.2 The role of the administrative authorities

The competent authority plays the creative role to shape the project and the condemnation. The authority determines the project, the project's public benefits, and which property (and how much of the property) it seeks to condemn for those benefits. In fulfilling these tasks, the authorities enjoy great freedom as to the result of their decision-making process. There are some statutory restrictions that protect

[530] There is no constitutional obligation to do so: *Cuglar v Power Authority of State of New York*, 163 N.Y.S.2d 902, 4 Misc.2d 879, 896 (N.Y. Misc. 1957).

vulnerable interests, such as environmental protection and housing for displaced persons.[531] The project must further serve one of the purposes laid down in the condemnation statute. On the basis of the public use requirement, the courts further only require that each condemnation of an individual property yields public benefits compared to the *status quo*. The law does not prescribe any balance between the benefits of the project and its drawbacks.

As has already been pointed out above,[532] where there is a separate planning procedure, the condemnation authority assumes a controlling role, but is not likely to set boundaries to the findings of the planning authority beyond what the courts require. The deference practiced by the courts renders the controlling role very narrow. The institutional proximity with the designated planning authorities deters the condemnation authority from assuming a boundary-shaping role.

The result of the decision-making process is thus to a very large extent left to the public political-administrative process. From a procedural perspective, the authorities must take all required procedural steps, identify and balance all involved interests, and provide sufficient reasons for its findings. This legislative framework guides (or so it is hoped) the authority to equitable results. As has been discussed above,[533] whether or not the legislation can be effective and the authority actually reaches this equitable result depends heavily upon the integrity of the authority and how well connected and represented adversely affected interests are in the procedure. The administrative planning and condemnation procedures are discussed in detail in subsections 5.4.1 and 5.4.2 below.

5.3.6.3 The role of the courts

The courts perform two functions in the contextualisation of the project and the condemnation. A narrow controlling function of the courts, which is also a narrow boundary-shaping function of the highest court, concerns the substantive outcome of the political decision-making process and is related to the judiciary's function with respect to the legitimate purpose. The courts only ensure that the condemnation serves a dominant legitimate purpose, and prevent that the project and the condemnation do more harm than is appropriate and required for that purpose. As the analysis of the least invasive means argument shows, however, they patrol this boundary quite strictly because their deference to the authority's application of facts to the prohibition of excess condemnations is less far-reaching than to the authority's interpretation of constitutional or statutory terms, such as substandard conditions. Therefore, they do not substantially interfere with the decision-making process, in particular not regarding the details of the project and the balance between the project's benefits and drawbacks, but ensure that no more harm is done than is necessary for the legitimate purpose.

The judiciary's broader controlling role concerns the authority's compliance with the procedural framework and mandatory substantive boundaries. The courts scrutinise quite strictly whether the authorities have taken all required procedural steps, taken account of all involved interests, and undertaken a balancing of

[531] Bird & Oswald 2009, 103 et seq.
[532] Refer to subsection 5.2.5.2 above.
[533] Refer to subsection 5.2.5.2 above.

interests.[534] Thereby, they safeguard the process that is supposed to lead the authority to a balanced result of the political decision-making process.[535] Moreover, they safeguard the compliance with statutory norms that protect certain vulnerable interests, such as environmental protection and the interests of displaced people. It should be borne in mind, however, that adversely affected persons must prove the facts that show non-compliance with the Constitution or legislation.[536]

In sum, the controlling role of the courts is broader where the legislator provides for clear and detailed rules. Where the rules are abstract and ambiguous or where there are no rules in place, the courts refuse to assume a dominant boundary-shaping role and defer to the determinations of the administrative authority.

5.3.7 Conclusion

The contextualisation under New York State law revolves around the chosen public use and the firm boundaries of the discretion of the condemnation authority are for the most part closely linked to this requirement. The project and the condemnation must be suitable to serve the legitimate purpose. The condemnation can concern all the property rights that are in some way conducive to the purported public use or otherwise ensure the realisation of the project. This is, on the one hand, a broad understanding of how many property rights the state can condemn for a certain project. On the other hand, it is also a firm boundary because the condemnation of other property rights would not be necessary for the legitimate purpose and would result in an impermissible excess condemnation. The public use must further be the dominant purpose of the project; it is uncertain, however, under what conditions a purpose is dominant or merely incidental. Alternative projects that are better suited to realise the public purpose and not more harmful than the chosen project or alternatives that are equally suited, but less harmful than the chosen project can only lead to the invalidity of the condemnation under narrow conditions. The courts will only interfere if the chosen project is in no way more conducive to the public purpose and in no respect less harmful than the overall more beneficial or less harmful alternative. Due to the focus on the public use requirement, it comes as no surprise that it is *the* bone of contention in New York State law.

The applicable statutes contain some obligations to accommodate adversely affected interests, for instance, through suitable and affordable housing for displaced persons or fixed environmental protection standards. Otherwise, the statutes, in particular SEQRA, merely oblige the condemnation authority to identify and balance the involved interests and to consider mitigating measures. These formal obligations do not translate into firm boundaries of the authority's discretion. Its decision does not need to strike a certain equitable balance, but must merely be supported by rational and objective evidence.

From a governance perspective, the legislator mainly plays a boundary-shaping role with respect to procedural elements. Statutes provide for the applicable procedure and certain obligations, such as the obligation to identify the adverse

---

[534] Weinberg, Gerrard & Ruzow, § 7.04[2][a]; and Rikon 2011, 175 et seq.

[535] Dana & Merrill added that procedural limitations would increase the costs of a condemnation and, thereby, prevent condemnations where a transaction on the private market would be cheaper or the benefits of the project are small; see: Dana & Merrill 2002, 206 et seq.

[536] *Addington vs. Texas*, 441 US 418, 422 et seq (1979).

impact of the project and to balance interest, that may guide the authority to an equitable result. The legislature, however, does not shape the project itself and only sets very few firm substantive boundaries to the authority's discretion. The condemnation (or planning) authority has the creative task to shape the project within very wide boundaries. The courts mainly strictly control whether the authority has followed the applicable procedure and complied with all obligations. As to the substance of the decision, the courts do not assume a broad boundary-shaping role or prescribe a certain balance between the involved interests. The courts merely check whether or not the decision is based upon sufficient evidence and whether or not the condemnation meets all statutory limitations and complies with the above-mentioned criteria.

5.4 THE ADMINISTRATIVE AND COURT PROCEDURES

➢ This section addresses the following questions with respect to New York State law:
- What is the position of the planning authority and the condemnation authority in the state system?
- What opportunities does the public have to influence the planning decision and the condemnation decision?
- Who can bring an action for annulment before the competent courts and who bears the burden of establishing and proving facts?

➢ See subsection 2.4.3 for more details about this analysis.

5.4.1 The planning procedure

As has been pointed out above,[537] the courts intrusively scrutinise whether or not the competent authorities have met all procedural requirements. It is, therefore, important to analyse which procedural requirements there are. The EDPL itself does not require that an authority shapes the project in a formally separate planning procedure. Normally, the same authority that decides to condemn the property shapes the project in the condemnation procedure. However, municipal redevelopment and urban renewal legislation provides for distinct planning procedures in which an administrative authority designs the project for which a condemnation authority may later condemn property. The public can participate in these procedures, which may be a safeguard against undesirable condemnations. This subsection deals with the distinct planning procedures.

The position of the planning authority in the state system

In adopting a municipal redevelopment plan or designating an urban renewal area, the directly elected municipal legislature shapes or at least approves the envisaged uses. The involvement of the representatives of the people may be a safeguard against undesirable land uses and condemnations for such uses. Also, property owners are generally better represented at local level, particularly in smaller municipalities.[538] If the socio-economic position of the condemnee is weak, however, this

---

[537] See subsection 5.2.5.3.3 above.

[538] Serkin 2006, 1644 et seq; and Gillette 2005, 18 et seq.

choice may also make it more likely that the condemnee's property will be targeted. What may also weaken the protection of the condemnee is that municipal authorities are more prone to cronyism and lobbyism, are subject to fewer institutional checks, and may also be less exposed to media control than national or provincial bodies.[539] The municipal planning commission reviews the plan. This specialised body is appointed by the mayor and may ensure consistent spatial development. This choice may enhance the protection of the condemnee.

Municipal redevelopment law

Under the municipal redevelopment law, the plan that contains the proposed land uses and forms the basis of the condemnation is shaped in two phases. The municipal legislature first adopts a preliminary redevelopment plan. Before the adoption of the final plan, the municipal legislature must involve the planning agencies and boards of education of affected school districts as well as the public through a public hearing.[540] The municipality provides the public with information about the project area and objectives of the plan through a notice in the form of posters at least for three weeks before the hearing and announcements in newspapers at least once a week for three successive weeks before the hearing.[541] Any person has access to the hearing. The public may object to the details of the plan or the finding that the area suffers from substandard and insanitary conditions and substantiate their objections in writing before the hearing or orally during the hearing.[542] The municipal legislator then considers all the objections, may make changes to the plan, which must be reviewed again by the planning agency of the municipality,[543] and may adopt the plan The public can thus influence the decision-making process by submitting objections before or at the public hearing and holding their representatives to account.

Urban renewal law

As regards urban renewal plans, the public can participate in the planning procedure at two stages. The municipal legislature first designates a substandard and insanitary area (or an area in danger of becoming one) for urban renewal.[544] An authorised agency then draws up an urban renewal plan that must be discussed at a public hearing before the planning commission. The public receives a notice of the hearing.[545] The law does not elaborate on what the notice needs to contain and by when the authority needs to send out the notice, but only says that it needs to be 'due'. General norms on administrative rule-making indicate that the notice must be published weeks in advance and contain an outline of the proposed plan as well as information about the hearing.[546] The law does not make further stipulations about the public hearing itself, but it seems clear that everyone can submit objections to the commission at the public hearing. Within ten weeks after receiving the plan, the

---

[539] Hoops 2016b, 815.
[540] §§ 970-e, 970-g(a) and 970-h(a) of the General Municipal Law.
[541] § 970-h(b) of the General Municipal Law.
[542] § 970-h(c) and (d) of the General Municipal Law.
[543] § 970-h(d) and (e) of the General Municipal Law.
[544] § 504 of the General Municipal Law.
[545] § 505(2) of the General Municipal Law.
[546] § 202(1)(a) of the New York State Administrative Procedure Act.

planning commission must then certify whether or not the plan contains all activities related to the project as well as other required details and may give recommendations.[547] The governing body may then approve the plan after a hearing held on due notice.[548] The public can thus influence the decision-making process by submitting objections at two public hearings and holding their representatives to account.

5.4.2 The condemnation procedure

Often, the planning phase is integrated into the procedure in which the competent authority decides to condemn property for the designed project. The EDPL lays out the procedure that the condemnation authority needs to follow before making a determination in terms of § 204(A) EDPL. The procedure gives the public the opportunity to react to the proposal of the condemnation authority at a public hearing, while the public does not have any right to participate in the preparatory process in which the condemnation authority draws up the proposal.[549] The courts have confirmed that this procedure complies with the constitutional due process requirement.[550] Note that the applicability of SEQRA may impose additional requirements.

5.4.2.1 The position of the condemnation authority in the state system

The position of the condemnation authority in the state system influences its accountability to the people and the opportunities for the public to influence the outcome of the condemnation procedure.[551] The Urban Development Corporation is a corporation whose board of directors is not elected by the people, but consists of the superintendent of financial services, the chairman of the New York State science and technology foundation, and seven directors appointed by the governor with the advice and consent from the Senate of New York State.[552] As the Corporation is situated at the state level and only very indirectly accountable to the people, it comes as no surprise that the Corporation is often found to be unresponsive to the wishes of the public and captured by political insiders.[553]

Under urban renewal legislation, the directly elected governing body of a municipality can condemn property or delegate this power to an agency whose members are appointed and dismissed by the directly elected governing body of the municipality.[554] Under the municipal redevelopment law, a duly authorised body of the municipality may condemn the property. Also, the members of local industrial development agencies that can condemn property are appointed and dismissed by

---

[547] § 505(2) 502(7) of the General Municipal Law.

[548] § 505(3) of the General Municipal Law.

[549] Under the due process clause of the Fourteenth Amendment: *Brody v Village of Port Chester*, 434 F.3d 121 (2d Cir. 2005).

[550] *Waldo's, Inc. v Village of Johnson City*, 74 N.Y.2d 718, 722 (N.Y. 1989); and Kamen 2012, 1244.

[551] See subsection 2.4.3 above.

[552] § 4 of the Urban Development Corporation Act.

[553] MR Goldstein 'The EDPL Revisited' 2011 *Albany Government Law Review* 302–324, 308 et seq.

[554] § 553(2) of the General Municipal Law. Refer to subsection 5.4.1 above for the implications of this choice.

the directly elected governing body of the municipality.[555] These local bodies are more likely to be responsive to the needs of the public, in particular property owners, because their officials are at least indirectly accountable to the directly elected governing body.[556] The fact that property owners are generally better represented at local level, particularly in smaller municipalities, may enhance this responsiveness.[557]

Local politicians may be more reluctant to embrace an economic development project for fear of being held accountable at the next elections. On the other hand, as Jon Houghton noted in an interview, economic development projects appear attractive to local politicians because the community incurs no considerable expenses, the transferee does all the work, and the politicians can show that they act for the benefit of the community. In big cities or at state level, moreover, the process is more likely to be captured by political insiders, such as politically connected project developer and other influential minority interests,[558] particularly where the Urban Development Corporation, which is not directly accountable to the electorate, is the condemnation authority.[559] Due to the dominant role of these state bodies in shaping the project and the condemnation, the choice of these condemnation authorities may considerably weaken the protection of the condemnee even further.

5.4.2.2 Provision of information

Before a public hearing, the condemnor must give notice to the public of the purpose, time, and location of the public hearing.[560] This notice also includes the proposed location of the project and alternative locations. The notice does not need to be comprehensive and complete. It is sufficient for the condemnor to notify the public of the abstract purpose of the project without elaborating on the details of the project. For example, in the *Greenwich Associates* case, it was sufficient for the Metropolitan Transport Authority in New York City to state that the targeted property would serve to facilitate activities at Grand Central Station in New York City. The authority did not need to specify that it planned to demolish an existing structure and facilitate the solid waste handling system, because the authority gave the public the opportunity to inspect the plans.[561] Furthermore, in order for the notice to be adequate, the authority does not need to specify the exact location or include already rejected alternatives.[562]

The notice must be published in at least five consecutive issues of a governmental daily, and a daily or, if not available, weekly newspaper of general circulation in the

---

[555] § 856(2) of the General Municipal Law. See, however, Lavine 2011, 265 et seq, on the lack of accountability of industrial development agencies.

[556] See, however, Piper 2010, 1174, who stated that municipal agencies were also insulated from accountability.

[557] Serkin 2006, 1644 et seq; and Gillette 2005, 18 et seq.

[558] See, for instance, Jones 2000, 302 and 305; Lavine 2011, 215 and 267; Garnett 2006, 18; and Somin 2015, 74 et seq and 186 et seq.

[559] Goldstein 2011, 308 et seq; Piper 2010, 1174; Franzese 2011, 1105; and Lavine 2011, 264 et seq. Cf Olejarski 2013, 57 et seq.

[560] § 202(A) EDPL.

[561] *Greenwich Associates v Metropolitan Transportation Authority*, 548 N.Y.S.2d 190, 152 A.D.2d 216, 219 et seq (N.Y. ADiv. 1989).

[562] *Jackson v New York State Urban Development Corporation*, 67 N.Y.2d 400 (N.Y. 1986); and *C/S 12th Avenue LLC v City of New York*, 32 A.D.3d 1, 8 (N.Y. ADiv. 2006).

affected area, at least ten but no more than thirty days before the public hearing.[563] In addition, the condemnor must send a separate notice to all owners of the targeted properties at least ten but no more than thirty days before the public hearing.[564] Importantly, an inadvertent failure to notify a person does not affect the validity of the condemnation.[565]

The public may also request information under the Freedom of Information Law. In practice, however, this route proves to be rather slow and cumbersome.[566] The public can also gather information at the hearing.[567] The condemnor must outline the purpose, alternative locations of the project, and any other information that the authority considers pertinent, including maps and descriptions of the property to be acquired and adjacent parcels.[568]

When the authority completes a draft environmental impact statement under SEQRA, it must send copies of the draft to all people who requested a copy and publish a notice of the draft, the opportunity to inspect the draft and the 30-day period for comments in the environmental notice bulletin.[569] As the SEQRA-hearing and the EDPL-hearing should be held together, the authority should publish only one notice. The hearing, however, can be held no earlier than fifteen days after the publication of the notice.[570]

5.4.2.3 Access to the procedure

The EDPL does not impose any restrictions on the right to attend the public hearing and to submit objections. It follows from § 203 EDPL that anyone attending the public hearing can take part in it. SEQRA and the applicable regulations do not limit the group of persons who can comment on the draft environmental impact statement or participate in the hearing.

5.4.2.4 The type of participation

Besides informing the public about the project, the main purpose of the hearing is to inform the subsequent determinations of the authority.[571] The persons present at the hearing must have a reasonable opportunity to present an oral or written statement and to submit other documents concerning the proposed project.[572] The hearing serves to review and evaluate the project and its impact upon the public, but

---

[563] § 202(A) (B) EDPL.

[564] § 202(C) EDPL; See Goldstein 2011, 307, who criticised that tenants and holders of registered use rights would not receive a personal notice. This may be contrary to the due process clause of the Fourteenth Amendment, which requires that a separate notice is served on someone whose address is easily ascertainable and whose legally protected interests are directly affected by the condemnation: *Schroeder v City of New York*, 371 US 208, 212–13 (1962); and *Brody v Village of Port Chester*, 434 F.3d 121 (2d Cir. 2005).

[565] § 202(D) EDPL.

[566] Goldstein 2011, 308 et seq; and Rikon 2011, 172.

[567] § 201 EDPL.

[568] § 203 EDPL.

[569] 6 CRR-NY VI 617.12.

[570] 6 CRR-NY VI 617.9(a)(4)(ii) 617.12(c)(2).

[571] § 201 EDPL.

[572] § 203 EDPL.

the EDPL does not require a trial-type hearing with adversarial elements.[573] This means that attendees cannot cross-examine witnesses.[574] Should a person submit a written statement and attach documents about the project, the statement and documents will be available to the public and a further hearing may be convened.[575]

SEQRA and its regulations do not contain any further information about the characteristics of the public hearing. The people can comment on the draft at least 30 days after the publication of the notice or ten days after the hearing.[576]

It is doubtful whether meaningful participation is actually possible at the hearing, in particular where no planning procedure precedes the condemnation procedure. Not only does the hearing take place at a late stage of the condemnation process, but members of society have very little time to make representations in practice and there is no time for debate.[577]

5.4.2.5 The determination

Section 204(A) EDPL requires that the condemnor make a determination and findings concerning the project. The condemnor must at least specify the purpose of the project, the approximate location, the reasons for selecting this location, and its general effect upon the public.[578] Importantly, the determination does not need to include the exact location and boundaries of the targeted property, particularly where the complexity of the (building) project does not allow a determination of the exact location.[579] However, the condemnor does have to respond to the issues raised by the public.[580] Within 90 days after the conclusion of the hearing(s), the condemnor must publish the determination and findings in two consecutive issues of an official newspaper or a newspaper of general circulation and notify the owners of the targeted properties separately of the determination and findings as well as their rights to judicial review.[581]

Under SEQRA, 45 days after the public hearing or 60 days after the publication of the notice of the draft, the condemnation authority must file the final environmental impact statement.[582] Importantly, it has to respond to all comments on the substance of the draft.[583] The statement will then be published in the environmental notice bulletin.[584]

[573] *Jackson v New York State Urban Development Corporation*, 67 N.Y.2d 400, 424 (N.Y. 1986). Cf Nowak & Rotunda 2010, 355 et seq, who noted that due process might require a trial-type hearing.

[574] Piper 2010, 1160.

[575] § 203 EDPL.

[576] 6 CRR-NY VI 617.9(a)(4)(iii).

[577] Rikon 2011, 158. Cf Piper 2010, 1174.

[578] § 204(B) EDPL.

[579] *C/S 12th Avenue LLC v City of New York*, 32 A.D.3d 1, 8 (N.Y. ADiv. 2006).

[580] M Shapiro 'The Giving Reasons Requirement' 1992 *The University of Chicago Legal Forum* 179–220, 182 et seq and 186.

[581] § 204(A) and (C) EDPL.

[582] 6 CRR-NY VI 617.9(a)(5).

[583] 6 CRR-NY VI 617.9(b)(8).

[584] 6 CRR-NY VI 617.12(c)(1).

5.4.3 The court procedure

Persons that are adversely affected by a condemnation may have up to two options to challenge the condemnation in court, either directly through initiating proceedings against the condemnation itself or indirectly through proceedings against the plan upon which the condemnation is based. These options are in addition to proceedings pertaining to changes to zoning plans, compliance with building regulations, or similar issues.

If a planning procedure has preceded the condemnation procedure, adversely affected persons may want to challenge the plan in court under the applicable specific legislation or SEQRA. As the Municipal Redevelopment Law and the Urban Renewal Law do not provide for an administrative appeal procedure, affected persons can immediately start a special procedure in accordance with § 78 Civil Practice Law and Rules.[585] To initiate such a procedure, the adversely affected person must have standing.[586] They will only have standing if they are or will actually be harmed by the administrative decision.[587] In addition, their harm must be different from the harm suffered by the entire public.[588] An example of harm would be an infringement of a civil, property or personal right. If the plan entails that the use of the land that they used will be changed, owners, holders of limited property rights and tenants will have standing.

Whether or not a planning procedure has preceded the condemnation procedure, 'aggrieved' persons can always challenge the condemnation itself on constitutional grounds or on the ground that the condemnation authority did not comply with the EDPL or SEQRA.[589] As the EDPL does not further define the term 'aggrieved', the standing of the plaintiff will be subject to the normal requirements set out in this subsection.

The Civil Practice Law and Rules are applicable to all these proceedings. In their petitions, adversely affected persons set out the grounds on which they challenge the condemnation or the plan and provide proof for their assertions.[590] Concerning issues of fact, a trial can take place and witnesses can be heard.[591] Adversely affected persons bear the burden of proof, and there must be 'preponderance of the evidence' of a failure to comply with obligations.[592] After the proceedings, the court must decide on whether to annul the determinations of the authority.[593]

---

585 § 7801 Civil Practice Law and Rules.

586 Cf WJ Quirk 'Standing to Sue in New York' 1973 *St. John's Law Review* 429–482.

587 *New York State Association of Nurse Anesthetists v Antonia C. Novello*, 2 N.Y.3d 207, 211 et seq (N.Y. 2004).

588 *Transactive Corp. v New York State Department of Social Services*, 92 N.Y.2d 579, 587 (N.Y. 1998).

589 § 207 EDPL.

590 §§ 402, 7804 Civil Practice Law and Rules.

591 § 7804 Civil Practice Law and Rules. See §§ 4512 et seq Civil Practice Law and Rules for exceptions.

592 *Addington vs. Texas*, 441 US 418, 422 et seq (1979).

593 § 7806 Civil Practice Law and Rules.

5.5 THE ENDURANCE OF THE LEGITIMATE JUSTIFICATION

In the United States, developers sometimes fail to implement economic development projects for which the state condemned property.[594] Although the residential property in the *Kelo* case was eventually sold and not condemned,[595] the *Kelo* case remains the most notorious example of the failure of a project because the envisaged project has yet to be carried out in New London.[596] This failure raises the question of how under the Fifth Amendment and New York State law, the state ensures the project is implemented and whether the failure to implement the project triggers a right to reacquire.

➢ This section addresses the following questions with respect to New York State law and US Federal law:
  - Which measures does the state have to take in order to ensure that the project is actually implemented (preventive measures)?
  - Does the condemnee have a right to reacquire if the transferee fails to implement the project and, if so, under what conditions (corrective measures)?
  - Which organs decide on whether and to what extent such measures have to be taken (governance of the endurance of the legitimate justification)?

➢ See section 2.3 for more details on the endurance of the legitimate justification.

5.5.1 Preventive measures

At federal level, preventive measures do not play any role, either within the public use requirement or elsewhere.[597] In the *Midkiff* case, the Supreme Court found that it was irrelevant to the constitutionality of the taking whether the condemnation would actually achieve its objective and that the taking would pass constitutional muster as long as the authority could have rationally believed that the taking would promote its objective.[598] In the *Kelo* case, the owners who refused to sell their property stated that the envisaged project would not benefit the public with 'reasonable certainty'. In the majority opinion, Justice Stevens refused to review the efficacy of the development plan and argued that the Court could not wait for the likelihood of such a beneficial impact to be determined.[599] Not surprisingly, a

---

[594] Somin 2007, 192 et seq and 195 et seq.

[595] Bell & Parchomovsky 2006, 1422.

[596] Somin, 'Kelo condemnation site taken for "economic development" still lies empty', *The Washington Post*, 5 February 2014; retrieved from: http://www.washingtonpost.com/news/volokh-conspiracy/wp/2014/02/05/kelo-condemnation-site-taken-for-economic-development-still-lies-empty/ (last accessed: 28 June 2017).

[597] Garnett 2007, 452 et seq; Somin 2015, 76 et seq; Lang 2006, 467 et seq; Curran 2009, 1657, 1664 and 1673; and Cohen 2006, 545.

[598] *Hawaii Housing Authority v Midkiff*, 467 US 229, 242 (1984).

[599] *Kelo v City of New London*, 545 US 469, 488 (2005). It has been suggested in the literature that in the *Kelo* case, there was obligation for the project developer to implement the project and that this has been a reason why the economic development passed constitutional muster; see Curran 2009, 1688 et seq. It seems very unlikely that this suggestion is correct because the development plan in the *Kelo* case merely precluded a different use of the land, but did not deter the developer from not making use of the land.

number of authors have demanded that there be a statutory obligation to take preventive measures in the form of contractual obligations or public oversight.[600]

5.5.1.1 New York State condemnation statutes

In New York State law, the applicable regime depends upon the statutory basis of the condemnation. Municipal urban renewal plans are subject to the strictest regime. The municipality chooses either the highest bidder or a project developer that has been approved after a public hearing by the body competent to enact local laws.[601] In either case, the developer is required to implement the project within a 'definite and reasonable period of time'.[602] The contract must contain provisions 'requiring the purchaser, lessee or grantee to [. . .] redevelop such property in accordance with the urban renewal plan [. . .] within a definite and reasonable period of time [. . .]'.[603]

If the condemnation is based upon a municipal redevelopment plan, § 970-l of the General Municipal Law will apply. This provision appears ambiguous when it comes to preventive measures. Subsection (a) stipulates that the sale or lease of the real property will be conditioned on the redevelopment and use of the property in accordance with the redevelopment plan. Importantly, the sale or the lease can only be concluded after a public hearing has been held. It seems that the municipality can only sell or lease the property if they oblige the project developer to implement the project in conformity with the redevelopment plan. Subsection (b), however, provides that the municipality *may* oblige the developer to use the land for the envisaged purpose, begin the work on the project within a reasonable period of time fixed by the authority, and return the property if the developer fails to fulfil their obligations. The municipality may also impose other obligations that they deem necessary to achieve the project's purpose. To construe these obligations as fully optional would be inconsistent with the wording of subsection (a) and § 970-f, which stipulate that the plan must include measures ensuring the implementation of the project according to the plan. Therefore, the municipality will have to take all measures that the municipality deems necessary to ensure the implementation of the project. The words 'may' and 'deem' in subsection (b) obviously imply that the court's scrutiny of the municipality's choice will be very limited.

The rules to which industrial development agencies are subject are less elaborate. Section 858(4) of the General Municipal Law merely provides that the agency may dispose of real property 'in such manner as the agency shall determine'. The agency may thus oblige the developer to carry out the project, but it is in no way mandatory for the agency to insert such clauses into the contract. Equally lenient, § 8 of the Urban Development Corporation Act allows the sale or lease of an industrial project after a public hearing 'upon such terms as may be agreed upon'.

5.5.1.2 Examples from practice

In practice, contracts between state authorities and private project developer often contain enforceable clauses that oblige the developer to implement the project. In

600 Somin 2007, 192 et seq; Coughlin 2005, 1034; Gold & Sagalyn 2010, 1131; and Lang 2006, 476. Demanding 'reasonable certainty': McGlynn Mirett 2012, 453.

601 § 507(2)(c) and (d) of the General Municipal Law.

602 § 507(2)(c) of the General Municipal Law.

603 § 507(3) of the General Municipal Law.

the *Goldstein* case, the Urban Development Corporation and the Developer concluded a Funding Agreement.[604] Art. 6.01(a) of that agreement, for instance, obliged the developer to construct the infrastructure of the development project with diligence. The funding agreement, however, did not specify by when the construction needed to be complete. Artt. 7.03 and 13 gave the authority the means to compel the developer to implement the project. Art. 7.03 declared the provisions of the agreement enforceable against the developer. Art. 13.01(a) declared a failure to comply with agreement an event of default. Should the developer be in default, Artt. 13.02 and 13.03 stipulated that the Development Corporation could terminate the agreement, no longer needed to provide funding to the developer and could require the developer to pay back the received funding. However, Art. 13.06 explicitly provided that the Corporation may refrain from invoking these remedies.

Another preventive measure in the *Goldstein* case was the community benefit agreement between the developer and stakeholders.[605] In this agreement, the developer, for example, agreed that a certain percentage of the new residential units had to be affordable for lower- and middle-income groups and provide professional training to local people. The stakeholders may enforce this agreement. Again, however, this agreement did not specify by when the residential units need to be built.

Another example is a Master Developer Designation Agreement between the Town of Brookhaven and a developer.[606] The Town planned an urban renewal project in the area around its railway station. Art. 1.6(a) of the agreement provided that the developer had to work with the Town to develop the project. Art. 4.2(b) provided that the failure to comply with any provision constituted an event of default if it persisted for 30 days after written notice from the Town. Art. 4.2(c) then gave the Town the choice to waive strict compliance or seek injunctive relief, such as specific performance. Importantly, the developer will in no case be liable for 'money damages or consequential damages'.

An interview with Jon Houghton provided some more interesting insights about preventive measures. According to his experience, the obligations in a contract are mostly quite unspecific and compliance with the contract is not secured through penalty clauses. The absence of a time frame and penalty clauses in the examined examples confirm this finding. Also, he elaborated that cities, towns, and villages in particular often let the developer off the hook to avoid attracting attention to the matter and losing even more political credit.

5.5.2 Corrective measures

The condemnation extinguishes the title of the condemnee, and the condemnor acquires a new property right.[607] Should the eventual transferee and developer fail to implement the project on the condemned property, the right of the condemnee will not revive and the condemnee will not have a right to reacquire the property

---

[604] Funding agreement of 12 September 2007; retrieved from: http://dddb.net/documents/economics/ESDCFundingAgreement.pdf (last accessed: 28 June 2017).

[605] Community benefits agreement of 27 June 2005; retrieved from: http://www.beegreennow.org/images/Community%20Benefits%20Agreement.pdf (last accessed: 28 June 2017).

[606] Copy on file with author.

[607] Laitos 1998, 8–7.

from the transferee.[608] Reacquiring the property without any cooperation from the transferee only seems to be possible under two cumulative conditions. The first is if the condemnation is null and void because the promised public benefits were only a pretext, the condemnor acted in bad faith, or the condemnation was otherwise flawed.[609] The second condition is if this flaw also nullifies the transfer of the property from the condemnor to the transferee, which should be the case because the condemnor was never the owner and would never have had the power to dispose of the property. If the flaw only *allowed* the condemnor to terminate the agreement between the condemnor and the transferee and to reacquire the property, the reacquisition by the condemnee would depend upon the condemnor's collaboration. This is despite proposals to integrate corrective measures as a deterrent into the public use requirement.[610]

A change of purpose would not affect the validity of the condemnation and would not trigger a right to reacquire.[611] For instance, in the *Vitucci* case, the school construction authority never built the school for which the property had been condemned. The authority wished to use the land for an urban renewal project and transfer the land to a private project developer for that purpose. The Appellate Division found that such a change of purpose was permissible.[612]

Whereas at common law and under the Constitutions, there is no limitation to changing the purpose for which the land is used,[613] § 406(A) EDPL imposes a restriction to the freedom of the condemnor. This provision stipulates that the condemnee has a right of first refusal under four conditions if the condemnor abandons the project. The first is if the condemnor wishes to dispose of (a part of) the condemned property. By way of implication, this means that the condemnor can change the use of the property at will as long as they do not transfer the land to another entity. The second is if the new use of the property was private. This means that the condemnor can transfer the property to another private or public entity for public use.[614] The third is if no more than ten years have lapsed since the condemnation. The fourth is if the condemnor has not materially improved the property.

There seems to be an important limitation to the scope of applicability of § 406(A) EDPL. This provision only refers to the condemnor. The condemnor is defined as 'any entity vested with the power of eminent domain'.[615] This implies that § 406(A) is not applicable to a project developer that is not the condemnor. Third-party transfers for economic development projects would thus preclude the applicability of § 406(A) EDPL.

---

[608] *In re New York*, 83 N.E. 299, 190 N.Y. 350, 358 (N.Y. 1907); in the United States generally: Laitos 1998, 8–7.

[609] *Vitucci v New York City School Construction Authority*, 735 N.Y.S.2d 560, 289 A.D.2d 479 (N.Y. ADiv. 2001). See subsection 5.2.3 above.

[610] Curran 2009, 1658 and 1685 et seq.

[611] Laitos 1998, 8–8; and *Bottillo v State of New York*, 53 A.D.2d 975, 386 N.Y.S.2d 475 (N.Y. ADiv. 1976).

[612] *Vitucci v New York City School Construction Authority*, 735 N.Y.S.2d 560, 289 A.D.2d 479 (N.Y. ADiv. 2001).

[613] *Vitucci v New York City School Construction Authority*, 735 N.Y.S.2d 560, 289 A.D.2d 479 (N.Y. ADiv. 2001).

[614] *Vitucci v New York City School Construction Authority*, 735 N.Y.S.2d 560, 289 A.D.2d 479 (N.Y. ADiv. 2001).

[615] § 103(D) EDPL.

The condemnation statutes do not require the condemnation authority to take corrective measures. Only § 970-l(b) of the General Municipal Law provides that the municipality *may* insert a clause with an obligation to return the property to the municipality if the municipality deems this necessary to ensure the implementation of the project. As this clause is only optional and, moreover, does not say anything about the relationship between the condemnor and the condemnee, the condemnation statutes do not help the condemnee.

Jon Houghton also shared his experience on corrective measures. Normally, contracts between developers and authorities do not contain any clauses with an obligation to return the property. Even if they do, authorities often refrain from invoking these clauses in order to avoid admitting their own failure and further trouble. The agreements examined above with respect to preventive measures[616] confirm Houghton's point in that they do not contain any provision about the fate of the condemned property after a failure to implement the project. An example to the contrary is a contract between the Village of Haverstraw and a developer. After its defeat before the Appellate Division,[617] Haverstraw embarked on redoing the redevelopment project. Should the developer fail to implement the project according to the project plan or to operate it in accordance with the applicable laws, Art. 13.4 stipulated that the fee title to the condemned property on which the project has not been implemented would revert back to the village upon termination of the agreement by the village. This clause does not immediately help the condemnee, but may incentivise the developer to complete the project and may trigger § 406(A) EDPL at some point thereafter.

5.5.3 The governance of the endurance of the legitimate justification

With regard to preventive measures, depending upon the statutory basis of the condemnation, the legislator assumes no role at all or performs the boundary-shaping role to oblige the condemnation authority, in performing its creative task, to take the necessary steps for the developer to be bound to implement the project. Under the Development Corporation Act, for instance, the legislator leaves it to the authority to shape the content of the contract with the developer. Under that statute, the authority can thus decide whether or not to take preventive measures. Under urban renewal and urban redevelopment legislation, by contrast, the developer must be bound to implement the project within a certain time frame. The choice of the clauses necessary to achieve this goal is left to the condemnation authority. Only urban redevelopment legislation contains a number of examples of suitable contract clauses.

The courts obviously play a broader controlling role under urban renewal and urban redevelopment legislation because within that framework they scrutinise whether the contract complies with the set standards and whether the condemnation authority has met all procedural requirements. However, as has been noted above,[618] courts are very likely to defer to the authority's judgment as to what is necessary for the developer to be sufficiently bound. If the Urban Development

---

[616] See subsection 5.5.1.2 above.

[617] *49 WB, LLC v Village of Haverstraw*, 839 N.Y.S.2d 127, 44 A.D.3d 226 (N.Y. ADiv. 2007). See subsections 5.2.2.5 and 5.2.3.3 above.

[618] See subsection 5.5.1.1 above.

Corporation or an industrial development agency is the condemnation authority, however, there will be a narrower controlling role for the courts. In particular, the courts will test whether the condemnation authority has met the procedural requirements, if any, under the respective statute.

When it comes to corrective measures, the legislature does not perform a broad boundary-shaping role. The legislature has provided for a right of first refusal under § 406(A) EDPL, which is, however, not comparable to a right to reacquire and is likely not apply to third-party transfers. Furthermore, the legislature has not made it mandatory for the condemnation authority to add corrective measures to a contract with a developer. Such measures only feature as an option to ensure the implementation of the project and, moreover, only in urban redevelopment legislation. The courts refuse to play a boundary-shaping role, and their controlling role does not allow them to strike down a condemnation due to a failure of the authority to adopt such measures on the basis of that legislation. An exception may apply if the competent court comes to the highly unlikely conclusion that a right to reacquire is indispensable to ensure the implementation of the project under the condemnation statutes.[619] The authority is thus largely free and uncontrolled in deciding whether or not to take corrective measures.

[619] See subsection 5.5.1.1 above.

CHAPTER 6 South African Law

Table of Contents

6.1 APPLICABLE LAW

➢ In this section, the following questions are answered:
- What is the definition of expropriation in South African law?
- On the basis of which statute(s) may the state expropriate property for a third-party transfer for economic development?
- Which South African constitutional provisions, primary legislation, and secondary legislation does this chapter examine so as to evaluate the legitimate justification of third-party transfers for economic development, its endurance, and its governance?

6.1.1 The definition of expropriation

In South African law, expropriations are deprivations in terms of Section 25(1) of the South African Constitution of 1996. Deprivations form a group of infringements of constitutionally protected property that completely encompass expropriations as a subcategory of deprivations.[1] Deprivations and, therefore, expropriations as a subcategory of deprivations are defined as unilateral state limitations to the enjoyment, exploitation, and use of constitutionally protected property, in particular property rights on land.[2]

Section 25(2) and (3) of the Constitution specifically governs expropriations. The constitutional jurisprudence and literature for the most part clarify what distinguishes expropriations from other deprivations. Under Section 28(3), the expropriation clause of the Interim Constitution of 1993, the South African Constitutional

[1] *First National Bank of SA Limited t/a Wesbank v Commissioner for the South African Revenue Services and Another; First National Bank of SA Limited t/a Wesbank v Minister of Finance* (CCT 19/01) [2002] ZACC 5, paras 46 and 57 et seq; Marais, 'When does State Interference with Property (now) Amount to Expropriation? An Analysis of the Agri SA Court's State Acquisition Requirement (Part I)', *PER* 2015, 2983–3031, 2985; Van der Walt 2011a, 341 et seq; and Van der Walt, 'Section 25 vortices (part 1)', *TSAR* 2016, 412–427, 420.

[2] [2002] ZACC 5, para 57. Concerning the definition of property, see S 25(4)(b) of the South African Constitution. There is no comprehensive definition of property under the Constitution: *Shoprite Checkers (Pty) Limited v Member of the Executive Council for Economic Development, Environmental Affairs And Tourism, Eastern Cape and Others* (CCT 216/14) [2015] ZACC 23, para 104. Cf Marais, 'Expanding the Contours of the Constitutional Property Concept', *TSAR* 2016, 576–592.

Court held in the *Harksen* judgment that expropriation generally entailed the acquisition of rights in property by a public authority for a public purpose.[3] The Constitutional Court confirmed the state acquisition requirement in the *Agri SA* case.[4] In the *Arun* judgment, the Constitutional Court accepted that an expropriation was unilateral state action against the owner's will.[5]

Due to the scarcity of case law, this subsection also needs to consider opinions in the literature. *Van der Walt* defined (administrative) expropriation as the partial or full loss of property brought about by unilateral and lawful state action for a public purpose or in the public interest.[6] *Gildenhuys* defined expropriation as a unilateral extinction of property by the state and the acquisition of the property by the state or a third party for a legitimate purpose.[7] The forced acquisition of property by the state and the subsequent transfer to a private entity for the purpose of economic development would thus in any case fall under this definition, provided that economic development is a legitimate purpose.[8]

It is disputed under South African law whether interference with property that falls short of the acquisition of property by the state, but has an excessive, expropriation-like impact upon individual holders of property would constitute expropriation. This issue is discussed in the South African literature as the question of whether South African law recognises the doctrine of constructive expropriation.[9] Closely related to this debate is the discussion about whether and, if so, on what legal ground and under what conditions such excessive state action would trigger state liability.[10] These discussions fall outside the scope of this chapter.

6.1.2 The general constitutional and administrative law framework

In South Africa, expropriations, including third-party transfers for economic development, are effected by an administrative decision on the basis of an authorising statute (administrative expropriation).[11] In addition to specific statutory rules, which

---

[3] *Harksen v Lane NO and Others* (CCT 9/97) [1997] ZACC 12, para 32; and K Iles 'Property' in I Currie & De Waal (eds) *The Bill of Rights Handbook* 6th ed (Cape Town: Juta 2013) 530–562, 548.

[4] [2005] ZACC 9. Cf Marais 2015, 2983–3031.

[5] *Arun Property Development (Pty) Ltd v City of Cape Town*, [2014] ZACC 37, para 58, referring to Van der Walt 2011a, 344.

[6] Van der Walt 2011a, 344 et seq. It is uncertain whether South African law recognises judicial and/or statutory expropriation; see Van der Walt 2011a, 456 et seq.

[7] Gildenhuys 2001, 8. See also: Marais & Maree, 'At the Intersection between Expropriation Law and Administrative Law: Two Critical Views on the Constitutional Court's *Arun* Judgment', *PER* 2016/19, 1–54, 6 et seq.

[8] Refer to subsection 6.2.1 below for an inquiry into whether economic development is a legitimate purpose.

[9] Cf Van der Walt 2011a, 347 et seq; Slade 'Compensation for What? An Analysis of the Outcome in *Arun Property Development (PTY) LTD v Cape Town City*' (2016) 19 *PER* 1–25, 20 et seq; and Mostert 'The Distinction between Deprivations and Expropriations and the Future of the "Doctrine" of Constructive Expropriation in South Africa' 2003 *SAJHR* 567–592.

[10] See for an in-depth comparative analysis of this issue: K Bezuidenhout *Compensation for excessive but otherwise lawful regulatory state action* (Unpublished LLD thesis Stellenbosch University 2015). This thesis can be retrieved via: http://scholar.sun.ac.za/handle/10019.1/96819 (last accessed: 28 June 2017).

[11] It is uncertain, by contrast, whether judicial and statutory expropriation form part of South African law: Van der Walt 2011a, 456 et seq. Arguing against statutory expropriation: Slade 2016, 18 et seq. Arguing in favour of statutory expropriation: Marais & Maree 2016, 14 et seq.

are set out in subsection 6.1.3, an administrative expropriation also triggers the applicability of the South African constitutional and administrative law framework. The 1996 Constitution is the current supreme law of South Africa that forms the basis of a single system of law.[12] The Constitutional Court is the highest court in constitutional matters and has the final say on whether state action and the authorising legislation are constitutional.[13] Whether through the interpretation of the applicable statutes in conformity with the Constitution (constitution-conform interpretation) or the nullification of unconstitutional parts of the applicable legislation and the expropriation decision, [14] the Constitution sets boundaries to the permissible content of the decision.

There are four constitutional provisions that are most relevant to an administrative expropriation. Section 25 is the Constitution's property clause. Its subsection (1) sets out requirements for the constitutionality of deprivations, and subsections (2) and (3) provide for requirements for the constitutionality of expropriations of property. These provisions, to the extent that they are relevant to this chapter, read as follows:

> (1) No one may be deprived of property except in terms of law of general application, and no law may permit arbitrary deprivation of property.
> (2) Property may be expropriated only in terms of law of general application
> (a) for a public purpose or in the public interest; and
> (b) subject to compensation, the amount of which and the time and manner of payment of which have either been agreed to by those affected or decided or approved by a court.
> (3) The amount of the compensation and the time and manner of payment must be just and equitable, reflecting an equitable balance between the public interest and the interests of those affected, [. . .].

Section 36(1) sets out the requirements for the lawfulness of limitations to fundamental rights, such as an expropriation of property. It reads as follows:

> The rights in the Bill of Rights may be limited only in terms of law of general application to the extent that the limitation is reasonable and justifiable in an open and democratic society based on human dignity, equality and freedom, taking into account all relevant factors, including—
> (a) the nature of the right;
> (b) the importance of the purpose of the limitation;
> (c) the nature and extent of the limitation;
> (d) the relation between the limitation and its purpose; and
> (e) less restrictive means to achieve the purpose.

[12] S 2 of the Constitution; *Pharmaceutical Manufacturers Association of South Africa: In re Ex Parte President of the Republic of South Africa*, 2000 2 SA 674 (CC) para 44; and Van der Walt, *Property and Constitution*, Pretoria: PULP, 2012, 20.

[13] S 167(3) of the Constitution.

[14] Mostert 'The Poverty of Precedent on Public Purpose/Interest: An Analysis of Pre-Constitutional and Post-Apartheid Jurisprudence in South Africa' in Hoops, Marais, Mostert, Sluysmans & Verstappen (eds) *Rethinking Expropriation Law I: Public Interest in Expropriation* (The Hague: Boom, 2015) 59–92, 61 et seq; and Currie & De Waal, Remedies 2013, 176–208, 185 et seq. See also Ss 172(1)(a) and 167(3) of the Constitution.

As an administrative expropriation decision constitutes administrative action, [15] the expropriation authority has to observe Section 33.[16] Section 33(1) and (2) read as follows:

> (1) Everyone has the right to administrative action that is lawful, reasonable and procedurally fair.
> (2) Everyone whose rights have been adversely affected by administrative action has the right to be given written reasons.

The Promotion of Administrative Justice Act (PAJA)[17] gives effect to Section 33 by setting out the requirements that a lawful, reasonable, and procedurally fair administrative decision must meet.

It is not immediately clear what the relationship is between Sections 25, 33, and 36 of the Constitution and PAJA. They all perform similar functions, namely subjecting expropriation to formal, procedural and substantive requirements, and their requirements at least partially overlap. For example, Sections 36(1) and 33(1) of the Constitution both feature the requirement of reasonableness. In the South African literature, the issue of concurrence or overlapping constitutional and statutory norms in property law has drawn tremendous attention.[18] To determine the importance of each applicable provision, the following subsections provide an analysis of whether the applicability of one norm influences the applicability of another and to what extent the requirements of these two norms are the same or affect each other. At the same time, the following subsections briefly introduce the content of the requirements that apply to third-party transfers for economic development and are analysed in sections 2 to 5.

For a better understanding of the following subsections and the whole chapter, non-South African readers should bear the following in mind. The discussion about standards of judicial scrutiny (review) in South Africa mainly concerns the question of which type of test the courts apply to an expropriation. For instance, South African lawyers may discuss about whether the courts should merely apply a test of the suitability of the expropriation (rationality) or also a test of its proportionality.[19] German and Dutch lawyers mostly discuss about whether a court reviews an authority's application of a predetermined test, such as proportionality, fully or only to a limited extent.[20] The main reason for this difference seems to be that under South African law, such tests are only grounds of judicial review.[21] By contrast, German and Dutch authorities are obliged to apply those tests to their own

---

[15] The expropriation authority exercises a public power in terms of legislation as required by S 1(i) PAJA; see Van der Walt 2011a, 291; and Marais & Maree 2016, 3.

[16] Cf *City of Tshwane Metropolitan Municipality v Link Africa (Pty) Ltd and Others*, [2015] ZACC 29, para 65.

[17] Act 3 of 2000.

[18] See, for instance, E van der Sijde *Reconsidering the Relationship between Property and Regulation: A Systemic Constitutional Approach* (Unpublished LLD thesis Stellenbosch University 2015); this thesis can be retrieved via: http://scholar.sun.ac.za/handle/10019.1/97827 (last accessed: 28 June 2017); Marais & Maree 2016, 1–54; and Van der Walt 2012a, 42 et seq.

[19] See, for instance, subsection 6.1.2.1 below.

[20] See, for instance, subsections 3.3.5 and 4.3.4 above.

[21] See S 6(2) PAJA.

decisions. German and Dutch courts then subject the application of those tests to a full or limited judicial review.[22]

6.1.2.1 Section 25(1) and (2) of the Constitution

Section 25(1) subjects deprivation of property to two requirements. Firstly, the state may only deprive a holder of property of their property in terms of law of general application. Secondly, this law may not authorise arbitrary deprivation. Deprivations are, in principle, not subject to the payment of compensation.[23] Section 25(2) and (3) subject the state's power to expropriate, which is itself based upon the Constitution, [24] to three requirements. Firstly, the state may only expropriate property in terms of law of general application. Secondly, the state may only expropriate property for a public purpose or in the public interest. Thirdly, just and equitable compensation must be paid. Despite the negative formulation of these guarantees, the South African Constitution positively protects the acquisition, use, and enjoyment of property as a fundamental right.[25]

In the 2002 *FNB* judgment of the Constitutional Court, deprivation was defined as any interference with the use, enjoyment, or exploitation of private property.[26] In later jurisprudence, only a substantial interference or limitation that goes beyond the normal restrictions to the use and enjoyment of property found in an open and democratic society was deemed to constitute a deprivation.[27] No doubt, expropriation constitutes such a deprivation because it entails the most extreme limitation to property. Accordingly, the *FNB* Court held that expropriation was a subcategory within the greater category of deprivation.[28]

The qualification of expropriations as deprivations, however, is not only a dogmatic brain game. It also has a substantial impact on the norms applicable to expropriation. In accordance with the *Harksen* judgment of the Constitutional Court, it initially seemed that an expropriation decision would only be tested against the specific constitutional provision on expropriation, which is now Section 25(2), unless the parties to the proceedings would base their case of action on the constitutional provision on deprivations.[29] In *FNB*, however, the Constitutional

---

[22] See, for instance, Art. 3:4 Awb; and BVerfG, Judgment of 17 December 2013, *NVwZ* 2014, 211, 221.

[23] Bezuidenhout 2015, 10.

[24] Gildenhuys 2001, 3 et seq.

[25] IM Rautenbach 'Introduction to the Bill of Rights' in Y Mokgoro & P Tlakula (eds) *Bill of Rights Compendium* (Durban: LexisNexis) 1A-191; *Certification of the Constitution of the Republic of South Africa, 1996* (CCT 23/96) [1996] ZACC 26, para 72; [2002] ZACC 5, para 48; and *Reflect-All 1025 CC and Others v MEC for Public Transport, Roads and Works, Gauteng Provincial Government and Another* (CCT 110/08) [2009] ZACC 24, para 33.

[26] [2002] ZACC 5, para 57.

[27] *Nokuthula Phyllis Mkontwana v Nelson Mandela Metropolitan Municipality and Another; Bissett and Others v Buffalo City Municipality and Others; Transfer Rights Action Campaign v Member of the Executive Council for Local Government and Housing, Gauteng and Others* (CCT 57/03; 61/03; 1/04) 2005 (1) SA 530 (CC) para 32; and, most recently, *South African Diamond Producers Organisation v Minister of Minerals and Energy N.O. and Others* (CCT 234/16) [2017] ZACC 26 paras 42 et seq. See, however, also: [2009] ZACC 24, paras 35 et seq. Cf Van der Walt 2011a, 204 et seq.

[28] [2002] ZACC 5, paras 46, 57 et seq.

[29] [1997] ZACC 12, paras 31 et seq; K Hopkins & K Hofmeyr 'New Perspectives on Property' 2003 *SALJ* 48–62, 50; Van der Walt & H Botha 'Coming to grips with the new constitutional order: critical comments on Harksen v Lane NO' 1998 *SAPR/PL* 17–41.

Court set out a new methodology for the constitutional scrutiny of expropriations. According to this *FNB* methodology, even an expropriation must first be tested against Section 25(1). If the expropriation falls foul of Section 25(1), it will be tested against the general limitation clause, Section 36(1). Only if the expropriation either passes scrutiny under Section 25(1) or is justified under Section 36(1), will the courts proceed to Section 25(2). If the expropriation falls foul of Section 25(2), it will be tested against Section 36(1) (again).[30] An expropriation would thus be unconstitutional in two scenarios. Firstly, the expropriation violates Section 25(1) and is not justifiable under Section 36(1). Secondly, it violates Section 25(2) and is not justifiable under Section 36(1). The following flow chart summarises the *FNB* methodology:

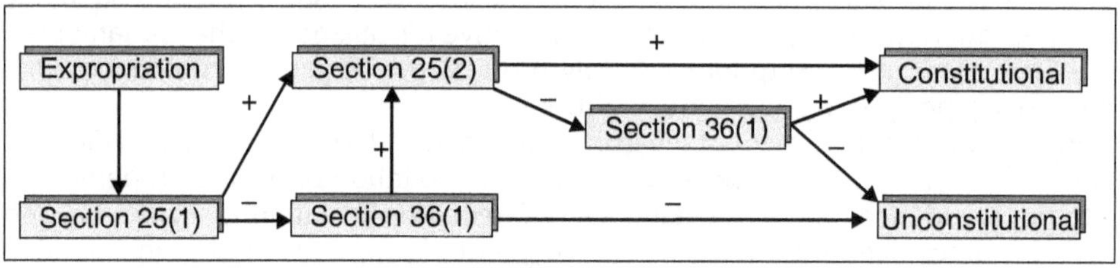

Figure 12: The flow chart depicts the tests that a South African court must apply to expropriations in order to examine their constitutionality according to the *FNB* methodology. '+' means that the expropriation has passed scrutiny under the provision that precedes the arrow. '–' means that the expropriation does not meet the requirements of the provision that precedes the arrow.

Source: Author's own design

This counter-intuitive dogmatic structure entails that an expropriation must comply with the requirements of both Sections 25(1) and 25(2), [31] which significantly changes the requirements that an expropriation must meet. Among the requirements of Section 25(1), the arbitrariness test differs significantly from the public purpose/public interest requirement of Section 25(2). In the *FNB* judgment, the Constitutional Court held that a deprivation would be arbitrary if the law did not provide sufficient reason for the deprivation (substantive arbitrariness) or if it was procedurally unfair (procedural arbitrariness).[32] While procedural non-arbitrariness is the source of relatively straightforward procedural requirements, such as a notice of the deprivation, [33] 'sufficient reason' accommodates a complex dogmatic structure, which requires an in-depth description.

Sufficient reason is a substantive criterion that requires an examination of the relationship between the purpose of the deprivation, the deprivation itself, and the

[30] [2002] ZACC 5, paras 57 et seq.

[31] Van der Walt 2011a, 219 and 341 et seq; and Slade 'Less Invasive Means: The Relationship between Sections 25 and 36 of the Constitution of the Republic of South Africa, 1996' in Hoops, Marais, Mostert, Sluysmans & Verstappen (eds) *Rethinking Expropriation Law I: Public Interest in Expropriation* (The Hague: Boom 2015) 331–347, 338.

[32] [2002] ZACC 5, para 100.

[33] [2015] ZACC 29, para 64.

identity of the adversely affected party. As is shown below in more detail, [34] this substantive criterion is inherently different from the public purpose/public interest requirement of Section 25(2), which merely concerns the question of whether the expropriation serves a legitimate purpose, but does not require taking into account the relationship between the expropriation, its purpose, and its adverse impact.

Within the substantive arbitrariness test, the courts must analyse the relationship of the purpose to the extent of the deprivation, the nature of the affected property rights, and the holder of those property rights. Depending upon this relationship, the court may apply a test on a continuum from a rationality-type to a proportionality-type test to ascertain the validity of the deprivation. A rationality test requires that the deprivation is suitable to serve its purpose and based upon the facts of the case and a sound reasoning.[35] In applying a proportionality test, the courts weigh up the relative importance of the deprivation's purpose against the relative importance of the deprivation's adverse impact.[36] Through this test, the courts determine whether the importance of the project outweighs the interest of the expropriatee in the property.[37] However, the substantive arbitrariness test will never be as lenient as a pure rationality test, nor will it ever entail a full-blown proportionality test.[38]

Although the courts seem to have a discretion when choosing the strictness of their inquiry, [39] both the extent of the deprivation and the nature of right will arguably compel the courts to apply a proportionality-type inquiry to expropriations because the expropriation of property is a very severe infringement of a fundamental right.[40] *Slade*'s argument, inspired by *Van der Walt*, [41] that judicial scrutiny should be less close if the expropriation served core government functions, such as public health and public safety, is not persuasive due to the severe impact of the expropriation, which does not depend upon the expropriation's purpose.[42] The following

---

[34] See subsection 6.2.1 below.

[35] Hoexter 2012, 340.

[36] *S v Makwanyane and Another* (CCT 3/94) [1995] ZACC 3, para 104; confirmed by: *National Coalition for Gay and Lesbian Equality and Others v Minister of Home Affairs and Others* (CCT 10/99) [1999] ZACC 17, para 58. See also MH Cheadle, 'Limitation of Rights' in Cheadle, DM Davis & NRL Haysom (eds) *South African Constitutional Law, The Bill of Rights*, 2nd ed (Durban: LexisNexis 2008) 30–9.

[37] Cf S Woolman 1997 'Out of order? Out of balance? The limitation clause of the final Constitution' 1997 *SAJHR* 102–134, 113; Mostert, *The Constitutional Protection and Regulation of Property and its Influence on the Reform of Private Law and Landownership in South Africa and Germany* (Unpublished LLD thesis Stellenbosch University 2000) 245; and Woolman & Botha, 'Limitations' in Woolman & M Bishop (eds) *Constitutional Law of South Africa, Vol. 3* 2nd ed (Cape Town: Juta 2008) 34–47 et seq, 34–95.

[38] [2002] ZACC 5, para 100; and Van der Walt 2011a, 250.

[39] T Roux, 'Property', in Woolman & Bishop, 46–22 et seq; and Marais, 'The constitutionality of section 89(5)(c) of the National Credit Act under the property clause: *National Credit Regulator v Opperman & Others*' 2014 *SALJ* 215–233, 231.

[40] Slade 2013, 206 et seq. See *National Credit Regulator v Opperman and Others* (CCT 34/12) [2012] ZACC 29, para 71, where the Court applied a proportionality test to a deprivation that did not constitute an expropriation. Cf [2015] ZACC 29, paras 61 and 63; [2015] ZACC 23, para 80; Van der Walt & Marais, 'The constitutionality of acquisitive prescription: A section 25 analysis' 2012 *TSAR* 714–736, 724 et seq; and Marais 2014, 231.

[41] Van der Walt 2011a, 228.

[42] Slade 2013, 207.

figure illustrates the permissible range of tests and indicates the test applied to expropriations:

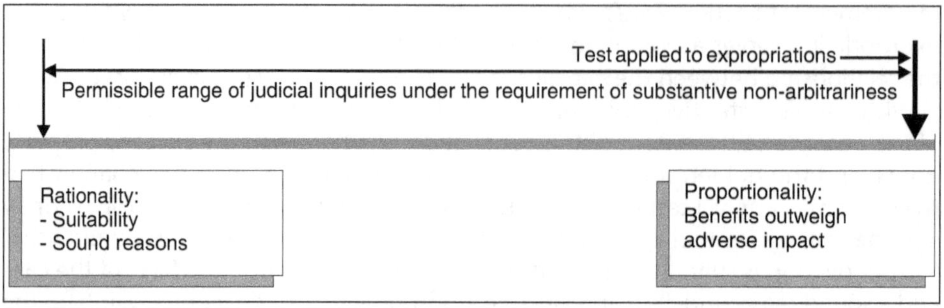

Figure 13: The boxes define the sub-requirements of 'rationality' and 'proportionality'. The thin arrow indicates the most lenient possible judicial inquiry under the requirement of substantive non-arbitrariness. This test is slightly stricter than rationality. The thick arrow indicates the strictest possible judicial inquiry, which falls slightly short of proportionality, and also indicates the test applied to expropriations.

Source: Author's own design

The Constitutional Court, however, does not necessarily apply Section 25(1) and, as a result, the discussed proportionality-type inquiry because the Court tends to ignore or only to pay lip service to its own methodology.[43] In the *Du Toit* judgment, the Court did not apply Section 25(1) to an expropriation at hand, probably because the parties only litigated over the amount of compensation.[44] In *Agri SA* and *Haffejee*, the Court confirmed the *FNB* methodology, but explicitly held that the application of Section 25(1) would be unnecessary if the parties agreed that there was no arbitrary deprivation.[45] In the light of these judgments, *Van der Walt* plausibly advocated a change of the *FNB* methodology and that the expropriatee had to base their challenge directly on Section 25(2) of the Constitution in expropriation cases.[46]

Arguably, the immediate application of the requirement of just and equitable compensation under Section 25(2) and (3), of which the *Du Toit* judgment gives an example, is worrisome. Compensation is a consequence of a lawful expropriation, and it should, therefore, be the duty of the courts first to verify the lawfulness of the expropriation in all cases.[47] It is further submitted that the overall development towards an immediate application of Section 25(2) is undesirable. Unlike the public purpose/public interest requirement, the more nuanced approach of the arbitrariness test of Section 25(1) may enable the expropriatee to put forward the alternative project argument and/or the least invasive means argument or compel the state to take account of adversely affected interests.[48] Furthermore, if the expropriation

[43] This is contrary to the prediction of *Roux* that the arbitrariness test would be the main test and that Section 25(2) would not play a significant role. Cf Van der Walt 2016, 412–427.

[44] [2005] ZACC 9, para 28; Van der Walt 2011a, 343; and Slade 2015, 340.

[45] *Agri South Africa v Minister for Minerals and Energy* (CCT 51/12) [2013] ZACC 9, para 92; *Haffejee NO and Others v eThekwini Municipality and Others* (CCT 110/10) [2011] ZACC 28, para 27; Van der Walt, 'Constitutional Property Law', *ASSAL* 2011, 245–293, 289; and Marais 2015, 2985.

[46] Van der Walt, 'Section 25 vortices (part 2)', *TSAR* 2016, 597–621, 616 et seq.

[47] Marais & Maree 2016, 9–14.

[48] See a more detailed analysis in subsections 6.3.2 and 6.3.4 below; and a similar argument made in Slade 2015.

meets the more lenient requirements of Section 25(2), Section 36(1), which may allow for similar defences as Section 25(1), [49] will not be applicable according to the *FNB* methodology.

To protect the expropriatee better, as *Iles* has persuasively argued, Section 25(1) should always play a role in determining the lawfulness of an expropriation.[50] In addition to the application of Section 25(1) according to the *FNB* methodology, an alternative option would be to apply the arbitrariness test of Section 25(1) or the proportionality inquiry of Section 36(1) within the public purpose/public interest requirement of Section 25(2) in addition to the question of whether the project and the expropriation serve an abstract legitimate purpose.[51] This would ensure that the expropriatee can compel the state to take adversely affected interests into account and put forward the alternative project argument and/or the least invasive means argument.

6.1.2.2 The relationship between Sections 25 and 36 of the Constitution

The *FNB* methodology dictates that Section 36(1) is applied after an expropriation has fallen foul of Section 25(1) or Section 25(2) respectively. Unlike its predecessor, Section 33 of the Interim Constitution, Section 36(1) stipulates that fundamental rights can be limited *in terms of* law of general application and does not require that the infringement is effected *by* law. While an infringement *by* law would require that an Act of Parliament directly effects the infringement, an infringement *in terms of* law also allows an infringement on the basis of a statute by administrative action or otherwise. Section 36(1) is, therefore, also applicable to administrative expropriation.[52]

Section 36(1) provides that a limitation is only constitutional to the extent that it is reasonable and justifiable. This provision prescribes a proportionality inquiry in which the weighing of interests is based upon human dignity, equality, and freedom in an open and democratic society.[53] This poses the question of what the substantive difference is between the general limitation clause and the more specific requirements ('internal modifiers') under Section 25(1) and Section 25(2) respectively. The formal requirement that property may only be deprived or expropriated in terms of law of general application is the very same as in Section 36(1).[54]

As for the requirement of substantive non-arbitrariness under Section 25(1), some scholars seem to be of the opinion that there is a difference between the proportionality-type inquiry under Section 25(1) and the full-scale proportionality test under

---

[49] See a more detailed analysis in subsections 6.3.2 and 6.3.4 below.

[50] Iles 2013a, 534 et seq. See also: Slade 2013, 207; and Slade *The Justification of Expropriation for Economic Development* (Unpublished LLD thesis Stellenbosch University 2012) 142. This thesis can be retrieved via: http://scholar.sun.ac.za/handle/10019.1/71965 (last accessed: 28 June 2017).

[51] Slade 2015, 341 et seq.

[52] Rautenbach, Bill of Rights, 1A-85; and Woolman & Botha 2008, 34–56. This is also an implication of the *FNB* methodology, which prescribes the application of S 36(1) to the expropriation.

[53] [1999] ZACC 17, para 58. Differing: Rautenbach *Rautenbach-Malherbe Constitutional Law* 6th ed (Durban: LexisNexis 2012) 307 and 312; and Rautenbach 'Overview of Constitutional Court Judgment on the Bill of Rights—2012' 2013 *TSAR* 306–326, 320. See subsection 6.1.2.2 above.

[54] Rautenbach, Bill of Rights, 1A-199; Rautenbach 'The limitation of rights in terms of provisions of the bill of rights other than the general limitation clause: a few examples' 2001 *TSAR* 617–641, 636; Rautenbach, Overview, 319; Hopkins & Hofmeyr 2003, 61; and Roux, Property, 46–26.

the general limitation clause, but do not pinpoint the difference.[55] These authors and even the Constitutional Court have conceded that an arbitrary deprivation was very unlikely to be justified under Section 36(1).[56] Other scholars have expressed the opinion that the courts should only apply one of these tests.[57] Under the Interim Constitution, *Kleyn* argued that in view of Section 36(1), the arbitrariness test was superfluous.[58] Under the 1996 Constitution, but before the *FNB* judgment, *Van der Walt* argued that the arbitrariness test should be applied within the interpretative framework of Section 36(1).[59] After the *FNB* judgment, *Rautenbach* argued that no difference persisted between the arbitrariness test and the test of Section 36(1) because the Constitutional Court had applied all criteria listed in Section 36(1) to the substantive arbitrariness of a deprivation in the *Opperman* judgment.[60]

Rautenbach's opinion is in three ways inconsistent with jurisprudence of the Constitutional Court. Firstly, the Constitutional Court considered, in *FNB*, that a proportionality inquiry within the arbitrariness test falls slightly short of the proportionality inquiry of Section 36(1).[61] Secondly, the Constitutional Court has, since the *Opperman* judgment, insisted that Section 36(1) would only be applied if the deprivation fell foul of Section 25(1).[62] Thirdly, the equation of the arbitrariness test with the general limitation test implies that the applicable test under the general limitation clause varies just as much as under the requirement of substantive non-arbitrariness.[63] However, the Constitutional Court views the test applied under Section 36(1) as fixed.[64]

That said, the weight of these three concerns should not be overestimated in the context of expropriation. The third concern seems irrelevant as expropriations will always require a very strict substantive arbitrariness test that only falls slightly short of a full-blown proportionality inquiry.[65] The first concern does not seem of significant weight as the Constitutional Court and academic scholars recognise that the difference between the strict substantive arbitrariness test and the proportionality inquiry under Section 36(1) is very narrow.[66] The second concern does not necessarily stand in the way of informing the application of Section 25(1) with insights from Section 36(1). It is, therefore, submitted that in expropriation cases, the differences between the substantive arbitrariness test in terms of Section 25(1) and the general limitation clause are negligible.

---

[55] Van der Walt 2011a, 219 and 285; Hopkins & Hofmeyr 2003, 61; Roux & Davis 'Property', in Cheadle, Davis & Haysom, 20–20; and Slade 2015, 338.

[56] See literature cited in the previous footnote; and [2015] ZACC 23, para 87.

[57] See for an overview of opinions from before the *FNB* judgment: Hopkins & Hofmeyr 2003, 59 et seq.

[58] Kleyn 1996, 433.

[59] Van der Walt 'The limits of constitutional property' 1997 *SAPR/PL* 275–330, 277 and 327 et seq. Seemingly rejected by [2002] ZACC 5, para 70.

[60] [2012] ZACC 29, paras 68 et seq; Rautenbach, Bill of Rights, 1A-199 et seq; and Rautenbach, Overview, 319 et seq. Cf Rautenbach, 'Expropriation and arbitrary deprival of property: five forensic constructions' 2013 *TSAR* 743–757, 754 et seq. Critical: Marais 2014, 228–230.

[61] [2002] ZACC 5, para 100. Marais 2014, 228–230, concluding that this doctrine still applies in the *Opperman* judgment of the Constitutional Court.

[62] [2015] ZACC 23, paras 82 and 87.

[63] Acknowledging: Rautenbach, Bill of Rights, 1A-199. See subsection 6.1.2.1 above.

[64] [2002] ZACC 5, para 100.

[65] See subsection 6.1.2.1 above.

[66] See footnotes 47–52.

A differentiation between these two stages of the *FNB* methodology is, therefore, no longer useful, and Section 36(1) should not be applied separately, but rather be used to inspire the application of the substantive arbitrariness test under Section 25(1).[67] The analysis of South African expropriation law below, therefore, takes account of insights on both Section 25(1) and 36(1) to answer the comparative questions.

If an expropriation is not justifiable under this joint standard of scrutiny, the expropriation will be unconstitutional. If the expropriation is justified under this standard, Section 25(2) will be applied. This is not problematic from the perspective of the holders of property as they can only benefit from it. If the courts in practice do not first apply Section 25(1) with the joint standard of scrutiny, as the frequent disregard for the *FNB* methodology suggests, [68] the exclusive application of Section 25(2) will be problematic. As the public purpose/public interest requirement of Section 25(2) merely concerns the question of whether the expropriation serves a legitimate purpose, which is shown in more detail below, [69] the public purpose/ public interest requirement is not nearly as sophisticated as the strict substantive arbitrariness test. Moreover, Section 36(1) will not be applicable if the requirements of Section 25(2) are met. As has already been suggested above, [70] the strict arbitrariness test of Section 25(1) or the proportionality inquiry of Section 36(1) should, therefore, in any case be read into the public purpose/public interest requirement if the courts apply only Section 25(2).

6.1.2.3 The relationship between Sections 25, 33 and 36 of the Constitution

Administrative expropriation is subject to the right to just administrative action under PAJA, read with Section 33 of the Constitution. The applicability of Section 33(1) and general administrative law entails that the scopes of applicability of Section 33(1), on the one hand, and Sections 25 and 36, on the other hand, overlap.[71] This raises two questions. The first question is whether the applicability of Section 33(1) influences the applicability of Section 25 and 36. The second question is whether Section 33(1) provides for different requirements and whether Section 25 and 36 influence the substance of these requirements.

As to the first question, scholars commonly argue that Section 25 should be a last resort and administrative law should be applied first.[72] In her dissertation, *Van der Sijde* even went one step further.[73] Administrative law and the constitutional protection of property open two different routes to attack administrative expropriation. *Van der Sijde* argued that these routes would give rise to the danger of creating parallel systems of law that would be an ideal breeding ground for cherry picking and an inconsistent development of the standard of review of administrative

---

[67] Rautenbach, Overview, 318 et seq; and Slade 2015, 341 et seq.

[68] See subsection 6.1.2.1 above.

[69] See subsection 6.2.1 below.

[70] See subsection 6.1.2.1 above.

[71] Van der Walt 'An overview of developments in constitutional property law since the introduction of the property clause in 1993' 2004 *SAPR/PL* 46–89, 62; and Van der Sijde 2015, 199 et seq.

[72] Van der Walt 2012a, 35–43; Van der Walt, 'The Modest Systemic Status of Property Rights' 2014 *Journal of Law, Property, and Society* 15–106, 82 et seq; and Roux, Property, 46–26.

[73] See for a similar approach: Marais & Maree 2016, 25 et seq.

action.[74] *Van der Sijde* posited that South African law was a single system of law, as laid down in the Constitutional Court's *Pharmaceutical Manufacturers* judgment, with the Constitution as the supreme law of the land.[75] She argued that parallel systems of law contravened the principle of a single system of law.[76] Her proposal is to apply administrative law instead of Section 25 to deprivations (and, therefore, expropriations) of property caused by administrative action, but to let insights about section 25 inform the application of administrative law, in particular the reasonableness test, to determine the substantive validity of the administrative action.[77]

It is submitted that *Van der Sijde*'s view is persuasive because it is an effective safeguard against the undesirable development of diverging standards. It should be added that insights from Section 36(1) may also inform the application of administrative law.

The second question must be answered for each requirement of Section 33(1) (ie lawfulness, reasonableness, and procedural fairness) separately. Lawfulness includes, but is a broader term than law of general application. Acting in terms of law of general application refers to an authorisation by law that applies to a random group of people and ensures parity of treatment through a discernible, abstract standard.[78] Lawfulness goes beyond the proper authorisation and refers to various other aspects, such as the absence of errors of law, bad faith, and ulterior motives.[79] In accordance with *Van der Sijde*'s theory, the courts will apply the requirement of a basis in law of general application and the other requirements under administrative law.[80]

Both Section 33(1) and Section 36(1) safeguard the reasonableness of expropriations. This suggests that both provisions refer to the same standard of scrutiny. However, whereas it is settled that Section 36(1) always prescribes a proportionality inquiry, proportionality remains controversial in administrative law.[81] In the *New Clicks* judgment, Chaskalson CJ did not help to solve this problem by considering that reasonableness was a variable standard, which might allow for a stricter test that would go beyond rationality.[82] Sachs J, by contrast, stated in his minority judgment that reasonableness naturally included proportionality.[83] As *Quinot* and *Liebenberg* argued, [84] O'Regan J took the variability of reasonableness as her point of departure in the *Bato Star* judgment. She considered that the standard applied under the reasonableness criterion depended upon the circumstances of each particular case, more specifically:

[74] Van der Sijde 2015, 182, 206 and 209. See for an example: [2014] ZACC 37, as discussed in Marais & Maree 2016.

[75] 2000 2 SA 674 (CC) para 44.

[76] Van der Sijde 2015, 182.

[77] Van der Sijde 2015, 190, 201 et seq and 210 et seq. Cf Van der Sijde 2015, 236 et seq; and Van der Walt 2012a, 43 et seq.

[78] Van der Walt 2011a, 232; and Currie & De Waal, 'Limitation of Rights', in Currie & De Waal 2013, 150–175, 156 et seq.

[79] Hoexter 2012, 252 et seq.

[80] See also: Marais & Maree 2016, 20.

[81] Hoexter 2012, 343 et seq.

[82] *Minister of Health and Another v New Clicks South Africa (Pty) Ltd and Others* (CCT 59/2004) [2005] ZACC 14, para 108.

[83] [2005] ZACC 14, para 637.

[84] G Quinot & S Liebenberg 'Narrowing the Band: Reasonableness Review in Administrative Justice and Socio-Economic Rights Jurisprudence in South Africa' 2011 *Stell LR* 639–663, 646.

> 'the nature of the decision, the identity and expertise of the decision-maker, the range of factors relevant to the decision, the reasons given for the decision, the nature of the competing interests involved and the impact of the decision on the lives and well-being of those affected.'[85]

Although some of these factors seem to frame a proportionality inquiry, they instead point to a sliding scale of judicial scrutiny because O'Regan J based her opinion upon a contribution of *Hoexter*.[86] *Hoexter* did not argue in favour of a fixed proportionality inquiry, but advocated that the intrusiveness of judicial scrutiny should vary according to the policy content of the decision, the margin of the authority's discretion, the impact of the decision, and the expertise of the competent authority.[87]

That said, reasonableness in all probability requires a proportionality inquiry in expropriation cases. *Quinot* and *Liebenberg* argued that on a sliding scale, infringements of fundamental rights, such as expropriation, would in any case require a proportionality inquiry.[88] The factors that O'Regan J listed in the *Bato Star* judgment, in particular the severe impact of expropriation upon the lives of the expropriatee and the persons who depend upon the expropriatee, indeed point to a stricter standard of scrutiny in the form of a proportionality inquiry in expropriation cases. Therefore, it seems reasonable to assume that at least in the context of expropriation, Sections 33(1) and 36(1) refer to the same reasonableness standard.

The following figure illustrates the permissible range of tests and indicates the test applied to expropriations:

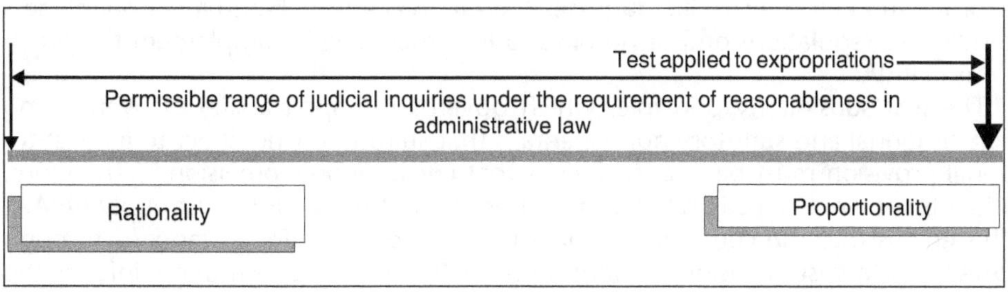

Figure 14: The thin arrow indicates the most lenient possible judicial inquiry under the requirement of reasonableness. That inquiry is a rationality test. The thick arrow indicates the strictest possible judicial inquiry and also the proportionality test applied to expropriations.

Source: Author's own design

---

[85] [2004] ZACC 15, para 45.

[86] [2004] ZACC 15, paras 46 and 48. Concurring: Maree & Quinot 'A decade and a half of deference (part 1)' 2016 *TSAR* 268–280, 268 and 273 et seq; and Maree *Investigating an Alternative Administrative-Law System in South Africa* (Unpublished LLD thesis Stellenbosch University 2013) 78. This thesis can be retrieved via: http://scholar.sun.ac.za/handle/10019.1/85591 (last accessed: 28 June 2017).

[87] Hoexter 'The Future of Judicial Review in South African Administrative Law' 2000 *SALJ* 484–519, 502 et seq. Cf JR De Ville *Judicial Review of Administrative Action in South Africa,* 1st revised ed (Durban: LexisNexis 2003) 31 et seq.

[88] Quinot & Liebenberg 2011, 647. Cf Maree 2013, 98.

This uniform standard of reasonableness is in line with what *Quinot* and *Liebenberg* have advocated.[89] Furthermore, in line with *Van der Sijde*'s approach, insights about Section 25(1) will also inform the application of this reasonableness standard. A uniform reasonableness standard in administrative law, informed by Sections 25(1) and 36(1), will promote a cohesive and consistent development of expropriation law as expropriations would no longer be tested against more than one standard and scholars as well as courts could focus on the development of one standard.

Section 33(1) refers to procedural fairness. The Constitutional Court in *FNB* considered that the arbitrariness test in terms of Section 25(1) also required an inquiry into whether the deprivation was procedurally fair.[90] In its jurisprudence on Section 25(1), the Constitutional Court cites cases that concerned administrative justice in terms of Section 33.[91] It would, therefore, be appropriate to assume that the standard of scrutiny under Section 33(1), which the courts will have to apply, would not deviate from procedural non-arbitrariness in terms of Section 25(1).[92]

6.1.2.4 The relationship between Section 33 and PAJA

PAJA is the statute that gives effect to the right to just administrative action in terms of Section 33. It imposes specific obligations upon the administrative body to ensure that administrative action is lawful, reasonable, and procedurally fair. Sections 3 and 4 PAJA provide for participation rights of adversely affected persons. Section 5 PAJA provides the right to be given reasons. Section 6(2) PAJA provides for judicial grounds of review, such as a test as to whether a statute properly authorised the expropriation for the specific purpose, [93] a rationality test, [94] and a reasonableness test.[95] The Regulations on Fair Administrative Procedures[96] complement the provisions in PAJA.

The first subsidiarity principle, which governs the applicability of overlapping constitutional and statutory norms, entails that statutes giving effect to a constitutional provision must be applied before that constitutional provision.[97] Therefore, litigants may not directly rely upon Section 33 and the courts must apply PAJA.[98] This entails that the courts must apply the developed uniform standard through PAJA.[99] As a result, insights about Section 25 of the Constitution inform the application of PAJA.[100] In addition, as has been shown above, [101] Section 36(1) informs the application of Section 25 and, therefore, indirectly the application of

[89] Quinot & Liebenberg 2011, 661.

[90] [2002] ZACC 5, para 100.

[91] 2005 (1) SA 530 (CC) para 65.

[92] Van der Walt 2011a, 265; and Van der Walt 'Procedurally Arbitrary Deprivation of Property' 2012 *Stell LR* 88–94, 93.

[93] S 6(2)(a)(i), (e)(i) and (f)(i) PAJA.

[94] S 6(2)(f)(ii) PAJA.

[95] S 6(2)(h) PAJA.

[96] Government Notice R1022 (2002).

[97] Van der Walt 2012a, 36. Cf Van der Sijde 2015, 186 et seq.

[98] Van der Walt 2012a, 36; and Van der Walt 2011a, 66 et seq.

[99] Cf Roux, Property, 46–25.

[100] From the perspective of statutory interpretation, Section 39(2) of the Constitution requires that courts promote the spirit, purport, and objects of the Bill of Rights when interpreting legislation. One of the implications of this provision is the interpretation of legislation in conformity with the Constitution. See, for instance, Mostert 2015, 61 et seq.

[101] See subsection 6.1.2.2 above.

PAJA. Only if PAJA itself, as informed by Sections 25 and 36(1) of the Constitution, is unconstitutional or does not give effect to all legal standards flowing from Section 33, would Section 33 be applied.[102]

6.1.2.5 Illustration: Interaction of applicable norms

The following figure summarises how the applicable constitutional and administrative law should be applied to an expropriation:

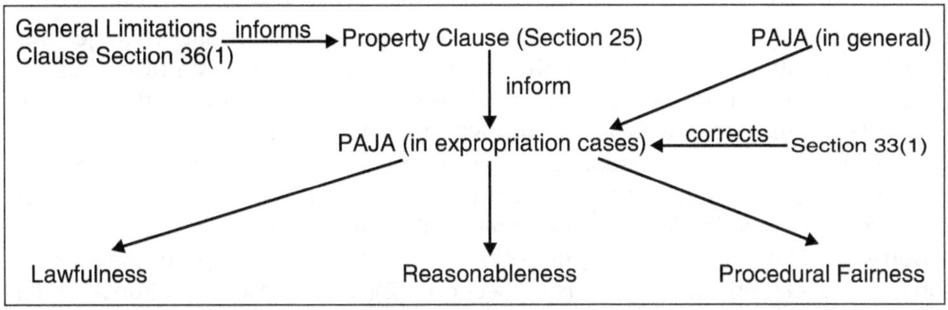

Figure 15: The constitutional and administrative law provisions that are applicable to an expropriation and their relationship to each other.

Source: Author's own design

6.1.2.6 The future: The 2015 Expropriation Bill

The 2015 Expropriation Bill is envisaged to repeal the Expropriation Act. On 26 May 2016, Parliament adopted the 2015 Expropriation Bill.[103] The President has sent the Bill back to Parliament due to flaws in the parliamentary procedure.[104] In the future, this Bill may make the labyrinth of constitutional and administrative law even more complicated. Upon coming into force, the Bill would give effect to at least Section 25(2) and (3) of the Constitution.[105] Therefore, it would probably replace Section 25(2) in the *FNB* methodology to the extent that it guarantees the protection granted by that provision. Also, as a *lex specialis* of PAJA, the Bill would be applied instead of the more general PAJA to the extent that the Bill regulates the matters covered by PAJA.[106] As Clauses 2(1) and 3(1) of the 2015 Expropriation Bill would only authorise *non-arbitrary* expropriations for a public purpose or in the public interest, the non-arbitrariness test under the Bill would be a more specific rule than the uniform standard of reasonableness applied to expropriations through PAJA.

If non-arbitrariness under the Bill is interpreted in line with non-arbitrariness in terms of Section 25(1) of the Constitution, the Bill would put the application of the uniform standard of reasonableness at risk. There seem to be two ways to contain this risk. Firstly, should the Expropriation Bill not offer the same protection as PAJA,

[102] Van der Walt 2012a, 36.

[103] Bill 4D-2015. See for detailed analyses of the Bill: Mostert 'Revising the Procedure for Expropriations in South Africa: 2015 Bill and 1975 Act compared' 2016 *EPLJ* 170–205; and Marais 'Providing Better Protection for Expropriatees? Preliminary Thoughts on the Interpretation of 'Arbitrarily' in Clause 2(1) of the Expropriation Bill B4D-2015' 2017 *SAJHR* 1–23.

[104] Mostert 2016, 180.

[105] See the Title and the Preamble of the Bill.

[106] *Sidumo and Another v Rustenburg Platinum Mines Ltd and Others*, 2008 (2) SA 24 (CC) paras 80 et seq.

PAJA would inform the application of the relevant provisions of the Bill.[107] Secondly, *Van der Walt* argued that due to the primary applicability of administrative law, arbitrariness should be interpreted in line with the reasonableness standard of PAJA and Section 33(1) of the Constitution rather than in line with non-arbitrariness in terms of Section 25(1).[108] Thirdly, the author has argued in an earlier contribution that the uniform reasonableness standard might defy the *lex specialis* rule.[109]

6.1.3 Statutory path(s) to third-party transfers for economic development

For third-party transfers for economic development (and expropriations in general), the Expropriation Act of 1975 is the most important national statutory basis.[110] Section 2(1) of that statute authorises the Minister of Public Works and the executive council of a Province to expropriate property for public purposes.[111]

Third-party transfers for economic development can be effected in two ways. Direct third-party transfers refer to cases where the expropriated property immediately vests in a private entity.[112] The Minister of Public Works (or another state entity upon which the power to expropriate has been conferred) can expropriate property on behalf of certain juristic persons.[113] Section 3(2)(h) of the Expropriation Act refers to any juristic person established by or under any law for the promotion of any matter of public importance.[114] A juristic person in terms of Section 3(2)(h) must pursue such a matter of public importance according to its memorandum and objects; it does not need to be established specifically for that purpose.[115] Indirect third-party transfers for economic development, by contrast, refer to an expropriation whereby the property first vests in the expropriation authority.[116] Subsequently, the authority transfers the property to a private project developer.

In the future, the Clauses 2(1) and 3(1) of the 2015 Expropriation Bill might authorise non-arbitrary expropriations for a public purpose or in the public interest. The Bill would put an end to direct third-party transfers where legislation does not assign a public function to the private transferee. This is because the expropriated property may only vest in state organs under the Bill, [117] and state organs must at least perform a public

[107] 2008 (2) SA 24 (CC) para 110.

[108] Marais makes a similar argument in Marais 2017, 1–23. The author is indebted to Dr Ernst Marais for giving him information about the discussion on the meaning of 'arbitrarily' at a seminar of the South African Research Chair in Property Law on the expropriation bill, held on 15 June 2016, at the Stellenbosch Institute for Advanced Study.

[109] Hoops 2017, 85–87.

[110] Act 63 of 1975. See, for instance, [2010] ZAFSHC 11. See subsection 6.2.2.1 below for examples of more specific statutes that may authorise third-party transfers for economic development.

[111] S 1 of the Expropriation Act defines the Minister as including the executive committees of the Provinces in terms of the Provincial Government Act 69 of 1986. This Act has been repealed, but the Expropriation Act has not been amended to reflect this change. Therefore, executive committee must be interpreted as referring to the executive council of a province. See: Gildenhuys 2001, 51.

[112] S 3(3) Expropriation Act.

[113] S 3(1) Expropriation Act.

[114] See, for instance, [2010] ZASCA 1, para 21.

[115] [2010] ZASCA 1, para 20.

[116] S 8(1) of the Expropriation Act.

[117] Clause 3(5)(a) of the Expropriation Bill.

function in terms of legislation.[118] The owner of a new factory who is supposed to create jobs on the expropriated property could thus not be the direct recipient.

An alternative route may be to carry out the economic development project together with the construction of a road. The expropriation authority could then rely upon the National Roads Act[119] or, if applicable, the respective provincial legislation to expropriate property. The National Roads Act permits an expropriation of property for a road or for other purposes connected therewith.[120] As case law shows, the connection between the economic development project and the road does not need to be very close.[121]

South African municipalities may also want to expropriate property for economic development via either of two routes.[122] Provincial ordinances[123] that authorise municipal councils to expropriate property for the exercise of any power or the performance of any duty or function of the municipality form the first route.[124] Section 156(5) of the Constitution, Section 8(1) of the Local Government: Municipal Systems Act, [125] and Section 83(1) of the Local Government: Municipal Structures Act[126] are the second route. These provisions authorise a municipality to exercise any power concerning a matter reasonably necessary for, or incidental to, the effective performance of its functions. Concerning the municipality's powers, *Gildenhuys*, whose works are authoritative sources on expropriation law, asserted that such powers of a municipality included the power to expropriate.[127] The functions of a municipality to which the legislation refers are not exhaustively defined in the Constitution.[128] Statute law indicates that the promotion of economic development is a municipal function.[129] As a result, municipalities have the power to expropriate property to perform that function and may seek to effect third-party transfers for economic development.[130] Note, however, that all expropriations effected at municipal level are subject to the Expropriation Act, [131] particularly the public

[118] S 239 of the Constitution.

[119] The South African National Roads Agency Limited and National Roads Act 7 of 1998.

[120] See S 41(1)(a) of the National Roads Agency Limited and National Roads Act and provincial legislation, for example S 28(1)(a) of the KwaZulu-Natal Provincial Roads Act 4 of 2001, which refers to a purpose concerning a provincial road. This wording may leave less scope to the provincial Minister to implement an economic development project than S 41(1)(a) of the National Roads Agency Limited and National Roads Act.

[121] *The Administrator of the Transvaal and Sentrachem Ltd v J van Streepen (Kempton Park) (Proprietary) Limited* (640/88) [1990] ZASCA 78, 31 et seq, in particular 36. See subsection 6.2.1.1.3 for more details.

[122] Hoops 2016b, 805 et seq.

[123] During the Apartheid era, pieces of primary provincial legislation were called 'Ordinances'.

[124] S 190(1) of the Local Authorities Ordinance, No. 25 of 1974 (Natal); S 79(24)(a)(i) of the Transvaal Local Government Ordinance, No. 17 of 1939; S 2 of the Land Expropriation (Provincial Administration) Ordinance, No. 9 of 1939 (Cape); and S 76 of the Local Government Ordinance, No. 8 of 1962 (Free State).

[125] Act 32 of 2000.

[126] Act 117 of 1998.

[127] Gildenhuys 2001, 54; see also: Gildenhuys & GL Grobler 'Expropriation' in A Kanjan (ed) *Law of South Africa* 2nd ed (Durban: LexisNexis 2012) No. 18.

[128] See S 156(1) of the Constitution. Part B of Schedule 4 and Part B of Schedule 5 of the Constitution do not seem to refer to general economic development.

[129] S 4(2)(g) of the Local Government: Municipal Systems Act; and S 25(1) of the Spatial Planning and Land Use Management Act (SPLUMA) No. 16 of 2013.

[130] See, for instance, [2010] ZAFSHC 11; and *eThekwini Municipality v Sotirios Spetsiotis* (14688/2009) [2009] ZAKZDHC 51.

[131] S 5 of the Expropriation Act.

purpose/public interest requirement. The 2015 Expropriation Bill would leave this broad authorisation intact.[132]

In addition to these statutory bases, some provincial statutes permit the Premier of the respective Province to expropriate property without referring to the Expropriation Act (and, more unsettling, without even subjecting the expropriation to a public purpose/public interest requirement).[133] Importantly, Clause 2(3) of the 2015 Expropriation Bill would, if signed into law, subject *all* expropriations, at national, provincial, and municipal level, to the expropriation procedure under the Bill.

While the potential authorising sources of an administrative expropriation decision are clear, there are many paths that lead to an expropriation. The Expropriation Act and other statutory bases merely govern the forced acquisition of property for an already planned project and, in particular, determine the purposes that may legitimately justify such an acquisition of land. By contrast, expropriation legislation does not provide for a decision-making process that a competent authority must follow when planning the economic development project and shaping its purpose; nor does it require that the expropriation be based upon a planning instrument, such as a municipal decision to rezone the targeted parcel of land.[134] In practice, the missing formal link between distinct planning procedures and the expropriation entails that expropriation authorities may take one of various paths that are subject to different statutory rules. There are at least three different types of cases, which are set out in the following subsections.

6.1.3.1 Scenario I: No statutory planning instrument

The first conceivable scenario is that the authorised body plans the economic development project without following a distinct planning procedure and, upon completion of preparations and should the necessity arise, expropriates the required property for that project.[135] The validity of an expropriation is not contingent upon an adjustment of the municipal land-use scheme before the expropriation.[136] Likewise, missing required authorisations and licences, such as the environmental authorisation that may be required under the National Environmental Management Act (NEMA),[137] may put a halt to the project's implementation, but not the expropriation. Even

---

[132] Mostert 2016, 183 et seq.

[133] See, for instance, S 2(1) read in conjunction with S 1, of the Gauteng Land Administration Act 11 of 1996; and S 2(1) read in conjunction with S 1, of the Eastern Cape Land Disposal Act 7 of 2000. At least in one case, however, the Premier of the Eastern Cape also relied upon the national Expropriation Act; see: *Offit Enterprises (Pty) Ltd and Another v Premier, Eastern Cape Government and Others* (1764/05) [2006] ZAECHC 6, para 2.

[134] See S 24(1) SPLUMA.

[135] See for an example: [2009] ZAKZDHC 51, in which the expropriation authority went through a preparatory procedure, but the judgment does not indicate that the authority used a statutory planning instrument. See also for a project with a traditional governmental purpose that does not seem to have been laid down in a planning instrument before the expropriation: *Erf 16 Bryntirion (Pty) Ltd v Minister of Public Works* (11375/08) ZAGPPHC 154.

[136] See on the municipal land-use scheme and rezoning: Ss 24 et seq and 28 SPLUMA.

[137] Act 107 of 1998; and Environmental Impact Assessment Regulations, 2014, Government Notice R892 (2014). Examples of other authorisations are the licence required under Sections 21 and 22 of the National Environmental Management: Air Quality Act 39 of 2004, for a listed facility that results in atmospheric emissions and has a significant detrimental impact on the environment (see also the applicable regulations published in Government Notice R248 [2010]); and authorisations or licences required under S 22(1) of the National Water Act 36 of 1998.

where municipalities act as expropriation authorities, they do not often seem to make the adjustments to the land-use scheme before the expropriation.[138] The same applies to building permits, which are not considered in this chapter.[139]

The main piece of legislation applicable to such expropriations is, in addition to PAJA, [140] the expropriation statute, predominantly the Expropriation Act of 1975, possibly in connection with another expropriation statute, such as provincial ordinances authorising municipalities to expropriate property.[141] The Expropriation Act provides for substantive requirements, such as the public purpose requirement, and sets out an administrative procedure that the expropriation authority must follow. With respect to the phase after the expropriation (*post*-expropriation phase), procurement law may apply to the question of whether the planning and expropriation authority must take preventive measures.[142]

A remark should be added here about the Expropriation Act of 1975. This statute was adopted during the Apartheid era. It still includes provisions that are in all probability unconstitutional[143] and, compared to constitutional provisions, contains substantial gaps.[144] In spite of this fact, the Interim Constitution of 1993[145] and the Constitution of 1996 did not repeal it.[146] However, the Constitution is the supreme law of South Africa and shapes a single system of law that derives its force from the Constitution.[147] The Expropriation Act, therefore, only remains in force to the extent that it does not contravene the Constitution.[148] Alignment with the Constitution can be achieved through constitution-conform interpretation.[149] To the extent that provisions cannot reasonably comply with the Constitution, state authorities and courts must not apply them.[150]

Note that the analysis below only covers one expropriation statute, namely the Expropriation Act of 1975. More specific expropriation legislation and the Expropriation Bills of 2013 and 2015 are occasionally considered in order to evaluate developments in, and proposed changes to, South Africa's expropriation law.

6.1.3.2 Scenario II: Municipal planning instrument

A second type of case would be where the municipality bases the economic development project upon an adjustment to its municipal land-use scheme or

---

[138] The author is indebted to Prof. Jeannie van Wyk for this insight.

[139] Cf S 4(1) of the National Building Regulations and Building Standards Act 103 of 1977.

[140] Although the Expropriation Act may be a *lex specialis* of PAJA, PAJA will be applicable because the procedural and substantive framework of the Expropriation Act does not guarantee sufficient protection from administrative expropriation. Cf 2008 (2) SA 24 (CC) paras 80 et seq and 110.

[141] See fn 124.

[142] Local Government: Municipal Finance Management Act 56 of 2003, and its Municipal Asset Transfer Regulations, Government Notice R878 (2008); Preferential Procurement Policy Framework Act 5 of 2000, and The National Treasury, Government Procurement: General Conditions of Contract.

[143] See, for instance, Gildenhuys 2001, 68 et seq.

[144] For example, the Expropriation Act does not include provisions dealing with the least invasive means argument or the balance between the project's public benefits and adversely affected interests. See subsections 6.3.4 and 6.3.5 below for a more detailed analysis.

[145] Act 200 of 1993.

[146] Mostert 2015, 62.

[147] Van der Walt 2012a, 20; and 2000 (2) SA 674 (CC) para 44.

[148] Schedule 6, S 2(1)(b) of the Constitution.

[149] Mostert 2015, 62; and Van der Walt 2012a, 28.

[150] Currie & De Waal, Remedies 185 et seq; and Mostert 2015, 61 et seq.

another approved land-use or land development application.[151] In planning a project, the municipality would follow a distinct planning procedure. The decision-making would be subject to the Spatial Planning and Land Use Management Act (SPLUMA), other planning legislation, [152] the rules on authorisations and licences, such as the environmental authorisation that might be required under NEMA, [153] and other rules of environmental law. Upon completion of the planning procedure, the municipality can, where necessary, proceed to expropriate property rights on land for the project on the basis of an expropriation statute. With respect to the phase after the expropriation, procurement law may apply to the question of whether the competent authority must take preventive measures.

The analysis below only features, in addition to the Constitution and expropriation legislation, procurement law, SPLUMA, and the rules on environmental authorisations under NEMA (as an example of required authorisations and licences[154]). Importantly, SPLUMA, NEMA, and other planning legislation are generally *leges speciales* of PAJA and are, therefore, applied instead of PAJA to the extent that the more specific legislation regulates the matters covered by PAJA.[155] However, to the extent that the specific legislation does not offer the protection guaranteed by PAJA, PAJA will inform the application of that legislation.[156]

An exception to what has been said is the adoption of a land-use scheme under SPLUMA. Such a land-use scheme is not 'administrative action' in terms of PAJA and is, therefore, not subject to PAJA. Section 1(i) PAJA excludes the exercise of executive functions of the municipal council from the definition of 'administrative action'. While executive action in South African law is based upon policy considerations, administrative action primarily refers to the implementation of legislation.[157] As the municipality has executive authority in the field of municipal planning[158] and a land-use scheme is based upon major policy considerations on how to regulate the land use in the municipality, the decision to adopt such a land-use scheme seems to constitute the exercise of an executive function.[159] The land-use scheme, however, remains subject to Sections 25(1) and 36(1) of the Constitution because it restricts

---

[151] Ss 24 and 28 SPLUMA. See for an example: [2010] ZAFSHC 11, para 3.1, which judgment suggests that the project was based upon a municipal land development plan; and [2010] ZAKZPHC 86.

[152] South African planning law is a fragmented system that comprises statutes at both national and provincial level. See for provincial legislation: Western Cape Land Use Planning Act 3 of 2014; provincial legislation that is still in operation, but has been effectively superseded by S 2(2) SPLUMA includes: Town-Planning and Townships Ordinance, No. 15 of 1986 (Transvaal); Northern Cape Planning and Development Act 7 of 1998; KwaZulu-Natal Planning and Development Act 6 of 2008; Townships Ordinance, No. 9 of 1969 (Free State); and Land Use Planning Ordinance, No. 15 of 1985 (Cape). Cf AMA van Wyk *Planning Law* 2nd ed (Cape Town: Juta 2012) 245 and 358 et seq.

[153] Ss 7(b)(iii) and 42(2) SPLUMA prescribe that the municipality complies with environmental legislation before adopting decisions.

[154] See fn 137 for other examples.

[155] 2008 (2) SA 24 (CC) paras 80 et seq.

[156] 2008 (2) SA 24 (CC) para 110.

[157] De Ville 2003, 59.

[158] S 156(1) and Part B of Schedule 4 of the Constitution.

[159] See, for instance, *Steele v South Peninsula Municipal Council*, 2001 (4) BCLR 418 (C) in which the Cape High Court declared the removal of speed bumps executive action.

the use and enjoyment of property.[160] The applicability of these provisions should lead to similar results.[161]

6.1.3.3 Scenario III: Statutory economic development scheme

A third scenario is that an economic development project is embedded into a statutory scheme that is specifically meant to promote economic development. Such a statutory scheme obliges an authority, other than the expropriation authority, to follow a distinct planning procedure. In that procedure, this authority lays down in, for instance, a permit, which economic activities the project developer will have to undertake and which functions the project developer will have to carry out. One example would be industrial development zones under the Manufacturing Development Act and accompanying regulations.[162] The expropriation authority may then expropriate property for the implementation of a predetermined project.[163] The analysis below considers the legislation on industrial development zones as an example. Moreover, the administrative decisions on the project, such as the permit, will be subject to general administrative law and, for instance, environmental law. The expropriation decision will be subject to general administrative law and expropriation law. With respect to the phase after the expropriation, procurement law may apply to the question of whether the competent authority must take preventive measures.

6.1.3.4 Overview of analysed legislation

The following table summarises the analysed legislation in the different phases of the three scenarios:

Table 5: Overview of the phases, the competent state bodies, and the applicable legislation with respect to a third-party transfer for economic development in South African law.

	Planning Procedure	**Expropriation Procedure**	***Post*-expropriation phase**
No planning instrument	—	• PAJA • Expropriation Act	• PAJA • SPLUMA • Environmental law, eg NEMA • Procurement Law
Municipal planning scheme	• PAJA • SPLUMA • Environmental law, eg NEMA	• PAJA • Expropriation Act	• Procurement Law

[160] S 26(1) SPLUMA.

[161] See subsections 6.1.2.2 and 6.1.2.3 above.

[162] Act 187 of 1993; Regulations to that Act, Government Notice R1224 (2000) industrial development zone programme, as changed by Government Notice R1065 (2006). Another example might be private strategic integrated infrastructure projects, such as oil or gas pipelines, refineries, and economic facilities, under the Infrastructure Development Act 23 of 2014.

[163] See, for instance, a series of judgments around an industrial development zone in Port Elizabeth, Eastern Cape: [2006] ZAECHC 6; *Offit Enterprises (Pty) Ltd and Another v Coega Development Corporation (Pty) Ltd and Others* (1764/07) [2008] ZAECHC 195; and [2010] ZASCA 1.

	Planning Procedure	Expropriation Procedure	*Post*-expropriation phase
Economic development scheme	• PAJA • Statute on economic development scheme • Environmental law, eg NEMA	• PAJA • Expropriation Act	• Procurement Law

Source: Author's own design

6.2 THE LEGITIMATE PURPOSE

> See subsection 2.2.1 for an introduction to the inquiry into the legitimate purpose.

The first step of the analysis of what constitutes a legitimate purpose under South African law is to determine which requirements under South African law answer the question of whether the expropriation serves a legitimate purpose. The public purpose/public interest requirement in Section 25(2)(a) of the Constitution serves to justify an expropriation.[164] The legitimate purpose largely corresponds to this requirement. There is no persuasive authority that either 'public purpose' or 'public interest' currently requires that adversely affected interests are taken into account or that the contribution of the project to the realisation of the legitimate purpose needs to meet a certain threshold.[165] In statute law, the equivalent provision to Section 25(2)(a) is Section 2(1) of the Expropriation Act. This Section stipulates that the Minister of Public Works can expropriate property for public purposes. It is settled that Section 2(1) not only permits expropriation for public purposes, but also in the public interest. This follows from the obligation to interpret statutes in line with the Constitution.[166]

One complication of the analysis of the legitimate purpose is the applicability of PAJA. The expropriatee would have to rely upon specific administrative law, [167] more specifically PAJA in conjunction with the Expropriation Act of 1975. Section 6(2)(e)(i) PAJA stipulates that the courts review the decision as to whether it was taken for a reason not authorised by the empowering provision. Fortunately, the

[164] Van der Walt 2011a, 459; and Mostert 2015, 59.

[165] The judgment of the Supreme Court of Appeal in the *Offit* case is quite illustrative. Therein, the Court only dealt with the positive impact of the economic development project to hold that the project served the public purpose of the creation of employment, [2010] ZASCA 1, para 17. See also: [2010] ZAFSHC 11, para 5.2. Differing: *Southwood* stated that the public interest was based upon a balancing of interests and that the benefits of the project had to outweigh the private interest of the expropriatee. MD Southwood *The Compulsory Acquisition of Rights* (Cape Town: Juta 2000) 22. See also: 1998 (1) SA 78 (LCC) para 111, in which the Land Claims Court interpreted S 34(6)(a) of the Restitution of Land Rights Act 22 of 1994, and considered that the public interest was the result of a balancing of the need to redress past injustices against the greater public interest, in particular the need for development. Cf Mostert 2015, 81 et seq.

[166] Mostert 2015, 61 et seq; and XH Nginase *The Meaning of 'Public Purpose' and 'Public Interest' in Section 25 of the Final Constitution* (Unpublished LLM thesis Stellenbosch University 2009) 25. This thesis can be retrieved via: http://scholar.sun.ac.za/handle/10019.1/2289?show=full (last accessed: 28 June 2017).

[167] Roux, Property, 46–25. See subsections 6.1.2.3 to 6.1.2.5 above.

Expropriation Act refers to 'public purpose' (and 'public interest') as the reasons for which the state may expropriate property. These terms, in turn, must be construed in the light of Section 25(2) of the Constitution. Also, the application of PAJA is informed by Section 25(2) of the Constitution.[168] Therefore, Section 6(2)(e)(i) PAJA refers to 'public purpose' and 'public interest' in terms of Section 25(2) and does not pose a dogmatic obstacle to the analysis.

The analysis of the legitimate purpose is complicated by the *FNB* methodology. An expropriation is a deprivation and, therefore, has first to be tested against Section 25(1). Section 25(1) does not contain an explicit public purpose/public interest requirement. Yet, *Van der Walt* argued that there was an implicit public purpose requirement in Section 25(1) in terms of the non-arbitrariness requirement.[169] This is persuasive because if there were no public purpose requirement, any purpose could legitimately justify a deprivation. The analysis of the legitimate purpose could, therefore, start with an exploration of the public purpose requirement of Section 25(1).

However, 'public purpose' in terms of Section 25(1) would be a broader term than 'public purpose' in terms of Section 25(2)(a) because Section 25(1) concerns the state's power to regulate the use and enjoyment of property. When exercising this power, the state acts for a much broader array of purposes than when it exercises its power to expropriate property to implement a public project.[170] For example, the state frequently uses its power to regulate property to strike a balance between the interests of private parties, for example in the law of neighbours.[171] The purpose of striking a balance between private interests, however, would not satisfy the public purpose/public interest requirement of Section 25(2)(a) because that purpose primarily serves the protection of private interests.[172] It is further uncertain whether the arbitrariness test in terms of Section 25(1) would pose an obstacle to such an expropriation.[173] In accordance to the *FNB* methodology, such an expropriation could thus comply with Section 25(1), but would eventually fall foul of the public purpose/public interest requirement of Section 25(2)(a). An analysis of Section 25(1) concerning the legitimate purpose would thus prove fruitless unless it is assumed that the public purpose/public interest requirement of Section 25(2) is somehow integrated into Section 25(1). Either way, Section 25(2)(a) continues to govern the legitimate purposes of an expropriation. Therefore, there is no need for the analysis to include the public purpose requirement of Section 25(1).

Should the expropriation not comply with the public purpose/public interest requirement of Section 25(2)(a), it may be theoretically possible that the expropriation would be justified under Section 36(1) and that the permissible public interests in the project go beyond Section 25(2)(a). South African scholars, however, have widely rejected this argument.[174] As *Rautenbach* has persuasively argued, the public purpose/public interest requirement qualifies Section 36(1) in that only legitimate

---

[168] See subsections 6.1.2.3 and 6.1.2.4 above.

[169] Van der Walt 2011a, 225.

[170] See as a seminal introduction to this difference: JL Sax 'Takings and the Police Power' 1964 *The Yale Law Journal* 36–76.

[171] Rautenbach 2001, 638.

[172] See, for instance, Roux, Property, 46–33.

[173] Answering this question in the affirmative: Slade 2013, 205; and Slade 2015, 337 et seq.

[174] Van der Walt 2011a, 75 et seq; and Slade 2015, 337 et seq. Differing: Hopkins & Hofmeyr 2003, 61.

purposes under Section 25(2)(a) may justify an expropriation under Section 36(1).[175] The analysis can thus be confined to the public purpose/public interest requirement in Section 25(2)(a) of the Constitution and Section 2(1) of the Expropriation Act.

6.2.1 The substantive definition of legitimate purposes

➢ This subsection answers the following questions with respect to South African law:
  - Which abstract purposes are legitimate and may legitimately justify an expropriation?
  - May economic development legitimately justify a third-party transfer?

➢ This subsection is in part based upon B Hoops, 'Specificity of Expropriation Statutes as a Safeguard Against Third Party Transfers for Economic Development: Lessons from German Law for New Expropriation Legislation in South Africa?', *SALJ* 2016, 788–819, 792–799.

'Public purpose' and 'public interest' remain largely undefined in the Constitution and the Expropriation Act. Only Section 25(4)(a) of the Constitution clarifies their substantive content to a certain extent. According to this provision, public interest includes South Africa's commitment to land reform and reforms to bring about equitable access to all South Africa's natural resources. This provision resulted from fear that the judiciary might interpret Section 25(2)(a) too narrowly and would declare third-party transfers for land reform purposes unconstitutional because they directly benefit (formerly disadvantaged) private parties.[176] The word 'includes', however, indicates that Section 25(4)(a) does not give an exhaustive definition of 'public interest'.

Section 1 of the Expropriation Act does not give much guidance either. It defines public purposes as *including* 'any purposes connected with the administration of the provisions of any law by an organ of State'. Not only is this definition not exhaustive, [177] it requires at best that the expropriation serves the fulfilment of a task assigned to any state body by statute.

To get a deeper understanding of the meaning of 'public purpose' and 'public interest' in terms of Section 25(2)(a) and Section 2(1) of the Expropriation Act and to answer the question of whether economic development is a legitimate purpose of a third-party transfer, the following subsections embark on an analysis of case law, both from the preconstitutional and the constitutional era, and the literature.[178] As judicial precedent from the constitutional era is scarce and old case law influenced the drafting process of the Constitution and continues to influence the judgments of

---

[175] Rautenbach 2001, 638; and Rautenbach, Bill of Rights, 1A-106.

[176] Van der Walt 2004, 47; Van der Walt 2011a, 463; M Chaskalson 'The Property Clause: Section 28 of the Constitution' 1994 *SAJHR* 131–139, 136 et seq; Gildenhuys 2001, 98; Kleyn 1996, 437; and Mostert 2015, 64 and 72.

[177] Mostert 2015, 67.

[178] See for interpretations of 'public purpose' and 'public interest' in neighbouring fields of law that are not considered here: Mostert 2015, 80 et seq.

South African courts, pre-constitutional case law retains its relevance.[179] Bear in mind, however, that the pre-constitutional jurisprudence was not subject to the same constitutional principles and values as jurisprudence in the constitutional era and, therefore, does not necessarily provide a reliable interpretation of the public purpose/public interest requirement.[180]

6.2.1.1 Pre-constitutional jurisprudence

From the formation of the Union of South Africa in 1910, the proclamation of the Republic of South Africa in 1961, until the end of Apartheid and the beginning of the constitutional era in 1994, there were five (published) judgments of South African courts on the meaning of 'public purpose' in expropriation law. However, a judgment that had a considerable impact upon those judgments comes from the area of (municipal) tax law: *Rondebosch Municipal Council v Trustees of the Western Province Agricultural Society*.[181] Therein, Innes J of the Appellate Division of the Supreme Court, as the highest South African court was then known, provided a broad and a narrow definition of 'public purpose'. The broad interpretation referred to 'all purposes which pertain to and benefit the public in contradistinction to private individuals'.[182] By contrast, the narrow definition included only those 'purposes which relate to the State, and the Government of the country, —that is, governmental purposes'.[183]

6.2.1.1.1 *Before the introduction of a national Expropriation Act*

This dichotomy was cited in the later judgments. The fact that the Appellate Division interpreted the term 'public purpose' in terms of the tax law provision at hand narrowly, [184] proved not to have a significant influence upon expropriation law, both before and after the introduction of the first national Expropriation Act in 1965.

In its judgment in *African Farms and Townships Ltd v Cape Town Municipality*, [185] the Cape Provincial Division indicated that the broad interpretation was the more appropriate interpretation to use in expropriation law. In that case, the municipality of Cape Town planned to implement a town planning scheme that foresaw the demolition of buildings along a road in the city centre, the widening of that street, and the sale of land along the extended road to private entities. The provincial expropriation statute allowed for expropriation for municipal purposes, including the implementation of town planning schemes that provided for the reconstruction of a part of the municipality.[186] As the provinces, however, could only permit expropriation for public purposes, the Court had to scrutinise whether the implementation of this town planning scheme also constituted a public purpose. Watermeyer J applied the broad interpretation of public purpose to the purpose at

---

[179] Chaskalson 1994, 136 et seq; and Chaskalson 'Stumbling towards Section 28: Negotiations over the Protection of Property Rights in the Interim Constitution' 1995 *SAJHR* 222–240, 237 et seq. Cf Slade 2012, 38.

[180] [2002] ZACC 5, para 59.

[181] *Rondebosch Municipal Council v Trustees of the Western Province Agricultural Society*, 1911 AD 271.

[182] 1911 AD 271, 283.

[183] 1911 AD 271, 283.

[184] 1911 AD 271, 280 and 286.

[185] *African Farms and Townships Ltd v Cape Town Municipality*, 1961 (3) SA 392 (C).

[186] 1961 (3) SA 392 (C) 395.

hand.[187] Watermeyer J held that the town planning scheme—despite the fact that private parties might benefit from it—was implemented 'purely in the interests, and for the benefit, of the public'.[188] Watermeyer J added that in adopting and implementing a town planning scheme upon statutory authorisation, the municipality was performing a public function.[189]

This judgment indicates that third-party transfers and direct private benefits do not render the purpose of the expropriation illegitimate. Although the town planning scheme would lead to a third-party transfer and would directly benefit private entities, the Court found that the implementation of the scheme constituted a public purpose. This suggests that as long as the third-party transfer also serves a public purpose, *in casu* urban development in the framework of authorised spatial planning, the private benefits are irrelevant to the finding of whether or not the purpose of the expropriation is public. More generally, it follows that the expropriation authority (or another state body, for that matter) does not need to use the land.[190]

In 1963, in the case *Slabbert v Minister van Lande*, [191] the Transvaal Provincial Division confirmed the choice for the broad definition of 'public purpose'. This case concerned the expropriation of property surrounding the residence of the Prime Minister. The purpose was to improve the Minister's security and privacy. Claassen J reiterated the dichotomy of the broad and the narrow interpretation and stressed that the right interpretation depended on the context in which it was used.[192] This, however, is not to imply that the meaning of 'public purpose' depends upon the context and all circumstances of each case, as *Slade* suggests.[193] Rather, as other considerations of Claassen J indicate, the context mainly referred to the kind of state action, for instance, the levying of taxes as opposed to the expropriation of property.[194]

In accordance with the broad definition of 'public purpose', Claassen J subsequently made a distinction between public purposes on the one hand and private or personal purposes on the other hand.[195] Claassen J found that improving the security of the Prime Minister was not a private purpose, but rather a public matter related to good administration.[196] Claassen J subsequently applied the narrow interpretation and found that the expropriation also served a governmental purpose. However, this does not mean that the judge subscribed to the narrow interpretation as Claassen J was quick to point out that the security of the Prime Minister was important to the general public and in the public interest.[197]

---

[187] 1961 (3) SA 392 (C) 396 et seq.
[188] 1961 (3) SA 392 (C) 397.
[189] 1961 (3) SA 392 (C) 397.
[190] A Eisenberg '"Public Purpose" and Expropriation: Some Comparative Insights and the South African Bill of Rights' 1995 *SAJHR* 207–221, 220; and Mostert 2015, 69.
[191] *Slabbert v Minister van Lande*, 1963 (3) SA 620 (T).
[192] 1963 (3) SA 620 (T) 621.
[193] Slade 2012, 25.
[194] 1963 (3) SA 620 (T) 621.
[195] 1963 (3) SA 620 (T) 621.
[196] 1963 (3) SA 620 (T) 622.
[197] 1963 (3) SA 620 (T) 622.

6.2.1.1.2 *Under the Expropriation Act of 1965*

Under the Expropriation Act of 1965,[198] *Fourie v Minister van Lande* was the only judgment addressing the interpretation of public purpose.[199] The case concerned the maintenance of the national telecommunication systems. The expropriation authority planned to expropriate property to provide rental housing to technicians who would undertake the maintenance work. Steyn J found that public purpose in terms of the new Expropriation Act should have the meaning established in earlier case law because the legislator had adopted the very same term.[200] Citing the *Rondebosch* judgment, Steyn J referred to the dichotomy of the broad and narrow interpretation and held that the broad interpretation should be used.[201] Steyn J went on to emphasise the crucial importance of the telecommunication system to South Africa and that it was the statutory duty of the competent authority to maintain it.[202] In order to maintain it, the authority needed technicians, and these technicians needed housing. Therefore, the expropriation served a public purpose.[203]

This judgment again shows that the fact that private entities benefit from the project does not render the project's purpose illegitimate as long as the expropriation also serves a public purpose. An interesting difference from the *African Farms* judgment is that the expropriation authority did not invoke the immediate purpose of the project, namely to provide housing to technicians, as a public purpose. Rather, more remote and indirect benefits, the maintenance of the telecommunication system, were successfully invoked as a public purpose. This may be an indication, albeit a weak one, that indirect benefits from an expropriation, such as economic development, may qualify as a public purpose and legitimately justify an expropriation.[204]

6.2.1.1.3 *Under the Expropriation Act of 1975*

Under the current Expropriation Act, the first judgment that addressed the issue of public purpose is *White Rocks Farm (Pty) Ltd and Others v Minister of Community Development*.[205] In this case, the expropriation authority expropriated property for the establishment of a mountain catchment area. The area served to preserve the vegetation in the area and ensure the production of good quality water. Referring to the *Fourie* judgment, Leon J of the Natal Provincial Division considered that the broad meaning of 'public purpose' was the appropriate interpretation of Section 2(1) of the Expropriation Act of 1975.[206] The mountain catchment area with its preservative functions constituted such a public purpose.[207] Leon J further distinguished between the motive and the purpose of the expropriation. The applicant

[198] Act 55 of 1965.
[199] *Fourie v Minister van Lande en 'n ander*, 1970 (4) SA 165 (O).
[200] 1970 (4) SA 165 (O) 174.
[201] 1970 (4) SA 165 (O) 174 et seq.
[202] 1970 (4) SA 165 (O) 175 et seq.
[203] 1970 (4) SA 165 (O) 176 and 178.
[204] Concurring: Slade 2012, 29.
[205] *White Rocks Farm (Pty) Ltd and Others v Minister of Community Development*, 1984 (3) SA 785 (N).
[206] 1984 (3) SA 785 (N) 793 et seq.
[207] 1984 (3) SA 785 (N) 794.

had contended that the expropriation authority could have chosen for a regulatory regime under the Mountain Catchment Areas Act, [208] which would not have entailed the acquisition of the property. The applicant then stated that the true purpose of the expropriation was to benefit financially from the acquisition of the property. Leon J held that this financial gain was at most the motive of the expropriation and would not render the purpose, which was the preservation of vegetation and water quality, illegitimate.[209]

In 1990, the Appellate Division addressed the issue of 'public purpose' in expropriation law in *The Administrator of the Transvaal and Sentrachem Ltd v J van Streepen (Kempton Park) (Proprietary) Limited.*[210] In this case, the state planned to upgrade two roads and construct an interchange. On the parcel of land on which the new road would be situated, there was a railway line that connected the company Sentrachem to the national rail network and the supply of raw material needed for its production line. The state planned to dismantle this railway line. To ensure that Sentrachem would still have access to the rail network, the expropriation authority expropriated property for the purpose of a new railway line to be owned and used by Sentrachem. The statutory basis of this expropriation was a provincial ordinance that permitted expropriations for the purpose of the construction or maintenance of any road or 'for any purpose in connection with the construction or maintenance of any road'.[211] Smalberger JA found that the relocation of the railway line was reasonably expedient to the construction of the road. The expropriation therefore had the statutory authority to decide to expropriate the property.[212] The crucial question was, however, whether the railway line served a public purpose.

Smalberger JA distinguished between the transferee of the expropriated property and the expropriation's purpose. He found that a private entity could use the land instead of a state entity and that the expropriation could yet be justifiable.[213] The essential question was whether the railway line served a public purpose or was in the public interest.[214] This was the first time that the public interest was used as a justification of an expropriation. Initially, it seems that the Appellate Division intended to broaden the scope for the legitimate justification of expropriation. However, Smalberger JA subsequently held that an expropriation for the benefit of a third party could not conceivably be for a public purpose.[215]

This is a clear deviation from the jurisprudence of the Cape Provincial Division in *African Farms* where a third-party transfer could be for a public purpose. *Slade* suggested that Smalberger JA had applied the narrow definition of 'public purpose' here and that 'public interest' corresponded to the broad definition.[216] It is submitted that this interpretation is not persuasive because the distinction between the narrow and the broad definition is based upon the goal of the expropriation,

---

[208] 63 of 1970.

[209] 1984 (3) SA 785 (N) 794 et seq. The impact of this argument upon the least invasive means argument and the alternative project argument in South African law is discussed in subsections 6.3.2 and 6.3.4 below.

[210] [1990] ZASCA 78.

[211] [1990] ZASCA 78, 24.

[212] [1990] ZASCA 78, 31 et seq, in particular 36.

[213] [1990] ZASCA 78, 46 et seq.

[214] [1990] ZASCA 78, 47.

[215] [1990] ZASCA 78, 47.

[216] Slade, '"Public Purpose or Public Interest" and Third Party Transfers' 2014 *PER* 166–208, 185.

whereas Smalberger JA bases the distinction upon the transferee of the property. *Van der Walt* as well as *Badenhorst, Pienaar,* and *Mostert* suggested that 'public purpose' had been equated with use by the state or the public and that 'public interest' referred to indirect benefits from a third-party transfer.[217] Although this approach may still be useful today, it is not entirely in line with Smalberger JA's approach. A privately run hospital is used by the public, but the expropriation of property for it remains a third-party transfer, which cannot serve a public purpose according to Smalberger JA.

In Smalberger JA's view, whether or not the expropriation was in the public interest would depend upon the facts and circumstances of each case.[218] Smalberger JA proceeded to hold that *in casu* the expropriation was in the public interest.[219] He considered that while planning the road, the planning authority had to take into account its adverse effects. In particular, Sentrachem would lose its supply of raw material, and the production of 'strategically important products' in the national interest would be disrupted.[220] The *Van Streepen* judgment, therefore, clearly shows that a third-party transfer was legitimately justifiable under pre-constitutional South African law. In this respect, it confirms the *African Farms* judgment. Economic interests of society, such as the supply of strategically important products, may qualify as legitimate purposes. This also confirms the *Fourie* judgment in that the indirect public benefits of the railway line may legitimately justify the expropriation. Although the supply of certain products cannot be equated with economic development in general, the *Van Streepen* judgment strongly indicates that economic development in itself, without any link to urban development or another public purpose, could legitimately justify a third-party transfer under the pre-constitutional dispensation.

6.2.1.2 In the constitutional era

The jurisprudence from the pre-constitutional era provides a definition of 'public purpose'. All purposes that pertain to and benefit the public were public purposes and, therefore, legitimate purposes.[221] These purposes included the security and privacy of the Prime Minister, urban development, the maintenance of the national telecommunication system, the preservation of vegetation, and the maintenance of water quality. A project even served a legitimate purpose if it only indirectly contributed to these purposes, for instance through the provision of housing for technicians who would then maintain the telecommunication system. It seems unlikely that the *Van Streepen* judgment effectively changed the definition of legitimate purposes. Through a distinction between 'public purpose' and 'public interest' based upon the transferee, Smalberger JA merely divided the legitimate purposes into two subcategories. Whereas other judges may have thought that the

---

[217] PJ Badenhorst, JM Pienaar & Mostert *Silberberg and Schoeman's The Law of Property*, 5th ed (Durban: LexisNexis 2006) 560. See, however, Mostert 2015, 71 et seq; Van der Walt 2011a, 461 et seq; and Slade 2014, 192, where *Slade* seems to have changed his initial view and agreed with *Van der Walt*. Cf Mostert 2015, 72 et seq; Eisenberg 1995, 209 and 221; and G Budlender 'The Constitutional Protection of Property Rights' in Budlender, J Latsky & Roux (eds) *Juta's New Land Law* (Cape Town: Juta 1998) 1–49.

[218] [1990] ZASCA 78, 47.

[219] [1990] ZASCA 78, 48.

[220] [1990] ZASCA 78, 48 et seq.

[221] Eisenberg 1995, 218. See subsection 6.2.1.1 above.

third-party transfer for the supply of strategically important products in the *Van Streepen* case served a public purpose, Smalberger JA held that the supply of such products was in the public interest. In the light of *Van Streepen*, taken together with the *African Farms* and *Fourie* judgments, it seems clear that economic development was a legitimate purpose in the pre-constitutional era and third-party transfers for such a purpose could be permissible. The jurisprudence also provides a negative definition of 'public purpose'. Projects that solely benefit private individuals do not serve legitimate purposes and cannot legitimately justify an expropriation.

The advent of the constitutional era has given rise to new uncertainties. New challenges, such as the social restructuring of South Africa, may have changed the definition of 'public purpose'.[222] Despite the *Van Streepen* judgment, the definition of the newly introduced 'public interest' remains unclear. All that seems accepted is that 'public purpose' is a narrower category that in its entirety forms part of the greater category 'public interest'.[223] The only direct help from the drafters of the Constitution seems their intention to provide a broad constitutional authorisation for expropriation.[224]

As for economic development as a legitimate purpose, there are several indications in and outside the Constitution that economic development is a legitimate purpose. The Preamble of the Constitution says that the Constitution serves to improve the quality of life of the whole population. Sections 26 and 27 postulate the fundamental rights to housing, health care, food, water, and social security. One may argue that economic development, by means of expropriation, if necessary, is essential to the state's capacity to improve the quality of life of all members of society and promote those fundamental rights. Specifically with respect to job creation, the Constitutional Court found in the *Larbi-Odam* judgment (in another context than expropriation law) that employment opportunities were a vital interest and that it was a legitimate purpose to reduce unemployment. *Larbi-Odam and Others v Member of the Executive Council for Education (North-West Province) and Another* (CCT 2/97) [1997] ZACC 16, paras 23 and 30. In statute law, the Infrastructure Development Act authorises expropriations for strategic private economic infrastructure, [225] and Chapter 3 of the National Development Plan 2030 stresses the importance of job creation.[226] Although the last two sources are not binding upon the Constitutional Court and are themselves subject to the Constitution, they highlight the importance of economic development to the public.

Up until now, however, there is no judgment of the Constitutional Court on the definition of 'public purpose' or 'public interest' in terms of Section 25(2). In the following subsection, an analysis is made of the jurisprudence of the High Court and the Supreme Court of Appeal on these terms. Note that the distinction between 'public purpose' and 'public interest' is not examined in depth.[227] This distinction

---

[222] Eisenberg 1995, 219.

[223] Slade 2014, 188; and Badenhorst, Pienaar & Mostert 2006, 591 et seq.

[224] Budlender 1998, 1–48.

[225] See Schedule 1 of the Infrastructure Development Act.

[226] National Planning Commission, *Our future—make it work, National Development Plan 2030,* Chapter 3; accessible via: http://www.gov.za/documents/national-development-plan-2030-our-future-make-it-work (last accessed: 28 June 2017).

[227] Refer, instead, to the lively discussion in the literature: Van der Walt 2011a, 461 et seq; Southwood 2000, 19; Badenhorst, Pienaar & Mostert 2006, 567; Slade 2014, 185 et seq;

does not assist in the comparative analysis because any purpose that is a 'public purpose' or serves the 'public interest' in terms of Section 25(2) will be legitimate.

6.2.1.2.1 *Sotirios Spetsiotis*

In *eThekwini Municipality v Sotirios Spetsiotis,* [228] the KwaZulu-Natal High Court had to decide whether an upgrade of the Durban beachfront was for a public purpose or in the public interest. The municipality planned to upgrade the beachfront in preparation for the 2010 football (soccer) World Cup. Public open space and parking space would be created as part of a 'kick-about' area. The municipality was the owner of the required land, but had leased the land to the owner of a restaurant. The municipality now planned to expropriate the lease.

The statutory basis was the Expropriation Act and a provincial ordinance.[229] Therefore, one of the questions was whether the upgrade complied with Section 2(1) of the Expropriation Act. The public purpose/public interest requirement was not at the core of the lessee's argument, but rather whether or not the expropriation was the least invasive means to enable the transferee to implement the project. Therefore, Gorven J only very briefly addressed the issue of whether the upgrade served a legitimate purpose. He succinctly held that the upgrade constituted a public purpose.[230] As the upgrade served to prepare the municipality for the football World Cup, it seems that urban development for a global sports event is a public purpose. It is unfortunate that the judgment did not elaborate on whether sports events generally constituted a public purpose. It remains unclear whether the sports event itself or its beneficial economic impact, such as revenue and employment opportunities, constituted the public purpose.[231] *Sotirios Spetsiotis* can, therefore, only be a very weak indicator that economic development may legitimately justify a third-party transfer, more so because the case only concerned economic development promoted by a state organ.

6.2.1.2.2 *Bartsch*

In *Bartsch Consult (Pty) Limited v Mayoral Committee of the Maluti-A-Phofung Municipality,* [232] the Free State High Court had to decide on whether the construction of a private shopping complex met the public purpose/public interest requirement. The expropriation notice said that the expropriation primarily served to connect a municipal road to a national freeway and, secondarily, to build a shopping complex along the new road as a project 'necessary in connection with and ancillary to the construction of such roads'. The basis of the expropriation was the Expropriation Act of 1975. Therefore, the Court had to decide whether or not the building of the shopping complex complied with Section 2(1) of that statute.

Ebrahim J considered that it was the responsibility of the municipalities to ensure their economic viability and prevent rising unemployment and poverty.[233] The road

---

Budlender 1998, 1–49 and 1–55; Mostert 2015, 72 et seq; Eisenberg 1995, 221; and Van Wyk 2012, 222.

[228] [2009] ZAKZDHC 51.

[229] S 190(1) Local Authorities Ordinance (Natal).

[230] [2009] ZAKZDHC 51, para 7.

[231] Cf Van der Walt, 'Constitutional Property Law' 2009 *ASSAL* 218–258, 254.

[232] [2010] ZAFSHC 11.

[233] [2010] ZAFSHC 11, para 2.1.

served as a connection for the public to the surrounding development, thereby generating public revenue.[234] Ebrahim J pointed out that Section 2(1) of the Act had to be construed in line with Constitution as not only permitting an expropriation for public purposes, but also an expropriation in the public interest.[235] Referring to the *Van Streepen* judgment, he considered that a third-party transfer could never be for a public purpose. However, if the private shopping complex 'could be brought within the realms of an act performed in the public interest[,]' the expropriation would be legitimately justified.[236] Ebrahim J found that the shopping complex would provide strategic economic advantages to the municipality in the form of greater financial returns, which would then result in a healthier and wealthier environment.[237] Therefore, Ebrahim J held the shopping complex to be in the public interest.

Van der Walt argued that the expropriation for the shopping complex might only have been valid because it was merged with the primary purpose of the construction of the road.[238] It is submitted that this view is not persuasive because the Court considered the road and the shopping complex separately and found that the shopping complex itself was in the public interest. If the road played a role, it enhanced the beneficial economic impact of the shopping complex, which would only stress the road's importance to economic development. Arguably, the *Bartsch* judgment, therefore, indicates that economic development in the form of greater public revenue and other indirect public benefits are in the public interest, thereby confirming the *Van Streepen* judgment. It confirms the *Van Streepen* and *African Farms* judgment in that third-party transfers may be permissible and the *Van Streepen* and *Fourie* judgment in that indirect public benefits of the project may legitimately justify the expropriation.

6.2.1.2.3 *Offit Enterprises*

A series of judgments of the Eastern Cape High Court and the Supreme Court of Appeal pertain to expropriations in favour of an industrial development zone close to Port Elizabeth, a coastal city in the Eastern Cape. The private company, *Coega Development Corporation (Proprietary) Limited,* indirectly controlled by the Eastern Cape government, operated the industrial development zone. The industrial development zone was planned to be home to the new deep water port of Port Elizabeth. *Offit Enterprises (Proprietary) Limited* (hereinafter: Offit) owned parcels of land within that zone. The Premier of the Eastern Cape Government attempted to expropriate Offit's property on the basis of Eastern Cape Land Disposal Act and Section 2(1) of the Expropriation Act for the mere purpose of transferring it to the Coega Development Corporation. The premier omitted to argue that the indirect public benefits of the business activities of Coega legitimately justified the expropriation because these benefits constituted a public purpose. In 2005, Ebrahim J of the South Eastern Cape Local Division held that Section 2(1) of the Expropriation Act did not permit an expropriation for such a purpose.[239] This was one of the grounds why the expropria-

[234] [2010] ZAFSHC 11, para 2.2.
[235] [2010] ZAFSHC 11, para 4.3.
[236] [2010] ZAFSHC 11, para 5.2.
[237] [2010] ZAFSHC 11, para 5.2.
[238] Van der Walt 2011a, 503. More critical in an earlier contribution: Van der Walt 'Constitutional Property Law' 2010 *ASSAL* 251–294, 284 et seq. Similarly: Mostert 2015, 77.
[239] [2006] ZAECHC 6, para 56.

tion was held to be unlawful. This judgment shows that a third-party transfer that is only meant to benefit a private entity cannot serve a public purpose.

After this unsuccessful attempt to expropriate Offit's property, the Eastern Cape Government indicated that it no longer intended to expropriate the property. The Coega Development Corporation, by contrast, continued to threaten Offit with expropriation. However, no formal notice was issued. In a new court procedure, Offit applied for a declaration that any third-party transfer to Coega would be unlawful. One of the issues was whether the third-party transfer would be for a public purpose. Jansen J of the Eastern Cape High Court considered that the definition given in Section 1 of the Expropriation Act was not exclusive and that 'public purpose' should be interpreted broadly.[240] Jansen J found that the development zone would bring about strategic economic advantages, in particular the new harbour, which would result in the creation of employment, more value-added production, and a rise in revenue. He concluded in defiance of the *Van Streepen* judgment that the development zone was both a public purpose and in the public interest because it would benefit the whole population.[241]

This judgment confirms that a third-party transfer is legitimately justifiable. Its broader implications for economic development as a legitimate purpose, however, are not entirely clear. A certain part of the development zone concerned the harbour. This would be a traditional infrastructure project, which would constitute a public purpose in any case. The primary purpose of the rest of the development zone seems to be economic development. As Jansen J did not elaborate on the relationship of these two parts and stressed the economic and social benefits of the development zone, economic development is arguably a legitimate purpose.

The Supreme Court of Appeal confirmed the approach of Jansen J.[242] Citing the *Fourie* judgment, Wallis JA considered that the broad vision of 'public purpose' was the appropriate interpretation.[243] He rejected the view of the *Van Streepen* Court that third-party transfers could never be for a public purpose. He considered that private entities nowadays implemented many projects that used to be implemented by the state. Therefore, a distinction on the basis of the identity of the recipient was not appropriate.[244] Wallis JA proceeded to point out that

> '[p]roviding industrial development with its concomitant benefits of employment and economic growth is manifestly a public purpose and indeed a central public purpose in South Africa. The establishment of a deep-water port to accommodate changes in world shipping is vitally important in a country whose international trade is largely by sea.'[245]

He concluded that an expropriation would serve a public purpose and, in any event, would also be in the public interest.[246]

This judgment shows that third-party transfers for economic development may serve a public purpose, at least within the framework of a greater state-controlled

---

240 [2008] ZAECHC 195, 20 et seq.
241 [2008] ZAECHC 195, 21 et seq.
242 [2010] ZASCA 1.
243 [2010] ZASCA 1, para 14.
244 [2010] ZASCA 1, para 15.
245 [2010] ZASCA 1, para 17.
246 [2010] ZASCA 1, para 18.

scheme aimed at economic development.[247] Doubts remain, though, as Wallis JA also relied upon the deep-water port, which is an infrastructure project and would serve a public purpose anyway, and not only on the indirect benefit of the development project, such as employment and economic growth.

6.2.1.2.4 *Harvey*

In *J.R. Harvey v Umhlatuze Municipality and Others,* [248] the KwaZulu-Natal High Court had to decide upon whether the expropriatee had a right to reacquire the property after the transferee of the expropriated property had failed to use it for the envisaged purpose and decided to change the purpose. The original purpose was to develop the property into a recreational area. However, it eventually became evident that it was not feasible for the municipality to realise this purpose. The municipality rezoned the property and wished to transfer it to a private developer who would then turn it into a residential area.

In its analysis, the Court elaborated on the meaning of 'public purpose'. Moodley J held that the public purpose constituted the justification of an expropriation.[249] Moodley J found that an expropriation that would solely serve to benefit a private party or the state's commercial ventures would not be justifiable.[250] Citing the *Offit* judgment of the Supreme Court of Appeal, Moodley J confirmed that the broad interpretation of 'public purpose' was appropriate. Furthermore, an expropriation for a public purpose or in the public interest could also incidentally benefit a private party. As an example Moodley J mentioned the *Offit* case.[251]

Again, this judgment indicates that third-party transfers are permissible as long as they serve a public purpose or are in the public interest. Furthermore, Moodley J agreed with the conclusion of the Supreme Court of Appeal that the development project in the *Offit* case constituted a public purpose. It, therefore, seems that economic development as a legitimate purpose is meeting with growing acceptance.

6.2.1.2.5 *Erf 16*

In the case *Erf 16 Bryntirion (Pty) Ltd v Minister of Public Works,* [252] the Minister of Public Works expropriated property to enhance the security and privacy of the presidential estate. The North Gauteng High Court confirmed the principles laid down in the *Offit* judgment.[253] Ranchod J further noted that the security of official residences was a public purpose, as had already been established in the *Fourie* judgment.[254] The Supreme Court of Appeal approved this qualification.[255] The *Erf 16* judgment has further implications with regard to other comparative questions and is discussed in more detail in the dedicated sections.[256]

---

[247] Van der Walt 'Constitutional Property Law' 2008 *ASSAL* 231–264, 260 et seq; and Van der Walt 2010, 285.
[248] [2010] ZAKZPHC 86.
[249] [2010] ZAKZPHC 86, para 82.
[250] [2010] ZAKZPHC 86, para 124.
[251] [2010] ZAKZPHC 86, para 125.
[252] (11375/08) ZAGPPHC 154.
[253] (11375/08) ZAGPPHC 154, para 59.
[254] (11375/08) ZAGPPHC 154, para 59.
[255] *Erf 16 Bryntirion (Pty) Ltd v Minister of Public Works* (914/10) ZASCA 246, para 10.
[256] See subsection 6.3.2.1 below.

6.2.1.2.6 *Evaluation of the jurisprudence in the constitutional era*

The South African lower courts still frequently refer to old cases and apply the abstract definition of 'public purpose' from the pre-constitutional era. The courts use a negative definition of 'public purpose', which includes the interests of private entities and the financial interests of the state (in the absence of a public purpose). However, they refrain from giving a comprehensive positive definition of 'public purpose' or 'public interest' in the sense of an exhaustive list of legitimate purposes. Instead, the courts refer to the abstract broad definition of 'public purpose' from the pre-constitutional era and scrutinise on an ad hoc basis whether the benefits of the project, which are only vaguely specified by the expropriation authority, are linked to a public goal. This is particularly clear in the *Offit* judgments and the *Bartsch* judgment. As is evident from the *Sotirios Spetsiotis* judgment, the courts, however, do not always elaborate on why the project serves a public purpose. As has been stated above, [257] adversely affected interests do not play a role in the analysis.

The *Bartsch* and the *Offit* judgments have in all probability confirmed the *Van Streepen* jurisprudence in that the courts regard third-party transfers for economic development as serving a legitimate purpose.[258] In its *Offit* judgment, the Supreme Court of Appeal expressly recognised industrial development and its benefits, in particular job creation and economic growth, as a public purpose, [259] at least within a state-controlled economic development scheme. In *Bartsch*, the Free State High Court regarded the economic advantages of a shopping centre as a legitimate purpose.[260] The *Bartsch* and *Offit* judgments also confirm that the fact that the private transferee directly benefits from the project and the public only indirectly benefits from the project is not relevant to the legitimacy of the purpose.

6.2.1.3 Economic development as a legitimate purpose in the literature

In the literature, there seems to be a broad consensus as to the negative definition of public purpose and public interest. The interests of a private party cannot in themselves constitute a public purpose and cannot be in the public interest.[261] Also, increasing public revenue and the mere acquisition of property by the state are not regarded as a legitimate purpose.[262] The literature does not provide a positive definition of either 'public purpose' or 'public interest' in the sense of an exhaustive list of purposes. Mostly, scholars rely upon the abstract formulations from the pre-constitutional era.[263]

The jurisprudence of the South African High Court in *Bartsch* and the Supreme Court of Appeal in *Offit* in all probability shows that economic development, in the form of a shopping complex or an industrial development zone with a deep-water port respectively, can qualify as a legitimate purpose. In the literature, it seems to be

---

[257] See section 6.2 above.

[258] Mostert 2015, 86 et seq; and Slade 2014, 196.

[259] [2010] ZASCA 1, para 17.

[260] [2010] ZAFSHC 11, para 5.2.

[261] Van der Walt 2010, 276 and 283; Iles 2013a, 550; Roux & Davis 2008 20–24 (1) et seq; Rautenbach, Bill of Rights, 1A-201; and Roux, Property, 46–33.

[262] E Du Plessis 'Restitution of expropriated property upon non-realisation of the public purpose' 2011 *TSAR*, 579–592, 584; Iles 2013a, 550; and Slade 2012, 48.

[263] Badenhorst, Pienaar & Mostert 2006, 567; Slade 2014, 188; and Roux & Davis 2008 20–24(1).

accepted that economic development as an abstract purpose may legitimately justify a third-party transfer.[264]

A contentious issue is under what conditions economic development may legitimately justify a third-party transfer.[265] Third-party transfers for economic development are problematic because they lie on the borderline between expropriation for public purposes and impermissible expropriations that solely serve private interests. They share some characteristics with expropriations for private interests. Not only is the property transferred to a private entity, the private entity can also run its business without providing a public service or otherwise directly benefiting the public. The essential difference is that a third-party transfer for economic development entails the expectation that in conducting its business activities, the private entity will create employment and economic growth.

In the literature, there seem to be two different opinions on how to deal with this problem. *Murphy* recognised the possibility of third-party transfers for economic development without demanding procedural or substantive safeguards.[266] Another group of scholars have agreed that third-party transfers for economic development may be permissible, but insist that additional safeguards be installed. *Van der Walt* argued that the public benefit should not be merely incidental.[267] *Mostert, Slade,* and *Van der Walt* demanded that there should be a clear and specific statutory basis without which the expropriation would be unconstitutional and/or a state-controlled scheme aimed at economic development.[268] *Van der Walt* and *Slade* recommended that the courts should apply a least invasive means test.[269] Also, *Du Plessis,* among others, suggested that the state should ensure that the property would be used for the envisaged purpose and that, in cases non-implementation, the state should confer a right to reacquire upon the expropriatee.[270]

All these demands point to shortcomings in the interpretation of the public purpose/public interest requirement. The courts only scrutinise whether the positive benefits of the project constitute a legitimate purpose, but omit to test aspects pertaining to the contextualisation and the endurance of the legitimate justification.[271] As all the scholarly demands concern other comparative questions than the legitimate purpose, they are discussed in more detail in the framework of the questions to which they pertain.[272]

6.2.1.4 Conclusion

Under South African law, the legitimate purpose refers to all purposes that qualify as a public purpose or are in the public interest. There is, however, no recognised

[264] See, for instance, Slade 2014, 196 et seq. See, however, earlier: Van der Walt *Constitutional Property Law* 2nd ed (Cape Town: Juta 2005) 268 et seq.

[265] See, for instance, Slade 2012, 108 et seq.

[266] J Murphy 'Interpreting the property clause in the Constitution Act of 1993' 1995 *SAPR/PL* 107–130, 127 et seq. See also: Iles 2013a, 551, who did not explicitly deal with economic development as a legitimate purpose, but implied that such third-party transfers should be permissible.

[267] Van der Walt 2008, 263.

[268] Mostert 2015, 89–92; Slade 2014, 197; Van der Walt 2010, 285; and Van der Walt 2008, 260 et seq.

[269] Slade 2014, 197; and Van der Walt 2011a, 500 and 503. Cf Slade 2013 and Slade 2015.

[270] See, for instance, Du Plessis 2011, 584 et seq.

[271] See section 6.2 above.

[272] See sections 6.3 and 6.5 below.

positive definition of all purposes that fall into either of these categories. The original pre-constitutional definition of 'public purpose', which referred to all purposes that pertain to and benefit the public, seems to be the best existing definition. All that seems to be required is that private benefits and the enrichment of the state are not legitimate purposes that may legitimately justify an expropriation of property.

In all probability, economic development is a legitimate purpose. In the constitutional era, the *Offit* Courts recognised that economic development within a greater state-controlled scheme is a legitimate purpose, and the *Bartsch* Court even sanctioned a third-party transfer for economic development in the form of the indirect public benefits of a shopping complex. This recent case law confirms insights about the definition of 'public purpose' from the pre-constitutional era. The *African Farms* judgment shows that a third-party transfer was permissible. The *African Farms, Fourie,* and *Van Streepen* judgments show that even indirect public benefits could legitimately justify an expropriation. Lastly, the *Van Streepen* judgment clearly indicates that economic development could legitimately justify a third-party transfer.

6.2.2 *The governance of the legitimate purpose*

➢ This subsection answers the following questions with respect to South African law:
  - What is the role of state organs in shaping and reviewing the project's purpose?
  - What is the role of state organs in determining and controlling whether the purpose is legitimate?

➢ See subsection 2.4.3 for more details on the governance analysis.

6.2.2.1 The role of the legislator

Section 25(2) of the Constitution stipulates that property may only be expropriated in terms of law of general application. Section 36(1) provides for the same authorisation requirement.[273] This requirement also follows from the principle of legality.[274] This requirement gives the legislature the option to assume a dominant creative role in defining the purpose of the project and to set narrow boundaries to the authority's discretion.

The statutory authorisation to expropriate property

Law of general application has two characteristics. The first one is that it must be 'law'. Generally, 'law' (at least) refers to Acts of Parliament, delegated legislation, municipal bylaws, customary law, and the common law.[275] South African law, however, does not recognise expropriation on the basis of common law or customary law.[276] An authority's power to expropriate can only be based upon parliamentary statute and, if that statute permits the delegation of legislative powers, delegated legislation. Under the Constitution, Parliament thus automatically plays a role in determining the purpose.

---

[273] Iles 2013a, 539; Rautenbach, Bill of Rights, 1A-199; and Roux, Property, 46–21.

[274] Gildenhuys & Grobler 2012, No. 13; and Marais & Maree 2016, 8.

[275] Van der Walt 2011a, 233; and Currie & De Waal, Limitation, 156.

[276] Marais & Maree 2016, 7; Van der Walt 2011a, 453; Badenhorst, Pienaar & Mostert 2006, 565; and Gildenhuys 2001, 49.

Law is only of general application if it applies to a random group of people and ensures parity of treatment through a discernible, abstract standard.[277] The law must not single out certain individuals for the expropriation of their property.[278] Furthermore, it must be accessible and published officially.[279] The Expropriation Act is an example of such a law of general application.[280]

The law must further authorise expropriation specifically, similar to the manner in which Section 2(1) of the Expropriation Act authorises expropriation.[281] If there is no provision for compensation in the statute, the statute is presumed not to authorise expropriation.[282] Moreover, as the courts have to construe legislation in conformity with the Constitution, the courts must restrictively interpret provisions that limit existing rights and prefer the less onerous interpretation.[283] The Constitutional Court, however, does not seem to take these rules very seriously. A recent example would be the *Arun Development* judgment. In this case, the interpretation of Section 28 of the Land Use Planning Ordinance (Cape) was at issue. This provision stipulates that the ownership of all public streets and public places vests in the municipality upon confirmation of a subdivision of the concerned parcel of land. The provision proceeds to provide that the municipality will not be obliged to pay compensation if the provision of the public streets and places is based upon the normal need therefor. Although the Ordinance does not explicitly authorise expropriation, the Constitutional Court qualified the acquisition of the property that goes beyond the normal need as expropriation and did not scrutinise whether there was a sufficient statutory authorisation.[284] In addition, the lower courts do not always take the authorisation question very seriously either. In the *Bartsch* case, for example, the Free State High Court did not even mention the applicable specific legislation, but only Section 5 of the Expropriation Act, which itself does not authorise expropriation.[285]

The specification of legitimate purposes in the statutory basis

Parliament could perform the creative task to shape and specify the legitimate purposes in the statutory basis. Thereby, Parliament would also set boundaries to the scope for manoeuvring granted to the expropriation authority because the principle of legality would safeguard the choice of the legislator. It follows from this principle that the expropriation authority would act *ultra vires* and the expropriation would be invalid if the authority expropriated for a purpose not listed in the expropriation

[277] Van der Walt 2011a, 232; and Currie & De Waal, Limitation, 156 et seq.

[278] Southwood 2000, 17; Badenhorst, Pienaar & Mostert 2006, 566; Cheadle 2008, 30–9; and Budlender 1998, 34.

[279] Badenhorst, Pienaar & Mostert 2006, 565; Van der Walt 2012a, 28; Southwood 2000, 17; and Woolman & Botha 2008, 34–50.

[280] Badenhorst, Pienaar & Mostert 2006, 566.

[281] Marais & Maree 2016, 8 et seq; Van der Walt 2011a, 454; and Van der Walt 2009, 252.

[282] Gildenhuys & Grobler 2012, No. 18; and Marais & Maree 2016, 10.

[283] Gildenhuys & Grobler 2012, No. 24; and Marais 'A Common-Law Presumption, Statutory Interpretation and Section 25(2) of the Constitution—A Tale of Three Fallacies. A Critical Analysis of the Constitutional Court's *Arun* Judgment' 2016 *SALJ* 629–663, 639 et seq.

[284] [2014] ZACC 37, paras 39 et seq. Equally critical: Marais & Maree 2016, 9 et seq; and Marais 2016b, 647–660. Cf Slade 2016, 15; and Hoops 2016b, 806.

[285] [2010] ZAFSHC 11, para 1.4. Cf Hoops 2016b, 806.

statute.[286] There is even hope that South African law obliges Parliament to set boundaries on the expropriation authority's leeway. The principle of legality requires law to be sufficiently precise and specific, and Parliament should, therefore, delineate the purpose(s) for which an authority may expropriate property.[287]

However, the reality is that the legislature has not made extensive use of its creative and boundary-shaping role in the Expropriation Act. Section 2(1) of the Expropriation Act stipulates that the Minister of Public Works can expropriate property for public purposes. This statutory basis is as unspecific as it could possibly be under the Constitution and virtually sets no boundaries to the Minister's discretion in determining the project's purpose. As municipalities carry out many economic development projects, the statutory basis of the municipality's power to expropriate is also relevant. However, none of the empowering provisions in provincial legislation are any more specific.[288] The underlying constitutional or statutory provisions on the powers of municipalities only refer to the functions of the municipalities, which include the abstract purposes of undertaking 'development' or promoting 'economic growth' in the municipality.[289]

In the light of the Expropriation Act, South African law does not seem to have a culture of detailed expropriation legislation.[290] However, there are over 56 Acts at national level that authorise expropriations in specific fields.[291] In the field of economic development, there are also notable examples of statutes that directly or indirectly specify the legitimate purpose in more detail. Schedule 1 of the Infrastructure Development Act, for example, specifies for which categories of public infrastructure projects the state may expropriate property. This statute thus specifies the project to a significantly greater extent than the Expropriation Act. Industrial development zones under the Manufacturing Development Act are another example. The Minister of Trade and Industry must inter alia be satisfied that such a zone will facilitate the creation of an industrial complex that will bring about strategic economic advantages, attract strategic investment, increase value-added production, *and* create employment or other socio-economic benefits.[292] An expropriation authority may then expropriate property for an industrial development zone with the determined characteristics on the basis of expropriation legislation.[293]

---

[286] Southwood 2000, 24; Gildenhuys & Grobler 2012, No. 13; Marais 2016b, 655 et seq; and Marais & Maree 2016, 9 and 17 et seq. See S 6(2)(e)(i) (f)(i) and (ii) PAJA.

[287] Marais & Maree 2016, 8 et seq; Badenhorst, Pienaar & Mostert 2006, 565; Southwood 2000, 17; Budlender 1998, 28 et seq; Currie & De Waal, Limitation, 156 et seq; Van der Walt 2012a, 28; and Woolman & Botha 2008, 34–48.

[288] S 79(24)(a)(i) of the Transvaal Local Government Ordinance; S 76 of the Local Government Ordinance (Free State); and S 190(1) of the Local Authorities Ordinance (Natal).

[289] See subsection 6.1.3 above. See also S 156(5) of the Constitution; Ss 4(2)(g) and 8(1) of the Local Government: Municipal Systems Act; S 83(1) of the Local Government: Municipal Structures Act; and S 25(1) SPLUMA.

[290] Slade 2014, 188.

[291] C Young, 'Expropriations in South Africa: Dramatis Personae of the envisioned Expropriation Law' 2016 *EPLJ* 206–235, 209 et seq, fn 24.

[292] Regulation 3(a) R1224 (2000).

[293] See, for instance, [2010] ZASCA 1, para 25.

Importantly, neither the Infrastructure Development Act nor any other specific expropriation statute seems to be regarded as a *lex specialis* of the Expropriation Act. As a result, they do not restrict the Expropriation Act's scope of applicability.[294]

Relying upon unspecific expropriation statutes is problematic from various perspectives. Firstly, it follows from the principle of legality that laws of general applicability must be so precise as to enable people to understand the consequences of their actions.[295] Arguably, Section 2(1) of the Expropriation Act grants too much power to the expropriation authority. Also, at municipal level, the legislation on the functions and powers of municipalities is so broadly defined and imprecise that the legislation does not limit their scope.[296] The prevailing view, however, seems to be that the statute can be more specific, but does not need to be.[297] The second problem is closely related to the precision of the expropriation statute. The Constitutional Court requires the legislature to give guidance on how an authority must exercise its discretion.[298] As the Expropriation Act is not more specific than Section 25(2)(a) of the Constitution and does not give any further guidance, the discretion of the expropriation authority may be too broad.[299]

It is unfortunate that the 2015 Expropriation Bill does not address this issue. Clause 2(1) would still permit all expropriation authorities to expropriate property for a public purpose or in the public interest. Clause 3 limits the Minister's power to expropriate, out of their own initiative or upon request by a state body, 'to the provision and management of the accommodation, land and infrastructure needs of an organ of state, in terms of his or her mandate'. However, this limitation is so unspecific that it would not effectively limit the Minister's powers. Clause 2(3) of the Bill subjects all expropriations to the minimum requirements, in particular the non-arbitrariness and the public purpose/public interest requirement, and the procedure under the Bill. The Bill, however, does not repeal other expropriation statutes, which would thus remain in force.

The third problem is that, in the context of third-party transfers for economic development, the danger is that an unspecific statutory basis allows for state authorities to collude with project developers and expropriate property for projects that will not yield the promised benefits or will only generate minor public benefits. This may adversely affect disadvantaged groups in particular, who are not properly represented in the political process. At municipal level, this danger is compounded by a lack of parliamentary and media control.[300] *Slade* rightly argued that economic

---

[294] At present, there is no identifiable rule that says that a more specific expropriation statute for economic development-related purposes would render the Expropriation Act inapplicable. See with respect to the *Arun* judgment in which the Constitutional Court disregarded a specific expropriation statute for the construction of roads: Van der Walt, 'Constitutional Property Law' 2014 *ASSAL* 195–215, 212.

[295] Badenhorst, Pienaar & Mostert 2006, 565; Southwood 2000, 17; Budlender 1998, 28 et seq; Currie & De Waal, Limitation, 156 et seq; Van der Walt 2012a, 28; and Woolman & Botha 2008, 34–48.

[296] See subsection 6.1.3 above.

[297] Southwood 2000, 24; and Van der Walt 2011a, 462.

[298] *Janse van Rensburg and Another v Minister of Trade and Industry and Another* (CCT 13/99) [2000] ZACC 18, para 25.

[299] Cf Rautenbach, Bill of Rights, 1A-86 et seq.

[300] Hoops 2016b, 814–816. See subsection A.1 above.

development projects should always be embedded in a legislative scheme or an expropriation for such a project should, at least, be based upon a specific statutory basis.[301]

6.2.2.2 The role of the planning and expropriation authorities

The planning authority, which is the administrative authority that shapes the project and, thereby, effectively proposes a purpose as legitimate, may be the same as the expropriation authority, which expropriates property for the project. For example, the mayoral committee of a municipality that has planned the project, possibly on the basis of a statutory planning instrument, may then proceed to expropriate property for that project on the basis of a provincial ordinance and the Expropriation Act.[302]

On the one hand, this authority performs the creative task to design the project and, thereby, shapes the project's purpose within the boundaries of general administrative law and, if applicable, planning legislation. On the other hand, the authority must control its own determinations by applying the public purpose/public interest requirement under the Expropriation Act and the Constitution. As the courts give a very broad definition of 'public purpose' and 'public interest', [303] this controlling role does not significantly limit the creative role of the authority. Given broad statutory authorisation and the broad judicial definition, the administrative authority almost entirely determines the project's purpose, which will in all probability qualify as legitimate.

A proper fulfilment of the authority's controlling role, moreover, is unlikely. An objective assessment of one's own project as to whether it complies with the statutory and constitutional requirements seems unlikely. The authority's creative role will also undermine a boundary-shaping role because the authority will not apply a narrower definition of 'public purpose' and 'public interest' to the purpose of its own project than the courts require. Besides, if one municipal body, such as the mayoral committee, has planned the project and another municipal body, such as the municipal council, expropriates property for that project, the roles will be similar. The planning process will likely cloud the expropriation authority's assessment of whether the project complies with the Constitution and applicable legislation and undermine its boundary-shaping role because the municipal bodies do not seem sufficiently independent from each other.

If the planning authority and the expropriation authority are separate bodies, the planning authority will play a creative and observing role, and the expropriation authority will play a controlling and boundary-shaping role. Within the boundaries of the public purpose/public interest requirement and applicable legislation, the planning authority shapes the project and, thereby, the purpose. Expropriation statutes may ensure that the planning authorities actually perform their role. For example, under the regulations on industrial development zones to the Manufacturing Development Act, the Minister, advised by a Board appointed by the President, must issue a permit to the operator of the industrial development zone.[304] This permit must set out requirements for the planning, the construction, and the supply

[301] Slade 2012, 49, 53 et seq; and Slade 2014, 197. Cf Mostert 2015, 87 et seq.
[302] See, for instance, [2010] ZAFSHC 11.
[303] See subsections 6.2.1 above and 6.2.2.3 below.
[304] Regulations 5(a)(1) 16(a) 17(d) and (f) and 18(a) R1224 (2000).

of infrastructure and utilities in the development zone.[305] The operator must then conclude contracts with companies that specify the economic activities that these companies will undertake in the zone.[306] Having performed this creative role, the Minister can then request the competent expropriation authority to expropriate property for the designed project.

Under the Expropriation Act, there is no formal mechanism for the expropriation authority to alter the design of the project. The authority merely scrutinises whether the proposed purpose meets the public purpose/public interest requirement. In fulfilling this task, the expropriation authority is not bound by the determinations of the planning authority and has the discretion not to order the expropriation even if the purpose complies with the public purpose/public interest requirement. The expropriation authority may thus insist on alterations to the project if it thinks that such changes are required to make the project's purpose legitimate. Whether or not the expropriation authorities usually follow the opinion of the planning authority or frequently reject applications for an expropriation, is difficult to determine because rejected expropriations do not feature in case law. A decisive factor is also how the expropriation authority interprets its task. If the expropriation authority merely assumes a controlling role, it will only apply the broad judicial definition of 'public purpose' and 'public interest' and leave the determination of the purpose to the planning authority. If the expropriation authority thinks that it has a boundary-shaping role, which may be the case where its own political agenda is incompatible with the expropriation or political pressure is exerted, the authority will limit the leeway of the planning authority.

6.2.2.3 The role of the courts

Persons with standing[307] can apply for the review of the expropriation itself or, if applicable, the municipal or other decisions upon which the expropriation is based.[308] Section 6(1) PAJA stipulates that administrative action is subject to judicial review. A person with standing can institute judicial proceedings within 180 days after someone might reasonably have been expected to have become aware of the action and the reasons for it.[309] Regarding the municipal decision to rezone the land, judicial proceedings can only be instituted within 180 days after the internal appeal procedure under Sections 28(2) and 51(1) SPLUMA has been concluded unless exceptional circumstances occur.[310]

With respect to the legitimate purpose, the courts mainly review the expropriation decision as to whether the expropriation complies with the public purpose/public interest requirement. However, the project and, by way of implication, its purpose must also meet the requirements pertaining to the contextualisation, which are discussed in the dedicated sections.[311]

[305] Regulation 17(e)(1).

[306] Regulation 28(b)(1) R1224 (2000).

[307] See subsection 6.4.4 below.

[308] These persons can even apply for the review of the municipal land-use scheme, which is executive action, under the principle of the rule of law: De Ville 2003, 60; and *Minister of Defence and Military Veterans v Motau and Others*, 2014 (5) SA 69 (CC) para 27.

[309] Ss 6(1) 7(1)(b) PAJA.

[310] S 7(1)(a) (2)(a) and (c) PAJA.

[311] See section 6.3 and in particular subsection 6.3.7.3 below.

The intensity of judicial scrutiny of the legitimate purpose

The role of judicial review with respect to the legitimate purpose is not creative in nature. Courts do not shape the project or its purpose, but merely control whether the project's purpose falls under 'public purpose' or 'public interest' in terms of the Expropriation Act and the Constitution. In giving a binding interpretation of these terms, the higher courts may perform the task to shape boundaries to the discretion of the expropriation authority. The basis for the judicial review of the expropriation decision in South African law is Section 6(2)(e)(i) PAJA, which allows for a review of whether the expropriation was based upon an authorised reason. The crucial question is how strict the judicial scrutiny is of the expropriation authority's determination that the project serves a 'public purpose' or the 'public interest'. Unfortunately, while the theory is already unclear, practice raises even more concerns.

On the one hand, one may argue that the judiciary must fully review the application of the public purpose/public interest requirement and substitute its interpretation for the authority's interpretation. There are several reasons for this strict review. The 'public purpose' or the 'public interest' forms the justification of an infringement of a fundamental right, and no deference should therefore be due.[312] Under the Expropriation Act, the authorisation of the expropriation authority depends upon whether or not the purpose falls into those categories. As lawfulness is a fundamental requirement of the rule of law, the courts should be able to substitute their interpretation of the requirements for the authority's interpretation.[313] Also, as a general rule in South African expropriation law, the interpretation of expropriation statutes must be strict because the legislator cannot be presumed to intend to infringe existing rights.[314] This rule thus also suggests full judicial review.

On the other hand, 'public purpose' and 'public interest' are not only ambiguous terms, which in itself cannot warrant a limited judicial review, but also require the major policy decision to choose the ends that are pursued by means of expropriation. In the *Bato Star* judgment of the Constitutional Court, O'Regan J highlighted that the courts should respect policy decisions of authorities with special expertise and knowledge.[315] *Hoexter*, who inspired this finding with a seminal contribution, [316] advocates that where an authority takes policy decisions, courts should be sensitive to the goals that such an authority pursues and even accord respect to the authority's interpretation of the law.[317] This line in the jurisprudence would, therefore, suggest a limited judicial review with deference to the authority's policy considerations and value judgements. However, it is not immediately clear why expropriation authorities that are not directly legitimised by popular vote, such as

[312] Maree 2013, 98; Maree & Quinot 2016a, 279 et seq; Mostert 2015, 74; and *MEC for Education KwaZulu-Natal v Pillay*, 2008 1 SA 474 (CC) para 81.

[313] Gildenhuys & Grobler 2012, No. 13; and Hoexter 2012, 254 et seq and 258 et seq.

[314] Gildenhuys & Grobler 2012, No. 24; and Marais 2016b, 639 et seq.

[315] [2004] ZACC 15, para 48. Cf *Carephone v Marcus NO and others* (JA52/98) [1998] ZALAC 11, para 36.

[316] [2004] ZACC 15, paras 46 and 48, referring to Hoexter 2000, 501 et seq in fn 30; Maree 2013, 78; and Maree & Quinot 2016a, 268 and 273 et seq.

[317] Hoexter 2000, 501 et seq.

the Ministry of Public Works, are better suited to interpret 'public purpose' and 'public interest' than the courts.

From a comparative perspective, deference to the choice of purposes would be surprising. Under German law, for instance, the *legislative* choice of the legitimate purposes for which the state acts is subject only to a limited judicial review.[318] However, this only applies to the legislator's interpretation of the constitutional public good requirement in Art. 14(3) GG, but not to the interpretation of the expropriation statute by administrative authorities.[319] Moreover, as is shown below,[320] the contextualisation in South African law provides relatively weak safeguards against expropriation, rendering the public purpose/public interest requirement one of only a few potentially effective requirements for a valid expropriation. For this reason, a full judicial review of the application of the public purpose/public interest requirement seems more advisable for the time being.

In practice, the courts have not explicitly ruled on whether they give their own definition of 'public purpose' and 'public interest' and fully substitute their own interpretation for the authority's interpretation. The fact that the courts have developed their own (broad and abstract) definition of 'public purpose' and that they apply this definition without any reference to a deferential treatment,[321] suggests such a full judicial review of the application of the public purpose/public interest requirement. However, 'public purpose' and 'public interest' have proven to be so broad as to include, for instance, the public benefits of a shopping centre in the *Bartsch* case. With some merit, one may argue that the public purpose/public interest requirement has so little content that a full judicial review of the interpretation of that requirement is barely distinguishable from a limited judicial review.[322] The courts thus effectively defer to a great extent to the interpretation proposed by the expropriation authority. As this authority, in turn, normally follows the judicial interpretation, this broad interpretation gives the planning authority an almost endless scope for manoeuvring.

Not only do the courts interpret 'public purpose' and 'public interest' very broadly, they often prove to be quite careless about the question of whether an authority expropriates property for a properly authorised purpose.[323] In the *Arun* judgment, the Constitutional Court found that the acquisition of property did not serve the purpose laid down in the applicable statute.[324] However, the Constitutional Court did not strike down the expropriation due to unlawfulness, but instead sought to save it through the payment of compensation.[325] This is a clear violation of the principle of legality.[326] Moreover, the courts mostly do not scrutinise whether the municipality actually performs a certain function for which it could exercise their

[318] Alexy 2002, 395 et seq.

[319] Sachs, in Stelkens/Bonk/Sachs, VwVfG, § 40, Nos. 147 et seq and 158 et seq.

[320] See section 6.3 below.

[321] See subsection 6.2.1 above. *Mostert* correctly pointed out that a definition of 'public interest' is lacking; see: Mostert 2015, 88.

[322] Cf Mostert 2015, 87 et seq. See also Smalberger JA's interpretation of a statute permitting an expropriation for a road and for 'any purpose in connection with the construction or maintenance of any road' in the *Van Streepen* judgment: [1990] ZASCA 78, 24 and 31 et seq.

[323] Hoops 2016b, 806.

[324] [2014] ZACC 37, para 60.

[325] [2014] ZACC 37, paras 62 et seq.

[326] Marais & Maree 2016, 11 et seq.

power to expropriate property.[327] In the *Bartsch* case, for instance, in addition to not mentioning the complete statutory basis, [328] the Free State High Court accepted without any further scrutiny that the municipality had the responsibility to ensure the commercial and environmental health of the area.[329] This clearly shows that the courts do not take the authorisation question seriously enough.

The position of the expropriatee before the courts

In addition to the broad definition of 'public purpose' and 'public interest', the expropriatee bears the onus of satisfying the courts that an expropriation is effected for an illegitimate purpose.[330] The expropriatee thus needs to establish and prove facts that show that the expropriation is for a private purpose. This rule effectively results in a very limited judicial review of the facts upon which the application of the public purpose/public interest requirement is based. Courts mostly sketch the public benefits of the project in very abstract terms on the basis of the submissions from the expropriation authority.[331] In the first *Offit* case, by contrast, Jansen J of the Eastern Cape High Court described the public benefits of the project more thoroughly.[332] However, Jansen J also merely reiterated the projections made by the Eastern Cape government. On their own initiative, courts, therefore, do not question the facts submitted by the expropriation authority, which may, in turn, be inclined to adopt the planning authority's version of the facts. Moreover, the onus of proof makes it difficult for an expropriatee to win against an expropriation authority with more expertise, more information, and more resources. It is submitted that a more proactive approach is urgently needed for the effective judicial protection of expropriatees. In addition, there seems to be a constitutional obligation to adopt a more proactive approach. Under Section 36(1) of the Constitution, the authority has to provide the facts and policy considerations that underlie the project and the expropriation.[333]

6.2.2.4 Conclusion

The legislator could play a dominating creative and boundary-shaping role in the definition of the legitimate purposes for expropriations. The constitutional requirement of precise legislation and the constitutional obligation to give guidance as to how discretion should be exercised seem even to compel the legislator to perform this role—at least to a certain extent. However, the reality is that the national legislator has authorised the Minister of Public Works, the provincial governments, and, indirectly, even the municipalities to expropriate property for public purposes in the Expropriation Act. There may be examples of specific expropriation statutes.

---

[327] A commendable exception is: *Kungwini Local Municipality v Puntlyf 520 Investments (Pty) Ltd*, LCC 86/07.

[328] See subsection 6.2.2.1 above.

[329] [2010] ZAFSHC 11, para 2.1.

[330] Gildenhuys & Grobler 2012, No. 14; and De Ville 2003, 313 et seq.

[331] See, for instance, [2010] ZASCA 1, paras 2 and 17; and [2010] ZAFSHC 11, paras 2.1 and 5.2. Refer to subsection 6.3.1.1 below for a thorough analysis.

[332] [2008] ZAECHC 195, 22.

[333] Currie & De Waal, Limitation, 154.

As these statutes, however, do not restrict the seemingly endless scope of applicability of the Expropriation Act, it seems that the legislator does not think it necessary to play a far-reaching role in defining the legitimate purpose. As of yet, the courts have not intervened.

This broadly phrased authorisation under the Expropriation Act gives the planning authority more flexibility in shaping the project and, thereby, the project's purpose, even more so outside of statutory development schemes. Needless to say, this does not apply if the authority relies upon a more specific expropriation statute. The broadly phrased authorisation seems to have an impact on the controlling and boundary-shaping role of the expropriation authorities and the courts, which strengthens the creative position of the planning authority. The broad and abstract term 'public purpose' arguably creates an incentive for the courts to use an equally broad and abstract definition of that term. In addition, the onus of proof that the expropriation's purpose is illegitimate lies with the expropriatee. Thereby, the courts effectively defer to the interpretation given by the expropriation authority. Were the expropriation statute more specific, the courts could not assume that position. The broad judicial interpretation, in turn, limits the controlling role of the expropriation authorities. Unless the expropriation authority has its own political agenda or political pressure is exerted, the expropriation authority will be unlikely to assume a boundary-shaping role and go beyond the judicial interpretation. The conclusion is that unless the planning authority designs a project that merely serves private purposes or the enrichment of the state, the purpose that this authority proposes will qualify as a legitimate purpose.

6.2.2.5 Illustration of the governance of the legitimate purpose

The following figure illustrates the influence that the Constitution (black field), the legislature (grey field), and the planning authority (white field) exert in practice on the purpose of third-party transfers for economic development in South African law.

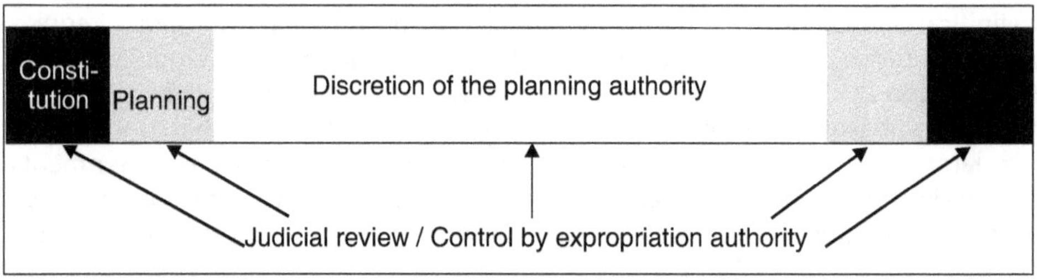

Figure 16: The black field represents the negative definition of legitimate purposes under the Constitution. The grey field represents the extent to which planning legislation and general administrative law shape the purpose. The white field represents the scope for manoeuvring of the planning authority. The bold arrows represent a full judicial review of the application of the Constitution and/or legislation. The thin arrow represents a limited judicial review of the exercise of the planning authority's discretion under general administrative law and planning law.

Source: Author's own design

6.3 THE CONTEXTUALISATION

➢ Refer to subsections 2.2.2 to 2.2.6 for more details on inquiry into the contextualisation in general.

6.3.1 The relationship between the project and the legitimate purpose

➢ This subsection addresses the following questions with respect to South African law:

In order for a third-party transfer for economic development to be lawful, . . .

- does the project have to be suitable to promote economic development?
- does there have to be an ascertainable need for economic development?
- how much does the project have to contribute to economic development?

➢ See subsection 2.2.2 for more details on these comparative questions.

6.3.1.1 Case law

The Expropriation Act does not specify the required relationship between the project and its legitimate purpose. Only Section 3(1) seems to concern that relationship. Where the Minister expropriates property on behalf of a juristic person, Section 3(1) stipulates that the property must be reasonably required for the attainment of the juristic person's objects. The jurisprudence of the courts in expropriation cases does not shed light on the relationship between the project and its legitimate purpose either. In particular, the answers to the comparative questions do not seem to lie in the public purpose/public interest requirement. When South African courts apply this requirement, they generally do not consider the specific benefits of the project in too much detail. Rather, they seem to assume that if the project serves a legitimate purpose, it will also make a sufficient contribution to the legitimate purpose and actually bring about the promised benefits. Also, a need for an economic development project arising from socio-economic problems, such as poverty and unemployment, does not seem to be a requirement, but rather seems to be an indicator that the project has relevant socio-economic benefits.

Recent examples from the constitutional era can be found in the *Offit* judgment of the Supreme Court of Appeal and the *Bartsch* judgment of the Free State High Court. In *Offit*, the Supreme Court of Appeal merely referred to the abstract purposes of the industrial development zone and concluded that these purposes qualified as public purposes.[334] The Court did not scrutinise to what extent the zone would actually realise these purposes. The Court did, however, point to the problems of unemployment and poverty in the Eastern Cape.[335] This suggests a need for an economic development project. That said, the Court did not view this need as a requirement of a lawful expropriation, but rather as supporting evidence of the project's public benefits. In *Bartsch*, the Free State High Court highlighted that the municipality needed to avoid the vicious cycle of rising unemployment, poverty, and decreasing revenues and mentioned the potential abstract benefits of the shopping complex, namely greater financial returns.[336] The Court failed to consider how many benefits

[334] [2010] ZASCA 1, para 17.
[335] [2010] ZASCA 1, para 2.
[336] [2010] ZAFSHC 11, paras 2.1 and 5.2.

the shopping mall would generate and how likely it was that benefits would actually accrue.[337]

Such questions, however, should be asked as economic development projects may be very volatile, and their success depends upon factors that the project developer cannot influence, such as the general economic situation of the country. A notable step in the right direction might be the *Offit* judgment of the Eastern Cape High Court. Jansen J specified that the industrial development zone as a whole would create thousands of jobs, would attract twenty billion South African rand in additional investments, and would increase the Eastern Cape's annual household income by more than 1.5 billion rand.[338] Jansen J thus considered the benefits of the project in a more detailed fashion. However, he apparently did not establish a threshold that the expropriation had to overcome. Moreover, Jansen J merely reiterated the projections made by the Eastern Cape government and did not investigate the facts himself.

Outside of the boundaries of the public purpose/public interest requirement, the courts seem to introduce a suitability test. In the case *Erf 16*, the North Gauteng High Court approvingly cited the *Bato Star* judgment. In the cited consideration, the Constitutional Court considered that administrative action could be set aside if it cannot reasonably result in the realisation of the purpose.[339] This implies a suitability test. Whether or not the magnitude of the benefits would play a role here would depend upon the specificity of the goal. For example, if the goal is to create 500 jobs, a project that would only create 490 jobs would not be suitable to serve its purpose. As the *Bartsch* judgment shows, [340] however, purposes are mostly stated broadly so that the magnitude of the benefits of the project does not need to play a role in that analysis.

In the *Harvey* judgment, the KwaZulu-Natal High Court addressed a ground of review outside of the public purpose/public interest requirement. Moodley J considered that the expropriation authority could not validly expropriate property, while it actually pursued an illegitimate ulterior purpose and did not act in good faith.[341] In general, the expropriation would serve an illegitimate, ulterior purpose and the expropriation authority would act in bad faith if the expropriation authority intentionally pursued an unlawful purpose *and* could not hold the honest belief that the expropriation would serve a lawful purpose.[342] This requirement implies a test of the project's suitability to contribute to the realisation of the legitimate purpose. If a project that is officially labelled as an economic development project does not confer any socio-economic benefits upon the public, the expropriation would thus not serve any legitimate purpose. This would trigger an investigation into whether the actual purpose was to benefit the private transferee, which would be an illegitimate purpose.

[337] As *Slade*, for instance, noted, the High Court did not inquire into how many jobs would be created; see: Slade 2012, 122.

[338] [2008] ZAECHC 195, 22.

[339] (11375/08) ZAGPPHC 154, para 54.

[340] [2010] ZAFSHC 11, para 5.2.

[341] (11375/08) ZAKZPHC 86, paras 124 and 136. These grounds of review can also be traced to: 1984 (3) SA 785 (N); and [1990] ZASCA 78, 49.

[342] Hoexter 2012, 307 and 310 et seq.

6.3.1.2 Just administrative action

Section 33(1) of the Constitution stipulates that everyone has a right to administrative action that is lawful, reasonable, and procedurally fair. Section 6(2)(f) and (h) PAJA are relevant in this context. Section 6(2)(f) PAJA stipulates that the project has to be rationally connected to the purpose for which it was effected. Section 6(2)(h) provides that an expropriation can be tested as to whether a reasonable person could have taken the decision in question. As has been discussed in detail above, [343] this reasonableness standard includes rationality.[344]

Rationality or a rational connection of the project to its purpose, for example economic development, requires that the project is objectively capable of furthering that purpose.[345] The Constitutional Court confirmed this in its *Bato Star* judgment.[346] This suggests that the project must be suitable to promote economic development. The wording 'objectively capable' may have two implications. Firstly, if there is no societal need for the project, the project may not generate the desired benefits and may not be suitable. Secondly, it suggests that the suitability may require that the benefits accrue with a certain probability. To the extent that the authority needs to make projections to establish the project's suitability, the courts will in all probability defer to the authority's judgment because such projections require special expertise.[347]

In view of the lack of specificity of expropriation notices, [348] however, rationality cannot concern the magnitude of the public benefits. A project that, depending upon the circumstances, may create a small number of jobs would thus be suitable to serve economic development. However, a proportionality inquiry into the relative importance of benefits and adverse impact under the reasonableness criterion must also include an examination of the exact benefits of the project.[349]

Section 6(2)(e)(ii) PAJA further requires that the expropriation authority does not expropriate property for an ulterior purpose, and Section 6(2)(e)(v) PAJA stipulates that the authority must not act in bad faith.[350] The relevance of this ground of review has already been discussed in the previous subsection.[351]

6.3.1.3 Sections 25(1) and 36(1) of the Constitution

When scrutinising whether there is sufficient reason for an expropriation in terms of Section 25(1) of the Constitution, the courts must consider the relationship between the means and the ends sought.[352] According to the Constitutional Court in *FNB*, this relationship must at least be tested as to whether it is rational.[353] As follows from the analysis of PAJA, a rationality test entails that the suitability of (and, possibly, the societal need for) the project to serve the envisaged purpose is tested, but not

343 See subsection 6.1.2.3 above.
344 Hoexter 2012, 340.
345 Hoexter 2012, 340.
346 [2004] ZACC 15, para 48.
347 [2004] ZACC 15, para 48
348 See subsection 6.2.2.1 above.
349 Refer to subsections 6.1.2.2 above and 6.3.5 below.
350 Cf Hoexter 2012, 307 et seq.
351 See subsection 6.3.1.1 above.
352 [2002] ZACC 5, para 100.
353 [2002] ZACC 5, para 100; and Roux & Davis 2008 20–20.

necessarily whether the magnitude of the benefits is sufficient and how likely it is. At the very least, the magnitude of the benefits will play a role at a later stage. As follows from the *FNB* judgment, the more severe the impact of the expropriation is, the more compelling the justification (ie the purpose) behind the expropriation has to be.[354] If the project only generates few benefits, it will thus be more difficult to justify it legitimately. This issue is discussed in subsection 6.3.5.1 below.

Section 36(1) of the Constitution leads to a similar conclusion. The factor of 'the relation between the limitation and its purpose' refers to the suitability of the project to serve the purpose that is invoked as a justification of the expropriation.[355] *Rautenbach* and *Cheadle* rightly emphasised that suitability was a minimum requirement, failing which the expropriation would without any doubt fall foul of Section 36(1).[356] Whether or not a certain magnitude of benefits forms part of this minimum requirement is uncertain. In the literature, *Currie & De Waal* explicitly stated that a marginal contribution to the achievement of the purpose would not suffice.[357] In the jurisprudence of the Constitutional Court in other fields, the Court sometimes uses the requirement that the state action has to further its purpose *substantially*.[358] This suggests that a certain, but not easily determined magnitude of benefits is required.

Be that as it may, the magnitude of benefits will play a role in the proportionality inquiry in terms of Section 36(1) because the importance of the purpose will be weighed against the importance of the infringed right and the impact of the expropriation. This would imply that the benefits of the project will have to be greater if the impact of the expropriation is more severe. This issue is discussed in subsection 6.3.5.1 below.

6.3.1.4 Conclusion

An economic development project must be suitable or 'objectively capable' of promoting economic development. To examine whether the project is objectively capable of generating the expected benefits, the courts may need to determine the likelihood with which the benefits will accrue. It is not necessary for the competent administrative authorities to establish that there is an objective need for the project in order to pass judicial scrutiny. A need for economic development, however, may be supporting evidence for the suitability of the project to contribute to economic development.

There is no consistent doctrine on whether the project must bring about a certain magnitude of benefits to pass judicial scrutiny. Some authors and the Constitutional Court generally demand that the benefits of state action be substantial or more than marginal. This requirement, however, cannot be traced to the case law on expropriations. Only if the authority specifies the benefits of the expropriation in great detail, is the magnitude certain to play a role. In any case, the benefits will play a role in a balancing of interests under the reasonableness or arbitrariness criterion.

---

[354] [2002] ZACC 5, para 100.

[355] Currie & De Waal, Limitation, 169; Woolman & Botha 2008, 34–84; and Rautenbach 'Proportionality and the limitation clauses of the South African bill of rights' 2014 *PER* 2229–2267, 2256 et seq.

[356] Rautenbach, Bill of Rights, 1A-100; and Cheadle 2008, 30–9.

[357] Currie & De Waal, Limitation, 169.

[358] *S v Bhulwana, S v Gwadiso* (CCT 12/95, CCT 11/95) [1995] ZACC 11, para 20.

6.3.2 The alternative project argument

➢ This subsection addresses the following questions with respect to South African law:
- Would the availability of an equally suitable, but less harmful alternative project render the expropriation unlawful?
- Would the availability of an insignificantly less suitable, but considerably less harmful alternative project render the expropriation unlawful?

➢ See subsection 2.2.3 for more details on the alternative project argument.

➢ This subsection is based upon B Hoops, 'The alternative project argument in expropriation law (part 2)' 2017 *TSAR* 70–88, 74–87.

6.3.2.1 Case law

In the pre-constitutional era, the alternative project argument surfaced in the *Fourie* case. The public purpose was to ensure the maintenance of the national telecommunication system by providing housing for technicians. During the proceedings, it was noted that the authorities could have purchased existing apartments for the technicians. The Provincial Division, however, held that this fact did not render the purpose of the expropriation illegitimate.[359] In the *Van Streepen* case, the expropriatee argued that the expropriation authority did not have the power to expropriate because there were other ways for Sentrachem to retain its rail connection. The Appellate Division held that this argument did not call into question the authority to expropriate.[360] However, the expropriation would be unlawful if the expropriatee established that the expropriation authority had acted *mala fide* or not in the public interest.[361] The public interest only concerns the question of whether the project serves a legitimate purpose. The other ground of review, a *mala fide* action, refers to the conscious use of power for ends prohibited by law or, particularly in pre-constitutional jurisprudence, an abuse of power 'induced by an honest mistake or mere stupidity'.[362] This shows that the availability of an alternative project was irrelevant to the lawfulness of the expropriation.

The only case during the constitutional era where the alternative project argument was put forward is *Erf 16*. In that case, the Minister of Public Works planned to build a wall around the presidential estate (Bryntirion Estate, Pretoria) in order to enhance the security and privacy of the president and other government officials. The expropriatee's property was the only private property in the presidential estate. The Minister decided to expropriate the property as the expropriatee refused to sell their property. The expropriatee argued that the expropriation was unlawful because a wall could be built around their property, which would equally serve the envisaged purpose.[363]

The North Gauteng High Court rejected this argument. There seem to be two reasons for this decision. The first one concerns the requirements of the alternative project argument. The High Court considered that the expropriatee's property

359 1970 (4) SA 165 (O) 176.
360 [1990] ZASCA 78, 43 et seq.
361 [1990] ZASCA 78, 49.
362 Hoexter 2012, 310 et seq.
363 (11375/08) ZAGPPHC 154, paras 52 et seq.

could not be easily monitored if it were not included in the presidential estate.[364] This would suggest that the alternative project would not serve the security of the government officials equally well or would at least impose a significant additional burden upon the Department of Public Works. Therefore, it appears that the High Court held that the requirements of the alternative project argument were not met.

The second and decisive reason, however, shows that that the High Court would not have accepted the argument in any case. Citing a footnote in the *Offit* judgment of the Supreme Court of Appeal, the High Court first considered that the answer to the question of whether 'expropriation is necessary lies with the expropriating authority'.[365] The reference to the footnote and the consideration itself are somewhat confusing. The formulation suggests that the High Court did not distinguish properly between the necessity of the expropriation as a means to acquire land for the project (ie the least invasive means argument) and the alternative project argument because the alternative project argument does not concern the necessity of the expropriation. In the cited footnote, moreover, *Gildenhuys* dealt with the least invasive means argument. A major finding is, therefore, that the doctrinal distinction between the alternative project argument and the least invasive means argument still needs to be developed more stringently.

In a subsequent consideration, the High Court cited *Fourie* and *Van Streepen* and held more specifically that

> 'the fact that there [are] other ways to achieve the purposes of the expropriation is irrelevant provided that the expropriation is for "public purpose".'[366]

This consideration indeed seems to concern the alternative project argument and, taken together with the other cited considerations, shows that the High Court was not inclined to accept it in any case.

This conclusion is supported by the fact that the High Court cited the *Bato Star* judgment in which the Constitutional Court held that the courts should pay appropriate respect to the policy decisions of authorities with special expertise and knowledge. Where the project was not suitable to achieve the envisaged goal or was not reasonably supported by the facts or the given reasons, however, the Court should interfere.[367] As the High Court in *Erf 16* thereafter applied a rationality test, it apparently found that test to be the appropriate standard of scrutiny, [368] thereby effectively precluding a successful alternative project argument.[369]

The Supreme Court of Appeal confirmed the judgment of the High Court. It considered that

> '[i]t is for the expropriating authority to decide how best to achieve its purpose. The evaluation of whether an expropriation is expedient or necessary lies with the expropriating authority. The fact that there are other ways to achieve the

[364] (11375/08) ZAGPPHC 154, para 53.
[365] (11375/08) ZAGPPHC 154, para 50.
[366] (11375/08) ZAGPPHC 154, para 54.
[367] (11375/08) ZAGPPHC 154, para 54.
[368] (11375/08) ZAGPPHC 154, paras 56 et seq and 60 et seq.
[369] Cf Van der Walt 2011a, 501 and Van der Walt 2010, 274.

purposes of the expropriation is irrelevant provided that the expropriation is for a "public purpose".'[370]

In the second sentence of this consideration, the Supreme Court of Appeal seems to confuse the least invasive means argument with the alternative project argument because the least invasive means argument refers to the necessity of the expropriation as a means to implement the chosen project. In the first and third sentence, however, the Court clearly rejects the alternative project argument as irrelevant. As a result, the choice of the project only seems subject to a rationality review in case law on expropriation.[371] This means that the alternative project argument can only be successful if the reasoning of the authority is not sound. There is a slim chance that the courts will label the reasoning as unsound and irrational where the less harmful alternative project is in no respect less beneficial and in no respect more harmful than the chosen project.

6.3.2.2 Constitutional law and PAJA

In South African law, there seems to be a discrepancy between the law as it is applied by the lower courts up to the Supreme Court of Appeal and the law as it is shaped by the Constitutional Court and academic scholars. The courts frequently stick to precedent from the pre-constitutional era and prove reluctant to apply the new constitutional provisions. An example would be the *Erf 16* judgments. By contrast, academic scholars and the Constitutional Court seek to develop a doctrine based upon the 1996 Constitution and statutes giving effect to the Constitution. Therefore, it is necessary to scrutinise whether the alternative project argument could be integrated into administrative justice in terms of Section 33 of the Constitution and PAJA, as informed by the arbitrariness test in terms of Section 25(1) and the general limitation test of Section 36(1).

6.3.2.2.1 *Reasonable administrative action*

It follows from Section 33(1) that expropriation, as administrative action, must be lawful, reasonable, and procedurally fair.[372] The alternative project argument could be relevant to the reasonableness of the decision. The applicable statutory provision could be Sections 6(2)(h) and 6(2)(i) PAJA. Section 6(2)(h) stipulates that administrative action has to be (judicially) reviewed as to whether it is so unreasonable that no reasonable person could have so exercised the power. The Constitutional Court has confirmed that Section 6(2)(h) PAJA refers to the reasonableness standard of Section 33(1) of the Constitution.[373] Section 6(2)(i) PAJA subjects administrative action to constitutional review. The non-arbitrariness test under Section 25(1) and the reasonableness test Section 36(1) of the Constitution, which would be relevant to this ground of review, are discussed in the next subsection.

Integration of the alternative project argument into the reasonableness standard

Although the meaning of reasonableness remains controversial, two elements can be identified. One element is rationality, which requires that the decision is suitable

[370] (914/10) ZASCA 246, para 16.
[371] Van der Walt 2010, 274; and Van der Walt 2011a, 501.
[372] Badenhorst, Pienaar & Mostert 2006, 564; and Van der Walt 2010, 273 et seq.
[373] [2004] ZACC 15, para 44.

to achieve its goal and is supported by the facts and reasons given in the decision.[374] This ground of review, which can be traced to the *Erf 16* judgment of the North Gauteng High Court and Section 6(2)(f)(ii) PAJA, however, is generally not relevant to the alternative project argument because it cannot accommodate the scrutiny of the choice between alternative projects with different harmful effects.[375] Only where a less harmful alternative project is in no respect less beneficial and in no respect more harmful than the chosen project, may the rationality test render the expropriation unlawful.[376]

The second element, proportionality, may be of value, but, as has already been pointed out, [377] remains controversial in the jurisprudence and the literature.[378] In the *New Clicks* judgment of the Constitutional Court, Chaskalson CJ considered for the majority that reasonableness was a variable standard, which may allow for a higher level of judicial scrutiny than rationality.[379] In his minority opinion, by contrast, Sachs J considered that reasonableness naturally included proportionality.[380] The *Bato Star* judgment of the Constitutional Court provides some insight into the factors that are relevant to the reasonableness test. Therein, O'Regan J considered that reasonableness depended upon the circumstances of each particular case. Relevant factors would be (1) the nature of the decision, (2) the identity and expertise of the decision-maker, (3) the range of factors relevant to the decision, (4) the reasons given for the decision, (5) the nature of the competing interests involved, and (6) the impact of the decision upon affected persons.[381]

Quinot and *Liebenberg* argued that these factors only served to determine the type of the judicial test, but not to enable the application of a proportionality test. The greater the impact upon others is, the stricter the requirements of the judicial test will be.[382] This interpretation is plausible in the light of the variable level of scrutiny that Chaskalson CJ proposed in his judgment on the *New Clicks* case. The fact that O'Regan J based her opinion upon a contribution of *Hoexter*, who advocated such variability, [383] also points into that direction. Strangely enough, however, O'Regan J stated that it was for the courts to scrutinise whether the authority had struck a reasonable equilibrium.[384] This consideration leaves one wondering how a court is supposed to examine the equilibrium without conducting a balancing of interests within a proportionality analysis.

Be that as it may, *Quinot* and *Liebenberg* agreed that interferences with fundamental rights and state action with a severe impact would require a proportionality inquiry.[385] This would mean that the courts would have to apply a proportionality

---

[374] Hoexter 2012, 340.

[375] Cf Slade 2013, 204 et seq and 208 et seq.

[376] See subsection 6.3.2.1 above.

[377] See subsection 6.1.2.3 above.

[378] Hoexter 2012, 343 et seq. See for different approaches to reasonableness: L Blaauw-Wolf 'The 'balancing of interests' with reference to the principle of proportionality and the doctrine of *Güterabwägung*—a comparative analysis' 1999 *SAPR/PL* 178–214, 209; Mostert 2000, 247; Chaskalson 1994, 134; and Rautenbach 2014, 2229–2267.

[379] [2005] ZACC 14, para 108.

[380] [2005] ZACC 14, para 637.

[381] [2004] ZACC 15, para 45.

[382] Quinot & Liebenberg 2011, 646.

[383] Hoexter 2000, 502 et seq.

[384] [2004] ZACC 15, para 49.

[385] Quinot & Liebenberg 2011, 647. Cf Maree 2013, 98.

test to expropriation, which is the most extreme limitation to property, or a planning decision that precedes an expropriation or infringes a fundamental right itself. Within the proportionality inquiry, the authority and the courts would have to use the factors listed in the *Bato Star* case again. In particular the adverse impact of the decision upon affected persons, the factors relevant to the decision and the nature of the competing interests, reflect a proportionality inquiry, including a balancing of interests.[386] Although reasonableness is primarily a ground of judicial review, as the wording of Section 6(2) PAJA suggests, [387] the competent authorities should apply this test to their own work because this would streamline and improve their decision-making.

Where would the alternative project argument come into play within the proportionality analysis? In German and Dutch law, the alternative project argument forms part of a balancing of interests.[388] The argument would thus fit nicely into the proportionality inquiry described in the *Bato Star* case. Furthermore, 'less restrictive means' form part of a proportionality inquiry under Section 36(1) of the Constitution.[389] As Section 36(1) also features the requirement of 'reasonableness', reasonableness in terms of PAJA should also refer to less harmful means, such as an alternative project.[390]

The applicable standard of judicial scrutiny

The alternative project argument can challenge the reasonableness of a planning decision and/or an expropriation within the proportionality inquiry. The second question is how intrusively the courts should scrutinise the choice of the project and whether or not they should substitute their own value judgements and policy decisions for the authority's (implicit or explicit) value judgements and policy considerations. A comparison with German and Dutch law shows that a strict necessity test would not be a suitable framework for the alternative project argument.[391] In most cases, an alternative project that equally serves the envisaged purpose may have a less severe impact upon some interests whereas it adversely affects other interests more. The typical example would be a road that may run through either a commercial area or an industrial area. The decision which project to choose not only requires an assessment of the effectiveness and adverse effects of either option, but also a policy decision on the importance of either area to society.[392] In German and Dutch law, the alternative project argument is, therefore, embedded in a balancing of interests within the procedure in which the project is designed. The result of this balancing of interests is only subject to a limited judicial review in that the alternative project argument will only be successful if the

---

[386] Hoexter 2012, 350; and Hoexter, 'Just administrative action', in Currie & De Waal 2013, 643–690, 671.

[387] S 6(2) PAJA only refers to grounds of review, but does not link these grounds of reviews to corresponding obligations of the administrative authority.

[388] See sections 3.3.2 and 4.3.3 above.

[389] See S 36(1)(e) of the Constitution. Cf Slade 2013, 209; and Quinot & Liebenberg 2011, 650.

[390] Cf Rautenbach, Bill of Rights, 1A-239. See subsection 2.2.3 above.

[391] See sections 3.3.2 and 4.3.3 above.

[392] Hoops 2016a, 686 et seq.

authority's value judgements are contrary to the Constitution or applicable statutes or if the chosen option entails considerable disadvantages compared to its alternative.[393]

Although the debate about judicial scrutiny in South Africa mainly deals with the types of judicial tests, the notion of a restrained judicial application of a proportionality test is not foreign to, or incompatible with, South African law. For example, in the *Manamela* judgment, the Constitutional Court considered with respect to the proportionality test under Section 36(1) that 'priorities of social demands' were sensible considerations that would not provoke disagreement.[394] Such an approach seems very similar to deference to value judgements and policy considerations.

South African law traditionally distinguishes between appeal and review. Whereas an appeal procedure allows the competent body to revisit and change the policy decisions and value judgements of the authority, a review procedure does not.[395] The South African courts, in principle, *review* administrative decisions. Although this distinction is no longer as clear-cut as it used to be, the South African judiciary is still following a deferential approach to reviewing the merits of administrative action and the value judgements upon which administrative action is based.[396] Unsurprisingly, the *Bato Star* judgment also suggests a limited judicial review. Therein, the Constitutional Court considered that

> '[i]n treating the decisions of administrative agencies with the appropriate respect, [. . .] [a] court should [. . .] give due weight to findings of fact and policy decisions made by those with special expertise and experience in the field. The extent to which a court should give weight to these considerations will depend upon the character of the decision itself, as well as on the identity of the decision maker.'[397]

The Court's subsequent consideration in *Bato Star* that discretionary administrative decisions are tested as to their rationality, [398] however, should be seen as a minimum requirement rather than a maximum standard of judicial scrutiny. This is confirmed by the fact that O'Regan J further elaborated that the courts needed to scrutinise whether the authority had considered all relevant factors, struck a reasonable equilibrium, and chosen a reasonableness means in the light of the facts.[399] Its earlier judgment in the case *Government of the Republic of South Africa v Grootboom* on measures to promote socio-economic rights also points in the direction of a limited judicial review. The Constitutional Court highlighted in that judgment that it was

[393] Hoops 2016a, 692 et seq; and Hoops 2017, 70 et seq.

[394] *S v Manamela and Another (Director-General of Justice Intervening)* (CCT 25/99) [2000] ZACC 5, para 34.

[395] De Ville 2003, 27 et seq.

[396] [1998] ZALAC 11, para 36; Maree & Quinot 2016a, 272 et seq; De Ville 2003, 28 et seq; and Hoexter 2012, 351 et seq.

[397] [2004] ZACC 15, para 48.

[398] [2004] ZACC 15, para 48.

[399] [2004] ZACC 15, para 50.

not for the judiciary to scrutinise what the most desirable measure would have been. Rather, there was a large range of reasonable measures from which the state could choose.[400]

In the literature, most scholars also seem to advocate a limited judicial review. *Van der Walt*, who seems to have agreed with the outcome in *Erf 16*, referred to the statutory discretion of the expropriation authority, which should caution judicial scrutiny.[401] *Hoexter* maintains that the courts should not take the seat of the administrative authority. The courts should allow the authorities to choose from a legitimate range of options where it is granted discretion and has to take policy decisions.[402]

Author's model of judicial scrutiny upon an alternative project argument

It is submitted that the judicial scrutiny of the proportionality inquiry should vary according to how much expertise is required for the decision and to what extent the decision requires weighing competing public and private interests and favouring one interest over another.[403] These two criteria are suitable because they affect the relationship between authorities and courts. The more complex the facts of a case and the decision-making are, the less capable the courts will be to make a well-founded choice themselves.[404] Also, if the authority is faced with two options with different adverse effects, it will need to make value judgements in order to decide which interests should be given precedence. In the light of the separation of powers and the judiciary's lack of democratic legitimacy, an intrusive judicial review of these value judgements does not seem appropriate.[405] Three factors listed in the *Bato Star* judgment support this view, namely the nature of the decision, the nature of the competing interests, and the identity and expertise of the decision-maker. Furthermore, the Constitutional Court considered, in the *Bato Star* case, that a decision that required a balancing of competing interests and that was taken by a body with specific expertise should be paid due respect.[406] The review, however, must still in any case go beyond a rationality test to which the Constitutional Court alluded in the *Bato Star* judgment.[407] A proportionality inquiry, limited though the judicial scrutiny of value judgements and policy decisions may be, [408] remains necessary because the plan, in particular if followed by an expropriation, will infringe the fundamental rights of the affected persons.

---

[400] *Government of the Republic of South Africa v Grootboom*, 2001 1 SA 46 (CC) para 41.

[401] Van der Walt 2011b, 292.

[402] Hoexter 2012, 347; and Hoexter 2000, 503 et seq.

[403] Cf Quinot & Liebenberg 2011, 646.

[404] P Lenta 'Judicial Deference and Rights' 2006 *TSAR* 456–467, 456. See in the US literature: Dana & Merrill 2002, 203; and Alexander & Peñalver 2012, 161.

[405] Woolman & Botha 2008, 34–88; Lenta 2006, 456; Maree 2013, 88 et seq; and Maree & Quinot 'A decade and a half of deference (part 2)' 2016 *TSAR* 447–466, 452 et seq. Cf [2004] ZACC 15, para 46.

[406] [2004] ZACC 15, para 48.

[407] [2004] ZACC 15, para 48.

[408] Cf Quinot & Maree 2016a, 276.

Against this background, it is submitted that the authority and the courts first scrutinise whether the alternative project would yield the same public benefits as the chosen project. Note, however, that the more general the project's purpose is, the more likely it is that there are alternative projects.[409] In the *Erf 16* case, for instance, the goal was to enhance the security and privacy of governmental officials. These goals are hard to put into quantifiable terms, making it more difficult to ascertain whether or not the chosen project better serves the goal. Overly strict judicial scrutiny may thus open the floodgates for alternative, less burdensome projects. The courts should therefore strictly scrutinise whether the authority has considered all relevant facts and alternatives, but pay some respect to the authority's findings.

Only if the alternative project is evidently equally suitable, will the authority and the courts balance the interests adversely affected by the chosen project against the interests adversely affected by the alternative project. The balancing of interests requires determining the impact of the chosen project and the alternative project upon protected interests and, based upon this impact, accord weight to these interests as well as comparing the determined values.[410] The details and challenges of this balancing exercise are further discussed in subsection 6.3.5.1 below. Only if the competent court found after the balancing test that the authority did not consider all relevant facts or that the interests adversely affected by the chosen project by far outweighed the interests adversely affected by the alternative project, would the alternative project argument be successful in court. A full judicial review of the choice of the authority may be appropriate where the *only* difference between the alternative and the chosen project is that the chosen project adversely affects a certain interest, such as environmental protection, more than the alternative project. In such a situation, the authority does not need to balance competing interests and its decision should, therefore, be subject to a stricter review.[411]

If the alternative project does not prove to be as beneficial as the envisaged project, the authority and the courts will—in addition to the weighing of the alternative's adverse impact and the chosen project's adverse impact—balance the public's interest in the additional benefits against the interest affected by the chosen project. The courts would only set aside the choice of the authority if this choice failed the first balancing test and if the adversely affected interest by far outweighed the public's interest in the additional benefits.

---

[409] Woolman & Botha 2008, 34–87.

[410] See in particular the factors listed in S 36(1) of the Constitution; and Rautenbach 2014, 2241 and 2255 et seq.

[411] Hoops 2016a, 687.

The following flow chart depicts the steps that the courts would have to take according to this model:

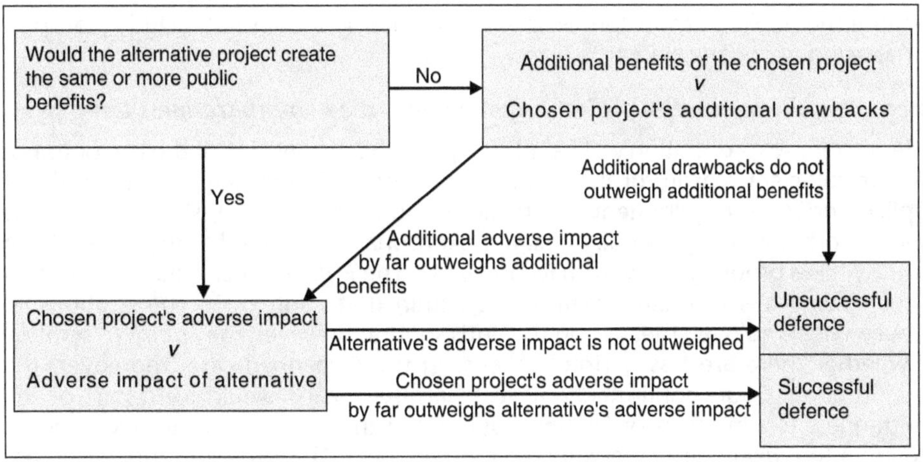

Figure 17: The flow chart shows which steps the courts would have to take according to the proposed model when an adversely affected person puts forward the alternative project argument. The text above, below, and next to the arrows indicates which finding would trigger the step or conclusion in the following box.

Source: Author's own design

Let us apply this model to the *Erf 16* case as a simple example. The Minister of Public Works would have had to scrutinise whether a wall around the expropriatee's property would be enough to ensure the desired level of security. The Minister would not have needed to balance the disadvantages of the alternative project against the disadvantages of the chosen project because the alternative wall would not have adversely affected any other interests and was, therefore, clearly less harmful than the chosen project. However, as the alternative wall did not prove to be as beneficial as the envisaged wall, the Minister would have had to balance the public's interest in additional security against additional harm done to the private interest in the property. This Minister's finding concerning this balancing of interests would have been subject to a limited judicial review. Only if the adversely affected interest of the owner greatly outweighed the public's interest in additional security, would the courts have had to set aside such a decision as unreasonable. A different regime should apply only if it were evident (or undisputed) that the chosen project would not cater for more security than the alternative. Stricter judicial scrutiny of the whole decision would then have been appropriate because no balancing of the public's interest in additional security against the expropriatee's interest would have been required and the only difference between the chosen project and the alternative project would have been that the chosen project affected a certain interest more.

6.3.2.2.2 *Section 25(1) and Section 36(1) of the Constitution*

Section 6(2)(i) PAJA provides for a review of administrative action on constitutional grounds. According to the *FNB* methodology, the alternative project argument would first trigger Section 25(1) of the Constitution and then, should the expropriation fail to meet the requirements of Section 25(1), Section 36(1).[412] Should the expropriation meet the requirements of either of these provisions, Section 25(2) would be applied. However, Section 25(2) appears useless to the expropriatee because the public purpose/public interest requirement does not include a proportionality inquiry of any kind.[413]

Integrating the alternative project argument into the non-arbitrariness test

A deprivation-expropriation will be arbitrary under Section 25(1) if the law does not provide sufficient reason for it.[414] In line with the *FNB* judgment, the type of test applied under this requirement of substantive non-arbitrariness test should be close to a proportionality-type inquiry because expropriation entails that the state fully or partially takes property away from its holder.[415] The *FNB* judgment did not explicitly provide for a less restrictive means test within that context.[416] The relationship between the employed means and the ends sought, however, may point to scrutiny of whether there are less harmful means. In the *Opperman* case, moreover, the Constitutional Court confirmed that less harmful means would form part of the arbitrariness test in terms of Section 25(1).[417] In that case, the Court examined a provision that dealt with unlawful credit agreements. This provision stipulated that the courts in that case either had to cancel all rights of the credit provider to recover any money or goods or to declare these rights forfeited to the state. The purpose of this provision is to protect the public from unscrupulous moneylenders. The Constitutional Court considered that there were less harmful means to discourage unscrupulous behaviour on the specific facts before it, such as administrative fines.[418] The Court concluded on this basis that the means chosen to achieve that aim were disproportionate and that the provision, therefore, arbitrarily deprived credit providers of their property.[419] This judgment clearly shows that scrutiny of whether there is a less harmful means forms part of the arbitrariness test.[420] The alternative project argument, a member of the family of less harmful means arguments, would thus have to be considered when the arbitrariness of the deprivation-expropriation is scrutinised.

Integrating the alternative project argument into Section 36(1)

Section 36(1) of the Constitution also provides for a proportionality inquiry, including a balancing test. In applying Section 36(1), expropriation authorities and courts must take into account 'less restrictive means' according to Section 36(1)(e). The alternative project argument should therefore form part of the inquiry under Section 36(1).[421] As has already been argued above, [422] there is no proper reason not to

[412] [2002] ZACC 5, paras 57 et seq.
[413] Slade 2013, 204 et seq.
[414] [2002] ZACC 5, para 100.
[415] See subsection 6.1.1 above and, in particular, [2012] ZACC 29, para 71. Advocating a varying degree of intrusiveness according to the purpose of the project: Slade 2013, 207.
[416] [2002] ZACC 5, para 100.
[417] Slade 2015, 339.
[418] [2012] ZACC 29, paras 76 et seq.
[419] [2012] ZACC 29, paras 71 et seq.
[420] Cf Roux & Davis 2008, 20–22(1).
[421] Cf Rautenbach 2014, 2257 et seq; and Slade 2015, 339.
[422] See subsection 6.1.2.2 above.

apply insights about Section 36(1) to Section 25(1) and *vice versa*.[423] It therefore seems appropriate to deal with Section 25(1) and 36(1) together.

The applicable standard of judicial scrutiny

The question is under what conditions the courts would strike down an expropriation because there is a less harmful alternative project. There are some indications that the courts would subject the decision only to a limited judicial review in this respect. The first observation would be that less harmful means are only one aspect to be taken into account under Sections 25(1) and 36(1). Even if equally suitable, but less harmful means are available, there might thus be a possibility that the expropriation will still comply with Sections 25(1) and 36(1).[424]

The three other indications are aspects that have already been considered in the framework of section 6(2)(h) PAJA.[425] The second observation would be that the more general the objective is, the more likely it is that there are alternative projects.[426] The courts should, therefore, pay some respect to the authority's findings. The third observation would be that alternative projects are probably not less harmful in all respects. Even if an alternative serves the envisaged purpose equally well and adversely affects one interest less than the envisaged project, it may still have adverse effects upon other interests.[427] The fourth observation is closely related to this. The authority needs to make value judgements in order to decide on which interest to favour over another. The separation of powers should preclude an intrusive judicial review of such value judgements.[428]

It is, therefore, not surprising that the courts grant much leeway to the authorities as to the choice of means to realise a certain purpose in the framework of Section 36(1).[429] As the Constitutional Court stated in the *Makwanyane* case, in which the death penalty was abolished,

> 'the role of the court is not to second-guess the wisdom of policy choices made by legislators.'[430]

What that precisely means in the context of alternative projects for which property is expropriated, remains unclear due to a lack of specific jurisprudence. It seems that the courts will practice deference to the authority's determinations on whether the alternative project is equally suitable to realise the legitimate purpose.[431] The jurisprudence on other fundamental rights further suggests that the courts will not interfere if the authority has set reasonable priorities by favouring one potentially affected interest over another.[432] As the Constitutional Court put it in the *Manamela* judgment, the decision to choose a certain project is based upon

423 Rautenbach, Overview, 318 et seq. Refer to footnotes 48–52 for other sources.

424 Woolman & Botha 2008, 34–91.

425 See subsection 6.3.2.2.1 above.

426 Woolman & Botha 2008, 34–87.

427 Woolman & Botha 2008, 34–91 et seq.

428 Woolman & Botha 2008, 34–88.

429 Currie & De Waal, Limitation of Rights, 170; Woolman & Botha 2008, 34–91; and Rautenbach, Bill of Rights, 1A-105.

430 [1995] ZACC 3, para 104.

431 Currie & De Waal, Limitation, 170.

432 Woolman & Botha 2008, 34–89 et seq, with further references to jurisprudence.

> 'considerations of cost, implementation, priorities of social demands, and the need to reconcile conflicting interests. These are manifestly sensible considerations that do not provoke disagreement.'[433]

This consideration awkwardly reminds us of the *White Rocks* judgment, in which the Natal Provincial Division held that it was relevant to the lawfulness of the expropriation that saving costs was the authority's motive to resort to expropriation instead of a milder means to acquire the necessary control of the land for the project.[434] However, as *Woolman & Botha* have persuasively asserted, the state has to accept a certain degree of financial 'inconvenience' where the state infringes the fundamental rights of persons.[435] The authority must take this into account when determining the weight of the public's interest in a more cost-effective project.

In conclusion, Sections 25(1) and 36(1) both provide for a balancing test in expropriation cases, but will only permit limited judicial scrutiny. Therefore, the standard that has been recommended in the context of the reasonableness test under Section 6(2)(h) PAJA seems to provide adequate criteria for the application of sections 25(1) and 36(1) as well.[436]

6.3.2.3 Conclusion

Under the current jurisprudence of the High Court, the alternative project argument cannot generally be successful because the scrutiny by ordinary courts does not go beyond an application of the public purpose/public interest requirement and a rationality test to the choice of the project. Only where a less harmful alternative project is in no respect less beneficial and in no respect more harmful than the chosen project, might the courts find the choice of the project irrational. Also, there is no general duty for authorities to consider alternative projects.

The alternative project argument, however, can and should be integrated into a proportionality inquiry within the reasonableness test under PAJA, as informed by Sections 25(1) and 36(1) of the Constitution. The authorities and the courts should, therefore, first verify whether the proposed alternative project is equally suitable to bring about the public benefits as the chosen project. Should that not be the case, the authorities and the courts should balance the additional benefits of the chosen project against the additional harm caused by the chosen project. If the alternative project is equally suitable or if the additional benefits of the chosen project do not outweigh its additional harm, the authorities and the courts will weigh the interests adversely affected by the chosen project against those adversely affected by the alternative project. If the authority finds that harm done to the latter interests outweighs the harm caused to the former interests, the authority should opt for the alternative project.

The courts should generally respect the value judgements and policy considerations that the competent authority has made. Only where the equally beneficial alternative project evidently does considerably less harm to all adversely affected interests, should the courts interfere with the authority's determinations. If the

433 [2000] ZACC 5, para 34.

434 1984 (3) SA 785 (N) 794 et seq; see subsection 6.2.1.1.3 above.

435 Woolman & Botha 2008, 34–92. Cf *Prince v President, Cape Law Society*, 2002 (2) SA 794 (CC) paras 81 and 149.

436 See subsection 6.3.2.2.1 above.

considerably less harmful alternative project is not equally beneficial, the courts should interfere where the chosen project's additional harm clearly outweighs its additional benefits. A full judicial review of the authority's decision may only be appropriate in cases where the only difference between the chosen and the alternative project is that the chosen project adversely affects one protected interest more than the alternative project.

Remarkably, planning legislation seems to embrace the duty to consider alternative projects and the alternative project argument. The Environmental Impact Assessment Regulations under NEMA stipulate that the impact assessment must consider alternative projects and that the competent authority can determine the alternative for which it grants the environmental authorisation under NEMA.[437] Section 25(1) SPLUMA stipulates that the municipality must lay down designations in the land-use scheme that promote a minimal impact on public health, the environment, and natural resources. One may argue that the municipality could not adopt a new land-use scheme or rezone the targeted land for a chosen project if that project adversely affects those interests more than an alternative project, at least not without a proper justification for this additional harm. Although the adoption of a land-use scheme, as has been shown above, [438] may not be administrative action in terms of PAJA and the Constitution and, therefore, not subject to judicial review under PAJA, the courts must still ensure compliance with legislation, such as Section 25(1) SPLUMA.

6.3.3 The suitability of the expropriation

It has been concluded above that the project must be suitable to contribute to the realisation of the purpose of the expropriation.[439] The expropriation must also be suitable to make possible the implementation of the project. This follows from the rationality test that is applied under PAJA and Sections 25(1), 33(1) and 36(1) of the Constitution.[440] In addition, Section 6(1) of the Expropriation Act empowers the Minister to inspect the property and verify that it is suitable for the envisaged use. Clause 5(1)(a) of the 2015 Expropriation Bill would make this assessment compulsory.

In (at least) four cases, the expropriation would arguably not be suitable. Firstly, the property to be expropriated is not suitable for the implementation of the project. Secondly, the project developer does not plan to implement the project on that piece of land. Thirdly, the parcel of land is not large enough to accommodate the project and the expropriation authority cannot establish that the state has additional land at its disposal or could acquire the remaining land within a reasonable amount of time. Fourthly, the expropriation only results in the creation of a servitude (or another limited property right) whereas the project requires the right of ownership or another suitable limited real right.

---

[437] Regulations 19(3) 20(2) 23(3) and 24(2) Appendixes 1 and 3, Government Notice R892 (2014).
[438] See subsection 6.1.3.2 above.
[439] See subsection 6.3.1 above.
[440] See subsection 6.3.1.2 and 6.3.1.3 above.

6.3.4 The least invasive means argument

➢ This subsection addresses the following questions with respect to South African law:
  - Would the availability of an equally suitable, but less harmful means to acquire land for the chosen project render the expropriation unlawful?
  - Would the availability of an insignificantly less suitable, but considerably less harmful means render the expropriation unlawful?

➢ See subsection 2.2.5 for more details on the least invasive means argument.

Once the project has been planned or, at least outlined, expropriation is a means to acquire the land that is necessary for the implementation of the project. In a variety of situations, the expropriation is not necessary to enable the transferee to implement the project in that there are suitable means available that would infringe the targeted property to a lesser extent than expropriation. The expropriation authority may be able to acquire the land on the private market at a reasonable price. The expropriation authority may intend to acquire property rights on more land than required for the project.[441] The expropriation authority may also intend to acquire the whole right of ownership whereas the creation of a limited property right, such as a servitude, a contractual arrangement, or a regulatory regime would be sufficient to enable the implementation of the project.[442] Lastly, the expropriatee may be willing and able to implement the project themselves.

6.3.4.1 Case law

From the pre-constitutional era

In the pre-constitutional era, the expropriation authority could expropriate property rights on as much land as it deemed necessary to implement the project in the foreseeable future. The courts granted the authority much leeway.[443] The courts only intervened in cases where the state intentionally expropriated too much in order to use the excess land for another purpose.[444]

Concerning suitable and less harmful means than expropriation to make the implementation of the project possible, the only case in the pre-constitutional era in which the least invasive means argument played a role was *White Rocks*.[445] In that case, property was expropriated for the establishment of a mountain catchment area. The area served to preserve the vegetation in the area and to ensure the production of good quality water. The expropriation authority had two options. It could either expropriate the property or apply a statutory scheme under the Mountain Catchment Areas Act that would oblige the owner to use the land in accordance with the scheme's rules. There was thus a regulatory scheme in place that would have rendered the expropriation unnecessary. The expropriation authority eventually opted for the expropriation due to financial considerations.

The expropriatee first argued that the Mountain Catchment Areas Act was a *lex specialis* of the Expropriation Act and that the Expropriation Act was, therefore, not

441 Slade 2013, 199.
442 Slade 2013, 199.
443 Gildenhuys 2001, 88 et seq.
444 Gildenhuys 2001, 89; and Gildenhuys & Grobler 2012, No. 14.
445 See subsection 6.2.1.1.3.

applicable. The Natal Provincial Division rejected this argument. It considered that '[i]t is for the State to decide what machinery should best be employed'.[446] Although the expropriatee did not explicitly invoke the less harmful nature of the Mountain Catchment Areas Act, this consideration clearly indicates that the courts did not interfere with the choice of the means to implement the project. The expropriatee subsequently argued that the true purpose of the expropriation was to save money. The Provincial Division rejected this argument and held that the expropriatee confused purpose with motive. The court held that

> '[t]he decision as to what means might best achieve that end was the motive for adopting the one method rather than the other. In the present case financial considerations determined that the machinery provided by the Expropriation Act would be preferable to using that under the Mountain Catchment Areas Act but the purpose never changed'.[447]

This consideration at least confirms that financial considerations can be a justification for the expropriation authority to resort to the more harmful means of expropriation (as long as the expropriation serves a public purpose). The least invasive means argument would thus have been unsuccessful.

From the constitutional era

In the constitutional era, the least invasive means argument was put forward to no avail in the cases *Bartsch* and *Sotirios Spetsiotis*. In *Bartsch*, property was expropriated for a road connection between Harrismith and a national freeway as well as for a shopping complex. The expropriatee argued that a third of their property was sufficient to build the road, while the shopping complex would be built on the rest. The rest was not required for a public purpose, so went the argument, as the shopping complex solely served a private purpose. If the shopping complex had only served a private purpose, this would have been a valid least invasive means argument because more of the property was expropriated than was needed for the legitimate purpose. As has already been noted above, [448] however, the shopping complex was deemed in the public interest. Therefore, the least invasive means situation never occurred and the Free State High Court quite correctly decided that the argument failed.[449]

An interesting aspect of the *Bartsch* case was that the municipality had sold the land earlier to the expropriatee under the condition that the expropriatee would allow for the construction of the road and the development of a shopping centre. As the expropriatee refused to allow for the development on their property, the municipality thus had the option to rely upon contractual remedies to reacquire the land. As it would have required more time and funds to reacquire the property in that way rather than by means of expropriation, the municipality opted for expropriation.[450]

This may have been a least invasive means situation because there would have been a private law method to acquire the property. Due to the delay in the

[446] 1984 (3) SA 785 (N) 792.
[447] 1984 (3) SA 785 (N) 794.
[448] Refer to subsection 6.2.1.2.2 above.
[449] [2010] ZAFSHC 11, para 6.
[450] [2010] ZAFSHC 11, para 3.13.

implementation of the project, however, it would be arguable that this method was not an equally suitable means to implement the project. Anyway, the Free State High Court did not consider it as a least invasive means argument. As the Natal Provincial Division had done in *White Rocks*, the Court viewed the financial considerations as an irrelevant motive.[451] This would suggest that the High Court wanted to continue the *White Rocks* jurisprudence and would be rather reluctant to accept the least invasive means argument.

In the *Sotirios Spetsiotis* case, the municipality of eThekwini expropriated a lease for an upgrade of the Durban beachfront for the 2010 football World Cup. The expropriatee was the owner of a restaurant and argued that the upgrade did not require the land on which their restaurant was located and that merely a few seats at the restaurant would have to be moved to accommodate the project. The expropriatee thus argued that the state did not use the least invasive means because it sought to acquire more land by means of expropriation than was required for project. However, the expropriatee relied upon outdated plans. The municipality could establish that the demolition of the restaurant was needed for the creation of a recreational 'kick-about' area.[452] Therefore, the least invasive means situation never arose.

In the *Harvey* judgment, by contrast, the KwaZulu-Natal High Court cited *Van der Walt* who maintained that an expropriation had to be strictly necessary.[453] Had there been a less invasive means, a least invasive means argument would thus have been successful.

The general tendency in the jurisprudence from the constitutional era seems to be that the least invasive means argument would be unsuccessful. Only where the state intentionally expropriates property rights on too much land in order to use the excess land for another purpose, will the courts interfere with some certainty.[454] However, given the *Harvey* judgment, there is a gleam of hope that in the future, the argument will render an expropriation unlawful.

6.3.4.2 The Expropriation Act and the 2015 Expropriation Bill

Section 2(2), (3), and (4) and Section 3(1) of the Expropriation Act give valuable insights about how the least invasive means argument was treated in the preconstitutional era and, with some constitution-conform modifications, how it is still treated today. Section 2(2) stipulates that the Minister may expropriate other property that is affected by the expropriation for any reason that the Minister may deem expedient. A property will be 'affected' if the use of it is restricted due to the implementation of the project. *Gildenhuys* mentions as an example that the expropriation or the project made the access to the property impossible.[455] This provision is very problematic in the light of the least invasive means argument. Not only is the definition of 'affected' very broad, it also extends the Minister's power to expropriate property beyond what is necessary for the implementation of the project. Moreover, this power can be exercised for any reason that the Minister may deem expedient. The power is thus not even subject to a public purpose/public interest

[451] [2010] ZAFSHC 11, para 6.
[452] [2009] ZAKZDHC 51, para 7.
[453] [2010] ZAKZPHC 86, para 85.
[454] Gildenhuys 2001, 89; and Gildenhuys & Grobler 2012, No. 14.
[455] Gildenhuys 2001, 89. Cf Southwood 2000, 38.

requirement and the exercise of this power may, therefore, conflict with Section 25(2) of the Constitution.

By contrast, Section 2(3) of the Expropriation Act is less problematic because it permits an expropriation only upon request by the owner. If a parcel of land has been partially expropriated and the remainder has become useless to the owner, the Minister can then expropriate the remainder upon request by the owner. Note that this is a discretionary power, not an obligation.[456]

Section 2(4) of the Expropriation Act stipulates that if the Minister negotiates with an owner for the acquisition of the property by means of agreement, the Minister may expropriate such property upon request by the owner. Of course, in the light of the authorisation to expropriate property for public purposes in Section 2(1), this does not imply that the state may only expropriate upon request. Also, there is no general obligation for the Minister to negotiate first and try to acquire the property on the private market on reasonable terms. This obligation only applies to an expropriation on behalf of a juristic person. Section 3(1) stipulates that the Minister can only expropriate property on behalf of a juristic person if the Minister is satisfied that the juristic person is unable to acquire the land on reasonable terms.

The 2015 Expropriation Bill does not contain provisions comparable to Section 2(2) and (4) of the Expropriation Act. However, Section 2(3) of the Expropriation Act has been adopted as Clause 3(4) of the Bill. The Bill mostly fails to deal with the least invasive means argument. Clause 2(2), however, obliges the Minister to negotiate with the owner first and try to acquire the property on reasonable terms, thereby extending the applicability of Section 3(1) beyond expropriations on behalf of juristic persons.

6.3.4.3 Literature

Gildenhuys argued in general that it was for the expropriation authority to decide on whether or not expropriation is necessary.[457] More specifically, he contended on the basis of pre-constitutional case law that the authority would determine how much land would be needed for the project in the foreseeable future and that the expropriation would only be invalid if the state intentionally expropriated property rights on too much land in order to use the excess land for another purpose.[458] As *Van der Walt* and *Slade* have argued, [459] it is submitted that the South African courts should accept the least invasive means argument or strict necessity test because the state should only infringe property to the extent that an infringement is necessary for the legitimate purpose. The crucial question is whether PAJA, as informed by Sections 25(1) and 36(1) of the Constitution, may accommodate the least invasive means argument.

6.3.4.4 Constitutional law and PAJA

Like the alternative project argument, the least invasive means argument was put into a new constitutional framework in 1993 and, once again, in 1996.[460] As both of these defences refer to a less harmful means to promote the legitimate purpose, the

[456] Gildenhuys 2001, 89.
[457] Gildenhuys 2001, 77.
[458] Gildenhuys 2001, 89; and Gildenhuys & Grobler 2012, No. 14.
[459] Van der Walt 2011a, 500 and 503; Slade 2015, 331–347; and Slade 2013, 199–216.
[460] Van der Walt 2011a, 501.

same constitutional and statutory provisions apply to it. As has already been established,[461] the reasonableness test in terms of Section 6(2)(h) PAJA, as informed by the substantive arbitrariness test of Section 25(1) and the general limitation test of Section 36(1) of the Constitution, includes a less harmful means test.

The applicable standard of judicial scrutiny

With respect to the alternative project argument, the courts will subject the choice of a certain project to a limited judicial review. The main reasons for the limited judicial review have been that the choice between alternative projects requires the specialised examination of the benefits and adverse effects of each project design, the weighing of competing interests, and making the policy choice to favour one interest over the other.[462]

These reasons, which can be traced to the *Bato Star* judgment of the Constitutional Court, however, are not persuasive in the context of the least invasive means argument. There are three distinct differences between the two defences.[463] Firstly, it requires significantly less non-legal expertise to determine whether a means would make the implementation of the project possible. Secondly, as the project is a given, an alternative means to acquire the land for the implementation of the project will, in principle, not adversely affect other public or private interests, such as the environment or the property of other people. The alternative means generally only reduces the adverse impact of the project upon the targeted property. An exception to this observation would be that the alternative means of acquisition would cost more or delay the implementation of the project, as the facts of the cases *Bartsch* and *White Rocks* show.[464] Thirdly, the task of the expropriation authority is not to give preference to a certain competing interest or to make a policy choice, but rather to reduce the infringement of the fundamental rights of the expropriatee as far as possible.

For these reasons, a limited judicial review of the choice of means does not seem appropriate. A strict necessity test should be applied. In all categories of cases that have been mentioned above,[465] the courts should set aside the expropriation, provided that the less invasive means is suitable to enable the transferee to implement the project. In particular, Section 2(2) of the Expropriation Act, which authorises the Minister to expropriate property that is affected by the expropriation for any reason that the Minister may deem expedient, would no longer pass judicial scrutiny.

Slade, citing *Van der Walt*,[466] suggested a difference in scrutiny based upon whether the expropriation was for a traditional governmental purpose, such as public health and public safety, or another legitimate purpose.[467] It is submitted that this approach is not persuasive. *Slade*'s argument lays a link between the legitimate purpose and the judicial scrutiny of the choice of expropriation as a means to realise that purpose. These two issues should be kept separate. An exercise of state power

[461] See subsection 6.3.2.2 above.
[462] Refer to subsection 6.3.2.2 above.
[463] Hoops 2016a, 687.
[464] See subsection 6.3.4.1 above.
[465] See subsection 6.3.4 above.
[466] Cf Van der Walt 2011a, 227 et seq.
[467] Slade 2013, 206 et seq.

that goes beyond what is necessary for the achievement of the state action's goal should never be allowed, regardless of what that goal is. Otherwise, the protection of fundamental rights, such as property, would not be adequate.

Delays and financial disadvantages caused by less invasive means

What remains troubling is the role of a delay that would be caused by an alternative means and financial considerations in the choice of means to implement the project. In the context of Section 36(1), the Constitutional Court considered in the *Manamela* judgment that 'considerations of cost, [and] implementation, [. . .] are manifestly sensible considerations that do not provoke disagreement'.[468] This consideration seems generally applicable to all infringements of fundamental rights, also in the context of the reasonableness of an expropriation. This would suggest that considerations of cost and implementation are sufficient reasons to resort to expropriation and disregard less harmful alternative means.[469]

It is submitted that this reasoning is not persuasive. One may argue, as the Constitutional Court in the *Manamela* case has effectively suggested, that the rising costs or the delay in the project's implementation render the means less suitable to implement the project than the expropriation.[470] Specifically with respect to financial considerations, however, *Woolman* and *Botha* maintained that the state had to accept some financial 'inconvenience' where it infringes fundamental rights, such as property.[471] As authority, they cite minority judgments in the *Prince* case of the Constitutional Court. The case concerned the prohibition of the use and possession of cannabis. Rastafarians, who are ritual users of cannabis, claimed that this prohibition disproportionately violated their right to freedom of religion. A permit system was proposed as a less harmful means. The majority found that a permit system would be too burdensome for the state to implement.[472] By contrast, Ngcobo J argued that the state could effectively regulate the use of cannabis by Rastafarians and that the prohibition, therefore, went too far.[473] It is remarkable that Ngcobo J only addressed the suitability of the alternative means, but not its adverse effects on the state administration. In the words of Sachs J, '[. . .], the Constitution therefore obliges the state to walk the extra mile'.[474]

At least a minority on the Constitutional Court's bench has recognised that considerations of cost and implementation do not necessarily render the less harmful means less suitable. Moreover, the least invasive means argument should be seen in the context of the other factors listed in Section 36(1) and the balancing of interests that PAJA, as informed by Sections 25(1) and 36(1) of the Constitution, prescribes. The purpose of the limitation and the nature and extent of the limitation may be particularly relevant. The purpose behind choosing the more harmful means (ie the expropriation) is that the expropriation would realise the legitimate purpose more efficiently than the less harmful means. The nature and extent of the expro-

[468] [2000] ZACC 5, para 34.
[469] Concurring: Gildenhuys 2001, 92.
[470] See with respect to considerations of implementation: Woolman & Botha 2008, 34–92.
[471] Woolman & Botha 2008, 34–92.
[472] 2002 (2) SA 794 (CC) paras 129 et seq.
[473] [2002] ZACC 1, para 81.
[474] [2002] ZACC 1, para 149.

priation compared to the less harmful means is an additional infringement of the targeted property.

As any kind of infringement of fundamental rights, this additional infringement should be balanced against the expropriation's additional benefits under PAJA, as informed by Sections 25(1) and 36(1) of the Constitution. If it is urgent to implement the project and other means do not guarantee a prompt implementation, it will be proportionate to resort to expropriation. If it is merely inconvenient to use other means, this inconvenience generally cannot justify the use of the power to expropriate instead of a less harmful means. With respect to financial considerations, it is submitted that the stakes must be particularly high for two reasons. Firstly, costs do not necessarily question the viability of the project. Secondly, as has been noted above, [475] the financial interests of the state do not constitute a public purpose that may legitimately justify an expropriation. As a rule of thumb, it is submitted that financial considerations should only legitimately justify a more invasive expropriation if the less harmful means questioned the economic viability of the project.

In addition, judicial scrutiny of this balancing of interests should be intrusive. The authority only needs to balance the state's interest in a less costly or faster implementation against the additional infringement of the targeted property. This balancing exercise is much simpler than the balancing of interests triggered by the alternative project argument because the authority would not have to weigh the property rights of several people and adversely affected public interests. Based upon the criteria given in the *Bato Star* judgment, the nature of the decision and the competing interests as well as the required expertise can, therefore, not warrant a limited judicial review.[476]

The following flow chart illustrates which steps the courts would have to take according to the proposed model:

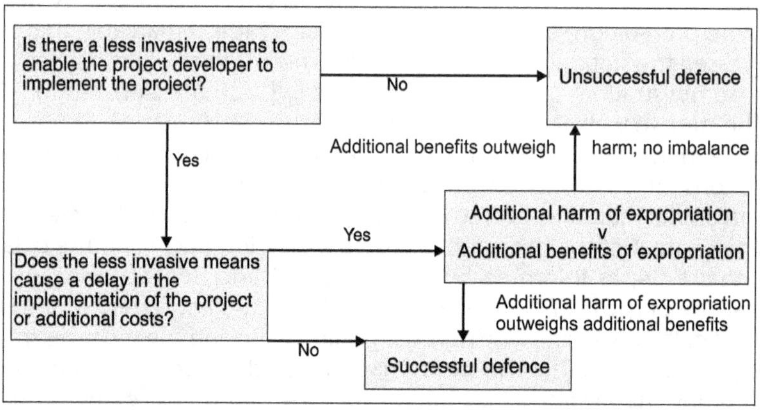

Figure 18: The flow chart shows which steps the courts would have to take according to the proposed model when an adversely affected person puts forward the least invasive means argument. The text above, below, and next to the arrows indicate which finding would trigger the step or conclusion in the following box.

Source: Author's own design

[475] See subsection 6.2.1 above.

[476] Cf subsection 6.3.2.2.1 above.

Uncertainty about the required amount of land

One last problematic situation may be where it is not entirely clear how much land will be needed for the implementation of the project. Then, the expropriation authority should be able to expropriate the property under the condition that the land would be returned to the original owner if the land proved not to be necessary for the implementation of the project.

6.3.4.5 Conclusion

The *status quo* in South African law is that the least invasive means argument is accepted in two types of cases. In the first case, the state intentionally expropriates more property rights than needed for the project in order to use the property for another purpose. In the second case, the juristic person on whose behalf the Minister expropriates property has not attempted to purchase the property on reasonable terms.

The least invasive means argument, however, should and can be integrated into the reasonableness test under PAJA, as informed by Sections 25(1) and 36(1) of the Constitution. The courts should fully review whether the proposed less harmful means is suitable to make the implementation of the project possible and whether it is indeed less harmful. If these requirements are met, the expropriation should be unlawful and void. Should the less harmful means give rise to extra costs or a delay in the implementation of the project, these drawbacks should be balanced against additional harm caused by the expropriation. The courts should subject this balancing of interests to a full judicial review.

The 2015 Expropriation Bill would not bring about fundamental changes to the *status quo*. It would, however, introduce a general obligation to attempt to purchase the required land on reasonable terms.

6.3.5 The balance between the public benefits and adversely affected interests

➢ This subsection addresses the following questions with respect to South African law:
  - What weight do the competent state bodies have to accord to the property interest of the expropriatee?
  - What weight do the competent state bodies have to accord to other adversely affected interests, such as environmental protection?
  - What are the legal boundaries to the balance between the project's public benefits and adversely affected interests?

➢ See subsection 2.2.6 for more details on the balance between the public benefits and adversely affected interests.

6.3.5.1 The interest of the expropriatee

Expropriation adversely affects the property interest of the expropriatee. Only the requirement of just and equitable compensation[477] expressly takes that interest into account and shows that the legal order recognises the expropriatee's sacrifice to society. That aside, there is no jurisprudence of the South African courts on this

[477] S 25(2)(b) and (3) of the Constitution and S 2(1) of the Expropriation Act.

specific issue, and the Expropriation Act of 1975 is also silent. Only regarding the approval of the rezoning or another application for a specific economic development project does legislation explicitly provide for an obligation to take into account the property interest of the expropriatee.[478]

While the public purpose/public interest requirement does not compel the courts to take into account the interest of the expropriatee, [479] other constitutional and administrative law provisions do refer to the expropriatee's interest in an abstract manner. The reasonableness test of Section 6(2)(h) PAJA requires a proportionality inquiry, which requires taking into account the adversely affected interests of the expropriatee. Both the substantive non-arbitrariness test of Section 25(1) and the reasonableness test of Section 36(1) of the Constitution compel the authority and the courts to take into account the nature and extent of the limitation. In addition, there are specific provisions in planning law, such as Section 25(1) SPLUMA, that may require balancing the involved interests. Such provisions are not considered in detail in this subsection due to a lack of specific rules and case law on the involved interests. To the extent that they concern administrative action, these provisions will have to be applied in line with the general framework of PAJA.[480] The scrutiny of land-use schemes, which are not administrative action, [481] should not be significantly different because they are still subject to Sections 25(1) and 36(1) of the Constitution.

For the sake of a single system of law, [482] the following analysis of these provisions as to their impact upon the permissible balance between the project's public benefits and the property interest of the expropriatee has as its point of departure that the reasonableness standard of Section 6(2)(h) PAJA applies and that this provision is informed by Sections 25(1) and 36(1) of the Constitution. The first step of the analysis is to discuss two preliminary aspects, namely the influence of the greater constitutional framework and the compensation on the assessment of the expropriatee's interests. The second step is to apply the applicable provisions.

6.3.5.1.1 *The commitment to transformation as a constitutional value*

General constitutional principles and values have an impact upon the weight of the protection of the interest of the expropriatee.[483] One particular constitutional value that may be most relevant here is the commitment to redressing the imbalances created by past injustices, in particular the colonial past and Apartheid. As follows from the preamble of the Constitution, the goals of the Constitution are to heal the divisions of the past and establish a society based upon democratic values, social justice, and fundamental human rights. Furthermore, South Africa strives to improve the quality of life of all members of society and free the potential of each person. These goals must be seen against the background of centuries of oppression of the majority of South Africans based upon race. With respect to land, African people

---

[478] S 42(1)(c)(iv) SPLUMA.

[479] See section 6.2 above. [2010] ZASCA 1, para 17; [2010] ZAFSHC 11, para 5.2. Differing: Southwood 2000, 22 *et seq*. Cf 1998 (1) SA 78 (LCC) para 111.

[480] 2008 (2) SA 24 (CC) para 110.

[481] See subsection 6.1.3.2 above.

[482] See subsection 6.1.2.3 above.

[483] Van der Walt 'Notes on the Interpretation of the Property Clause in the New Constitution' 1994 *THRHR* 181–203, 202; [1995] ZACC 3, para 104; and [2015] ZACC 23, para 79.

could not acquire rights on land outside an area that encompassed merely 13 per cent of the whole South African territory.[484] Among others, this was a factor that led to mass impoverishment, a lack of education and economic opportunities as well as various other problems that typically accompany these issues.[485]

Particularly with regard to land reform initiatives, *Van der Walt* argued that an equitable balance had to be struck between reform in favour of the historically disadvantaged and the protection of existing property rights held by privileged groups and that this balance should promote reform.[486] Similarly, *Badenhorst, Pienaar*, and *Mostert* argued that the reformative elements of the Constitution would take precedence over the protection of existing property rights under the property clause.[487] The Constitutional Court seems to subscribe to this vision as well, as it considered in the *Agri SA* judgment that Section 25 had to be interpreted with due regard to the grossly unequal distribution of wealth and land in South Africa.[488] The elevated status of land reform is confirmed by case law of the Land Claims Court that indicates that the compensation for expropriations for land reform purposes may be lower than fair market value.[489]

An implication of the elevated status of land reform for economic development projects would be that if the project were implemented in the context of a land reform initiative, the relative weight of the project would generally be higher than under normal circumstances. The importance of the expropriatee's interest in the property would thus have to be higher to trump the project. Problems would arise if the owner of the expropriated property were a formerly disadvantaged person and if no comparable redress in kind is offered. Outside the land reform sphere, it is submitted that the implications should be similar. If the project's purpose is to uplift a historically disadvantaged community, its weight would be higher than if the project served the needs of historically privileged persons. The expropriatee's interest in the property would thus have to be higher to trump the project. If its purpose is to uplift a normal community, the constitutional commitment to transformation should not have any impact upon the weight of the project. If, however, the expropriatee is a formerly disadvantaged person and no comparable redress in kind is offered, the relevant weight of the expropriatee's interest in the property will increase in order to promote reform.

6.3.5.1.2 *The role of compensation*

When taking into account the interests of the expropriatee, the authority and the courts need to know the role of compensation in this analysis. Compensation

---

[484] Black homelands covered 13% of the South African territory, the boundaries of which were determined according to the Land Act 27 of 1913 and the Land and Trust Act 18 of 1936. Cf B Cousins '"Embeddedness" versus titling: African land tenure systems and the potential impacts of the Communal Land Rights Act 11 of 2004' 2005 *Stell LR* 488–513.

[485] See, for instance, G Pienaar 'Registration of informal land-use rights in South Africa, Giving teeth to (toothless?) paper tigers?' 2000 *TSAR* 442–468; and JM Pienaar 'Broadening access to land: The case of African rural women in South Africa' 2001 *TSAR* 177–204.

[486] Van der Walt 2011a, 41, 48 et seq, 52, and 102.

[487] Badenhorst, Pienaar & Mostert 2006, 567.

[488] [2013] ZACC 9, para 61. See, similarly, [2002] ZACC 5, para 49.

[489] *Msiza v Director-General for the Department of Rural Development And Land Reform and Others*, 2016 (5) SA 513 (LCC). See on this issue: Van Wyk 'Compensation for land reform expropriation' 2017 *TSAR* 21–35, 29 et seq.

replaces the expropriated property in the estate of the expropriatee. One may argue that in requiring just and equitable compensation to be paid, Section 25(2) takes into account the interests of the expropriatee and strikes a balance between the public interest in the project, represented by the public purpose/public interest requirement and the private interest in the property. Section 25(3) supports this argument in that it requires the compensation to reflect 'an equitable balance between the public interest and the interests of those affected, [. . .].'

One interpretation of this provision is that the payment of compensation sufficiently safeguards the pecuniary interests of the expropriatee and further scrutiny is no longer necessary. It is true that the *Bartsch* and the *Offit* judgments, which do not contain any reference to the weight of the expropriatee's interest, suggest that this argument has some merit, at least in the current jurisprudence of the courts other than the Constitutional Court. The applicability of PAJA and Sections 25(1) and 36(1) of the Constitution, however, shows that this argument would have to be integrated into these provisions. *Southwood,* who did not specifically deal with any of these provisions, argued that the compensation should be taken into account when the weight of the expropriatee's interest was determined.[490] *Rautenbach* argued that the payment of compensation ensured that there would be an equitable balance between the expropriation of property and the public purpose.[491] He concluded that this requirement, therefore, qualified both the arbitrariness test in terms of Section 25(1) and the reasonableness test in terms of Section 36(1).[492] It would only be logical to assume that the same reasoning would apply to Section 33 of the Constitution and PAJA. However, *Rautenbach* also emphasised that the overlap was not complete and that there was room for other methods to take into account adversely affected interests.[493]

It is submitted that compensation is necessary to shape an equitable balance between the interest of the expropriatee and the interests of the public. If the expropriatee did not receive any compensation, there would be a serious imbalance resulting from the sacrifice that the expropriatee made for the public good. However, as the KwaZulu-Natal High Court ruled in the *Harvey* case, compensation should not be interpreted as the justification of the expropriation, but merely as its consequence.[494] Compensation thus creates an equitable balance after the expropriation, but should not say anything about whether the legitimate purpose is important enough to justify an expropriation of a specific property legitimately. However, within the public purpose/public interest requirement, the courts have so far failed to scrutinise some aspects that are essential to determining whether this is the case.[495] To name but two, the courts do not consider the concrete benefits of each project; and they do not examine the importance of the property to the expropriatee, which may be greater, for instance, if it serves as residential

[490] Southwood 2000, 22.

[491] Rautenbach 2012, 409 et seq. See also: Roux, Property, 46–19.

[492] Rautenbach, Bill of Rights, 1A-202; Rautenbach, 'Die reg op eiendom—Arbitrêre ontneming, proporsionaliteit en die algemene beperkingsbepaling in konteks', *TSAR* 2002, 813–822, 815; and Rautenbach 2001, 638 e*t seq*.

[493] Rautenbach, Bill of Rights, 1A-202; and Rautenbach 2012, 410.

[494] [2010] ZAKZPHC 86, para 82; see also: Marais & Maree 2016, 10 and 13; Marais 2016b, 657; and Young 2016, 207.

[495] See section 6.2 and subsections 6.3.1 and 6.3.2 above.

property.[496] As *Rautenbach* further argued that there was no complete overlap between Section 25(2) and the other applicable provisions, PAJA, as informed by Sections 25(1) and 36(1) of the Constitution, arguably leaves room for the assessment of those aspects.

6.3.5.1.3 *Reasonableness: The balancing of interests*

Concerning the balance between the project's public benefits and the adverse impact of the project and the expropriation, Section 36(1) of the Constitution is a good provision to discuss first because the knowledge on this provision is more detailed than on the reasonableness test in administrative law. This provision provides that limitations of property (and other fundamental rights) must be reasonable and justifiable in an open and democratic society based on human dignity, equality, and freedom. Under the 1993 Interim Constitution, the Constitutional Court held that this assessment required a weighing up of competing interests and, subsequently, a proportionality analysis in the shape of a balancing of the relative importance of the project against the relative importance of the expropriated right.[497] Under the 1996 Constitution, the Constitutional Court confirmed this position in *National Coalition for Gay and Lesbian Equality*.[498]

Before the judgments of the Constitutional Court, some scholars proposed an alternative model, in particular the Canadian approach to the limitation of fundamental rights.[499] Such standards fall outside the scope of this analysis because the Constitutional Court has consistently reaffirmed the proportionality standard.[500] After the Court's judgments, *Rautenbach* suggested that the applicable test under Section 36(1) should depend upon the importance of the purpose and the extent of the infringement of property. Should the purpose be very important and the infringement minimal, there would be no reason to apply a proportionality test and a rationality test might be sufficient.[501] *Slade* recommended that the intrusiveness of the test should depend upon the type of purpose. In his view, government purposes should be subject to more lenient scrutiny, whereas third-party transfers for economic development should be subject to full-blown proportionality inquiries.[502] These opinions are not persuasive. The first reason is that the infringement of a fundamental right will not be less severe because the state pursues a traditional governmental purpose. Lighter judicial scrutiny is, therefore, not appropriate.[503] The second reason is that authorities should be encouraged to apply proportionality tests to their own work.[504] The third reason is that the approaches do not have any added value. If the purpose of the project is compelling or the infringement is minimal, the proportionality test will indicate that the expropriation is not disproportionate anyway. To introduce a sliding scale, however, may cause confusion and may hinder the development of consistent standards of scrutiny because judges will struggle to find the right standard of scrutiny.

---

[496] Refer to subsection 6.3.5.1.3 below for more details on this aspect.
[497] [1995] ZACC 3, para 104; and Cheadle 2008, 30–9.
[498] [1999] ZACC 17, para 58.
[499] See for an overview: Rautenbach 2014, 2244–2248.
[500] Cf [2002] ZACC 5, para 65; and Van der Walt 2011a, 243.
[501] Rautenbach 2012, 307 and 312; and Rautenbach, Overview, 320.
[502] Slade 2013, 207.
[503] Refer to subsections 6.1.2.1 and 6.3.4.4 above.
[504] See subsection 6.3.2.2.1 above.

As has been already concluded, [505] the reasonableness test in terms of Section 6(2)(h) PAJA includes a proportionality test in expropriation cases and is the primary ground on which to test the expropriation. In view of the single-system-of-law principle, this test should correspond to the reasonableness test under Section 36(1) and further be informed by insights from Section 25(1) of the Constitution.[506] The sketched model can thus be applied on the basis of PAJA as well.

The proportionality inquiry requires that the authorities and courts consider all relevant aspects, of which Section 36(1) of the Constitution lists the five most relevant factors.[507] These five factors are the nature of the right; the importance of the purpose of the limitation; the nature and extent of the limitation; the relation between the limitation and its purpose, and less restrictive means to achieve the purpose. They provide the framework for the balancing of interests. The relationship between the expropriation and its purpose and less harmful means have already been addressed above.[508] In what follows, an analysis is made of the importance of the expropriated property (ie the nature of the right), the impact of the expropriation (ie the nature and extent of the limitation), the importance of the legitimate purpose (ie the importance of the purpose of the limitation), and the subsequent balancing of interests.

The importance of the expropriated property

The nature of the expropriated property right in terms of Section 36(1)(a) can be traced to the *Bato Star* judgment, in which the Constitutional Court considered that the 'nature of the competing interests' had to be determined in administrative law.[509] Also, the substantive arbitrariness test in terms of Section 25(1) requires an analysis of the relationship between the purpose of the expropriation and the nature of the property.[510]

The nature of the property right of the expropriatee mainly refers to the function and importance of the property right in a democratic society based on human dignity, equality and freedom.[511] Unlike the rights to life and dignity, [512] there is no indication that property has ever had an elevated status amongst fundamental rights.[513] However, property forms a material basis of people's autonomy and self-realisation. Property provides the necessary security for people to engage in economic and political activities. Therefore, property performs a very important function in a democratic society, as it is not only a basis for economic development,

[505] See subsections 6.1.2.3 and 6.3.2.2.1 above.

[506] See subsections 6.1.2.2 to 6.1.2.4 above.

[507] *Law Society of South Africa and Others v Minister for Transport and Another* (CCT 38/10) [2010] ZACC 25, para 37.

[508] Refer to subsections 6.3.3 and 6.3.4 above.

[509] [2004] ZACC 15, para 45.

[510] [2002] ZACC 5, para 100.

[511] Woolman 1997, 108; Rautenbach, Bill of Rights, 1A-93; Rautenbach 2014, 2254; Currie & De Waal, Limitation, 164; and Woolman & Botha 2008, 34–71. Differing: Cheadle 2008, 30–10 et seq.

[512] [1995] ZACC 3, para 144.

[513] As there was a debate before the adoption of the 1996 Constitution about whether there should be constitutional protection of property rights on land, this seems unsurprising: Van der Walt 'Property Rights, Land Rights, and Environmental Rights' in D van Wyk, J Dugard, B de Villiers & Davis (eds) *Rights and Constitutionalism, The New South African Legal Order* (Cape Town: Juta, 1994) 455–501, 478 et seq.

but also for the exercise of other democratic or political rights.[514] However, not all kinds of property are equally important to the exercise of fundamental rights. The home, for instance, is particularly important to one's autonomy and security and, therefore, to one's ability to exercise fundamental rights.[515] Section 26 of the Constitution recognises this importance through the right to adequate housing. Unused farmland, by contrast, is not so important to the exercise of fundamental rights.

Against this background, *Van der Walt* suggested on the basis of German constitutional jurisprudence that the courts should accord particular weight to the expropriatee's interest in their expropriated home.[516] As Froneman J considered in the *Shoprite Checkers* judgment, [517] the protection of property should vary according to how important the property is to exercising fundamental rights. It seems that when the South African courts determine the weight of the expropriatee's property, they need to differentiate between the different roles that property plays in empowering people. While a home receives more weight in the balancing between the project's public benefits and the adverse impact of the project and the expropriation, less weight is accorded to property that is used for commercial purposes.

The importance of the legitimate purpose

The importance of the legitimate purpose in terms of Section 36(1)(b) of the Constitution can be traced to the 'nature of the competing interests' in the *Bato Star* judgment and the relationship between the purpose of the expropriation and the nature of the property in the substantive arbitrariness test. It seems that we have to differentiate between the purpose itself and the degree to which the project realises that purpose.

As to the purpose itself, the purpose must meet the public purpose/public interest requirement as a minimum requirement. The next question would be whether some purposes generally have a higher weight than others.[518] *Slade* seems to have moved in this direction, arguing that a lower of level of scrutiny should apply to government purposes, such as roads and hospitals, whereas economic development projects should be subject to a heightened level of scrutiny.[519] His argument, however, seems to have been inspired by the fact that expropriations for core government functions clearly serve legitimate purposes[520] and concerns that third-party transfers for economic development are more prone to abuse. *Slade*'s argument does not seem to be based upon the value judgement that the importance of a purpose depends upon whether or not the purpose is related to a government function. If he had made that value judgement, however, this value judgement would not be persuasive. *Cheadle* suggested that the weight of a purpose should depend upon how it promotes the values of the Constitution.[521] This opinion seems plausible in

---

[514] Cf [2015] ZACC 23, para 50.
[515] Radin 1993, 153 et seq.
[516] Van der Walt 1997, 318 et seq.
[517] [2015] ZACC 23, para 50.
[518] Cf Rautenbach 2014, 2255.
[519] Slade 2013, 207.
[520] See Van der Walt 2011a, 227 et seq, who inspired *Slade*'s argument.
[521] Cheadle 2008, 30–15. See also: Rautenbach 2014, 2255.

the light of what has been said with respect to land reform projects above.[522] However, this hierarchy should not be static. The needs of society change, and there may be at one time high unemployment, which would render an economic development project more important, and a low unemployment rate at another, which would render such a project less important.

As to the degree to which the purpose is realised, the courts should scrutinise how great the concrete benefits of the project would be.[523] A factory that is expected to create 5 000 jobs should have a greater weight than a factory that would merely create 50 jobs. Moreover, the courts should only take account of the project's public benefits to the extent that they are contingent upon the expropriation. If the transferee can operate other parts of the project without the targeted land, the courts will have to disregard the public benefits of these parts.

The impact of the expropriation

Section 36(1)(c) of the Constitution refers to the nature and extent of the limitation.[524] In the *Bato Star* judgment, the Constitutional Court referred to the impact of a decision upon the lives and well-being of those affected.[525] In the *FNB* judgment, the Constitutional Court referred to the extent of the deprivation as a factor in the substantive arbitrariness test.[526]

This aspect can be viewed from a rather formal and a substantive perspective. The formal perspective is rather unproblematic. The more of the expropriatee's property that is expropriated, the greater the weight of the expropriatee's interest will be.[527] Likewise, if only a servitude is created by the expropriation, the weight of the interest of the expropriatee will be lower than if the whole right of ownership were expropriated.[528] Within this context, the compensation will have to be taken into account as a factor that alleviates the impact of the expropriation. However, as has been argued above, [529] this should not preclude a balancing between the public interest in the project and the private interest of the expropriatee in the property.

The substantive aspect of this factor is quite controversial. The substantive side refers to the actual impact upon the expropriatee as opposed to the formal impact upon the property right. The actual impact may vary from person to person. If residential property is expropriated, the expropriatee will lose their home and their community, which may have devastating long-term effects. An entrepreneur, by contrast, is more likely to open their business elsewhere without any permanent damage. The *Bato Star* judgment referred to the 'impact on the lives and well-being of affected persons'. This would suggest that the actual impact must be taken into account. Several authors share this opinion.[530] *Cheadle*, by contrast, argued that the

[522] See subsection 6.3.5.1.1 above.

[523] Rautenbach, Bill of Rights, 1A-96. *Currie* and *De Waal* addressed this issue when dealing with S 36(1)(d) of the Constitution; see Currie & De Waal, Limitation, 169.

[524] Cf Rautenbach 2014, 2255 et seq.

[525] [2004] ZACC 15, para 45.

[526] [2002] ZACC 5, para 100.

[527] See in the context of S 25(1) of the Constitution: [2009] ZACC 24, para 53.

[528] [2002] ZACC 5, para 100.

[529] See subsection 6.3.5.1.2 above.

[530] Rautenbach, Bill of Rights, 1A-97; and Woolman & Botha 2008, 34–82, who pointed to judgments where the personal circumstances of the affected persons played a role.

individual effects should not be relevant.[531] As the *Bato Star* judgment referred to the effect on the lives and well-being of affected persons, and Section 36(1) also recognises the type of property as a relevant factor, it is submitted that *Cheadle*'s opinion is not persuasive. Moreover, the subjective value of property is not uniform, but depends upon its function in the life of its holder. Therefore, both the formal and the substantive perspective should be taken into account.

The permissible balance

The importance of the property right and the impact of the expropriation determine the weight of the interest of the expropriatee in the property, whereas the importance of the purpose determines the weight of the project. In the Constitutional Court's judgment in the case *De Lange v Smuts*, Ackermann J described what follows the determination of the weight of the project and the property as a balancing of interests with the weight of the project on one side of the scale and the weight of expropriatee's interest on the other.[532] As expropriation results in the loss of property, this balancing of interests is best described as the question of whether the importance of the project outweighs the interest of the expropriatee in the property.[533] Striking an optimal balance between the project and the interest of the expropriatee would not be an adequate description because either the project will be stopped or the expropriatee will lose their property.[534] Also, striking a balance would put too much emphasis on the payment of compensation as a means to create this balance. A general rule for the weighing and comparing of interests would be that the greater the impact of the expropriation and/or the importance of the right to the expropriatee, the greater the importance of the purpose will have to be to outweigh the interest of the expropriatee.[535]

This balancing exercise poses several problems that are difficult to solve and have not been resolved so far in South Africa. The first problem would be to find a measuring unit for the weight of the competing interests. To compare a property right to economic development is initially like comparing apples with oranges.[536] An abstract hierarchy of rights and interests has been rejected by many scholars and the Constitutional Court.[537] A system of relative priorities, such as the greater weight accorded to reformative initiatives within the property clause or priorities based upon the values of an 'open and democratic society based on human dignity, equality and freedom'[538] only partially exists in South African law. Furthermore, an

[531] Cheadle 2008, 30–15.

[532] *De Lange v Smuts NO and Others* (CCT 26/97) [1998] ZACC 6, para 88.

[533] Cf Woolman 1997, 113; Mostert 2000, 245; and Woolman & Botha 2008, 34–95.

[534] Cf Woolman 1997, 113; Mostert 2000, 245; and Woolman & Botha 2008, 34–95.

[535] See in the context of S 25(1) of the Constitution: [2002] ZACC 5, para 100. See for an application: [2009] ZACC 24, para 53. Cf Rautenbach 2014, 2250.

[536] Woolman 1997, 114 et seq; and Woolman & Botha 2008, 34–96 et seq.

[537] *Port Elizabeth Municipality v Various Occupiers* (CCT 53/03) [2004] ZACC 7, para 23. Arguing against the mere existence of a hierarchy of rights: Woolman 1997, 104; Cheadle 2008, 30–12; Mostert 2000, 245; Van der Walt 2012a, 33; and Woolman & Botha 2008, 34–98. Cf Rautenbach 2014, 2241.

[538] Rautenbach 2014, 2250 and 2254. Cf [2015] ZACC 23, para 79; and Van der Walt 2016, 415.

abstract hierarchy or a system of relative priorities would only partially solve this problem as the weight of each side still depends upon the circumstances of each case.[539]

A solution would be to make the goods comparable. *Murphy* notes that in other jurisdictions, a utilitarian analysis is applied.[540] Regardless of whether this remark is true, it stands to reason that the medium of exchange in a utilitarian analysis, which is 'public benefits' or 'public utility', would merely move the problem to another stage, but not solve it because judges will have tremendous difficulty in translating the benefits and drawbacks of a project into public utility. The same would apply if the importance of the involved interests to the values of an 'open and democratic society based on human dignity, equality and freedom' were used as this medium of exchange.[541] It is submitted that, worrying though this may be, hidden or explicit subjective value judgements, and moral considerations of the authority and the courts will influence or even to a large extent determine the weight of these interests.[542]

Once one has found a way to accord weight to the two sides, the second problem is where the authorities and courts should draw the line. When is the weight of the legitimate purpose insufficient to trump the expropriatee's interest in the property? Would public benefits that are of slightly less weight than the interest in the property still legitimately justify an expropriation? The Constitutional Court has stated in abstract terms that the legitimate justification of a more onerous infringement would require a more important purpose.[543] Furthermore, the Court's frequent references to proportionality, particularly comparative references to the German principle of proportionality, [544] seem to indicate that the adversely affected interests must not outweigh the public benefits of the project.[545]

The third problem is the degree of judicial deference towards the determinations of the competent authority. In addition to a long-standing deference to value judgements made by administrative authorities in South African law, [546] the Constitutional Court set out, in *Bato Star*, that the courts had to give due weight to findings of fact and policy decisions, depending upon the identity of the decision-maker and the character of the decision itself.[547] As has already been discussed above, [548] according weight to certain interests is not merely a legal matter, but also a policy decision, in particular because there is no comprehensive legal hierarchy of goods (in any legal order). On the other hand, expropriation is an infringement of a fundamental right and the courts should not defer the decision of the expropriation authority too easily.[549] Therefore, the courts should practice deference to value judgements and policy decisions of the authority, within the boundaries of the value judgements contained in the Constitution and applicable legislation. The courts

[539] Rautenbach 2014, 2249.
[540] Murphy 'Property Rights and Judicial Restraint: A Reply to Chaskalson' 1994 *SAJHR* 385–398, 397.
[541] See, however, Rautenbach 2014, 2250 and 2254; and [2015] ZACC 23, para 79.
[542] Cf Woolman 1997, 116 et seq; and Woolman & Botha 2008, 34–100.
[543] [1995] ZACC 11, para 18. Cf Rautenbach 2014, 2250.
[544] [1995] ZACC 3, paras 104 and 108; and Rautenbach 2014, 2233 et seq and 2248 et seq.
[545] See subsection 3.3.5 above.
[546] [1998] ZALAC 11, para 36; and Hoexter 2012, 351 et seq.
[547] [2004] ZACC 15, para 48.
[548] See subsection 6.3.2.2.1 above.
[549] 2008 1 SA 474 (CC) para 81; Maree 2013, 98; and Quinot & Liebenberg 2011, 647.

should scrutinise the expropriation as to whether the authority considered all relevant facts and whether the expropriatee's interest in the property evidently outweighs the importance of the project.[550]

The following figure illustrates the proportionality inquiry, as it is likely to take shape, and the permissible balance between the project's public benefits and the expropriatee's interest in their property.

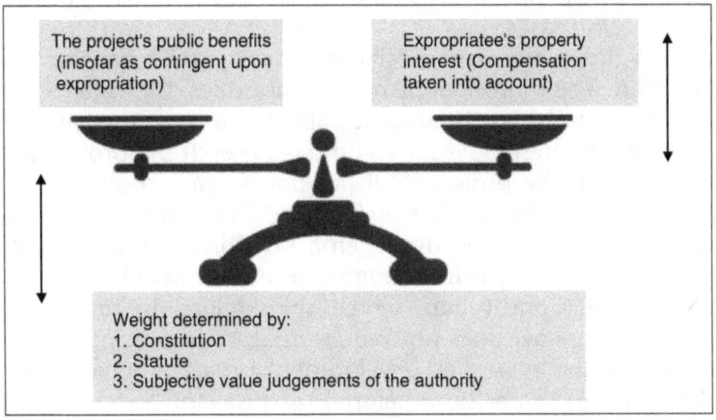

Figure 19: The boxes above the scale pans show which interests the competent authorities and the courts must take into account and balance against each other. The box under the scale contains the order of the sources that determine the weight of the involved interests. The arrows indicate which positions of the scale pans represent a permissible balance between the project's benefits and the adversely affected interests.

Source: Author's own design

6.3.5.2 Affected public interests other than environmental protection

In current expropriation law, there is no specific basis for taking into account public interests adversely affected by the project. The Expropriation Act of 1975 is silent on this issue. Section 25 of the Constitution only concerns the infringement of the expropriatee's property. Insofar as Section 36(1) concerns the infringement of that property right, it is not relevant either. Under the law as it stands, it seems that an excessive impact upon certain public interests would not render an expropriation unlawful. Remarkably, Clause 6(1) of the 2015 Expropriation Bill obliges the expropriation authority to inquire which effects the expropriation would have on existing and future engineering services, infrastructure, housing, and town planning in the municipality where the land is situated. This may be an indication that the Bill obliges the expropriation authority to take this impact into account.

Other bases would be Section 6(2)(h) PAJA and Section 33(1) of the Constitution in general administrative law because reasonableness in administrative law requires considering the impact of a decision upon the lives and well-being of those

---

[550] Cf Van der Walt 2005, 147; and De Ville 'Proportionality as a requirement of the legality in administrative law in terms of the new Constitution' 1994 *SAPR/PL* 360–377, 361, who correctly pointed out that proportionality does not entail an examination of the correctness or advisability of the decision.

affected.[551] At least indirectly, this opens the door for other public interests to form part of the balancing of the project's public benefits and adversely affected interests. Furthermore, Section 36(1) may be relevant if fundamental rights other than the property of the expropriatee are infringed. It is conceivable that the project has such an impact that it infringes on, for instance, the right to housing under Section 26(1) or the right to food or healthcare services under Section 27(1) of the Constitution. However, there is no example of an application of these norms by the South African courts in expropriation cases.

In planning law, there are more specific provisions, which have to be interpreted in the light of PAJA. The municipal planning authorities, for instance, may have to take several relevant decisions. The municipality will in any case have to rezone the land so as to make the designated use compatible with the project and allow the transferee to carry out the project.[552] If the transferee is to erect a building, the municipality will have to approve the building.[553] Optionally, the municipality may also adopt a completely new land-use scheme, [554] which is, however, not subject to PAJA because it does not constitute administrative action.[555] It is still subject to Section 36(1) of the Constitution, which should lead to similar outcomes.[556] Although expropriation law does not require that the municipality takes a formal decision to approve the economic development project, municipal authorities at least sometimes take these decisions before acquiring land.

The municipal council, after a participation mechanism, lays down the designated use of a piece of land in a municipal land-use scheme.[557] SPLUMA sets out certain general principles and goals to which this designation is subject. These principles include social and economic inclusion, redress for past injustices, financial sustainability of land development and service provision, environmental protection, and efficient and sustainable land use.[558] Section 25(1) SPLUMA specifically provides that the designated land use must promote economic growth, social inclusion, efficient land development, and must have a minimal impact upon health, the environment, and natural resources. As planning is mainly meant to reconcile different interests so as to provide for a maximum of development, [559] the principles and Section 25(1) SPLUMA may be viewed as an obligation to balance the adversely affected public interests against the advantages of the project.

A municipal planning tribunal has to decide on whether to approve (with conditions) or to reject the application for the rezoning of the land.[560] The tribunal is guided by the goals and principles of SPLUMA. The tribunal must inter alia take into account the public interest, the rights and obligations of all those affected, and the state and impact of engineering services, social infrastructure, and open space

---

[551] [2004] ZACC 15, para 45.

[552] Van Wyk 2012, 358 et seq, in particular 386 et seq; Ss 28 and 40 SPLUMA et seq; and Schedule 5(1)(a) of the Regulations in terms of SPLUMA, Government Notice R239 (2015).

[553] S 4(1) of the National Building Regulations and Building Standards Act; and Van Wyk 2012, 386 et seq.

[554] Van Wyk 2012, 278 et seq.

[555] See subsection 6.1.3.2 above.

[556] See subsection 6.1.3.2 above.

[557] S 24(1) SPLUMA; and Ss 49(1)(b) and 44 of the Local Government: Municipal Structures Act.

[558] Ss 3 and 7 SPLUMA.

[559] Van Wyk 2012, 285 et seq.

[560] S 40(7) SPLUMA.

requirements.[561] Again, this may imply that there is an obligation to balance the interests involved. In addition, a separate authorisation of the development's socio-economic and cultural impact under NEMA (and other authorisations or licences[562]) may be necessary. This authorisation is discussed below in the subsection on environmental protection.[563]

SPLUMA, however, remains silent on how the competent authority must balance the involved interests. As the decision to rezone the land qualifies as administrative action, [564] the authority must take a reasonable decision under Section 6(2)(h) PAJA and should, therefore, follow the guidance from the previous subsection on how to apply a reasonableness test to the expropriatee's interest.[565] As the adoption of a land-use scheme does not qualify as administrative action, the land-use scheme is not subject to a reasonableness test under PAJA. As the land-use scheme will still be subject to judicial scrutiny under, at least, Section 36(1) of the Constitution and as to whether the authority complied with SPLUMA, for example the abovementioned obligation to balance interests, the result should not differ significantly.[566] For example, Section 25(1) SPLUMA and comparable provisions, which require a balancing of interests, seem to prevent municipal land-use schemes from completely changing the character of a neighbourhood.[567]

Another question concerns the intensity of judicial scrutiny. As there is no specific provision, general administrative law applies. The courts must consider several factors to determine the right degree of intrusiveness, namely the nature of the decision, the identity and expertise of the decision-maker, the range of factors relevant to the decision, the reasons given for the decision, the nature of the competing interests involved, and the impact of the decision on the lives and well-being of those affected.[568] In the *Bato Star* case, the Constitutional Court further noted that the balancing of interests, findings of fact, and policy choices should be paid due respect, depending on the identity of the decision-maker.[569] As the planning authority is by far better equipped than the courts to determine and weigh all relevant interests as well as to strike a balance between them, it is hardly conceivable that the courts will not take a deferential position towards the planning decision. However, the test should not be confined to a rationality test, which is a minimum requirement for discretionary decisions that require expert knowledge.[570] Rather, the courts should apply a proportionality test, but defer to value judgements and policy considerations of the authority. Where the adverse impact upon a public interest is excessive, the courts should deem the decision unreasonable. One of the few hard rules from jurisprudence confirms this suggestion. The courts would find a

---

561 S 42(1) SPLUMA.

562 See fn 137 for examples.

563 See subsection 6.3.5.3 above.

564 Van Wyk 2012, 167 et seq.

565 See subsection 6.3.5.1 above.

566 De Ville 2003, 60, who noted that the courts would also test the decision as to whether the municipal council acted in bad faith, arbitrarily, or irrationally. Cf 2014 (5) SA 69 (CC) para 27.

567 Van Wyk 2012, 288 et seq.

568 [2004] ZACC 15, para 45.

569 [2004] ZACC 15, para 48.

570 [2004] ZACC 15, para 48. In practice, however, the rationality standard serves as a ground of review that is easier to handle; see: Van Wyk 2012, 173 et seq.

planning decision unlawful if it significantly changed the character of a neighbourhood, in particular the level of amenities.[571]

6.3.5.3 Environmental protection

South African law provides different mechanisms to ensure environmental protection. There is the constitutional right to a healthy environment under Section 24 of the Constitution. This provision should compel the expropriation authorities to weigh the environmental impact of the project and the expropriation in the reasonableness test under PAJA.

Further mechanisms are laid down in statutes. Regarding the municipal land-use scheme (and possible rezoning), Section 25(1) SPLUMA prescribes that the designated land use must have a minimal impact upon the environment. Therefore, the municipal council must take account of the negative impact of the project upon the environment in the balancing of interests. Environmental legislation and regulation based upon such legislation may further provide for a maximum amount of harmful substances and emissions that is binding upon organs of state.[572] For example, regulations to the National Environment Management: Air Quality Act set out maximum amounts of certain harmful substances in the air.[573] These amounts are binding upon all organs of state.[574] It would seem that if an authority takes a decision on the project or the expropriation that will inevitably result in these amounts being exceeded, such a decision would be contrary to the environmental legislation and unlawful.

Another method to protect the environment is to require a licence or authorisation for potentially harmful projects. An example is the environmental authorisation that may be required under NEMA.[575] Section 24(1) NEMA prescribes that the competent authority has to investigate and authorise the impact of the desired development upon the environment, the socio-economic context, and the cultural heritage where this impact may be significant. The competent authority is mostly the environmental authority of the Province in which the project is implemented.[576] The competent authority has to investigate the expected impact, mitigating measures, and monitoring mechanisms in a participatory procedure.[577] When deciding on whether or not to approve the application for authorisation, the competent authority has to balance the need for the development against its adverse impact on the basis of an assessment report.[578] The result must be tested on the basis of reasonableness analysis in terms of Section 6(2)(h) and against other provisions of PAJA.

---

[571] Van Wyk 2012, 288 et seq.

[572] Section 7(b)(iii) SPLUMA postulates for the whole Act, and Section 42(2) postulates for all land-use and land development applications, that all decisions under SPLUMA must comply with legislative environmental requirements.

[573] National Ambient Air Quality Standards, Government Notice R1210 (2009) and Ss 9(1) and 63 of the NEMA: Air Quality Act. Cf Schedule 2 of that statute.

[574] Ss 9(2) 7(3)(a) and (4) of the NEMA: Air Quality Act.

[575] See for a more comprehensive overview: Van Wyk 2012, 410 et seq. See fn 137 for examples of other authorisations and licences.

[576] Government Notices R893, R894, and R895 (2014).

[577] S 24(7) NEMA.

[578] S 24(1) NEMA; Regulations 18, 20(1) and 24(1) of the Environmental Impact Assessment Regulations, 2014. See for the content of the assessment report: Appendices 1 and 3 of those Regulations. See for relevant factors in the balancing: Van Wyk 2012, 436, fn 153.

Regulations indicate which activities require such an impact assessment. The activities vary as to the intensity of their environmental impact. Economic development projects with a moderate impact upon the environment that require an impact assessment include large agricultural developments, facilities that require the storage or handling of dangerous goods, the redevelopment of a large parcel of undeveloped land in an urban area for commercial or industrial purposes and the release of genetically modified organisms.[579] Economic development projects with a severe impact that in particular require an impact assessment include the refining, extraction, or processing of gas, oil, or petroleum products.[580]

6.3.5.4 Conclusion

In expropriation cases, there is no indication that the courts currently consider an expropriation's adverse impact upon the expropriatee when assessing the lawfulness of the expropriation. At least where no planning procedure precedes the expropriation decision, fair and equitable compensation seems to be the only way in which expropriation law takes the expropriatee's interest into account. Provisions in planning law like Section 25(1) SPLUMA may ensure that the interest of the expropriatee is balanced against the public interest in the project. SPLUMA and NEMA also ensure that the planning authority takes into account public interests that are adversely affected by the expropriation.

The reasonableness test under PAJA, as informed by Sections 25(1) and 36(1) of the Constitution, should compel the authorities and the courts to assess the proportionality of the project and the expropriation. On the basis of the constitutional values, they should weigh and compare the advantages and drawbacks of the project and/or the expropriation. At the expropriation stage, the fact that the state has to pay fair and equitable compensation does not preclude such an analysis because compensation does not form part of the legitimate justification of expropriation. If the drawbacks do not outweigh the benefits of the project and/or the expropriation, the authority can take the planning decision or the expropriation decision. The courts should, within the boundaries of the Constitution and applicable legislation, accord respect to the value judgements and policy considerations of the authority, in particular in the planning context where the infringement of the fundamental right of property is not yet so severe as at the expropriation stage.

6.3.6 Concluding remarks on heightened judicial scrutiny and land reform

To redress the unequal distribution of land is a major objective of the Republic of South Africa under the 1996 Constitution.[581] Without any doubt, the redistribution of land to historically disadvantaged persons and groups constitutes a legitimate purpose in South African expropriation law.[582] The need to speed up land reform is also one of the political motives behind the Expropriation Bill.[583] The heightened level of judicial scrutiny that has been advocated in the preceding subsections will certainly give rise to the fear that the courts may strike down expropriations for land reform and support the opponents of change.

---

[579] Government Notice R893 (2014).
[580] Government Notice R894 (2014).
[581] See subsection 6.3.5.1.1 above.
[582] S 25(4)(a) of the Constitution.
[583] Young 2016, 210.

It is submitted that this fear would be unfounded. The alternative project argument cannot disadvantage historically disadvantaged people. This defence will only be successful if there is a less harmful alternative project that is equally suitable to realise the legitimate purpose. This means that the alternative project argument will not be successful if the beneficiaries of the expropriation for land reform do not benefit as much from the alternative project as from the chosen project unless the chosen land reform project does inappropriately more harm than the alternative. If an equally suitable alternative project targets the property of other historically disadvantaged people, whereas the chosen project targets the property of historically privileged people, the alternative project will not be less harmful in the light of the weight that the Constitution accords to land reform.[584]

The least invasive means argument does not pose a threat either. It will only prevent expropriations to the extent that they are not necessary for land reform. The land reform beneficiaries will in most cases require ownership for residential purposes, subsistence farming or commercial purposes. This entails that a less invasive legal means will not be equally suitable and a least invasive means argument would not be successful. The beneficiaries of land reform will thus benefit in any case. If the state expropriates property rights on more land than is required for the land reform project, this will not affect the beneficiaries, but only raise the issue of why the state did that.

Judicial scrutiny of the balance between the project's public benefits and the adverse impact of the project and the expropriation is very unlikely to be a hurdle to land reform for three reasons. Firstly, the courts will generally respect value judgements and policy considerations of the authority. Secondly, the Constitution accords a lot of weight to land reform in any case. The expropriation would have to inflict enormous harm on an equally important constitutionally protected right to be disproportionate. Thirdly, it seems that South African law takes account of the compensation paid to the expropriatee, which reduces the weight of the expropriatee's interests.

6.3.7 The governance of the contextualisation

➢ This subsection addresses the following questions with respect to South African law:
  - To what extent do the legislature and the administrative authorities shape the project and the expropriation?
  - To what extent do the administrative authorities and the courts review the project and the expropriation?
  - What is the role of the legislator, the administrative authorities, and the courts in determining and applying the requirements pertaining to the contextualisation?

➢ See subsection 2.4.3 for more details on the governance analysis.

6.3.7.1 The role of the legislator

Through the statutory basis, the legislator could potentially play a broad creative and boundary-shaping role. Parliament could prescribe the balance of interests that the planning and expropriation authorities must strike when deciding which project to implement and whether to acquire land for the project by means of expropria-

[584] See subsection 6.3.5.1.1 above.

tion. In reality, it does not. Instead, the legislator shapes a framework of procedures and rules within which the planning authority shapes the project and the expropriation authority decides on whether or not to expropriate property for the project. In so doing, the legislature at least partially complies with its obligation to set out the procedures and conditions to which the expropriation is subject.[585]

With respect to the project, the legislator abstractly prescribes in PAJA that the project must be a suitable and reasonable means to bring about its intended benefits. These provisions are particularly relevant to the relationship between the project and its legitimate purpose, the alternative project argument, and the balance between the project's benefits and adversely affected interests. In PAJA, the legislator also lays down procedural minimum requirements.[586] In more specific legislation, such as SPLUMA or the regulations on industrial development zones, the legislator specifies which steps the planning authority must take in order to shape and contextualise the project. For example, a permit to the operator of an industrial development zone must set out requirements for the planning, the construction, and the supply of infrastructure and utilities in the development zone.[587] The legislator partially specifies the interests that the administrative authorities must take into account. For example, Section 25(1) SPLUMA specifically provides that the designated land use must promote economic growth, social inclusion, and efficient land development, and must have a minimal impact upon health, the environment, and natural resources. With respect to certain public interests, in particular environmental protection, the legislature has laid down mandatory boundaries that the planning authority must observe. Within the boundaries of these provisions (and the constitutional provisions as well as general legal principles), the administrative authorities must strike a balance.

As regards the expropriation itself, the legislator has given the same general administrative law provisions, which may (in the future) limit the discretion of the expropriation authority with respect to the suitability of the expropriation and the least invasive means argument. In addition, Section 2 of the Expropriation Act and Clauses 2 and 3 of the 2015 Expropriation Bill influence how the authorities and courts deal with the least invasive means argument. Clause 2(2) of the Bill may in the future expressly limit the discretion of the expropriation authority through the obligation to attempt to purchase the land on reasonable terms. The other provisions, by contrast, mainly broaden the authorisation of the expropriation authority to expropriate property beyond what is strictly necessary to realise the project. Within the boundaries of these provisions (and the constitutional provisions and general legal principles), the administrative authorities must strike a balance.

6.3.7.2 The role of the planning and expropriation authorities

When considering the role of the planning and expropriation authorities, a distinction should be made between cases where the project is shaped within a statutory scheme, such as an industrial development zone, or laid down in a statutory planning instrument, such as a municipal decision to rezone the land, and cases where the project is not based upon such a statutory scheme or planning instrument.

---

[585] Marais & Maree 2016, 8.
[586] See Ss 3 to 5 PAJA. See more details on the procedure in subsection 6.4.3 below.
[587] Regulation 17(e)(1) R1224 (2000).

Within a statutory scheme or on the basis of a statutory planning instrument

The planning authority performs the creative role to shape the project. The planning authority must follow the statutory procedure prescribed for the scheme or the planning instrument. For example, within an industrial development zone, the planning authority determines which activities the transferee of the expropriated property will conduct.[588] The planning authority must observe mandatory statutory boundaries to its discretion, such as maximum amounts of harmful substances. Where, unlike under SPLUMA, there is no formal obligation for the authority to balance the involved interests, the planning authority still needs to ensure that the project itself is a suitable and reasonable means to bring about the intended benefits in order pass judicial scrutiny. The applicable standards have been described in the subsections on the relationship between the project and the legitimate purpose, the alternative project argument, and the balance between the project's benefits and adversely affected interests.[589] Otherwise, an alternative project argument or a reasonableness defence put forward by an affected person may bring the project down, either in terms of an internal appeal procedure[590] or before a court.

Importantly, from the perspective of the planning authority, property rights may be affected differently. The planning decision and the project itself do not result in a loss of ownership, but merely restrict the exercise of the property rights, either through legal restrictions, such as those arising from a land-use scheme, [591] or through (anticipated) physical restrictions due to the (implementation of the) project. These restrictions constitute a deprivation of property and trigger the applicability of inter alia the reasonableness criterion and procedural rights under PAJA, Section 25(1) as well as Section 36(1) of the Constitution. The competent authorities and courts, however, would only take these restrictions into account and not anticipate the acquisition of property through expropriation. That said, the anticipated physical impact of the project is not necessarily smaller than the legal impact of an expropriation so that the authority in planning matters should not approach the alternative project argument or the proportionality of the project in a different manner than the expropriation authority.[592]

The project, the purpose, and the targeted land have been determined before the expropriation authority appears on stage. As a result, the expropriation authority may only play a controlling and boundary-shaping role. There does not seem to be any obligation for the expropriation authority to balance the involved interests or otherwise scrutinise whether the proposed expropriation for the planned project would meet the legal requirements under the Constitution and PAJA that pertain to the contextualisation.[593] However, in order to ensure that its expropriation decision would pass judicial scrutiny, the expropriation authority should in particular apply the criteria of suitability and reasonableness under PAJA, as informed by Sections 25(1) and 36(1) of the Constitution, to the expropriation. Importantly, the expropriation authority should not apply the doctrine on the alternative project argument

[588] See, for instance, Regulation 17(e)(1) R1224 (2000).
[589] See subsections 6.3.1, 6.3.2, and 6.3.5 above.
[590] See, for example, Ss 28(2) and 51(1) SPLUMA. See more about internal appeal procedures in subsection 6.4.2.3 below.
[591] S 26(1) SPLUMA.
[592] Hoops 2017, 76.
[593] Cf subsection 6.3.2.2.1 above.

if the expropriatee had the opportunity to put forward that defence during the planning procedure. Otherwise, it would waste the efficiency and specialisation gains from dividing the procedure into a planning and an expropriation procedure.[594]

The expropriation authority is not bound by the planning authority's decision on where to strike the balance. Sections 2(1) and 3(1) of the Expropriation Act clarify through the word 'may' that it is in the discretion of the expropriation authority *not* to expropriate property, even if another entity requests an expropriation. The expropriation authority can thus decide that it would be unreasonable to expropriate property for the designed project. The expropriation authority can also influence the design of the project by compelling the planning authority to make changes to the project. If the expropriation authority strictly follows the jurisprudence of the courts, its role will be merely controlling in nature. If the expropriation authority applies stricter standards than the courts, its role will be boundary-shaping. Should the expropriation authority and the planning authority be the same authority (or belong to the same municipality), the expropriation authority is, of course, very unlikely to assume a boundary-shaping role and interfere with its own determinations beyond what the courts require. In such cases, its creative role may also undermine its controlling role because an objective assessment of the balance that the authority itself struck seems impossible.

Remarkably enough, the 2015 Expropriation Bill seems to change this relationship between the planning authority and the expropriation authority. Clause 3(2) stipulates that if another state body satisfies the Minister that an expropriation for a certain project would be for a public purpose or in the public interest, the Minister *must*, subject to the other provisions of the Expropriation Bill, expropriate property for the project on behalf of that state body. As this provision abolishes the expropriation authority's discretion, this provision would preclude a boundary-shaping role. As Clause 2(1) of the Bill stipulates that the expropriation may not be arbitrary and Sections 33 and 36(1) of the Constitution require the expropriation to be reasonable, the expropriation authority would still have a controlling role with respect to the contextualisation.

No statutory scheme or statutory planning instrument

Where the planning authority uses no statutory scheme or planning instrument and takes no formal administrative decision, the planning authority still performs the creative role to shape the project within legislative and constitutional boundaries. The expropriation authority may perform other functions in addition to the controlling and boundary-shaping role that has just been described. Although there is currently no obligation for the expropriation authority to do so, it should take up the role to consider the alternative project argument because there was no separate administrative decision that could be subject to scrutiny and adversely affected persons could, therefore, not put the argument forward in an earlier procedure.[595] Of course, the expropriation authority is not bound by the preparations undertaken by the planning authority.

---

[594] Hoops 2017, 75.
[595] Hoops 2017, 75.

If the expropriation authority and the planning authority are the same authority (or belong to the same municipality), this authority will shape the project and the purpose. In such cases, the creative role of the authority will prevent a boundary-shaping role because the authority is very unlikely to subject its own project to stricter requirements than the courts require. Also, the creative role will probably cloud the assessment of whether the project and the expropriation meet the relevant statutory and constitutional requirements and, thereby, undermine the authority's controlling role.

In practice, it seems to happen in practice that this authority postpones the shaping of the project till *after* the expropriation or delegates it to another authority that will design the project in more detail after the expropriation.[596] For example, a municipality may rezone the land after the expropriation. An interesting insight from practice suggests that this method is at least not contrary to the law. The expropriation notice in terms of Section 7 of the Expropriation Act, which must include the purpose of the expropriation, [597] does not need to be very specific. In the *Bartsch* case, the municipality wished to build a road and have a private project developer build a shopping complex. The expropriation notice merely said that the purpose of the expropriation was the construction of the road and all things necessary in connection with and ancillary to the construction of the road.[598] Not only is this description very abstract, it also raises the question of whether the shopping complex fell under this definition of the purpose. The Free State High Court did not address the issue of the specificity of the notice, and even held that the shopping mall fell under the 'all things necessary' phrase as a secondary purpose of the expropriation.[599] It, therefore, seems that the notice does not need to specify the benefits of the project in detail. The expropriation authority could, therefore, easily delegate the design of the project to another authority.

6.3.7.3 The role of the courts

Persons who have standing[600] can apply for the review of the expropriation itself or, if applicable, the municipal or other decisions upon which the expropriation is based.[601] Under PAJA, they can institute judicial proceedings against the expropriation decision and other decisions that constitute administrative action within 180 days after someone might reasonably have been expected to have become aware of the action and the reasons.[602] Regarding the municipal decision to rezone the land, judicial proceedings can only be instituted within 180 days after the internal appeal procedure under Sections 28(2) and 51(1) SPLUMA has been concluded unless exceptional circumstances occur.[603]

The courts do not directly shape projects. They perform a controlling role. In giving a binding interpretation of the applicable constitutional and legislative

[596] The author is indebted to Prof. Jeannie van Wyk for this insight.
[597] S 3(2)(b)(a) PAJA.
[598] [2010] ZAFSHC 11, para 1.2.
[599] [2010] ZAFSHC 11, para 5.1.
[600] See subsection 6.4.4 below.
[601] These persons can even apply for the review of the municipal land-use scheme, which is executive action, under the principle of the rule of law: De Ville 2003, 60; and 2014 (5) SA 69 (CC) para 27.
[602] Ss 6(1) 7(1)(b) PAJA.
[603] S 7(1)(a) (2)(a) and (c) PAJA.

provisions, the higher courts may perform a boundary-shaping role. An analysis of the judicial review of the contextualisation shows a discrepancy between how intrusive the judicial review is supposed to be under PAJA and the Constitution and how intrusive it is in practice. The analysis of the contextualisation above[604] shows that the courts are supposed to review fully the suitability of the project and the expropriation as well as the least invasive means argument. In addition, the compliance with procedural requirements is supposed to be subject to a full judicial review.[605] The alternative project argument and the struck balance between the public benefits and drawbacks of the project and the expropriation are supposed to be subject to a limited judicial review in the sense that the courts do not interfere with the policy decisions and value judgements of the competent authority.

The reality before the courts competent to adjudicate expropriation cases is different. As the *Erf 16* judgment of the North Gauteng High Court suggests, the courts will only engage in a review of whether there is a rational connection between the expropriation and the legitimate purpose and whether there are sufficient reasons for that conclusion.[606] This mainly renders the alternative project argument useless and precludes a review of the balance struck between the public benefits and the drawbacks of the project and the expropriation. With respect to the least invasive means argument, the courts will only strike down an expropriation with reasonable certainty if the expropriation authority expropriates property rights that are neither immediately nor in the foreseeable future required for the project.[607] However, at least some courts, such as the KwaZulu-Natal High Court in the *Harvey* case, seem to be moving towards stricter scrutiny.[608] In addition, the courts have to scrutinise whether the authority followed all material elements of the mandatory procedure.[609]

However, even within the current system, the courts competent to adjudicate expropriation cases will only interfere where the expropriatee (or another affected person) succeeds in establishing that there is no rational connection between the expropriation of property and a legitimate purpose.[610] These courts thus assume a passive position and wait for the expropriatee to provide evidence. For the proper protection of constitutional rights, the courts should adopt a more proactive approach and require, as the general limitation clause, Section 36(1) of the Constitution, demands, [611] the authority to provide the facts and policy considerations that underlie the project and the expropriation.

Interestingly enough, the courts competent in planning matters seem to review the balance struck between different affected interests more intrusively than their counterparts in expropriation cases. For example, rezoning or a new municipal land-use scheme cannot completely change the character of a neighbourhood.[612]

[604] See subsections 6.3.1, 6.3.3, and 6.3.4 above.
[605] Cf Maree 2013, 100 et seq. Refer to subsections 6.4.1 to 6.4.3 below for a thorough analysis of the applicable procedures.
[606] (11375/08) ZAGPPHC 154, para 54.
[607] Gildenhuys & Grobler 2012, No. 14.
[608] [2010] ZAKZPHC 86, para 85.
[609] S 6(2)(b) PAJA.
[610] Gildenhuys & Grobler 2012, No. 14; and De Ville 2003, 313 et seq.
[611] Currie & De Waal, Limitation, 154.
[612] Van Wyk 2012, 288 et seq.

A concluding remark should be dedicated to the governance structure of the contextualisation. If the procedure is formally divided into a planning procedure and an expropriation procedure with separate administrative decisions, efficiency and specialisation gains may accrue.[613] The courts should divide their tasks accordingly. The courts competent to review the planning decision should, therefore, review the project-related aspects of the contextualisation, ie the relationship between the project and the legitimate purpose, the alternative project argument, and the balance struck between the public benefits and the drawbacks of the project. As has been suggested above with respect to planning authorities, [614] however, the courts' scrutiny of the alternative project argument and the proportionality of the project should not differ from cases where there is no separate planning decision. The courts competent in expropriation matters should refrain from reviewing those project-related aspects and instead focus on the suitability of the expropriation, the least invasive means argument, and the balance between public benefits and disadvantages to the extent that this balance changes due to the expropriation.[615]

6.3.7.4 Conclusion

With respect to the contextualisation, the legislator plays a creative and boundary-shaping role by laying down a statutory framework that the planning and expropriation authority must observe. The legislator prescribes the applicable procedure. It partially specifies the interests that the authorities must take into account. It lays down abstract rules that the authorities will have to observe and apply. These rules generally prescribe that the project and the expropriation must be suitable and reasonable, thereby affecting the relationship between the project and its legitimate purpose, the alternative project argument, the least invasive means argument, and the balance between the project's benefits and adversely affected interests. Some provisions that are not applicable to all expropriation cases stipulate that project must have a minimal impact upon certain interests, thereby affecting the alternative project argument and the balancing of interests. The most far-reaching limitations to the authorities' discretion are mandatory statutory provisions that specify in detail to what extent the project may affect a certain public interest. Beyond the requirement of reasonableness, the legislator does not generally interfere with the choice of the means to acquire land. Only Section 3(1) of the Expropriation Act prescribes that if the Minister expropriates on behalf of a juristic person, the Minister must ensure that an attempt has been made to purchase the land on reasonable terms.

Within the boundaries of these rules and the constitutional provisions, the planning authorities enjoy a broad discretion when shaping the project as well as its benefits and imposing burdens upon private and public interests. Under SPLUMA, the courts may set additional boundaries to this discretion. The rules under the statutory framework also form the basis of the controlling role of the expropriation authority. Concerning the rather abstract rules in general administrative law and constitutional provisions, the courts have yet to clarify which boundaries flow from, in particular, the constitutional and statutory provisions on arbitrariness and reasonableness. At present, the courts continue to apply a rationality test to expropriation

[613] Hoops 2017, 75.
[614] See subsection 6.3.7.2 above.
[615] Hoops 2017, 75 et seq.

decisions. Under the constitutional dispensation, however, the authorities should test the reasonableness of their decisions themselves and the courts need to guide their work by identifying under what conditions a project can no longer be proportionate. Due to the same judicial reluctance, the discretion of the expropriation authorities in choosing the means to get access to the targeted land is very broad. The courts only scrutinise with some rigour the amount of land that is taken. Under the new constitutional dispensation, the courts should apply a strict least invasive means test.

The courts in expropriation matters do not wish to engage in an analysis of the merits of the decision. Moreover, the fact that the expropriatee has to prove that the expropriation is not a rational administrative action reduces the protection of the expropriatee even more. Under the constitutional dispensation, however, the courts must engage in a proportionality analysis of the project and the expropriation and, in particular, subject the suitability of the project and the expropriation as well as the least invasive means argument to a full judicial review. The courts must not substitute their value judgements and policy considerations for those of the authority, but this does not justify leaving the expropriatee unprotected from the determinations of the authorities.

6.4 THE ADMINISTRATIVE AND COURT PROCEDURES

➢ This section addresses the following questions with respect to South African law:
  - What is the position of the expropriation authority and the planning authority in the state system?
  - What opportunities does the public have to influence the expropriation decision and the planning decision?
  - Who can apply for the decision of a court on whether or not to annul the administrative decision and who bears the burden of establishing and proving facts?

➢ See subsection 2.4.3 for more details about this analysis.

6.4.1 The expropriation procedure

The expropriation procedure and the competent expropriation authority are mainly set out in the Expropriation Act or other expropriation legislation. Since the advent of the constitutional era, the rules on administrative procedures have been codified in PAJA. Section 25(1) of the Constitution further subjects expropriation and other deprivations to the requirement of procedural non-arbitrariness, which means that the authorising legislation must provide for procedurally fair state action.[616] Furthermore, the 2015 Expropriation Bill also includes participatory elements. As PAJA provides for rules that are common to both expropriation and planning procedures, these rules are analysed after an analysis of the specific rules on expropriation and planning procedures.[617]

---

[616] [2002] ZACC 5, para 100.
[617] See subsection 6.4.3 below.

6.4.1.1 The expropriation authority

The standard expropriation authority under the Expropriation Act is the Minister of Public Works.[618] The Minister is appointed and can be dismissed by the President,[619] who is, in turn, elected by Parliament.[620] The Minister is accountable to Parliament.[621] Provincial authorities carry out some economic development projects. Provincial legislation may confer the power to expropriate upon a provincial authority. An example from the *Offit* saga would be Section 2(1) of the Eastern Cape Land Disposal Act that empowers the Premier of the Province to expropriate property. The Premier of a Province is elected by, and accountable to, the provincial legislature.[622] In the light of the dominant creative and controlling role of these bodies in shaping the project, its purpose, and the expropriation,[623] the choice of only indirectly accountable bodies may weaken the protection of the expropriatee.

Many economic development projects, however, are planned and implemented at municipal level. As the *Bartsch* and *Sotirios Spetsiotis* cases show, the municipal council or the mayoral committee of a municipality uses its power to expropriate under provincial or national legislation. Municipal councils are directly elected by the citizens living in the area of the municipality.[624] A mayoral committee is appointed by the executive mayor who is, in turn, elected by, and accountable to, the municipal council.[625] Local authorities, particularly the council, may be more responsive to the wishes of the electorate. Depending upon the composition of the electorate and the socio-economic position of the expropriatee, this may strengthen or weaken the protection of the expropriatee. However, the additional protection may in any case be limited because municipal authorities are also more prone to cronyism and lobbyism, are subject to fewer institutional checks, and may be less exposed to media control than national or provincial authorities.[626]

6.4.1.2 The expropriation procedure under the Expropriation Act: Participation

The Expropriation Act is largely silent on the procedure up to the point of the decision to expropriate property. Only Section 6 deals with the procedure before that decision. Section 6(1) authorises the expropriation authority to inspect the land in order to determine whether the land is suitable for the envisaged purpose. After the decision has been taken, Section 7(1) provides for a notice of the expropriation decision to be served. Participatory elements that would give the public a chance to influence the shaping of the purpose, the project, or the expropriation are omitted. The gaps in the Expropriation Act may be in part due to the procedural requirements entrenched in the uncodified South African common law, such as the *audi alteram*

---

[618] S 2(1) read in conjunction with S 1, of the Expropriation Act.
[619] S 91(2) of the Constitution.
[620] S 86(1) of the Constitution.
[621] S 92(2) of the Constitution.
[622] [2006] ZAECHC 6; and S 128(1) of the Constitution.
[623] See subsections 6.2.2.2 and 6.3.7.2 above.
[624] S 157(1) of the Constitution.
[625] Ss 55(1) 60(1) of the Local Government: Municipal Structures Act.
[626] Hoops 2016b, 815.

partem principle, which entails that the competent authority has to hear those persons who are affected by its decision.[627]

6.4.1.3 The expropriation procedure under Section 25(1) of the Constitution

In the *FNB* judgment, the Constitutional Court held that the arbitrariness test in terms of Section 25(1) of the Constitution consisted of two elements, namely substantive non-arbitrariness and procedural non-arbitrariness.[628] Procedural non-arbitrariness entails that the authorising legislation must provide for procedurally fair state action. In this judgment, the Court did not elaborate further on the meaning of procedural fairness. From the *Link Africa* case, it can be inferred that at least a notice of the deprivation must precede the actual deprivation.[629] In the *Mkontwana* case, the Constitutional Court held that as in other contexts, procedural fairness was a flexible concept and that the standard of scrutiny depended upon all circumstances of the case.[630] In that context, the Court cited cases that concerned administrative justice in terms of Section 33. It would, therefore, be appropriate to assume that the standard of scrutiny would not deviate from what procedural fairness requires under PAJA.[631] In any case, as has been noted above, [632] the courts would have to apply PAJA, as informed by Sections 25 and 36(1) of the Constitution, to the expropriation. Therefore, reference is made to the discussion of the provisions of PAJA below.[633]

6.4.1.4 The expropriation procedure under the 2015 Expropriation Bill

The 2015 Expropriation Bill finally contains participatory elements.[634] Clause 5(1) makes the verification of the suitability of the land for the project compulsory. Clause 6(1) of the Bill prescribes that the municipalities in which the land is situated are requested to report on how the expropriation would affect existing and future engineering services, infrastructure, housing, and town planning. Unlike the Expropriation Act, Clause 7(1) foresees a notice of the intention to expropriate being served upon the owner and holders of rights in the property, published in the state gazette as well as two newspapers, and displayed on the land itself.[635] The notice includes a short description of the purpose of the expropriation with an invitation to inspect the relevant documents, the reason why the project is implemented on the targeted property, and an invitation to all affected persons to bring forward objections against the expropriation.[636] To facilitate participation, Clause 5(5) prescribes that the expropriation authority must inquire with the owner of the property and the Department responsible for rural development and land reform whether there are holders of unregistered rights.[637] The expropriation authority must take into account all objections put forward within the remarkably short period

[627] Hoexter 2012, 362 et seq; and Gildenhuys 2001, 80 et seq.
[628] [2002] ZACC 5, para 100; and Van der Walt 2011a, 264 et seq.
[629] [2015] ZACC 29, para 64.
[630] 2005 (1) SA 530 (CC) para 65.
[631] Van der Walt 2011a, 265; and Van der Walt 2012b, 93.
[632] See subsections 6.1.2.3 and 6.1.2.4 above.
[633] See subsection 6.4.3 below.
[634] See for detailed analyses: Mostert 2016, 188–203; and Young 2016, 212–220.
[635] Clause 24(2) of the Bill.
[636] Clause 7(2)(c) (d) and (g).
[637] See also Clause 7(2)(h).

of 30 days.[638] Should the expropriation authority proceed to expropriate the property, Clause 8(1) prescribes that a notice of the expropriation be served.

6.4.2 The planning procedures

The planning statutes, such as SPLUMA, mainly govern the competence of the planning authority and the planning procedures. In addition, PAJA sets out general rules, which are separately analysed in subsection 6.4.3 below.

6.4.2.1 The planning authority

The Minister of Trade and Industry designates an area as an industrial development zone under the Manufacturing Development Act.[639] The regulations prescribe that the Minister, advised by a Board appointed by the President, has to issue a permit to the operator of the industrial development zone.[640] The Minister is appointed by the President, is accountable to Parliament and is advised by a body appointed by the President. The choice of an appointed body and the body's largely uncontrolled creative role may weaken the protection of the expropriatee.[641]

SPLUMA does not prescribe which municipal body must take the decision to adopt the municipal land-use scheme.[642] Most of the provincial legislation does not prescribe a certain body either.[643] Only the Northern Cape Planning and Development Act prescribes that the directly elected council of a municipality adopts zoning schemes.[644] As the default rule is that the municipal council exercises the powers of the municipality, [645] the decision to adopt a zoning scheme is taken by a directly elected body unless the municipal council has delegated its power to an appointed body.[646]

Concerning the approval of the application for the rezoning of the land, SPLUMA prescribes that an appointed municipal planning tribunal must decide on whether to approve (with conditions) or reject the application.[647] An appointed body thus takes the decision. The rest of the relevant national and provincial legislation is not considered here as it is too fragmented and/or has not been adapted to the new national legislation.[648] If an environmental impact assessment is required, an

[638] Clause 7(5). Cf Mostert 2016, 200.

[639] Regulation 3, R1224 (2000).

[640] Regulations 5(a)(1) 16(a) 17(d) and (f) and 18(a).

[641] See subsections 6.2.2.2 and 6.3.7.2 above.

[642] Ss 24(1) and 28(1) SPLUMA.

[643] See Ss 22(1) and 1 of the Western Cape Land Use Planning Act; see for other examples: Van Wyk 2012, 284 et seq.

[644] S 36(1) of the Northern Cape Planning and Development Act.

[645] This follows from Ss 49(1)(b) and 44 of the Local Government: Municipal Structures Act.

[646] S 49(1)(b) of the Local Government: Municipal Structures Act. Refer to subsection 6.4.1.1 for an analysis of the implications of the choice of a municipal authority for the protection of the expropriatee.

[647] S 40(7) SPLUMA; Schedule 5(1) and (3) of the Regulations in terms of SPLUMA, Government Notice R239 (2015). An appointed official may take the decision to approve or reject other types of land-use and development applications; see S 35(2) SPLUMA; and Schedule 5(2) and (3) of the Regulations in terms of SPLUMA. Refer to subsection 6.4.1.1 for an analysis of the implications of the choice of a municipal authority for the protection of the expropriatee.

[648] Cf Van Wyk 2012, 358 et seq.

appointed environmental authority at provincial or national level will conduct the assessment.[649]

6.4.2.2 *Public participation*

The regulations on industrial development zones only provide for a participation mechanism before the designation of an area as an industrial development zone. The Minister must publish a notice in the state Gazette. Interested parties can comment on the Minster's proposal within 60 days.[650]

Section 24(1) SPLUMA calls for public consultations before the municipality adopts a land-use scheme. With respect to the approval of an application for rezoning (and other land-use or land development applications), SPLUMA provides that all affected persons can participate in the procedure, make representations, and submit objections.[651] Specifically, they can intervene in the proceedings before the competent tribunal and will then be heard.[652] SPLUMA does not further specify the participation process. In the provinces, the participation processes are mostly not well developed either.[653] The Western Cape Land Use Planning Act, for instance, merely postulates public participation, in particular consultation, as a principle of land-use planning.[654] It provides only for detailed rules on the publication of notices.[655]

In the framework of an environmental impact assessment under NEMA, which serves as an example for other licences and authorisations meant to protect the environment and other public interests, [656] the environmental authority must ensure that the public is informed and can participate in the procedure.[657] The Regulations to NEMA prescribe that affected parties can comment on the report and that these comments will be submitted to the planning authority.[658]

6.4.2.3 *Internal appeal*

Section 7(2)(a) PAJA prescribes that before any court proceedings can be initiated, affected persons have to exhaust all internal remedies. Unlike expropriation legislation, planning legislation frequently provides for an internal appeal mechanism. Section 28(2) SPLUMA prescribes that affected persons must have the opportunity to appeal the municipal planning tribunal's decision to rezone a plot of land.[659] Section 51(1) SPLUMA gives the same right to persons affected by the approval of other land-use or land development applications. Appeal means that another administrative authority, the appeal authority, scrutinises the lawfulness and the

---

[649] See, for instance, Government Notice R544 (2010) Appendix 1. See subsection 6.3.5.3 above.

[650] Regulation 3(b)(2) R1224 (2000).

[651] S 7(e)(iv) SPLUMA.

[652] Ss 28(2) and 45(2) SPLUMA.

[653] Van Wyk 2012, 284 et seq.

[654] S 59(4) of the Western Cape Land Use Planning Act.

[655] Ss 42 et seq of that Act. Cf provision in superseded provincial ordinances: Ss 27(2)-(3) 29(2) of the Townships Ordinance (Free State); and Ss 28 et seq of the Town-Planning and Townships Ordinance (Transvaal).

[656] See fn 137 for other examples.

[657] S 24(7)(d) NEMA.

[658] Regulations 39 et seq, Environmental Impact Assessment Regulations, R892 (2014).

[659] Schedule 5 of the Regulations in terms of SPLUMA, Government Notice R239 (2015).

merits of the decision and may substitute their own judgment for the judgment of the planning authority.[660] The appeal authority is the mayoral committee or another type of executive authority of the municipality.[661] In the course of the appeals procedure, affected persons can substantiate their objections again and have them assessed by the appeal authority. The appeal authority can confirm, alter, or revoke the decision.[662]

Affected persons in terms of Section 51 SPLUMA are the applicant (ie the new owner and project developer)[663] and other interested persons who may be reasonably expected to be affected.[664] An interested person is defined as having a pecuniary or proprietary interest that may be affected by the decision.[665] This category must in particular include the owner, holders of registered limited property rights, and tenants.

6.4.3 Common procedural rules on participation under PAJA[666]

PAJA contains the *leges generales* of most procedural rules in planning and expropriation legislation.[667] Those procedural rules are generally applied instead of PAJA.[668] However, PAJA informs the applications of these rules for three reasons. Firstly, as *leges generales*, the procedural rules under PAJA fill the gaps in the planning and expropriation legislation. Secondly, PAJA is the general interpretative framework for all specific administrative legislation.[669] Thirdly, PAJA gives effect to Section 33(1) and establishes what should be procedurally fair administrative action. A constitution-conform interpretation of planning and expropriation legislation would, therefore, dictate that the legislation be applied in line with PAJA.[670]

Procedural rules in PAJA are not *leges generales* of the procedural rules applicable to municipal land-use schemes because these schemes do not constitute administrative action.[671] However, as land-use schemes are subject to the requirement of procedural non-arbitrariness under Section 25(1) of the Constitution and procedural non-arbitrariness seems to share most requirements with procedural fairness in terms of Section 33(1), [672] the following analysis remains relevant to municipal land-use schemes as well. In the following subsections, PAJA is scrutinised as to the following aspects: the provision of information to the public; the access to the procedure; the type of participation; empowering measures; and the obligation to furnish reasons.

---

[660] Van Wyk 2012, 535 et seq. Cf Marais & Maree 2016, 34 et seq. See subsection 6.3.2.2.1 above.

[661] S 51(3) SPLUMA.

[662] S 51(3) SPLUMA.

[663] S 51(4)(a) read in conjunction with S 45(1) SPLUMA.

[664] S 51(4)(c) SPLUMA.

[665] S 51(5) SPLUMA.

[666] The analysis of PAJA is based upon: Hoops 2015b, 257–272; and Hoops 2014 'Popular Participation in Expropriation Procedures: A Comparative Law and Governance Study' presented at the World Bank Conference on Land and Poverty, Washington, D.C.

[667] The standards are enforceable on the basis of S 6(2)(c) PAJA.

[668] 2008 (2) SA 24 (CC) paras 80 et seq.

[669] 2008 (2) SA 24 (CC) para 110.

[670] Van der Walt 2012a, 40.

[671] See subsection 6.1.3.2 above.

[672] See subsections 6.1.2.3 and 6.1.3.2 above.

6.4.3.1 *Provision of information*

PAJA lays down a number of obligations of the competent authority to provide information, which is meant to ensure a fair procedure. The obligations will only apply towards persons whose rights or legitimate expectations are materially and adversely affected by the administrative action.[673] In principle, this excludes people without an adversely affected right to property or liberty or a legitimate expectation relating thereto and people who suffer harm that is of a merely trivial nature.[674]

The competent authority must comply with the following obligations towards affected persons. Section 3(2)(b)(a) PAJA stipulates that the competent authority must give adequate notice of the nature and the purpose of the proposed administrative action. Section 3(2)(b)(c) obliges the competent authority to provide a clear statement of the administrative action. This obligation, however, refers to a decision that has already been taken.[675] Section 3(2)(b)(d) and (e) provides that the competent authority must inform affected persons about certain procedural rights, namely the right to be informed of the reasons for administrative decisions, the right to judicial review, and, where applicable, the right to an internal appeal.

If the rights of (any group or class of) the public are materially and adversely affected, the competent authority can choose between different procedures, namely a public inquiry, a comment and notice procedure, a combination of these two procedures, or another fair procedure.[676] It has yet to be clarified when the public is affected. The most likely definition is that the decision is equally and impersonally applied or has a significant impact on the public.[677] In planning and expropriation cases, Section 4 will probably be applicable if the authority wishes to change the use of a vast amount of land of different owners or if the realisation of the legitimate purpose has another considerable impact on a significant part of the public.[678] As they not only affect the holders of property rights on specific parcels of land, planning decisions and expropriations that are not based upon a planning decision are very likely to fall under Section 4 PAJA.

If Section 4 is applicable, an explicit obligation to provide information is laid down in PAJA only with regard to the notice and comment procedure, namely 'to communicate the administrative action'.[679] Although Section 4(3)(a) PAJA only prescribes the provision of information to the members of the public that are likely to be materially and adversely affected, the Regulations on Fair Administrative Procedures provide for a publication of notices in newspapers.[680] Concerning public inquiries, the Regulations provide for an obligation to publish a public notice before the authority holds a public inquiry or a public hearing, which is a mandatory element of a public inquiry.[681] This means that information is provided to the entire public.

---

[673] S 3(1) PAJA.
[674] Hoexter 2012, 397 et seq.
[675] Hoexter 2012, 376.
[676] S 4, read in conjunction with S 1(xi) PAJA.
[677] Hoexter 2012, 410.
[678] Hoexter 2012, 410.
[679] S 4(3)(a) PAJA.
[680] Regulations on Fair Administrative Procedures, R1022 (2002) Regulation 18(1).
[681] S 4(2)(b)(i)(aa) PAJA; and Regulations 3(1) and 11(2).

The Act does not define which information has to be provided 'to communicate the administrative action' or what information must be included in a 'notice'. The cited Regulations may provide the answer. Regulations 3(4)(a) and 18(3)(a) stipulate that a notice must contain so much information as to enable the members of the public to submit meaningful contributions. As to the characteristics of the notice and comment procedure and the public inquiry, the Regulations provide that some details of the procedure, such as the closing date, must be included in the notice.[682] The cited Regulations, however, are not applicable to small-scale acquisitions under Section 3(2) PAJA.[683] The substance of Regulations 3(4)(a) and 18(3)(a), however, can also be traced to the literature and case law on administrative decisions only affecting a small group of persons.[684] It is thus reasonable to assume that the notice in terms of Section 3(2)(b)(a) must contain the same information.[685]

With respect to the expropriation decision, *Southwood* elaborated that the information should include the nature and extent of the property to be expropriated and the factors that the authority intends to take into account when taking its decision.[686] More specifically, these factors should include the purpose and project for which the state seeks to expropriate the property. The description of the project should be more detailed if no planning decision preceded the expropriation decision. Therefore, should the Expropriation Bill be signed into law, the short description of the purpose under Clause 7(2) of the Bill should be more elaborate, even though the public is invited to inspect the relevant documents. A notice of the planning process should contain a more detailed presentation of the project, its benefits, and its adverse effects.

PAJA thus requires the active provision of all necessary information about the proposed administrative decision and procedural rights. If only a few persons are likely to be affected by the planning decision or the expropriation decision, however, this information is provided only to a limited group of people. Importantly, as it is PAJA's goal to give the public a reasonable opportunity to influence the administrative decision, [687] the authority should provide the information as soon as possible. In particular, the application of the Expropriation Act must be adjusted because it does not provide for a notice before the expropriation authority has taken the decision to expropriate property.

6.4.3.2 Access to the procedure

PAJA mostly restricts the access to the procedure. According to Section 3(1), access to the procedure is only granted to persons whose rights or legitimate expectations are materially and adversely affected by the administrative decision. This general definition needs to be applied to the specific case. In particular, the owner and holders of contractual or proprietary use rights in the land whose use is to be

[682] Regulations 3(3)(b) to (e) and 18(2).
[683] Regulations 2 and 17.
[684] Hoexter 2012, 369 et seq.
[685] This view is also supported by the *Erf 16* judgment of the Supreme Court of Appeal: (914/10) ZASCA 246, para 12.
[686] Southwood 2000, 52.
[687] Hoexter 2012, 363.

changed should fall under this definition because the state would substantially interfere with their rights.[688]

If the rights of any group or class of the public are materially and adversely affected by the administrative decision, Section 4 PAJA will apply. If a notice and comment procedure is followed, Section 4(3)(b) seems only to give affected persons the right to submit comments because Section 4(3)(a) stipulates that the administrative action must be communicated to affected persons. Regulation 18(2)(a), however, refers to an invitation to the public to submit comments and does not distinguish between persons who would be affected and those who would not. The conclusion is that the entire public can submit comments that have to be considered by the competent authority.

If a public inquiry in terms of Section 4(2) PAJA is ordered, the entire public can submit comments.[689] Also, the entire public is generally permitted to attend the mandatory public hearing.[690] The competent authority, however, decides upon request or *ex officio* whether or not to question persons or to give persons the right to make oral representations.[691] If a person has requested to be heard, the competent authority will have to furnish reasons for declining the request.[692]

6.4.3.3 Type of participation

Section 3(2)(b)(b) PAJA stipulates that persons whose rights or legitimate expectations are materially and adversely affected by the administrative decision must be given a reasonable opportunity to make representations.[693] The authority will meet this requirement. If those persons can make representations in writing, a hearing is not required.[694] This seems to be one-way communication that does not involve discussions. The competent authority also has the discretionary power to give those persons the opportunity to appear in person and dispute arguments in order to give effect to the right to procedurally fair administrative action.[695] This optional type of participation would have a more deliberative character because it makes two-way communication possible.

If the rights of any group or class of the public are materially and adversely affected by the administrative decision, Section 4 PAJA will be applicable. The competent authority can choose to order a public inquiry, initiate a comment and notice procedure, combine these two procedures, or follow another fair procedure.[696] In the comment and notice procedure the competent authority calls for comments on the proposed administrative decision. The authority must consider the comments made during that procedure.[697] This again seems to be one-way communication without discussions.

---

[688] Hoexter 2012, 398; Gildenhuys 2001, 81; and Southwood 2000, 52.

[689] Regulations on Fair Administrative Procedures, R1022 (2002) Regulation 3(3)(a).

[690] Regulation 15(1).

[691] Regulations 13(2)(a) (b) (d) and 3(7).

[692] Regulations 11(5) and 3(7).

[693] Deviations from this mechanism may be based upon reasonableness or a statutory provision; see S 3(4) and (5) PAJA.

[694] Hoexter 2012, 371.

[695] S 3(3) PAJA.

[696] S 4(1) read in conjunction with S 1(xi) PAJA.

[697] S 4(3)(a) and (b) PAJA.

The public inquiry gives the general public the opportunity to submit written comments, but also includes a public hearing.[698] The competent authority determines the procedure.[699] The person presiding at a public hearing, in particular, allows persons present at the hearing to make oral representations, give evidence, and produce documents if their request for permission has been granted.[700] The chairman may also question other persons or allow them to make oral representations, give evidence, and/or produce documents.[701] The public inquiry is primarily envisaged to allow for representations that do not necessarily need to be followed by discussions. The presiding person, however, determines the procedure and may give the inquiry a more deliberative character with discussions among participants and between participants and the authority. The complexity of the case, such as the number of affected persons and the kinds of affected interests, will play a role in deciding which type of participation is appropriate.[702]

It is important for the law to ensure that the participation process begins as soon as all essential information on the project and the expropriation is available.[703] Otherwise, the decision-making process may have progressed so far that the public can no longer influence the decision. The Expropriation Act that only foresees a notice of the expropriation and the Expropriation Bill that provides for a notice of the intention to expropriate at a late stage of the process must be applied accordingly. Another measure to ensure the effectiveness of the participation is the already existing obligation for the authority to consider the submissions of the participants.[704] This obligation is also enshrined in Clause 7(5) of the Expropriation Bill.[705]

6.4.3.4 Empowering measures

In an emerging economy in the Global South like South Africa, it cannot be taken for granted that people are able to participate effectively. Procedural fairness in South African law requires a certain degree of empowerment of those affected persons who cannot participate effectively. Section 16(1)(b) of the Local Government: Municipal Systems Act obliges municipalities to build the capacity of inhabitants to participate in the affairs of the municipality. According to case law, the adequate notice in terms of Section 3(2)(b)(a) PAJA must be adjusted to the needs of the vulnerable group of illiterate or uneducated people who would not be able to understand the notice and would require more time to prepare their representations. In some cases, South African courts found the preparation time for illiterate or uneducated people to be too short for an adequate notice.[706] The seriousness of the case may require the expropriation authority to serve each person with an individual

[698] S 4(2)(b)(i)(aa) PAJA; and Regulations on Fair Administrative Procedures, Regulation 3(3)(a).
[699] Regulation 12(1).
[700] Regulations 13(2)(a) 11(5) and 3(7).
[701] Regulations 13(2)(b) and (d).
[702] Southwood 2000, 53.
[703] Van Wyk & M Oranje 'The post-1994 South African spatial planning system and Bill of Rights: A meaningful and mutually beneficial fit?' 2014 *Planning Theory* 349–369, 360, who pointed to case law of the Constitutional Court that may suggest that the authority must trigger the participation mechanism as early as possible.
[704] Van Wyk & Oranje 2014, 360.
[705] Cf Young 2016, 217 et seq.
[706] See, for instance, *Police and Prisons Civil Rights Union and Others v Minister of Correctional Services and Others* (No. 1) 2008 (3) SA 91 (E) para 73. See also the Regulations on Fair

notice instead of, or in addition to, a public notice in order to ensure that the people are informed about the subject matter.[707] Procedural fairness may furthermore require that the expropriation authority not only serve a written notice to illiterate people, but also make public announcements in their mother tongue.[708]

Section 3(2)(b)(b) PAJA obliges the expropriation or planning authority to give affected persons a reasonable opportunity to make representations. As Sections 3(3)(b) and (c) PAJA imply, this provision does not give the affected person a right to appear in person and to dispute arguments before the authority.[709] Nor does it accord a right to those in need of empowerment to be provided with (legal) assistance, as is implied by the discretionary power to provide assistance under Section 3(3)(a) PAJA. This provision only serves to ensure that the affected persons can make representations, be it in the form of written or oral representations, but does not provide for any safeguards for the illiterate or those who are intimidated by the thought of interactions with the planning or expropriation authority.

Section 3(3)(a) PAJA does give the expropriation or planning authority the discretionary power to give affected persons the opportunity to obtain assistance and, in serious cases, legal representation. The goal of this power is to give effect to the right to a fair administrative procedure. However, affected persons who cannot participate effectively in administrative procedures depend upon the discretion of the authority for assistance. Although the discretion becomes narrower as the impact of the planning decision or the expropriation on the livelihoods of affected persons becomes greater, [710] this discretionary power seems insufficient to ensure that affected persons are empowered to participate effectively in practice.

If the expropriation or planning authority follows a notice and comment procedure under Section 4 PAJA, the notice raises the same questions as Section 3(2)(b)(a) with regard to illiterate or uneducated people. The Regulations on Fair Administrative Procedures, however, provide for a solution to these problems. The expropriation or planning authority will have to publicise information on the subject matter in a manner that will bring the expropriation to the attention of the community at large.[711] The authority must take into account the case law with respect to the notice in terms of Section 3(2)(b)(a). Furthermore, the authority may hold public meetings at which proposed expropriations are discussed and questions are answered.[712]

The notice and comment procedure raises the question of whether people who are illiterate or feel intimidated by the interaction with the authority can defend their interests in the procedure. Again, the Regulations on Fair Administrative Procedures give the answer. The expropriation or planning authority is obliged to take special steps to solicit the views of members of the affected community.[713] Such steps may

---

Administrative Procedures that regulate procedures under S 4 PAJA, in particular Regulations 3(3)(a) and 18(2)(a).

[707] Eastern Cape Division of the High Court, *Bushula & others v Permanent Secretary, Department of Welfare, Eastern Cape*, 2000 (2) SA 849 (E) 855F-J.

[708] Cape High Court, *Cape Killarney Property Investments (Pty) Ltd v Mahamba and Others*, 2000 (2) SA 67 (C) paras 15–18.

[709] Hoexter 2012, 371.

[710] Hoexter 2012, 378 et seq.

[711] Regulations on Fair Administrative Procedures, R1022 (2002) Regulations 5(1)(a) 11(2) to (4) and 20(1)(a).

[712] Regulations 5(2)(a) and 20(2)(a).

[713] Regulation 20(1)(b).

include a survey of public opinion in the community and a secretarial facility where members of the affected community can state their views.[714]

Public hearings pose a challenge to members of the community who struggle to participate effectively. Affected persons who are influential figures in the community or better equipped to participate effectively in the administrative procedure may dominate such a public hearing and convince the expropriation authority of their opinion. The more deliberative elements the planning or expropriation authority adds to the procedure, the greater this danger becomes.[715] The Regulations on Fair Administrative Procedures do not contain any provisions that are specifically meant to address this problem. Affected persons can request the authority to permit them to be assisted by a representative.[716] The regulations, however, remain silent on how the affected persons can obtain assistance from a representative. Apart from this provision, the regulations only provide for the discretionary powers of the expropriation authority to determine the procedure, not to allow someone to make oral representations and to order certain persons to leave the public hearing in order to regulate public access or to prevent or control misconduct.[717] These rules heavily rely on the ability of the authority to detect the problem of dominating figures and its willingness to address that problem.

6.4.3.5 The obligation to give reasons

The effectiveness of the participatory mechanism is enhanced by the obligation of the planning or expropriation authority to give adequate reasons for its decision upon request.[718] Section 5(4) PAJA allows the authority to depart from this rule if under the prevailing circumstances, a deviation would be reasonable and justifiable. It is not entirely clear what 'adequate' means.[719] In the light of the purposes of giving reasons, the reasons must enable adversely affected persons to assess whether it would be sensible to bring the matter before the courts.[720] Therefore, adequate reasons at least include the reasoning of the authority as well as the interpretation of the law and the findings upon which the reasoning is based.[721] At present, it is not clear whether there is an obligation for the authority to respond to the objections of participation in the reasons. However, as there is a general obligation to consider the objections, [722] the authority will probably have to include that part of the decision-making process in the reasons to ensure that it can prove that it has met that obligation.

---

[714] Regulations 20(2)(b) and (c).

[715] Regulation 12(1) stipulates that the expropriation authority determines the procedure.

[716] Regulation 14(1).

[717] Regulations 11(5) 12(1) 13(2) 15(2) and 15(3)(a).

[718] S 5(2) PAJA. Chapter 4 of the Regulations does not set out any requirements as to the content thereof.

[719] Cf Hoexter 2012, 476 et seq; and De Ville 2003, 292 et seq.

[720] Hoexter 2012, 463 et seq.

[721] Hoexter 2012, 477.

[722] Hoexter 2012, 118 et seq.

6.4.4 The court procedure

Section 34 of the Constitution guarantees access to the courts. After internal remedies have been exhausted, [723] Section 6(1) PAJA stipulates that *any* person can institute proceedings in a High Court for the review of the expropriation decision and other administrative decisions that shape the project, such as the decision to rezone the property. See also Regulations 4(1) and 8(1) Rules of Procedure for Judicial Review of Administrative Action. The courts generally include the Magistrates' Courts, High Courts, the Supreme Court of Appeal, the Constitutional Court, and all other courts established by an Act of Parliament; see: Section 166 of Constitution. Judicial proceedings can be instituted within 180 days after someone might reasonably have been expected to have become aware of the expropriation and the reasons for it.[724] Outside of the realm of PAJA, persons with standing can also institute proceedings against executive action, such as the municipal land-use scheme.[725]

Although PAJA does not seem to subject the standing of a person in court to any requirements, [726] not everyone can institute proceedings. Section 38 of the Constitution is the guideline for assessing whether a person challenging an administrative decision has standing in court.[727] This provision guarantees the right to challenge an infringement of a fundamental right in court to inter alia persons acting in their own interest.[728] To act in their own interest, a person needs to establish that they would sustain individual harm or belong to a limited group of people that would sustain harm.[729] The owner as well as holders of registered and unregistered rights in land will in any event fall into this category. Should there be a person who has standing in court, but who could not exhaust the internal remedies because they did not have access to the internal appeal mechanism (for instance, under Section 28 SPLUMA), this person can still institute proceedings in a High Court.[730]

Section 34 of the Constitution guarantees a fair public hearing before an independent court. To ensure that affected persons can lodge a well-founded appeal, Regulation 4(1) and (6) stipulates that any person intending to institute proceedings can apply for a list of relevant documents that the applicant can thereafter inspect. Regulation 8(5)(a) and (b) requires that the applicant sets out the grounds of review and the remedy that the applicant seeks. A fair hearing follows at which the applicant can present their argument.[731]

With regard to the establishing of facts, the courts assume a rather passive role. The courts generally do not investigate the case themselves. The person who claims that the administrative decision is unlawful will have to establish the facts necessary

[723] Section 7(2)(a) and (b) PAJA, Regulation 8(5)(c) of the Rules of Procedure for Judicial Review of Administrative Action, Government Notice R966 (2009).

[724] S 7(1)(b) PAJA.

[725] De Ville 2003, 60.

[726] De Ville 2003, 401.

[727] De Ville 2003, 401 et seq.

[728] Refer to details on other grounds on which a person can have standing: Hoexter 2012, 447 et seq.

[729] De Ville 2003, 414 and 419; and Hoexter 2012, 442 et seq.

[730] De Ville 2003, 465 et seq.

[731] Iles, 'Access to Courts', in Currie & De Waal 2013, 710–743, 740 et seq.

to prove the decision's flaws and satisfy the court that the decision is indeed unlawful.[732]

Upon the finding that the administrative decision is unlawful, Section 8(1) PAJA stipulates that the courts may grant an order that is just and equitable. If the court decides to set aside the decision, it may refer the matter back to the competent authority with or without directions or, in exceptional cases, substitute or alter the decision.

6.4.5 Conclusion

PAJA guarantees that the public can influence the planning decision and/or the expropriation decision. The competent authority must proactively provide at least all affected persons with information as early as possible. This group of persons has access to a participation mechanism. The participation mechanism mainly consists in affected persons submitting their objections to the proposed decision. Discussions and deliberations are not a standard element. The consultations must take place at a moment when it is still possible for affected persons to influence the proposed decision. Remarkably, the South African courts have strengthened the position of disadvantaged persons by imposing additional obligations upon the authorities to assist these persons in participating.

With these obligations PAJA complements and specifies the provisions of planning and expropriation legislation on participation. Also, some provisions in planning and expropriation legislation will have to be adjusted to the applicable requirements under PAJA. For instance, should the Expropriation Bill enter into force, the expropriation authority will have to send the notice of the intention to expropriate property at a considerably earlier stage of the decision-making process.[733] The success of the participation may at least at municipal level be enhanced by the fact that directly elected municipal councils often take planning as well as expropriation decisions or can at least influence the decisions of other municipal bodies.

PAJA also provides for an obligation to furnish reasons. These reasons can form the basis for an internal appeal or the judicial review of the planning or expropriation decision. Before the appeal authority or in court, affected persons can obtain all necessary information and present their grounds of review. The court procedure is limited to these grounds of review, and the expropriatee or another adversely affected person will have to establish the facts necessary to prove the decision's flaws and satisfy the court that the decision is indeed unlawful.

6.5 THE ENDURANCE OF THE LEGITIMATE JUSTIFICATION

➢ This section addresses the following questions with respect to South African law:
- What measures does the state have to take in order to ensure that the project is actually implemented (preventive measures)?
- Does the expropriatee have a right to reacquire if the transferee fails to implement the project and, if so, under what conditions (corrective measures)?

[732] De Ville 2003, 314 et seq.

[733] Cf Mostert 2016, 200 et seq, who also criticised the moment at which the participation mechanism is triggered.

- Which organs decide and to what extent, on whether such measures have to be taken (governance of the endurance of the legitimate justification)?

➢ See subsection 2.3 for more details on the endurance of the legitimate justification.

6.5.1 Preventive measures

Expropriation law itself does not provide for any measures that compel the transferee to realise the legitimate purpose. By contrast, various scholars demand that the state take such measures as a safeguard against undesirable third-party transfers for economic development. The suggested measures, however, differ as to their scope. In general terms, *Van der Walt* argued that the public purpose requirement in terms of Section 25(2) of the Constitution should have a lasting quality to secure the interest of the public in the fulfilment of the purpose of the expropriation.[734] In equally general terms, *Quinot* argued that the normative effect of the principle of legality, embodied by Section 6(2)(e)(i) PAJA, should extend beyond the moment of the expropriation decision.[735] The transferee should, therefore, not be allowed to use the land for another purpose than the purpose for which the power to expropriate was granted.[736] This would suggest that the state should at least oblige the private project developer to carry out the project. *Slade* went further by suggesting that the state should monitor whether the promised benefits actually materialise.[737] *Slade*'s suggestion not only concerns the implementation of the project itself, for instance a new factory, but also the creation of employment and the generation of growth because those are the benefits that together form the legitimate purpose.

Statutory schemes

Other legislation may provide for preventive measures. If the economic development project is carried out on the basis of a statutory scheme, the statutory scheme may provide for preventive measures. The envisaged transfer of property to the Coega Development Corporation in the *Offit* case, for instance, was subject to the Regulations on the industrial development zone programme.[738] These regulations stipulate that the permit of the operator must set out requirements for the planning, the construction, and the supply of infrastructure and utilities in the development zone.[739] The operator then needs to conclude contracts with companies that specify the economic activities that these companies will undertake in the zone.[740] This agreement points to contractual remedies to compel these companies to undertake those activities.[741] However, there is, of course, no statutory obligation for the operator to invoke these remedies.

---

[734] Van der Walt 2005, 255 et seq.
[735] Quinot 'Administrative law' 2011 *ASSAL* 41–76, 57.
[736] Quinot 2011, 57.
[737] Slade 2012, 123.
[738] Regulations to Act 187 of 1993, R1224 (2000).
[739] Regulation 17(e)(1).
[740] Regulation 28(b)(1).
[741] Refer to S 8 of the Infrastructure Development Act as another example.

Procurement law

Most economic development projects are not carried out within a statutory scheme, such as the industrial development zone programme. Usually, the project is supposed to be carried out after an ordinary procurement procedure.[742] After a procurement procedure at national or provincial level, the general conditions of contract for government procurement apply. The contract between the state entity and the successful bidder must contain a schedule according to which goods and services are provided.[743] Furthermore, a performance security must be paid that will only be discharged within 30 days after the completion of the project.[744] Such measures serve to prevent the non-implementation of the project or at least create an incentive to carry out the project.

At municipal level, such general conditions do not exist. In practice, there have been procurement contracts between municipalities and successful bidders that do not contain any obligation to carry out the project.[745] A clear obligation for the municipality to insert an obligation to implement the project into the contract cannot be inferred from legislation and regulations with absolute certainty. Municipalities can only dispose of capital assets, including land, [746] if certain requirements are met. The municipal council must determine that fair market value will be paid for the land after a participatory procedure.[747] The payment of fair market value may be an incentive to put the land to profitable use, but not necessarily to the envisaged use. The Municipal Finance Management Act further stipulates that the accounting officer of the municipality properly enforces, and monitors the progress in the implementation of the procurement agreement between the municipality and the highest bidder.[748] This provision pre-supposes an agreement between the municipality and the highest bidder. It would be odd if a procurement agreement did not contain the obligation to carry out the project for which the project developer bade. However, an obligation to insert a clause to that end cannot be inferred with absolute certainty.

Constitutional and general administrative law

If there is neither a statutory scheme nor a procurement agreement, there are no concrete provisions providing for preventive measures. As *Van der Walt* and *Quinot* have suggested, constitutional or provisions of general administrative law may solve the problem.[749] However, there is no jurisprudence so far that indicates that this is indeed the case.

---

[742] See, for instance, [2010] ZAFSHC 11, para 5.2.

[743] The National Treasury, Government Procurement: General Conditions of Contract, Clause 21.1, adopted according to S 2 of the Preferential Procurement Policy Framework Act.

[744] Clause 7 of the Government Procurement: General Conditions of Contract.

[745] The author is indebted to Prof. Geo Quinot for this insight.

[746] Regulations 15(2)(b) and 1 of the Municipal Asset Transfer Regulations to the Local Government: Municipal Finance Management Act.

[747] S 14(2)(b) of the Local Government: Municipal Finance Management Act; and Regulations 15(1) 15(2)(b) 14(b) 5(1)(a) and (b) to that statute.

[748] S 116(2)(a) and (b) of the Local Government: Municipal Finance Management Act.

[749] Van der Walt 2005, 255 et seq; and Quinot 2011, 57.

6.5.2 Corrective measures

In cases where the transferee fails to implement the project, corrective measures that restore the property of the expropriatee are a means to avoid tension within society that may arise because the public purpose or interest that legitimately justified the infringement of the expropriatee's fundamental right of property was not realised. This subsection provides an analysis of whether there is a right to reacquire under South African law.[750]

6.5.2.1 Case law

The only authority on corrective measures in South African law is the *Harvey* judgment. In that case, the municipality initially planned to develop the expropriated property into a recreational area. However, it emerged that it was not feasible to realise that purpose. The municipality subsequently rezoned the property and intended to transfer it to a private developer who would then turn it into a residential area. The legal question was whether the expropriatee had a right to reacquire the property after the municipality had failed to use it for the envisaged purpose and decided to change the purpose.

The outcome was that the former owner did not have any right to reacquire the property if the purpose of the expropriation proved unattainable after the conclusion of the expropriation proceedings. The KwaZulu-Natal High Court considered that the expropriation authority had to comply with the applicable statute, expropriate the property for a public purpose and not for an ulterior purpose, and act in good faith.[751] 'Ulterior purpose' and 'bad faith' are grounds of judicial review that would render the expropriation invalid.[752] The Court's consideration thus implies that the expropriatee would *automatically* reacquire the property if the expropriation did not serve the purported purpose and the authority intended the expropriation to serve an ulterior purpose, for example to benefit a private party or to increase its own assets.[753] With respect to third-party transfers, a transfer of the expropriated property to a project developer would not stand in the way of reacquisition because the expropriation authority was never the owner and would not have had the power to dispose of the property.

Outside the sphere of 'ulterior purpose' and 'good faith', the High Court saw little room for a right to reacquire the expropriated property. In the words of the court, there was:

> 'no principle of law whereby property that was expropriated for a public purpose that was never realized (or for a purpose that ceased to exist) should be returned to the original owner [. . .]'.[754]

However, the High Court went on to distinguish between cases where a right to reacquire would arise despite the absence of such a principle and cases where this would not be the case. A right to reacquire would arise if:

---

[750] See for a thorough discussion of corrective measures in South African law: Hoops, Saville & Mostert 2015, 115–124.

[751] [2010] ZAKZPHC 86, para 136.

[752] Ss 6(2)(e)(ii) and (v) and 8(1)(c) PAJA.

[753] [2010] ZAKZPHC 86, paras 124 and 136; and Hoexter 2012, 307 et seq.

[754] [2010] ZAKZPHC 86, para 133.

> 'an authority expropriates land for a stated purpose and never even commences to apply it for that purpose or uses it for a different purpose [. . .]'.[755]

This consideration shows that there may be a right to acquire in addition to automatic reacquisition that occurs where the authority acted for an ulterior purpose, with an ulterior motive, or in bad faith. The right to reacquire can be based upon the fact that the transferee never sets out to use the land for the envisaged purpose, regardless of whether the transferee then changes the purpose. A right to reacquire in such a situation may address the problem that some projects are properly planned only after the expropriation and may then turn out not to be feasible.[756] This consideration may also be viewed as an extension of an ulterior purpose-doctrine in which a transferee who loses their intention to use the land for the envisaged purpose impliedly acts with an ulterior purpose from the outset.

The Court distinguished this situation from a scenario where:

> 'an authority expropriates land for a stated purpose *bona fide* intending to use it for that purpose and endeavouring to bring its contemplated project to fruition but is thwart in so doing for one reason or another including possibly the fact that circumstances have changed since the time it framed its initial plan'.[757]

This shows that, in the opinion of the Court, changing circumstances or another legitimate reason would warrant the abandonment of the project as well as a change of purpose and preclude a right to reacquire.

An unresolved issue is whether the sketched right to reacquire would also apply in cases of indirect third-party transfers for economic development or other purposes. The *Harvey* Court only referred to situations where the expropriation authority fails to use the property for the legitimate purpose. Also, the right to reacquire would have to break through the transfer of the expropriated property to the project developer. Arguably, the right to reacquire should apply in such cases because the state could otherwise circumvent the right to reacquire too easily.[758] The legal basis of a right to reacquire in such cases could be Section 25 together with Section 8(2) of the Constitution, which stipulates that fundamental rights may also apply to natural or juristic persons. Assuming that the expropriatee retains an interest in the property, protected by Section 25, until the project's implementation, the expropriatee could possibly invoke Section 8(2) to reclaim the property from the private project developer.

6.5.2.2 Literature

Neither the constitutional nor statutory sources give any conclusive indication as to whether the expropriatee has a right to reacquire the property. *Van der Walt* and *Slade* identify the lack of detailed provisions on a retransfer as one reason for the reluctant stance that the High Court took in *Harvey*.[759] Section 23(1) of the

---

[755] [2010] ZAKZPHC 86, para 137.

[756] See subsection 6.1.3.1 above.

[757] [2010] ZAKZPHC 86, para 137.

[758] Refer to subsection 6.5.2.2.2 below for a dogmatic explanation.

[759] Van der Walt & Slade, 'Public Purpose and Changing Circumstances: *Harvey v Umhlatuze Municipality and Others*', *SALJ* 2012, 219–235, 227. Cf Van der Walt 2011a, 497; and Van der Walt 2010, 291.

Expropriation Act only provides for a right of the expropriation authority to withdraw the expropriation before the registration of the expropriation and no later than three months after the expropriation. By contrast, the drafters of 2013 Expropriation Bill made a bold attempt to regulate the matter of corrective measures with regard to third-party transfers. Clause 4(3)(b) of that Bill only allowed for a change of purpose upon written approval by the Minister, provided that the new purpose qualified as public. Clause 4(3)(c) of the Bill provided for an obligation to transfer the property to the state where the transferee failed to implement the project. However, the 2013 Bill was withdrawn, and the 2015 version does not address this aspect any more. The 2015 Bill only provides a process for withdrawal of a decision to expropriate.[760] In this context it is stated that an expropriation may not be withdrawn if more than three months have passed since the date of the expropriation, unless the expropriated owner consents or a court authorises a late withdrawal. Due to this vacuum, the literature must provide answers on how to deal with corrective measures.

6.5.2.2.1 *Lawfulness of administrative action*

According to Section 6(2)(e)(i) PAJA, an expropriation decision is scrutinised as to whether it has been taken for a reason not authorised by the empowering provision. In the case *Van Eck NO & Van Rensburg NO v Etna Stores,* [761] the Appellate Division of the Supreme Court decided that the exercise of powers for unauthorised purposes is unlawful. Initially, it seems that this provision is not relevant to the discussed issue if the expropriation authority acts in good faith and expropriates the property for a valid public purpose. *Quinot* reminded us that the lawfulness was a means to keep administrative bodies within the boundaries of their delegated powers. He argued that the normative effect of the principle of legality should extend beyond the moment of the expropriation decision. The transferee should therefore not be allowed to use the land for another purpose than the purpose for which the power to expropriate was granted. Should they fail to realise the purpose, the expropriation should be reversed as the purpose could no longer legitimately justify the expropriation.[762] *Quinot* seems to have ruled out an assessment of the new purpose as he suggested a statutory regime for a change of circumstances.[763]

Quinot advocated that a right to reacquire would be triggered in all cases where the project was not implemented. The principle of legality, however, may also allow for a more lenient version of this approach. The expropriation authority can expropriate for a public purpose (or in the public interest). If the principle of legality continues to apply to the use of the land after the expropriation, the state could hypothetically seek to expropriate the property again for another public purpose. It would, therefore, be logical to argue that the principle of legality would not be violated if the new purpose qualified as a valid public purpose. This solution would pose the question which entity (ie a planning authority, the expropriation authority, or a court) should assess the new purpose and in what kind of procedure.

---

760 See Clause 23 of the 2015 Expropriation Bill.
761 *Van Eck NO & Van Rensburg NO v Etna Stores,* 1947 (2) SA 984 (AD).
762 Quinot 2011, 57.
763 Quinot 2011, 57.

6.5.2.2.2 *Section 25 of the Constitution*

Another group of scholars have looked for a solution to this problem in the sphere of Section 25 of the Constitution. Whereas *Rautenbach* merely cited *Harvey* to describe the current situation, [764] the other authors have been very critical of the judgment. *Du Plessis* argued that it would contravene the protection of property under Section 25 if the municipality could decide to change the purpose upon a change of circumstances without any constitutional constraints.[765] Instead, the municipality should have to adhere to the public purpose/public interest requirement after the expropriation and be bound to implement the project.[766] In her view, inspired by German law, the constitutional right of the transferee would be subject to the condition precedent of the realisation of the purported purpose and the non-implementation would revive the protection of the expropriatee's interests in the property under Section 25.[767]

Sonnekus and *Pleysier* subscribed to a similar view. They argued that the expropriation would only be complete if the purpose of the expropriation was realised. The property of the expropriatee would still be protected by Section 25, and the powers of the owner, such as the *rei vindicatio,* would only be temporarily suspended. Should the transferee fail to realise purpose, the owner would have the power to reclaim the property.[768]

According to *Du Plessis*'s, *Sonnekus*'s and *Pleysier*'s argument, all cases of non-implementation would trigger a right to reacquire the property. Their contributions reflect the view that the normative effect of the public purpose/public interest requirement should stretch beyond the expropriation itself. However, they did not engage in a discussion about the new purpose. Besides, the condition precedent of the realisation of the legitimate purpose or a temporary suspension of the expropriatee's property right would be an alternative way to dogmatically explain why the right to reacquire would apply to indirect third-party transfers because the expropriation authority could only transfer the property under that condition.

Van der Walt and *Slade* shared this view and argued that the public purpose requirement should remain relevant as it justified the use of the property by the transferee.[769] They argued that the new purpose should be scrutinised as to whether it qualified as public.[770] If it did not, the expropriatee should have a right to reacquire the property.[771] The authors, however, noted that it might be difficult for a court to decide on the details of a retransfer without any statutory guidance.[772] It is submitted the approach proposed by *Van der Walt* and *Slade* is preferable as the state would be able to control the actions of the transferee and, at the same time, to

[764] Rautenbach, Bill of Rights, 1A-201 et seq.

[765] Du Plessis 2011, 583.

[766] Du Plessis 2011, 584 and 590.

[767] Du Plessis 2011, 590 and 592.

[768] JC Sonnekus & AJH Pleysier 'Eiendomsverwerwing of -verlies onder 'n tydsbepaling of 'n voorwaarde en die privaatregtelike implikasies vir onteiening (deel 2)' 2011 *TSAR* 601–625, 607 et seq.

[769] Van der Walt & Slade 2012, 221 and 234. Cf Van der Walt 2011a, 226.

[770] Van der Walt & Slade 2012, 221 and 226. Cf Van der Walt 2011a, 497 et seq; and Van der Walt 2010, 291 et seq.

[771] Van der Walt & Slade 2012, 221.

[772] Van der Walt & Slade 2012, 227. Cf Van der Walt 2011a, 497; and Van der Walt 2010, 291.

respond in a flexible manner to new projects that may be worth pursuing in the public interest.[773]

6.5.3 The governance of the endurance of the legitimate justification

The legislator has the power to regulate the actions of the planning authority and the expropriation authority as well as the property of the transferee. The legislator could thus easily determine whether the competent authority must take preventive and corrective measures and, thereby, set boundaries to its discretion. As of yet, the legislator has made use of its power to introduce preventive measures in some fields, as the industrial development zone programme and procurement law show. These rules, however, do not cover all expropriations and do not provide for corrective measures. Unsurprisingly, academic scholars, therefore, have tried to rely upon the Constitution and general legal principles for preventive and corrective measures, up until now with limited success. Unless the courts rely upon these principles, which they seem to be reluctant to do, they only play the role to control compliance with statute law, but do not perform a boundary-shaping role in the absence of explicit statutory provisions. Often, it is thus for the competent authority to take the initiative and, in performing a creative role, insert preventive and corrective measures into the contract with the transferee.

6.5.4 Conclusion

As for preventive measures, there is no general statutory duty for expropriation authorities to take preventive measures or ensure that such measures are taken. Only in some fields, such as procurement law, has the legislature at least partially provided for preventive measures. In the literature, academic scholars have persuasively pointed out that the normative effect of the principle of legality and the public purpose/public interest requirement should extend beyond the moment of the expropriation and that these principles should compel the competent authority to take preventive measures.

With respect to corrective measures, the *status quo* looks even bleaker. The *Harvey* judgment suggests that, in principle, the South African Constitution does not provide for a right to reacquire unless either one of two situations occurs. Firstly, the expropriation authority pursued an ulterior illegitimate purpose, and the project was not suitable to bring about the purported benefits. Secondly, the expropriation authority has never started to implement the project. Academic scholars have, again persuasively, relied upon the principle of legality and the public purpose/public interest requirement to argue in favour of a right to reacquire. The authors can be divided into two groups. The first group, consisting of *Quinot, Du Plessis, Sonnekus,* and *Pleysier,* have advocated that a right to reacquire should apply without scrutiny of whether a new purpose that the expropriation authority suggests is worth pursuing complies with the public purpose/public interest requirement. The second group, consisting of *Van der Walt* and *Slade,* would give the transferee a second chance and have recommended applying the public purpose/public interest requirement to a change of purpose proposed by the transferee.

[773] See for a comparative analysis of the *Harvey* judgment and suggestions on how to improve South African law: Hoops, Saville & Mostert 2015, 139–150.

From a governance perspective, the *status quo* of the endurance of the legitimate justification draws a familiar picture. The legislator does not respond to, or only partially takes up, the challenge of performing the boundary-shaping task to prescribe preventive and corrective measures. The courts only control compliance with statute law, but do not assume the boundary-shaping role to compel the legislature to introduce obligations to take such measures or the authorities to take them. To the extent that statutory obligations are absent, the competent authorities have the discretion, but no obligation, to take preventive and corrective measures.

CHAPTER 7 Exploration and evaluation of differences and similarities

Table of Contents (shortened)

7.1 THE COMPARATIVE ANALYSIS

This section provides an analysis of similarities and differences in how the examined jurisdictions answer the comparative questions that were set out in Chapter 2. Specifically, the comparison concerns the substantive rules that apply to the legitimate justification of the expropriation and the endurance of the legitimate justification; the basis of these rules; the roles of the state bodies in shaping or applying these rules; and the procedures that these bodies must follow. The goal of the comparison is to indicate in which respects a jurisdiction protects the expropriatee's property better than other examined jurisdictions. This section concludes by offering a comparative overview of how extensively each examined jurisdiction as a whole protects the expropriatee's property.

7.1.1 The legitimate purpose

The legitimate purpose refers to the goal of the expropriation and the value judgement in terms of which the public finds this goal so important that it may legitimately justify an expropriation. The following analysis provides a comparison of how the examined jurisdictions treat the issue of whether the expropriation's purpose is legitimate. The first three subsections are dedicated to the substantive definition of the legitimate purpose and the questions of which purposes are legitimate and whether private economic development is a legitimate purpose. The fourth subsection deals with the governance of legitimate purposes and the questions of which state bodies shape the definition of legitimate purposes, which state bodies apply this definition, and which state bodies review the application of this definition.

7.1.1.1 The substantive definition: Legitimate purposes under the constitution

The constitutions of all examined jurisdictions stipulate that not every purpose may legitimately justify expropriations of property.[1] The purpose of the expropriation must be legitimate under the Constitution in order for the expropriation to be constitutional. Under the German Basic Law, the Constitutional Court calls the

[1] See for a similar finding in a study of 15 European jurisdictions: Sluysmans, Verbist & Waring 2015, 4 et seq and 10 et seq.

legitimate purpose a 'public good objective of particular weight', which is a component of the public good requirement of Art. 14(3) GG.[2] Under the Dutch Constitution, the purpose must be in the 'public interest'.[3] In South African constitutional law, only 'public purposes' or purposes in the 'public interest' are legitimate.[4] Under the Fifth Amendment to the United States Constitution and the New York State Constitution, the purpose must be a 'public use'.[5]

No comprehensive definition

All of these terms are equally abstract. None of the jurisdictions provides a definition that brings about legal certainty. The courts either resort to very abstract definitions or leave the definition open-ended. South African courts sometimes refer to 'all purposes which pertain to and benefit the public in contradistinction to private individuals, [. . .]'.[6] New York State's Appellate Division equated public use with any use contributing to public health, public safety, general welfare, convenience, and prosperity.[7] Other New York State courts found that there was no comprehensive definition of public use.[8] Dutch courts only distinguish between a public interest and a private interest without any further specification.[9] The German Federal Constitutional Court has never given a definition of legitimate purposes under the Basic Law.[10]

A list of illegitimate purposes

Another similarity of these jurisdictions is that their constitutions label certain categories of purposes as illegitimate. The list of illegitimate purposes at least includes a non-existent purpose, the private interests of an entity, and the fiscal interests of the state.[11] Except under the South African Constitution, it is settled in all examined jurisdictions that property cannot be acquired for uncertain future purposes.[12] German constitutional law and Art. 1 P1 ECHR also expressly ban expropriations for the purpose of asset speculation or out of political or administrative expediency.[13] From a substantive perspective, the German Basic Law and the European Convention protect the expropriatee better than the New York State Constitution and South African Constitution because they declare more purposes illegitimate.

---

[2] BVerfG, Judgment of 17 December 2013, *ZUR* 2014, 160, 161.

[3] Art. 14(1) Gw.

[4] S 25(2) of the South African Constitution.

[5] Art. I, § 7(a) of the New York State Constitution.

[6] 1911 AD 271, 283.

[7] *Greenwich Associates v Metropolitan Transportation Authority*, 548 N.Y.S.2d 190, 193 (N.Y. ADiv. 1989); and *Byrne ex rel. Pine Grove Beach Ass'n. v New York State Office of Parks, Recreation & Historic Pres.*, 476 N.Y.S.2d 42, 42 (N.Y. ADiv. 1984).

[8] *Board of Educ. of Union Free School Dist. No. 2 v Pace College*, 50 Misc. 2d 806, 271 N.Y.S.2d 773 (N.Y. Sup. Ct. 1966). See also *Cannata v City of New York*, 182 N.E.2d 395, 11 N.Y.2d 210, 220 (N.Y. 1962).

[9] See, for instance, HR, Judgment of 15 February 2008, ECLI:NL:HR:2008:BB7030, *RvdW* 2008, 232, *BR* 2008, 58, annotated by Fokkema, paras 3.1 and 3.2; and HR, Judgment of 25 May 1988, ECLI:NL:HR:1988:AD0334, *NJ* 1988, 928, para 3.4.

[10] See subsection 3.2.1.1 above.

[11] See subsections 3.2.1.2, 4.2.1.1, 5.2.1.6, 5.2.2.5, and 6.2.1.2.6 above.

[12] See subsections 3.2.1.2, 4.2.1.1, and 5.2.2.5 above.

[13] See subsections 3.2.1.2, and 4.2.1.1 above.

The coexistence approach

If an expropriation at the same time serves both an illegitimate *and* a legitimate purpose, the expropriation will serve a legitimate purpose in all of the examined jurisdictions.[14] An example would be an expropriation for a private power plant, which serves both the interests of the private operator and the public's interest in the supply of electricity. Illegitimate and legitimate purposes can thus coexist without affecting the validity of the expropriation.

7.1.1.2 The substantive definition: Economic development as a legitimate purpose under the constitution

Particularly in Germany and the United States, it has been a hotly debated issue as to whether or not (private) economic development constitutes a legitimate purpose. There are three main reasons that many scholars and some judges have put forward in favour of the argument that economic development does not constitute a legitimate purpose. The first reason is that third-party transfers for economic development primarily serve private interests because the private transferee runs their business to make profits, while the public only indirectly benefits from the business activities through jobs and economic growth.[15] The second reason is that the private transferee is not sufficiently bound to the public good because the transferee's business activities do not directly benefit the public and promoting economic development may not always be in the transferee's own interest.[16] The third reason, mostly voiced in the United States, is that third-party transfers for economic development create an incentive for state bodies and developers to collude for mutual gain, threaten the stability of property rights by turning virtually every property into a potential target, and primarily target already disadvantaged and poor groups without sufficient political influence.[17]

The general recognition of economic development as a legitimate purpose

Today, the Constitutions of all of the examined jurisdictions generally recognise private economic development as a legitimate purpose that may legitimately justify third-party transfers.[18] New York State and South African law are merely waiting for their highest courts, the Court of Appeals and the Constitutional Court respectively, to confirm this embracement. The recognition of private economic development as a legitimate purpose is not necessarily unconditional. Under German constitutional law, the expropriation statute must specify the basic characteristics of the project, the benefited area, the project's economic public benefits, and its beneficiaries. Such specificity effectively bars third-party transfers for general economic growth or

---

[14] See subsections 3.2.1.2, 4.2.1.4, 5.2.2, and 6.2.1.2.6 above.

[15] BVerfG, Sondervotum Böhmer, Judgment of 10 March 1981, *BVerfGE* 56, 249, 287 and 290; and *Kelo v City of New London*, 545 US 469, 501 et seq (2005).

[16] Bullinger 1962, 455 et seq and 477; Somin 2007, 192 et seq; Coughlin 2005, 1034; Gold & Sagalyn 2010, 1131; Lang 2006, 476; and McGlynn Mirett 2012, 453.

[17] See, for instance, Brown 2016, 273 and 276; Cohen 2006, 547 et seq; Somin 2007, 200; Somin 2015, 74 et seq and 86 et seq. See also: BVerfG, Judgment of 24 March 1987, *BVerfGE* 74, 264, 285, where the German Federal Constitutional Court stressed the danger of abuse that would arise if stronger private groups in society sought access to the resources of weaker private groups in order to maximise their profit.

[18] See subsections 3.2.1.3, 4.2.1.4, 5.2.1.5, 5.2.2.4, and 6.2.1.2.6 above.

the creation of unspecified jobs.[19] In the *Kelo* judgment, the US Supreme Court arguably suggested that the Fifth Amendment might preclude third-party transfers for economic development outside economically distressed areas.[20] As is typical of a common law system, however, it will remain uncertain whether this condition applies until the Court deals with a third-party transfer for economic development outside such an area.

The courts use either or both of two main arguments to justify that economic development constitutes a constitutionally legitimate purpose. The first argument concerns the governance of the legitimate purpose and is traceable to the case law of the German Federal Constitutional Court, US courts, and New York State courts. These courts have argued that it is primarily for the legislative branches to determine which purposes the state should pursue by means of expropriation at a certain point in time.[21] The second argument concerns the substance of the legitimate purpose. South African courts, and the US Supreme Court in the *Kelo* judgment, have argued that it is the state's task to promote economic growth and create jobs and that economic growth and job creation are essential to the functioning of society and the well-being of its members.[22]

The recognition as the result of a historical development

In all four of the examined jurisdictions, the recognition of economic development as a legitimate purpose is the result of a more or less gradual development towards a broader understanding of legitimate purposes. In Germany, the societal needs of each period in history dictated the purposes for which the state needed to expropriate property and, by the 1970s, third-party transfers for economic development were commonplace.[23] There was a lively debate in the literature about the permissibility of such expropriations.[24] Justice Böhmer of the Federal Constitutional Court heavily criticised third-party transfers for economic development in his minority opinion on the *Gondelbahn* case in 1981, while the majority of the Federal Constitutional Court did not rule on the question of whether economic development constituted a legitimate purpose.[25] In 1984, [26] the Federal Constitutional Court first sanctioned third-party transfers for the provision of goods and services that are indispensable for a life in human dignity and later, in 1987, third-party transfers for economic development.[27]

In the Netherlands, there is no Constitutional Court and no jurisprudence on the interpretation of 'public interest' in terms of Art. 14(1) Gw. However, expropriation legislation and reports on the revision of the Constitution reflect public opinion on the issue of legitimate purposes. The Expropriation Act of 1841 only deemed certain

[19] See subsection 3.2.1.3.3 above.

[20] See subsection 5.2.1.5 above.

[21] BVerfG, Judgment of 17 December 2013, *ZUR* 2014, 160, 162; and *Kelo v City of New London*, 545 US 469, 479 et seq (2005); and Eagle 2011, 1040.

[22] *Kelo v City of New London*, 545 US 469, 484 et seq (2005); and [2010] ZAFSHC 11, paras 2.1 and 5.2.

[23] Frenzel 1978, 66 et seq and 72 et seq.

[24] See, for instance, Bullinger 1962, 455 et seq and 477.

[25] BVerfG, Sondervotum Böhmer, Judgment of 10 March 1981, *BVerfGE* 56, 249, 287 and 290.

[26] BVerfG, Decision of 20 March 1984, *NJW* 1984, 1872, 1873.

[27] BVerfG, Judgment of 24 March 1987, *BVerfGE* 74, 264, 264.

infrastructure projects and public structures to serve legitimate purposes.[28] Later, under the Expropriation Act of 1851, the legitimate purposes referred to an increasingly broader range of purposes and, [29] in 1969, the second report on the revision of the Constitution explicitly recognised indirect public benefits and, as a result, economic development as legitimate purposes.[30]

In South Africa, a narrow definition, which referred only to purposes pertaining to the functioning of the government, and a broad definition, which equated legitimate purposes with any public benefit, were competing for ascendancy for a large part of the twentieth century.[31] Eventually, the broad definition prevailed and, as the number of cases on third-party transfers grew, it became increasingly clear that indirect public benefits and, more specifically, economic development constitute legitimate purposes.[32]

In New York State and under the Fifth Amendment, only the use of the expropriated property by the public could constitute a legitimate purpose in the nineteenth century. At the end of that century and the first half of the twentieth century, the courts revisited their case law and ruled that any public purpose or benefit was legitimate.[33] As the state faced new challenges, in particular threats caused by increased insanitary and substandard conditions following the 1930s[34] and, later, rising unemployment and economic stagnation, the courts sanctioned third-party transfers for the purpose of addressing these challenges.[35] Interestingly, in the United States, this involved an explicit move from strict judicial scrutiny of the legitimate purpose to more lenient judicial scrutiny of legislative and administrative determinations.[36]

7.1.1.3 The substantive definition: Economic development as a legitimate purpose in legislation

In all four of the examined jurisdictions, there is legislation that authorises third-party transfers for economic development. Across these jurisdictions, the legislation differs significantly regarding how broadly the legislator has framed the purposes that are construed as including private economic development.[37] German legislation contains the most narrowly circumscribed purposes. At present, there are only project-specific expropriation statutes that, in addition to the competent authorities and the applicable procedure, specify the basic characteristics of the project, the project's public benefits, the benefited area, and the beneficiaries in more detail.[38]

The other jurisdictions have adopted approaches that offer administrative authorities more room for manoeuvring. South African expropriation law provides for the

[28] Sluysmans 2011, 17.

[29] See subsection 4.2.1.3 above.

[30] Ministerie van Binnenlandse Zaken 1969, 85.

[31] See subsection 6.2.1.1 above.

[32] 1961 (3) SA 392 (C) 396 et seq; 1970 (4) SA 165 (O) 175–178; (640/88) ZASCA 78, 47 et seq; [2010] ZAFSHC 11, para 5.2; and [2010] ZASCA 1, paras 14–18.

[33] Dunn 2011, 274–282.

[34] See, for instance, Gordon 2004, 308 et seq. Cf H Zinn *A People's History of the United States* (New York: Harper Perennial 2005) 403.

[35] See subsections 5.2.1 and 5.2.2 above.

[36] *United States v Gettysburg Elec. Ry. Co.*, 160 US 668, 680 (1896); and Rowley 1992, 79.

[37] See for a similar finding in study of 15 European jurisdictions: Sluysmans, Verbist & Waring 2015, 4 et seq.

[38] See subsection 3.2.3.1.3 above.

broadest possible authorisation under the South African Constitution, namely the power of the Minister of Public Works (and municipalities) to expropriate property for 'public purposes'.[39] Dutch law seemingly foresees a narrower authorisation. In authorising expropriations for the implementation of municipal binding land-use plans, [40] the Dutch legislator designates the municipal council as the authority that shapes the purpose, and the procedure that the municipal council must follow. Regarding the purpose of the third-party transfer for economic development, however, Dutch law does not subject the municipal council's discretion to substantial limitations. The expropriation only has to serve 'good spatial development', which is very broadly construed, and a 'public interest', which merely reiterates the constitutional public interest requirement.[41] In this respect, Dutch expropriation law is thus similar to South African expropriation law.

In New York State law, expropriation statutes not only designate the competent authorities and the applicable procedure, but also circumscribe the purpose of the third-party transfers for economic development.[42] These purposes are mainly abstract definitions of private economic development (eg 'jobs', 'general prosperity', and 'economic welfare') and the amelioration of substandard and insanitary conditions.[43] In this respect, New York State law differs from German law in two ways. Firstly, expropriation statutes in New York State are general expropriation statutes and do not only concern one specific project. Secondly, the New York State legislature has framed the purposes more broadly and has not specified the characteristics of a permissible project, its location, the project's public benefits, or the beneficiaries in much detail.

From the perspective of the expropriatee, the German approach is preferable because this approach limits the freedom of the competent authorities to shape the project and choose the land for the project. As is shown in the subsection on the governance perspective, [44] the German approach makes it easier for courts to review the application of the legitimate purpose in the expropriation statute. The other approaches ensure more flexibility and allow state bodies to respond to new developments more quickly.

7.1.1.4 The governance of legitimate purposes

This subsection provides a comparison of the role of state bodies in shaping the definition of legitimate purposes, applying this definition, and controlling the application of it. Specifically, this subsection deals with the role of the courts and the legislator in defining legitimate purposes, the role of administrative authorities in applying this definition, and the role of administrative authorities and the judiciary in reviewing the application of the definition of legitimate purposes.

---

[39] Section 2(1) of the South African Expropriation Act; S 190(1) of the Local Authorities Ordinance (Natal); S 79(24)(a)(i) of the Transvaal Local Government Ordinance; S 2 of the Land Expropriation (Provincial Administration) Ordinance (Cape); and S 76 of the Local Government Ordinance (Free State).

[40] Art. 77(1) No. 1 Ow.

[41] Rijkswaterstaat 2016, 16.

[42] See subsection 5.1.3.2 above.

[43] See, for instance, § 858 of the General Municipal Law.

[44] See subsections 7.1.1.4.2 and 7.1.1.4.4 below.

7.1.1.4.1 *The courts' broad interpretation of legitimate purposes under the Constitution*

In all four jurisdictions, the courts adopt a very similar approach to their boundary-shaping role to define legitimate purposes under their respective Constitution. As has been noted above, [45] the courts declare certain categories of purposes to be illegitimate. Depending upon the jurisdiction, the list of purposes that fall under this negative definition may be more or less elaborate. In any case, third-party transfers for specific economic development projects are regarded as serving a legitimate purpose under the Constitution. Within the limits of this negative definition, the courts generally leave it to the legislature to define legitimate purposes in an expropriation statute and, as a result, only assume a narrow boundary-shaping and controlling role.[46] Within the limits of the expropriation statute, the judiciary then lets the administrative authorities define the expropriation's purpose.[47]

This broad interpretation of legitimate purposes may come with the acknowledgement that the constitutional scrutiny of legislative determinations concerning the legitimate purpose is limited, as is the case in Germany and New York State.[48] Under Dutch law and South African law, by contrast, the Dutch Crown and the South African courts maintain the pretence of using their own interpretation of the constitutional legitimate purpose requirement.[49] The result is, in essence, the same. From the perspective of the expropriatee and as far as the substance of legitimate purposes is concerned, the judicial interpretation of the Constitution does not offer much protection from the state's power to expropriate property.

7.1.1.4.2 *The diverging roles of the legislator*

All examined jurisdictions recognise the legislator's prerogative to define the projects and purposes for which the state may expropriate property. The principle of legality in Germany, the Netherlands, and South Africa, and the *ultra vires* doctrine in New York State provide that the expropriation must be based upon a parliamentary statute, and ensure that the authorised authority cannot expropriate property for a purpose other than the ones laid down in statute.[50] Within the lenient negative definition of legitimate purposes under the Constitution, the legislature can perform the creative task of shaping the legitimate purposes and, thereby, assume the boundary-shaping role of limiting the scope for the authorities to manoeuvre.

The responsibility to define legitimate purposes

The examined systems have adopted two diverging approaches to the legislator's *responsibility* to define the purpose of an expropriation. In all these systems, there is a potential basis for the legislator's responsibility to specify the legitimate purposes.

---

[45] See subsection 7.1.1.1 above.

[46] See subsections 3.2.3.3, 4.2.2.4, 5.2.5.3, and 6.2.2.3 above.

[47] See subsections 3.2.3.3, 4.2.2.4, 5.2.5.3, and 6.2.2.3 above.

[48] See, for example, *Goldstein v New York State Urban Development Corporation*, 921 N.E.2d 164 (N.Y. 2009); and BVerfG, Judgment of 17 December 2013, *ZUR* 2014, 160, 162.

[49] See, for instance, [2010] ZASCA 1, paras 14–18; and KB Leiderdorp, Decision of 8 July 2010, No. 10.001769, *Staatscourant* 2010, 10742.

[50] Herzog/Grzeszick, in Maunz/Dürig, GG, Art. 20, VI, No. 105; *Queens Terminal Co. v Schmuck*, 147 A.D. 502, 132 N.Y.S. 159 (N.Y. ADiv. 1911); Marais & Maree 2016, 8; and Elzinga *et al* 2014, 678 et seq.

The principles of specificity and clarity perform this function in German law; the requirement of sufficiently precise legislation is the legal basis for such an obligation in the Dutch and the South African legal system; the prohibition of vague legislation is the functional equivalent in New York State law.[51]

Specificity under the German Basic Law and project-specific statutes

Germany's Federal Constitutional Court relied upon the principles of specificity and clarity to compel the legislator to unambiguously decide for which economic development-related projects and purposes the competent authority may expropriate property.[52] 'The creation of jobs in a certain economic sector' is not sufficiently specific, let alone 'public purpose' or other, similarly vaguely worded purposes.[53] In practice, to make sure that the legislation passes constitutional muster, the legislator must specify the basic characteristics of the economic development project, the project's public benefits, the benefited area, and the beneficiaries in a project-specific expropriation statute.[54] As is shown hereinafter, [55] this greater boundary-shaping and creative role of the legislator fundamentally influences the role of German authorities and courts and, compared to the other jurisdictions, makes for a more intrusive scrutiny of the expropriation's purpose and more protection of the expropriatee.

The other jurisdictions: No or abstract legislative definitions of the legitimate purposes

No such restrictions are imposed upon the legislature in the other jurisdictions. As a result, in practice, the legislatures specify the projects and legitimate purposes in considerably less detail than the German legislator. In the Netherlands and South Africa, the legislature leaves the definition of the expropriation's purpose to the competent (planning) authority, within the boundaries set by the Constitution, general administrative law, and/or planning law.[56] The legislatures thus assume a very narrow boundary-shaping and creative role.

Remarkably, the role of the legislator in Dutch law evolved in a manner that is more or less the opposite of how the role of the legislator evolved in German law. Until 1887, Dutch constitutional law required a parliamentary benefit statute for every expropriation that did not serve to build essential infrastructure or address emergencies. With this requirement, the Constitution compelled the legislator to take the final decision on whether or not the goal of an expropriation constituted a legitimate purpose. Since 1887, however, the legislator can exempt expropriations for any purpose from the requirement of a benefit statute.[57] In 1901, [58] the legislator

---

51 BVerfG, Judgment of 17 December 2013, *ZUR* 2014, 160, 162; Kortmann 2012, 311; Marais & Maree 2016, 8 et seq; *Foss v City of Rochester*, 65 N.Y.2d 247, 253 (N.Y. 1985); and *Saratoga Water v Water Authority*, 190 A.D.2d 40, 44 (N.Y. ADiv. 1993).

52 BVerfG, Judgment of 24 March 1987, *BVerfGE* 74, 264, 285; and BVerfG, Judgment of 17 December 2013, *ZUR* 2014, 160, 163.

53 BVerfG, Judgment of 17 December 2013, *NVwZ* 2014, 211, 215 and 218; and BVerfG, Judgment of 24 March 1987, *BVerfGE* 74, 264, 287.

54 See subsection 3.2.3.1.3 above.

55 See subsection 7.1.1.4.4 below.

56 See subsections 4.2.2.2 and 6.2.2.2 above.

57 See subsection 4.2.2.1 above.

58 Groen 2016, 282.

exempted expropriations for the implementation of municipal binding land-use plans from that requirement. As the legislator does not set any tangible boundaries to the municipality's freedom to shape the purpose of such an expropriation, the legislator no longer defines the legitimate purpose in any way. German constitutional law, by contrast, increasingly limited the legislator's power to delegate the definition of the expropriation's purpose to administrative authorities.

Compared to the Dutch and the South African system, New York State appears like a model example because its legislature specifies, albeit in an abstract fashion, the legitimate purposes of the removal of insanitary and substandard conditions as well as economic development.[59] In all three of these systems, as is shown below, [60] this lenient interpretation of the legislator's responsibility proves to weaken the scrutiny of the legitimacy of the expropriation's purpose by the expropriation authority *and* the judiciary.

7.1.1.4.3 *The dominant model: Freedom for the planning authority and judicial deference*

Dutch, South African, and New York State law designate an authority as the competent body to plan the project. Under Dutch law, the planning authority for economic development projects that are implemented pursuant to municipal binding land-use plans is the municipal council (and, if the council so decides, the municipal executive). Dutch law divides this planning procedure from the expropriation procedure in which another authority, the Crown, decides on whether or not to expropriate the required property.[61] New York State law and South African law also provide for some decision-making processes that formally separate the planning of projects from the expropriation of property for those projects.[62] However, other processes in those jurisdictions follow a unitary model that vests the power to plan the project and the power to expropriate property in a single authority.[63]

The role of planning authorities in defining the expropriation's purpose

In performing the creative task to plan the project, the planning authority enjoys very broad discretion in the Netherlands, New York State, and South Africa. The result of the planning process (ie the project) is only subject to limited judicial scrutiny. The planning authority must follow the prescribed procedure, observe mandatory statutory limitations that protect certain public interests, and duly give reasons for its decision. The courts refrain from second-guessing the wisdom of the balance of the involved interests that the authority has struck.[64]

In planning the project, the planning authority automatically shapes the purpose for which the state may later seek to expropriate property. The purpose that the planning authority shapes must meet at least two requirements in order to be legitimate. Firstly, the purpose does not fall under the categories of purposes that the Constitution labels as illegitimate. Secondly, the purpose falls under the defini-

[59] See subsection 5.1.3.2 above.
[60] See subsection 7.1.1.4.3 below.
[61] Artt. 3.1(1) and 3.6 Wro; and Artt. 77–79 Ow.
[62] See subsections 5.1.3.2 and 6.1.3 above.
[63] See subsections 5.1.3.2 and 6.1.3 above.
[64] See subsections 4.2.2.4, 5.2.5.3, 5.3.6.3, and 6.2.2.3 above.

tion of legitimate purposes for which the expropriation statute authorises expropriation. As has already been noted, [65] the Constitutions do not provide for an extensive list of illegitimate purposes and do not preclude third-party transfers for economic development. Therefore, the more broadly the legislator frames the legitimate purpose, the more of a vacuum there will be for administrative authorities and courts to fill. The narrower the boundary-shaping role of the legislature, the greater the creative role of the administrative authorities and the need for a boundary-shaping role of the courts will be.

Administrative and judicial control of the planning authority's determinations

Under Dutch, New York State, and South African law, this vacuum is large because the legislator either does not define the legitimate purposes or defines them only in an abstract manner. To the expropriatee, this makes it all the more important that the planning authority's determinations are subject to additional requirements shaped by the courts and proper administrative or judicial control. However, the size of this vacuum seems to have the opposite effect. Neither the expropriation authorities nor the courts assume the boundary-shaping role of limiting the planning authority's leeway regarding the expropriation's purpose, and the broad statutory authorisation makes the controlling role of the courts and expropriation authorities very narrow. Within this vacuum, it is the planning authority that freely defines the expropriation's purpose, and this purpose will qualify as legitimate. In the absence of more legislative guidance, both the expropriation authorities and the courts refrain from interfering with the planning authority's determinations. This applies regardless of whether or not the law provides for a distinct planning procedure and a distinct expropriation procedure.

Under Dutch law, the Crown and the civil courts equate the determinations of the municipal council with a legitimate purpose unless the purpose falls into the constitutionally forbidden category of illegitimate purposes.[66] The Crown and the civil courts do not assume the boundary-shaping role of giving their own definition of legitimate purposes. In unitary decision-making processes under South African law, the competent planning and expropriation authority is unlikely to assume a boundary-shaping role and reconsider its own determinations, and the courts only strike down expropriations that fall foul of the constitutional public purpose/public interest requirement. In processes in which there are distinct planning and expropriation procedures, at least the courts stick to this approach.[67] As the Dutch and the South African legislatures refuse to specify the legitimate purpose, the power to define the expropriation's purpose is concentrated in the hands of the planning authority without any serious administrative or judicial control of the result.

Expropriation statutes under New York State law contain more specific purposes, yet create a very similar governance structure and a similar concentration of power with the planning authority. As the definitions of 'economic development' and 'insanitary and substandard conditions' are very abstract, the courts almost entirely defer to the planning authority's interpretation of these purposes and the application of these purposes to the facts. The courts will only interfere if there is no room

[65] See subsection 7.1.1.1 above.
[66] Rijkswaterstaat 2016, 16; and Sluysmans & Van der Gouw 2015, 44.
[67] See subsections 6.2.2.2 and 6.2.2.3 above.

for reasonable difference of opinion that the expropriation fails to serve a legitimate purpose under the expropriation statute.[68] Coupled with the burden of proof that already lies with the expropriatee, [69] this narrow controlling role of the courts deprives the expropriatee to a very large extent of judicial protection against the purpose proposed by the planning authority. The expropriatee cannot expect any help from the authorities. Even where the law formally separates planning from expropriation, the lack of judicial control and the institutional proximity of the authorities to each other make it unlikely for the expropriation authority to assume a boundary-shaping role and interfere with the planning authority's determinations.[70]

Dutch and US law: Pretext tests as an additional hurdle

With respect to third-party transfers for economic development, the concentration of power in the hands of the planning authority gives rise to the danger that the planning authority colludes with private project developers for mutual gain at the expense of the expropriatee's property rights.[71] In such cases, it is possible that economic development is used as a pretext to disguise an expropriation for an illegitimate purpose.

Dutch and US law show some signs of a pretext test that may account for this danger. When scrutinising the purpose of a third-party transfer for economic development, the Crown occasionally examines whether the private project developer is contractually bound to implement the project and whether there are indications that the project developer had a decisive influence on the municipal decision-making process.[72] It seems that if there were a finding of collusion between the municipality and the project developer, the Crown would strike down an expropriation. The Crown, however, does not consistently apply this test.[73]

In US law, the absence of a democratic and participatory decision-making process, minimal public benefits, and the fact that the private beneficiary was known from the outset can trigger more intrusive judicial scrutiny of the application of the legitimate purpose laid down in the expropriation statute.[74] Unlike the Dutch Crown, the US courts would thus not immediately annul the expropriation if there were signs of collusion. Another difference is that the pretext test under US law has a narrower scope of application because it does not concern third-party transfers for redevelopment projects in 'insanitary and substandard' areas, [75] which occur more often than other third-party transfers for economic development. The third difference is the object of scrutiny. In US law, it is settled that the US courts never scrutinise the motives of the authorities and the project developer, but only whether the economic development project could rationally bring about the promised public benefits.[76] In Dutch law, it is not entirely clear whether the Dutch Crown searches for an improper motive, ensures that preventive measures are in place, or

---

[68] *Goldstein v New York State Urban Development Corporation*, 921 N.E.2d 164 (N.Y. 2009).
[69] *Addington vs. Texas*, 441 US 418, 422 et seq (1979)
[70] See subsection 5.2.5.2 above.
[71] See section 1.1 above.
[72] See subsection 4.2.1.5 above.
[73] See subsection 4.2.1.5 above.
[74] *Kelo v City of New London*, 545 US 469, 493 (2005); and see subsection 5.2.3 above.
[75] See subsection 5.2.3.2 above.
[76] See subsection 5.2.3 above.

only scrutinises whether the economic development project is suitable to bring about the promised public benefits.

Concluding Remarks

This analysis has shown that, in three of the examined jurisdictions, unspecific expropriation statutes lead to a lack of administrative and judicial protection and a concentration of power with the planning authority that shapes the project and, thereby, the expropriation's purpose.

The following figure illustrates the governance of the legitimate purpose in Dutch, New York States, and South African law. It shows to what extent the Constitution (black oval) and the legislator (grey oval) define the legitimate purposes, and depicts the extent to which the planning authority can freely shape the expropriation's purpose (white oval). It further indicates that the judicial and administrative scrutiny does not go beyond assessing the compliance with the constitutional negative definition of legitimate purposes and the expropriation statute.

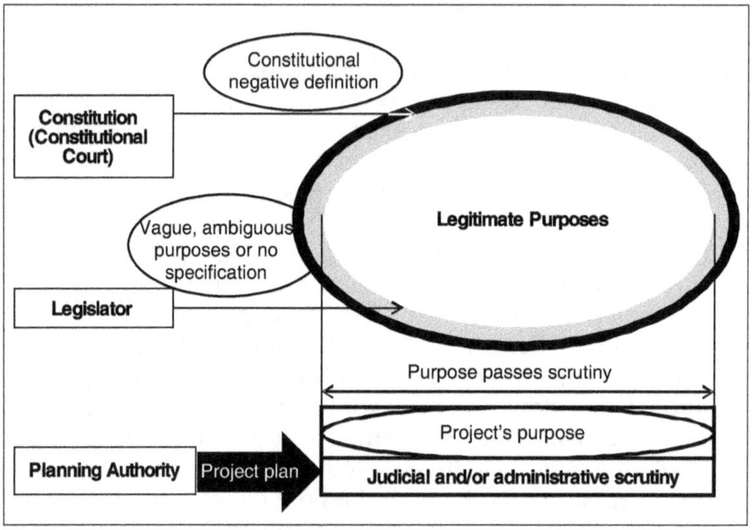

Figure 20: The arrow from the Constitution to the black circle indicates to what extent the Constitution defines the legitimate purposes. The oval above the arrow shows the content of that definition. The arrow from the legislator to the grey oval indicates to what extent the legislator defines the legitimate purposes. The oval above the arrow shows the content of that definition. The white oval represents the scope for manoeuvring for the planning authority. The lines from the edges of the white oval to the box 'Judicial and/or administrative scrutiny' indicate the range within which the purpose proposed by the planning authority passes scrutiny.

Source: Author's own design

The concentration of power does not necessarily have the same consequences for the determination of the expropriation's purpose and the protection of the expropriatee in all four jurisdictions. Depending upon the jurisdiction, the administrative planning procedure and the planning authority's position in the state system may offer safeguards and give adversely affected persons influence over the determinations made by the planning authority. See subsection 7.1.7 below on the similarities and differences in this respect.

7.1.1.4.4 *The German model: Administrative and judicial control of the legitimate purpose*

Initially, the German model does not seem much different from the other models because it shares many of the basic characteristics of the model used in the other jurisdictions. The Basic Law labels certain categories of purposes as illegitimate. The purpose must further fall under the definition of legitimate purposes in the expropriation statute. The courts only subject the balance of interests that the planning authority has laid down in the project plan to a lenient plausibility test, [77] which is discussed in more detail below.[78] However, the standard of specificity that the Constitutional Court compels German legislatures to observe creates a governance structure that gives the planning authority less freedom and ensures administrative and judicial scrutiny of the expropriation's purpose.

The German Constitutional Court has ruled that the legislator must not effectively delegate the definition of projects and purposes to administrative authorities.[79] As for third-party transfers for economic development, the legislature must unambiguously stipulate whether or not and for what purposes and projects a third-party transfer is permissible.[80] In practice, this deters the legislature from delegating its power to define the expropriation's purpose to the competent authority, and third-party transfers for economic development are based upon project-specific statutes that define the basic characteristics of the project, the project's public benefits, the benefited area, and its beneficiaries.[81] Through this jurisprudence, the Court explicitly departs from the model of the other jurisdictions. In the *Boxberg* judgment, the Constitutional Court in particular precluded third-party transfers for economic development on the basis of a municipal binding land-use plan.[82] This judgment is a clear rejection of the prevalent model in the Netherlands, which designates the municipal council as the planning authority that shapes the expropriation's purpose within very broad constitutional and statutory boundaries.

The effect of project-specific statutes is that the planning authority's project must serve a narrowly tailored legitimate purpose in order for the expropriation to be lawful. This restricts the freedom of the planning authority to a large extent and prevents a concentration of power with the planning authority. Moreover, as the narrow requirements leave less room for manoeuvring and interpretation, the German courts can assume a greater controlling role and effectively ensure compliance with the legitimate purpose laid down in the expropriation statute.[83] This guarantees judicial protection without the need for courts to assume a boundary-shaping role and find their own definition of legitimate purposes. This effect would not only occur in Germany, where the courts tend anyway towards intrusive scrutiny, [84] but also in the other examined jurisdictions because Dutch, New York

[77] BVerfG, Decision of 20 February 2008, *NVwZ* 2008, 780, 783.

[78] See subsection 7.1.6.3 below.

[79] BVerfG, Judgment of 17 December 2013, *ZUR* 2014, 160, 162.

[80] BVerfG, Judgment of 24 March 1987, *BVerfGE* 74, 264, 285; and BVerfG, Judgment of 17 December 2013, *ZUR* 2014, 160, 163.

[81] See subsections 3.2.3.1.3 and 3.2.3.1.4 above.

[82] BVerfG, Judgment of 24 March 1987, *BVerfGE* 74, 264, 287.

[83] See subsection 3.2.3.3.4 above.

[84] Even with respect to ambiguous and open terms: Sachs, in Stelkens/Bonk/Sachs, VwVfG, § 40, Nos. 149 et seq.

State, and South African courts fully review the application of unambiguous terms in the authorisation to expropriate property.[85] The full judicial review also gives an incentive for expropriation authorities to check compliance with the expropriation statute thoroughly. In conclusion, the German model provides more certainty as to the characteristics of the project, its purpose, and the required property. The German model also ensures effective judicial protection from expropriations not complying with the expropriation statute.

The following figure illustrates that under the German governance model, the legislator defines the legitimate purpose to a greater extent (grey oval) and the scope for manoeuvring of the planning authority is narrower (white oval) than in the other three jurisdictions.

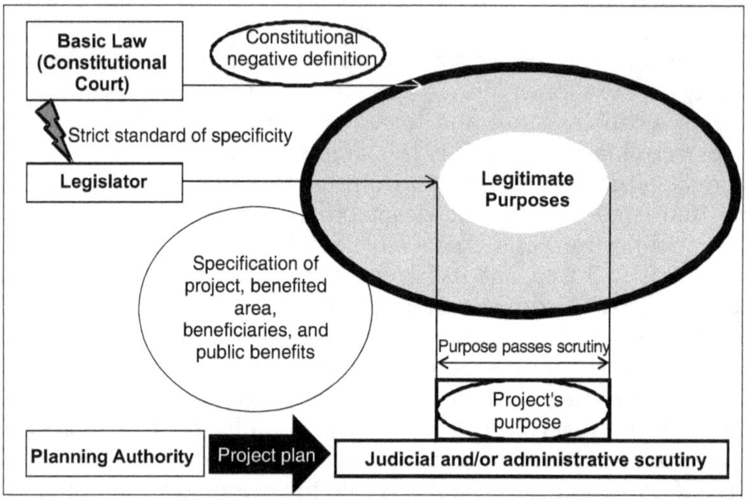

Figure 21: The arrow from the Constitution to the black oval indicates to what extent the Constitution defines the legitimate purposes. The oval above the arrow shows the content of that definition. The arrow from the legislator to the grey oval indicates to what extent the legislator must define the legitimate purposes. The oval above the arrow shows the content of that definition. The white oval represents the scope for manoeuvring for the planning authority. The lines from the edges of the white oval to the box 'Judicial and/or administrative scrutiny' indicate the range within which the purpose proposed by the planning authority passes scrutiny.

Source: Author's own design

7.1.1.5 Concluding remarks

In the examined systems, the creative task of defining legitimate purposes and the boundary-shaping task of limiting the discretion of the administrative authorities lie with the legislature. Within the legislative boundaries, the authorised planning authorities perform the creative task to shape the expropriation's purpose. The highest courts only set boundaries to the freedom of the legislator and the authorised authorities in the form of a short list of categories of purposes that are

[85] In Dutch law: Schlössels & Zijlstra 2010, 167. In South African law: Gildenhuys & Grobler 2012, No. 13; and Hoexter 2012, 254 et seq and 258 et seq. In New York State law: *Chevron USA Inc. v NRDC*, 467 US 837, 842–844 (1984).

illegitimate under the Constitution. For the rest, the courts merely control whether or not the expropriation serves a purpose that falls under the expropriation statute and outside the negative definition of legitimate purposes under the respective Constitution. This makes the courts in the examined jurisdictions different from other courts, such as the Supreme Courts of Ohio, Oklahoma, and South Dakota, [86] that banned third-party transfers for economic development and, thereby, assumed a greater boundary-shaping role.

A major difference between the examined jurisdictions is how they shape the relationship between the legislator and the administrative authorities. The German Constitutional Court uses its power to compel the legislator to play a more prominent boundary-shaping and creative role in defining the legitimate purpose. Thereby, the Constitutional Court enables the judiciary to control the application of the expropriation statute effectively and prevents administrative authorities from having the power to define the expropriation's purpose in its entirety. The other constitutional orders, by contrast, do not decide to what extent the legislator must assume a boundary-shaping role and limit the discretion of the administrative authorities. These constitutional orders leave this decision to the legislator.

7.1.2 The relationship between the project and the legitimate purpose

The relationship between the project and its legitimate purpose concerns three comparative questions. The first question discussed in this sub-section is whether it is relevant to the lawfulness of the expropriation that there is an ascertainable societal need for a project. The second question concerns the suitability of the project to realise the legitimate purpose and its importance to the lawfulness of the expropriation. The third question is whether the project must make an enhanced contribution to the legitimate purpose in order for the expropriation to be lawful. This subsection provides a comparative analysis of the answers that the examined jurisdictions give to these questions.

An ascertainable societal need for the project

German courts are the only ones that specifically examine whether there is a societal need for the proposed project.[87] This inquiry forms part of the test of the project's necessity. As establishing a need may involve projections about the future, the courts will only test the projections as to whether the authority gathered and analysed all relevant facts and used a sound method.[88]

In the Netherlands, New York State, and South Africa, the societal need for a project is almost exclusively for the competent authority to determine. The courts generally refrain from assessing whether there is a societal need for a project.[89] For this reason, there is hardly any legal doctrine on this point. The absence of a need, however, has an indirect bearing on the suitability of the project to realise its legitimate purpose and, if applicable, the inquiry into whether the authority struck a

---

[86] *City of Norwood v Horney*, 853 N.E.2d 1115, 1141 (Ohio 2006); *Bd. of Cnty. Comm'rs of Muskogee Cnty. v Lowery*, 136 P.3d 639, 653 et seq (Oklahoma 2006); and *Benson v State*, 710 N.W.2d 131, 146 (South Dakota 2006).

[87] Neumann, in Stelkens/Bonk/Sachs, VwVfG, § 74, No. 36.

[88] Stern 1994, 778 et seq; and Ziekow 2014, 175.

[89] See subsections 4.3.2.2, 5.3.1.1, and 6.3.1 above.

permissible balance between the benefits and drawbacks of the project.[90] As a result, the absence of an inquiry into whether there is a societal need for the project does not necessarily reduce the judicial protection of the rights of adversely affected persons.

The suitability of the project

In all of the examined jurisdictions, the suitability of the project to realise its legitimate purpose is a minimum requirement. In German law, the principle of proportionality prescribes that the project must be objectively capable of promoting the legitimate purpose.[91] In Dutch law, the principle of proportionality and the principle of legality form the basis of this test. In addition, planning law and expropriation law specifically require both the Crown and the municipal council to verify the financial feasibility of the project.[92] In South African law, both administrative and constitutional law provide for a rationality test, which requires that the project is objectively capable of serving its purpose.[93] Under New York State and US law, the authority must establish that all independent parts of the project are in some way or another conducive to the legitimate purpose.[94] This follows from the requirement that there be a rational connection between the expropriation and its legitimate purpose.[95] All of the examined jurisdictions thus have rules in place to protect the expropriatee from projects that are not suitable to realise their legitimate purpose. There is a link between this form of protection and the societal need for the project. Where there is no need for a project, the project may not make any contribution to the legitimate purpose.

To a varying degree, the courts in all of the examined jurisdictions have been reluctant to subject the authority's determinations on the suitability of the project to a full judicial review. The German courts test projections on the suitability of the project to bring about public benefits in the future only as to whether the authority gathered and analysed all relevant facts and used a sound method.[96] In the Netherlands, scholars have recognised that projections are inherently uncertain, [97] suggesting a limited judicial review. Under South African law, the courts defer to the administrative decisions to the extent that the competent authority had special expertise on the subject-matter concerned, [98] and, in practice, mostly rubberstamp the determinations of the authority.[99] The judicial review seems to be most limited in New York State and under US Federal law. The courts will not interfere as long as the authority could have rationally believed that the project was suitable and has given reasons for its choice.[100] In all examined jurisdictions, the effective judicial protection is thus not as great as the plain rules seem to suggest.

---

[90] See subsections 4.3.2.2, 5.3.1.1, and 6.3.1 above.

[91] Stern 1994, 776; Hillgruber 2011, 1056; and Jakobs 1985, 99.

[92] ABRvS, Judgment of 1 June 2011, ECLI:NL:RVS:2011:BQ6809, para 2.2.6; and KB Katwijk, Decision of 25 March 2010, No. 10.000800, *Staatscourant* 2010, 6023.

[93] Hoexter 2012, 340.

[94] See subsections 5.3.1.2 and 5.3.1.3 above.

[95] See, for instance, *Kelo v City of New London*, 545 US 469, 488 and 490 (2005).

[96] Stern 1994, 778 et seq; and Ziekow 2014, 175.

[97] De Lange 2005, 132.

[98] [2004] ZACC 15, para 45.

[99] [2008] ZAECHC 195, 22.

[100] *Hawaii Housing Authority v Midkiff*, 467 US 229, 242 (1984). See subsection 5.3.1.2 above.

Suitability and the size of the project

Examining the suitability of the project not only concerns the suitability of the project as a whole, but also the suitability of each independent part of the project as a contribution to the realisation of the legitimate purpose. In the United States, the case *Berman v Parker* concerned a third-party transfer of private property for the redevelopment of an insanitary and substandard area. Although the private property in question was in no way substandard, the US Supreme Court found that the expropriation was lawful because the targeted property was needed to revitalise the whole area.[101] The *Berman v Parker* judgment and case law from New York State indicate that even if an independent part of the project does not directly serve the purpose laid down in the expropriation statute, the expropriation of property for the project will be lawful as long as each independent part of the project is in some way conducive to the legitimate purpose.[102]

This doctrine further deprives the expropriatee from the already minimal protection offered by the abstract formulation of legitimate purposes in the expropriation statutes enacted in New York State. However, Dutch law and South African law do not protect the expropriatee any better than New York State and US law. Under Dutch law, the expropriation will be lawful as long as each independent part of project serves to implement the binding land-use plan and that part does not solely serve to benefit private interests.[103] The South African courts long ago recognised comprehensive urban redevelopment projects as serving a legitimate purpose.[104] Outside the context of urban redevelopment, the expropriation will be lawful as long as each independent part of the project does not serve only an illegitimate purpose.[105]

Only German law may protect the expropriatee better in this regard. With respect to third-party transfers for economic development, the legislature must specify the basic characteristics of the project, the project's benefits, the benefited area, and the project's beneficiaries in a project-specific statute. The description of the project will most likely deter the authorities from expropriating properties that are not strictly needed to implement the prescribed project.

The enhanced contribution to the legitimate purpose

Only German and New York State law specifically provide that the project must make a qualified contribution to its legitimate purpose. Under German law, the test of the project's necessity requires that the project contribute substantially to the legitimate purpose.[106] There is, however, no comprehensive case law on what constitutes a substantial contribution. New York State law requires that the legitimate purpose be dominant with respect to the interests of the private transferee. This will not be the case where the courts can easily compare the public benefits to the benefits of the transferee and the private transferee benefits more from the project than the public.[107] An illustrative example is the *Denihan* case where the City

[101] *Berman v Parker*, 348 US 26, 35 et seq (1954).
[102] Refer to subsection 5.3.1.3 for more details.
[103] Refer to subsections 4.2.1.6 and 4.3.2.1 for more details.
[104] 1961 (3) SA 392 (C) 397.
[105] Refer to subsections 6.2.1.2.6 and 6.3.1 for more details.
[106] BVerfG, Judgment of 17 December 2013, *NVwZ* 2014, 211, 215 et seq.
[107] Refer to subsection 5.3.1.4 for more details.

of New York expropriated private property for a public parking garage and the private transferee sought to create more new parking spaces for their own clients than for the public.[108]

An interesting difference between German and New York State law is that whereas New York State law requires a certain relationship between the public and private benefits of the project, German law only establishes a link between the project's benefits and the legitimate purpose.[109] This does not entail that the protection from third-party transfers for economic development under German law is weaker because unlike New York State courts, [110] German courts test the relationship between the project's public benefits and its drawbacks through the test of proportionality in the narrow sense.[111] The absence of such a test in New York State law may be one of the factors that led to the requirement of a dominant legitimate purpose. However, it should be obvious that the dominant purpose test cannot filter out expropriations with an excessive impact and that it cannot provide the same protection as the test of proportionality in the narrow sense in German law.

Under Dutch and South African law, there is no formal requirement that the project make a qualified contribution to its legitimate purpose. However, a minimal contribution may render the legitimate purpose too 'light' to legitimately justify the burden imposed upon adversely affected interests.[112]

7.1.3 The alternative project argument

When choosing a project from various alternatives, the planning authority ideally weighs the advantages and disadvantages of the alternatives and seeks to reach an optimal result. It is common ground among the examined jurisdictions that the design and the choice of the project are reserved for the planning authority and that the courts should not assume a broad boundary-shaping role or take the seat of a co-planner and should treat the authority's determinations with a certain degree of respect.[113] When the expropriatee puts forward the alternative project argument, the expropriatee may either attack the choice of the project itself or the decision-making process of the authority.

Challenging the decision-making process

The judicial review of how the authority made its choice in the examined jurisdictions shows some striking similarities. German and Dutch planning law as well as the New York State Environmental Quality Review Act (SEQRA) and, to a lesser extent, the New York State Eminent Domain Procedure Law (EDPL) provide for an obligation to consider alternative projects and balance the advantages and disadvantages.[114] The courts fully scrutinise whether the competent authority considered all

---

[108] *Denihan Enterprises, Inc., v O'Dwyer*, 302 N.Y. 451, 459 (N.Y. 1951).

[109] This is despite the fact that the German scholar *Schack* demanded that the legitimate purpose be dominant: Schack 1961, 76.

[110] See subsections 5.3.5.1 and 5.3.5.3 above.

[111] See subsection 3.3.5 above.

[112] See subsections 4.3.2.2 and 6.3.1 above.

[113] Refer to subsections 3.3.6.3.2, 4.3.5.4, 5.3.6.3, and 6.3.7.3 for more details.

[114] In German law: BVerwG, Decision of 24 April 2009, *NVwZ* 2009, 986. In Dutch law: ABRvS, Judgment of 1 June 2011, ECLI:NL:RVS:2011:BQ6809, para 2.2.5. In New York State law: §§ 201, 203 EDPL; Environmental Conservation Law, § 8–0109(1) and (2); and 6 CRR-NY VI 617.11(d).

relevant facts and interests, actually balanced the involved interests, and gave reasons for its choice.[115]

Only South African law does not generally provide for a similar obligation at present. There seem to be two reasons for this. Firstly, South African law mainly regards the grounds of review contained in the Constitution and the Promotion of Administrative Justice Act (PAJA) as grounds of *judicial* review and not as a source of obligations for the authority to ensure that its decision will pass judicial review.[116] Secondly, its English origin still makes South African administrative law reluctant to embrace obligations to balance interests.[117] An exception may be Section 25(1) of the Spatial Planning and Land Use Management Act (SPLUMA) in planning law, which provides that land-use schemes must ensure a minimal adverse impact on public health, the environment, and natural resources. This provision may imply an obligation to consider alternative projects when a municipality adopts a land-use scheme. Moreover, the rationality test requires that the decision be based upon the facts of the case and a sound reasoning.[118] Arguably, the authority will at least have to give reasons for the design of the project in order for its decision to be rational.

Challenging the choice of the project

Concerning the judicial review of the choice, the approaches in the examined jurisdictions diverge considerably. Generally, South African courts do not review the choice of the project at present.[119] They only apply a rationality test, which requires that the project is suitable to serve its purpose and based upon the facts of the case and a sound reasoning.[120] In the future, provisions like Section 25(1) SPLUMA, administrative law, and constitutional provisions may bring about a change in the doctrine.[121] Similarly, under SEQRA in New York State, the courts also do not generally engage in a review of the choice of the project.[122]

New York State's EDPL, German and Dutch law leave some room for a judicial review of the choice. The tests that the courts apply, however, differ significantly. German and Dutch courts follow two similar steps, which are based upon the principle of the least harmful state action in Dutch law and the project's proportionality in the narrow sense in German planning law.[123] New York State courts seem to take the first step as well, but then follow a different approach. The approach under the EDPL is based upon an application of the public use requirement.

---

[115] In German law: BVerfG, Decision of 20 February 2008, *NVwZ* 2008, 780, 783. In Dutch law: ABRvS, Judgment of 1 June 2011, ECLI:NL:RVS:2011:BQ6809, para 2.2.5. In New York State law: *Sun Company, Inc., et al. v City of Syracuse Industrial Development Agency*, 209 A.D.2d 34, 50 (N.Y. ADiv. 1995); and *Jackson v New York State Urban Development Corporation*, 67 N.Y.2d 400, 417 et seq (N.Y. 1986).

[116] Consider the wording of S 6(2) PAJA, which suggests that legal standards, such as reasonableness, are only grounds of judicial review and not a source of obligations for the authority.

[117] Hoexter 2012, 13 et seq and 21 et seq; and Maree 2013, 58 et seq.

[118] Hoexter 2012, 340.

[119] (11375/08) ZAGPPHC 154, para 50.

[120] Hoexter 2012, 340.

[121] Hoops 2017, 74–87.

[122] *C/S 12th Avenue LLC v City of New York*, 32 A.D.3d 1, 6 (N.Y. ADiv. 2006).

[123] In German law: BVerwG, Decision of 11 August 2006, *NVwZ* 2006, 1170, 1171; see also an example of a specific application of this test in German statute law: §§ 13, 15(1) of the Federal Environmental Protection Act. In Dutch law: Schlössels & Zijlstra 2010, 419 et seq.

The first step for German and Dutch courts is to scrutinise whether or not an alternative would be as suitable to realise the legitimate purpose as the chosen project. Under German law, negligible deviations do not stand in the way of the finding that the alternative is equally suitable.[124] If the alternative is not equally suitable, there is generally no need to pursue the examination any further.[125] Under the EDPL, New York State courts implicitly apply this requirement as well. They require that the less harmful alternative project is in no respect less beneficial and in no respect more harmful than the chosen project.[126] This implies that the alternative project must be at least equally suitable to serve that purpose. Under South African law, the rationality test also requires the suitability of a project to realise the legitimate purpose.

The second step taken by the German and Dutch courts is to weigh and compare the adverse impacts of the chosen project and the alternative. The German courts will strike down the authority's decision if the alternative project was the unmistakably better alternative because it would have a less severe overall impact on both private and public interests.[127] There are two examples of cases where the alternative project argument would certainly be successful. Firstly, if there is suitable state land available.[128] Secondly, the equally suitable alternative project generally has the same impact as the chosen project, but adversely affects one relevant interest less severely.[129] The Dutch courts will interfere where the chosen project has serious shortcomings or the alternative has a significantly less harmful impact.[130] Both the German and Dutch courts thus weigh and compare the disadvantages of the chosen project and the equally suitable alternative. It is difficult to compare the protection that the German system and the Dutch system offer to expropriatees in this respect because there are not enough cases where an adversely affected person successfully put forward the alternative project argument.

In New York State, the courts do not engage in weighing the adverse impact of the chosen project and comparing it with the project's public benefits.[131] It does not come as a surprise that the courts have not developed a criterion for such a balancing exercise. If an adversely affected person puts forward the alternative project argument, however, it is implicit that the alternative project is at least thought to be less harmful in one respect. Instead of weighing the disadvantages, the New York State courts focus on whether or not the less harmful alternative is in no respect less beneficial and in no respect more harmful than the chosen project. If

---

[124] Schink, in Knack/Henneke, VwVfG, § 74, Nos. 125 and 194; and Ziekow 2014, 190 et seq.

[125] In German law: BVerwG, Judgment of 8 July 1998, *BVerwGE* 107, 142, para 33. This rule will not apply if the differences between the chosen and the alternative project are negligible: Ziekow 2014, 190 et seq. In Dutch law: ABRvS, Judgment of 18 February 2015, ECLI:NL:RVS:2015:448, para 27.4.

[126] Refer to subsection 5.3.2 for more details.

[127] Neumann, in Stelkens/Bonk/Sachs, VwVfG, § 74, No. 125; W Söfker, in Ernst/Zinkahn/Bielenberg/Krautzberger, BauGB, § 1, No. 202; and BVerwG, Judgment of 8 July 1998, *BVerwGE* 107, 142, para 33.

[128] BVerwG, Judgment of 6 June 2002, *NVwZ* 2002, 1506, 1507.

[129] BVerwG, Judgment of 7 March 1997, *NVwZ* 1997, 914, 915 et seq.

[130] ABRvS, Judgment of 9 July 2003, ECLI:NL:RVS:2003:AH9396, para 2.9.10.3; ABRvS, Judgment of 5 August 2015, ECLI:NL:RVS:2015:2514, para 7; and ABRvS, Judgment of 10 June 2015, ECLI:NL:RVS:2015:1819, para 5.1.

[131] *Sunrise Properties, Inc., et al. v Jamestown Urban Renewal Agency*, 614 N.Y.S.2d 841, 206 A.D.2d 913 (N.Y. ADiv. 1994); and Weinberg, Gerrard & Ruzow, § 7.04[4].

that is the case, the courts will interfere because there is no objective reason for the additional inflicted harm.[132] Under SEQRA, it is conceivable, but not recognised by the courts, that a more beneficial alternative that is in no respect more harmful and in no respect less beneficial than the chosen project will also render the condemnation irrational.[133] Concerning South African law, there is a slim chance that the South African rationality test will lead to a similar result. It seems unlikely that the choice of an overall less beneficial or more harmful project that is in no respect more beneficial and in no respect less harmful than an equally suitable alternative could be based upon a sound reasoning in terms of the rationality test.[134]

Compared to New York State and South African law, German and Dutch law better protect adversely affected persons. It seems a considerably lower hurdle to establish that the equally suitable alternative project is significantly less harmful than to establish that the chosen project is in no respect less harmful and in no respect less beneficial than an overall less harmful alternative. Needless to say, an alternative project argument that would be successful in New York State (or, possibly, in South African law) would also be successful under German and Dutch law.

Overview

The following table summarises the results of the comparative analysis in this subsection:

Table 6: Overview of the comparative analysis of how the examined jurisdictions treat the alternative project argument (X = jurisdiction applies the standard or imposes the obligation; (X) = standard or obligation applies in some cases; -- = obligation or standard does not apply; ?? = it is uncertain whether standard or obligation applies).

Jurisdiction **Legal Requirement**	**D**	**NL**	**NY**	**ZA**
Obligation for authority to consider suitable, alternative projects	X	X	X	(X)
Alternative projects must be equally suitable	X	X	X	X
Courts compare advantages and disadvantages of alternatives	X	X	--	--
Alternative project argument will be successful if the less harmful alternative project is in no respect more harmful and in no respect less beneficial than the chosen project.	X	X	X	??
Alternative project argument will be successful if the chosen project has serious shortcomings or is significantly more harmful compared to the alternative.	X	X	--	--

Source: Author's own design

[132] Refer to subsection 5.3.2.2.1 for more details.
[133] Refer to subsection 5.3.2.2.2 for more details.
[134] Refer to subsection 6.3.2.1 for more details.

7.1.4 The suitability of the expropriation

All of the examined jurisdictions require that the expropriation is suitable to enable the transferee to implement the project. Under German law, the principle of proportionality establishes this requirement in the form of the test of the expropriation's suitability.[135] Under Dutch law, the principle of proportionality and principle of legality form the basis of this requirement.[136] In South African law, administrative law and constitutional law provide for a rationality test that includes suitability.[137] New York State law requires a rational connection between the expropriation and the legitimate purpose, which would be absent if the expropriation were not suitable.[138]

None of the jurisdictions provides a comprehensive list of circumstances in which the expropriation would not be suitable. Arguably, the courts can be expected to interfere where the land itself is not suitable to accommodate the project, or where there is not enough land for the project, and the state and the transferee will not be able to acquire enough suitable land in the foreseeable future.[139]

7.1.5 The least invasive means argument

Whereas all of the examined jurisdictions provide that the choice of a project (and the location of the project) generally lies in the discretion of the planning authority, the judicial scrutiny of the choice of the means to enable the project's implementation is more intrusive. Except for South Africa, all examined jurisdictions have embraced the principle that the state can only expropriate property rights that are necessary for the implementation of the chosen project.[140] This means that they have recognised the least invasive means argument.

Under German law, the test of the necessity of the expropriation is based upon the constitutional principle of proportionality.[141] Dutch administrative law provides for a necessity test on the basis of the principle of the least harmful action.[142] New York State law has developed the doctrine of excess condemnations. New York State law formulates this doctrine as an exception to the authority's discretion to decide on the means of implementing the project.[143] South African law seems to be in a transition phase. Although the Constitutional Court has yet to rule on a least invasive means argument in expropriation law, constitutional law and general administrative law clearly suggest that the courts should accept the least invasive means argument.[144] The KwaZulu-Natal High Court recently recognised a necessity test.[145] However, the prevailing opinion still seems to be that it generally lies in the

[135] BVerfG, Judgment of 17 December 2013, *NVwZ* 2014, 211, 215.
[136] De Moor-van Vugt 1995, 16; and Rijkswaterstaat 2016, 16.
[137] *Goldstein v New York State Urban Development Corporation*, 921 N.E.2d 164 (N.Y. 2009).
[138] Hoexter 2012, 340.
[139] Refer to subsections 3.3.3, 4.4.1, 5.3.3, and 6.3.3 for more details. See, for instance, Bird & Oswald 2009, 110.
[140] See for similar findings in a study of 15 European jurisdictions: Sluysmans, Verbist & Waring 2015, 10 et seq.
[141] BVerfG, Judgment of 17 December 2013, *ZUR* 2014, 160, 163.
[142] Refer to subsection 4.4.2 for more details.
[143] See, for instance, *Rafferty v Town of Colonie*, 300 A.D.2d 719, 723 (N.Y. ADiv. 2002).
[144] Refer to subsection 6.3.4 for more details.
[145] [2010] ZAKZPHC 86, para 85.

discretion of the authority to decide on whether it should acquire property rights by means of expropriation and which property rights it should expropriate.[146]

Cases where the least invasive means argument would be successful

German law, Dutch law, and New York State law all provide that the least invasive means argument will be successful if the competent authority seeks to expropriate property rights on more land than needed for the project.[147] The judicial scrutiny in New York State seems to be somewhat more lenient because the authority does not need to establish that the whole of the property is needed for the project, but that the whole of the property is somehow conducive to the project and the legitimate purpose.[148] Even in South African law, it seems to be settled that the authority cannot expropriate property rights on more land than needed for the project *if* the expropriation of the unnecessary property rights is intended to serve another purpose than the stated legitimate purpose.[149]

German, Dutch, and New York State courts will accept the least invasive means argument if there is a less invasive legal means that is equally suitable to enable the transferee to implement the project (eg limited property rights).[150] German and Dutch law will also accept the least invasive means argument if the authority has failed to attempt to purchase the property on reasonable terms.[151] In New York State, an obligation to negotiate with the holders of the property rights only applies to municipalities.[152] In practice, however, there should be an incentive to negotiate because of the high costs of the expropriation procedure.

Only Dutch law fully recognises the defence that the expropriatee is willing and able to implement the project themselves (self-realisation) as a valid least invasive means argument.[153] German law only seems to recognise it in the Federal Building Code.[154] New York State law may, under additional circumstances, recognise this defence where it is shown that the authority uses the legitimate purpose as a pretext.[155]

The test of equal suitability

Implicitly, in all jurisdictions that accept the least invasive means argument, the less invasive means must be suitable to enable the transferee to implement the project. In German law and Dutch law, the less invasive means does not necessarily need to be exactly as advantageous as expropriation because the less invasive means may

---

[146] Gildenhuys 2001, 77.

[147] In German law: BVerfG, Judgment of 18 December 1968, *NJW* 1969, 309, 313. In Dutch law: Rijkswaterstaat 2016, 17. In New York State law: *Hallock v State of New York*, 32 N.Y.2d 599, 604 (N.Y. 1973).

[148] Refer to subsection 5.3.4.2 for more details.

[149] Gildenhuys & Grobler 2012, No. 14.

[150] In German law: BVerfG, Judgment of 18 December 1968, *NJW* 1969, 309, 313. In Dutch law: KB, Decision of 21 May 1999, *Staatscourant* 1999, 121. In New York State law: *Steel Los III, LP v Power Authority of the State of New York*, 21 Misc.3d 707, 716 et seq (N.Y. Misc. 2008).

[151] In German law: Papier, in Maunz/Dürig, GG, Art. 14, No. 589. In Dutch law: Den Drijver-van Rijckevorsel et al 2013, 14.

[152] § 74 of the General Municipal Law.

[153] Den Drijver-van Rijckevorsel et al 2013, 23; and Sluysmans & Van der Gouw 2015, 46.

[154] § 102(2) No. 2 BauGB. See for German law in general: De Witt et al 2015, 191.

[155] Refer to subsection 5.3.4.4 for more details.

entail disadvantages, such as bearable additional costs. This follows from the two common requirements for equal suitability that German law and Dutch law prescribe. Firstly, the less invasive means is suitable to enable the transferee to implement (and operate) the project. Secondly, the delay or additional costs caused by the alternative means do not pose any threat to the project's implementation.[156] German doctrine is more nuanced than Dutch doctrine regarding equal suitability because German law also requires that the alternative means is appropriate with respect to the interests of the transferee.[157] German law thus prescribes a balancing between the interest of the expropriatee in a less harmful means and the interest of the transferee in the expropriation. This balancing of interests slightly reduces the protection of property under German law because it gives the transferee another chance to avert the use of the less invasive means.

New York State law seems to require that the alternative means is at least equally suitable because any disadvantage of the less invasive means would render the least invasive means argument unsuccessful. The hurdle to establish equal suitability seems high because the courts are likely to accept any objective reason that the authority gives for not opting for the less invasive means. Note, however, that the judicial scrutiny of the reasons that the authority gives for not choosing the less invasive means is stricter than the scrutiny of the application of the legitimate purpose under the expropriation statute.[158]

Overview

The following table summarises the results of the comparative analysis in this subsection:

Table 7: Overview of the comparative analysis of how the examined jurisdictions treat the least invasive means argument (X = jurisdiction applies the standard or recognises the less invasive means; (X) = partial recognition; -- = no recognition).

Jurisdiction **The less invasive means**	D	NL	NY	ZA
Must be suitable to enable the transferee to implement the project	X	X	X	X
The expropriation of less property	X	X	X	(X)
The attempt to purchase the land on reasonable terms	X	X	(X)	--
Less invasive legal means: limited property rights, contracts, regulatory schemes, etc.	X	X	X	--
Self-realisation	(X)	X	(X)	--

Source: Author's own design

[156] Refer to subsections 3.3.4 and 4.4.2 above.

[157] Refer to subsection 3.3.4 above.

[158] See, for instance, *Steel Los III, LP v Power Authority of the State of New York*, 21 Misc.3d 707, 716 et seq (N.Y. Misc. 2008). Cf subsection 5.3.4.3 above.

7.1.6 The balance between the public benefits and adversely affected interests

This subsection provides a comparative analysis of how the examined jurisdictions answer three questions. Firstly, an analysis is made of whether state bodies involved in an expropriation (must) take into account adversely affected interests when making their decision. The second question is whether and, if so, under what conditions an expropriation would be unlawful because the burden that the project and/or the expropriation impose upon private and/or public interests would be too great. The third question concerns the roles of state bodies in answering these questions.

7.1.6.1 The role of the legislator in taking into account adversely affected interests

In all of the examined jurisdictions, the legislator has adopted rules that specifically protect certain public interests, such as environmental protection, and to which the competent authority is bound when designing the project. One may think of a maximum amount of emissions or radiation, or provisions, such as Section 25(1) SPLUMA in South Africa, that require the competent authority to limit the adverse impact upon a certain public interest to a minimum.[159] The legislator thereby shapes boundaries that the competent authority must observe.

In all of the examined jurisdictions, the legislator may prescribe the weight of a certain interest in a balancing of interests or even balance the interests itself. Under Dutch law, for example, the Crown has found that because the legislator adopted the Spatial Planning Act's provisions on the municipal binding land-use plan and the Expropriation Act, including the compensation regime, the legislator has generally provided for an equitable balance of interests in expropriation cases.[160] In Germany, the State Legislature of Hamburg adopted the Aerodrome Act, a project-specific expropriation statute, and balanced the involved interests to a large extent.[161] A difference between German law and the other jurisdictions is that the legislature is not only entitled, but also constitutionally *obliged* to give guidance on how to balance the involved interests when seeking to authorise a third-party transfer for economic development.[162]

7.1.6.2 The authority's obligation to balance interests

Except for South African law, all of the examined jurisdictions impose an obligation upon the competent authority to balance the involved interests when shaping the project and/or deciding on whether or not to expropriate property. In German law, planning law and the constitutional principle of proportionality entail such an obligation.[163] Under Dutch law, Art. 3:4(1) of the General Administrative Law Act (Awb) and, in planning law, Art. 3.1(1) of the Spatial Planning Act (Wro) provide that the competent authority must balance all involved interests. New York State's

---

[159] See subsections 3.3.5.3, 4.3.4.4, 5.3.5.4, 6.3.5.2, and 6.3.5.3 above.

[160] KB Haarlemmermeer, Decision of 15 March 2010, No. 10.000658, *Staatscourant* 2010, 5605.

[161] See subsection 3.3.6.1.3 above.

[162] BVerfG, Judgment of 24 March 1987, *BVerfGE* 74, 264, 293 et seq.

[163] Ziekow 2014, 177; and BVerfG, Judgment of 17 December 2013, *ZUR* 2014, 160, 163 et seq.

EDPL obliges the competent authority to identify and discuss the impact of the proposed project and expropriation.[164] New York State's SEQRA obliges the competent authority to identify and balance all involved interests and to give reasons for its decision.[165]

In South African law, there is no such obligation for authorities to balance all involved interests. The arbitrariness test of Section 25(1) and the reasonableness tests of Sections 33(1) and 36(1) of the Constitution and Section 6(2)(h) PAJA may provide for grounds of review that compel the courts to balance the involved interests, but do not seem to establish an obligation for authorities to do the same.[166] However, once the South African courts consistently apply these grounds of review, the judicial scrutiny should have the effect of disciplining the planning authorities to a certain extent and make them search for a balance that would pass judicial scrutiny. The grounds of review under Dutch and German law should have a similar disciplining effect. Refer to subsection 7.1.6.4 below for more details on the grounds of review.

In the other three examined jurisdictions, which provide for such an obligation, there is a legal mechanism that ensures that the authority actually balances the involved interests. German courts fully review whether the authority gathered all relevant facts, identified all relevant interests, weighed them, and balanced them.[167] In Dutch law, Art. 3:2 Awb requires the authority to prepare its decision prudently and, as has been noted, Art. 3:4(1) Awb imposes the obligation to balance the involved interests. On that basis, the Dutch courts fully review whether the competent authority has identified all relevant interests and balanced them.[168] Under New York State's SEQRA and, to a lesser extent, the EDPL, the courts follow a similar pattern.[169]

7.1.6.3 The distinction between planning discretion and the legitimate justification of expropriation

The obligation to balance interests leads to the question of whether the balance that the authority has struck in the shape of the project is subject to judicial review and, if so, whether a different standard of judicial review applies to the question of whether the project's benefits can legitimately justify an expropriation of property.

The design of the project: Planning discretion

In all of the examined jurisdictions, it is settled that the competent authority, within broad constitutional and statutory boundaries, enjoys a planning discretion when designing the project. It is settled that the courts control compliance with those

---

[164] §§ 201, 203 EDPL; and *Broadway Schenectady Entertainment, Inc. v County of Schenectady*, 732 N.Y.S.2d 703, 288 A.D.2d 672, 673 (N.Y. ADiv. 2001).

[165] See, for instance, *Jackson v New York State Urban Development Corporation*, 67 N.Y.2d 400, 417 and 420 et seq (N.Y. 1986).

[166] S 6(2) PAJA only refers to grounds of review, but does not link these grounds of reviews to corresponding obligations of the administrative authority.

[167] Schmidt-Aβmann, in Maunz/Dürig, GG, Art. 19(4) Nos. 210 et seq.

[168] See, for instance, ABRvS, Judgment of 1 June 2011, ECLI:NL:RVS:2011:BQ6809.

[169] Weinberg, Gerrard & Ruzow, § 7.04[4]; and *Jackson v New York State Urban Development Corporation*, 67 N.Y.2d 400, 417 et seq (N.Y. 1986).

boundaries, but do not assume a broad boundary-shaping role and subject the balance of interests reflected by the project only to a limited judicial review.[170]

The boundaries to the planning discretion that the courts set are difficult to compare because the standards applied by the courts are abstract and there are not enough cases where the competent authority was found to exceed its planning discretion. In German law, a plausibility test requires that each disadvantage of the plan brings about an advantage of a private or public nature and that the planning authority has not misconstrued the constitutional or statutory weight of an involved interest.[171] Similar to the first criterion under German law, New York State courts only interfere where an independent part of the project that has a harmful impact is not in any way conducive to the legitimate purpose.[172]

Under Dutch law, Art. 3:4(2) Awb stipulates that the project's adverse impact upon affected interests must not be disproportionate in relation to the project's public benefits, and Art. 3.1(1) Wro requires that the plan serve good spatial planning. The Judicial Division applies a lenient test on the basis of these provisions and will only interfere where the project would lead to a permanent disruption of the required supply of goods and services in the municipality or other circumstances that are not compatible with good spatial planning.[173]

In South African law, the courts at the moment apply a rationality test, which is an analysis of the suitability of the project and the expropriation and the reasons given for the decision.[174] They should apply a reasonableness test in terms of Section 6(2)(h) PAJA, but would in any case apply the reasonableness test with great respect for value judgements and policy considerations of the authority. The intensity of the judicial review remains unclear at present.[175]

Justifying an expropriation for the project: Different standards of judicial scrutiny?

A distinct feature of German law is that the German courts make a distinction between the design of the project and the question of whether the public benefits of this project can legitimately justify the burden that the project and the expropriation impose upon private and public interests. As a very severe infringement of the fundamental right of property, expropriation triggers the applicability of two constitutional proportionality tests and full judicial scrutiny of the balance between the public benefits and the adverse impact upon public and private interests. The project's proportionality in the narrow sense requires that the interests adversely affected by the project and the expropriation do not outweigh the public benefits of the project.[176] The expropriation's proportionality in the narrow sense requires that the benefits of the expropriation are not disproportionate to its burden upon the expropriatee.[177] A full judicial review even entails that the courts may substitute their value judgements for the value judgements of the authority.[178] Through these

[170] Refer to subsections 3.3.6.3.2, 4.3.5.4, 5.3.6.3, and 6.3.7.3 for more details.

[171] BVerwG, Decision of 17 February 1997, *LKV* 1997, 328, 332.

[172] See subsections 5.3.1.3 and 5.3.2 above.

[173] Van Buuren et al 2014, 49.

[174] See, for instance (11375/08) ZAGPPHC 154, paras 56 et seq and 60 et seq; and Hoexter 2012, 340.

[175] Refer to subsection 6.3.5.1 for more details.

[176] BVerfG, Judgment of 17 December 2013, *NVwZ* 2014, 211, 216 and 219.

[177] BVerfG, Judgment of 17 December 2013, *ZUR* 2014, 160, 163.

[178] Riedel 2012, 220; and Sachs, in Stelkens/Bonk/Sachs, VwVfG, § 40, Nos. 147 et seq.

judge-made rules, the courts thus claim a broader boundary-shaping and controlling role than they do when applying planning law.

The other examined jurisdictions do not seem to make such a distinction. Under Dutch planning law, the Judicial Division of the Council of State applies an even stricter standard of scrutiny to cases where the municipality is *not* planning to apply for an expropriation.[179] The expropriation authority, the Crown, generally refrains from scrutinising the project any further. With respect to the expropriation, the Crown has consistently held that the planning procedure and the Expropriation Act, including the payment of compensation, together generally reflect an equitable balance of interests.[180] There is very little scope for challenging an expropriation on the basis of Art. 3:4(2) Awb.[181] New York State courts also seem to apply the same standard to the balance of interests reflected by the project and the question of whether the project's benefits can legitimately justify an expropriation.[182] In South Africa, it is too early to tell because South Africa's constitutional law and administrative law are in a phase of transition.[183]

7.1.6.4 The judicial boundaries to the authority's scope for manoeuvring

The courts thus assume a more prominent boundary-shaping and controlling role in German expropriation law than in planning law. German courts intrusively scrutinise the competent authority's decision as to whether the adverse impact of the project and the expropriation outweighs the project's public benefits. This makes the judicial review of how the authority took into account adversely affected interests in German law differently from the judicial review in the other examined jurisdictions.

First difference: Proportionality analysis v legitimate purpose-oriented approach

The first aspect distinguishes the German approach from New York State's approach and concerns the type of test. Despite the authority's obligation to balance interests, New York State courts generally do not engage in an evaluation of the balance between the legitimate purpose and its adverse impact.[184] They only scrutinise whether a particular detrimental effect of the project or the expropriation is conducive to the legitimate purpose.[185] New York State law thus follows a legitimate purpose-oriented approach. German law, by contrast, provides for a stricter test. German law does not require the best possible balance between the involved interests, but that the adverse impact of the project and the expropriation does not outweigh the project's public benefits.[186] German law shares this type of test with Dutch law, which requires a proportionality analysis under Art. 3:4(2) Awb, and (future) South African law, which provides for a proportionality analysis as part of the reasonableness test.[187]

---

[179] Refer to subsection 4.3.4.3 for more details.

[180] KB Haarlemmermeer, Decision of 15 March 2010, No. 10.000658, *Staatscourant* 2010, 5605.

[181] Refer to subsection 4.4.3.2 for more details.

[182] Refer to subsection 5.3.5.3 for more details.

[183] Refer to subsection 6.3.5.1 for more details.

[184] *Sunrise Properties, Inc., et al. v Jamestown Urban Renewal Agency*, 614 N.Y.S.2d 841, 206 A.D.2d 913 (N.Y. ADiv. 1994).

[185] Refer to subsections 5.3.2 and 5.3.5.3 for more details.

[186] BVerfG, Judgment of 17 December 2013, *NVwZ* 2014, 211, 216 and 219.

[187] S 6(2)(h) PAJA. Refer to subsection 6.3.5 for more details.

Second difference: Full judicial review v limited judicial review

The second aspect distinguishes German law from Dutch law and, in all probability, (future) South African law. The German courts not only scrutinise whether the authority identified and balanced all relevant interests and observed constitutional and legislative value judgements, but may also substitute their value judgements for the authority's value judgements.[188] The Dutch Judicial Division only scrutinises the binding land-use plan as to whether the municipality, within the boundaries of mandatory legislative provisions, could reasonably come to the conclusion that the project is not disproportionate in relation to its public benefits.[189] When scrutinising the expropriation, the Dutch Crown takes account of the compensation and will, therefore, declare an expropriation only disproportionate in exceptional cases.[190] The Dutch civil courts, moreover, only test the determinations of the Crown as to whether the Crown could reasonably take its decision.[191] Similarly, South African courts are likely to take into account the compensation and respect the authority's policy considerations and value judgements.[192]

Implications: Under what conditions do the courts interfere?

The result of these differences is that the judicial protection of the expropriatee from a burden that is excessive in relation to the public benefits of the project and the expropriation considerably differs according to jurisdiction. German courts are more likely to declare an expropriation decision unlawful and, thereby, better protect the expropriatee. The German courts will likely strike down an expropriation if the expropriation may threaten the existence of the expropriatee's business and the state does not provide adequate land to replace the expropriated property.[193] German courts also apply different legal standards to expropriations of different types of property. The test of proportionality in the narrow sense allows the courts to weigh the importance of the property to the expropriatee and to accord a higher weight to residential property as opposed to, for instance, fallow agricultural land.[194]

In the other examined jurisdictions, such examples of strict judicial scrutiny are nowhere to be found. There is no judgment in which the Dutch Judicial Division struck down a binding land-use plan due to an excessive impact upon property rights where the municipality announced that it would seek to expropriate the property rights. The Dutch Crown only interferes where, for instance, the project cannot perform the function that it has under the binding land-use plan and, consequently, its public benefits have considerably diminished.[195] New York State courts provide for even less protection because they only interfere where there is no public interest whatsoever in (a part of) the project or the expropriation (or the

[188] Riedel 2012, 220; and Sachs, in Stelkens/Bonk/Sachs, VwVfG, § 40, Nos. 147 et seq.

[189] ABRvS, Judgment of 24 December 2014, ECLI:NL:RVS:2014:4732, para 11; and Schlössels & Zijlstra 2010, 408 et seq.

[190] KB Haarlemmermeer, Decision of 15 March 2010, No. 10.000658, *Staatscourant* 2010, 5605.

[191] Den Drijver-van Rijckevorsel et al 2013, 38.

[192] Refer to subsection 6.3.5.1.3 for more details.

[193] BGH, Judgment of 27 January 1977, *NJW* 1977, 955, 956.

[194] See, for instance, BVerfG, Decision of 15 September 2011, *NVwZ* 2012, 429, 430.

[195] Refer to subsection 4.4.3.2 for more details.

alternative project argument would be successful).[196] Due to this narrow scope for judicial scrutiny, Dutch law and New York State law cannot differentiate between expropriations of a home on the one hand and fallow agricultural land on the other.[197] In South African law, it remains to be seen whether and, if so, how the courts will apply the proportionality analysis to expropriations and whether they will differentiate between expropriations of different types of property.

Another result of the proportionality analysis and the full judicial review seems to be that German law has an elaborate doctrine on the balancing of interests and constitutional value judgements with a hierarchy of interests.[198] By contrast, the doctrine in Dutch law, New York State law, and South African law is very limited on these aspects.[199] Due to this lack of material, a thorough comparison of the jurisdictions concerning these aspects is not possible in this study.

7.1.6.5 The diverging relationships between the planning authority and the judiciary

The diverging standards of judicial scrutiny of the balance between the project's public benefits and the adverse effects of the project and the expropriation reflect different governance models and, more specifically, different relationships between the planning authority that shapes the project and administrative and/or judicial control.[200] Initially, the systems seem very similar. The planning authority has the creative task to shape the project freely within the mandatory constitutional and legislative boundaries, such as a maximum amount of harmful substances or radiation. It is settled in all of the examined jurisdictions that courts do not assume a broad boundary-shaping role, but instead treat the choice and details of the project with respect.[201]

The diverging scrutiny of the balance between benefits and disadvantages

When the courts are faced with the question of whether the project's public benefits can legitimately justify the adverse effects of the project and the expropriation, however, major differences manifest themselves. New York State courts do not examine the balance between public benefits and drawbacks.[202] Only where an independent part of the project is harmful and does not bring about any public benefit does the judiciary interfere.[203] The Dutch Judicial Division subjects the balance between the benefits and drawbacks of the project to a very limited review, [204] and the Dutch Crown sees very little room for declaring an expropriation for that

[196] Refer to subsections 5.3.1.3, 5.3.2, and 5.3.5 for more details.

[197] However, some US scholars advocated a better protection of residential property and other types of property that are essential to the individual's freedom: Alexander 2015, 113–135; and Fee 2005–2006, 784.

[198] Refer to subsections 3.3.5.1.1 and 3.3.5.1.2 for more details.

[199] Refer to subsection 4.3.4, 4.4.3, 5.3.5, and 6.3.5.1 for more details.

[200] Cf Bell 2010, 1281.

[201] Refer to subsections 3.3.6.3.2, 4.3.5.4, 5.3.6.3, and 6.3.7.3 for more details.

[202] *Sunrise Properties, Inc., et al. v Jamestown Urban Renewal Agency*, 614 N.Y.S.2d 841, 206 A.D.2d 913 (N.Y. ADiv. 1994).

[203] Refer to subsections 5.3.1.3, 5.3.2, and 5.3.6.3 for more details.

[204] Refer to subsection 4.3.4.3 and 4.3.5.4 for more details.

project disproportionate.[205] It remains to be seen which path South African courts will choose. The *status quo* in South Africa seems to be very similar to New York State law because the South African courts scrutinise whether the project brings about any public benefits.[206] It is expected that comparable to Dutch law, the South African courts will apply a proportionality analysis with considerable respect for the determinations of the planning authority.[207]

German courts are the only ones that fully scrutinise the balance between public benefits and adversely affected interests, claim the power to substitute their value judgements for the authority's value judgements, and will interfere where the adverse impact of the project and the expropriation outweighs the project's public benefits.[208] The courts thus claim a broader boundary-shaping and controlling role. Note that this full judicial scrutiny still leaves plenty of room for manoeuvring for the planning authority because the judiciary does not prescribe an optimal balance between public benefits and the adverse impact, but only seeks to ensure that the drawbacks do not outweigh the public benefits.

The concentration of power in the hands of the planning authority

Whereas in Dutch law, New York State law, and South African law, the planning authority has the last word on the weight of the involved interests (unless the Constitution or legislation stipulates otherwise), the judiciary has the last word in German law. In Dutch, New York State, and South African law, this leads to a concentration of power in the hands of the planning authority. From the perspective of the expropriatee, this concentration of power seems even more worrisome in the light of the already disturbing discretion of the planning authority to shape the expropriation's purpose under Dutch, New York State, and South African law.[209] The following figure provides an illustration of the extent to which primary and secondary legislation (black field) and the judiciary (grey field) determine the balance between the project's public benefits and adverse effects of the project and the expropriation, and the extent to which the planning authority can freely determine this balance (white field):

[205] KB Haarlemmermeer, Decision of 15 March 2010, No. 10.000658, *Staatscourant* 2010, 5605.

[206] (11375/08) ZAGPPHC 154, paras 56 et seq and 60 et seq; and Hoexter 2012, 340

[207] Refer to subsection 6.3.5.1.3 for more details.

[208] BVerfG, Judgment of 17 December 2013, *ZUR* 2014, 160, 163; Riedel 2012, 220; and Sachs, in Stelkens/Bonk/Sachs, VwVfG, § 40, Nos. 147 et seq.

[209] Refer to subsection 7.1.1.4.2 and 7.1.1.4.3 for more details.

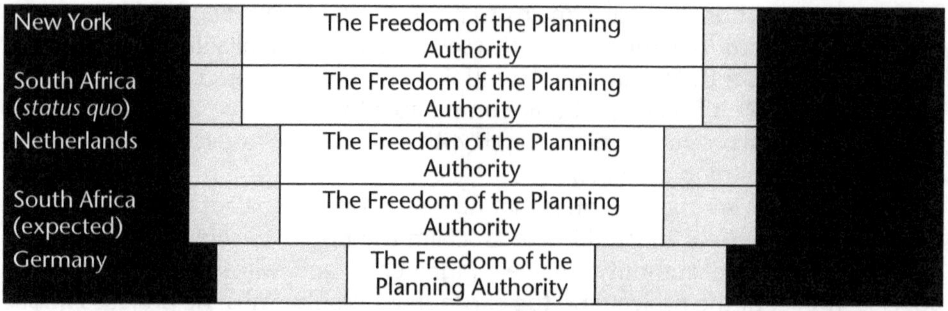

Figure 22: The governance of the balance between the project's public benefits and the adverse impact of the project and the expropriation. The black field represents mandatory legislative protection of certain public interests and the guidance that the Constitution and/or statutes give concerning the weighting of interests; the grey field represents the judicial or administrative control of the planning authority's determinations on the balance between the project's public benefits and the adverse effects of the project and the expropriation; the white field represents the freedom of the planning authority in shaping projects for which it may seek to expropriate property.

Source: Author's own design

A separate expropriation authority does not change the substantive requirements

Under some expropriation statutes in the examined jurisdictions, the authority that has the creative task of shaping the project within the boundaries of planning law also scrutinises whether the project's public benefits can legitimately justify the adverse impact. Examples of such a unitary approach include the New York State legislation on industrial development agencies and the Urban Development Corporation, and the South African Expropriation Act. Frequently, however, the jurisdictions follow a separation approach, designating another authority as the expropriation authority that has the controlling task to apply the constitutional and statutory requirements for a valid expropriation and to decide on whether or not to expropriate property for the project.[210] Under German law, the project plan's advance effect in expropriation law creates a somewhat different system that obliges the planning authority to apply the constitutional and most of the statutory requirements for a valid expropriation.[211]

There may be different reasons for such a division of tasks. Specialisation and efficiency gains may motivate this approach.[212] The wish to involve the local democratic institutions and the community at local level has in all probability informed the choice to designate the municipal councils as the planning authority responsible to draft and adopt binding land-use plans under Dutch law or to approve urban renewal plans and municipal redevelopment plans under New York State law. The approach may in some cases indirectly improve the protection of the expropriatee through a participatory procedure at an early stage of the planning process and an expropriation authority whose judgment is not necessarily clouded

[210] See, for instance, Art. 78(1) Ow; § 3(1) of the Hamburg Aerodrome Act; and § 506 (1) and § 970-i(a) of the New York State General Municipal Law.

[211] § 3(1) of the Hamburg Aerodrome Act; and Neumann, in Stelkens/Bonk/Sachs, VwVfG, § 74, Nos. 33 et seq and 40 et seq.

[212] Moench & Ruttloff 2014, 898.

by the planning procedure and its own interest in the project.[213] Particularly in jurisdictions where challenging the expropriation decision in court would be too time-consuming or not financially feasible, the proper fulfilment of the expropriation authority's controlling role is likely to prove very important to the expropriatee.

Despite this additional safeguard, there is no correlation between a separate expropriation procedure and stricter criteria concerning the balance between the project's public benefits and the adverse impact of the project and the expropriation. German authorities apply the same strict criteria, regardless of whether or not there is a formal separation between the planning and the expropriation phase.[214] The Dutch Crown, which is not bound by the municipality's determinations, applies less strict criteria than the criteria that German authorities apply.[215] South African and New York State law also prescribe less strict criteria than German law.[216] South African or New York State expropriation authorities, however, are not bound by the planning authority's determinations and, unlike the Dutch Crown, even have the freedom not to order the expropriation although the expropriation meets all statutory and constitutional requirements.[217] Despite this leeway, there is no evidence that they assume a boundary-shaping role and apply stricter criteria to expropriations for projects that were planned by a different planning authority.[218] It seems safe to say that unless there is a political incentive for the expropriation authority to assume a boundary-shaping role, this authority will only apply stricter criteria if the judicial scrutiny of the expropriation is stricter and, thereby, creates an incentive for the authority to do so, as is the case in German law.

7.1.6.6 The role of compensation and the protection of property rights

One explanation for the great extent to which the planning authority can shape a project and seek to expropriate property for it and the relatively weak judicial scrutiny in the Netherlands and New York State is the role that compensation plays in balancing the adverse impact of the project and the expropriation against the project's public benefits.

German law

German constitutional law specifically protects every single property right. It regards compensation as a consequence of the expropriation. Compensation can never heal or justify a disproportionate expropriation. The competent authority and the courts must never take it into account when balancing the involved interests.[219] The result is that an expropriation for a housing project was found disproportionate where it was likely to threaten the existence of the expropriatee's business and the state did not offer land to replace the expropriated property.[220]

---

[213] Refer to subsection 7.1.7 below for more details on the administrative procedures.
[214] Refer to subsection 3.3.6.2 for more details.
[215] Refer to subsections 4.4.3.2 and 4.4.4.3 for more details.
[216] Refer to subsections 5.3.5 and 6.3.5 for more details.
[217] Refer to subsections 4.1.3.2.3, 5.3.6.2, and 6.3.7.2 for more details.
[218] Refer to subsections 5.3.6.2 and 6.3.7.2 for more details.
[219] BVerfG, Judgment of 17 December 2013, *ZUR* 2014, 160, 163; BVerfG, Judgment of 10 March 1981, *NJW* 1981, 1257; and BVerfG, Judgment of 18 December 1968, *NJW* 1969, 309, 311 and 313.
[220] BGH, Judgment of 27 January 1977, *NJW* 1977, 955, 956.

Dutch law

Under Dutch law, by contrast, the Crown has found that the planning procedure and the Expropriation Act, including the provisions for compensation, generally ensure an equitable balance of interests.[221] This implies that there is very little scope for challenging the balance of interests because the compensation replaces the expropriated property in the estate of the expropriatee and, thereby, to a large extent erases the weight of the loss of ownership. Unsurprisingly, expropriations that threatened the existence of the expropriatee's business, such as the expropriation of the pancake farm in Leiderdorp for an IKEA branch, were not found to be disproportionate although the competent state body only offered compensation in money.[222]

The judgment of the Judicial Division on a binding land-use plan of the municipality of Moordrecht clearly confirms that the compensation in money is the reason why such expropriations are not found to be disproportionate under Dutch law.. As the plan in Moordrecht precluded the owner from operating a stud farm on the property due to missing transitional provisions and there was no other option for the owner to graze their horses, the Judicial Division found the plan's effects to be disproportionate.[223] This ruling features more intrusive judicial scrutiny than the 'normal' limited scrutiny of binding land-use plans in the Netherlands. Although the threat to this owner's business was certainly more severe than in the case surrounding the expropriation of agricultural land for a housing project in Germany, [224] this stricter scrutiny is surprising because the Judicial Division (or the Crown) has never struck down any expropriation that only threatened the existence of a business. The essential difference between the case from Moordrecht and expropriations that threatened the existence of a business is that the owner of the stud farm was not automatically entitled to compensation (or other forms of payment), but needed to choose to challenge the plan itself or to sue the municipality for compensation.[225] The Judicial Division was thus called upon to protect the owner's right to the value of the property rights.

Therefore, it seems clear that under Dutch law, compensation is not only a consequence of the expropriation, but forms part of the legitimate justification of the expropriation. It further seems that Dutch law mainly protects the value of the expropriated property rights and less so the specific property rights.

New York State law

In this respect, New York State law seems similar to Dutch law. The courts do not engage in an analysis of the balance between the adverse impact of the project and the expropriation, and the project's public benefits.[226] As long as all the parts of the project serve, or are conducive to, the legitimate purpose, the adverse impact is

[221] KB Haarlemmermeer, Decision of 15 March 2010, No. 10.000658, *Staatscourant* 2010, 5605.

[222] KB Leiderdorp, Decision of 8 July 2010, No. 10.001769, *Staatscourant* 2010, 10742.

[223] ABRvS, Judgment of 15 June 2011, ECLI:NL:RVS:2011:BQ7936, *JOM* 2011, 642, para 2.3.5.

[224] Cf BGH, Judgment of 27 January 1977, *NJW* 1977, 955, 956.

[225] Ravels, para 9, annotation of: ABRvS, Judgment of 8 November 2006, *AB* 2007, 252, ECLI:NL:RVS:2006:AZ1762.

[226] *Sunrise Properties, Inc., et al. v Jamestown Urban Renewal Agency*, 614 N.Y.S.2d 841, 206 A.D.2d 913 (N.Y. ADiv. 1994).

irrelevant to the lawfulness of the expropriation unless the chosen project is in no respect more beneficial *and* in no respect less harmful than an overall more beneficial or less harmful alternative.[227] As the compensation replaces the expropriated property in the expropriatee's estate, it would seem logical that it is through this compensation that the state takes into account the expropriatee's interest. This makes it less astonishing that *Dana* and *Merrill* have pointed out with regard to US Federal law that

> 'eminent domain is, if anything, *less intrusive* than other powers [ie the powers of taxation and to regulate property: the author], because eminent domain requires the payment of just compensation'.[228]

As a result, New York State law regards the compensation as a part of the legitimate justification and seems to protect the value of the property right considerably more than the property right itself.

Case law on regulatory takings (individually excessive regulation of property[229]) confirms this conclusion. In the case *Dolan v City of Tigard*, the US Supreme Court found that there needed to be 'rough proportionality', both in nature and extent, between the adverse impact of the regulation of property and the legitimate purpose of the regulation[230]. It initially seems astonishing that the US Supreme Court referred to a proportionality analysis. However, the purpose of the analysis was not to scrutinise the lawfulness of the regulation of property, but to analyse whether the regulation was a regulatory taking for which compensation would be due.[231] The test was thus not meant to protect the specific property right, but merely the value of this property right. As compensation is always due upon expropriation (condemnation), such a test would not be necessary in expropriation cases.

South African law

In South African law, it remains to be seen which path the courts will choose. The academics *Rautenbach* and *Southwood* were of the opinion that it would be through the compensation that the state would take account of the expropriatee's interest.[232]

7.1.7 The administrative procedures

In all of the examined jurisdictions, the legislator plays the role to select the competent authorities and prescribe the procedures that they must follow. In fulfilling a controlling role, the courts safeguard the legislator's choices by striking down decisions taken by unauthorised bodies and enforcing procedural rules. German law and Dutch law divide the decision-making process into a planning procedure and an expropriation procedure. In South Africa and New York State, one administrative procedure carries out almost the entire decision-making process. The

227 Refer to subsection 5.3.2 for more details.
228 Dana & Merrill 2002, 198; quotation with author's italics.
229 Cf Hoops 2016e, 26–50.
230 Christensen 2005, 1706 et seq; and *Dolan v City of Tigard*, 512 US 374, 391 (1994).
231 *Dolan v City of Tigard*, 512 US 374, 384 et seq (1994).
232 Southwood 2000, 22; and Rautenbach 2012, 409 et seq.

Dutch expropriation procedure combines an administrative expropriation procedure, in which the Crown takes the expropriation decision, and a judicial expropriation procedure, in which the ordinary courts review this decision, determine the compensation, and order the expropriation.[233] In this subsection, a comparative analysis is made of the competent administrative authorities and the procedural rules. The analysis of the procedural rules concerns the provision of information to the public; the access to the procedure; the moment of participation; the type of participation; and the obligation to give reasons.

7.1.7.1 The competent authorities

The examined jurisdictions employ authorities with a different position in the state system for various tasks with respect to the third-party transfer for economic development. The following table provides an overview of the competent authorities and their tasks:

Table 8: The competent planning and expropriation authorities under the different statutory bases in the four examined jurisdictions.

Task **Jurisdiction**	**Shaping the project (planning)**	**Application of constitutional and statutory requirements to the expropriation**
German law (example: Hamburg Aerodrome Act)	Hamburg Ministry of Economic Affairs and Labour	• Hamburg Ministry of Economic Affairs and Labour; • Hamburg Ministry of Finance
Dutch law (Spatial Planning Act; Expropriation Act)	• Municipal council; • Mayor and the members of the municipal executive	Crown (Ministry of Infrastructure and Environmental Affairs)
South African law	Depending upon statutory basis: • Minister of Public Works • Premier of a Province • Municipal council • Mayoral committee • Minister of Trade and Industry (industrial development zone programme)	(Expropriation Act) (provincial Land Disposal or Land Administration Acts) (provincial local government ordinances) • Different expropriation authorities (eg the Premier of a Province in the *Offit* case[234])
New York State law	Depending upon statutory basis: • Industrial Development Agency • Urban Development Corpora-tion • Urban renewal law: Municipal council; Urban renewal agency • Municipal redevelopment law: Municipal council	• Municipal redevelopment law: Authorised municipal body

Source: Author's own design

233 Cf Sluysmans, Verbist & Waring 2015, 6 et seq.

234 [2006] ZAECHC 6.

For the purpose of planning the project, the jurisdictions employ different types of authorities. Dutch law chooses the directly elected municipal council (and, if applicable, the appointed municipal executive) as the only planning authority that may apply for third-party transfers for economic development.[235] This choice should cater for more popular control and more responsiveness to the wishes of the people, but fewer institutional checks and less control from the national or provincial media.[236] Whether or not this choice will improve the position of the expropriatee, will depend upon the expropriatee's socio-economic position and the composition of the electorate. The Dutch approach is strikingly different from the choice made under German law. In German law, municipalities can only apply for the expropriation of property for genuine urban development projects.[237] They are barred from applying for third-party transfers for economic development.[238] Instead of municipal bodies, the Hamburg Aerodrome Act designated an appointed State Ministry as the planning authority. Given the project's dimension and state-wide importance as well as the expertise of the Ministry, this choice may have been wise, but likely reduced the responsiveness to the public's wishes.

In South African and New York State law, the competent planning authority depends upon the applicable statutory basis. Mostly unaccountable corporations, such as the Empire State Urban Development Corporation and industrial development agencies, appointed Ministries, but also directly elected municipal councils may perform the tasks of a planning authority.[239] How much influence the people (and the media) can exert over the authority thus depends upon the applicable statutory basis.[240]

For the purpose of expropriating property for a chosen project, German law and Dutch law both designate an appointed Ministry as the authority scrutinising whether the expropriation meets all constitutional and statutory requirements.[241] In the light of the expertise of the Ministries and their controlling task, this choice seems wise. In appointing another authority than the planning authority, Dutch law completely separates the planning of the project from scrutinising the lawfulness of the expropriation. This should guarantee the smooth fulfilment of the controlling role. Due to the plan's advance effect in expropriation law under German law, the Ministry that planned the project also partially verifies its lawfulness.[242] This double function may influence its judgment on the lawfulness of the expropriation. However, the judiciary's strict scrutiny of the expropriation decision (and the availability of legal aid[243]) should reduce the inclination of the authority not to safeguard the expropriatee's interests.

In New York State and South African law, the planning authority often also performs the task of scrutinising whether the expropriation would be lawful. If the planning authority is an unaccountable corporation or a directly elected body, this

---

[235] Art. 3.1(1) Wro. Refer to subsections 4.1.3.1 and 4.1.3.2 for more details.

[236] Hoops 2016b, 814–816.

[237] Refer to subsection 3.2.3.2.2 for more details.

[238] BVerfG, Judgment of 24 March 1987, *BVerfGE* 74, 264, 287.

[239] Refer to subsections 5.4.1, 5.4.2.1, 6.4.1.1, and 6.4.2.1 for more details.

[240] Cf Hoops 2016b, 814–816.

[241] Art. 78(1) Ow; and § 3(1) of the Hamburg Aerodrome Act. Refer to subsections 3.4.3.1 and 4.5.3.1 for more details.

[242] Neumann, in Stelkens/Bonk/Sachs, VwVfG, § 74, Nos. 33 et seq and 40 et seq.

[243] §§ 166(1) VwGO; and 114(1) ZPO.

double function is very likely to cloud its judgment on the lawfulness of the expropriation in the absence of popular control. If the fulfilment of the authority's controlling role is compromised, this will significantly reduce the protection of the expropriatee if the expropriatee cannot afford to challenge the expropriation in court. Only under the South African industrial development zone programme and New York State urban redevelopment legislation does the law always foresee separate expropriation authorities, which are, however, only appointed bodies.

7.1.7.2 The provision of information

In all of the examined jurisdictions, the competent authority must be proactive in raising public awareness of the project and the expropriation. The public does not need to ask for information, but the authority must provide it.[244] However, the way in which the authority provides information significantly differs and changes what the public needs to do to be able to form an opinion on the project and/or the expropriation.

Under German planning law, the authority must issue a public notice that states where and when the public can inspect the draft plan.[245] The authority must also grant access to all other relevant information.[246] The public notice does not need to contain a summary of the content of the plan. The inspection is thus the only opportunity for the public to gather all information. By way of contrast, Dutch planning law obliges the municipal council to publicise the preparatory decision on the new binding land-use plan and a summary of the content of the draft plan.[247] The public can then inspect the whole draft plan (and get access to all other relevant information).[248] If the municipality plans on implementing the project within a short period of time, it will have to serve an individual notice upon holders of registered property rights and personal use rights on the targeted land, who will, unlike their German counterparts, no longer have to watch out for a public notice.[249] Dutch law thus makes it easier for adversely affected persons to become aware of the threat to their interests and to access information on the proposed project.

In the expropriation procedure, Dutch law follows the same pattern.[250] At that stage, German law becomes more similar to Dutch law because the expropriation authority must serve individual notices upon holders of registered property rights with the essential information on the expropriation.[251] However, other participants, such as tenants, will still need to watch out for a public notice.[252] The authority must grant access to all the information that the participants will need to form an opinion.[253]

---

[244] In German law: § 73(5) No. 1 HmbVwVfG; and § 108(3) BauGB. In Dutch law: Artt. 3.8(1) Wro, 3:11(1) Awb. In South African law: Ss 3(2)(b)(a) and 4(3)(a) PAJA. In New York State law: § 202(A) EDPL.

[245] § 73(5) No. 1 HmbVwVfG.

[246] §§ 25(1) and 29(1) HmbVwVfG.

[247] Artt. 3.8(1) Wro, 3:11(1) Awb.

[248] Art. 3:12(3) Awb, read in conjunction with Art. 3.8(1) lit. d Wro.

[249] Art. 3.8(1) lit. c Wro.

[250] Refer to subsection 4.5.3.2 for more details.

[251] § 108(3) BauGB.

[252] § 108(5) BauGB.

[253] §§ 25(1) and 29(1) HmbVwVfG.

Under South African law, the competent authority will have to provide all information necessary for effective participations through either an individual notice for adversely affected persons (in cases of small-scale projects and expropriations) or a public notice (in cases of large-scale projects and expropriations).[254] With regard to small-scale projects, South African law thus provides the most convenient access to all necessary information.

New York State law generally only prescribes public notices that contain an outline of the project and the expropriation.[255] Under the EDPL, the owner receives an individual notice, which makes it easier for them to respond to the planned state action.[256] Under SEQRA, any person may request a copy of the draft environmental impact assessment, and the competent authority will automatically send it to them.[257] What seems problematic, however, is that to get all relevant information, the public generally has to resort to the slow and cumbersome procedure under the Freedom of Information Law.[258] Through this mechanism, New York State law makes it the most difficult in comparison to the other examined jurisdictions for adversely affected persons to access information on the project and the expropriation.

7.1.7.3 The access to the procedure

In none of the examined jurisdictions is an affected person *obliged* to participate in the administrative procedures.[259] The people who are *entitled* to participate in the administrative procedure differs per jurisdiction and depends upon the task of the competent authority.

For a municipal binding land-use plan, which is naturally of interest to the whole community, Dutch planning law allows *everyone* to participate in the procedure.[260] Likewise, a municipal redevelopment plan or an urban renewal area under New York State law affects the whole community. This may explain why everyone may participate.[261] In contrast, South African administrative procedures generally only open their doors to adversely affected persons.[262] On the other hand, where the administrative decision affects the public as a whole, the general public may participate.[263] Under the Hamburg Aerodrome Act, the access to the planning procedure was restricted to affected persons.[264] As the extension of the runway was only a single project and did not affect the land use in the whole community, this seems to have been a reasonable choice.

Under Dutch and German law, only adversely affected persons may participate in the expropriation procedures.[265] This seems a reasonable choice because the procedure concerns the fate of only certain parcels of land. South African law also

254 Ss 3(2)(b)(a) and 4(3)(a) PAJA. Refer to subsection 6.4.3.1 for more details.
255 See § 202(A) EDPL; and §§ 505(2) and 970-h(b) of the General Municipal Law..
256 § 202(C) EDPL.
257 6 CRR-NY VI 617.12.
258 Cf Goldstein 2011, 308 et seq; and Rikon 2011, 172.
259 Critical: Van Zundert 2017, section 3.
260 Artt. 3:15(1) 3:16(1) (2) Awb, and 3.8(1) lit. d Wro.
261 §§ 505(2) and 970-h(c) and (d) of the New York State General Municipal Law.
262 S 3(1) PAJA.
263 S 4(2) (3)(a) PAJA; and Regulation 18(2)(a) Regulations on Fair Administrative Procedures.
264 § 73(4) 1st sentence, HmbVwVfG.
265 §§ 106, 108 BauGB; and Artt. 3:15(1) and 3:16(1) (2) Awb.

restricts the access to expropriation procedures to adversely affected persons, [266] unless the expropriation affects the public at large.[267] Under New York State's EDPL and SEQRA, the expropriation procedure is open to the general public.[268]

7.1.7.4 The moment of participation

The moment at which the participation mechanisms kick in greatly affects the public's chances of influencing the decision. The jurisdictions have chosen vastly diverging approaches. Where the law provides a separate planning procedure, the public can influence the design of the project before a certain parcel of land is targeted for expropriation. This is the case in German law, [269] Dutch law, [270] New York State municipal redevelopment law and urban renewal law, [271] and, possibly, under South Africa's SPLUMA and industrial development zone programme.[272] Under other New York State statutes and South African expropriation legislation, however, the public is mostly faced with a draft decision to expropriate property for an already determined project. It is highly likely that the competent authority will no longer be willing to change the project, and thus the public participation will not have any meaningful impact on the project.

7.1.7.5 The type of participation

The type and intensity of participation can also affect the public's influence on the decision. Under German law, the participation mechanism is the most extensive. Adversely affected persons can first submit objections and then participate in a non-public oral hearing that is supposed to include discussions and deliberations. The competent authorities use this participation mechanism in both the planning and the expropriation procedure.[273] Dutch planning law, by contrast, only requires that the competent authority solicit written or oral comments and objections.[274] The Expropriation Act also requires an additional hearing, in which the public can elaborate on their objections.[275] Discussions and deliberations, however, are only optional. At the municipal level, the public may, in addition, hold their representatives in the municipal council accountable. Under New York State law, people can make oral and written statements, but the law does not provide for adversarial elements or cross-examinations.[276] Concerning municipal redevelopment plans and urban renewal areas, the public can also hold their representatives in the council to account. South African law mostly only provides for a consultation mechanism with written statements.[277] If the authority expropriates property for large-scale projects

[266] S 3(1) PAJA.

[267] S 4(2) (3)(a) PAJA; and Regulation 18(2)(a) Regulations on Fair Administrative Procedures.

[268] § 203 EDPL.

[269] § 73(5) No. 1 HmbVwVfG.

[270] Artt. 3.8(1) Wro, and 3:11(1) Awb.

[271] § 505(2) and §§ 970-e, 970-g(a) and 970-h(a) of the New York State General Municipal Law.

[272] Ss 24(1) and 28(2) SPLUMA; and Regulation 3(b)(2) R1224 (2000).

[273] § 73(4) and (6) HmbVwVfG; and §§ 106 et seq BauGB.

[274] Artt. 3:15(1) 3:16(1) (2) Awb, and 3.8(1) lit. d Wro.

[275] Art. 78(4) Ow.

[276] § 203 EDPL; and *Jackson v New York State Urban Development Corporation*, 67 N.Y.2d 400, 424 (N.Y. 1986).

[277] Ss 3(2)(b)(b) 4(3)(a) and (b) PAJA.

and opts for the public inquiry, however, a public hearing will be held that at least allows for oral representations.[278]

7.1.7.6 The obligation to give reasons

All of the examined jurisdictions provide for an obligation for the competent authority to furnish reasons, proactively[279] or, as is the case in South Africa, upon request.[280] These reasons must set out the facts and interpretation of the law that forms the basis for the decision. All examined systems except for South African law and New York State's EDPL expressly recognise that this obligation includes the duty to take into account and respond to the representations made by affected persons.[281] Under South African law and New York State's EDPL, the authority's duty to consider representations made by the public or its duty to justify its decision, respectively, seems to imply such an obligation.[282]

7.1.8 The court procedures

In all of the examined jurisdictions, adversely affected persons can challenge an expropriation decision and the administrative decisions upon which the expropriation is based, such as a project plan, before a court of law. Unlike in other jurisdictions, judicial scrutiny under Dutch law forms part of the expropriation procedure in the form of the judicial expropriation procedure, and affected persons do not need to challenge the expropriation decision in order to have it reviewed by courts. The concept of '(adversely) affected person' (in New York State law: 'aggrieved person') may differ per jurisdiction. A comparison of this term, however, falls outside the scope of this book. Suffice it to say that at least owners, holders of registered property rights, and tenants will enjoy the privileges that the law attaches to this category of persons.[283] In all of the examined jurisdictions, the grievances of adversely affected persons generally determine the scope of the proceedings and such persons are permitted to show evidence of their grievances.[284]

The position of adversely affected persons in the proceedings differs significantly per jurisdiction and influences their chances to have a harmful administrative decision annulled. The German court procedure before the Administrative Court best protects adversely affected persons. Before the Administrative Court, adversely affected persons can inter alia challenge the project plan, the choice of the project, and the planning authority's determinations on the legitimacy of the purpose, the suitability and necessity of the expropriation, and the balance between the public

---

[278] S 4(2)(b)(i)(aa) PAJA.

[279] § 39 VwVfG; Art. 3:46 Awb; and § 204(B) EDPL.

[280] S 5(2) PAJA.

[281] In German law: Stelkens, in Stelkens/Bonk/Sachs, VwVfG, § 39, No. 1. In Dutch law: ABRvS, Judgment of 18 January 2012, ECLI:NL:RVS:2012:BV1211, paras 2.2.2 and 2.5.6. Under SEQRA: 6 CRR-NY VI 617.9(b)(8).

[282] Shapiro 1992, 182 et seq and 186; and Hoexter 2012, 118 et seq.

[283] In German law: § 42(2) VwGO; and § 106 BauGB. In Dutch law: Artt. 18, 3(2) Ow; Art. 8.2(4) Wro; and Bröring et al 2016, 106 et seq and 114 et seq. In South African law: De Ville 2003, 414 and 419. In New York State law: *New York State Association of Nurse Anesthetists v Antonia C. Novello*, 2 N.Y.3d 207, 211 et seq (N.Y. 2004).

[284] In German law: § 88 VwGO; §§ 138, 139, 286 and 308 of the German Civil Procedure Code. In Dutch law: Art. 8:69(1) Awb; and Rueb 2013, 37. In New York State law: §§ 402, 7804 Civil Practice Law and Rules.

benefits and adversely affected interests. These many grounds of review are due to the plan's advance effect in expropriation law under the Hamburg Aerodrome Act and many other expropriation statutes.[285] The administrative courts afford great protection because they must investigate the case out of their own initiative, and the burden of proof lies with the administrative authority.[286]

If an adversely affected person challenges the expropriation decision under German law, the competent specialised chamber of an ordinary Regional Court protects adversely affected persons less extensively. The judge has discretion, but no obligation, to gather information proactively.[287] Also, the adversely affected person generally bears the burden of proof.[288] However, as these proceedings mostly do not concern the legitimate justification of the expropriation, this weaker position of the expropriatee does not considerably affect the judicial protection from a flawed justification of the expropriation.

Dutch court proceedings also protect adversely affected persons less effectively. Before the Judicial Division, the country's highest administrative court, adversely affected persons may challenge the project plan, the choice of the project, and the balance between the involved spatial planning-related interests. The Judicial Division's judges may proactively examine the case, but there is no obligation for them to do so.[289] There is, moreover, no hard and fast rule on who bears the burden of proof. Probably, the municipality will bear the burden of proof.[290] This allocation of the burden of proof would contribute to the protection of adversely affected persons.

The position of adversely affected persons in the judicial expropriation procedure is weaker under Dutch law. Before the ordinary civil courts, they can challenge the decision on the grounds that the expropriation does not serve a legitimate purpose or is not a suitable, necessary, or a proportionate means to enable the project developer to implement the project. The protection of the expropriatee is weaker because the civil courts do not proactively investigate a case, and the burden of proof generally lies with the adversely affected person.[291]

Under New York State law and South African law, the court proceedings put the adversely affected persons in a similarly weak position to the proceedings before the Dutch civil courts. Before the ordinary courts, which are competent to adjudicate all expropriation cases in both jurisdictions, the courts do not proactively investigate the case, and the adversely affected person bears the burden of proof.[292]

[285] § 3(1) of the Hamburg Aerodrome Act; and Neumann, in Stelkens/Bonk/Sachs, VwVfG, § 74, Nos. 33 et seq and 40 et seq.

[286] § 86(1) VwGO; Dawin, in Schoch/Schneider/Bier, VwGO, § 108, Nos. 102 et seq; and Marwinski, in Brandt & Sachs, 74, No. 201.

[287] § 221(2) BauGB.

[288] §§ 138, 139, 286 and 308 of the German Civil Procedure Code; and Prütting, in MüKo-ZPO, § 286, Nos. 111 et seq.

[289] Art. 8:69(3) Awb.

[290] Refer to subsection 4.5.4.2 for more details.

[291] Artt. 149(1) 150 of the Dutch Civil Procedure Code.

[292] In South African law: Gildenhuys & Grobler 2012, No. 14. In US law: *Addington vs. Texas*, 441 US 418, 422 et seq (1979).

7.1.9 Preventive measures

Preventive measures compel the private transferee to implement the project. The purpose of preventive measures is to avoid the expropriation retrospectively losing its legitimate justification. In all of the examined jurisdictions, legislation imposes upon the competent authority the obligation to take preventive measures in at least some cases. However, German law has the only comprehensive regime in place. The constitutional dispensation obliges the legislator to ensure that the transferee realises the legitimate purpose. The legislator must compel the authority to take preventive measures in accordance with the intensity and the types of preventive measures laid down in the expropriation statute.[293] By contrast, only Dutch procurement law, which will only apply if the competent authority sells the expropriated property to the transferee at a lower than reasonable price or otherwise subsidises the project, imposes an obligation to conclude an agreement on the project and its implementation.[294] In New York State law, only urban renewal legislation and municipal redevelopment legislation, which only cover a small percentage of all expropriations, compel the competent authority to take preventive measures.[295] Under South African law, procurement law only obliges provinces and the Republic to take preventive measures, while municipalities are free not to take any preventive measures. Apart from procurement law, only the legislation on the industrial development zone programme requires preventive measures.[296]

The governance of preventive measures

The governance of preventive measures reveals a remarkable pattern. Only in German law, in which the proactive Federal Constitutional Court does not hesitate to impose obligations upon the legislator, has the legislator assumed a broad boundary-shaping role and introduced a comprehensive regime that ensures that the competent authority takes preventive measures. In the jurisdictions in which there is no Constitutional Court or no proactive one, there is legislation that is specific to a certain legal field, but does not cover expropriation cases generally. The result is a 'legal carpet' with holes in it. In such jurisdictions, the public needs to rely upon the far-sighted wisdom of the authorities. In Dutch and New York State practice, most authorities seem to conclude an agreement with the transferee that contains an obligation to implement the project, but does not seem to compel the authority to make use of contract law remedies in case of a breach of contract.[297] Where there is no such agreement, lawyers in at least the Netherlands and South Africa may want to rely upon general legal principles, such as the principle of legality, or the constitutional protection of property to develop an obligation for the competent authority to take preventive measures.[298]

---

293 BVerfG, Judgment of 24 March 1987, *BVerfGE* 74, 264, 285 et seq; and BVerfG, Judgment of 17 December 2013, *NVwZ* 2014, 211, 215.

294 Refer to subsection 4.6.1.1 for more details.

295 §§ 507(3) and 970-l of the General Municipal Law.

296 Refer to subsection 6.5.1 for more details.

297 Refer to subsections 4.6.1.3 and 5.5.1.2 for more details.

298 Refer to subsections 4.6.1.2 and 6.5.1 for more details.

The goal of preventive measures

An intriguing question is whether the preventive measure must only require the implementation of the economic development project itself or also the creation of jobs and economic growth. Under German law, the legislator must generally ensure that the transferee creates jobs and economic growth.[299] However, there is often considerable tension between the transferee's obligation to create jobs and their need to stay competitive and profitable. The Hamburg Aerodrome Act seems to have provided a viable compromise. Instead of prescribing a certain number of jobs, the agreement between the City of Hamburg and Airbus only had to provide that Airbus had to create all jobs needed for the extension of the runway and the construction and distribution of wide-body aircraft.[300]

In the other three examined jurisdictions, neither courts nor scholars have dealt with this question. The applicable legislation in Dutch, New York State, and South African law only requires measures securing the implementation of the project, but not the indirect public benefits of the project.[301] In Dutch and New York State practice, the agreements concluded with transferees also show no sign of an obligation to create jobs or economic growth.[302]

Types of preventive measures

The last comparative aspect is the means that authorities use as preventive measures. In practice, it seems that a binding agreement with the transferees is the dominating means to compel the transferee to realise the legitimate purpose in all examined jurisdictions.[303] Concerning third-party transfers for economic development, the direct regulation of the transferee's business activities through primary legislation or regulatory schemes, by contrast, does not seem to be popular.

7.1.10 Corrective measures

A corrective measure is the expropriatee's right to reacquire the expropriated property in cases where the project developer fails to implement the project. The examined jurisdictions follow one of three different approaches to the expropriatee's right to reacquire the property in such cases:[304]

- the strict implementation-oriented approach;
- the lenient implementation-oriented approach;
- the objective intention-oriented approach.

German law has adopted a strict implementation-oriented approach. This means that under the Basic Law, only the full implementation of the project precludes the expropriatee's right to reacquire their property in all cases.[305] This also applies to

[299] Refer to subsection 3.5.1.4 for more details.
[300] § 4(2) of the Hamburg Aerodrome Act.
[301] Refer to subsections 4.6.1.4, 5.5.1.1, and 6.5.1 for more details.
[302] Refer to subsections 4.6.1.3 and 5.5.1.2 for more details.
[303] Refer to subsection 3.5.1.3, 4.6.1.3, 5.5.1.2, and 6.5.1 for more details.
[304] This categorisation of these approaches was introduced with partially different categories in Hoops, Saville & Mostert 2015, 125–139.
[305] BVerfG, Decision of 12 November 1974, *NJW* 1975, 37, 38 et seq.

third-party transfers.[306] Legislation may subject the right to reacquire to additional requirements and specify or delegate the specification of the period of time within which the transferee must start and/or finish implementing the project. Under the Federal Building Code, for instance, the expropriation authority determines that period and can deny the right to reacquire where the land has been changed substantially.[307] A change of the purpose for which the property is used will only be permissible if the state repeats the formal expropriation procedure.[308]

Dutch law generally follows a lenient implementation-oriented approach. This approach is initially similar to the German one because the expropriatee will generally have a right to reacquire under the Expropriation Act if the transferee does not start to implement the project within three years; starts and then halts the implementation for three years; or if there are other circumstances that indicate that the transferee will not fully implement the project.[309] Unlike German law, the Dutch legislation itself determines the period within which the transferee must start implementing the project. A further dissimilarity with German law is that the Dutch authorities cannot deny the right to reacquire where the land has been substantially changed. The Dutch implementation-oriented approach is lenient because, unlike German law, a change of purpose may be permissible without a separate expropriation procedure. Where the transferee wishes to pursue another legitimate purpose and establishes that the courts would not annul an expropriation of the expropriated property for that purpose, this change of purpose is permissible and precludes the right to reacquire.[310] That said, the prevailing doctrine states that after a third-party transfer, the expropriatee does not have a right to reacquire[311] unless the expropriation was unlawful or exceptional circumstances occur.[312] As has been suggested in the chapter on Dutch law, [313] expropriatees should be able to invoke the constitutional protection of property or the principle of legality to have a right to reacquire. In practice, an agreement between the (planning) authority and the transferee may enable the expropriatee to exercise a right to reacquire.[314]

New York State law and South African law follow an objective intention-oriented approach. This approach entails that the expropriatee generally does not have a right to reacquire and that a change of purpose will be permissible. The expropriatee may automatically reacquire their property if the expropriation is void because the competent authority did not intend and/or could not reasonably believe that the expropriation would realise the legitimate purpose. In South African law, the expropriation would be void if the competent authority could not reasonably believe that the expropriation would serve a legitimate purpose and the authority

[306] Groß, in Ernst/Zinkahn/Bielenberg/Krautzberger, BauGB, § 102, No. 10; and Battis, in Battis/Krautzberger/Löhr, BauGB, § 102, No. 1a.

[307] § 102(1) No. 1 and (4) BauGB.

[308] Refer to subsection 3.5.2 above.

[309] Art. 61 Ow.

[310] HR, Judgment of 25 February 2011, ECLI:NL:HR:2011:BO9554, *NJ* 2011, 292, annotated by Van Wijmen, para 3.5.

[311] HR, Judgment of 25 February 2011, ECLI:NL:HR:2011:BO9554, *NJ* 2011, 292, annotated by Van Wijmen, para 3.3.

[312] See subsection 4.6.2.3.2 above.

[313] Refer to subsection 4.6.2.3.5 for more details.

[314] Refer to subsection 4.6.2.3.3 for more details.

actually pursued an illegitimate purpose.[315] Under New York State law, the expropriatee needs to establish that the authority could not reasonably believe that the project would bring about the promised public benefits.[316] Note that under Dutch and German law, [317] proof of either set of facts should also lead to the unlawfulness of the expropriation and automatic reacquisition.

According to South African case law, the expropriatee will only have a right to reacquire where the transferee has never set out to commence the implementation.[318] This may be seen as part of an objective intention-oriented approach because a failure to set out to start implementing the project may suggest that the authority or the transferee never had the intention to implement it. In the South African literature, by contrast, there are calls for a lenient or strict implementation-oriented approach.[319] New York State law further subjects the change of purpose to the restriction that the condemnor may not transfer the unchanged property to a third party for a private purpose within the first ten years without offering it to the expropriatee first.[320] However, this exception does not apply to third-party transfers.[321]

The governance of corrective measures

The governance of corrective measures reveals a familiar pattern. In all of the examined jurisdictions, the legislator generally has the boundary-shaping role to lay down corrective measures in legislation. Legislation in all examined jurisdictions, however, is not comprehensive because it does not cover all cases in Germany and the Netherlands, [322] and does not provide for a right to reacquire at all in New York State or South Africa.[323] There is only a comprehensive regime in German law because the proactive Federal Constitutional Court construes the constitutional property clause as providing the expropriatee with a right to reacquire. Where such a proactive and boundary-shaping judiciary is absent, lawyers need to develop and argue for a right to reacquire on the basis of legal principles and constitutional provisions. Otherwise, expropriatees depend upon authorities inserting corrective measures into binding agreements with transferees. In Dutch and New York State practice, such agreements either do not contain any corrective measures or leave it to the authority to decide on whether to reacquire the property and transfer it back to the expropriatee.[324]

7.1.11 Conclusion

The examined jurisdictions ensure different degrees of judicial protection from expropriation. Regarding the choice of the permissible ends of the expropriation (ie the legitimate purposes), the examined jurisdictions leave it to the legislature to

---

315 [2010] ZAKZPHC 86, para 137.
316 Refer to subsection 5.5.2 for more details.
317 Refer to subsections 3.3.1.1 and 4.3.2.1 above.
318 [2010] ZAKZPHC 86, para 137.
319 See, for instance, Van der Walt & Slade 2012, 219–235.
320 § 406(A) EDPL.
321 Refer to subsection 5.5.2 for more details.
322 Refer to subsections 3.5.2 and 4.6.2.3 for more details.
323 Refer to subsections 5.5.2 and 6.5.2 for more details.
324 Refer to subsections 4.6.2.3.3 and 5.5.2 for more details.

shape the legitimate purposes within very broad constitutional boundaries. Even specific economic development projects that create jobs or generate economic growth generally serve a legitimate purpose. There is only a slim chance that the US Supreme Court will strike down third-party transfers for economic development outside economically distressed areas. As a result, there is generally very little control of the ends that the legislature chooses to pursue through expropriation.

German law offers expropriatees more protection than other jurisdictions through its governance model. The German Basic Law compels the legislature to assume a broader boundary-shaping role and specify the legitimate purposes (and projects) to a large extent in the expropriation statute. As regards economic development projects, only project-specific statutes that specify the basic characteristics of the project, the public benefits, the benefited area, and the beneficiaries are currently certain to pass constitutional muster. This governance model limits the creative task of the planning authority to shape the expropriation's purpose and enables the courts to perform their controlling role to ensure compliance with the expropriation statute effectively.

With regard to the choice of the means that the state employs to pursue the legitimate purpose, the quality of protection from expropriation differs enormously per jurisdiction. The only common ground is that the courts in all jurisdictions scrutinise whether the project is suitable to serve its purpose, and whether the expropriation is suitable to enable the transferee to implement the project. The protection from expropriations for projects with few public benefits is better developed in Dutch law, German law, and New York State law than in South African law. Dutch, German, and New York State law can filter out such expropriations through the requirement of a dominant public purpose in New York State, the requirement of a substantial contribution to the legitimate purpose in Germany, and the proportionality analysis in Germany and the Netherlands.

The judicial protection from projects that are more harmful than equally suitable alternatives is best developed in Germany and the Netherlands because these jurisdictions filter out chosen projects that cause considerably more harm than an equally suitable alternative. New York State and South African law, if at all, can only filter out chosen projects that are in no respect less harmful and in no respect more beneficial than an overall more beneficial or less harmful alternative project. The judicial protection from unnecessary expropriations is better developed in Germany, the Netherlands, and New York State than in South Africa. This is because German, Dutch, and New York State courts accept the least invasive means argument in more cases. Unlike South African law, the other three jurisdictions generally recognise the acquisition of less land through expropriation, less invasive legal means, and the attempt to purchase the property on reasonable terms as less invasive means. In the Netherlands, the protection is the greatest because Dutch law even accepts self-realisation as a less harmful means. If the expropriatee is willing and able to implement the project in accordance with the planning authority's wishes, the expropriation will no longer be necessary.

Concerning the judicial protection from expropriations that are excessive in relation to the project's public benefits, only German law allows the judiciary to assume a broader boundary-shaping role and engage in full scrutiny of the relationship between the project's public benefits and the adverse impact of the project and the expropriation. As a result, German law, for instance, protects an expropriatee from expropriations that threaten to destabilise their business. Such protection is not afforded in the other three jurisdictions. Unlike German law, the other three jurisdictions take into account the compensation that the expropriatee will receive and their courts respect the value judgements of the planning authority or, as is the case in New York State, generally refuse to scrutinise the balance between public benefits and detrimental effects.

As to the position of the expropriatee in the administrative procedures, Dutch law protects the expropriatee the most because the directly elected municipal council shapes the project through a participatory and democratic decision-making process that starts when the project is shaped. German law is a close second because it ensures a deliberative decision-making process hosted by an appointed authority that starts when the project is shaped. Participatory administrative procedures in New York State and South Africa, by contrast, mostly only start when the state seeks to expropriate property and the competent authority has already made up its mind.

As to the position of the expropriatee in the court procedure, German law protects the expropriatee the most because German administrative courts, which ensure the judicial protection from unlawful expropriations to a great extent, investigate the case themselves, and impose the burden of proof upon the authority that took the administrative decision. The proceedings before the Dutch Judicial Division protect the expropriatee also fairly well because the Judicial Division may investigate the case itself and the burden of proof is likely to lie with the planning authority. By contrast, South African courts, New York State courts, and the Dutch courts competent in expropriation matters put the expropriatee at a disadvantage because they do not investigate the case themselves and impose the burden of proof upon the expropriatee.

Concerning preventive measures, only German constitutional law comprehensively ensures that the competent authority compels the transferee to implement the project. In the other jurisdictions, not all cases of expropriations are covered, and the public must rely upon the authority's own initiative. Regarding corrective measures, it is, again, only German law that provides for a right to reacquire in all cases of non-implementation. Dutch, New York State, and South African law protect the expropriatee significantly less because they only provide for automatic reacquisition or a right to reacquire under very exceptional circumstances. In these jurisdictions, the expropriatee has to rely upon the competent authorities to take the initiative to take corrective measures.

All in all, it seems that German law provides the best judicial protection in terms of substantive requirements for a lawful expropriation. Regarding the position of the expropriatee in the administrative and court procedures, Dutch and German law are the most protective because adversely affected persons may participate at an early stage of the decision-making process and the courts are proactive. German law also protects the expropriatee the most extensively after the expropriation by granting a right to reacquire in cases of non-implementation.

Concerning New York State, the following should be noted. Although New York State has a largely case law-based legal system and it is difficult to predict the protection of the expropriatee in a specific case with absolute certainty, [325] it seems unlikely that the courts will protect the expropriatee in new cases more extensively than the current jurisprudence suggests. There are two reasons for this conclusion.

[325] See subsection 1.5 above.

Firstly, the New York State Court of Appeals has developed abstract rules that seem to apply to all cases and narrow the scope for manoeuvring for the judiciary. One may think of the deference to the authority's determinations and the irrelevance of the balance between the public benefits of the project and the detrimental effects of the project and expropriation.[326] Secondly, the New York State courts have already dealt with cases that should have triggered more intrusive judicial scrutiny of the purpose of the expropriation, such as *Goldstein* and *Kaur*, [327] or the balance between benefits and detrimental effects, such as the expropriation for a shopping mall in the *Kaufmann* case[328] and the expropriation of residential buildings for the expansion of the New York Stock Exchange.[329] With respect to South African law, a similar, but more nuanced conclusion can be reached. The lower courts have spelt out relatively clear rules[330] and have already dealt with controversial cases, such as the *Bartsch* case.[331] However, as has been suggested throughout Chapter 6 and this chapter, [332] the transition towards rules that are in line with the right-based Constitution will entail a move towards more elaborate and stricter substantive requirements and more intrusive judicial scrutiny.

7.2 THE ROOTS OF THE MAIN SIMILARITIES AND DIFFERENCES

The comparative analysis thus far has brought to light a variety of similarities and differences between the examined jurisdictions. This section seeks to sketch possible reasons behind three similarities and differences that most affect the protection of the expropriatee's property right. The section neither strives nor purports to be complete or verified through empirical research.[333] The first subsection deals with possible causes of the similarity that all of the examined jurisdictions accept specific economic development projects as serving a legitimate purpose. The second subsection addresses possible reasons behind the different roles of the legislatures in defining the legitimate purpose. The third subsection discusses possible roots of the different roles that the planning authority and the judiciary in the examined jurisdictions play in concretising the purpose laid down in the expropriation statute and striking the balance between the project's public benefits and the adverse impact of the project and the expropriation.

7.2.1 Similarity: The recognition of economic development as a legitimate purpose

All of the examined jurisdictions recognise specific economic development projects as serving a legitimate purpose under their respective Constitution and in expropriation statutes, after a gradual development towards a broader definition of legitimate purposes. This striking similarity begs an explanation. There may be several reasons

[326] See subsections 5.3.5 and 5.3.6.3 above.

[327] See subsections 5.2.2.3.4, 5.2.2.3.5, and 5.2.5.3.3 above.

[328] *Kaufmann's Carousel, Inc. v City of Syracuse Industrial Development Agency*, 301 A.D.2d 292 (N.Y. ADiv. 2002).

[329] *Matter of Fisher*, 730 N.Y.S.2d 516, 287 A.D.2d 262 (N.Y. ADiv. 2001).

[330] See, for instance (914/10) ZASCA 246, para 16.

[331] [2010] ZAFSHC 11, para 5.2

[332] See, in particular, subsections 6.3.2.2, 6.3.4.4, and 6.3.5.1 above.

[333] Cf Dannemann 2006, 398.

why third-party transfers for economic growth and/or the creation of jobs have become more important to the state than they were in the past. Since the nineteenth century, the state has assumed more and more functions. It has evolved from a state that merely provided for legal certainty, defence, and security into the 'administrative state' that also takes care of, amongst others, infrastructure, education, public health, public welfare, and urban planning.[334] In each of the examined jurisdictions, the state has also assumed a responsibility for the smooth functioning and prospering of the economy and job creation.[335] In a market economy based upon services and manufacturing, a job is the economic basis of the lives of most people, and rising tax revenues owing to economic growth enable the administrative state to finance its activities. It, therefore, does not come as a surprise that legislatures and administrative authorities choose to support the initiatives of private business in exchange for economic growth and jobs, particularly in times of economic crises and in areas suffering from economic decline. As we have seen a trend towards privatisation and away from business activities of the state since the 1970s, [336] third-party transfers for economic development have become even more attractive to the government than they were before.

This explains why legislatures and authorities often embrace third-party transfers for economic development, but does not necessarily explain why judges, who are supposed to be committed to protecting the fundamental right of property, uphold expropriations for such purposes. The first reason is that all of the examined constitutions leave the definition of legitimate purposes open and make it possible to adjust it to the specific needs of each period in history.[337] As the administrative state and its tasks were growing, the courts have had to adjust the interpretation of legitimate purposes. As society began to perceive economic development as an urgent public need, it is not surprising that the courts followed suit and decided to allow third-party transfers for that purpose.

The second reason is that judges generally defer to the determinations of the legislature (and administrative authorities) when it comes to the interpretation of the constitutional legitimate purpose requirement.[338] The main explanation for this relationship between the legislator and the judiciary seems to be that it is for the democratically legitimised political branches of the state to select the goals that the state seeks to achieve (but not necessarily the means that the state employs to achieve those goals). This explanation reflects the prevailing opinion in Germany.[339] In New York State, scholars not only rely upon the democratic legitimacy of the legislature's choice, [340] but also question the judiciary's expertise to make an assessment of what is 'public' or legitimate.[341] An interesting episode from US constitutional history further suggests that judges were never meant to play an extensive role in reviewing the expropriation's purpose. It seems that *Madison*, who drafted the Fifth Amendment, never intended the public use requirement to be a

---

[334] Schlössels & Zijlstra 2010, 9 et seq, 17 et seq and 39 et seq; and Maree 2013, 47 *et seq*.

[335] Frenzel 1978, 98 et seq; and Nelson 1996, 3–81.

[336] See, for instance, D Harvey *A Brief History of Neoliberalism* (New York: Oxford University Press 2005).

[337] Refer to subsection 7.1.1.1 above.

[338] Refer to subsection 7.1.1.4.1 above.

[339] Alexy 2002, 395 et seq.

[340] Jones 2000, 302; Merrill 1986, 86; and Gillette 2005, 19.

[341] Dana & Merrill 2002, 203; Bailly 2011, 572 et seq; and Franzese 2011, 1115.

substantive constraint on the state's power of eminent domain; *Madison* was of the opinion that the political process would sufficiently protect the rights of property owners.[342] Curiously enough, US courts have been applying the public use requirement as a substantive constraint and followed a very strict interpretation of the requirement before increasingly deferring to legislative (and administrative) determinations from the end of the nineteenth century onwards.[343]

In South Africa, [344] there is a similar lack of confidence in the judiciary to that in New York State. In the Netherlands, there is no judicial scrutiny of the legislature's choice. There is no Constitutional Court and no constitutional scrutiny of statutes.[345] As the Dutch Parliament interprets the Constitution, [346] it can, within the wide boundaries of the European Convention, authorise the expropriation for any purpose that it deems legitimate.

7.2.2 Difference 1: The 'lazy' legislator *versus* the 'proactive' legislator

The extent to which the legislature defines the legitimate purpose in the expropriation statutes is one of the main differences between the examined jurisdictions. The Dutch and the South African legislature do not define the legitimate purpose at all with respect to third-party transfers for economic development. New York State law contains abstract economic development-related purposes. German constitutional law compels the legislature in practice to adopt project-specific statutes with a specification of the basic characteristics of the project, the project's public benefits, the benefited area, and the beneficiaries.

In the Netherlands, the expropriation for the implementation of a binding land-use plan leaves more scope for manoeuvring to the planning authority than expropriations for other purposes.[347] The decentralised structure of spatial and urban planning and the promotion of democracy at local level may have induced the legislature to empower the directly elected municipal councils not only to plan projects, but also to apply for the acquisition of land for the projects by means of expropriation.[348] Another major factor was certainly the wish to make the system of land acquisition more flexible and capable of responding to urgent needs in urban planning. The benefit statute, which used to give the legislature the last word on the legitimacy of the purpose, became unpopular because the parliamentary procedure was perceived as too cumbersome and lengthy.[349] Another reason may be that

[342] Treanor 1995, 818 and 837–840. This reasoning seems puzzling because *Madison* was also of the opinion that property needed to be protected from a tyranny of the majority. An explanation seems to be that at the time, only property owners could be elected to the legislatures and powerful property owners controlled the political process. Against this background, it is not surprising that *Madison* found the political process to be a sufficient safeguard. See: Zinn 2005, 90 et seq.

[343] Somin 2015, 35.

[344] Maree 2013, 76.

[345] Art. 120 Gw.

[346] Kors 1983, 191; and Van Zundert 1980, 77.

[347] Compare Art. 77(1) No. 1 Ow to, for instance, Art. 72a(1) Ow.

[348] Schlössels & Zijlstra 2010, 32; Tweede Kamer, 2002–2003, 28 916, No. 3, *Nieuwe regels omtrent de ruimtelijke ordening (Wet ruimtelijke ordening)* para 2.4; Van Buuren et al 2014, 7; Tunnissen 2010, 48 et seq; and Van Zundert 2006, 28 et seq and 52.

[349] Kors 1983, 75, Den Drijver-van Rijckevorsel et al 2013, 3 et seq; De Groot 2006, 244–249; Jansen 1965, 25; Bosma 2012, 20; Ministerie van Binnenlandse Zaken 1979, 46; Groen 2014, 227; and Van Zundert 1980, 90.

there is no Constitutional Court and no constitutional scrutiny of statutes in the Netherlands, which means that Parliament would have to have the unlikely self-discipline to proactively specify the legitimate purposes in the expropriation statute.

In South Africa, an explanation may be that there is a tradition of one general expropriation statute.[350] As the applicability of this general statute is not limited by more specific statutes,[351] the legislator may authorise expropriations for any public purpose or in the public interest through the general statute. In New York State, the need to respond to challenges like blight and rising unemployment in a flexible way, namely through agencies with a broad authorisation to expropriate property, may have informed the abstract definitions.[352]

Even in the light of these explanations, Germany's strict standard of specificity remains an extreme approach. There are three reasons that may together form the explanation for this approach. The first explanation is that the Federal Constitutional Court is a very proactive court that strictly scrutinises legislative action as to whether it is constitutional and relentlessly imposes obligations upon the legislator.[353] Such assertive judicial behaviour raises the question of why the other branches of government acquiesce in the jurisprudence of the Constitutional Court.[354] The sources of the court's great authority are diverse. The above-average confidence in the German judiciary and the historical roots of this confidence, which are discussed in more detail below,[355] fuel this authority because the confidence legitimises the court's assertive jurisprudence and, at the same time, considerably increases the costs for other branches of government to criticise the courts.[356] Another factor strengthening the position of the Constitutional Court is that it is widely accepted in Germany that professional lawyers interpret the Basic Law and that their interpretation of constitutional provisions may have implications for the legislator's decision-making.[357] By contrast, the US Constitution is seen as the expression of the popular will rather than the result of legal expertise.[358] As the Constitution is an offspring of the popular will, the US Supreme Court, which has formal powers similar to the ones of the German Federal Constitutional Court,[359] may be more reluctant to step on the toes of the democratically legitimised branches of government. As a result of this professionalism, the German Federal Constitutional Court, together with academic scholars, has created and formalised an elaborate doctrine on constitutional principles, such as the principle of specificity, and their legal consequences.[360] This solid doctrinal basis may explain why the principle of specificity prevailed against con-

---

[350] Slade 2014, 188.

[351] Slade 2014, 188; and Young 2016, 209 et seq, fn 24.

[352] See, for instance, § 2 of the New York State Urban Development Corporation Act.

[353] Finck 1997, 129–131.

[354] G Vanberg 'Constitutional Courts in Comparative Perspective: A Theoretical Assessment' 2015 *Annual Review of Political Science* 167–185, 168.

[355] See subsection 7.2.3.3 below.

[356] Vanberg 2015, 176 et seq.

[357] Hailbronner 2014, 639–649.

[358] E. Dumbauld 'Judicial Review and Popular Sovereignty' 1950 *University of Pennsylvania Law Review* 197–210, 203 et seq.

[359] M Tushnet 'Comparative Constitutional Law' in Reimann & Zimmermann (eds) *The Oxford Handbook of Comparative Law* (Oxford: Oxford University Press 2010) 1225–1257, 1243.

[360] Hailbronner 2014, 642–649.

cerns that more specific expropriation statutes would, in practice, reduce the flexibility of planning and expropriation authorities in particular municipalities.[361]

The second explanation is that the German Federal Constitutional Court appreciates that an expropriation statute with abstract economic development-related purposes creates an endless variety of projects for third-party transfers for economic development.[362] In compelling the legislator to specify the legitimate purposes, the Court enables the judiciary to scrutinise compliance with the expropriation statute. Thereby, the Constitutional Court wishes to combat the dangers of third-party transfers for economic development, in particular collusion between project developers and authorities and the targeting of the property of already disadvantaged groups.[363]

The third explanation is Germany's history. During the Weimar Republic, fundamental rights were not mandatory law and were prone to legislative infringements.[364] Fragmentation paralysed the democratically elected legislature towards the end of the 1920s, and the President often governed the country through emergency decrees.[365] This development culminated in the National Socialist dictatorship, Parliament's self-disempowerment and the abolition of all constitutional protection, including fundamental rights, through the Enabling Act (*Ermächtigungsgesetz*), and the abuse of executive power.[366] As fundamental rights are now binding upon all branches of government under the Basic Law, [367] it comes as no surprise that the Federal Constitutional Court insists that Parliament play a role in defining the goals of state action in order to protect fundamental rights and prevent an unleashed executive branch.

7.2.3 Difference 2: The freedom of the planning authority *versus* judicial control

When scrutinising the application of the legitimate purpose laid down in the expropriation statute and the balance struck between the project's public benefits and the adverse impact of the project and the expropriation, the German judiciary undertakes a full review. This means that the German courts apply their own interpretation of the law and their own evaluation of the facts, and that they follow their own value judgements within the applicable constitutional and statutory boundaries. The courts in the other examined jurisdictions, by contrast, treat the planning authority's determinations with a varying degree of respect. New York State courts are more lenient than Dutch courts, [368] and South African courts still need to decide on which path to choose. The question arises of why the jurisdictions have chosen such diverging governance models regarding the relationship between the judiciary and the planning authority.

---

[361] See the criticism of the *Boxberg* judgment in this respect: Brugger 1987, 61 et seq; Papier 1987, 620; and Papier 1990, 402.

[362] BVerfG, Judgment of 24 March 1987, *BVerfGE* 74, 264, 285; and BVerfG, Judgment of 17 December 2013, *ZUR* 2014, 160, 162.

[363] BVerfG, Judgment of 24 March 1987, *BVerfGE* 74, 264, 285.

[364] C Gusy 'Die Grundrechte in der Weimarer Republik' 1993 *Zeitschrift für neuere Rechtsgeschichte* 163–183.

[365] SJ Lee *The Weimar Republic* 2nd ed (Abingdon: Routledge 2010).

[366] RJ Evans *The Coming of the Third Reich* (London: Penguin 2005).

[367] Riedel 2012, 220; and Hailbronner 2014, 643.

[368] See subsections 7.1.1.4.3, 7.1.6.4, and 7.1.6.5 above.

With respect to the application of the statutory purpose, it may seem enough to point to the more prominent role of the legislator in defining the legitimate purpose. However, if the abstract and ambiguous terms used in New York State expropriation legislation were featured in German expropriation legislation, the German judiciary would still follow its own interpretation of those terms and the facts (unless the legislation stipulates otherwise).[369] This would preclude the deference to the authority's interpretation of the law and application of the facts that the New York State Court of Appeals practised in the cases *Goldstein* and *Kaur*.[370] The proactiveness of the German legislature is thus not a sufficient explanation for the intrusive judicial review of the application of the statutory purpose. With respect to the judicial scrutiny of the balance between the project's public benefits and the adverse impact of the project and the expropriation, the role of the legislator could not serve as an explanation in any case.

The following paragraphs address four factors that may—at least to a certain extent—explain the difference between the German governance model and the governance models of the other jurisdictions. The first two factors are the growing complexity of state action, which tends to weaken the judicial review of administrative decisions, and the historical predisposition of a jurisdiction to adapt the judicial review to this complexity. The third factor is the societal confidence in the courts, which seems to elevate the judiciary's position in Germany. The fourth factor is the jurisdiction's answer to the question of whether a specific property right has an intrinsic value that merits additional protection or whether it is generally sufficient to protect the value of the property right through the payment of compensation.

7.2.3.1 Complexity, discretionary powers, and limited judicial review

As has already been noted, [371] the state has been assuming an increasing number of functions, including promoting the economic well-being of its population.[372] The more economic and social issues the state sought to address, the more complex the decision-making became. The legislature is no longer able to anticipate all circumstances under which an authority may have to use its power. For this reason, the legislature has framed the requirements for the valid exercise of a power in increasingly broad terms and vested discretion in the competent authority.[373] Thereby, the legislature has created a 'fourth branch of government' in the form of administrative authorities with broad discretionary powers in an 'administrative state'.[374] The broadly phrased authorisations of third-party transfers for economic development in Dutch, New York State, and South African law are examples of the broad authorisation of an administrative authority. A consequence of the authority's discretion is generally that the courts at least respect the policy considerations and

[369] Sachs, in Stelkens/Bonk/Sachs, VwVfG, § 40, Nos. 149 et seq.

[370] See subsections 5.2.2.3.4, 5.2.2.3.5, and 5.2.5.3.3 above.

[371] See subsection 7.2.1 above.

[372] Schlössels & Zijlstra 2010, 9 et seq, 17 et seq and 39 et seq; Maree 2013, 47 et seq; Frenzel 1978, 98 et seq; and Nelson 1996, 3 et seq.

[373] Bröring et al 2016, 33 et seq; Klap *Vage normen in het bestuursrecht* (Zwolle: WEJ Tjeenk Willink 1994) 22 et seq; Maree 2013, 52; Dreier 1995, 47; and Strauss 'The Place of Agencies in Government: Separation of Powers and the Fourth Branch' 1984 *Columbia Law Review* 573–669. Cf MJC Vile *Constitutionalism and the Separation of Powers* 2nd ed (Indianapolis: Liberty Fund 1998) 71 et seq and 399 et seq.

[374] See, for instance, Strauss 1984, 578 and 596.

value judgements of the authority. Too intrusive judicial scrutiny would be regarded as a violation of the separation of powers in that the courts would disregard the legislator's decision to vest discretion in the authorities.[375]

7.2.3.2 Historical predispositions as a cause of diverging standards

This complexity may explain a general reluctance to review the planning authority's determinations, but it does not explain the diverging approaches in the examined jurisdictions. One explanation may be historical predispositions of the jurisdictions.

No later than the nineteenth century did all the examined jurisdictions face the challenge of adapting their judicial review of administrative action to the growing complexity. Under the traditional understanding of the separation of powers based upon the works of *Locke* and *Montesquieu*, which influenced all of the examined jurisdictions, [376] it was the task of the executive branch to execute the law according to the legislature's will.[377] Accordingly, the courts only examined whether the competent executive body executed the legislator's will.[378] However, the reality is that the legislatures have been using increasingly broad terms to circumscribe the powers of what is now an administrative authority and have often vested discretion in such authorities.[379] Instead of merely executing the law, these authorities need to make their own policy decisions and value judgements when using their powers. On the one hand, this change necessitates adjusting the doctrine on the separation of powers.[380] On the other hand, this change requires the jurisdictions to develop rules on how to assess the exercise of powers that strongly resemble legislative powers by an administrative authority that forms part of the executive branch. The strict judicial review and the proportionality analysis in German law, the development of the general principles of good administration, such as the principle of proportionality[381] under Dutch law, the obligation to consider alternatives and balance interests under New York State's SEQRA, and South Africa's PAJA all reflect attempts to guide the exercise of discretionary powers and make the exercise of such powers subject to at least limited judicial scrutiny.[382]

Germany: Judges as a protective shield against the executive branch

The diverging degree of protection that these instruments offer may be the consequence of historical developments in the jurisdictions. In the German states of the eighteenth and nineteenth centuries, the bourgeoisie promoted the introduc-

[375] Bröring et al 2016, 33 and 287 et seq; Schlössels & Zijlstra 2010, 408; Hoexter 2012, 327 et seq; Schmidt-Aßmann, in Maunz/Dürig, GG, Art. 19(4) No. 209; and *Goldstein v New York State Urban Development Corporation*, 921 N.E.2d 164 (N.Y. 2009).

[376] In German law: Grzeszick, in Maunz/Dürig, GG, Art. 20, V, Nos. 3 et seq. In Dutch law: L Prakke *Van der Pot-Donner, Handboek van het Nederlandse staatsrecht*, 12th ed (Zwolle: WEJ Tjeenk Willink 1989) 493 et seq. In US law: Vile 1998, 134. In South African law: *South African Association of Personal Injury Lawyers v Heath and Others*, 2001 1 SA 883 (CC) paras 18–22.

[377] Vile 1998, 95–99; and Maree 2013, 48 et seq.

[378] Vile 1998, 99 et seq.

[379] Vile 1998, 96 and 399. Interestingly, both *Locke* and *Montesquieu* already distinguished the discretionary exercise of power by the executive branch, for example in foreign affairs, from the function to implement the law: Vile 1998, 96.

[380] Schlössels & Zijlstra 2010, 4 et seq.

[381] Schlössels & Zijlstra 2010, 385 et seq.

[382] Cf Schlössels & Zijlstra 2010, 388.

tion of administrative courts that upon their inception, developed the protection of the bourgeoisie's rights from state action and the basics of the proportionality analysis in administrative law.[383] Through this development, German constitutional and administrative law had a head start when compared to the United States, which has never recognised the principle of proportionality, [384] South African administrative law, which received proportionality only through its 1993 Interim Constitution, [385] and even Dutch administrative law, in which the courts only introduced a lenient, proportionality-type test in 1949.[386] The abuse of power by the German executive branch during the Weimar Republic and the National Socialist dictatorship made it even more imperative for the German courts to control the exercise of discretionary powers after the Second World War.[387]

South Africa: English heritage creates a backlog

In South Africa, the application of rationality tests and the otherwise extremely limited judicial review, even after the end of Apartheid and the introduction of the 1996 Constitution and PAJA, seem to be the aftermath of the English heritage of South African administrative law. For a long time, English law did not develop any theoretical basis for the review of discretionary powers.[388] Following English law, South African law did not develop such a basis either.[389] A major constraint on the development of such a basis was the sovereignty of Parliament, which was allowed to authorise any administrative authority to exercise a power without any substantive constraints.[390] This historical development has bequeathed a backlog, which South Africa is only likely to overcome once the generation of judges trained under Apartheid have retired and the courts have fully developed the potential of the reasonableness analysis under PAJA and the Constitution. The objective of redressing past injustices may have diverging effects upon the development of such a legal doctrine. While the protection of the rights of historically disadvantaged people encourages judges to develop a more elaborate and protective doctrine, [391] land reform may inhibit the development of protective mechanisms against expropriation if the courts fear that such mechanisms may hamper land reform.[392]

New York State/United States: Fear of judicial political activism

In the United States, the reluctance to review the determinations of planning authorities seems to be due to a conflict between the judiciary on the one side and the President and Congress on the other during the first half of the twentieth century. During the first three decades of the twentieth century, the US Supreme

[383] Heinsohn 1997, 5–51; Schlink 2012, 301; Schlink 2013, 735; and Merten 2009, Nos. 6–11.

[384] Schlink 2012, 297 et seq.

[385] [1995] ZACC 3, para 104.

[386] Schlössels & Zijlstra 2010, 408 et seq; and HR, Judgment of 25 February 1949, ECLI:NL:HR:1949:AG1963, *NJ* 1949, 558.

[387] Schlink 2012, 301; Finck 1997, 136 et seq; and DP Kommers & RA Miller *The Constitutional Jurisprudence of the Federal Republic of Germany* 3rd ed (Durham, NC: Duke University Press 2012) 1.

[388] Maree 2013, 62 et seq; and Hoexter 2012, 145.

[389] Hoexter 2012, 13 et seq and 327 et seq.

[390] Hoexter 2012, 14 and Maree 2013, 64 et seq. Cf Heinsohn 1997, 168.

[391] See, for instance, LA Williams 'The Right to Housing in South Africa: An Evolving Jurisprudence' 2014 *Columbia Human Rights Law Review* 816–845.

[392] Refer to subsection 6.3.6 above.

Court struck down several pieces of legislation that were intended to improve the economic situation and labour conditions of workers.[393] The reasoning was that the legislation had an excessively adverse impact upon the rights of the owners of businesses. The most famous case of this era is the *Lochner v New York* case of 1905. In that case, the New York State legislature limited the working time of bakery employees to less than ten hours per day and 60 hours per week. The US Supreme Court declared this measure an unconstitutional violation of the bakers' right to contract under the Fourteenth Amendment.[394]

Such judgments were largely seen as pampering the haves at the expense of have-nots and as an inappropriate interference with the democratic decision-making process.[395] During the New Deal era in the 1930s, President Roosevelt introduced more protection of workers and even threatened to change the composition of the Supreme Court if the Supreme Court should interfere with his policies.[396] By the 1940s, the judiciary had adopted a deferential approach to the review of socio-economic legislation and the implementation of such legislation.[397] Today, the *Lochner* era remains a symbol of judicial political activism and judges substituting their political views for the policy decisions and value judgements of authorities and legislatures.[398] In addition, the US Supreme Court has never formally recognised the principle of proportionality with, according to German administrative law, its three tests, suitability, necessity, and proportionality in the narrow sense.[399] Not only are the effects of the *Lochner* era still likely to inhibit the development of a stricter judicial review of planning and expropriation decisions, there are thus still no guiding principles in US law that could form the theoretical basis of such a strict judicial review.

Netherlands: Parliamentary sovereignty

In the Netherlands, there seem to be three circumstances that may at least slow down the development of strict judicial scrutiny of the exercise of discretionary powers. Parliamentary sovereignty makes the courts more reluctant to fully scrutinise the exercise of discretionary powers conferred by Parliament.[400] The absence of a constitutional court and the prohibition of constitutional scrutiny of legislation deter the development of a comprehensive body of case law on the protection of fundamental rights. As is shown below, [401] Dutch decision-makers and scholars seem to have more confidence in the political process and relatively little confidence in the courts' ability to fully scrutinise the exercise of discretionary powers.

---

[393] White 2014, 38 et seq; and Friedman 2001, 1391 et seq.
[394] *Lochner v New York*, 198 US 45 (1905). Cf Zinn 2005, 260 et seq.
[395] Dumbauld 1950, 206 et seq; and Friedman 2001, 1421 et seq and 1433 et seq.
[396] Dumbauld 1950, 209; Zinn 2005, 392 et seq and 401 et seq; and White 2014, 38 et seq.
[397] White 2014, 38 et seq.
[398] H Gillman *The Constitution Besieged: The Rise & Demise of Lochner Era Police Powers Jurisprudence* (Durham, NC: Duke University Press 1993); and M Les Benedict 'Laissez-Faire and Liberty: A Re-Evaluation of the Meaning and Origins of Laissez-Faire Constitutionalism' 1985 Law and History Review 293–331, 295.
[399] Schlink 2012, 297 et seq.
[400] Bröring et al 2016, 33 and 287 et seq; and Schlössels & Zijlstra 2010, 408.
[401] See subsection 7.2.3.3 below.

7.2.3.3 Confidence in the judiciary

Another factor that may explain the diverging roles of the judiciary is the confidence that society has in the judiciary. Germans were in the past and are at present more confident than average that the judiciary will protect their rights. In 2015, the German GfK non-profit association (*Gesellschaft für Konsum-, Markt- und Absatzforschung e.V*), an association that promotes market research, asked 29 777 respondents worldwide, among whom 1 978 were from Germany, to indicate whether they trusted a certain profession. The results show higher-than-average confidence in judges and lower-than-average confidence in civil servants and politicians. Seventy-five per cent of the respondents from Germany said that they trusted judges, while 70 per cent of all respondents gave the same answer. By contrast, 62 per cent of the respondents from Germany said that they trusted civil servants (worldwide: 66 per cent) and only 14 per cent of them said that they trusted politicians (worldwide: 30 per cent).[402] This survey suggests confidence in the judiciary and distrust in both the legislature and, to a lesser extent, the executive branch. This public confidence legitimises judicial decisions and makes it costlier for other branches of government to disregard the decisions of the courts.[403]

As has already been noted, the historical roots of the confidence in the judiciary are also strong. Unlike the French, the Germans did not get their rights through a revolution. Instead, the German judiciary has been developing the protection of the rights of citizens since the eighteenth century. By contrast, the representatives of the people in the German legislature proved to be powerless and the German executive branch abused its power in the 1930s and 1940s, which nourishes a tendency towards a full judicial review. Although the courts also played a significant role in the National Socialist regime and were also unpopular in the first years after the founding of the Federal Republic, [404] the courts have regained the people's confidence. Professional and reliable adjudication as well as a constitutional jurisprudence that promoted the development of fundamental rights after the war seem to have contributed to this flourishing of the courts.[405] As *Schlink*, a German scholar and former Justice of the Constitutional Court of the German State of North-Rhine Westphalia, powerfully summarises:

> '[i]n Germany where, in the eighteenth and nineteenth centuries, the bourgeoisie was too weak to make a revolution and instead invented administrative courts for the protection of the citizens' freedom and property, courts and the law enjoy more trust than the legislature and politics. Germany is also among those countries where the democratic political process led to fascism or communism. These countries share a particular hope that a wise and strong constitutional or supreme court will tame whatever dangerous tendencies the political and legislative process may have.'[406]

The other examined jurisdictions do not share this extraordinary confidence in the judiciary. In South Africa and the United States, scholars voice the concern that the

---

[402] See for the results of the survey: http://www.gfk-verein.org/compact/fokusthemen/weltweites-ranking-vertrauenswuerdige-berufe (last accessed: 28 June 2017).

[403] Vanberg 2015, 176 et seq.

[404] Hailbronner 2014, 629 et seq.

[405] Hailbronner 2014, 642 et seq.

[406] Schlink 2012, 301. Cf Schlink 2013, 735.

judiciary does not have the necessary resources and is not sufficiently democratically legitimised for a stricter judicial review.[407] In New York State, the democratic legitimacy of the judges of the Appellate Division of the Supreme Court and the Court of Appeals is indeed limited because, unlike the judges of the Supreme Court of New York State (which assumes a lower rank in the hierarchy), they are appointed by the New York State governor.[408] In South Africa, the President appoints all judges, with a more or less extensive role played by the Judicial Service Commission.[409] Another issue that reduces the legitimacy of the judiciary may be that judges in South Africa and the United States, who are disproportionately often white males from wealthy families, do not reflect the ethnic, gender, and socio-economic diversity in society and may thus be unable to consider the cultural and socio-economic background of a case.[410]

In the United States and the Netherlands, scholars are also concerned that the judges would perform the task of the legislature or the administrative authority and, thereby, violate the separation of powers.[411] In the United States, the *Lochner* era amplifies this concern as far as socio-economic legislation and administrative action are concerned.[412]

In the Netherlands, there may be several other reasons why Dutch decision-makers and scholars put relatively little confidence in the judiciary. The goal to strengthen democratic and participatory decision-making at municipal level and consensus-seeking decision-making, which features throughout Dutch history, [413] are causes or, at least, symptoms of this difference in confidence. Also, the Dutch government and the representatives of, at least, the wealthy and politically influential classes played a more important role than the courts in bringing about Dutch independence from foreign powers, in particular Spain, and protecting the rights of Dutch citizens.[414]

However, the political practice and its cultural and historical roots are not accompanied by extraordinary trust in politicians or a popular distrust in the judiciary in the Netherlands. To the contrary, 76 per cent of the Dutch respondents in the GfK survey said that they trusted judges. Politicians (31 per cent) and civil servants (67 per cent) score considerably worse (but much better than their counterparts in Germany).[415] Possibly, it is the tradition and the resistance to change

---

[407] Merrill 1986, 86; Dana & Merrill 2002, 203; and Maree 2013, 76.

[408] Cf Tushnet 2010, 1243. The importance of the democratic legitimacy of judicial decisions, however, should not be overestimated. The judges of the Supreme Courts in Oklahoma and South Dakota, who banned third-party transfers for economic development, are also appointed and, unlike the equally proactive Supreme Court judges of Ohio, not elected.

[409] S 174(3) (4) and (6) of the Constitution.

[410] See, for instance, N Scherer 'Diversifying the Federal Bench: Is Universal Legitimacy for the US Justice System Possible?'; 2011 *Northwestern University Law Review* 587–634; and T Masengu 'Gender transformation as a means of enhancing perceptions of impartiality on the bench' 2016 *SALJ* 475–490.

[411] Schlössels & Zijlstra 2010, 408; and Bröring et al 2016, 287 et seq.

[412] See subsection 7.2.3.2 above.

[413] D Bos, M Ebben & H te Velde (eds) *Harmonie in Holland: het poldermodel van 1500 tot nu* (Amsterdam: Bert Bakker 2007).

[414] Prakke 1989, 104 et seq.

[415] See for the results of the survey: http://www.gfk.com/fileadmin/user_upload/country-_one_pager/NL/documents/Trust_in_Professions_2016_Netherlands_EN.pdf (last accessed: 28 June 2017).

in the legislative and executive branches rather than an actual lack of popular confidence in the judiciary that has slowed down the expansion of judicial scrutiny.[416]

7.2.3.4 The intrinsic value of a property right

Another explanation for the full judicial review in Germany, and the limited judicial review in the other examined jurisdictions, is the German Constitutional Court's strong commitment to protecting fundamental rights.[417] Concerning property, German law protects the intrinsic value of every single property right and does not see a property right as a replaceable asset.[418] As a result of this basic decision, the legal hurdle for an expropriation must be higher than if the legal order accepted that compensation alleviated (most of) the harm suffered by the expropriatee in the balance between the project's benefits and the adverse impact of the project and the expropriation. One sign of this stance is that the judiciary must not take monetary compensation into account when scrutinising the balance between the project's public benefits and the adverse impact of the project and the expropriation.[419]

Another indication in favour of this explanation is the attitude of owners towards expropriation. In the German documentary *planet e: Risiko Hochwasser – wenn der Rhein überläuft* ('planet e: The Risk of Flooding – When the River Rhine Overflows its Banks'), several Dutch and German farmers and homeowners expressed their opinions on the acquisition of their properties for the purpose of flood defence. Two German farmers stated that their families had been running their respective farms on the same land for generations, and that despite the compensation, they could not imagine farming anywhere else or doing anything else.[420] This documentary clearly suggests that the farmers did not view their property as replaceable assets.

The contrast with the Dutch farmers and homeowners could not be more obvious. The Dutch homeowners, whose home had just been demolished, said that they did not see any reason why they should make a fuss about the expropriation, that the state had also expropriated the property of other people, and that they could build a new home with the compensation.[421] The Dutch farmers were also happy with the compensation and invested the money in their professional future as owners of a restaurant.[422] These opinions show that the owners perceived their property as replaceable and the compensation as an adequate replacement. This may be an expression of an evolution of the function of real property in many countries in the Global North. As *Van Zundert* has argued, the use of land is in most cases no longer the basis of our economic existence, but often an object of investment that is replaceable.[423]

---

[416] Cf Colombi Ciacchi 2016, 218.

[417] Art. 19(4) GG; and Riedel 2012, 220.

[418] Riedel 2012, 67; and Papier, in Maunz/Dürig, GG, Art. 14, No. 522.

[419] BVerfG, Judgment of 17 December 2013, *ZUR* 2014, 160, 163; BVerfG, Judgment of 10 March 1981, *NJW* 1981, 1257; and BVerfG, Judgment of 18 December 1968, *NJW* 1969, 309, 311 and 313.

[420] ZDF, 14 February 2016, start: 14:50 h, *planet e: Risiko Hochwasser—wenn der Rhein überläuft*, 09:56 min.–11:36 min., 14:35 min.–14:39 min., and 16:09 min.–16:28 min.

[421] ZDF 2016, 07:08 min.–07:51 min, and 25:20 min.–26:00 min.

[422] ZDF 2016, 15:30 min.–16:08 min, and 25:20 min.–26:00 min.

[423] Van Zundert 1980, 3 et seq.

As the Dutch Crown takes account of the compensation when assessing the proportionality of the expropriation, its Decisions reflect the opinions of the farmers and the more limited scrutiny that seems to go with it. Art. 6:168 of the Dutch Civil Code also reflects that the compensation is used to alleviate excessive state action that would otherwise be unlawful. This provision forms part of Dutch tort law. It says that the judge can dismiss an application for an injunction against an unlawful act, such as trespass, if this unlawful act serves an important public interest, and adds that the victim of the unlawful act will retain their claim to compensation. This demonstrates that under Dutch law, the holder of a right may have to tolerate even an *unlawful* infringement of that right as long as they receive compensation.[424]

As has been noted, New York State and, most likely, South African law also see compensation as an adequate replacement of property rights and have promoted a limited judicial review.[425] Concerning New York State and the United States, it is worth noting that the founding fathers saw the Fifth Amendment as a way to ensure that expropriatees receive compensation for their loss and that Madison never intended the public use requirement to be a substantive constraint on the state's power of eminent domain.[426] Also, the fact that the US Supreme Court applies an analysis of the relationship between the employed means and the purpose of the state action to infringements of other fundamental rights, but not to infringements of property, [427] may indicate that the compensation reduces the judicial protection of property. What may have weakened the protection of specific property rights in New York State even more is the ever-growing need for land in the constantly changing and densely populated City of New York.[428]

7.2.3.5 Other explanations

It is difficult to speculate about other reasons why some jurisdictions provide for more extensive judicial protection of expropriatees than others. What seems clear is that the availability of fertile and/or habitable land is not a factor of significant importance.

One may argue that where there is a scarcity of land, land is more valuable and the judicial protection should be stronger. While this may seem to explain the limited judicial scrutiny in South Africa and the United States, this argument cannot explain why the more densely populated Netherlands provide for less judicial protection than less densely populated Germany.

Moreover, the availability of land has ambiguous implications. If there is an abundance of land, one may also argue that the state can choose from more land on which to implement public projects and the judicial protection should, therefore, be better. While this reasoning would be compatible with the limited scrutiny in the densely populated Netherlands, this reasoning would not explain why South Africa and the United States, which are not densely populated, protect the expropriatee the least.

[424] CJ van Zeben & JW du Pon *Parlementaire Geschiedenis van het Nieuwe Burgerlijk Wetboek, Boek 6, Algemeen Gedeelte van het Verbintenissenrecht* (Deventer: Kluwer 1981) 671.

[425] See subsections 5.3.5.5 and 6.3.5.1.2 above.

[426] Treanor 1995, 785, 818, and 837–840.

[427] Schlink 2012, 297 et seq. Cf Alexander 2003, 773 et seq.

[428] Dunn 2011, 270–285.

7.3 APPLICATION OF INTERNATIONAL GOOD GOVERNANCE STANDARDS

There are several international soft law instruments and guidance documents that provide for good governance standards on planning projects and expropriating property for those projects. This section provides an analysis of the recommendations that these instruments make and compares the recommendations to the current law in the examined jurisdictions. Through this comparison, this section indicates regarding which aspects the examined jurisdictions lag behind international best practice.

7.3.1 International good governance standards on expropriation

The international instrument that has the most general scope of applicability is the Voluntary Guidelines. The Committee on World Food Security (CFS), a body in which 193 states are represented, adopted the Voluntary Guidelines in 2012 after a thorough bottom-up consultation process in which stakeholders from all over the world participated. The Guidelines, therefore, do not impose one country's views upon others.[429] FAO facilitated that process and has been promoting the implementation of the Voluntary Guidelines.[430] As FAO officials have assured the author, the Guidelines, which can be regarded as soft law, are meant for all countries, including developing and emerging economies in the Global South *and* post-industrial economies in the Global North.[431] The Voluntary Guidelines contain recommendations on most aspects of land tenure and dedicate Guideline 16 to expropriation, compensation, and resettlement.

FAO has published the book 'FAO Land Tenure Studies 10: Compulsory acquisition of land and compensation'.[432] This book provides an overview of the standards and rules that FAO and its international collaborators have discovered as best practice in the field of expropriation.

The IFC is the International Finance Corporation and forms part of the World Bank Group. The IFC provides loans for investments in commercial projects in developing countries that are purported to reduce poverty and promote economic development. The IFC Performance Standards on Environmental and Social Sustainability provide for good governance standards that the clients of the IFC must observe. Standard 5 is dedicated to expropriation.

The World Bank provides loans to developing countries. In August 2016, the World Bank adopted its Environmental and Social Framework. This Framework provides for good governance standards that are supposed to assist the borrower in implementing development projects in a sustainable way. Standard 5 is dedicated to expropriation.

7.3.2 The definition of legitimate purposes must ensure judicial review

The FAO recommends in its 'FAO Land Tenure Studies 10':

> '2.14 An exercise in compulsory acquisition is more likely to be regarded as legitimate if land is taken for a purpose clearly identified in legislation. [. . .]'

---

[429] Guidelines, VI.

[430] For more information about the Voluntary Guidelines see Hoops 2016c, 236–274; and Verstappen 2016, 98–118.

[431] Furthermore, Guideline 2.4 says that the Guidelines are global in scope.

[432] FAO 2008.

Guideline 16.1 of the Voluntary Guidelines recommends that:

> 'States should expropriate only where rights to land, fisheries or forests are required for a public purpose. States should clearly define the concept of public purpose in law, in order to allow for judicial review.'

7.3.2.1 Interpretation of the good governance standards

The FAO and the Voluntary Guidelines recommend that states only expropriate property for purposes sanctioned by the legislator and for public purposes, respectively. Just as the examined jurisdictions, neither the FAO nor the Guidelines can or wish to give a substantive definition of legitimate purposes. The international documents, however, do assign a task to the states. The task is for the states to define the concept of public purpose in law. As the FAO makes explicit, the addressee of this task is the legislature.

The documents further specify the function of the legitimate purpose requirement. Its function is to prevent expropriations for illegitimate purposes. Going beyond what the FAO recommends, the Guidelines envision the courts as the entities that ensure that the legitimate purpose requirement can perform its function. The function of this requirement and the importance that the Guidelines specifically attach to judicial scrutiny have implications for how the legislature must fulfil its task. The definition of the legitimate purpose(s) must be such as to enable judges to review whether or not the expropriation serves a legitimate purpose laid down in the expropriation statute.

7.3.2.2 Application of the standards to the examined jurisdictions

With respect to third-party transfers for economic development, Dutch, New York State, and South African law fail to follow these recommendations. Dutch expropriation law does not specify the economic development-related purpose for which the state may expropriate property, but merely designates the planning authority as well as the expropriation authority and prescribes the applicable procedure. Provided that the expropriation does not fall foul of the very lenient constitutional public interest requirement, the Dutch courts do not engage in substantive scrutiny of the purpose of a third-party transfer for economic development. The same is true of South African courts. In New York State, the expropriation statutes contain the abstract purposes of 'economic development' and 'insanitary and substandard conditions'. The courts scrutinise whether the expropriation serves such a purpose, but defer to the competent authority's interpretation of the law and application of the facts to the law to such an extent that their review cannot be considered the judicial review that the drafters of the Voluntary Guidelines had in mind.[433]

It appears that abstract purposes are not sufficient to ensure effective judicial scrutiny. Abstract purposes provide the expropriatee with even less judicial protection in a jurisdiction in which the courts leave the interpretation of ambiguous terms to administrative authorities, as is the case in New York State.[434] Only German law ensures effective judicial scrutiny of the application of the legislator's choice through project-specific expropriation statutes that determine the basic characteristics of the project, the project's public benefits, the benefited area, and the beneficiaries.

---

[433] See subsection 7.1.1.4.3 above.

[434] Refer to subsections 5.2.5.3.3 and 7.1.1.4.3 for more details.

7.3.3 The obligation to balance interests and consider less harmful alternative projects

Guideline 16.2 of the Voluntary Guidelines recommends that:

> 'States should ensure that the planning and process for expropriation are transparent and participatory. Anyone likely to be affected should be identified, and properly informed and consulted at all stages. Consultations, consistent with the principles of these Guidelines, should provide information regarding possible alternative approaches to achieve the public purpose and should have regard to strategies to minimize disruption of livelihoods. [. . .]'

The IFC Performance Standard 5 on Land Acquisition and Involuntary Resettlement recommends that:

> '8. The client will consider feasible alternative project designs to avoid or minimize physical and/or economic displacement, while balancing environmental, social, and financial costs and benefits, [. . .].'

The World Bank Environmental and Social Standard 5 on Land Acquisition, Restrictions on Land Use and Involuntary Resettlement recommends that:

> '11. The Borrower will consider feasible alternative project designs to avoid or minimize land acquisition or restrictions on land use, especially where this would result in physical or economic displacement, while balancing environmental, social, and financial costs and benefits, [. . .]'

The FAO recommends in its 'FAO Land Tenure Studies 10':

> '2.27 [. . .] In general, a well designed compulsory acquisition process for a development project should include the following steps: 1. Planning: Determining the different land options available for meeting the public need in a participatory fashion. [. . .]'

> '3.2 The planning phase of a major public investment project should include the identification of any lands to be acquired for the project. Options should be analysed and presented to the public for their understanding and consultation in order to choose the site that presents the fewest obstacles and the best outcomes, having regard to all impacts, including those on any owners and occupants. [. . .]'

7.3.3.1 Interpretation of the good governance standards

The international documents recommend that the competent state body consider feasible alternative projects. The goal of this recommendation is to minimise the adverse impact upon public and private interests, in particular the livelihood(s) of the expropriatee(s). For this purpose, the international documents recommend that the competent state body identify all affected persons and make the choice of the project on the basis of a balancing of all involved interests.

Two international good governance standards can be inferred from their recommendations. The first standard is that the competent state body must consider alternative projects and seek to choose the project that reflects the best possible balance between the project's benefits and its adverse impact. For this purpose, the body has to gather all relevant information and identify and weigh the advantages and disadvantages of each project. The second standard, which follows implicitly from the first one, is that the competent state body must balance the involved interests. For this purpose, the body has to identify all relevant interests and weigh them.

The wording of the recommendations, in particular 'consider' and 'have regard to', suggests that the international instruments do not generally prescribe a certain result that could be enforced before a court of law. The international instruments arguably only recommend obligations to balance the involved interests and consider alternative projects sincerely. By scrutinising whether or not the competent state body has identified and balanced all relevant interests, the courts must ensure that the competent state bodies fulfil their task properly.

7.3.3.2 Application of the standards to the examined jurisdictions

Dutch law, German law, and New York State's SEQRA (and, to a lesser extent, EDPL) oblige the competent authorities to balance the involved interests and consider alternative projects. The judiciary generally reviews whether the competent authorities have gathered all relevant facts, considered and balanced all relevant interests, and made a reasoned choice.[435] Only South African law does not provide for such an obligation.[436] Under the *status quo*, it is also unlikely that the judicial rationality test creates an incentive for authorities to balance interests and consider alternatives.[437] At the moment, South Africa thus fails to comply with international good governance standards. Once the South African judiciary consistently applies a reasonableness test, the courts may create such an incentive.

7.3.4 Special protection of vulnerable groups

Guideline 16.2 of the Voluntary Guidelines recommends that:

> 'States should be sensitive where proposed expropriations involve areas of particular cultural, religious or environmental significance, or where the land, fisheries and forests in question are particularly important to the livelihoods of the poor or vulnerable.'

The World Bank Environmental and Social Standard 5 on Land Acquisition, Restrictions on Land Use and Involuntary Resettlement recommends that:

> '11. [. . .] The Borrower will consider feasible alternative project designs to avoid or minimize land acquisition [. . .][,] paying particular attention to gender impacts and impacts on the poor and vulnerable.'

The IFC Performance Standard 5 on Land Acquisition and Involuntary Resettlement recommends that:

> '8. The client will consider feasible alternative project designs to avoid or minimize physical and/or economic displacement, while balancing environ-

---

[435] See subsection 7.1.6.2 above.
[436] See subsection 7.1.6.2 above.
[437] See subsection 7.1.3 above.

mental, social, and financial costs and benefits, paying particular attention to impacts on the poor and vulnerable.'

7.3.4.1 Interpretation of the good governance standards

The international documents recommend that, in choosing the project and the project's location, the states pay 'particular attention' to the impact of the project (and the expropriation) upon the poor and other vulnerable groups. This stronger wording suggests that the international instruments also intend to give these vulnerable groups more judicial protection. With respect to the legitimate justification of an expropriation, this entails that the alternative project argument should be successful where an equally suitable alternative has a less harmful impact upon vulnerable groups and that the states should attach more weight to their interests in the balance between the project's public benefits and the adverse impact of the project and the expropriation.

7.3.4.2 Application of the standards to the examined jurisdictions

Dutch law and New York State law require that the authorities consider alternatives and balance all involved interests, but do not require attaching additional weight to the interests of vulnerable people in the choice of the project or the balance between benefits and drawbacks.[438] It seems that Dutch law deems the requirement of compensation that includes resettlement costs, [439] and the provision of subsidised housing[440] to be sufficient safeguards of the interests of vulnerable people. The same could be inferred with respect to New York State law from the obligation to arrange for suitable and affordable housing for the expropriatee(s) in some cases.[441] These measures seem insufficient to meet international standards because they only help expropriatees after the expropriation.

In Germany and South Africa, there is no elaborate doctrine on this issue either. However, the higher weight that is attached to the interests of historically disadvantaged people in South African law[442] and the higher weight that is attached to residential property and its surrounding community as well as the extensive judicial review in German law[443] partially safeguard the interests of vulnerable people a bit more. In order to fully comply with international good governance standards, courts

[438] See subsections 4.3.4.3, 4.4.3.2, and 5.3.5.3 above.

[439] Den Drijver-van Rijckevorsel et al 2013, 175.

[440] See the Rent Benefit Act (*Wet op de huurtoeslag*).

[441] § 970-f(n) of the New York State General Municipal Law.

[442] See subsection 6.3.5.1.1 above. As *Tagliarino* has demonstrated, South African law does not provide for a resettlement procedure or a right to alternative housing, but does provide relocation assistance through additional compensation; see NK Tagliarino 'The need for national-level legal protection of populations displaced by expropriation: land acquisition in 50 countries' in M Cernea & J Maldonado (eds) *Challenging the Prevailing Paradigm of Displacement and Resettlement* (New York: Routledge, forthcoming 2018).

[443] See subsection 3.3.5.1 above. In the *Garzweiler II* judgment, the Constitutional Court explicitly considered that it was necessary for the competent authority to take into account the extent of the necessary resettlement; see BVerfG, Judgment of 17 December 2013, *NVwZ* 2014, 211, 232. Besides, the compensation under German law covers relocation costs: Papier, in Maunz/Dürig, GG, Art. 14, No. 632. Some expropriation statutes provide for a resettlement scheme and compensation in kind; see §§ 48 et seq of the Expropriation and Compensation Act of North-Rhine Westphalia (*Gesetz über Enteignung und Entschädigung für das Land Nordrhein-Westfalen*).

in all of the examined jurisdictions would have to accept the alternative project argument where an equally suitable alternative has a less harmful impact upon vulnerable groups. New York State and Dutch law would also have to compel the competent authorities to give these interests additional weight in the balancing of interests.

7.3.5 Recognition of the least invasive means argument

Guideline 16.1 of the Voluntary Guidelines recommends that:

> '[. . .] They should respect all legitimate tenure right holders, especially vulnerable and marginalized groups, by acquiring the minimum resources necessary [. . .].'

The IFC Performance Standard 5 on Land Acquisition and Involuntary Resettlement recommends that:

> '2. [. . .], [I]nvoluntary resettlement should be avoided. However, where involuntary resettlement is unavoidable, it should be minimized [. . .].'
>
> '3. To help avoid expropriation and eliminate the need to use governmental authority to enforce relocation, clients are encouraged to use negotiated settlements [. . .].'
>
> '8. The client will consider feasible alternative project designs to avoid or minimize physical and/or economic displacement, [. . .].'
>
> '12. Where involuntary resettlement is unavoidable, either as a result of a negotiated settlement or expropriation, a census will be carried out [. . .].'

The World Bank Environmental and Social Standard 5 on Land Acquisition, Restrictions on Land Use and Involuntary Resettlement recommends that:

> '11. The Borrower will consider feasible alternative project designs to avoid or minimize land acquisition or restrictions on land use, especially where this would result in physical or economic displacement, [. . .].'

7.3.5.1 Interpretation of the good governance standards

It follows from these recommendations that the state body can only expropriate property rights where this is indispensable for the implementation of the chosen project. This prompts the states to recognise the least invasive means argument. The language of the recommendations regarding the least invasive means argument is somewhat stronger than regarding the alternative project argument. The wording of the recommendations ('respect [. . .] by acquiring the minimum resources necessary' and 'unavoidable') indicates that the international instruments recommend a certain result that should be enforceable in court. The courts, therefore, should accept the least invasive means argument and fully review whether the expropriation is necessary to enable the project developer to implement the chosen project.

7.3.5.2 Application of the standards to the examined jurisdictions

Dutch, German, and New York State law generally recognise the least invasive means argument, and an expropriation will be unlawful if the expropriation is not necessary to enable the project developer to implement the project. The protection under Dutch law is the most extensive because, unlike German and New York State law, Dutch law also fully recognises the right of self-realisation. The protection under New York State law is weaker than under German and Dutch law because the obligation to make an attempt to purchase the land does not apply in all cases. Also, while under German and Dutch law, a less invasive means may have financial or practical disadvantages compared to the expropriation and would still be equally suitable, New York State courts will accept any objective reason for not opting for the less invasive alternative.[444]

As it stands now, South African law does not generally recognise the least invasive means argument and, therefore, fails to meet international good governance standards. Only where the expropriation authority intentionally expropriates property rights on more land than necessary for the project in order to use the excess land for another purpose, do the courts interfere. Once the courts have developed new standards of judicial scrutiny under the constitutional or administrative law grounds of review, there will be hope that the least invasive means argument will be successful in South Africa.[445]

7.3.6 Good governance standards for administrative procedures

Guideline 16.2 of the Voluntary Guidelines recommends that:

> 'States should ensure that the planning and process for expropriation are transparent and participatory. Anyone likely to be affected should be identified, and properly informed and consulted at all stages. [. . .].'

Guideline 3B of the Voluntary Guidelines recommends that:

> 'These principles of implementation are essential to contribute to responsible governance of tenure of land, fisheries and forests.
> [. . .]
> 6. **Consultation and participation**: engaging with and seeking the support of those who, having legitimate tenure rights, could be affected by decisions, prior to decisions being taken, and responding to their contributions; taking into consideration existing power imbalances between different parties and ensuring active, free, effective, meaningful and informed participation of individuals and groups in associated decision-making processes.'

The IFC Performance Standard 5 on Land Acquisition and Involuntary Resettlement recommends that:

> '10. [. . .]. Disclosure of relevant information and participation of Affected Communities and persons will continue during the planning, implementation, monitoring, and evaluation of compensation payments, livelihood restoration activities, and resettlement to achieve outcomes that are consistent with the objectives of this Performance Standard. [. . .].'

The World Bank Environmental and Social Standard 5 on Land Acquisition, Restrictions on Land Use and Involuntary Resettlement makes a similar recommendation under No. 17.

---

[444] See subsection 7.1.5 above.
[445] Refer to subsection 6.3.4 for more details.

The FAO recommends in its 'FAO Land Tenure Studies 10':

> [. . .] In general, a well designed compulsory acquisition process for a development project should include the following steps:
> 1. Planning: [. . .] The impact of the project is assessed with the participation of the affected people.
> 2. Publicity: Notice is published to inform owners and occupants in the designated area that the government intends to acquire their land. People are requested to submit claims for compensation for land to be acquired. The notice describes the purpose and process, including important deadlines and the procedural rights of people. Public meetings provide people with an opportunity to learn more about the project, and to express their opinions and needs for compensation.'
>
> '3.2 The planning phase of a major public investment project should include the identification of any lands to be acquired for the project. Options should be analysed and presented to the public for their understanding and consultation [. . .].'
>
> '3.3 [. . .]. Affected communities should be included in the planning process and, if necessary, they should be provided with the support needed to enable them to participate effectively. Their inclusion from the start will help the acquiring agency to consider fully the cultural, social and environmental concerns of local communities, and to identify measures to prevent or mitigate negative aspects of the project.'
>
> '3.6 The provision of notice of the intention to compulsorily acquire land protects the rights of affected people. Notice should be given as early as possible to allow people to object to the acquisition of their land [. . .].'
>
> '3.7 Notice should be served to all owners, occupants and other affected people.'
>
> '3.8 To ensure that all affected people are aware of the project, notice should be publicised as widely as possible.'
>
> '3.10 Public meetings provide an opportunity for people to learn more about the project, to receive answers to their questions about the process and its procedures, and to voice their concerns. The meetings illustrate accountability and transparency when the government has to justify its proposal to compulsorily acquire land. Open discussion at public meetings should help the government to improve its understanding of the needs and concerns of affected communities, and to prepare responses that reduce the number of challenges to the compulsory acquisition. [. . .].'
>
> '3.11 [. . .] People should have the opportunity to review the documents and submit written or oral objections to the project. The government should respond to these objections in writing. [. . .].'

7.3.6.1 Interpretation of the good governance standards

The international documents contain several good governance standards for the administrative procedure(s).

(1) **The provision of information:** A public notice should be publicised. In addition, the authority should serve an individual notice upon adversely affected persons of whom it is aware. The notice should include an outline of the purpose of the project, the targeted land, and the procedure. All relevant documents should be available for inspection.

(2) **The access to the procedure:** All persons likely to be affected by the project or the expropriation should be entitled to participate.

(3) **The moment of participation:** Participation should be meaningful. Therefore, the authority should include affected persons from the start of the planning process.

(4) **The type of participation:** The participation mechanism should enable affected persons to ask questions and receive answers. Affected persons should be able to voice their concerns. The authority should hold public meetings and discussions. The meetings should take the form of deliberations in which the authority responds to objections from affected persons.

(5) **The obligation to give reasons:** The authority needs to give reasons for its decision and respond to objections from affected persons.

Empowering measures

A possible sixth good governance standard is that affected persons should be empowered to participate effectively. Empirical research shows that even in the Global North, power imbalances between people can deter effective participation and an equal representation of all involved interests.[446] However, as the economic circumstances of people in the examined jurisdictions differ considerably, the measures required to ensure effective participation would differ greatly as well. A comparison of legislation would thus not be adequate to determine the extent to which people are empowered to participate effectively. Also, an application of the good governance standards would require differentiated standards for each jurisdiction, which should be based upon empirical research. As this book is based upon doctrinal research only, empowering measures fall outside the scope of this chapter.[447]

7.3.6.2 Application of the standards to the examined jurisdictions

In this subsection, an analysis is made of whether the examined jurisdictions meet the international good governance standards.

(1) **The provision of information:**[448] German law and Dutch law mostly comply with international good governance standards through the issuing of a public notice and making all relevant information available for inspection. However,

[446] J O'Neill 'Representing People, Representing Nature, Representing the World' 2001 *Environment and Planning C: Government and Policy* 483–500; and M Kohn 'Language, Power, and Persuasion: Towards a Critique of Deliberative Democracy' 2000 *Constellations* 408–429.

[447] Refer to subsection 6.4.3.4 for more details on empowering measures in South African law. See Hoops 2016c, 236–274 for more details on empowering measures in Germany and the Netherlands.

[448] Refer to subsection 7.1.7.2 for more details.

with respect to the planning procedure, German law never and Dutch law generally does not provide for individual notices to be served upon affected persons. Also, unlike Dutch law, German law generally does not serve individual notices upon tenants and other holders of contractual use rights in the expropriation procedure. Both German law and Dutch law thus need to introduce a general obligation to serve individual notices in order to comply with international best practice. South African law seems to provide all relevant information through an individual notice in cases of small-scale acquisitions and a public notice in cases of large-scale acquisitions. In order to comply with international standards, South Africa should introduce an obligation to serve individual notices upon affected persons known to the authority in all cases of large-scale acquisition. Under New York State's EDPL, the competent authority serves a public notice with an outline of the project and the condemnation and an individual notice upon the owner. Similar rules apply under urban renewal and municipal redevelopment legislation. Only under SEQRA does the competent state body automatically send the relevant information to persons who have requested a copy of the draft environmental impact assessment. In order to comply with international standards, New York State law should make it obligatory for the authority to make all relevant information available for inspection and serve individual notices upon all affected persons known to the authority.

(2) The access to the procedure:[449] All examined jurisdictions already follow the recommendation that affected persons may participate in the administrative procedure. German and Dutch planning law and New York State's EDPL even go beyond this recommendation and give the general public access to the administrative procedure.

(3) The moment of participation:[450] Under legislation that formally separates the planning phase from the expropriation phase through distinct procedures, such as German and Dutch planning law, South Africa's SPLUMA, New York State urban renewal and urban redevelopment legislation, affected persons can at least already comment on a draft plan that includes the project. This makes it more likely that affected persons will meaningfully participate and have an impact upon the project and the expropriation. Whether or not the policy preferences of the authority or, if applicable, the influence of the project developer stand in the way of such a meaningful contribution is for empirical researchers to determine. By contrast, it is rather unlikely that affected persons can make a meaningful contribution where there is no separation of the planning procedure and the expropriation procedure, for example under New York State's EDPL and South Africa's Expropriation Act. In such cases, affected persons can only comment on a draft expropriation decision that includes the project. It is very likely that, by the time affected persons participate in the decision-making process, the authority has already made up its mind. In order to comply with international standards, all examined jurisdictions should strive

[449] Refer to subsection 7.1.7.2 for more details.

[450] See subsection 7.1.6.5 for more details.

to involve affected persons as early as possible in the planning phase, so that they can have a meaningful impact in the decision-making process.

(4) **The type of participation:**[451] German law gives affected persons an opportunity to express their opinion and seems to prescribe deliberations among affected persons and between affected persons and authorities. Through this participation mechanism, German law complies with international good governance standards. The other examined jurisdictions generally only make consultations mandatory, which means that people can express their opinions. A notable exception is the public inquiry under South Africa's PAJA. In order to comply with international standards, Dutch law, New York State law, and South African law should introduce a general obligation to engage in deliberations with the affected persons.

(5) **The obligation to give reasons:**[452] All jurisdictions provide for an obligation to give reasons. However, New York State's EDPL and South African law, if at all, only by implication provide for an obligation to respond to objections in the reasons for the authority's decisions. In order to comply with international standards, New York State law and South African law should introduce an explicit obligation to do so.

7.3.7 Preventive measures

The World Bank Environmental and Social Standard 5 on Land Acquisition, Restrictions on Land Use and Involuntary Resettlement recommends that:

> '22. The Borrower's plan will establish the roles and responsibilities relating to financing and implementation, and include arrangements for contingency financing to meet unanticipated costs, as well as arrangements for timely and coordinated response to unforeseen circumstances impeding progress toward desired outcomes. [. . .]
> 23. The Borrower will establish procedures to monitor and evaluate the implementation of the plan and will take corrective action as necessary during implementation to achieve the objectives of this ESS [Environmental and Social Standard; author]. The extent of monitoring activities will be proportionate to the project's risks and impacts. [. . .].'

7.3.7.1 Interpretation of the good governance standards

It follows from the World Bank Environmental and Social Standard 5 that the state should ensure that there are enough funds and emergency mechanisms in place to ensure the implementation of the project. With respect to a third-party transfer for economic development, this standard seems to entail that the state should oblige the transferee to implement the project and ensure that there is enough funding available.

7.3.7.2 Application of the standards to the examined jurisdictions

Only German law seems to comply with these international standards. The Basic Law compels the legislature to ensure that the transferee is bound to the public

[451] Refer to subsection 7.1.7.5 for more details.
[452] Refer to subsection 7.1.7.6 for more details.

good, in particular to implement the project and create the promised public benefits.[453] The test of the suitability of the project entails examining whether there is enough funding available for the project.[454]

Dutch law, New York State law, and South African law seem to ensure that funding is available for the project through a test of the suitability of the project.[455] In certain cases, but not in all cases, these legal orders compel the competent authority to oblige the transferee to implement the project.[456] At least Dutch and New York State authorities seem to oblige the transferee to implement the project adequately through an agreement in many cases.[457] These three legal systems should adopt legislation obliging the competent authority to do so in order to comply with international standards.

7.3.8 Corrective measures

Guideline 16.5 of the Voluntary Guidelines recommends that:

> 'Where the land, fisheries and forests are not needed due to changes of plans, States should give the original right holders the first opportunity to re-acquire these resources. [. . .].'

7.3.8.1 Interpretation of the good governance standards

Guideline 16.5 recommends that if the transferee no longer needs the expropriated property for the envisaged project, the state should give the expropriatee the first opportunity to reacquire the property. The wording of the Guideline is not entirely clear in three respects.

It is first not clear whether the Guideline refers to a right to reacquire that would *oblige* the state to sell the property or, instead, a right of first refusal that would only be applicable if the state *chose* to sell the land. As the Guideline lays a direct link between the change of a plan and the opportunity to reacquire, the state is not supposed to have a choice when requested to transfer the property back to the expropriatee. Therefore, the Guidelines recommend that the expropriatee have a right to reacquire.

The second ambiguity arises from the fact that the Guideline links the right to reacquire to a change of plans. This gives rise to the question of whether the right to reacquire only concerns the situation where there is a change of plans or all cases of non-implementation. As a change of plans implies at least a partial non-implementation of the (initial) project, the right to reacquire should arguably be applicable to all cases of non-implementation. Otherwise, the state could sabotage the right to reacquire by not changing the project plan after a failure to implement the project.

The third ambiguity concerns the question of whether the Guideline recommends a strict or a lenient implementation-oriented approach. As the Guideline only refers to situations where the land is no longer needed, the Guideline arguably recommends that a change of purpose be permissible and that no right to reacquire would arise if the transferee proposed a new purpose. As Guideline 16.1 recommends that

[453] Refer to subsection 7.1.9 for more details.
[454] Refer to subsection 3.3.1.1 for more details.
[455] See subsections 4.3.2.1, 5.3.1.2, and 6.3.1 above.
[456] Refer to subsection 7.1.9 for more details.
[457] Refer to subsections 4.6.1.3 and 5.5.1.2 for more details.

expropriation should only be permissible for public purposes, the newly proposed purpose should be subject to scrutiny as to whether it constitutes a public purpose. The international good governance standards thus recommend that in cases of non-implementation, the expropriatee should have a right to reacquire unless the transferee proposes the use of the land for another legitimate purpose.

7.3.8.2 Application of the standards to the examined jurisdictions

Only German law complies with the good governance standards because it has adopted a strict implementation-oriented approach. German law should consider making a change of purpose permissible so as to save the costs of another expropriation procedure. Dutch law, which currently does not provide for a remedy in cases of third-party transfers for economic development, as well as South African and New York State law, which follow an objective intention-oriented approach, currently do not comply with international standards. They should introduce a right to reacquire in all cases of non-implementation where the transferee does not propose a new legitimate purpose.

7.4 RECOMMENDATIONS

On the basis of the comparative analysis and the application of international good governance standards, this section makes recommendations for legal reform in certain examined jurisdictions and presents the potential benefits and drawbacks of such reforms.[458] The expected benefits of the proposed reforms are based upon experiences from other jurisdictions and/or scholarly insights. Whether or not these benefits will actually materialise, is naturally uncertain.[459] In each jurisdiction, decision-makers and scholars should empirically evaluate whether or not the benefits are likely to materialise.[460] The recommendations are, where appropriate, followed by an assessment of whether the recommendation would be incompatible with the examined jurisdictions in order to avoid ineffective legal transplants.[461]

Permit third-party transfers for economic development only on the basis of a project-specific statute.[462]

Dutch law, New York State law, and South African law should follow the German approach to the specificity of the legitimate purpose in expropriation statutes and only permit third-party transfers for economic development on the basis of a project-specific statute. Only such specificity makes possible the judicial review of the expropriation's purpose that international instruments recommend. Such specificity makes it easier for judges to review whether the project serves a purpose that is legitimate under the expropriation statute and takes away an incentive for judges to

[458] It is possible that the recommendations are also suitable for jurisdictions not examined in this book.
[459] Dannemann 2006, 417 et seq.
[460] Cf Hoops 2016b, 816.
[461] See subsection 1.3 above.
[462] This recommendation is based upon Hoops 2016b, 814–816.

defer to the authority's determinations.[463] Project-specific statutes also provide more legal certainty and clarity as to the economic development-related reasons for which the state may expropriate someone's property. The statute may, as a result, serve as a warning to the owners and other holders of property rights, thereby facilitating political and legal action against planning and expropriation decisions at local level.[464]

Such specificity also protects the expropriatee better because Parliament takes over a part of the definition of the expropriation's purpose from the local planning authority. Such a shift has several benefits that may alleviate the dangers of third-party transfers for economic development. Firstly, it strengthens the separation of powers and the democratic legitimacy of the expropriation because Parliament shapes the purpose to a large extent. Secondly, the parliamentary process introduces an additional check, which makes abuse at local level less likely because the developer would have to collude with both Parliament and officials at local level. Thirdly, the parliamentary procedure helps to remedy the lack of institutional checks and balances at local level.[465] Fourthly, this additional hurdle enhances the costs of the expropriation, rendering rent-seeking and colluding with officials less attractive for private developers.[466] Fifthly, the parliamentary procedure is very likely to trigger more attention and, therefore, control from the media. Sixthly, the quality of the decision-making process may be better because most of the German state legislatures have explicitly and carefully discussed the importance of the project and the harm done to the owner of property to be expropriated.[467]

There are also potential disadvantages that the jurisdictions will have to accept. With some merit, one may argue that Parliament is further away from the people than local authorities and, therefore, less responsive to the needs of the people and more prone to lobbyism.[468] However, although local authorities, in particular directly elected municipal councils, may be more responsive, they are probably more prone to lobbyism and cronyism than Parliament because interest groups need to persuade fewer people, there are fewer institutional checks and balances, and there is less control from the media and the wider public.[469] Also, municipal

---

[463] See, for instance, on the judicial interpretation of (un)ambiguous terms in US law: *Chevron USA Inc v NRDC*, 467 US 837, 842–844 (1984).

[464] Experience in Germany shows that there are often protests and other forms of political as well as legal action against the adoption and implementation of project-specific expropriation statutes. See, for instance, R Muschel 'Strittige Enteignung kommt' 26 September 2009 *Schwäbisches Tagblatt*, see fn 17; Author unknown 'Die eindrucksvolle Baustelle der umstrittenen Ethylen-Pipeline schlängelt sich jetzt durch den Norden Gmünds'8 April 2011 *Rems-Zeitung*; available at https://remszeitung.de/2011/4/8/die-eindrucksvolle-baustelle-der-umstrittenen-ethylen-pipeline-schlaengelt-sich-jetzt-durch-den-norden-gmuends/ (last accessed: 28 June 2017).

[465] NM Gieseler & SG Gieseler 'Strict Scrutiny and Eminent Domain after *Kelo*' 2010 *Journal of Land Use* 191–226, 210; and L Mansnerus 'Public Use, Private Use, and Judicial Review in Eminent Domain' 1983 *New York University Law Review* 409–456, 432 et seq.

[466] Kochan 1998, 109 et seq.

[467] Bayerischer Landtag, Plenarprotokoll 15/124, 9058 et seq; Landtag von Baden-Württemberg, Plenarprotokoll 14/78, 5632 et seq; and Hamburger Bürgerschaft, Plenarprotokoll 17/54, 3231 et seq.

[468] Bröring et al 2016, 35 et seq.

[469] Kochan 1998, 103; and Gieseler & Gieseler 2010, 210. Critical: Serkin 2006, 1647 et seq.

authorities often prove to be less equipped to take a well-founded decision than national or provincial institutions.[470]

Another drawback may be that the debate about third-party transfers for economic development in Parliament may give rise to an outcry of such a dimension that the project-specific bill will be rejected for no valid reason. In Germany, however, this has not been the case so far. Rather, the state legislatures adopted—after more or less fierce debates in the legislature and the public arena—the bills tabled before them. A drawback that is related to this problem is a lack of flexibility.[471]

Also, lengthy parliamentary procedures with a huge public debate may halt crucial developments. As, for instance, the Dutch legal system abolished the requirement of a benefit statute to avoid delays in the implementation of the project, this concern must be taken very seriously and reconciled with the need to avoid abuse. A method to avoid delays may be to conduct the parliamentary procedure and the participatory planning procedure at local level in parallel with a constant exchange of information and views. This may ensure that Parliament has the most recent information at its disposal and that the plan is ready by the time Parliament adopts the project-specific statute. To avoid delays it may also be advisable to drop the requirement of a project-specific statute where Parliament has not taken a decision within a certain period of time.

This recommendation would not introduce an approach that is incompatible with current Dutch, New York State, or South African law. There are examples of more specific legislation in all of these systems.[472] Also, as has been noted above, [473] these systems all know the rule that legislation must be sufficiently precise. This rule could form the basis of closer constitutional scrutiny, or, particularly in the Netherlands where there is no constitutional court, the legislator could take this rule as a reason to adopt more specific legislation.

As alternatives to the German model, Dutch, New York State, and South African law could consider the eminent domain laws of Alaska and Kansas. In Kansas, third-party transfers for economic development will only be permissible if the state legislature approves the expropriation and determines the property to be expropriated.[474] The law of Alaska permits a third-party transfer for economic development if the state legislature has explicitly authorised the private transferee to expropriate the property or to receive it.[475] Therefore, whereas under German law, the legislator must specify the purpose of the expropriation in the expropriation statute and assumes a rather prophylactic role, the legislatures of Kansas and Alaska engage in acute treatments as they have to approve specific expropriations.

Introduce an obligation to balance the involved interests and consider alternatives.

[470] Bröring et al 2016, 35 et seq.
[471] See FAO 2008, 2.14.
[472] In Dutch law: see subsection 4.1.3.2.1 above. In South African law: Young 2016, 209 et seq, fn 24. In New York State: § 160 of the General Municipal Law.
[473] See subsection 7.1.1.4.2 above.
[474] Kansas Statutes, § 26–501b.
[475] Alaska Statutes, § 09.55.240(2)(d).

In New York State's EDPL and South African law, the respective legislature should introduce an obligation for the competent authority to balance the involved interests and consider alternative projects, and indicate to the courts to scrutinise compliance with these obligations strictly. This obligation would enable these jurisdictions to comply with international best practice and have significant positive effects. Under German and Dutch law as well as New York State's SEQRA, this instrument proves to be useful in compelling the authority to gather all relevant facts and consider all alternatives to the proposed project and the harm done to adversely affected interests.[476] Thereby, this instrument improves the quality of the decision-making process because the authority will have to gather all relevant information and hear affected persons to assess the impact of all alternative projects. This instrument will make for a more informed decision and improve the authority's reflection on its own determinations because the authority will have to consider all advantages and disadvantages of alternative projects.[477] As a result, this instrument may enhance the quality of the decision itself and the legitimacy of the decision with the people. The obligation may not fully avert the danger that authorities abuse third-party transfers for a few economic benefits to help politically influential people, but it will at least make the authorities realise what is at stake and, thereby, make an abuse of power less likely.

Such an obligation would not be incompatible with New York State or South African law. New York State's SEQRA already provides for such an obligation. In South African law, the reasonableness test under PAJA should trigger judicial scrutiny of the balance of interests and the alternative project argument. It would only be logical to introduce an obligation to balance interests and consider alternative projects to facilitate compliance with the law.

In this section, no recommendation is made concerning the judicial scrutiny of the choice of the project and the balance between the project's public benefits and the adverse impact of the project and the expropriation. Limited judicial scrutiny of that choice and full judicial scrutiny of that balance are desirable from the expropriatee's perspective. However, granting leeway to the judiciary to such an extent that judges can make subjective judgments on the value of the public benefits and the adverse impact should only occur if there is adequate public confidence in the judiciary. As this confidence or the absence thereof seems culturally embedded, [478] and German law has been developing the strict judicial scrutiny and the proportionality principle for over 200 years, [479] it does not seem wise to impose this intrusive scrutiny upon other jurisdictions without a cultural legal foundation for such scrutiny.

Fully recognise the least invasive means argument.

South African law should fully recognise the least invasive means argument in order to comply with international good governance standards and give effect to the reasonableness test under PAJA. New York State law should extend the general obligation of municipalities to make an attempt to purchase the targeted property

[476] Refer to subsections 3.3.5.1.3, 4.3.4.1, and 5.3.5.3 for more details.

[477] This is an effect that is similar to the benefits of the obligation to give reasons: Hoexter 2012, 469 et seq.

[478] Schlink 2013, 735 et seq.

[479] See subsection 7.2.3.2 above.

to all authorities. These changes should be enshrined in legislation to ensure that the courts actually strike down expropriations that are not the least invasive means. The recognition of the least invasive means protects expropriatees from expropriations that are not necessary for the project's implementation.

Separate the planning procedure from the expropriation procedure.

New York State law and South African law should always formally separate the planning procedure from the expropriation procedure. Although it does not seem that such a separation leads to stricter substantive criteria, [480] the separation has several advantages. Firstly, the separation may lead to specialisation and efficiency gains because planning and expropriation authorities (and the courts) can specialise in their respective field of competence.[481] Secondly, an expropriation authority that was not involved in the shaping of the project is more likely to apply the law impartially, which could avoid the need for unnecessary and/or unaffordable court procedures. Thirdly, as international good governance standards require, such a separation makes it more likely that the competent authority involves the public at an early stage of the decision-making process.[482] To ensure effective and meaningful participation, the separation should be accompanied by sending out public notices and serving individual notices upon adversely affected persons and an early start of the participatory process. As current New York State and South African law already provide a distinct planning procedure under some expropriation statutes, this recommendation is not incompatible with these legal systems.

Ensure deliberations in administrative procedures.[483]

All of the examined jurisdictions should make deliberations in the planning and expropriation procedures compulsory through legislation in order to observe international good governance standards. Deliberations are reasoned dialogues among people and between people and the authority that may lead to a change of the opinions of the participants and the authority.[484]

Scholars doing research into deliberative democratic theories have argued that we all have certain beliefs and preferences upon which we hardly ever reflect.[485] These beliefs and preferences, of course, also play a role when the people express their opinions in administrative procedures. The importance of deliberations is that people have to consider all facts, including the drawbacks of their opinion, and the arguments of others. On the basis of equality and the ability of people to reason, scholars have inferred that people will then revisit their beliefs and preferences and

[480] See subsection 7.1.6.5 above.

[481] Moench & Ruttloff 2014, 898.

[482] See subsection 7.3.6.1 above.

[483] This recommendation is based upon Hoops 2015b, 257–258 and 267–268.

[484] Nordic Council of Ministers *Have a 'Good Participation': Recommendations on Public Participation in Forestry Based on Literature Review and Nordic Experiences* (Copenhagen: TemaNord 2002) 40 et seq; and S Owens '"Engaging the Public"': Information and Deliberation in Environmental Policy' 2000 *Environment and Planning A* 1141–1148, 1145 et seq.

[485] F Peter *Democratic Legitimacy* (New York and London: Routledge 2009) 43 et seq.

change these beliefs and preferences if they think this appropriate.[486] The eventual input of the public will thus better reflect the people's living conditions and the preferences that result from them.

Against this background, deliberations have several general advantages. Firstly, deliberations enhance the democratic legitimacy derived from the participants' input because their submissions correspond with their real wishes. Secondly, they improve the quality of the decision because the authority receives information about the actual needs of the people and the deliberations make the authority more likely to reflect upon its own opinion. Thirdly, deliberations may enhance the legitimacy of the decision in the long run because people will ideally feel more informed and will be taken seriously.[487]

In an expropriation context, deliberations in the form of (non-public or public) discussions during the planning phase can help the authority understand the adverse emotional, physical and socio-economic impact of the considered designs of the project. Possibly, the discussions may dig up new alternative designs. Participants are more likely to appreciate the need for the project, and the legal, socio-economic or physical drawbacks of alternative projects. This will generate more legitimacy and may make the expropriatee more likely to sell their property. During the expropriation phase, the competent authority should host discussions with the expropriatee about the advantages and disadvantages of a purchase or less invasive legal means than expropriation, which may make an expropriation unnecessary.

In order to benefit from deliberations, the state must ensure that enough resources are dedicated to the deliberations, and the empowerment of people to participate. Otherwise, vulnerable groups may not be effectively represented during the deliberations, [488] and charismatic figures may dominate the process.[489] Also, participation is often found to introduce poor-quality thinking, eg flawed reasoning and considerations that are not based upon all relevant facts, into the decision-making process.[490] It would, therefore, be advisable that impartial and independent experts are present to guide the process.[491]

Compel the authorities to take preventive measures.

In order to comply with international good governance standards, Dutch law, New York State law, and South African law should make it mandatory in all cases for the

[486] Peter 2009, 43 et seq.

[487] T Dietz & PC Stern *Public Participation in Environmental Assessment and Decision Making* (Washington, D.C.: The National Academies Press 2008) 43 and 50.

[488] V Bekkers & A Edwards 'Legitimacy and Democracy: A Conceptual Framework for Assessing Governance Practices' in Bekkers, G Dijkstra & Edwards (eds) *Governance and the Democratic Deficit: Assessing the Democratic Legitimacy of Governance Practices* (Oxford: Ashgate 2007) 35–60, 51; O'Neill 2001, 484, 486 and 493; and E Turnhout, S van Bommel & N Aarts 'How Participation Creates Citizens: Participatory Governance as Performative Practice' 2010 *Ecology and Society* 26; retrieved from: http://www.ecologyandsociety.org/vol15/iss4/art26/ (last accessed: 28 June 2007).

[489] P Goodwin ''Hired Hands' or 'Local Voice': Understandings and Experience of Local Participation in Conservation' 1998 *Transactions of the Institute of British Geographers* 481–499, 487 et seq; Kohn 2000, 412 et seq; and Dietz & Stern 2008, 60 et seq.

[490] Dietz & Stern 2008, 54 and 64.

[491] Dietz & Stern 2008, 50.

authority to compel the private transferee to implement the economic development project. A means to achieve this goal is a contract with the transferee. As the project itself does not directly generate the promised public benefits (ie economic growth and jobs), those jurisdictions also have to ensure that these public benefits actually accrue. To the extent that the economic viability of the project permits, the transferee should therefore be (contractually) compelled to create the jobs that were projected to be necessary for the implementation and operating of the project, and provide documentation about the progress of the project and job creation. Thereby, preventive measures will ensure that the public will benefit directly or indirectly from the economic development project, such as employment opportunities and economic growth. The implementation may further contribute to the acceptance of the expropriation and calm the waves caused by the expropriation. Also, preventive measures make potential project developers think twice about urging the state to expropriate property for their projects, which may help the holders of property rights.[492]

Such an obligation to take preventive measures would not be incompatible with Dutch, New York State, or South African law. Some expropriation statutes in New York State law, and the procurement laws in the Netherlands and South Africa already provide for preventive measures.[493] It would be logical to extend this regime to all third-party transfers.

Introduce a right to reacquire in cases of non-implementation.

In order to comply with international good governance standards, Dutch law, New York State law, and South African law should introduce a right to reacquire in cases of non-implementation and follow an implementation-oriented approach. Such a right to reacquire has various advantages.[494] Firstly, the right to choose to reacquire the property partially resolves the tension that arises in society when the transferee does not implement the project for which the property was expropriated. Secondly, the right to reacquire ensures that a new purpose that the transferee or the state may propose is subject to scrutiny. Thirdly, the right to reacquire may be an incentive for the transferee to implement the project.

It is further recommended that a change of purpose be permissible where, subject to judicial scrutiny, an authority decides that the new purpose is a legitimate purpose.[495] The implementation-oriented approach should, unlike the German approach, thus be lenient. Such an approach affords more flexibility and partially avoids the costs of a complete restart of the expropriation procedure.

The right to reacquire should be subject to reasonable constraints. As is the case under German or Dutch law, [496] the legislator or an authorised authority should define the period within which the transferee has to start and/or finish implementing the project. As required by Dutch law, the right to reacquire should not apply if

[492] Hoops 2015a, 184 et seq.
[493] See subsection 7.1.9 above.
[494] Hoops, Saville & Mostert 2015, 142 et seq.
[495] Van der Walt & Slade 2012, 221 and 226.
[496] See, for instance, § 102(1) No. 1 BauGB; and Art. 61(1) Ow.

the project is finished, albeit too late.[497] Also, if the transferee sells the property to a third party acting *bona fide*, the law should preclude the exercise of the right to reacquire to protect the real estate market.[498] If the transferee substantially changes the property without implementing the project, the competent authority should ensure that the expropriatee has sufficient means to use the property.[499]

This recommendation is not incompatible with any of the examined legal systems. As the validity of the expropriation is contingent upon a legitimate justification in all of these jurisdictions, a right to reacquire should arise in cases of the project's non-implementation because the legitimate justification has fallen away in such cases.

[497] HR, Judgment of 16 December 1992, ECLI:NL:HR:1992:AD1801, *NJ* 1993, 755, annotated by Mörzer Bruyns, paras 3.4 and 3.5.

[498] See, for instance, Groß, in Ernst/Zinkahn/Bielenberg/Krautzberger, BauGB, § 102, No. 33.

[499] Hoops, Saville & Mostert 2015, 144.

CHAPTER 8 Summary and conclusion

Table of Contents (shortened)

This chapter first provides a summary of the main findings of this book. It then concludes the book with remarks on the implications of the findings for future challenges surrounding expropriation law, international good governance standards on expropriation, and future research opportunities.

8.1 THE GOALS OF THE RESEARCH

This book comparatively examines the legitimate justification of expropriation of private property by the example of third-party transfers for the purpose of economic development in German, Dutch, New York State, and South African law. The legitimate justification refers to the judicially or otherwise legally enforceable requirements that the (economic development) project, its purpose, and the expropriation must meet in order for the expropriation to be lawful. The examination deals with the rules applicable to third-party transfers for economic development. As these rules often overlap with the rules applicable to other expropriations, the results of the examination are also relevant to other expropriations.

The first goal of the book is to describe in **Chapters 3 to 6** the legitimate justification of expropriation in each of the four examined jurisdictions. This analysis of the legitimate justification of expropriation has three dimensions. Firstly, this research provides an account of the substantive requirements that the project, its purpose, and the expropriation must meet for a lawful expropriation (ie the substantive definition of the legitimate justification). The second dimension is an analysis of the normative effect of the legitimate justification beyond the expropriation in the form of measures that compel the transferee to implement the project and the expropriatee's right to reacquire in cases of non-implementation (ie the endurance of the legitimate justification). The third dimension is an analysis of the governance of the legitimate justification. The governance analysis deals with the applicable administrative and court procedures, and the roles of the legislature, administrative authorities, and courts in shaping and applying the substantive requirements pertaining to the legitimate justification and its endurance.

The second goal of the book is to identify similarities and differences between the examined jurisdictions as to the legitimate justification of expropriation, its endurance, and its governance in **Chapter 7**. An assessment is made of which jurisdictions provide stronger or weaker protection of property from expropriation than others. On the basis of this comparison, a legal system that wishes to adjust its level of protection can identify rules from the examined jurisdictions that are suitable to attain the desired level of protection of property from expropriation.

The third goal of the book is to sketch possible reasons for the similarities and differences identified in **Chapter 7**. The reasons may assist jurisdictions in choosing suitable templates for legal reform because the reasons may shed light on which rules from other jurisdictions are compatible with the cultural, social, economic, and legal basis of the jurisdiction.

The fourth goal of the book is to evaluate in **Chapter 7** whether the legitimate justification of expropriation, its endurance, and its governance in the examined jurisdictions meet international good governance standards and, if not, to make recommendations on how the jurisdictions can comply with the standards. The Voluntary Guidelines on the Responsible Governance of Tenure, the book *FAO Land Tenure Studies 10: Compulsory acquisition of land and compensation*, Standard 5 of the *Performance Standards on Environmental and Social Sustainability of the International Financial Corporation*, and Standard 5 of the *World Bank Environmental and Social Framework* provide the criteria for this assessment.

The functional approach to comparative law methodologically guides the comparative examination of the legitimate justification of expropriation in different jurisdictions. This approach first requires identifying the societal issue that the comparative analysis addresses and then the legal principles and rules in each jurisdiction that have an effect on how a jurisdiction treats this issue. Only after a description of these principles and rules in each jurisdiction can a comparison of the jurisdictions be undertaken. The legitimate justification of expropriation, its endurance, and its governance, however, are too abstract issues to guide the comparative examination and need to be concretised. For the purpose of concretising the legitimate justification of expropriation, **Chapter 2** divides the legitimate justification of expropriation into sub-issues that are used in the comparison and the descriptive analysis of the legitimate justification of expropriation in the examined jurisdictions to identify the applicable legal principles and rules.

8.2 A DESCRIPTIVE THEORY OF THE LEGITIMATE JUSTIFICATION OF EXPROPRIATION

Chapter 2 first examines the so-called project-purpose paradigm as to whether it is a suitable model for the comparative analysis of the legitimate justification of expropriation in different jurisdictions. The project-purpose paradigm equates the substantive definition of the legitimate justification of expropriation with the issue of whether the project serves a purpose that is public or—in the terminology used for the purposes of this book—legitimate. While the legitimate purpose is at the centre of this paradigm, the magnitude of the project's contribution to the legitimate purpose and the adverse impact of the project and the expropriation are not relevant to the legitimate justification of the expropriation according to the project-purpose paradigm. The US Supreme Court in the *Kelo* judgment and the *Bartsch* judgment of the Free State High Court in South Africa seem to follow this approach when scrutinising the lawfulness of an expropriation.

For a comparative analysis of the legitimate justification of expropriation, this paradigm is not a suitable template. The project-purpose paradigm does not consider the magnitude of the project's public benefits or the adverse impact of the project and the expropriation. As a result, if a certain purpose is legitimate, every expropriation for that purpose will appear to be legitimately justified. If a jurisdiction does consider the magnitude of the public benefits or the adverse impact relevant to the lawfulness of the expropriation, as is the case with, for instance, German constitutional law, the project-purpose paradigm cannot detect this relevance. Also, the paradigm cannot identify the role of compensation for expropriations in the legitimate justification of expropriation. If an expropriation is always regarded as legitimately justified when its purpose is deemed legitimate, it remains unclear whether the project's contribution to the legitimate purpose outweighs the adverse impact of the project and the expropriation or whether the compensation is included in the balance between the project's contribution to the legitimate purpose and the adverse impact of the project and the expropriation. Lastly, the paradigm cannot determine the role that different state bodies play in shaping and applying requirements with respect to the magnitude of the project's public benefits or the adverse impact of the project and the expropriation.

Instead of the project-purpose paradigm, **Chapter 2** proposes a descriptive theory of the legitimate justification of expropriation that includes an assessment of requirements pertaining to the magnitude of the project's public benefits and the adverse impact of the project and the expropriation. In this book, requirements concerning the relationship between the magnitude of the project's public benefits and the legitimate purpose, and the relationship between the project's contribution to the legitimate purpose and the adverse impact of the project and the expropriation are called 'contextualisation'. Certain national legal orders, such as German law, democracy-based public good theories including *Rawls*' 'Theory of Justice', and certain property theories, such as the theory of human flourishing, suggest that the legitimate justification of expropriation in a jurisdiction may include a contextualisation of the project, its purpose, and the expropriation. In order to detect this contextualisation, a comparative analysis of the legitimate justification of expropriation should pose questions on how jurisdictions contextualise the project, its purpose, and the expropriation. Unlike the project-purpose paradigm, such questions are also able to detect the role of compensation and the role of state bodies in the contextualisation.

Chapter 2 divides the legitimate justification of expropriation into several sub-issues that not only include the issue of whether the expropriation serves a legitimate purpose, but also the issue of how a jurisdiction contextualises the project, its purpose, and the expropriation. The first sub-issue is which abstract purposes constitute legitimate purpose and may, therefore, legitimately justify an expropriation. A specific analysis is made of whether private economic development projects serve a legitimate purpose in an examined jurisdiction.

The second sub-issue is how the jurisdictions treat the relationship between the project and the legitimate purpose. This sub-issue is the basis for three questions posed to the examined jurisdictions. In order for the expropriation to be lawful, must the project be suitable to realise the legitimate purpose? Must there be an objective societal need for the project? Must the project make a qualified or enhanced contribution to the legitimate purpose?

The third sub-issue is whether an examined jurisdiction accepts the alternative project argument. In putting forward the alternative project argument, an adversely affected person argues that there is a project with a different design, location, or size that is suitable to realise the legitimate purpose, but inflicts less harm upon private and public interests than the chosen project. The questions posed to the examined jurisdictions are whether an equally suitable and less harmful alternative project would render the expropriation unlawful and whether a considerably less harmful alternative project would render the expropriation unlawful even if it does not create as many public benefits as the chosen project.

The fourth sub-issue is whether it is relevant to the lawfulness of the expropriation that the expropriation is suitable to enable the transferee to implement the project.

The fifth sub-issue is whether an examined jurisdiction accepts the least invasive means argument. In putting forward the least invasive means argument, an adversely affected person argues that there is a less harmful means to obtain access to the land needed for the chosen project. One may think of acquiring less land; less invasive legal means, such as limited property rights (eg servitudes), regulatory schemes, or contractual obligations; purchasing the land on reasonable terms; or the right of the expropriatee to implement the project themselves. The questions posed to the examined jurisdictions are whether an equally suitable and less harmful means to obtain access to the land would render the expropriation unlawful and whether a considerably less harmful means would render the expropriation unlawful even if the means imposes an additional burden upon the transferee, such as a delayed implementation of the project or additional costs.

The sixth sub-issue is the permissible balance between the project's public benefits and adversely affected private and public interests. Legal boundaries to the relationship between the project's contribution to the legitimate purpose and the adverse impact of the project and the expropriation can take several forms. For instance, the legislature may impose certain mandatory boundaries, such as a maximum amount of emissions, and/or the courts may require a certain balance between the advantages and disadvantages of the project and the expropriation.

Chapter 2 suggests that the legitimate justification of expropriation may have a normative effect beyond the moment of the expropriation. An expropriation may lose its legitimate justification if the transferee does not implement the chosen project to realise the legitimate purpose. For this reason, each jurisdiction is examined as to whether the state must take measures to ensure the realisation of the legitimate purpose (ie preventive measures) and whether the expropriatee will have a right to reacquire where the transferee fails to implement the project (ie corrective measures).

Chapter 2 argues that the analysis of the legitimate justification of expropriation should include a governance perspective. While expropriation law merely sets outer boundaries to the administrative and political decision-making process, the institutional and procedural framework of an expropriation decision creates requirements that the project, its purpose, and/or the expropriation must meet and which thus impact the protection of the targeted property. Also, democracy-based public good theories and international good governance standards include recommendations on desirable characteristics of the institutional and procedural framework for expropriation decisions. For these reasons, each sub-issue and the endurance of the legitimate justification are not only analysed as to the substantive rules having an effect on these issues, but also from a governance perspective. The governance perspective requires an analysis of the extent to which a certain state body shapes, applies, or controls the application of the substantive legal requirements, and of the procedure that these state bodies follow. To examine the influence of the public on the decision, the administrative procedures are analysed to determine the position of the competent authority in the state system; whether and, if so, to whom and how information on the proposed decision is provided; who has access to the procedure; at what stage the participation mechanism kicks in; what the type of participation is; and whether there is an obligation to furnish reasons for the expropriation decision. A further analysis is made of the position of adversely affected persons in the court procedure.

8.3 GERMAN LAW

Chapter 3 provides an analysis of the legitimate justification of third-party transfers for economic development and its time dimension under German law from a substantive and a governance perspective.

Art. 14(3) of the German Constitution, the German Basic Law of 1949, only authorises expropriations for the public good by or pursuant to a statute. The Federal Constitutional Court has consistently held that Art. 14(3) of the Basic Law only permits expropriations for public good objectives of particular weight. Public good objectives of particular weight are the equivalent of **legitimate purposes**. The Basic Law does not give a comprehensive definition of all legitimate purposes. It only categorically bans expropriations for non-existent purposes, purely private interests, purely fiscal interests, uncertain future projects, and other purposes that are contrary to the value system of the Basic Law as well as expropriations born out of general considerations of expediency.

While an expropriation cannot solely serve any of these illegitimate purposes, it is possible for an expropriation to simultaneously serve a legitimate purpose and an illegitimate purpose. The best example is a third-party transfer for economic development. The Federal Constitutional Court ruled in the *Boxberg* judgment that although such expropriations directly benefited private parties, their indirect public benefits in the form of, for instance, employment opportunities might legitimately justify an expropriation. The Court confirmed this jurisprudence in the *Garzweiler II* judgment and subsequent decisions. The Court thus generally embraces economic development as a legitimate purpose.

The governance structure of a third-party transfer for economic development, however, entails that only specific economic development projects with specific public benefits serve a legitimate purpose. The constitutional reservation of statutory powers and the constitutional principle of legality require that an expropriation must have a statutory basis. The Constitutional Court compels the legislature to sufficiently specify the projects and purposes for which the authorised authority may expropriate property. In order to authorise a third-party transfer for economic development, the legislature must unambiguously specify the projects and the purposes. 'The improvement of the economic structure of economic sector x' or 'the creation of jobs in sector y' are unlikely to meet this standard of specificity. In practice, these strict specificity requirements have led to project-specific statutes that authorise third-party transfers for economic development for specific economic development projects. In the light of a 2016 Decision of the Constitutional Court on an expropriation statute for a carbon monoxide pipeline in North-Rhine Westphalia, a project-specific statute will pass constitutional scrutiny if the legislature defines the basic characteristics of the project, its approximate location, abstract public benefits, and beneficiaries.

While the German judiciary grants the legislature the freedom to authorise expropriations for any purpose that does not fall into one of the banned categories, the courts strictly scrutinise whether the legislature has observed the required specificity. Also, the courts also fully review whether the proposed expropriation serves a purpose that falls under the expropriation statute. This strict scrutiny and the specificity of the expropriation statute greatly limit the role of the authority that plans the project and, thereby, shapes its purpose.

In German law, the constitutional principle of proportionality governs the **relationship between the project and the legitimate purpose**. The principle of proportionality entails a test of the suitability of the project. The project must be objectively capable of realising its legitimate purpose. To the extent that this assessment requires making projections about the project's future impact, the judiciary will generally defer to the competent authority's judgment. The principle of proportionality also entails a test of the necessity of the project. According to this test, the project must be reasonably required to realise the legitimate purpose. The project will only be reasonably required if there is an ascertainable need for the project and the project makes a substantial contribution to realising the legitimate purpose. With respect to projections about a future need for the project, the judiciary will defer to the competent authority's judgment.

Affected persons can put forward the **alternative project argument** before the court that scrutinises the project plan upon which basis the state may later expropriate property. This authority must shape the project on the basis of all relevant facts and a balancing of all involved interests. In balancing these interests, the competent authority is obliged to consider alternative projects. The competent court first scrutinises whether the proposed alternative project is as suitable to realise the legitimate purpose as the chosen project. Unless the deviations are negligible, alternative projects that are not equally suitable can never render the plan unlawful. The court then examines whether the alternative project inflicts less harm upon private and public interests than the chosen project. Within the boundaries of the Basic Law and the applicable legislation, the court will generally defer to policy decisions and value judgements that the authority made. It will only strike down the project plan where the authority did not choose a less invasive alternative although the planning authority must have realised that it was the unmistakably better alternative because it has a less severe overall impact upon both private and public interests. This will be the case where there is equally suitable state land available or where the harmful effects of the alternative and the chosen project are identical except for the fact that the alternative is, for example, more environmentally friendly.

In German law, the principle of proportionality entails a test of the **suitability of the expropriation**. The expropriation must be objectively capable of enabling the transferee to implement the project.

The principle of proportionality requires that the expropriation is the *ultima ratio* or strictly necessary to enable the transferee to implement the project. On the basis of this requirement, German law accepts the **least invasive means argument** in three categories of cases. The first is that the state acquires more land than needed for the project. Or secondly, the state has not made a reasonable attempt to purchase the land on reasonable terms. Thirdly, there are less invasive legal means, such as regulatory schemes, limited property rights, and contractual obligations available to enable the transferee to implement the project. A pre-requirement is that the proposed less invasive means is economically and legally suitable to enable the implementation of the project. This entails that the less invasive means must be capable of allowing for the implementation of the project and that delays or additional costs caused by the proposed means, if any, do not threaten the implementation and are appropriate with respect to the economic and personal circumstances of the transferee.

German law sets boundaries to **the balance between the project's public benefits and adversely affected interests** in several ways. The legislature lays down in environmental or other legislation the extent to which the project and the expropriation may adversely affect certain public interests, for instance in the form of mandatory limits to harmful substances. The legislature may also give further indications as to the weight of public and private interests in legislation; if it seeks to authorise a third-party transfer for economic development, the legislature will even be obliged to give guidance to the authorities on how to balance the involved interests. Within these mandatory boundaries, the competent authorities must balance the involved interests at three stages: when shaping the project under planning law; when testing the proportionality (in the narrow sense) of the project; and when testing the proportionality (in the narrow sense) of the expropriation. Under planning law, the courts will generally not interfere with the authority's value judgements and only strike down the project plan if a distinct harmful effect of the plan does not lead to any benefits or if the authority's value judgements contravene the Basic Law or the applicable legislation. Once the state seeks to expropriate property for the project, the courts leave this deferential position and claim the power to substitute their value judgements for the authority's value judgements. With respect to the proportionality of the project, the courts will strike down the expropriation if the adverse effects of the project and the expropriation outweigh their public benefits. With respect to the proportionality of the expropriation, the courts will strike down the expropriation if the disadvantages of the expropriation substantially outweigh the benefits of the contribution of the expropriation to the project's implementation. In testing the proportionality of the project and the expropriation, the authorities and the courts must not take account of the compensation due to the expropriatee. An example of an expropriation case where the project was held to be disproportionate was an expropriation of the ownership of agricultural land for the infrastructure for a housing project that would have threatened the economic existence of the farmer whose land was targeted.

In German law, the **administrative procedures** that lead to an expropriation are often divided into a planning procedure and an expropriation procedure. An example is the expropriation of property for the extension of the runway of the Airbus Aerodrome in Hamburg-Finkenwerder and the distribution and production of wide-body aircraft at the aerodrome. Under the Hamburg Aerodrome Act, the planning authority designed the project in a separate planning procedure, and the expropriation authority decided on whether to expropriate property in a separate expropriation procedure. As the Aerodrome Act declared the project plan binding upon the expropriation authority (the so-called advance effect in expropriation law), the planning authority also had to decide on the lawfulness of the expropriation. Under the Aerodrome Act, the planning authority and the expropriation authority were both appointed state authorities that are accountable to a Minister who is, in turn, accountable to the elected State legislature. They both followed participatory procedures. As for the provision of information, the planning authority issued a public notice with an invitation to inspect a draft plan. The expropriation authority not only issued a public notice, but also served individual notices with the essential content of the application for expropriation upon holders of registered rights on the property. Access to the participatory mechanism was limited to affected persons. Affected persons could first submit objections and then participate in a non-public oral hearing that is supposed to provide room for discussions and deliberations. The authorities then had to take the representations of affected persons into account and respond to them in the reasons furnished for the decision.

Affected persons may **challenge** the planning decision before the administrative courts and/or the expropriation decision before a specialised chamber of the ordinary civil courts. The administrative courts must investigate the facts of the case out of their own initiative and place the burden of proof with the authority. The ordinary courts protect the affected persons less extensively. The ordinary courts can choose, but are not obliged, to investigate the facts of the case, and the burden of proof generally lies with the person challenging the expropriation decision.

German law provides for **preventive measures** in all expropriation cases. The German Basic Law makes it mandatory for the legislator to compel the transferee to realise the legitimate purpose or to determine adequate preventive measures and oblige an authority to take those measures. With regard to third-party transfers for economic development, it is not sufficient for the preventive measures to ensure that the transferee implements the project; the measures must ensure that the transferee creates the promised public benefits, such as jobs or economic growth. The intensity of the preventive measures depends upon the extent to which the business interests of the transferee may deviate from the interests of the public in jobs and economic growth. However, due account should also be taken of the interests of the transferee whose business may be strangulated by too cumbersome obligations to create jobs or economic growth. An example of legislation that has passed constitutional muster is the Hamburg Aerodrome Act, which stipulated that the City of Hamburg had to contractually oblige Airbus to create all jobs needed for the extension of the runway and the distribution and production of wide-body aircraft at the aerodrome.

Art. 14(1) of the German Basic Law provides for **corrective measures** in the form of a right to reacquire in all cases where the private transferee fails to complete the project. Under the Hamburg Aerodrome Act, the City of Hamburg could have cancelled the contract of tenancy with Airbus if Airbus had failed to fulfil its obligations under the contract, such as the obligation to create all necessary jobs for the distribution and production of wide-body aircraft. Regardless of whether the City would have cancelled the contract, the expropriatee could have reclaimed the property from the City if Airbus had not completed the extension of the runway within a period of time determined by the expropriation authority.

8.4 DUTCH LAW

Chapter 4 provides an analysis of the legitimate justification of third-party transfers for economic development and its endurance under Dutch law from a substantive and a governance perspective. Under Dutch law, the state may only expropriate property for private economic development projects on the basis of a municipal binding land-use plan and Art. 77(1) No. 1 of the Dutch Expropriation Act.

Art. 14(1) of the Dutch Constitution stipulates that the state may only expropriate property in the public interest. Similarly, Art. 1 of the First Protocol to the European Convention on Human Rights permits the deprivation of possession only in the public interest. Dutch law and the European Convention address the issue of whether **the expropriation serves a legitimate purpose** through tests that are based upon these public interest requirements. Neither the Dutch Constitution nor the European Convention provides a comprehensive positive definition of public interest. However, they together ban expropriations for certain purposes, namely purely private purposes, purely fiscal interests, real estate speculation, uncertain future projects, and projects that are born out of political expediency.

Within these broad boundaries, the Dutch legislature is free to declare any purpose to be a legitimate purpose for an expropriation. The case law of the European Court of Human Rights and the Decisions of the Crown, which scrutinises the lawfulness of the expropriation before taking the expropriation decision, show that even third-party transfers for economic development are permissible.

No obligation for the legislator to specify the projects and the legitimate purposes complements this freedom. As a result, the authorisation of the municipality to apply to the Crown for an expropriation of property for the implementation of a binding land-use plan neither specifies the project nor the legitimate purpose for which property may be expropriated. The municipality can almost freely shape the project and, thereby, the purpose. Usually, as long as the project forms part of the binding land-use plan and the expropriation does not serve a banned purpose, neither the Crown nor the courts will interfere.

The Crown sometimes undertakes an additional inquiry to differentiate between a third-party transfer for the legitimate purpose of economic development and a third-party transfer for a purely private interest. The Crown then investigates whether the transferee is legally bound to implement the project and, less frequently, the trustworthiness of the transferee, the quality of the preparations of the project as well as the extent to which the transferee influenced the preparations.

The relationship between the project and the legitimate purpose lies in the hands of the municipal council and the municipal executive, which shape the project and adopt the municipal land-use plan. The municipality must only ensure that the project is suitable to realise the legitimate purpose, in particular that its implementation is financially feasible. Dutch law does not provide for any separate requirements with respect to the societal need for the project or an enhanced contribution of the project to the legitimate purpose. However, it is conceivable that a project for which there is no societal need may not be suitable to realise the legitimate purpose or generate insufficient benefits to legitimately justify the harm done by the project and the expropriation. Also, a project that only minimally contributes to the legitimate purpose may generate insufficient benefits to legitimately justify that harm.

In the municipal planning procedure, the municipal council and the municipal executive must balance all involved interests and consider alternative projects. Challenging the binding land-use plan before the Judicial Division of the Council of State, an affected person can put forward the **alternative project argument**. The Judicial Division will first scrutinise whether the alternative project is as suitable to realise the legitimate purpose as the chosen project. If this is not the case, the alternative project argument will be unsuccessful. If the alternative is equally suitable, the courts will examine whether the alternative inflicts less harm upon private and public interests than the chosen project. In general, the courts will defer to the value judgements of the authority and leave the choice of the project intact. The alternative project argument, however, will be successful if the chosen project has serious shortcomings or if the alternative project has a significantly less harmful impact than the chosen project.

In order for a third-party transfer for economic development to be lawful, the **expropriation must be suitable** to implement the binding land-use plan. The expropriation must thus be suitable to enable the transferee to implement the project. This also follows from the principle of proportionality.

The expropriatee may put forward the **least invasive means argument** in the expropriation procedure in four categories of cases. Firstly, the state acquires more land than needed for the project. Secondly, the state has not made a reasonable attempt to purchase the land on reasonable terms or thirdly, there are less invasive legal means, such as regulatory schemes, limited property rights, and contractual obligations, available to enable the transferee to implement the project. Fourthly, Dutch law also recognises the owner's right to implement the project themselves in accordance with the wishes of the municipality. A general requirement is that the proposed less invasive means is suitable to make the implementation of the envisaged project possible and ensure the safe and undisturbed operating of the project.

Dutch law sets boundaries to **the balance between the project's public benefits and adversely affected interests** in various ways. The legislature lays down in environmental or other legislation to what extent the project and the expropriation may adversely affect certain public interests, for instance in the form of mandatory limits to harmful substances. Such protective provisions are in part accompanied by the requirement to apply for a permit and a procedure in which the competent authority verifies whether the transferee complies with those provisions. Within these boundaries, the municipal council and the municipal executive (the planning authority) balance all interests relevant to spatial planning when laying down the project in the binding land-use plan and accompanying documents. The Judicial Division grants the municipality very broad discretion and scrutinises the proportionality of the plan to a very limited extent. A boundary to this discretion seems to be that where the municipality does not plan to acquire the land in exchange for money, the plan will be disproportionate if the designations and rules under the plan put an end to the operations of a business. Where the municipality plans on acquiring the land in exchange for money, the plan will have no disproportionate impact upon property rights. Other spatial planning-related boundaries to the municipality's discretion are that the project must not permanently distort the supply of goods and services to the local population and that a new facility with a lot of employees must be connected to the public transport system. In the expropriation procedure, the Crown tests the proportionality of the expropriation. The Crown assumes that the planning procedure and the expropriation legislation generally ensure an equitable balance between the public interest and the expropriatee's interest. The Crown also takes into account the compensation that the expropriatee will receive. For these reasons, the expropriatee will only be disproportionate in very exceptional cases, for example where the project can no longer perform the function that it has according to the binding land-use plan.

In Dutch law, the **administrative procedures** that lead to a third-party transfer for economic development are divided into a municipal planning procedure and an expropriation procedure before the Crown. While the municipality shapes the project in the binding land-use plan, the Crown decides upon the municipality's application for expropriation and verifies the lawfulness of the expropriation. The municipal council (ie the planning authority) has a strong democratic legitimacy because its members are the directly elected representatives of the local population. The municipal executive, which may also act as the planning authority, is appointed by the municipal council and the Crown. A national Ministry, which represents the Crown as the expropriation authority, is an appointed body that is accountable to the national legislature. The administrative procedures that the municipality and the Crown follow give the people an opportunity to influence the plan and the expropriation decision. The authority must first publicise the draft decision with a summary of the content of the decision and a public invitation to inspect all relevant documents. Where the municipality seeks to acquire land for the project within a short period of time, the planning authority must send individual notices to owners, holders of registered rights on the land, and holders of contractual use rights. The same obligation applies to the expropriation authority in the expropriation procedure. In the planning procedure, the access to the procedure is not limited. By contrast, only affected persons have access to the expropriation procedure. The basic type of participation is the submission of written or oral comments and objections to the authority. In the expropriation procedure, there will be an additional hearing in which adversely affected persons can elaborate on their objections. Having followed this procedure, the authority must take the objections into account, furnish reasons, and respond to the submitted objections in the reasons.

Affected persons can **challenge** the planning decision before the Judicial Division. The civil courts automatically scrutinise the lawfulness of the expropriation before ordering the expropriation and determining the amount of compensation. The Judicial Division may, but does not have to investigate the case out of its own initiative. The burden of proof will generally lie with the municipality. Before the civil courts, the position of affected persons is weaker. The civil courts may not investigate the case proactively, and the burden of proof lies with the person challenging the decision.

There is no established comprehensive regime for **preventive measures** in Dutch law. If the municipality or another state body subsidises the economic development project, procurement law may be applicable and provide for a binding contract with the transferee. There may be a chance for a comprehensive regime in the future because there seems to be an unwritten norm developing that obliges the competent authority to ensure the implementation of the project. Lawyers may also want to rely upon Art. 14(1) of the Constitution or the principle of legality to create such an obligation. In practice, authorities do not always insert clauses into contracts with the transferee that oblige the transferee to implement the project.

Art. 61 of the Expropriation Act grants a **right to reacquire** if the transferee does not start to implement the project within three years, halts the implementation for three years, or there are circumstances that indicate that the transferee will not complete the project. This right to reacquire, however, does not apply to third-party transfers. Expropriatees who seek to reacquire their property in cases of non-implementation may want to rely upon Art. 14(1) of the Constitution or the principle of legality, tort law in connection with the contractual obligations of the transferee towards the municipality, or Art. 61 Ow after the municipality has reclaimed the property.

8.5 NEW YORK STATE LAW

Chapter 5 provides an analysis of the legitimate justification of third-party transfers for economic development and its endurance under New York State law from a substantive and a governance perspective. Economic development projects can take the shape of redevelopment projects in a substandard and insanitary area under urban renewal legislation, municipal redevelopment legislation, and the Urban Development Corporation Act or the shape of economic development projects outside of such areas under industrial development legislation.

The Fifth Amendment to the United States Constitution and Art. I, § 7(a) of the New York State Constitution subject expropriations (condemnations) to the public use requirement. The issue of whether the expropriation serves a public use corresponds to the question of whether the expropriation serves a **legitimate purpose**. In the nineteenth and early twentieth centuries, there were two competing interpretations of 'public use'. The first interpretation equated public use with use by the public, which would preclude third-party transfers for economic development. The second interpretation equated public use with public purpose. Over the years, public purpose has become the dominant interpretation. There are scattered attempts to give a comprehensive definition of public purpose. The Appellate Division of the New York State Supreme Court defined it as any use contributing to public health, public safety, general welfare, convenience, and prosperity. The courts, however, have failed to give a definition that can be easily applied to specific cases. The courts categorically ban expropriations for non-existent purposes, purely private purposes, the fiscal interests of the state, and uncertain future projects. If combined with a legitimate purpose, however, such purposes do not prevent an expropriation for that legitimate purpose.

It is settled under both the Fifth Amendment and New York State law that third-party transfers for economic development are permissible for the redevelopment of substandard and insanitary areas. As follows from the *Kelo* judgment of the US Supreme Court, economic development projects outside of such areas at least constitute a public use in areas that have been suffering from economic underdevelopment and unemployment. The highest New York State court, the Court of Appeals, still needs to confirm the permissibility of third-party transfers for economic development outside of substandard and insanitary areas, but the case law of the Appellate Division clearly suggests that such expropriations are permissible.

Within the constitutional boundaries in the form of banned categories, it is the legislature's responsibility to choose the legitimate purposes for which the expropriation of property is permissible. At present, it only specifies the economic development-related legitimate purposes in a very abstract fashion (eg 'develop industrial facilities'). Due to this ambiguous wording, the courts defer to the competent authority's interpretation of the law and the facts. Unless there is 'no room for reasonable difference of opinion', the courts will not interfere with the purpose shaped by the planning authority. Within the constitutional boundaries and despite the statutory specification of the legitimate purpose, the planning authority thus enjoys broad discretion when shaping the project and, thereby, the purpose. Only where there are indications that economic development outside of substandard and insanitary areas may have been used as a pretext to disguise an expropriation for a purely private purpose, will the courts apply stricter scrutiny.

The planning authority generally has discretion to shape **the relationship between the project and the legitimate purpose**. There is no separate requirement that there is a societal need for the project. However, the absence of a societal need may have an indirect bearing on the suitability of the project. The courts test the suitability of the project as to whether there is a rational connection between the legitimate purpose and the expropriation. This connection requires that each independent part of the project is in one way or another conducive to the legitimate purpose. In addition to the suitability of the project, the courts require that the legitimate purpose is the dominant purpose of the expropriation. The *Denihan* case provides an example of an expropriation with no dominant legitimate purpose. To carry out an urban development project, the transferee created more parking spaces for their own clients than for the public in a new public parking garage. The Court of Appeals held that the legitimate purpose of providing public parking was not dominant and struck down the expropriation.

New York State law generally does not accept the **alternative project argument**. Although there is an obligation for the competent authority to consider alternative projects and locations under both the Eminent Domain Procedure Law and environmental conservation legislation, the courts will only test the authority's choice as to whether the authority considered all relevant facts and the choice is rational. The courts will only strike down the expropriation where the overall less harmful alternative project is in no respect more harmful and in no respect less beneficial than the chosen project.

There must be a rational connection between the legitimate purpose and the expropriation. If the expropriation is not **suitable** to enable the transferee to carry out the project, there will not be any rational connection. In order for the expropriation to be lawful, it is sufficient that the authority could have rationally believed that the expropriation was suitable.

New York State law accepts the **least invasive means argument** in the form of the doctrine on excess condemnations. Where the state expropriates property rights on more land than is needed for the project, the courts will generally strike down the expropriation. However, the expropriation will only be an excess condemnation if the land is not conceivably conducive to the project. Where there is a less invasive legal means, such as limited property rights, the expropriation will also be an impermissible excess condemnation. The less invasive legal means must be equally suitable to enable the transferee to implement the project. The courts will closely scrutinise the authority's defence that the less invasive legal means is not equally suitable. However, if there is an objective reason to favour expropriation over a less invasive means, the courts will likely reject the least invasive means argument. There is no general obligation for the authorities to make a reasonable attempt to purchase the land; such an obligation only applies to municipalities. Self-realisation defences are not generally recognised as least invasive means arguments. The courts only seem to take into account the expropriatee's offer to implement the project when scrutinising whether economic development is merely a pretext to disguise an expropriation for a purely private purpose.

The competent authorities must **take into account adversely affected interests** in various ways. The legislator has laid down some mandatory boundaries to protect certain vulnerable interests, such as environmental standards or resettlement obligations. The authority needs to observe these boundaries. The authority is also obliged to take account of other adversely affected interests and measures mitigating the adverse impact upon such interests. As long as the authority observes the mandatory boundaries and considers the adverse impact upon all relevant interests and mitigating measures, the courts will not interfere. The balance between the project's public benefits and the adverse impact of the project and the expropriation is beyond the judiciary's reach. Only where an independent part of the project is not conducive to the legitimate purpose or a less harmful alternative project is in no respect more harmful and in no respect less beneficial, would the courts interfere.

The **administrative procedures** leading to the expropriation may or may not be divided into a planning procedure and an expropriation procedure. The authorities may have very different positions in the state system, from being directly elected like the municipal council to being an incorporated agency. The authorities generally provide an outline of the project and the expropriation in the form of a public notice. Before an expropriation, the owner(s) will receive an individual notice. For more information, the public will have to send a request to the competent authority. The participation mechanisms in both planning and expropriation procedures are open to the general public. People can make oral and written statements, but the law does not provide for adversarial elements or cross-examinations. There is an obligation for the authority to give reasons for its decision. This includes the obligation to respond to the issues raised by the public.

Adversely affected persons can **challenge** the expropriation decision and planning decisions that preceded the expropriation decision in court. In the proceedings, they must establish the facts necessary to make their case and bear the burden of proof.

Whether or not the expropriation authority takes **preventive measures** depends upon the applicable expropriation statute. While urban renewal and municipal redevelopment legislation obliges the competent authority to compel the transferee to carry out the project, the urban development corporation and industrial development agencies may choose to take preventive measures. In practice, contracts between the expropriation authority and the transferee often include a clause that obliges the transferee to carry out the project, but do not make it mandatory for the authority to enforce such a clause.

At common law, there is generally no **right to reacquire** in cases of non-implementation. Only where the expropriation is unlawful because, for instance, the project did not serve a legitimate purpose, does the property automatically revert back to the expropriatee. The Eminent Domain Procedure Law only provides for a right of first refusal where the authority wishes to sell and transfer the unchanged property to a private entity for private use within ten years after the condemnation. In practice, the contract between the authority and the transferee sometimes contains a clause that provides that the property will revert back to the authority in cases of non-implementation. However, such clauses are not frequently enforced and the reacquisition by the authority does not help the expropriatee unless the right of first refusal is triggered.

8.6 SOUTH AFRICAN LAW

Chapter 6 provides an analysis of the legitimate justification of third-party transfers for economic development and its endurance under South African law from a substantive and a governance perspective. There are several statutory bases for a third-party transfer for economic development, the most important of which is Section 2(1) of the Expropriation Act (No. 63 of 1975). This provision authorises the Minister of Public Works to expropriate property for public purposes. A third-party transfer for economic development may, but does not need to be preceded by a decision to rezone municipal land for the project or the adoption of a statutory development scheme.

Section 25(2) of the Constitution of the Republic of South Africa, 1996 only permits expropriations for public purposes and in the public interest. The test of whether an expropriation serves a public purpose or is in the public interest corresponds to the question of whether the expropriation serves a **legitimate purpose**. The South African courts only very abstractly define the term 'public purpose' as 'all purposes which pertain to and benefit the public in contradistinction to private individuals'. This definition cannot be easily applied to every single case. 'Public interest' in any case includes land reform projects, but beyond this element, there is no recognised definition of this term. The only thing that is certain is that the public purpose/public interest requirement precludes expropriations for purely private purposes, purely fiscal interests of the state, and non-existing purposes.

The Constitutional Court has not yet ruled on whether third-party transfers for economic development serve a legitimate purpose although they directly benefit a private party. Recent case law of lower South African courts, however, strongly indicates that private economic development is a legitimate purpose. In the *Offit* case, the Supreme Court of Appeal found that '[p]roviding industrial development with its concomitant benefits of employment and economic growth is manifestly a public purpose [. . .]'. In the *Bartsch* case, the Free State High Court sanctioned a third-party transfer for the construction of a shopping centre.

Within the constitutional boundaries in the form of banned categories, it is for the legislature to choose the legitimate purposes for which the expropriation of property is permissible. From a governance perspective, in granting the power to expropriate property for public purposes under the Expropriation Act (and other legislation), the legislature does not specify the legitimate purposes for which the competent authority may expropriate property. At the same time, the judiciary uses a very broad definition of 'public purpose' and 'public interest'. This gives the authority that shapes the project a very powerful position because that authority can freely shape the expropriation's purpose as long as it avoids banned categories of purposes.

The planning authority is given broad discretion to shape **the relationship between the project and the legitimate purpose**. The only firm boundary seems to be that under the rationality test in administrative and constitutional law, the project must be suitable to realise the legitimate purpose. There are no recognised separate requirements for the questions of whether the project must answer a societal need and whether the project must make an enhanced contribution to the legitimate purpose. However, a project for which there is no societal need may, under additional circumstances, not be suitable to realise the legitimate purpose or fall foul of a proportionality inquiry under administrative and constitutional law. Similarly, a project with only minimal benefits may not pass a proportionality inquiry under administrative and constitutional law.

Under South African expropriation law as it stands, the courts will in most cases reject the **alternative project argument**. The courts generally entirely defer to the authority's choice of the project. It is only conceivable that a chosen project that is in no respect less harmful and in no respect more beneficial than an overall less harmful or more beneficial alternative project may fall foul of the rationality test because this test requires the suitability of the state action and a sound reasoning. In the future, the reasonableness test from administrative law and constitutional law may introduce a proportionality analysis to expropriation law. This reasonableness test will require considering less harmful means to realise the legitimate purpose. Arguably, the courts will then — with due respect to the value judgements and policy considerations of the planning authority — accept an alternative project argument if the alternative project is equally suitable to realise the legitimate purpose and the harmful effects of the chosen project by far outweigh the harmful effects of the alternative project.

The **expropriation must be suitable** to enable the transferee to implement the project. This follows from the rationality test applied under administrative and constitutional law.

South African expropriation law as it stands only accepts the **least invasive means argument** in very exceptional cases. The courts will only strike down an expropriation if the state intentionally expropriates property rights on too much land in order to use the land for another purpose. South African law, however, seems to be in a transition phase towards stricter scrutiny, as the *Harvey* judgment of the KwaZulu-Natal High Court suggests. It is argued that in the future, the reasonableness test in administrative and constitutional law should trigger scrutiny of the necessity of the expropriation with only very little deference to the decision of the expropriation authority.

South African law **takes account of adversely affected interests** in various ways. The legislature lays down in environmental or other legislation to what extent the project and the expropriation can adversely affect certain public interests, for instance in the form of mandatory limits to harmful substances. Such protective provisions are in part accompanied by the requirement to apply for a permit and a procedure in which the competent authority verifies whether the transferee complies with those provisions. For the rest, the balance between the project's public benefits and the adverse impact of the project and the expropriation currently lies in the hands of the planning authority. Only where the project is not suitable to realise its purpose or there is a suitable and less harmful alternative project that is in no respect more harmful and in no respect less beneficial, may the expropriation fall foul of the rationality test because this test requires that the expropriation is based upon a sound reasoning. It is argued that in the future, the reasonableness test in administrative and constitutional law will introduce a proportionality analysis to expropriation law. The courts may then — with due respect to the value judgements and policy considerations of the planning authority — strike down an expropriation where the adverse effects of the project and the expropriation by far outweigh the project's public benefits.

In South African law, the **administrative procedure(s)** leading to the expropriation may or may not be divided into a formal planning procedure and a formal expropriation procedure. There are various authorities that are authorised to shape the project and/or expropriate property for that project. The competent authority may be appointed, like the Minister of Public Works, or directly elected like the municipal council. The competent authority must provide all information necessary to make meaningful representations either by individual notices to adversely affected persons in case of small-scale developments and acquisitions or public notices in case of large-scale developments and acquisitions. In cases of small-scale developments and acquisitions, the access to the procedure is generally limited to adversely affected persons. In cases of large-scale developments and acquisitions, the general public may participate. The type of participation is mostly that the authority solicits written objections. In cases of large-scale developments and acquisitions, the authority can opt for a public inquiry, which includes a public hearing with (at least) the opportunity to make oral representations. Upon request, the authority must furnish reasons for its decision. Although there is no express obligation to take into account, and respond to, objections in the written reasons, there is an obligation to consider the representations made by the public. In order to fulfil this obligation, the authority may have to take them into account and respond to them in its reasons.

Adversely affected persons can **challenge** all planning and expropriation decisions in the ordinary courts (High Court). The person challenging the decision needs to establish all necessary facts to make their case because the court will not investigate the case out of its own initiative. This person also bears the burden of proof.

There is no comprehensive regime for **preventive measures** in South African law. Procurement law seems to oblige provinces and the Republic to take preventive measures in cases of third-party transfers for economic development. There is, however, no such obligation for municipalities. One may want to rely upon Section 25(2) of the Constitution or the principle of legality to compel the authority to take preventive measures.

There is no general **right to reacquire** the property in cases of non-implementation. According to the *Harvey* judgment of the KwaZulu-Natal High Court, the expropriatee would automatically reacquire the property if the expropriation were void because competent authority could not reasonably believe that the expropriation would serve a legitimate purpose and the authority actually pursued an illegitimate purpose. The expropriatee would further have a right to reacquire if the transferee had never set out to commence the implementation of the project. In the literature, there are two different recommendations, based upon either the constitution or the principle of legality, on how to improve this situation. The first recommendation is that the courts introduce a right to reacquire in all cases of non-implementation. The second recommendation is that the courts introduce a right to reacquire that will arise in cases of non-implementation if the transferee does not propose a new purpose for the use of the land or if that new purpose does not meet the public purpose/public interest requirement.

8.7 EXPLORING AND EVALUATING SIMILARITIES AND DIFFERENCES

Chapter 7 first provides an analysis of similarities and differences in how the examined jurisdictions treat the legitimate justification of expropriation, its endurance, and its governance. Then, this chapter seeks to provide possible explanations for the similarities and differences. On the basis of the comparative analysis, the chapter tests the compliance of the examined jurisdictions with international good governance standards and makes recommendations on how the jurisdictions can meet those standards.

8.7.1 The comparative analysis

In all jurisdictions, there is no comprehensive and easily applicable definition of **legitimate purposes.** The jurisdictions either do not provide a definition or provide a definition that is very vague. Their constitutions declare certain categories of purposes to be illegitimate. These banned purposes at least include non-existent purposes, the fiscal interests of the state, and purely private purposes. However, if an expropriation serves an illegitimate and a legitimate purpose at the same time, the expropriation will serve a legitimate purpose.

In all of the examined jurisdictions, third-party transfers for economic development are generally permissible. However, there are different exceptions to this rule depending upon the jurisdiction. The specificity requirement in German constitutional law limits third-party transfers for economic development to specific projects with specific economic public benefits. The US Supreme Court may in the future decide that specific development projects outside of economically distressed areas do not serve a legitimate purpose. The courts base their acceptance of economic development as legitimate purposes on either the legislature's decision to choose it as a legitimate purpose for expropriations or the fact that it has become the state's task to promote society's economic well-being.

Despite this similarity as to the substance of legitimate purposes, the governance structures differ greatly and make for diverging levels of protection from expropriation. While the legislature in Germany has a constitutional obligation to specify the purposes and projects sufficiently in the expropriation statute, there is no such obligation in the other examined jurisdictions. In Germany, this has led to the adoption of project-specific statutes for third-party transfers for economic development. In the other jurisdictions, the legislature does not specify the purpose and the project at all or uses very abstract formulations. This position of the legislature leads the courts to assume diverging positions. While the German courts strictly scrutinise whether the purpose of the expropriation complies with the expropriation statute, the courts in the other examined jurisdictions either expressly defer to the authority's interpretation of the expropriation statute or do not scrutinise the purpose beyond the constitutionally banned categories. In Germany, this entails that both the legislator's specifications and judicial scrutiny to a large extent limit the discretion of the planning authority to shape the expropriation's purpose. In the other jurisdictions, there is a concentration of power with the planning authority that can almost freely shape the expropriation's purpose.

The common ground regarding the **relationship between the project and the legitimate purpose** is that the project must be suitable to realise the legitimate purpose. Only German law provides for a separate requirement that the project serves a societal need. In the other jurisdictions, the absence of a societal need may, under additional circumstances, question the suitability of the project. German law and New York State law explicitly require an enhanced contribution of the project to the legitimate purpose. While German law requires a substantial contribution to the legitimate purpose, New York State law creates a link between the legitimate purpose and the private benefits of the project and requires that the legitimate purpose is dominant over the private purpose. In Dutch and South African law, there is no such requirement, but a minimal contribution to the legitimate purpose may not legitimately justify the adverse impact of the project and the expropriation.

While German and Dutch law accept the **alternative project argument**, New York State and South African law generally do not accept it as a valid defence against expropriation. Except for South African law, all examined jurisdictions expressly oblige the planning authorities to consider alternative projects. However, the choice of the project is subject to varying degrees of judicial scrutiny. New York State law (and, possibly, South African law) would only preclude an expropriation where the less harmful alternative project is in no respect more harmful and in no respect less beneficial than the chosen project. German and Dutch courts, by contrast, strike down expropriations where the alternative project is equally suitable to realise the legitimate purpose and substantially less harmful than the chosen project.

All examined jurisdictions require that the **expropriation is suitable** to enable the transferee to carry out the project. It remains unclear under what circumstances an expropriation would not be regarded as suitable.

Except for South African law, the other jurisdictions accept the **least invasive means argument** as a defence against expropriation. The expropriation of property rights on unnecessary land and less invasive legal means, such as limited property rights, are commonly accepted as less invasive means. The mandatory attempt to purchase the land on reasonable terms is also common ground in German, Dutch, and, to a lesser extent, New York State law. Importantly, each less invasive means must be suitable to enable the transferee to carry out the project. While New York State courts seem to require equal suitability and accept any objective reason why the less invasive means is less beneficial than expropriation, German and Dutch law require that the alternative means is suitable to give the transferee access to the land and require that additional costs and delays that the alternative means would cause do not threaten the viability of the project.

Boundaries to the permissible **balance between the project's public benefits and adversely affected interests** vary significantly in the examined jurisdictions. In all examined jurisdictions, the legislature sets mandatory limits to the authority's discretion to protect certain vulnerable interests, such as environmental protection. There is also an obligation to consider adversely affected interests in all examined jurisdictions except for South African law. New York State law stops here and does not provide for judicial scrutiny of the balance between the project's public benefits and adversely affected interests. Only where an independent part of the project is not conducive to the legitimate purpose or there is a less harmful alternative project that is in no respect more harmful and in no respect less beneficial, would New York State courts interfere with this balance. Case law from lower South African courts suggests that they may also follow this approach in expropriation cases. German and Dutch courts, by contrast, do examine that balance and do not allow disproportionate outcomes. Their approaches to this examination, however, differ significantly. While the Dutch courts take into account the compensation due to the expropriatee and defer to the authority's value judgements, German courts do not take account of the compensation and substitute their value judgements for the authority's. It remains to be seen how the reasonableness test in administrative and constitutional law will shape South African expropriation law in the future. These different tests result in diverging degrees of freedom for the planning authority. While its leeway is the greatest under New York State law and current South African law, it is somewhat narrower under Dutch law and the narrowest under German law.

The **administrative procedures** leading to an expropriation may or may not be divided into a planning procedure and an expropriation procedure. The division into two formal procedures does not seem to have an impact upon the criteria used by the courts. However, in addition to efficiency and specialisation gains, an important advantage of this division is that a separate planning procedure seems to ensure an early start of the participation mechanism. This means that particularly in Dutch and German law, the general public is more likely to have an impact upon the final outcome. Another advantage is that the expropriation authority can properly fulfil its controlling role, which may prevent unnecessary litigation costs. The competent authorities may also affect the public's ability to influence the outcome. While the municipal councils under Dutch law, New York State urban renewal and municipal redevelopment legislation and South African law are likely to be more responsive to the needs of the public, appointed authorities are likely to be less responsive.

In of the all examined jurisdictions, the competent authorities must proactively provide information. In planning procedures, the examined jurisdictions generally only provide for a public notice. Except for New York State law, the examined jurisdictions directly provide all necessary information or invite the general public to inspect the documents. In expropriation procedures, owners at least will receive an individual notice. Except for planning procedures under South African law, the access to planning procedures that are not only confined to one project is generally unlimited. The access to project-specific planning procedures like under German law is limited to affected persons. The access to expropriation procedures is generally limited to affected persons. Large-scale acquisitions in South African law and New York State's Eminent Domain Procedure Law are exceptions to this rule. Oral and/or written representations are the standard type of participation. Discussions and deliberations only seem to be mandatory under German law. A common norm in all examined jurisdictions seems to be that the competent authority must furnish reasons (only upon request in South African law) and take into account, and respond to, objections from the general public.

In all examined jurisdictions, affected persons can **challenge** the expropriation decision and any (planning) decision that provides a basis for the expropriation in court. The examined jurisdictions protect the procedural position of persons challenging a decision to a varying extent. New York State and South African courts do not investigate the case themselves and place the burden of proof with the person challenging the decision. The same applies to Dutch courts that decide upon expropriation decisions. The German courts competent to decide on expropriation decisions may, but are not required to investigate the case themselves and also place the burden of proof with the person challenging the decision. The Dutch Judicial Division, which adjudicates planning matters, may, but is not required to investigate the case itself, and is likely to place the burden of proof with the municipality. German administrative courts, which decide upon the lawfulness of the expropriation, investigate the case themselves and place the burden of proof with the competent authority.

All examined jurisdictions at least provide for **preventive measures** in some cases, mainly on the basis of procurement law or planning legislation. German law has the only comprehensive regime in place because its Constitution obliges the legislature to make preventive measures mandatory for every third-party transfer. German law is also the only jurisdiction that makes it mandatory for the authority to ensure that the transferee actually creates jobs and/or generates economic growth. By contrast, the other jurisdictions only require that the transferee carries out the project.

German law is the only jurisdiction that grants a **right to reacquire** in all cases where the transferee fails to implement the project. It follows a strict implementation-oriented approach because a change of purpose is not permissible. Dutch law usually follows a lenient implementation-oriented approach because Dutch law provides for a right to reacquire in cases of non-implementation, but the Dutch courts would not allow for a reacquisition if an expropriation for a newly proposed purpose met all statutory and constitutional requirements. However, Dutch law does not foresee a right to reacquire in cases of third-party transfers. Only if the expropriation were unlawful, would the expropriatee automatically reacquire the property. This is also the case in New York State and South African law. In addition, South African law foresees a right to reacquire where the transferee has never set out to commence the implementation of the project.

8.7.2 Possible roots of main differences and similarities

The main similarity of the jurisdictions is that they generally all accept that private economic development projects serve a legitimate purpose. The first main difference is that in German law, the legislature plays a dominant role in specifying the projects and purposes for which property is expropriated, whereas in the other jurisdictions, the legislature mainly leaves it to the other organs to specify the projects and purposes. The second main difference is that in German law, the courts fully review the compliance of the expropriation's purpose with the expropriation statute, and the balance between the project's public benefits and the adverse impact of the project and the expropriation. In the other jurisdictions, the courts assume a less prominent position. Depending upon the formulation of the purpose in the expropriation statute, the courts either only scrutinise whether the purpose of the expropriation falls under the constitutionally banned categories or defer to the authority's interpretation of the statute. Concerning adversely affected interests, the courts either do not review this balance at all or defer to the value judgements of the competent authority.

There may be various possible reasons for the main similarity. The state has been assuming increasingly more tasks, including the responsibility for economic growth and the creation of employment opportunities. However, this may explain why administrative authorities choose to expropriate property for those purposes, but it does not necessarily explain why the courts sanction third-party transfers for such purposes. The reasons for the judicial blessing seem to lie in the open constitutional legitimate purpose requirement that allows for a dynamic and flexible interpretation of the Constitution and the judicial deference to the choice of the goals for which the legislature wishes to use the state's powers.

There may be several reasons for the different roles of the legislature in specifying the legitimate purpose in the expropriation statute. In Dutch, New York State, and South African law, the legislature plays a passive role. The Dutch legislature may want to promote the importance of municipal planning and local democracy through the authorisation to expropriate property for the implementation of binding land-use plans. South Africa knows a tradition of one expropriation statute with the most general authorisation to expropriate property. New York State law may want to respond flexibly to the challenges of economic decline and blight. Reasons for the extensive role of the legislature in German law may be its assertive and pro-active Constitutional Court, the justices' appreciation of the dangers of third-party transfers for economic development, and the experience of a powerless legislature and an abuse of power by the executive branch during the Weimar Republic and the Third Reich.

There may be several reasons why there is intrusive judicial review in German law and judicial deference in other three jurisdictions. Rising complexity and the conferral of increasingly discretionary powers seem to explain a general trend towards judicial deference to the authority's determinations. Historical predispositions, such as the early development of the principle of proportionality in German administrative law as opposed to the influence of English law on South African administrative law and judicial activism in the United States in the first half of the twentieth century, seem to have had an impact upon the position of the judiciary and the legal instruments that judges have at their disposal. Another reason seems to be the enormous confidence that Germans put in their judiciary (particularly when compared to the German legislature and administrative authorities). In the other jurisdictions, scholars tend to question the democratic legitimacy and the ability of judges to appreciate the complexity of the cases. A last reason may be that German law attaches intrinsic value to every single property right, while the other jurisdictions appear to mainly protect the value of property.

8.7.3 Compliance with international good governance standards

The Voluntary Guidelines, *FAO Land Tenure Studies 10: Compulsory acquisition of land and compensation*, Standard 5 of the *Performance Standards on Environmental and Social Sustainability of the International Financial Corporation*, and Standard 5 of the World Bank *Environmental and Social Framework* provide for good governance standards for the legitimate justification of expropriation, its endurance, and its governance. In several regards, the examined jurisdictions fail to comply with international good governance standards.

The international documents recommend that the legislature define the legitimate purposes so that the judiciary is able to review the application of the legitimate purpose requirement effectively. As abstract statutory purposes in the Netherlands, New York State, and South Africa seem to lead the judiciary to defer to the authority's interpretation or only scrutinise whether the purpose falls into a category banned under the Constitution, only more specific expropriation statutes, such as project-specific statutes under German law, seem to be sufficient to ensure a full judicial review of the purpose of third-party transfers for economic development.

The international instruments recommend an obligation for the administrative authority to balance the involved interests and consider alternative, less harmful projects. While German, Dutch, and New York State law all provide for such an obligation, South Africa fails to meet this international standard.

The international instruments recommend additional protective mechanisms for poor and vulnerable groups before the expropriation. Dutch and New York State law fail to follow this recommendation because they only provide for the payment of additional compensation for relocation, subsidised housing, and/or resettlement programmes after the expropriation. German and South African law partially comply with international standards because they may accord additional weight to vulnerable interests in the balancing between the project's public benefits and the adverse impact of the project and the expropriation.

The international instruments recommend the acceptance of the least invasive means argument. While German, Dutch, and New York State law accept the least invasive means argument, South African law fails to meet this international standard.

Concerning the provision of information in administrative procedures, the international instruments recommend individual notices for adversely affected persons and the provision of all information necessary to make well-founded representations. German planning law and South African law on large-scale acquisitions fail to provide for the internationally recommended individual notices for owners, holders of registered rights, and holders of contractual use rights. New York State law only serves an individual notice upon the owner and fails to provide the general public with all necessary information.

The international instruments require that affected persons can make a meaningful contribution to the procedure. In New York State law and South African law, the participation mechanisms are generally only triggered at the expropriation stage, which is arguably too late for affected persons to make a meaningful contribution. German law and Dutch law, by contrast, involve the public from the outset at the planning stage.

The international instruments recommend deliberations and discussions as the type of participation. Except under German law, the general type of participation is the submission of objections to the competent authority, sometimes supplemented by oral representations. Only under German law are the internationally recommended deliberations and discussions mandatory.

The international instruments recommend that the states compel the transferee to carry out the project. Only German law has a comprehensive regime in place for preventive measures. The other jurisdictions, by contrast, only cover certain cases.

The international instruments require a right to reacquire in cases of non-implementation. Only German law provides for such a corrective measure in all cases of non-implementation, while the other jurisdictions only cover exceptional cases.

8.7.4 Recommendations

On the basis of the comparative analysis and the application of international good governance standards, this book makes seven recommendations on how to improve the protection of the expropriatee in the examined jurisdictions (and, possibly, beyond) in line with international good governance standards.

(1) Permit third-party transfers for economic development only on the basis of a project-specific statute.

(2) Introduce an obligation to balance the involved interests and consider alternatives.
(3) Fully recognise the least invasive means argument.
(4) Separate the planning procedure from the expropriation procedure.
(5) Ensure deliberations in administrative procedures.
(6) Compel the authorities to take preventive measures.
(7) Introduce a right to reacquire in cases of non-implementation.

8.8 CONCLUDING REMARKS

In the future, the state is likely to use its power to expropriate property even more extensively. In the Global South, population growth and rapid urbanisation are likely to fuel the state's hunger for urban land for public projects (and land for agricultural production).[1] The Global North is seeing millions of people moving to big metropolitan centres, whose increasing concentration of people will increase the state's need for urban land in those centres.[2] As these developments simultaneously tend to reduce the availability of land in the very same urban areas, it is conceivable that the importance of expropriation as a means for the state to acquire land will rise in the future.[3] Moreover, wherever automation, [4] a financial meltdown, environmental disaster, or a crisis of another kind threatens to cause at least a temporary job crisis and squeeze the state's budget, the state will be looking for cheap ways to carry out public projects that create jobs. As a result, the state may be even more inclined to collaborate with private project developers that pay for the acquisition of the required land, and resort to third-party transfers for economic development in order to create jobs. The pressure on courts to bow to the wishes of the legislature and administrative authorities is likely to mount rather than diminish.

To challenge future third-party transfers for economic development (or any other expropriation that has only indirect public benefits) in court on the ground that the project does not pursue a legitimate purpose will prove fruitless in most jurisdictions, [5] including the jurisdictions examined in this book. It seems that it is not for the courts to determine the ends that the state wishes to pursue. Examples to the

[1] See, for instance, ST Holdena & K Otsukab 'The roles of land tenure reforms and land markets in the context of population growth and land-use intensification in Africa' 2014 *Food Policy* 88–97; and C Rakodi (ed) *The urban challenge in Africa: Growth and management of its large cities* (New York: United Nations University Press 1997).

[2] See, for instance, M Bosker & G Marlet *Urban growth and decline in Europe* 2006 Tjalling C Koopmans Research Institute, Discussion Paper Series 06–18; and WH Frey, 'Millennial Metro Magnets' First Quarter 2015 (*Charticle) Milken Institute Review* 5–7.

[3] Otherwise, metropolitan centres may fall prey to urban sprawl or the 'tragedy of the anticommons': MA Heller *The Gridlock Economy: How Too Much Ownership Wrecks Markets, Stops Innovation, and Costs Lives*, (New York: Basic Books 2008) and Miceli & CF Sirmans 'The holdout problem, urban sprawl, and eminent domain' 2007 *Journal of Housing Economics* 309–319.

[4] See, for instance, CB Frey & MA Osborne *The Future Of Employment: How Susceptible Are Jobs To Computerisation?* (Oxford: Oxford University Programme on the Impacts of Future Technology 2013).

[5] Cf Tagliarino, *Encroaching on land and livelihoods: How national expropriation laws measure up against international standards* 2016 WRI working paper 12; available at http://www.wri.org/sites/default/files/Encroaching_On_Land_And_Livelihoods_How_National_Expropriation_Laws_Measure_Up_Against_International_Standards.pdf (last accessed: 28 June 2017).

contrary, such as an Ohio Supreme Court judgment that banned third-party transfers for economic development, [6] are the exception to the rule. A (legislative or constitutional) ban of such expropriations would also be undesirable because truly desirable economic development projects would not be implemented.[7] Against this background, it is more important to concentrate one's efforts on legislative or judicial reforms towards more safeguards from undesirable third-party transfers for economic development.

Adequate and effective safeguards are very difficult to define. The calls for a ban of third-party transfers for economic development are not only symptoms of a lack of confidence in project developers and state authorities, but also of a struggle to define sensible limits to, and control mechanisms for, the exercise of discretionary powers by administrative authorities.[8] Adequate and effective safeguards need to resolve the dissonance and tension between practical and normative needs. On the one hand, there are the needs to give specialised authorities the discretion to plan economic development projects and get access to land for it, and the need to avoid cumbersome parliamentary procedures as well as underfunded and understaffed courts that may not have the required abilities to apply close scrutiny. On the other hand, there is the constitutional imperative to protect the fundamental right of property.

German and Dutch planning and expropriation law can serve as a guideline for the improvement of safeguards. Their strategy to prevent undesirable third-party transfers for economic development seems to have two main elements. The first element is that the administrative authority is obliged to gather all relevant facts, consider less harmful projects and means of acquisition, and strike an equitable balance between the project's public benefits and the adverse impact of the project and the expropriation. The judiciary ensures the effectiveness of these obligations by, on the one hand, verifying that the authority formally fulfilled its tasks and, on the other hand, substantive scrutiny of the choice of the project, expropriation as a means to get access to the land, and the balance between the project's benefits and the adverse impact of the project and the expropriation. The second element is that there are transparent and deliberative procedures in place that start at the beginning of the planning process. They may ensure that the authority considers all relevant information and the points of view of the general public. A distinct element from Dutch law that is worth considering is the link between democratic decision-making at municipal level and the expropriation process. German law has two other distinct instruments that may be worth adopting. The German legislature limits the authority's discretion to shape the project and the legitimate purpose through more specific expropriation statutes. In German law, there is also a comprehensive regime for preventive measures and corrective measures in place that ensures that unsustainable projects are never commenced, the public benefits actually accrue or, if the project is not implemented, the unconstitutional situation is repaired through a right to reacquire.

Within a well-functioning state, all these safeguards should alleviate most of the problems linked to third-party transfers for economic development, which have been described at the beginning of this book, without making desirable economic

[6] *City of Norwood v Horney*, 853 N.E.2d 1115, 1141 (Ohio 2006).
[7] Curran 2009, 1658 and 1672.
[8] Cf Cohen 2006, 555; Kanner 2006, 204 et seq and 225 et seq; and Somin 2007, 192 et seq.

development projects effectively impossible.[9] The (project-specific) expropriation statute ensures public control through the parliamentary procedure and limits the authority's scope for manoeuvring. As a result, there should be less room for collusion between the administrative authorities and the project developer. Judicial scrutiny of the choice of the project, expropriation as a means of obtaining access to the land, and the balance between public benefits and adverse effects ensures that the authority's actions do not go beyond what is necessary and what the judiciary regards as reasonable to achieve the desired outcome. This instrument should also deter collusion and prevent unnecessarily harmful projects and projects with minimal benefits. The preventive and corrective measures to a large extent prevent cases of non-implementation. Transparent and deliberative procedures that are embedded into a democratic decision-making process and start at the very beginning of the planning process should also deter collusion and sufficiently legitimise the expropriation decision.

These safeguards can only to a limited extent prevent the targeting of the property of poor and disadvantaged people with weak political influence. This seems a common defect of every democratic decision-making process. Even when there is a less harmful alternative project, the alternative project argument can only prevent the most blatant cases of targeting disadvantaged people.

The international good governance standards already reflect most of these safeguards. In addition to what the standards currently recommend, they should include judicial scrutiny of the choice of the project and, thereby, the acceptance of the alternative project argument. They should recommend judicial scrutiny of the balance between the project's public benefits and the adverse impact of the project and the expropriation, with deference to the authority's policy decisions and value judgements in jurisdictions where this is considered appropriate. They should also recommend linking the expropriation process with a democratic decision-making process, for example at local level. The instruments should clarify that they recommend the acceptance of the least invasive means argument. They should stipulate that the participation mechanism should start as soon as possible so as to ensure meaningful participation.

The safeguards established in national law are context-sensitive and the protection that they offer has cultural and historical roots. In particular, the confidence of the people in the judiciary and the development of rules on scrutinising the exercise of discretionary powers are still playing important roles today. Such predispositions hamper the development of new safeguards that are at odds with these cultural and historical roots. When implementing the safeguards, the legislatures and courts need to bear these roots in mind, for example when devising the judicial scrutiny of the balance between the project's public benefits and adverse impact of the project and the expropriation, and the deference to the authority's value judgements. In the long run, however, the legislature and/or the judiciary need to overcome cultural and historical obstacles in order to achieve a result that affords effective and appropriate protection to the holders of property rights. South African law, which has been subject to criticism in this book, is showing signs of hope in a transition towards new safeguards in the literature and the case law of the Constitutional Court on the basis of the 1996 Constitution.

---

[9] See Chapter 1 above.

Future research should focus on the empirical side of safeguards against expropriation and assess their importance and effectiveness in practice. Possible research questions may include: How often does the state make use of its power to expropriate property and how often do the safeguards actually need to be employed? On the basis of what considerations do the courts weigh interests in practice? At what point does a participation mechanism have to be triggered to ensure effective participation? Do transparency and deliberations effectively ensure that the general public can influence the project and the expropriation and which measures should be taken to ensure that each interest is effectively represented? Do state authorities enforce contracts against project developers and make use of contractual remedies? Under what circumstances are expropriatees likely to make use of the right to reacquire?

Bibliography

Ackerman 2007

AT Ackerman 'The Changing Landscape and Recognition of the Public Use Limitation: Is Hathcock the Precursor to Kelo?' in DH Merriam & MM Ross (eds) *Eminent Domain Use And Abuse: Kelo In Context* (Chicago: ABA 2007)

Alexander 2003

GS Alexander 'Property as a Fundamental Constitutional Right? The German Example' 2003 *Cornell Law Review*

Alexander 2015

GS Alexander 'The Public Use Requirement and the Character of Consequentialist Reasoning' in B Hoops, EJ Marais, H Mostert, JAMA Sluysmans & LCA Verstappen (eds) *Rethinking Expropriation Law II: Context, Criteria, and Consequences of Expropriation* (The Hague: Boom 2015)

Alexander & Peñalver 2012

GS Alexander & EM Peñalver *Introduction to Property Theory* (New York: Cambridge University Press 2012)

Alexy 2002

R Alexy *A Theory of Constitutional Rights* (Oxford: Oxford University Press 2002)

Alexy 2013

R Alexy 'Rights and Liberties as Concepts' in M Rosenfeld & A Sajó (eds) *The Oxford Handbook of Comparative Constitutional Law* (Oxford: Oxford University Press 2013)

Alterman 2011

R Alterman *Takings International: A Comparative Perspective on Land Use Regulation and Compensation Rights* (Chicago: American Bar Association 2011)

Anomaly 2015

J Anomaly 'Public goods and government action' in *Politics, Philosophy & Economics* (2015)

Azuela & Herrera-Martin 2009

A Azuela & C Herrera-Martin 'Taking land around the world: international trends in expropriation for urban and infrastructure projects' in SV Lall, M Freier, B Yen, R Rajack & JJ Helluin (eds) *Urban Land Markets* (Washington: Springer 2009)

Badenhorst, Pienaar & Mostert 2006

PJ Badenhorst, JM Pienaar & H Mostert *Silberberg and Schoeman's The Law of Property*, 5th ed (Durban: LexisNexis 2006)

Baer 1997

S Baer 'Zum „Recht auf Heimat"—Art. 11 GG und Umsiedlungen zugunsten des Braunkohletagebaus' 1997 *NVwZ*

Bailly 2011

RM Bailly 'Administrative Law' 2011 *Syracuse Law Review*

Barak 2013

A Barak 'Proportionality (2)' in M Rosenfeld & A Sajó (eds) *The Oxford Handbook of Comparative Constitutional Law* (Oxford: Oxford University Press 2013)

Barkhuysen & Van Emmerik 2005

T Barkhuysen & ML van Emmerik 'De eigendomsbescherming van artikel 1 van het Eerste Protocol bij het EVRM en het Nederlands burgerlijk recht: Het Straatsburgse perspectief' in T Barkhuysen, HD Ploeger & ML van Emmerik *De eigendomsbescherming van artikel 1 van het Eerste Protocol bij het EVRM en het Nederlandse burgerlijk recht* (Deventer: Kluwer, 2005)

Barnes 2010

J Barnes 'Towards a third generation of administrative procedure' in S. Rose-Ackerman & P.L. Lindseth (eds) *Comparative Administrative Law* (Cheltenham (UK) & Northampton MA: Edward Elgar 2010)

Baron 2007

JB Baron 'Winding Toward the Heart of the Takings Muddle: Kelo, Lingle, and Public Discourse About Private Property' 2007 *Fordham Law Journal*

Battis & Otto 2004

U Battis & CW Otto 'Die Enteignung von Grundstücken zur Erweiterung industrieller Produktionsstätten am Beispiel des Werkflugplatz-Enteignugsgesetzes' 2004 *DVBl.*

***Contributor*, in: Battis/Krautzberger/Löhr, BauGB**

U Battis, M Krautzberger & RP Löhr (eds) *BauGB: Baugesetzbuch, Kommentar* 13th ed (Munich: C H Beck 2016)

Baude 2013

W Baude 'Rethinking the Federal Eminent Domain Power' 2013 *The Yale Law Journal*

Baum 2013

L Baum 'Linking Issues to Ideology in the Supreme Court, The Takings Clause' 2013 *Journal of Law and Courts*

***Contributor*, in: BeckOK BauGB**

W Spannowsky & M Uechtritz (eds) *Beck'scher Online-Kommentar BauGB*, 29th ed (Munich: C H Beck 2015)

***Contributor*, in: BeckOK Umweltrecht**

L Giesberts & M Reinhardt (eds) *Beck'scher Online-Kommentar Umweltrecht* (Munich: Beck)

Beier 2015

S Beier 'Rechtsschutz gegen Enteignungen in mehrstufigen Planungsverfahren' 2015 *DÖV* 2015

Bekkers & Edwards 2007

V Bekkers & A Edwards 'Legitimacy and Democracy: A Conceptual Framework for Assessing Governance Practices' in V Bekkers, G Dijkstra & A Edwards (eds) Governance and the Democratic Deficit: *Assessing the Democratic Legitimacy of Governance Practices* (Oxford: Ashgate 2007)

Belinfante et al 2015

AD Belinfante, JL de Reede, L Dragstra, NS Efthymiou, AW Hins & R de Lange *Beginselen van het Nederlandse staatsrecht* 18th ed (Deventer: Kluwer 2015)

Bell 1977

A Bell 'Die fachplanerische Enteignung zugunsten Privater' 2001 *UPR* 367–373

Bell 2010

JS Bell 'Comparative Administrative Law' in M Reimann & R Zimmermann (eds) *The Oxford Handbook of Comparative Law* (Oxford: Oxford University Press 2010)

Bell 2011

J Bell 'Legal Research and the Distinctiveness of Comparative Law' in M van Hoecke (ed) *Methodologies of Legal Research* (Oxford and Portland, Oregon: Hart 2011)

Bell & Parchomovsky 2006

A Bell & G Parchomovsky 'The Uselessness of Public Use' 2006 *Columbia Law Review*

Bell & Parchomovsky 2010

A Bell & G Parchomovsky 'The Hidden Function of Takings Compensation' 2010 *Virginia Law Review*

Benson 2005

BL Benson 'The Mythology of Holdout as a Justification for Eminent Domain and Public Provision of Roads' 2005 *The Independent Review*

Bentham 2007

J Bentham *An Introduction to the Principles of Morals and Legislation* (Mineola: Dover 2007)

Berger 1978

L Berger 'The Public Use Requirement In Eminent Domain' 1978 *Oregon Law Review*

Berliner 2003

D Berliner *Public Power, Private Gain: A Five-Year, State-By-State Report Examining the Abuse of Eminent Domain* (2003), available at http://castlecoalition.org/pdf/report/ED_report.pdf

Besley & Ghatak 2009

TJ Besley & M Ghatak 'Property Rights and Economic Development' in D Rodrick & MR Rosenzweig (eds) *Handbook of Development Economics* (Oxford: North-Holland 2009)

Bevir 2007a

M Bevir 'Governance' in M Bevir (ed) *Encyclopedia of Governance* (Thousand Oaks: SAGE 2007)

Bevir 2007b

M. Bevir, 'Good Governance' in: M Bevir (ed) *Encyclopedia of Governance* (Thousand Oaks: SAGE 2007)

Bezuidenhout 2015

K Bezuidenhout *Compensation for excessive but otherwise lawful regulatory state action* (unpublished LLD thesis Stellenbosch University 2015), available at http://scholar.sun.ac.za/handle/10019.1/96819

Binmore 1998

K Binmore 'A Utilitarian Theory of Political Legitimacy' in A Ben-Ner & LG Putterman (eds) *Economics, Values, and Organization* (Cambridge: Cambridge University Press 1998)

Bird & Oswald 2009

RC Bird & LJ Oswald 'Necessity as a Check on State Eminent Domain Power' 2009 *Journal of Constitutional Law* 99–141

Blaauw-Wolf 1999

L Blaauw-Wolf 'The 'balancing of interests' with reference to the principle of proportionality and the doctrine of Güterabwägung—a comparative analysis' 1999 *SAPR/PL*

Blais 2011

LE Blais 'The Problem with Pretext' 2011 *Fordham Urban Law Journal*

Bolick 2004

C Bolick *Leviathan: The Growth of Local Government and the Erosion of Liberty* (Stanford: Hoover Institution Press 2004)

Bos, Ebben & Te Velde 2007

D Bos, M Ebben & H te Velde (eds) *Harmonie in Holland: het poldermodel van 1500 tot nu*, (Amsterdam: Bert Bakker 2007)

Bosker & Marlet 2006

M Bosker & G Marlet *Urban growth and decline in Europe* (Tjalling C Koopmans Research Institute, Discussion Paper Series 06–18, 2006)

Bosma 2012

WJ Bosma, 'Onteigening en planologie: een (on)samenhangend geheel', in: EWJ de Groot & RD Harteman (eds) *Bijzonder geschikt voor het werk, HJM van Mierlo bundel* (The Hague: Stichting Instituut voor Bouwrecht, 2012)

Botter & De Groot 2016

HX Botter & EWJ de Groot, 'Kroniek onteigeningsrecht' (2016/89) *BR*

Bovens 2007

M Bovens, 'Analysing and Assessing Accountability: A Conceptual Framework' 2007 *European Law Journal*

***Contributor*, in: Brandt & Sachs**

J Brandt & M Sachs (eds), *Handbuch Verwaltungsverfahren und Verwaltungsprozess*, 3rd ed 2009 (Heidelberg: CF Müller)

Breuer 1981

R Breuer, 'BVerfG, Urteil des Ersten Senats vom 10.3.1981—1 BvR 92, 96/71, Anmerkung', 1981 *DVBl.*

Bröring et al 2016

HE Bröring, KJ de Graaf, CLGFH Albers, LJA Damen, AP Klap, AM Klingenberg, AT Marseille, HD Tolsma & GA van der Veen *Bestuursrecht, Deel 1* 5th ed 2016 (The Hague: Boom)

Brown 2016

CN Brown, 'Justice Thomas's Kelo Dissent: The Perilous and Political Nature of Public Purpose' 2016 *George Mason Law Review*

Brugger 1987

W Brugger, 'Verfassungswidrigkeit der planakzessorischen Enteignung nach § 85 Abs 1 Nr 1 und § 87 BBauG (=BauGB)' 1987 *ZfBR*

Buckingham 2005

SE Buckingham, 'The Kelo Threshold: Private Property and Public Use Reconsidered' 2005 *University of Richmond Law Review*

Budlender 1998

G Budlender, 'The Constitutional Protection of Property Rights' in G Budlender, J Latsky & T Roux (eds) *Juta's New Land Law* (Cape Town: Juta, 1998)

Bullinger 1962

M Bullinger 'Die Enteignung zugunsten Privater' 1962 *Der Staat*

Burkens 1971

MCB Burkens *Beperking van grondrechten* (Deventer: Kluwer 1971)

Calabresi & Melamed 1972

G Calabresi & DA Melamed 'Property Rules, Liability Rules and Inalienability: One View of the Cathedral' 1972 *Harvard Law Review*

Chaskalson 1994

M Chaskalson 'The Property Clause: Section 28 of the Constitution' 1994 *SAJHR*

Chaskalson 1995

Chaskalson 'Stumbling towards Section 28: Negotiations over the Protection of Property Rights in the Interim Constitution' 1995 *SAJHR*

Cheadle 2008

MH Cheadle 'Limitation of Rights' in MH Cheadle, DM Davis & NRL Haysom (eds) *South African Constitutional Law, The Bill of Rights* 2nd ed (Durban: LexisNexis 2008)

Christensen 2005

T Christensen 'From Direct "Public Use" to Indirect "Public Benefit": Kelo v. New London's Bridge from Rational Basis to Heightened Scrutiny for Eminent Domain Takings' 2005 *BYU Law Review*

Cohen 2006

CE Cohen 'Eminent Domain after Kelo v City of New London: An Argument for Banning Economic Development Takings' 2006 *Harvard Journal of Law & Public Policy*

Colombi Ciacchi 2016

ALB Colombi Ciacchi 'European Fundamental Rights and Private Law: The Dutch System in the Context of Different Legal Families' in B Heiderhoff, S Lohsse & R Schulze (eds) *EU-Grundrechte und Privatrecht—EU Fundamental Rights and Private Law* (Baden-Baden: Nomos 2016)

Colombi Ciacchi 2017

ALB Colombi Ciacchi 'Political Parties' Programmes as Examples of Governance Against Human Rights?' 2017 *European Journal of Comparative Law and Governance*

Coughlin 2005

MJ Coughlin 'Absolute Deference Leads to Unconstitutional Governance: The Need for a New Public Use Rule' 2005 *Catholic University Law Review*

Cousins 2005

B Cousins '"Embeddedness" versus titling: African land tenure systems and the potential impacts of the Communal Land Rights Act 11 of 2004' 2005 *StellLR*

Craig 2010

P Craig 'Judicial review of questions of law: a comparative perspective' in S Rose-Ackerman & PL Lindseth (eds) *Comparative Administrative Law* Cheltenham (UK) & Northampton, MA: Edward Elgar 2010)

Cremer 2004

W Cremer 'Rechtfertigung legislativer Eingriffe in Grundrechte des Grundgesetzes und Grundfreiheiten des EG-Vertrags nach Maßgabe objektiver Zwecke' 2004 *NVwZ*

Curran 2009

WA Curran 'Preventing Real Takings for Imaginary Purposes: A Post-Kelo Public Use Proposal' 2009 *New York University Law Review*

Currie & De Waal, Limitation

I Currie & J De Waal 'Limitation of Rights' in I Currie & J De Waal (eds) *The Bill of Rights Handbook* 6th ed (Cape Town: Juta 2013)

Currie & De Waal, Remedies

I Currie & J De Waal 'Remedies' in I Currie & J De Waal (eds) *The Bill of Rights Handbook* 6th ed (Cape Town: Juta 2013)

Dagan 2015

H Dagan 'Expropriatory Compensation, Distributive Justice, and the Rule of Law' in B Hoops, EJ Marais, H Mostert, JAMA Sluysmans & LCA Verstappen (eds) *Rethinking Expropriation Law I: Public Interest in Expropriation* (The Hague: Boom 2015)

Dana & Merrill 2002

DA Dana & TW Merrill *Property: Takings* (New York: Foundation Press 2002)

Dannemann 2006

G Dannemann 'Comparative Law: Study of Similarities or Differences?' in M Reimann & R Zimmermann (eds) *The Oxford Handbook of Comparative Law* (Oxford: Oxford University Press 2006)

***Contributor*, in: Danner/Theobald**

W Danner & C Theobald *Energierecht* (Munich: CH Beck)

Dechsling 1989

R Dechsling *Das Verhältnismäßigkeitsgebot* (Munich: Verlag Franz Vahlen 1989)

Dedel-van Walbeek 2009

CC Dedel-van Walbeek 'Artikel 61 Onteigeningswet' in JS Procee, M Rus-van der Velde, M Scheltema & EJ Snijders-Storm (eds) *Warme grond* (Deventer: Kluwer 2009)

De Groot 1625

H de Groot *De jure belli ac pacis* 1st ed (Paris: Nicholas Buon 1625)

De Groot 2006

JF de Groot 'De Onteigeningswet en de uniforme openbare voorbereidingsprocedure Awb, Over sluipende ingrepen en onbedoelde neveneffecten' 2006 *BR* 2006

De Groot 2009

JF de Groot 'Noodzaak voor onteigening: actualiteiten zelfrealisatie' 2009 *O&A*

De Jong et al 2002

M de Jong, V Mamadouh & K Lalenis 'Drawing Lessons About Lesson Drawing, What the case reports tell us about institutional transplantation' in M de Jong, K Lalenis & V Mamadouh (eds) *The Theory and Practice of Institutional Transplantation* (Dordrecht/Boston/London: Kluwer 2002)

De Lange 1991

R de Lange *Publiekrechtelijke rechtsvinding* (Zwolle: WEJ Tjeenk Willink 1991)

De Lange 2005

R de Lange 'Tussen gelijkheid en waarschijnlijkheid: het evenredigheidsoordeel in uitzonderingssituaties' in AJ Nieuwenhuis, BJ Schueler & CM Zoethout (eds) *Proportionaliteit in het publiekrecht* (Deventer: Kluwer, 2005)

De Moor-van Vugt 1995

AJC de Moor-van Vugt *Maten en gewichten, Het evenredigheidsbeginsel in Europees perspectief* (Zwolle: WEJ Tjeenk Willink 1995)

Den Drijver-van Rijckevorsel et al 2013

JEFM den Drijver-van Rijckevorsel, AW van Engen, FA Mulder & M Rus-van der Velde *Handboek onteigening* 4th ed (Deventer: Kluwer 2013)

Denyer-Green 2013

B Denyer-Green *Compulsory Purchase and Compensation* 10th ed (Abingdon: Routledge 2013)

De Poorter & Visser 2008

JCA de Poorter & MN Visser 'Het belanghebbendebegrip in beweging' 2008 *Gemeentestem*

De Roos 2010

J de Roos 'Kroniek onteigening 2009 (I)' 2010 *Tijdschrift voor Agrarisch Recht*

De Roos 2011

J de Roos 'Kroniek onteigening 2010', 2011 *Tijdschrift voor Agrarisch Recht*

De Roos 2013

J de Roos 'Kroniek administratief onteigeningsrecht 2011–2012' (2013) 66 *TBR*

De Ville 1994

JR de Ville 'Proportionality as a requirement of the legality in administrative law in terms of the new Constitution' 1994 *SAPR/PL*

De Ville 2003

JR de Ville *Judicial Review of Administrative Action in South Africa* 1st revised ed (Durban: LexisNexis 2003)

De Visser 2014

M de Visser *Constitutional Review in Europe: A Comparative Analysis* (Oxford: Hart 2014)

De Waal 1995

J de Waal 'A Comparative Analysis of the Provisions of German Origin in the Interim Bill of Rights' 1995 *SAJHR*

De Witt et al 2015

S de Witt, C Durinke & M Geismann, 'Expropriation Law in Germany' in JAMA Sluysmans, S Verbist & EJL Waring (eds) *Expropriation Law in Europe* (Deventer: Kluwer 2015)

Dietlein 2006

J Dietlein 'Die Eigentumsfreiheit und das Erbrecht' in: K Stern, M Sachs & J Dietlein (eds) *Das Staatsrecht der Bundesrepublik Deutschland, Band IV/1* (Munich: CH Beck 2006)

Dietlein & Riedel 2008

J Dietlein & D Riedel 'Allgemeinwohlerfordernis und Zwecksicherung bei der Enteignung zugunsten Privater' in H Butzer, M Kaltenborn & W Meyer (eds) *Organisation und Verfahren im sozialen Rechtsstaat: Festschrift für Friedrich E Schnapp zum 70 Geburtstag* (Berlin: Duncker & Humblot 2008)

Dietz & Stern 2008

T Dietz & PC Stern *Public Participation in Environmental Assessment and Decision Making* (Washington DC: The National Academies Press 2008)

Dijkstra 2006

OA Dijkstra *Inleiding Ruimtelijke Ordening en Volkshuisvesting* 9th ed (Deventer: Kluwer 2006)

Donovan 2017
JM Donovan 'Human Rights: From Legal Transplants to Fair Translation' 2017 *Wisconsin International Law Journal*

D'Orazio 2006
G D'Orazio 'Taking Private Property to Build an Urban Sports Arena: A Valid Exercise of Eminent Domain Powers?' 2006 *Albany Law Review*

Dreier 1995
J Dreier *Die normative Steuerung der planerischen Abwägung* (Berlin: Duncker & Humblot 1995)

***Contributor*, in: Dreier, GG**
H Dreier (ed) *Grundgesetz, Kommentar, Band I: Präambel, Art 1–19* 2nd ed (Tübingen: Mohr Siebeck 2004)

Dumbauld 1950
E Dumbauld 'Judicial Review and Popular Sovereignty' 1950 *University of Pennsylvania Law Review*

Dunn 2011
C Dunn 'The Rise of Robert Moses and the Fall of New York Constitutional Protections against Eminent Domain' 2011 *Albany Government Law Review*

Du Plessis 2011
E Du Plessis 'Restitution of expropriated property upon non-realisation of the public purpose' 2011 *TSAR*

Eagle 2007
SJ Eagle 'A Resurgent "Public Use" Clause Is Consistent with Fairness' in DH Merriam & MM Ross (eds) *Eminent Domain Use And Abuse: Kelo In Context* (Chicago: ABA 2007)

Eagle 2011
SJ Eagle 'Public Use in the Dirigiste Tradition: Private and Public Benefit in an Era of Agglomeration' 2011 *Fordham Urban Law Journal*

Eisenberg 1995
A Eisenberg "Public Purpose" and Expropriation: Some Comparative Insights and the South African Bill of Rights' 1995 *SAJHR*

Elzinga et al 2014
DJ Elzinga, R de Lange & HG Hoogers *Handboek van het Nederlandse Staatsrecht* 16th ed (Deventer: Kluwer 2014)

***Contributor*, in: Epping/Hillgruber, GG**
V Epping & C Hillgruber (eds) *Grundgesetz: GG* 2nd ed (Munich: CH Beck 2013)

Epstein 2008
RA Epstein *Supreme Neglect: How to Revive Constitutional Protection for Private Property* (New York: Oxford University Press 2008)

Erasmus 1990
GM Erasmus (ed) *Compensation for Expropriation: A Comparative Study* (London: British Institute of International and Comparative Law 1990)

Erbguth 2005
W Erbguth 'Das Dilemma der Enteignung zugunsten privatnütziger Vorhaben' 2005 *NordÖR*

***Contributor*, in: Ernst/Zinkahn/Bielenberg/Krautzberger, BauGB**
W Ernst, W Zinkahn, W Bielenberg & M Krautzberger (eds) *Baugesetzbuch* (Munich: CH Beck)

Estlund 2008
DM Estlund *Democratic Authority* (Princeton and Oxford: Princeton University Press 2008)

Evans 2005
RJ Evans *The Coming of the Third Reich* (London: Penguin 2005)

FAO 2008
FAO *FAO Land Tenure Studies 10: Compulsory acquisition of land and compensation* (Rome: FAO 2008)

Farjad 2011

N Farjad 'Condemnation Friendly or Land Use Wise? A Broad Interpretation of the Public Use Requirement Works Well for New York City' 2011 *Fordham Law Review*

Farnsworth 2010

EA Farnsworth *An Introduction to the Legal System of the United States* 4th ed (Oxford: Oxford University Press 2010)

Fee 2005–2006

J Fee 'Eminent Domain and the Sanctity of Home' 2005–2006 *Notre Dame Law Review*

Finck 1997

DE Finck 'Judicial Review: The United States Supreme Court Versus the German Constitutional Court' 1997 *Boston College International and Comparative Law Review*

Fraenkel 1973

E Fraenkel *Deutschland und die westlichen Demokratien* 5th ed (Stuttgart: Kohlhammer 1973)

Franzese 2011

P Franzese 'Reclaiming the Promise of the Judicial Branch: Toward a More Meaningful Standard of Judicial Review as Applied to New York Eminent Domain Law' 2011 *Fordham Urban Law Journal*

Frenzel 1978

M Frenzel *Das öffentliche Interesse als Voraussetzung der Enteignung* (Berlin: Duncker & Humblot 1978)

Frey 2015

WH Frey 'Millennial Metro Magnets' First Quarter 2015 *(Charticle) Milken Institute Review*

Frey & Osborne 2013

CB Frey & MA Osborne *The Future Of Employment: How Susceptible Are Jobs To Computerisation?* (Oxford: Oxford University Programme of the Impacts of Future Technology 2013)

Friedman 2001

B Friedman 'The History of the Countermajoritarian Difficulty Part Three: The Lesson of Lochner' 2001 *New York University Law Review*

Froese 2017a

J Froese 'Entschädigung und Ausgleich' in O Depenheuer & F Shirvani (eds) *Enteignung* (forthcoming 2017)

Froese 2017b

J Froese 'Der Eigentumsentzug ohne Güterbeschaffung als Enteignung "light"?' 2017 *NJW*

Galie & Bopst 2014–15

PJ Galie & C Bopst 'Constitutional "Stuff": House Cleaning The New York Constitution—Part II' 2014–15 *Albany Law Review*

Gallagher 2005

EF Gallagher 'Breaking New Ground: Using Eminent Domain for Economic Development' 2005 *Fordham Law Review*

Garnett 2003

NS Garnett 'The Public-Use Question as a Takings Problem' 2003 *The George Washington Law Review*

Garnett 2006

NS Garnett 'The Neglected Political Economy of Eminent Domain' 2006 *Michigan Law Review*

Garnett 2007

NS Garnett 'Planning as Public Use' 2007 *Ecology Law Quarterly*

Gerhardt 1987

M Gerhardt 'Gibt es verfassungsrechtliche Besonderheiten bei „Enteignungen zugunsten Privater"?' in W Fürst, R Herzog & DC Umbach (eds) *Festschrift für Wolfgang Zeidler* (Berlin & New York: Walter de Gruyter 1987)

Gielen & Tasan-Kok 2010

DM Gielen & T Tasan-Kok 'Flexibility in Planning and the Consequences for Public-value Capturing in UK, Spain and the Netherlands' 2010 *European Planning Studies*

Gieseler & Gieseler 2010

NM Gieseler & SG Gieseler 'Strict Scrutiny and Eminent Domain after Kelo' 2010 *Journal of Land Use*

Gildenhuys 2001

A Gildenhuys *Onteieningsreg* 2nd ed (Durban: Butterworths 2001)

Gildenhuys & Grobler 2012

A Gildenhuys & GL Grobler 'Expropriation' in A Kanjan (ed) *Law of South Africa* 2nd ed (Durban: LexisNexis 2012)

Gillespie 2013

A Gillespie *The English Legal System* 4th ed (Oxford: Oxford University Press 2013)

Gillette 2005

CP Gillette 'Kelo and the Local Political Process' 2005 *Hofstra Law Review*

Gillman 1993

H Gillman *The Constitution Besieged: The Rise & Demise of Lochner Era Police Powers Jurisprudence* (Durham, NC: Duke University Press 1993)

Goho 2008

SA Goho 'Process-Oriented Review and the Original Understanding of the Public Use Requirement' 2008 *Southwestern Law Review*

Gold & Sagalyn 2010

ME Gold & LB Sagalyn 'The Use and Abuse of Blight in Eminent Domain' 2010 *Fordham Urban Law Journal*

Goldstein 2011

MR Goldstein 2011 'The EDPL Revisited' *Albany Government Law Review*

Goodin 2004

RE Goodin 'Input Democracy' in: F Engelstad & Ø Østerud (eds) *Power and Democracy* Critical Interventions (Ashgate: Hants and Burlington 2004)

Goodin 2007

AW Goodin 'Rejecting the Return to Blight in Post-Kelo Legislation' 2007 *New York University Law Review*

Goodwin 1998

P Goodwin ''Hired hands' or 'local voice': understandings and experience of local participation in conservation' 1998 *Transactions of the Institute of British Geographers*

Gordon 2004

C Gordon 'Blighting the Way: Urban Renewal, Economic Development, and the Elusive Definition of Blight' 2004 *Fordham Urban Law Journal*

Gramlich 1986

L Gramlich '"Privatbegünstigende" Enteignung als Verfassungsproblem' 1986 *JZ*

Gray 1999

CB Gray (ed) *The Philosophy of Law: An Encyclopedia* (Abingdon: Routledge 1999)

Groen 2014

LC Groen *Het zelfrealisatierecht* (The Hague: Instituut voor Bouwrecht 2014)

Groen 2016

LC Groen 'The development of the right of self-realisation in the Netherlands' 2016 *EPLJ*

Groenewegen 2005

FT Groenewegen 'In hoeverre schrijft het evenredigheidsbeginsel iets voor?' in AJ Nieuwenhuis, BJ Schueler & CM Zoethout (eds) *Proportionaliteit in het publiekrecht* (Deventer: Kluwer 2005)

Gusy 1993

C Gusy 'Die Grundrechte in der Weimarer Republik' 1993 *Zeitschrift für neuere Rechtsgeschichte*

Häberle 1970

P Häberle *Öffentliches Interesse als juristisches Problem* (Bad Homburg: Athenäum-Verlag 1970)

Habermas 1994

J Habermas *Faktizität und Geltung, Beiträge zur Diskurstheorie des Rechts und des demokratischen Rechtsstaats* (Frankfurt am Main: Suhrkamp 1994)

Hailbronner 2014

M Hailbronner 'Rethinking the rise of the German Constitutional Court: From anti-Nazism to value formalism' 2014 *International Journal of Constitutional Law*

Hamann 1957

A Hamann 'Enteignung von Grundstücken zu Gunsten größerer industrieller Vorhaben' 1957 *BB*

Hardiman 2012

N Hardiman 'Governance and State Structures' in D Levi-Faur (ed) *Oxford Handbook of Governance* (Oxford: Oxford University Press 2012)

Harrington 2002

MP Harrington '"Public Use" and the Original Understanding of the So-Called "Takings Clause"' 2002 *Hastings Law Journal*

Harvey 2005

D Harvey *A Brief History of Neoliberalism* (New York: Oxford University Press 2005)

Haug & Schadtle 2014

VM Haug & K Schadtle 'Der Eigenwert der Öffentlichkeitsbeteiligung im Planungsrecht' 2014 *NVwZ*

Haydaroğlu 2015

C Haydaroğlu 'The Relationship between Property Rights and Economic Growth: an Analysis of OECD and EU Countries' 2015 *DANUBE: Law and Economics Review*

Heidmann 2012

M Heidmann *Die Alternativenprüfung bei Planungsentscheidungen* (Frankfurt am Main: Peter Lang 2012)

Heinsohn 1997

S Heinsohn *Der öffentlichrechtliche Grundsatz der Verhältnismäßigkeit* (Westfällische Wilhelms-Universität zu Münster 1997)

Heller 2008

MA Heller *The Gridlock Economy: How Too Much Ownership Wrecks Markets, Stops Innovation, and Costs Lives* (New York: Basic Books 2008)

Henze 2009

G Henze *Die nicht planakzessorische Enteignung: Prüfung der Voraussetzungen durch die Enteignungsbehörde* (Frankfurt am Main: Peter Lang 2009)

Hillgruber 2011

C Hillgruber 'Grundrechtsschranken' in: J Isensee & P Kirchhof (eds) *Handbuch des Staatsrechts der Bundesrepublik Deutschland* Band IX: Allgemeine Grundrechtslehren (Heidelberg: CF Müller 2011)

Hirsch Ballin 1991

EMH Hirsch Ballin 'Regelen op afstand als vereiste van de sociale rechtsstaat' in: EMH Hirsch Ballin (ed) *Rechtsstaat en beleid, Een keuze uit het werk van EMH Hirsch Ballin* (Zwolle: WEJ Tjeenk Willink 1991)

Hoexter 2000

C Hoexter 'The Future of Judicial Review in South African Administrative Law' 2000 *SALJ*

Hoexter 2012

C Hoexter *Administrative Law in South Africa* 2nd ed (Cape Town: Juta 2012)

Hoexter 2013

C Hoexter 'Just administrative action' in I Currie & J De Waal (eds) *The Bill of Rights Handbook* 6th ed (Cape Town: Juta 2013)

***Contributor*, in: Hofmann/Henneke, GG**

H Hofmann & HG Henneke *Kommentar zum Grundgesetz* 13th ed (Cologne: Carl Heymanns 2014)

Holdena & Otsukab 2014

ST Holdena & K Otsukab 'The roles of land tenure reforms and land markets in the context of population growth and land use intensification in Africa' 2014 *Food Policy*

Hoops 2015a

B Hoops 'More safeguards instead of a ban of economic development takings: the Kelo case from a German Perspective' in: B Hoops, EJ Marais, H Mostert, JAMA Sluysmans & LCA Verstappen (eds) *Rethinking Expropriation Law II: Context, Criteria, and Consequences of Expropriation* (The Hague: Boom 2015)

Hoops 2015b

B Hoops 'The Public Purpose for the Expropriation of Land: A Framework for Assessing Its Democratic Legitimacy' in B Hoops, EJ Marais, H Mostert, JAMA Sluysman & LCA Verstappen (eds) *Rethinking Expropration Law I: Public Interest in Expropriation* (The Hague: Boom Eleven 2015)

Hoops 2016a

B Hoops 'The alternative project argument in the context of expropriation law (part 1)' 2016 *TSAR*

Hoops 2016b

B Hoops 'Specificity of Expropriation Statutes as a Safeguard Against Third Party Transfers for Economic Development: Lessons from German Law for New Expropriation Legislation in South Africa?' 2016 *SALJ*

Hoops 2016c

B Hoops 'Expropriation Procedures in Germany and the Netherlands: Ready for the Voluntary Guidelines on the Responsible Governance of Tenure?' 2016 *EPLJ*

Hoops 2016d

B Hoops 'Het recht op terugoverdracht in alle gevallen van niet-uitvoering: Het is tijd voor een herziening van art 61 Ow' 2016 *TBR*

Hoops 2016e

B Hoops 'Taking Possession of Vacant Buildings to House Refugees in Germany: Is the Constitutional Property Clause an Insurmountable Hurdle?' 2016 *EPLJ*

Hoops 2017

B Hoops 'The alternative project argument in the context of expropriation law (part 2)' 2017 *TSAR*

Hoops, Saville & Mostert 2015

B Hoops, J Saville & H Mostert, 'Expropriation and the Endurance of Public Purpose' 2015 *EPLJ*

Hopkins & Hofmeyr 2003

K Hopkins & K Hofmeyr 'New Perspectives on Property' 2003 *SALJ*

Hufen 1994

F Hufen 'Berufsfreiheit - Erinnerung an ein Grundrecht' 1994 *NJW*

Huisman & Van Ommeren 2015

PJ Huisman & FJ van Ommeren 'De bijzondere positie van de overheid in het Nederlandse privaatrecht. De tweewegenleer en het overheidsovereenkomstenrecht' in D Asser (ed) *Vereniging voor de vergelijkende studie van het recht van België en Nederland, Preadviezen 2015, Overheidscontracten, Verdedigingsrechten van rechtspersonen in het strafproces, De rechter en de rechtsgronden* (Den Haag: Boom Juridische uitgevers 2015)

Iles 2013a

K Iles 'Property' in: I Currie & J De Waal (eds) *The Bill of Rights Handbook* 6th ed (Cape Town: Juta 2013)

Iles 2013b

K Iles 'Access to Courts' in I Currie & J De Waal (eds) *The Bill of Rights Handbook* 6th ed (Cape Town: Juta 2013)

Jackisch 1996

A Jackisch *Die Zulässigkeit der Enteignung zugunsten Privater* (Frankfurt am Main: Peter Lang 1996)

Jackson 2013

VC Jackson 'Comparative Constitutional Law: Methodologies' in M Rosenfeld & A Sajó (eds) *The Oxford Handbook of Comparative Constitutional Law* (Oxford: Oxford University Press 2013)

Jakobs 1985

MCh Jakobs 'Der Grundsatz der Verhältnismäßigkeit' 1985 *DVBl*

Jans & Outhuijse 2016

JH Jans & A Outhuijse 'Property and Environmental Protection in the Netherlands' in G Winter (ed) *Property and Environmental Protection in Europe* (Groningen: Europa Law Publishing 2016)

Jansen 1965

JF Jansen *Onteigenen* (Arnhem: Vuga-Boekerij 1965)

Jarass 2006

HD Jarass 'Die enteignungsrechtliche Vorwirkung bei Planfeststellungen' 2006 *DVBl*

***Contributor*, in: Jarass/Pieroth, GG**

HD Jarass in: HD Jarass & B Pieroth *Grundgesetz für die Bundesrepublik Deutschland, Kommentar* 13th ed (Munich: CH Beck 2016)

Johnson 1981

GP Johnson 'The Effect of the Public Use Requirement on Excess Condemnations' 1981 *Tennessee Law Review*

Johnson 2006

AT Johnson 'Correcting for Kelo: Social Capital Impact Assessments and the Re-Balancing of Power Between "Desperate" Cities, Corporate Interests, and the Average Joe' 2006 *Cornell Journal of Law and Public Policy*

Jones 2000

SJ Jones 'Trumping Eminent Domain Law: An Argument for Strict Scrutiny Analysis under the Public Use Requirement of the Fifth Amendment' 2000 *Syracuse Law Review*

Kakebeeke-Van der Put 1961

MA Kakebeeke-Van der Put *Wetsontduiking* (Deventer: Kluwer 1961)

Kamen 2012

JB Kamen 'A Standardless Standard: How a Misapplication of Kelo Enabled Columbia University to Benefit from Eminent Domain Abuse' 2012 *Brooklyn Law Review*

Kanner 2006

G Kanner 'Kelo v New London: Bad Law, Bad Policy, and Bad Judgment' 2006 *The Urban Lawyer*

Kelly 2006

DB Kelly 'The "Public Use" Requirement in Eminent Domain Law: A Rationale Based on Secret Purchases and Private Influence' 2006 *Cornell Law Review*

Kelly 2009

DB Kelly 'Pretextual Takings: Of Private Developers, Local Governments, and Impermissible Favoritism' 2009 *Supreme Court Economic Review*

Kelly 2011

DB Kelly 'Acquiring Land Through Eminent Domain: Justifications, Limitations, and Alternatives' in K Ayotte & HE Smith (eds) *Research Handbook on the Economics of Property Law* (Northampton: Edward Elgar Publishing 2011

Kerekes 2011

CB Kerekes 'Government Takings: Determinants of Eminent Domain' 2011 *American Law and Economics Review*

Kerekes & Stansel 2016

CB Kerekes & D Stansel 'Takings and Tax Revenue: Fiscal Impacts of Eminent Domain' 2016 *Review of Law & Economics*

King & Thornhill 2003

M King & C Thornhill *Niklas Luhmann's Theory of Politics and Law* (Basingstoke: Palgrave Macmillan 2003)

Kischel 2003

U Kischel 'Wann ist die Inhaltsbestimmung ausgleichspflichtig?' 2003 *JZ*

Klaassen 2008

AW Klaassen *Ruimtelijke Ordening & Bouw* (Amsterdam: Berghauser Pont Publishing 2008)

Klap 1994

A Klap *Vage normen in het bestuursrecht* (Zwolle: WEJ Tjeenk Willink 1994)

Klatt & Meister 2012

M Klatt & M Meister *The Constitutional Structure of Proportionality* (Oxford: Oxford University Press 2012)

Kleyn 1996

DG Kleyn 'The constitutional protection of property: a comparison between the German and the South African approach' 1996 *SAPR/PL*

***Contributor*, in: Knack/Henneke, VwVfG**

HG Henneke (ed) Knack/Henneke *Verwaltungsverfahrensgesetz* (VwVfG) 10th ed (Cologne: Carl Heymanns 2014)

Kobussen 1991

M Kobussen *De vrijheid van de overheid* (Zwolle: WEJ Tjeenk Willink 1991)

Kochan 1998

DJ Kochan '"Public Use" and the Independent Judiciary: Condemnation in an Interest-Group Perspective' 1998 *Texas Review of Law & Politics* 49–116

Koenraad 2013

LM Koenraad *De uniforme openbare voorbereidingsprocedure* (Deventer: Kluwer 2013)

Kohn 2000

M Kohn 'Language, Power, and Persuasion: Towards a Critique of Deliberative Democracy' 2000 *Constellations*

Kommers & Miller 2012

DP Kommers & RA Miller *The Constitutional Jurisprudence of the Federal Republic of Germany* 3rd ed (Durham, NC: Duke University Press 2012)

Kors 1983

A Kors *Grondwet voor het Koninkrijk der Nederlanden naar de tekst van 1983, Deel I* 13th ed (Zwolle: WEJ Tjeenk Willink 1983)

Kortmann 2012

CAJM Kortmann *Constitutioneel recht* (Deventer: Kluwer 2012)

Krappel 2012

T Krappel 'Schleichende Einschränkung des Enteignungsbegriffs in der Rechtsprechung des Bundesverfassungsgerichts' 2012 *DÖV*

Kriele 2011

M Kriele 'Grundrechte und demokratischer Gestaltungsspielraum' in: J Isensee & P Kirchhof (eds) *Handbuch des Staatsrechts der Bundesrepublik Deutschland* Band IX: Allgemeine Grundrechtslehren (Heidelberg: CF Müller 2011)

Kühne 2014

G Kühne 'Verfassungsrechtliche Fragen der bergrechtlichen Enteignung, Zum Garzweiler-Urteil des BVerfG vom 17.12.2013' 2014 *NVwZ*

Kulick 2000

PJ Kulick 'Rolling the Dice: Determining Public Use in order to Effectuate a "Public-Private Taking"—A Proposal to Redefine "Public Use"' 2000 *Law Review of Michigan State University-Detroit College of Law*

Labbé 1989

W Labbé 'Baugesetzbuch und Art 14 GG' 1989 *Anwaltsblatt*

Laitos 1998

JG Laitos *Law of Property Rights Protection, Limitations on Governmental Powers* (New York: Wolters Kluwer 1998)

Lang 2006

MA Lang 'Taking Back Eminent Domain: Using Heightened Scrutiny to Stop Eminent Domain Abuse' 2006 *Indiana Law Review*

Lavine 2011

A Lavine 'From Slum Clearance to Economic Development: A Retrospective of Redevelopment Policies in New York State' 2011 *Albany Government Law Review*

Lebowitz 1983

NH Lebowitz 'Poletown Neighborhood Council v City of Detroit {304 N.W.2d 455 (Mich)}: Economic Instability, Relativism, and the Eminent Domain Public Use Limitation' 1983 *Journal of Urban and Contemporary Law*

Lee 2010

SJ Lee *The Weimar Republic* 2nd ed (Abingdon: Routledge 2010)

Lege 1997

J Lege 'Die Zulässigkeit der Enteignung zugunsten Privater' 1997 *NVwZ*

Legrand 2001

P Legrand 'What "Legal Transplants"?' in D Nelken & J Feest (eds) *Adopting Legal Cultures* (Oxford: Hart Publishing 2001)

Leisner 2010

W Leisner 'Eigentum' in J Isensee & P Kirchhof (eds) *Handbuch des Staatsrechts der Bundesrepublik Deutschland* (Heidelberg: CF Müller 2010)

Lenta 2006

P Lenta 'Judicial Deference and Rights' 2006 *TSAR*

Lenz 2005

C Lenz 'Der Airbus-Baustopp – Wann darf für Arbeitsplätze enteignet werden?' 2005 *NJW*

Les Benedict 1985

M Les Benedict 'Laissez-Faire and Liberty: A Re-Evaluation of the Meaning and Origins of Laissez-Faire Constitutionalism' 1985 *Law and History Review*

Lohmann 1972

HH Lohmann *Die Zweckmaäβigkeit der Ermessensausuäbung als verwaltungsrechtliches Rechtsprinzip* (Berlin: Duncker & Humblot 1972)

Lovett 2015

JA Lovett 'Somewhat at Sea: Public Use and Third Party Transfer Limits in Two U.S. States' in: B Hoops, EJ Marais, H Mostert, JAMA Sluysmans & LCA Verstappen (eds) *Rethinking Expropriation Law I: Public Interest in Expropriation* (The Hague: Boom Eleven 2015)

Ludwig 2014

G Ludwig 'Gesamtabwägung ins Bundesberggesetz! Konsequenzen aus dem Garzweiler-Urteil des BVerfG vom 17.12.2013' 2014 *ZUR*

Luhmann 1969

N Luhmann *Legitimation durch Verfahren* (Frankfurt am Main: Suhrkamp 1969)

Luhmann 2002

N Luhmann *Die Politik der Gesellschaft* (Frankfurt am Main: Suhrkamp 2002)

Manfredo 2008

RF Manfredo 'Public Use & Public Benefit: The Battle for Upstate New York' 2008 *Albany Law Review*

Mansnerus 1983

L Mansnerus 'Public Use, Private Use, and Judicial Review in Eminent Domain' 1983 *New York University Law Review*

Marais 2014

EJ Marais 'The constitutionality of section 89(5)(c) of the National Credit Act under the property clause: National Credit Regulator v Opperman & Others' 2014 *SALJ*

Marais 2015

EJ Marais 'When does State Interference with Property (now) Amount to Expropriation? An Analysis of the Agri SA Court's State Acquisition Requirement (Part I)' 2015 *PER*

Marais 2016a

EJ Marais 'Expanding the Contours of the Constitutional Property Concept' 2016 *TSAR*

Marais 2016b

EJ Marais 'A Common-Law Presumption, Statutory Interpretation and Section 25(2) of the Constitution—A Tale of Three Fallacies. A Critical Analysis of the Constitutional Court's Arun Judgment' 2016 *SALJ*

Marais 2017

EJ Marais 'Providing Better Protection for Expropriatees? Preliminary Thoughts on the Interpretation of 'Arbitrarily' in Clause 2(1) of the Expropriation Bill B4D-2015' 2017 *SAJHR*

Marais & Maree 2016

EJ Marais & PJH Maree 'At the Intersection between Expropriation Law and Administrative Law: Two Critical Views on the Constitutional Court's Arun Judgment' 2016/19 *PER*

Maree 2013

PJH Maree *Investigating an Alternative Administrative-Law System in South Africa* (unpublished LLD thesis Stellenbosch University 2013) available at http://scholar.sun.ac.za/handle/10019.1/85591

Maree & Quinot 2016a

PJH Maree & G Quinot 'A decade and a half of deference (part 1)' 2016 *TSAR*

Maree & Quinot 2016b

PJH Maree & G Quinot 'A decade and a half of deference (part 2)' 2016 *TSAR*

Marseille et al 2016

AT Marseille, HD Tolsma, HE Bröring, LJA Damen, KJ de Graaf, AJGM van Montfort, BJ Schueler & HB Winter *Bestuursrecht 2, Rechtsbescherming tegen de overheid* 6th ed (The Hague: Boom 2016)

Masengu 2016

T Masengu 'Gender transformation as a means of enhancing perceptions of impartiality on the bench' 2016 *SALJ*

***Contributor*, in: Maunz/Dürig, GG**

R Herzog, R Scholz, M Herdegen & HH Klein (eds) Maunz/Dürig *Grundgesetz* (Munich: CH Beck)

Maurer 2007

H Maurer *Staatsrecht I* 5th ed (CH Beck: Munich 2007)

McGlynn Mirett 2012

K McGlynn Mirett 'Columbia University's Bite out of the Big Apple: the Problem of Unrestricted Eminent Domain in New York and the Need for More Active Courts' 2012 *Seton Hall Law Review*

McNamara 2011

R McNamara 'Stacking the Deck: New York's Unique Approach to Eminent Domain' 2011 *Albany Government Law Review*

Meidinger 1980–1981

EE Meidinger 'The "Public Uses" of Eminent Domain: History and Policy' 1980–1981 *Environmental Law*

Merrill 1986

TW Merrill 'Economics of Public Use' 1986 *Cornell Law Review*

Merten 2009

D Merten 'Verhältnismäßigkeitsgrundsatz' in: D Merten & HJ Papier (eds) *Handbuch der Grundrechte, Band III, Grundrechte in Deutschland, Allgemene Lehren II* (Heidelberg: CF Müller 2009)

Miceli 2015

TJ Miceli 'The Cost of Kelo: Property Taxes, Public Use, and Subjective Value' 2015 *Public Finance Review*

Miceli & Sirmans 2007

TJ Miceli & CF Sirmans 'The holdout problem, urban sprawl, and eminent domain' 2007 *Journal of Housing Economics*

Michaels 2006

R Michaels 'The Functional Method of Comparative Law' in: M Reimann & R Zimmermann (eds) *The Oxford Handbook of Comparative Law* (Oxford: Oxford University Press 2006)

Michelman 1967

FI Michelman 'Property, Utility, and Fairness: Comments on the Ethical Foundations of "Just Compensation"' 1967 *Harvard Law Review*

Mihaly 2007

MB Mihaly 'Living in the Past: The Kelo Court and Public-Private Economic Redevelopment' 2007 *Ecology Law Quarterly*

Mijnssen et al 2008

FHJ Mijnssen, AA van Velten & SE Bartels *Mr C Assers Handleiding tot de beoefening van het Nederlands Burgerlijk Recht 5*, Zakenrecht, Eigendom en beperkte rechten* 15th ed (Deventer: Kluwer 2008)

Mikkelsen 2007

SD Mikkelsen 'Eminent Domain after Kelo v City of New London: Compensating for the Supreme Court's Refusal to Enforce the Fifth Amendment' 2007 *Duke Journal of Constitutional Law & Public Policy Sidebar*

Ministerie van Binnenlandse Zaken 1969

Ministerie van Binnenlandse Zaken *Tweede rapport van de Staatscommissie van advies inzake de Grondwet en de Kieswet* (The Hague: Staatsuitgeverij 1969)

Ministerie van Binnenlandse Zaken 1979

Ministerie van Binnenlandse Zaken *Algehele grondwetsherziening, eerste lezing, Deel Ia: Grondrechten* (The Hague: Staatsuitgeverij 1979)

Ministerie van Binnenlandse Zaken 1991

Ministerie van Binnenlandse Zaken *Grondwet voor het Koninkrijk der Nederlanden* (The Hague: SDU 1991)

Ministerie voor Volkshuisvesting, Ruimtelijke Ordening en Milieubeheer 2011

Ministerie voor Volkshuisvesting, Ruimtelijke Ordening en Milieubeheer *Handreiking onteigeningen Titel IV 2010*, 2011, available at https://vng.nl/files/vng/20111027_ienm-handreiking-onteigeningen_titel_iv_2010.pdf

***Contributor*, in: Module Grondzaken**

JW van Zundert & J Mus (eds) *Module Grondzaken* online commentary (Kluwer)

***Contributor*, in: Module Ruimtelijke ordening**

CWM van Alphen, A Driesprong, EJ Govaers, D Meloni, JHKC Soer & T Tuenter in: CWM van Alphen (ed) *Module Ruimtelijke ordening* online commentary (Kluwer)

Moench & Ruttloff 2014

C Moench & M Ruttloff 'Rechtsschutzgarantie und Bundesfachplanung' 2014 *NVwZ*

Möllers 1997

C Möllers 'Zur demokratischen Legitimation der Enteignungsbehörde nach dem Baugesetzbuch' 1997 *NVwZ*

Mostert 2000

H Mostert *The Constitutional Protection and Regulation of Property and its Influence on the Reform of Private Law and Landownership in South Africa and Germany* (unpublished LLD thesis Stellenbosch University 2000)

Mostert 2003

H Mostert 'The Distinction between Deprivations and Expropriations and the Future of the "Doctrine" of Constructive Expropriation in South Africa' 2003 *SAJHR*

Mostert 2015

H Mostert 'The Poverty of Precedent on Public Purpose/Interest: An Analysis of Pre-Constitutional and Post-Apartheid Jurisprudence in South Africa' in B Hoops, EJ Marais, H Mostert, JAMA Sluysmans & LCA Verstappen (eds) *Rethinking Expropriation Law I: Public Interest in Expropriation* (The Hague: Boom 2015)

Mostert 2016

H Mostert 'Revising the Procedure for Expropriations in South Africa: 2015 Bill and 1975 Act compared' 2016 *EPLJ*

Muckel 2008

S Muckel 'Die Eigentumsgarantie aus Art. 14 GG als Recht zur Abwehr missbräuchlicher Enteignungen zugunsten Privater. Eine Fallstudie' in H Butzer, M Kaltenborn & W Meyer (eds) *Organisation und Verfahren im sozialen Rechtsstaat: Festschrift für Friedrich E Schnapp zum 70. Geburtstag* (Berlin: Duncker & Humblot 2008)

Muckel 2011

S Muckel 'Das Bayerische Rohrleitungs-Enteignungsgesetz auf dem Prüfstand der Eigentumsgarantie nach Art. 14 GG' 2011 *BayVBl.*

Muckel & Ogorek 2007

S Muckel & M Ogorek *Rechtsgutachten zur Verfassungsmäßigkeit des „Gesetzes über die Errichtung und den Betrieb einer Rohrleitungsanlage zwischen Dormagen und Krefeld-Uerdingen" vom 21. März 2006 (GV NRW, 130) und zu prozessualen Möglichkeiten der Stadt Monheim am Rhein sowie der Monheimer Verkehrs- und Versorgungs-GmbH,* 2007 available at http://www.ig-erkrath.de/cms/upload/pdf/co-pipeline/co-pipeline-gutachten-muckel-verfassungsmaessigkeit-2007–07-10.pdf.

***Contributor*, in: MüKo-ZPO**

W Krüger & T Rauscher (eds) *Münchener Kommentar, Zivilprozessordnung, Band 1, §§ 1–354* 5th ed (Munich: CH Beck 2016)

Murphy 1994

J Murphy 'Property Rights and Judicial Restraint: A Reply to Chaskalson' 1994 *SAJHR*

Murphy 1995

J Murphy 'Interpreting the property clause in the Constitution Act of 1993' 1995 *SAPR/PL*

Murphy 2007

MC Murphy *Philosophy of Law* (Malden, MA: Blackwell Publishing 2007)

Nedzel & Block 2007

NE Nedzel & W Block 'Eminent Domain: A Legal and Economic Critique' 2007 *University of Maryland Law Journal of Race, Religion, Gender and Class*

Nelson 1996

WE Nelson 'The Growth of Distrust: The Emergence of Hostility Toward Government Regulation of the Economy' 1996 *Hofstra Law Review*

Nginase 2009

XH Nginase *The Meaning of 'Public Purpose' and 'Public Interest' in Section 25 of the Final Constitution* (unpublished LLM thesis Stellenbosch University 2009) available at http://scholar.sun.ac.za/handle/10019.1/2289?show=full

Nichols 1997

DL Callies et al *Nichols on Eminent Domain* 3rd ed (New York: LexisNexis 1997)

Nicholson & Mota 2005/06

B Nicholson & SA Mota 'From Public Use to Public Purpose: The Supreme Court Stretches the Takings Clause in Kelo v City of New London' 2005/06 *Gonzaga Law Review*

Nicolaï 1990

P Nicolaï *Beginselen van behoorlijk bestuur* (Deventer: Kluwer 1990)

Nolon 2007

JC Nolon 'Kelo's Wake: In Search of a Proportional Benefit' 2007 *Pace Environmental Law Review*

Nordic Council of Ministers 2002

Nordic Council of Ministers *'Have a 'Good Participation': Recommendations on Public Participation in Forestry Based on Literature Review and Nordic Experiences* (Copenhagen: TemaNord 2002)

Nowak & Rotunda 2010

JE Nowak & RD Rotunda *Principles of Constitutional Law* 4th ed (St. Paul: Thomson Reuters 2010)

Nunzio 1982

RC Nunzio 'Eminent Domain: Private Corporations and the Public Use Limitation' 1982 *University of Baltimore Law Review*

Olejarski 2013

AM Olejarski *Administrative Discretion in Action: A Narrative of Eminent Domain* (New York: Rowman & Littlefield 2013)

O'Neill 2001

J O'Neill 'Representing People, Representing Nature, Representing the World' 2001 *Environment and Planning C: Government and Policy*

Overwater & Westendorp-Frikkee 2004

PSA Overwater & CAC Westendorp-Frikkee *Handboek administratieve onteigeningsprocedure* (The Hague: SDU 2004)

Owens 2000

S Owens '"Engaging the Public": Information and Deliberation in Environmental Policy' 2000 *Environment and Planning A*

Papier 1987

HJ Papier 'Zum enteignenden Charakter einer städtebaulichen Unternehmensflurbereinigung, zum enteignungsrechtlichen Gesetzesvorbehalt und den Voraussetzungen und Grenzen einer städtebaulichen Enteignung nach BBauG § 85 Abs. 1 Nr. 1' 1987 *JZ*

Papier 1990

HJ Papier 'Entwicklungen der Rechtsprechung zur Eigentumsgarantie des Art. 14 GG' 1990 *NWVBl.*

Papier & Möller 1997

HJ Papier & J Möller 'Das Bestimmtheitsgebot und seine Durchsetzung' 1997 *AöR*

Parlevliet 2012

WHE Parlevliet 'Duurzaam aanbesteden bij gebiedsontwikkeling' (2012) 150 *BR*

Pennarts 2008

HFT Pennarts *Beginselen van behoorlijk bestuur* (Apeldoorn and Antwerp: Maklu 2008)

Peter 2009

F Peter *Democratic Legitimacy* (New York and London: Routledge 2009)

Peters 2016

T Peters 'Commentaar op artikel 14 van de Grondwet' in EMH Hirsch Ballin & G Leenknegt (eds) *Artikelsgewijs commentaar op de Grondwet* (online version 2016, available at http://www.Nederland-rechtsstaat.nl)

Pienaar 2000

G Pienaar 'Registration of informal land-use rights in South Africa, Giving teeth to (toothless?) paper tigers?' 2000 *TSAR*

Pienaar 2002

JM Pienaar 'Broadening access to land: The case of African rural women in South Africa' 2002 *TSAR*

Pijnacker Hordijk et al 2009

EH Pijnacker Hordijk, GW van der Bend & JF van Nouhuys *Aanbestedingsrecht* 4th ed (The Hague: SDU 2009)

Piper 2010

KL Piper 'New York's Fight over Blight: The Role of Economic Underutilization in Kaur' 2010 *Fordham Urban law Journal*

Portner 1988

JN Portner 'The Continued Expansion of the Public Use Requirement in Eminent Domain' 1988 *University of Baltimore Law Review*

Praduroux 2014

S Praduroux 'How to Fairly Judge Restrictions to Property Rights: an Overview on ECtHR's view on Public and Private Interests in the regulation of Property' in B Akkermans, EJ Marais & E Ramaekers (eds) *Property Law Perspectives II* (Antwerp: Intersentia 2014)

Prakke 1989

L Prakke *Van der Pot-Donner, Handboek van het Nederlandse staatsrecht* 12th ed (Zwolle: WEJ Tjeenk Willink 1989)

Prall 2001

U Prall 'Zur Abgrenzung von gemein- und privatnützigen Planfeststellungen' 2001 *NordÖR*

Pritchett 2003

WE Pritchett 'The "Public Menace" of Blight: Urban Renewal and the Private Uses of Eminent Domain' 2003 *Yale Law & Policy Review*

Quinot 2011

G Quinot 'Administrative law' 2011 *ASSAL*

Quinot & Liebenberg 2011

G Quinot & S Liebenberg 'Narrowing the Band: Reasonableness Review in Administrative Justice and Socio-Economic Rights Jurisprudence in South Africa' 2011 *Stell LR*

Quirk 1973

WJ Quirk 'Standing to Sue in New York' 1973 *St. John's Law Review*

Racketa 2010

AD Racketa 'Takings for Economic Development in New York: A Constitutional Slam Dunk' 2010 *Cornell Journal of Law and Public Policy*

Radin 1993

MJ Radin *Reinterpreting Property* (Chicago: University of Chicago Press 1993)

Rakodi 1997

C Rakodi (ed) *The urban challenge in Africa: Growth and management of its large cities* (New York: United Nations University Press 1997)

Ramsauer & Bieback 2002

U Ramsauer & K Bieback 'Planfeststellung von privatnützigen Vorhaben' 2002 *NVwZ*

Rautenbach 2001

IM Rautenbach 'The limitation of rights in terms of provisions of the bill of rights other than the general limitation clause: a few examples' 2001 *TSAR*

Rautenbach 2002

IM Rautenbach 'Die reg op eigendom—Arbitrêre ontneming, proporsionaliteit en die algemene beperkingsbepaling in konteks' 2002 *TSAR*

Rautenbach 2012

IM Rautenbach *Rautenbach-Malherbe Constitutional Law* 6th ed (Durban: LexisNexis 2012)

Rautenbach 2013

IM Rautenbach 'Expropriation and arbitrary deprival of property: five forensic constructions' 2013 *TSAR*

Rautenbach 2014

IM Rautenbach 'Proportionality and the limitation clauses of the South African bill of rights' 2014 *PER*

Rautenbach, Bill of Rights

IM Rautenbach 'Introduction to the Bill of Rights' in Y Mokgoro & P Tlakula (eds) *Bill of Rights Compendium* (Durban: LexisNexis 1996)

Rautenbach, Overview

IM Rautenbach 'Overview of Constitutional Court Judgment on the Bill of Rights—2012' 2013 *TSAR*

Rawls 1971

J Rawls *A Theory of Justice* (Cambridge: Harvard University Press 1971)

Reynolds 2010

S Reynolds *Before Eminent Domain, Toward a History of Expropriation of Land for the Common Good* (Chapel Hill: The University of North Carolina Press 2010)

Richards 2015

KM Richards 'From Slums to Stadiums: A Historical Summary of New York's Public Use Limitation' 2015 *New York State Bar Real Property Law Journal*

Riedel 2012

D Riedel *Eigentum, Enteignung und das Wohl der Allgemeinheit* (Berlin: Duncker & Humblot 2012)

Rijkswaterstaat 2016

Rijkswaterstaat *Handreiking Administratieve Onteigeningsprocedure* 2016 available at https://staticresources.rijkswaterstaat.nl/binaries/
Handreiking%20Administratieve%20Onteigeningsprocedure%2016–01-16%20Def_tcm21–81699.pdf

Rikon 2011

M Rikon 'Moving the Cat into the Fat: The Pursuit of Fairness in Condemnation, or, Whatever Happened to Creating a "Partnership of Planning?"' 2011 *Albany Government Law Review*

Rosenfeld & Arato 1998

M Rosenfeld & A Arato (eds) *Habermas on Law and Democracy: Critical Exchanges* (Berkeley/Los Angeles/London: University of California Press 1998)

Ross 2007

MM Ross 'Public Use: Does County of Wayne v Hathcock Signal a Revival of the Public Use Limit to the Taking of Private Property?' in DH Merriam & MM Ross (eds) *Eminent Domain Use And Abuse: Kelo In Context* (Chicago: ABA 2007)

Roux, Property

T Roux 'Property' in: S Woolman & M Bishop (eds) *Constitutional Law of South Africa, Vol 3* 2nd ed (Cape Town: Juta 2008)

Roux & Davis 2008

'Property', in MH Cheadle, DM Davis & NRL Haysom (eds) *South African Constitutional Law, The Bill of Rights* 2nd ed (Durban: LexisNexis 2008)

Rowley 1992

CK Rowley 'The Supreme Court and Takings Judgments: Constitutional Political Economy Versus Public Choice' in N Mercuro (ed) *Taking Property and Just Compensation: Law and economics perspectives on the takings issue* (Boston: Kluwer 1992)

Rueb 2013

AS Rueb *Stein/Rueb Burgerlijk procesrecht* 19th ed (Deventer: Kluwer 2013)

Rupp 2006

HH Rupp 'Einteilung und Gewichtung der Grundrechte' in D Merten & HJ Papier (eds) *Handbuch der Grundrechte, Band II, Grundrechte in Deutschland, Allgemeine Lehren I* (Heidelberg: CF Müller 2006)

Rus-van der Velde 2009

M Rus-van der Velde 'Onteigening bij infrastructurele projecten vóór en na inwerkingtreding van de Wro' 2009 *TBR*

Rus-van der Velde & Procee 2011

M Rus-van der Velde & JS Procee 'Het toepassingsbereik van artikel 72a lid 2 onteigeningswet' 2011 *TBR*

Rutkow 2006

E Rutkow 'Kelo v City of New London' 2006 *Harvard Environmental Law Review*

Sacco 1991a

R Sacco 'Legal Formants: A Dynamic Approach To Comparative Law (Installment I of II)' 1991 *American Journal of Comparative Law*

Sacco 1991b

R Sacco 'Legal Formants: A Dynamic Approach To Comparative Law (Installment II of II)' 1991 *American Journal of Comparative Law*

Sachs 2014

M Sachs 'BVerfG, Urt. v. 17.12.2013, –1 BvR 3139/08 und 1 BvR 3386/08 –, NVwZ 2014, 211' 2014 *JuS*

***Contributor*, in: Sachs, GG**

M Sachs (ed) *Grundgesetz* 7th ed (Munich: CH Beck 2014)

Sanderink 2015

DGJ Sanderink *Het EVRM en het materiële omgevingsrecht* (Deventer: Kluwer 2015)

Sax 1967

JL Sax 'Takings and the Police Power' 1964 *The Yale Law Journal*

Schack 1961

F Schack 'Enteignung "nur zum Wohle der Allgemeinheit"' 1961 *BB*

Scheidler 2017

A Scheidler 'Die Voraussetzungen der Enteignung nach den §§ 85 ff. BauGB' 2017 *ZfBR*

Scherer 2011

N Scherer 'Diversifying the Federal Bench: Is Universal Legitimacy for the U.S. Justice System Possible?' 2011 *Northwestern University Law Review*

Schlactus 2010

MB Schlactus 'Appellate Division, Second Department—Goldstein v New York State Urban Development Corp' 2010 *Touro Law Review*

Schlarmann 1992

L Schlarmann 'Die Rechtsprechung zur Alternativenprüfung im Planungsrecht' 1992 *DVBl.*

Schlink 2012

B Schlink 'Proportionality in Constitutional Law: Why Everywhere but Here?' 2012 *Duke Journal of Comparative and International Law*

Schlink 2013
B Schlink 'Proportionality (1)' in M Rosenfeld & A Sajó (eds) *The Oxford Handbook of Comparative Constitutional Law* (Oxford: Oxford University Press 2013)

Schlössels 1998
RJN Schlössels *Het specialiteitsbeginsel* (The Hague: SDU 1998)

Schlössels & Zijlstra 2010
RJN Schlössels & SE Zijlstra *Bestuursrecht in de sociale rechtsstaat* (Deventer: Kluwer 2010)

Schmidbauer 1989
W Schmidbauer *Enteignung zugunsten Privater* (Berlin: Duncker & Humblot 1989)

Schmidt-Aβmann 1987
E Schmidt-Aβmann 'Bemerkungen zum Boxberg-Urteil des BVerfG' 1987 *NJW*

***Contributor*, in: Schoch/Schneider/Bier, VwGO**
F Schoch, JP Schneider & W Bier (eds) *Verwaltungsgerichtsordnung: VwGO* (Munich: CH Beck)

***Contributor*, in: Schrödter, BauGB**
W Schrödter (ed) *Baugesetzbuch* 8th ed (Baden-Baden: Nomos 2015)

Schulte 1970
H Schulte *Eigentum und öffentliches Interesse* (Berlin: Duncker & Humblot 1970)

Schultz 2006
D Schultz 'What's Yours Can be Mine: Are there Any Private Takings After City of New London v Kelo?' 2006 *UCLA Journal of Environmental Law and Policy*

Schultz 2011
D Schultz 'Evaluating Economic Development Takings: Legal Validity versus Economic Viability' 2011 *Albany Government Law Review*

Schultz 2016
D Schultz 'Courts Matter: The Supreme Court, Social Change, and the Mobilization of Property Rights Interests' in: LJ Hatcher & WV McIntosh (eds) *Property Rights and Neoliberalism: Cultural Demands and Legal Actions* (New York and London: Routledge 2016)

***Contributor*, in: SDU commentary Awb**
SDU Commentaar Algemene wet bestuursrecht online commentary (SDU)

Serkin 2006
C Serkin 'Big Differences for Small Governments: Local Governments and the Takings Clause' 2006 *New York University Law Review*

Shapiro 1992
M Shapiro 'The Giving Reasons Requirement' 1992 *The University of Chicago Legal Forum* 179–220

Sher 2002
G Sher (ed) JS Mill *Utilitarianism* (Indianapolis: Hackett 2002)

Siegel et al 2011
N Siegel, S Hyman & P van Buren 'The Trouble with Eminent Domain in New York' 2011 *Albany Government Law Review* 77–105

Siems 2014
M Siems *Comparative Law* (Cambridge: Cambridge University Press 2014)

Singer 2006
JW Singer 'The Ownership Society and Takings of Property: Castles, Investments, and Just Obligations' 2006 *Harvard Environmental Law Review*

Slade 2012
BV Slade *The Justification of Expropriation for Economic Development* (unpublished LLD thesis Stellenbosch University 2012) available at http://scholar.sun.ac.za/handle/10019.1/71965

Slade 2013
BV Slade 'The Less Invasive Means Argument in Expropriation Law' 2013 *TSAR*

Slade 2014
BV Slade '"Public Purpose or Public Interest" and Third Party Transfers' 2014 *PER*

Slade 2015
BV Slade 'Less Invasive Means: The Relationship between Sections 25 and 36 of the Constitution of the Republic of South Africa, 1996' in: B Hoops, EJ Marais, H Mostert, JAMA Sluysmans & LCA Verstappen (eds) *Rethinking Expropriation Law I: Public Interest in Expropriation* (The Hague: Boom 2015)

Slade 2016
BV Slade 'Compensation for What? An Analysis of the Outcome in Arun Property Development (Pty) Ltd v Cape Town City' (2016) 19 *PER*

Sluysmans 2011
JAMA Sluysmans *De vitaliteit van het schadeloosstellingsrechtin onteigeningszaken* (The Hague: Stichting Instituut voor Bouwrecht 2011)

Sluysmans 2013
JAMA Sluysmans *Recht op onteigening* (Nijmegen: Radboud University 2013)

Sluysmans 2016
JAMA Sluysmans 'De Aanvullingswet grondeigendom: een verkenning in vogelvlucht' (2016) 148 *TBR*

Sluysmans & Van der Gouw 2015
JAMA Sluysmans & JJ van der Gouw *Onteigeningsrecht* (Deventer: Kluwer 2015)

Sluysmans & Nielen 2015
JAMA Sluysmans & M Nielen 'The Principle of Good Governance in Expropriation Law' in B Hoops, EJ Marais, H Mostert, JAMA Sluysmans & LCA Verstappen (eds) *Rethinking Expropriation Law II, Context, Criteria, and Consequences of Expropriation* (The Hague: Boom Eleven 2015)

Sluysmans & Procee 2016
JAMA Sluysmans & JS Procee (eds) *Behoeden en vergoeden, Een geschiedenis van 175 jaar Onteigeningswet* (The Hague: Vereniging voor onteigeningsrecht 2016)

Sluysmans & Van Triet 2015
JAMA Sluysmans & N van Triet 'Reclaiming Property, Changes of Purpose or Non-Realization of Public Purpose after Expropriation' in B Hoops, EJ Marais, H Mostert, JAMA Sluysmans & LCA Verstappen (eds) *Rethinking Expropriation Law I: Rethinking Public Interest in Expropriation* (The Hague: Boom Eleven 2015)

Sluysmans & Van der Werf 2005
JAMA Sluysmans & WJE van der Werf 'Verweer in de administratieve onteigeningsfase' 2005 *BR*

Sluysmans, Verbist & Waring 2015
JAMA Sluysmans, S Verbist & EJL Waring, 'Expropriation Law in Europe' in Sluysmans, Verbist & Waring (eds) *Expropriation Law in Europe* (Deventer: Kluwer 2015)

Sluysmans et al 2011
JAMA Sluysmans, JJ van der Gouw & WJ Bosma, *Onteigeningsrecht in de praktijk* (The Hague: Stichting Instituut voor Bouwrecht 2011)

Smeddinck & Au 2004
U Smeddinck & C Au '»Lex Airbus« - Gesetzgebung als Prozesstaktik' 2004 *ZUR*

Smits 2009
J Smits *Omstreden rechtswetenschap, Over aard, methode en organisatie van de juridische discipline* (The Hague: Boom 2009)

Snijders-Storm & Procee 2012
EJ Snijders-Storm & JS Procee 'Terugvordering op grond van artikel 61 onteigeningswet; stand van zaken' in EWJ de Groot & RD Harteman (eds) *Bijzonder geschikt voor het werk, HJM van Mierlo bundel* (The Hague: Stichting Instituut voor Bouwrecht 2012)

Somin 2007

I Somin 'Controlling the Grasping Hand: Economic Development Takings After Kelo' 2007 *Supreme Court Economic Review*

Somin 2009

I Somin 'The Limits of Backlash: Assessing the Political Response to Kelo' 2009 *Minnesota Law Review*

Somin 2011a

I Somin 'Let There Be Blight: Blight Condemnations in New York After Goldstein and Kaur' 2011 *Fordham Urban Law Journal*

Somin 2011b

I Somin 'The Judicial Reaction to Kelo' 2011 *Albany Government Law Review*

Somin 2015

I Somin *The Grasping Hand* (Chicago: University of Chicago Press 2015)

Sonnekus & Pleysier 2011

JC Sonnekus & AJH Pleysier 'Eiendomsverwerwing of –verlies onder 'n tydsbepaling of 'n voorwaarde en die privaatregtelike implikasies vir onteiening (deel 2)' 2011 *TSAR*

Southwood 2000

MD Southwood *The Compulsory Acquisition of Rights* (Cape Town: Juta 2000)

Spannowsky 2005

W Spannowsky 'Notwendigkeit und rechtliche Anforderungen an die Altemativenprüfung in der Bauleitplanung' 2005 *UPR*

Stanton 2005

EA Stanton 'Home Team Advantage?: The Taking of Private Property for Sports Stadiums' 2005 *New York City Law Review*

***Contributor*, in: Starck, GG**

C Starck (ed) *Kommentar zum Grundgesetz: GG, Band 1: Präambel, Art. 1–19*, 6th ed (Munich: Verlag Franz Vahlen 2010)

***Contributor*, in: Stelkens/Bonk/Sachs, VwVfG**

P Stelkens, HJ Bonk & M Sachs (eds), *VwVfG: Verwaltungsverfahrensgesetz* 8th ed (Munich: CH Beck 2014)

Stengel 1967

RW Stengel *Die Grundstuäcksenteignung zugunsten privater Wirtschaftsunternehmen* (Dissertation Heidelberg 1967)

Stern 1984

K Stern *Das Staatsrecht der Bundesrepublik Deutschland, Band I, Grundbegriffe und Grundlagen des Staatsrechts, Strukturprinzipien der Verfassung* 2nd ed (Munich: CH Beck 1984)

Stern 1994

K Stern *Das Staatsrecht der Bundesrepublik Deutschland*, Band III/2, (Allgemeine Lehren der Grundrechte Munich: Beck 1994)

Stevens 2005

JP Stevens 'Judicial Predilections' 2005 *Nevada Law Journal*

Stevens 2012

JP Stevens 'Kelo, Popularity, and Substantive Due Process' 2012 *Alabama Law Review*

Stoter 2000

WSR Stoter *Belangenafweging door de wetgever* (The Hague: Boom 2000)

Stout 1994

HD Stout *De betekenissen van de wet* (Zwolle: WEJ Tjeenk Willink 1994)

Strauss 1984

PL Strauss 'The Place of Agencies in Government: Separation of Powers and the Fourth Branch' 1984 *Columbia Law Review*

Strauss 2002

PL Strauss *Administrative Justice in the United States* 2nd ed (Durham, NC: Carolina Academic Press 2002)

Stüer 2015

B Stüer *Bau- und Fachplanungsrecht* 5th ed (Munich: CH Beck 2015)

Stüer & Hönig 2002

B Stüer & D Hönig 'Das Eigentum als Grundlage von Abwägung und Rechtsschutz' 2002 *VerwArch*

Stummer 1967

H Stummer *Die öffentliche Zweckbindung der enteigneten Sache* (Munich: Leidig-Druck 1967)

***Contributor*, in: T&C Awb**

PJJ van Buuren, TC Borman, MJ Jacobs, JCA de Poorter (eds) *Tekst & Commentaar Algemene wet bestuursrecht* 9th ed (Deventer: Kluwer 2015)

***Contributor*, in: T&C Milieurecht**

R Uylenburg (eds) *Tekst & Commentaar: Milieurecht* 6th ed (Deventer: Kluwer 2015)

***Contributor*, in: T&C Ruimtelijk bestuursrecht**

AC Fortgens & P de Haan (eds) *Tekst & Commentaar: Ruimtelijk bestuursrecht* 9th ed (Deventer: Kluwer 2016)

Tagliarino 2016

NK Tagliarino *Encroaching of land and livelihoods: How national expropriation laws measure up against international standards* WRI working paper 2016, available at http://www.wri.org/sites/default/files/Encroaching_On_Land_And_Liveli-
hoods_How_National_Expropriation_Laws_Measure_Up_Against_International_Standards.pdf

Tagliarino 2018

NK Tagliarino 'The need for national-level legal protection of populations displaced by expropriation: land acquisition in 50 countries' in M Cernea & J Maldonado (eds) *Challenging the Prevailing Paradigm of Displacement and Resettlement* (New York: Routledge forthcoming 2018)

Thorbecke 1880

WJR Thorbecke *Stelsel en Toepassing der Onteigeningswet* (Arnhem: Gouda Quint 1880)

Tjepkema 2010

MKG Tjepkema *Nadeelcompensatie op basis van het égalitébeginsel* (Deventer: Kluwer 2010)

Treanor 1995

WM Treanor 'The Original Understanding of the Takings Clause and the Political Process' 1995 *Columbia Law Review*

Tunnissen 2010

MJ Tunnissen *Het bestemmingsplan 2010* 15th ed (Alphen aan den Rijn: Kluwer 2010)

Turnbull et al 2015

GF Turnbull RF Salvino & MT Tasto *Using Eminent Domain for Economic Development: Does it Increase Private Sector Employment?* Dr P Phillips School of Real Estate Working Paper 1501 2015, available at http://realestateucf.com/wp-content/uploads/2015/10/wp-1501.pdf

Turnhout et al 2010

E Turnhout, S van Bommel & N Aarts 'How Participation Creates Citizens: Participatory Governance as Performative Practice' (2010) 26 *Ecology and Society* available at http://www.ecologyandsociety.org/vol15/iss4/art26/

Tushnet 2010

M Tushnet 'Comparative Constitutional Law' in M Reimann & R Zimmermann (eds) *The Oxford Handbook of Comparative Law* (Oxford: Oxford University Press 2010)

Vanberg 2015

G Vanberg 'Constitutional Courts in Comparative Perspective: A Theoretical Assessment' 2015 *Annual Review of Political Science*

Van Buuren et al 2014

PJJ van Buuren, AAJ de Gier, AGA Nijmeijer & J Robbe *Hoofdlijnen ruimtelijk bestuursrecht* 9th ed (Deventer: Kluwer 2014)

Van Delden 1998

AP van Delden 'Gemeentelijke plannen als grondslag voor onteigening' 1998 *BR*

Van den Brand & Klaassen 1991

JAM van den Brand & AW Klaassen *Het gemeentelijk grondbeleid, Instrumenten voor een integrale aanpak* (Zwolle: WEJ Tjeenk Willink 1991)

Van der Schans & Van Heesbeen 2011

E van der Schans & ACMM van Heesbeen *Onteigening, Het spel en de knikkers* (Amsterdam: Reed Business 2011)

Van der Sijde 2015

E van der Sijde *Reconsidering the Relationship between Property and Regulation: A Systemic Constitutional Approach* (unpublished LLD thesis Stellenbosch University 2015) available at http://scholar.sun.ac.za/handle/10019.1/97827

Van der Veen 2012

GA van der Veen 'De Hoge Raad en de taakverdeling bij toetsing van Kroonbesluiten inzake onteigening' in EWJ de Groot & RD Harteman (eds) *Bijzonder geschikt voor het werk, HJM van Mierlo bundel* (The Hague: Stichting Instituut voor Bouwrecht 2012)

Van der Veen 2016

GA van der Veen 'Onteigening in de Omgevingswet: een beetje nieuw water bij de oude wijn' (2016) 120 *Gemeentestem*

Van der Walt 1994a

AJ van der Walt 'Notes on the Interpretation of the Property Clause in the New Constitution' 1994 *THRHR*

Van der Walt 1994b

AJ van der Walt 'Property Rights, Land Rights, and Environmental Rights' in D van Wyk, J Dugard, B de Villiers & M Davis (eds) *Rights and Constitutionalism, The New South African Legal Order* (Cape Town: Juta 1994)

Van der Walt 1997

AJ van der Walt 'The limits of constitutional property' 1997 *SAPR/PL* 275–330

Van der Walt 2004

Van der Walt 'An overview of developments in constitutional property law since the introduction of the property clause in 1993' 2004 *SAPR/PL* 46–89

Van der Walt 2005

AJ van der Walt *Constitutional Property Law* 2nd ed (Cape Town: Juta 2005)

Van der Walt 2008

AJ van der Walt 'Constitutional Property Law' 2008 *ASSAL*

Van der Walt 2009

AJ van der Walt 'Constitutional Property Law' 2009 *ASSAL*

Van der Walt 2010

AJ van der Walt 'Constitutional Property Law' 2010 *ASSAL*

Van der Walt 2011a

AJ van der Walt *Constitutional Property Law* 3rd ed (Cape Town: Juta 2011)

Van der Walt 2011b

AJ van der Walt 'Constitutional Property Law' 2011 *ASSAL*

Van der Walt 2012a

AJ van der Walt *Property and Constitution* (Pretoria: *PULP* 2012)

Van der Walt 2012b

AJ van der Walt 'Procedurally Arbitrary Deprivation of Property' 2012 *StellLR*

Van der Walt 2014a

AJ van der Walt 'The Modest Systemic Status of Property Rights' 2014 *Journal of Law, Property, and Society*

Van der Walt 2014b

AJ van der Walt 'Constitutional Property Law' 2014 *ASSAL*

Van der Walt 2016a

AJ van der Walt 'Section 25 vortices (part 1)' 2016 *TSAR*

Van der Walt 2016b

AJ van der Walt 'Section 25 vortices (part 2)' 2016 *TSAR*

Van der Walt & Botha 1998

AJ van der Walt & H Botha 'Coming to grips with the new constitutional order: critical comments on Harksen v Lane NO' 1998 *SAPR/PL*

Van der Walt & Marais 2012

AJ van der Walt & EJ Marais 'The constitutionality of acquisitive prescription: A section 25 analysis' 2012 *TSAR*

Van der Walt & Slade 2012

AJ van der Walt & BV Slade 'Public Purpose and Changing Circumstances: *Harvey v Umhlatuze Municipality and Others*' 2012 *SALJ*

Van Romburgh 2014

HD van Romburgh *Hoofdstukken Aanbestedingsrecht* (Amsterdam: Berghauser Pont Publishing 2014)

Van Wijmen 1945

WJI van Wijmen *Het Onteigeningsproces* (Roermond: Van der Marck 1945)

Van Wijmen 1984

PCE van Wijmen 'De terugvordering van het goed ingevolge artikel 61 Onteigeningswet' 1984 *Agrarisch recht*

Van Wijmen 1991

PCE van Wijmen 'Overheidsinbreuken op eigendom' in: PCE van Wijmen, JW van Zundert, HAA Kienhuis, HJM Van Mierlo & JK Moltmaker (eds) *150 Jaar Onteigeningswet* (Deventer: Kluwer 1991)

Van Wyk 2012

AMA van Wyk *Planning Law* 2nd ed (Cape Town: Juta 2012)

Van Wyk 2017

AMA van Wyk 'Compensation for land reform expropriation' 2017 *TSAR*

Van Wyk & Oranje 2014

AMA van Wyk & M Oranje 'The post-1994 South African spatial planning system and Bill of Rights: A meaningful and mutually beneficial fit?' 2014 *Planning Theory*

Van Zeben & Du Pon 1981

CJ van Zeben & JW du Pon *Parlementaire Geschiedenis van het Nieuwe Burgerlijk Wetboek Boek 6, Algemeen Gedeelte van het Verbintenissenrecht* (Deventer: Kluwer 1981)

Verheij 1987

N Verheij 'Onrechtmatige overheidsdaad en beginselen van behoorlijk bestuur: de Hoge Raad toetst eindelijk rechtstreeks' 1987 *NJB*

Verstappen 2015a

LCA Verstappen 'Rethinking Public Interest in Expropriation Law: Introductory Observations' in B Hoops, EJ Marais, H Mostert, JAMA Sluysmans & LCA Verstappen (eds) *Rethinking Expropriation Law I: Public Interest in Expropriation* (The Hague: Boom 2015)

Verstappen 2015b

LCA Verstappen 'Introduction: Context, Criteria, and Consequences of Expropriation' in B Hoops, EJ Marais, H Mostert, JAMA Sluysmans & LCA Verstappen (eds) *Rethinking Expropriation Law II: Context, Criteria, and Consequences of Expropriation* (The Hague: Boom 2015)

Verstappen 2016

LCA Verstappen 'Multilevel Governance of Property Titles in Land: The Voluntary Guidelines on the Responsible Governance of Tenure of Land, Fisheries and Forests in the context of National Food Security' in C Godt (ed) *Regulatory Property Rights: The Transforming Notion of Property in Transnational Business Regulation* (Leiden: Brill/Nijhoff 2016)

Vile 1998

MJC Vile *Constitutionalism and the Separation of Powers* 2nd ed (Indianapolis: Liberty Fund 1998)

Viotto 2009

R Viotto *Das öffentliche Interesse* (Baden-Baden: Nomos 2009)

Von Brünneck 1986

A von Brünneck 'Das Wohl der Allgemeinheit als Voraussetzung der Enteignung, Zugleich eine Auseinandersetzung mit dem Boxberg-Urteil des BVerwG, 1985, 739' 1986 *NVwZ*

***Contributor*, in: von Münch/Kunig, GG**

P Kunig (ed) *von Münch/Kunig, Grundgesetz, Band 1: Präambel, Art. 1 bis Art. 69*, 6th ed (Munich: CH Beck 2012)

Von Zezschwitz 1967

F von Zezschwitz *Das Gemeinwohl als Rechtsbegriff* (Marburg: Philipps-Universität 1967)

Van Zundert 1980

JW van Zundert *Overheidsbestuur en grondeigendom* (Alphen aan den Rijn: Samson 1980)

Van Zundert 2006

JW van Zundert *Het bestemmingsplan* 12th ed (Alphen aan den Rijn: Kluwer 2006)

Van Zundert 2017

JW van Zundert 'Onteigening onder de Omgevingswet' (2017) 10 *TBR*

Vranken 2014

JBM Vranken *Mr C Assers handleiding tot de beoefening van het Nederlands Burgerlijk Recht, Algemeen deel ****, Een synthese* (Deventer: Kluwer 2014)

Waring 2013

EJL Waring 'The Prevalence of Private Takings' in: N Hopkins (ed) *Modern Studies in Property Law, Volume 7* (Oxford and Portland: Hart Publishing 2013)

Watson 1993

A Watson *Legal Transplants: An Approach to Comparative Law* 2nd ed (Athens, Ga: University of Georgia Press 1993)

Weinberg, Gerrard & Ruzow

P Weinberg, M Gerrard & DA Ruzow *Environmental Impact Review in New York*

Westerman 2013

PC Westerman 'Van huis naar schip: governance als vorm van recht' 2013 *Rechtsgeleerd Magazijn THEMIS*

White 2014

GE White *American Legal History: A Very Short Introduction* (Cambridge: Oxford University Press 2014)

Wienke 1983

U Wienke 'Die Planungsentscheidung in der Administrativenteignung' 1983 *BayVbl.*

Wijting 1989

W Wijting 'Terugvordering en artikel 61 Onteigeningswet (II)' 1989 *TvO*

Williams 2014

LA Williams 'The Right to Housing in South Africa: An Evolving Jurisprudence' 2014 *Columbia Human Rights Law Review*

Woolman 1997

S Woolman 'Out of order? Out of balance? The limitation clause of the final Constitution' 1997 *SAJHR*

Woolman & Botha 2008

S Woolman & H Botha 'Limitations' in S Woolman & M Bishop (eds) *Constitutional Law of South Africa, Vol. 3* 2nd ed (Cape Town: Juta 2008)

Young 2016

C Young 'Expropriations in South Africa: Dramatis Personae of the envisioned Expropriation Law' 2016 *EPLJ*

Ziehm 2014

C Ziehm 'Neue Braunkohlentagebaue und Verfassungsrecht—Konsequenzen aus dem Garzweiler-Urteil des BVerfG vom 17.12.2013' 2014 *ZUR*

Ziekow 2014

J Ziekow (ed) *Handbuch des Fachplanungsrechts* 2nd ed (Munich: CH Beck 2014)

Zinn 2005

H Zinn *A People's History of the United States* (New York: Harper Perennial 2005)

Zweigert & Kötz 1998

K Zweigert & H Kötz *An Introduction to Comparative Law* 3rd ed (Oxford: Clarendon Press/Oxford University Press 1998)

Cases

EUROPEAN UNION: EUROPEAN COURT OF JUSTICE

A-G Wathelet, Opinion of 11 April 2013, Case C-576/10, *European Commission v Kingdom of the Netherlands* I 4.6.1.1.

Judgment of 25 March 2010, Case C-451/08, *Helmut Müller GmbH v Bundesanstalt für Immobilienaufgabe* I 4.2.1.5, 4.6.1.1.

Judgment of 12 July 2001, Case C-399/98, *Ordine degli Architetti delle Province di Milano e Lodi, Piero De Amicis, Consiglio Nazionale degli Architetti, Leopoldo Freyrie v Comune di Milano, and Pirelli SpA, Milano Centrale Servizi SpA, Fondazione Teatro alla Scala* I 4.6.1.1.

Judgment of 13 November 1990, Case C-106/89, *Marleasing SA v La Comercial Internacional de Alimentacion SA* I 4.6.1.1.

Judgment of 17 December 1970, Case C-11/70, *Internationale Handelsgesellschaft mbH v Einfuhr- und Vorratsstelle für Getreide und Futtermittel* I 3.1.3.

EUROPEAN CONVENTION ON HUMAN RIGHTS (ECHR):

European Court of Human Rights (ECtHR)

Judgment of 22 November 2011, Saliba and Others v. Malta, ANo. 20287/10 I 4.1.1.2, 4.2.1.2, 4.2.2.1, 4.4.3.1.

Judgment of 25 October 2011, Valkov and Others v. Bulgaria, ANos. 2033/04, 19125/04, 19475/04, 19490/04,19495/04, 19497/04, 24729/04, 171/05 and 2041/05 I 4.2.1.2, 4.4.3.1.

Judgment of 11 October 2011, Vassallo v. Malta, ANo. 57862/09 I 4.6.1.2, 4.6.2.1, 4.6.2.3.5.

Judgment of 11 June 2009, Trgo v. Croatia, ANo. 35298/04 I 4.4.3.1

Judgment of 27 November 2007, Urbárska Obec Trenčianske Biskupice v. Slovakia, ANo. 74258/01 I 4.4.3.1

Decision of 23 October 2006, Weber and Saravia v. Germany, ANo. 54934/00 I 4.1.2.1

Grand Chamber, Judgment of 19 June 2006, Hutten-Czapska v. Poland, ANo. 35014/97 I 4.1.1.2, 4.1.2.1, 4.2.2.1, 4.4.3.1

Grand Chamber, Judgment of 30 June 2005, Jahn and Others v. Germany, ANos. 46720/99, 72209/01 and 72552/01 I 4.1.1.2, 4.2.1.2, 4.2.2.1, 4.4.3.1.

Judgment of 20 July 2004, Bäck v. Finland, ANo. 37598/97 I 4.4.2, 4.5.1.

Judgment of 13 July 2004, Beneficio Cappella Paolini v. San Marino, App No. 40786/98 I 4.6.1.2, 4.6.2.1, 4.6.2.3.5.

Judgment of 12 February 2004, Perez v. France, ANo. 47287/99 I 4.5.4.1.

Judgment of 10 July 2003, Efstathiou and Michailidis & Co. Motel Amerika v. Greece, ANo. 55794/00 I 4.1.1.2.

Grand Chamber, Judgment of 8 July 2003, Hatton & Others v. United Kingdom, ANo. 36022/97 I 4.4.2.

Judgment of 2 July 2002, Affaire Motais de Narbonne v. France, ANo. 48161/99 I 4.2.1.1, 4.6.1.2, 4.6.2.1.

Judgment of 30 May 2000, Belvedere Alberghiera S.r.l. v. Italy, ANo. 31524/96 I 4.1.2.1, 4.2.2.1.

Judgment of 25 May 2000, Noack and Others v. Germany, ANo. 46346/99 I 4.4.3.1.

Judgment of 5 January 2000, Beyeler v. Italy, ANo. 33202/96 I 4.1.1.2, 4.2.2.1, 4.5.1.

Judgment of 9 November 1999, Špaček s.r.o. v. Czech Republic, ANo. 26449/95 I 4.2.2.1.

Judgment of 25 March 1999, Iatridis v. Greece, ANo. 31107/96 I 4.1.1.2.

Judgment of 9 June 1998, McGinley and Egan v. The United Kingdom, ANos. 21825/93 and 23414/94 I 4.5.4.1.

Judgment of 24 November 1997, Werner v. Austria, ANo. 21835/93 I 4.5.4.1.

Judgment of 21 November 1995, Velosa Barreto v. Portugal, ANo. 18072/91 I 4.4.3.1.

Judgment of 20 October 1995, Pressos Compania Naviera S.A. and Others v. Belgium, ANo. 17849/91 I 4.4.3.1.

Judgment of 28 September 1995, Scollo v. Italy, ANo. 19133/91 I 4.4.3.1.

Judgment of 19 July 1995, Kerojärvi v. Finland, ANo. 17506/90 I 4.5.4.1.

Judgment of 23 February 1995, Gasus Dosier- und Fördertechnik GmbH v. The Netherlands, ANo. 15375/89 I 4.1.1, 4.4.3.1.

Judgment of 25 November 1994, Ortenberg v. Austria, ANo. 12884/87 I 4.2.2.4.

Judgment of 22 September 1994, Hentrich v. France, ANo. 13616/88 | 4.5.1.
Judgment of 19 April 1994, Van de Hurk v. The Netherlands, ANo. 16034/90 | 4.5.4.1.
Judgment of 21 September 1993, Zumtobel v. Austria, ANo. 12235/86 | 4.2.2.4.
Judgment of 24 June 1993, Papamichalopoulos and Others v. Greece, ANo. 14556/89 | 4.1.2.1.
Judgment of 29 November 1991, Pine Valley Developments Ltd and Others v. Ireland, ANo. 12742/87 | 4.4.2.
Judgment of 19 December 1989, Mellacher and Others v. Austria, ANos. 10522/83, 11011/84 and 11070/84 | 4.4.3.1.
Judgment of 29 May 1986, Feldbrugge v. The Netherlands, ANo. 8562/79 | 4.5.4.1.
Judgment of 21 February 1986, James and Others v. The United Kingdom, ANo. 8793/79 | 4.1.1.2, 4.2.1.1, 4.2.1.2, 4.2.1.4, 4.2.2.1, 4.4.2, 4.4.3.1.
Judgment of 23 October 1985, Benthem v. The Netherlands, ANo. 8848/80 | 4.1.3.2.4, 4.3.5.3, 4.4.4.4.
Judgment of 23 September 1982, Sporrong and Lönnroth v. Sweden, ANos. 7151/75 and 7152/75 | 4.1.2.1.

GERMANY

***Bundesverfassungsgericht* (BVerfG; Federal Constitutional Court)**

Decision of 25 January 2017, ECLI:DE:BVerfG:2017:rk20170125.1bvr229710 | 3.1.4.3, 3.2.1.1, 3.2.3.1.3, 3.2.3.1.4, 3.2.3.3.1, 3.3.1.2, 3.5.1.2.
Decision of 21 December 2016, *NVwZ* 2017, 399 | 3.1.4.3, 3.2.1.3.1, 3.2.3.1.3, 3.2.3.3.1, 3.3.6.1.2, 3.5.1.2, 3.5.1.5.
Judgment of 6 December 2016, *NJW* 2017, 217 | 3.1.1.1, 3.1.1.2.
Judgment of 17 December 2013, *ZUR* 2014, 160 = *NVwZ* 2014, 211 | 1.7.1, 2.1.1, 2.1.3.1, 2.2.2, 2.2.6, 3.1.1.1, 3.1.1.2, 3.1.1.2.1, 3.1.1.2.2, 3.1.1.2.3, 3.1.1.3, 3.1.1.4, 3.1.4.2, 3.2.1.1, 3.2.1.2, 3.2.1.3.1, 3.2.1.3.2, 3.2.1.3.3, 3.2.2, 3.2.3.1, 3.2.3.1.1, 3.2.3.1.2, 3.2.3.1.3, 3.2.3.1.4, 3.2.3.2, 3.2.3.2.3, 3.2.3.2.4, 3.2.3.3.1, 3.3.1.1, 3.3.1.2, 3.3.1.3, 3.3.3, 3.3.4, 3.3.5, 3.3.5.1.1, 3.3.5.1.2, 3.3.5.1.3, 3.3.5.1.4, 3.3.5.2, 3.3.6.1.1, 3.3.6.1.2, 3.3.6.3.3, 3.4.1, 3.4.4.1, 3.5.1, 3.5.1.1, 3.5.1.2, 3.5.1.3, 3.5.1.4, 6.1.2, 7.1.1, 7.1.1.1, 7.1.1.2, 7.1.1.4.1, 7.1.1.4.2, 7.1.1.4.4, 7.1.2, 7.1.4, 7.1.5, 7.1.6.2, 7.1.6.3, 7.1.6.4, 7.1.6.5, 7.1.6.6, 7.1.9, 7.2.2, 7.2.3.4, 7.3.4.2.
Decision of 15 September 2011, *NVwZ* 2012, 429 | 3.1.1.1, 3.3.5.1.2, 7.1.6.4.
Decision of 31 May 2011, *NVwZ* 2011, 1062 | 3.1.1.2.1, 3.3.5, 3.3.6.3.3.
Decision of 8 July 2009, *NVwZ* 2009, 1283 | 2.1.3.1, 3.1.1.2.1, 3.2.3.2.1, 3.2.3.2.2, 3.2.3.2.4, 3.2.3.3.3, 3.3.2, 3.3.2.2, 3.3.4, 3.3.5, 3.3.6.2, 3.3.6.3.2, 3.3.6.3.3.
Decision of 10 September 2008, *BeckRS* 2008, 40032 | 3.2.3.1.3, 3.5.1.2.
Decision of 2 June 2008, *NVwZ* 2008, 1229 | 3.2.3.1.1, 3.2.3.3.2, 3.2.3.3.3, 3.3.6.1.2, 3.3.6.2, 3.3.6.3.2.
Decision of 20 February 2008, *NVwZ* 2008, 775 | 3.2.3.2.3.
Decision of 20 February 2008, *NVwZ* 2008, 780 | 3.2.3.2.1, 3.2.3.2.4, 3.2.3.3.3, 3.3.2, 3.3.2.2, 3.3.5, 3.3.6.2, 3.3.6.2.2, 7.1.1.4.4, 7.1.3.
Decision of 14 October 2004, *NJW* 2004, 3407 | 1.5, 3.1.2.
Decision of 4 July 2002, *NVwZ* 2003, 71 | 3.2.3.1.2, 3.2.3.3.3, 3.3.1.1, 3.3.2, 3.3.6.2, 3.3.6.3.2.
Decision of 20 February 2002, *NVwZ* 2002, 1101 | 3.4.1.1.
Decision of 22 May 2001, *NVwZ* 2001, 1023 | 3.1.1.2.
Decision of 16 February 2000, *NJW* 2000, 2573 | 3.1.1.1.
Judgment of 28 April 1999, *NJW* 1999, 2493 | 3.1.1.1.
Decision of 2 March 1999, *NJW* 1999, 2877 | 3.1.1.1.
Decision of 18 February 1999, *NJW* 1999, 2659 | 3.1.1.4, 3.1.4.1, 3.2.1.3.1, 3.2.3.1.2, 3.2.3.1.3, 3.2.3.2.2.
Decision of 18 November 1998, *NJW* 1999, 1176 | 3.2.1.2.
Decision of 9 December 1997, *NJW* 1998, 1697 | 3.5.2.1.
Decision of 17 November 1996, *NJW* 1967, 548 | 3.3.6.1.2.
Decision of 17 July 1996, *NJW* 1997, 383 = *BVerfGE* 95, 1 | 3.1.1.2.2, 3.1.1.4, 3.2.3.1.3, 3.2.3.2.4, 3.2.3.3.3, 3.4.1.1.
Decision of 9 March 1994, *BVerfGE* 90, 145 | 3.3.5.
Decision of 9 January 1991, *NJW* 1991, 1807 | 3.1.1.1.
Decision of 6 October 1987, *NJW* 1988, 1195 | 3.2.3.3.2, 3.3.6.1.2.

Judgment of 24 March 1987, *NJW* 1987, 1251 I 3.1.1.2, 3.1.1.2.2, 3.2.1.3.1, 3.2.1.3.2, 3.3.4, 3.3.5.2, 3.5.1.2.
Judgment of 24 March 1987, *BVerfGE* 74, 264 = *NJW* 1987, 1251 I 1.1, 3.1.1.2, 3.1.1.2.2, 3.1.1.4, 3.1.4.2, 3.2.1.3.1, 3.2.1.3.2, 3.2.1.3.3, 3.2.2, 3.2.3.1.2, 3.2.3.1.3, 3.2.3.2.2, 3.2.3.2.3, 3.3.4, 3.3.5, 3.3.5.2, 3.3.6.1.1, 3.3.6.1.2, 3.4.1, 3.5.1, 3.5.1.1, 3.5.1.2, 3.5.1.3, 3.5.1.4, 3.5.1.5, 7.1.1.2, 7.1.1.4.2, 7.1.1.4.4, 7.1.6.1, 7.1.7.1, 7.1.9, 7.2.2.
Decision of 12 March 1986, *NJW* 1986, 2188 I 3.1.1.1
Decision of 20 March 1984, *NJW* 1984, 1872 I 3.1.1.4, 3.2.1.3.1, 3.2.3.1.2, 3.3.1.3, 3.5.1.2, 3.5.1.4, 7.1.1.2.
Decision of 22 November 1983, *NVwZ* 1984, 430 I 3.4.1.
Decision of 28 June 1983, *BVerfGE* 64, 261 I 3.1.1.2.1, 3.3.5, 3.3.6.3.3.
Decision of 15 July 1981, *NJW* 1982, 745 I 3.1.1.1, 3.1.1.2, 3.1.1.2.2.
Decision of 14 July 1981, *BVerfGE* 58, 137, 144 I 3.1.1.1.
Decision of 1 July 1981, *NJW* 1982, 155 I 3.1.1.1.
Judgment of 10 March 1981, *BVerfGE* 56, 249 I 3.1.1.1, 3.1.1.2, 3.1.4.1, 3.2.1.3.1, 3.2.3.1.2, 3.2.3.1.3, 3.2.3.2.2, 3.2.3.2.3, 3.3.6.1.1, 7.1.1.2.
Sondervotum Böhmer, Judgment of 10 March 1981, *BVerfGE* 56, 249 I 3.2.1.3.1, 7.1.1.2.
Judgment of 10 March 1981, *BVerfGE* 56, 249 = *NJW* 1981, 1257 I 3.1.1.1, 3.1.1.2, 3.1.4.1, 3.2.1.3.1, 3.2.3.1.2, 3.2.3.1.3, 3.2.3.2.2, 3.2.3.2.3, 3.3.5.1.4, 3.3.6.1.1, 7.1.6.6, 7.2.3.4.
Decision of 10 May 1977, *NJW* 1977, 2349 I 3.1.4.5, 3.2.3.2.1.
Decision of 12 November 1974, *NJW* 1975, 37 I 3.1.1.3, 3.5.2.1, 3.5.2.3, 7.1.10.
Judgment of 18 December 1968, *NJW* 1969, 309 I 3.1.1.1, 3.2.1.1, 3.2.3.1, 3.2.3.1.1, 3.2.3.3.2, 3.3.4, 3.3.5, 3.3.5.1.4, 3.3.6.1.2, 3.3.6.3.3, 7.1.5, 7.1.6.6, 7.2.3.4.

Bundesgerichthof **(BGH; Supreme Court)**

Judgment of 10 November 1983, *DVBl.* 1984, 337 I 3.3.5.1.5.
Judgment of 27 January 1977, *NJW* 1977, 955 I 3.3.5.1.1, 3.3.5.1.2, 3.3.5.1.5, 7.1.6.4, 7.1.6.6.
Judgment of 19 February 1976, *NJW* 1976, 1266 I 3.3.5.1.5.

Bundesverwaltungsgericht **(BVerwG; Federal Administrative Court)**

Decision of 24 April 2009, *NVwZ* 2009, 986 I 3.3.2, 7.1.3.
Judgment of 9 November 2006, *NVwZ* 2007, 445 I 3.3.1.2, 3.3.2, 3.3.2.2.
Decision of 11 August 2006, *NVwZ* 2006, 1170 I 3.3.2, 3.3.2.1, 7.1.3.
Judgment of 16 March 2006, *NVwZ*-Beil. 2006, 1 I 2.2.2, 3.3.1.1.
Judgment of 20 April 2005, *NVwZ* 2005, 949 I 3.3.2, 3.3.2.1, 3.3.2.2.
Decision of 12 April 2005, *NVwZ* 2005, 943 I 3.3.2, 3.3.2.1.
Judgment of 9 June 2004, *NVwZ* 2004, 1486 I 3.3.2.1, 3.3.2.2.
Judgment of 15 January 2004, *NVwZ* 2004, 732 I 3.3.1.2, 3.3.2.
Judgment of 19 March 2003, *NVwZ* 2003, 1120 I 3.3.5.3.
Judgment of 24 October 2002, *BVerwGE* 117, 138 I 3.1.1.2.
Judgment of 11 July 2002, *BVerwGE* 116, 365 = *NJW* 2003, 230 I 3.3.1.2, 3.5.1.2.
Judgment of 6 June 2002, *NVwZ* 2002, 1506 I 3.3.2.2, 3.3.4, 7.1.3.
Judgment of 11 April 2002, *NVwZ* 2002, 1119 I 3.2.3.2.3, 3.3.6.1.3, 3.3.6.2.
Judgment of 24 October 2002, *NVwZ* 2002, 1488 I 3.1.4.3.
Judgment of 9 November 2000, *NVwZ* 2001, 682 I 3.3.2.2.
Judgment of 27 October 1999, *NVwZ* 2000, 435 I 3.3.2.2.
Judgment of 8 July 1998, *BVerwGE* 107, 142 I 2.1.3.1, 3.3.2.1, 3.3.2.2, 7.1.3.
Judgment of 7 March 1997, *NVwZ* 1997, 914 I 3.3.2, 3.3.2.1, 7.1.3.
Decision of 17 February 1997, *LKV* 1997, 328 I 3.2.3.2.4, 3.2.3.3.3, 3.3.2, 3.3.5, 3.3.6.2, 3.3.6.3.2, 7.1.6.3.
Decision of 11 November 1993, *NJW* 1994, 1749 I 3.5.2.1, 3.5.2.3.
Judgment of 2 November 1992, *NVwZ* 1993, 887 I 3.3.2, 3.3.2.1.
Judgment of 5 December 1986, *NVwZ* 1987, 578 I 3.4.2.2.2, 3.4.3.3.
Judgment of 12 July 1985, *NVwZ* 1985, 736 I 3.3.5.1.
Judgment of 22 March 1985, *NJW* 1986, 82 I 3.3.5.3, 3.3.6.1.2.
Judgment of 22 March 1985, *NJW* 1986, 80 I 3.3.2, 3.3.2.1, 3.3.2.2.

Judgment of 6 December 1967, *BVerwGE* 28, 260 | 2.2.5, 3.3.4.

Higher Administrative Court:

***Verwaltungsgerichtshof* (VGH) / *Oberverwaltungsgericht* (OVG)**

Münster, Decision of 28 August 2014, *DÖV* 2015, 163 | 3.1.4.3, 3.2.3.1, 3.5.1.2.
Münster, Judgment of 21 December 2007, *BeckRS* 2008, 31320 | 3.1.1.2, 3.3.1.2.
Hamburg, Decision of 17 May 2006, 2 Bs 75/06 | 3.1.4.4.
Hamburg, Decision of 9 August 2004, *NVwZ* 2005, 105 = *ZUR* 2005, 38 | 3.1.1.4, 3.1.4.4, 3.1.4.5, 3.2.3.2.3, 3.2.3.2.4, 3.3.1.4, 3.3.5.1.2, 3.3.5.4, 3.3.6.1.3, 3.3.6.2.
Mannheim, Decision of 23 August 2010, *BeckRS* 2010, 52113 | 3.1.4.3, 3.2.3.3.2, 3.3.6.1.2.
Mannheim, Decision of 6 August 1993, *NvwZ* 1994, 1022 | 3.3.2.1.
Bayerischer Verwaltungsgerichtshof, Judgment of 5 February 1973, *BayVbl.* 1973, 493 | 3.5.2.1.

***Landgericht* (LG; Regional Court)**

Hamburg, Judgment of 19 January 2007, *BeckRS* 2007, 03785 | 3.1.4.3, 3.1.4.4, 3.2.3.1.4, 3.3.5.4, 3.3.6.1, 3.4.2.1, 3.4.3.1, 3.5.1.5.

***Verwaltungsgericht* (VG; Administrative Court)**

Düsseldorf, Judgment of 25 May 2011, *BeckRS* 2011, 53301 | 3.1.1.2, 3.2.3.1, 3.2.3.3.
Hamburg, Decision of 14 March 2006, 15 E 3613/05 | 3.1.4.4.

NETHERLANDS

Afdeling Bestuursrechtspraak van de Raad van State

(ABRvS; Judicial Division of the Council of State)

Judgment of 27 January 2016, ECLI:NL:RVS:2016:148 | 4.3.4.4.
Judgment of 25 November 2015, ECLI:NL:RVS:2015:3589 | 4.3.4.4.
Judgment of 19 August 2015, ECLI:NL:RVS:2015:2631 | 4.3.3.2.
Judgment of 5 August 2015, ECLI:NL:RVS:2015:2514 | 4.3.3.3, 7.1.3.
Judgment of 10 June 2015, ECLI:NL:RVS:2015:1819 | 4.3.3.3, 7.1.3.
Judgment of 18 February 2015, ECLI:NL:RVS:2015:448 | 4.3.3.2, 7.1.3.
Judgment of 24 December 2014, ECLI:NL:RVS:2014:4732 | 4.3.3.1, 4.3.3.2, 4.3.3.3, 7.1.6.4.
Judgment of 16 April 2014, ECLI:NL:RVS:2014:1298, *JBO* 2014, 90 | 4.3.4.4.
Judgment of 10 July 2013, ECLI:NL:RVS:2013:205 | 4.2.2.4, 4.3.3.1, 4.3.4.1, 4.3.5.4.
Judgment of 28 November 2012, ECLI:NL:RVS:2012:BY4439, *JM* 2013, 12 | 4.3.4.4.
Judgment of 7 November 2012, ECLI:NL:RVS:2012:BY2504 | 4.3.3.2, 4.3.3.3.
Judgment of 22 August 2012, ECLI:NL:RVS:2012:BX5276 | 4.3.3.1.
Judgment of 7 March 2012, ECLI:NL:RVS:2012:BV8049 | 4.3.3.3.
Judgment of 18 January 2012, ECLI:NL:RVS:2012:BV1211 | 4.2.2.4, 4.3.1.1, 4.3.4.1, 4.3.5.4, 7.1.7.6.
Judgment of 11 January 2012, ECLI:NL:RVS:2012:BV0579 | 4.3.3.1, 4.3.3.2.
Judgment of 4 January 2012, ECLI:NL:RVS:2012:BV0106 | 4.3.3.2, 4.3.3.3.
Judgment of 28 December 2011, ECLI:NL:RVS:2011:BU9438, *JM* 2012, 26 | 4.3.4.4.
Judgment of 14 September 2011, ECLI:NL:RVS:2011:BS8852 | 4.2.2.4, 4.3.3.3, 4.3.4.1, 4.3.5.4.
Judgment of 15 June 2011, ECLI:NL:RVS:2011:BQ7936, *JOM* 2011, 642 | 4.3.4.3, 7.1.6.6.
Judgment of 1 June 2011, ECLI:NL:RVS:2011:BQ6809 | 4.2.2.4, 4.3.2.1, 4.3.3.1, 4.3.3.3, 4.3.4.1, 4.3.5.4, 7.1.2, 7.1.3, 7.1.6.2.
Judgment of 19 January 2011, ECLI:NL:RVS:2011:BP1342 | 4.3.3.2.
Judgment of 1 December 2010, ECLI:NL:RVS:2010:BO5721, *JOM* 2011, 464 | 4.3.4.3.
Judgment of 2 December 2009, ECLI:NL:RVS:2009:BK5082, *AB* 2010, 2 | 4.3.4.2.
Judgment of 7 May 2008, ECLI:NL:RVS:2008:BD1089 | 4.3.4.3.
Judgment of 22 November 2006, ECLI:NL:RVS:2006:AZ2777 | 4.3.3.2.
Judgment of 8 November 2006, ECLI:NL:RVS:2006:AZ1762, *AB* 2007, 252, | 7.1.6.6.
Judgment of 9 July 2003, ECLI:NL:RVS:2003:AH9396 | 4.3.3.2, 7.1.3.
Judgment of 21 March 1996, ECLI:NL:RVS:1996:AP8216, *M en R* 1997, 83 | 4.1.2.1.

***Hoge Raad* (HR; Supreme Court)**

Judgment of 5 April 2013, ECLI:NL:HR:2013:BY8098 | 4.5.3.2.
Judgment of 29 March 2013, ECLI:NL:HR:2013:BY8665, *RvdW* 2013, 473 | 4.1.2.1, 4.4.2.1.

Gerechtshof (Court of Appeal)

Rechtbank (Rb.; District Court)

Koninklijk Besluit (KB; Decisions of the Crown)

Winterswijk, Decision of 1 July 2009, No. 09.001759, *Staatscourant* 2009, 11221 | 4.1.3, 4.2.1.4, 4.2.1.5.
Venray, Decision of 4 January 2009, No. 08.003148, *Staatscourant* 2009, No. 797 [D.3.2.2.
Venray, Decision of 3 November 2008, No. 08.003148, *Staatscourant* 2009, 11 | 4.3.2.1.
Decision of 10 September 2008, ECLI:NL:XX:2008:BG9215, *BR* 2008, 191 | 4.4.2.2.
Decision of 15 July 2008, ECLI:NL:XX:2008:BH4073, *BR* 2009, 17 | 4.5.3.2.
Venray, Decision of 5 April 2006, No. 06.001164, *Staatscourant* 2006, 86 | 4.4.3.2.
Hillegom, Decision of 22 August 2005, *Staatscourant* 2005, 180 | 4.2.1.6.
Alkmaar, Decision of 18 August 2005, No. 05.002899 | 4.3.5.3.
Hoogeveen, Decision of 16 June 2004, *Staatscourant* 2004, 23 | 4.3.2.1.
Venray, Decision of 6 May 2004, ECLI:NL:XX:2004:AS1988, *BR* 2004, 181 | 4.4.2.2.
Bemmel, Decision of 20 January 2001, *Staatscourant* 2001, 33 | 4.4.2.2.
Cuijk, Decision of 28 September 2000, No. 00.005407 | 4.1.3.2.1.
Decision of 21 May 1999, *Staatscourant* 1999, 121 | 4.4.2, 7.1.5.
Decision of 18 March 1999, No. 99.001179 | 4.6.2.3.5.
26 October 1996, *Staatscourant* 1996, 229 | 4.4.2.
Decision of 3 April 1996, *BR* 1996, 922 | 4.4.3.2.
Skarsterlân, 23 augustus 1989, No. 89.020463, *BR* 1990, 294 | 4.2.2.2.
Harderwijk, Decision of 12 October 1984, ECLI:NL:XX:1984:AS9480, *BR* 1985, 642 | 2.1.1.
Drumpt-Zuid and Rauwenhof, Decision of 13 January 1983, ECLI:NL:XX:1983:AS9871, *BR* 1983, 627 | 4.3.2.1.
Weststellingwerf, Decision of 19 december 1977, ECLI:NL:XX:1977:AT1669, *BR* 1978, 148 | 4.2.1.1.

UNITED STATES (ALL STATES EXCEPT NEW YORK)

US Supreme Court

Kelo v City of New London, 545 US 469 (2005) | 1.1, 1.7.1, 2.1.1, 2.1.2, 2.2.1, 2.2.3, 5.1.1, 5.1.2, 5.1.3, 5.2.1.3, 5.2.1.5, 5.2.2.5, 5.2.3, 5.2.3.1, 5.3, 5.3.1.2, 5.3.1.4, 5.3.2.2.1, 5.3.3, 5.3.4, 5.3.4.2, 5.3.5.3, 5.5.1, 7.1.1.2, 7.1.1.4.3, 7.1.2.
Village of Willowbrook v Olech, 528 US 562 (2000) | 5.3.2.2.1.
Phillips v Washington Legal Foundation, 524 US 156 (1998) | 5.1.2.
Dolan v City of Tigard, 512 US 374 (1994) | 7.1.6.6.
Chevron USA Inc. v NRDC, 467 US 837 (1984) | 5.2.5.3.2, 7.1.1.4.4, 7.4.
Hawaii Housing Authority v Midkiff, 467 US 229 (1984) | 2.1.2, 5.2.1.4, 5.2.5.3.1, 5.3, 5.3.1.2, 5.3.3, 5.3.4, 5.5.1, 7.1.2.
Shoemaker v United States, 147 US 282 (1893) | 1.4.
Addington vs. Texas, 441 US 418 (1979) | 5.2.5.3.3, 5.3.6.3, 5.4.3, 7.1.1.4.3, 7.1.8.
Craig v Boren, 429 US 190 (1976) | 5.3.2.2.1.
Schroeder v City of New York, 371 US 208 (1962) | 5.4.2.2.
Berman v Parker, 348 US 26 (1954) | 5.2.1.3, 5.3, 5.3.1.3, 5.3.4, 5.3.4.3. 7.1.2.
United States ex rel. TVA v Welch, 327 US 546 (1946) | 5.2.1.3.
Old Dominion Land Co. v United States, 269 US 55 (1925) | 5.2.1.3.
Brown v United States, 263 US 78 (1923) | 5.3.1.3.
Rindge Co. v Los Angeles, 262 US 700 (1923) | 5.2.2.5.
Pennsylvania Coal Co. v Mahon, 260 US 393 (1922) | 5.1.1.
Mt. Vernon Cotton Co. v Alabama Power Co., 240 US 30 (1916) | 5.2.1.2.
Strickley v Highland Boy Gold Mining Co., 200 US 527 (1906) | 5.2.1.2.
Lochner v New York, 198 US 45 (1905) | 5.2.3.2.
Chicago, B. & Q. R. Co. v Chicago, 166 US 226 (1897) | 5.1.2.
Fallbrook Irrigation Dist. v Bradley, 164 US 112 (1896) | 5.2.1.2.
Missouri Pacific Railway v Nebraska, 164 US 403 (1896) | 5.1.2, 5.2.1.6, 5.2.2.5.
United States v Gettysburg Elec. Ry. Co., 160 US 668 (1896) | 5.2.1.2, 5.2.5.3.1, 5.3.4.2, 7.1.1.2.
Kohl v United States, 91 US 367 (1875) | 5.1.2.
West River Bridge Co. v Dix, 47 US 507 (1848) | 5.2.1.1.
Calder v Bull, 3 US 386 (1798) | 5.2.1.

United States Court of Appeals, Second Circuit

Goldstein v Pataki, 516 F.3d 50 (2d Cir. 2008) I 1.7.1, 5.2, 5.2.1.5, 5.2.2.3.4, 5.2.3.1, 5.2.3.2, 5.2.5.3.1, 5.3.1.3.
Brody v Village of Port Chester, 434 F.3d 121 (2d Cir. 2005) I 5.4.2, 5.4.2.2.
Rosenthal & Rosenthal Inc. v N.Y. State Urban Development Corporation, 771 F.2d 44 (2d Cir. 1985) I 5.2.2.3.3, 5.2.3.1, 5.3.1.3.
Kohl Industrial Park Co. v County of Rockland, 710 F.2d 895 (2d Cir. 1983) I 5.3.4.2, 5.3.4.3.
Natural Resources Defense Council, Inc. v City of New York, 672 F.2d 292 (2d Cir. 1982) I 5.2.2.3.3.

United States Court of Appeals, Seventh Circuit

Daniels and Daniels v The Area Plan Commission of Allen County, 306 F.3d 445 (7th Cir. 2002) I 5.2.3.1.

United States District Court for the Central District of California

99 Cents Only Stores v Lancaster Redevelopment, 237 F.Supp.2d 1123 (C.D.Cal. 2001) I 5.2.2.5, 5.2.3.3.

United States District Court for the Eastern District of New York

Goldstein v Pataki, 488 F.Supp.2d 254 (E.D.N.Y. 2007) I 5.2.1.5, 5.2.3.2, 5.3, 5.3.5.3.

United States District Court for the Southern District of New York

Broadway 41st Street Realty v New York State Urban Development Corporation, 733 F.Su735 (S.D.N.Y. 1990) I 5.2.5.3.1.
Action for Rational Transit v West Side Highway, 536 F.Su1225 (S.D.N.Y. 1982) I 5.3.5.3

United States District Court for the District of Columbia

Franco v National Capital Revitalization Corporation, 930 A.2d 160 (D.C. 2007) I 5.2.3.1.

Supreme Court of Ohio

City of Norwood v Horney, 853 N.E.2d 1115 (Ohio 2006) I 7.1.1.5, 8.8.

Oklahoma Supreme Court

Bd. of Cnty. Comm'rs of Muskogee Cnty. v Lowery, 136 P.3d 639 (Oklahoma 2006) I 7.1.1.5.

South Dakota Supreme Court

Benson v State, 710 N.W.2d 131 (South Dakota 2006) I 7.1.1.5.

NEW YORK STATE

Court of Appeals

Kaur v New York State Urban Development Corporation, 933 N.E.2d 721 (N.Y. 2010) I 5.1.1, 5.1.3.2.1, 5.1.3.5, 5.2.2.3.5, 5.2.2.3.6, 5.2.3.2, 5.2.5.1, 5.2.5.2, 5.2.5.3, 5.2.5.3.1, 5.2.5.3.3, 5.3.3, 5.3.4.1.
Goldstein v New York State Urban Development Corporation, 921 N.E.2d 164 (N.Y. 2009) I 1.5, 2.1.2, 5.1.1, 5.1.3.2.1, 5.2.2.1, 5.2.2.3.4, 5.2.2.3.6, 5.2.3.2, 5.2.5.3, 5.2.5.3.1, 5.2.5.3.3, 5.3.3, 7.1.1.4.1, 7.1.1.4.3, 7.1.4, 7.2.3.1.
Crown Communication New York, Inc. v Department of Transportation of the State of New York, 4 N.Y.3d 159, 791 N.Y.S.2d 494 (N.Y. 2005) I 5.1.3.5.
New York State Association of Nurse Anesthetists v Antonia C. Novello, 2 N.Y.3d 207 (N.Y. 2004) I 5.4.3, 7.1.8.
Transactive Corp. v New York State Department of Social Services, 92 N.Y.2d 579 (N.Y. 1998) I 5.4.3.
Waldo's, Inc. v Village of Johnson City, 74 N.Y.2d 718 (N.Y. 1989) I 5.2.2.1, 5.2.2.2, 5.2.5.3.1, 5.3, 5.3.1.4, 5.4.2.
Matter of County of Monroe v City of Rochester, 72 N.Y.2d 338, 533 N.Y.S.2d 702 (N.Y. 1988) I 5.1.3.5.
Chinese Staff v City of New York, 68 N.Y.2d 359 (N.Y. 1986) I 5.3.5.3.
Jackson v New York State Urban Development Corporation, 67 N.Y.2d 400 (N.Y. 1986) I 5.1.7, 5.2.2.3.3, 5.2.5.3, 5.2.5.3.1, 5.2.5.3.5, 5.3.2.1, 5.3.2.2.2, 5.3.5.3, 5.4.2.2, 5.4.2.4, 7.1.3, 7.1.6.2, 7.1.7.5.
Foss v City of Rochester, 65 N.Y.2d 247 (N.Y. 1985) I 5.2.5.1, 7.1.1.4.2.
Yonkers Community Development Agency v Morris, 335 N.E.2d 327, 37 N.Y.2d 478 (N.Y. 1975) I 5.2.2.3.3, 5.2.3.1, 5.2.5.3.1, 5.2.5.3.3, 5.3, 5.3.1.4.

Appellate Division of the Supreme Court

Supreme Court

County Court

SOUTH AFRICA

Constitutional Court (CC)

Judgment of 25 January 2000, *Prince v President, Cape Law Society*, 2002 (2) SA 794 (CC) | 6.3.2.2, 6.3.4.4.

Judgment of 2 December 1999, *National Coalition for Gay and Lesbian Equality and Others v Minister of Home Affairs and Others*, (CCT 10/99) [1999] ZACC 17 | 6.1.2.1, 6.1.2.2, 6.3.5.1.3.

Judgment of 28 May 1998, *De Lange v Smuts NO and Others*, (CCT 26/97) [1998] ZACC 6 | 6.3.5.1.3.

Judgment of 26 November 1997, *Larbi-Odam and Others v Member of the Eexecutive Council for Education (North-West Province) and Another*, (CCT 2/97) [1997] ZACC 16 | 6.2.1.2.

Judgment of 7 October 1997, *Harksen v Lane NO and Others*, (CCT 9/97) [1997] ZACC 12 | 6.1.1, 6.1.2.1

Judgment of 6 September 1996, *Certification of the Constitution of the Republic of South Africa*, 1996, (CCT 23/96) [1996] ZACC 26 | 6.1.2.1

Judgment of 29 November 1995, *S v Bhulwana, S v Gwadiso*, (CCT 12/95, CCT 11/95) [1995] ZACC 11 | 6.3.1.3, 6.3.5.1.3.

Judgment of 6 June 1995, *S v Makwanyane and Another*, (CCT 3/94) [1995] ZACC 3 | 6.1.2.1, 6.3.2.2.2, 6.3.5.1.1, 6.3.5.1.3, 7.2.3.2.

Supreme Court of Appeal (SCA)

Supreme Court of Appeal, Judgment of 1 December 2011, *Erf 16 Bryntirion (Pty) Ltd v Minister of Public Works*, (914/10) ZASCA 246 | 6.2.1.2.5, 6.3.2.1, 7.1.11.

Supreme Court of Appeal, Judgment of 15 February 2010, *Offit Enterprises (Pty) Ltd and Another v Coega Development Corporation (Pty) Ltd and Others*, (9/09) [2010] ZASCA 1 | 2.1.1, 6.1.3, 6.1.3.3, 6.2.1.2.3, 6.2.1.2.6, 6.2.2.1, 6.2.2.3, 6.3.1.1, 6.3.5.1, 7.1.1.2, 7.1.1.4.1.

High Court

KwaZulu-Natal High Court, Judgment of 3 December 2010, *J.R. Harvey v Umhlatuze Municipality and Others*, (4387/08) [2010] ZAKZPHC 86 | 1.7.1, 2.1.1, 6.1.3.2, 6.2.1.2.4, 6.3.4.1, 6.3.5.1.2, 6.3.7.3, 6.5.2.1, 7.1.5, 7.1.10.

North Gauteng High Court, Judgment of 12 October 2010, *Erf 16 Bryntirion (Pty) Ltd v Minister of Public Works*, (11375/08) ZAGPPHC 154 | 6.1.3.1, 6.2.1.2.5, 6.3.1.1, 6.3.2.1, 6.3.7.3, 7.1.3, 7.1.6.3, 7.1.6.5.

Free State High Court, Judgment of 4 February 2010, *Bartsch Consult (Pty) Limited v Mayoral Committee of the Maluti-A-Phofung Municipality*, (4415/2008) [2010] ZAFSHC 11 | 1.1, 2.1.2, 6.1.3, 6.1.3.2, 6.2, 6.2.1.2.2, 6.2.1.2.6, 6.2.2.1, 6.2.2.2, 6.2.2.3, 6.3.1.1, 6.3.4.1, 6.3.5.1, 6.3.7.2, 6.5.1, 7.1.1.2, 7.1.11

KwaZulu-Natal High Court, Judgment of 6 November 2009, *eThekwini Municipality v Sotirios Spetsiotis*, (14688/2009) [2009] ZAKZDHC 51 | 6.1.3, 6.1.3.1, 6.2.1.2.1, 6.3.4.1.

Eastern Cape High Court, Judgment of 20 November 2008, *Offit Enterprises (Pty) Ltd and Another v Coega Development Corporation (Pty) Ltd and Others*, (1764/07) [2008] ZAECHC 195 | 6.1.3.3, 6.2.1.2.3, 6.2.2.3, 6.3.1.1, 7.1.2.

Eastern Cape High Court, Judgment of 31 January 2006, *Offit Enterprises (Pty) Ltd and Another v Premier, Eastern Cape Government and Others*, (1764/05) [2006] ZAECHC 6 | 6.1.3, 6.1.3.3, 6.2.1.2.3, 6.4.1.1, 7.1.7.1.

Eastern Cape High Court, Judgment of 12 January 2006, *Police and Prisons Civil Rights Union and Others v Minister of Correctional Services and Others* (No. 1), 2008 (3) SA 91 (E) | 6.4.3.4.

Cape High Court *Steele v South Peninsula Municipal Council*, 2001 (4) BCLR 418 (C) [6.1.3.2.

Cape High Court, *Cape Killarney Property Investments (Pty) Ltd v Mahamba and Others*, 2000 (2) SA 67 (C) | 6.4.3.4.

Eastern Cape Division of the High Court, *Bushula & others v Permanent Secretary, Department of Welfare, Eastern Cape*, 2000 (2) SA 849 (E) | 6.4.3.4.

Labour Appeal Court (LAC)

Judgment of 1 September 1998, *Carephone v Marcus NO and others*, (JA52/98) [1998] ZALAC 11 | 6.2.2.3, 6.3.2.2.1, 6.3.5.1.3.

Land Claims Court (LCC)

Judgment of 5 July 2016, *Msiza v Director-General for the Department of Rural Development And Land Reform and Others*, 2016 (5) SA 513 (LCC) | 6.3.5.1.1.

Judgment of 14 September 2007, *Kungwini Local Municipality v Puntlyf 520 Investments (Pty) Ltd*, LCC 86/07 | 6.2.2.3.

Judgment of 17 November 1998, *Dhanpaul Singh and Others v The Two Councils and Others*, 1998 (1) SA 78 (LCC) | 1.5, 6.2, 6.3.5.1

Appellate Division of the Supreme Court

Judgment of 28 August 1990, *The Administrator of the Transvaal and Sentrachem Ltd v J van Streepen (Kempton Park) (Proprietary) Limited*, (640/88) [1990] ZASCA 78 | 6.1.3, 7.1.1.2.

Van Eck NO & Van Rensburg NO v Etna Stores, 1947 (2) SA 984 (A.D.) | 6.5.2.2.1.

Judgment of 6 June 1911, *Rondebosch Municipal Council v Trustees of the Western Province Agricultural Society*, 1911 AD 271 | 6.2.1.1, 7.1.1.1.

Provincial Division of the Supreme Court

Natal Provincial Division, Judgment of 5 April 1984, *White Rocks Farm (Pty) Ltd and Others v Minister of Community Development*, 1984 (3) SA 785 (N) | 6.2.1.1.3, 6.3.1.1, 6.3.2.2.2.

Orange Free State Provincial Division, Judgment of 28 May 1970, *Fourie v Minister van Lande en 'n ander*, 1970 (4) SA 165 (O) | 6.2.1.1.2, 6.3.2.1, 7.1.1.2.

Transvaal Provincial Division, Judgment of 18 June 1963, *Slabbert v Minister van Lande*, 1963 (3) SA 620 (T) | 6.2.1.1.1.

Cape Provincial Division, Judgment of 28 April 1961, *African Farms and Townships Ltd v Cape Town Municipality*, 1961 (3) SA 392 (C) | 6.2.1.1.1, 7.1.1.2, 7.1.

Legislation

EUROPEAN UNION

Charter of Fundamental Rights of the European Union

Directive 2014/24/EU

EUROPEAN CONVENTION ON HUMAN RIGHTS

European Convention on Human Rights

First Protocol to the European Convention (P1 ECHR)

GERMAN LAW

Grundgesetz (GG; German Basic Law)

US LAW (ALL STATES EXCEPT NEW YORK)

Constitution of the United States of America

Constitution of Louisiana

Alaska Revised Statutes

Arizona Revised Statutes

2016 Florida Statutes

Kansas Statutes

NEW YORK STATE LAW

New York State Constitution

Civil Practice Law and Rules

Eminent Domain Procedure Law (EDPL)

General Municipal Law

New York State Administrative Procedure Act

New York State Environmental Conservation Law

Urban Development Corporation Act 174/68

New York State Codes, Rules and Regulations (CRR-NY)

Promotion of Administrative Justice Act (PAJA; No. 3 of 2000)

Preferential Procurement Policy Framework Act (No. 5 of 2000)

Restitution of Land Rights Act (No. 22 of 1994)

Spatial Planning and Land Use Management Act (SPLUMA; No. 16 of 2013)

Townships Ordinance (Free State; No. 9 of 1969)

Transvaal Local Government Ordinance (No. 17 of 1939)

Western Cape Land Use Planning Act (No. 3 of 2014)

Environmental Impact Assessment Regulations, Government Notice R892 (2014)

Index

Page numbers in italics refer to tables and figures.

www.ingramcontent.com/pod-product-compliance
Lightning Source LLC
LaVergne TN
LVHW060008210926
848481LV00013B/3675

* 9 7 8 1 4 8 5 1 2 0 9 0 2 *